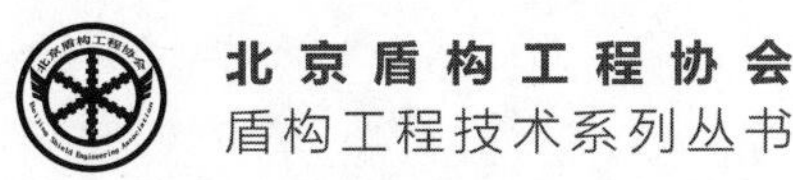

中国盾构工程科技进展

A REVIEW OF TBM ENGINEERING IN CHINA

主　编　吴煊鹏

副主编　刘　军　朱宏军　方江华

人民交通出版社股份有限公司
China Communications Press Co.,Ltd.

主编简介

吴煊鹏

教授级高级工程师，中国铁建十六局集团有限公司副总工程师，首席技术专家。石家庄铁道大学工程硕士研究生导师，北京盾构工程协会副理事长。主要从事轨道交通工程、盾构工程与盾构机技术研究、盾构施工技术服务与管理工作。曾三次负责盾构穿黄工程（西气东输、南水北调中线、兰州轨道交通）的技术指导；主持首都机场T3航站楼APM工程施工。主持和参与了原铁道部、中国铁建股份有限公司和中国铁建十六局集团有限公司多项盾构科研项目，获得省部级科技进步奖多项，2012年获詹天佑中铁建科技进步专项基金奖。2016年获首都五一劳动奖章。

刘　军

教授级高级工程师，清华大学博士后，曾为北京市政建设集团有限责任公司副总工程师，现为北京建筑大学教授，兼任北京盾构工程协会副理事长。主要从事岩土与地下工程的研究与教学工作。目前担任北京市危险性较大工程办公室副主任，北京市轨道交通指挥部土建组专家，北京交通大学兼职教授、博导。在国内外期刊上发表学术论文60余篇，出版《盾构工程理论与实践》等著作6部，参与编制国家、地方规范标准12部，获省部级科技成果奖4项。

朱宏军

教授，历任北方工业大学学院副院长、党委书记。主要从事材料科学与工程的教学与研究。获省部级科技进步奖3项，“北京市产学研工作先进个人”一次。发表科技学术论文16篇，翻译出版外文科技文献7万余字，主编或参编科技著作4本。先后被聘为建材标准化与质量管理杂志顾问和编审，科学发展智库副秘书长，北京盾构工程协会副秘书长兼盾构工程杂志主编，中国机械再制造创新产业联盟副秘书长等。

方江华

副教授、高级工程师，硕士，国家一级注册建造师，现任北京住总集团有限责任公司地铁指挥部总工程师、集团技术质量部副部长，兼任北京盾构工程协会副秘书长。先后在高校、生产一线和机关从事岩土与地下工程的教学、科研、生产技术服务与管理工作。在国家级核心期刊发表学术论文20多篇，EI收录数篇，作为副主编编写安徽省规划教材一部，主持或参与多项省部级科研课题；获发明和实用新型专利各2项。

院士寄语

盾构法由于其安全、快速、高效，已越来越广泛地应用于城市轨道交通、铁路、公路、市政基础设施等领域隧道工程的建设中。盾构机问世至今已有100多年的历史，始于英国，发展于日本、德国。21世纪以来，我国已是世界上隧道及地下工程规模最大、数量最多、地质条件最复杂、修建技术发展速度最快的国家，用于城市轨道交通和其他领域地下空间建设的盾构机（隧道掘进机）保有量已达1200余台，位居世界前列。

据统计，截至2015年年底，国内城市轨道交通运营线路已达到97条，运营总里程达到3087km，运营车站达到2023座，居世界第一位；全国37个城市在建项目159个，在建里程达到3800km，完成投资3683亿元。截至目前，全国共有43个城市的轨道交通建设规划获得批复，规划总里程达8600km。随着我国城市轨道交通建设规模的快速扩张，城市地下综合管廊和海绵城市的建设异军突起，国家“一带一路”建设以及城市深层空间的开发，将会对我国盾构机研发与制造、设计与施工、盾构耗材的生产与辅助装备以及盾构机的再制造提出更高要求，未来我国盾构产业发展前景广阔。

盾构法的广泛应用，带动了盾构工程设计施工及监理、盾构设备维保及再制造、盾构机配件、耗材生产及辅助设备等相关产业的快速发展。2015年，我国盾构产业产值已接近2000亿元人民币；在盾构施工方面，已积累了大量在复杂地质环境、建（构）筑物密集和穿越大江大河等各种风险条件下的施工经验，并取得了大量创新成果，其中很多成果已经达到世界先进水平。但盾构技术快速大规模应用的同时，如何提高行业整体技术水平，防范盾构施工风险，不断创新，仍是业内必须高度重视的课题。

我翻阅了《中国盾构工程科技进展》，得知本书是北京盾构工程协会在2015年组织有关专家对10个省市盾构产业进行调研的基础上编写的，目的就是总结和推广成功经验和创新成果，行业协会就是要做这样促进行业健康发展的事情。本书内容丰富、着眼行业全局，编撰体系有创新，没有拘泥于惯例，既体现了我国近十年来盾构工程科学技术成果，又站在盾构技术的发展前沿，可以启发业内技术人员继续创新，是我国盾构发展历史中的一部价值非常高的重要文献，值得广大盾构工程从业者和爱好者学习。

施仲衡

中国工程院院士

2016年9月

依靠自主科技创新推动盾构
产业快速发展

徐滨士
二〇一六·十

科技使盾构腾飞，
盾构助隧道施工
现代化

贺《中国盾构工程科技进展》

钱七虎
二〇一六·十一·一

中国制造2025盾构引领潮流

贺《中国盾构工程科技进展》出版

王梦恕

2016.11.1

智能技术引领盾构装备的发展，

贺《中国盾构工程科技进展》出版。

杨华勇

2016.10.

《中国盾构工程科技进展》

编写委员会

总策划：杨兴富

策　划：（按姓氏笔画排序）

马　栋　王　良　王文学　王杜娟　孔　恒　田世文
乐贵平　刘卞丁　刘双仲　江玉生　关　龙　阮　霞
杜永绥　李国强　李晓林　余　乐　张　伟　张　弥
张自太　张建民　陈　馈　陈英盈　陈韶章　邵翔宇
竺维彬　周　俊　周文波　周江天　油新华　胡胜利
钟长平　贺长俊　贺少辉　耿亚京　袁大军　黄昌富
黄常波　常喜平　程永亮　游大江　路　刚　蔡永立

顾　问：（按姓氏笔画排序）

王梦恕　杜彦良　杨华勇　施仲衡　钱七虎　徐滨士

主　编：吴煊鹏

副主编：刘　军　朱宏军　方江华

编　委：（以章节顺序主要供稿、编辑人员排序）

袁立刚　石元奇　王正元　郑永光　王宇飞　易　杰
全雪勇　邓立营　党军峰　申志军　庄榕榕　付仁鹏
尹清锋　尚华梁　闻和咏　桂轶雄　郑仔弟　赵洪岩
马云新　李小岗　帅玉兵　李天宇　杨开武　王胜勇
王海明　李振武　郭　健　阎向林　于兴国　王敏伟
李安清　乔国刚　蒙先君　薛尔莎　张豫湘　张　涛
张洪涛　周刘刚　贾　飞　付春青　李宏安　张天举

主编单位：北京盾构工程协会

参编单位：

北京市轨道交通建设管理有限公司
北京城市快轨建设管理有限公司
广州地铁集团有限公司
北京城建设计发展集团股份有限公司
北京建工京精大房工程建设监理公司
广州轨道交通建设监理有限公司
浙江大学
北京交通大学
中国矿业大学(北京)
北京建筑大学
石家庄铁道大学
北方工业大学
盾构及掘进技术国家重点实验室
装备再制造技术国防科技重点实验室
中铁工程装备集团有限公司
中国铁建重工集团有限公司
北方重工集团有限公司
上海隧道工程股份有限公司
中交天和机械设备制造有限公司
中船重型装备有限公司
辽宁三三工业有限公司
德国海瑞克股份公司
河北德林机械有限公司
北京住总集团有限责任公司
北京市政建设集团有限责任公司
北京市市政四建设工程有限责任公司
北京建工土木工程有限公司
中国建筑股份有限公司
中建交通建设集团有限公司
中建市政建设有限公司
中国铁建十六局集团有限公司
中铁十六局集团地铁工程有限公司
中铁十六局集团北京轨道交通工程建设有限公司
中国中铁隧道集团有限公司
中国铁建十四局集团有限公司
中国铁建十一局集团有限公司
中国中铁三局集团有限公司
中国石油天然气管道局第四工程分公司
沈阳鑫山盟建材有限公司
天津立林机械集团有限公司
山东天工岩土工程设备有限公司
河南豫中起重集团有限公司
洛阳特重轴承有限公司
北京九镁科技有限公司
北京金隅砂浆有限公司

序

北京盾构工程协会组织编纂这本《中国盾构工程科技进展》，是一件很有意义的事情，此书将对推动我国盾构工程科技进步和科技创新、促进我国盾构产业更好更快发展起到重要作用。编委会请我给本书写个序，作为北京盾构工程协会的名誉理事长，我愉快地答应了下来。

北京盾构工程协会自成立以来，按照创新发展、不断探索、真抓实干、为行业服务的精神，在学术交流、技术咨询、人才培训、信息服务、盾构机国产化及再制造等方面做了很多重要工作。我认为其中最值得称道的还是2015年组织的“我国盾构产业发展现状”调研。历时近一年，先后对盾构产业比较集中的北京、上海、广州、深圳、湖南、河南、河北、辽宁、江西、乌鲁木齐等10个省市进行了调研。调研对象涵盖盾构工程规划设计、建设管理、工程施工、工程监理、盾构机制造和再制造、盾构机零部件生产及盾构耗材生产等有代表性的企业。在调研过程中我们欣喜地看到中国盾构行业、盾构科技所取得的巨大成就和广阔的发展前景，也听到了各单位提及的盾构行业发展中存在的问题与中肯的建议，协会对调研中各单位提出的对策和建议进行归纳总结，向国家工业和信息化等有关部门作了专题汇报；同时，协会组织了一批专家、学者和盾构技术人员对各单位提交的反映本单位科技进展的材料编撰成《中国盾构工程科技进展》一书。

国际上盾构发展历史悠久，中国盾构应该是2000年后才加速发展的。盾构产业是我国近十几年迅速发展起来的新兴产业，全国盾构机拥有量从当时不到20台发展到今天的1200多台；盾构法施工从少数几个城市应用到已经在各大中城市普遍应用，从穿长江越黄河、跨海大直径长距离盾构施工到城市轨道交通、公路、铁路、水利、电力、地下管廊、核电、煤矿巷道等隧道工程建设，盾构法施工显示出在复杂地质环境、安全质量、环境保护等方面的优越性。经过十多年的发展，许多施工单位已经在国际上承包盾构工程，我国盾构施工技术已经达到国际先进水平，部分处于国际领先水平。十多年来，中国盾构机设计制造也实现了跨越式发展，从进口盾构机产品独占市场到国产盾构机占据85%市场份额并向国际市场进军；从引进技术、国际交流到自主创新、中国创造、中国制造，盾构机产业为我国成为制造强国起到了示范带头作用。整体上看，中国盾构技术已经是国际盾构技术中的重要组成部分，盾构行业已经成为我国一带一路，走出国门的先锋。这是我国综合实力提高的成果，也是盾构行业贯彻落实“创新、协调、绿色、开放、共享”发展的成果。根据我国经济和社会发展战略规划，盾构产业今后还会有更大的发展空间。

本书是我国近十年盾构工程科学技术成果的汇总，是对我国盾构工程科技发展的总结，是我国盾构发展历史中的一部重要文献。这些科技成果、专利、工法和典型案例，都是在盾构行业中具有先进性、代表性的例证。所以本书的出版发行，对于我国盾构工程行业具有重要意义。一是可以使广大读者从书中比较全面地了解我国盾构工程科技发展的现状，对盾构工程行业内甚至全国关注盾构工程行业的人士都是一个很大的鼓舞；二是最为重要的（也是本书编纂的主旨），可以使这些科技成果、专利、工法及典型案例等重要信息在行业内得到共享和相互借鉴，推动我国盾构工程科技进步和创新、促进我国盾构产业更快发展。

从本书的参编单位和书的内容看，我国盾构行业的主要企事业单位和科研单位都有参与。我希望北京盾构工程协会再接再厉，多做一些类似的有重要意义的工作，多提供一些帮助盾构行业各单位之间沟通交流的平台，为把我国盾构产业打造成引领国际水平的又一张名片做出更大的贡献。

最后，为《中国盾构工程科技进展》一书的出版发行，我谨向为本书提供科技成果及资料的企事业单位表示衷心的感谢！向编委会的专家学者、参编单位、为编纂本书付出辛勤劳动的所有工作人员表示诚挚的问候和热烈的祝贺！

全国人大十届常委、全国总工会原副主席 杨兴富

2016年9月6日

前言

本书是在北京盾构工程协会2015年组织的全国盾构行业调研成果的基础上，对各个协会会员单位提交的各种资料进行精选、分类、修改、补充、编撰而成。

本书共分六篇，分别介绍了我国盾构产业发展现状、盾构新科技、盾构工程科技成果、盾构工程专利、盾构工程施工工法、盾构工程典型案例。本书所收入的内容基本上为近十年的盾构科技创新成果，由于本书篇幅所限，案例、科技成果、工法之间的内容一般不重复介绍，也不可能收入盾构行业所有的案例、科技成果、工法和专利。但我们还是尽力让本书收入的内容形成一个能比较全面反映我国近些年盾构（隧道掘进机）行业科技进展历程与现状的基本概貌体系，一本能用于盾构行业内的技术交流和信息共享的书籍。例如盾构机制造和再制造的创新研究方法和成果，可供盾构机研发和制造单位互相借鉴，各种新型盾构机可供施工企业选型；成功的盾构工程案例、科技成果、施工工法和专利可供施工企业或相关单位参考和应用。

中国盾构研究与应用，起源于20世纪60年代，随后得到迅速发展和大规模应用，这是改革开放和国家综合实力提高的结果。中国盾构行业自2006年以来发展十分迅猛，盾构机在交通、水利、电力、地下空间开发等领域的隧道施工中得到广泛应用。中国盾构科技井喷式的发展和进步，让世界叹为观止。在以前是工程禁区的复杂地质环境、建（构）筑物密集和大江大河等风险条件下，中国盾构工程技术人员创造了一个又一个成功案例。从盾构工程勘察设计、盾构机设计制造与再制造、盾构机配套设备与耗材生产、盾构科学研究、盾构施工技术等各方面形成了一个完整的产业链，并获得了众多的发明专利、工法及国家级、省部级科技进步奖。

今天，我们已经看到，中国盾构技术与国际盾构技术已经融为一体，更有一些技术已经具有世界领先水平。国外盾构企业在国内合资办厂，中国盾构企业并购欧美企业，形成了你中有我、我中有你、融合发展的新格局。中国盾构行业在不断创新发展的同时，也在不断学习、吸收、借鉴国际盾构新技术；在布局国内市场的同时，紧紧盯着国际盾构市场。中国盾构行业前进的脚步在加速，盾构行业队伍和发展势头正在扩大。

我们相信，未来的十年，中国盾构工程科技在现在的基础上还会有进一步的强势发展。特别是在海底隧道、深埋隧道、高水压隧道、超大直径隧道工程技术领域，在超大直径盾构机国产化、核心零部件国产化、盾构机再制造等技术领域，在盾构应用机器人、3D打印、BIM、VR虚拟、自动化、互联网+、物联网、大数据、云平台等新技术领域都将取得全面突破。

中国盾构从一个以前受众极小的领域发展到今日国家重视、全民了解的大国重器、开路先锋和国家名片，很多科研技术人员为之付出了几十年的辛勤努力，很多单位在盾构领域先行一步、艰辛开拓，还有更多的人默默奋战在盾构工程第一线，他们是伟大的“地下工作者”，是盾构创新的劳动者。借本书出版发行之机，谨向他们表达最崇高的敬意。

在此，还要向为本书提供资料的各协会会员单位、协会会员，参编单位及为本书编撰提供各种帮助的各界同仁表示诚挚的感谢。

限于编者水平，本书疏误之处在所难免，敬请专家及读者批评指正。

《中国盾构工程科技进展》编委会

2016 年 9 月 1 日

目 录

第 1 篇 我国盾构产业发展现状

第 1 章 我国盾构机研发、制造发展现状及存在的问题……3

第 1 节 盾构机研发、制造发展现状……3

第 2 节 盾构机研发、制造存在的问题……6

第 2 章 我国盾构机再制造发展现状及存在的问题……8

第 1 节 盾构机再制造的必要性和重要意义……8

第 2 节 盾构机再制造企业……9

第 3 节 盾构机再制造存在的问题……12

第 3 章 我国盾构施工技术发展现状及存在的问题……13

第 1 节 北京地区盾构施工技术发展现状……13

第 2 节 上海地区盾构施工技术发展现状……14

第 3 节 广州地区盾构施工技术发展现状……16

第 4 节 盾构施工企业……17

第 5 节 盾构施工方面存在的问题……20

第 4 章 我国盾构施工耗材和辅助装备发展现状及存在的问题……23

第 1 节 盾构施工耗材产品发展现状及存在的问题……23

第 2 节 盾构施工耗材生产企业和辅助装备生产企业……25

第 5 章 我国盾构产业发展展望……28

第 2 篇 盾构新科技

第 1 章 盾构机研制、创新及其应用……31

第 1 节 城市轨道交通类矩形盾构法隧道装备技术研究……31

第 2 节 超大型全断面(10.4m×7.5m)矩形隧道掘进机技术研究……92

第 3 节 世界首台大断面马蹄形土压平衡盾构机……130

第 4 节　国内自主研制的超大断面矩形顶管机……131
第 5 节　适合于城市地下综合管廊建设的小直径土压平衡盾构机……134
第 6 节　国内自主研制直径 8.03m 全断面岩石隧道掘进机……135
第 7 节　国内自主研制出口直径 3.53m 双 X 撑靴式岩石隧道掘进机……137
第 8 节　国产首台矿用斜井单护盾岩石隧道掘进机……138
第 9 节　国内自主研制首台敞开式岩石隧道掘进机……140
第 10 节　国产首台“长距离、大埋深、可变径”敞开式岩石隧道掘进机……142
第 11 节　国内自主研制首台铁路大直径土压平衡盾构机……144
第 12 节　世界首台永磁同步电机驱动土压平衡盾构机……146
第 13 节　国产亚洲最大直径 14.10m 复合式土压平衡盾构机……147
第 14 节　莞惠城际轨道大直径土压平衡复合盾构机……149
第 15 节　国产首台出口双护盾岩石隧道掘进机……150
第 16 节　国产首台自主研制双护盾岩石隧道掘进机……152
第 17 节　国产首台出口土压岩石双模式盾构机……155
第 18 节　国内自主研制首台出口的 ϕ3.14m 微型泥水平衡盾构机……157
第 19 节　天津铁路单洞双线隧道大直径泥水平衡盾构机……159
第 20 节　国内首台水下对接隧道大直径泥水平衡盾构机……160
第 21 节　首台穿越长江大直径泥水平衡盾构机……161
第 22 节　国产首台 8.53m 大直径敞开式岩石隧道掘进机……163
第 23 节　世界首台煤矿岩巷全断面掘进机……165
第 24 节　世界首台全断面矩形煤巷高效掘进机……166
第 25 节　国产首台 14.93m 超大直径泥水气压平衡复合式盾构机……168
第 26 节　珠机城际轨道交通用 ϕ8.78m 复合式土压平衡盾构机……171
第 27 节　广州制造世界最大直径 17.6m 盾构机……172

第 2 章　盾构机再制造技术及其应用……175

第 1 节　14.87m 超大直径泥水气平衡盾构吸收消化、再制造技术……175
第 2 节　盾构机关键系统再制造技术及应用……199
第 3 节　再制造技术在盾构机修复中的应用……214
第 4 节　S-254 土压平衡盾构机整机再制造及其应用……218
第 5 节　TBM 整机再制造开拓国外市场和应用……223

第 3 章　新技术在盾构工程中的应用……225

第 1 节　3D 激光打印技术在盾构工程中的应用……225
第 2 节　盾构隧道装配式衬砌三维力学分析理论与方法……228
第 3 节　盾构施工实时远程监控系统……232
第 4 节　深圳地铁 9 号线盾构隧道预埋滑槽应用技术……236
第 5 节　可组装式多功能盾构管片力学性能试验系统……240
第 6 节　盾构三维云平台的研究及应用……246
第 7 节　环保型预拌砂浆的技术研究及工程应用……250
第 8 节　硬岩 TBM 新型高耐磨高韧性滚刀研制及其应用……258

第 3 篇　盾构工程科技成果

第 1 章　国家级科技奖励……263
第 1 节　盾构装备自主设计制造关键技术及产业化……263
第 2 节　砂卵石地层盾构隧道施工安全控制与高效掘进技术……266
第 3 节　高水压浅覆土复杂地形地质超大直径长江盾构隧道成套工程技术……268
第 2 章　省部级与企业级科技奖励……271
第 1 节　南水北调中线穿黄隧道施工关键技术研究与应用……271
第 2 节　小角度近距离立体交叉地铁盾构下穿昆明火车站的关键技术……272
第 3 节　大直径土压平衡盾构机综合施工技术……272
第 4 节　大粒径卵石地层中盾构长距离下穿运营高铁施工技术……273
第 5 节　城市地铁近距离穿越地铁和桥梁综合施工技术……274
第 6 节　大坡度小半径重叠隧道盾构综合施工技术研究……275
第 7 节　杭州复杂地质条件下盾构区间综合施工技术……277
第 8 节　黄河冲淤积地质城市地铁综合施工技术……277
第 9 节　盾构隧道近距离小角度上穿既有矿山法隧道施工关键技术研究……278
第 10 节　盾构小半径下穿京沪京九多股铁路特级风险源施工技术研究……279
第 11 节　混合地层小半径连续正反向曲线段土压平衡盾构综合施工技术研究……280
第 12 节　盾构高压环境下动火修复关键技术研究……281
第 13 节　4m 小直径土压平衡盾构机研制……282
第 14 节　“中建一号”盾构机系统改造与应用……283
第 15 节　盾构机及辅助装置修复创新技术研究与应用……284
第 16 节　盾构下穿建(构)筑物群施工技术……285
第 17 节　复杂条件下盾构施工关键技术……286
第 18 节　特殊环境条件下地铁盾构施工综合技术……287
第 19 节　复杂地质条件下小断面长距离泥水平衡盾构施工技术研究……287

第 4 篇　盾构工程专利

第 1 章　发明专利……291
第 1 节　一种密实砂层中加快盾构掘进的刀盘刀具改进方法……291
第 2 节　软土地层既有盾构法隧道防渗漏保护方法……292
第 3 节　一种无水砂卵石地层盾构开仓换刀的方法……293
第 4 节　一种隧道用同步注浆材料及其制备方法……294
第 5 节　盾构机皮带输送机刮泥清洗装置及其安装方法……295
第 6 节　盾构机千斤顶撑靴安装与拆卸装置及撑靴安装、拆卸方法……296
第 7 节　盾构机注浆管路清洗的浆液和水回收利用系统及操作方法……297
第 8 节　盾构掘进过程中更换尾刷的装置及其施工方法……298

第 9 节　一种盾构泥渣净化回收再利用系统及其方法 ……300
第 10 节　盾构施工用装配式轨枕及其施工方法 ……301
第 11 节　轮式移动基座过站施工方法及装置 ……302
第 12 节　一种用于盾构机刀具磨损量的检测装置及检测方法 ……303
第 13 节　一种用于隧道盾构施工中的刀具磨损检测装置及方法 ……305
第 14 节　一种盾构机刀盘在隧道内高压环境下的修复方法 ……306
第 15 节　一种隧道和地下工程中盾构刀盘检修井机械成井的方法 ……307
第 16 节　用于高压环境下干式焊接的载人培训试验舱及试验方法 ……308
第 17 节　预设加固桩群建立城市地下隧道盾构刀盘修复空间的方法 ……310
第 18 节　盾构穿越检查井的施工方法 ……311
第 19 节　一种盾构通过竖井结构的施工方法 ……312
第 20 节　管片快速吊运装置 ……314
第 21 节　轴端出渣螺旋输送机 ……315
第 22 节　盾构机管片拼装机抓取装置 ……317
第 23 节　盾构机螺旋输送机驱动机构 ……318
第 24 节　敞开式岩石掘进机斗轮式清渣装置 ……319
第 25 节　盾构机管片快速卸载装置 ……320

第 2 章　实用新型专利 ……322

第 1 节　一种盾构隧道简易实用台车轨枕 ……322
第 2 节　成型盾构隧道顶部管片拆除装置 ……323
第 3 节　成型盾构隧道下部管片拆除装置 ……324
第 4 节　盾构分体始发管线同步移动装置 ……325
第 5 节　盾构机过站反力装置 ……327
第 6 节　盾构掘进隧道内行人通行装置 ……328
第 7 节　门式起重机装配式轨道基础 ……329
第 8 节　移动托架 ……330
第 9 节　砂卵石地层盾构刀盘 ……331
第 10 节　一种盾构隧道贯通口管片结构 ……332
第 11 节　盾构机分体始发加长管线隧道内悬吊架 ……333
第 12 节　盾构机分体始发加长管线隧道外悬吊架 ……334
第 13 节　土压平衡盾构机始发与接收施工多功能作业架 ……336
第 14 节　盾构施工预制拼装型集土坑 ……337
第 15 节　一种用于富集大粒径漂石地层的盾构刀盘 ……338
第 16 节　一种盾构机用重型撕裂刀 ……339
第 17 节　一种用于软硬不均互侵复合岩层的盾构复合式刀盘 ……340
第 18 节　盾构机步履式推移车 ……342
第 19 节　一种软硬不均互侵复合岩层的盾构刀盘与刀具选型配置 ……343
第 20 节　一种刀具呈分层多点布置的盾构刀盘 ……344
第 21 节　盾构机用耐磨板 ……345

第 22 节 盾构机用先行刀 ……346

第 5 篇 盾构工程施工工法

第 1 章 国家级工法 ……351
第 1 节 地铁盾构始发阶段近距离下穿地铁运营线路施工工法 ……351
第 2 节 盾构掘进过程中盾尾刷更换施工工法 ……364
第 3 节 车站风道下井盾构始发施工工法 ……371
第 4 节 富水砂卵石地层大直径泥水盾构掘进施工工法 ……379
第 5 节 富水富含大粒径漂石复杂地层盾构隧道施工方法 ……395
第 2 章 省部级工法 ……408
第 1 节 全环管片拼装式盾构空推通过竖井施工工法 ……408
第 2 节 盾构直接切削围护结构始发与接收施工工法 ……409
第 3 节 地铁盾构小半径分体始发施工工法 ……410
第 4 节 砂卵石地层盾构隧道施工工法 ……411
第 5 节 步履式推移车承载盾构机整体过站施工工法 ……412
第 6 节 盾构双液同步注浆施工工法 ……414
第 7 节 封闭式车站盾构调头始发施工工法 ……415
第 8 节 盾构隧道与预筑法车站同步施工工法 ……415
第 9 节 带压检查更换盾构刀具施工工法 ……416
第 10 节 盾构小车过站施工工法 ……417
第 11 节 盾构刀盘检修工作间施工工法 ……418
第 12 节 0.5 ~ 0.65MPa 水压—松散地层小断面盾构穿越施工工法 ……419
第 13 节 小断面长距离盾构隧道施工工法 ……420
第 14 节 无水砂卵石地层盾构常压开仓换刀工法 ……422
第 15 节 富水圆砾地层泥水盾构短套筒密闭接收施工工法 ……423
第 16 节 大断面土压平衡盾构浅覆土、小间距平行始发施工工法 ……424
第 17 节 盾构在砂卵石地层中极近距离穿越河桥施工工法 ……425
第 3 章 企业级工法 ……428
第 1 节 泥水平衡盾构施工工法 ……428
第 2 节 上软下硬地层盾构接收段近距离下穿既有地铁线路施工工法 ……429
第 3 节 岩溶地区土压平衡盾构施工工法 ……430
第 4 节 密闭钢套筒接收盾构施工工法 ……431
第 5 节 盾构空推拼管片施工工法 ……432
第 6 节 盾构机快速过站施工工法 ……433
第 7 节 盾构隧道近接既有建(构)物施工工法 ……434
第 8 节 富水复合地层盾构施工工法 ……434
第 9 节 盾构常压填仓换刀施工工法 ……435

第 6 篇　盾构工程典型案例

第 1 章　大直径盾构工程案例……439

第 1 节　北京地下铁路直径线隧道大直径泥水盾构施工技术……439
第 2 节　天津地下铁路直径线隧道大直径泥水盾构施工技术……448
第 3 节　京津城际延伸线解放路铁路隧道小半径曲线大直径泥水盾构施工关键技术……460
第 4 节　穗莞深城际铁路 3 标盾构施工技术……466
第 5 节　长株潭城际铁路大直径土压平衡盾构姿态纠偏技术……473
第 6 节　南京地铁过江隧道大直径盾构施工技术……477
第 7 节　南水北调穿黄泥水盾构始发洞门密封装置喷浆的解决技术……482
第 8 节　南水北调穿黄盾构刀盘刀具地下维修技术……487
第 9 节　扬州膨胀性黏土地层超大直径泥水盾构施工技术……498

第 2 章　盾构穿越风险工程案例……504

第 1 节　北京地铁 9 号线盾构穿越玉渊潭湖施工技术……504
第 2 节　北京地铁 14 号线盾构穿越朝阳公园南湖施工技术……510
第 3 节　北京地铁 14 号线下穿既有 15 号线地铁隧道盾构施工技术……521
第 4 节　北京地铁 14 号线盾构下穿高铁综合技术研究与应用……532
第 5 节　北京地铁浅覆土盾构下穿机场停机坪施工技术……542
第 6 节　北京地铁盾构小曲线半径穿越多股轨道铁路施工技术……547
第 7 节　西安地铁 2 号线盾构穿越湿陷性黄土地层古文物保护区施工技术……555
第 8 节　广州地铁燕塘站—梅花园站区间盾构穿越矿山法段施工技术……564
第 9 节　深圳地铁 9 号线上软下硬地层盾构切削居民楼群桩施工技术……573
第 10 节　南京地铁 3 号线深埋复杂地层中盾构长距离下穿玄武湖施工技术……579

第 3 章　不同地质条件下盾构工程案例……586

第 1 节　北京地铁无水漂卵砾石地层盾构施工技术……586
第 2 节　广州地铁土压平衡盾构穿越砂层施工技术……596
第 3 节　沈阳地铁胶泥质黏土地层渣土改良及盾构掘进参数优化施工技术……602
第 4 节　成都地铁高富水大粒径卵漂石地层盾构施工技术……607
第 5 节　南京石化过江小断面盾构机在粉细砂层中的脱困施工技术……610
第 6 节　北京电力隧道长距离无水砂卵石地层盾构施工技术……613
第 7 节　重庆电力隧道砂岩地层盾构施工技术……619
第 8 节　南京电力隧道角砾岩地层盾构施工技术……623

第 4 章　特殊工况下盾构工程案例……631

第 1 节　北京地铁 14 号线南八里庄站—北京工业大学站区间盾构洞内脱壳解体施工技术……631
第 2 节　北京地铁超长小间距隧道盾构施工技术……639
第 3 节　广州地铁高新区间盾构机被“球形风化体”卡刀盘处理技术……646
第 4 节　南宁地铁广白区间泥水平衡盾构机始发堵塞处理与改进技术……649
第 5 节　西气东输钱塘江隧道粉砂地层中盾构水下贯通技术应用……654

第 5 章　其他相关盾构施工技术案例……658

第 1 节　煤矿斜井 TBM 工法施工防排水处置技术……658

第 2 节　长大煤矿斜井 TBM 工法运输技术应用……661

第 3 节　大坡度煤矿斜井 TBM 施工有害气体预控技术……665

第 4 节　50t 盾构门式起重机安装技术……668

第 5 节　地铁盾构施工监理测量控制技术……676

第 6 节　珠三角城际铁路莞惠线 6 标复合地层大直径土压平衡盾构机刀盘选型与应用……682

第 7 节　北京砂卵石地层下盾构施工中刀盘刀具配置技术……689

第 8 节　珠机城际轨道交通工程大直径盾构机吊装技术……693

第1篇 我国盾构产业发展现状

盾构法施工因其安全、高效，已越来越广泛地应用于城市轨道交通、铁路、公路、市政基础设施等领域的隧道工程建设中。盾构机问世至今已有 100 多年的历史，始于英国，发展于日本、德国，壮大于我国。如今我国已是世界上隧道及地下工程规模最大、数量最多、地质条件最复杂、修建技术发展速度最快的国家，用于城市轨道交通和其他领域地下空间建设的盾构机保有量已达 1200 余台，位居世界前列。

盾构法施工的广泛应用，带动了盾构相关行业的快速发展。由盾构机制造、盾构工程设计施工及监理、盾构设备维保及再制造、盾构机配件、耗材生产及辅助设备等各行业构成的有机链接，已经在我国形成了一个庞大的盾构产业，2015 年我国盾构产业产值已接近 2000 亿元人民币。另外，在盾构施工方面，我国也积累了很多在复杂地质环境、建（构）筑物密集和穿越大江大河等各种风险条件下的施工经验，并取得了大量创新型成果，其中很多成果已经达到或超过世界先进水平。

据统计，截至 2015 年年底，国内城市轨道交通运营线路已达 97 条，运营总里程达到 3087km，运营车站达到 2023 座，居世界第一位；全国 37 个城市在建项目 159 个，在建里程达到 3800km，完成投资 3683 亿元。截至 2016 年 9 月，全国共有 43 个城市的轨道交通建设规划获得批复，规划总里程达 8600km，加之城市地下空间（尤其是大深度地下空间）的开发建设规模逐年增加，未来盾构产业必将持续快速发展。

为掌握我国盾构产业的发展现状，总结和推广成功经验和创新成果，2015 年，北京盾构工程协会组织有关专家在全国范围内进行了为期近一年的调研，先后调研了盾构产业比较集中的北京、上海、广州、深圳、湖南、河南、辽宁、河北、江西、乌鲁木齐等 10 个省市，调研对象涵盖建设单位，盾构工程设计、施工、监理单位，以及盾构机制造、再制造、配件、耗材生产及辅助设备等有代表性的企业。

本篇将根据调研结果，介绍我国盾构产业发展现状和存在的一些问题，并对我国盾构产业未来的发展进行展望。

第1章　我国盾构机研发、制造发展现状及存在的问题

盾构法施工的主要设备是盾构机。盾构机是一种集光、机械、液压、电器、传感信息技术于一体的特大型高端工程机械装备，在施工过程中同时具有测量导向纠偏、开挖切削岩土体、拼装隧道衬砌、输送渣土等功能，各部分设备之间相互关联，内部各区域设备复杂且集成程度高（图1-1-1）。因此，盾构机是目前承载世界最前沿技术的工程机械装备，也是衡量一个国家制造业水平和能力高低最具代表性的重大装备。但是长期以来，国内使用的盾构机主要依赖从发达国家进口，不仅价格昂贵、制造周期长，而且在关键技术上受制于人。随着我国隧道工程建设高峰期的到来，拥有国产盾构机已经迫在眉睫。

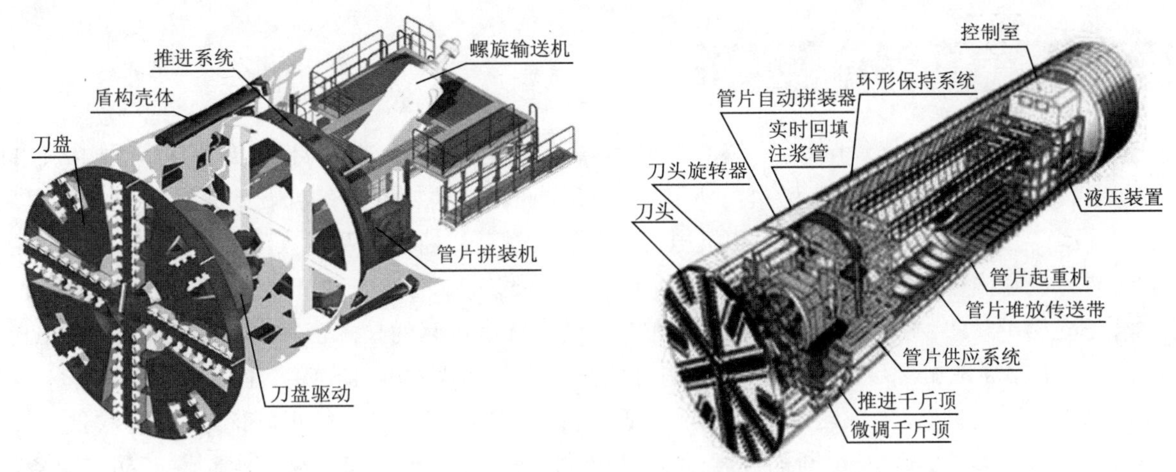

图1-1-1　盾构机结构示意图

经过近几十年的努力发展，我国盾构机制造水平与发达国家的差距在不断缩小，积累了相当多的产品和技术基础，并拥有大量专利。通过国家层面的引导，我国盾构工程知识产权有效支撑着盾构产业的创新发展，显著提高了我国盾构产业的国际竞争力和规则主导力。

第1节　盾构机研发、制造发展现状

近年来，国内各重型机械制造企业纷纷通过与国外盾构机制造商合作、合资或自主研发及并购国外公司，进入盾构机制造领域，中国制造的盾构机产品开始在市场上占据主要地位。

目前，国内已有近30家企业进入盾构机（隧道掘进机）制造行业，已经和正在生产的盾构机达1100多台，其中部分已出口国外。生产数量最多的是中铁工程装备集团有限公司，多达402台；中国铁建重工集团有限公司251台，上海隧道工程股份有限公司208台，中交天和机械设备制造有限公司128台，北方重工集团有限公司98台，辽宁三三工业有限公司73台。主要盾构制造企业具有自主开发、设计、制造、

成套以及施工的能力，正逐步实现自主化、本土化、产业化、市场化，取得了丰硕的成果；研发、制造的盾构机已经达到了国际先进水平。目前，越来越多的工程开始使用我国自主制造的盾构机，其施工水平得到行业的高度认可。

国内盾构机制造企业在研发和制造方面取得了大量创新成果，已经打破了国外盾构机独占市场的局面。值得一提的是，我国盾构机制造企业已开始收购与兼并国外盾构机制造企业，如北方重工集团有限公司在2007年并购法国NFM公司后，于2016年又成功并购美国罗宾斯（罗宾斯为世界硬岩掘进机制造商的代表），这标志着北方重工集团有限公司已成功跻身于世界级盾构机研发制造基地之列；辽宁三三工业有限公司于2014年全资收购了卡特彼勒（CATERPILLAR）加拿大隧道设备有限公司，获得了国际先进的隧道掘进机核心技术、知识产权及国际营销渠道、海外生产基地；中铁工程装备集团有限公司于2014年与德国维尔特公司签署了硬岩掘进机及竖井钻机知识产权收购协议，标志着中铁工程装备集团有限公司在增强国内外市场能力的同时，奠定了占据世界掘进机技术前沿的基础。国内盾构机制造企业通过收购与兼并国外企业，拥有了世界先进技术和国际销售渠道，为我国盾构机进入全球市场奠定了基础。

下面仅对本次调研过的我国从事盾构机研发、制造和零配件生产的企业进行简要介绍，以便读者更加清晰地了解我国盾构机目前在研发、制造及应用等方面的情况。

1. 中铁工程装备集团有限公司

中铁工程装备集团有限公司（以下简称“中铁装备”）成立于2009年12月，是专业从事盾构机、TBM等隧道专用设备研发、制造和技术服务的大型专业集团企业。中铁装备拥有四个全资总公司，分别是盾构制造公司、设备制造公司、技术服务公司和机电工程公司，在德国、新加坡和马来西亚等国家都设有服务中心。中铁装备在盾构机制造业上打破了多项世界纪录。经过几年的发展，中铁装备已经快速成长为一家拥有技术人员570人、工人735人，盾构机综合年产能达100多台套的技术密集型高端制造企业。随着国内盾构机需求的不断增加，中铁装备生产的盾构机总掘进里程已达330km，使用范围辐射全国。

经过多年的科技创新，中铁装备设计制造的盾构机及TBM产品已经能很好地适应淤泥、黏土、砂卵石、软岩、软硬不均复合地层及全断面硬岩地层，并能根据客户差异化需求提供定制性产品与服务。中铁装备系列盾构机/TBM在刀盘/刀具设计、驱动系统、土仓中心冲刷系统、渣土改良系统、耐磨设计、电控系统、监控系统、物料运输系统、后配套设备人性化设计等方面逐步形成独有技术特点，目前已经取得授权专利162项，其中PCT专利1项，发明专利20项。2014年，中铁装备收购德国维尔特公司；2015年，中铁装备自主研制的首台泥水平衡盾构机在郑州成功下线，该台盾构机还应用于新加坡地铁汤申线T209标项目，这标志着中铁装备盾构成功打入新加坡市场。

2. 中国铁建重工集团有限公司

中国铁建重工集团有限公司（以下简称“铁建重工”）隶属于中国铁建股份有限公司，其前身是2007年组建的中铁轨道系统集团，是我国首批全断面隧道掘进机一级资质生产企业，在国内有长沙和兰州两大盾构机生产基地，能同时组装24台盾构机。2009年，铁建重工生产的第一台盾构机正式下线，近三年来所生产的盾构机已遍布国内各大城市并销往中东、东南亚等地，国内市场占有率超过1/3。目前共有员工3200人，其中掘进机专业研发人员500人，享受国务院特殊津贴9人。

铁建重工通过自身的努力创新，在盾构机研发、制造方面做出了突出贡献，尤其是推动了盾构机关键零部件的国产化进程。铁建重工通过与国内有关科研院所联合，研制了用于盾构机检测的系列专用试验平台，其中包括液压测试试验台、减速机测试试验台、保压系统测试试验台等。目前，已经成为国内一家主驱动变频电机全部国产化、主驱动小齿轮 80% 国产化、导向系统全部国产化、转盘轴承类零件全部国产化的盾构机制造企业。另外，国产 PLC 也已经进入装机测试阶段。铁建重工一直坚持推动关键零部件国产化，从而打造国内盾构机制造产业链，从产品规划及设计制造方面充分满足国产化要求。

值得一提的是，铁建重工是一家完全自主研发的企业，完全的民族品牌。2013 年，铁建重工在国家科技支撑计划的支持下，开创性地研制出煤矿斜井双模式 TBM；2014 年，铁建重工生产制造了国内首台敞开式 TBM，并于 2016 年 3 月 26 日顺利下线掘进。同年，铁建重工生产制造的国内首台大直径砂卵石地层泥水平衡盾构，在兰州地铁 1 号线穿越黄河工程中投入使用。

3. 辽宁三三工业有限公司

辽宁三三工业有限公司（以下简称“辽宁三三”）成立于 2009 年，位于辽阳市辽阳县向阳工业园，公司占地面积 200 亩[1]，建筑面积 60000m^2，是辽宁省盾构机 /TBM 隧道掘进机工程研发中心，也是我国盾构机研发、制造企业。公司拥有员工 370 人，其中工程技术人员 63 人，高级工程师 19 人，专门从事研发人员 43 人。

辽宁三三已经为深圳、广州、南京、天津等多个城市的地铁项目生产盾构机；在海外市场方面，辽宁三三在加拿大生产制造 TBM 隧道掘进机，共有 41 台盾构机销往世界各地，其中包括美国、加拿大等地下空间开发较发达的地区。

2014 年 1 月，辽宁三三全资收购了卡特彼勒（CATERPILLAR）加拿大隧道设备有限公司，这标志着辽宁三三由一家中国地方企业跃升成为国际隧道掘进机行业的重要一员，并走向全球市场。

4. 上海隧道工程股份有限公司

上海隧道工程股份有限公司（以下简称“上海隧道”）是由上海城建集团控股的从事隧道施工与盾构机制造的企业。经过多年的发展，截至 2015 年，公司职工人数已达 2882 人，其中技术人员 1637 人。

自 1958 年开始研制生产隧道施工装备以来，上海隧道具有 40 余年的地下施工装备制造和大型成套设备安装的辉煌业绩和经验。上海隧道积极投入巨资，构筑中国国产化盾构产业，打造具有自主创新能力的新型企业。2004 年，上海隧道研制成功我国第一台具有自主知识产权和国际先进水平的土压平衡式盾构机，并与国外联合制造出刀盘直径达 15.43m 的超大盾构机。迄今为止，公司通过合作制造和自主研制已累计生产了 170 多台隧道掘进机，承建了盾构法隧道 550km 以上。在上海轨道交通工程建设中，上海隧道用自主生产的第一台双圆盾构掘进出我国第一条双圆隧道，使中国成为继日本后世界上第二个掌握双圆盾构隧道施工技术的国家。此外，还独立研制出我国第一台超大型矩形顶管机，成功地在宁波闹市区推出了地下人行通道。

5. 中船重型装备有限公司

中船重型装备有限公司为中国船舶工业集团公司直属企业。公司占地面积 10.8万m^2，盾构机制造总装车间面积 25000m^2，具备年生产和维修 45 台盾构机的能力，可承接 $\phi500 \sim \phi15000$ 各类隧道工程设

[1] 1 亩≈ 666.67m^2，下同。

备制造、维修项目，成为我国华南地区主要的盾构机研发制造、再制造及维修保养基地。

公司具有十多年盾构机整体装配、调试及现场安装经验，已维修过30台以上国内外各种机型盾构机。公司有研发人员31名，占公司职工比例约17%。公司已拥有“中船盾构”、“中船顶管”等自主品牌，获得实用新型专利11项。各项技术指标达到国际知名品牌水平。

6. 广州海瑞克隧道机械有限公司

广州海瑞克隧道机械有限公司是由广州电气装备集团有限公司下属企业广州广重企业集团有限公司与德国海瑞克股份公司共同出资组建的中外合资公司，成立于2003年4月，投资总额为700万美元，股资比例为广重35%、德方65%，是我国最大的隧道掘进机生产基地，是海瑞克集团全球第二大组装基地，可组装全国最大直径达19m的大型隧道掘进设备，产品集光、机、电、液于一体，能用于软土、硬岩和各种复杂地下岩土的隧道工程施工。其定制产品包括土压平衡盾构机、混合式泥水盾构机、单护盾硬岩掘进机、双护盾硬岩掘进机、开敞式硬岩掘进机。

公司自建成后已经成功承接项目达247项。截至2016年9月初，已经成功为广州、深圳、成都、沈阳、北京、香港等城市和新加坡、印度、新西兰、卡塔尔、韩国、土耳其、美国、日本、马来西亚、澳大利亚等国家提供了219台掘进设备。

7. 洛阳特重轴承有限公司

洛阳特重轴承有限公司始建于1992年，是专业制造特大型轴承的国家高新技术企业。主要产品类型有转盘轴承、非标精密轴承、轧机轴承，加工范围为外径300～10000mm。

公司于2009年开始进行盾构机制造和维保中的轴承配套。2009年2～3月，我国某地铁隧道公司所用的ϕ3300三排滚子组合转盘轴承（由日本KOYO公司制造），在某地铁隧道公司使用过程中出现损坏。公司对其进行了检测、分析、诊断，并实施修复，并经三维动态激光跟踪扫描仪检测，各项技术指标均达到用户要求。2010年6月，公司承接盾构机大型轴承生产，该盾构机轴承具有精度高，承载负荷大，加工难度大，工作环境苛刻等特点，外径达到5550mm，开创了盾构机轴承领域应用特重轴承的先河。

第2节　盾构机研发、制造存在的问题

我国盾构机的研发、制造已经取得了举世瞩目的成绩，但国内众多盾构制造企业实际上只是国外盾构机组装的代工车间。由于盾构机的“定制化”特点，其制造需要根据不同的地质条件，对盾构机进行不一样的配置，而且自动化、智能化程度非常高，这些核心技术都牢牢掌握在外资企业手里。盾构机研发、制造方面，有两个问题需要引起重视。

1. 关于盾构机国产化的问题

虽然我国盾构机制造水平呈现迅猛的发展势头，国内各大盾构机制造企业也纷纷推出具有国际领先

水平的盾构机，但是国内的施工企业却对国产盾构机褒贬不一。有的施工企业认为国产化盾构机整体质量和水平较进口产品存在一定的差距，国产化道路漫长；有的施工企业认为国产盾构机应有针对性的本地化设计，同时结合外资品牌特点（如德系盾构机耐用、适用范围广，日系盾构机灵活轻便、形式多样化）。

应依据各制造企业的优势，结合国内的实际情况，配备适应性强的刀盘刀具及配套设备，以更好地适应国内地质情况（如以北京为代表的砂层、砂卵石地层，以上海为代表的软弱地层，以广州为代表的风化岩及软硬不均地层等），逐渐生产制造出针对本土特点的盾构机，是国内盾构机制造企业仍然面临的巨大问题。

在盾构机配件方面，国内情况也不容乐观。很多盾构机在使用过程中出现问题后，由于国产件精度低或与盾构控制系统接口不匹配，无法代替进口件，而采购进口盾构设备配件不但价格昂贵且周期很长，对施工进度影响极大。

我国部分盾构机制造企业国产化程度见表 1-1-1。

盾构机国产化程度（单位：%）　　表 1-1-1

企业名称	刀盘系统	刀盘主驱动系统	自动系统	电气系统	输送系统	管片系统
中铁装备	70 ～ 90	20 ～ 35	40 ～ 50	55 ～ 65	60 ～ 80	50 ～ 55
铁建重工	85	80	90	85	90	90
辽宁三三	100	50	80	90	100	100
企业名称	注浆系统	液压系统	自动导向系统	构件密封系统	润滑系统	液压冷却系统
中铁装备	20 ～ 25	45 ～ 50	0 ～ 85	15 ～ 20	45 ～ 55	65 ～ 75
铁建重工	85	80	100	50	60	70
辽宁三三	100	80	100	95	100	100

从表 1-1-1 中盾构机国产化程度来看，辽宁三三是国产化程度最高的盾构机制造企业，盾构机各个系统国产化程度基本都能达到 80% 以上，有些系统已经达到了 100%，实现了自主生产。

对于盾构机的各个系统，如盾构刀盘系统、输送系统、液压冷却系统、管片系统和自动导向系统，我国已基本具备了相关技术，可实现自主生产。但是对于刀盘主驱动系统、注浆系统和构件密封系统，国产化程度还很低。

2. 关键核心技术研发问题

虽然如前所述，我国盾构机的研发及制造已经有了长足的发展，但总体而言，我国目前盾构机制造水平与世界品牌盾构机制造国家还存在较大的差距。同我国其他制造业一样，盾构机制造存在着“自主创新能力弱，关键核心技术对外依存度高，以企业为主体的制造业创新体系不完善，信息化水平不高”等问题，主要差距就是盾构机制造的一些核心技术还依赖外国，一些关键零部件制造水平相对较低。例如，国产盾构机驱动刀盘系统的核心技术，主要来自德系或日系盾构机；盾构机主驱动中特大型轴承及液压系统元器件，绝大多数依赖进口；遥控测量系统的精准度和质量，不能与国际品牌产品相比；一些超大直径的盾构机主要依赖进口；拥有自主知识产权的盾构机及关键零部件在我国盾构机制造产业中占有比例较低；在盾构机设计及制造方面的创新体系不完善，研发力量比较薄弱。

盾构机作为一种在隧道施工中的重要施工机械，从国外采购的价格高昂且涉及很多核心技术，因此，《中国制造 2025》中重点提及“需要尽快提升其国产化进程”。

第 2 章　我国盾构机再制造发展现状及存在的问题

第 1 节　盾构机再制造的必要性和重要意义

盾构机作为一种隧道掘进的专用工程机械，需要根据不同的工程地质情况进行量身定制，价格极高，每台售价根据不同规格一般在 2000 万～ 8000 万元人民币，硬岩掘进机与过江过海隧道用泥水平衡式盾构机售价在 1 亿～ 2 亿元人民币，超大直径盾构机售价更高。

盾构机设计使用寿命，按隧道掘进里程计一般为 6 ～ 10km。目前规定，达到设计使用寿命的盾构机必须作报废处理。据有关资料统计，自 2013 年，我国达到设计使用寿命的盾构机开始进入高发期，每年有 25% ～ 30% 的盾构机达到设计使用寿命而面临报废和淘汰。这样不仅会损失大量资金、耗费大量资源，而且还要对报废盾构机的钢材等金属材料进行回炉、对没有回收价值的材料进行垃圾处理，不可避免地又一次对环境造成污染。

“十三五”期间，我国城市基础设施建设步伐将进一步加快，其中城市轨道交通、地下综合管廊等城市地下空间的开发建设规模也将继续增加。这些都表明，今后盾构机使用量会越来越大，每年达到设计使用寿命的盾构机也会逐年增多，如何处理这些达到设计使用寿命的盾构机，已是迫在眉睫的重大任务，而解决的最有效途径就是进行盾构机再制造。

所谓盾构机再制造，是指在对达到设计使用寿命的盾构机进行失效分析和科学评估的基础上，按照原型新盾构机技术规范要求，通过以表面工程技术为基础的一系列制造技术进行重新加工制造后，使其使用寿命及其工作性能、功能、可靠性、经济性及环保性等指标不低于原型新盾构机的标准要求。盾构机再制造与汽车再制造、机床再制造及内燃机等其他装备再制造相比，具有大体量、多系统及高附加值的特点，如果将盾构机再制造产业化，将会产生巨大的经济效益和环境效益。2015 年，北京盾构工程协会指导成立的北京建工土木盾构机再制造基地，对一台超过设计使用寿命的德产 S254 盾构机进行了成功再制造，并在工程中得到成功应用。经测算，再制造这台盾构机与购置一台同类型的新机相比，可节省资金 2000 余万元，钢材 200 余 t，按标准煤计可节煤近 260t，减少二氧化碳及其他有害气体排放 700 余 t。目前，我国每年达到或超过设计使用寿命的各类型盾构机至少有 200 余台，如果对这些盾构机实施再制造，经济效益和环境效益不言而喻。

“十三五” 是我国实现工业转型升级的关键时期，加快发展盾构机再制造并使之产业化，将有力推动我国盾构机产业从“生产、消费、废弃”的单向型直线产业模式向“资源、产品、失效、再制造” 的节约型、循环型产业模式转变，对进一步加快我国再制造发展，促进我国建设“资源节约型、环境友好型”社会具有重要现实意义和深远战略意义。

我国一些企业已经着手开展盾构机再制造这种前沿技术，虽然在盾构机再制造领域各个企业仍处于起步阶段，但也已取得了一定的成果。下面仅对本次调研的我国从事盾构机再制造的企业进行简要介绍。

第 2 节　盾构机再制造企业

1. 北京建工土木工程有限公司

北京建工土木工程有限公司（以下简称“北京建工土木公司”），前身为成立于 1995 年的中德合资企业北京长城贝尔芬格伯格建筑工程有限公司，公司注册资本金为 3.5 亿元。

2013 年，北京建工土木公司和北京盾构工程协会在北京成立了第一家盾构机再制造和维保基地，目前已经成功地完成了一台海瑞克 S254 盾构机的再制造，这也是北京首台再制造盾构机。该机于 2015 年 5 月再制造下线，2015 年 9 月在北京地铁 16 号线 2 标段下井始发，盾构掘进 2.1km 后，于 2016 年 3 月 24 日安全到达。S254 盾构机于 2003 年购置，设计使用寿命为 10 年 /10km，以先到为准。截至 2013 年，共计在四个项目中投入使用，共计使用年限为 11 年，总掘进里程为 12km，无论使用年限还是掘进里程都超过了设计使用寿命。此台再制造盾构机开创了我国再制造盾构机工程应用的先河。

1）刀盘再制造

在刀盘改造方面，北京建工土木公司所采取的方案是：优化刀具布局，改造中心刀；在原刀盘面板上增加边刮刀、切刀等，增加刀盘切削性能；加焊刀具保护块，面板及周边加焊耐磨材料；在切口环部位接焊耐磨材料，保证与刀盘刀圈间合理间隙；面板采用敷设耐磨板和耐磨网格堆焊处理。这使得刀盘切削能力明显增强，面板的耐磨系数提高 30%，刀具布局更具合理性。

刀盘再制造情况前后对比如图 1-2-1 所示。

a）再制造前刀盘

b）再制造后刀盘

图 1-2-1　刀盘再制造情况前后对比

2）主驱动再制造

主轴承再制造由斯凯孚承担，对主轴承整体检修，滚道修复，更换部分滚子。齿面再制造由北京奥宇可鑫表面工程技术有限公司（以下简称“奥宇可鑫”）承担。再制造应用了冷焊技术，再制造后主轴承端面跳动检测为 2 丝，径向跳动为 1 丝，整体评级为 P6 级，优于合格水平（P5 级为合格）。

3）螺旋输送机再制造

螺旋输送机再制造时，对螺旋叶片应用新型耐磨焊材对焊，所用的焊条由再制造国家重点试验室提供（图 1-2-2）。

图 1-2-2　螺旋输送机叶片改造

4）油缸再制造

对油缸拆检、更换密封件，对油缸的划痕、气孔等采用冷焊或纳米电刷镀技术修复。

本盾构再制造过程中涉及多项高精尖技术，众多企业都参与其中，主要技术如下：

（1）性能失效分析、寿命评估技术；

（2）特殊冷镀、熔敷技术（奥宇可鑫）；

（3）特种焊接技术（奥宇可鑫）；

（4）特种材料应用技术（装备再制造技术国防科技重点实验室）；

（5）特殊试验检测技术（装备再制造技术国防科技重点实验室）。

2. 中船重型装备有限公司

中船重型装备有限公司对于盾构机再制造坚持两个原则：一是盾构机再制造技术所采用的零配件是修复件、更换件和自主再制造件联合使用；二是所生产的盾构机要达到甚至部分性能超越新机标准。

公司 2013 ～ 2014 年以恢复和提升原机性能为标准，完成维修、性能改造、再制造盾构机 18 台。与多家大型施工企业开展了深入的合作，包括中铁、中交、中建等。改造的盾构机类型包括土压平衡盾构机、泥水平衡盾构机。虽然公司在盾构机再制造方面涉足的时间不长，但是从已经获得的成果来看，改造部位已经涉及刀盘、主驱动、砂浆搅拌系统、螺旋输送机、拼装机、铰接密封段和整机改造等方面，下面列举比较有代表性的盾构机再制造项目。

（1）对广东省水电集团有限公司的海瑞克 S432，$\phi6280$ 盾构机的刀盘进行了再制造，再制造后刀盘性能恢复至新机的性能，如图 1-2-3 所示。

图 1-2-3　刀盘再制造情况前后对比

（2）对香港正记贸易有限公司的三菱 1669，$\phi2480$ 土压平衡式无铰接盾构机进行了再制造，加装了铰接装置，性能较新机有了很大的提升，如图 1-2-4 所示。

图 1-2-4　加装铰接装置情况前后对比

（3）对中建交通建设集团有限公司的 NFM，ϕ6280 土压平衡盾构机的主驱动土砂密封性能进行了再制造，弥补了之前盾构机的不足，更加适应工程地质条件，如图 1-2-5 所示。

图 1-2-5　密封性再制造情况前后对比

（4）对中建交通建设集团有限公司的 NFM，ϕ6280 土压平衡盾机砂浆搅拌系统进行了再制造，如图 1-2-6 所示。

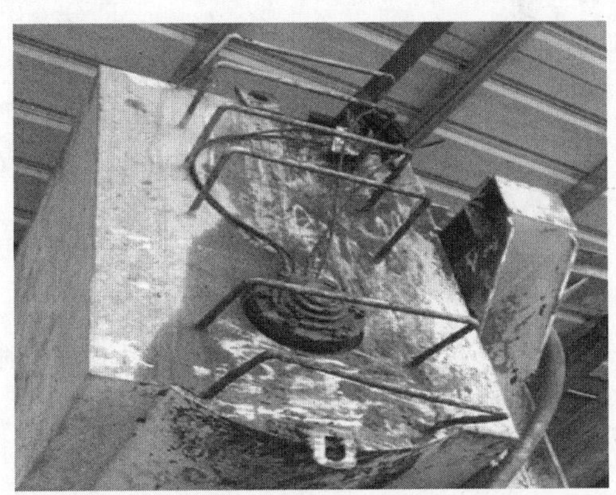
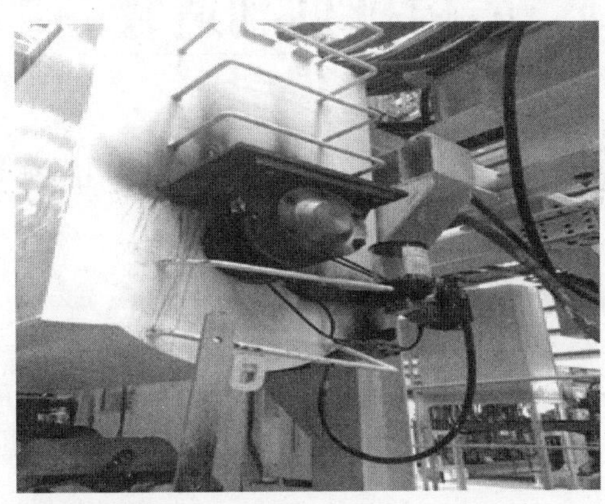

图 1-2-6　砂浆搅拌系统再制造情况前后对比

3. 中铁工程装备集团有限公司

中铁工程装备集团有限公司拥有专业的再制造技术服务子公司，是一支由 285 人组成的专业从事盾构机售后服务的团队。自再制造技术服务子公司成立以来，除为本企业盾构、顶管、TBM 提供技术服务以外，还承揽小松、LOVAT、NFM、海瑞克等其他品牌盾构的再制造业务。盾构机再制造水平已达国内领先。

4. 中国铁建十六局集团有限公司

中国铁建十六局集团有限公司是最早进入轨道交通建设和盾构领域的施工单位之一（见本篇第 3 章盾构施工企业介绍）。2002 年开始进行盾构机再制造工作，是我国最早开展盾构部件和整机再制造的企业，在盾构再制造方面获得许多成果和经验，取得了良好的经济效益。

（1）2009 年，对 S294 盾构机再制造，改号为 S543，将软土地层盾构机再制造为复合地层盾构机。

（2）2011 年，自主对 S206、S207 两台盾构机进行再制造，送铁建重工厂内进行最后调试。

（3）2015 ～ 2016 年，对两台日本奥村盾构机进行再制造。

目前来看，我国盾构机再制造的范围主要集中在以下几个方面：

(1)刀盘的刀具更换、磨损修复,研制新刀盘;

(2)主驱动大修,含主轴承大修、主驱动密封跑道维修或更换、主驱动密封性能测试后确定是否更换等;

(3)盾体磨损修复,盾尾圆度校正;

(4)液压、流体系统检修,泵阀大修,密封更换,油缸检测后更换密封等;

(5)电气系统检修,更换部分老化元件等;

(6)后铰接盾构铰接系统拉力升级;

(7)泡沫系统改为单管单泵设计;

(8)系统升级,增加驱动功率,提高驱动能力;

(9)控制程序更新,进行 PLC 系统升级。

第 3 节 盾构机再制造存在的问题

通过调研,发现目前有三个方面的问题和困难制约了我国盾构机再制造工作的推进和发展。

1. 再制造概念不清晰

现在很多人,包括相当部分的企业甚至是管理部门的领导,对再制造概念不了解或不清楚,将再制造产品混同于维修、翻新的产品,一些工程招标单位和施工企业对再制造盾构机持怀疑态度。

2. 缺乏再制造相关标准

由于再制造在我国起步较晚,再制造的相关标准和规范还很不完善,尤其是盾构机再制造还处于起步阶段,一些必要的标准和规范就更不完善。例如,废旧盾构机寿命周期及再制造可行性的检测方法和评估标准、盾构机再制造及其关键零部件再制造的工艺规范和技术标准、再制造盾构机验收标准及再售后服务标准等。

目前已经开展盾构机再制造项目的企业,基本上都是参考其他机械设备再制造的有关标准和规范制定自己的企业标准和相关规范,这不仅影响再制造盾构机的质量,也会影响再制造盾构机的市场信誉度。

3. 再制造技术有待提高

我国在盾构机再制造上只是处于起步阶段,目前大部分工作停留在零配件等方面的再制造,整机再制造方面还存在一些问题和困难。近十几年来,我国以表面工程技术为基础的装备再制造技术已经有了很大的发展,但像盾构机这样的高科技超大型工程机械,其中一些关键零部件的再制造仍要求有更先进的再制造技术,如盾构机主驱动中特大型轴承的再制造。如果这些关键零部件没有更先进的再制造技术对其进行再制造,而只能更换新的零部件,则再制造率将会大大降低。

第3章　我国盾构施工技术发展现状及存在的问题

盾构施工中，盾构机选型是确保盾构隧道优质、安全、快速建成的关键之一，而选型的重要依据之一是地层条件。砂卵石地层是北京的典型地层，这种地层在我国北方地区很常见，同时也很难处理；上海具有代表性的地层是软土地层，有很多隧道都是在水下开挖的，上海在这方面积累了很多经验；广州多为上软下硬的复合地层，同时还有可能遇到大孤石，这种地层在我国的南方非常典型。

北京、上海、广州作为我国经济最发达的城市，在地下空间的建设方面也走在了全国的前列，取得了令人瞩目的成就，在盾构机的使用量和掘进里程上亦名列前茅，有很多典型成果值得借鉴。因此，可通过这三个地区盾构施工有关情况的介绍，了解我国盾构施工技术发展的现状。

第1节　北京地区盾构施工技术发展现状

2002年开建的北京地铁5号线，是首条贯通北京市南北的地下交通大动脉，也是北京市首条采用盾构法施工的地铁隧道，在北京市轨道交通建设中具有重要地位。北京地铁5号线建成之后，北京市地铁区间隧道大量采用盾构法施工。工程实践表明，盾构法因其独特的优势成为城市地下隧道工程施工的首选工法。

1. 工程地质、水文地质条件

工程地质条件和水文地质条件是盾构机选型的重要依据，在采用盾构法施工之前充分地了解工程地质、水文地质条件是必不可缺的重要环节。北京地区的地质条件比较复杂，大体上可划分为松散堆积物和基岩两大类，堆积物主要分布在山前平原区，其厚度从山前数米向东南逐渐加厚至数百米，代表性地层包括砂卵石、黏性土、砂性土等地层。

北京地区东西向工程地质特点为：西部以碎石类土为主，向东则逐渐形成黏性土、粉土与砂土、碎石类土的交互沉积，第四系覆盖层的厚度也由数米增加到数百米。北京地区南北向的工程地质特点为：北部以黏性土、粉土为主，局部会有卵石土的互层，随着向南的移动，会出现大量的卵砾石层且砾径较大。西南区域受古地形影响较为明显，以第三纪沉积的砾岩与黏土岩交互层为主的基岩顶板埋藏较浅，一般为20m以内。

北京属于永定河洪冲积扇的中上部地段，由于河流频繁改道形成多级洪冲积扇地，并且第四系土层分布复杂，因此，决定了地下水的赋存、运动的复杂性。在海淀镇—西直门—西单—沙子口—大红门一线的西南侧主要为砂卵砾石沉积，为单一含水层，深部为砂卵石与粉土、黏性土的互层沉积，形成多个含水层，甚至多层承压水。同时地层条件还受到古河道变迁控制，形成和地貌特征密切相关的地下水，如分布于北部及东部地层中的台地潜水，分布于清河和温榆河古道中的阶地潜水。

2. 卵漂石地层中的掘进

北京地铁 9 号线玉渊潭区间位于军事博物馆站—白碓子站之间，区间长 1207.15m（单线）。根据地质调查情况统计，隧道穿越的地层特性为：富含超大粒径漂石的砾岩层（图 1-3-1）、无水卵石⑦层、富水卵石⑦层及其交替的复合地层，漂石最大粒径超过 2m，漂石体积含量为 30% ～ 40%。也就是说，盾构每推进一环（步距 1.2m）遇到 20 ～ 40cm 的漂石约 478 块，40 ～ 60cm 的漂石约 30 块，80cm 以上的漂石约 4 块。各层特性为：砾岩层地层胶结程度高，大粒径卵漂石含量高，卵石石英含量高、硬度高（单轴抗压强度超过了 300MPa），地层无水；卵石⑦层地层密实，大粒径卵漂石含量高、弱风化，卵石石英含量高、抗压强度高，该地层渗透系数 350m/d，掘进断面全断面含水；两种地层交界处卵漂石含量尤其高。

图 1-3-1　卵漂石地层现场取样情况

北京城建设计发展集团研究团队针对盾构施工所处地层特性，根据岩石抗压强度高、劈裂强度低的特点，经过多次理论研究、数据验算和同比例实体试验，富于创新性地提出适合破碎超大粒径漂石的破岩机理——阻尼作用下挤压、楔击劈裂破岩机理，这是对盾构破岩机理的重大突破。

第 2 节　上海地区盾构施工技术发展现状

1. 工程地质、水文地质条件

上海地区为典型的软土地区，地铁隧道工程建设范围内广泛分布淤泥质黏性土层（③、④层）。软土层以淤泥质黏性土为主，其中第③层以淤泥质粉质黏土为主，第④层基本为淤泥质黏土。③层土自东向西由滨海沼泽向湖沼相沉积过渡，岩性上有所变化，西部地区一般黏性土层和淤泥质土层均有分布，含水率较小，压缩性较低，夹粉土薄层少，工程性质较好，而东部地区则属水动力条件更弱的滨海—浅海相沉积，以淤泥质粉质黏土为主，且普遍夹有粉土、粉砂薄层，工程性质差。④层土均为浅海相沉积，以淤泥质黏土为主。软土层一般埋深在 1 ～ 5m 之间，但在南汇东滩地区以及岛屿地区埋藏较深，层顶标高在 -7 ～ -16m 之间。软土层厚度变化不大，岛屿区一般为 16m，其余地区为 6 ～ 20m。软土所具有的不良工程地质特性对地铁隧道建设产生了不同程度的不良影响。

2. 双圆型土压平衡盾构施工

上海地铁 6 号线南北走向，全长 33.52km，全线共设 28 座车站，其中高架站 9 座，地下站 19 座。云山路站—金桥路站—博兴路站区间盾构推进工程是 6 号线工程的一个组成部分，两个区间均采用双圆盾构进行施工，主要穿越土层为：灰色黏质粉土夹粉质黏土层、灰色淤泥质粉质黏土层、灰色淤泥质黏土层。该工程选用由日本石川岛播磨重工业株式会社（IHI）设计制作的双圆型土压平衡盾构机进行隧道施工（图 1-3-2）。盾构外径为 6520mm、宽 11120mm，盾构内径为 6370mm、宽 10970mm，盾构机长 7880mm，盾尾间隙 35mm，盾尾密封采用 3 道钢丝刷。

图 1-3-2　双圆型土压平衡盾构机

双圆型土压平衡盾构机在上海地铁 8 号线首次得到成功应用，此次 6 号线使用双圆盾构进行隧道掘进，是在对 8 号线双圆盾构施工经验消化吸收再创新之后的应用，但是使用双圆盾构还是存在很多工程难点，研究团队经过攻关取得了一些突破性成果：

1）偏转控制技术

双圆盾构因左右刀盘相互间逆向旋转，扭矩反力和惯性力相互抵消，故不易产生偏转，但一旦产生偏转，纠偏难度将更大。针对双圆盾构的偏转情况，提出了控制偏转的技术措施。

2）双圆盾构管片拼装技术

双圆盾构管片的连接形式与单圆盾构管片有很大差异，纵、环向均采用球墨铸铁预埋手孔加短螺栓的形式，拼装精度要求较高；上下海鸥形管片和中间立柱管片的拼装难度也较大。因此，如何处理这些问题对确保管片拼装质量至关重要。

3）双圆盾构地层变形控制技术

双圆盾构由于刀盘的形式为辐条形，无法有效支撑正面土体，一旦土仓内设定压力值与实际土体压力值间存在一定压力差，将直接导致地层变形，而且双圆盾构顶部凹槽处易产生背土现象，造成盾构机背部土体整体随盾构机向前移动，以致出现地面先隆后沉的现象，使地面变形严重。对于地层变形控制主要采取了以下控制技术：

（1）摸索并设定与外部原状土相当的土压力值，减少对正面及上部土体的扰动。

（2）进行土体改良，增加土仓内土体的塑流性能，及时填充辐条留下的建筑空隙。

（3）设置有效的地面变形监测点，及时进行地面变形的监测并同步反馈至盾构控制室，以便及时进行施工参数的调整。

3. 类矩形土压平衡盾构施工

由于双圆盾构在控制沉降方面存在困难，但特殊地段的地铁隧道工程需要类似盾构施工。为此，上海隧道股份有限公司成功研制出一台 11.83m×7.27m 类矩形土压平衡盾构机（盾构机研制情况详见第 2 篇第 1 章第 1 节），目前正在宁波市轨道交通 4 号线进行第一个工程施工。

第 3 节　广州地区盾构施工技术发展现状

1. 工程地质、水文地质条件

广州地铁沿线的工程地质、水文地质条件比较复杂，上部多为人工填土或全新统海陆交互沉积的淤泥或淤泥质土、淤泥质砂，下部为上更新统陆相冲积洪积形成的砂、土层，底部为基岩残积形成的黏性土层。盾构区间大部分在残积土层和岩石风化层中穿过，软硬不均地层现象明显。其中最重要的特点是工程范围内的岩土均一性差，物理力学特性差异大。地铁围岩既有十分松软富水的淤泥质土、中细砂层，又有较坚硬的砂砾岩、花岗片麻岩、混合岩，以及介于上述两类岩土之间具有不同风化程度的软塑～硬塑状黏性土层。软硬相间的红色砂泥岩是地铁隧道施工的主要地层。

2. 复合地层中的掘进

广州地铁 3 号线大石站（南）—汉溪站—市桥站（北）区间盾构工程全长 4080 延米（双线），由 1 个明挖隧道区段、3 个盾构隧道区段和 1 个矿山法暗挖隧道区段构成，附属工程包括 7 个联络通道、12 个洞门和 1 个废水泵房。

区间隧道范围内上部为第四系地层，下伏基岩为白垩系下统陆相碎屑岩及上元古界震旦系混合岩。以礼村断裂为界，向北为红层岩系分布区，向南为混合岩分布区。

盾构隧道在软硬不均地层中施工时，由于同一断面岩性不均匀，给盾构掘进带来很大困难。施工过程中，容易出现地表沉降过大、刀具磨损严重、隧道轴线偏离设计线路等问题。针对以上难点，在工程中采取了以下应对措施，以保证施工的顺利进行。

1）有计划地更换刀具

在上软下硬地层采用盾构施工，很容易造成局部刀具受力超载，刀盘和轴承受偏心荷载作用，对盾构工作状态非常不利。为此，需要进入渣仓内了解工作面软硬不均程度，以确定掘进推力的大小，避免刀具超载工作而遭受破坏。为了保护盾构机，掘进时需要经常有计划地检查刀具状况。检查刀盘及换刀的位置，一般应选择在稳定地层中进行。上软下硬地层中检查刀盘刀具时，必须进行地层稳定性的评估。土压平衡盾构机配备有带压进仓系统，可以在确保掌子面稳定的前提下，安全进入土仓进行刀盘检查工作。在无法实现带压进仓的情况下，必须对掌子面地层进行辅助加固。

为确保刀具磨损达到极限值时能够及时换刀，应注意总结刀具在类似地层中的磨损规律，超前制订刀具配件计划，并结合工程地质及地面环境等因素，提前确定开仓检查刀具的位置，做到开仓的计划性、可控性。

2）合理地选取掘进参数

盾构在局部硬岩及上软下硬地层的掘进模式应根据地层稳定性确定。为了防止刀盘振动和刀具受力的过大波动，在硬岩及上软下硬地层中掘进时不宜片面追求施工进度，应以刀具破岩贯入量为基准控制掘进速度，做到对刀具的有效保护。

在参数选取方面，主要对刀盘转速、土仓压力、油缸推力和螺旋输送机的转速进行对比分析。刀盘转速在 1.5 ～ 1.7 r/min 之间；上部土仓压力保持在 0.01 ～ 0.05MPa，下部土仓压力保持在 0.07 ～ 0.12MPa，土压仓内渣土约有 2/3。若地层含水率大，则上部土压适当提高 0.03 ～ 0.05MPa；油缸推力在 1400 ～ 1700t 之间调节，扭矩一般控制在 17 ～ 19MPa；螺旋输送机转速在 6 ～ 10r/min 之间调节。

3）监控量测

施工过程中监控量测是十分重要的，对地表和周边建（构）筑物沉降和变形的实时监控可以提前预知风险，这种技术国内已经很成熟。该工程中除了对以上两项进行监测之外还监测了管片的位移，当管片出现位移时就有必要对同步注浆、掘进前方地层变化以及管片选型进行检查。

第 4 节　盾构施工企业

伴随着城市轨道交通建设及其他地下工程领域的快速发展，我国拥有盾构机的施工企业也逐渐增多，且仍在不断发展壮大。经调研统计，我国有 89 家施工企业拥有盾构机，总量达 1200 多台，其中拥有量排前三的施工企业为：中国中铁隧道集团有限公司 92 台，中国中铁二局集团有限公司、中国铁建十六局集团有限公司各 56 台，中国中铁一局集团有限公司、中国中铁四局集团有限公司各 46 台。目前，我国已成为世界盾构机拥有量最大、盾构施工里程最长的国家。

盾构施工企业在盾构机选型、施工工法、盾构施工质量与安全管理、施工风险防范和事故处理、盾构队伍建设等方面取得了大量研究成果。以下仅对本次调研的我国从事盾构施工的企业进行简要介绍。

1. 中国铁建十六局集团有限公司

中国铁建十六局集团有限公司隶属于世界 500 强——中国铁建股份有限公司，是国家大型综合特级施工企业，具有铁路、房建“双特级”资质，建筑行业（建筑工程）和铁道设计行业“双甲级”资质，公路、市政、水利水电、机电安装总承包一级资质，城市轨道交通、公路路面、桥梁、隧道、装饰装修工程专业承包一级资质，获得了对外承包工程经营权和对外劳务合作经营权，取得了质量、环境和职业健康安全管理体系认证证书，先后通过北京市和国家级企业技术中心认证，成为国家高新技术企业。经营范围涉及规划设计、工程施工、轨道交通、资本运营、地产开发、铁路运营、“四电工程”、机械制造、物流贸易、高档酒店及工程监理等领域，企业年营业收入 500 亿元以上，在全国 100 家铁路、公路、隧道、桥梁最大建筑业企业排序中名列前茅。集团公司现有正式职工 21000 人，拥有教授级高工 101 人，具有高级职称的专家型人才 1716 人，享受国务院政府特殊津贴 9 人，获“詹天佑铁道科学技术奖”及“茅以升科学技术奖” 19 人，多人入选国家和北京市专家库。

中国铁建十六局集团有限公司拥有各种类型、不同直径的先进盾构设备 56 台，在盾构领域开发、应用了一大批先进技术，获得了众多的专利、工法、科技成果、科技进步奖。在盾构施工中成功解决了一系列世界性施工技术难题，拥有复合地层、软土地质、砂卵石地层等不同地质条件下的盾构掘进经验和先进技术。创造了第一个采用通用楔形管片，盾构三次穿越黄河等许多国家盾构领域新纪录。

已建成的工程有260多项荣获国家和省部级优质工程，13创国家优质工程，16捧“中国建筑工程鲁班奖”❶，16夺“中国土木工程詹天佑奖”❷，8获国家科技进步特等奖及一、二等奖，获国家级工法21项、国家专利151项(其中发明专利22项)、软件著作权9项。

2. 北京建工土木工程有限公司

北京建工土木工程有限公司是中国建筑业500强企业——北京建工集团有限责任公司独资组建的综合性施工总承包企业，集工程设计、施工总承包、专业施工承包、科研、工程技术咨询、构件生产和大型设备维修等业务为一体，拥有盾构设备10台套和各种大中型设备640台套（总功率3万kW)。公司有员工1300余人，其中有博士学位的1人，硕士学位的46人，学士学位的627人；有高级职称员工54人，其中教授级高级工程师5人。

公司坚持按国际惯例进行工程项目管理为核心的经营理念，优质高效地建成了一批市政基础设施工程和地铁工程：奥林匹克中心区地下交通联络通道，奥运大众汽车展厅，以及北京地铁5号线17标段、6号线4标段、8号线4标段、9号线2标段、10号线一期4标段和5标段、10号线二期01标段、15号线2标段、机场线、大兴线，创造了良好的社会信誉。

北京建工土木公司荣获“鲁班奖”3项，“詹天佑奖”4项，中国市政金杯示范工程4项，拥有其他省部级奖66项。在科技创新方面，3项技术成果荣获北京市科学技术奖，拥有北京市级工法7项，拥有30项发明专利，主持、参与制定了7部行业标准。

3. 北京城建设计发展集团股份有限公司

北京城建设计发展集团股份有限公司是为城市建设提供专业服务的科技型工程公司，业务范围涵盖城市轨道交通、综合交通枢纽、地下空间开发等领域。

集团公司参与了全国29条城市轨道交通线路的工程承包项目，包括61个站点和69个区间，项目遍及北京、广州、深圳、天津、杭州、大连等国内主要城市，拥有盾构机11台。集团公司引领和推动着城市轨道交通行业的发展，是国家城市轨道交通行业设计、施工规范的主要编制单位，主编了6部轨道交通领域国家标准，以及2部行业标准，参编10部轨道交通领域国家标准及4部行业标准；正在主编3部国家标准和参编5部国家标准及行业标准。拥有国内首个城市轨道交通的院士专家工作室，由中国工程院院士施仲衡领衔，多名院士加盟。

集团公司业务遍布国内50多个城市，在30多个城市拥有分支机构，并延伸至安哥拉、越南、阿根廷、朝鲜、蒙古、巴基斯坦等海外市场。

4. 北京住总集团有限责任公司轨道交通市政工程总承包部

北京住总集团有限责任公司轨道交通市政工程总承包部(以下简称“住总轨道市政总承包部”)，前身为北京住总市政工程有限责任公司。北京住总集团有限责任公司具有承担地铁大型隧道工程和市政公

❶ 简称“鲁班奖”。

❷ 简称“詹天佑奖”。

用工程项目总承包建设施工能力和丰富的管理经验，是集地铁隧道、市政管线、道路桥梁等公用工程施工于一体的建设施工主体。住总轨道市政总承包部拥有与地铁、市政施工相匹配的专业化作业施工设备，包括海瑞克、日立、小松、中铁装备等品牌的 7 台盾构机及配套设备，现有员工 684 人，其中管理人员 532 人，博士研究生 2 人，硕士研究生 37 人，高级职称 30 人，教授级高级工程师 4 人。

住总轨道市政总承包部先后参与了北京地铁 10 号线一期和二期、大兴线、15 号线、6 号线一期、14 号线、7 号线、7 号线东延工程、16 号线、6 号线西延工程及沈阳地铁 1 号线，西安地铁 2 号线、3 号线，天津地铁 1 号线东延工程，总计 14 条地铁线，共计 18 个地铁标段的建设。

企业先后获得“詹天佑奖”1 项，北京市科学技术奖 4 项、中施协科技创新成果一等奖 1 项、国家级工法 3 项、实用新型专利 5 项、发明专利 3 项、全国市政金杯示范工程 2 项、北京市“竣工长城杯”8 项、“结构长城杯”13 项、全国 QC 成果一等奖 18 项和二等奖 6 项。

5. 中国铁建十一局集团有限公司

中国铁建十一局集团有限公司具有铁路工程施工总承包特级资质，房屋建筑工程、公路工程、市政公用工程、水利水电工程总承包一级资质，桥梁工程、隧道工程、公路路面工程、机场场道工程专业承包一级资质，城市轨道交通工程、地质环境治理和地质灾害防治等资质。集团公司拥有盾构机 40 台，现有员工 16301 人，专业技术人员 5155 人，其中有突出贡献专家 6 人，享受国务院政府特殊津贴专家 10 人，教授级高级工程师 22 人，高级工程师 342 人，具有博士学位的 2 人，硕士学位的 32 人。

集团公司在建工程项目 500 余个，施工队伍分布全国近 30 个省、市及利比亚、马来西亚、新加坡等国家。承担了武汉轻轨、重庆轻轨、广州地铁、沈阳地铁、上海地铁、杭州地铁、苏州地铁等项目工程建设，40 多项工程被评为国家和省部级优质工程。承担施工的洛三高速公路许沟特大桥 2004 年获“鲁班奖”，长荆铁路钟祥特大桥 2005 年获国家优质工程奖，宁启铁路扬州车站 2006 年获“鲁班奖”；2 项工程分获国家科技进步特等奖和“詹天佑奖”，获部、省、市级科学技术奖 6 项，中铁建总公司科技成果奖 6 项。

6. 中铁十四局集团隧道工程有限公司

中铁十四局集团隧道工程有限公司（以下简称“隧道公司”），成立于 1994 年 10 月，以隧道及地下工程施工为主，具有隧道、机场码头、市政等多项一级施工总承包和专业承包资质。施工范围涉及铁路、公路、市政、城市轨道交通（地铁、轻轨）、隧道、桥梁、水利电力等领域。

隧道公司施工业绩遍及全国 27 省、自治区、直辖市，先后参与建设广州、南京、北京、成都、杭州、西安、沈阳、苏州、哈尔滨、青岛、无锡、苏州等城市地铁，承建地铁工程 31 项，合同额累计达 80 余亿元，拥有盾构机 39 台。

隧道公司注重以科技为先导，攻克了 10 余项世界级难题的南京长江隧道更使隧道公司站到了行业的高端。目前，隧道公司在特长、大跨、复杂结构和特殊地质条件隧道、过江隧道、地铁等施工领域，已逐步形成了自己的核心技术。近年来，公司获批国家级工法 2 项，山东省省级优秀工法 3 项，省级科技进步奖 4 项；先后荣获 4 项“鲁班奖”、2 项国家优质工程奖、2 项“詹天佑奖”、5 项省部级优质工程奖。

7. 中建交通建设集团有限公司

中建交通建设集团有限公司（以下简称“中建交通”）的上级公司中国建筑股份有限公司（以下简称

“中国建筑”），列 2016 年世界 500 强第 27 位。中建交通由中国建筑在 2012 年 7 月正式组建成立，承担着代表中国建筑发展铁路、公路、市政、轨道交通等大交通投资建设业务的战略责任。现有各级各类管理人员、技术人员 6000 余人，拥有盾构机 15 台套。

截至 2016 年上半年，中建交通先后进入 26 个城市地铁市场，总长度超过 200km，合同额超过 600 亿元，是国内具备自主维修改造盾构机能力的施工企业之一，拥有软土地层、砂卵石地层、岩层、岩土混合地层等不同地质条件下和穿越既有线、建（构）筑物、水域等不同复杂环境下的盾构施工经验和先进技术。

中建交通先后荣获“鲁班奖”、“詹天佑奖”、“十一五”全国建筑业科技进步与技术创新先进企业、中宣部课题研究成果一等奖。中建交通承担多项国家级、省部级课题，主持编制 2 部国家行业标准，获国家专利 23 项（发明专利 10 项），省部级以上工法 13 项（国家级工法 4 项），技术创新成果 10 项。

8. 北京市政建设集团有限责任公司

北京市政建设集团有限责任公司（以下简称“北京市政”）是北京地区唯一具有市政公用工程总承包特级资质的大型国有控股企业，拥有从业人员 16000 人，以及市政、道桥、轨道交通、房建、水利、机场场道、机电安装、钢结构等各类建筑资质 50 余项，其中特级、一级资质 20 多项；拥有盾构机 20 台，顶管机、摊铺机、架桥机等其他大型机械装备 1600 余台套，总资产 127 亿元，年施工能力 200 亿元以上。

作为首都基础设施建设的主力军，参与了北京 95% 的轨道交通线路建设，建成 50 余座地铁车站和近百公里隧道，攻克了北京典型大粒径砂卵石盾构施工难题，完成了北京第一条直径 3740mm 污水盾构管线试验段、第一条直径 10.22m 土压平衡盾构地铁隧道、世界首条盾构法施工的热力隧道、第一座大盾构扩挖地铁车站等，屡次打破自己保持的北京盾构快速掘进纪录。

所建工程荣获国家优质工程奖、“鲁班奖”、“詹天佑奖”、市政工程金杯奖等国家级大奖百余项，200 余次摘取北京市“结构长城杯”、“竣工长城杯”金质奖、银质奖。百余项科研成果获得国家级和省市级科技进步奖，并被北京市政府授予“质量管理先进单位”，当选“中国建筑行业诚信经营示范企业”，连续多年入选“中国 500 强”和“中国建筑业最具竞争力百强”企业。

9. 中国石油天然气管道局第四工程分公司

中国石油天然气管道局第四工程分公司（中国石油天然气管道局穿越公司）组建于 1983 年，隶属于中国石油天然气管道局，主要从事长输管道及其站场储罐、预投产、盾构顶管和定向钻穿越四大施工业务，公司共有各类性质用工 2800 人，各类设备 2400 余台套，资产约 13.4 亿元。

公司拥有国际先进水平的盾构顶管设备 7 台套，年盾构隧道施工 8000m、年顶管隧道施工 5000m。创造了近百项全国企业新纪录和 11 项定向穿越世界之最，拥有局级以上科技成果 69 项。

公司施工足迹遍及我国大江南北，还参与了 20 多项国际工程，累计建设大型管道 7000 多公里，承揽大型盾构工程 19 项，累计掘进隧道 25000 多米。

第 5 节　盾构施工方面存在的问题

经本次调研，发现盾构施工中有以下几个方面的问题亟待解决。

1. 技术的推广与应用问题

现在我国盾构在施工管理经验和技术方面虽已进入世界前列，但这些先进经验和先进技术都分散于各个施工企业。各企业之间存在相互保密形成的壁垒，需要在知识产权保护的原则下进行整合，使其进一步系统化、规范化，实现全国盾构施工企业共享共赢的目的。

2. 盾构隧道断面尺寸问题

目前我国城市地铁隧道断面尺寸缺乏统一的规范和标准。

我国地铁隧道尺寸经历了多次变化，2012 年在北京组织召开了“北京轨道交通 A 型车盾构隧道断面内径增大相关技术问题研究”专家咨询会，专家组及与会人员认为 A 型车盾构内径增大是必要的，应加快立项研究。在盾构尺寸未加大之前，综合全国的调研结果，整理出的隧道断面尺寸见表 1-3-1。

2013 年盾构地铁 A 型车盾构区间隧道断面尺寸（单位：mm）　　表 1-3-1

城　市	隧道内径	隧道外径	管片厚度
北京	5400	6000	300
上海	5500	6200	350
广州	5400	6000	300
深圳	5400	6000	300
南京	5500	6200	350
武汉	5500	6200	350

从表 1-3-1 中可以看出，2013 年我国所有一线城市地铁建设基本都使用了 A 型车。国内盾构隧道断面尺寸大致可以分为两种类型：以北京、广州为代表的内径为 5400mm，管片厚度为 300mm；以上海为代表的内径为 5500mm，管片厚度为 350mm。

截至目前，上海已经确定，新建 A 型车路线盾构区间隧道内径由原来的 5500mm 调整为 5900mm，外径由 6200mm 调整为 6600mm，管片厚度仍为 350mm；广州地区主要是复合地层，盾构区间内径增大至 5800mm，盾构机的动力性能不足，现有盾构机的主轴承、动力系统需要更换，相当于新造盾构机，影响较大，因此目前广州地铁盾构隧道内径仍维持 5400mm。目前，北京、上海和广州三个城市盾构隧道断面尺寸见表 1-3-2。

盾构地铁 A 型车盾构区间隧道断面尺寸现状（单位：mm）　　表 1-3-2

城　市	隧道内径	隧道外径	管片厚度
北京	5800	6400	300
上海	5900	6600	350
广州	5400	6000	300

从表 1-3-2 中可以看出，北京、上海和广州三个城市有三种不同的盾构直径，而且随着北上广三地修改盾构直径，很多城市也纷纷效仿，这就造成我国多种盾构直径并存的现状。很多施工企业在不同城市利用盾构法施工时，即使地质情况类似也要采购不同直径的盾构机，造成了资源的极大浪费。

从目前的盾构隧道断面尺寸情况来看，尺寸的不统一只是问题的一方面，还有另外一个严重的问题——即使使用调整后的盾构直径，各方仍然存在一些疑虑，如盾构施工过程中，实际管片的竖向位置与地层特性、盾构机性能、同步注浆情况、地下水情况以及施工单位控制方法等诸多因素有关，管片上浮的情况多还是管片下浮的情况多，目前没有规律可言。

这些问题使得施工单位在不同城市采用盾构法施工时需要采购新的盾构机，购买一台盾构机就要几千万元甚至更高额的资金，而那些还可以正常使用却尺寸不合适的盾构机只能闲置，这样一来就造成了巨大的资金浪费，也极大地压缩了施工方的利润空间，久而久之，虽然知道盾构法施工有很多优势，但是迫于利润的原因转而采用其他施工方法的现象逐渐显现，这种情况对于盾构产业的健康发展极其不利。

3. 盾构施工招投标问题

有些地区实行无标底招标，以合理的低价选择承包人，部分施工企业为挤占市场采取低价策略，使盾构法施工报价一味走低，部分地区的盾构法施工报价甚至低于成本价，因而不同程度地扰乱了市场秩序。除此之外，盾构施工招投标还有以下两点问题：

（1）国家及各省市颁布的盾构法施工定额过于老旧，需要及时地根据市场现状更新盾构施工定额。

（2）无盾构施工经验的企业，对盾构法施工的实际成本内容考虑不周全，报价带有盲目性。

表 1-3-3 为本次调研中北京地铁明挖法、暗挖法和盾构法施工的工程造价对比。

北京地铁不同施工方法工程造价对比（单位：万元 /m）　　表 1-3-3

线　路	盾构法	明挖法	暗挖法	投标时间
机场线	2.40	—	5.60	2005
15 号线	3.35	9.18	6.40	2009
16 号线	3.79	—	5.08	2012

从表 1-3-3 中可以看出，盾构法、暗挖法和明挖法三种施工方法的工程造价，明挖法最高，盾构法最低。盾构法仅仅是暗挖法施工造价的 1/2，是明挖法施工造价的 1/3。

近年来，人工费、材料费、场地占用费和管线改移费等费用呈大幅度甚至成倍增加，盾构法施工工程单价却变化不大，在有些方面甚至降低。2012 年，盾构法施工的价格较 2005 年每米增加 1.39 万元，仅增长了 55%。

第4章　我国盾构施工耗材和辅助装备发展现状及存在的问题

盾构机的广泛应用、快速发展，同样带动相关耗材、辅助设备的快速发展。耗材，顾名思义，消耗品，损耗的材料，泛指消耗很频繁的配件类产品。盾构耗材涉及广泛，如刀具、泡沫剂、液压油、滤芯，以及各种配件等。本书所指的盾构耗材为盾构施工中的专用耗材，是指在盾构施工掘进过程中与水、岩土等介质接触发生相互作用而导致不断损耗的材料，主要包括渣土改良剂、密封油脂、盾尾刷及刀具。渣土改良剂包括泡沫剂、膨润土及高分子聚酯等。

第1节　盾构施工耗材产品发展现状及存在的问题

1. 泡沫剂

国内泡沫剂产品的质量差异非常大，差的产品仅仅是一般的表面活性剂，并且只具备最基本的发泡功能而已。然而国内已知的沈阳鑫山盟建材有限公司研制的泡沫剂，其品质在主要指标上已经达到甚至部分领先进口品牌，实现了对国外知名品牌技术垄断上的突破，相对而言，具有较高的性价比。国内外泡沫剂价格与性能比较见表1-4-1。

国内外泡沫剂价格与性能比较　　表1-4-1

项　目	国外品牌	国内品牌
价格	昂贵	经济
性能	优异	整体与国际知名品牌有一定差距，但目前已有厂家实现技术突破，达到了世界领先水平，打破了国际知名品牌绝对的技术优势
市场份额	较少	国内绝大部分市场，呈逐步扩大趋势

2. 盾尾密封油脂

国内盾尾密封油脂产品同质化程度相对较高，和国外知名品牌存在一定差距，特别是在泵送性能方面。但在综合使用性能方面，国内产品能满足绝大多数盾构隧道工程的使用要求。因此，进口盾尾密封油脂一般仅用于大直径、高埋深的穿江越海隧道的盾构施工。表1-4-2为国内外盾尾密封油脂价格与性能比较。

国内外盾尾密封油脂价格与性能比较　　表 1-4-2

项　　目	国 外 品 牌	国 内 品 牌
价格	昂贵	经济
性能	优异	国内产品同质化高，多数可基本满足施工使用需求，但产品泵送性及稳定性方面与国际知名品牌有一定差距
市场份额	较少	国内绝大部分市场，呈逐步扩大趋势

3. 主轴承密封油脂

目前国内具备主轴承密封油脂生产实力的企业不多，产品品质和国外知名品牌差异很大，因此，目前盾构工程中主轴承密封油脂的使用还主要局限于几个国际知名品牌。表 1-4-3 为国内外主轴承密封油脂价格与性能比较。

国内外主轴承密封油脂价格与性能比较　　表 1-4-3

项　　目	国 外 品 牌	国 内 品 牌
价格	昂贵	经济
性能	优异	国内自主品牌产品与国际知名品牌有比较大的差距
市场份额	较大	因主轴承为盾构机核心部件，国内自主品牌产品市场份额较少，但有逐步扩大趋势

4. 盾尾刷

盾尾刷研制门槛相对较低，国际品牌在国内市场基本没有优势，二者价格与性能比较见表 1-4-4。

国内外盾尾刷价格与性能比较　　表 1-4-4

项　　目	国 外 品 牌	国 内 品 牌
价格	昂贵	经济
性能	与国内没有明显差异	能满足施工要求
市场份额	几乎没有	基本为国内产品

5. 盾构刀具

盾构刀具研制的技术门槛相对较高，国内在硬岩刀具及刀具的稳定性方面与国外整体还有差距，但部分生产厂家在一般地层及一般地层的适应性设计方面已经达到并超越进口品牌。表 1-4-5 为国内外盾构刀具价格与性能比较。

国内外盾构刀具价格与性能比较　　表 1-4-5

项　　目	国 外 品 牌	国 内 品 牌
价格	昂贵	经济
性能	优异、稳定	国内产品同质化高，多数可基本满足施工使用需求，部分厂家也可生产性能优异的产品，但产品稳定性方面与国际品牌有一定差距
市场份额	主要集中在广深地区困难地层及硬岩 TBM	国内大部分市场，有逐步扩大趋势

总体而言，欧美发达国家盾构耗材产品行业较为规范，欧洲有行业技术协会层面的部分产品及应用技术指南和使用指导等规范性文件。而在我国，目前盾构施工专用耗材类产品尚无系统的应用技术标准、技术指南或指导类规范性文件。

盾构泡沫剂及密封油脂产品，行业内施工及相关单位常使用的零散指标及标准，均为我国盾构行业大发展之初直接照搬或引用的某些国外标准，存在核心指标不全、标准不高、主次不清等问题，不能有效和规范地指导行业的应用，同时也致使该行业技术门槛不高、产品质量参差不齐、研发动力不足、小作坊众多、选用标准混乱或职能管理部门一刀切等乱象百出，最终给使用单位及有核心技术实力的供应商带来潜在损失。盾尾刷，由于产品应用范围相对较窄、数量很少，因此规模较大的单位没有动力、小作坊式单位没有能力牵头制定相关标准，需要专业行业协会或专业技术委员会牵头组织。盾构刀具，目前有部分企业已有自己的企业标准，也有不少单位有意向或正在组织编制行业或国家标准。

第 2 节　盾构施工耗材生产企业和辅助装备生产企业

我国目前从事盾尾油脂和泡沫产品的企业约有 25 家，生产盾尾刷的企业约有 8 家，生产盾构刀具的企业约有 20 家。以下是对本次调研的盾构耗材生产企业的介绍，另外介绍几家从事辅助装备生产和施工的企业，从中可更加清晰地了解我国在此方面的现况。

1. 沈阳鑫山盟建材有限公司

沈阳鑫山盟建材有限公司，为专业经营研发地下工程建筑建材系列产品和相关工程解决方案的专业性公司，主要经营范围为盾构施工用泡沫剂、油脂、聚合物及地下工程领域防水堵漏新型材料的研制与销售。公司集研发、生产、供应、技术服务及咨询于一体，为地下工程等项目建材的供应与应用提供整体解决方案，现拥有独资生产制造工厂、工厂分析检测试验室和应用分析试验室，总占地面积近 40 亩，并在深圳东莞设有联合体工厂。有员工 50 余人，其中高级专业技术人员 7 人，中级专业技术人员 11 人；大学本科以上学历占人员总数的 40%。

公司研发的鑫山盟 SG 系列盾尾油脂、SF 系列泡沫剂高于国内同行业水平，其中泡沫剂的泡沫强度和稳泡这两项主要的核心性能技术指标已处于国际先进水准，并获 2 项发明专利。研发的泡沫系列产品在北京、南宁、深圳等城市获得广泛应用，解决了全断面掘进砂卵石、复合地层渣土改良难题；盾尾油脂系列在复杂地层及高水压条件下成功得到应用，解决了盾尾密封问题。

公司建立了逐步完善的针对各种地质条件、设备特点及工程难点的应用案例库和分析数据库，通过大数据的融会贯通，不断提升和强化产品的品质及适应性水平，确保产品的性价比和用户超高的掘进综合效率。

2. 天津立林钻头有限公司

天津立林钻头有限公司成立于 2002 年 2 月，原来是生产石油、石化钻采设备与工具的科技型企业，是中石油一级供应网络成员单位。公司现有在职职工 360 余人，其中科研人员 23 人，年投入研发资金近千万元。

2015 年，该公司为适应市场发展需要，及时调整产业结构，将原来生产石油钻采钻头和密封材料的部分产能转移到生产盾构机关键零部件——刀具和主驱动密封材料上来，业务范围主要包括盾构切削工具的研究、制造、维修及复合密封 LR 等。

3. 廊坊辰兴机械有限公司

廊坊辰兴机械有限公司是专业生产销售盾尾密封刷和盾构刀具等盾构机耗材和工程机械配套件的公司，成立于 1996 年，坐落于河北省廊坊市固安工业园区，厂区面积 40 余亩。公司现有职工 110 余人，固定资产 2300 万元，拥有先进的通用和专用生产设备和加工检测工艺。

公司产品广泛应用于国内各大城市的地铁建设行业、高速铁路建设行业和高速公路建设行业，以及公路、铁路过江隧道工程，南水北调穿黄工程和其他引水隧道工程，同时销往美国、加拿大、法国和意大利等国际市场。尤其在生产加工盾构机用盾尾密封刷和盾构刀具方面，积累了丰富的经验，经国内外多家施工单位使用验证，认为该产品质量优良性能可靠，具有较大的技术质量优势。

4. 河南豫中起重集团有限公司

河南豫中起重集团有限公司前身为河南省豫中起重设备厂，创建于 1978 年，位于河南省长垣工业区。公司总占地 33 万 m^2，拥有资产 2.2 亿元，各种生产、检测设备 1000 台套。现有员工 1600 人，其中高级工程师 26 人，工程师 75 人，专业技术人员 180 人，经济师 7 人，会计师 6 人。公司下设 9 个职能部门和 14 个车间，年生产能力为 12500 多台套。

起重设备为盾构施工中的重要辅助设备，公司经过十几年的发展形成了具有自我经营特色的系列产品和品牌优势，获得国家质量监督检验检疫总局颁发的中华人民共和国特种设备制造许可证和特种设备安装改造维修许可证。近几年来，公司投入巨资购置了包括数控切割机、数控车床、抛丸除锈设备、热处理设备、理化分析仪、X 射线探伤仪、超声波探伤仪、300t 试验台在内的高、精、尖设备和办公自动化系统，在产品设计和制造过程中应用 CAD、CAM、起重机虚拟制造及成本核算技术，并采用计算机辅助管理，实现资源共享，同时与国内外科研、高校及企业建立了长期的技术协作关系。

公司主导产品“豫中”牌起重设备主要有 1 ～ 20t 电动梁式起重机（电动单梁、电动单梁悬挂起重机，两用、三用起重机），5 ～ 50t 防爆梁式起重机，5 ～ 300t 桥式起重机（通用桥式、绝缘、防爆起重机，架桥机，两用、三用起重机），50 ～ 250t 冶金起重机（铸造起重机），5 ～ 280t 门式起重机（通用门式、集装箱门式、地铁盾构门式起重机，装卸桥，两用、三用起重机），5 ～ 50t 电动葫芦桥门式起重机，0.5 ～ 65t 钢丝绳电动葫芦、防爆钢丝绳电动葫芦，0.5 ～ 10t 旋臂式起重机，吸料天车，碳块堆垛天车等系列产品。公司产品畅销全国二十多个省市，并出口缅甸、朝鲜、阿尔巴尼亚等东南亚国家。

5. 山河智能装备集团

山河智能装备集团（以下简称“山河智能”）创始于 1999 年，以上市公司山河智能装备股份有限公司为核心企业，以长沙为总部，分别在长沙、无锡、淮北、天津等市和欧洲建立了多家子公司。逐步形成了一个以工程机械为核心、拥有自主知识产权、在国内外具有一定影响力的国际性企业集团，2011 年成功跻身于全球工程机械制造商 50 强。集团总资产超过 50 亿元，现有员工 3600 余人，大专以上学历者占 52%，其中拥有博士、硕士学位者 100 余人，各类、各层次技术人员 400 余人。

集团已在大型桩工机械、全系列挖掘机、现代凿岩设备、工业车辆、矿业装备、起重机械、路面机械、液压元器件、军用工程机械和通用航空设备等十多个领域，成功研发出上百个规格型号，具有自主知识产权和核心竞争力的高品质、高性能工程机械产品。集团立足自主创新，每年研发投入费用达到销售总收入的 6%，公司先后获得专利技术 200 余项，承担国家级项目 10 余项，其中“863”高科技计划项目 6 项；获得国家科技进步二等奖、国家发明奖等数十项。山河智能作为国家高新技术企业的优秀代表，获得“国家认定企业技术中心”、“国家博士后科研工作站”、“国家创新型企业”、“国际科技合作基地”、“国家 863 成果产业化基地”、“国家工程机械动员中心”、“中国优秀民营科技企业”等称号。职业化的营销服务团队、遍布国内外强大的营销网络、服务中心使集团产品畅销全国，批量出口全球 60 多个国家和地区。“SUNWARD”商标已在全球数十个国家注册。山河智能以“做装备制造领域世界价值的创造者”为使命和愿景，自主创新成果获得国内外领导和专家的高度认可。

第 5 章　我国盾构产业发展展望

到目前为止，我国无论是盾构机保有量，已完成和在建的地铁及城市地下空间工程量，还是规划中的地铁和地下空间工程量，都已经高居世界首位，成为名副其实的盾构产业大国，从我国盾构机制造、再制造以及施工、耗材生产等企业的概况可略见一斑。我国盾构机制造企业并购国外企业，为中国盾构制造走向全球奠定了坚实基础，预示着我国盾构产业相关行业在未来十年还有更加迅猛的发展。

（1）国内多家盾构机制造企业已经拥有了核心竞争力，借鉴外资品牌盾构机的优点，在保持迅猛发展势头的同时研发出超大直径盾构机，并能在核心零部件的研发与生产上获得突破，进一步提升国产化进程。

（2）盾构机产业从“生产、消费、废弃”的单向型直线产业模式向“资源、产品、失效、再制造”的节约型、循环型产业模式转变，完成盾构机检测、评估标准体系，建立盾构机再制造的技术体系，实现整机再制造。

（3）利用信息化技术提升盾构隧道施工水平，建设盾构施工管理平台。未来 3D 打印、BIM、VR 虚拟现实以及互联网 + 等新技术将全面渗透至盾构施工中，实现盾构施工的标准化、精细化管控，并在深埋隧道、高水压隧道及海底隧道的施工技术中取得全面性突破。

（4）盾构施工专用耗材行业将逐步规范化，国内具备一流系统研发和应用实力的公司产品品质及适应性方面将全面超越进口知名品牌，引领全球行业的发展。

（5）随着我国工程建设的快速发展，相关领域将涌现出大量盾构工程，且会形成庞大的从业人员；城市地下综合管廊和海绵城市的建设将极大促进我国小型、异型盾构的研发与制造；国家一带一路建设以及大中城市深层空间的开发，将会对我国盾构机研发与制造、设计与施工、盾构耗材的生产与辅助装备以及盾构机的再制造提出更高要求，这些也都将促使我国盾构工程科技进一步与国际接轨。

随着我国“资源节约型、环境友好型”社会建设的发展和《中国制造 2025》规划的推进，我们坚信，只要坚定贯彻中央“十三五发展规划”中提出的“创新、协调、绿色、开放、共享”五大发展理念，全行业行动起来，努力奋斗，着力创新，在不久的将来，一定会将我国盾构产业打造成可以走向世界的国际品牌产业。

第2篇
盾构新科技

第 1 章　盾构机研制、创新及其应用

第 1 节　城市轨道交通类矩形盾构法隧道装备技术研究

宁波市轨道交通集团有限公司；上海隧道工程股份有限公司；上海交通大学

1. 绪论

1）立项理由、目的、意义

我国城市轨道交通建设正在以世界罕见的高速度发展，很多城市已经逐步完成了初期线网的建设，正在向更为复杂的网络化建设、运营迈进。现代都市核心区的密集线网，往往意味着要在已经接近饱和浅层地下空间中，见缝插针地“挤”进一条新的轨道交通线路，这对区间隧道的建设手段提出了新的要求。

目前我国采用盾构法建设的轨道交通工程中，多数隧道为单洞单线隧道，上下行线隧道净距约 1*D*（6m 左右，*D* 为隧道直径）；也有少数线路，如南京地铁 10 号线过江区间，由于列车速度较快，采用了大直径盾构施工单洞双线隧道的方式；上海地区也曾经引进过日本 DOT 型双圆盾构施工单洞双线隧道，由于对双圆盾构的沉降控制能力存在争议，2009 年以后，上海已不再采用双圆盾构施工。

由此可见，目前我国轨道交通盾构法区间隧道的施工设备和手段还是相当单一的，只能通过大小直径的圆形隧道来完成单洞单线与双线的线路布置。在一般情况下，这两种方式均能够满足要求，但是如果在建（构）筑物密集的旧城区或城市核心区施工，前者占用竖向空间过大，不利于线网叠交；后者占用横向空间过大，往往侵入周边房屋基础。双圆盾构可以满足空间最小化要求，但满足不了随之而来的高标准沉降要求。

例如，在某市地铁 7 号线建设中，穿越核心区的线路必须从既有高架道路的桩基间穿过，同时近距离下穿合流污水总管，此后还需要穿越 20 余幢民宅，如图 2-1-1 所示。当时的技术条件下仅有双圆盾构能够满足空间要求，但在技术论证阶段，出于对双圆盾构沉降控制能力的担心，这一方案被否定。最终采用了临时拆除部分高架道路的方法，付出了较高的经济代价和社会成本。此类难题可以总结为“摆不下”加“碰不得”，给城市轨道交通工程的可持续发展带来了严峻的挑战。

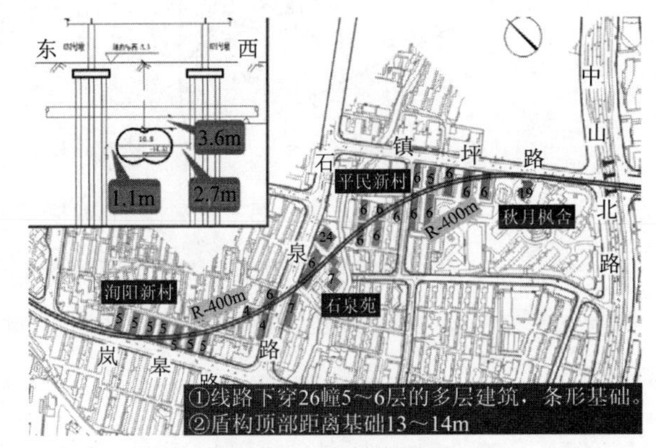

图 2-1-1　某区间平面图

鉴于盾构法隧道是高度依赖装备能力的施工方法，为了彻底解决这一难题，就必须以装备研发为龙

头，配合系统性的设计方法、施工工艺研究，创造出一种既能够满足地下空间占用最小化，又能够满足高标准环境保护要求的异形断面盾构及相应的设计、施工技术体系，为城市轨道交通的网络化建设提供新的技术手段，减少因线路无法布置带来的大拆大建，减少区间隧道穿越民宅带来的施工扰动与运营振动，保证我国城市轨道交通建设可持续发展，为世界盾构技术增加“中国创造”的色彩。

2）国内外概况调研分析与前期研究

（1）国外发展

国外的矩形盾构法以日本为翘楚。日本地域狭窄、人口密度大，各城市均呈现高密度建设，因此该国十分重视城市立体空间的综合利用。许多城市积极开发利用地下空间资源，确实起到了缓解城市交通压力、集约土地资源、实现城市空间立体开发、增加社会经济效应的作用，毫无疑问，它是城市可持续发展的重要途径。据了解，日本矩形盾构施工未引起环境影响问题，其沉降控制水平与单圆盾构施工相当。截至 2013 年，日本已有 15 项矩形盾构法隧道工程，断面尺寸从 2.1m×2.1m 到 8.24m×11.96m，且盾构机形式多种多样。

①矩形盾构关键技术

日本在解决矩形盾构全断面切削和管片拼装等关键技术上，还开发了多种形式，并通过工程实践加以验证。

a. 全断面切削

针对全断面切削，除了摆动式刀盘，还有“偏心多轴刀盘”“阿波罗刀头”“伸缩刀盘”等。

“偏心多轴刀盘” 是在数台驱动轴的前端偏心支承切削器，当按同一方向旋转驱动轴时，切削器机架做平行环运动，以此掘削和这个切削器形状大致相似的隧道断面。因此，只要变换切削器机架的形状，就可以筑造出矩形、椭圆形、马蹄形、带有突起的圆形以及圆环形等多种多样化断面的隧道，如图 2-1-2 所示。

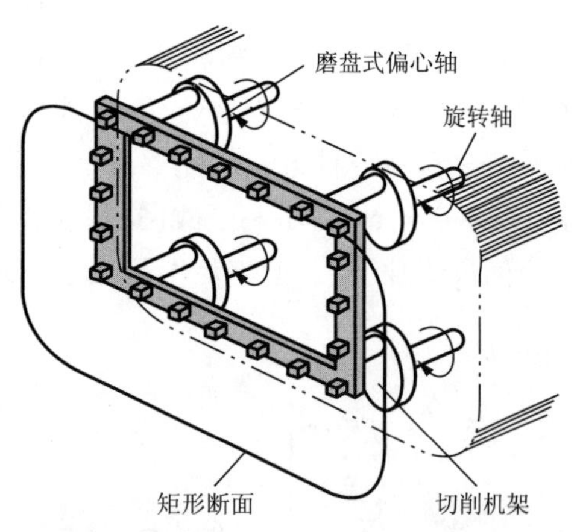

图 2-1-2　掘削机构模式及实体盾构机图

“阿波罗刀头”由刀盘、摇动构架、公转圆筒三部分组成，如图 2-1-3 所示。在刀头高速旋转（自转）的同时，通过摇动构架及公转圆筒的旋转使刀盘在所要求的轨迹上移动（使其公转）进行任意断面的掘削。

“伸缩刀盘”在旋转时进行伸缩（辐条 6 根中的 4 根），来切削复合圆形断面。此外，随着伸缩刀盘的伸缩产生土仓内容积的变动，为了防止开挖面土压平衡的失衡，在两处安装了土压变动控制装置，如图 2-1-4 所示。

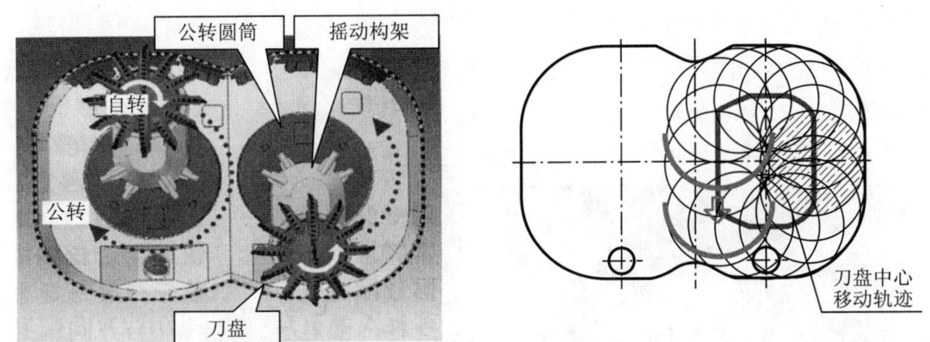

图 2-1-3　刀盘旋转及轨迹示意图

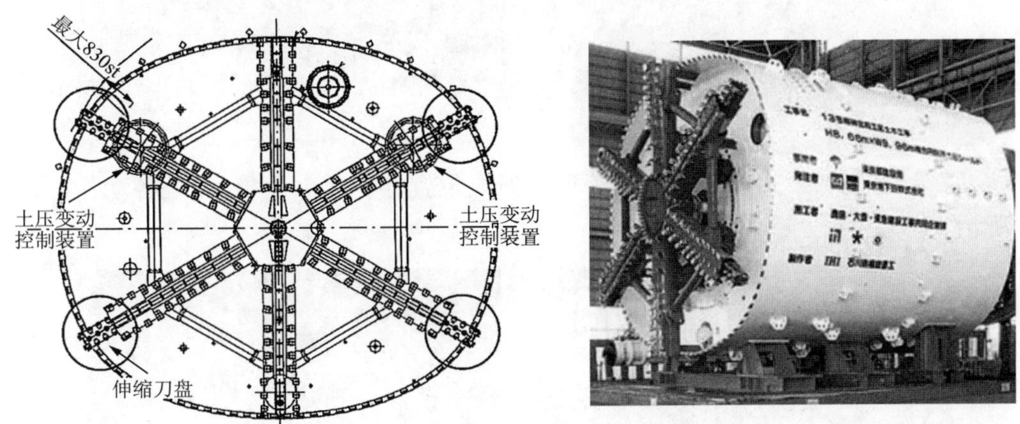

图 2-1-4　伸缩刀盘的配置图及实体盾构机图

b. 利用传统拼装机进行管片拼装

针对矩形管片的拐角部管片，拼装机采用了双机组合式，附加了“左右平移”、“偏转弯曲”等功能。在横长及纵长的异形断面盾构中，采用如图 2-1-5、图 2-1-6 所示的拼装机进行拼装。

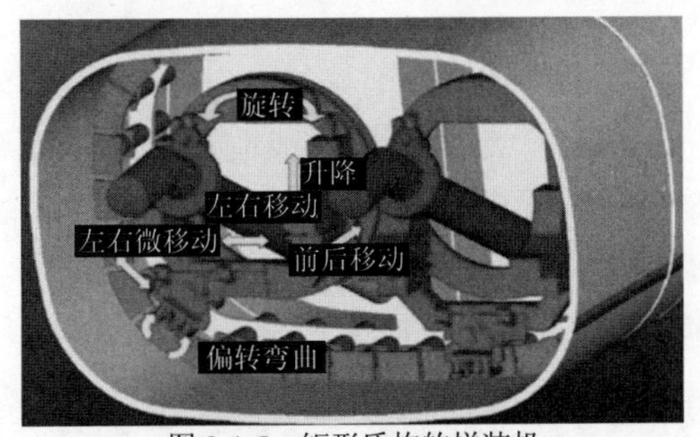

图 2-1-5　矩形盾构的拼装机

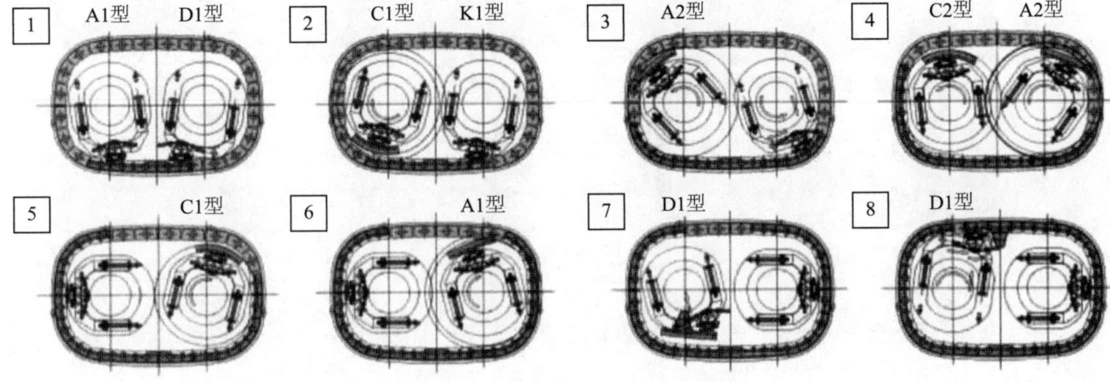

图 2-1-6　矩形管片的拼装顺序实例

c. 利用新型拼装机进行管片拼装

针对矩形管片的特点，日本还设计了新型管片拼装装置（图 2-1-7），其设置了和盾构机开挖面形状相似的运行轨道，在轨道上运作的拼装装置一边抓取管片一边完成拼装。装置 T 字断面形状的运行轨道（图 2-1-8），由上下左右的导航滚轮夹持，并与轨道上的齿条实现咬合来完成行驶。

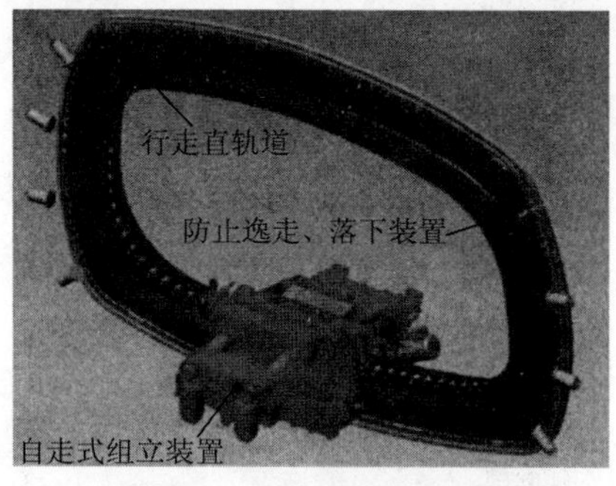

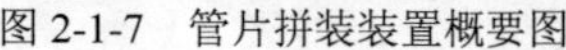
图 2-1-7　管片拼装装置概要图

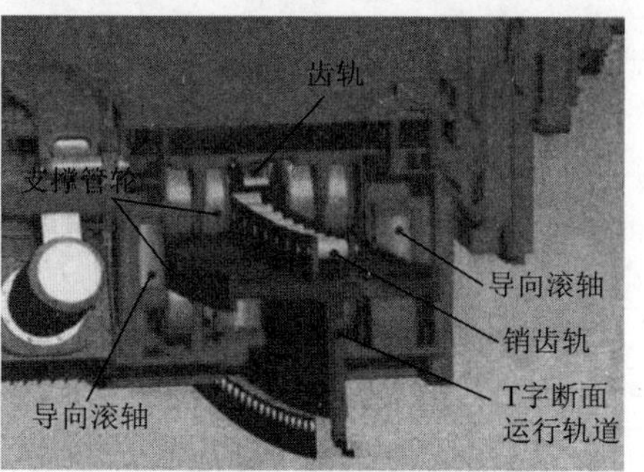

图 2-1-8　T 字断面形状的运行轨道

在实际运用中，拐角部管片与平行管片的重心抓取位置存在巨大差异，但是各动作都能达到要求。如图 2-1-9 所示。

a）管片拼装组立装置实证试验

b）拐角部管片拼装夹持状况

图 2-1-9　拼装管片情况

②矩形盾构技术在地铁中的应用

在日本的矩形盾构法隧道工程中，京都地铁东西线醍醐至六地藏延伸工程矩形隧道断面外径为 9.9m×6.5m，适应地铁双线隧道。该区间是在道路宽度为 15m、狭窄路况且交通流量大、地下有外径 3.2m 下水道管线以及引水管大规模埋设物的外环线下进行施工的工程。隧道总长 753.2m，其中道岔部分 57m，渡线部分 5m，一般行车部分 691.2m。衬砌管片外尺寸 9.9m×6.5m，如图 2-1-10 所示。

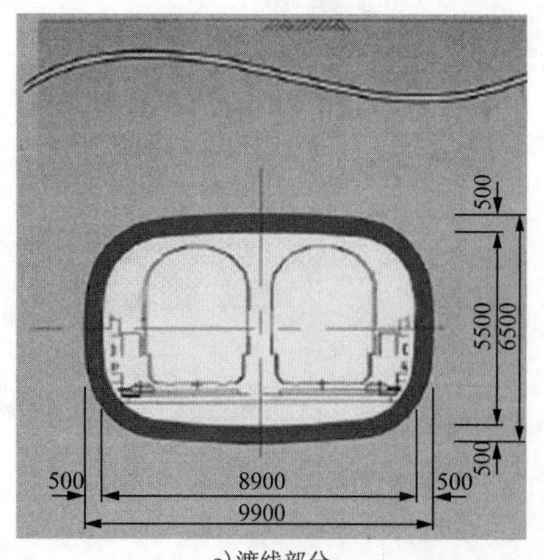

a）渡线部分

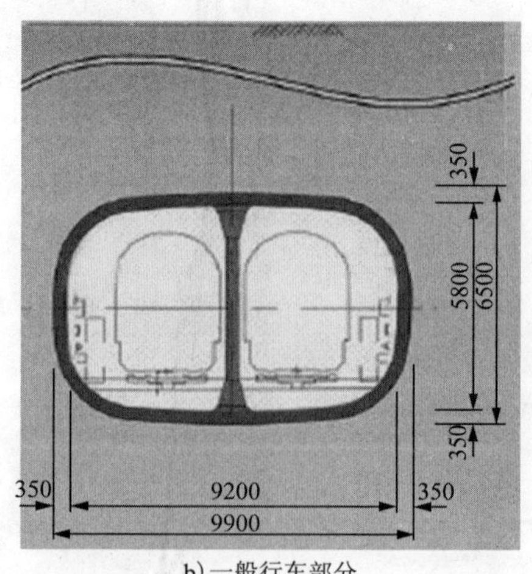

b）一般行车部分

图 2-1-10　隧道横断面图（尺寸单位：mm）

工程采用了小松设计制造的加泥式土压平衡矩形盾构机，刀盘为摆动式，如图 2-1-11 所示。摆动刀盘盾构是将刀盘在一定的角度内边进行摆动边进行掘进的盾构，其通过兼用强力超挖刀，就能运用到各种掘削断面形状中。摆动式刀盘掘进机构见表 2-1-1。

图 2-1-11　辐条伸缩摆动矩形盾构

摆动掘削方式由介入转矩臂的液压千斤顶将刀盘在 95°范围内进行摆动。与以往由马达与齿轮驱动的高精度结构相比，由液压千斤顶、连接环及销子构成的驱动部的结构相对简单化，如图 2-1-12、图 2-1-13 所示。

摆动式刀盘掘进机构　　表 2-1-1

断面形状	圆形	双圆形	矩形
掘削机构			

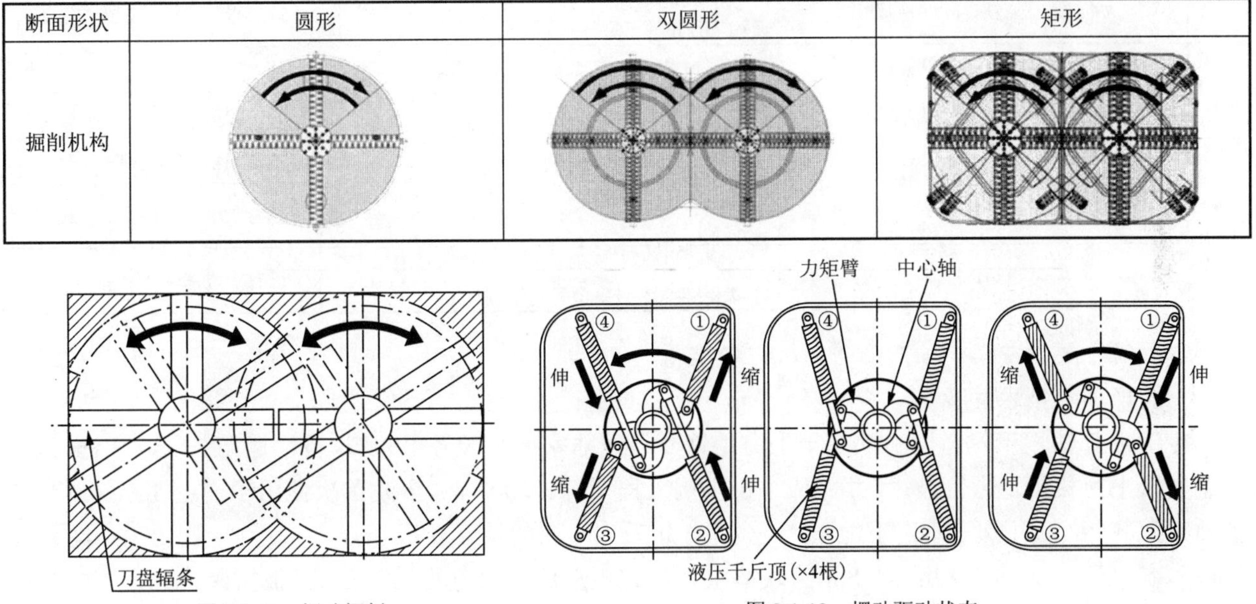

图 2-1-12　摆动掘削　　图 2-1-13　摆动驱动状态

在矩形及异形断面盾构掘削中，当出现未能掘削的区域时，则采用内置的液压千斤顶伸缩式仿形刀进行掘削。仿形刀将配合刀盘摆动角度的液压千斤顶进行伸缩，并由其前端的刀头沿着盾构壳体外形线进行掘削，如图 2-1-14 所示。

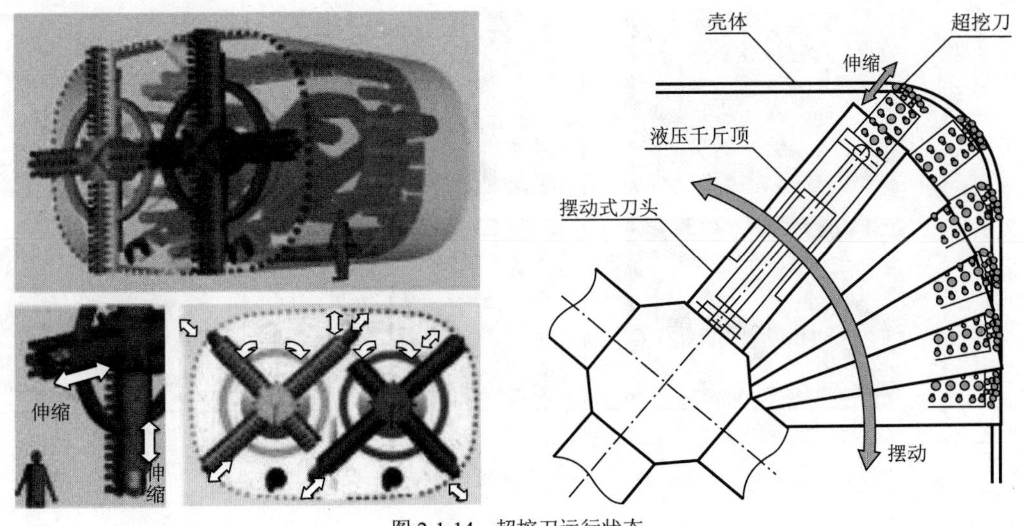

图 2-1-14　超挖刀运行状态

图 2-1-15　施工阶段的矩形盾构法隧道

该隧道建设于 2002 年，取得了良好的效果，如图 2-1-15 所示。

(2)国内概况

当前，国内虽未有严格意义上的矩形盾构法隧道，但工程界已针对矩形盾构技术的难点开展了相关的研究和工程实践活动，具体见表 2-1-2。

矩形盾构技术难点的类似相关技术分析表　　表 2-1-2

序号	矩形盾构技术难点		类似相关技术研究	备　注
1	矩形盾构机设备	矩形全断面切削刀盘	矩形顶管技术（偏心多轴刀盘、行星轮刀盘及多刀盘组合式）	能够解决矩形、异形全断面切削难题
		异形管片拼装机	双圆盾构管片拼装机	技术类似，基本解决
2	大断面矩形隧道管片结构设计		5.84m×3.84m 矩形管片设计研究、超大直径盾构管片设计研究	矩形管片设计已有一定基础
3	矩形盾构施工技术	切削排土	矩形顶管技术(新型土体改良技术)	基本解决
		姿态控制	矩形顶管姿态控制	基本解决
		管片拼装	双圆管片拼装	技术类似，基本解决
4	环境影响		矩形顶管技术(新型减磨技术和新型非置换固化技术)	已有一定基础
5	隧道稳定控制		双圆隧道稳定控制技术、矩形顶管隧道稳定控制技术、超大直径隧道稳定控制技术	已有一定基础

本项目主要解决第 1 项矩形盾构机设备难题。

①矩形顶管技术发展

对于顶管法矩形隧道，在 1999 年上海地铁 2 号线陆家嘴站 5 号出入口，首次运用 3.8m×3.8m 组合刀盘土压平衡式矩形顶管技术，并完成了十多例工程实例。2003 年，宁波首次使用了一台 4m×6m 偏心多轴刀盘式矩形掘进机，建造了地下人行通道，此后该断面的顶管建成了众多人行通道。2004 年，新疆乌鲁木齐采用了 20m×6.2m×7.8m 三联体组装形式矩形盾构机、履带式行走模板拼装机和现浇衬砌箱体钢模施工了超大断面矩形隧道。2008 年，国内研制了 4.2m×6.9m 多刀盘矩形顶管掘进机，截至目前，完成近 30 条隧道施工，总里程超过 1500m，如图 2-1-16 所示。

隧道内径	3m×3m (3.8m×3.8m)	3m×5m (4m×6m)	3.3m×6m (4.2m×6.9m)
工程案例	宁波市轨道交通4号线塘桥站通道	宁波开明街—药行街	宁波市轨道交通10号线伊犁路3号口
设备			
起始年份	1999年	2003年	2010年

图 2-1-16　国内矩形隧道掘进机及工程 1

2013 年，郑州使用了 7.5m×10.4m 大刀盘 + 偏心多轴组合式矩形顶管掘进机建造地下车行顶管通道，目前已经完成两条 110m 和两条 112m 长的隧道，如图 2-1-17 所示。该断面基本满足地铁双线矩形隧道的断面要求。

隧道内径	4.2m×6.9m	7.5m×10.4m
工程案例	郑州轨道交通1号线民航路站通道 	郑州下穿中州大道隧道 
设备	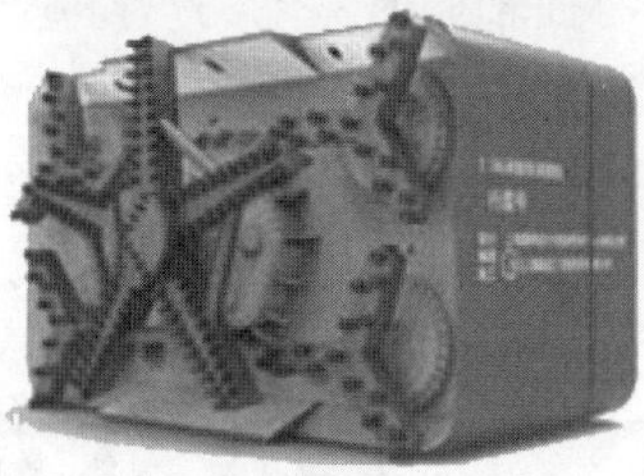	
起始年份	2013年	2013年
业绩	共110m（2条）、112m（2条）	共110m（2条）、112m（2条）

图 2-1-17　国内矩形隧道掘进机及工程 2

②矩形盾构前期研究

2010 年，上海隧道工程股份有限公司开展了 10.95m×6.95m 矩形盾构机的前期研究，如图 2-1-18 所示，矩形盾构主机由刀盘、壳体、土仓、刀盘驱动、拼装机及螺旋输送机等部分组成，所包括的系统大致与普通圆形盾构相类似，但其壳体为矩形，因而导致刀盘形状、驱动形式及拼装机的布置上与圆形盾构有较大差异。本矩形盾构的设计适应土层为黏土、砂土及粉质黏土，为土压平衡式盾构机，壳体最大外缘尺寸为 10950mm×6950mm。管片外缘尺寸为 10670mm×6670mm，内缘尺寸为 9800mm×5800mm，管片宽度 1200mm。

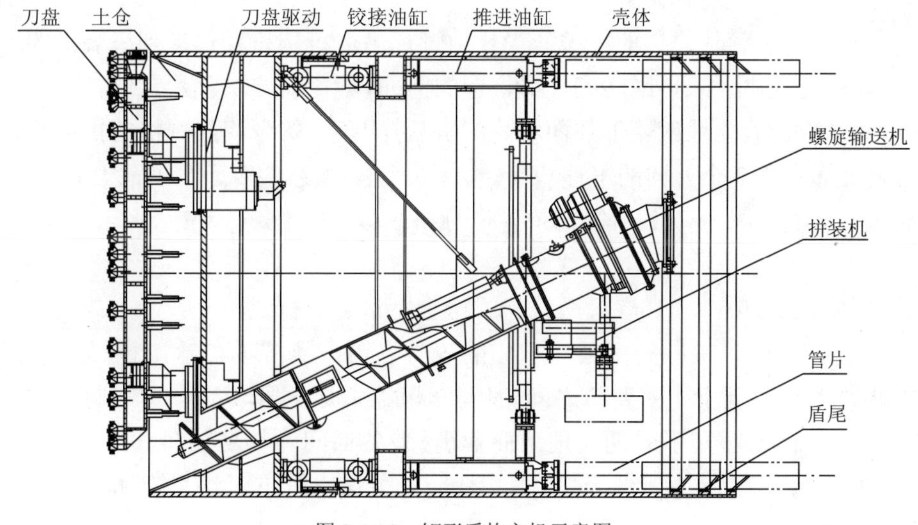

图 2-1-18　矩形盾构主机示意图

a. 矩形盾构机全断面切削前期研究

在设计刀盘时，通过合理布置切削刀具，可以很方便地达到全断面切削的目的。但是，矩形乃至异型掘进机的切削断面形状并非中心回转对称，如何选择异型刀盘及刀具的布置方式，做到全断面切削无死角，也是矩形掘进机的难点。

(a)大刀盘＋仿形刀组合刀盘式(图2-1-19)：

采用两台大刀盘叠交布置及若干个仿形刀组成切削刀组，基本达到全断面切削。大刀盘及仿形刀能正反转，由螺旋输送机出土，可保持土仓内的土压平衡，并维持开挖面的稳定。

使用圆刀盘组合式方案布置刀盘，其优点是圆刀盘切削扭矩大、效率高、技术成熟，但是，仿形刀组切削能力差，可靠性不高。

(b)偏心多轴双刀盘式(图2-1-20)：

利用平行双曲柄机构的运动原理，由几组偏心曲轴同时驱动刀盘，每把刀具做平面圆周运动，与轴向推进的行程合成来完成全断面的切削掘进。施工时可根据隧道或地下通道所需截面形状来设计掘进机的外形，由螺旋输送机出土，可保持土压平衡，并维持开挖面的稳定。因为采用了两个相向回转的刀盘，能使两个刀盘所产生的反力矩相互抵消，大大地减少了机头旋转的可能性。

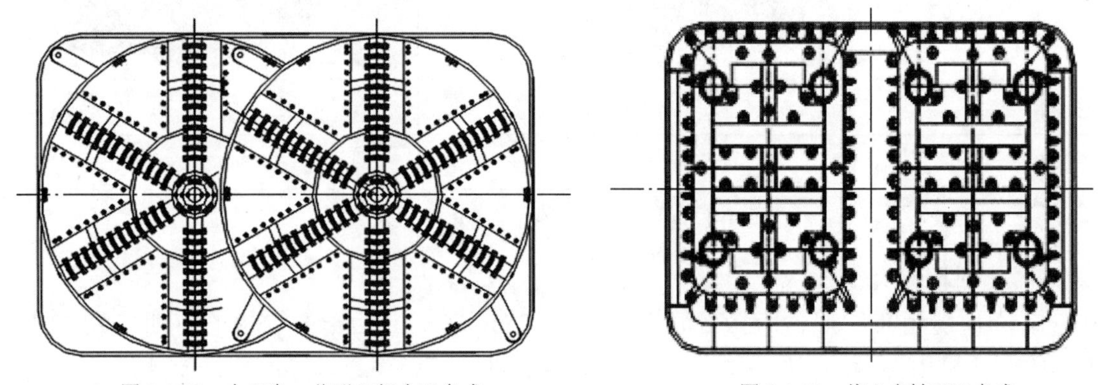

图2-1-19　大刀盘＋仿形刀组合刀盘式

图2-1-20　偏心多轴双刀盘式

掘进机的切削刀盘有两个，左右各一，均为矩形，由偏心驱动带动，运转时各自切削左右的矩形区域。这种设计的优点是切削轨迹为全断面，不足之处在于偏心驱动的扭矩远小于大刀盘驱动，因此刀盘总扭矩较小，转动惯量小，对利用刀盘反向转动纠偏矩形掘进机左右偏角比较困难。

b. 矩形盾构机管片拼装机前期研究

管片拼装机是专门用于管片拼装的机械。管片由管片吊运机构将其输送到拼装机的工作范围内，拼装机将每块管片起吊，提升，平移，再回转到最终位置的前面，紧抵前一块管片定位。完成管片的定位、拼装。由于拼装机是回转机构，为适应矩形环面管片的拼装，配备了两台相同规格的拼装机，分布于盾构左右两侧。每台拼装机都具有3个方向的平移和旋转，共6个自由度，以保证能对管片进行精确拼装。

拼装机依靠机械臂将管片移动到所需的位置进行拼装，机械臂上安装有多个油缸，以提供多方向的自由度。

③上海隧道研制的19.96m×6.16m开敞式干式出土矩形隧道掘进机

由新疆建工集团第一建筑工程有限公司承建的辰野名品广场二期扩建工程，位于乌鲁木齐市最繁华的商业区解放北路大十字至小十字路口之间，且与东风路口原辰野名品广场一期工程交汇为一体，是一项平战结合的人防工程。即和平时期为地下商业街，战备期间为物资储备和人员隐蔽所。因工程处于乌市繁华地段，车流量很大，地下管线众多，尤其是一条主排水管道无法引流和迁移，乌市市政府明令严禁在此路段进行明挖方式建设。

工程于 2004 年 3 月开始进行相关技术资料的收集和设备及原材料的制造和采购工作，2004 年 11 月完成盾构工作井及盾构壳体的下井工作，2004 年 11 月 20 日正式开始掘进施工。

19.96m×6.16m 开敞式矩形隧道掘进机采用干式出土，主要由主顶进装置、纠偏装置、出土装置、帽檐装置、模板及拼装装置、端模板装置、同步注浆装置等组成。充分利用了机电液一体化的先进技术，采用结构紧凑的闭式液压系统和 PLC 电气控制系统。

主顶进装置由 46 只油缸和 U 型顶铁、顶环、基座、钢后靠等组成，46 只油缸分成上下左右各 4 组，呈对称分布，上下各布置有 18 只油缸，左右各 5 只油缸。主顶油缸推动矩形掘进机向前运动。帽檐装置由 18 只油缸、铲斗、箱体、基座、钢后靠等组成，左、中、右三仓各 6 只。端模装置由 32 只油缸、端模板、基座、钢后靠等组成，上下左右呈对称分布，具体分布情况如图 2-1-21、图 2-1-22 所示。

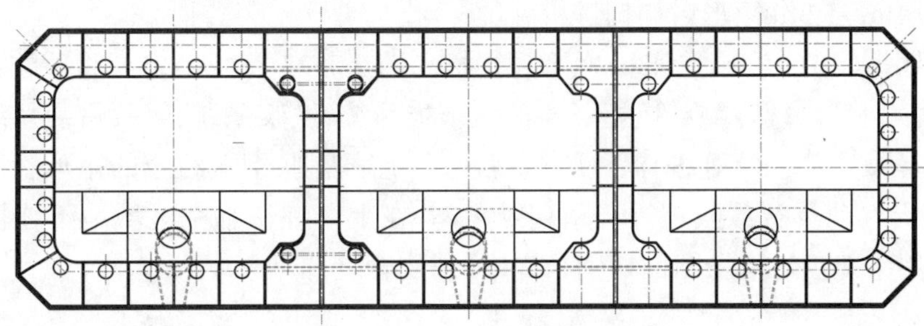

图 2-1-21　主顶油缸位置图

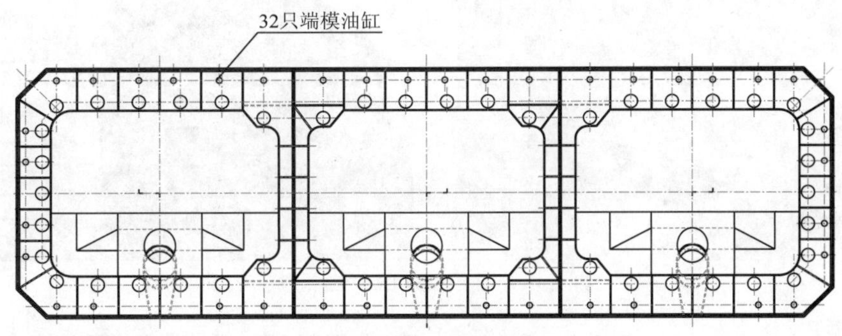

图 2-1-22　端模油缸位置图

矩形掘进机操作分为“中央”和“就地”两种方式，两种操作方式又可分别分为“顶进”操作和“单动”操作两种，依靠控制台上的按钮（旋钮）或触摸屏触点显示操作。整个系统正常情况下，一般采用“顶进”操作；维修和调试时，采用“就地”或中央“单动”操作。所有操作结果由可编程序控制器内的程序自动执行，并反馈至操作指示灯显示工作状态。

19.96m×6.16m 矩形隧道掘进机主要技术参数如下：

a. 掘进机壳体尺寸

外包尺寸：19960mm×6160mm；长度：7750mm。

b. 主顶进动力装置

油缸数量：46 个；总推力：1600×46=73600kN；千斤顶行程：2200mm。

c. 帽檐装置

油缸数量：18 个；总推力：1600×18=28800kN；千斤顶行程：800mm。

d. 端模板装置

油缸数量：32 个；总推力：1600×32=51200kN；千斤顶行程：500mm。

图 2-1-23 为盾构机纵向剖面示意图。

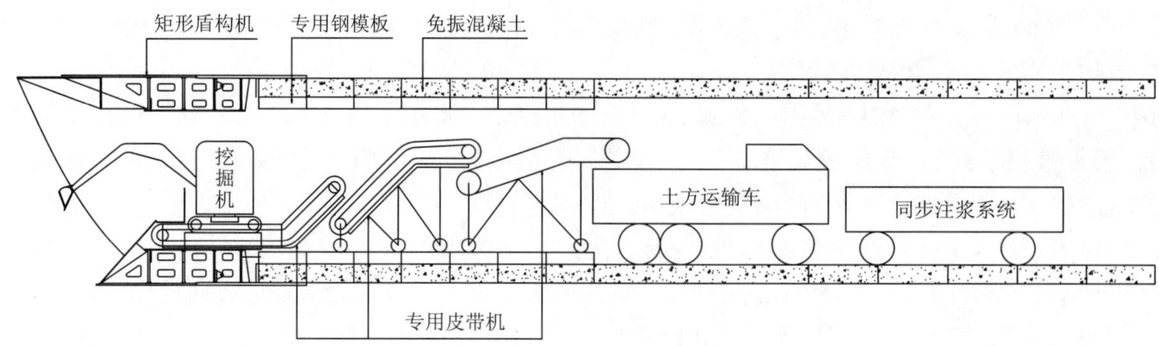

图 2-1-23　盾构机纵向剖面示意图

④上海建工 10.1m×5.3m 矩形盾构掘进机

由上海建工集团研发的 10.1m×5.3m 矩形盾构机（图 2-1-24、图 2-1-25）将盾构机头由圆形改成矩形，并对钢结构壳体、刀盘系统、螺旋输送系统、液压顶推系统、注浆系统、管片拼装系统、测量系统、信息化施工管理系统和环境监测系统等进行了研究，解决了刀盘切削、钢混组合的矩形管片体系与机械化拼装、姿态调整、浅覆土扰动及智慧监控等一系列难题，并在上海虹桥临空区域地下连接通道进行了工程应用。其盾构机采用小刀盘近似全断面切削，管片采用复合管片且无中立柱。

图 2-1-24　上海建工集团 10.1m×5.3m 矩形盾构机

图 2-1-25　上海建工集团 10.1m×5.3m 矩形盾构机结构示意图

（3）调研分析

在国外，只有日本对异形盾构进行开发研究，在解决矩形盾构全断面切削和管片拼装等关键技术的同时，还研发了多种形式的矩形盾构。截至目前，共制造了 15 台矩形盾构，1 台试验盾构。采用铸铁管片或复合管片。

综上分析，日本目前矩形盾构全断面切削技术均采用单一形式刀盘进行切削，从未采用组合形式刀盘切削。在日本矩形盾构小断面一般采用铸铁管片，大断面采用复合管片。日本目前的 16 台矩形盾构和国内 2 台矩形盾构采用的相关技术均不适用于我国国内地铁单洞双线矩形隧道的施工，因此，必须自主研制符合我国地下空间需求的有自主知识产权的新型矩形盾构。

2. 背景工程概况

本装备以宁波市轨道交通 4 号线作为背景工程，并运用于宁波市轨道交通 3 号线一期工程为试验段作工程验证。

宁波市位于东海之滨、长江三角洲的东南隅，地处宁绍平原，杭州湾南岸，长江三角洲南翼。东有舟山群岛为天然屏障，北濒杭州湾，西接绍兴市的嵊州、新昌、上虞，南临三门湾，并与台州的三门、天台相连。宁波市纬度适中，属北亚热带季风气候区，温和湿润，四季分明，冬夏季风交替明显，但由于所处纬度常受冷暖气团交汇影响，加之倚山靠海，特定的地理位置和自然环境使各地天气多变，差异明显，灾害性天气相对频繁，但同时也形成了多样的气候类型。宁波市的主要灾害性天气为强冷空气、热带风暴和台风，影响本地区的强冷空气出现在第一年 11 月至下一年 4 月，多出现降雨和 8 级以上偏北风；热带风暴和台风是影响宁波的主要灾害性天气之一。根据近 50 年的观测资料分析：影响本地区的热带风暴有 200 个，平均每年有 4 个，热带风暴和台风发生于每年的 5 ～ 11 月，其中 7 ～ 9 月间占 80%。

1）工程条件

（1）宁波市轨道交通 4 号线概况

4 号线工程是轨道交通骨干线网西北～东南向的内部填充线，横贯宁波市中心城区，连接中心城和慈城、东钱湖两个规划新城。线路全长约 36.1km，其中地下线 22.89km，高架线 12.6km，过渡段 0.61km。全线共设 25 座车站（含 5 个换乘站），其中地下车站 17 座，高架车站 8 座。该工程周边环境复杂，特别是中心城区（如海曙区、姚江新区等）道路两侧建筑密集，交通流量非常大。海曙区是宁波市的中心商贸商务区、历史文化名城的核心区，规划形成“一核、两轴、三心”的结构形式。“一核”是市级中心，即城市核心商务商贸区，重点发展金融、商贸、商务、文化、公共服务功能。“两轴” 即市级发展主轴，沿江纵向发展主轴和沿中山路横向发展主轴。“三心”即三个区级中心。姚江新区作为宁波中心城向北拓展的重要节点，一方面成为中心城与余慈副中心以及杭州湾新区的联系纽带，一方面成为上海进入中心城区的重要通道。因此，姚江新区成为宁波城市最具增长潜力的发展空间和开发热土。

4 号线双东路站—翠柏里站—大卿桥站—柳西新村站区间隧道为穿越中心城区的标段之一，线路主要沿双东路、翠柏路及苍松路敷设。翠柏路、苍松路道路狭窄（现况宽约 14m），交通繁忙，建筑物密集，两侧主要为居民区（翠柏一里、翠柏二里、龙城翠柏花园、假山新村、金谷小区等）。通常的两单圆盾构隧道外边线间的距离为 18 ～ 19m，距道路两侧建筑物已很近，为减小盾构施工对周边建筑物的影响，应尽量加大隧道至建筑物的距离，而通常的单圆盾构由于施工工艺的限制，减小隧道外边线间的距离较有限，因此，需要寻求一种新的施工工艺以减小隧道外边线的距离。

（2）宁波市轨道交通 3 号线一期工程概况

3 号线一期工程为陈婆渡至甬江北段，主要经过鄞州新城区、江东区中兴路，下穿甬江后止于江北区庄桥机场前，线路全长约 16.729km，设计车站 15 座，其中换乘站 6 座，最小站间距 833m，为高塘桥站至黄家村站；最大站间距 1720.731m，为曙光路站至甬江北站，平均站间距为 1194m。一期工程在南端设车辆段一座，接轨于高塘桥车站。

本标段工程范围主要为：高塘桥站部分车站、类矩形盾构段区间隧道及其附属结构、明挖段盾构井、

U 型槽段。区间推进施工采用 1 台新制的 11.83m×7.27m 类矩形土压平衡盾构，盾构从高塘桥南端头井始发，最终到达盾构接收井。

出入段线矩形盾构标平面示意如图 2-1-26 所示。

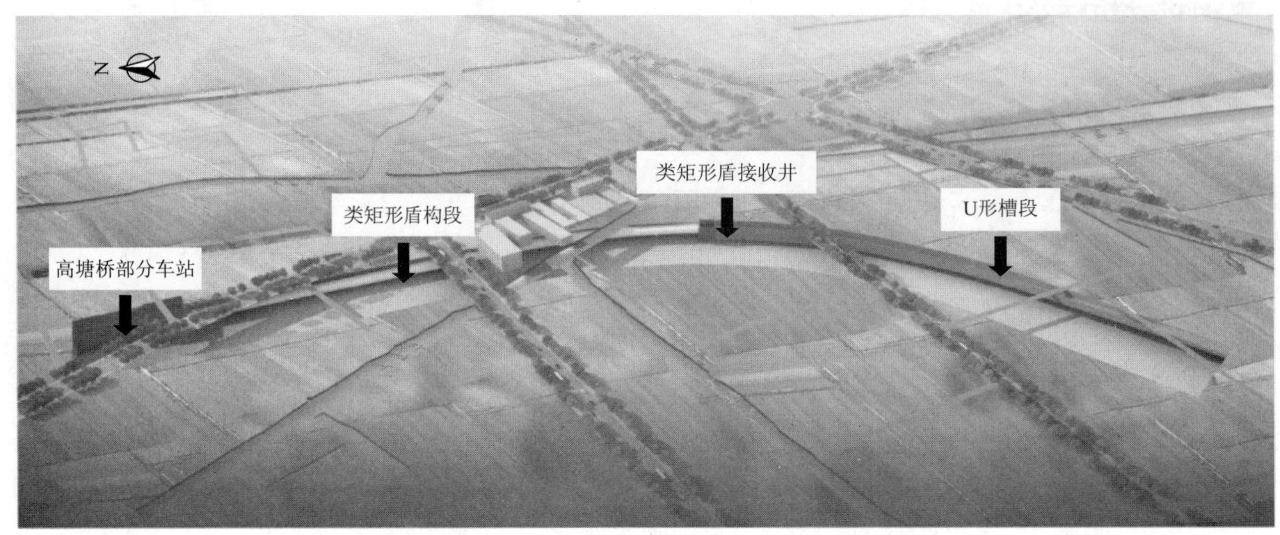

图 2-1-26 出入段线矩形盾构标平面示意图

类矩形盾构段隧道沿规划广德湖南路向南下穿规划纬四路后进入地块，向西南下穿外塘河，沿线主要分布有待拆除的厂房车间。矩形盾构段长 390.3m，区间隧道纵坡最大坡度 35‰，最小平曲线半径 400m，隧道顶部埋深 2.5 ～ 10.46m。

2）工程地质条件（图 2-1-27）

高塘桥部分车站：①$_1$ 层杂填土、①$_2$ 层黏土、①$_3$ 层淤泥、②$_1$ 层黏土、②$_{2a}$ 层淤泥、②$_{2b}$ 层淤泥质粉质黏土、③$_2$ 层粉质黏土、④$_1$ 层淤泥质粉质黏土、④$_2$ 层黏土、⑤$_3$ 层黏质粉土、⑤$_4$ 层粉质黏土、⑤$_6$ 层砾砂。

矩形盾构段：②$_{2a}$ 层淤泥、②$_{2b}$ 层淤泥质粉质黏土、②$_3$ 层淤泥质粉质黏土。

盾构接收井及 U 形槽段：①$_1$ 层杂填土、①$_2$ 层黏土、①$_3$ 层淤泥、②$_1$ 层黏土、②$_{2a}$ 层淤泥、②$_{2b}$ 层淤泥质粉质黏土、②$_3$ 层淤泥质粉质黏土、③$_2$ 层粉质黏土。

地下水可分为三类：①地表水：外塘河，河宽 15 ～ 30m；②孔隙潜水；③承压水：第 I-1 层孔隙承压水赋存于⑤$_{5a}$ 层粉砂或⑤$_6$ 层砾砂；第 I-2 层孔隙承压水赋存于⑧层砂土。

图 2-1-27 工程地质条件示意图

3. 11.83m × 7.27m 类矩形盾构机总体集成及关键技术研究

1）设计指标及管片尺寸

最大埋深：顶覆土 25m；

最小转弯半径：水平转弯 350m；

管片尺寸：宽度 1200mm，分块 9+1+1（图 2-1-28），长宽比 1.66。

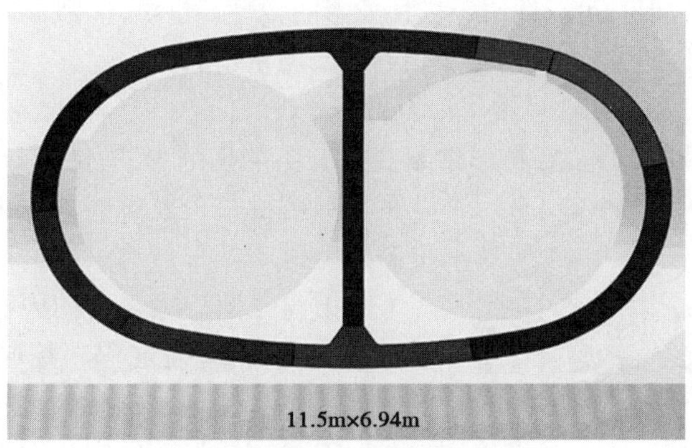

图 2-1-28　管片分块

2）针对宁波市工程的类矩形盾构机选型

顶管及盾构的常见截面均为圆形，在设计刀盘时，通过合理布置切削刀具，可以很方便地达到全断面切削的目的。但是，矩形乃至异型掘进机的切削断面形状并非中心回转对称，如何解决异型刀盘及刀盘的布置方式，做到全断面切削无死角，也是矩形掘进机的难点。针对宁波市类矩形隧道，对下列几种形式的矩形隧道掘进机进行了比选。

（1）大刀盘 + 仿形刀组合刀盘式

见前述"矩形盾构前期研究"内容。

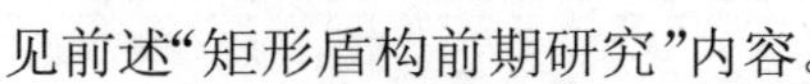

（2）偏心多轴双刀盘式（图 2-1-29）

见前述"矩形盾构前期研究"内容。

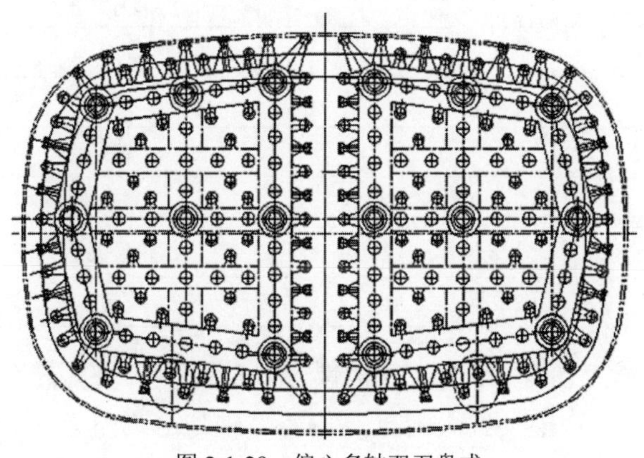

图 2-1-29　偏心多轴双刀盘式

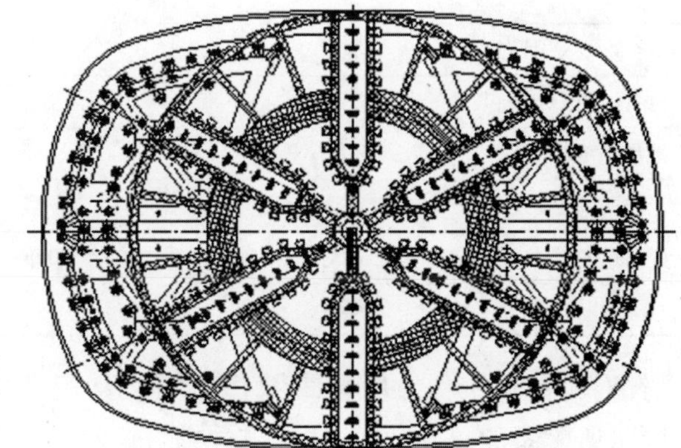

图 2-1-30　大刀盘 + 偏心多轴组合式

（3）大刀盘 + 偏心多轴组合式（图 2-1-30）

大刀盘 + 偏心多轴组合式矩形隧道掘进机，就是将上述两种方法的优点结合起来，采用中心大刀盘

+边缘偏心多轴刀盘的组合式，来达到使用要求。其圆形大刀盘具有适应地质条件广、对开挖面支护稳定性强、切削效率高等特点，偏心多轴切削刀盘可根据隧道地下通道所需截面形状(如矩形、正方形、马蹄形、椭圆形等)完成全断面切削。中心大刀盘与边缘的偏心刀盘前后错层布置，这样可以保证两者的切削轨迹互补而又不相互干涉。将中心大刀盘靠前布置，是因为中心刀盘承载能力好，施工时可以先一步接触土体，能够分担大部分的切削应力，对后侧的偏心刀盘起到一定的保护作用。偏心刀盘外沿与壳体外轮廓相似，偏心刀盘恰好分别与壳体外沿或中线相吻合，这表明，偏心刀盘在各转动位置，都可以保证切削轨迹与负责切削的区域边缘相重合。这样设计的偏心刀盘，在刀盘外形随切削断面外形改变的理念下，不仅能用于矩形掘进机，而且可以适用于多种外形的异型掘进机，椭圆形、马蹄形等等，都可以采用这一方法达到全断面切削的目的，拓展了偏心多轴刀盘的应用空间。

(4)双辐条式圆形大刀盘+偏心多轴仿形刀组合式(图 2-1-31)

双辐条式圆形大刀盘+偏心多轴仿形刀组合式刀盘的切削形式，能够保证全断面切削。两个大刀盘在矩形盾构机最前端同一水平面上左右分布，偏心多轴仿形刀盘位于矩形盾构机切削面的中央位置，交错置后于两个大刀盘。两个大刀盘的中心距小于大刀盘半径之和，相位差 90° 布置，通过程序控制刀盘的转速，使之保持同步，并保证两个圆形刀盘不发生碰撞。由此两个 X 形辐条式圆形刀盘在矩形断面中切削最大面积，偏心多轴驱动的仿形刀盘弥补大刀盘未能切削部分运作，从而实现全断面切削。

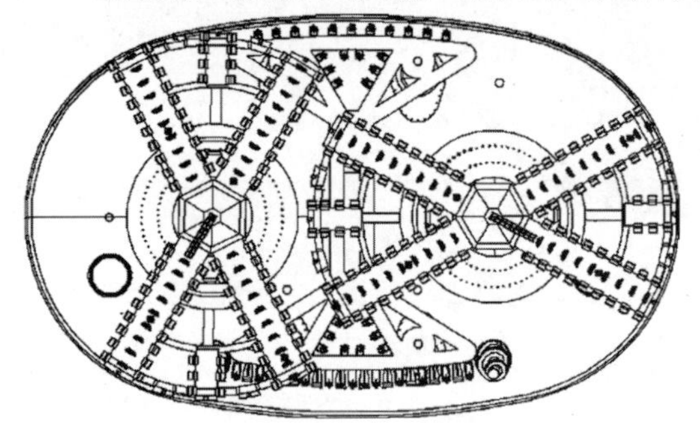

图 2-1-31　双辐条式大刀盘+偏心多轴仿形刀组合式

(5)选型比较

类矩形盾构机类型见表 2-1-3。

设备选型比较表　　表 2-1-3

刀盘形式	大刀盘+仿形刀组合刀盘式	偏心多轴双刀盘式	大刀盘+偏心多轴组合式	双辐条式大刀盘+偏心多轴仿形刀组合式
矩形全断面切削	能	能	能	能
开挖面支护性	较高	高	极高	最高
地层适应性	较好	一般	较好	较好
左右转角控制性能	一般	一般	灵敏	灵敏
所配备的总功率	最大	最小	一般	最大
价格	最高	低	一般	高

针对宁波市工程地质条件和工程条件，从矩形全断面切削、开挖面支护性、地层适应性、左右转角控制性能、所配备的总功率、价格等方面综合比较，决定选用双辐条式大刀盘+偏心多轴仿形刀组合式。

3)11.83m×7.27m 类矩形盾构机总体集成技术

11.83m×7.27m 类矩形盾构各部件分别为：2 个 ϕ6730mm 圆刀盘＋1 个偏心刀盘系统、壳体系统、

2 个大刀盘驱动 +4 个偏心刀盘驱动系统、2 套 ϕ630mm 螺旋输送机出土系统、推进系统、2 套拼装系统、铰接系统、液压系统、辅助系统（包括：同步注浆、集中润滑、冷却、盾尾密封等）、2 套皮带机、2 套车架、电气系统等系统，如图 2-1-32 所示。

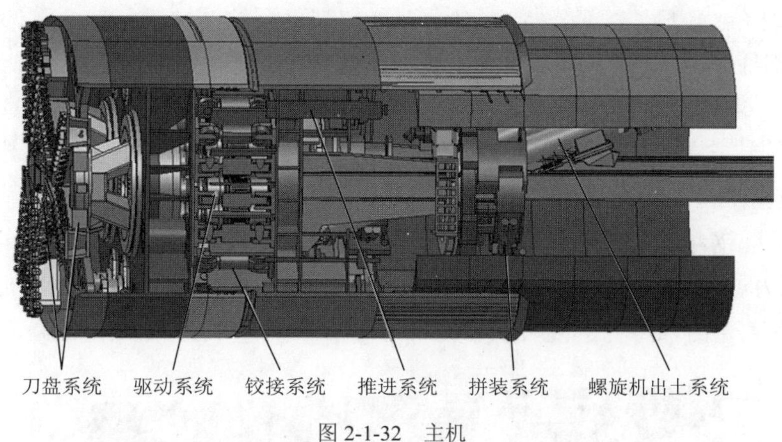

图 2-1-32　主机

在主机正前方，是大刀盘和偏心刀盘，刀盘后端通过牛腿连接着刀盘驱动，驱动后端安装有变频电动机驱动，刀盘驱动安装在顶管机前壳体中，壳体分前壳体和后壳体，两者之间通过铰接油缸相连接，铰接油缸均布在壳体的四周，2 个出土螺旋输送机，带铰接装置，能随盾构转向而随动；在后壳体中安装有推进系统、由 2 个拼装机组成的拼装系统及由 2 道钢丝刷、1 道钢板刷组成的盾尾密封系统。

4）11.83m×7.27m 类矩形盾构机各关键技术

（1）异型多刀盘全断面切削技术

因为类矩形盾构机的切削断面是近似矩形的椭圆，为保证全断面切削，采用了两个 X 形辐条式圆形大刀盘加一个偏心多轴驱动仿形刀盘的组合切削形式。两个大刀盘在矩形盾构机最前端同一水平面上左右分布，偏心多轴仿形刀盘位于矩形盾构机切削面的中央位置，交错置后于两个大刀盘。两个大刀盘的中心距小于大刀盘半径之和，相位差 90° 布置，通过程序控制刀盘的转速，使之保持同步，并保证两个圆形刀盘不发生碰撞。由此两个 X 形辐条式圆形刀盘在矩形断面中切削最大面积，偏心多轴驱动的仿形刀盘弥补大刀盘未能切削部分运作，从而实现全断面切削，如图 2-1-33、图 2-1-34 所示。

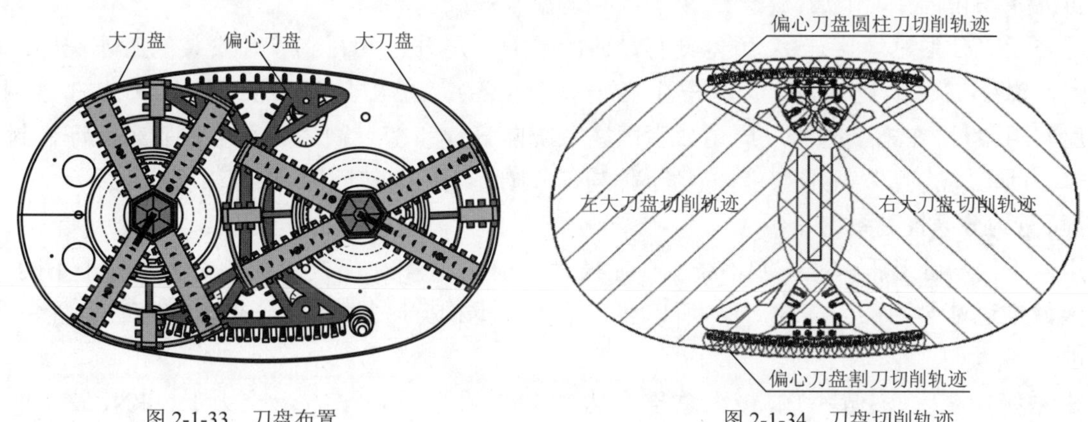

图 2-1-33　刀盘布置　　图 2-1-34　刀盘切削轨迹

（2）大刀盘

大刀盘采用辐条式结构，共由 4 根辐条及环板组成，切削刀具主要安装在辐条上，从内向外依次是中心刀、切削刀、先行刀和周边刀。中心刀位于刀盘中心，切削刀位于辐条两侧，是承担主要切削任务的刀具，数量最多；先行刀安装于辐条中央，高于切削刀，刀盘运转时由先行刀先将土体搅松，随后的切削刀则负责切削；周边刀安装在刀盘外圈环板表面，用于切削刀盘边缘土体、减小边缘土体对外环板的磨损。

（3）偏心刀盘

偏心刀盘位于盾构的上下中间部分，负责对大刀盘切削不到的区域进行切削。偏心刀盘由盘体结构、刀具、搅拌棒三部分组成。盘体是刀盘的主结构，也是承受切削力及扭矩的受力部件，盘体正面及外侧面安装有切削刀，背面则与偏心驱动相连接。刀具有圆柱刀和割刀两种，圆柱刀主要布置在刀盘正面，在刀盘外侧，圆柱刀与割刀交错布置，这是为了使刀具的切削轨迹尽量拟合壳体的外轮廓，减小切削死角。

（4）类矩形盾构壳体

类矩形盾构壳体的钢结构是根据给定的土压、水压、动载荷和在运行时所产生的负载等条件而进行设计的，通过焊接成为一个整体钢结构，密封面和轴承座进行机械加工。所有的矩形盾构运行所需的各类部件均集成布置在盾壳内，盾构壳体由前壳体、后壳体和盾尾组成（图 2-1-35）。

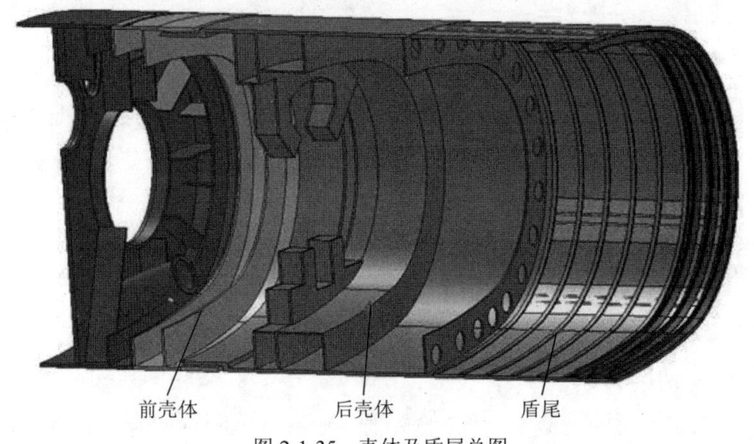

图 2-1-35　壳体及盾尾总图

前壳体胸板的上下左右位置装有土压传感器，用来测定土仓内的土压。另外，还有多个添加剂加注口，用来改善土仓内的土体流动性。胸板上设有若干固定搅拌棒，与偏心刀盘搅拌棒共同作用，防止土体在土仓中淤积。其中前壳体可在水平中线处分为上下两部分，分体处以法兰面螺栓连接，使用剪力销传递剪力，上下合并后外侧接缝水密焊。在壳体上有预留有多个加注口，加注口主要是用于向壳体外加注浆液防沉降、加固土体、止水、减磨等，所有孔口均配有球阀。

盾尾与后壳体通过焊接连接，盾尾具有足够的长度满足开挖和衬砌管片安装的工作空间。盾尾壳体钢板内设置有 32 根盾尾油脂管、16 根注浆管（8 用 8 备）。盾尾尾部安装 2 道钢丝刷加 1 道钢板刷再加 1 道反向阻浆板，在施工时通过盾尾油脂压注系统向管片和密封刷之间充填油脂来保证密封效果和减少摩擦力，通过注浆管路压入浆液，充填土体与管片圆环间的建筑间隙，防止漏水和地面沉降。

（5）可重构分区推进系统

类矩形盾构与圆形盾构在控制轴线上存在很大差别，由于其上下左右的纠偏力矩大小不同，故其上下左右区域推进油缸的推力需求不同，所以我们采用可重构分区推进系统，使得在推进过程中，能便于控制推进。

推进系统由 32 只油缸组成，最大总推力达 84800kN，平均每平方米推力 1150kN，最大推进速度 60mm/min，共 8 个分区，推力可以单独调节，推进千斤顶可以分别在控制室操纵面板上和拼装区域操作箱面板上编组、操作；按施工需要，可对推进油缸分区进行重构，如图 2-1-36 所示。

推进系统油缸采用比例泵供油，用手动调节钮来设定推进速度值，通过对比例泵从零排量到全排量的控制，实现推进速度的无级调速。全部推进油缸可单独伸缩，并具有快速回缩功能。

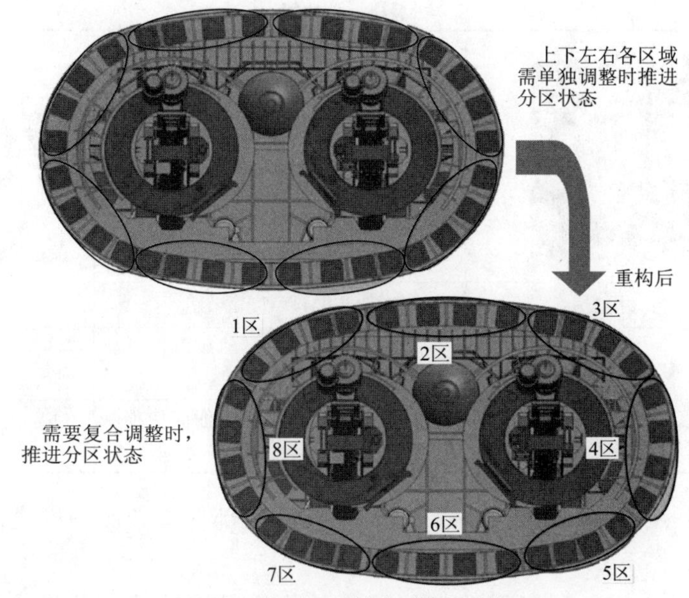

图 2-1-36　可重构分区推进系统

（6）铰接装置

为了确保隧道曲线段的施工，类矩形盾构设计成铰接式。采用主动铰接方式，前壳体偏转后，可以在减少推进时土体超挖的同时产生推进分力，以易于盾构转弯，同时铰接仍可保证盾构后壳体与管片的同轴度，这样，一方面保护盾尾刷，另一方面，可防止盾构主体挤压管片，致使管片碎裂损坏。

铰接系统采用 28 只铰接油缸，转动角度：上下 ±1.5º、左右 ±1.1º，其中 14 只铰接油缸上设有行程传感器，以检测铰接油缸的行程。铰接油缸连接前壳体与后壳体，铰接环部分设有 3 道密封圈＋ 1 道紧急密封＋ 1 道止浆钢板刷， 3 道密封圈之间由集中润滑系统加注油脂，起到润滑和止水的效果，另外钢板刷密封和可更换紧急密封装置，起更好的密封保护作用。

由于类矩形盾构在上下左右转弯时，其周边的间隙大小不同，所以采用可调节压密量且可更换铰接密封装置，在 3 道齿形密封后，增加可更换铰接密封装置，其调节功能可满足不同间隙的密封要求，损坏可更换，及时防止浆液渗漏等情况发生，如图 2-1-37 所示。

（7）可随动螺旋输送机装置

左右对称布置的两台螺旋输送机采用径向出土形式，在螺旋输送机出土口安装滑动闸板门，为了防止供电系统故障等紧急情况下的泥水倒灌，系统设有应急储能器，作为紧急关闭闸门的动力源。

由于采用铰接式类矩形盾构，且受拼装结构的限制，要求螺旋输送机后端的出土口与后壳体保持同一轴线，又因螺旋输送机前段与前壳体相连，故该螺旋输送机抛弃了一般螺旋输送机采用的拉杆悬挂式结构，利用球铰的方式将其固定于前槽体和拼装平台上，当壳体进行铰接时，螺旋输送机可以跟着铰接随动，满足盾构姿态控制需求，如图 2-1-38 所示。

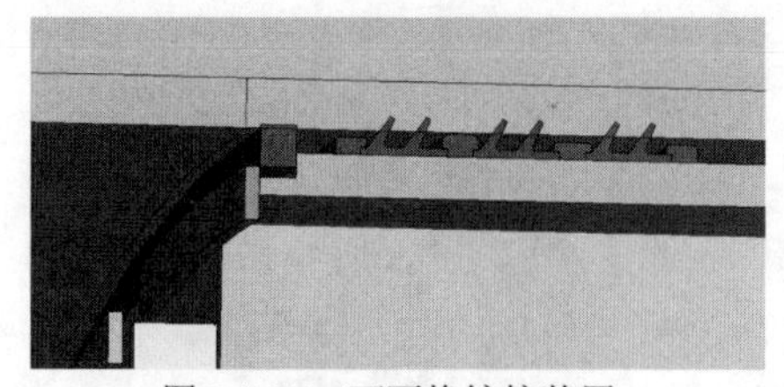

图 2-1-37　可更换铰接装置

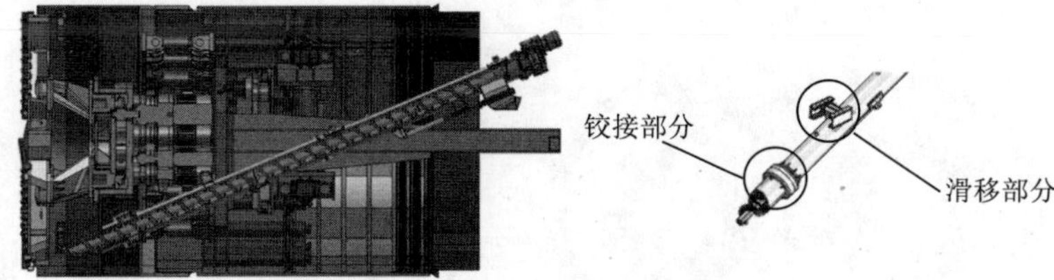

图 2-1-38　铰接式随动螺旋输送机

（8）带立柱拼装功能的多自由度矩形盾构管片拼装系统

根据类矩形管片分块，对于三种形式的拼装机进行选型比较（表 2-1-4）。

拼装机选型比较　　表 2-1-4

拼装机示意图			
名称	回转爬行式拼装机	双头多自由度拼装机	环臂式双拼装机
优点	拼装容易，只需一个拼装机构	拼装较容易，在回转轨迹上可拼装中立柱，控制简单	占用空间小，在回转轨迹上可拼装中立柱，与盾构其他部件安装协调
难点	与盾构其他部件难以协调安装，需要另外辅助机构拼装中立柱	占用空间大，与盾构其他部件难以协调安装	控制难度大

根据其拼装的难易程度，空间占用大小，以及与盾构其他部件安装协调程度，进行综合比较，我们决定选用环臂式双拼装机。

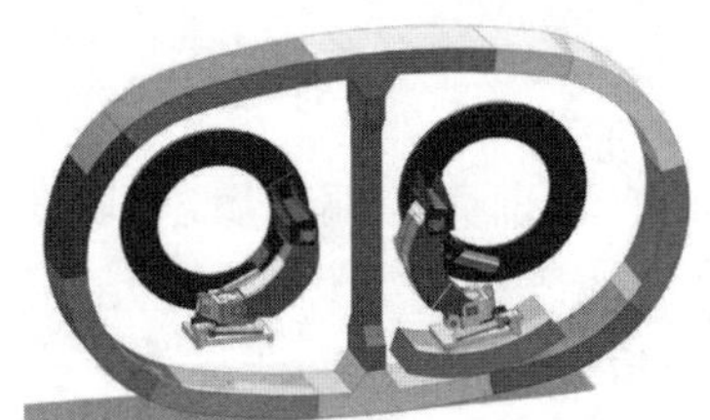

图 2-1-39　环臂式拼装机

环臂式双拼装机的作用是将管片在隧道内按设计要求拼装成环。在管片拼装过程中，拼装机抓取管片，其盘体可以按顺时针和逆时针方向旋转，钳体可进行径向提升，轴向平移，3 个微调动作，将管片调整到最佳位置进行拼装，如图 2-1-39 所示。

环臂式双拼装机采用两台中空轴式回转拼装机，由回转系统、平移系统、摆动机械臂系统、机械手系统以及管片夹取装置组成，两台拼装机既可以同时独立运行，也可以协同工作，从而大大提高管片拼装效率，通过拼装运动控制轨迹跟踪技术，实现流程自动化、拼装微调化，通过协同作业完成超长中立柱管片的拼装，拼装过程如图 2-1-40 所示。

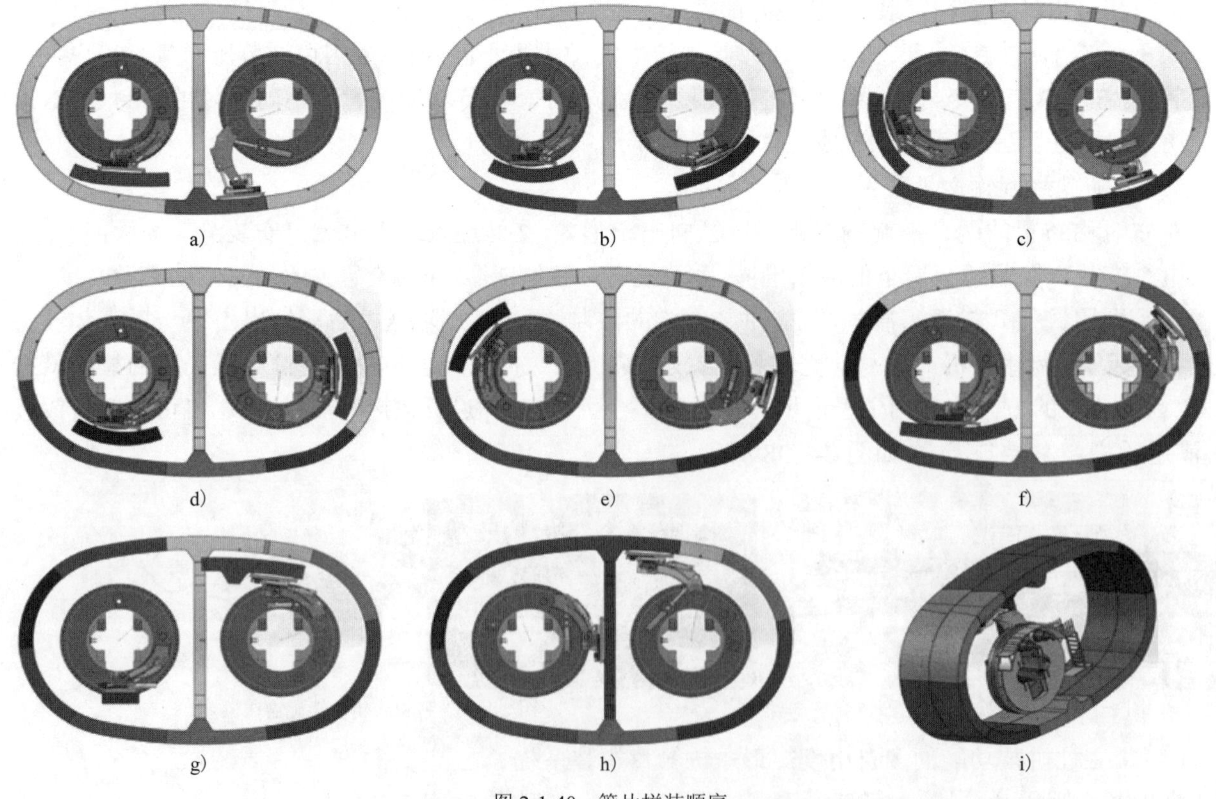

a)　b)　c)　d)　e)　f)　g)　h)　i)

图 2-1-40　管片拼装顺序

拼装机的回转机构采用液压驱动，无级调速；平移机构使整个拼装机通过滚轮可沿着支撑悬臂梁前后移动，使拼装机能移动到管片储存区域和插入封顶块，由 2 只平行油缸驱动。管片的提升由摆动机械臂系统和回转机构通过计算机程序控制组合，同时具有左右摆动、前后摆动机构（管片沿隧道纵向前后摆动）、水平摆动机构（管片水平转动）可使中立柱实现 90º 旋转，从而实现中立柱的拼装。

（9）防背土装置

11.83m×7.27m 类矩形盾构由于断面尺寸大，与传统的圆形盾构相比，壳体顶部的平面面积大，在施工中容易造成背土，从而造成地面沉降，为控制地面沉降，本次设计采取在前壳体顶部安装注浆管，并开设压浆槽，使土体与壳体上平面之间形成一泥浆膜，以减少土体同壳体的摩擦力，防止背土现象的发生，如图 2-1-41 所示。

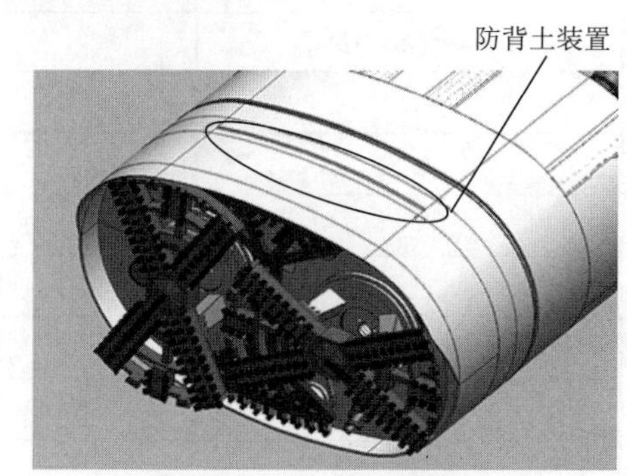

图 2-1-41　防背土装置

（10）土压自动补偿系统——控制开挖面的稳定性

由于矩形盾构的开挖面与传统的圆形盾构不同，对于矩形盾构开挖面稳定性的控制，除使用传统的结合盾构推力、刀盘扭矩、推进速度、螺旋输送机转速等施工参数来控制开挖面的稳定性外，特别是在整个管片拼装阶段，正面土仓土压力值下降严重，致使盾构切口位置地面沉降较大，为更好控制开挖面的稳定性，本次研制的 11.83m×7.27m 类矩形盾构增加了土压自动补偿系统，在盾构停机的状态下，通过安置于隔仓板上的筒体内油缸伸缩，改变土仓的体积以实现土压的调节，维持土压平衡，如图 2-1-42 所示。

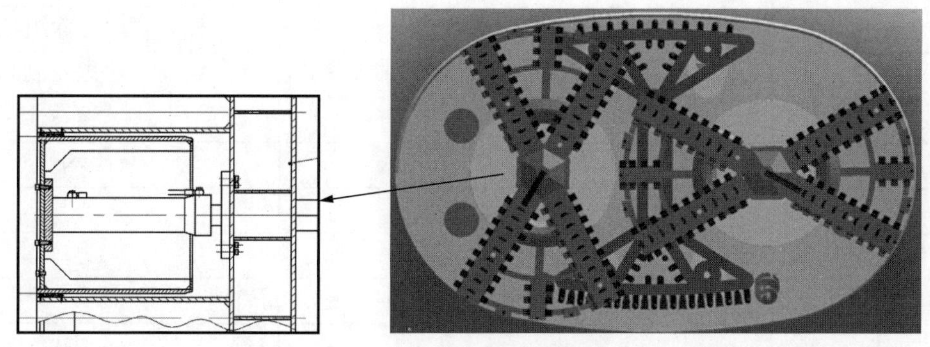

图 2-1-42　土压自动补偿装置

5）11.83m×7.27m 类矩形盾构主要技术参数

11.83m×7.27m 类矩形盾构主要技术参数见表 2-1-5。

类矩形盾构主要技术参数表　　表 2-1-5

壳　体		
前壳体尺寸	11830×7270×2160	mm
后壳体尺寸	11800×7240×4664	mm
土压传感器	6	个
径向加注管路	20	根
盾　尾		
盾尾尺寸	11800×7240×4800	mm
盾尾间隙	50	mm

续上表

盾　尾		
盾尾密封	2 道钢丝刷 +1 道钢板刷 +1 道反向阻浆板	
注浆管路	8+8（备用）	根
盾尾油脂管路	16	根
大　刀　盘		
数量	2	个
类型	X 形辐条式	
最大切削直径	6730	mm
旋转方向	正反转	
耐磨保护	耐磨焊条	
偏　心　刀　盘		
数量	1	个
类型	辐条式	
旋转方向	正反转	
耐磨保护	耐磨焊条	
大刀盘驱动(表内为单套配置数据）		
整套数量	2	个
驱动功率	495（55×9）	kW
转速	0 ～ 1	r/min
额定扭矩	4448	kN・m
脱困扭矩	5338	kN・m
轴承寿命	≥ 10000	h
偏心刀盘驱动		
类型	变频驱动	
驱动功率	148（37×4）	kW
转速	0 ～ 2.2	r/min
额定扭矩	440	kN・m
脱困扭矩	480	kN・m
推　进　装　置		
油缸数量	32	只
位移传感器	8	个
缸径 / 杆径	330/260	mm
行程	2200	mm
总推力	84800	kN
最大推进速度	60	mm/min
铰　接　装　置		
油缸	28	只
缸径	330/260	mm

续上表

铰 接 装 置		
行程	200	mm
总推力	99720	kN
上下纠偏角度	±1.5	°
左右纠偏角度	±1.1	°
最小转弯半径	250	m
螺旋输送机参数		
扭矩	100	kN·m
类型	芯轴式螺旋输送机	
驱动类型	液压马达	
安全装置	蓄能器在断电时提供闸门液压动力	
螺旋直径	550	mm
螺距	440	mm
最大出土量	110	m^3/h
转速	0 ～ 21	r/min
加注口	3	个
螺闸门	1	个
闸门类型	闸板门	
拼装机主要参数		
回转	转速	0 ～ 1r/min（可微调 0 ～ 0.2r/min）
	扭矩	700 kN·m
拼装机整体平移	速度	0 ～ 1.5m/min（可微调 0 ～ 0.25m/min）
	作用力	550kN（油缸小腔作用）
	行程	2300m
拼装参数	大臂摆动角度	65°
	机械手左右摆动角度	70°
	机械手前后摆动角度	±2°
	机械手水平摆动	-2.5° ～ +92.5°

4. 11.83m×7.27m 类矩形盾构机关键部件研究

1）刀盘技术研究

（1）X 形双刀盘结构研究

①双刀盘结构

双刀盘是矩形土压平衡盾构切削土体的主要工具。与传统的软土盾构辐条式刀盘类似，也是由中心体、辐条为主要结构组成。辐条是刀具的载体，中心体则是连接各个辐条，增加整体的刚性。刀盘概况如图 2-1-43 所示，圈梁设计如图 2-1-44 所示。

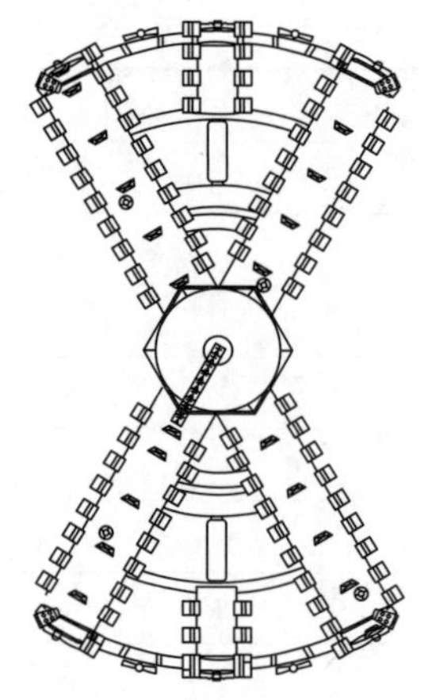
图 2-1-43　刀盘概况

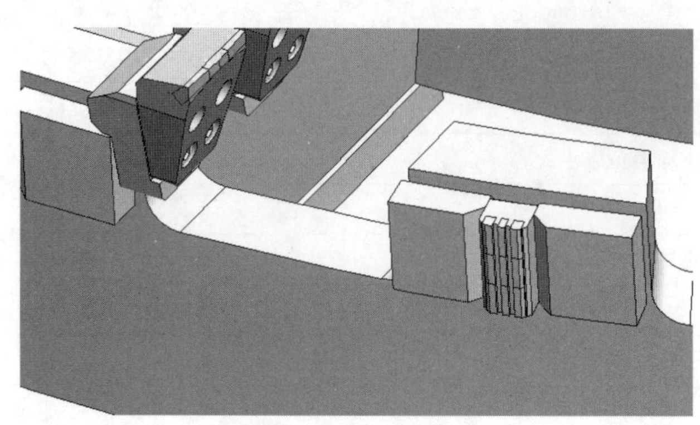
图 2-1-44　圈梁设计

②双刀盘结构的设计

本次双刀盘的设计采用了 X 形的主体设计，通过这个外形，在刀盘旋转时 X 形两侧的缺口能够提供另一个刀盘通过的空间。设计时通过调节 X 形的开口大小以及刀盘辐条的宽度来控制两组刀盘回转时的最小间隙。

辐条截面的设计为一个迎土面较宽的正梯形，如图 2-1-45 所示，这样的形式在刀盘回转时能够给切削下来的土体一个朝向土仓的分力，有利于进土。与矩形截面相比，在刀具位置处不容易形成泥饼。

如图 2-1-46 所示，在刀盘的辐条之间增加了多个箱型的小圈梁来提高刀盘整体的刚性。

如图 2-1-47 所示，为了增加相邻辐条之间刀具的最小间隙，在盘体结构上使用了内沉式设计，让刀座不突出辐条侧面的同时也能够进行刀具的更换。

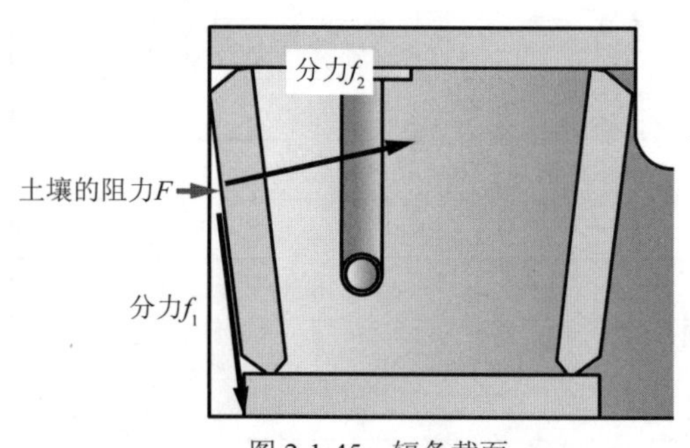

图 2-1-45　辐条截面

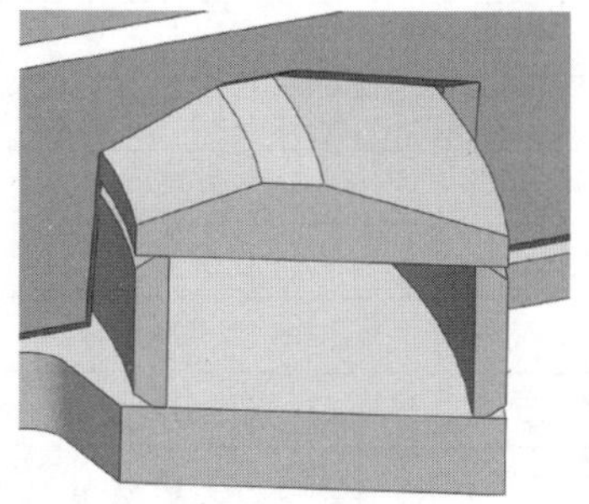
图 2-1-46　小圈梁截面

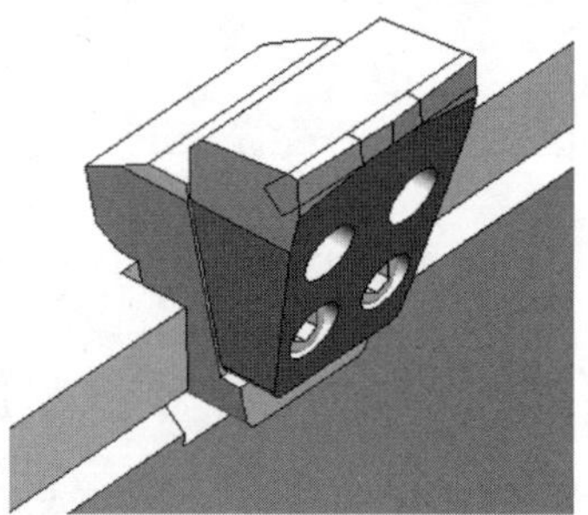
图 2-1-47　内沉式刀具设计

刀盘整体效果如图 2-1-48 所示，刀具布置如图 2-1-49 所示。

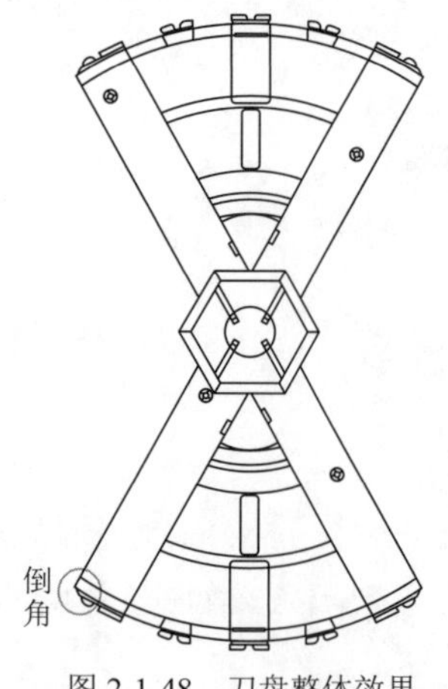

图 2-1-48　刀盘整体效果

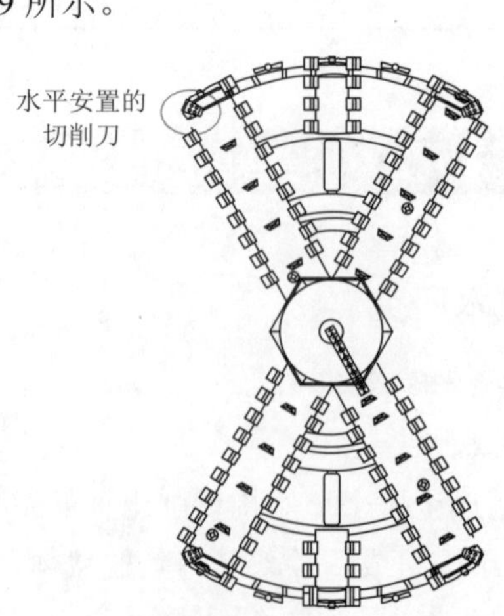

图 2-1-49　刀具布置

在最外圈切削刀位置为了进土方便，设计了两个大尺寸的进土口。由于最后两个刀盘同步转动所要求的精度较高，所以在刀盘两侧辐条外侧做了两个倒角，使得双刀盘在旋转的最极限位置处的角度偏差能够保证在 6°。

③双刀盘刀具的布置和设计

刀具的布置设计直接关系到刀盘整体的切削效率。根据现场地质条件，单个刀盘的刀具配置见表 2-1-6。

刀盘刀具配置表　　表 2-1-6

刀具形式	数量(把)	示意图	作用
中心刀	1		改善中心部位土体的切削和搅拌效果，解决中心部分土体的切削问题，改善切削土体的流动性
软土切削刀	92		切削泥土并刮土，其磨损较快，故要求可以更换。一般刮刀以成对的方式出现，背对背安装，起到互相保护的作用
先行刀	19		先行切削土体的刀具，在切削刀切削土体之前先行切削土体，将土体切割分块，为切削刀创造良好的切削条件
周边刀	10		安装在刀盘最外侧的圈梁上，比刮刀矮，除了能保证刀盘切削的直径不小于后端壳体外，还起到保护刀盘的作用

单个切削刀的宽度为 150mm，两个相邻轨迹的间距是 130mm。

为了改良土体的切削性能，在刀盘盘体上配置了高于切削刀 50mm 的先行刀。这些刀具能够在切削刀接触土体之前先一步将原本连续的土体犁出一个个同心的圆环槽。当切削刀跟进切削时，就不用挤压连续的土壤，而可以将这些土体导向已经由先行刀挖出的环形槽内，提高土壤的切削效率，减小刀盘的扭矩。

为了保护刀盘盘体的外周，安置了带合金块的矩形周边刀。

由于存在两个刀盘之间的相互同步问题，所以刀具的布置不能简单地和传统的圆形刀盘一样，在最外周盘体倒角处，安排了 4 把水平放置的切削刀。这样既保证了最外周切削刀具的数量，又保证了两个刀盘最小的接近角度。

(2)大刀盘驱动研究

①大刀盘驱动装置结构设计

a. 刀盘驱动基本原理

刀盘驱动装置是盾构掘进机设备的关键核心部件，主要由传力环、受力环、动力箱、密封舱、大轴承、小齿轮、减速器、电动机等部件组成，如图 2-1-50 所示。动力箱是刀盘驱动装置的支撑、安装部件，为箱体结构，电动机、减速器、传动齿轮、大轴承、传力环、受力环、密封舱等部件以一定关系配合并安装在动力箱箱体上，动力箱则与盾构壳体焊接，为固定部件。受力环连接大轴承和传力环，将大轴承回转传动扭矩和推力传递给传力环。传力环是连接大刀盘与驱动系统动力箱体的部件，能将大轴承回转传动扭矩和推力传递给刀盘。

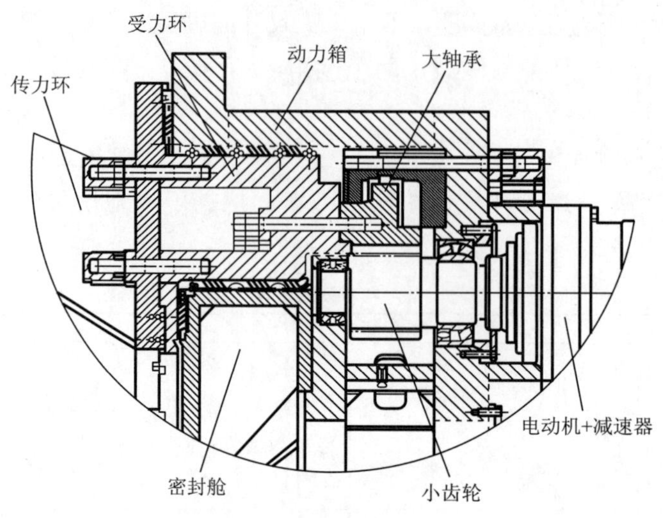

图 2-1-50　刀盘驱动装置

其动力的传递方向为：电动机→减速器→小齿轮→主轴承动圈（带齿圈）→受力环→传力环，传力环与刀盘由螺栓连接，从而将动力传递到刀盘，带动刀盘旋转。

b. 刀盘驱动装置结构设计

重要参数计算：

估算扭矩 T：3541kN·m；

装备扭矩：4448kN·m；

安全系数：I=4448/3541=1.26；

脱困扭矩：5338kN·m；

安全系数：I=5338/3541=1.51。

所以装备扭矩满足使用要求。

c. 方案设计

▶ 动力源的选择

动力源可以选用电机或液压马达驱动。两种驱动方式各有优缺点，电机驱动的优点是噪声小，效率高，缺点是电机的体积大，在同样数量的情况下，输出的扭矩比较小。随着盾构直径和系统功率的增大，液压油箱和泵站日趋庞大和复杂，系统的能量损失更大，系统维修保养成本更高，因此大直径盾构不推荐使用液压驱动方式。

▶ 啮合方式的选择

刀盘驱动的齿轮传动，一般用一级的行星齿轮传动，大齿轮与轴承制成一体，可以设计成外啮合，也可以设计成内啮合。它们也有各自的优缺点。

▶ 方案确定及电动机布置

本项目大断面矩形盾构掘进机采用两个 X 形辐条式圆形大刀盘加一个偏心多轴驱动仿形刀盘的组合切削形式，以满足矩形截面的全断面切削。

综合考虑双圆刀盘布置的空间尺寸限制、功率传递、后配套设备、成本等多方面因素，最终采用变频电机驱动、内啮合齿轮传动的方案。

两个刀盘驱动底部分别有一台螺旋输送机通过，因此驱动位置需要转至合适角度以错开螺旋输送机，保证没有干涉。单台驱动电机布置如图 2-1-51 所示：9 个 55kW 变频电机均布，减速器速比为 112.86，齿轮速比为 115/18。

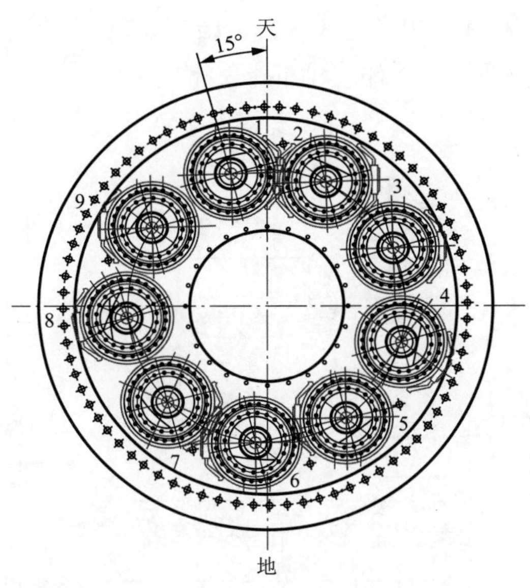

图 2-1-51　单台驱动电机装置

d. 结构设计

▶ 尽可能提高大轴承的使用寿命

大轴承是刀盘驱动装置中最关键的部件，它的寿命直接决定了驱动装置的寿命。除了选用进口高质量轴承外，与轴承相关的动力箱设计，直接决定了大轴承的使用寿命。

主轴承为带齿圈的三排滚柱回转支承。主轴承采用稀油润滑，齿轮油保持循环，以降低磨损，防止烧结，润滑油自动供给。动力箱体相应位置应设有大轴承油脂加注口。

▶ 提高小齿轮的可靠性

在结构上改善小齿轮的受力情况，与大轴承大齿轮配对的齿面硬度的合理选择，减速器的最佳支撑方式等，都对小齿轮的可靠性有极大的影响。

小齿轮采用两端支承形式，以保证小齿轮轴的良好刚度，使得大小齿轮的啮合更加受力均匀。

▶ 驱动动力箱箱体的结构设计

动力箱是刀盘驱动装置的支撑、安装部件，为箱体结构，马达、传动齿轮、大轴承、传力环、受力环、密封舱等部件以一定关系配合并安装在动力箱箱体上，需要综合考虑大轴承和小齿轮的拆装，各部件的配合关系等要素。

双圆刀盘布置空间有限，同时为了保证刀盘驱动装置的高可靠性、长寿命，在结构设计上有较大的难度。在驱动箱体的设计中，除了保证高强度，还要有大刚性，以期减少大轴承的变形，改善轴承滚道的受力情况。

▶ 土砂密封圈结构形式及材料的选择

盾构本身必须有一定的密封，刀盘驱动由于与土仓相连且存在相对转动，必然要设置土砂密封，该土砂密封必须能承受一定的土压力；刀盘驱动在传力环与动力箱以及密封舱之间各设有两道齿形密封圈以及一道唇形密封圈以防止外界的泥水涌入，以及防止齿轮箱中的齿轮油流出。在密封圈之间设有油脂润滑，并且在推进过程中，在每道密封圈之间设有润滑脂补给点，并采用间断、集中供油形式供油，以保证密封面的润滑以及增强密封效果。

土砂密封采用多层特殊唇齿形密封，由内、外端面各一道和内外轴向各 3 道共 8 道密封圈组成，在每两道密封圈之间设有润滑脂补给点，并采用间断、集中供脂形式供脂，以保证密封面的润滑。

每两道密封圈之间的油脂口包括：每环 6 个油脂加注口、2 个油脂检测口，如图 2-1-52 所示。外平面密封圈外侧，传力环与动力箱相邻结构设计成迷宫槽结构，防止土仓泥沙侵入，保护密封圈。同样地，内平面密封圈内侧，受力环与密封舱相邻结构设计成迷宫槽结构。

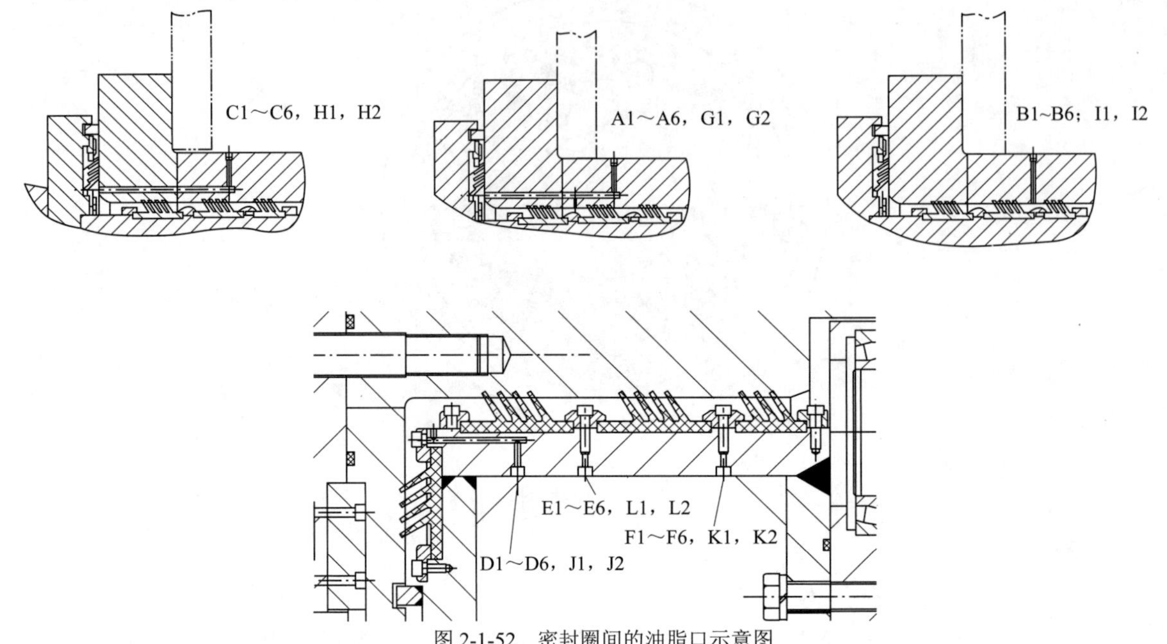

图 2-1-52　密封圈间的油脂口示意图

▶ 传力环结构设计

图 2-1-53　牛腿设计

作为与刀盘直接相连的传力环牛腿，连接方式受到限制，传统的四牛腿连接方式显然是不合适的，如果直接按辐条开口范围，设计成上下两个整体式的牛腿，将损失传力环与受力环的连接螺栓数量，为保证足够的连接螺栓以满足扭矩的传递，同时考虑连接牛腿的强度，我们最终将牛腿设计为图 2-1-53 的形式。

②双刀盘同步控制

经过全断面矩形盾构设计可行性研究，及对多动力源驱动大刀盘扭矩平衡控制系统的掌握，我们提出了以两个圆形大刀盘在一个工作面上进行大断面切削的刀盘驱动模式。同一平面上的左右两个大刀盘的运转轨迹有部分重叠，在运转中如果控制不当，可能会产生两个刀盘互相干涉的情况，造成刀盘损坏。

双刀盘的角度差控制一般根据盾构机的刀盘形式，在双圆盾构中运用的比较广泛，其代表产品有日本三菱重工和小松，并于 2004 年 11 月首次在国内应用于上海地铁 8 号线的三个区间隧道施工中。其对双刀盘同步角度差的控制比较简单，只是单纯地根据角度差控制的边界条件来进行刀盘运行的强制停止。简单来说，就是设定一个角度差范围，一旦超出则停止掘进状态，同时刀盘停止转动，在刀盘停止的过程中利用变频调速对其进行刀盘停止位置的控制，使其在下次刀盘启动时角度差重置。由于刀盘的旋转速度比较慢，所以其角度差的变化幅度也是比较小的，所以这样的控制系统对于刀盘的干涉预防是比较可靠的，但是在某些盾构机正面土体土质不均匀的情况下，双刀盘角度差调整的次数可能会很频繁，由于每次调整都需要停止推进状态，这就导致了施工的不连续，从而影响到掘进线路地表的沉降情况，影响施工质量。

通过对传统的双刀盘同步控制系统的分析，可以认为这种同步控制是一种在停止掘进时的双刀盘角度差同步控制模式，而为了避免在盾构机掘进过程中由于频繁调整角度差而造成停止掘进，需要找出一种动态的，也就是在掘进过程中实时地对角度同步控制进行修正的控制系统。

a. 系统模拟

在切削面的两个圆形大刀盘驱动装置的中心位置安装刀盘位置检测装置，分别实时测定两个刀盘的转速和角度。采用在变频器中预制加速时间和分段加速的方式，保证启动期间刀盘运转的安全。在两刀盘运转期间，通过专用控制设备，实时计算两刀盘角度差后，通过防干涉的算法来及时调整刀盘转速，从而保证刀盘不发生相互干扰，并确保刀盘扭矩的同步，如图 2-1-54 所示。

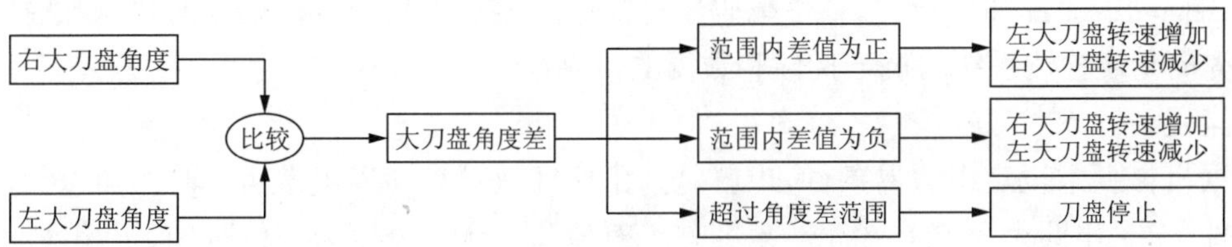

图 2-1-54　两个圆形大刀盘运行状态角度控制

在刀盘停止期间，通过可控的制动方式，使刀盘快速停止在预定的位置上，并且保证了两刀盘之间安全的角度差，如图 2-1-55 所示。

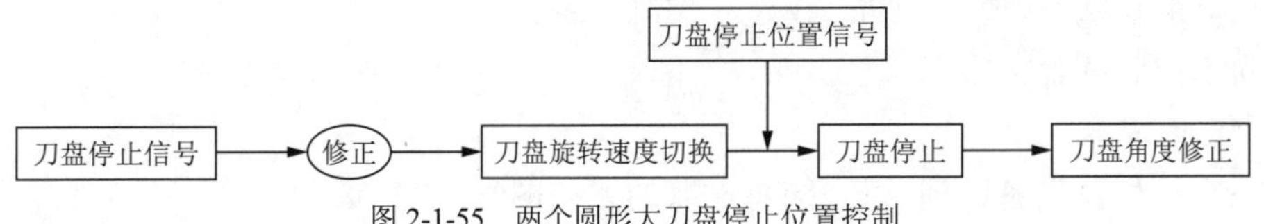

图 2-1-55　两个圆形大刀盘停止位置控制

b. 控制方式选择

我们选择工程上经常使用的 PID 控制器，其工作原理如图 2-1-56 所示。

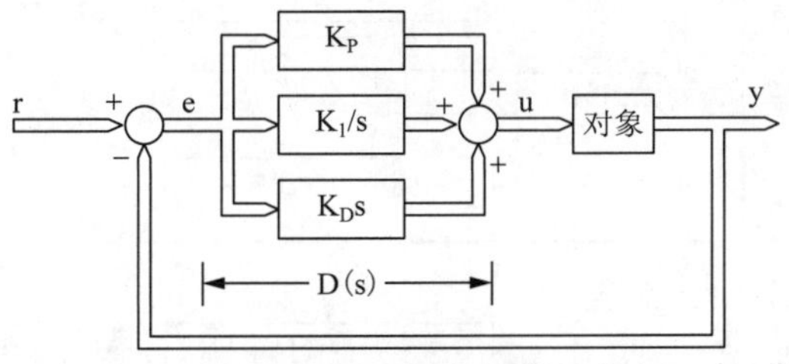

图 2-1-56　PID 控制器工作原理

图中 r 为设定值，y 为输出值，e 为两者之间的误差，通过 MatLab 仿真，我们可以得到一个经典的 PID 控制输出的曲线，如图 2-1-57 所示，从其仿真曲线中看到，在有小幅震荡后系统很快自动达到了系统的设定值，这符合我们对双刀盘同步驱动系统的控制要求。

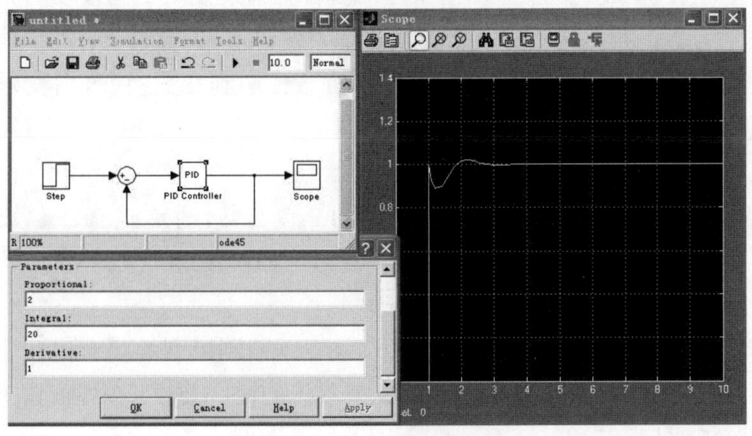

图 2-1-57　PID 控制输出曲线

c. 刀盘旋转角度检测装置

在系统中需要一种可以检测刀盘角度变化的装置，通过该装置得到实时的刀盘角度差，这类角度编码器可分为增量型及绝对值型，从机械安装的形式上分类可以分为有轴形及轴套型，根据双刀盘同步驱动的控制要求，这次选择了轴套式绝对值型多圈编码器。由于双刀盘同步控制对刀盘角度的检测要求非常高，所以选择编码器旋转轴与刀盘旋转轴直接连接的轴套式安装方式，这样可以避免使用联轴器连接时旋转产生的扰动误差，同时由于增量型编码器可能产生零点漂移和累计误差的缺点，选择使用绝对值型编码器来提高角度检测系统的抗干扰性和数据的可靠性。

d. 控制流程

首先根据机械要求设定出边界条件，也就是为了保证双刀盘同步正常运行时的角度差范围，其次根据此边界条件，定义出四个角度差区间。角度差绝对值从大到小分别为急停区间、报警区间、调整区间、正常运行区间。

根据双刀盘有两个刀盘系统同时旋转的特点，为了控制角度差，规定角度差为控制目标，而转速为控制量。首先，我们考虑对一个刀盘进行动态转速控制，其次，另外一个刀盘作为一个参照，让其保持一个运动过程中的相对静止状态，使用 MTLAB 建立控制系统。

e. 双刀盘同步控制试验

（a）试验系统组态

根据上述系统模型及设备选择，建立同步控制的系统图（图 2-1-58）。

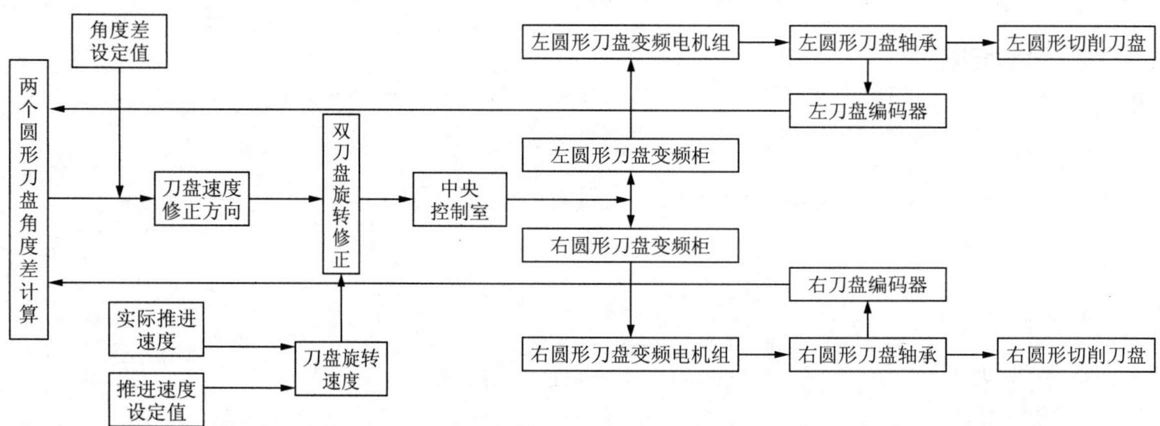

图 2-1-58　双刀盘同步控制系统图

我们的目的是双刀盘同步修正，就是要让两个刀盘在旋转时按照一定的角度差进行修正。首先要检测出两个刀盘的角度差，通过安装在刀盘轴承上的刀盘编码器，采集两个刀盘实时角度，把数据传入控制系统进行运算得到两个刀盘的角度差，然后通过角度差的设定值，刀盘旋转速度等数据来确定两个刀盘到底应该怎么修正。把修正的数据通过控制室用弱电信号传送到变频柜，再由变频柜控制刀盘电机，刀盘电机带动减速器驱动大轴承，大轴承再带动刀盘。

（b）试验结果

通过一系列试验，我们获得了在不同控制模式下的 PID 参数，对这些 PID 参数进行整合，从而可以获得对整个系统的单个或多个最优的 PID 参数，我们通过 LABVIEW 数据采集系统，对整个试验过程进行了监视。

通过对双刀盘同步系统的研究，建立了控制模型，并根据控制模型的要求进行了硬件的选择，通过试验验证了系统是否达到双刀盘同步控制的要求，在整个系统的研究及试验中，积累了大量的数据及经验，为今后矩形盾构的系统搭建打下基础。

③类矩形盾构刀盘驱动系统作业可视化及预测预警控制研究

矩形盾构是国内首次使用的异型盾构，其施工过程中装备受载不同于以往圆形盾构，同时地下施工作业本身存在作业环境及对象性能的不确定性，为保证施工作业顺利进行，需实时监测装备的受载及运行状况。虽然目前盾构运行情况可通过 SCADA 数据进行监测，但单纯的数据较为抽象，具有局部性；采用摄像机对作业进行全方位监控，则需要摄像头众多，数据传输系统庞大，最为关键的是由于作业环境的恶劣，许多关键部位不能采用摄像系统进行监测。

本虚拟实时作业映像系统集成数据采集及驱动技术、虚拟样机技术、运动仿真技术，将构建一套基于现场实时数据的高逼真盾构作业实时虚拟呈现技术，将地底作业装备“移至”监控室。同时该系统兼具全局性和局部性：既可整体观测整个作业装备，又可对感兴趣部位进行无级缩放以便细微观测。进一步而言，今后该系统可集成受力分析系统，将装备的应力应变等以色度体现。因此，通过本系统，可直观地将施工过程中装备的作业及受载呈现，及时发现及排除设备的异常，保证整个施工的顺利进行。

类矩形盾构刀盘的可视化作业采用了基于 OPENGL 的监测与控制系统。该监控系统通过基于 OPENGL 绘制的三维立体图像实时显示盾构刀盘在三维空间中的姿态与运动，同时显示刀盘的转速、转角、土压、负载与电机的电压、电流等数据，并对刀盘是否发生干扰、运行是否出现偏差以及电机是否发生故障等做出及时的判断与显示。

监控系统通过与盾构刀盘传感系统的通信获取刀盘的转速、转角、土压、负载以及电机的电压、电流等数据，根据这些数据以及预设的刀盘系统三维模型生成刀盘的 OPENGL 实时三维图像。该图像可以根据操作者的需求进行缩放、平移、旋转等视图操作，便于操作者直观准确地了解刀盘的运行情况。操作者需要的各项刀盘系统运行数据在监控系统界面上均有显示，系统发生故障与危险时，监控系统界面上会通过直观的标识显示出来实现预警。

根据盾构刀盘监控系统的功能，该系统的界面包含了三个子页面，分别为实时监控页面、电机参数显示页面以及参数修改页面。实时监控页面显示刀盘的实时三维图像以及刀盘的重要参数，对刀盘的整体工作状况做出评估；电机参数显示页面显示各电机的工作参数，并判断电机是否发生故障；参数修改页面可以对监控系统的用户信息、通信参数等进行修改与添加。

a. 监控系统与刀盘系统的通信

监控系统与刀盘系统之间的通信基于 Web 通信协议实现。监控系统需要实时获取的数据包括各刀盘的转速、转角、土压、负载以及各电机的电压、电流等，将以上各项数据整合为一个数据结构，在每次数据实时获取过程中，刀盘系统的通信端将该数据结构发送给监控系统，监控系统在接收到数据后，根据通信数据格式获取所需各项数据，用于监控系统的显示与评估功能。

b. 基于 OPENGL 的刀盘可视化

刀盘的三维视图在监控系统的实时监控页面显示，视图中包括盾构机的左刀盘、右刀盘、中间刀盘以及各刀盘的驱动电机，视图可以实时反映各刀盘的空间位置关系以及运动速度与方式。

刀盘的可视化基于 OPENGL 实现，实现过程首先需要生成可视化所需刀盘模型文件。首先将视图所需的刀盘系统各部件的模型进行简化，删去视图中无法观测的部分，以降低刀盘可视化实现的复杂性。而后将简化的模型文件转换为 3ds 格式，此格式可以应用 OPENGL 读取。以盾构刀盘壳体部件为例，转换得到的 3ds 文件如图 2-1-59 所示。

生成 3ds 文件后，在监控系统的程序中，建立了将 3ds 文件读取为三角形集合并进行绘制的方法，此方法会依次遍历模型文件中的各三角形，将其绘制出来，获得刀盘系统各部件的整体视图。在工作过程中，刀盘的三维视图会循环刷新，实时反映刀盘之间的位置关系变化，并实现用户对视图的操作。

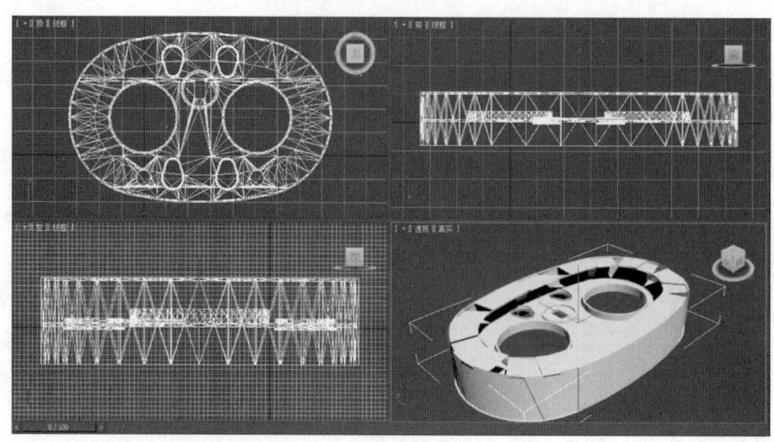

图 2-1-59 模型转换为 3ds 文件

刀盘系统中各部件之间存在着约束关系。在刀盘的可视化程序中，每个部件对应着一个自身的坐标系，在坐标系中完成部件模型的绘制。部件之间的空间位置关系与约束在程序中通过坐标系之间的旋转与平移变换实现，坐标系之间的变换在视图刷新时根据刀盘系统模型中的约束关系以及实时获取的运动参数确定。

用户在监控系统工作过程中往往需要改变视图的放大比例与视角，在实时可视化监控界面中（图 2-1-60）为此类操作设置了按键，调整这些按键可以改变 OPGNGL 图像视角的参数，从而实现图像的缩放、平移与旋转功能。

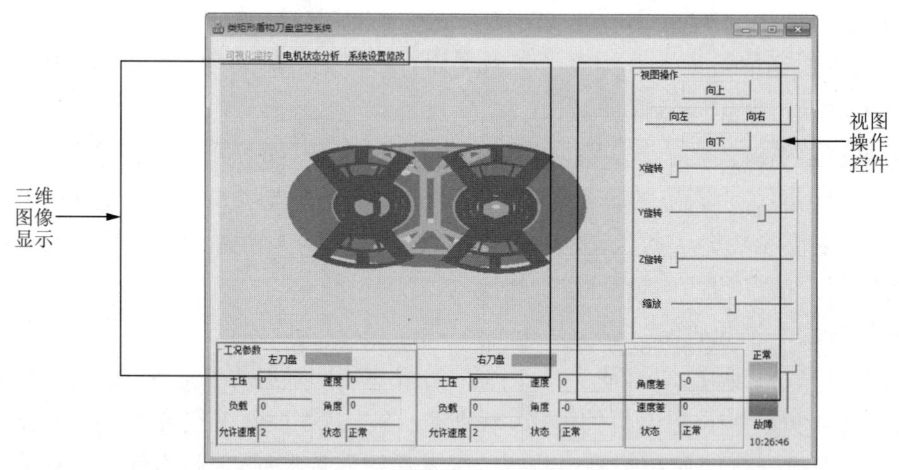

图 2-1-60 实时可视化监控界面

c. 刀盘工作参数显示与极端工况预警

刀盘的转速、转角、土压、负载以及各电机的电压、电流等参数会在每一次监控系统与刀盘系统的通信后更新，监控系统会在每一次更新后将各参数在实时监控页面与电机参数显示页面中显示出来，实时监控页面用于显示各刀盘的转速、转角、土压、负载等参数，电机参数显示页面则显示各电机的电压、电流等参数。

在监控系统的实时监控页面与电机参数显示页面上，各刀盘是否发生故障以及各电机是否发生故障会通过相应的颜色显示（图 2-1-61）。监控系统在每次参数更新后，会计算各参数是否超过允许范围，同时会计算同步运行的电机与刀盘之间的角度差与速度差，检测是否超过允许范围。若出现超过允许范围的情况，界面上相应显示区域的颜色会改变，同时相关的文字也会变化，直观地提示操作者出现极端工况。

（3）偏心刀盘及其驱动研究

偏心刀盘位于矩形掘进机正中间，负责对两个大刀盘切削不到的区域进行切削。因为切削断面是中心对称图形，所以上下切削区域相等，两个偏心刀盘互成中心对称，形状相似。以下偏心刀盘举例说明，偏心刀盘结构如图 2-1-62 所示。

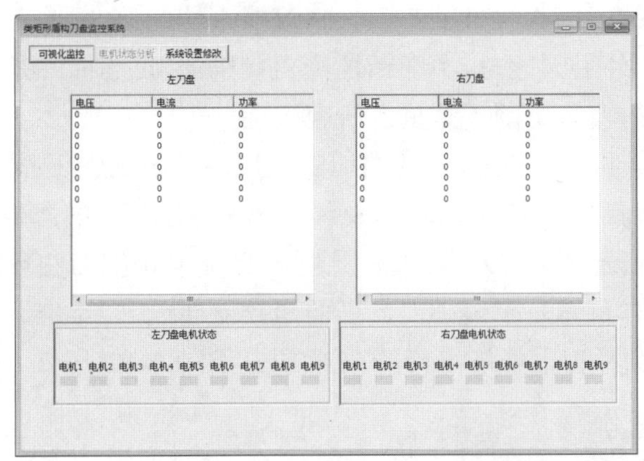

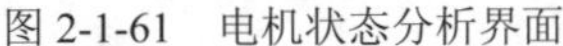
图 2-1-61　电机状态分析界面

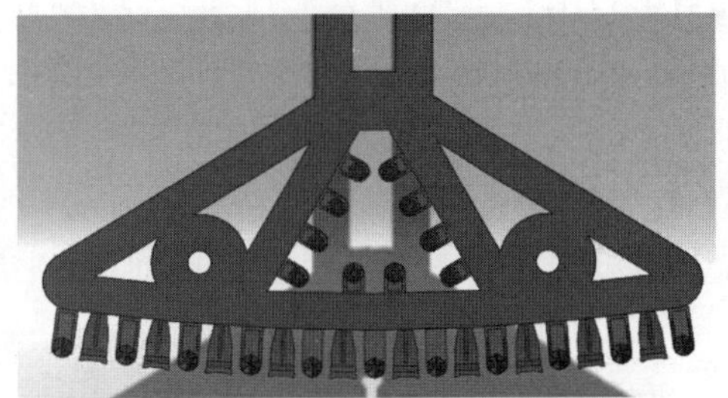

图 2-1-62　下偏心刀盘

偏心刀盘由三部分组成：盘体结构、刀具、搅拌棒。盘体是刀盘的主结构，也是承受切削力及扭矩的受力部件，盘体正面及外侧面安装有切削刀，背面则与偏心驱动相连接。刀具有圆柱刀和割刀两种，圆柱刀主要布置在刀盘正面，在刀盘外侧，圆柱刀与割刀交错布置，这是为了使刀具的切削轨迹尽量拟合壳体的外轮廓，减小切削死角。盘面上未布置刀具的区域在装配后位于大刀盘背面，不参与切削。刀盘背面布置有四根搅拌棒，用于将土仓中的切削土搅拌均匀，以便螺旋输送机出土。

偏心刀盘的转速为 0 ～ 2.2r/min，每个偏心刀盘的额定扭矩为 330 kN · m。

①偏心多轴刀盘切削轨迹

利用偏心多轴刀盘的切削轨迹达到全断面切削，如图 2-1-63 所示。

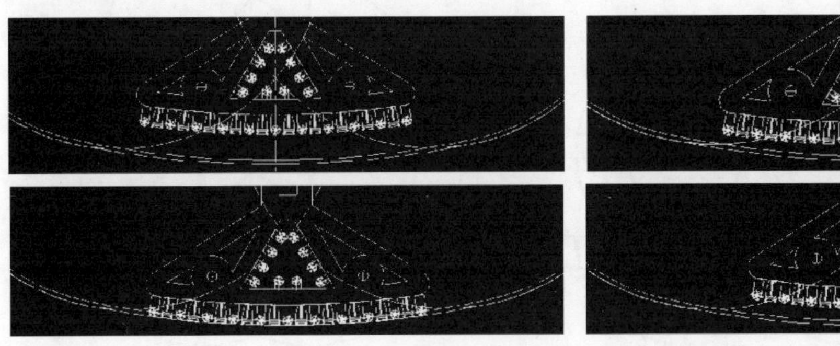

图 2-1-63　偏心多轴刀盘的运动轨迹

首先验证刀盘轨迹线与壳体外缘的吻合度，图 2-1-63 中，下偏心刀盘按逆时针转动，从左至右，刀盘依次经过转动轨迹的最高、最左和最低和最右点，图中的外缘弧线代表掘进机壳体外轮廓线，1/4 圆弧代表大刀盘覆盖区域，因为矩形掘进机上下偏心刀盘轨迹类似，所以只选取了矩形掘进机左上下部区域进行说明。从图上可以看出，因为偏心刀盘的外形轮廓是仿照矩形掘进机的外缘轮廓设计，所以刀盘转动时，边缘能很好地沿着掘进机外缘切削，避免产生切削死角。

搅拌棒作为辅助设施位于刀盘盘体的最后方，它通过刀盘盘体偏心旋转的作用，对刀具切削后进入土仓的土体和加入土仓内的泥浆或清水进行充分搅拌，以改良土体的塑流性，便于螺旋输送机出土。

②偏心多轴刀盘刀具布置

偏心刀盘上布置最多的刀具是正面圆柱刀，我们设计了多片刀刃圆周分布的形式，每片刀刃间互成角度，这样就能保证在任何时刻，都有刀刃能大致正对切削方向，保证切削效率。

因为上述原因，偏心多轴刀盘正面的刀具均为圆柱刀（图 2-1-64），侧边割刀（图 2-1-65）只安装于刀盘侧面，与主切削方向垂直，来避免因刀具姿态导致的切削效率下降问题。

当确定了使用中心大刀盘＋偏心多轴刀盘的组合式布置方案能达到全断面切削后，接下来必须考虑每个偏心多轴刀盘，在其轨迹所覆盖的切削区域中，偏心刀盘上的刀具轨迹能否达到“全断面”。

对于刀盘的周边侧向区域，侧向刀具将沿断面外沿无死角、不间断地覆盖切削面，可想而知是能做到边缘全断面切削的，对于正面的圆柱刀，其切削时的覆盖范围才是重点研究方向。

图 2-1-66 中，阴影部分表示圆柱刀以偏心距为半径转动时，刀具的切削区域。该区域成环形，环宽是圆柱刀直径。可以看出，圆柱刀在切削时，切削范围就是一个圆环，环内及环外都是切削不到的。要使这样一个个圆环状的切削轨迹全断面覆盖切削面，仅靠随意摆放刀具是做不到的，必须使每把刀圆环轨迹中心的盲区被相邻刀的圆环轨迹交错覆盖。极限状态自然是在偏心刀盘正面紧挨着布满刀具，但这是不现实的做法，所以我们需要找出全断面切削条件下，圆柱刀最经济可行的布置方法（图 2-1-67、图 2-1-68）。

图 2-1-64　正面圆柱刀

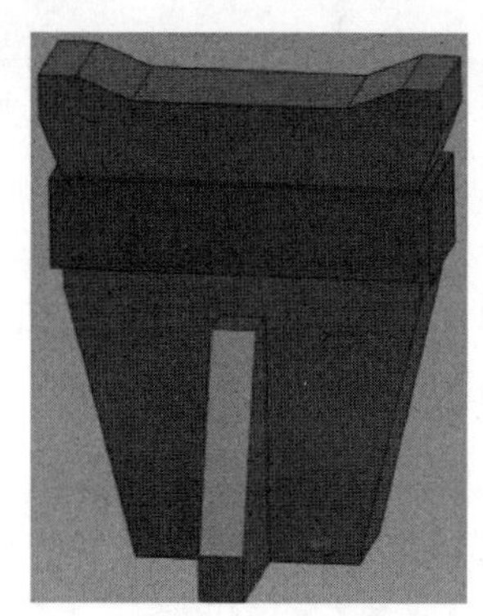
图 2-1-65　侧边割刀

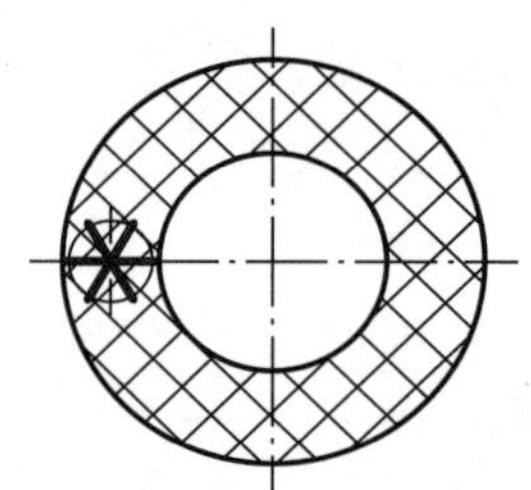
图 2-1-66　单把圆柱刀的切削轨迹

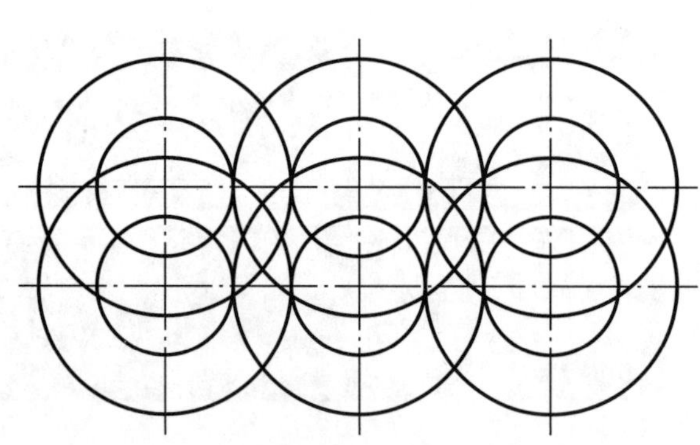
图 2-1-67　圆柱刀轨迹布置方案 1

图 2-1-68　圆柱刀轨迹布置方案 2

在设计中，可以看出方案 2 的轨迹覆盖面积要大于方案 1 的轨迹覆盖面积。从图上也可以很明显地看出，将圆柱刀中心按正六边形布置，要比普通的依次排列布置方法要高效、经济（相同切削面积所需的刀具少）。

事实上，在设计刀具布置时，也尝试了其他形式的平面布置方案，但相比较之下，还是以正六边形的布置方法最完善，真正做到了无死角的全断面切削。

③铰接式偏心刀盘

上下偏心刀盘互成中心对称，每个偏心刀盘都由两个偏心驱动连接，但是上下偏心刀盘之间却没有确定连接方式，因此可以作为两个研究方向，即上下偏心刀盘独立运行和上下偏心刀盘整体运行。

上下偏心刀盘独立运行的好处是对于前期安装的要求较低，每个偏心刀盘分别有两个驱动连接做偏心运动，安装时只需要将这两个驱动安装轴承保证在同一角度，即能保证以后偏心刀盘的运转不会因偏心轴角度不同而出现卡死、顿挫等现象。

但是独立运行的缺点也很明显，我们都知道三点确立一个平面。现在偏心刀盘的安装支点只有两个。在地下条件十分复杂的施工过程中，如果偏心刀盘受力十分恶劣，在两个支点的情况下容易出现极大的倾覆力矩，对于驱动安装轴承损伤很大，对其强度要求很高。

上下偏心刀盘整体运行，由上述可知，其好处是将上下偏心刀盘用固定棒连接，因为有四个安装支点，并且中间有连接梁固定，可以提高偏心刀盘的整体刚度，在地下环境施工中，不会因为受力偏差产生倾覆力矩，有效保护安装轴承。

如图2-1-69所示，上、下偏心刀盘整体连接的缺点是刀盘由四个做偏心运动的驱动轴连接，前期安装时必须保证四个驱动轴保持在同一角度。通常按照经验，我们会将驱动轴由重力作用自然下垂到与地面垂直，然后再将整体偏心刀盘分别于对应的每个轴承安装。但是按照此方法也不能完全保证每一个驱动轴一定在竖直方向上。因此，在运行过程中，仍然会出现偏心刀盘运行到某一角度时，因为其中一个偏心轴的角度与其他三个略存在偏差而导致刀盘发生顿挫等现象。这是偏心刀盘空载时的情况，在地下切削时，偏心刀盘受到的扭矩会因为地下土质、推进速度等因素发生变化，当某一时段扭矩增大时，正好偏心刀盘运转到顿卡角度就会出现刀盘无法运转卡死的情况。

通过上述介绍，两种方法既有优点也有缺点。所以，我们希望通过改进结构件，可以在保证刀盘整体连接的情况下，又可以减少对前期安装精度要求。

新的方法是通过改进连接梁来实现的，原来的连接梁即是整段刚性连接，当上、下偏心刀盘出现卡顿时无法弥补偏差角度。因此，新的连接梁使用铰接连接，如图2-1-70所示，此连接梁中部为铰接结构，中间设置80mm的销轴安装孔。安装时，将下半部连接梁插入上半部凹槽当中，并用50mm销轴串联固定，这样销轴与安装孔留有30mm的间隙，当偏心刀盘安装轴承旋转出现角度差时可利用此间隙调整角度。

需要注意的是铰接结构的配合是有差异的。当偏心刀盘要纠正角度时仅需要使用连接梁左右20mm间隙来调控，不涉及正反面间隙，因为当正反面间隙较大时，同样可以使刀盘出现倾覆力矩，所以铰接结构正反面使用过度配合，只留少量间隙方便安装。

图2-1-71为新式的带有铰接装置的偏心刀盘，如图所示，连接梁依然和以前固定棒一样与上下偏心刀盘焊接。保持固定棒的连接功能，当上下刀盘出现角度差时，又可以通过中间的铰接装置来纠偏。

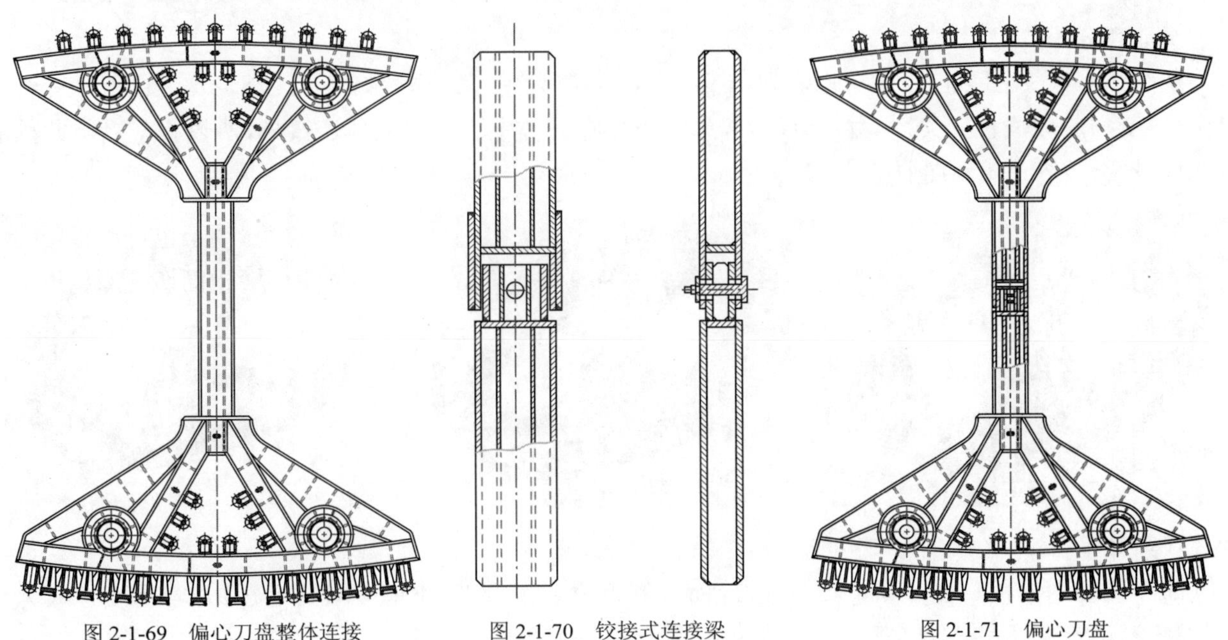

图2-1-69　偏心刀盘整体连接　　图2-1-70　铰接式连接梁　　图2-1-71　偏心刀盘

2）类矩形盾构壳体及盾尾技术研究

（1）类矩形盾构壳体研究

宁波类矩形盾构前壳体采用分段式连接。壳体分为上下两段，并用法兰面将其连接，前壳体的法兰面连接件包括键、定位销、螺栓等，如图 2-1-72 所示。分段式壳体受力比整段壳体更复杂，其分段面的挤压力和剪切力需经过验算，满足强度要求后才可使用。

①前壳体 1 受力分析

如图 2-1-73 所示，前壳体 1 在承受外部水土压力的同时，其隔舱板（图 2-1-73）还需抵挡正面泥土仓与刀盘上的水土压力（图 2-1-74），同时为安装刀盘驱动和螺旋输送机等部件，隔舱板的开孔数量较多且面积较大，这无疑很大程度上减弱了隔舱板的刚度。此外，隔舱板还需支持各安装部件的自身重力。因此前壳体 1 薄弱环节的受力更为复杂，不安全因素增多。所以对前壳体 1 的受力进行模拟分析，可以了解其各部位的变形情况和安全系数，以改善薄弱环节的结构设计。

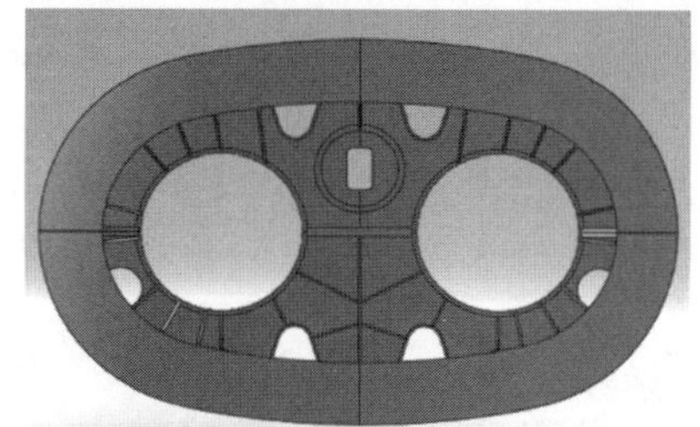

图 2-1-72　前壳体分段连接面

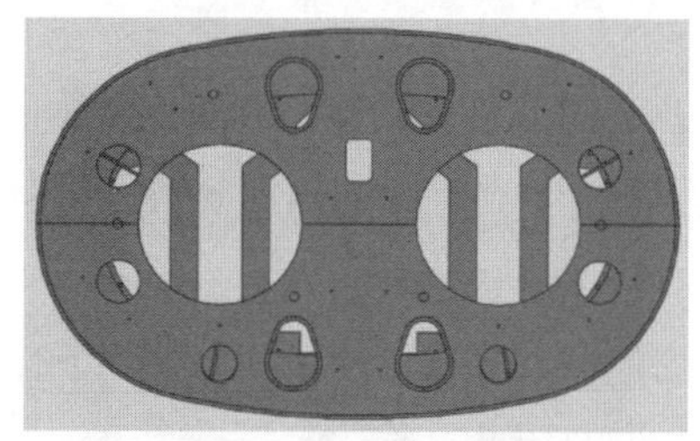

图 2-1-73　前壳体 1 隔舱板

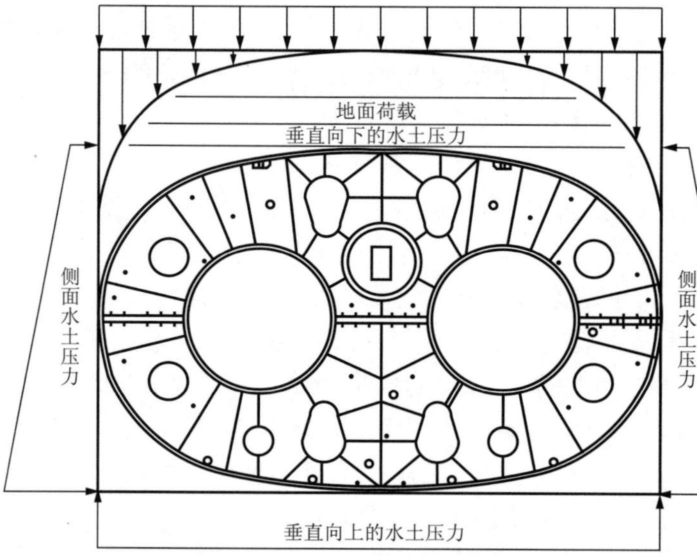

地面荷载
垂直向下的水土压力
侧面水土压力
侧面水土压力
垂直向上的水土压力

图 2-1-74　矩形盾构受地下水土压力情况

②前壳体 1 有限元分析

从图 2-1-75 ～图 2-1-77 中可以看到应变和位移的最大变形量并不在同一区域。这是由于在弹性变形内，应变与应力成正比关系，由上节可知，最大应力在壳体中下部与壳体连接处，所以相应之下此处的应变也最大，更容易出现屈服破坏。

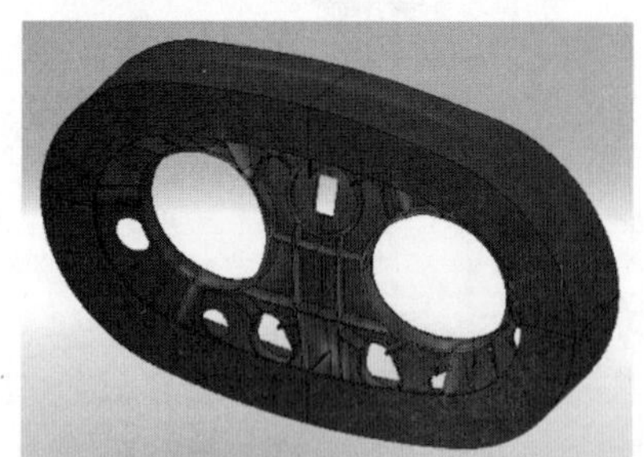

图 2-1-75　应力分析

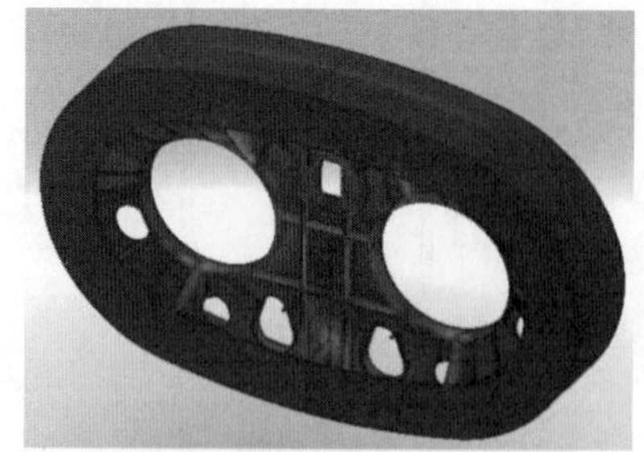

图 2-1-76　应变分析

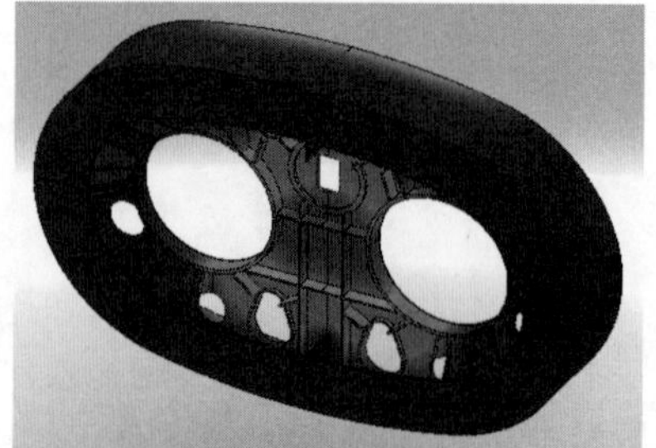

图 2-1-77　位移分析

③细节优化

前壳体 1 中筋板与壳体属于直角连接，而且筋板位置不合理，不能有效传递压力，容易发生应力集中，因此可将此处(图 2-1-78)重新排布筋板，便能有效地避免应力集中。

④后壳体结构

后壳体(图 2-1-79)采用整环制造,其受力情况比前壳体上、下面拼装优越许多,其受力分析较之于前壳体相对较好,无须有限元分析。

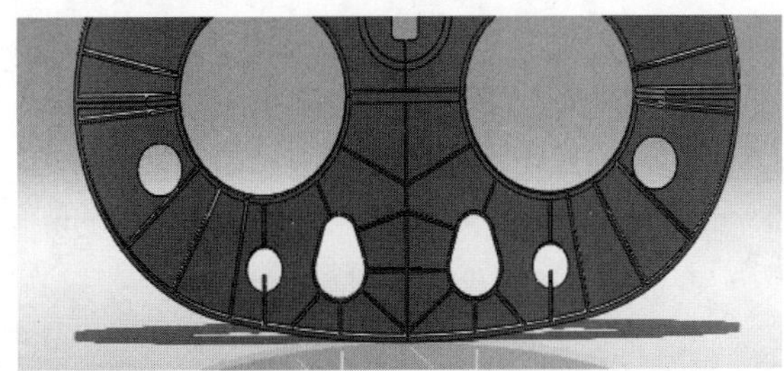

图 2-1-78　筋板优化

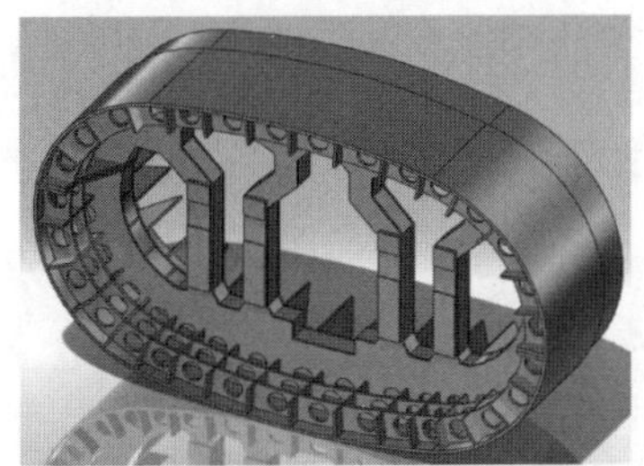

图 2-1-79　后壳体

(2)类矩形盾构盾尾技术研究

为了对宁波 11.83m×7.27m 矩形盾构盾尾的应力情况进行检验,为其在工程中的安全使用提供理论支持,我们利用 SolidWorks 的有限元分析功能,按照其盾尾的尺寸建立三维模型,并作相应的应力加载与分析。

①模型的建立

如图 2-1-80 所示,盾尾为一类矩形结构,外部尺寸为 11800mm×7240mm×4800mm,内部由高 30mm 的圈板加固,尾段有用于安装盾尾刷的环状钢带,能对盾尾起到一定的加固作用。

盾尾材料为普通碳钢,力学参数见表 2-1-7。

盾尾材料力学参数表　　表 2-1-7

序号	属　性	数　值	序号	属　性	数　值
1	弹性模量	210000N/mm^2	4	密度	0.0078g/mm^3
2	泊松比	0.28	5	屈服力	282.685N/mm^2
3	抗剪模量	79000N/mm^2			

②网格划分

如图 2-1-81 所示,使用四面体实体网格对三维模型进行有限元划分,定义各接触面接触状态为接合。

③约束与载荷

如图 2-1-82 所示,盾尾一端与主机壳体焊接,另一端悬空,故可看作悬臂结构,并以绿色箭头表示对固定端的三方向位移约束。在加载应力时,首先将盾尾按图示划分为 4 个部分:上左、上右及下左、下右。每部分外表面都受到竖直与横向两个方向上的应力,应力大小随深度变化,为坐标 y 的函数。

图 2-1-80　盾尾三维模型的建立

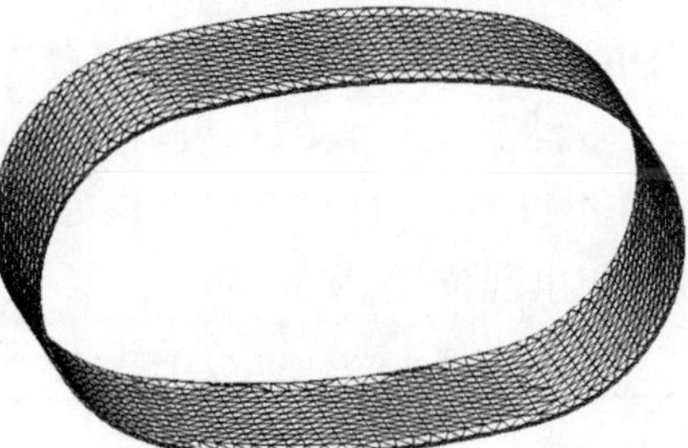

图 2-1-81　三维模型的网格划分

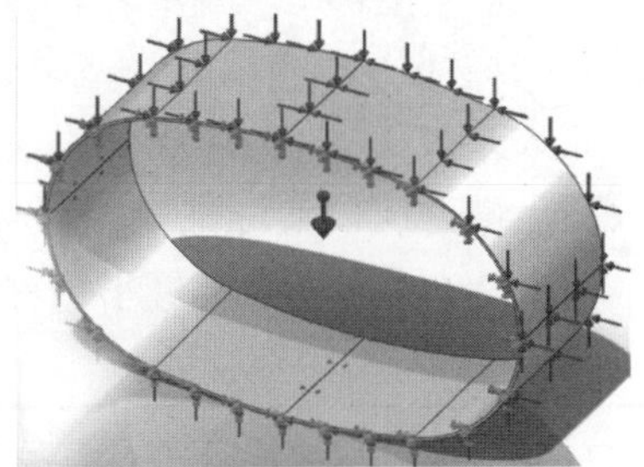

图 2-1-82　约束与应力加载示意图

④前处理数据

a. 盾尾尺寸:11800mm×7240mm×4800mm。

b. 盾尾重量：65t（包括盾尾刷）。

c. 上部压力（水土合算 $1.8t/m^3$，最大覆土深 25m）：

$$1.8\times25 = 45t/m^2 = 441kN/m^2$$

d. 下部压力：

$$1.8\times(25+7.27) = 58t/m^2=569kN/m^2$$

e. 侧向压力：

上部： $441\times0.7 = 308.7kN/m^2$

下部： $569\times0.7 = 398.3kN/m^2$

⑤模拟结果

a. 应力分析结果

如图 2-1-83 所示，盾尾在底部左右角处应力相对较大，而与主机壳体的连接处则是整个盾尾的支撑位置，起着固定盾尾的重要作用。

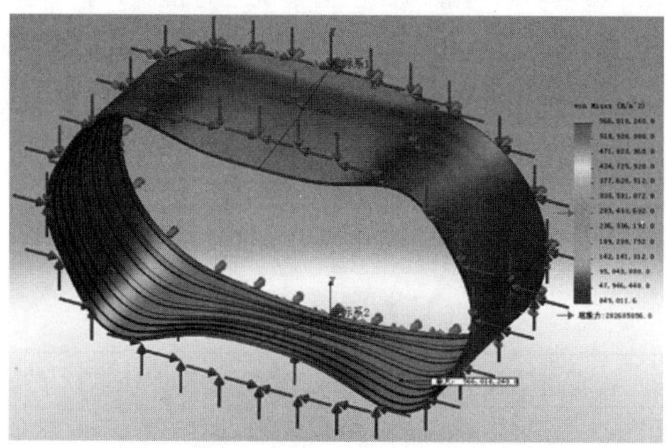

图 2-1-83　应力分析结果

表 2-1-8 为最大及最小应力数值与出现位置。

最大、最小应力数值与出现位置　　表 2-1-8

类型	最小	位置	最大	位置
von-Mises 应力	849012 N/m^2 节：32070	−5789mm， 267.192mm， −508mm	5.66018×10^8 N/m^2 节：23918	3296.29mm， −3135.65mm， 2069.51mm

b. 位移分析结果

如图 2-1-84 所示，最大位移分别出现在约 0°、180° 盾尾壳体上下部分，为便于观察，变形情况按比例放大后显示。将图 2-1-83 和图 2-1-84 相比较，可以发现，应力最大处与位移最大处并不相同，这是因为在大尺度上，钢的累积弹性变形可以达到比较大的程度，但这种变形量分布到每一小段上，又会显得微不足道。所以实际某处位移大小并不仅与应力相关，也受该处的刚度影响。

表 2-1-9 为最大及最小位移数值与出现位置。

最大、最小位移数值与出现位置　　表 2-1-9

类型	最小	位置	最大	位置
URES: 合力位移	0mm 节：554	−5900mm， 0mm， −508mm	39.9mm 节：26976	0.873mm， −2368.35mm， 3293.6mm

c. 设计检查结果

如图 2-1-85 所示，最小安全系数为 1.11。因为安全系数均大于 1，故而从理论计算角度，盾尾的受力情况是安全的。

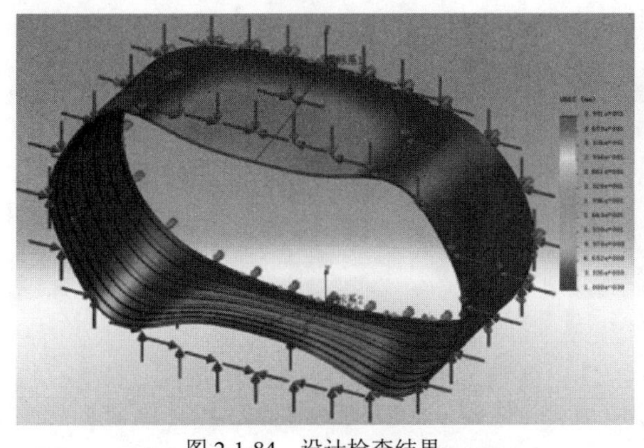

图 2-1-84　设计检查结果

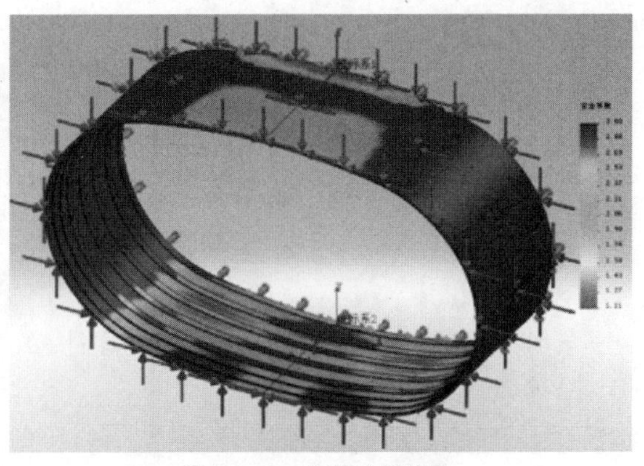

图 2-1-85　位移分析结果

本次模拟结果表明，从理论角度，在盾尾顶部距地面 25m 的埋深处，此盾构的盾尾在施工过程中仍能安全使用。

3）类矩形盾构球铰式螺旋输送机技术

目前，随着盾构机功能越发全面先进，设备结构变得更多更大，加之管路排布走线和人行空间，盾构机内空间已然变得十分紧张。而使用悬吊杆式螺旋输送机结构，因为悬吊杆的特性，大部分空间被分割，无法得到有效利用。针对这些问题，采用球铰式结构螺旋输送机（图 2-1-86）可以得到大大缓解，盾构机内的空间可以被有效地规划利用。

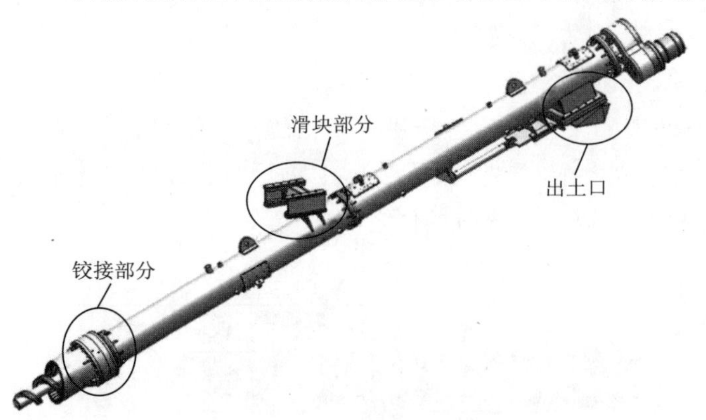

图 2-1-86　球铰式螺旋输送机

在盾构机铰接时，由于采用了球铰的形式，螺旋输送机筒体的位移量会大大减小。而筒体支座的位置设置会直接影响该位移量能否满足本项目的要求。

（1）螺旋输送机的结构和工作原理

螺旋输送机是土压平衡盾构排土和建立土压平衡的主要设备。工作时，螺杆前端伸入土仓内，螺杆和螺旋叶片在驱动的作用下，将渣土沿一定角度以螺旋方式输送提升至出土口处排出，主要作用为：

①从有压力的密封土仓内将刀盘切削下的渣土排出盾构。

②渣土在螺旋输送机输送过程中形成土塞，使土仓内的压力沿螺旋输送机渐进衰减以保持土仓内压力的稳定。

③通过调整螺旋输送机转速，改变排土量，调节土仓内土压力值，使其与掘进面保持动态平衡。

（2）球铰与支座设计

螺旋输送机采用球铰形式，通过球铰将螺旋输送机固定于前槽体和拼装平台上。其特点是当壳体进行铰接时，螺旋输送机以球铰球心为原点跟着转动，在螺旋输送机筒体上设有一个具有弧面结构的支座，用于抵消因螺旋输送机转动而带来的筒体左右摆动量。

如图 2-1-87、图 2-1-88 所示，球铰球面半径为 365mm，长度为 377mm，鉴于在转动时球面的重要性，在其表面开设了两条油槽，以便于润滑油通过油槽均匀地覆盖到整个球铰表面，并使用两道 V 形密封圈，防止外部杂质进入球铰球面。

支座的设计类似于球铰，但其中的滑块只需满足在滑道内的平移及水平转动，如图 2-1-89 所示，滑块设计为一边为弧面其余面为平面的形式，同时开设圆孔用于与筒体相连接，并使用金属密封圈密封。滑块的弧面半径为 365mm，长度为 320mm；滑道设计为长度 720mm，为滑块留有 400mm 的平移量。

图 2-1-87 球铰球面

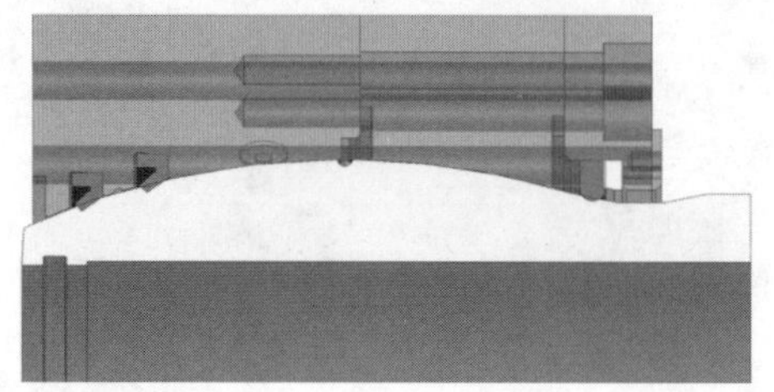
图 2-1-88 V 形密封圈

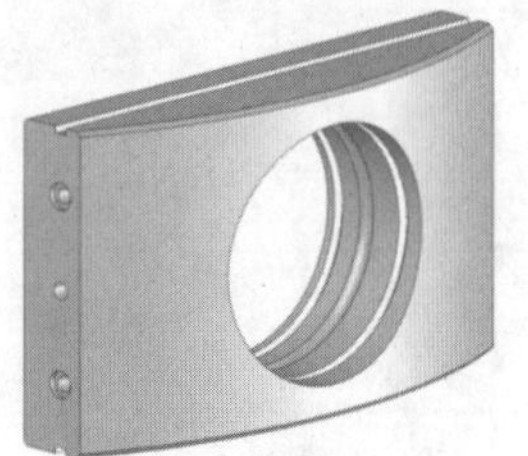
图 2-1-89 支座滑块

（3）筒体设计

螺旋输送机的筒体是由前筒体和后筒体两部分组成，如图 2-1-90 所示，螺杆叶片与筒体内壁的间隙一般取 3 ～ 10mm，此次筒体的外径为 620mm，壁厚为 30mm。螺杆与筒体内壁设计留有 5mm 的间隙；前后筒体之间采用螺栓组的连接方式，筒体连接处设计有止口，可以防止装配时的错位，同时避免螺栓受剪切力，装配面同时选用密封圈密封；筒体上一共设有 5 个位置、角度不同的观察窗口，可以观测螺杆运转、出土情况以及维修。

（4）螺杆设计

螺旋输送机的螺杆分别由进料螺杆、中间段和出料螺杆三部分组成。螺杆中心轴外径为 200mm，材料采用 20Cr，叶片外径为 550mm。

螺旋输送机叶片螺距 $P=D\times0.8=550\text{mm}\times0.8=440\text{mm}$。

为了增加螺旋叶片的耐磨性，在进料螺杆上下两表面采用硬质合金进行网格堆焊。此外，在进料螺杆进口处的两个螺距内设计采用 ϕ300 ～ 550mm 的变外径的方式，如图 2-1-91 所示。这样的设计不仅让螺杆在土仓内能更有效地运送渣土，而且预留了螺杆在铰接时与前槽体之间的空隙。

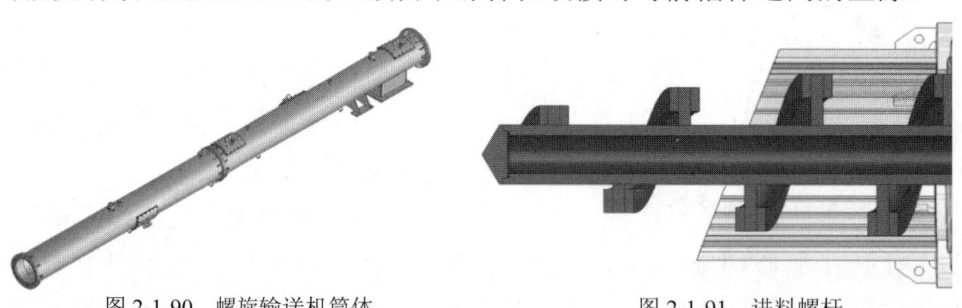
图 2-1-90 螺旋输送机筒体

图 2-1-91 进料螺杆

为了避免渣土在筒体内残留聚集，防止其进入驱动导致设备故障。因此，设计在螺杆的尾端留有一个螺距长度的反叶片，确保渣土能够完全通过出土口，反叶片螺距 P=350mm。

（5）驱动设计

螺旋输送机液压系统采用液压马达并通过一级齿轮减速器螺旋输送机驱动装置，输出扭矩为 115kN·m。

（6）出土口设计

螺旋输送机出土方式采用径向出土，通过调整闸门的开闭来调整螺旋输送机的出土量。为了防止在电气故障等紧急情况下泥水倒灌入盾构内，设有氮气瓶作为紧急关闭闸门的动力源。根据要求，闸门油缸设计参数：缸径 D=110mm，杆径 d=63mm，行程 700mm，工作压力 21MPa。出土口闸门摩擦力计算见表 2-1-10。

出土口闸门摩擦力计算　　表 2-1-10

参　数	数　值
泥土接触面积 S_1	$0.65\times0.45 = 0.2975\text{m}^2$
挡条面积 S_2	$0.68\times0.03\times2 + 0.56\times0.03 = 0.0576\text{m}^2$
压力 P	7.5bar
泥土与钢板间的摩擦力 μ_1	0.3
钢板间的摩擦系数 μ_2	0.15
摩擦力 f	$7.5\times100000\times(0.2975\times0.3 + 0.0576\times0.15) = 72292.5\text{N}$
油缸额定拉力 F	$21\times1000000\times[(0.11^2 - 0.063^2)\times\pi/4] = 134107\text{N}$
比较 F 与 f	$F > f$，合格

4）类矩形盾构拼装机技术

双提升臂管片拼装机比较适用于圆形隧道的管片拼装，对于类矩形隧道，因不同管片离拼装机回转中心的距离不等且相差较大，使得双提升臂管片拼装机在有限空间内的布置存在困难。单机械臂管片拼装机采用类似于挖掘机铲斗驱动臂的机构实现管片在隧道断面内的定位，具有结构紧凑，管片移送距离长的特点，因而更适用于类矩形隧道和其他非圆形隧道的管片拼装。虽然单机械臂管片拼装机具有结构紧凑、移送距离长的优点，但管片的位置控制要求多个执行机构协同工作，必须由计算机控制才能实现高效拼装，这使得拼装机的运动学、动力学及控制研究显得非常重要。然而，与双提升臂拼装机研究现状相比，单机械臂管片拼装机相关的研究极其缺乏。因此，开展单机械臂管片拼装机机构的运动学、动力学及控制的研究，对拓宽此类拼装机的工程应用及提高类矩形隧道管片拼装的自动化程度具有非常重要的意义。

图 2-1-92 为类矩形盾构拼装机总图，图 2-1-93 为拼装机回转机构示意图。

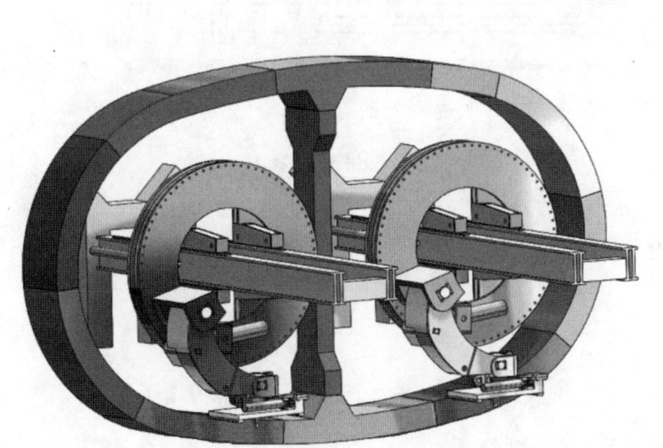

图 2-1-92　类矩形盾构拼装机总图

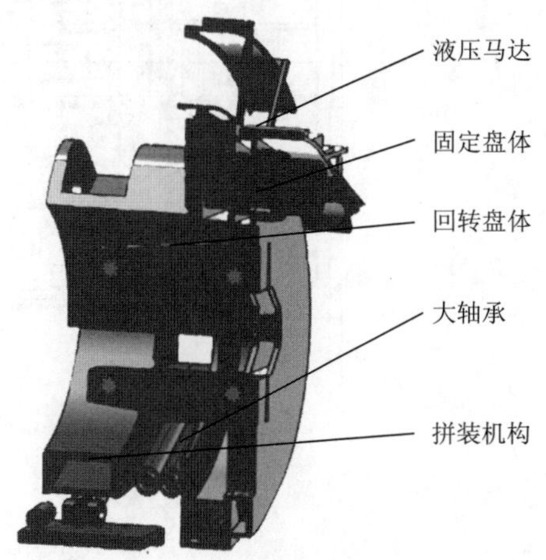

图 2-1-93　拼装机回转机构示意图

（1）回转机构

拼装机的回转机构采用两个液压马达驱动，无级调速。拼装机带管片旋转时所需的净扭矩：

$$T_1=M_1\times L_1+M_2\times L_2$$

式中：M_1——单块管片重量；

L_1——提升油缸伸出，管片安装到位时，管片重心离回转中心的距离（管片重心离回转中心的最大距离）；

M_2——夹持管片横梁的重量；

L_2——提升油缸伸出，管片安装到位时，夹持管片横梁的重心离回转中心的距离。

对控制元件选型（数量2套）如下：

①液压马达：型号 A2FM63/61W，排量 63mL/r，额定压力 350bar（对应扭矩 350N·m）。

②减速机：型号 GFB80T3 1000，额定输出扭矩 38200N·m，减速比 186.4，大小齿轮减速比 161/17。

（2）平移（管片沿隧道轴线方向作纵向移动）机构

平移机构使整个拼装机通过滚轮可沿着支撑悬臂梁前后移动，使拼装机能移动到管片储存区域和插入封顶块，由两只平行油缸驱动。两只油缸所产生的推力必须同时克服整个拼装机的移动和封顶块插入所产生的阻力，同时，要考虑将组装好的管片矫正形状所需的推压能力；拼装机的重量约 400kN，由于拼装机通过滚轮可沿着支撑悬臂梁前后移动，考虑滚动摩擦系数为 0.1，封顶块插入所产生的阻力最大可为最重管片重量的 5 倍，同时考虑 2 倍的安全系数，所以，总推力应达到 305kN，选用两只 $\phi125\times\phi70$ 油缸，封顶块插入时，油缸大腔进油，最大油压 125bar，可产生 307kN 推力；当拼装机从管片储存区抓取管片后回移时，油缸小腔进油，最大油压 185bar，可产生 312kN 推力。拼装机平移速度为 0 ～ 1.5m/min，可无级调速，所需系统最大流量为 37L/min，油缸行程为 2600mm。

（3）悬臂梁机构的设计

拼装机悬臂梁机构（图 2-1-94）安装在支撑环的 H 形支架上，其作用是支撑拼装机盘体，并作为拼装机平移轨道。拼装机的平移机构使整个拼装机通过滚轮可沿着支撑悬臂梁前后移动，使拼装机能移动到管片储存区域和插入封顶块。在整个盾构机中，安装有两组拼装机悬臂梁机构，左右对称。

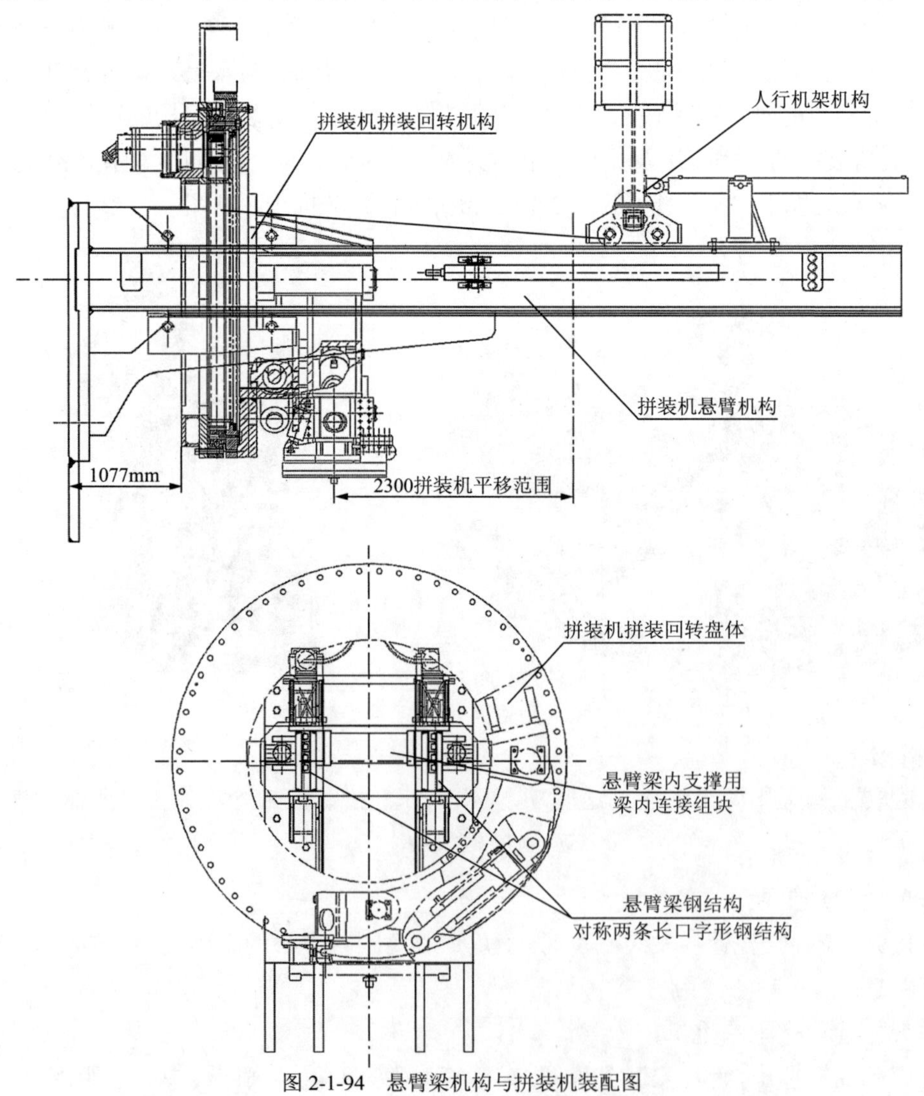

图 2-1-94　悬臂梁机构与拼装机装配图

（4）环臂式管片拼装机拼装技术研究

①难点分析

常规圆形隧道为单一半径 L_3，通过 PRP 结构形式定位的拼装机适合圆形断面管片的拼装。宁波市地铁 3 号线隧道断面如图 2-1-95 所示，其内部空间为非圆形，长边 L_2 和短边 L_1 差值大，内部管片工作空间狭长，管片运动复杂，常规通过 PRP 结构形式定位的拼装机难于拼装，亟须研发新型机构来完成该管片的拼装。

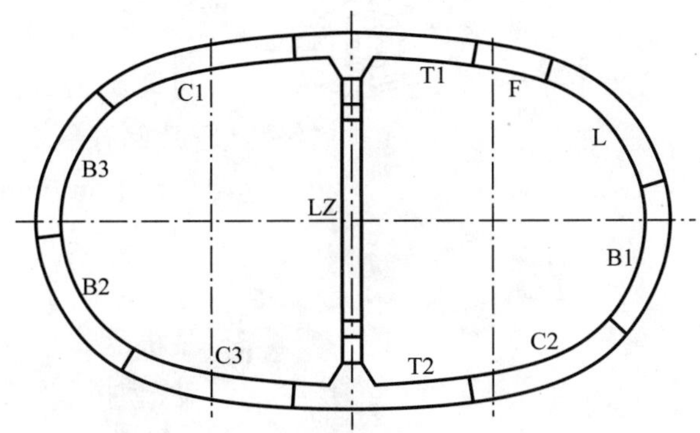

管片编号	质量(t)
F	2.5
L	4
T1	5.2
T2	5.2
B1、B2、B3	4
C1、C2、C3	5
LZ	3.9

图 2-1-95　管片结构形式

②新型拼装机构设计

分析该类矩形管片形成的隧道，为非圆形断面的柱状体，可以采用一个滑动机构来实现柱状体轴线方向运动。类矩形断面内部空间非规则且狭长，RRR 运动结构形式为三个回转运动串联的运动机构，该机构运动灵活，控制管片平面位置点和位置平面姿态，有利于管片在狭窄控制完成拼装。拼装机的定位机构采用 PRR 定位机构加 R 姿态机构形式。

管片 C1、C3、T2、T1 的拼装轴线不过拼装圆心，其平面姿态调节范围较大，其对应立体坐标系为绕 Z_1 轴旋转的范围大。类矩形管片中立柱纵向输送到拼装机拾取处，如图 2-1-96 所示。中立柱拼装目的处如图 2-1-96 所示虚线处。PRR 定位机构的拼装只能将中立柱送达如图 2-1-96 所示位置，需管片姿态调整机构将其绕 X_1 轴旋转 90°。绕 Z_1 和 X_1 轴旋转角度均较大，常规的并联三自由度机构已经无法实现该大范围的姿态调整，只能采取串联型的机构。考虑到管片姿态调整还需一个绕 Y_1 轴的微小姿态调整。综上，该管片拼装机姿态调整采用串联型的 RRR 结构形式。因此，类矩形管片拼装机的机构采用 PRRRRR 形式，即 1P5R 形式。

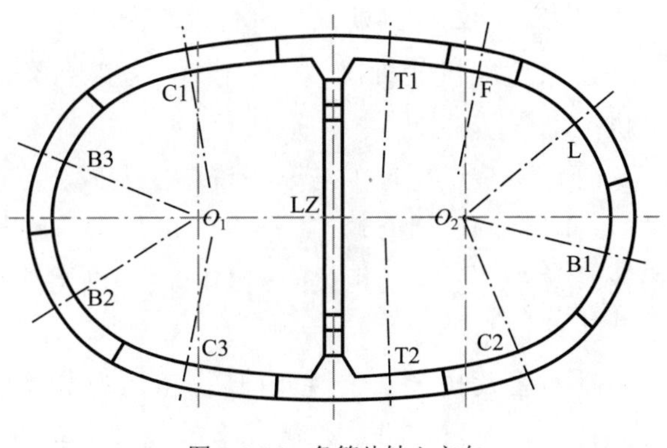

图 2-1-96　各管片轴心方向

拼装机机械平面内的机构简图如 2-1-97 所示，拼装机整体结构如图 2-1-98 所示。

选取极端工况，取质量最大的上 T 形块管片，举升至最大角度，采用 Solidworks 软件进行有限元分析，计算拼装机在负载状态下的受力，得到其应力图 2-1-99 和位移图 2-1-100，最大应力 176MPa 位于大臂转动轴处，最大位移 8.9mm 位于管片最远端，大臂及机械手主要结构所受应力均在较小值，结构强度足够承受极限工况。

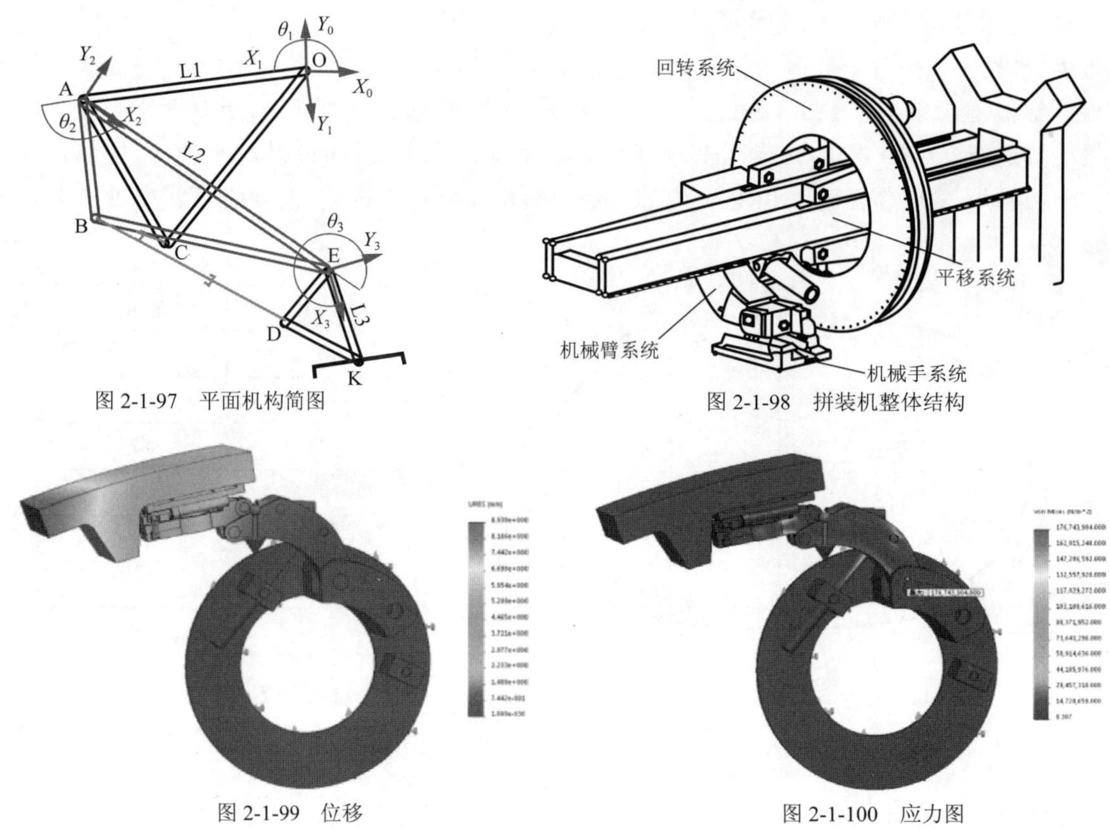

图 2-1-97 平面机构简图

图 2-1-98 拼装机整体结构

图 2-1-99 位移

图 2-1-100 应力图

管片拼装顺序如图 2-1-101a）～ k)所示。

③运动学及静态误差分析

类矩形盾构拼装机运动学正、逆解是拼装机设计、路径规划及轨迹控制的基础，采用 D-H 参数法建立起类矩形盾构拼装机运动学模型，推导了类矩形盾构拼装机运动学正、逆解计算公式，利用逆解公式给出了三轴联动实现法向 / 切向直线运动时各关节执行机构行程的计算方法；同时基于正逆解公式采用矩阵法来建立拼装机误差传递模型，为提高类矩形盾构管片拼装机拼装效率与质量及相关问题的解决提供运动学基础。

管片拼装过程位置与姿态调整主要发生在拼装机回转平面内，涉及的执行机构包括回转马达、大臂油缸、小臂油缸。通过研究给出的拼装机正解与逆解模型即静态误差模型为提高类矩形盾构管片拼装机拼装效率与质量及相关问题的解决提供运动学基础。

④轨迹跟踪方法

针对管片拼装安全避碰问题，转化为非线性优化问题。通过序列二次规划法求解优化模型获得安全路径。针对拼装机重载情况下的高精度轨迹跟踪问题，通过物理方法建立系统数学模型，给出了基于前馈 +PID 反馈的控制策略，利用仿真对控制效果进行了评估。

（5）类矩形盾构拼装机性能试验

由于 1P5R 型管片拼装系统为全新设计的拼装机构，必须对其在管片拼装下的各项性能进行测试，以验证整个系统是否达到了设计要求。为此，对拼装机的大回转、大臂、小臂单自由度目标值和实际值进行记录与比较，以此评价拼装机的单轴控制精度；通过纪录三轴联动自动轨迹跟踪工况下系统输出曲线，比评估系统复杂轨迹跟踪精度。最后，通过统计从试验环开始到施工期间的整环拼装时间，对 1P5R 型管片拼装系统的拼装效率进行评估。

①控制精度试验：为了对拼装机性能进行评估，在现场开展控制精度测试试验，被测拼装机如图 2-1-102

所示，图 2-1-103 为数据采集计算机。

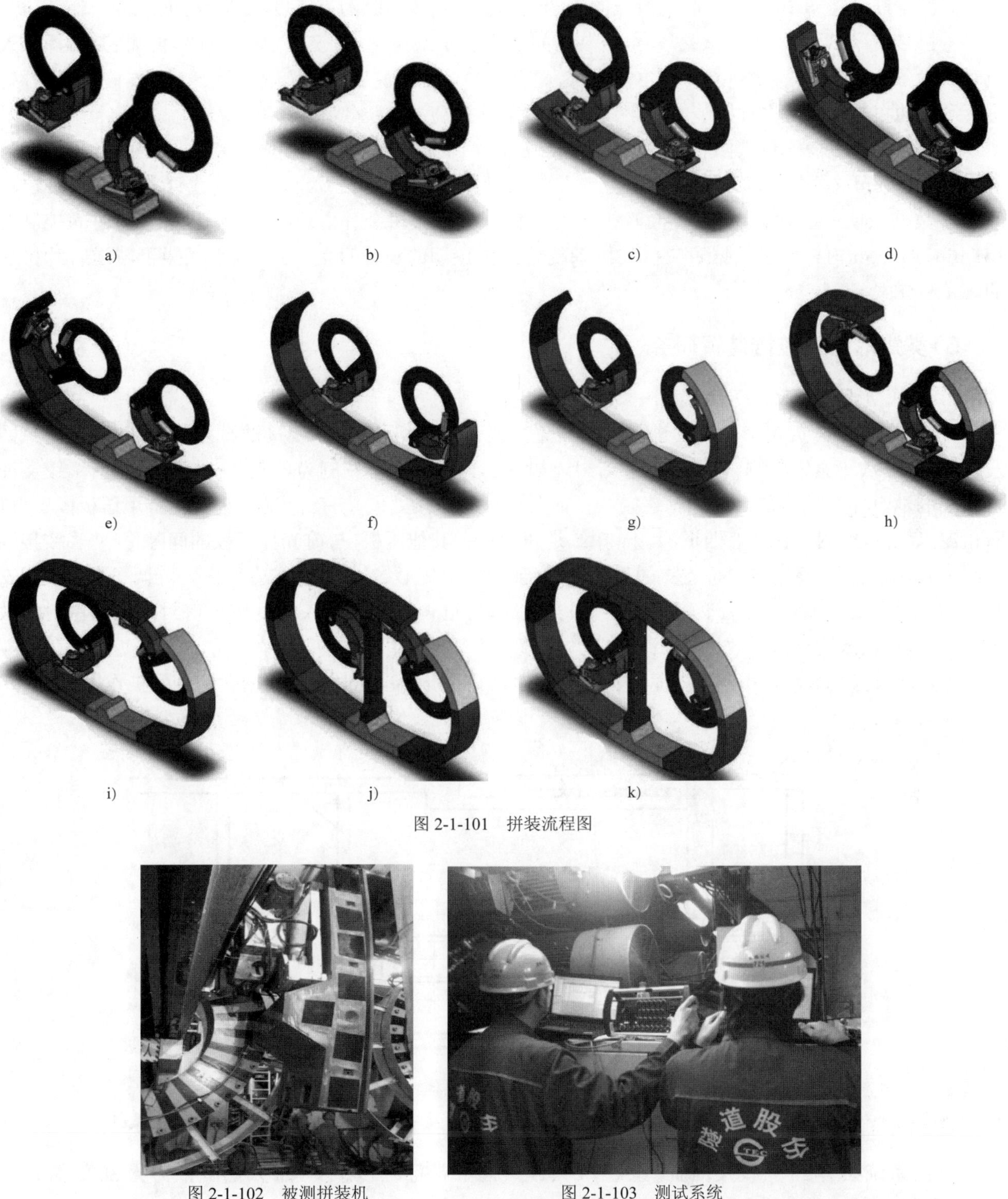

a)　b)　c)　d)　e)　f)　g)　h)　i)　j)　k)

图 2-1-101　拼装流程图

图 2-1-102　被测拼装机

图 2-1-103　测试系统

②单轴定位精度：拼装机大回转角度从 175°～240° 的变化过程中，有 0.7° 的最大误差，此误差可能是由于系统启动时的冲击及齿轮间隙等硬件结构引起的，但从整个回转过程的比较来看，误差是可接受及自适应调整的，整个系统的可控性是很好的。拼装机大臂在行程从 210.5～213mm 的过程中，出现了最大误差值为 -0.17mm，这说明这套系统对于大臂的控制有很好的可控性。整个小臂的响应速度非

常快，最大误差也很小，只有 0.05mm，整个拼装机系统对小臂行程的控制是可行的。

③三轴联动运动精度：三轴联动组成的复合动作在走直线段时的直线度偏差为 ±0.5mm。

④拼装效率试验：当拼装试验环时，拼装时间达到了 3140min，在施工现场，前 10 环的拼装时操作人员对新设备的熟悉阶段，故拼装时间也非常长，而在熟悉设备特性后，显著减少了拼装时间，在 50 环开始进行了两边拼装机同时进行拼装的作业，整个过程显著提高了拼装效率。

现场实测数据表明：大回转角度差误差在 ±0.7° 内，大臂行程误差在 ±0.18mm 内，小臂行程误差在 ±0.07mm 内；拼装机三轴联动的轨迹与拟合轨迹相比较有 ±0.5mm 的直线误差。整环拼装时间统计数据表明：采用两台拼装机同时拼装的工作方式进行拼装作业，可以把拼装整环的时间控制在 155min，约 2.5h 内。上述数据表明拼装机系统达到了预期的设计目标，可以满足类矩形隧道管片拼装的施工要求。

5）类矩形盾构铰接装置研究

（1）类矩形盾构机铰接装置设计

11.83m×7.27m 类矩形盾构掘进机铰接装置主要由以下组件组成：铰接油缸及油缸座、齿形密封圈及密封圈压板、止浆钢板刷、可调式紧急密封。如图 2-1-104 所示，左侧为前壳体，右侧为后壳体，铰接油缸两端的油缸座分别与前后壳体相连接。在前后壳体的搭接处安装有三道齿形密封圈，用压板固定，以防止泥水倒灌，密封压板共有四道，其中，第二道压板高于其他压板，与前壳体尾板的间隙最小，当铰接油缸纠偏时，该道压板将起到定位支点的作用，以保证密封圈变形均匀，不会产生偏压。可调式紧急密封安装在后壳体的最前端，一旦齿形密封圈磨损、失效时，通过调节螺栓旋入深度挤压密封圈达到密封的效果，能有效补偿或调整密封效果，以保证密封安全性，且密封条更换方便。另外在前壳体靠近后壳体的端部位置，安装止浆钢板刷，用来阻挡泥水、石块和多余的减摩泥浆，同时对铰接密封起到保护作用。

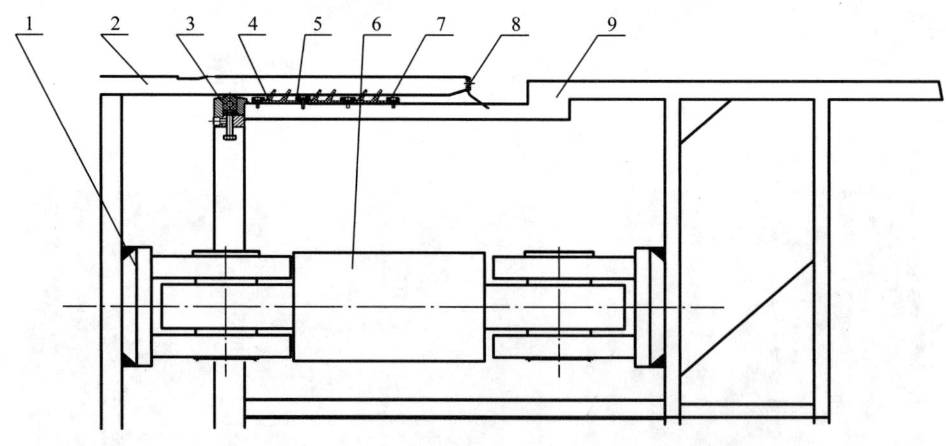

图 2-1-104　铰接装置

1- 油缸座；2- 前壳体；3- 可调式紧急密封；4- 齿形密封圈；5- 密封圈压板（高）；6- 铰接油缸；7- 密封圈压板（低）；8- 止浆钢板刷；9- 后壳体

铰接系统共有 28 只铰接油缸，其中 14 只铰接油缸带行程传感器，每只油缸推力为 300t，总推力 8400t，油缸行程 200mm，纠偏角度为上下 1.5°，左右 1°。

（2）可调式铰接密封试验装置

针对类矩形盾构铰接密封的特性，首次采用了可调式紧急密封装置，为了确保该装置密封效果的可靠性，对该装置进行了一系列的试验。可调式紧急密封装置的试验装置（图 2-1-105、图 2-1-106）由可调式紧急密封装置（图 2-1-107）、外密封装置 1、外密封装置 2、密封试验环四部分组成。

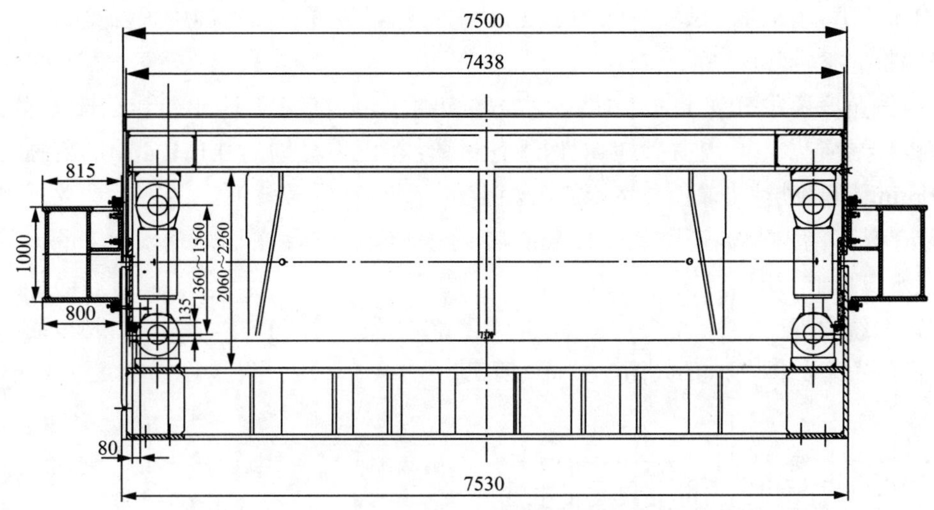

图 2-1-105　可调式紧急密封试验装置(尺寸单位:mm)

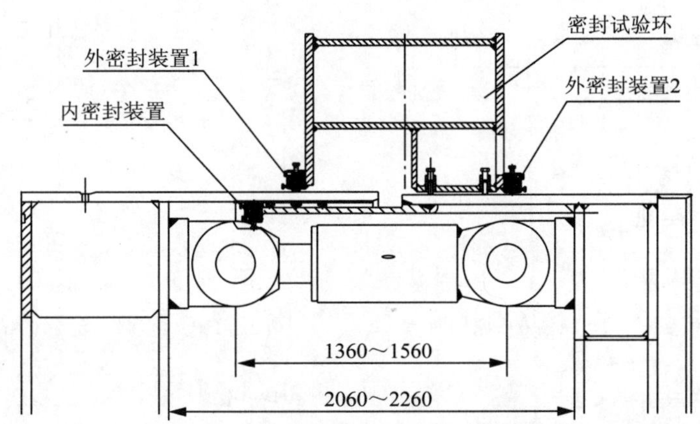

图 2-1-106　可调式紧急密封装置试验装置局部示意图(尺寸单位:mm)

(3)可调式紧急密封装置

可调式紧急密封装置是通过调节螺栓旋入深度挤压密封圈(图 2-1-108)达到密封的效果。

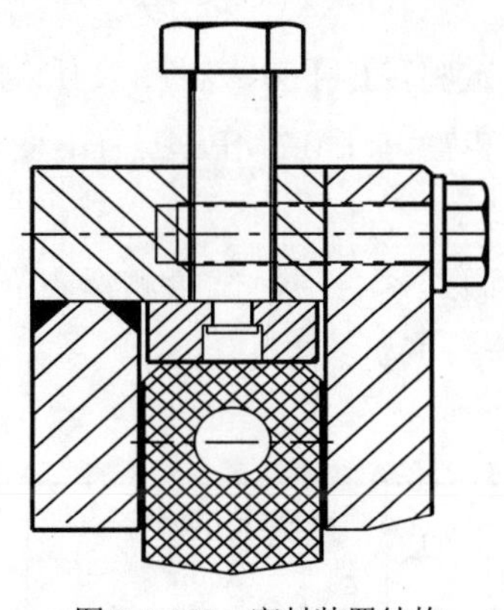

图 2-1-107　密封装置结构

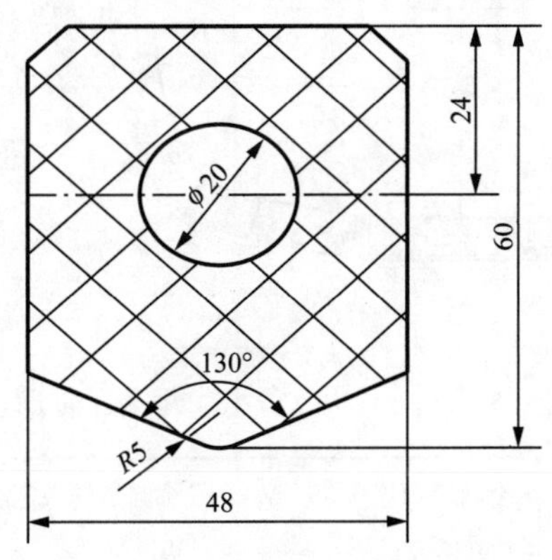

图 2-1-108　密封圈(尺寸单位:mm)

(4)可调式紧急密封试验

①试验方案

a. 正常顶进状态(静止状态)

机头在正常推进状态下,根据不同埋深及不同的注浆压力,分为不同压力等级进行试压;压力分别为

0.1MPa、0.3MPa，各压力等级下试验时间为 30min，记录密封装置径向螺旋旋入深度。

b. 模拟纠偏状态下（运动状态）

根据实际纠偏角度要求分为上下 1.5°，左右 1°。根据不同埋深及不同的注浆压力，分为不同压力等级进行测试。铰接装置做上下、左右纠偏动作进行试验；在压力分别为 0.1MPa、0.3MPa，各压力等级下试验时间为 30min，记录密封装置径向螺旋旋入深度。

在无施压情况下，径向螺栓先旋入 10mm，轴向螺栓不施压；在加压时漏水，径向螺栓每次旋入 2mm，如继续漏水，则轴向螺栓每次旋入 2mm。

②试验装置系统原理

试验装置系统原理如图 2-1-109、图 2-1-110 所示。

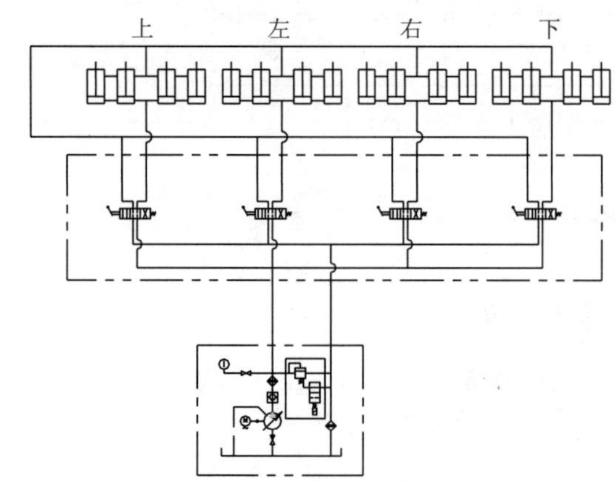

图 2-1-109　可调式紧急密封试验纠偏液压原理图

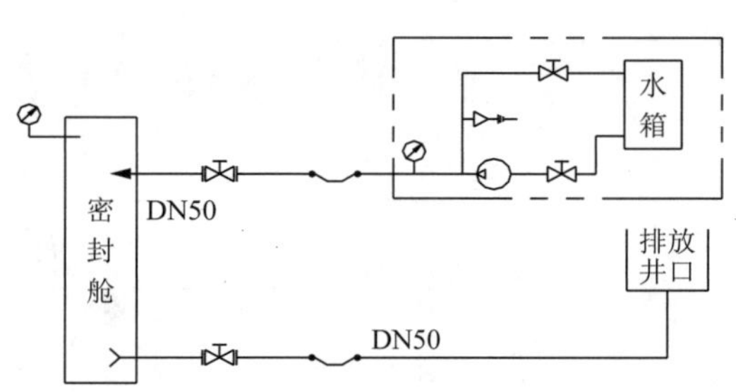

图 2-1-110　可调式紧急密封试验水系统原理图

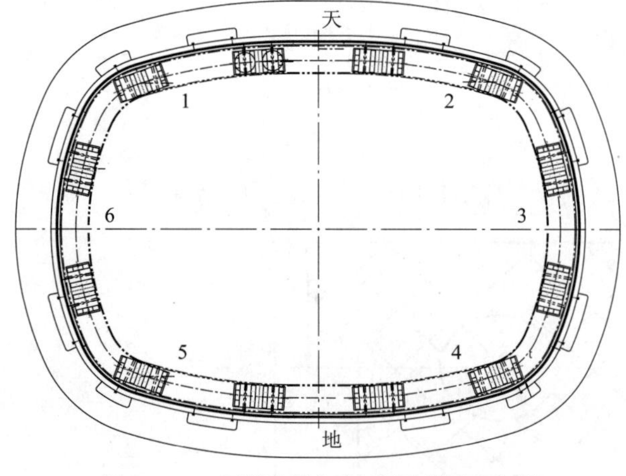

图 2-1-111　可调式紧急密封试验测量点布置

③试验顺序

在铰接装置整体试验之前，先对液压系统及水路系统分别进行调试，待上述两个系统调试正常的情况下，再根据试验要求对铰接装置进行整体试验。

经试验，在目前密封圈及结构形式下，可调式紧急密封装置可在 0.3MPa 压力不变的情况下保持密封不漏水。

可调式紧急密封试验测量点布置如图 2-1-111 所示，试验数据见表 2-1-11。

可调式紧急密封试验数据表　　表 2-1-11

测量点＼调节深度	M20 螺栓调节深度（mm）		M12 螺栓调节深度（mm）		测量点＼调节深度	M20 螺栓调节深度（mm）		M12 螺栓调节深度（mm）	
	0.3MPa	0.1MPa	0.3MPa	0.1MPa		0.3MPa	0.1MPa	0.3MPa	0.1MPa
1 号点	20	10	6	2	4 号点	8	6	4	2
2 号点	20	8	4	2	5 号点	10	6	2	2
3 号点	10	4	2	2	6 号点	8	4	4	2

为了进一步达到试验大纲的要求，提高试验压力等级，现对密封圈的结构形式进行优化（图 2-1-113）。弹性密封圈的外形构造是弹性密封圈的轴向中心对称的双弧状结构，并在弹性密封圈上设置轴向的双孔（图 2-1-114）。

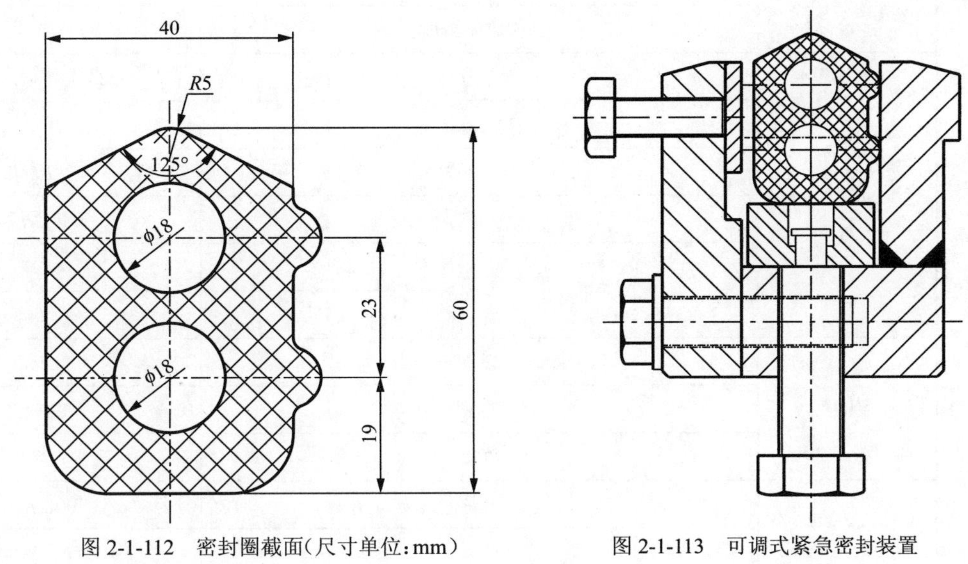

图 2-1-112　密封圈截面（尺寸单位：mm）　　图 2-1-113　可调式紧急密封装置

6）类矩形盾构辅助系统研究

类矩形盾构各辅助系统参数见表 2-1-12。

类矩形盾构各辅助系统参数表　　表 2-1-12

<table>
<tr><td rowspan="6">皮带输送机系统</td><td colspan="2">最大运输量</td><td>400m³/h</td></tr>
<tr><td colspan="2">运送速度</td><td>2.5m/s</td></tr>
<tr><td colspan="2">皮带带宽</td><td>500mm</td></tr>
<tr><td colspan="2">输送长度</td><td>46mm</td></tr>
<tr><td colspan="2">驱动形式</td><td>电滚筒</td></tr>
<tr><td colspan="2">功率</td><td>22kW</td></tr>
<tr><td rowspan="6">集中润滑系统</td><td colspan="2">主机油脂泵排量</td><td>4L/h×2</td></tr>
<tr><td colspan="2">最大工作压力</td><td>40MPa</td></tr>
<tr><td colspan="2">铰接油脂泵排量</td><td>7.2L/h</td></tr>
<tr><td colspan="2">最大工作压力</td><td>40MPa</td></tr>
<tr><td colspan="2">气动补脂泵</td><td>8.5kg/min</td></tr>
<tr><td colspan="2">工作压力</td><td>5MPa</td></tr>
<tr><td rowspan="5">油润滑系统</td><td rowspan="2">主轴承供油</td><td>功率</td><td>1.5kW</td></tr>
<tr><td>加注量</td><td>15 L /min</td></tr>
<tr><td rowspan="3">小齿轮供油</td><td>功率</td><td>1.5kW</td></tr>
<tr><td>加注量</td><td>15 L /min</td></tr>
<tr><td>加注点数量</td><td>4 个</td></tr>
</table>

续上表

添加剂注入系统	加注点数量	刀盘		5 个
		前盾		23 个
		螺旋输送机		2 个
	加泥	类型		立式搅拌筒 + 螺杆泵
		流量		310L/min×4
		工作压力		>2.5MPa
		加泥泵功率		11kW×2
		搅拌桶	功率	4kW×8
			容量	6m^3
	泡沫	流量		70L/min×4
		功率		3kW×4
		数量		4 个
	减磨	流量		200L/min×2
		功率		11kW×2
		搅拌桶	功率	11kW
			容量	5m^3
同步注浆系统	类型		单液注浆	
	注浆量		4 台，每台 12m^3/h	
	工作压力		6MPa	
	搅拌桶		容量	7m^3
			功率	18.5kW
			电机数量	2 台
	功率		90kW	
	注浆点数量		8 个	
盾尾密封系统	类型		气动	
	加注量		2 ~ 14L/min	
	最大工作压力		25MPa	
	压注点数量		32 个	
	压力传感器		32 个	
工业空气系统	螺杆式空压机	数量	1 个	
		排气量	8.6m^3/min	
		排气压力	1MPa	
		功率	55kW	
	储气罐	数量	1 个	
		容量	1.5m^3	
		工作压力	1MPa	

续上表

工业水系统	添加剂水泵	数量	2 台
		流量	$30m^3/h$
		扬程	21.9m
		功率	3kW
	清洗及车架供水泵	数量	2 台
		流量	$10m^3/h$
		扬程	48.7m
		功率	2.2kW
	油箱冷却水泵	数量	2 台
		流量	$21m^3/h$
		扬程	71.1m
		功率	7.5kW
	减速机冷却泵	数量	2 台
		流量	$10m^3/h$
		扬程	66.4m
		功率	3kW
	排水泵	数量	2 台
		流量	$45m^3/h$
		扬程	72.9m
		功率	15kW
	进水口温度		25℃
后续台车	类型		龙门式
	数量		6 节
	车架尺寸		8m×4.3m×3.5m
管片输送机构	单梁	类型	环链葫芦 + 自行机构
		起重量	7.5t
		提升速度	3.5m/min
		移动速度	130mm/s
		电机功率	2.2kW
		电动葫芦功率	3.5kW
	双梁	类型	环链葫芦 + 自行机构
		起重量	5t+5t
		提升速度	3.5m/min
		移动速度	116mm/s
		电机功率	2.2kW × 2
		电动葫芦功率	3.5kW× 2

（1）皮带运输系统

皮带输送机可以确保弃土传送到渣车里。皮带输送机为一整体部件，包括电机、减速器和传动装置。皮带输送机的主要组成部件为结构、排料段、张紧装置、一个机械调节式的皮带清扫装置装于驱动器上。

皮带输送机的输送能力符合螺旋输送机出土能力，车架上装有沿皮带输送机全长布置的紧急停止拉绳开关。

（2）管片运送装置

管片运送装置主要组成部件为：

①单轨梁行走机构（图 2-1-113）；

②双轨梁行走机构（图 2-1-114）；

③环链电动葫芦。

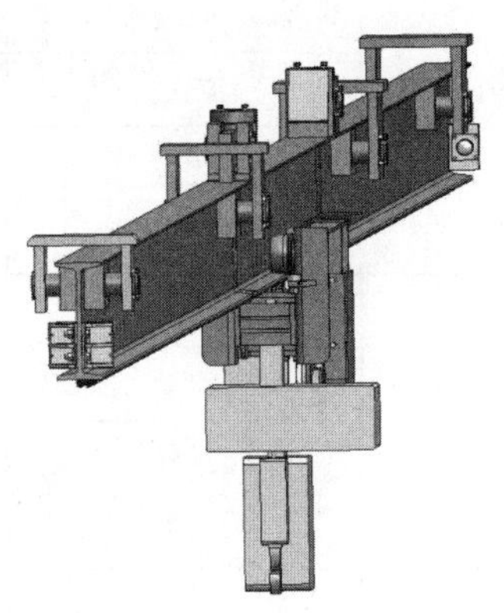

图 2-1-113　单梁行走机构

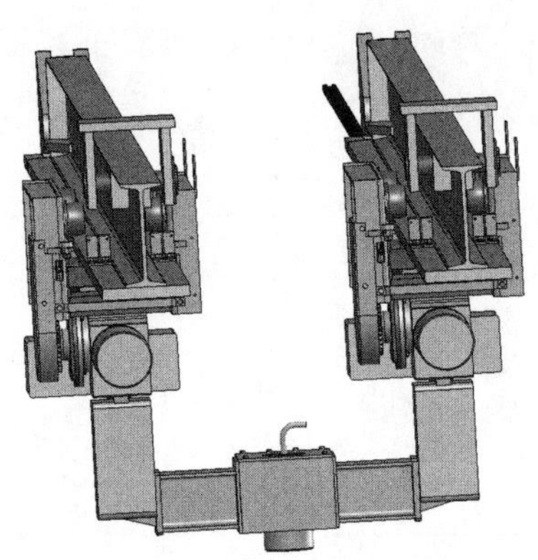

图 2-1-114　双梁行走机构

管片运送采用电机车拖动的平板车从井口运送至盾构后续台车通道内，由环链电动葫芦、和单、双轨梁行走机构将管片吊送至拼装机下方。

单轨梁上的环链电动葫芦起吊能力为 7.5t，双轨梁上的环链电动葫芦起吊能力为 4t×2。

单、双轨梁行走机构采用链轮链条方式，保证行走机构制动的可靠性，防止在有坡度的区段行走机构因自重而下滑。

管片运送由人工无线遥控操作，必要时也可用有线操作盒进行操作。

（3）集中润滑系统

油脂集中润滑系统：油脂集中润滑是为刀盘驱动密封润滑、螺旋输送机密封润滑、铰接密封装置润滑装置提供脂润滑。油脂集中润滑采用双线润滑系统，可有效保证各润滑点的油脂供给。

稀油集中润滑系统：稀油集中润滑是为刀盘驱动装置的主轴承和小齿轮供给齿轮油。由一台稀油润滑泵将润滑油从齿轮箱通过管道输送到润滑点处，润滑主轴承滚子滚道。另外一台稀油润滑泵，对大、小齿轮喷淋润滑。

（4）添加剂注入系统

添加剂注入系统可根据需要向土仓和刀盘面板部加注添加剂，改良土质特性。其主要组成部分为：加泥搅拌桶、泡沫搅拌桶、施维英膨润土泵、泡沫发生器、减摩浆泵、阀件及管路。

每个刀盘面板正面设有 4 个加注点，土仓内设有多个加注点，螺旋输送机上有 1 个加注点，刀盘面板正面的加注点装有单向阀，土仓内的加注管路上均配有球阀。系统中设有流量计和压力传感器，可在控制室显示监控。

（5）同步注浆系统

盾构推进中同步注浆的主要作用是充填土体与管片圆环间的建筑空隙，防止和减少后期沉降，是盾构掘进施工中的一道重要工序。盾构掘进施工中的注浆必须及时，均匀，足量，确保其建筑空隙得以及时和足量的填充。

同步注浆系统主要组件为 KSP 注浆泵两台、注浆搅拌桶一台（$6.5m^3$）、注浆阀件和管线。

盾构机盾尾设有 16 根注浆管路（8 用 8 备），本系统用于单液注浆。采用 2×2 台德国施维英公司 KSP12-2D 型注浆泵，8 个压注口各自控制 8 个注浆点。同步注浆系统采用控制台远程操作模式，操作人员可以在触摸屏上选择同步注浆压注模式、压注顺序和压注次数（压注流量），自动控制浆液的压注。压注点可以任意选择，每个压注点的压注状态和同步注浆运作方式都会在控制台显示出来。

每个注浆出口处都安装有 1 个压力传感器，每个出口的注浆压力都被连续监测。最高和最低压力的设定值可以在触摸屏上调整，如果注浆压力超过预先设定的最高值，注入就会自动停止并报警。如果注浆压力低于预先设定的最低压力，监控屏也将发出警告。

注浆泵采用比例液压泵供油，注浆系统通过调节液压油的流量来改变注浆泵柱塞运动速度，从而调节注浆流量。每个柱塞都安装有 1 个计数器，其信号接入 PLC 以便监控每路出口的注浆流量和累计量。操作人员可以在控制台上调节注浆速度，使其与盾构推进速度相匹配。

（6）盾尾密封系统

盾尾密封系统由盾尾密封装置和盾尾密封油脂压注装置组成。盾尾密封系统确保盾构壳体的内表面和管片的外表面之间的密封，防止砂土和水的涌入。盾尾刷之间 2 个环形的空间都用分布在盾尾的多个压注点注入的盾尾油脂填满。

盾尾油脂压注装置系自带气动控制系统的盾尾油脂压注设备，它主要由组合式的油脂泵和气动控制系统等组成，用于对盾尾密封装置进行充填盾尾密封油脂。

盾尾油脂的压注采用控制台远程操作模式，操作人员可以选择压注模式和压注时间，自动控制油脂压注。自动模式下按加注点的顺序进行循环加脂，强制模式下根据操作人员的设定值和时间设定值进行加脂。盾尾油脂的分配分为自动和手动两种模式。

在气动的盾尾密封油脂装置上装设有检测油脂压力、流量和油脂桶油量的器件。盾尾油脂每个加脂点的加脂状态和盾尾油脂装置的运作方式均能在控制台显示，在油脂压力过高和油脂桶油脂用完时 PLC 会报警，并在控制台显示出来。

（7）工业空气系统

工业空气系统由一套空压机、储气罐及各类管件阀件组成。这套系统主要为盾尾油脂压注装置及气动球阀、集中润滑补脂泵，注浆系统气动球阀、泡沫系统气动球阀和空气调节装置、排水隔膜泵以及各种气动工具供气。

（8）工业水系统

工业水系统主要作用是对液压系统和刀盘驱动进行循环冷却，提供盾构相关设备用水和注浆清洗时提供高压水源。系统用水采用最高温度为 28℃的干净水，由施工方供给。

（9）车架

盾构车架为 5 节台车＋1 节 0 号车架，盾构主机通过牵引梁拖动车架在隧道内的轨道上行走。车架上的布设目的是：

①操控盾构主机的控制室；

②支撑所有功能性设备；

③供应盾尾密封油脂、油脂润滑单元的管道和所有其他耗件；

④支撑管片起吊和输送机构；

⑤支撑所有与盾构管路有关的流体控制阀和电气连接；

⑥提供平板车和工人流动的空间。

7）类矩形盾构电气系统研究

（1）供配电系统

①系统概述

类矩形盾构供电系统由高、低压供配电系统、照明系统（包括应急照明）、接地系统组成。具有高可靠性，保证系统在可以预见的恶劣环境下，稳定可靠地工作。

②供配电系统

类矩形盾构由于其车架的设计形式，分为左右两套高低压配电系统，为了使供配电系统设计的更紧凑、模块化、通用化，在这次高低压配电柜的设计中，将高压开关柜、变压器、低压配电柜做成一套高低压配电组合柜。

高压开关柜具有短路、速断保护等保护功能及通、断电显示和参数显示功能。左右两路高压电源来自地面上同一台 2500kV·A 的变压器，供电电压 AC10kV。

变压器根据负荷计算，在左右各选用一台 1250kV·A 的干式变压器，同时根据配电系统需要对刀盘变频柜供电及两路电源来源相同的情况，在变压器的接线组上选择了一台 Dyn11 及一台 Yyn0 两种不同变压器接线组，这样选择的目的是抑制由于低压系统内大量变频器的使用而在供电线路上产生高次谐波。

低压配电柜设总断路器，具有短路保护、过载保护、漏电保护功能；配置相序监控器，具有相序保护、缺相保护和断相保护功能。具有负载状态切断电源的能力；并具备必要的安全联锁，同时配备功率因数检测系统。为了防止用于液压动力电机功率因数补偿的电容器受到刀盘电机变频器的影响，这次功率因数补偿对大功率电机在就地端进行补偿，避免电气元件中谐振的产生。同时对大功率电机的启动做星—三角降压启动设计，减少大功率电机启动时对供电系统的冲击。

③照明系统

隧道掘进机照明采用环境照明和局部照明结合，根据不同工作面及通道的照度要求，在隧道掘进机本体、拼装工作区、台车上，配置了适当的照明装置，照度、眩光等照明参数满足隧道掘进机施工和维修的需要。其中还配置了大量的应急灯具，供断电时的应急照明。

④接地系统

隧道掘进机电力变压器低压侧为中性点直接接地系统，利用盾构特大面积的金属外壳作为工作接地体，与主变压器低压侧的中性点直接连接，形成一个可靠的接地系统。主变压器的低压侧的中性点直接接到盾构本体，同时接到低压配电柜的接地排，盾构内所有电气设备的金属外壳（如电动机、配电箱柜、控制箱柜、接线盒、盾构的高压柜和变压器的外壳等）和各台车的金属构架应可靠接地，同时在盾构机车架尾部安装总接地排，连接到各个车架，使整个系统更加安全可靠。

⑤电气设备的防护等级

隧道掘进机本体和台车上的配电箱柜、电动机和吊运装置及控制箱等设备，其防护等级为 IP55。驱动电机均具备防水、防潮、防尘、防震，且防护等级不低于 IP55；安装在隧道掘进机控制室内的控制台和控制箱，其防护等级为 IP54；后续台车上外露的电缆满足以上条件外，还具备耐油功能，使电缆更加耐用，保证施工安全。高压电缆呈 8 字放置在电缆车架上，主要照明灯具采用防尘防水溅的荧光灯具，隧道掘进机电气部分的设计、制造、安装符合相应的国家标准。

⑥电路保护功能及报警

高压开关具有安全联络及连锁功能，能确保各系统及其他关键设备的正常运行，同时保证接线操作的安全。高压开关柜具有，接地故障保护、短路、超温保护、速断保护或报警等自动保护功能及通、断电显示和参数显示功能。

照明系统分为若干回路，每个回路上配置漏电开关进行保护。

主动力电路采用两级漏电保护方式，除了在低压总开关上采取漏电保护措施，每一配电分回路上也配置了漏电开关。在低压配电柜内配置一定数量的 AC380V、备用回路及 AC220V 备用插座。所有的电动机配备过载保护及连锁功能。

（2）控制系统

①控制系统概述

隧道掘进机采用 PLC 组成自动控制系统，采用工业级通信网络，运行速度快，通信抗干扰能力强，系统扩展性能好，具有很高安全性和实时性。

隧道掘进机的掘进操作、控制可以全部在控制室进行。管片的拼装操作在千斤顶就地操作箱和拼装机操作手柄进行操作。注浆系统和集中润滑系统也可以在设备就地控制。

②中央控制系统

盾构控制系统 PLC 硬件采用日本三菱 Q 系列高性能 PLC，PLC 软件依靠自主专有技术编制开发。系统成熟、性能稳定、操作方便、工作可靠。该 PLC 系统接入位于操作室的工业计算机，所有软件都可以防止未授权的登录。PLC 系统具有自诊断功能，在发生故障时能自动诊断故障原因、位置等，其远程站包括左右高低压配点系统分站、左右工业水系统分站、左右液压系统分站、左右刀盘变频柜分站、左右机头控制柜分站、集中润滑控制系统分站和拼装机控制系统分站。同时考虑到机头空间的有限性，在机头左右各布置了七个小体积的接线盒，通过 48 芯多芯控制电缆及 24 对双绞屏蔽控制电缆转接机头的传感器和各个阀组。

③人机界面

隧道掘进机控制室内操作面板采用触摸屏和面板按钮的形式，动力电机、刀盘电机、集中润滑、盾尾油脂等系统的操作通过触摸屏，开关、按钮操作，电位器等调节，同时能选择土压平衡自动 / 手动控制模式，显示屏和报警屏实时监控的控制方式。隧道掘进机设备的主要工作参数，如所有土压计数据、刀盘转速、刀盘转向、刀盘扭矩、主驱动电机电流、功率、推进分区油压、千斤顶行程、推进速度、螺旋输送机油压、螺旋输送机转速转向、螺闸门开度、盾尾油脂泵压力及注入量、主轴承油脂泵压力及注入量、掘进行程数等在显示屏实时显示。

在盾构发生故障时，盾构司机可以根据监视器显示的故障内容来处理相应的设备故障，同时盾构司机应将得到的故障或报警信息通知维护人员。

④传感器

传感器和检测仪表配置合理，精度能够满足隧道掘进机运行需求，具有可靠性，提升设备安全保护性能。通过 PLC 处理，数据显示直观，方便操作人员实时掌握隧道掘进机运转状态。

⑤控制执行机构

类矩形盾构的控制执行机构主要由各种类型的电磁阀、换向阀、比例阀组成，在这次类矩形盾构的设计中，使用了大量的比例阀，特别对于控制精度要求很高的拼装、推进等系统，使用了大量高精度，高频响的比例阀及比例伺服阀来进行压力、流量的控制。

通过使用大量的比例阀，使得液压控制系统达到连续可控的状态，对盾构机系统的控制有了很大的优化。

⑥运动控制器

类矩形盾构管片拼装系统设计为两个液压马达及两个油缸组成的机械手，这两个机械手通过

DELTA 的运动控制器进行运动控制，通过软硬件的结合，实现三轴联动的运动控制，主要包括以下动作：拼装机回转运动，大臂油缸伸缩运动，小臂油缸伸缩，在运动过程中通过轨迹的模拟和空间位置的计算，实现不同位置管片从抓取后开始自动运行至指定位置，最终通过手动的微调完成管片的安装。这套系统中使用了一个运动控制器，通过不同通道的设置使其能同时对两个拼装机械手系统进行控制。

（3）数据通信系统

由于盾构机拥有大量的智能仪表和独立的控制系统，故各个系统中的通信模式需要做一个统筹的考虑，类矩形盾构的数据通信系统主要由现场总线组成，其主要有以下几个优点：

a. 实时性：具有较高的数据传输率，合理分配总线资源，每个节点均能够及时收发信息。

b. 互操作性：互联设备间、系统间的信息传送和沟通，可实行点对点，一点对多点的数字通信，要求不同制造商生产的装置能互相理解所传的信息。

c. 互换性：要求不同制造商生产的性能类似的设备可进行互换而实现互用。

d. 开放性：开放系统是指通信协议公开，各不同厂家的设备之间可进行互联，并实现信息交换，现场总线开发者就是要致力于建立统一的工厂底层网络的开放系统。这里的开放是指对相关标准的一致、公开性，强调对标准的共识与遵从。一个开放系统，它可以与任何遵守相同标准的其他设备或系统相连。一个具有总线功能的现场总线网络系统必须是开放的，开放系统把系统集成的权利交给了用户。用户可按自己的需要和对象把来自不同供应商的产品组成大小不同的系统。

现场设备的智能化与功能自治性：传感测量、补偿计算、工程量处理控制等功能分散到现场设备中完成，仅靠现场设备即可完成自动控制的基本功能，并可随时诊断设备的运行状态。

e. 经济性：节点价格低，传输介质较廉价，减少电缆，解决现场装置的供电问题。

f. 可靠性：要求现场总线解决环境适应性问题，具有较强的抗干扰能力。

这次类矩形盾构的控制总线系统由 H-NET，CCLINK，PROFIBUS 组成，分别对应于适用于各类型总线的传感器及远程控制模块，在与人机界面的交互中使用了工业以太网进行通信，各个总线系统通过 PLC 的不同通信模块在 PLC 中进行数据的交换和处理。由于现场总线设备的智能化、数字化，与模拟信号相比，它从根本上提高了测量与控制的准确度，减少了传送误差。同时，由于系统的结构简化，设备与连线减少，现场仪表内部功能加强，减少了信号的往返传输，提高了系统的工作可靠性。

（4）数据通信接口

在类矩形盾构上，用于施工的监控系统包括：数据采集系统，盾构推进导向系统，出土称重系统，机械式盾尾间隙测量系统，光学式盾尾间隙测量系统及其他一些子系统，为了与这些系统进行数据交换，同时又不影响到盾构机控制系统的可靠和稳定，我们在类矩形盾构上增加了一套数据通信接口作为与外界信息的交互设备。

盾构机内部控制使用了 H-NET 总线，在操纵室内使用带内置以太网口的 CPU 作为和上位机进行通信的接口，这个接口和工业交换机进行连接，其下接了两个盾构机控制用的触摸屏。通过对各个外挂分系统的分析和通信特点，我们给出本项目数据通信系统的组态方式。

单独的建立一个和盾构机控制系统相类似的 PLC 通信站，使用和盾构控制系统相同的总线与其进行通信，同时这个站中另外有一块以太网模块用于管控系统内部的数据交换，这样做首先把盾构机的控制系统和管控的数据交换系统做了隔离，管控系统的 PLC 只从控制系统中使用总线的方式读取数据，对于控制系统的运行没有任何影响，同时管控系统的 PLC 又作为数据交换的节点开放给其他子系统使用，由于增加的 PLC 是基于硬件逻辑运算的设备，而数据的存储和读取都由管控 PLC 进行处理或者对外通信，其处理速度和可靠性大大提高。

在盾构机施工管控系统中增加了外界数据交换的 PLC，不但可以对盾构操作系统的安全有了保护作用，同时增加了的管控 PLC 在对应于不同的盾构控制系统时，只需要选用相对应的系统总线，对于各个子系统，其数据交换的形式一旦有了标准，那在对于其他工程进行重新设计时可以省去对接口模式的设计，优化设计流程，使其具有通用性，使整个管控系统的设计模块化。

5. 关键部件制造与安装工艺

1）刀盘制造与安装工艺措施

（1）刀盘结构件制作时的难点和相应控制措施

刀盘切削直径为 6720mm，4 根辐条采用 Q345B 钢板，具有高强度、抗磨损的优点，但由于 Q345B 含 Mn 量较高，属低合金结构钢，采用药芯焊丝二氧化碳气体保护焊时，选用药芯焊丝 YJ507-1（EF03-5040），焊丝直径 1.2mm，气体用 CO_2，纯度大于 99.5%。零件放样应在平整的平台上进行，样板制作时，应按施工图和零件的加工要求，做出各种标记，并预放各种加工余量。4 根辐条与中间六面体的结构特殊，钢板在 40 ～ 120mm 厚度之间，结构件焊缝量大，在焊接时易产生裂纹，如果采取刀盘结构总整装搭焊接，不可避免地产生应力和变形。因此，采用 4 根辐条和中间六面体分组、分段，各自装配焊接，最后将焊接好的分段合拢焊成整体。这样可使收缩量大的焊缝能比较自由地收缩，而不影响整个结构。焊接过程尽量采用较小热输入的焊接方法，例如：多层焊和 CO_2 气体保护焊，焊接时采用跳焊和分段焊法；选择合理的焊接顺序，尽量采用“先内后外、从中间到两端、先短后长”的对称焊接方法，使工件受热均匀；不同的材质之间焊接时，可以采用“焊前预热、焊后回火”的方法消除焊接应力；根据不同的材质、板厚和焊接位置与焊缝类型，合理选用焊接工艺参数，尽可能将焊接电流控制在下限值，以减小热输入。对于板厚 ≤ 40mm，环境温度 ＞ 5℃时不预热，≤ 5℃时预热温度和层间温度控制在 80 ～ 100℃；板厚 ＞ 40mm，环境温度 ＞ 5℃时预热温度和层间温度控制在 100 ～ 120℃，环境温度 ≤ 5℃时预热温度和层间温度控制在 120 ～ 150℃，温度的测量建议使用非接触式红外线测温仪。

（2）刀盘金加工时的技术要求和质量控制点

刀盘结构采用两次金加工，主要目的是消除内应力，保证各类刀具安装面的平面度，以及驱动传力环之间的配合定位精度。第一次刀盘结构成型后不进行退火，采用振动时效消除应力，然后上 8m 立车进行初加工，与刀盘驱动定位的法兰面留 10mm 切削量，刀盘正面安装刮刀和先行刀的接合面尽量切削出，允许留少量黑疤，保证刀盘面板面的平面度，控制在 ≤ 3mm，盘体外形误差 ≤ 3mm。接着上数控落地镗铣床加工 10 根安装周边刀的槽，最后才可以定位安装各类刀具。第二次消除应力处理为各类刀具焊接完成，包括盘面和盘缘最受磨损区域堆焊硬质合金完成后，也采用振动时效消除应力，最后再次上 8m 立车加工与刀盘驱动连接法兰和与中心回转接头连接部位。刀盘结构件保证切削直径 6730mm、周边刀直径 6720mm，与刀盘驱动的定位尺寸为外径 1645mm、内径 1085mm。在刀盘盘面和盘缘最受磨损区域堆焊硬质合金，增强刀盘板耐磨性，刀头硬质合金焊接应可靠坚固，不得有裂缝；刀盘的正面钢板和侧面钢板上用堆 707 焊条堆焊耐磨硬质合金，堆焊形状为 50mm×50mm 的网格形花纹，堆焊高度为 8mm，硬质合金硬度为 HRC58 ～ 62。

（3）各类刀具安装的要求

刮刀应装配牢固，采用木制榔头敲击不得出现松动；采用激光水准仪测量，刀尖必须在盘体端面同一平面，平整度误差 <5mm；保证刮刀安装高度 135mm，先行刀安装高度 185mm。

（4）刀盘装配的要求

刀盘与中心回转接头的管路连接前，必须对刀盘内 4 根加泥加水管路和 2 路磨损检测的液压管进行耐压测试，测试合格才可安装。刀盘与驱动传力环连接的10.9级M20螺栓，必须检查螺栓的拧紧力矩是否达到600N·m。偏心刀盘安装后，要保证与前壳体之间间距达50mm。偏心刀盘中间的链接部位采用活络链接，不能固定。

2）关键部件结构件制作时的难点和相应控制措施

（1）传力环的结构件制作

传力环是连接大刀盘与驱动系统动力箱体的主要部件，能将大轴承回转传动力和推力传递给大刀盘。传力环的底面法兰圈为厚板拼接而成，要求双面焊的对接焊缝，在背面焊缝施焊前须采用碳弧气刨清根，并且磨净碳渣，打磨呈现金属光泽。焊前设置引、熄弧板焊缝，在该焊缝全部施焊完毕后采用氧乙炔气割割除，对残留的焊疤修磨平整。每条焊缝应圆滑和顺地过渡至母材。多层多道焊时，在焊接过程中应严格清理焊层与焊道间的焊渣、飞溅。每条焊缝施焊完毕，必须及时清理干净覆盖在焊缝表面的熔渣和两侧的飞溅物，除了100%检查焊缝外观质量外，还要100%超声波探伤，达到《焊缝无损检测 超声检测 技术、检测等级和评定》（GB/T 11345—2013）的标准。传力环辐条箱型结构封板前，内部的焊缝必须清理干净，对残留的焊疤修磨平整，检查合格后才可最后封板焊接，退货前，为防止箱型结构因退火温度而产生变形，在辐条板上事先开放气孔。辐条与底面法兰圈之间的焊缝必须经过100%超声波探伤检测，达到《焊缝无损检测 超声检测 技术、检测等级和评定》（GB/T 11345—2013）的标准。

（2）受力环的结构件制作

主要是采用Q345锻件，锻件厚度厚、外形尺寸大，应严格控制锻件的质量，按照《钢锻件超声检测方法》（GB/T 6402—2008）中1级质量要求检测，锻后要去应力退火处理。锻件与法兰圈的焊接，必须严格控制其坡口尺寸，法兰圈的拼接焊缝不允许多于三处，且均匀分布。拼接下料工件按二次下料法进行，即第一次下料内外圆加放余量，焊后超声波探伤，并矫正焊接变形，按要求切割成成型工件。最终锻件与法兰圈之间的焊缝也要经过100%超声波探伤检测，达到《焊缝无损检测 超声检测 技术、检测等级和评定》（GB/T 11345—2013）的标准。受力环焊接后进行去应力退火处理才可金加工。

（3）动力箱的结构件制作

动力箱体是大刀盘驱动中关键部件，连接传力环、密封舱和大轴承，并且要安装9只带减速器的电机，在减速器输出端小齿轮与大齿轮外啮合。动力箱是用Q345B厚板焊接而成，对于大于40mm的厚板焊接，按《厚钢板超声检测方法》（GB/T 2970—2016）要求100%检查等级为Ⅱ级的要求提供探伤检查报告，焊缝质量达到《钢的弧焊接头 缺陷质量分级指南》（GB/T 19418—2003）和《金属材料熔焊质量要求》（GB/T 12467—2009）的标准，焊缝采用按25%比例着色检验或磁粉检验，主要检查焊缝是否存在裂纹、未焊透、夹渣或气孔等缺陷，发现裂焊应清根补焊。动力箱天地箱体在结构封板前，内部的焊缝必须清理干净，对残留的焊疤修磨平整，检查合格后才可最后封板焊接。动力箱多为板厚≥40mm，一般采用多层多道对称焊接，每施焊一层，必须去除药皮，并用钢丝刷刷清焊道内的污物。多层焊时，应特别注意各层焊缝接头的位置安排，不应重合在一起，两层焊缝接头相遇必须错开，至少相距100mm。焊接完毕，清理焊缝表面的焊渣和飞溅物。预热与层间温度的测量用远红外测温仪进行测量。动力箱中各路集中润滑管路在整个制作环节非常重要，也是控制的难点，为了保证管路通畅，必须经过多次耐压测试达到无渗漏的目的，这里指的耐压测试指结构件制作过程中封板前的测试、结构件退火前、后的管路测试。

3）关键部件金加工时的难点和相应控制措施

①传力环的金加工

传力环金加工外端面密封圈槽的尺寸精度是控制的重点，传力环加工外端面密封圈槽的平面时，要使平面的跳动量控制在 0.30 ～ 0.50mm 之内，这样才能保证平面密封圈的压密量。要控制与刀盘牛腿法兰的定位配合尺寸以及与主受力环的定位配合尺寸，传力环上槽的螺纹孔要与外断面密封圈压板配作，并做好一一对应的标记。

②受力环的金加工

受力环金加工时要控制与大轴承的定位尺寸、与大齿圈轴承连接螺孔的中心直径和均布情况，加工其外圆周密封圈槽时，要控制槽宽和深度的尺寸精度。受力环上外圆周密封圈槽的螺纹孔要与外圆周密封圈压板配作，并做好一一对应的标记。

③动力箱的金加工

动力箱金加工时，内孔与外圆周密封圈接触面的光洁度，与外端面密封圈的接触面的光洁度要符合要求。动力箱加工重点是控制动力箱与大轴承外圆的定位尺寸，其尺寸必须根据事先测量的大轴承数据得出。要保证齿轮正确啮合，对 9 只减速器座孔的加工时应注意，在数控镗床上加工减速器座孔，考虑到大小齿轮加工时的积累误差，及退火处理的结构件在金加工后仍有少量变形等情况，严格控制齿轮啮合的中心距尺寸，避免因啮合间隙过小而产生卡死现象。动力箱加工完成后，还要对其集中润滑管路进行耐压测试，主要是因为金加工切削余量控制对管路的接口和焊缝的影响。若驱动装配后发现管路有渗漏现象，将对该道密封圈处的润滑脂补给点造成影响，密封失效，后果较为严重。

④密封舱的金加工

密封舱相对来说比较简单，金加工时主要控制内圆周密封圈槽的加工尺寸和精度、内端面密封圈槽的加工尺寸和进度，同时控制与中心回转接头定位安装孔的尺寸精度。密封圈槽上的螺纹孔也要分别与内平面密封圈压板、内圆周密封圈压板配作，并做好一一对应的标记。密封舱加工完成后，也要对其集中润滑管路进行耐压测试，主要是因为金加工切削余量控制对管路的接口和焊缝的影响。

⑤小齿轮的金加工

小齿轮关键测量变位后的齿形尺寸、跨齿公法线长度、固定弦齿高和固定弦齿厚，小齿轮的齿形必须经过磨齿，来提高表面光洁度。小齿轮必须提供锻件材质合格证明，锻件合格无损检测报告，调质热处理报告和齿面表面渗氮处理报告等。

⑥各类土砂密封圈的要求

内、外密封圈和内、外圆周密封圈主要检查其齿形尺寸和齿高，这是保证压密量的关键，同时测试密封圈的硬度值。

4）刀盘驱动系统的装配质量

刀盘驱动部件的装配技术要求高，如何满足图纸技术要求，达到要求的技术指标，保证装配质量，是工作的重点。装配前做好清洁工作：除了对零件的加工质量进行复测确认外，零件不得留有加工残屑，用丙酮清洗各大部件的安装表面、密封圈槽、连接螺栓孔等。安装各类密封圈：在接合面涂以船用黏结剂，并加入少量固化剂，以确保密封圈牢固黏结。在密封圈空隙内加满二硫化钼润滑脂。同时在安装时要保证轴向、径向密封压缩量各为 5mm。将连成一体的主受力环和大轴承装配好吊入动力箱：为使其顺利定位、便于螺栓固定，应预先在大齿轮的螺孔中穿入工艺导向杆，放入轴承座后，固定大齿轮与轴承座的螺栓。另外吊装时应注意大齿轮固定内圈外径上标有的“s”部位（滚道软带部位），应放在箱体的顶部。连接螺栓（螺栓螺纹处须涂紧固厌氧胶）利用测力扳手反复扳紧，达到预紧力要求，将密封隔舱垂直吊装于动力箱体内。小齿轮安装时要防止小齿轮与大齿轮发生错位，缓慢旋转传力轴，齿轮的正确啮合，要保证齿轮传动的中心距，中心距误差，虽不影响传动比，但却影响跑合效果和强度。若中心距偏小，接触带将形成棱边接触，局部应力增大，严重地影响齿面接触强度和工作质量。然后再固定行星减速器的连接螺栓。

安装传力环：连接传力环与主受力环之间的定位销及连接螺栓，利用测力扳手反复扳紧，达到预紧力要求。小齿轮两端的调心轴承安装时，要在一定程度上消除两端支点因加工而产生的同轴度误差，同时也要承受一定的轴向力，用手盘动时回转灵活无卡阻现象，同时用蓝油检查小齿轮与大轴承齿轮的啮合情况，测量齿隙。利用集中润滑油脂泵将1号锂基脂充填内、外唇形密封圈齿之间的间隙，直至有油脂从内、外平面密封处渗出。整个驱动装配完成要进行整体做气压试验，试验压力为0.1MPa，保压时间为24h。

5）偏心驱动制作及安装流程

中间的小刀盘采用4组偏心多轴驱动装置，用来支承齿轮、带轮等传动零件，以传递转矩或运动，其中偏心轴的加工尤难。在偏心轴的车床切削加工中，最主要是合理地选择定位基准，对于保证零件的尺寸和位置度有着定性的作用。出于该偏心传动轴的几个主要配合表面及轴肩面对基准轴线均有径向圆跳动和端面圆跳动的要求，它又是实心轴，并且还有特殊的偏心的要求，所以应选择两端中心孔为基准，采用顶尖装加上特制的卡罐的装夹法，以保证零件的技术要求。粗基准采用热轧圆钢的毛坯外圆。中心孔加工采用在车床上用双顶尖装夹，三爪夹紧卡罐旋转，卡罐夹住热轧圆钢的毛坯外圆，车端面、钻中心孔。但必须注意，一般不能用毛坯外圆装夹两次钻两端中心孔，而应该以毛坯外圆作粗基准，先加工一个端面，钻中心孔，车出一端外圆；然后以已车过的外圆作基准，用三爪自定心卡盘装夹，车另一端面，钻中心孔。如此加工中心孔，才能保证两中心孔同轴。

由于偏心，这里需加上一个特殊的装置——卡罐，将卡罐装在轴的两端，卡罐偏心方向应一致，通过卡罐的槽与轴肩的10H7/h6的配合，控制偏心的方向；通过调节卡罐上的压紧螺钉可调节偏心量；使卡罐的端面与轴的台阶面压紧，保证轴的中心与卡罐中心平行。该偏心轴加工和普通传动轴加工一样划分为三个阶段：粗车（粗车外圆、钻中心孔等），半精车（半精车各处外圆、台阶和修研中心孔及次要表面等），粗、精磨（粗、精磨各处外圆）。不同的是加工偏心部分时，需以A基准两端外圆用表测量，调整卡罐上的螺钉，调整至不同的偏心量，车削各偏心外圆至尺寸，各阶段划分大致以热处理为界。对于传动轴，正火、调质和表面淬火用得较多。该轴要求调质处理，并安排在粗车各外圆之后，半精车各外圆之前。偏心驱动轴的加工大致工艺路线如下：下料→粗车端面和外圆→在轴的两端均留工艺夹头→粗车精车工艺夹头→钻中心孔→调整卡罐上螺钉→粗车各外圆→调质→修研中心孔→半精车各外圆，车槽，倒角→画键槽加工线→铣键槽→修研中心孔→磨削→检验。

偏心驱动组装如图2-1-115所示。

图2-1-115　偏心驱动组装

6）管片拼装机制作装配工艺

机械手中共计5种规格的滑环，共10件，导向套1件，原先设计滑环和导向套的材质为C320，因采用液态氮冷却装配工艺复杂，安装过程中容易冻伤安装人员，存在一定的风险。经会议讨论改材质为黄铜，采用隔温冷冻冰箱冷冻工艺，降低风险。由检验员测量 5 种规格的滑环和 1 件导向套外径尺寸和与之配合面的内孔尺寸，数据提供给设计人员，由其计算出过盈量和冷冻时间。同时检查滑环表面和其配合孔的表面毛刺是否清除，安装导入角是否修光。钳工自行制作往冷却冰箱中放入或取出滑环和导向套时必要的夹取工装。使用事先制作的夹取工具将滑环和导向套分别放入冷冻冰箱，不能直接用手取放零件，以免冻伤。冷冻时间是从滑环或导向套放入冰箱开始算起，具体冷冻时间技术人员要根据滑环或导向套实际过盈量计算给出。控制冷缩时间，等滑环或导向套表面不再产生气泡时，用专用夹取工具从冷冻箱中取出滑环或导向套，在滑环头部蘸少许润滑油，立即装入相应的配合孔中，至图纸要求的位置静置，直到滑环涨大固定。

7）壳体制作安装工艺

胎架平面度检测≤ 2mm，各落料尺寸和坡口尺寸均符合工艺零件图纸的要求，并且通过检验合格后才可进行壳体的拼装。将后壳体法兰板放置在胎架上，对准中心及十字线，下面用铁板与胎架定位焊（不可直接焊），开始装搭内部筋板（与壳体板的间隙越小越好，应控制在 1mm 以内）及圈板，位置正确、垂直，加辅助撑头。吊装后壳体外圈板，对准中心及十字线，位置正确、垂直，平面度检测≤ 3mm，加辅助撑头定位焊。测量尺寸，与相应的构件定位焊住，并实施焊接打三层底焊。考虑到铰接部加工周期长、费用昂贵，把铰接部分为：后壳体结构件，分为上下两半，用两部大型数控龙门铣同时进行机加工，回厂拼成整体；前壳体 2 铰接部先进行机加工，再卷弧，置于后壳体上进行拼装，控制铰接部间隙，拼焊缝要求 100%UT 探伤，做好焊前及焊后间隙测量。为了保证前壳体 2 铰接部焊接对后壳体铰接部造成影响，在后壳体铰接部内侧采用刚性固定法，即做一个铰接部的内支撑（分成 2 块）。此工艺要结合铰接部压密量的大小来定。前壳体 1 依照后壳体制作方法制作。将前壳体 1 前隔仓板放置在胎架上，对准中心及十字线，下面用铁板与胎架定位焊（不可直接焊），开始装搭内部筋板（与壳体板的间隙越小越好，应控制在 1mm 以内）及圈板，位置正确、垂直，加辅助撑头。吊装前壳体 1 前段外圈板，对准中心及十字线，位置正确、垂直，平面度检测≤ 3mm，加辅助撑头定位焊。前壳体 1 开始按工艺焊接并测量。前壳体 2 在前壳体 1 上拼装，依据后壳体铰接部来定位，在铰接间隙内镶嵌数条 36mm 的定位块，在此基础上安装前壳体 2 铰接圈板。前壳体 2 铰接板焊接完成后测量并分离，翻身焊接前壳体 2 铰接板内侧并检测。同时，翻身前壳体 1 装焊其他零件并检测。把前后壳体重新组装起来检测并通知甲方检查。为方便运输待前后壳体检验合格后装焊辅助工艺支撑。

8）螺旋输送机制作安装工艺

将各合格的零件按图纸外形尺寸及金加工要求装搭（间隙越小越好应控制在 1mm 以内），位置正确、垂直，加辅助撑头，并与相应的构件定位焊住，并实施焊接打 3 层底焊。根据工艺实施焊接，边焊接边测量控制变形。按要求将合格的零件进行热处理，回厂再次检验是否因热处理而产生构件变形；按要求将合格的零件进行喷砂处理并喷涂防腐层，通知甲方验收。

6. 工程应用

盾构机从 2015 年 12 月 7 日始发掘进，分别完成了负环拼装阶段，加固区掘进阶段及原状土区间掘进阶段施工，至 2016 年 2 月 4 日完成 100 环（120m）掘进，施工阶段各项盾构机及工程应用效果参数如下。

1）总推力

盾构机在加固区时，总推力在 3200t 左右；盾构机进入原状土后，总推力在 2000t 左右，总推力变化曲线如图 2-1-116 所示。

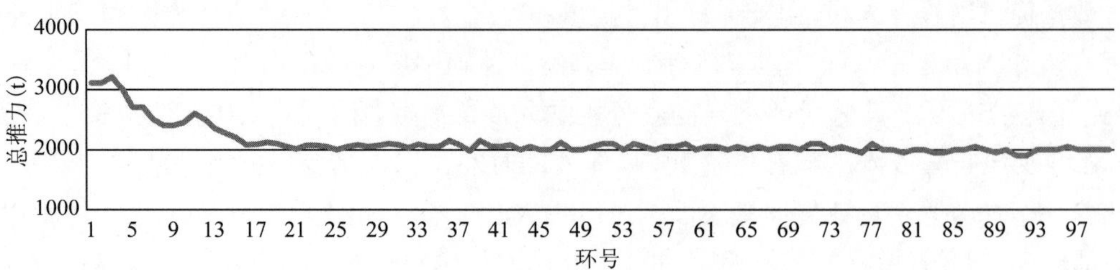

图 2-1-116　盾构总推力变化曲线图

2）大刀盘扭矩

大刀盘扭矩在 600 ～ 800kN · m，如图 2-1-117 所示。

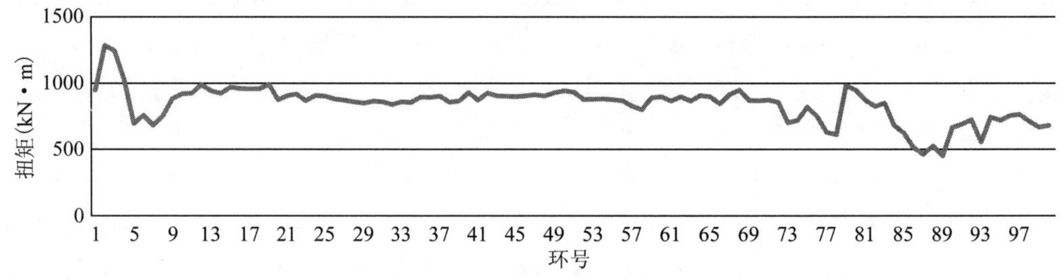

图 2-1-117　盾构大刀盘扭矩变化曲线图

3）偏心刀盘扭矩

偏心刀盘扭矩在 25 ～ 40kN · m，如图 2-1-118 所示。

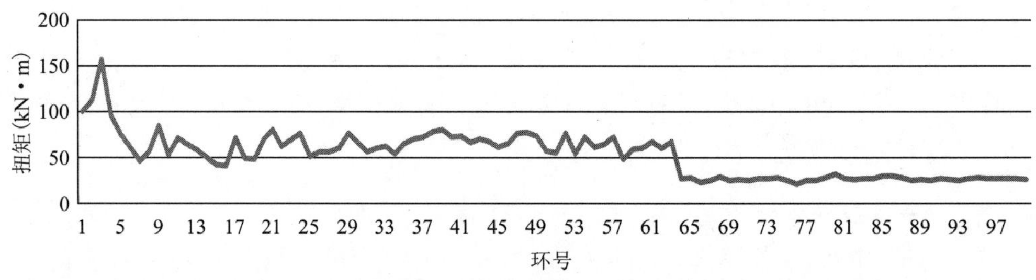

图 2-1-118　盾构偏心刀盘扭矩变化曲线图

4）盾构机转角

盾构机转角控制在 +15′ ～ -13′ 之间，如图 2-1-119 所示。

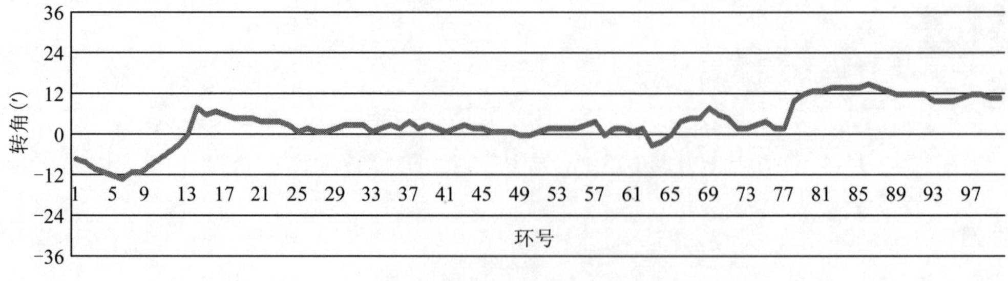

图 2-1-119　盾构转角曲线图

5）盾构机姿态

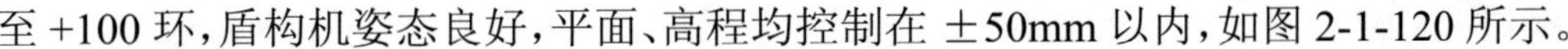

至 +100 环，盾构机姿态良好，平面、高程均控制在 ±50mm 以内，如图 2-1-120 所示。

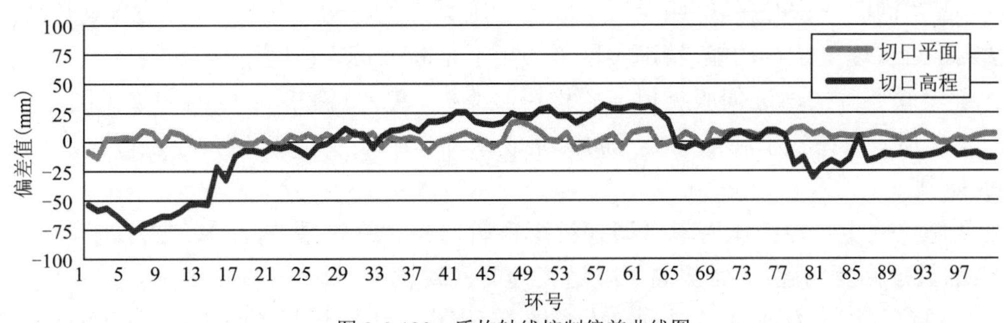

图 2-1-120　盾构轴线控制偏差曲线图

6）地表沉降

整个 100 环为类矩形盾构的推进试验段，其间反复试验施工工艺和技术措施，测试摸索施工参数，并分析实施效果。通过试验，百环隧道的地表沉降（完成后 40 天）基本控制在标准范围内，如图 2-1-121、图 2-1-122 所示。

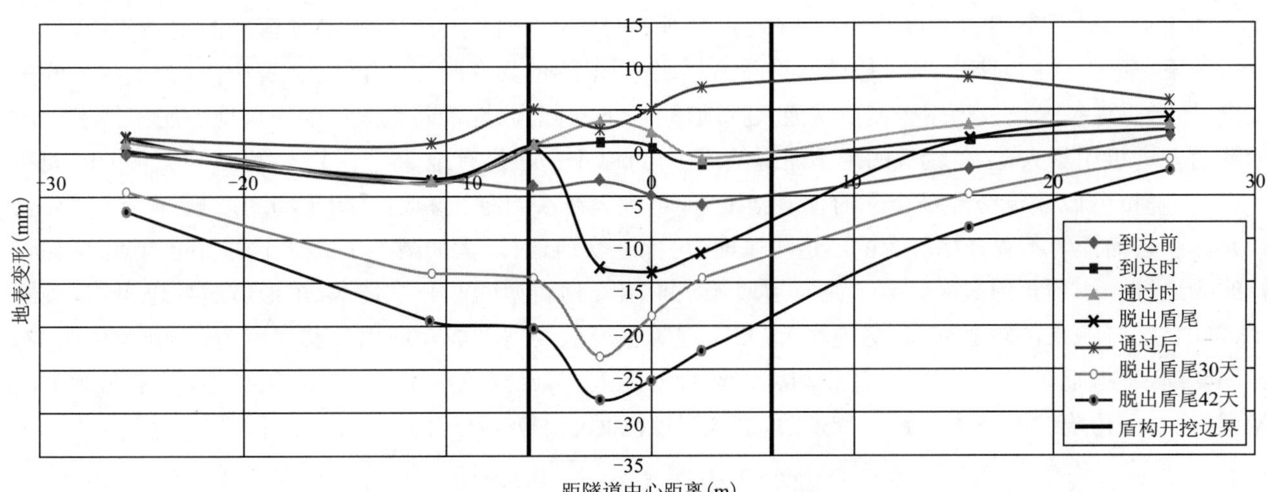

图 2-1-121　地表变形沉降槽变化曲线示意图

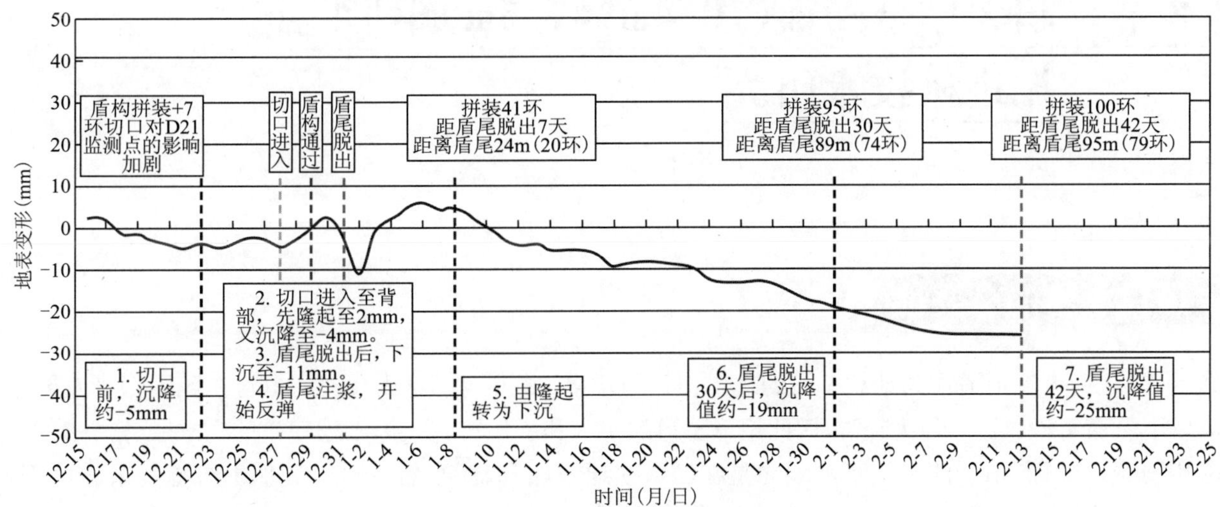

图 2-1-122　地表变形历时曲线图

7. 创新点

（1）首创“双 X 同面 + 偏心多轴”组合式全断面切削类矩形盾构刀盘系统，此刀盘具有高精度相位差自动保持、停机就近快速复位等功能，精确实现了类矩形全断面可靠切削。

（2）首创了串联环臂式轨迹伺服类矩形盾构拼装系统，其大幅扩展了径向施工范围，具有复杂轨迹伺服跟踪功能，特别适应在狭窄和多局限空间内完成管片和中立柱拼装，突破了国际上现有拼装机在这一领域的作业瓶颈。

（3）首创了施工同步可更换压密量可调式类矩形盾构铰接密封系统，此系统首次解决了施工过程中发生密封失效的紧急修复问题，大幅提高了隧道工程的密封质量、安全及施工效率。

（4）集成三项首创技术及改进多项盾构传统技术，开发了切削断面为四段圆弧相切所形成的全断面切削类矩形土压平衡盾构机，更针对性地强化了其软土地层沉降控制能力，为亟待解决线网密集的浅层地下空间利用这一巨大难题。

8. 结论与展望

随着城市地下空间的大规模开发，有效利用地下空间资源是目前大城市必须解决的主要问题，也是今后地下空间发展的趋势。与一般的圆形隧道相比，矩形隧道具有断面利用率大、覆土浅、施工成本低等优点，矩形隧道技术已成为用于城市交通人行地道、地下共同沟、地铁隧道施工的新颖地下施工技术。矩形隧道掘进机用于人行、车辆等的地下通道的施工，可以不需再进行地面铺装工序，可节约大量的时间和资金；在闹市区或建筑密集场合下的管道施工时，可大大减少对地上和地下构筑物的影响；在穿越道路、铁路、隧道、河流等不宜开槽埋管的隧道施工时，可保证交通通行，大大减少了因施工所引起的道路中断、管线搬迁等。本项目的最大特点就是隧道段施工采用一种新型的非开挖技术：矩形隧道掘进机法，该施工方法在部分城市的轨道交通、房地产、市政工程等领域已经得到成功应用。其优点为：不开挖道路，不封闭交通，不搬迁管线，实现城市建设和城市运行的高度和谐；绿色环保，低噪声，无扬尘，不会影响街区景观（相对于传统过街天桥）；施工周期短，最大限度满足业主方对于工期的要求。

第 2 节　超大型全断面(10.4m×7.5m)矩形隧道掘进机技术研究

上海隧道工程股份有限公司

1. 项目立题的必要性

目前，过街人行地道作为地铁车站的进出口日益增多，城市地下管线共同沟也将在我国得到发展，而这类地下隧道工程以矩形最为经济，因此矩形隧道的研究和应用可直接为工程建设的需求服务，并有广泛的应用前景。然而，由于此类地下管线均是在城市交通道路和建筑结构的地下，加上错综复杂的地下管线，对矩形隧道的施工环境、设备和技术要求也越来越高，现有的施工设备和技术已很难满足要求，开展对大断面矩形隧道掘进机研究显得十分必要。从隧道的使用功能来分析，公路隧道、铁路隧道、地铁隧道、人行地道、地下共同沟的断面形式以矩形最为合适，最为经济，因而矩形隧道掘进机的研发和应用意义十分重大。

由于断面利用率大、覆土浅、施工成本低等优点，矩形隧道掘进机是用于城市交通人行地道、地下共同沟、地铁隧道施工的新颖地下施工装备。大型矩形隧道掘进技术用于人行、车辆等的地下通道不需再进行地面铺装工序，可节约大量的时间和资金；在闹市区或建筑密集场合下的管道施工时，可大大减少对地上和地下构筑物的影响；在穿越道路、铁路、隧道、河流等不宜开槽埋管的隧道施工时，可保证交通通行，大大减少了因施工所引起的道路中断、管线搬迁等。从矩形断面尺寸来分析，不同的断面尺寸亦可发挥其不同的功能。小断面的 3m×5m 左右的矩形隧道，可应用于共同沟、电力隧道、水利隧道以及小型地下通道、地铁车站出入口等建设。中型断面的 5m×10m 左右的矩形隧道，则可应用于地铁双线隧道、大断面矩形通道、城市地下管线共同沟等的建设。超大断面的 16m×13m 左右的矩形隧道则可应用于城市地下快速矩形通道、地铁车站等建设。

进入 21 世纪以后，中国城市地下空间的开发数量快速增长，已经成为世界城市地下空间开发利用的大国，特大城市地下空间开发利用的总体规模和发展速度已居世界同类城市的先进前列。到目前为止，北京、上海、深圳、南京、杭州等近 20 个大城市编制了城市地下空间（概念性）规划，对城市未来地下空间开发的规模、布局、功能、开发深度、开发时序等作了规划，明确了城市地下空间开发利用的指导思想、重点开发地区等，为下一阶段城市科学合理开发利用地下空间奠定了基础。城市地下快速路已经起步，城市地下空间开发中大部分均可采用矩形盾构进行施工，市场应用前景广阔。

2. 工程概况及地质状况

1）工程简述

中州大道是郑州市中心城区快速路系统的纵轴线，是贯穿城市南北向的重要快速通道。本工程分为两个区间隧道，均下穿中州大道，分别为商务西三街至纬四路和沈庄北路至商鼎路，整个标段都采用顶管法施工。

（1）商务西三街至纬四路区间概况

纬四路下穿中州大道工程，起点为纬四路金水河桥，沿纬四路向东，下穿中州大道，至 CBD 商务外环后，再沿 CBD 商务外环向南，至黑庄路（商务西五街）。全长 909m，其中机动车道顶管段长度为 110m，暗埋段长度为 358m，敞口段长度为 277m，商务西三街工作井宽 16m，纬四路工作井宽 14m；非机动车道顶管段长度为 110m，暗埋段长度为 49m，敞口段长度为 50m。其中纬四路段工程全长 321m，商务西三街和商务外环段工程全长 448m。

纬四路下穿中州大道顶管段工程，包括 4 条各长 110m 的矩形隧道顶进段。采用一台外径 4.2m×6.9m 矩形顶管机施工非机动车车道，一台 10.4m×7.5m 矩形顶管机施工车行道。矩形顶管始发井位于商务西山街路中州大道东侧，接收井位于纬四路中州大道西侧，由东向西横穿中州大道。大顶管最小覆土为 5.5m，小顶管最小覆土为 5m 进；大顶管之间横向净距为 5m、大小顶管之间横向净距为 2.5m。

工程平面图如图 2-1-123 所示。

工程剖面图如图 2-1-124 所示。

工程筹划图如图 2-1-125 所示。

（2）沈庄北路至商鼎路区间概况

沈庄北路下穿中州大道工程起于沈庄北路滨河路交叉口，沿沈庄北路向东，至中州大道设置 S 弯道后偏向东南，接商鼎路，终点至通泰路交叉口，全长 1013m。其中机动车道顶管段长度为 212m，暗埋段长度为122.4m，敞口段长度为140m，沈庄北路工作井宽16m，商鼎路工作井宽14m；非机动车道顶管段长度为212m，暗埋段长度为267.4m，敞口段长度为150m。

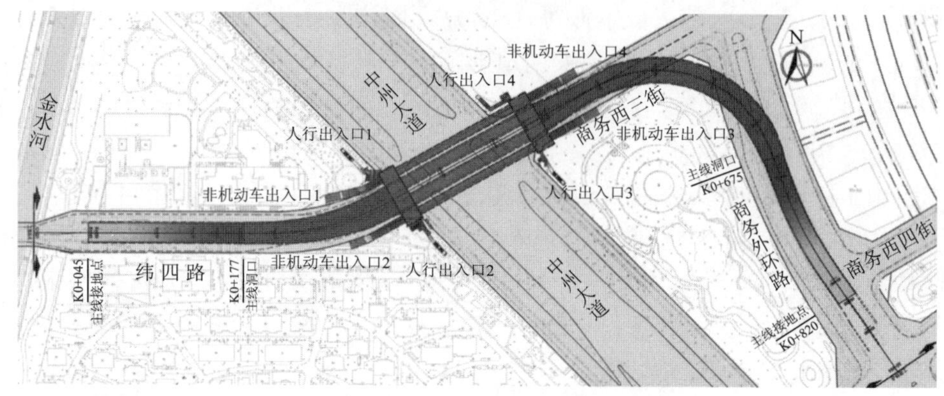

图 2-1-123　工程平面图

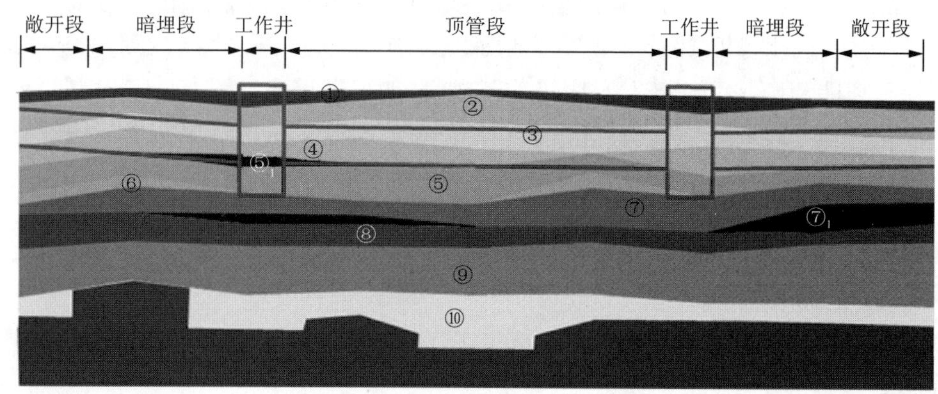

图 2-1-124　工程剖面图

①-杂填土；②-粉土；③-粉土；④-粉土；⑤-粉质黏土；$⑤_1$-粉土；⑥-粉土；⑦-粉质黏土；$⑦_1$-粉土；⑧-粉砂；⑨-细砂；⑩-粉质黏土

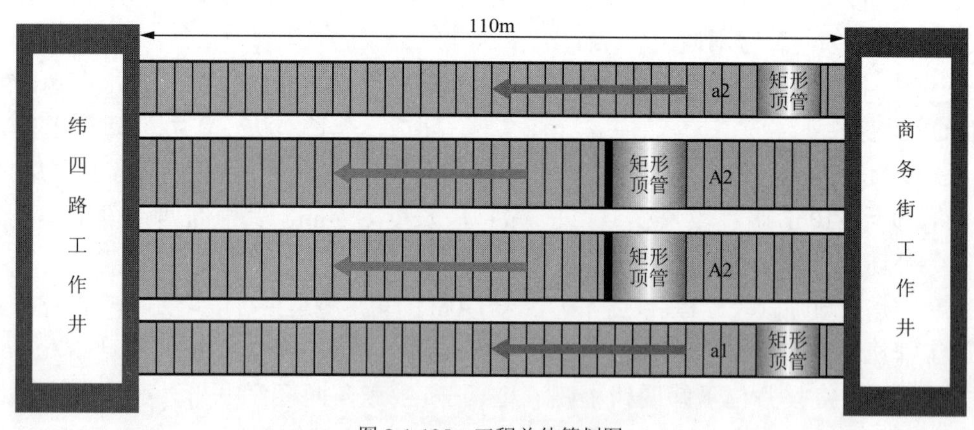

图 2-1-125　工程总体筹划图

沈庄北路下穿中州大道顶管段工程，包括4条各长212m的矩形隧道顶进段。采用一台外径4.2m×6.9 m矩形顶管机施工非机动车车道，一台10.4m×7.5m矩形顶管机施工车行道。矩形顶管始发井位于沈庄北路中州大道西侧，接收井位于商鼎路中州大道东侧，顶管由西向东横穿中州大道。大顶管最小覆土5.3m，小顶管最小覆土5.1m；大顶管之间横向净距为5m、大小顶管之间横向净距为2.5m。

工程平面图如图2-1-126所示。

工程剖面图如图 2-1-127 所示。

工程总体筹划如图 2-1-128 所示。

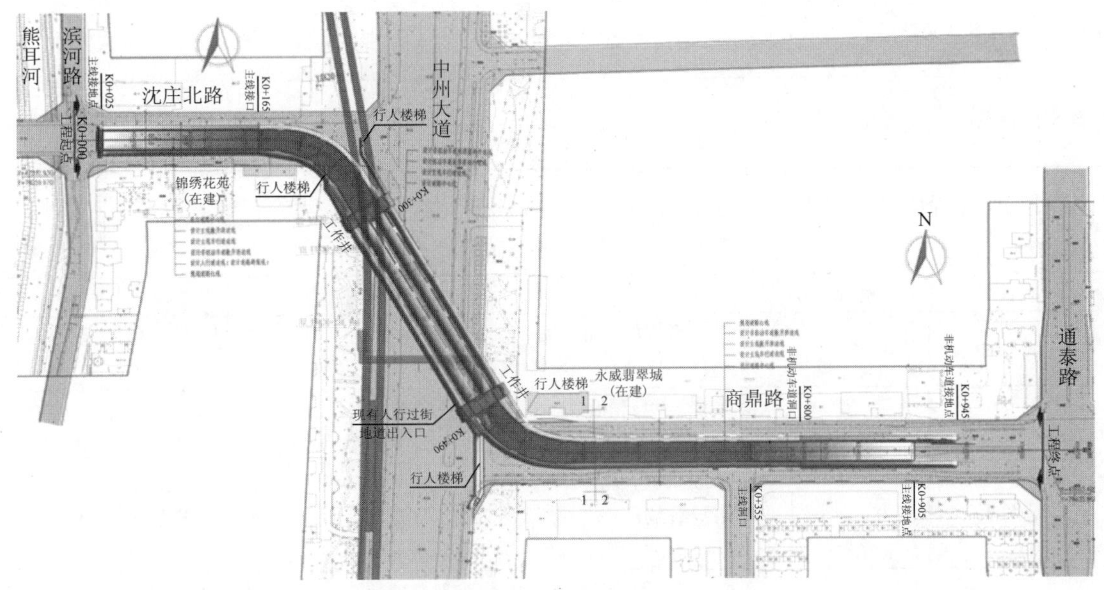

图 2-1-126　工程平面图

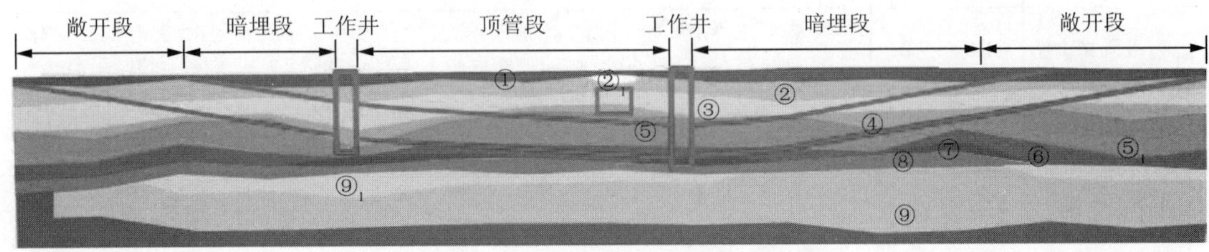

图 2-1-127　工程剖面图

①-杂填土;②-粉土;②$_1$-粉土;③-粉土;④-粉土;⑤-粉质黏土;⑤$_1$-粉质黏土;⑥-粉土;⑦-粉质黏土;⑧-粉土;⑨-细砂;⑨$_1$-粉砂

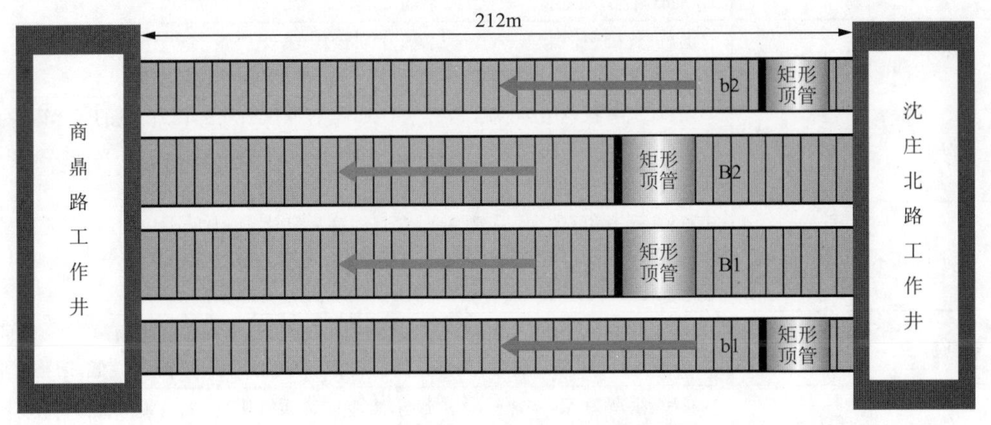

图 2-1-128　工程总体筹划图

2）工程地质条件

（1）土层特征

从业主提供的地质资料来看，顶管施工穿越的土层见表 2-1-13。

顶管穿越土层表

表 2-1-13

区间		顶管穿越土层
纬四路下穿中州大道隧道工程	小顶管段	③、④、⑤
	大顶管段	
商鼎路下穿中州大道隧道工程	小顶管段	②、③、④、⑤、$⑤_1$
	大顶管段	

纬四路段地层特征见表 2-1-14。

纬四路地层特征表

表 2-1-14

层号	岩性	层厚 (m)	土层描述
①	杂填土	0.40 ~ 3.50	杂色，表层约 20cm 水泥路面或沥青路面，下部为路基填土，褐黄色，主要为粉土或石灰土，混有碎砖块及水泥块，土质不均
②	粉土	1.60 ~ 5.10	褐黄、黄褐色，稍湿，松散～稍密，土质较均匀，见少量的黑色氧化物，夹有少量的小钙质结核，局部砂感较强，干强度低，摇振反应中等，无光泽反应，韧性低
③	粉土	1.40 ~ 5.10	褐黄、灰黄色，稍湿～湿，稍密～中密，含有铁锰质氧化物、少量的云母碎片、蜗壳碎片，偶见钙质结核，局部夹有粉质黏土薄层，局部有腥臭味，干强度低，摇振反应迅速，无光泽反应，韧性低
④	粉土	1.60 ~ 5.50	灰黄、褐灰色，中密，局部稍密，含有铁锰质氧化物，土质不均匀，含有粉黏条带，局部砂感较强，见有少量的黑色氧化物，具有腥臭味，局部夹薄层粉质黏土，干强度低，摇振反应中等，无光泽反应，韧性低
⑤	粉质黏土	1.0 ~ 7.0	灰黑、褐灰色，软塑～可塑，土质较均匀，含有黑色铁锰质氧化物，夹有少量的有机质、蜗壳碎片，偶见钙核，稍具臭味，局部夹薄层粉土，刀切面稍有光泽，韧性低，干强度低
$⑤_1$	粉土	2.0 ~ 3.0	灰黑、褐灰色，湿，中密，土质不均，含有铁锰质氧化物，见少量贝壳碎片，夹粉质黏土薄层，具腥臭味，干强度低，摇振反应中等，无光泽反应，韧性低

沈庄北路段地层特征见表 2-1-15。

沈庄北路地层特征表

表 2-1-15

层号	岩性	层厚 (m)	土层描述
①	杂填土	0.60 ~ 3.80	杂色，表层约 20cm 水泥路面或沥青路面，下部为路基填土，褐黄色，主要为粉土或石灰土，混有碎砖块及水泥块，土质不均
②	粉土	1.20 ~ 5.10	褐黄、黄褐色，稍湿，松散～稍密，土质较均匀，见少量的黑色氧化物，夹有少量的小钙质结核，局部砂感较强，干强度低，摇振反应中等，无光泽反应，韧性低
③	粉土	0.80 ~ 7.70	褐黄、灰黄色，稍湿～湿，稍密～中密，含有铁锰质氧化物、少量的云母碎片、蜗壳碎片，偶见钙质结核，局部夹有粉质黏土薄层，局部有腥臭味，干强度低，摇振反应迅速，无光泽反应，韧性低
④	粉土	0.70 ~ 4.0	灰黄、褐灰色，中密，局部稍密，含有铁锰质氧化物，土质不均匀，含有粉黏条带，局部砂感较强，见有少量的黑色氧化物，具有腥臭味，局部夹薄层粉质黏土，干强度低，摇振反应中等，无光泽反应，韧性低
⑤	粉质黏土	1.1 ~ 7.3	灰黑、褐灰色，软塑～可塑，土质较均匀，含有黑色铁锰质氧化物，夹有少量的有机质、蜗壳碎片，偶见钙核，稍具臭味，局部夹薄层粉土，刀切面稍有光泽，韧性低，干强度低
$⑤_1$	粉土	0.7 ~ 5.3	灰黑、褐灰色，湿，中密，土质不均，含有铁锰质氧化物，见少量贝壳碎片，夹粉质黏土薄层，具腥臭味，干强度低，摇振反应中等，无光泽反应，韧性低
⑥	粉土	0.60 ~ 7.20	褐灰色，湿，中密，土质不均，含有铁锰质氧化物、锈色条纹、贝壳碎片，具腥臭味，稍有黏性，局部夹薄层粉质黏土，干强度低，摇振反应中等，无光泽反应，韧性低

（2）土层主要物理力学性质

纬四路各土层物理力学指标见表 2-1-16。

纬四路各土层物理力学指标统计表　　表2-1-16

层号	土层名称	含水率 w (%)	质量密度 ρ (g/cm^3)	孔隙比 e_0	液限 w_L (%)	塑性指数 I_P	液性指数 I_L
①	杂填土						
②	粉土	20.9	1.97	0.647	23.5	0.66	6.6
③	粉土	21.2	1.99	0.630	23.5	0.62	6.7
④	粉土	22.7	1.99	0.651	24.3	0.77	7.2
⑤	粉质黏土	26.1	1.99	0.760	30.6	0.68	11.2
$⑤_1$	粉土	24.0	1.98	0.667	26.4	0.86	7.8
⑥	粉土	22.5	2.00	0.646	24.3	0.83	7.2
⑦	粉质黏土	27.2	1.98	0.742	29.9	0.64	10.7

沈庄北路各土层物理力学指标见表2-1-17。

沈庄北路各土层物理力学指标统计表　　表2-1-17

层号	土层名称	含水率 w (%)	质量密度 ρ (g/cm^3)	孔隙比 e_0	液限 w_L (%)	塑性指数 I_P	液性指数 I_L
①	杂填土						
②	粉土	22.2	1.94	0.668	23.7	0.58	7.2
③	粉土	22.6	2.01	0.654	25.0	0.74	7.9
④	粉土	25.4	1.99	0.704	29.9	0.61	11.6
⑤	粉质黏土	23.9	2.0	0.665	24.5	0.9	7.5
$⑤_1$	粉土	28.2	1.96	0.771	28.9	0.64	10.7
⑥	粉土	23.4	2.01	0.658	25.5	0.75	8.1
⑦	粉质黏土	26.3	2.0	0.711	29.7	0.58	10.7

3）水文条件

按沿线勘探深度范围内地下水埋藏和赋存条件划分，分两类地下水：第四系地层孔隙潜水、砂层微承压水，第四系地层孔隙潜水主要埋藏于第③、④、$⑤_1$、⑥、$⑦_1$层粉土中，主要补给来源为周围含水层侧向补给，其次为大气降水。水位主要受季节和人为活动影响，年变化幅度1～3m；勘察期间地下水位埋深为3.6～8.5m，西高东低，稳定水位高程为81.88～87.50m，3～5年平均地下水水位埋深为3.0m左右，高程约为89.0m，历史最高水位埋深约1.5m，高程约为90.0m；砂层微承压水主要埋藏于第⑧、⑨层细砂层中，主要补给来源为周围含水层侧向补给，其次为地下水的垂直补给。水位主要受季节和人为活动影响不大，年变化幅度1m左右；勘察期间砂层承压水平均水位埋深15.0m，水位高程约为75.0m。

根据场地揭露的地层情况，具有存在上层滞水的赋存条件，由于勘探孔间距所限，不排除上部土层存在上层滞水可能，上层滞水主要为雨季雨水下渗及雨污水管道渗泄等原因形成，水量变化大，以蒸发及下渗方式排泄为主，分布不均。

3. 10.4m×7.5m矩形掘进机总体研究

1）针对郑州隧道工程的10.4m×7.5m矩形隧道掘进机选用

针对郑州市下穿中州大道隧道工程地质条件和工程条件，从矩形全段面切削、开挖面支护性、地层适应性、左右转角控制性能、所配备的总功率、价格等综合比较，决定选用大刀盘＋偏心多轴组合式矩形隧道掘进机。

2）超大断面矩形掘进机（10.4m×7.5m）综述

10.4m×7.5m 矩形掘进机各部件可按位置区分为内外两大部分，分别是外部可见的刀盘系统、壳体系统、中继间系统及后顶进系统，以及内部的驱动系统、螺旋输送机出土系统、铰接系统、液压系统、密封油脂系统、电气系统及泥水系统。

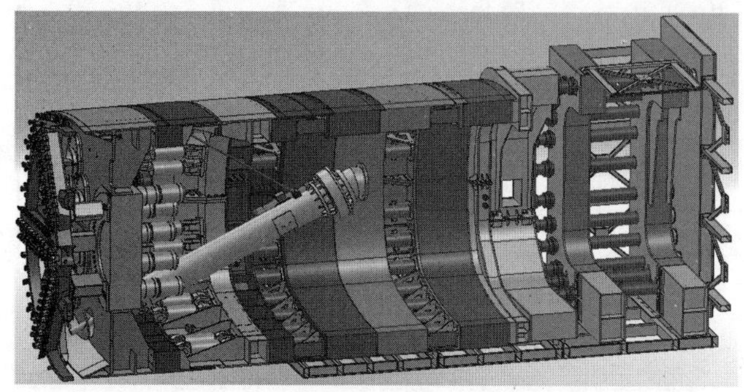

图 2-1-129　10.4m×7.5m 超大断面矩形掘进机设计模型

如图 2-1-129 所示，将掘进机各部分做剖视，我们可以对它的整体结构有一个直观的了解。在机头正前方（图 2-1-129 中左端），是掘进机的大刀盘和偏心刀盘，刀盘后端通过牛腿连接着刀盘驱动，驱动后端安装有电动机；刀盘驱动安装在掘进机壳体中，壳体分为前壳体，前壳体顶部有一条弧形凹槽，是减磨泥浆加注槽；与前壳体紧连的是后壳体，两者之间通过铰接油缸相连接，铰接油缸每两根为一组，均布在壳体的四周；以上为掘进机的主机结构，在主机中，还有出土螺旋输送机，螺旋输送机前端以法兰面与前壳体连接固定，后端有一根拉杆将其与前壳体锚固；紧靠后壳体的纠偏中继间，纠偏中继间可以分成两部分——前端的过渡管节结构和安装纠偏油缸的后端结构，前后部分可以通过油缸在小角度范围做相对运动，来改变前后部分的夹角，达到调整主机轴线与隧道轴线夹角的纠偏目的，紧靠纠偏中继间为普通混凝土管节，根据推进距离的长度，在管节之中可根据需要放置顶进中继间，以起到长距离顶进时的接力作用；后端和底部的结构是后顶进装置，始终位于始发井，背靠井壁，为掘进机顶进提供顶进推力，顶进力由顶进油缸提供。

10.4m×7.5m 大刀盘 + 偏心多轴刀盘式土压平衡矩形隧道掘进机，是同时驱动 1 个大刀盘和 4 个偏心多轴刀盘作同步运转，对矩形全断面进行切削。排土装置通过改变两个螺旋输送机的旋转速度及顶进速度来控制排土量，使土仓内的土压力值稳定并控制在所设定的压力值范围内，从而达到开挖切削面的土体稳定。

3）主要技术参数

图 2-1-130 为 10.4m×7.5m 超大断面矩形掘进机实体图。

10.4m×7.5m 超大断面矩形掘进机主要技术参数见表 2-1-18。

图 2-1-130　10.4m×7.5m 超大断面矩形掘进机

10.4m×7.5m 超大断面矩形掘进机主要技术参数　　表 2-1-18

平衡形式	土压平衡	
刀盘切削形式	大刀盘 + 偏心多轴刀盘全断面切削	
外包尺寸	外壳体 10450mm×7550mm	
大刀盘	转速	额定：0.63r/min　最大：0.94r/min
	扭矩	额定：5620kN·m　最大：6743kN·m
	驱动功率	55kW×10=550kW
偏心多轴刀盘	转速	0 ～ 2.2r/min
	扭矩	330kN·m×4
	功率	111kW×4=444kW
螺旋输送机	出土量	260×2m^3/h
	转速	1 ～ 16r/min
	扭矩	额定：65kN·m　最大：81kN·m
	功率	132kW×2=264kW
铰接系统	油缸推力	300t×24=7200t
	油缸行程	200mm
	工作压力	32MPa
	纠偏角度	上下 1.7°，左右 1°
纠偏中继间	油缸推力	250t×28=7000t
	油缸行程	200mm
	工作压力	31.5MPa
	纠偏角度	上下 1.2°，左右 0.8°
顶进中继间	油缸推力	250t×28=7000t
	油缸行程	500mm
	工作压力	31.5MPa
主顶装置	油缸推力	240t×26=6240t
	油缸行程	3050mm
	工作压力	32MPa
	顶进速度	0 ～ 40mm/min

4. 10.4m×7.5m 矩形掘进机关键部件研究

1）大刀盘及大刀盘驱动

（1）大刀盘

大刀盘位于切削断面正中央、掘进机的最前端，其机构形式如图 2-1-131 所示。

刀盘采用辐条式结构，共由均布的 6 根辐条及内外 2 圈环板组成，切削刀具主要安装在辐条上，从内向外依次是中心刀、切削刀、先行刀和周边刀。中心刀位于刀盘中心，整体呈斜长方形，中心高、外侧低；切削刀位于辐条两侧，是承担主要切削任务的刀具，数量最多；先行刀安装于辐条中央，高于切削刀，刀盘运转时由先行刀先将土体搅松，随后切削刀则负责切削；周边刀安装在刀盘外圈环板表面，用于切削刀盘边缘土体、减小边缘土体对外环板的磨损。

刀盘牛腿安装在内圈环板的背面，刀盘的运转扭矩都是通过内圈环板来传递的，因此内圈环板的结构尺寸及强度都要远大于外圈环板，是大刀盘最重要的承力部件。内外圈环板将刀盘连成一个整体，大大提高了刀盘的刚度。

切削刀具的结构形式是保证切削效率的一个重要因素，刀具的结构形式都是经过大量的试验研究而得到的。图 2-1-132 是四种切削刀具结构示意图。

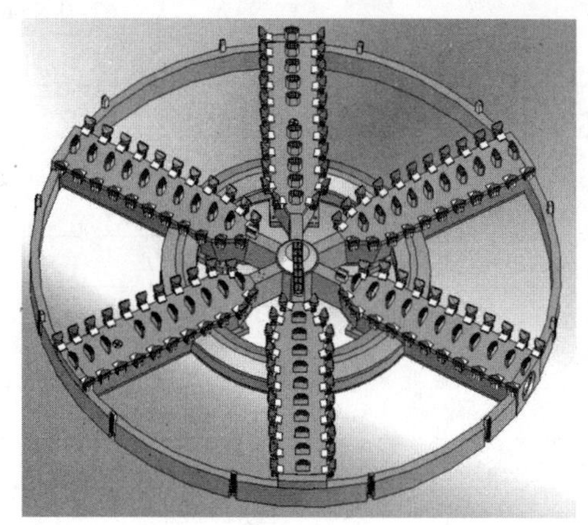

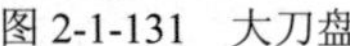

图 2-1-131　大刀盘

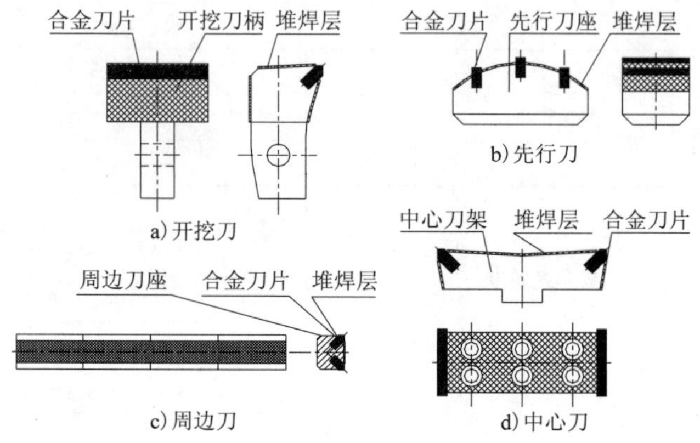

图 2-1-132　四种切削刀具结构

切削刀具的高度直接影响土体的改良，适当的高度可以减小切削下的土体与刀盘盘体的摩擦力，在同样的功率下增加有效切削能力，降低扭矩和无功消耗。软土条件下开挖刀的高度为 100mm，先行刀高度为 140mm。

开挖刀由 YGB 合金刀头和 35 号钢的刀柄组成。合金刀头采用嵌入式结构嵌在刀柄内，两者用铜焊焊接；合金刀头的宽度在工艺允许的条件下尽可能宽，采用两个刀片并列焊接，使刀头宽度达到 150mm，这样可以减少刀盘上刀的总数量，大大减少加工、安装等工作量。传统观念认为，开挖刀磨损严重的地方，主要在刀头，大量的工程实践证明，刀柄的磨损也非常严重，故刀柄需堆焊硬质合金，硬度 HRC60，开挖刀采用螺栓连接固定在刀盘的刀座上。开挖刀采用全断面双向布置，布置在主梁上，使整个刀盘平面都在主梁开挖刀切削范围内，保证刀盘不论正反转，旋转一周，都能够全断面切削土体。在刀盘外圈的刀具切削距离明显长于内圈的刀具，为了保证全断面刀具寿命基本相同，在刀盘外圈副梁上增加开挖刀。全部开挖刀的切削方向必须与刀盘盘体外圈同心圆的切线方向垂直，采用该方式布置开挖刀，每把开挖刀的布置角度都不一样，增加了切削效率。

先行刀比开挖刀高 40mm，它先切松土体，降低开挖刀切削时的强度，硬质合金刀头采用嵌入式结构嵌在刀座内，两者用铜焊焊接。先行刀布置在两排开挖刀之间，刀座堆焊硬质合金，并直接焊接在刀盘盘体上。

周边刀采用硬质合金刀片嵌入刀座的嵌入式结构，刀座堆焊硬质合金，并直接焊接在刀盘盘体上。周边刀旋转后可以形成与盾构壳体直径相等的一圈真空腔，改良的土体流入，降低了摩擦力，增加周边刀是降低无功消耗、提高有效切削能力的好办法。

中心刀可以采用一字形或十字形，为了避免过大的中心刀挤压面使切削下的土体形成泥饼，可以采用单边中心刀，中心刀架堆焊硬质合金，并直接焊接在刀盘盘体上。

大刀盘额定转速为 0 ～ 0.94r/min，额定扭矩 5620kN · m，最大扭矩 6743 kN · m，最大切削直径 7550mm。

（2）大刀盘驱动

刀盘驱动系统包括大刀盘驱动和偏心刀盘驱动，均使用电机提供驱动扭矩。共有大刀盘驱动 1 台、偏心刀盘驱动 12 台。大刀盘驱动位于掘进机中央，偏心刀盘驱动位于掘进机四角，分布如图 2-1-133 所示。

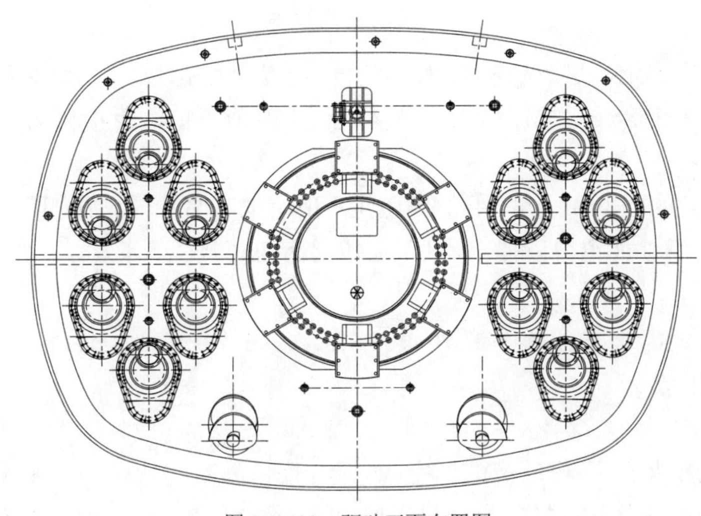

图 2-1-133　驱动正面布置图

①大刀盘驱动装置的结构设计

大刀盘驱动装置是矩形掘进机的主要构成部件之一，它的主要用途是为大刀盘提供旋转的动力，还需要抵挡土仓中的泥沙涌入大刀盘驱动内。其主要由传力环、受力环、密封舱、动力箱、大轴承、小齿轮、调心轴承、电动机、齿形密封圈等零部件组成（图 2-1-134）。为保证刀盘驱动装置的可靠性，设计使用寿命为 10000h。

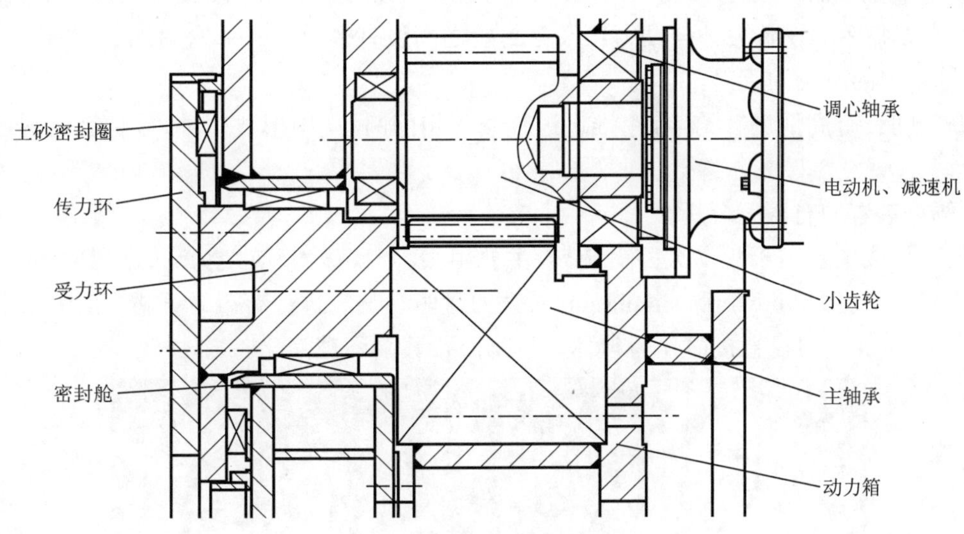

图 2-1-134　刀盘驱动装置示意图

②动力传递方向

电动机→减速机→小齿轮→主轴承动圈（带齿圈）→受力环→传力环，传力环与刀盘由螺栓连接，从而将动力传递到刀盘，带动刀盘旋转。

③各零部件的功能

a. 主轴承为带齿圈的 3 排滚柱回转支承，它能同时承受轴向力，径向力以及倾覆载荷，主轴承滚柱以及齿圈均采用齿轮油润滑，以降低滚柱与滚道的磨损，选择合适的齿轮油，可同时降低齿面磨损，减少点蚀以及胶合等齿面问题，齿轮油为自动供给并且保持循环。

b. 小齿轮采用两端支承形式，以保证小齿轮轴的良好刚度，使得大、小齿轮的啮合受力更加均匀。两端调心轴承可以一定程度上消除两端支点的加工同轴度误差，对安装的要求比较低，同时可以承受一定的轴向力。

c. 土砂密封圈用于防止土砂进入影响轴承的旋转以及齿轮的啮合，采用多道多层特殊唇齿形密封。每道密封圈处设有润滑脂补给点，并采用间断形式供脂，定时或者检测反馈压力进行补给，以保证密封面的润滑。

d. 传力环要有足够大的强度和刚度，用于传递几乎所有的刀盘扭矩，受力环为锻件制造，其晶相组织变得更为致密，材料的力学性能也得以提高，以保证传递高扭矩。

e. 电机＋减速机为整个刀盘的转动提供动力。

f. 动力箱内安装大、小齿轮，动力箱内部构成的油箱，为齿轮主轴承提供润滑。

④大刀盘驱动装置的设计

a. 驱动方式

根据郑州的工程地质状况，矩形顶管内部空间布置，顶管施工的特殊性（根据关节的宽度 1500mm，每推 1500mm，要全部断掉管路、电缆等，为适应顶管施工，这次大刀盘驱动采用双速电机驱动）。

b. 啮合方式

大刀盘驱动采用齿轮传动，一般用的是渐开线圆柱齿轮传动，大轴承带齿圈，可以设计成外啮合或内啮合两种。

此次大刀盘驱动采用的是外啮合的方式，布置相对较多（10 个）的电机，从而达到更大的输出扭矩。

c. 土砂密封

由于大刀盘驱动装置与土仓相连，且存在相对转动，故要设置土砂密封，该土砂密封必须能承受一定的土压力。大刀盘驱动在传力环与动力箱及密封舱之间设有多道土砂形密封圈，以防止外界的泥水涌入，并防止齿轮箱中的齿轮油流出。

在密封圈之间设有润滑脂补给点，在推进过程中采用间断、集中形式供油，以保证密封面的润滑、增强密封效果。

(3) 刀盘驱动装置的有限元分析

大刀盘驱动总成主要用于驱动大刀盘旋转，主要由大刀盘、传力环、受力环、密封舱、主轴承、动力箱组成（图 2-1-135）。使用 solidworks simulation 对大刀盘驱动装置进行有限元分析，该图为用于有限元分析的模型爆炸视图，其中刀盘直接简化为盘体，以便分析；其余同理简化。

图 2-1-135　有限元分析模型爆炸图

①建立有限元模型

对有限元分析的模型进行简化，选择静力分析建立算例。

②边界条件

定义各个部件的材料，其中大轴承采用 42CrMo，其余部分采用 Q345B，部分使用 Q235A；定义约束，由于大刀盘驱动装置的动力箱侧边与壳体相接触，故将动力箱侧面固定；加载，额定工况占 10% 左右，一般正常工况占 50% ～ 60%，较低载荷的情况占 30% 左右。

③运算结果

进行运算后，得到最大 von-Mises（米塞斯屈服准则）应力为 257 MPa（图 2-1-136）；合位移(最大位移)为 1.027 mm（图 2-1-137）；最小许用安全系数为 1.3（图 2-1-138）。

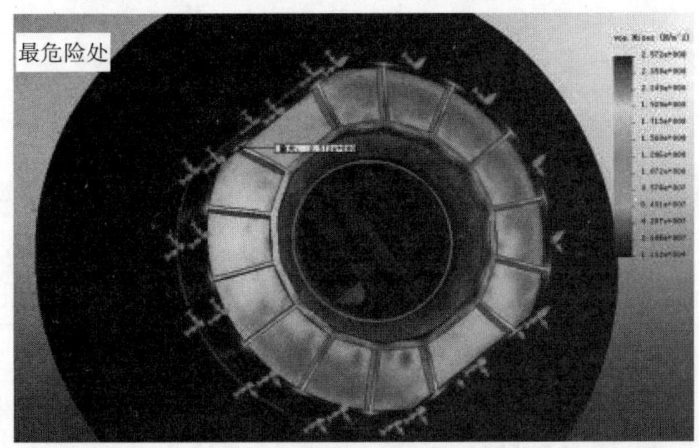

图 2-1-136　von-Mises 应力分布

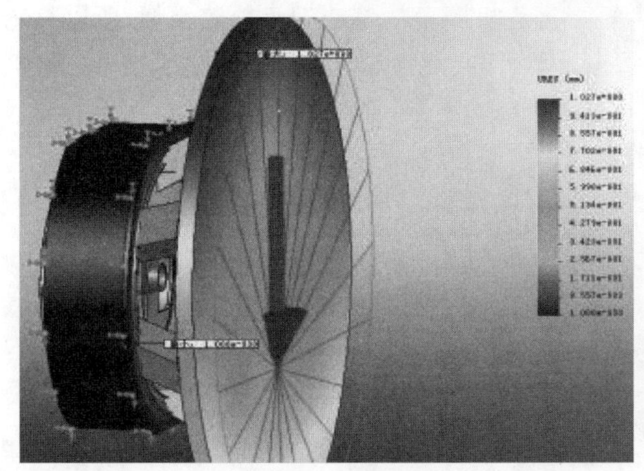
图 2-1-137　位移量分布

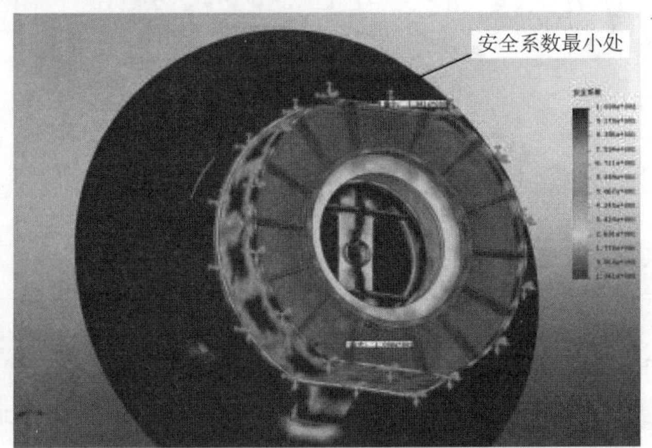

图 2-1-138　安全系数分布图

该大刀盘驱动装置经过有限元分析，结果说明其受力能够满足恶劣工况，该驱动装置的设计已达到强度要求。

2）偏心刀盘及偏心刀盘驱动

（1）偏心刀盘

偏心刀盘位于矩形掘进机正面的四角，负责对大刀盘切削不到的区域进行切削。因为切削断面是中心对称图形，所以四角的切削区域相等，四个偏心刀盘互成中心对称，形状相似。以左上偏心刀盘举例说明，偏心刀盘结构如图 2-1-139 所示。

图 2-1-139　左上偏心刀盘

偏心刀盘由三部分组成：盘体结构、刀具、搅拌棒。盘体是刀盘的主结构，也是承受切削力及扭矩的受力部件，盘体正面及外侧面安装有切削刀，背面则与偏心驱动相连接。刀具有圆柱刀和割刀两种，圆柱刀主要布置在刀盘正面，在刀盘外侧，圆柱刀与割刀交错布置，这是为了使刀具的切削轨迹尽量拟合壳体的外轮廓，减小切削死角。盘面上未布置刀具的区域在装配后位于大刀盘背面，不参与切削。刀盘背面布置有四根搅拌棒，用于将土仓中的切削土搅拌均匀，以便螺旋输送机出土。

偏心刀盘的转速为 0 ～ 2.2r/min，每个偏心刀盘的额定扭矩为 330 kN · m。

①偏心多轴刀盘切削轨迹

利用偏心刀盘的切削轨迹达到全断面切削，如图 2-1-140 所示。

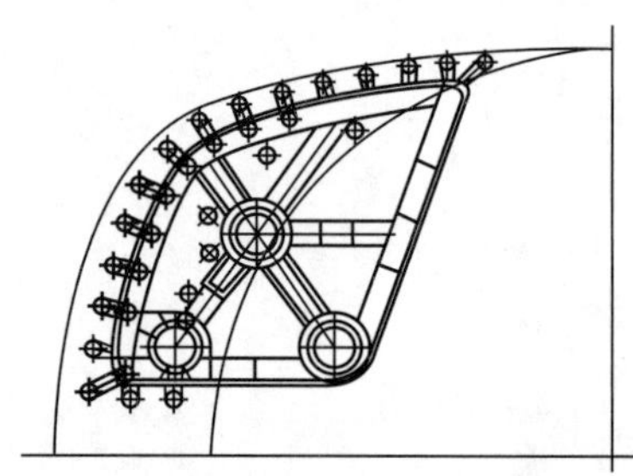
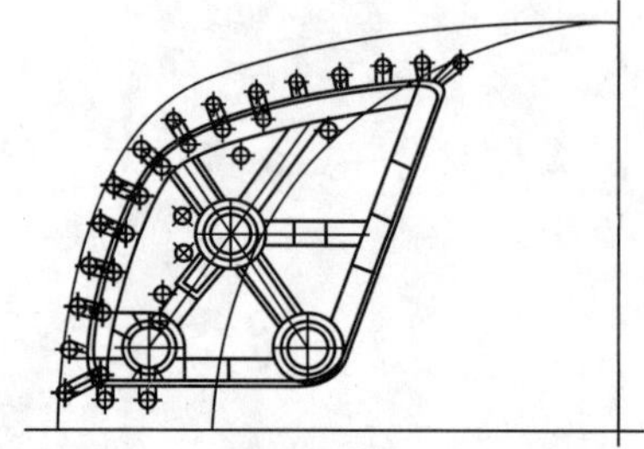
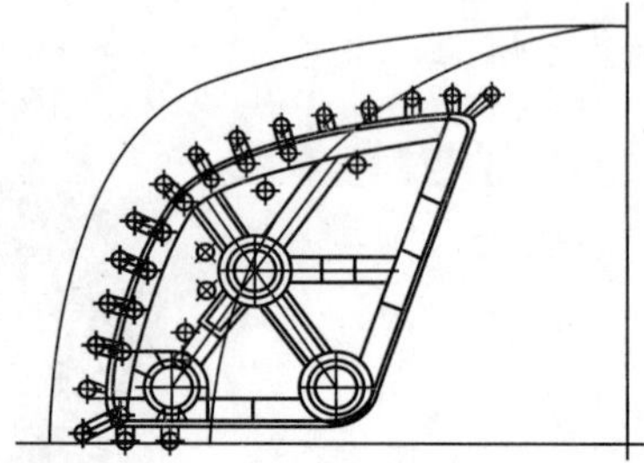

图 2-1-140　偏心多轴刀盘的运动轨迹

首先验证刀盘轨迹线与壳体外缘的吻合度，图 2-1-140 中，左上偏心刀盘按逆时针转动，从左至右，刀盘依次经过转动轨迹的最高、最左和最低点，图中的外缘弧线代表掘进机壳体外轮廓线，1/4 圆弧代表大刀盘覆盖区域，大刀盘中心即为掘进机中心，因为矩形掘进机四角的偏心刀盘轨迹类似，所以只选取了矩形掘进机左上 1/4 区域进行说明。从图上可以看出，因为偏心刀盘的外形轮廓是仿照矩形掘进机的外缘轮廓设计，所以刀盘转动时，边缘能很好地沿着掘进机外缘切削，避免产生切削死角。

搅拌棒作为辅助设施位于刀盘盘体的最后方，以改良土体的塑流性。

②偏心多轴刀盘刀具布置

该部分内容参见本章第 1 节相关内容。

（2）偏心刀盘驱动

如图 2-1-141 所示，利用平行双曲柄机构的运动原理，由几组偏心曲轴组成驱动装置（曲柄长度即为曲轴的偏心距，本次设计的曲轴偏心距为 250mm）同时驱动刀盘，刀盘上的每把刀具绕着以各自的支撑圆心点与曲轴回转支撑点之间的距离为半径作平面圆周运动，以达到全断面切削的目的。每个偏心刀盘由 3 台偏心驱动带动，偏心驱动总数为 12 台。每台偏心刀盘驱动的额定扭矩为 110kN · m，配 1 台电动机，电机功率为 37kW。

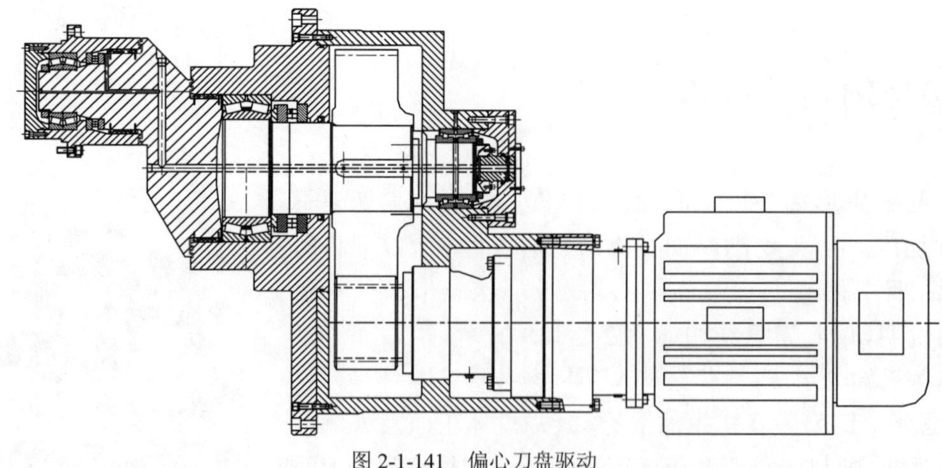

图 2-1-141　偏心刀盘驱动

偏心多轴刀盘的转速及扭矩都是由偏心驱动决定的，因为每个偏心驱动扭矩为 110kN · m，转速为 0 ～ 2.2r/min，而每个偏心多轴刀盘由 3 个偏心多轴驱动带动，所以每个偏心多轴刀盘的扭矩为 330 kN · m，转速与偏心驱动转速同步，为 0 ～ 2.2r/min。偏心多轴刀盘转速比圆形刀盘大，这是因为圆形刀盘的切削刀轨迹密度要大于偏心刀盘，在圆形刀盘切削面上，可能同一轨迹上有两把或三把刀依次切过，但对于偏心刀盘，因为其转动半径仅为 250mm，每把刀的切削轨迹要小于圆形刀盘上刀具的切削轨迹，所以轨迹间彼此交错重合的密度也小，偏心多轴刀盘必须具备比圆形刀盘更高的转速，才能保证两者的切削效率相近。另外，对于偏心刀盘驱动功率，因为偏心多轴刀盘切削时位于圆形大刀盘后方，主要的土体应力由圆形大刀盘承担，同时偏心刀盘转速快，与圆形刀盘相比，同等推进速率下，每一转切削的泥土量小，受到的切削反力也小，所以偏心多轴刀盘的扭矩要小于圆形大刀盘。

偏心刀盘的驱动方式主要是为了解决偏心刀盘的负载启动和调速问题。根据比较，负荷平衡（Schneider 方式）控制系统比主从控制（ABB 方式）系统具有控制简单，可靠性、安全性高等优点，所以，本次设计中，偏心刀盘驱动变频电机无级调速采用的是 Schneider 式控制系统。

3）壳体

10.4m×7.5m 矩形掘进机壳体可分为前壳体和后壳体，前后壳体间以铰接系统相连接，前壳体又可分为前壳体 1、前壳体 2 两部分，以螺栓连接。为便于运输，前壳体 1、前壳体 2 及后壳体都可拆分为上下两半，减小单件运输尺寸及重量。

如图 2-1-142 所示，从左到右壳体依次代表前壳体 1、前壳体 2 及后壳体，每节壳体的中线区域可以看到上下连接法兰，壳体可在法兰处拆分成上下两部分，总装时，将法兰面对准后以高强度螺栓连接，并配备有定位销和剪力销来定位及传递剪力，同时将外侧的连接缝隙以水密焊焊实，防止缝隙处渗水。

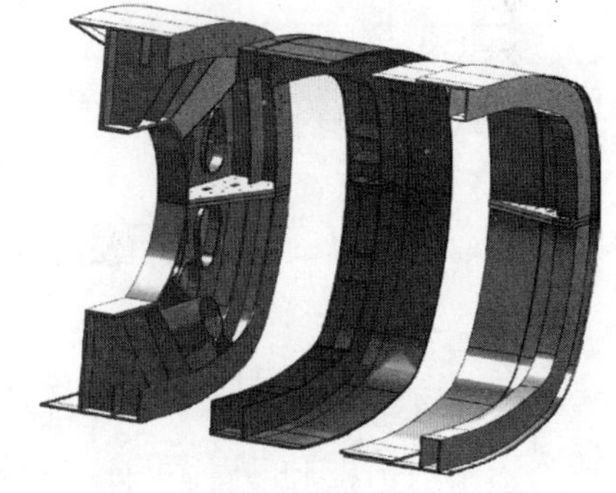

图 2-1-142 壳体

（1）前壳体

①前壳体 1

前壳体 1 如图 2-1-143 所示，有两个外包尺寸，分别是前端的 10450mm×7550mm 和后部的 10430mm×7530mm，壳体前端部分轴向长 200mm，在前后段不同尺寸壳体的连接处是一个高差为 10mm 的台阶。这样设计的原因在于：为减小掘进机顶进时的土体摩阻力，必须使掘进机壳体略小于刀盘的切削轮廓，并在外壳体与土体之间的间隙中加注减摩泥浆，形成润滑泥浆套，避免壳体与土体的直接接触，继而减小摩阻力。在这一前提下，如果掘进机壳体均小于刀盘切削轮廓，那么润滑泥浆将从壳体前端逃逸，流入土仓后被螺旋输送机排出，不利于泥浆套的建立，因此，在前壳体的最前端加装了一个与刀盘切削轮廓同尺寸的环套，来减少润滑泥浆的逸散。

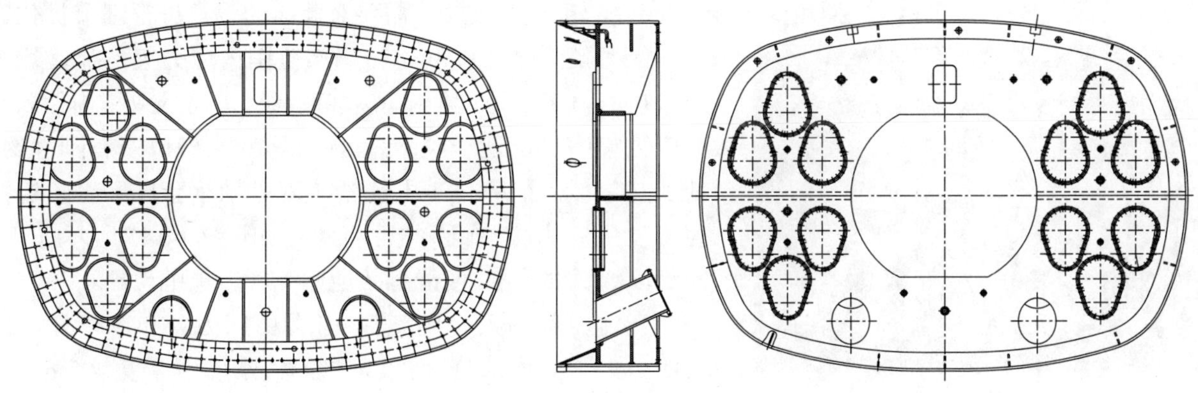

图 2-1-143 前壳体 1 平面图

前壳体 1 上含有大小刀盘的驱动、左右螺旋输送机的安装孔，正面土仓位置有 23 个土体改良注水孔和 5 个土压传感器安装孔，中心上部位置有一个方形人孔，前壳体 1 后端的环板上有近似均布的螺栓连接孔，孔的位置与前壳体 2 前端环板的螺栓连接孔位置一一对应，并配置有定位销孔，保证前壳体 1 和 2 连接的准确性和稳定性。

前壳体 1 可在水平中线处分为上下两部分，分体处以法兰面螺栓连接，使用剪力销传递剪力，上下合并后外侧接缝水密焊。

②前壳体 2

前壳体 2 如图 2-1-144 所示，与前壳体 1 之间通过螺栓紧固连接，连接时使用定位销定位，由图 2-1-144 的右侧视图可以看出，前壳体 2 的前端圈板上开有连接螺栓孔，和前壳体 1 对应。前壳体 2 的后端圈板与铰接系统相连接，是铰接油缸座的安装位置，铰接油缸布置位置可见图 2-1-147 左侧视图。前壳体 2 的顶部和底部都布置了注浆管，掘进机顶进时，由注浆管对外注浆，是掘进机最先形成润滑泥浆套的部位。

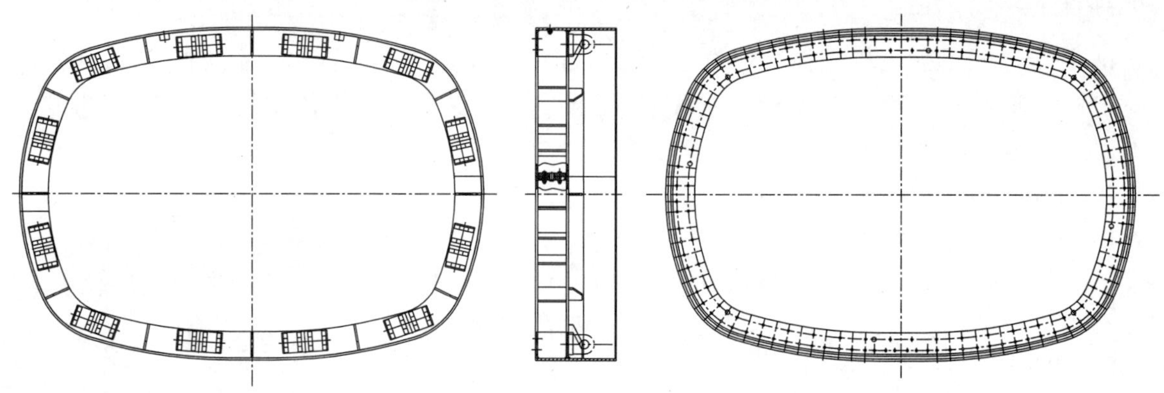

图 2-1-144　前壳体 2 平面图

前壳体 2 同样可分上下两部分，因为和前壳体 1 相连，如果两者选定同一平面为分型面，则易产生叠加的水平剪力，因此对前壳体 1 和前壳体 2 错缝分型，避免法兰连接面相重合。

③前壳体壳体强度验算

前壳体所受的最大总推力为 72000kN，因此单边法兰连接面受 18000kN 的最大推力。以此对前壳体进行挤压应力计算，平键的剪力计算，前壳体分断面强度校核，有限元分析。

前壳体的上下面各采用 80mm 厚的法兰板，平键与法兰板接触面深度 40mm，受挤压面为 40*L*(*L* 为键长)，法兰板材料为 Q235，屈服强度 235MPa。预紧力总和 8250kN，钢材间静摩擦系数 0.15，螺栓提供的摩擦力 1250kN。

④优化

由上节可知壳体部分区域应力值超出极限应力，安全系数过小，需要对此前的设计进行细节优化。

图 2-1-145　圆角优化

应力集中会使脆性材料局部范围内应力突然显著增大，导致在应力集中处过早出现疲劳裂纹，进而导致结构件断裂。而应力集中多出现于尖角、孔洞、缺口、沟槽以及有刚性约束处及其领域。前壳体 1 中筋板与刀盘轴承套属于直角连接，容易发生应力集中，因此可将此处如图 2-1-145 所示加工成圆角以圆弧面连接，便能有效地避免应力集中现象。

壳体内部筋板起到支撑作用，由应力分布图可知，受力要明显大于其他部分，所以可将筋板刚度由厚度 40mm 增至 50mm。

⑤结果分析

用 solidworks 分析新设计的壳体模型，从应力图 2-1-146 和图 2-1-147 中可见，应力分布区域中应力较大的区域仍是筋板和筋板与壳体的连接处，但是因为增加了筋板的厚度，使其受到的应力已处在材料的极限应力范围内。而原先筋板连接处存在的应力集中现象也使圆弧连接有效地分解。所以，此结果显示了壳体合理化设计的必要性，在保证功能设计的同时，也要有利于降低经济成本和人员施工，并通过细节部分的合理性设计使结构件更加稳定，避免可能存在的危险因素。

图 2-1-146　圆角应力分解图

图 2-1-147　应力分布图

（2）后壳体

后壳体（图 2-1-148）是顶管机壳体的最后部分，它的前端通过铰接系统与前壳体相连，尾部则紧连纠偏中继间，承担着传递顶力、为铰接系统纠偏提供支点的作用。后壳体的前伸部分与前壳体 2 后端伸出部分彼此搭接，该处安装铰接系统中的铰接密封，并设有铰接密封油脂加脂孔和润滑泥浆加注管路，后壳体可在水平中线上分为上下两块。

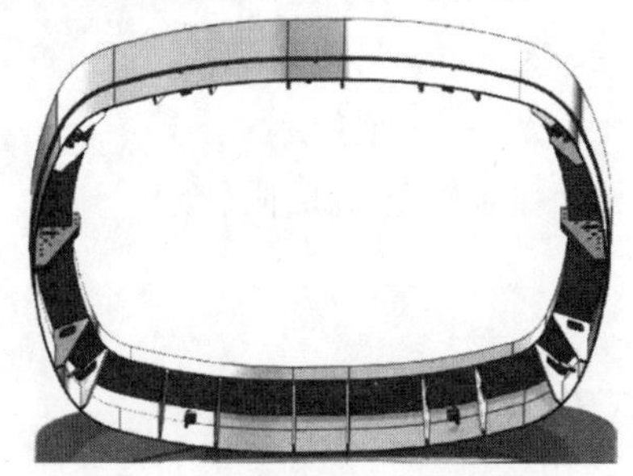

图 2-1-148　后壳体

4）螺旋输送机

矩形顶管机中的螺旋输送机起到排送土仓中被刀盘切削下的泥土、砂石等物质，同时保持被动土压与开挖面压力相同，实现切削面平衡的作用。因为在土压平衡盾构施工中，为防止因开挖面压力高于或低于被动土压引起地面沉降现象，需要在掘进机向前推进时通过控制螺旋输送机的出土量来调节开挖面压力。例如当顶管土仓中压力大于开挖面水土压力时，可以在维持原有螺旋输送机出土量下，通过减少顶管机的推进速度或在保持原有推进速度下增加螺旋输送机的出土量，来使土仓压力下降，恢复土压平衡效果。

螺旋输送机出土系统由左右对称布置的两台螺旋输送机构成，相距 4m。一台螺旋输送机主要由壳体、螺杆、出泥口与驱动系统组成，如图 2-1-149 所示。

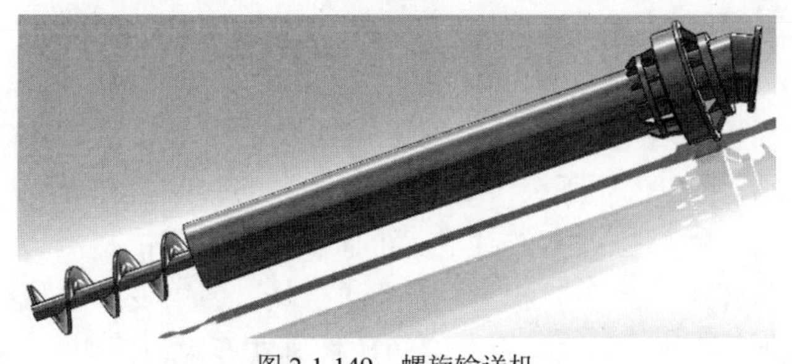

图 2-1-149　螺旋输送机

在螺杆与出土口的连接端、壳体的膨胀部分，安装着螺旋输送机的驱动系统，驱动系统的工作原理是由一台电机带动小齿轮，再以小齿轮带动固定在螺杆上的大齿轮，从而驱使螺杆旋转出土，对于回转结构与固定结构间的缝隙，设计时使用了迷宫密封加两道齿形密封来阻挡泥水渗漏。

每台螺旋输送机的最大出土量为 260m^3/h，螺旋输送机转速为 1 ～ 16r/min，额定扭矩 65 kN·m，电机功率 132kW。

（1）螺旋输送机的选用

根据地质探查结果可知，郑州市地貌单元属于黄河泛滥冲洪积平原，为黄河多次泛滥而成。高程一般在 70 ～ 110m 之间，坡降大于 3‰。由上更新统（Q_3）及全新统（Q_4）冲积形成的粉土、砂类土和黏性土组成。因此考虑使用实体螺旋面叶片形式，叶片直径 800mm。

（2）螺旋输送机驱动计算

考虑到顶管机每次下放管节时，都需要重新拆装一次管路，增加工作量十分不便，所以本次设计的矩形顶管螺旋输送机采用了变频电机装置。必须使螺旋输送机的排土转速保持在一定的范围内，且可以随时调节。

驱动计算：

$$Q=Sv=165\text{m}^3/\text{h}$$

式中：S——刀盘面积（m^2）；

v——最大进给速度（m/h）。

$$n=\frac{4Q}{60\pi D^2 SK_\alpha K_\beta}=12.2\text{r/min}$$

式中：S——螺旋节距，$S=0.8D=0.8\times 800=640\text{mm}$；

D——套筒直径（mm）；

K_α——充填系数；

K_β——倾角系数。

螺旋输送机极限转速：

$$n_\text{j}=\frac{A}{\sqrt{D}}=\frac{30}{(0.8)^{1/2}}=33.6\ \text{r/min}$$

式中：A——物料综合系数。

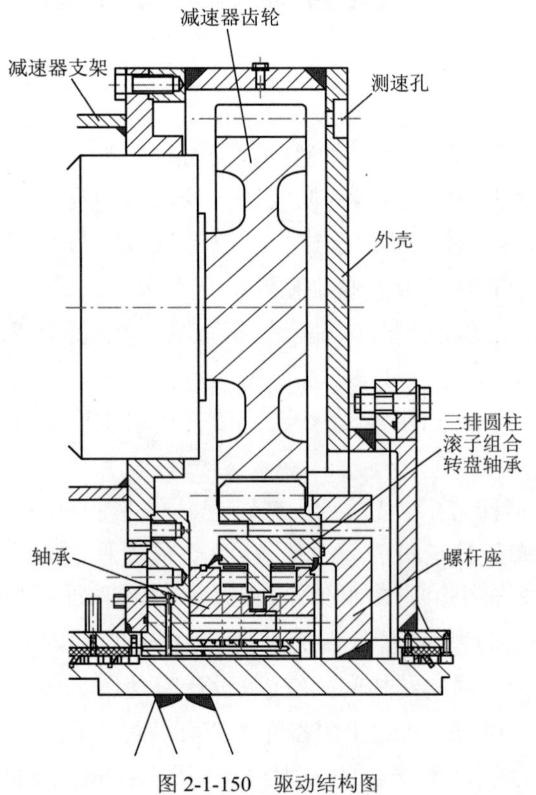

图 2-1-150　驱动结构图

螺旋轴所需功率：

$$N_0=\frac{kQ(W\cdot L\cdot\cos\alpha+L\cdot\sin\alpha)}{367}=80\text{kW}$$

式中：W——物料阻力系数。

螺旋输送机扭矩：

$$M=\frac{974N_0}{n}=6500\text{kgf}\cdot\text{m}$$

（3）驱动部件结构

由图 2-1-150 所示，驱动结构内部主要是依靠一个三排圆柱滚子组合转盘轴承传递扭矩和转速。螺旋输送机由变频电动机提供原始功率输入。其结构是先将减速器用螺栓固定在减速器支架上，再通过电动机驱动减速器小齿轮，由小齿轮带动三排圆柱滚子组合转盘轴承转动，在使用高强度螺栓将螺杆座与三排圆柱滚子组合转盘轴承连接，最后通过螺杆座旋转达到输送物料的目的。在外壳减速器安装的部位开有测速孔，可通过安装测速传感器检测减速器转速。施工时根据出土量的要求，使用变频电机调整减速器转速，使螺旋输送机转速控制在要求范围内。

(4)驱动密封

螺杆座旋转时与驱动槽体之间的间隙处装入密封圈防止泥沙进入，如图 2-1-151 所示的驱动密封。首先在前壳体与中壳体之间的缝槽间隙形成一道迷宫密封，阻挡大颗粒渣土进入。

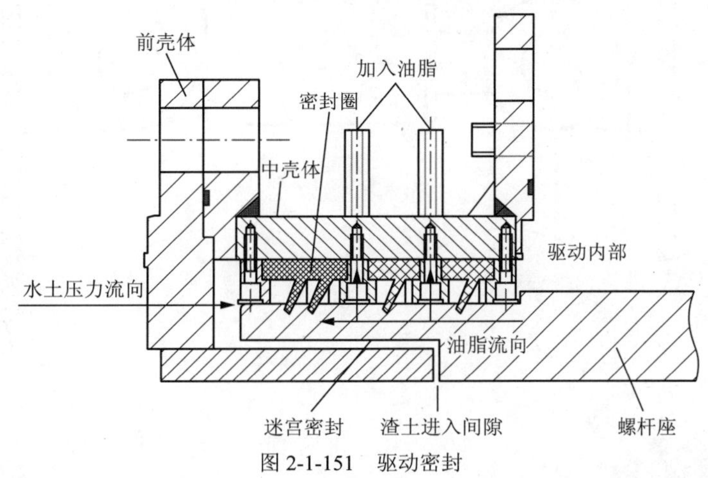

图 2-1-151　驱动密封

(5)螺杆结构和计算

螺杆的结构包括螺杆芯轴、螺旋叶片、螺杆座等部件，螺旋叶片分为左旋与右旋两种旋向。如果电机驱动部分在螺旋输送机进料端，那么螺旋叶片应为左旋，而相反的郑州螺旋输送机则采用右旋形式。螺旋输送机叶片直径 800mm，为了增加螺旋叶片的耐磨程度，避免螺旋叶片的磨损，前 4 个螺距叶片厚 60mm，其余厚 40mm，螺旋叶片的前 4 个螺距两侧面均堆焊，后四个螺距迎土面堆焊。

螺杆及相应部件计算公式如下：

螺旋输送机当量直径：
$$D_0 = K_z\left(\frac{Q}{K_\alpha K_\beta}\right)^{1/2.5} = 0.732\text{m}$$

式中：K_z——泥沙综合特性系数；

K_α——充填系数；

K_β——倾角系数。

当量面积：
$$A_0 = \pi / 4D_0^2 = 0.42\,\text{m}^2$$

取螺杆 D=800mm，d=203mm，验算螺旋叶片有效面积：$A' = \dfrac{\pi}{4(D^2 - d^2)} = 0.47\text{m}^2 > A_0$

(6)螺旋输送机安装

螺旋输送机以 25° 倾角安装在顶管机壳体中，进料端使用螺栓与事先预置在顶管机隔舱板上的螺旋输送机套筒相连。再使用拉杆与筒体后端的吊攀连接，拉杆的另一端则与顶管机壳体相连。拉杆两端安装铰链螺母，使用时可以旋转铰链螺母，调整拉杆的总长度，可控制螺旋输送机的水平角度。

5）纠偏装置

10.4m×7.5m 矩形掘进机纠偏装置主要由两类组件组成：铰接油缸及油缸座、铰接密封圈及密封圈压板。如图 2-1-152 所示，左侧为前壳体 2，右侧为后壳体，铰接油缸两端的油缸座分别与前后壳体相连接。在前后壳体的搭接处安装有三道齿形密封圈，用压板固定，以防止泥水倒灌，密封压板共有四道，其中，第二道压板高于其他压板，与前壳体尾板的间隙最小，当铰接油缸纠偏时，该道压板将起到定位支点的作用，以保证密封圈变形均匀，不会产生偏压。

铰接系统共有 24 只铰接油缸，每只油缸推力为 300t，总推力 7200t，油缸行程 200mm，纠偏角度为上下 1.7°，左右 1°。

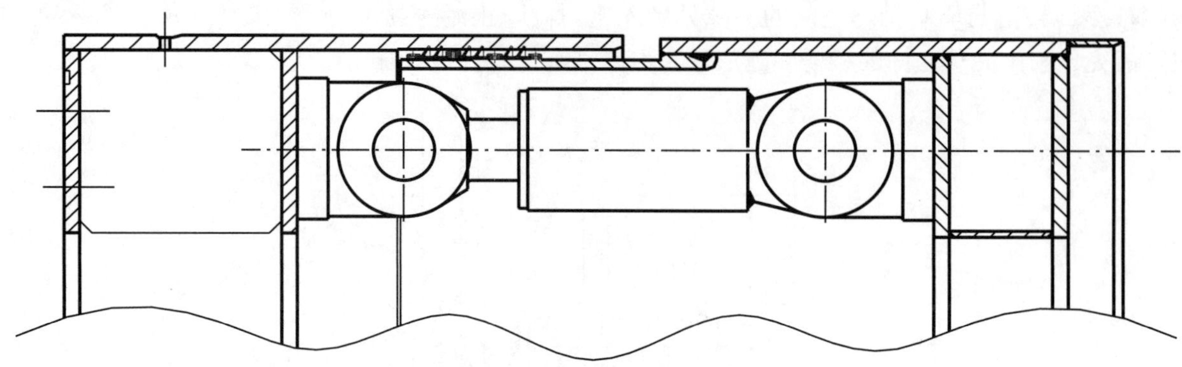

图 2-1-152　纠偏装置平面图

6）主顶进

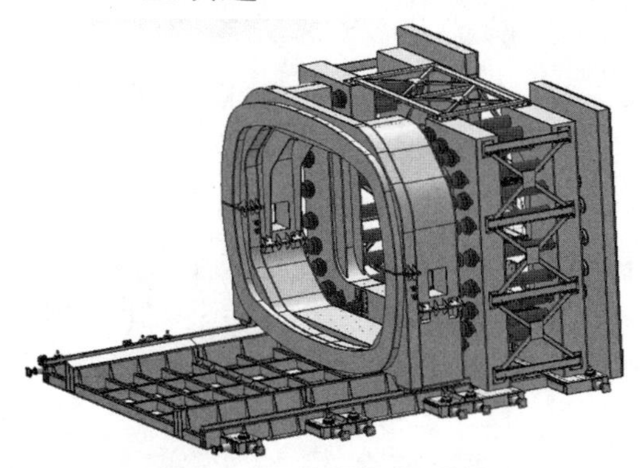

图 2-1-153　主顶装置三维图

主顶进装置安装于隧道始发井中，为顶管机向前推进提供顶力，整个装置主要由底座、顶环、U 形铁、油缸支座、顶进油缸和钢后靠等多个部件组成。根据隧道始发井的尺寸要求，主顶装置的设计总长度为 13m，总宽度为 13m，顶进油缸安装在油缸支座上，一端与钢后靠固定，另一端则作用在 U 形铁上，通过 U 形铁、顶环的推力传递，不断地将一节又一节的管节向前推进，从而完成整条隧道的掘进。在设计主顶装置的各个零部件时，在充分考虑零部件加工、安装工艺的同时，其外形尺寸及重量必须满足设备吊装、运输的要求。

主顶进装置三维图如图 2-1-153 所示。

（1）底座

底座是整个主顶装置的基础结构，其他零部件均是以底座进行定位装配的，它前后长度 12.5m，左右宽度 13m。为了便于加工、安装和运输，底座分为前、中、后三个部分。

前底座和中底座主要是用于顶管机头、管片以及顶环和 U 形铁支撑、导向作用，由于顶管机头总质量为 425t，管片质量为 79t，而且其断面是 8 段圆弧组合的类矩形特殊断面，因此前、中底座的推进导向轨道要满足其结构受力以及定位精度要求。在这次底座轨道设计中，采用箱体的结构形式，来承受顶管机头和管节的重量，上部的支撑板采用与管节接触面相同半径的弧形钢板，使得整个受力情况是面接触，避免了因弧形与平面之间线接触而产生的局部应力集中，弧形钢板在导向的同时还起到了定位的作用（图 2-1-154）。

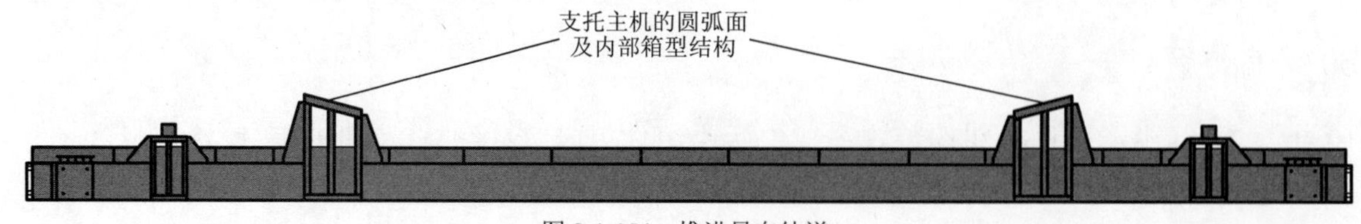

图 2-1-154　推进导向轨道

后底座上是用于安放油缸支座与顶进油缸。整个后底座又分为左、中、右三部分，当完成后底座与油缸支座和顶进油缸的安装后，通过后底座的拆分，可以进行整体吊装、运输，大大简化了施工现场的安装工艺。

在前、中、后底座（图2-1-155）外侧的水平和垂直方向都布置带有可以调节长度的撑脚，在底座安放到位后，通过螺纹调节，撑住始发井的底部及内壁，以保证整个主顶装置的垂直、水平距离的位置固定。

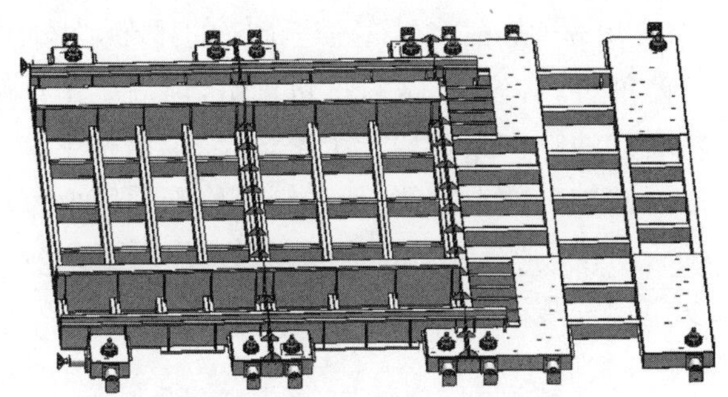

图2-1-155　主顶装置的前、中、后底座

（2）顶环与U形铁

顶环（图2-1-156）与U形铁（图2-1-157）是顶管机中用于传递顶进力的结构件。顶进油缸将顶力作用在U形铁上，再通过顶环将顶力传递到管节上，使得油缸作用在U形铁上点应力转换成面应力，最终将顶进力均匀地作用在管节上。顶管机一般采用多个U形铁，可以根据施工要求采用不同厚度尺寸，这样做是为了顶进油缸与管节中间根据施工需要留出一定的空间，便于吊运渣土或施工设备等。这次矩形顶管机的顶环与U形铁的设计与以往不同的是，因为受到运输尺寸的限制，要将原本整体的结构件进行拆分，并且还要考虑到整个结构件的受力情况，以及安装工艺和精度要求。在设计中，将顶环分为上下两个部分，连接面（图2-1-158）通过定位销定位后用螺栓连接，不但保证安装精度，而且加强了承载能力。U形铁也是采用相同的方法，进行上下拆分。

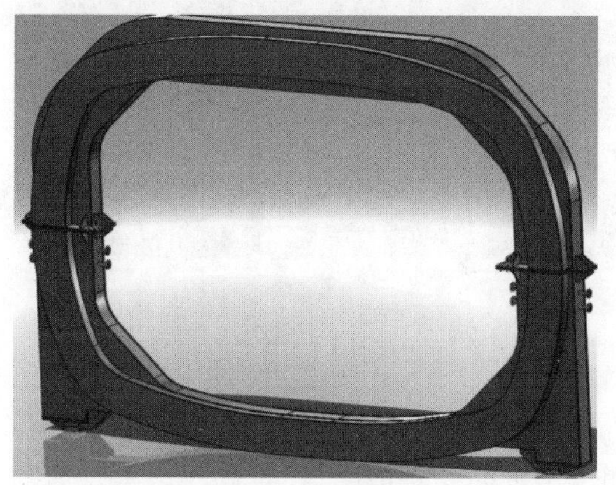

图2-1-156　顶环

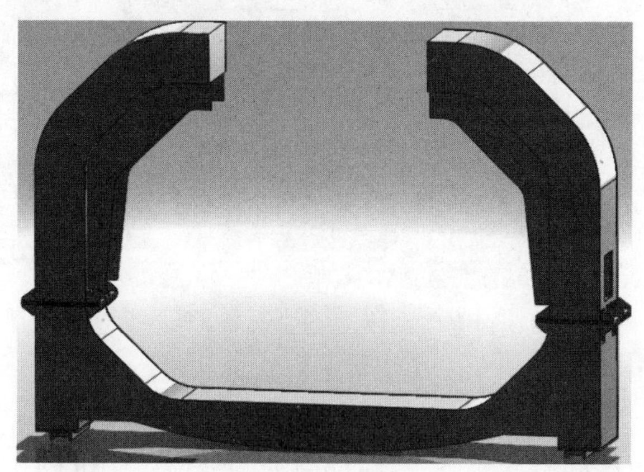

图2-1-157　U形铁

顶环与U形铁在顶进过程中是沿着底座上的轨道行进的，以往的设计是采用滚轮的形式，但由于这次顶环的总质量达40t，U形铁的总质量达到50t，并且行进过程中一旦有偏移就容易卡死，轮子在这样的负载下非常容易损坏，更换轮子不但耗时而且耗材。在这次设计的顶环与U形铁的底部安装铜滑块（图2-1-159），推进中在铜滑块和轨道上涂上黄油以减少摩擦力，铜滑块磨损后更换也非常快捷。

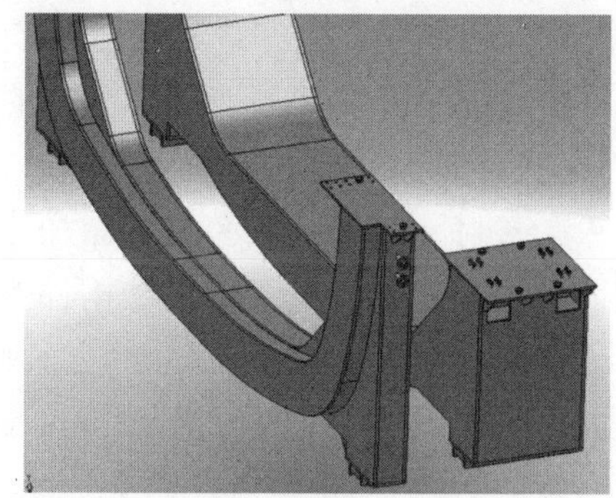

图2-1-158　顶环、U形铁的上下分型法兰面

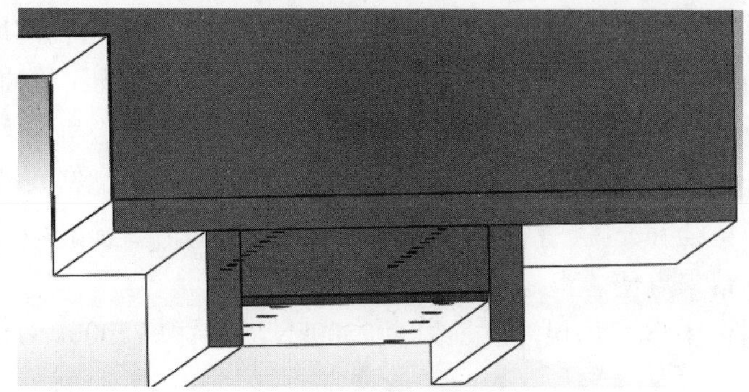

图2-1-159　铜滑块

（3）油缸支座与顶进油缸

油缸支座用于安装推进油缸（2-1-160），顶管机采用了26只顶进油缸，额定顶力65000kN，最高顶进

速度 40mm/min。26 只顶进油缸的排布是按照管节的外形布置，以保证管节受力均匀。油缸支座分左、右两部分，各安装 13 只推进油缸，前后 2 个油缸支架支撑 4260mm 长的油缸。通过多个连接梁将前后、左右的油缸支架连成一个整体，以确保整个油缸支座的稳定性。在装配车间完成油缸支座的安装后，可以拆卸部分的连接梁，使油缸支座与后底座一起整体吊装、运输，避免了到施工现场的二次安装，提高了顶管机现场安装的速度。为了方便在施工过程中对不同高度的顶进油缸进行维护和保养，在左、右油缸支座上安装了上、中、下三层工作平台。

（4）钢后靠

钢后靠（2-1-161）位于主顶装置的最末端，是由左、右两个的大型扁箱体结构组成，一面紧靠始发井槽壁，另一面与顶进油缸的底座相连。由于顶进油缸的排布是按照管节的外形布置，因此在设计后靠箱体结构时，每个顶进油缸的反作用力都是通过在十字筋板的结构来承受的，当油缸顶伸时，顶进反力直接作用在钢后靠上，再经后靠将集中力分散后传递到始发井槽壁，起到保护槽壁的作用。

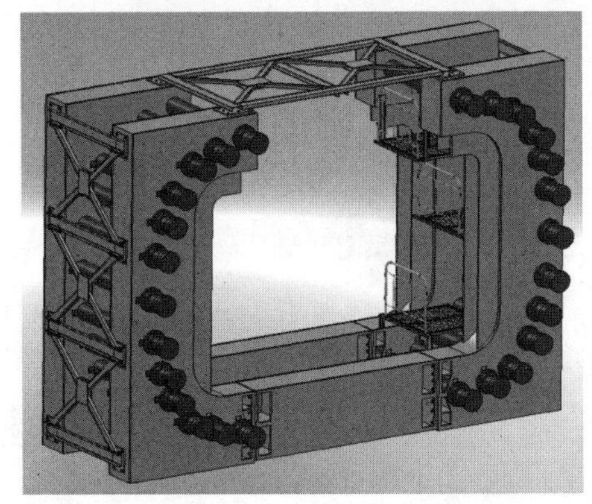

图 2-1-160　油缸支座与推进油缸

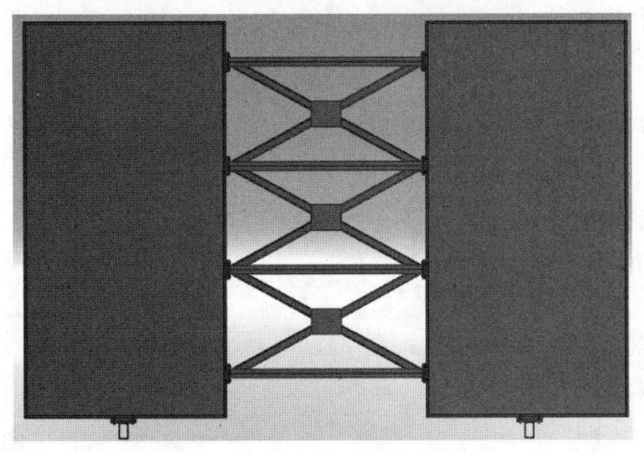

图 2-1-161　钢后靠

7）中继间

中继间有两种形式：纠偏中继间与顶进中继间。纠偏中继间紧靠后壳体，它的作用是对顶管机的姿态进行纠偏，调整顶管机的顶进方向；顶进中继间是在顶管机顶进一段距离后使用的，它的前后都是普通管节，通过将中继间前的管节和掘进机一起向前顶进来达到对顶推力进行接力的作用。

（1）纠偏中继间

纠偏中继间（图 2-1-162）由前后两部分组成，前半部分类似于钢管节，紧靠后壳体，同时在其结构上设置了润滑泥浆套的注浆孔，顶部的弧形凹槽就是浆液槽，注浆时浆液从槽底注浆孔压出后先充满槽体，然后沿弧形面流出形成均匀的液膜，达到减小土体与结构间摩擦阻力的作用。后半部分上安装有 30 个纠偏油缸，前后部分之间相连接，通过分别控制各区域纠偏油缸的伸缩量，可以调整前后部分间的夹角，因为前半部与顶管机后壳体相固定，由此达到了对掘进机姿态纠偏的目的。

针对纠偏中继间前后部分之间的连接，设计了两道密封圈，并在密封圈之间设置密封油脂加注管路，以保证持续补充密封油脂。同时，纠偏中继间的前后部分均可上下拆分，大大减小了最小结构件的体积，为运输带来方便。

纠偏中继间每根油缸顶力为 2500kN，总顶力 75000kN，油缸行程 200mm，纠偏角度为上下 1.2°、左右 0.8°。

（2）顶进中继间

顶进中继间（图 2-1-163）与纠偏中继间结构相近，分前后两部分，当掘进机顶进一定距离时，随着隧道加长，向前顶进的管节不断增多，顶进摩擦阻力也会呈线性增长，甚至超过后顶力，以致掘进机无法正常推进，这时使用顶进中继间，可以起到分段接力顶进的作用。顶进油缸伸出，将前半部分连同之前的顶管机及管节一起向前顶伸一定距离，再由后顶进系统将后半部分及之后的管节向前顶进，此时前半部分保持不动，油缸回缩，反复这样的操作，就可以达到对整个隧道分段顶进的目的。每根隧道顶进时需放置的顶进中继间数量，根据隧道长度和顶力衰减速率判断，隧道越长，顶进中继间数量越多。

图 2-1-162　纠偏中继间三维模型

图 2-1-163　顶进中继间三维模型

顶进中继间前后部分同样均可上下拆分，以法兰螺栓连接，定位销定位，前后之间的活动连接面布置有两道密封和相应的密封油脂加注管路。因为顶进中继间的油缸行程较长，因此，前后的连接面长度大于纠偏中继间连接面。顶级中继间每根油缸行程 500mm，油缸顶力 2500kN，共 30 根。

（3）顶力控制

本工程长距离及大断面的矩形隧道施工，在矩形隧道掘进机掘进中，正面阻力及管壁的摩擦力随掘进距离的增加而增加。商鼎路段机动车道掘进长度达 215m，根据相关的经验公式计算，矩形隧道掘进机的最大顶力可达 78154kN，会造成始发井混凝土结构及管节混凝土结构破坏的风险；还会造成总掘进阻力超过主顶千斤顶容许总顶力，从而造成矩形隧道掘进施工无法继续掘进的风险，因此，如何克服掘进过程中的顶力过大的问题是本工程的重点及难点。

解决长距离矩形隧道掘进的顶力问题，主要是采取接力掘进及使用减阻泥浆克服管壁外周摩阻力的措施。

（4）顶力计算

本工程包括两段隧道，纬四路段包括 4 条各长 110m 的矩形隧道掘进段，商鼎路段包括 4 条各长 215m 的矩形隧道掘进段，采用大刀盘 + 偏心多轴刀盘组合式土压平衡矩形隧道掘进机，穿越的土层主要为粉土和粉细砂。顶力的大小与掘进的长度及所用矩形隧道掘进机的截面相关，拟对商鼎路段长度为 215m，内净尺寸为 6.1m×9.0m 的矩形隧道掘进机和管节的掘进阻力进行估算。

①矩形隧道掘进机正面最大阻力：

$$P_t=\gamma(H+\frac{2}{3}D)\tan^2(45°+\frac{\varphi}{2})$$

$$=18.7\times(9.124+2\times\frac{7.5}{3})\times\tan^2(45°+\frac{22°}{2})=580.5\text{kN/m}^2$$

$$N=S\times P_t=67.9\times580.5=39416\text{ kN}$$

②采取注浆减摩措施时，215m 管节摩阻力：

$$F_{摩}=K\times L\times l=6\times30\times215=38700\text{kN}$$

③总掘进阻力：

$$\sum F_{阻}=N+F_{摩}=39416+38700=78116\text{kN}$$

以上式中：N——矩形隧道掘进机正面阻力（kN）；

P_t——被动土压力（kN）；

γ——土重度（kN/m^3），参考类似土层取值 $18.7kN/m^3$；

H——最大覆土深度（m）；

φ——内摩擦角（°），参考类似土层取值 22°；

D——矩形隧道掘进机高度（m）；

S——机头或管节截面积（m^2）；

K——管节单位面积摩阻力（kN/m^2），参考类似土层取值 6 kN/m^2；

L——管节周长（m）；

l——掘进长度（m）。

从上述计算结果看，总掘进阻力远大于允许顶力，需设置中继间减小顶力，确保顺利掘进。

（5）中继间的布置

①矩形隧道掘进机正面最大阻力：

当总推力达到中继间推力 40% ～ 60% 时，设置第 1 只中继间，以后每当达到中继间推力的 70% ～ 80% 时，设置第 2 只中继间。机动车道矩形隧道所用中继间的推力为 40000kN，使用中继间推进管节的长度：

$$L_1=40000\times\frac{70\%}{6\times30}=155m$$

第 1 只中继间设于矩形隧道掘进机尾部处，起辅助纠偏效果。机动车道矩形隧道以后每隔 155m 设置 1 只中继间，余下的不足 155m 由主顶承担；在施工中根据实际情况对中继间的布置可以作必要的调整。

②中继间布置方案：

根据上述计算原则，对本工程的 4 段掘进区间总需布置 8 只中继间，进行管道接力掘进，其中部分中继间可以回收并重复利用。

纬四路段：单条机动车道矩形隧道掘进距离为 110m，需设置 1 只中继间，机头处设 1 只中继间。

商鼎路段：单条非机动车道矩形隧道掘进距离为 215m，需设置 2 只中继间，机头处设 1 只中继间，以后间隔 155m 设置 1 只。

各隧道掘进段顶力及中继间数量见表 2-1-19。

各隧道掘进段顶力及中继间数量表 表 2-1-19

纬四路隧道	车道类型	C1（机动车道）	C2（机动车道）
	顶力估算（kN）	53951	53951
	中继间规格（kN）	40000	40000
	中继间数量（只）	1	1
商鼎路隧道	车道类型	D1（机动车道）	D2（机动车道）
	顶力估算（kN）	78154	78154
	中继间规格（kN）	40000	40000
	中继间数量（只）	2	2

（6）中继间结构设计

中继间分为纠偏中继间（图 2-1-164）与顶进中继间（图 2-1-165）。纠偏中继间与顶管机后壳体相连接，它的作用是对顶管机的姿态进行纠偏，调整顶管机的顶进方向；顶进中继间用于顶管机顶推进一段距离后的辅助顶进，它前后都与标准管节相连接，达到对顶力进行接力的作用。

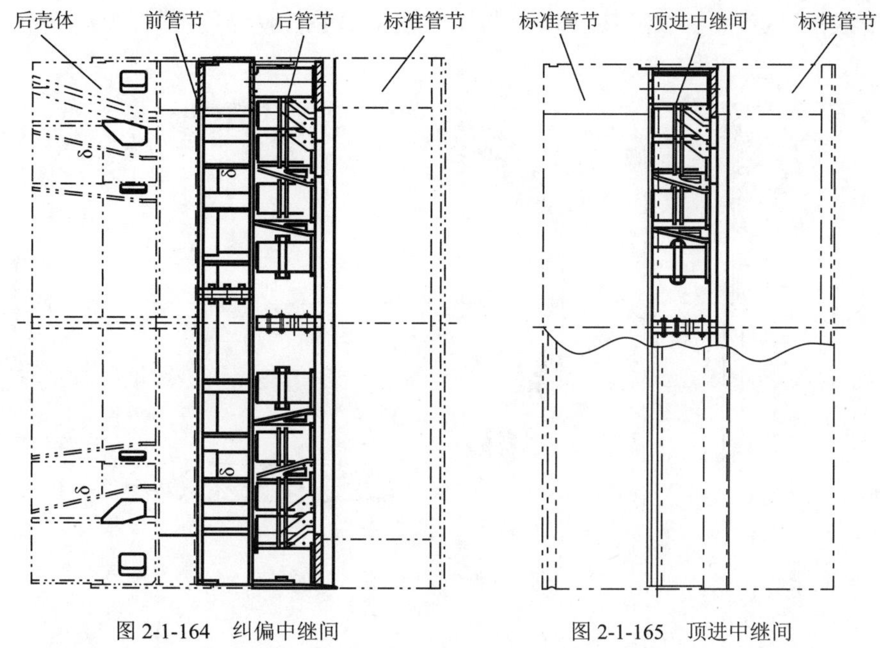

图 2-1-164　纠偏中继间　　图 2-1-165　顶进中继间

①纠偏中继间结构

纠偏中继间分为前后两部分。前管节尺寸为 10400mm×7500mm×1220mm，紧靠后壳体，其内部根据油缸的分布位置，设计加强支撑筋板，如图 2-1-166 所示，均匀分布。

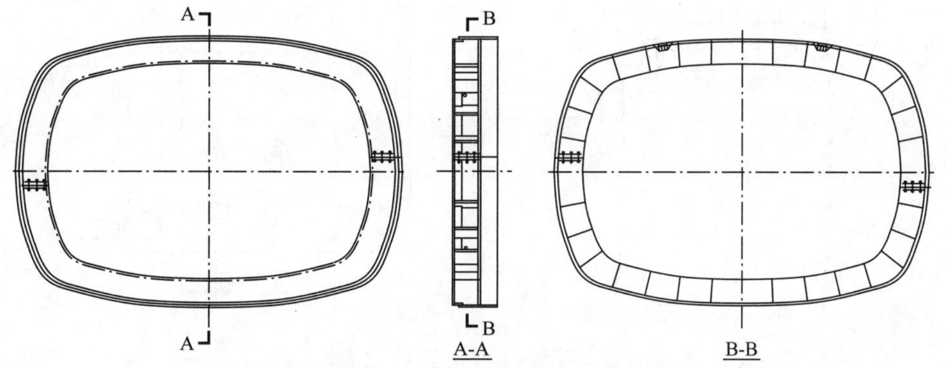

图 2-1-166　纠偏中继间前管节平面图

同时在其结构上设置了润滑泥浆套的注浆孔，如图 2-1-167 所示，顶部的弧形凹槽就是浆液槽，注浆时浆液从槽底注浆孔压出后先充满槽体，然后沿弧形面流出形成均匀的液膜，达到减小土体与结构间摩擦阻力的作用。

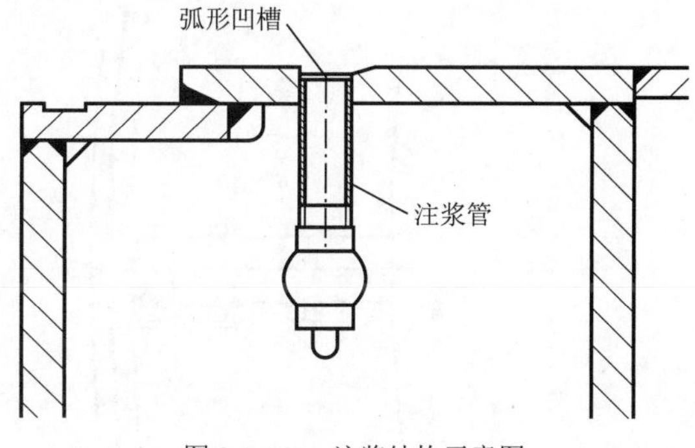

图 2-1-167　注浆结构示意图

如图 2-1-168 所示，纠偏中继间后管节外形尺寸为 10400mm×7500mm×1080mm，安装有 30 个纠偏油缸以及 2 个脱卸油缸。前后部分之间是活动连接，通过分别控制各区域纠偏油缸的伸缩量，可以调整前后部分间的夹角，因为前半部与顶管机后壳体相固定，由此达到了对顶管机姿态纠偏的目的。

因为施工地点在郑州，并且此次矩形顶管的尺寸较大，所以需要考虑其运输方便问题，针对这种情况，将纠偏中继间设计为可以上下拆分的构造（如纠偏中继间前后管节的铰接示意图 2-1-169 和图 2-1-170 所示），通过螺栓上下铰接，这样可以大大减小最小结构件的体积，且方便结构拆装，为运输带来便利。

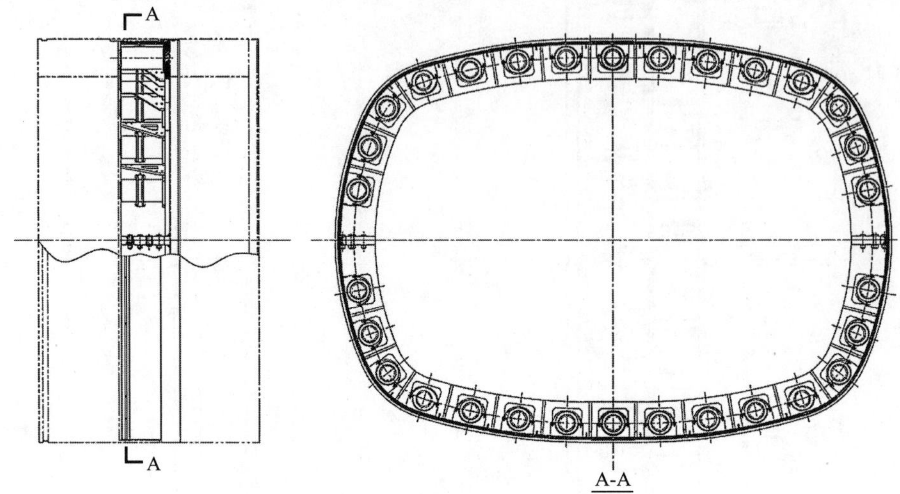

图 2-1-168　纠偏中继间后管节平面图

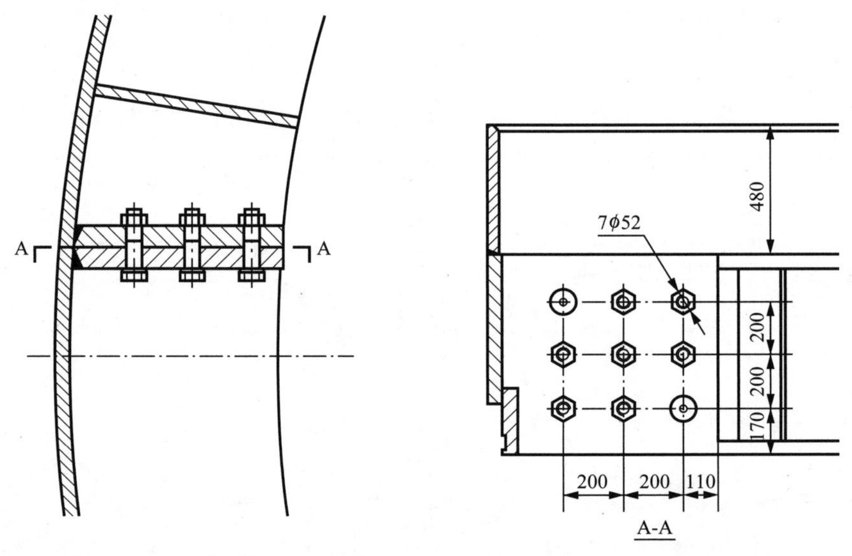

图 2-1-169　纠偏中继间前管节上下铰接示意图（尺寸单位：mm）

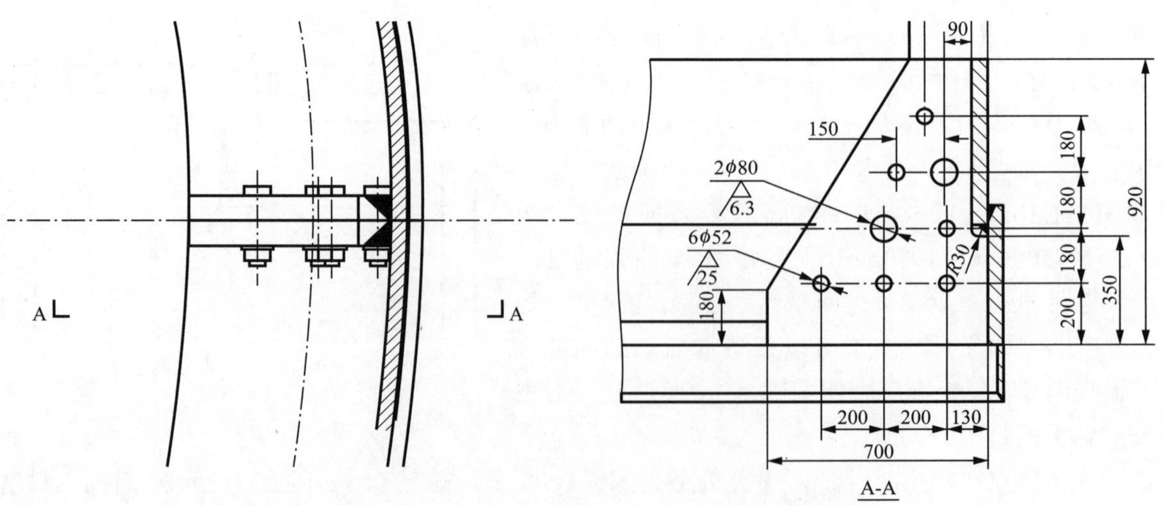

图 2-1-170　纠偏中继间后管节上下铰接示意图（尺寸单位：mm）

施工完成后，纠偏中继间与标准管节需要脱卸，为了推卸方便，在纠偏中继间上下铰接位置附近（如图 2-1-171 所示），即左右两侧分别设计有一个脱卸油缸。脱卸油缸的顶进方向与铰接油缸相反，如图 2-1-172 所示，在纠偏中继间后管节安装铰接油缸的胸板上，即安装脱卸油缸的对应位置开有孔，孔径大于脱卸油缸杆径。

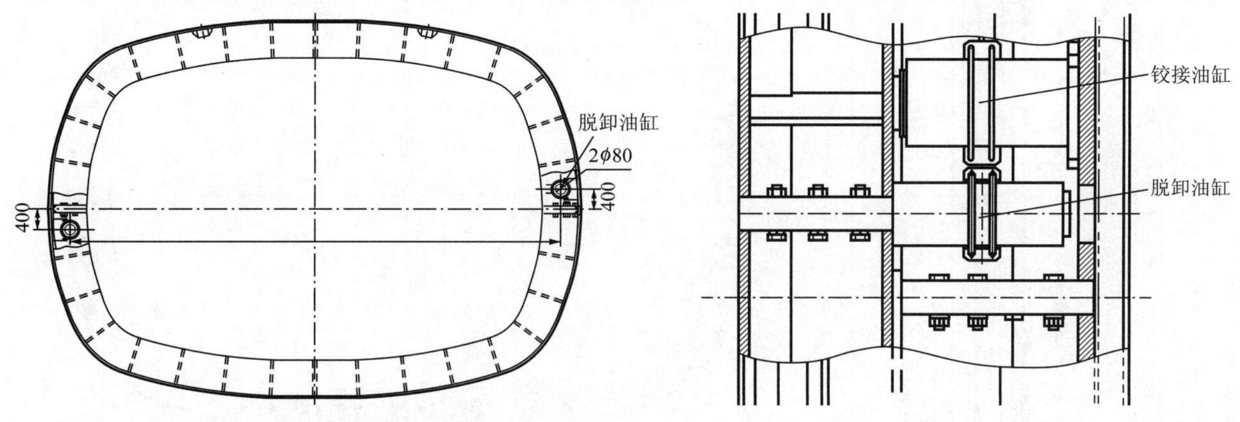

图 2-1-171　纠偏中继间脱卸油缸位置图(尺寸单位：mm)

图 2-1-172　纠偏中继间脱卸油缸设计示意图

根据纠偏中继间铰接密封结构示意图(图 2-1-173)可以看到：

a. 顶管后壳体与纠偏中继间前管节对接部分，设有一道密封圈，并在这两个贴合面中间，附加有 15cm 的松板，接缝宽度为 15cm；

b. 纠偏中继间前管节与后管节对接部分，设有两道密封圈，并在密封圈之间设置密封油脂加注管路，以保证持续补充密封油脂，接缝宽度为 41cm；

c. 纠偏中继间后管节与标准管节对接部分，设有一道密封圈，接缝宽度为 31cm。

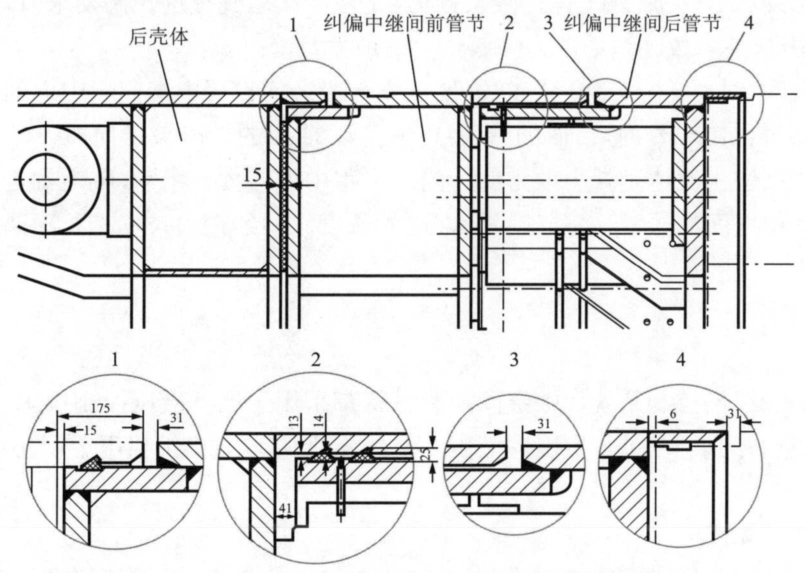

图 2-1-173　纠偏中继间铰接密封结构示意图(尺寸单位：cm)

②顶进中继间

因为顶进中继间（图 2-1-174）在施工完成后仍旧保留在隧道中，所以并没有配置脱卸油缸。其前管节和后管节也同样均可上下拆分，以法兰螺栓连接，定位销定位，前后之间的活动连接面布置有两道密封和相应的密封油脂加注管路。

因为顶进中继间的油缸行程较长，因此前后的连接面长度大于纠偏中继间连接面。顶进中继间每根油缸行程500mm，油缸顶力2500kN，共30根，结构总重量约800kN。顶进中继间前后管节之间对接密封，以及其与标准管节之间对接密封的形式参考之前纠偏中继间的密封形式。

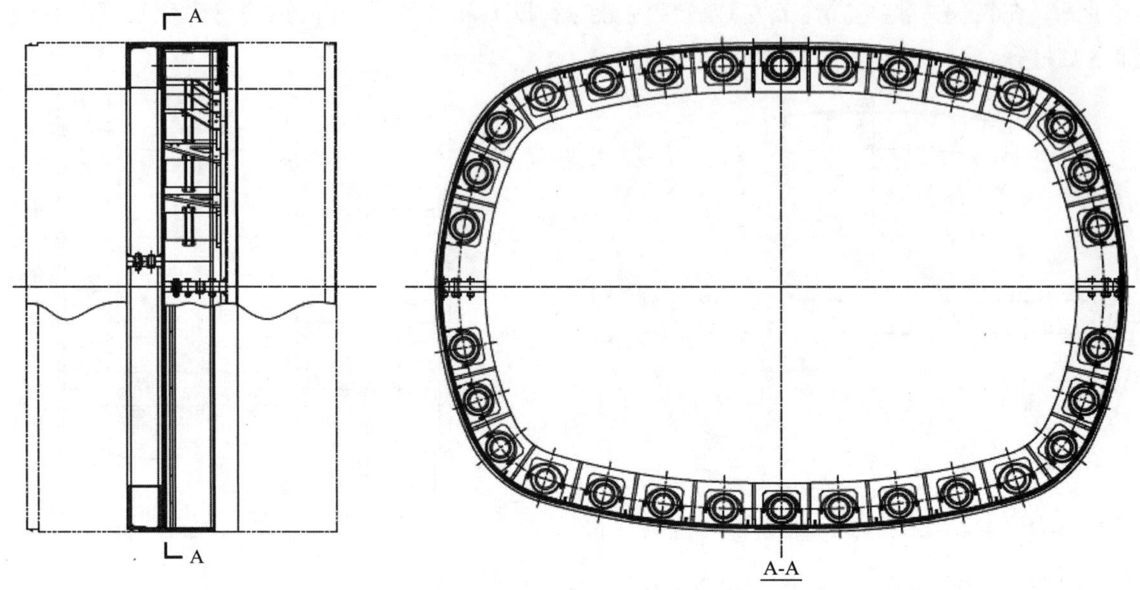

图2-1-174　顶进中继间平面图

其前管节和后管节同样均可上下拆分，以法兰螺栓连接，定位销定位，前后之间的活动连接面布置有两道密封和相应的密封油脂加注管路。因为顶进中继间的油缸行程较长，因此，前后的连接面长度大于纠偏中继间连接面。

当掘进阻力即矩形掘进机掘进迎面阻力和管壁周围摩擦阻力之和超过主顶千斤顶的容许总顶力或管节容许的极限压力或工作井后靠土体极限反推力，无法一次达到掘进距离要求时，应采用中继接力掘进技术，实行分段掘进，使每段隧道的顶力降低到允许顶力范围内。

采用中继接力技术时，将矩形隧道分成数段，在段与段之间设置中继间。中继间将矩形隧道分割成前后的两个部分，中继油缸工作时，后面的管段成为后座，前面的管段被推向前方。中继间按先后次序逐个启动，管道分段掘进由此达到减小顶力的目的。采用中继接力技术后，隧道掘进长度不再受后座顶力的限制，只要增加中继间的数量，就可延长管掘进的长度。中继接力技术是长距离矩形掘进机不可缺少的技术措施。

8）液压系统

后顶进控制系统、纠偏控制系统和中继间控制系统都采用了比例液压控制技术，通过使用不同的比例液压泵或比例流量阀的调节作用，实现对液压油缸的无级调速，并按照不同的土层条件和工况进行灵活加载控制。

（1）顶进液压控制系统

顶进控制系统采用26只液压油缸（规格为ϕ310/240-3050）加载，为顶管机及管节提供前进的动力，每只油缸都可以实现单独伸缩控制。所有油缸可以提供额定顶力为62800kN，最大顶力为68690kN。系统采用恒压比例变量泵和比例调速阀对顶进速度进行控制，在非加固土层区域施工时，采用比例泵变量控制方式，此时，26只油缸同时运动时最大顶进速度大约为40mm/min，在加固土层区域施工时，采用比例调速阀变量控制方式，26只油缸同时运动时最大顶进速度大约为20mm/min。在回退工况下，26只油缸同时回退时最大速度为324mm/min，花费时间最快约为9.5min。

(2)铰接及纠偏中继间液压控制系统

铰接控制系统为 12 组液压油缸（规格为 ϕ330/200-200）加载，从而为顶管机前后壳体提供纠偏时所需要的作用力，可以实现上、下、左、右、左上、左下、右上和右下八个方向的纠偏导向控制，12 组油缸同时伸出时最大速度为 18mm/min，回退时最大速度为 28mm/min。

纠偏中继间控制系统控制 30 只单作用液压油缸（规格为 ϕ330-200），从而达到对顶管机姿态纠偏效果，每只液压油缸都可以单独进行伸出操作，从而满足施工现场复杂工况下的顶管机纠偏作用，30 只油缸同时伸出时最大速度为 14mm/min。

铰接及纠偏中继间液压系统使用同一个液压泵站进行动力输出，在液压泵站中采用负载敏感比例液压泵实现对液压油缸的无级调速控制，在同一时间内只能采用液压泵站为铰接及纠偏中继间液压系统的其中一个系统进行供油。

(3)顶进中继间液压控制系统

顶进中继间控制系统是在顶进动力不足的情况下，通过同时对 30 只单作用液压油缸（规格为 ϕ330-500）进行加载，实现对顶管机接力顶进。30 只油缸同时加载时提供的额定顶力为 75000kN，最大顶力为 82000kN。顶进中继间液压控制系统也采用负载敏感比例液压泵实现对液压油缸的无级调速控制，最大调节速度为 20mm/min。由于顶进中继间液压系统采用的是单作用液压油缸对中继间进行顶进控制，因此，顶进中继间液压油缸的回缩动作只能借助后靠顶进作用力来实现，其回缩速度取决于顶进系统中的液压油缸伸出速度。

9)密封、润滑油脂系统

掘进机作为一个地下施工的大型机械设备，密封与润滑是其必不可少的组成因素。

大小刀盘的驱动，使用时一部分处于土仓中，另一部分处于顶管机内部，为隔绝外部泥水在驱动运转时涌入。刀盘驱动中均设计有迷宫密封和齿形密封，以迷宫密封阻挡大颗粒杂质，以齿形密封阻挡泥水渗透。齿形密封的安装位置连通注脂管路，在工作时会保证管路不停压注油脂，形成带压力的密封油膜来阻挡泥水。驱动内的轴承、齿轮啮合处等有机械运动的位置都有润滑油脂管路，保证驱动运转时内部构件能得到充分润滑。

掘进机的铰接部分、中继间的前后管节搭接部分，也都安装有多道密封，并在整个密封环路上均布有密封油脂加注孔，在密封圈的沟槽间形成带压力的油膜，不但能对结构的前后运动起到润滑作用，也可以更好地阻挡泥水渗透。

将密封、润滑油脂管路统合成一个整体，通过阀门、压力表、油脂泵和电脑程序对其进行运作和自动控制，可以直接在中控室实现对顶管机各处油脂加注的稳定控制，使操作更加简便、安全。

10)土体改良加注系统及自动注浆系统

(1)土体改良加注系统

土体改良加注系统主要由顶管机正面的加水和泡沫的土体改良系统和机身四周以及管节外部的触壁泥浆加注系统组成。

机头正面为保证被刀盘切削的泥土能顺利地搅拌均匀并由螺旋输送机排出，必须在刀盘切削搅拌过程中不断加注泡沫和水，加水能使干燥的粉土中和为湿润软土，加泡沫能改善土体间的黏着力与摩擦力，增加土的流塑性，使螺旋输送机更易出土。在机头正面，大刀盘上共有 4 个加注孔，两个注水，两个注泡沫；土仓胸板上共有 13 个加注孔，上密下疏分布，用于改良土仓的切削土。同时，胸板上还有 10 根前伸至土仓前端的注水孔，用于冲洗偏心刀盘，防止其结泥饼，并起到以水冲击来软化泥土的作用。正面注水注泡沫系统由数台注水泵及发泡机进行供给，并安装有流量计，可以实时监测管路出口是否堵塞，以便采取清堵措施，保证土体改良的顺利进行。

机身四周的触壁泥浆加注孔从前壳体2开始布置，排至壳体外围的泥浆能在机身四周形成均匀的泥浆套，避免机身与土体的直接接触，减小摩擦阻力，使顶进更加顺利。前壳体前端的大尺寸钢套环因尺寸等于切削轮廓，可以很好的堵住刀盘的切削平面，防止泥浆流入土仓造成损耗。形成泥浆套的泥浆均进行过特殊配置，保证在长时间状态下不会沉淀硬结，始终保持稳定的润滑性能。所有泥浆加注孔均由电气系统进行自动控制，保持24h不间断的均匀补浆，及时补充浆液向土体逸散的损耗。

(2)自动注浆系统

自动注浆系统主要分为两个部分，即正面土体改良与周边触壁泥浆。

土体改良根据不同工况，可选用加泥水、加水、加泡沫，注入点共27个，其中4个为中心回转。土体改良执行元件主要有：泡沫发生装置（共6路）；泥水箱集成3套，每套主要包含搅拌器电动机2台，电机功率4kW，电磁流量计2台，单螺杆泵2台，功率5.5kW，配变频器，隔膜式安全泄压持压阀1只，正面注浆控制电动球阀23只，中心回转注浆控制阀4只，管路切换控制电动球阀12只，总计39只，通径DN40。需要对土体改良时，可以根据实际情况，开启相应搅拌器电动机、螺杆泵，以及电动阀门。正面注浆控制阀23只，均能开、关，此23只阀分成8个单元，每单元除阀门切换时，只能有一个阀开启，每单元阀门可设置自动切换开启的时间。中心回转注浆控制阀4只，均能开闭。在注浆过程中，我们可以根据流量计采集的数据，结合所开启的泵、阀判断出管道或出口情况。当泵、阀开启，而流量计显示流量为零或很小时，可切换开启的阀门，这时如果流量计显示正常的流量，说明前一个阀门堵塞概率极大，应考虑疏通；如果流量计显示仍然为零或很小，则管道堵塞概率极大，应考虑疏通管道。为了防止管道或出口处堵塞，造成泵轴磨损等，系统增加了隔膜式安全泄压持压阀这一旁路作自循环。

本系统为了适应多种工况需要，设置了12只管路切换控制阀，通过改变相关阀门的状态，达到所有(中心回转除外)注浆孔能够注出需要的改良液。

润滑注浆（顶管机机头和前5节管节）的执行元件主要有：顶管机机头及纠偏中继间控制电动球阀33只，通径DN50；前5节管节控制电动球阀50只，通径DN25。以后每两节管节中一节的注浆孔10个安装电动球阀，通径DN25。每隔四五十节配置两套液压注浆泵及储浆筒。每环管节上的阀门都有独立编号，注浆有两种模式，即手动和自动。手动模式根据实际需要，选取相应阀门及液压注浆泵。自动模式可设置阀门开启时间，这时系统会根据所设定的时间，先开启1号阀，达到开启时间后，自动关闭1号阀，同时开启2号阀；当2号阀达到开启时间后，自动关闭2号阀，同时开启3号阀……循环开闭，直至停止自动注浆。

从河南郑州纬四路实际施工过程来看，自动注浆系统使用效果良好，采用了隔膜式安全泄压持压阀这一旁路做自循环，有效地提高了泵的使用寿命，系统中流量计反馈信息，及时提供了管道、阀门的通畅情况，特别是采用自动模式能有效防止注入孔遗漏等。

11)主要控制系统要求

(1)顶进控制系统

顶进控制系统采用比例液压控制技术，采用恒压比例变量泵和比例调速阀两种调速方式，对顶管机顶进速度进行控制。根据土仓压力实时调整盾构的顶进速度和顶进压力，保持液压缸的协调运动，从而实现土仓内压力平衡，保证地面土体沉降。顶进控制系统主要设计参数见表2-1-20。

控制模式有启动模式、工作模式、停机模式、报警模式四种。

启动模式下进行开机检查、参数设置。

顶进控制系统主要设计参数　表 2-1-20

参　数	参 数 值	参　数	参 数 值
液压缸行程(mm)	3050	理论最大顶力(MPa)	68690
液压缸数(个)	26	额定工作压力(MPa)	32
顶进速度(mm/min)	0 ～ 40	最大工作压力(MPa)	35
额定顶力(kN)	62800	装备功率(kW)	90

工作模式:将顶进系统先导吸油油路蝶阀、主吸油路蝶阀和主回油路蝶阀打开后,开关阀接近开关得电,方可在触摸屏上进行操作电机启动按钮,启动油泵电机,通过按钮选择需要动作的液压缸,在不同土层施工工况下,选择不同的控制动作。

停机模式:分为正常停机、暂时停机、紧急停机。

报警模式:顶进控制系统实时压力、实时油温和液压缸行程分别通过压力传感器、油温传感器和激光测距仪进行检测,检测值在监控屏进行显示。非正常情况,控制系统会触发电动机断电保护,并在界面上出现停机报警指示。

(2)顶进中继间控制系统

顶进中继间系统采用单作用缸顶进控制方式,可以依靠后顶力作用将液压缸缩回,操作简单,根据实际工况要求,实时调整顶进速度,保证地表沉降控制在要求范围内。顶进中继间控制系统主要设计参数见表 2-1-21。

顶进中继间控制系统主要技术参数　表 2-1-21

参　数	参 数 值	参　数	参 数 值
液压缸行程(mm)	500	理论最大顶力(MPa)	75000
液压缸数(个)	30	额定工作压力(MPa)	32
顶进速度(mm/min)	0 ～ 20	最大工作压力(MPa)	35
额定顶力(kN)	68500	装备功率(kW)	45

控制模式有启动模式、工作模式、停机模式、报警显示四种。

(3)纠偏控制系统

顶管机采用铰接和中继间纠偏两种控制方式,可以有效保证纠偏操作的可靠性。铰接纠偏控制采用双作用液压缸伸缩模式,中继间纠偏控制采用单作用液压缸伸缩模式,两种纠偏控制方式共用一套液压控制泵站,并通过不同的阀组实现两种不同模式的切换操作。纠偏控制系统主要设计参数见表 2-1-22。

纠偏控制系统主要设计参数　表 2-1-22

参　数	参 数 值	参　数	参 数 值
铰接液压缸行程(mm)	200	额定工作压力(MPa)	32
铰接液压缸数(个)	24/12	最大工作压力(MPa)	32
中继间液压缸行程(mm)	200	装备功率(kW)	45
中继间液压缸数(个)	30		

控制模式有启动模式、工作模式、停机模式、报警显示四种。

(4)偏心刀盘控制系统

偏心刀盘主要负责左上、左下、右上和右下四个不同切削区域,并采用变频电机控制方式,每个刀盘由三只变频电机同步运行,进行正面土体切削作用。根据实际需要,偏心刀盘控制系统可以实现刀盘的双向旋转控制,通过实时控制偏心刀盘转速对土体切削进行控制,保证土体正面土压力的建立和保持。

偏心刀盘控制系统主要设计参数见表 2-1-23。

偏心刀盘控制系统主要设计参数　　表 2-1-23

参　数	参 数 值	参　数	参 数 值
变频电机数(个)	12/4	偏心刀盘转速(r/min)	0 ～ 2.5
变频电机额定功率(kW)	37	装备功率(kW)	444
偏心刀盘数(个)	4		

控制模式有启动模式、工作模式、停机模式、报警显示四种。

(5)螺旋输送机控制系统

螺旋输送机是顶管机的重要组成部分，它主要用来从密封土仓内将刀盘切削下来的泥土排出土仓，同时保持密封土仓内具有一定的土压力。在顶管机施工过程中，必须保持密封土仓内土压力与工作面水土压力平衡，根据土仓土压力实时调整出土量，螺旋输送机控制系统采用变频控制技术，能够根据土仓土压力的反馈信号，实时精确地控制螺旋输送机变频电机的转速。此外，密封土仓在任何情况下都应该能够可靠密封，以防止发生喷涌事故，因此，在螺旋输送出土口处安装有闸门，采用一套液压控制系统进行控制，并配有蓄能器在任何情况下都能够保证螺旋输送机闸门可靠关闭，螺旋输送机控制系统主要设计参数见表 2-1-24。

螺旋输送机控制系统主要设计参数　　表 2-1-24

参　数	参 数 值	参　数	参 数 值
变频电机数(个)	2	螺旋输送机转速(r/min)	0 ～ 16
变频电机额定功率(kW)	132	螺旋输送机装备功率(kW)	264
螺旋输送机数(个)	2	螺旋输送机闸门装备功率(kW)	22

控制模式有启动模式、工作模式、停机模式、报警显示、停电时蓄能器紧急关闭闸门五种。

12)电气、通信、控制系统

(1)10.4m×7.5m 矩形隧道掘进机配电系统

10.4m×7.5m 矩形隧道掘进机配电系统采用高压供电方案。因机头设备容量为 1258kW，其中大刀盘电机 55kW，共 10 台；偏心刀盘电机 37×3=111kW，共 4 组；螺旋输送机电机 132kW，共 2 台；纠偏系统电机 45kW，共 1 台。采用可转接的专用箱式变压器供电。因考虑到对进入隧道的电缆在增加管节时拆装电缆的工艺要求和电缆截面较大的因素，采用电缆接插件的方式完成电缆拆卸和连接的功能。要求操作者严格按操作要求操作。在配电设计方面除了考虑短路保护、过载保护、漏电保护、失压保护外，根据本系统配电特点增加了紧急分闸联动功能，即在控制台上可以同时实现系统中主断路器的分闸动作。

①用电容量

设备总容量：约 2200kW，包括主顶系统、辅助系统等。

②电压等级和用途

a. 动力电源：交流 380V，三相 50Hz；

b. 控制电源：交流 220V，单相 50Hz；

c. 操作电源：直流 24V；

d. 电磁阀电源：直流 24V；

e. PLC（包括传感器)电源：直流稳压 24V，交流 220V，单相 50Hz；

f. 照明电源：交流 220V，单相 50Hz。

③供电方式

交流 380V 供电方式，电源来自施工变电所（采用 2000kV·A 箱式变压器），应分成三路供本矩形隧道掘进机，两路分别供 1 号、2 号机头控制柜，每路电源采用橡套软电缆供电。考虑到实际施工时最大设备运行电流不足 350A，设备间断运行，采用从美国进口的电缆连接器（额定电流为 350A）。若供电距离长，应增大电缆截面，以防电机启动时的电压降影响设备的正常运行。第三路供主顶控制柜。箱式变压器的配电柜配置断路器 3 只，其中 2 只为 630A，分别供 1 号机头控制柜（1B 柜）、2 号机头控制柜（2B 柜）；另 1 只为 200A，供主顶控制柜（A 柜）。

因机头控制柜的用电容量较大，供电电缆和电缆连接器已接近满载，所以柜中的备用电源只能在机头停止工作时才能使用。

④配电设计

10.4m×7.5m 矩形隧道掘进机配电系统如图 2-1-175 所示。

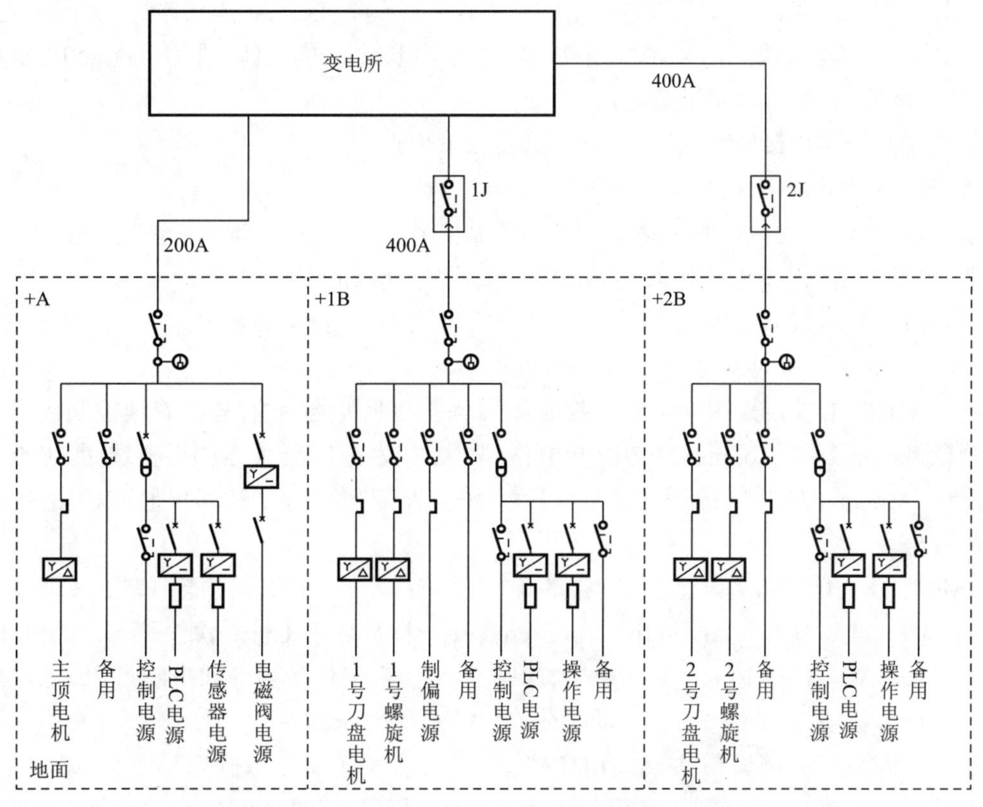

图 2-1-175　10.4m×7.5m 矩形隧道掘进机配电系统图

低压配电分成 3 路，1 路为主顶配电，2 路为机头配电，分别设于主顶控制柜（A）和 1 号、2 号机头控制柜（1B、2B）。每个回路设总漏电断路器，具有短路、过载、漏电等保护功能。机头控制柜的总断路器额定电流为 630A，将电源分配到刀盘、螺旋输送机、纠偏等动力设备，见表 2-1-25。

动力设备表　　表 2-1-25

序号	设备名称	功率(kW)	数量(台)	备注
1	1～10 号大刀盘泵电机	55	10	大刀盘控制柜供电
2	1～4 号偏心刀盘泵电机	37×3	4	分 1B、2B 柜供电
3	1 号、2 号螺旋输送机电机	132	2	分 1B、2B 柜供电
4	主顶电机	90	1	A 柜供电
5	纠偏电机	45	1	1B 柜供电

主顶、纠偏电机采用软启动器启动方式，其余电机均采用变频器启动。

矩形隧道掘进机的照明由施工单位解决。考虑到机头和液压设备的维修，设计中适当配置了一些固定照明，由控制柜的变压器提供220V电压作为照明电源。照明灯具采用进口防水荧光灯具，双、单管节能灯(30W)，机头内配置6套灯具，也可另用临时施工电源供机头照明。

⑤系统及设备接地

矩形隧道掘进机以箱式变压器低压侧的中性点直接接地，形成一个可靠的接地系统。本系统用电设备不允许单相接入系统，即无零线。矩形隧道掘进机的电气设备的金属外壳（如电动机、配电箱柜，控制台、接线盒)均应可靠接到系统地线上。

(2)掘进机无线通信系统(无线监控与模块化快速转接技术)

由于高压箱变的存在，通信线缆受极大干扰，传统的有线通信方式已经无法满足掘进机监控的需要，所以，无线监控与模块化快速转接技术应运而生。

无线监控与模块化快速转接技术所需的基础硬件设备：终端（PC)、备用终端、工程用大功率AP（多对)、重载接头、数据交换机、数据信号转换器、中继器、信号长途传输载体、盾构机配套PLC及其相关模块、盾构机上的传感器、盾构机本身设备等。

与现有的传统监控与转接技术相比，该技术具备以下优点：

a. 通信链的单节点距离长达2km，并可扩展；

b. 通信量大增，可传输大体量的传感器信号和控制信号；

c. 通信信号更强、更稳定、更安全，不存在允许外部信号介入的接入口；

d. 转接时花费的时间大大缩短。

(3)10.4m×7.5m矩形隧道掘进机控制系统

本矩形隧道掘进机的控制采用中央集中控制和就地控制两级控制的模式，就地控制优先于中央集中控制。采用德国施耐德公司Modbus TCP/IP控制网络，主站设在控制台，核心设备选用M340系列PLC，该PLC负责通过Modbus TCP/IP控制网络采集各种信息，一旦发生异常随即报警，以提醒操作员在第一时间做出相应调整。

ModiconM340是全球能效管理专家施耐德电气于2007年推出的高性能中型PLC平台，与同系列大中型PLC平台Modicon Quantum、Modicon Premium一样从属于Unity软件平台。它继承了PLC的领导者和发明者——Modicon血统的深厚专业知识底蕴和优良遗传基因，同时拥有“精巧、可靠、创新、易用、高性价比”等诸多新亮点，适用于中小型项目、复杂机械及过程装备。

施耐德M340产品以太网通信协议采用免费公开的、已经成为中国国家标准的Modbus TCP/IP协议。通信速率支持10/100Mbps。利用通用的以太网设备即可实现设备间的数据交换。同时，利用以太网方式利用本地、远程、拨号等方式可以实现控制程序的上载/下载、在线监视、数据修改、网络对时、收发电子邮件、手机短信等常见功能，以及实现系统的所有配置信息、系统、模块和通道级的数据诊断等功能。

本系统大刀盘采用西门子S7-400系列PLC结合西门子触摸屏与上位机以工业以太网通信。

①控制系统的组成

本矩形隧道掘进机控制系统采用的Modbus TCP/IP网络，由一个PLC主站、17个远程站组成。主站设在掘进机的控制台(E柜)中，远程站分别设在主顶控制柜(A柜)、1号机头控制柜(1B柜)、2号机头控制柜(2B柜)、纠偏控制柜(C柜)、千斤顶控制柜(D柜)中。

在控制台上采用1台图像显示操作终端机，作为操作人员与PLC的人机界面。

10.4m×7.5m矩形隧道掘进机PLC网络系统图如图2-1-176所示。

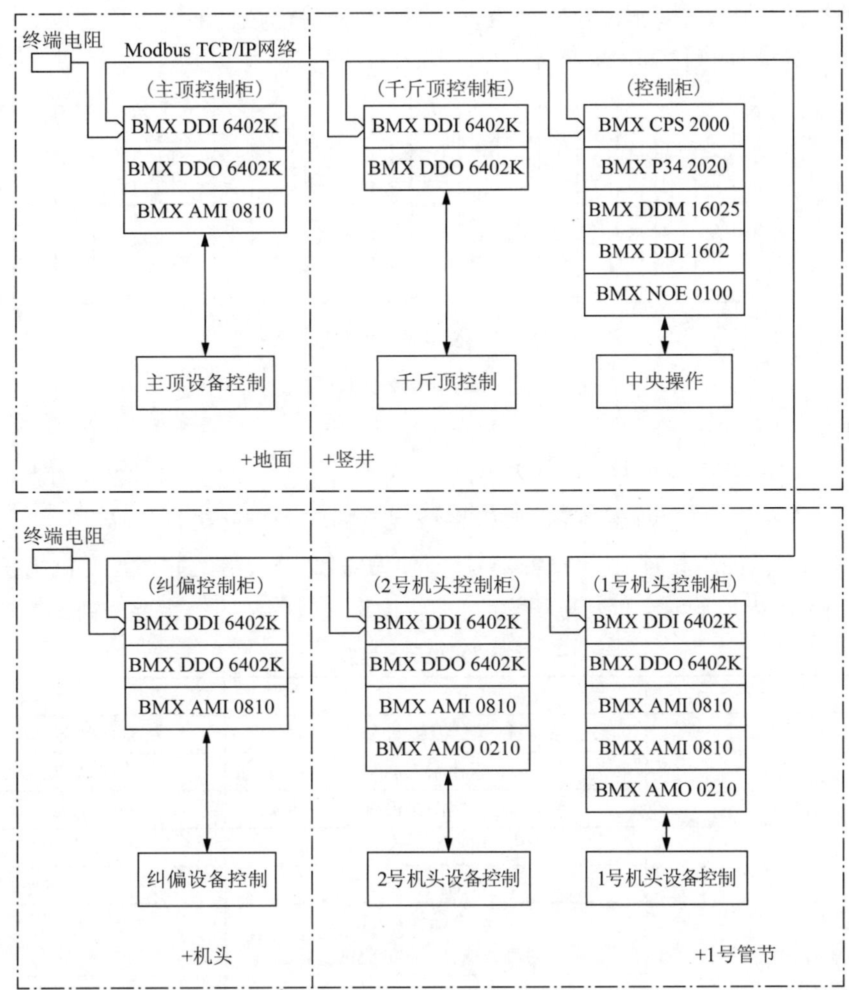

图2-1-176　PLC网络系统图

②控制方式

在正常情况下，各电机之间无联锁，均可以启动。而设备的动作采用联锁控制，以防误操作，即液压动作采取联锁控制。

顺序控制：在调试状态下，不采用顺序控制方式。在矩形隧道掘进机正常工作时采用顺序控制。电机启动顺序为：刀盘电机→螺旋输送机电机→主顶电机，纠偏电机可随时启动。

联锁控制：本控制系统采用硬件联锁和软件联锁相结合的方式。如顶进时，刀盘转动后，开启螺旋输送机闸门至开足位置时，才能控制螺旋输送机正转；电机的电源故障或电机过载时，不能启动电机等。

土压平衡控制：本矩形隧道掘进机具有土压平衡控制功能，根据土压设定值来控制螺旋输送机的转速，达到土压平衡控制。

纠偏控制：本矩形隧道掘进机分设上纠、下纠、左纠、右纠、全伸、全缩等控制来完成掘进机的纠偏动作。

通信说明：当Modbus TCP/IP的通信电缆在拼装管节断开时，控制台同该点以后的设备无法通信，即无法进行控制（中央的控制和就地的纠偏控制将无法进行），该点以前的设备仍能进行控制。

（4）10.4m×7.5m矩形隧道掘进机操作

①一般操作

矩形隧道掘进机操作分为“中央”和“就地”两种操作方式。整个系统在正常情况下，一般采用“中央”操作；维护和调试时，采用“就地”操作，“就地”操作优先于“中央”操作。

矩形隧道掘进机的"中央"操作在控制台上，中央操作采用全触摸屏的操作方法，中央操作一般应按顺序进行，其顺序操作流程如图 2-1-178 所示。

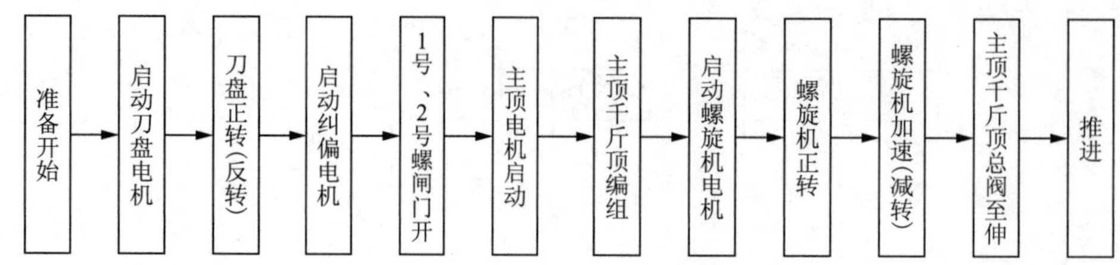

图 2-1-178　矩形隧道掘进机顶进流程图

注：结束顶进为相反顺序

②刀盘的操作

在控制台上进行刀盘操作，按刀盘启动按钮，启动刀盘电机，1 号刀盘、2 号刀盘电机逐台启动，待电机运转正常后，旋动"正转"或"反转"旋钮，刀盘将按规定的转动方向进行旋转。

在运行过程中，当刀盘油压高时，发出报警信号，并使刀盘停止转动，此时刀盘电机仍在运转。若刀盘补油压力异常，刀盘会停止转动，同时会停止电机运行，需要检查并排除故障。主要联锁保护条件见表 2-1-26。

主要联锁保护条件表　　表 2-1-26

现　象	故 障 原 因	处 理 方 法
刀盘不能起动	刀盘离合器带负荷起动大于 0.4MPa	将离合器合 / 断续按钮开关数次
	驱动温度高	降温，驱动温度低后可起动
	刀盘润滑泵没开	起动刀盘润滑泵
	集中润滑油脂泵没开	起动集中润滑油脂泵
	刀盘电机数量少	8 台以上
刀盘运行中停止	刀盘离合器滑动 50% 刀盘转速低于额度 50%	降低刀盘运行扭矩
	刀盘扭矩异常	降低刀盘运行扭矩
刀盘离合器合不上	离合器曾经低压运行	检查离合器油路后，按复位按钮，系统复位
刀盘离合器合上后 10s 停止	离合器低压运行	检查离合器油路后，按复位按钮，系统复位，再加载

③螺旋输送机的操作

在控制台上操作，应先开启螺旋输送机闸门，再启动螺旋输送机电机。电机转动正常且闸门开到位后，才可进行螺旋输送机的正常操作。当油压高时，同刀盘油压高一样，会报警和停止螺旋输送机转动。

若遇到螺旋输送机堵塞(或加泥)需要反转操作时，一定要慎重，一边观察一边操作，有异常情况时应立即停止反转。

④主顶千斤顶的操作

在控制台上操作，需要在触摸屏上选择千斤顶，即对千斤顶进行编组。然后启动主顶电机，当螺旋输送机正转出土时，选择"伸"位置，主顶千斤顶进行伸动作。主顶千斤顶无电气调速设备，靠手动调节液压装置来改变顶进速度。当千斤顶缩时，同上相似的操作，选择"缩"位置。

主顶油压高时，发出报警，同时停止主顶千斤顶的伸或缩动作。

⑤纠偏的操作

只能在 1 号机头控制柜上进行操作。应先启动纠偏电机，纠偏电机运转正常后，根据纠偏的需要进行"上纠"、"下纠"、"左纠"、"右纠"、"全伸"、"全缩"的操作。同时只能进行其中的一个操作。纠偏油压高时，发出报警，同时停止纠偏千斤顶的动作。

⑥螺旋输送机闸门的操作

螺旋输送机闸门的液压站同纠偏液压站合用，应先启动纠偏电机。纠偏电机运行正常后，可操作 1 号闸门和 2 号闸门的开启或关闭。

螺旋输送机闸门的操作可在 1 号、2 号机头控制柜和控制台上进行。闸门的关闭动作优先于纠偏动作。

⑦控制界面的画面操作

控制界面分为 27 英寸❶的人机交互界面和 15 英寸的触摸屏。

人机控制界面一共由四个界面组成：主控制、土体改良、泥浆套、趋势图，通过右下角的按钮可以对界面进行切换。

主控制界面：对设备的大刀盘、偏心刀盘、螺旋输送机、集中润滑系统等进行监控，如图 2-1-181 所示。

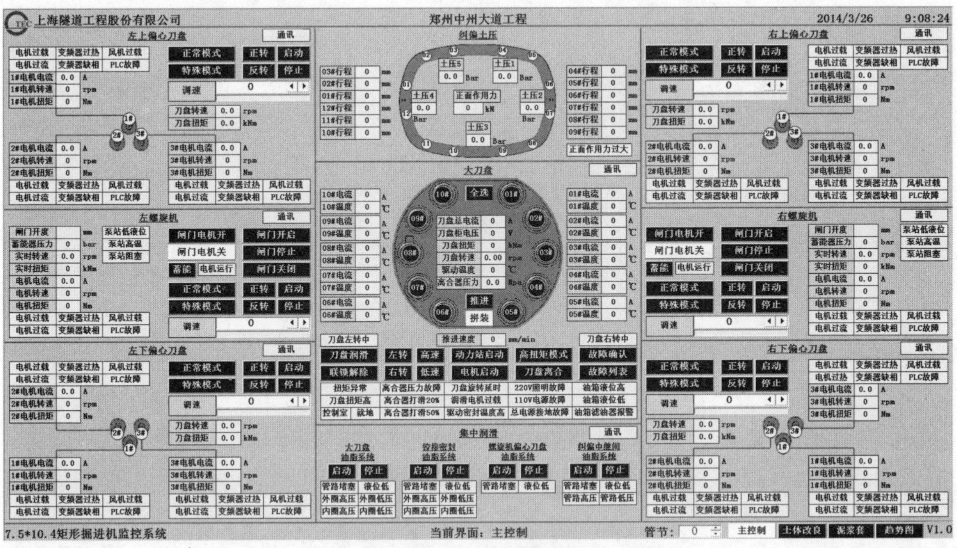

图 2-1-181　主控制界面

土体改良界面：对各区土体改良和泡沫加注进行监控，土体改良界面控制顶管机的加泥加水，分为左上、左下、右上、右下、中心，共五个区域，分别由对应的区域控制如图 2-1-179 所示。

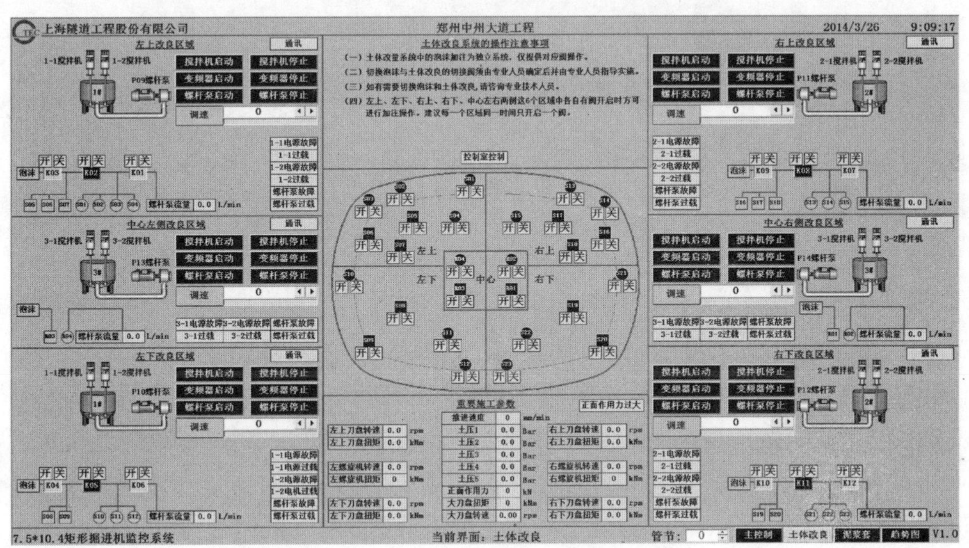

图 2-1-179　土体改良界面

❶　1 英寸＝ 0.0254m。

泥浆套界面：泥浆套有 8 个管节由主控台进行控制，分别为前壳体、后壳体、纠偏中继间以及 1 ～ 5 号管节。其中，除了前壳体外，其他均可以采用自动注浆进行循环，自动加注泥浆，循环间隔可以人工输入为 60 ～ 600s，如图 2-1-180 所示。

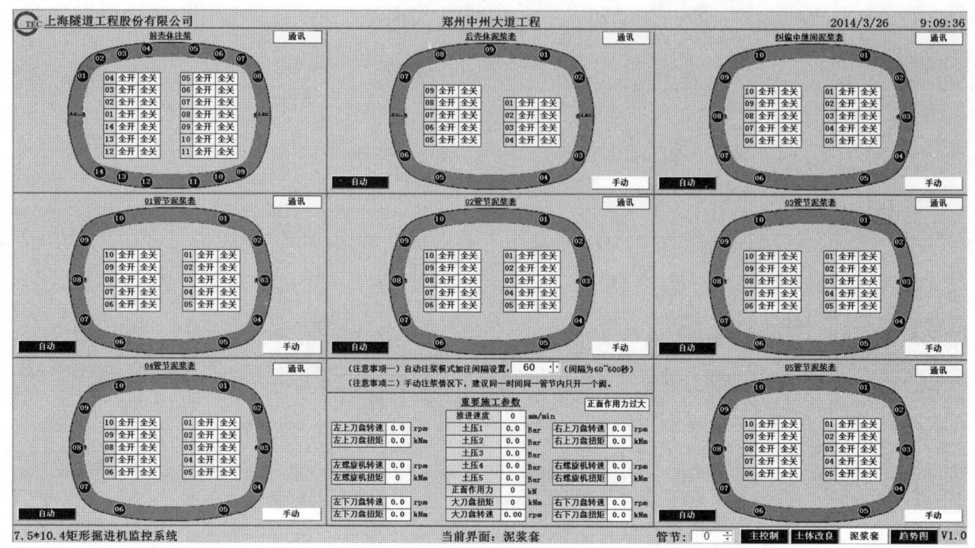

图 2-1-180　泥浆套界面

趋势图界面：可对系统数据库进行图形化采样分析，对偏心刀盘和大刀盘的扭矩进行线形分析，如图 2-1-181 所示。

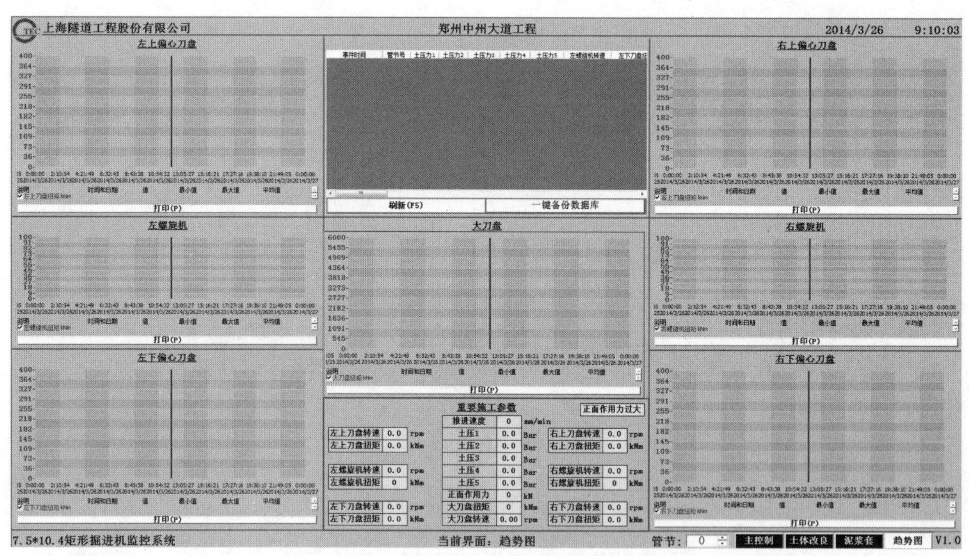

图 2-1-181　趋势图界面

主顶进触摸屏：操控主顶进系统的电机启动与油路控制，如图 2-1-182 所示。

铰接操作触摸屏如图 2-1-183 所示，中继间操作触摸屏如图 2-1-184 所示。

大刀盘就地操作界面：系统可分就地和远程控制，调试情况下可以在就地操作，正常运行时再远程操作，数据参数实时显示在中控室监控屏和柜内西门子触摸屏上，如图 2-1-185 所示。

大刀盘电机选择界面分为三部分：刀盘电机数量的选择、刀盘电机运行方式的选择以及刀盘系统的参数显示。在刀盘电机运转之前，必须先对刀盘高 / 低转速、刀盘正 / 反旋转方向、刀盘正常 / 高力矩等进行设定。在需要改变这些设定时，必须先将选择的刀盘电动机停止后，才能对刀盘电动机进行高 / 低速度的变化或旋转方向的改变。

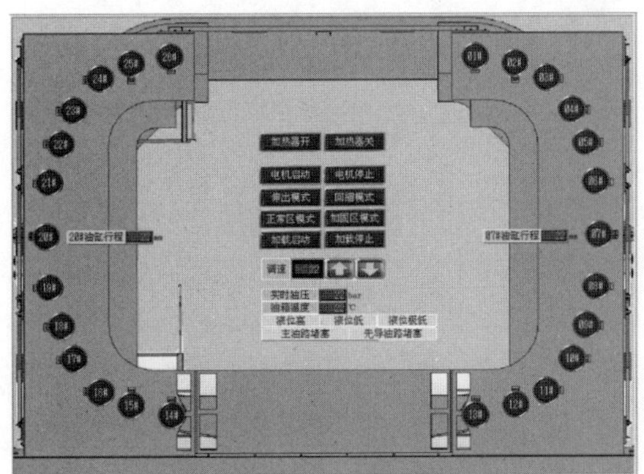
图 2-1-182　主顶进触摸屏

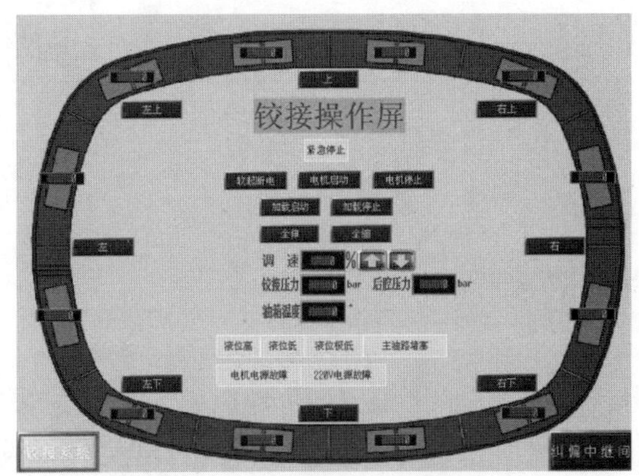

图 2-1-183　铰接操作触摸屏

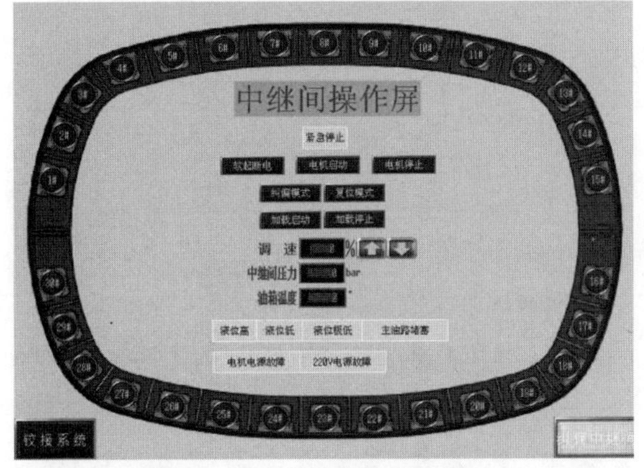

图 2-1-184　中继间操作触摸屏

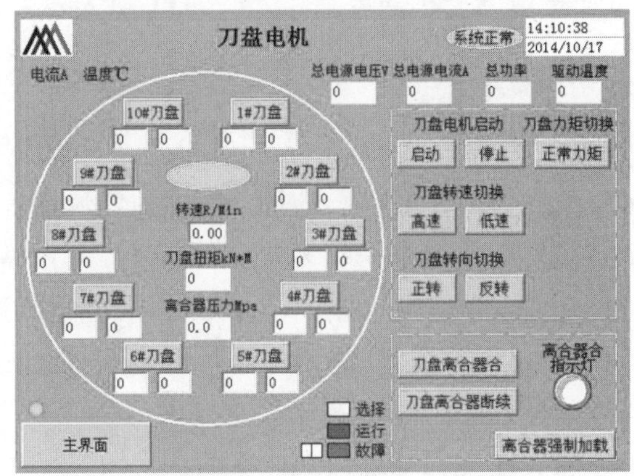

图 2-1-185　大刀盘就地操作界面

5. 创新点

10.4m×7.5m 超大断面矩形掘进机的设计中，应用了许多最前沿技术及创新，不仅做到了断面尺寸当时国内第一，在技术领先层面也是国际领先。它的主要技术创新点有以下四个：

（1）中心大刀盘加偏心多轴刀盘的组合式布置技术，完善地解决了以往矩形掘进机切削断面存在盲区的问题，并在经济性、安全性方面都有明显的优势，可适用于多种异型断面掘进机的切削；授权了“圆刀盘加偏心多轴刀盘矩形掘进机”发明专利。

（2）中继间技术的使用，相当于在掘进机顶进过程中增加了数个顶进接力站，大大增加了掘进机的理论施工长度，拓宽了顶管机的工程应用领域；授权了“一种矩形顶管机中继间纠偏装置”发明专利。

（3）采用了最新型的触壁泥浆加注控制技术，与特制的减磨浆液相配合，使顶管机的顶进阻力得到有效减少，经工程验证，正常顶进时克服土体摩擦的顶推力仅为理论极限值的 1/3，起到了节能增效的作用。

（4）在地下掘进机中首次采用无线监控与模块化快速转接技术，简单安全，可以避免控制线路受施工影响被破坏的不利情况发生，通信距离长，可达两公里，有可扩展性，能同时部署多个监控网络；通信量大，可同时传输大体量的传感器信号和控制信号；通信信号强、稳定；通信按权，不存在外部信号介入的接入口；再一次节约了转接时间。摄像头用于视频监测本地设备状况，可以直观反映现场工况，能够大大提高施工效率、可靠性与安全性；授权了“大断面矩形隧道掘进机监控与转接方法及系统”发明专利。

第 3 节　世界首台大断面马蹄形土压平衡盾构机

中铁工程装备集团有限公司

1. 需求背景

随着铁路建设的快速发展，铁路建设为适应复杂地形地貌对盾构机提出了更多、更高的要求。为满足铁路山岭隧道建设要求，加大盾构机开挖面积，提高隧道空间利用率，马蹄形盾构机创造了一种新型经济性横截面，该截面不同于双圆、多圆盾构的圆形组合截面，采用多刀盘组合形式开挖，这种经济性的横截面可使隧道开挖空间得到充分的利用，使双线软岩隧道掘进实现一次施工成型。

2. 技术创新

（1）世界首创大断面马蹄形土压平衡盾构机。

（2）研发应用了全断面多刀盘联合分步开挖技术及适应性技术。

（3）研发应用了超大断面马蹄形管片的高效管片拼装技术。

（4）研发应用了适应马蹄形管片机 360° 旋转且能正常吸油工作的密闭加压可变容积泵站技术。

（5）盾尾间隙实时测量技术。

（6）攻克了超大马蹄形变曲率断面土压平衡稳定性技术等关键难点。

3. 工程应用

世界首台马蹄形土压平衡盾构机，2016 年 7 月 17 日在郑州成功下线(图 2-1-186)。

图 2-1-186　世界首台超大断面马蹄形盾构机下线仪式

该盾构机断面开挖断面为宽 11.9m× 高 10.95m，应用于于蒙华铁路白城隧道项目，是国内首次将马蹄形盾构施工技术移植到山岭隧道施工上。

白城隧道为蒙西至华中煤运通道工程中重要干线，为浩勒报吉（内蒙古）三门峡（河南）段中的穿山隧道，全长为 3345m，最大埋深 81m，最大坡度 -11‰，为时速 120km 双线电气化铁路隧道(图 2-1-187、图 2-1-188)。

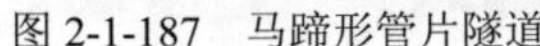

图 2-1-187　马蹄形管片隧道

图 2-1-188　马蹄盾构白城隧道进口

该设备在保证强度要求的同时，又优化了盾构机掘进截面，以实现性价比最高化，实现双线软岩隧道一次施工成型。既可适应不同围岩压力分布，又使隧道断面面积利用率得到大幅提高，掘进效率高，成本低。

4. 社会与经济效益

该马蹄形盾构机的成功自主研制，摆脱了我国异形盾构长期依赖进口、核心技术受制于国外制造商的困难局面，通过突破超大马蹄形盾构设计与制造中的一系列关键技术，研发出我国具有自主知识产权的重大技术装备，逐渐形成战略性新兴产业，满足隧道等基础设施建设对马蹄形盾构机的迫切需求。引领盾构法和新一代盾构机向更多的领域发展，实现异形盾构机装备的自主化和智能化，为我国高端设备进军国际市场提供强而有力的技术支撑。

在经济效益方面，此马蹄形盾构将以更高的性价比，为施工企业带来直接的施工成本节约，以直径 11m 盾构机为例，单台设备采购成本相比国外进口设备，将降低 3000 万元左右，为施工企业节省大量资金，降低施工成本。

第 4 节　国内自主研制的超大断面矩形顶管机

中铁工程装备集团有限公司

1. 需求背景

随着城市建设的快速发展，城市规划越来越朝着打造智慧城市、建设海绵城市、构建地下立体交通的人与环境友好型方向发展，并以此解决交通拥堵、停车困难、下雨看海、破膛开挖、断路围挡、施工噪声等难题。基于国家现代化城市建设的巨大需求和商机，中铁工程装备集团有限公司依托河南省重大科技专项、中国中铁股份有限公司重大科研项目等课题，不断加大矩形顶管机关键技术研发，并在整机技术、超大矩形断面开挖技术、电液控制集成技术、微扰动掘进技术等核心技术方面取得重大突破与创新，于 2013 年

12 月成功研制出具有完全自主知识产权的超大断面（长 10.12m× 高 7.27m）矩形顶管机（图 2-1-189），填补了国内矩形顶管机开挖断面规格大于 $70m^2$ 的空白，为当时世界最大开挖断面的矩形顶管机。

图 2-1-189 国内自主研制的超大断面矩形顶管机下线

2. 技术创新

超大断面矩形顶管机突破六刀盘复合开挖联合控制、耦合纠偏、动态减摩降阻及强化超大断面结构强度等关键技术难题，具有断面利用率高、覆土浅、施工成本低、环境友好等特点，为完全拥有自主知识产权的世界最大断面矩形顶管机。在研究过程中，课题组先后完成了超大断面开挖系统、姿态控制、防背土"动载减摩"、土压平衡控制等关键技术攻关，以及超宽薄壳体结构强度设计。主要创新点如下：

1）低扰动多刀盘联合开挖技术

通过对矩形盾构断面开挖形式的研究，利用动力学仿真技术，开发出六刀盘开挖技术，实现了多刀盘矩形断面联合开挖。多刀盘旋转开挖切削扭矩大、搅拌扭矩低，对周围土体扰动小，同时盾体跳动小，有利于姿态及地表沉降控制，开挖覆盖率能达到 93.68%。考虑要通过加固区，在前盾切口环全圆布置切刀，对盲区进行辅助上预留高压水接口及连接风钻的万向接口，进行人为处理，使其开挖率可以接近 100%。

2）矩形断面开挖形式动态仿真技术

首次采用 Fluent 动力学仿真软件用于刀盘开挖扰动模拟，通过试验建立了一套渣土动力学特性参数，优化了刀盘开挖形式。

3）建立矩形盾构薄壳有限元加载模型

合理设计受力结构，充分利用拱形结构和箱型结构的受力特点，增强壳体的刚度和强度；建立了一套矩形盾构薄壳体有限元加载模型，能准确有效的模拟出薄壳体的刚度、强度效果，借助有限元软件分析优化，通过对矩形薄壳体的受力模拟分析，实现结构优化设计。

4）新型载荷顺应复合泵控系统

为了实现浅覆土、超大矩形断面开挖沉降小的控制要求，土仓压力控制精度要求高，顶推系统的控制要求载荷顺应性高，课题组设计了一套双闭环的压力流量泵控系统，通过对载荷顺应性优化仿真，实现了土仓压力的低波动。

5) 防背土动态自动减磨控制技术

为了解决超大断面、浅覆土顶进背土问题，设计前端帽檐注入减摩剂系统，可实现根据推力检测进行循环动态自动注入。

6）超大断面矩形盾构渣土改良方法

对于多刀盘开挖方式，每个刀盘设计了“单泵单刀盘”泡沫改良系统，能有效解决改良不均问题，同时为了增强设备的地质适应性，设计上预留膨润土浆液注入接口。

项目技术成果已经获得国家授权专利 8 项，其中发明专利 3 项，实用新型专利 5 项。

2014 年，超大断面矩形盾构顶管机的研制项目获得中国铁路工程总公司科技进步一等奖。

3. 工程应用

郑州市中州大道下穿隧道设计为四条隧道，两条双向四车道隧道及两条非机动车通道隧道。超大断面（长 10.12m× 高 7.27m）矩形顶管机成功应用于该项目。超大断面矩形顶管机在城市下穿隧道应用在全国尚属首次，郑州市中州大道红专路下穿隧道项目的成功应用得到了国内外广泛好评与认可，吸引了一批来自新加坡、以色列、阿联酋等国家市政公司领导纷纷前来现场参观学习，为矩形顶管机施工工法的推广应用起到了很好的示范作用。超大断面（长 10.12m× 高 7.27m）矩形顶管机的应用彻底改变了下穿隧道施工需“开膛破肚”、断路、围挡的历史，有效缓解了城市交通压力。矩形顶管机下穿浅覆土过街通道如图 2-1-190 所示；圆形、矩形隧道截面对比如图 2-1-191 所示；中州大道红专路下穿隧道贯通现场如图 2-1-192 所示。

图 2-1-190　矩形顶管机下穿浅覆土过街通道

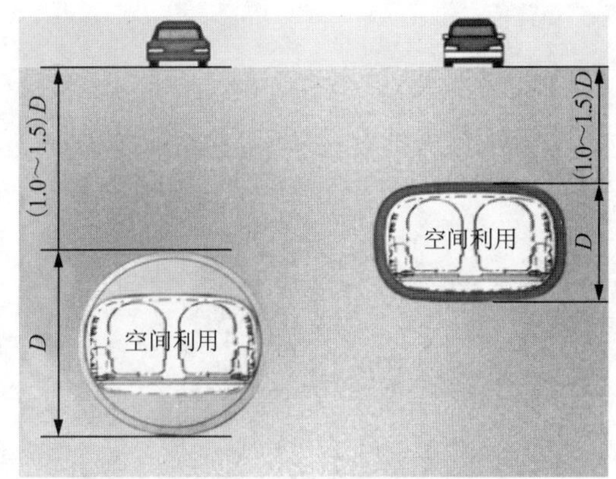

图 2-1-191　圆形、矩形隧道截面对比（尺寸单位：m）

图 2-1-192　中州大道红专路下穿隧道贯通现场

4. 社会与经济效益

矩形顶管机可实现矩形断面一次开挖成型，减少施工工序，缩短施工工期，直接降低人工成本，与传统明挖法施工相比，施工效率提高 3 倍；在施工过程中不开挖路面、不封闭交通、不搬迁管线，环境影响小，实现无障碍施工；隧道断面为矩形，与圆形隧道相比，有效使用面积增加 20% 以上，可减少洞内附属结构，其中隧道结构每米节约钢筋混凝土 3.6m^3，洞内附属结构每米节约钢筋混凝土 12m^3，以 100m 隧道为例，综合考虑工期、其他设备造价以及其他工法费用，可节约成本近 1000 万元。

超大断面（长 10.12m× 高 7.27m）的成功研制和应用是创新、引领开拓地下空间重要突破口，是城市下穿过街隧道、下穿人行通道、地铁进出口通道、综合管廊、地下停车场建设方案的最佳解决者。

通过项目的实施，中铁工程装备集团有限公司实现了超大断面矩形盾构顶管机的产业化，累计销售 6 台，实现销售额 1.5 亿元。

第 5 节　适合于城市地下综合管廊建设的小直径土压平衡盾构机

中铁工程装备集团有限公司

1. 需求背景

随着我国城镇化建设的快速发展，地下基础设施建设滞后带来的“短板”效应——反复开挖路面、架空线网密集、管线事故频发等日益凸显。为有效推进城市地下综合管廊建设，紧紧抓住市场机遇，中铁工程装备集团有限公司结合我国国情和市场需求，加大应用于城市地下综合管廊建设的小直径土压平衡研发力度，率先在小直径土压平衡盾构机整机系统集成、高精度补偿仿形刀控制、大长径比主动铰接等核心技术方面取得重大突破与创新，于 2012 年 4 月成功研制出具有完全自主知识产权的小直径土压平衡盾构机（图 2-1-193），填补了我国小直径盾构机国产化设计制造领域的空白，完善了盾构机产品链条，为盾构机行业在地下空间开发注入了新的活力。

图 2-1-193　小直径土压平衡盾构机

2. 技术创新

小直径土压平衡盾构机成功研制，突破了在狭小空间内完成管片拼装、在隧道顶部完成皮带机纠偏、调整油缸分区，做到精确纠偏以及在狭小空间内进行维护和作业等关键技术；率先创新应用了双液注浆及其控制系统、球面主动铰接系统、任意分组自动控制纠偏技术、分散式 PLC+ 分布式 I/O 设计等核心技术；具有强劲的掘进效能、超强的地质适应性等特点，相比传统管廊开挖工法，具有施工效率高、成洞质量好、地面扰动影响小、环境友好等优势。

小直径土压平衡盾构机的成功研制凝练了一批技术成果，具有较高的集成创新性，整体技术达到国际先进水平，并已获得国家授权专利 3 项，其中发明专利 1 项、实用新型专利 2 项。

3. 工程应用

小直径土压平衡盾构机成功应用于北京红军营电缆隧道、郑州电缆隧道、深圳北环线西段和南段电缆隧道等施工项目，有效解决了城市建设反复开挖地面的“马路拉链”、主要街道蜘蛛网式架空线等问题。小直径土压平衡盾构机应用于城市地下管廊建设的成功案例示范效应，有效推动了我国地下综合管廊建设的步伐。

4. 社会与经济效益

通过项目的成功实施和示范，已累计销售小直径土压平衡盾构机 4 台，取得了显著的经济效益和社会效益，相比传统管廊布置方式具有施工效率高，成洞质量好、地面影响小、环境友好等优势；随着城市化进程的加快，小直径土压平衡盾构机在未来的城市共同管廊小直径隧道建设开发中将发挥重要作用，有广泛的应用前景。

第 6 节　国内自主研制直径 8.03m 全断面岩石隧道掘进机

中铁工程装备集团有限公司

1. 需求背景

全断面岩石隧道掘进机（TBM）是铁路、公路以及水利建设等领域隧道施工的关键设备，根据国内铁路建设、高速公路“五纵七横”、国家和地方性引水工程等规划，对于大型全断面岩石隧道掘进机的需求量日益增大。中铁工程装备集团有限公司紧紧抓住市场机遇，并依托国家“863”“973”计划自主研制直径 8.03m 全断面岩石隧道掘进机（TBM）于 2015 年 1 月 26 日在郑州下线（图 2-1-194），该设备广泛适用于铁路、公路、水利、国防建设等领域，设备研制成功是我国高端装备制造领域的一项重大技术进步，标志着我国全断面岩石隧道掘进机（TBM）技术已跻身于世界第一方阵，并将大大提升我国山岭隧道施工自动化、现代化水平。

图 2-1-194　全断面岩石隧道掘进机下线仪式

2. 技术创新

全断面岩石隧道掘进机的成功研制和应用攻克了岩石强度大、岩体风化不均、相交断层及低阻异常等复杂地质施工难题，突破了大直径 TBM 数字化设计、大直径 TBM 刀盘、动力驱动与推进、系统集成和结构制造等关键技术，创新了典型不良地质地段超前预报及支护、TBM 安全高效掘进、全过程信息化智能控制等施工应用关键技术。

3. 工程应用

全断面岩石隧道掘进机自 2015 年 5 月 10 日完成现场组装（图 2-1-195），并于 5 月 30 日开始试掘进。TBM 试掘进以来，地质多数为断层破碎带，支护量大，但设备表现出了较高的适应性和可靠性，整机设备掘进状态良好，破岩能力、支护能力强大，各系统设计运行良好、各参数满足工程掘进要求（图 2-1-196）。以完整性好、岩石强度 120MPa 左右的Ⅲ类围岩为统计均值，刀盘转速 6.5r/min，刀盘扭矩 3048kN·m，贯入度 10 ～ 13mm，推力 16711kN。截至 2010 年 9 月 3 日，已累计掘进长度 8581m，单班组最高进尺 36.4m，最高日进长 70.8m，实现了月进尺 1226m 的敞开式 TBM 连续推进的全国纪录，平均月进尺达到 613m。

TBM 滚压破岩的掌子面纹理如图 2-1-196 所示，现场机械化快速稳定支护如图 2-1-197 所示，TBM 成洞效果如图 2-1-198 所示。

图 2-1-195 TBM 工地组装现场

图 2-1-196 TBM 滚压破岩的掌子面纹理

图 2-1-197 机械化快速稳定支护

图 2-1-198 TBM 成洞效果

4. 社会与经济效益

通过吉林引松工程的项目实施，中铁工程装备集团有限公司自主研制且拥有完全自主知识产权的全断面岩石隧道掘进机表现出的技术性能及水平，与国外产品技术相比，已达到国外先进水平，在部分针对性设计上甚至超越了国外同类设备，并促使国外设备价格降低 30% 左右，结束了国外产品技术垄断国内市场的局面，国内厂商开始在市场竞争中具有“话语权”。

第 7 节　国内自主研制出口直径 3.53m 双 X 撑靴式岩石隧道掘进机

中铁工程装备集团有限公司

1. 需求背景

为掌握小直径 TBM 整机设计及应用等关键技术，打破国外垄断局面，提高我国 TBM 重大装备技术水平及核心竞争力，推动重大装备走出国门，中国中铁工程装备集团有限公司收购了德国维尔特硬岩掘进机知识产权和品牌使用权，并以国家“973”“863”计划项目为依托，加强研发小直径全断面岩石隧道掘进机（TBM）的自主设计和制造技术力度，并于 2016 年 1 月 27 日自主研制的世界最小直径 3.53m 双 X 撑靴式岩石隧道掘进机（TBM）在郑州正式下线（图 2-1-199）并出口黎巴嫩，这是中国自主品牌岩石隧道掘进机首次出口欧洲，标志着中国全断面隧道掘进机得到了国际市场的全面认可。

图 2-1-199　双 X 撑靴式岩石隧道掘进机（TBM）下线

2. 技术创新

小直径双 X 撑靴式岩石隧道掘进机（TBM）开挖直径为 3.53m，组装全长达 235m，这是目前我国自主研发制造的同类最小直径岩石隧道掘进机，由于体型偏向“迷你”，因此内部构造更加复杂，研制难度更大。该台设备的成功研制攻克了地层埋深大、岩石强大、岩体风化不均，且存在溶洞、涌水风险等结构异常复杂的地质施工难题，突破了狭小空间完成支护、隧道顶部完成皮带机纠偏、超前预报和支护系统以及狭小空间进行维护和作业等关键技术，自主掌握了双 X 撑靴式岩石隧道掘进机（TBM）刀盘刀具设计制造技术、刀具背装技术、刀群高效破岩技术、动力驱动与推进技术、电液控制系统集成技术以及大型结构件制造及整机联调联试技术等核心关键技术，并采用国际标准规范背装式刀具、人员通道、电气设备、防火降噪、通风及有害气体控制的设计，且配置了逃生舱、厕所等众多人性化装备，让中国岩石隧道掘进机更能适应“洋环境”。

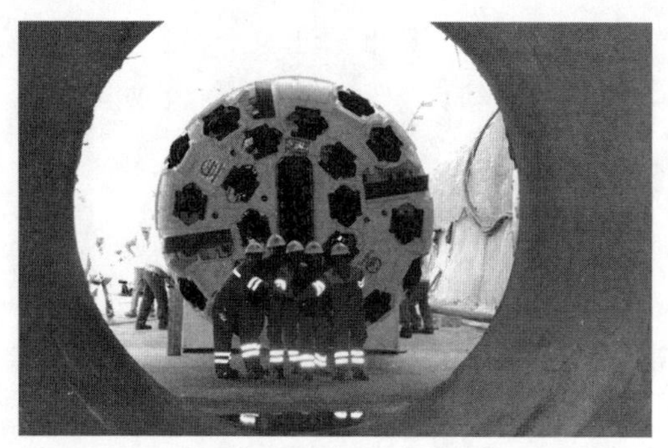

图 2-1-200　双 X 撑靴式岩石隧道掘进机（TBM）始发掘进

3. 工程应用

双 X 撑靴式岩石隧道掘进机（TBM）由意大利知名工程承包商 CMC 公司采购并应用于黎巴嫩大贝鲁特供水项目，用于改善大贝鲁特地区自来水供应状况。该项目分为引水隧道开挖和输水管线铺设两部分，采用两台中铁工程装备集团有限公司制造的直径 3.53m 双 X 撑靴式岩石隧道掘进机（TBM）进行施工，施工隧道总长约 22km。设备已于 2016 年 8 月 1 日在黎巴嫩大贝鲁特供水项目施工现场顺利始发掘进（图 2-1-200）。

4. 社会与经济效益

通过直径 3.53m 双 X 撑靴式岩石隧道掘进机（TBM）的成功研制和始发掘进，已实现两台直径 3.53m 双 X 撑靴式岩石隧道掘进机（TBM）走出国门，与国外知名厂商同台竞技，打破了国外岩石隧道掘进机长期垄断本地市场的局面，并取得了显著的经济效益。以双 X 撑靴式岩石隧道掘进机（TBM）为代表的高端装备产品，能够广泛应用于我国铁路建设、公路交通、水利水电、城市轨道交通、矿井建设、大规模的输气、输电、输水工程等基础设施建设，而不同直径的岩石隧道掘进机（TBM）也为其在各个领域发挥作用提供了更多可能，满足了市场更大的需求。

第 8 节　国产首台矿用斜井单护盾岩石隧道掘进机

中国铁建重工集团有限公司

1. 需求背景

煤炭是我国的主体能源，在一次能源结构中占 70%，是关系国家经济命脉和能源安全的重要基础产业，随着国民经济继续保持平稳较快发展，工业化和城镇化进程加快，煤炭消费量还将继续增加，在未来相当长时期内，煤炭作为我国主体能源的地位不会改变。目前，我国西部地区埋深浅的煤炭资源已基本开采完毕，待开发的煤炭资源大多处于深埋层区域，地质条件复杂，如果依然采用传统的钻爆法或冻结法进行矿井开拓，具有施工进度慢（70 ～ 100m/ 月）、造价和运营成本高、安全管理难度大、围岩扰动大及巷道成型质量差等缺点，无法满足现代化矿井建设需要；同时，由于单个斜井巷道最大采煤能力可达 2000 万 t/ 年，较同规格立井的采煤能力高出近 1 倍，因此，建设长距离大坡度的煤矿斜井是我国大型深煤层矿井工程的必然趋势。

岩石隧道掘进机（TBM）进行隧道施工具有掘进速度快、安全可靠性高、隧洞成型质量优、人员作业环境好等优点，已逐渐成为目前我国铁路隧道、引水隧洞等重大工程建设的首选设备，但岩石隧道掘进机在煤矿斜井等矿山建设工程领域的成功应用却处于空白，研究先进的矿井建设技术、提高煤炭开发效率是我国资源开发技术领域的重大课题。

以自主研制长距离大坡度斜井 TBM 为切入点，将 TBM 等隧道施工的现代化大型装备应用于矿井建设领域，对于开创煤矿建井的新模式、推进煤炭资源高效开发及满足国家重大工程建设需要意义重大。

2. 技术创新

该单护盾斜井岩石隧道掘进机主要技术参数：开挖直径 7635mm，总长约 165m，总重超过 1560t，总装机功率 3800kW，最大掘进速度超过 120mm/min。

主要技术创新点：

（1）研制了具有自主知识产权的世界上首台套煤矿斜井 TBM，提出了基于煤层地质适应性的总体选型和设计准则，自主设计制造了开挖系统、盾体、主驱动系统、出渣系统、管片拼装系统、后配套、导向等系统，并进行总装集成。

（2）基于多传感器网络监测数据，对掘进工况进行分类，确定掘进工况识别参数，建立了掘进模式模糊识别的隶属函数及模糊推理规则。搭建了基于 MATLAB/SIMULINK 的掘进模式模糊识别模型。运用模糊神经网络对掘进模式识别模块部分参数的隶属函数进行了优化，使整机控制策略具有自适应性，能够针对不同地质条件推荐掘进模式。

（3）通过对物料倒运设备的结构优化、物料输送工艺的合理配置，以保障人流、物料流和信息流的高效流通为手段和目标，并提出了斜井多物料倒运系统设计原则，开发了适应长距离、独头掘进条件下的多品种物料高效倒运系统。

3. 工程应用

神华神东补连塔矿 2 号辅运平硐使用该台套的设备，集斜井施工开挖、衬砌、出渣、运输、通风、排水等功能于一体，可穿越软岩、硬岩和复合地层等特殊复杂地层，还可通过调整 TBM 姿态克服过竖曲线的难题。设备系统进行了防爆设计，具备大流量通风除尘、长距离反坡排水、长距离重载物料运输、有害气体检测报警与系统联动控制等功能，能确保煤矿斜井施工安全可靠。

该斜井工程自 2015 年 1 月 28 日 TBM 开始组装（图 2-1-201），6 月 11 日正式掘进以后，在开挖直径 7.6m，5.5° 连续下坡，同步管片衬砌的工程条件下，施工进度日新月异，创下最高月进尺 639m 的新纪录，和连续 4 个月月进尺超过 500m 的良好业绩。2015 年 12 月 22 日隧道顺利贯通(图 2-1-202)。

图 2-1-201　该机工地组装

图 2-1-202　隧道顺利贯通

4. 社会与经济效益

相较于国外同档次 TBM，供货周期缩短 40%，产品价格低于国外同档次的 11.6%，成功应用神华神东朴连塔等斜井 TBM 工程。

长距离大坡度斜井TBM关键技术研究项目的成功实施，使得我国在全球范围内率先将先进的TBM工法应用于矿山建井领域，对于保障国家能源战略、促进资源安全高效开发意义重大。

长距离大坡度斜井TBM属于大型高端施工装备，技术先进，制造工艺复杂，产品附加值高。自主研制斜井TBM对于巩固并提升湖南作为高端装备制造强省的地位以及中国铁建实施转型升级和中国装备走出去战略意义重大。

截至2015年9月底，铁建重工共自主研制各类型TBM（斜井TBM除外）6台套，包括ZTT7930敞开式TBM 1台套、ZTT6880单护盾式TBM 2台套、ZTT6530敞开式TBM 2台套、ZTT5490双护盾式TBM 1台套，合计实现营业收入约7.5亿元，市场前景广阔。

第9节　国内自主研制首台敞开式岩石隧道掘进机

中国铁建重工集团有限公司

1. 需求背景

敞开式岩石隧道掘进机（TBM）具有体积大、构造复杂、机电液控土木多学科交叉、高技术密集、价值高等特点，我国近几十年内需求量巨大。目前敞开式TBM正朝着超大直径、地质适应性广、可靠性高、寿命更长等方向发展，国外厂家面临着新的设计制造难题，同时也给国内装备制造企业带来突破机遇。

在此背景下，设计制造出国内第一台具有完全自主知识产权的敞开式TBM设备，对于振兴国内装备制造业具有重大意义，同时《国务院关于加快振兴装备制造业的若干意见》明确指出："满足铁路、水利工程、城市轨道交通等建设项目的需要，加快大断面硬岩掘进机等大型施工机械的研制，尽快掌握关键设备制造技术"，也为敞开式岩石隧道掘进机研究提供了支持。

2. 技术创新

（1）自主研发。该台套敞开式岩石隧道掘进机（TBM）总体设计涉及地质条件，如围岩类别、抗压强度、岩石完整性、岩石岩性、地质构造等对敞开式TBM各部件及整机性能要求，关键参数对地质条件的适应性，不同地质条件下敞开式TBM高效快速掘进的配置、姿态控制、物料流信息流能量流布置优化等。研究敞开式TBM各组件，在满足功能要求的同时能更加便于加工、运输、起吊；研究各组件的组成结构及整机的重心位置，合理布置各部件，使敞开式TBM便于操作、维护。并结合项目特点作针对性设计：确定合适的敞开式TBM设备配置及主要关键参数，确定各部件的组成及整体外形尺寸，最后综合各部分技术设计制造。敞开式TBM总体设计技术路线如图2-1-203所示。

（2）采用电液混合驱动技术，提高了驱动扭矩，降低了设备装机功率。

（3）配置关键部件运行状态实时监控系统，保障设备运行稳定性。

（4）刀盘易磨损区域都进行了针对性的耐磨设计，如刀盘外环焊接镶嵌合金的耐磨板、刀盘正面焊接Hardox板，增强刀盘的使用寿命。

（5）针对工程地质的岩爆情况，在设备顶护盾、搭接护盾、侧护盾尾部增加防岩爆和塌方的防护板，形成一个安全区域，保证在隧道底部拼装钢拱架时人员和设备的安全。

（6）整机零部件国产化率超过 85% 以上。

刀盘配置如图 2-1-204 所示。

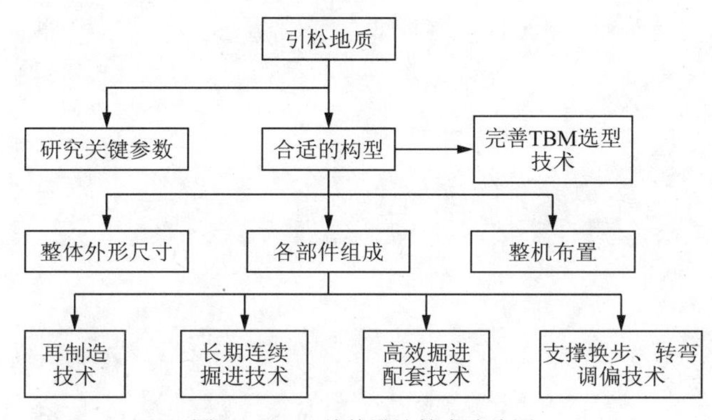

图 2-1-203　总体设计技术路线图

图 2-1-204　刀盘配置

掘进机主要性能参数见表 2-1-27。

主要性能参数　　表 2-1-27

产品系列	敞开式岩石隧道掘进机	设备型号	ZTT 7930
开挖直径(mm)	7930	主轴承直径(m)	5.3
整机长度(m)	185	推进行程(mm)	> 1900
整机质量(t)	约 1500	最大总推力(kN)	26467 @350bar
主机长度(m)	约 24	额定扭矩(kN·m)	6810
主机质量(t)	约 730	脱困扭矩(kN·m)	10220
最大推进速度(mm/min)	120	主要部件设计寿命(h)	≥ 15000
最小转弯半径(m)	500	初级电压(kV)	20
换步时间(min)	≤ 5	次级电压(kV)	0.69/0.4
适应最大坡度	上坡 2°，下坡 2°	总功率(kW)	5010
后配套拖车数量(节)	10		

3. 工程应用

吉林省中部城市引松供水工程是从第二松花江丰满水库库区引水，解决吉林省中部地区城市供水问题的大型调水工程，是松辽流域水资源优化配置的主要工程之一。

该 TBM 应用的标段施工分为两个阶段，总长 19797m，第一阶段 8298m，第二阶段 11499m。隧道坡度 1/4300，最大埋深 536.8m，Ⅱ类围岩所占比例为 32.80%，Ⅲ类围岩所占比例 56%，Ⅳ类、Ⅴ类围岩所占比例 11.2%。沿线主要岩石为凝灰岩、花岗岩，前期勘测抗压强度为 74 ～ 169MPa，掘进过程中实测最大岩石抗压强度超过 280MPa。经过勘探，施工标段有断层 13 条，其中小角度断层（危险断层）2 条，河流 2 条。这些地段地层破碎，可能发生渗水，如果断层位于河流之下，可能发生大涌水；区间埋深超过 300m 的地段，经统计共有 3465m，因为埋深大，地应力高，可能出现岩爆。

2014 年 6 月，开始研发、设计、制造，历时 7 个月，12 月底在湖南长沙成功下线（图 2-1-205）。2015 年 3 月 26 日，设备在工地成功试掘进，施工阶段，最高日进尺 86.5m（2015 年 12 月 23 日），刷新了国内敞开式 TBM 最高日进尺纪录。2015 年 5 月、6 月设备均在Ⅲ类围岩中掘进，连续两个月进尺超过

920m，实现了在Ⅲ、Ⅳ类凝灰岩地层稳定掘进的最好成绩。

第一阶段隧洞贯通如图 2-1-206 所示。

图 2-1-205　敞开式 TBM 下线仪式与结构示意图

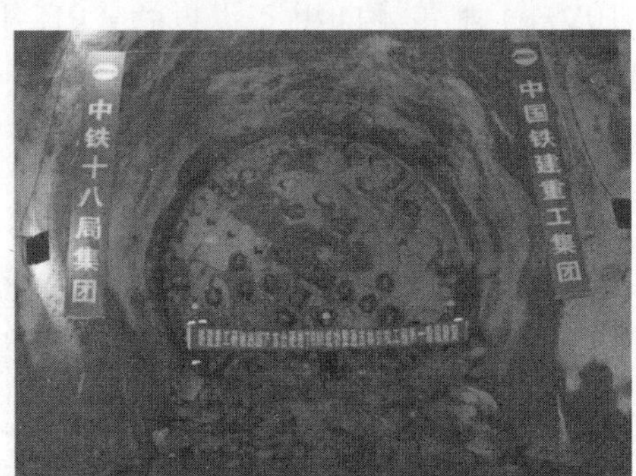

图 2-1-206　TBM 隧洞贯通

4. 社会与经济效益

与国外同类机型相比，整机成本下降 20% 以上，设计、制造、工地组装、调试周期缩短 3 个月以上。

该设备在隧道破岩、排渣及同步支护等核心技术领域均采用了国内外最先进的设计理念和试验手段，先后攻克了硬岩隧道掘进机（TBM）长寿命连续掘进、高功率大扭矩驱动系统设计、隧道围岩快速支护、高能量振动主动控制、掘进姿态自适应纠偏、高强度耐磨材料制备等 30 余项行业技术瓶颈，彻底打破了我国硬岩隧道工程领域对国外产品及技术的长期依赖，为加快我国隧道掘进装备国产化、提升产业规模及品牌影响力奠定了重要基础。

第 10 节　国产首台“长距离、大埋深、可变径”敞开式岩石隧道掘进机

中国铁建重工集团有限公司

1. 需求背景

新疆某重大输水隧洞工程，该工程隧洞全长约 42km，开挖洞径为 6.53m，设计输水流量 70m^3/s，隧洞坡度为 2‰。隧洞主要以Ⅱ、Ⅲ类围岩为主，围岩单轴抗压强度大多在 80 ～ 180MPa 之间，该隧洞穿越多条

断层带，断层及不整合接触带地下水发育。另外，这台岩石掘进机（TBM）需要连续掘进约 20km，是目前国内岩石掘进机（TBM）独头掘进距离最长的隧洞。沿线穿越有“大埋深、围岩大变形、强岩爆、穿越大断层破碎带、高地温、岩体蚀变破碎带”等世界级工程地质难题，是目前岩石掘进机（TBM）施工最具挑战性的隧洞。由于该工程地质条件非常复杂，隧洞平均埋深超过 1100m，最大埋深约 2700m，是一般工程埋深的 2 ～ 5 倍，地应力高，岩性变化大，工程要穿越花岗岩、凝灰岩、砂岩。需要攻克三大世界性施工难题，分别为：高埋深、高地温、高地应力、强岩爆；长距离独头通风、反坡排水；大断层、大围岩变形，施工难度之大，国内外罕见。

国产首台“长距离、大埋深、可变径”敞开式岩石掘进机工厂验收如图 2-1-207 所示。

图 2-1-207　国产首台“长距离、大埋深、可变径”敞开式岩石掘进机工厂验收

2. 技术创新

该台岩石掘进机（TBM）主要技术参数：开挖直径 6.53m，整机长度约 250m，重约 1250t，最小转弯半径为 500m，最大适应坡度 ±11%，总功率约 4700kW，其中刀盘驱动功率 2800kW，额定扭矩 4510kN · m，最大推力 20000kN。

主要技术创新点：

（1）具有“大埋深、可变径”的特殊本领，既能进行长距离水平主洞掘进，也能满足大坡度下坡斜井支洞施工，具有“大埋深、可变径、平斜两用”特点。采用分块刀盘扩径技术进行可变径设计，开挖直径在 6.5 ～ 6.8m 之间可调。能在距离地面 2000m 的埋深处作业。

（2）对岩石掘进机（TBM）在岩爆防护、应急排水、长距离隧洞通风等方面进行了特殊设计，具有长距离快速破岩、超强支护、大排量应急反坡排水、渣水分离等特点，保证了隧洞与斜井随洞开挖的安全、稳定和优质高效长距离水平隧洞掘进。

（3）针对隧洞埋深大、高地热，掘进机配置了高效空气制冷设备。

（4）设备采用下坡掘进高效破岩技术、下坡始发长距离步进技术和下坡掘进同步衬砌底拱技术。

掘进机工地组装如图 2-1-208 所示，掘进机（TBM）开挖出第一环渣如图 2-1-209 所示。

图 2-1-208　掘进机工地组装

图 2-1-209　掘进机（TBM）开挖出第一环渣

3. 工程应用

这台长距离、大埋深、可变径敞开式岩石掘进机（TBM）经过 2 个月零 6 天（期间洪水灾害组装工作

被迫停止了 13 天，实际只用 40 天）就顺利完成岩石掘进机（TBM）组装、步进 1.2km、调试、试掘进，创造了国内最快的纪录。目前正在施工之中，进展顺利。隧道开挖平均每月可掘进 500 ～ 600m，最快月进尺可达 1000m 以上。

4. 社会与经济效益

2016 年 6 月，铁建重工岩石掘进机（TBM）作为中国工程机械行业最具代表力的自主创新高端装备成功入选国家十二五科技创新重大成就展，并荣膺中国工程机械年度产品 TOP50(2016) 技术创新金奖。大直径岩石掘进机（TBM）在施工中能推动隧道掘进装备产业升级，提升了我国装备制造业水平和重大装备核心竞争力。

“十三五”期间，我国铁路交通、公路交通、水利水电、城市轨道交通、矿井建设、大规模的输气、输电、输水工程等基础设施建设力度将继续加大，大直径、大埋深、长距离全断面隧道工程越来越多地采用岩石掘进机（TBM）施工，国内对岩石掘进机的市场需求巨大。

第 11 节　国内自主研制首台铁路大直径土压平衡盾构机

中国铁建重工集团有限公司

1. 需求背景

该盾构机主要是针对珠三角地区广州—深圳—珠海城际铁路建设研制。此城际轨道交通线地处华南板块构造的断陷盆地内，沿线地质情况极为复杂，不同类型的岩土交错组合，加上复杂的断裂带和地下河，被业界称之为“地质博物馆”。

珠海城际铁路横琴隧道金融岛车站—十字门站区间，位于珠海市横琴新区金融岛，左线 1.540km，右线 1.553km，单洞单线。线路下穿宽约 600m、深 5 ～ 8m 的马骝州水道及人工河，经过转弯半径分别为 500m 和 1400m 的转弯段，区间盾构段纵断面为下坡，最大坡度为 24.00‰，隧道洞顶覆土厚度水下段 20 ～ 30m，一般地段隧道洞顶埋深 10 ～ 20m。区间地质主要以软弱松散的富水砂层为主，包括微风化、中风化砂岩、高黏性软土；区间左线存在 80m、右线存在 142.5m 的上软下硬地层及局部硬度高达 200MPa 的硬岩。

图 2-1-210　铁路大直径土压平衡盾构机工厂验收

此外，珠海城际铁路、穗莞深城际铁路盾构施工中，需穿越微风化中风化花岗岩砂岩、高黏性软土、局部硬度达到 200MPa 的极硬岩石，穿越 1600m 不允许地面加固的机场跑道，穿越孤石群、溶洞、极端上软下硬地层，还有复杂且多变地层和软弱松散的富水砂层，安全风险点多，对盾构机的综合性能提出了极高要求。

国产首台铁路大直径土压平衡盾构机工厂验收如图 2-1-210 所示。

2. 技术创新

该多功能复合土压平衡盾构机主要技术参数为：刀盘开挖直径为 8.85m，总长 103m，总重 1200t，总装机功率 4500kW，总推力 70614kN，最大推进速度 60mm/min、最大工作压力 6bar，最大适应坡度 35‰，适应最小转弯半径 500m，刀盘开口率 35%。

主要技术创新点：

（1）主驱动功率配置突破同等直径国外产品的等级。

（2）研制应用了长距离全断面超前地层注浆加固装置（图 2-1-211）。

（3）研制应用了自动泥浆保压技术（图 2-1-212）。

（4）管片一次吊运技术。

（5）复杂复合地层大直径长距离高耐磨刀盘设计制造技术。

图 2-1-211　全断面超前地层注浆加固装置

图 2-1-212　自动泥浆保压系统

3. 工程应用

2015 年 11 月 14 日，由中国铁建重工集团有限公司和中铁十六局集团有限公司联合研发的我国具有完全自主知识产权的首台铁路大直径盾构在长沙下线。已有 4 台出厂，分别应用在珠机城际、穗莞深城际，2006 年 8 月底，每台都已经掘进 1000m 以上，使用效果达到研制标准和要求。首台铁路大直径盾构始发工地现场如图 2-1-213 所示。

图 2-1-213　首台铁路大直径盾构始发工地现场

4. 社会与经济效益

该盾构机走制造企业与施工企业联合开发研制途径，把先进设计制造技术与施工经验有机结合，在铁路大直径掘进装备关键技术研究与工程应用方面取得了一个新的突破。

近年来，我国城际铁路建设持续升温，特别是随着中国推动城镇化建设和经济社会发展的力度越来越大，目前国家已初步规划出包括长江三角洲城市群、珠江三角洲城市群、京津冀城市群等 20 个城市群，城际铁路已成为连接城市群、提升城市竞争力的首选。未来 5 ～ 10 年，将迎来城市群城际铁路的发展高潮，国内对铁路大直径盾构机的市场需求巨大。初步估算，我国大约需要超过100台大直径盾构机。高性能的具有自主知识产权的国产铁路大直径盾构机有着巨大的潜在市场。

第12节　世界首台永磁同步电机驱动土压平衡盾构机

中国铁建重工集团有限公司

1. 需求背景

图2-1-214　世界首台永磁同步电机驱动盾构工厂验收

武汉轨道交通27号线未来一路站—未来三路站区间—左岭站区间地铁隧道，该区间段地质为碎裂石英砂岩、中风化灰岩，单轴抗压强度高，同时存在溶洞，需要穿越强～中风化泥岩，设备必须采取针对性设计克服地质条件容易引起的刀盘刀具加速磨损、刀盘容易引起结泥饼现象及盾构机下沉、陷落等事故风险。目前在该项目应用的土压平衡盾构机，是世界首台采用永磁同步电机驱动的土压平衡盾构机。该盾构机工厂验收情况如图2-1-214所示。

2. 技术创新

1）设备参数

该具有大扭矩、高转速、适应性强的永磁同步电机驱动的土压平衡盾构机，其开挖直径6.41m，总长82.5m，总重530t，总功率1650kW，额定扭矩6960kN·m，最大推力42575kN，最小转弯半径250m，并采用复合式刀盘结构设计，单管单泵的多路泡沫和膨润土系统设计，刀盘、刀具和螺旋输送机采用高耐磨性设计，刀盘的开口率及防止中心结泥饼的措施，盾构具有较大的推力储备和可靠的导向系统以及渣土改良系统。

2）特点及创新点

（1）节能环保高效：永磁电机驱动效率高，效率比同功率电机高约5%；功率因数高，功率因数可以接近或达到1，同时电机极数可以做到很大，转速低，可以降低减速机速比或者省略减速机；降低了能耗，方便维护保养，提高了整个驱动系统的传动效率及系统稳定性。

（2）简化驱动结构：由于永磁同步电机转速可以做得很低，因此，可以降低刀盘驱动结构中减速机的速比，降低减速机的输入转速，延长减速机的寿命，减少减速机的维护工作量，并且降低减速机运行时对散热的要求，从而简化整个驱动结构。

（3）节省盾体内的空间：永磁同步电机尺寸小，因为应用了永磁同步电机，所以减速机的结构也简化，减速机的散热也简单，因此，整个驱动结构尺寸减小、节省了盾体内的空间，给盾体内检修、设备布置带来了方便。

(4) 电机的控制更简单、稳定：由于异步电机有滑差，因此，每台电机的运行转速及电机在不同负载下的转速均有差异。控制多台异步电机运行时，必须采样电机的转速和负载，然后主动调节各电机的转速和输出转矩，对精度要求不高的应用，可以直接读取变频器的计算数据，对于精度较高的场合，必须采用闭环控制。系统复杂，故障率高。

(5) 永磁同步电机起动力矩高：永磁同步电机效率高，其能效等级高于 IE3、国标 2 级。假设永磁同步电机比同功率异步电机效率高 3%，刀盘按 1000kW 功率计，则每小时永磁同步电机省电 30 度[1]，一天按刀盘工作 8h 计，则掘进机每工作一天，可以省电 240 度，相当于一天可以节省 500 元。

(6) 提出基于 Droop 功能的多永磁电机同步控制算法。

3. 工程应用

2016 年 8 月 3 日，全球首台采用永磁电机驱动的土压平衡盾构机首次在武汉轨道交通 27 号线成功始发（图 2-1-215），盾构机已经开始掘进施工，效果良好。

图 2-1-215　土压平衡盾构机始发

4. 社会与经济效益

永磁电机驱动的土压平衡盾构机成功研制和应用，标志着在盾构机节能技术研究方面，国产装备已经走在了国际前列。永磁电机驱动的盾构机具有“节能环保高效”、“简化驱动结构”、“节省盾体内空间”、“电机控制简单稳定”、“永磁同步电机起动力矩高”等特点，该技术突破了几十年来传统的同步电机驱动技术，提质增效，填补世界空白，顺应了创新和绿色发展理念。

第 13 节　国产亚洲最大直径 14.10m 复合式土压平衡盾构机

北方重工集团有限公司

1. 需求背景

香港莲塘公路隧道工程为一条双向 6 车道的公路隧道，完工后将极大地缩短香港特别行政区与广东省东部、福建南部和江西之间的交通距离和通勤时间，可有效地促进未来区域合作与发展。同时，跨境客运和货流将变得更顺畅高效，新的口岸设施将在维持香港的长期经济增长中发挥战略性作用。莲塘公路隧道工程龙山隧道段，该段全长 4.8km，最小转弯半径 230m，隧道断面为砂岩、石灰岩、软土、火山岩及部分断裂带混合地层，岩石抗压强度高达 60MPa，整体地质条件复杂多变，要求盾构机具备广泛的地质适应能力。

[1] 1 度 = 1000W/h。

2. 技术创新

该设备主要技术参数：开挖直径 14.1m，整机重约 3370t，整机长度 110m，总装机功率 10600kW，刀盘转速 0 ~ 3r/min，总推力 181691kN，最大扭矩 55000kN·m，管片宽度 2200mm。

主要技术创新点：

1）刀盘刀具实时检测系统

由于超大直径盾构机的刀具转动线速度高，切削轨迹更长，因此刀具磨损情况更复杂，很难通过常规的经验判断磨损程度。而该设备穿越地层复杂，施工距离长，更需要精确掌握刀具的磨损程度，因此北方重工研发出一套刀盘刀具实时检测系统。在滚刀结构内布置多种不同形式的传感器，分别监测滚刀的转速、径向力和刀刃磨损等指标，通过数据电缆、旋转接头的电气滑环，有线传输至盾体内各个独立的控制箱，最后在主控室内图形化显示，同时将监测的数据记录保存。刀盘面板上同时布置温度传感器，监测刀盘结构的温度，间接反馈刀盘的受力和变形等信息。它采用了“刀具实时磨损检测系统”、“自动换刀装置”、“刀盘驱动柔性连接技术”等多项最新技术，填补多项空白并申报了知识产权。

2）超大直径主轴承

该设备的刀盘驱动采用 7.8m 的超大直径主轴承，整个刀盘驱动的质量达到 340t。针对刀盘驱动与盾体连接的难题，北方重工采用了全新的油缸连接方法，即油缸代替高强螺栓，将刀盘驱动与盾体通过液压油缸连接起来，液压油缸能够过滤载荷的峰值，使整个刀盘驱动以及主轴承受力更好、冲击更小、避免损害、延长使用寿命。采用油缸连接的刀盘驱动，能在一定范围内主动调整刀盘开挖方向和局部的扩挖，因此，能更好地拟合隧道规划轴线，更适宜于曲线隧道的掘进。

3）自动换刀多自由度机械臂

该设备穿越的地质主要是砂岩和石灰岩，岩石抗压强度高达 60MPa，因此在隧道掘进过程中，刀具更换是不可避免的。为解决人工带压作业换刀风险大、效率低、成本高的难题，北方重工研发出一套能在渣土、泥水等复杂环境下作业的多自由度机械臂，采用了人体仿真模糊控制技术和负载作用力反馈技术，实现机械臂的捕捉、移动、定位等功能。自动换刀技术的应用，完全避免了人工带压进舱换刀的巨大风险，同时极大地提高了换刀的作业效率，加快了施工进度。

3. 工程应用

2015 年 4 月，亚洲最大直径 14.10m 复合式土压平衡盾构机在北方重工集团有限公司下线（图 2-1-216），现场启动仪式如图 2-1-217 所示。该设备为法国布依格公司总包项目——香港莲塘公路隧道量身定做，被誉为亚洲最大的“地下航母”。截至 2016 年 5 月，该设备已掘进 1120m。

图 2-1-216　亚洲最大直径土压平衡盾构机工厂试车

图 2-1-217　ϕ14.10m 复合式土压平衡盾构机现场启动仪式

4. 社会与经济效益

这台具有超大直径、超高制造标准与超高装配难度的盾构机成功研制，填补了我国巨型土压平衡盾构机的技术空白，使北方重工在践行“中国制造向中国创造转变，中国速度向中国质量转变，中国产品向中国品牌转变”的路上又前进了一大步！

第 14 节　莞惠城际轨道大直径土压平衡复合盾构机

北方重工集团有限公司

1. 需求背景

珠三角莞惠城际轨道交通项目东莞段的地质情况极为复杂，首先穿越地下水十分丰富的原老河道，然后经过全断面软岩，再经过全断面软、硬交替岩层，最后经过全断面硬岩，并且是施工难度最大的上软下硬地层，局部地段岩石单轴抗压强度高达 200MPa。6 标段为东莞市大朗镇繁华老城区，地面建筑物密集，覆盖率达 90%，管网交错复杂，存在大量土坯砖瓦房及未探明地质情况地段，隧道施工对地面及建筑物沉降要求严格，对盾构机的稳定性和可靠性要求很高。2009 年 12 月，北方重工集团有限公司与中铁二十局集团有限公司签订两台 ϕ8.83m 土压平衡盾构机，用于莞惠城际轨道项目的隧道施工，这是国内首台应用于城际轨道交通的 8m 系列土压平衡盾构机。

复杂的地质和施工条件同时考验着施工技术和盾构机的性能。在穿越建筑物密集区时要确保盾构机匀速通过，对地面扰动小到微乎其微，更不能有频繁和长时间停机，那样将会造成地表沉降和尾盾卡死等不利情况。

ϕ8.83m 大型土压平衡盾构机工厂组装情况如图 2-1-218 所示。

图 2-1-218　北方重工研制的 ϕ8.83m 大型土压平衡盾构机工厂组装

2. 技术创新

该设备开挖直径 8.83m，整机重约 1080t，整机长度 105m，刀盘驱动功率 1980kW，刀盘速度 0 ～ 4.07r/min，总推力 70000kN，最大扭矩 12680kN · m@1.35r/min，推进行程 2500mm。

根据地质特点和项目难点，北方重工对 ϕ8.83m 土压平衡盾构机设备进行针对性设计和优化，主要包括以下几点：

（1）为适应上软下硬以及全断面岩层，刀盘设计为复合式刀盘，采用 6 辐条 +6 辐板的结构形式，在保证滚刀布置的前提下增大开口率，提高渣土流动性。针对上软下硬和大孤石地层，模拟极端受力状况，采用有限元分析的方法保证刀盘结构强度和变形具有足够的安全系数，确保刀盘的可靠性。切削刀具采用 17″ 重型滚刀和双层刮刀，选用国际知名品牌。总之，从结构、计算和配置等多方面对刀盘进行针对性设计和优化，以满足对工程地质的适应性。

（2）为保证刀盘具有足够的驱动扭矩，刀盘驱动选用了直径 4.8m 的预应力重型滚子轴承，轴承采用整体式内齿圈，结构尺寸小，承载能力大，轴承采用稀油油浴润滑和冷却，设计寿命不低于 10000h。刀盘驱动最多可配置 12 套电机减速机驱动单元，电机和减速机均采用水冷却。

（3）为防止盾构设备在软弱地层掘进过程中刀盘扎头和调向困难的问题，前盾与中盾采用了主动铰接形式，能够很好地控制刀盘掘进姿态，更方便主机的转弯和纠偏。

3. 工程应用

两台设备分别于 2011 年 4 月和 6 月始发掘进（图 2-1-219），经过近 5 年的艰苦施工，2016 年 3 月 1 日和 3 月 10 日完成近 6km 的隧道施工任务（图 2-1-220），成为该区域 4 个标段中，率先实现贯通的标段，施工速度遥遥领先同等规格的欧系和美系盾构机设备。

图 2-1-219　盾构机工地始发

图 2-1-220　隧道顺利贯通

4. 社会与经济效益

鉴于该施工区域特殊的施工难度，特别是莞惠城际多台“中国制造”与“欧美制造”盾构机同台竞技。该盾构机设备可靠稳定的表现使得 6 标段率先完成掘进任务，创造了东莞段月掘进 131 环（209.6m）的月纪录，整个工期领先国外设备。北方重工盾构机在广东东莞项目施工中的良好表现，再一次体现了“中国制造”的水平，证明了我国在重大装备、高端成套技术领域已经跻身于世界先进行列，在土压平衡盾构机的研制方面已处于世界先进水平。

第 15 节　国产首台出口双护盾岩石隧道掘进机

北方重工集团有限公司

1. 需求背景

悉尼地铁西北铁路工程是澳大利亚最长的铁路隧道工程（图 2-1-221），该工程价值 83 亿美元，是悉尼历史上最大型的公共交通建造工程项目，建成后往来悉尼 Chatswood 和 Rouse Hill，将会是澳洲首个全自动捷运系统。届时，从悉尼最偏远的 Cudgegoog 到市中心的 Wynyard 的车程只需要 50min。

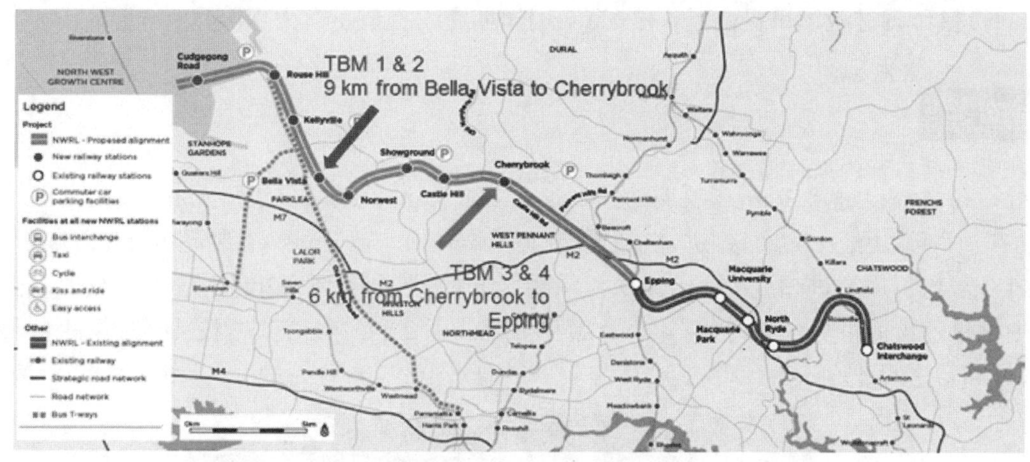

图 2-1-221　工程概况图

该工程也是澳大利亚历史上第一个在公共交通基础设施工程中同时使用 4 台隧道掘进机进行施工的隧道工程。这 4 台掘进机肩负着掘进 30km 的使命。其中，TBM 1 和 TBM 2 从 Bella Vista 到 Cherrybrook，开挖长度分别为 8.97km 和 8.96km，TBM 3 和 TBM 4 从 Cherrybrook 到 Epping，开挖长度分别为 5.67km 和 5.69km，为澳大利亚有史以来最长有轨隧道。该工程地质条件复杂、澳大利亚国家安全标准远远高于国际标准，而且环保要求苛刻，制造难度大。隧道最小转弯半径 400m，爬坡率 5%。

2014 年，由北方重工集团有限公司研制的 4 台 ϕ6.99m 双护盾岩石掘进机在澳大利亚悉尼西北铁路线隧道工程亮相，这是我国自主研发的全断面隧道岩石掘进机首次走出国门。悉尼用户分别为他们取名叫“伊丽莎白”号、“佛罗伦萨”号、“伊莎贝拉”号和“玛利亚”号。

双护盾岩石隧道掘进机工厂组装如图 2-1-222 所示，澳大利亚项目工地组装如图 2-1-223 所示。

图 2-1-222　北方重工双护盾岩石掘进机工厂组装

图 2-1-223　北方重工双护盾岩石掘进机澳大利亚悉尼项目工地组装

2. 技术创新

设备开挖直径 6.99m，整机长度 120m，装机功率 3427kW，总推力 44532kN，主驱动最大扭矩 5200kN·m，最小转弯半径 400m。

隧道施工使用管片数量 6 个，管片内径 6170mm，管片外径 6690mm，管片厚度 260mm，管片宽度 1.7m，最大管片重 4000kg。

整体采用双护盾设计，在遇到不稳定的软弱岩层时，用单护盾模式掘进，靠管片提供反推力；遇到相对稳定的较硬岩层时，用双护盾模式掘进，靠撑靴撑紧洞壁，由主推进液压缸推进刀盘破岩前进。推进和拼装管片同时进行，掘进效率可提高近1倍，为工程如期完工提供了有力保障。

3. 工程应用

第一台设备最高日进尺36m，最高月进尺462m；第二台设备最高日进尺33m，最高月进尺520m；第三台“伊丽莎白”号，历经15个月掘进，出超过70万t碎岩、砂岩和页岩，安装超过2.8万块管片，拼装共计4000多环，平均每周掘进超过171m，最快纪录为24h内掘进54环/92m，创造了岩石掘进机在高硬度岩石地层中掘进速度的世界纪录，提前4个月顺利贯通（图2-1-224），完成掘进任务；第四台设备最高日进尺32m，最高月进尺459m。

图2-1-224　北方重工双护盾岩石掘进机在澳大利亚悉尼实现隧道贯通

4. 社会与经济效益

这4台掘进机分别于2015年9月18日、2015年10月29日、2015年12月1日和2016年1月14日顺利贯通，四台设备的优异技术性能和质量为隧道的顺利贯通保驾护航，得到用户的认可和好评，我国岩石掘进机首次进入发达国家并完美亮相，为开拓澳洲隧道掘进机市场奠定了基础。

第16节　国产首台自主研制双护盾岩石隧道掘进机

北方重工集团有限公司

1. 需求背景

甘肃引洮供水工程9号隧洞项目（图2-1-225），隧洞全长18275m，最大埋深444m，海拔高度2200m，采用圆形横断面，净断面直径4.96m，设计纵坡为1/1650，设计流量32m^3/s，最大流量36m^3/s。隧洞施工段地质条件复杂，既包括前震旦系深变质的大理岩、花岗片麻岩，又含有上第三系、下第三系碎屑沉积岩；

隧洞后段的前震旦系花岗片麻岩地层受构造影响，断裂裂隙发育，表层风化严重，岩层单轴抗压强度从 1 ～ 80MPa，岩性变化较大，同时经常出现断裂带和软土地质，围岩自稳性差，给工程建设造成巨大困难。

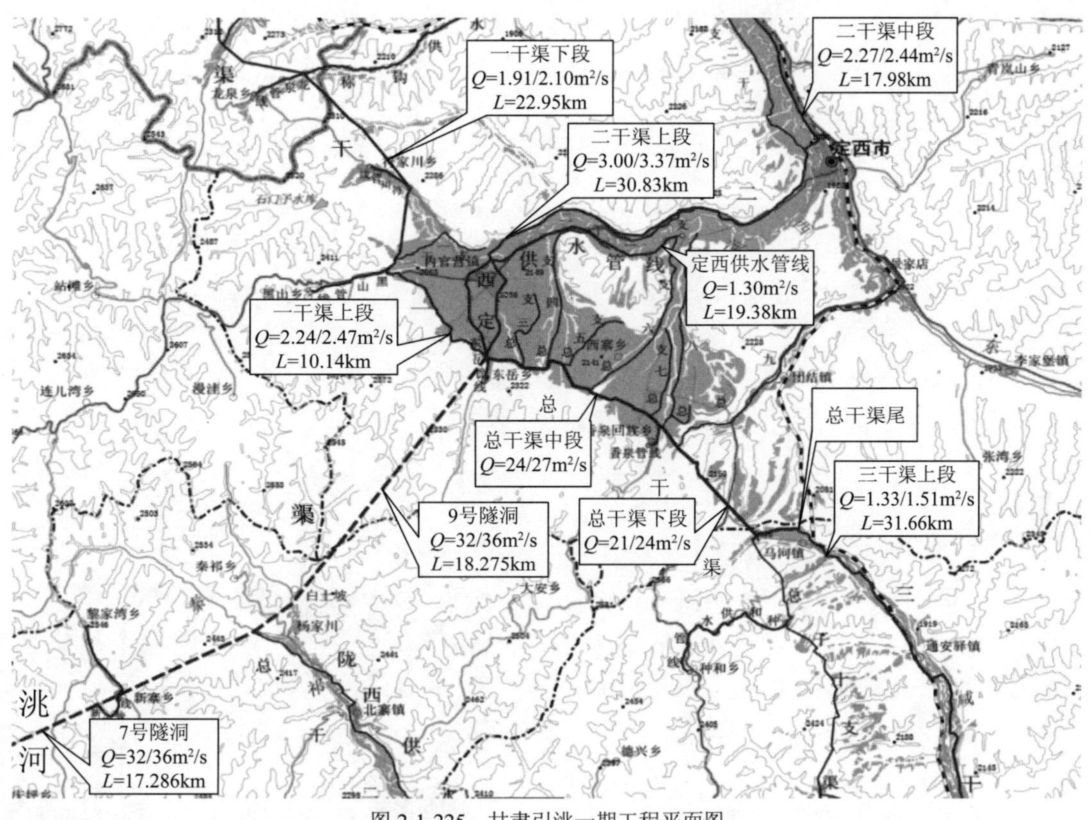

图 2-1-225　甘肃引洮一期工程平面图

2. 技术创新

该设备开挖直径 5.75m，主机重约 700t。刀盘结构采用复合材料，配备滚刀 42 把、刮刀 107 把、扩挖刀 1 把、最大扩挖量 74mm，刀盘驱动采用上下位置可调式装置，配置 7 台变频驱动电机，总功率 1890kW，刀盘最大转速 7.9r/min，最大扭矩 4000kN · m，脱困扭矩 6350kN，整机最大推力 21420kN，最大推进速度 120mm/min。

该设备采用双护盾设计，主要由装有刀盘及刀盘驱动装置的前护盾，装有支撑装置的后护盾（支撑护盾），连接前、后护盾的伸缩部分和安装预制混凝土管片的尾盾组成。在遇到不稳定的软弱岩层时，该设备采用单护盾模式掘进，由盾尾推进液压缸支撑在已拼装的预制衬砌块上或钢圈梁上以推进刀盘破岩前进；遇到相对稳定的较硬岩层时，采用双护盾模式掘进，靠支撑板撑紧洞壁，由主推进液压缸推进刀盘破岩前进。由于在双护盾模式掘进过程中，前盾在驱动系统的推动下可以向前推进，保障刀盘随之向前挖掘，同时管片安装机可以边推进同时安装管片，刀盘掘进效率可提高近一倍。

该设备具有如下技术创新：

（1）研究了拓扑优化技术在刀盘结构设计上的应用，依据地质情况，针对性地设计出了复合式的刀盘结构，增强了结构的刚度和强度，提高刀盘的承载能力。

（2）以科罗拉多大学岩石破碎机理为理论基础，运用模拟仿真分析技术，优化刀具形式、刀具结构和刀具的三维空间布置，制定了一套完整的刀具载荷分析和刀具分布优化的流程图，建立了刀具数据库。

（3）以理论为基础，结合收集分析的实际数据，开发了“全断面岩石掘进机刀盘辅助设计软件”，对刀盘设计具有指导性意义。

（4）为满足工程施工要求，开发研究了浮动式主驱动结构，提高了设备掘进的精度，降低了纠偏调向的难度，尤其在高地应力地层，克服双护盾尾盾卡盾问题起到决定性作用。

（5）开发研究出了机械式四连杆管片抓取装置，大大提高了操作效率，并具有结构简单、维护方便等特点。

（6）深入研究了液压推进系统的比例控制技术，满足设备在非线性变负载工况下实现力和位移的复合控制。

2010 年 12 月，通过国家工业联合会组织业内专家对该设备研究成果和新产品的鉴定，鉴定意见为该成套设备具有完全自主知识产权，填补国内空白，整机达到国际同类产品先进水平，部分指标达到国际领先水平。

2009 年 5 月，该产品荣获科技部"国家自主创新产品证书"；2012 年，该产品荣获辽宁省科学技术进步一等奖并作为重大装备首台套产品给予特殊奖励。

3. 工程应用

该设备应用于引洮供水工程 9 号隧洞项目，2009 年 12 月正式施工，平均日掘进 46.2m，最高日掘进 86.7m，连续 3 个月掘进 1000m 以上，2010 年 9 月份创下了同等直径岩石掘进机月掘进 1463.7m 的世界纪录。设备良好运行，设备完好率保持在 90% 以上，圆满完成了施工任务，取得了施工单位和业主的高度认可。

北方重工双护盾岩石隧道掘进机工地组装现场、始发准备分别如图 2-1-226、图 2-1-227 所示，隧洞贯通如图 2-1-228 所示。

图 2-1-226　北方重工双护盾岩石隧道掘进机工地组装现场

图 2-1-227　工地始发准备

图 2-1-228　引洮工程 9 号隧洞贯通

4. 社会与经济效益

我国首台双护盾岩石掘进机的成功研制，实现了"零"的突破，填补了国内企业岩石掘进机整机设计生产的空白，同时意味着我国已经具备了自主开发研制岩石掘进机的能力，能够全面实现隧道掘进机系列化、产业化。

该设备引洮工程 9 号隧洞完成后，又转至青海引大济湟工程继续施工约 13000m，已累计完成约 31000m 的隧道掘进施工。设备拆机出洞后主驱动及密封仍保持完好。

第 17 节　国产首台出口土压岩石双模式盾构机

北方重工集团有限公司

1. 需求背景

2011 年北方重工集团有限公司开发研制的两台 ϕ9.4m 双模式掘进机用于伊朗马什哈德地铁 2 号线工程的隧道施工，该设备为中国首次自主研制的 QJSYT-094 岩石 / 土压双模式掘进机。该工程隧道全长 14024m，地质为岩石、软土、断层及破碎带较多的复杂地层，最大卵石直径约 60cm，隧道最小转弯半径 250m。隧道要穿越城市繁华地区，地面建筑物密集，管网交错复杂，隧道施工对地面及建筑物沉降要求严格，对设备的稳定性和可靠性要求极高，掘进难度和风险很大。两台设备进行双向掘进施工，第一台设备用于北线隧道的施工，掘进里程约 9000m；第二台设备用于南线隧道的施工，掘进里程约 5500m。

图 2-1-229 为北方重工双模式盾构机工厂调试情况。

图 2-1-229　北方重工双模式盾构机工厂调试

2. 技术创新

这两台设备开挖直径 9.4m，整机重 1050t，整机长度 100m，刀盘驱动功率 2700kW，总推力 73275kN。使用管片管片衬砌形式为 7+1，管片内外径分别为 8.3m 和 9.1m，管片厚 400mm，宽 1.5m。

为了解决单纯的土压、泥水、岩石掘进机无法满足类似复杂地质条件的施工要求，北方重工成功研制该双模式掘进机，实现了复杂工况综合掘进技术的全面突破，并在多项关键技术上超越了国外公司，成为国际上为数不多的双模式掘进机的突出代表。用 1 台设备完成了两种机型施工才能克服的诸多工程难点，为用户节约了成倍的设备购置成本。

该设备具有如下技术先进性：

（1）土压、岩石双模式掘进：既能实现土压盾构的保压掘进功能，又能实现岩石掘进机的高效破岩掘进功能。

（2）快速、高效的模式转换：国外类似双模掘进机的模式转换需要15天时间并经常发生事故，该设备在马什哈德项目上只用4天时间就成功完成了模式转换。

（3）性能优越的整机协调性：双排渣系统，可伸缩式集料装置，可换装背部刮渣斗的刀盘结构设计，高效、大储量的管片卸载储运技术，在整机施工工序上实现了无缝对接。

（4）可精确控制地表沉降的双压力平衡技术，确保了模式转换过程中可对地表沉降进行双重保护。

（5）高可靠性、长寿命：独有的内外2层各5道密封系统，大直径的主轴承设计确保掘进机可以满足20km的长大隧道掘进。

（6）高度集成的自动化在线检测及传感技术：集成的监视，导向，传感，水、电、风、气等信号的反馈技术，将设备的操控难度降到了极致。

北方重工结合本项目不断改进创新，申报了16项专利，已经获得了15项专利授权，在国内外著名期刊发表专业学术论文9篇，编制了8部企业标准。2015年5月6日，该设备通过中国重型机械工业协会主持的科技成果鉴定，鉴定意见："QJSYT-094岩石土压双模式掘进机"整机达到国际同类产品先进水平，部分指标达到国际领先水平。该产品荣获沈阳市科技进步奖一等奖。

图 2-1-230　双模式盾构机运抵伊朗目的港口吊运

为了保证隧道顺利贯通，北方重工派遣一流的现场服务团队与客户项目团队密切配合，提前策划制订施工方案和问题预案，实现了新型设备与施工的完美结合。

图2-1-230为双模式盾构机运抵伊朗目的港口吊运。

3. 工程应用

在掘进过程中，第一台设备创造了日进尺33m的掘进纪录，第二台设备创造了日进尺31.6m，月进尺500m的掘进纪录，保证了施工进度和质量要求，设备克服极其复杂的地质环境，于2015年2月成功贯通地铁2号线隧道南线工程。整机产品施工现场通过第三方检验，性能优异得到业主和用户的一致好评。该工程计划在2016年底实现北线贯通。

图2-1-231为双模式盾构机在伊朗马什哈德地铁2号线工地现场组装，图2-1-232为伊朗马什哈德地铁2号线南线顺利贯通。

图 2-1-231　双模式盾构机在伊朗马什哈德地铁2号线工地现场组装

图 2-1-232　伊朗马什哈德地铁2号线南线顺利贯通

4. 社会与经济效益

QJSYT-094 土压岩石双模式掘进机是北方重工秉承技术种类多样化、全覆盖的宗旨，又一次独立自主研制的代表我国目前全断面掘进机技术最高水平的隧道掘进装备，填补了国内空白，整机技术达到当代国际先进水平。该装备的研制成功，进一步体现了北方重工在隧道掘进机行业的技术引领作用，为今后研发地质适应性更为广泛的各类掘进机奠定坚实的技术基础，为我国重大装备制造技术发展起到了巨大推动作用。

第 18 节　国内自主研制首台出口的 ϕ3.14m 微型泥水平衡盾构机

北方重工集团有限公司

1. 需求背景

伊斯法罕电缆隧道全长 4300mm，通过的地层主要为砾石、砂土和软土，开挖面自稳性能差，因此，采用泥水平衡盾构机能够更好地控制开挖面压力，降低对地层的扰动，有效避免地层的塌陷。

北方重工 ϕ3.14m 泥水平衡盾构机工厂调试情况如图 2-1-233 所示。

图 2-1-233　北方重工 ϕ3.14m 泥水平衡盾构机工厂调试

2. 技术创新

该设备开挖直径 3.14m，主机长度 10.9m，整机重 185t。该设备的前盾与中盾采用主动铰接，中盾与尾盾采用被动铰接，采用双铰接系统，保证了设备具 150m 转弯半径的能力。铰接密封采用 3 道唇形密封 +1 道紧急气囊密封，能够实现最大 4bar 的工作压力。

刀盘设计为 4 辐条结构，具有较大的开口率，配置的刀具有撕裂刀、刮刀、中心鱼尾刀、仿形刀和周边保护刀。刀盘转动采用中心轴驱动形式，配置 1 台变容积液压马达，刀盘转速为 0 ～ 6r/min，配置的液压单元功率为 300kW，最大工作扭矩达到 728kN·m。推进系统由 12 根液压缸组成，工作压力为 350bar，能够实现 11907kN 的最大推力，推进液压缸分 4 个区，每个区配置位移传感器。主动铰接配置 3 根液压缸，被动铰接配置 4 根液压缸。

泥水环流系统进排浆管路各配置了 1 台 Warman 泥浆泵，进浆流量为 $130m^3/h$(最大相对密度 1.05)，排浆流量 $180m^3/h$（最大相对密度 1.3），泥浆管路的管径为 DN150。泥浆环流系统具有四种不同的工作模式，能够有效针对软土、黏性土和破碎带等不同的地层。利用刀盘中心轴将刀盘与前盾复合设计成锥式破碎系统，结构精巧，效果明显可靠。后配套拖车采用封闭式平板结构，拖车内部安装有服务车轨道。

北方重工 ϕ3.14m 泥水平衡盾构机三维设计如图 2-1-234 所示，工作原理如图 2-1-235 所示。

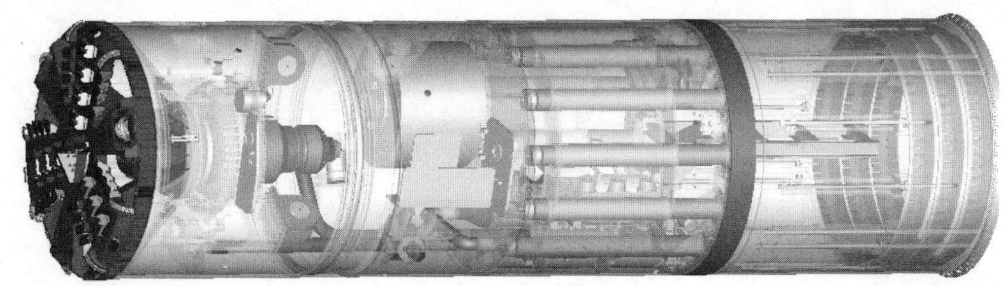

图 2-1-234　北方重工 ϕ3.14m 泥水平衡盾构机三维设计图

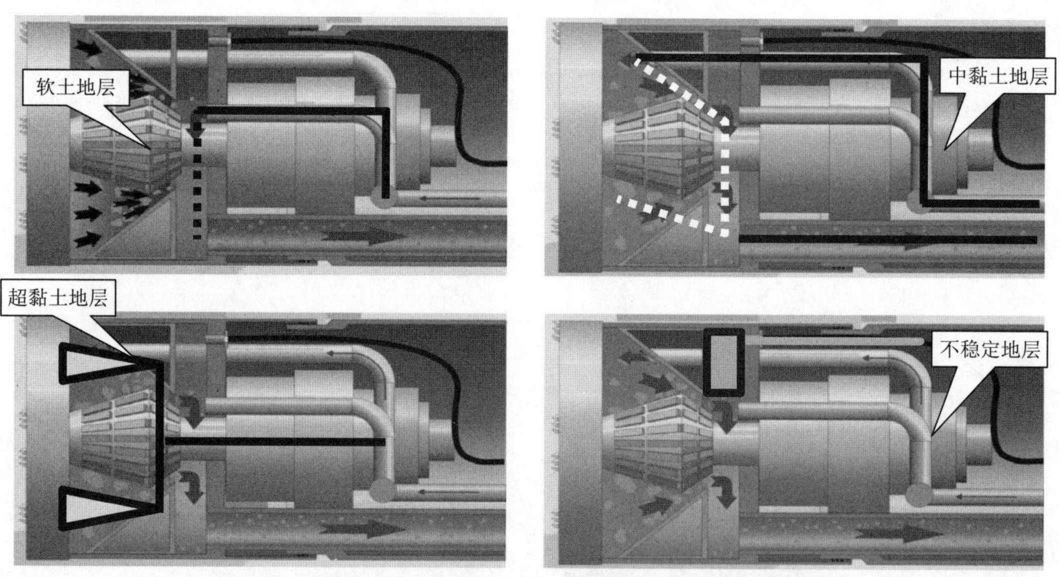

图 2-1-235　北方重工 ϕ3.14m 泥水平衡盾构机工作原理图

3. 工程应用

该 ϕ3.14m 微型泥水平衡盾构机用于伊朗伊斯法罕 230kV 电缆隧道的施工。2012 年 5 月，在伊斯法罕工地开始施工掘进，经过初期的磨合调整后，达到了月平均 350m 的施工速度，2013 年 7 月隧道顺利贯通，该设备优越的技术性能和可靠的质量获得用户一致好评。

4. 社会与经济效益

该设备是国内首台自主研发并出口的微型泥水平衡盾构机，填补了我国微型泥水平衡盾构机的空白。

第 19 节　天津铁路单洞双线隧道大直径泥水平衡盾构机

北方重工集团有限公司

1. 需求背景

京津城际延伸线解放路隧道工程，自西始于天津塘沽火车站，纵贯解放路商业街，到达位于原天津碱厂内的接收井，隧道为单洞双线，盾构段长 2248.5m，埋深 8 ～ 16m，最大纵坡 20‰，最小转弯半径 450m，水压大、转弯半径小。地质以淤泥质黏土、淤泥质粉质黏土为主，地层土质不匀、成分复杂，不易进行泥水分离；土体灵敏度高、强度低，极易发生蠕动和扰动。此外，盾构需穿越塘沽区最繁华的商业街建筑群和地下管网，对盾构施工造成极大挑战。

北方重工大直径泥水平衡盾构机工厂组装情况如图 2-1-236 所示。

图 2-1-236　北方重工大直径泥水平衡盾构机工厂组装

2. 技术创新

该台泥水平衡盾构机为一台气垫式泥水平衡盾构机，开挖直径 12m，设备总长 50m，其中主机长 11.88m，设备总重 1600t，最大单件重 195t，装机总功率为 3960kW，总推力 140000kN，最大掘进速度 60mm/min。整套设备由推进系统、液压系统、盾尾油脂注入系统、管片输送及安装系统、压缩空气调节系统、铰接系统、同步注浆系统、导向系统、超前探测系统、盾尾间隙测量系统、冷却系统、泥水输送系统、冲刷系统、供电系统、集中控制系统、超前注浆系统、气体自动监测系统、监视及通信系统等 18 项系统构成。

主要设备均采用拥有自主知识产权的专利技术，部分设备集成并优化了国外先进技术，全力保障设备的技术先进性和质量可靠性。主要技术创新有：

（1）仿形刀和铰接装置配合连续纠偏技术和二次注浆技术可满足最小转弯半径 350m 的施工需求，是国际大直径泥水盾构机首次使用；

（2）超前探测系统采用 BEAM 技术，可对盾构前方的岩土、地质和水文地质条件变化进行实时探测和预报；

（3）泥水处理系统则引进了美国克莱伯斯公司（KREBS）的旋流分离技术，可高效分离泥水颗粒物。

3. 工程应用

该设备在京津城际延伸线解放路隧道工程使用，2012 年 11 月 29 日始发，2014 年 5 月 29 日顺利贯通（图 2-1-237、图 2-1-238）。工程施工中采用细微颗粒泥水分离技术、地表隆沉控制与风险点建筑物加工保护技术、地下不明障碍物探测与清除技术等作为技术补充，进一步提高了施工质量和掘进速率，最高日进尺 18m，最高月进尺 408m；设备完好率达 95.3% 以上。

图 2-1-237　京津城际延伸线解放路隧道成功贯通

图 2-1-238　解放路盾构隧道施工现场

4. 社会与经济效益

该泥水平衡盾构机在重点建设项目京津城际铁路延伸线解放路隧道的成功应用，经受住了严酷工况的考验，为铁路大直径泥水盾构的研制和应用树立了又一成功典范。

第 20 节　国内首台水下对接隧道大直径泥水平衡盾构机

北方重工集团有限公司

1. 需求背景

广深港客运专线是北京—广州—深圳—香港高速铁路的重要组成部分，也是我国“四纵四横”高铁网的组成部分，线路全长约 140km。位于东涌站—虎门站之间的狮子洋隧道，左、右线各长 10.8km，要穿越小虎沥、沙仔沥和狮子洋三条水道，水下工程占总工程量的一半以上。狮子洋隧道不仅掘进距离长、开挖直径大，而且水文地质环境极其复杂，施工条件极为苛刻，高水压、强渗透、围岩软硬不均、高石英含量，还要实现“相向施工、水下对接、洞内解体”的目标，由于集中了大量建设难点，狮子洋隧道工程成为广深港高铁全线的关键性工程，是国内施工难度最大、技术含量最高、风险最多的水下隧道。

我国首台自主研制的大型复合式泥水平衡盾构机工厂验收如图 2-1-239 所示，工地现场组装如图 2-1-240 所示。

图 2-1-239　泥水平衡盾构机工厂验收

图 2-1-240　盾构机工地现场组装

2. 技术创新

北方重工研制出的具有自主知识产权的膨润土气垫式泥水平衡盾构机，填补了国内大型泥水平衡盾构机设计、制造领域的空白，成功替代了进口产品。

该设备开挖直径 11.18m，整机重约 1280t，整机长度 55m，刀盘驱动功率 1960kW，总推力 123220kN，最大扭矩 13650kN · m@1.24r/min，推进行程 2710mm。

该设备可根据地质条件需要进行刀具优化布置设计及刀具组合配置刀盘；采用双层独立和可拆解结构式盾体，满足高水压下水中对接的特殊要求；六自由度大吨位真空吸盘式管片拼装机；应用多模式泥水循环系统及压力平衡系统、压力控制精度可达到 ±0.005MPa；盾构机主轴承使用内外两层各 5 道组合式密封系统，确保在高水压下具有良好密封性。

该产品的研发过程中共获得 7 项专利授权和 1 项软件著作权，发表 15 篇学术论文，编制了 30 余部相关设计、制造和检验企业标准。该产品先后获得了中国机械工业科技进步奖一等奖、辽宁省优秀新产品奖一等奖、辽宁省科学技术进步奖一等奖、沈阳市科学技术进步奖一等奖等多个奖项，并作为重大装备首台套产品给予特殊奖励。

3. 工程应用

广深港狮子洋隧道工程共采用四台泥水平衡盾构机分别从左右线隧道广州南沙区黄阁镇和东莞市沙田镇两端同时掘进，施工中先后攻克多项世界性的技术难题。2011 年 3 月 12 日，北方重工研制的 4 台 ϕ11.18m 泥水平衡盾构机先后在广深港高速铁路客运专线狮子洋隧道施工中成功实现水下精确对接，至此这座国内首次采用盾构法施工的水下铁路隧道全线贯通。

4. 社会与经济效益

狮子洋隧道的成功对接，表明我国大型泥水盾构研制和应用取得了重大突破，2008 年 12 月北方重工研制的“QJRN-112 泥水平衡盾构机”作为我国首台自主研制的大型复合式泥水平衡盾构机通过了国家级新产品和科技成果鉴定，该设备整机技术性能指标达到国际同类产品先进水平，其中大直径高承压（0.7MPa）泥水压力仓压力控制精度、主驱动系统等关键性能指标达到国际领先水平。该盾构机的研制在创造了巨大的经济效益和社会效益的同时，还为国家培养了大批盾构机设计实践型技术人才。

第 21 节　首台穿越长江大直径泥水平衡盾构机

北方重工集团有限公司

1. 需求背景

武汉长江公路隧道号称“万里长江第一隧”，是连接汉口与武昌的重要通道，是长江上首条采用盾构法施工的大直径隧道工程。该工程位于武汉长江一桥、二桥之间。隧道江北起点为汉口大智路与铭新街的交叉口，江南终点为武昌友谊大道南侧规划中的沙湖路。建成后将为市内通过长江的主要通道。此隧道为高速公路和地铁两用通道。4 条机动车道，双地铁通道将成为武汉地铁系统的一部分。隧道两端出口将在盾构机到达前用明挖的方式来完成。

隧道施工标段长度分别为左线 2550m，右线 2499.2m，最小水平曲线半径为 800m，最小竖曲线半径为 2500m。盾构机需穿过周边 54 幢 5 层及以上的建筑物，还有分布于江北的周边文物和保护建筑物。施工难点包括 2.5km 的长距离掘进、超过 11m 的超大断面开挖直径、建（构）筑物及地下管线众多、能满足 0.57MPa 的高水压下隧道施工的防水设计、能适应软硬不均复合地层、有效防止地表沉降。

图 2-1-241　北方重工大直径泥水平衡盾构机工厂组装

2005 年 1 月，北方重工与 NFM 公司技术合作，通过与多家国际盾构机厂商激烈竞争，与中铁隧道集团签订 2 台 ϕ11.38m 泥水平衡盾构机的采购合同。

北方重工研制的大直径泥水平衡盾构机工厂组装情况如图 2-1-241 所示。

2. 技术创新

该设备开挖直径 11.38m，整机重约 1100t，整机长度 44m，刀盘驱动功率 1600kW，总推力 123220kN，最大扭矩 13650kN·m@0.85r/min，推进行程 2600mm。

北方重工与 NFM 公司针对该项目开发设计该膨润土气垫泥水平衡盾构机，“膨润土气垫”技术是 NFM 专利技术，该技术通过压缩空气间接控制开挖舱泥水压力，能够精确到 ±0.05bar，很好稳定开挖面，减小对周围地层扰动。针对上软下硬地层，设计复合式刀盘，是国内首次将复合式刀盘应用于泥水平衡盾构机，刀具配置 17″盘形滚刀和双刃刮刀，同时安装 1 把液压缸驱动的仿形刀，用于局部的扩挖。为了抵御近 6bar 的大水压，刀盘驱动采用内外圈各 5 道的唇形密封，结合集中密封油脂和润滑脂，保证密封系统的可靠性和耐久性。

3. 工程应用

2008 年 12 月 19 日，在北方重工研制的两台 ϕ11.38m 泥水平衡盾构机的全速掘进下，武汉长江公路隧道双线贯通（图 2-1-242）。至此，这条于 2004 年 11 月破土动工，国内首条开建的长江公路隧道，在 2008 年底实现了试通车。

图 2-1-242　北方重工大直径泥水平衡盾构机武汉长江隧道双线贯通

4. 社会与经济效益

ϕ11.38m 泥水平衡盾构机是首台国内生产制造的复合地层大直径泥水平衡盾构机。武汉长江隧道作为国内首条穿越长江江底的盾构施工隧道，在施工过程中，国产盾构机设备经受上软下硬地层、高水压和密集建筑群等复杂条件的考验，以出色的表现开启了国产盾构机穿江越海的新时代。

第 22 节　国产首台 8.53m 大直径敞开式岩石隧道掘进机

北方重工集团有限公司

1. 需求背景

引水工程一般都是穿山越岭，隧洞长，地质复杂。东北某引水工程 T6 隧洞主隧洞施工开挖总长度 15.4km，T8 隧洞主隧洞段施工开挖总长度 18.059km，主隧洞出口和 17 号支洞分别为岩石掘进机的进口和出口支洞，另布置一条 18 号中间辅助施工支洞。施工隧洞地层岩性主要为太古代混合花岗岩、二叠纪二长花岗岩、白垩纪石英二长岩，岩石抗压强度多为 70 ～ 200MPa，石英含量高达 50%。掘进机面临岩石硬度高、断层破碎带多、磨蚀性颗粒含量高等工程难点。

北方重工自主研制的国产首台大直径敞开式岩石隧道掘进机工厂组装情况如图 2-1-243 所示。

图 2-1-243　北方重工 ϕ8.53m 敞开式岩石隧道掘进机工厂组装

2. 技术创新

两台设备开挖直径 8.53m，整机重 1375t，装机功率 4435kW，刀盘驱动功率 3300kW，刀盘转速 0 ～ 6.7r/min，最大允许推进力 20491kN，掘进行程 1.8m，最大扭矩 9633kN · m。

专项研发团队结合该项目特点，成功完成了大直径敞开式岩石掘进机的自主研制，并取得了多项技术创新：

（1）通过“双 X 形凯式结构”、“水平主梁结构”两种敞开式岩石掘进机方案设计和对比分析，确立

“水平主梁结构”为开发设计机型，从整机的先进性和适用性上为项目最终取得圆满成功，开创了机型选择的理念基础。

（2）护盾顶部的“随动式筋排支护系统”设计，为岩石掘进机顺利通过断层和破碎带提供高效、安全的施工保障。

（3）首创20″滚刀的设计应用，为大于150MPa高强度岩石掘进施工提供了超大破岩力、45mm高允许磨损量、低换刀率的可靠安全保障。

（4）ϕ5210大直径三排圆柱滚子重载工况主轴承的选用，使得轴承直径和开挖洞径比可达0.61，为岩石掘进机破岩的推力和扭矩传递提供了高可靠性安全保障。

（5）采用特殊材料、锻件制作的整体背装式刀座结构设计，对高振动、强冲压、大压力的工况具有良好的适应性。

采用了最先进的Trimay157复合耐磨板、高耐磨性合金钉的复合耐磨保护设计，为刀盘的长距离破岩提供了良好的耐磨保护。

3. 工程应用

这两台ϕ8.53m大直径敞开式岩石掘进机分别用于T6、T8两个标段的隧道施工，在施工中表现优异：T6隧洞于2014年2月11日始发掘进，于2015年8月18日全线顺利贯通，该设备在掘进期间创造了单日最高进尺54m，单月最高进尺836.9m，平均月进尺686m的佳绩。

T8隧洞于2014年1月21日开始试掘进，于2015年12月28日全线顺利贯通，并在Ⅱ类围岩单轴饱和抗压强度120～130MPa占31%、Ⅲ类围岩单轴饱和抗压强度90～120MPa占61%的条件下，创造了最高月进尺955m、最高日进尺55.5m、连续3个月掘进2380m的掘进纪录。

ϕ8.53m大直径敞开式岩石掘进机工地装机调试情况如图2-1-244所示，T6标段顺利贯通情况如图2-1-245所示。

图2-1-244　工地装机调试

图2-1-245　T6标段顺利贯通

4. 社会与经济效益

这两台大直径敞开式岩石隧道掘进机为解决东北地区水资源极度短缺问题，为保障东北经济社会持续、均衡发展做出了重大贡献，也是首次打破国外企业敞开式岩石掘进机在中国隧道施工领域的技术和市场垄断。

第 23 节　世界首台煤矿岩巷全断面掘进机

北方重工集团有限公司

1. 需求背景

目前，煤矿岩巷掘进作业基本采用爆破法与部分断面悬臂掘进机掘进，用悬臂掘进机施工，月进尺为 60 ～ 250m，当岩石单轴抗压强度大于 70MPa，只能采用爆破法，月进尺不到 100m，并且施工过程中灰尘极大，严重影响工人身体健康。

2. 技术创新

北方重工研制的 QJYC045M 煤矿岩巷全断面掘进机采用盘形滚刀破岩机理，利用全断面刀盘一次破岩成洞，将水平梁敞开式 TBM 掘进机与煤矿运输、支护等特殊施工要求相结合，集掘进、出渣、支护、除尘、通风、导向、防爆技术于一体，是高度机械化、自动化的煤矿岩巷施工设备，是世界首台在煤矿岩巷施工作业中使用全断面掘进机。该全断面掘进机工厂验收情况如图 2-1-246 所示。

该设备开挖直径 4.53m，整机重 350t，整机长度 50m，刀盘驱动功率 1440kW，总推力 12000kN，应用于淮南矿业集团煤矿岩巷施工，施工长度 2000m，岩石单轴抗压强度为 40 ～ 150MPa，工程地质条件复杂、埋深大、对防爆安全要求苛刻。

该设备针对我国现有煤矿运输条件采用模块化设计，使该设备在现场组装及拆除极为便利。适应岩石单轴抗压强度范围在 30 ～ 300MPa 的岩巷施工，能够在我国各大型煤矿岩巷完成施工作业。整台设备运行时，只需一人在安全舒适的配有空调的操作室内操作，通过高精度导向系统和实时在线监测系统，开挖隧道精度可达到 ±50mm。设备配有完善的甲烷、温度、压力、流量等多种传感器，与操作系统构成了智能闭环系统，实时监测隧道甲烷浓度、周围环境温度、各系统压力等参数，并可根据设定值，实现自动报警、自动切断电源、故障自动诊断等多重安全保护，确保施工人员安全、设备安全。该设备采用刀盘喷水、除尘风机联合作业除尘，并且特殊设计了隔离板将粉尘空间与工人施工空间隔离，彻底解决了施工过程中粉尘大的难题，极大改善了工人工作环境，提高了煤矿岩巷施工效率，降低了工人劳动强度。隧道的顺利贯通充分显示了北方重工在全断面掘进机与煤矿机械领域深厚扎实的技术功底。

北方重工自主研制的煤矿岩巷全断面掘进机结构如图 2-1-247 所示。

图 2-1-246　北方重工世界首台煤矿岩巷全断面掘进机工厂验收

图 2-1-247　北方重工世界首台煤矿岩巷全断面掘进机结构

3. 工程应用

该设备于 2015 年 1 月在淮南矿业集团张集矿组装完成并开始试掘进，于 2015 年 3 月 12 日顺利贯通。该设备在工业性试验中取得了最高小班（8h）进尺 14.5m，最高日进尺 30.7m，平均月进尺 404m，最高日进尺速度较传统工艺提高 10 倍，月进尺较传统工艺提高 4.5 倍的煤矿岩巷施工最高纪录。

4. 社会与经济效益

该设备是第一台应用于我国煤矿岩巷施工的全断面掘进机，是我国首台具有自主知识产权的敞开式岩石掘进机，是我国第一次引领世界煤矿岩巷施工重大技术变革的技术装备。该设备为突破我国煤矿岩巷掘进施工设备瓶颈奠定了坚实基础，是我国煤矿采掘装备发展的一个重要里程碑！

第 24 节　世界首台全断面矩形煤巷高效掘进机

北方重工集团有限公司

1. 需求背景

中国神华神东煤炭公司大柳塔煤矿 52501 运顺和 52301 回顺巷道掘进，巷道全长 6000m，断面为矩形，高 4.2m、宽 6m，坡度小于 ±5°，要求巷道底部必须沿着岩层与煤层分界线掘进，在 6000m 的巷道全线任意一点的偏差均要求小于 ±50mm，煤层的硬度 40MPa，夹矸硬度为 60MPa，夹矸厚度 0.3 ～ 1.5m。

图 2-1-248　北方重工 QMJ4260 全断面矩形煤巷高效掘进机成功下线

2014 年 4 月 29 日，北方重工自主研制的世界首台 QMJ4260 全断面煤巷高效掘进机完成了工厂组装和调试（图 2-1-248），实现了我国在全断面矩形煤巷掘进机的设计、制造和施工方面“零”的突破，标志着我国煤巷掘进机技术达到了世界领先水平。

2. 技术创新

QMJ4260 全断面煤巷高效掘进机是一种集全断面连续切割、装运、行走、灭尘、锚固多重功能于一体的煤矿巷道掘进设备。该机由刀盘装置、上下滚筒装置、一运、本体部、铲板部、行走机构、电控系统、液压系统、水系统、润滑系统、除尘系统、机载锚杆钻机等组成。切割断面高 4.2m、宽 6m，掘进速度 0 ～ 0.3m/min，装运能力 1500t/h，整机重 295t，总装机功率 1819kW，月掘进进尺可达 3000m 以上。该设备有以下主要技术创新：

（1）矩形全断面掘进：通过双刀盘加双掘进滚筒的切割机构，首次在煤巷实现矩形断面全断面掘进，一次成形。刀盘在前，上下掘进滚筒在后，左右刀盘反向同步旋转对物料进行切割形成“8”字形断面，再通过上下掘进滚筒反向同步旋转对物料进行切割形成矩形断面，完成巷道全断面切割一次成形。

（2）全断面连续掘进：与盾构机通过油缸实现步进式掘进不同，该设备是通过履带行走机构实现全断面连续掘进。

（3）全断面掘进设备倒车技术：通过刀盘、上下掘进滚筒、铲板的伸缩和升降，实现全断面掘进设备的倒车，便于设备件日检和转换工作面，极大地提高了整机工作效率。有别于盾构机只能前进，不能实现倒车。

（4）真正实现了煤矿井下掘进机的无线遥施工：可靠的无线传输和控制技术 + 远程掘进监控系统，真正实现了远距离遥控操作，施工人员的安全及健康得到了保障，减轻了施工人员的劳动强度。

（5）自动巡航技术：通过电液比例控制技术和自动定位技术，在一定程度上实现了掘进机自动进行掘进作业，减少了操作者劳动强度，提高了工作效率。

3. 工程应用

该全断面矩形煤巷高效掘进机地面组装情况如图 2-1-249 所示。该设备于 2015 年 2 月正式进行掘进（图 2-1-250），月进尺达 3000m 以上，屡次刷新世界煤矿单班进尺和圆班进尺的煤矿巷道掘进纪录，最大单班进尺 87.5m，最大圆班进尺 158m。掘进工作完成后设备完好，圆满完成了掘进任务，获得了用户的高度认可。该设备的掘进速度是国内煤矿平均掘进水平的 10 倍。

图 2-1-249　掘进机地面组装

图 2-1-250　掘进机井下作业

4. 社会与经济效益

该设备的成功，体现了产品优良的设计和过硬的质量，意味着我国已经具备了自主研制矩形巷道煤巷全断面掘进机的能力，同时也为企业和社会创造巨大的经济效益和社会效益。

世界首台 QMJ4260 全断面矩形煤巷高效掘进机的研制成功是我国煤矿井下施工装备的一次技术性革命，对推进我国煤炭工业乃至其他行业的技术突破、产业革新、装备制造业水平提升等具有重要的驱动作用，将推进煤炭开采综合机械化、智能化装备技术和智能矿山建设，实现煤矿安全、高效、健康发展。

第 25 节　国产首台 14.93m 超大直径泥水气压平衡复合式盾构机

中交天和机械设备制造有限公司

1. 需求背景

南京市纬三路过江通道（图 2-1-251）位于纬七路过江通道下游 5km、南京长江大桥上游 4.5km 处，连接南京主城区与浦口规划新市区中心，全长约 7.2km。该过江通道工程采用 8 车道“X”形隧道方案，从浦口到定淮门将有两条隧道“X”形交叉过江，隧道设计为双层双向 8 车道。隧道在江中段采用双层盾构，左右线分离布置两管，盾构直径为 14.5m，内设上下层双向 4 车道，上层均为北岸至南岸方向，下层均为南岸至北岸方向。左右两线北岸段均与定向河路相连，与浦珠路相交。隧道 N 线（北线）潜洲北部过江与主城的扬子江大道相接，长 4930m，其中盾构段 3537.8m，主要承担扬子江大道与浦口间的交通联系；隧道 S 线（南线）经潜洲中部、江心洲尾部过江，与主城的定淮门大街、新模范马路、玄武湖隧道相连，长 5530m，其中盾构段 4134.8m，主要承担纬三路与浦口之间的交通联系。

图 2-1-251　纬三路过江通道位置示意图

南京纬三路隧道用隧道掘进机施工，使用地质条件极为复杂，既有含石英量高达 50% 的砂卵石地层、黏性极强的黏土层，还有硬度高达 120MPa 砂岩层。同时，还需要穿越长江施工，水压高达 0.74MPa，掘进距离长达 4135m，上软下硬的地层就达 700m 以上，地质条件非常复杂。此外，该工程项目面临工期紧、国内外均无成熟的产品，也无同类产品施工先例等困境。

为了确保工程施工建设万无一失、安全顺利推进，需要对 ϕ14.93m 泥水气压平衡复合式盾构机展开研制，通过开展自主研发与集成创新，形成具有自主知识产权的关键技术，为纬三路过江通道工程及类似大型工程施工提供安全可靠、技术先进的施工机械。

“天和号”复合式盾构机如图 2-1-252 所示。

图 2-1-252　“天和号”复合式盾构机

2. 技术创新

此盾构设备为我国首次在岩石、黏土、砂卵石地层，水压高达 0.74MPa 地质条件下施工的复合式超大型泥水气压隧道掘进机，世界上未见有类似地质条件下施工产品报道，是目前超大型隧道掘进机中技术性能最优、技术难度最大、一次性研制新技术最多的产品，具有以下方面的技术先进和创造性：

（1）集成创新研制了我国首台套超大型泥水气压平衡复合式隧道掘进机，于砂岩、泥岩、砂卵石、黏土的复合地质条件下成功掘进。获得 9 项发明专利，9 项实用新型专利。

（2）提出了超长距离掘进刀盘理念，配置有各种类型固定式切削刀 717 把，首次成功在复杂地质条件下掘进 2580m 没有更换切削刀具，超过同类型盾构机在类似地质条件下施工距离 1 倍以上，有效降低了施工成本，提高了施工效率。

（3）首创了氦氧饱和带压换刀技术。将在深水中运用的氦氧饱和潜水作业技术首次运用在盾构机的泥水仓空气作业中，在世界上首创了氦氧饱和带压换刀技术。研制了氦氧饱和作业人闸、穿梭舱搬运系统、穿梭舱对接平台、供气系统，通过呼吸氦氧混合气体实现在泥水仓内长时间作业目标，相比空气带压作业，提高效率 10 倍以上。对于今后高水压下的隧道施工具有显著的社会意义。

（4）创新研制了刀盘伸缩机构，掘进时将刀盘处于伸出状态，更换刀具时或刀盘卡住需要缩回时，通过缩回驱动部带动刀盘总重达 1000t，缩回 100mm。可以反复使用，有效解决了遇到不明障碍物时，刀盘被卡死不能施工的技术难题，成功穿越数十米的枯木区域。

（5）研制发明了备用推出式滚刀装置，在不能停机更换固定式滚刀时，可以推出备用式滚刀继续掘进。实际使用中证明这是有效的，也是必需的，成功解决了因地质变化造成的盾构机无法停机需要继续掘进的难题。

（6）多道环形盾尾冷冻技术，克服高水压地质条件下盾尾漏水的难题。本次施工水压最大高达 0.74MPa。盾尾密封刷为 4 室 5 排，在需要时能够实现全部更换；设计了新型的环形盾尾冷冻管，在拆除盾尾刷前，把盾尾周围的土体冻结，可以有效防止因拆除盾尾刷导致的后方漏水现象，属于首次在盾构机上设计研制；对盾尾同步注浆管进行了优化，以利于盾尾冷冻管的设计和排布。

3. 工程应用

“天和一号” 复合式盾构机合同规定 90 天内完成 600m 试掘进，实际完成 804m，超额完成 204m，创造国内超大型盾构机施工的最新纪录；其间穿越100m树木区域，多次采用刀盘伸缩机构和清洗功能，顺利将树木切割并输出，成功穿越。截至2015年7月2日到达(图2-1-253)，累计完成掘进总里程4135m，最大掘进速度高达35mm/min。首次在石英含量高达65%的砂卵石、黏土地质条件下连续掘进2580m没有更换刀具，其间还穿越了15～20MPa的玻璃纤维混凝土墙12m，极大地节约了施工时间。

图2-1-253 “天和一号”盾构机到达

2015年6月21日，“天和一号”盾构机到达接收井，累计完成1779环(3557m)的掘进，穿过上软下硬的复合地层后的1980m没有更换刀具。特别是在2012年12月17日达到了日掘进13环、拼装12环的优异成绩，创造了国内同类型盾构机日掘进最高纪录。

盾构机掘进到砂卵石地层，成功进行了两次常压可更换式切削刀的更换，使盾构机顺利在砂卵石地层中安全掘进。在掘进江底复合地层段，成功进行了空气带压换刀，特别是成功进行饱和带压换刀，使带压换刀技术达到了国际领先水平。

通过实践证明：刀盘伸缩机构、超长距离掘进刀盘的配置是正确可靠的。施工中整机的各项性能指标稳定，生产效率高，确保隧道主体施工安全、优质以及按期完成。

4. 社会与经济效益

大型隧道盾构机产业化发展将带动国内超大型部件制造的技术升级，增强装备制造业的综合实力，如长距离掘进超大型复合式盾构机刀盘的制造技术、氦氧饱和作业技术在隧道掘进机上的应用、大型管片起重运输系统、机电液多项技术组合的复合型人才，真正带动产业的结构调整、转型升级。

可推出式滚刀技术在本次施工项目上成功应用，解决了盾构机在长江航大堤下地质条件苛刻无法更换刀具的困难，采用备用推出式滚刀继续掘进。挽回的经济损失无法估算。创新性的超长距离掘进刀盘，在本次施工项目上不仅降低成本，更可减少施工时间2个月以上。

刀盘伸缩机构在本次施工项目上，成功解决地下树木区域刀盘多次卡死的难题，顺利穿越近百米地下树木区域，极大节约了施工成本和施工时间。如果没有这项技术，刀盘卡死将只能采取人员进入泥水仓内清除的办法，损失将无法估算。该机构仅节约的换刀次数与换刀时间就约3个月，有效节约劳动力投入和成本，具备极强的经济效益，换算为成本可达数千万元。

该产品的研制将促进企业快速成长，国产化将充分发挥产业集聚效应，吸引配套企业，同时全面带动当地一批锻造、铸造、金属加工企业发展，形成配套产业链，推动装备制造业的发展，有效带动上游供应商的发展和技术创新能力。同时，将为当地提供300名员工的直接就业机会和社会服务业等间接就业机会。

第 26 节　珠机城际轨道交通用 ϕ8.78m 复合式土压平衡盾构机

中交天和机械设备制造有限公司

1. 需求背景

珠海横琴隧道金融岛站至横琴站区间（图 2-1-254），位于珠海市横琴岛经济开发区，前接金融岛车站，后接横琴车站，沿南海海岸线前行。隧道全长 2.619km，单洞单线，洞身主要位于海陆相沉积（Q_4^{mc}）的淤泥质黏土、黏土、粉质黏土、弱风化花岗岩、全风化花岗岩地层中。其中 DK10+427 ～ DK10+560 段为全断面弱风化花岗岩，DK10+360 ～ DK10+427 段、DK10+560 ～ DK10+673 段、DK11+681 ～ DK11+880 段为软硬不均，上软下硬地层，沿线已探明岩石强度最高达到 149MPa。

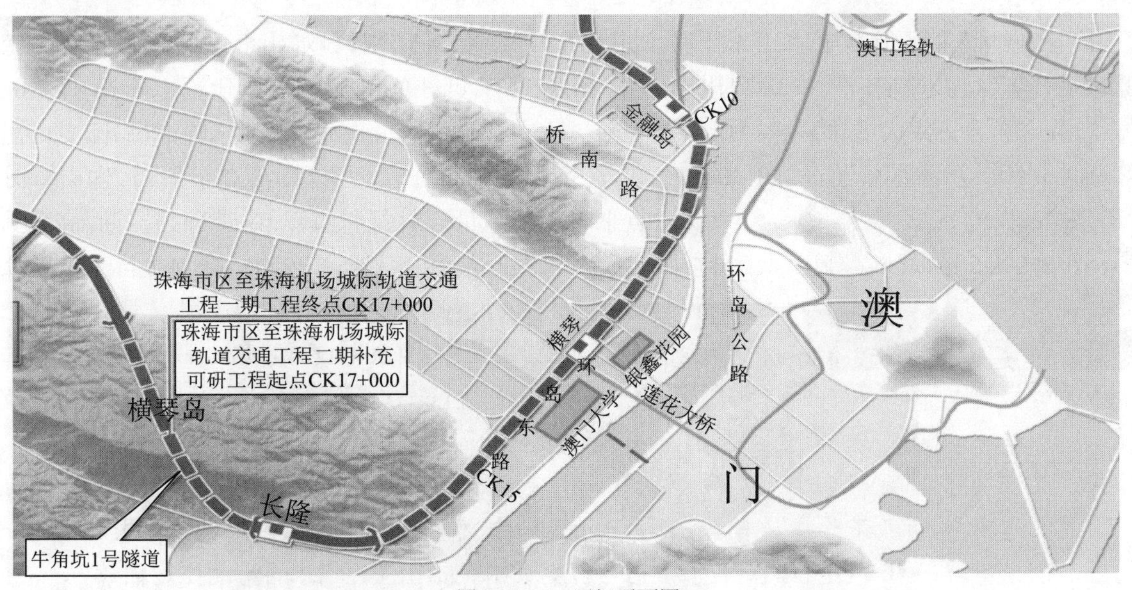

图 2-1-254　区间平面图

2. 技术创新

ϕ8.78m 复合式土压平衡盾构机集机、电、液、测量等技术于一体，采用了先进的微电脑集成控制技术，集土压平衡技术、自动导向测量技术、自动集中润滑技术、微电脑故障自我诊断技术等高科技于一身，自动化程度高、操作简单方便，作业效率高。在技术参数的设计上，属于目前同规格行业水平最高、难度最大的产品。该产品刀盘最大开挖直径 8.82m，最大掘进速度 8cm/min，额定推力 76000kN，额定扭矩为 12082kN · m，脱困扭矩高达 14498kN · m，装机功率 5350kW，在施工过程中，充分显示了大推力、高扭矩设计的优越性。主要有以下技术创新：

（1）基于复杂地质条件大断面盾构刀盘开挖系统。针对上软下硬复合地层的特殊性创新提出了最外周滚刀的设计，刮刀的布置采用连续方式，创新研制滚刀安装装置，延长了滚刀的使用寿命 10%，显著提高了刀盘在复杂地质下的稳定切削能力，研制穿梭舱井下搬运方法，极大提高了带压换刀作业效率。

(2)具有可回缩功能的中心回转接头装置。在中心回转接头装置的尾部设计小型千斤顶,将中心回转节头快速缩回,将换刀时间缩短了50%,提高了施工效率和安全性。

(3)具有自动切换功能的多模式渣土改良系统。系统共设计6个泡沫注入口、4个加泥注入口,均匀分布于刀盘开挖面上,充分改善土体的效果。远程实现加泥系统和泡沫系统的自动切换,极大提高了设备的易用性和灵活性。

(4)改良的螺旋输送机及皮带机输送系统。采用可伸缩式螺旋输送机施工时有效防止渣土堵塞,螺旋输送机出土口与皮带机前端通过改良的导流机构,大大降低了掉渣率,提高了输送效率,改善了施工环境。

3. 工程应用

图 2-1-255　盾构始发

该机自2015年12月在珠机城际轨道交通横琴站—金融岛站隧道施工现场完成了工地组装和工地验收并投入使用以来(图2-1-255),与国内外其他公司生产的类似复合式盾构机相比,其各项性能指标和可靠性均比较好,且优于其他同类机型,特别是在2016年4月,达到了单台日掘进11环、拼装11环的优异成绩,超越了国内同类型盾构机日掘进速度。

4. 社会与经济效益

该项目符合工信部、科技部等四部委颁布的《重大技术装备自主创新指导目录》第9.1条中的鼓励项目,有利于形成国内产业链,促进企业转型升级;项目产品属于国家重点鼓励发展的高新技术产品,符合国家产业发展方向。近年来,北京、成都、广州、珠海、重庆等城市已规划城市城际铁路、机场快线,总里程达150km,此种类型的盾构机有着广泛的应用前景。

项目产品在实际施工过程中安全可靠、性价比高,将会是施工企业在城际轨道交通隧道施工的首选;其配套产品的需求,将有效带动我国下游供应商的发展和技术创新能力,预计“十三五”期间,仅上述相同规格的产品需求量就在40台左右,总价约为36亿元,按国际通用的1∶10的带动作用估算,盾构机将带动相关产业近360亿元。盾构机的研制和国产化,能够降低对进口产品的需求,为国家节省外汇,以此两台盾构机为例,可节约外汇约3000万美元。

第27节　广州制造世界最大直径17.6m盾构机

(根据海瑞克与项目总监提供资料编辑)

1. 需求背景

中国内地与香港国际机场之间正在建设一条高效的公路连接线。这一公路隧道的中心是一条宏伟的交通次干线,宝嘉—布依格(Dragages-Bouygues)合营公司采用了独特的设计理念,从而使用了规模空前的 17.6m 超大直径隧道掘进机。海瑞克制造的这台混合式盾构机于 2015 年 5 月投入掘进工作，开挖一段 650m 长隧道，主要静水压力高达 4bar。屯门至赤鱲角连接路（TM-CLKL）有 4.2km 的双洞隧道，该段是香港境内的一部分。对于盾构机来说，在盾构隧道段的总体要求是处理超过 5bar 的高静水压力，以及相应的极不稳定的地质。该段隧道地质包括冲积层（以砂为主，间有黏土和淤泥），完全至高度风化的花岗岩、轻微风化至新形成的花岗岩及海洋沉积（砂和黏土）。

该双洞盾构隧道段共投入 3 台盾构机。掘进作业将面临的地质条件中，50% 是岩土混合段，50% 是全冲积层。花岗岩的岩石强度预计在 70 ～ 170MPa 范围内。设计 TBM 时，除了考虑高支承压力和在花岗岩段内的高磨损外，还要考虑黏性土可能造成的堵塞以及海洋和 / 或冲积层的有机气包。基于工程的地质条件和水文地质条件，采用 3 台混合式盾构机：一台有 17.6m 的超大直径，另两台的直径为 13.6m。

2. 项目亮点

图 2-1-256 为 ϕ17.6m 超大型混合式盾构机在广州南沙工厂组装调试。

图 2-1-256　ϕ17.6m 超大型混合式盾构机在广州南沙工厂组装调试

盾构机直径 17.6m，刀盘功率 5600kW，长 120m，配有三层垫板。

因地质状况及项目具体条件的要求各不相同，盾构机按照便于日常维护的要求进行定型和设计。因此，具备较高的可靠性，并方便进入所有部件。为了对切削工具和刀盘进行定期检查而需进仓作业；检查和更换程序需要冗余备用系统，特别是对于高压进仓作业。设备按能够应对最坏状况的需要进行设计，特别是要求能在高水压和不稳定的掌子面对刀盘进行检查。因此，设备装配了饱和模式下进入舱室的所有必要基础装置。除了饱和模式下进舱所需的管路和连接部件外，在盾体内还设置了一个永久预备舱（图 2-1-257），需要时可以连接穿梭舱。设计时已经考虑了穿梭舱通过后配套台车到达预备舱的一条明晰的运输通道，而现场也预备了用于高压输送的穿梭舱。

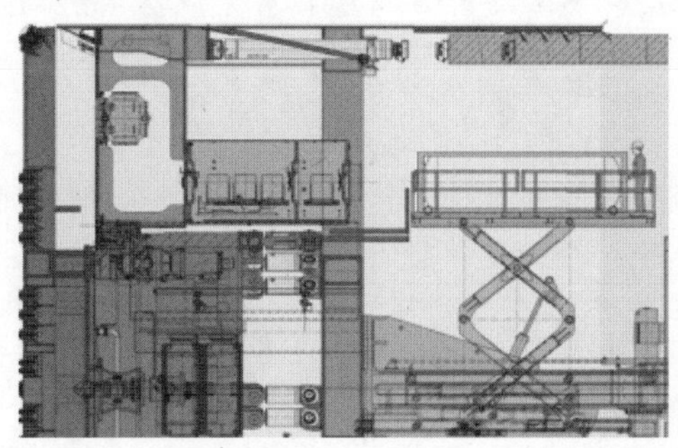

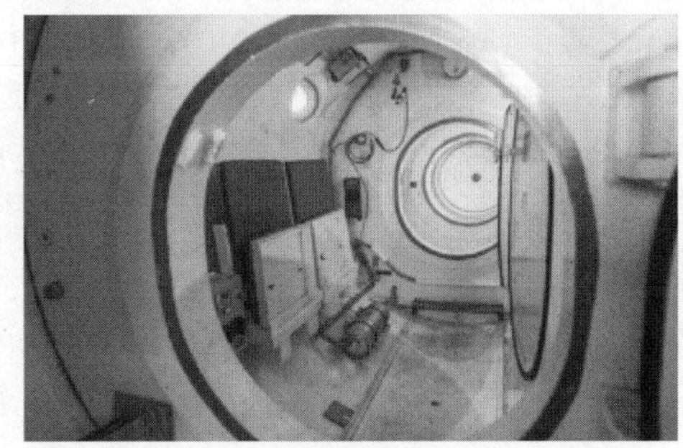

图 2-1-257　用于 TM-CLKL 的超大型盾构机（基于永久预备舱的带压进仓理念）

3. 工程应用

图 2-1-258　ϕ17.6m 混合式盾构机完成隧道开挖贯通

项目数据：隧道长 2 × 5km，地质情况：全风化，花岗岩 (CDG)、冲积地层、花岗岩、海洋沉积。

2015 年 5 月，这台 ϕ17.6m 超大型混合式盾构机投入到支线隧道一个 650m 长的区段作业，并于 2015 年 11 月到达位于中间风井的目标点，此后按计划更换设备尺寸。其主驱动装置和支持系统不变，但改用 ϕ13.6m 混合盾构机，由其继续掘进剩余部分的海底隧道区段。通往机场的公路隧道的平行盾构区段由 ϕ13.6m 的姊妹设备开挖和衬砌。

ϕ17.6m 混合式盾构机完成隧道开挖贯通如图 2-1-258 所示。

4. 社会与经济效益

现代基础设施优选业绩项目强调了大直径至超大直径隧道掘进机设计中对创新性解决方案的要求，例如城市闹市区地下车站的双层设计、3 车道公路隧道或香港 TM-CLKL 大型交通连接线。

利用直径 14m 以上的盾构机已经成功完成了多个超大直径隧道项目施工，而且都在多变的挑战性条件下取得良好甚至优异的成绩。这表明，这些巨型隧道掘进机已为公众所接受和信任。随着地下基础设施规模的持续扩大，针对未来大型基础设施项目已开始实施可行性研究，其所用盾构机直径甚至会超过已经验证的 17.6m。

第 2 章　盾构机再制造技术及其应用

第 1 节　14.87m 超大直径泥水气平衡盾构吸收消化、再制造技术

上海隧道工程股份有限公司

近年来，由于经济高速发展的需要，国际和国内出现了很多用盾构法施工的大直径（14m 以上）隧道工程，如德国汉堡的第四条易北河隧道、大贝尔特隧道，采用 ϕ14.14m 泥水加压平衡盾构机施工的日本东京湾隧道，采用 ϕ14.87m 泥水平衡盾构机施工的荷兰阿姆斯特丹至巴黎的公路隧道等。虽然我公司已引进了日本三菱公司的 ϕ11.22m 泥水平衡盾构机，在施工和对盾构的设计和制造等方面有了基本的了解。但国际上，在超大直径掘进机（14m 以上）的设计、制造和施工技术方面，一些国家已经具有相当先进的水平，他们将高科技应用于超大直径掘进机，使得超大直径掘进机愈加完备、愈加科学、施工愈加安全可靠，这些为我公司开发和研制超大直径掘进机技术提供了借鉴和学习机会。随着超大直径盾构机的应用越来越普遍和广泛，研制自己的超大直径盾构势在必行，为此结合上中路越江工程从法国引进的 ϕ14.87m 二手泥水气平衡盾构机进行吸收、消化和研究，可以积累一些有价值的经验，对今后的研制奠定基础。

上中路越江隧道为上海中环线南段穿越黄浦江的一个关键节点工程，工程起点为上中路—龙川路交叉口东侧，与中环线南段上中路衔接，终点为浦东规划华夏西路—公园大道交叉口西侧，工程全长 2.8km。隧道穿越黄浦江底采用盾构法施工，黄浦江宽 400m，深 15m，隧道外径 14.5m，江底最浅覆土 10m，隧道纵坡 4.5%，盾构法圆形主隧道长 1250m，两岸各设一座工作井，矩形暗埋段和引道段共长 1052m。隧道施工采用 ϕ14.87m 泥水气平衡盾构掘进机（图 2-2-1）。该盾构机为法国 NFM 公司制造，已在荷兰 GROENE HART 隧道工程中掘进施工 7.1km，该盾构机是当时世界上最大直径的盾构机，经过荷兰 GROENE HART 隧道工程施工的证实，该盾构机是一个技术可靠、成熟的产品，引进该盾构机，不但满足了工程对设备的需要，而且引进了先进的技术，对国内今后设计、制造、使用超大型的泥水平衡盾构机具有重要的指导意义。

图 2-2-1　ϕ14.87m 泥水气平衡盾构机

本项目的主要研究内容为：消化吸收国外超大直径泥水气平衡盾构机设计制造集成技术，ϕ14.87m 泥水气平衡盾构机的引进和关键技术剖析，ϕ14.87m 泥水气平衡盾构机的修复设计和制造研究，盾构配套泥水输送系统集成设计研究，气囊式泥水平衡机理研究，刀盘大轴承土砂密封技术研究，盾构液压系统

的剖析和集成技术研究。

创新研制目标：通过对 ϕ14.78m 泥水气平衡盾构机的引进剖析和研究，对国外超大型泥水气平衡盾构机的设计理念有清晰的认识，消化吸收在该盾构机中采用的新技术、新工艺，针对上中路隧道的实际施工情况，对该盾构机（包括车架、泥水输送、泥水处理、液压系统等）进行修改或修复设计、制造。对盾构机进行总体的修复、参数确认、安装，使修复后的盾构机能满足上中路隧道的施工要求。

创新点：气囊式泥水平衡机理及盾构刀盘掘进系统的集成设计、盾构液压系统的集成技术。

考核目标：修复的盾构机主要技术参数达到国际先进水平；在工程应用中，盾构机能符合施工要求，优质完成工程。

围绕本项目所要求的研究内容、创新研制目标、创新点和考核目标，我们开展了以下工作。

1. ϕ14.87m 泥水气平衡盾构机械部分剖析、消化吸收、改制和修复

1）ϕ14.87m 泥水气平衡盾构机主要参数

（1）盾构直径 14.87m，长 11.65m，总长 120m。

（2）盾构主机重 19000kN，后配套装置重 14200kN，总重 33200kN。

（3）推进油缸，19 组双联油缸，总推力 184300kN，推进速度 0 ～ 40mm/min。

（4）刀盘额定扭矩 36000kN · m，最大扭矩 43200kN · m，刀盘转速 0 ～ 1.4r/min，功率 3500kW（250kW×14 台）。

（5）拼装机转速 0 ～ 1.5r/min，旋转角度 ±220º，6 自由度，真空吸盘式。

（6）泥水输送系统：

①送泥回路，管径：20″（500mm），掘进流量 2020m^3/h；

②排泥回路，管径：20″（500mm），最大流量 2450m^3/h。

（7）气平衡装置，容量 210m^3，最大进气流量（7bar） 14805m^3/h，最大排气流量（7bar） 12322m^3/h。

2）ϕ14.87m 泥水气平衡盾构机主要特点

（1）超大直径（14m 以上）盾构机设计、制造、吊运、安装、调试理念

超大直径（14m 以上）盾构机与目前一般的盾构机不同，在设计时必须考虑盾构机的分块，分块必须合理，要考虑分块制造，但组装起来后，必须保证整体的制造、定位精度，分块可用现有的起重设备起吊，可用现有的运输工具运输。

ϕ14.87m 泥水气平衡盾构机的壳体由切口环 3 块、支承扇形环 6 块和盾尾壳体 3 块组成，3 块切口环拼成圆环，整圆后的直径尺寸控制在 14850^{+15}_{0}mm 范围内；支承扇形环由下环（202t）、下左环（152t）、下右环（152t）、上左环（152t）、上右环（152t）和上环（174t）共 6 块组成。下环装有闸门装置 3 套、搅拌机 2 台、推进油缸 3 组和进排泥管等，下左环、下右环各装有推进油缸 3 组，上左环、上右环各装有推进油缸 3 组、人行闸和材料闸，上环装有推进油缸 4 组、人行闸和摄像装置、气平衡控制装置等，支承扇形环相互之间的环向结合由 M52，10.9 级螺栓，螺母及定位销连接，结合面螺栓孔两侧需用平面密封胶黏结，支承扇形环安装后，与刀盘驱动的结合环面 ϕ7330 处必须光滑平整，支承扇形环连接处高低差必须控制在 0.5mm 以内，所有与气泡仓连接处必须用焊缝封闭，气泡仓与泥水仓连接处必须用焊缝封闭。

盾构机分块拆卸、分块运输和分块组装分别如图 2-2-2、图 2-2-3、图 2-2-4 所示。

图 2-2-2　盾构机分块拆卸

图 2-2-3　盾构机分块运输

图 2-2-4　盾构机分块组装

刀盘分成中心盘体（117t）、右上扇盘体（53t）、左上扇盘体（53t）、左下扇盘体（54t）、右下扇盘体（53t），刀盘组装时以刀盘中心盘体为基准，安装 4 块扇形盘体，用定位块上的螺栓进行定位连接，校正盘面的平整度，直径、圆度误差 <10mm，盘面平整度误差 <10mm；切削刀具有 10 把联装中心刀、274 把标准割刀、96 把周边刀、2 把（一用一备）仿形刀，切削刀装配牢固，刀尖必须在盘体端面同一平面，平整度误差 <10mm，刀头硬质合金焊接可靠坚固，不得有裂缝，周边刀回转半径以不产生超挖现象为准，刀具安装完成后，刀盘的最大切削直径为 14.87m。

（2）变频电机驱动的刀盘驱动装置

驱动装置的主要作用是将动力传递给大刀盘，驱动刀盘的转动，传送推进时所需要的扭矩。ϕ14.87m 泥水气平衡盾构机的驱动装置主要由箱体、中心回转环、14 台变频电机及减速器、内啮合齿圈大轴承（图 2-2-5）及 14 个小齿轮的传动装置、传动装置的润滑系统、工作仓与主轴承之间的主密封及其密封油脂注入通道、主密封的水循环冷却通道和中心固定盘体等部分组成。

刀盘的回转由 14 台 250kW 变频电机（图 2-2-6）驱动主轴承中心回转环来保证，变速范围 0 ～ 1.4r/min，

图 2-2-5　盾构内啮合齿圈大轴承

图 2-2-6　盾构变频电机

最大额定扭矩（0.7r/min 时）36000kN·m，最大扭矩 43200kN·m，驱动总功率 3500kW，主轴承寿命 10000h；14 台变频器变频范围 5 ～ 96Hz，变频电机额定转速 949r/min（48Hz）、最大转速 1898r/min（96Hz）；变频系统的配置为主 / 从结构。只有 1 号和 8 号变频器可以作为主变频器，2 ～ 7 号、9 ～ 14 号变频器只能作为从变频器。在一般情况下，1 号变频器作为主变频器，其他均为从变频器，在 1 号变频器发生故障时，8 号变频器自动转化成主变频器。

刀盘驱动正常模式下，刀盘可以进行正反转。首先进行点动，在点动正反转各一圈后无异常情况，可进行连续运转。调节刀盘转速电位计，可使刀盘转速在 0 ～ 1.4r/min 的范围内进行调速。刀盘驱动特殊模式下，刀盘可以进行正反转，调节刀盘转速电位计，可使刀盘转速在 0 ～ 0.2r/min 的范围内进行调速。当刀盘扭矩达到 43200kN·m 时，刀盘停止转动，当刀盘扭矩在 36000 ～ 43200kN·m 之间，每次回转的时间限定为 30s，此后刀盘停止回转，再次操作需等待 2.5min，以进行刀盘电气驱动系统 (马达、变频器、转换器等) 的冷却，当刀盘扭矩 <36000kN·m 时，刀盘自动转换成正常模式运转。

(3) 双联油缸式推进装置

图 2-2-7　盾构双联油缸式推进装置

盾构推进系统的功能是使盾构向前运动，同时推进油缸也用于保持管片的定位，防止盾构后退。ϕ14.87m 泥水气平衡盾构机的推进系统由分布在同一圆环上分 4 个区域的 19 对双联油缸来执行，如图 2-2-7 所示，油缸的推力通过油缸的每块靴板传递到管片上，靴板由聚氯乙烯材料制成，具有良好的荷载分配能力，可以增强管片上的摩擦荷载。每对油缸上均配有行程传感器，可以实时测量油缸的伸长距离，测量数据可在盾构总控室内显示。推进油缸具有两种液压状态操作方式：拼装模式用于管片拼装，在此状态下，靴板上的压力将减小，但能对管片保持足够的安全压力，以压紧每环间的止水带，在低压状态下，保证盾构不后退；推进模式用于盾构的推进，在此状态下，靴板上的高压在管片上产生推力，推动盾构前进。

(4) 真空吸盘式 6 自由度管片拼装机

ϕ14.87m 泥水气平衡盾构机的管片拼装机的功能是对管片进行抓取、装卸和定位操作，以完成整环的拼装，能够进行以下 6 个自由度的动作（图 2-2-8）：平移、回转、管片平台提升、管片平台前后摆动、管片平台左右摆动、管片平台。

如图 2-2-9 所示，平移机构负责拼装机平移轴上带着管片做纵向移动，它由 2 个固定在拼装机支撑梁上的圆柱形导向柱来支撑和导向，纵向移动的动力由 2 个液压油缸来提供；拼装机回转采用内齿式回转轴承（交叉滚子型），由 2 台液压马达驱动小齿轮，带动回转轴承的内齿轮来驱动（回转角度为 ±220°，由行程检测器来限制），回转架（U 形）是拼装机的主要结构件，它包括两个平行圆柱形导向柱，管片提升由 2 个液压油缸驱动，管片抓取平台由回转架支撑；管片夹持平台通过真空吸盘抓取管片，并把管片放置到每环上的拼装区域并提供调节管片位置所需的所有动作；管片夹持系统和平台是一个整体，配有 2 个可插入管片孔中的安全销的真空提升梁，管片的最终定位由 3 个自由度来保证：相对于纵轴有 3 个角度的转动能力，位于管片抓取台两侧的 2 个平衡液压油缸和抓取台中央的轴向双节油缸确保了 3 点的倾斜（转动和俯仰），这 3 个油缸呈三角形分布且可以单独动作，仅动作 1 个油缸会引起管片相对于其他 2 个油缸的固定点的倾斜。拼装机的回转和平移动作可以进行变速操作。

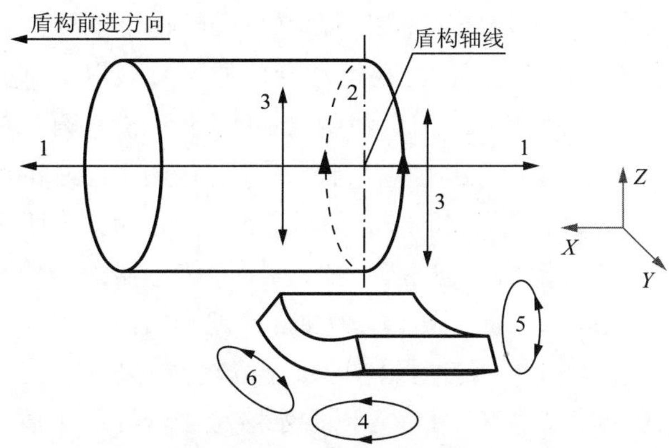

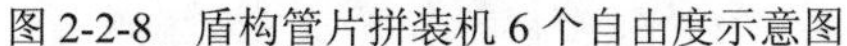

图 2-2-8　盾构管片拼装机 6 个自由度示意图

图 2-2-9　盾构管片拼装机 6 个自由度实物图

拼装机的管片抓取采用真空吸盘式（图 2-2-10），将拼装机平台提升到管片上方，慢速降下平台，使真空吸盘紧密的贴近管片，启动真空吸盘真空泵（此泵在吸管片时，不能停止）和真空箱真空泵（此泵在真空箱的真空度达到 80%时停止），当下列条件满足后才能进行管片抓取操作：

①所有吸盘的真空度大于 85%；

②真空箱的真空度大于 80%。

如果有一个真空吸盘的真空度低于 85% 或真空箱的真空度低于 80%，就不能进行抓取管片的操作。

（5）管片运输机

管片运输机（图 2-2-11）的主要功能是将管片喂送到管片拼装机下方，由于大型隧道盾构的管片质量大，定位要灵活正确，管片拼装机通常采用真空吸盘，而采用真空吸盘的管片没有吊装螺纹孔，所以管片运输过程中都需要特殊的吊具，这在隧道中或连接梁等空间相对较大的区域还好办，但从盾构第一节车架到管片拼装机这一区域，因车架上大量设备放置，空间较小，采用特殊的吊具也往往高度不够，所以 ϕ14.87m 泥水气平衡盾构机配置了 1 台能适应小空间、大运输能力的管片输送机。

图 2-2-10　盾构拼装机真空吸盘

图 2-2-11　管片运输机

管片运输机主要由支撑框架、伸缩框架（前台和偏移台）、支撑框架的定向设备、液压回路和动力装置（安装在 1 号设备台车的第一层上）及辅助设备（前框架、偏移台）组成，主要用于从管片装卸吊车（负载能力为 30t）上卸下管片，可储存 10 块管片或将管片从后部运送到靠近拼装台的前部，同时支撑并将 1 号车架的运动横梁从后部运送到靠近拼装台的前部，然后沿着 1 号车架底座的活动结构滚动，并通过 2 台牵引千斤顶由 1 号车架来拉动和定向。管片运输机是可以伸缩的，行程为 1800mm，可在 1 号车架的活动结构（隧底）上做往复运动。

（6）泥水气平衡装置及控制

ϕ14.87m 泥水气平衡盾构机采用用气体控制开挖面的平衡，泥水输送系统负责把刀盘切削下来的泥土输送到地面的泥水处理装置中，此种控制方式称为间接控制型。

如图 2-2-12 所示，在盾构的泥水室内装有 1 道半隔板，将泥水室分割成两部分，即在半隔板的前面称为泥水仓，在半隔板的后面称为气泡仓。在泥水仓内充满压力泥水，在气泡仓内盾构轴线以上部分加入压缩空气，形成气压缓冲层，气压作用在气泡仓内的泥水液面上。由于在接触面上的气、液具有相同的压力，因此只要调节空气的压力，就可以确定开挖面上相应的支护压力。当盾构推进时，由于泥水的流失或盾构推进速度的变化，进出泥水量将会失去平衡，气泡仓内的泥水液面就会出现上下波动。为维持设定的压力值（与设定的气压值发生偏差，由 Samson 调节器根据在泥水仓内的气压力传感器测得值与设定的气压值比较得出），通过进气或排气改变气压值。当盾构正面土压值增大时，气泡仓内泥水液位升高（高于盾构轴线），由于气泡仓内气体体积减小，压力升高，排气阀打开，降低气泡仓内气体压力，当气体压力达到设定的气压值时，关闭排气阀；当盾构正面土压值减少时，气泡仓内泥水液位降低（低于盾构轴线），由于气泡仓内气体体积增加，压力降低，进气阀打开，升高气泡仓内气体压力，当气体压力达到设定的土压值时，关闭进气阀。通过液位传感器，可以根据液位的变化控制进泥泵或排泥泵的转速，在保持压力设定值不变的状态下（由 Samson 调节器差分控制系统控制），使气泡仓内泥水液位恢复到盾构轴线位置；当气泡仓内泥水液位达到设定的高低极限位置时，盾构可自动停止推进。

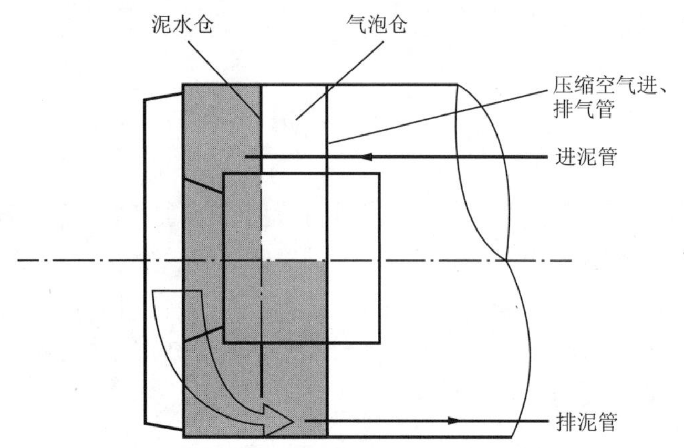

图 2-2-12　盾构机泥水气平衡控制装置

（7）泥水输送系统

泥水输送系统由送泥管路和排泥管路组成，在盾构推进过程中，地面泥浆池中的新泥浆通过泥水送泥变速泵 $P_{1.1}$ 和隧道中的中继接力泵 $P_{1.2}$、$P_{1.3}$ 输送到送泥管路中，调节 $P_{1.1}$ 转速，改变送泥流量可以使气压仓内的泥水量保持平衡。盾构内通往前仓的送泥管路分为 5 段：2 个在上部通向泥水仓，2 个在下部通向气泡仓，一个在中央通过中心回转接头通向泥水仓；排泥管路（盾构下部的一条管路）中配备有多个泥水排泥变速泵：$P_{2.1}$ 泵和位于 1 号车架 0 层、安装在隧道中的中继接力泵 $P_{2.2}$ ～ $P_{2.4}$ 及安装在盾构竖井中的中继接力泵 $P_{2.5}$。排泥流量根据排泥密度而定，泥水密度和泥水流量分别由安装在每条管路上的伽马密度仪和电磁流量仪来测定；正面泥水量由 $P_{1.1}$ 或 $P_{1.i}$ 泵来控制，排泥流量由 $P_{2.1}$ 或 $P_{2.5}$ 泵来控制。盾构机泥水泵如图 2-2-13 所示。

图 2-2-13　盾构机泥水泵

泥水输送系统的控制，共分为三种方式：

①手动模式：所有的指令都是手动执行的，操作者调节泵的转速和阀的开度，泥水气平衡也是手动控制的。

②半自动模式：操作者手动调节泵的转速和阀的开度，但这些设备的安全保护是自动的，泥水气平衡是自动

控制的。

③自动模式：显示掘进模式和旁路模式下的流量数据，操作者只能进行停止模式的操作。自动模式还包括以下五种操作模式：

- 推进模式：盾构处于推进状态；
- 旁路模式：盾构处于待机状态或拼装管片；
- 接管模式：管路转接；
- 逆洗模式：送、排泥管路切换，用于清洗泥水管路；
- 周末模式：在长期停止期间使用。

3）ϕ14.87m 泥水气平衡盾构机的改制

（1）2 号车架的改制

2 号车架是依靠 4 个履带行走机构而自运动的，原设计 4 个履带行走机构行走在离隧道水平轴线下方 3602mm 的预制件构件的路面上，左右履带行走机构离隧道垂直轴线左右分别为 4400mm、3800mm，如图 2-2-14 所示。

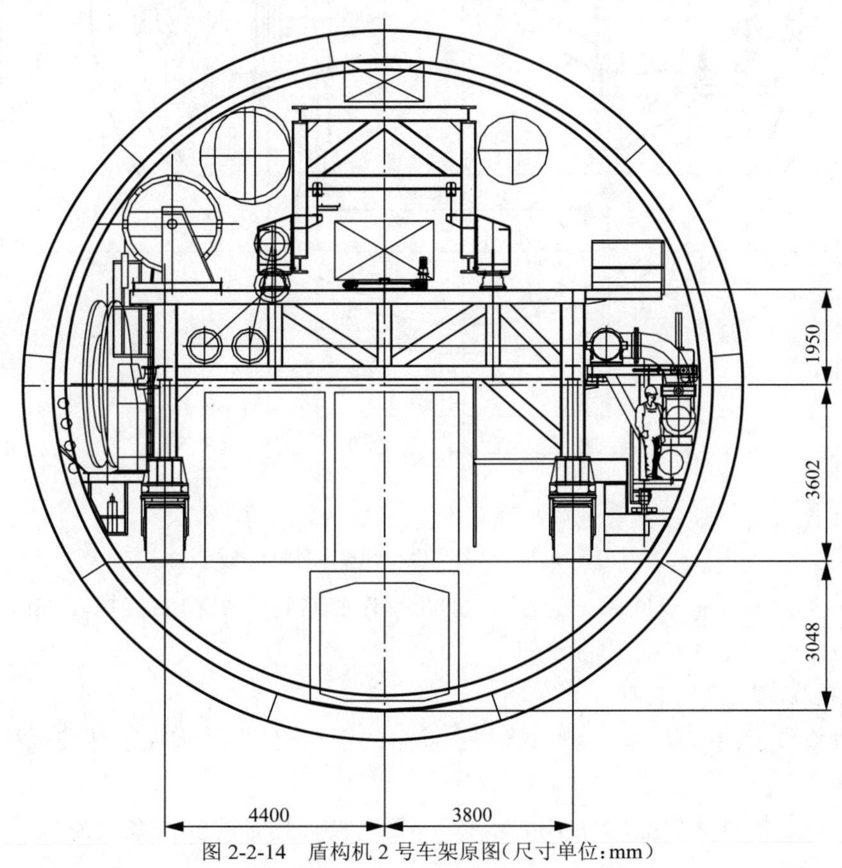

图 2-2-14　盾构机 2 号车架原图（尺寸单位：mm）

由于上中路越江隧道双层路面结构，其施工时预制件构件的路面离隧道水平轴线下方 5165mm，比原设计 2 台车架的使用路面标高降低了 1563mm，所以，必须对 2 号车架进行改制，才能在上中路越江隧道中施工。

2 号车架由履带轮、支撑脚、接管车架、前平台组成，在每个角上有一套位置指示设备，其上设备有 1.6m 风机、1.4m 风机、导流罩、通风管、HTA 主动力电缆盘、电话电缆盘、泥水控制电缆盘、接地电缆盘、照明电缆盘、高压电缆盘及盘架、气及泥水皮笼盘和盘架、接管器、泥水阻塞器、移动小车及平台等其他辅助设施，2 号车架上的所有设备都与盾构机的其他设备有联系，同时，连接运输梁的一端支撑在 2 号车架上，所以，改制后的 2 号车架上任何设备都必须维持原有的标高。

基于以上情况，2 号车架的改制采用改变履带行走机构的位置来解决，把履带行走机构的位置下降 1563mm，左履带行走机构的位置内缩 1550mm，右履带行走机构的位置内缩 950mm，使左右履带行走机构对称隧道垂直轴线，如图 2-2-15 所示。

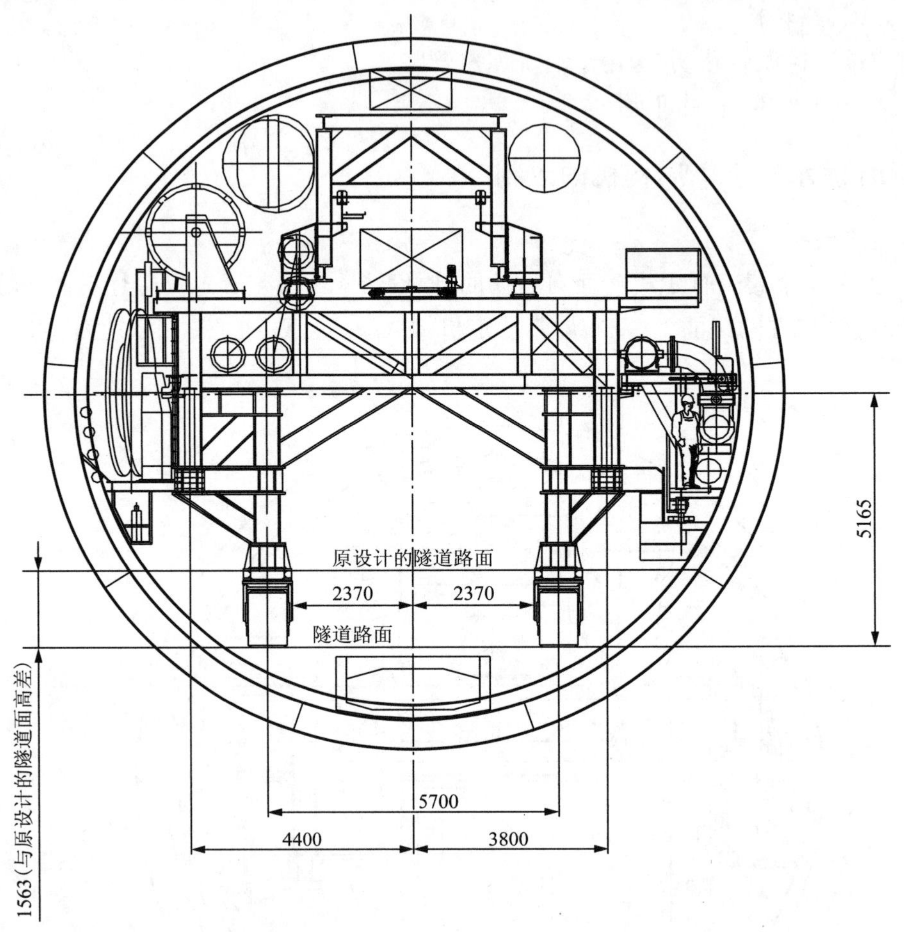

图 2-2-15　盾构机 2 号车架改制图(尺寸单位:mm)

改制后的 2 号车架上设备维持原有的位置，重新制作履带行走机构的支撑及加强板，使改制后的 2 号车架能适应上中路越江隧道的施工。

(2)管片拼装机真空吸盘的改制

由于隧道衬砌设计上的改动，最大单块管片含筋量的增加，衬砌环增加了环向螺栓，需重新设计、制造真空吸盘。

原设计的管片拼装机真空吸盘的真空度为 85%，真空吸管片时的安全系数为 3.03，真空吸盘的布置形式如图 2-2-16 所示。

由于增加 2 个拧螺栓手孔，相应减少了真空密封的面积，在相同的真空度下减少了真空吸力。所以，在真空泵真空度只能保持 85%的情况下，改制时，必须尽量最大化真空密封的面积。

改制时后的真空吸盘把原中间 2 个独立的手孔改成目字形，并对圆形外部分抽气，这样实际有效面积比原来只减少 9.5%，在真空度 85%时，安全系数为 2.744，虽然安全系数降低了，但是，此安全系数在国家的安全标准范围内，所以，改制后的拼装机真空吸盘可以在上中路越江隧道施工中安全使用，改制后的真空吸盘如图 2-2-17 所示。

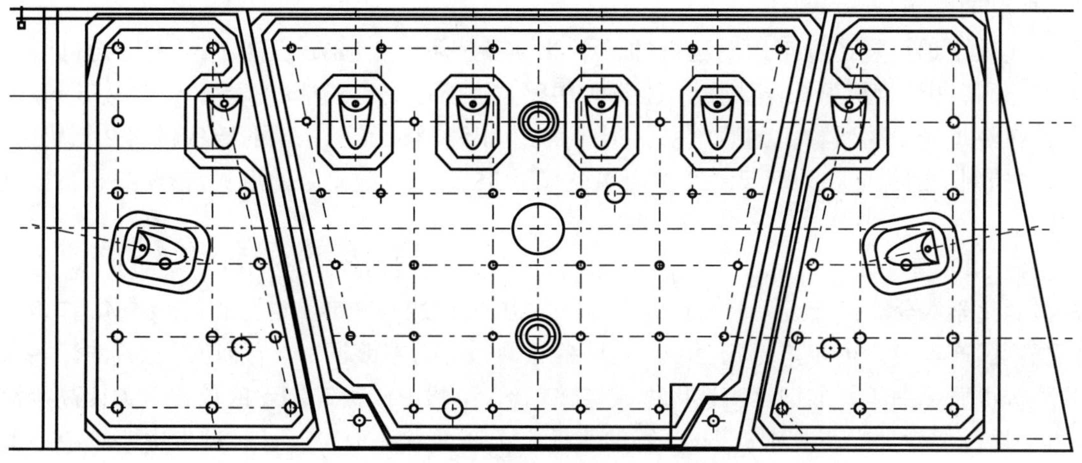

图 2-2-16　盾构机真空吸盘原设计布置形式

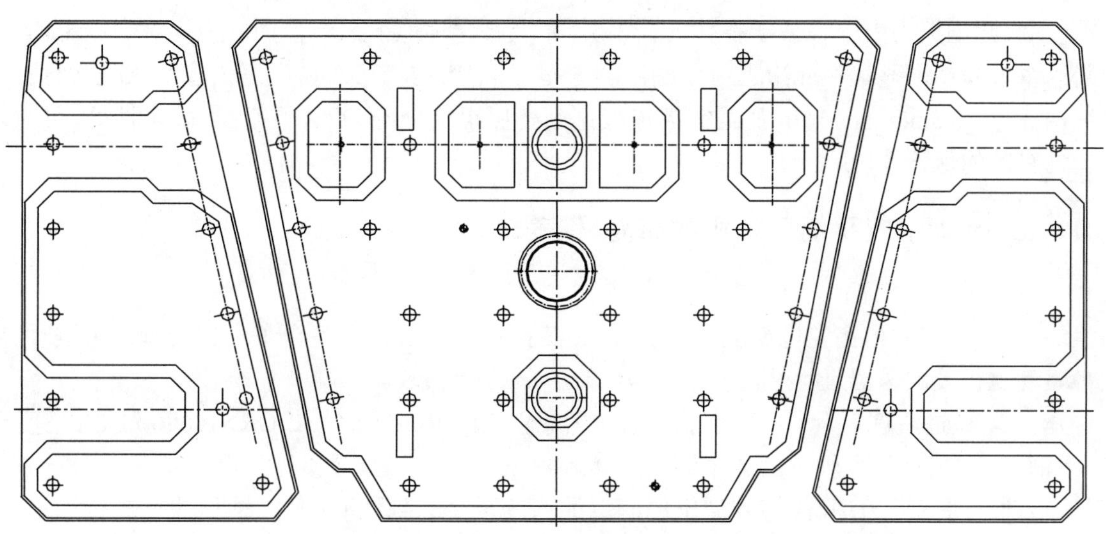

图 2-2-17　盾构机真空吸盘改制后的布置形式

（3）30t、15t、14t 行车的改制

由于上中路越江隧道轴线坡度最大 4.5%，而原盾构机上 30t、15t、14t 行车的最大爬坡能力为 3%，所以，原三部行车的爬坡能力，制动安全系数不满足要求，必须进行改制，改制后须符合现行规范要求，爬坡能力达到 5%。

① 30t 行车的改制

经计算，原大车行走电动机功率（4kW×4）不能适应 4.5% 坡度上工作，若要保持原电动机和减速器，必须要降低运行速度，增大总速比，所以，更换一对开式齿轮（Z2/ Z1，从 85/23 改为 91/17），中心距保持不变，增加 1 套防滑装置，防滑装置用链轮链条，链条采用弯板链。

② 15t 行车的改制

经计算，原大车行走装置动力能满足 5% 坡度上工作，只需要增加 1 套防滑装置，防滑装置用链轮链条，链条采用弯板链。

③ 14t 行车的改制

经计算，原大车行走装置动力能满足 5% 坡度上工作，只需要增加 1 套防滑装置，防滑装置用链轮链条，链条采用弯板链。

（4）盾尾刷的改制

盾尾刷是软土地层隧道施工用盾构机的一个重要密封件。ϕ14.87m 泥水气平衡盾构机原盾尾密封采用 2 道钢丝刷、1 道钢板刷（3 层钢板），根据上中路越江隧道的地质情况（最大土压 5.5bar），结合在黄浦江多条越江隧道施工用盾构机的盾尾密封形式，在上中路越江隧道施工的盾构机内 2 道仍采用 NFM 刷子形式（包括刷子的构造和外形尺寸），外面 1 道采用 35 层弹簧钢板束的形式，钢丝刷和钢板刷全部采用国内定制。

从对检测 NFM 盾尾钢丝刷备件的结果可以看出，国产盾尾钢丝刷的护板材料和 NFM 盾尾钢丝刷的护板材料的化学成分非常接近，都符合《弹簧钢》（GB/T 1222—2007）的要求（即 65Mn 弹簧钢板），硬度和抗拉强度国产与进口也相差无几；NFM 盾尾钢丝刷选用高碳镀铜钢丝，而已经在黄浦江多条越江隧道施工的盾构机盾尾钢丝刷的钢丝都选用中碳镀锌钢丝，虽然中碳镀锌钢丝的单根拉力比高碳镀铜钢丝低，但耐氧化性能要大大高于高碳镀铜钢丝，非常适合上海的软土地层，所以，在上中路越江隧道施工的 ϕ14.87m 泥水气平衡盾构机盾尾钢丝刷的钢丝选用中碳镀锌钢丝。

原在荷兰 GROENE HART 隧道施工的 ϕ14.87m 泥水气平衡盾构机最外面 1 道采用 3 层 1mm 钢板叠层的钢板刷，此钢板刷由于容易断裂且只有 3 层，在上海这种地下水丰富的软土地层中施工，容易造成盾尾渗漏的重大险情，所以，在此次上中路越江隧道施工中，盾构机第 3 道盾尾刷选用 35 层弹簧钢板束，此钢板束由 35 层 0.5mm 的 65Mn 弹簧钢板错缝排列叠层组成，全部断裂概率小，防水性好，可对内 2 道钢丝刷起到有效的保护作用。

4）ϕ14.87m 泥水气平衡盾构机的修复、保养

（1）刀盘驱动的修复、保养

刀盘的回转是由 14 台齿轮电机驱动，电机的变速控制由安装在设备台车上的变频器来进行，须由专业单位对驱动电机及减速器进行性能测试，经测试合格，方能安装。

大轴承必须经过清洗和保养后，才能安装，清洗时，用 BP ENERGOL GRXP 680 过滤，精度至少为 25μm 润滑油，分别依次从大轴承的各个润滑油接入口压入，且平稳、缓慢地按顺时针和逆时针方向转动大齿圈，边转动边进行压力清洗，直到溢出的润滑油精度至少达到 25μm。大轴承的外圈有标记“S”，在安装时这一点必须处在 12 点钟位置，用 3 个定位销进行定位，外排紧固螺栓采用 10.9 级 M42 高强度螺栓，使用螺栓拉伸张紧油缸进行紧固，以十字交叉的方式进行紧固，预紧力为 916kN。必须检查小齿轮与大齿圈的齿隙游移量，至少为 0.03mm× 模数＝ 0.75mm。

在拆除传力环与大轴承连接的 80 个 10.9 级 M48 高强度螺栓时，发现其螺栓的拆松力矩只有 5500N·m，且传力环与大轴承有移位现象，因为一般拆松力矩为拧紧力矩的 1.5 ～ 2.5 倍，所以原有的拧紧力矩只有 4000N·m；刀盘驱动的最大扭矩为 43200kN·m，经计算，每个高强度螺栓的预紧力要达到 1206kN，拧紧力矩达到 11000N·m，须采用 12.9 级高强度螺栓，大轴承制造厂商也认可了我们的计算，所以，为保证刀盘驱动达到最大扭矩为 43200kN·m，我们把 80 个 10.9 级 M48 高强度螺栓全部换成 12.9 级 M48 高强度螺栓，每个高强度螺栓的预紧力必须达到 1206kN。

由于盾构已推进 7.1km，从制造到现在已达 4 年，刀盘驱动 8 道土砂密封圈已过期老化，必须全部更换，由于此密封圈法国 NFM 是向日本三菱重工定制的，所以这次我们也向日本三菱重工定制，全部更换 8 道土砂密封圈。

（2）切削刀盘的修复、保养

更换新的与驱动装置之间的轴向平面唇口密封圈，对固定平面唇口密封圈的螺孔用清洁剂进行清洁并修整，固定螺栓时采用螺纹密封胶（乐泰 277），螺栓拧紧力矩 70N·m。刀盘用定位销及 M48 的螺栓与刀盘驱动连接，拧紧力矩为 10kN·m，待检查所有连接螺栓拧紧力矩符合要求后，再用压板把螺栓头封住。

由于原盾构机是在砂砾地层中掘进的，而上中路越江隧道为软土地层，基于上中路掘进距离和地质状况，决定在上中路越江隧道的最大切削直径不超挖，比原来减小 20mm，与切口环直径相同，即 14.85m（原为 14.87m），采用线切割加工减小周边刮刀高度 10mm，保证刀盘的最大切削直径为 14.85m。

对刀盘上的其他平面割刀的修复采用以下两种方式：

①不可修复的割刀用国产割刀替代

根据对 ϕ14.87m 泥水气平衡盾构机刀盘上原有割刀的刀体和硬质合金刀片材料成分分析，其刀体材料接近国内的 ZG35CrNi3Mo，硬质合金刀片材料接近国内的 YG10，所以，决定用国产割刀，并用上述两种国产材料进行制造。

②可修复割刀的修复

采用线切割加工去除旧的硬质合金刀片，由于要重新焊接新的国产硬质合金刀片，对刀体焊接面有光洁度要求，所以，要精铣刀体焊接面，使其焊接面达到要求。硬质合金刀片材料选用国产 YG10，形状按进口刀片尺寸，用铜基钎料，采用高频焊接。

（3）盾构壳体的修复

①切口环

切口环共分 3 块，底部、左上、右上，由于盾构解体分割，吊装及运输过程中产生了一定的变形，所以必须先在地面进行整形及修复工作。切口环焊接坡口处进行打磨修整至要求，在地面上将 3 块切口环，平面拼成圆环，采用内部支撑及火焰校整方法，予以整圆，整圆后的直径尺寸控制在 14850^{+15}_{0}mm 范围内；井下将 3 块切口环垂直拼成圆环，与支承扇形环焊接连接，不得有错位现象，保证切口环直径尺寸不小于盾尾直径尺寸。

②支承扇形环

支承扇形环在下井前，必须用丙酮清洗两侧连接面，直到把连接平面上的防锈保护油去除，方能下井安装，支承扇形环相互之间的环向结合由 M52，10.9 级螺栓，螺母及定位销连接，结合面螺栓孔两侧需用乐泰 5699（灰色）平面密封胶黏结，支承扇形环安装后，与刀盘驱动的结合环面 ϕ7330 处必须光滑平整，支承扇形环连接处高低差必须在 0.5mm 以内。所有与气泡仓连接处必须用焊缝封闭，气泡仓与泥水仓连接处必须用焊缝封闭，不得有错位现象。

③盾尾

盾尾分左上块、右上块、底块三块。由于盾构解体分割，吊装及运输过程中产生了一定的变形，所以必须先在地面进行整形及修复工作。三块盾尾块纵向焊缝坡口和与支承环的环向焊接坡口处进行打磨修整，以保证总装焊接的质量要求，在地面上将三块盾尾块，平面拼成圆环，采用内部支撑及火焰校整方法，予以整圆，整圆后的直径尺寸控制在 14830^{0}_{-15}mm 范围内；井下将三块盾尾块垂直拼成圆环，与支承环焊接连接，不得有错位现象，保证切口环直径尺寸大于盾尾直径尺寸，使盾构呈锥形。对盾尾油脂管及注浆管路必须进行清洗及疏通，保证其畅通。

（4）推进系统的修复、保养

由于该设备在荷兰已经使用 7.1km，加之长途运输、长时间放置等因素，所以，须对 38 只油缸进行伸缩和耐压试验，在最高压力 35MPa 下保压 5min，压降大于 1MPa 的推进油缸送往国内指定厂家（本公司派人员调研后认可的厂家，下同）进行修理、保养、更换密封件，油缸须出厂试验，要求厂家做空载和负载试验：在最低试验压力 0.5 ～ 0.8MPa 下，活塞杆在全行程范围内做往复运动，应平稳、无卡阻、振动及断续冲击现象；油缸耐压试验：在最高压力 35MPa 下，油缸动作平稳，无泄漏现象；油缸有效行程 $S \geqslant 2700$mm。

（5）管片拼装机的修复、保养

对左、右 2 个提升油缸分别进行耐压试验，在最高压力 19MPa 下保压 5min，压降小于 1MPa，动态测试提升导向部分，更换导套和导柱之间的耐磨环，由专业单位对 2 个回转液压马达 A2FM200 进行性能测试，检查分析大小齿轮之间原来的润滑油脂情况，以确定齿面的磨损情况和回转密封的损坏情况，由专业单位对 2 个真空泵进行性能测试，检查真空箱的密封性能，对左、右 2 个平移油缸分别进行耐压试验。

（6）液压系统的修复、保养

对缺损的液压元器件进行补充和替换，将泵组、液压马达等关键、高值元件送往进口件厂家进行检查、保养、调试，并由厂家提供检验和保养内容报告，据此采取相应的处理办法。该盾构设备油缸的规格及数量较多，但是已超过密封件正常使用寿命，将油缸送往国内指定厂家进行修理、保养、更换密封件，油缸须出厂试验，要求厂家做空载和负载试验，并向本公司提供规范的试验记录及修缸合格证明，并提供部分油缸密封件备件。要求更换所有的滤油器滤芯，并另订购滤芯备件，由厂家协助检查滤油器及其压力继电器。将系统中所有的阀组进行拆卸清洗，更换坏损密封件；重新安装阀组。所有的硬管要求在配管工作以后进行酸洗磷化处理，所有的管路在装配之前须油清洗，高压风吹净，管路外表、接头无损。对油箱内表面进行检查和清理，对损坏的油箱表面进行修补，做水密试验。蓄能器、冷却器保养送往国内指定厂家进行清理、检验，并由厂家提供检验报告。

（7）泥水输送系统的修复、保养

泥水输送系统由一进一出两条 $\phi500$ 的管路组成，送泥管路由 $P_{1.1}\sim P_{1.3}$ 泵 + 若干阀组成，排泥管路由 $P_{2.1}\sim P_{2.5}$ 泵 + 若干阀组成，泵为荷兰制造的 Warman 渣浆泵，型号 GG18-16G，功率 660kW。

渣浆泵在泥水输送系统中的作用至关重要，直接影响输送能力和输送距离，同时对接力泵的数量和位置也有很大的影响。鉴于 $\phi14.87$m 泥水平衡盾构机在国外已经使用过一段时间，Warman 渣浆泵产生磨损，所以有必要进行大修保养。由于渣浆泵的扬程对隧道掘进时接力泵布置的数量有极大的影响，故必须在渣浆泵大修保养后用清水做试验测定其技术参数，与原有生产厂商提供的出厂技术参数进行比较，选用性能最好的 1 台渣浆泵作为 $P_{2.1}$ 泵。

泥水管路中的 $\phi500$、$\phi300$ 球阀（特别是内隔仓板后的 6 个），其密封状况会影响泥水仓内的压力稳定，所以对所有的球阀都做了耐压试验，发现都存在不同程度的泄漏现象。将所有球阀送往专业厂家球体进行修理、保养、更换密封件，球阀须出厂试验，要求厂家做空载和负载试验，并向本公司提供规范的试验记录及修缸合格证明，同时检查控制元件——液动和气动控制的球阀、闸阀分别进行通液、通气检查，应保证球阀、闸阀启闭灵活，无漏液、漏气现象。

由于上中路越江隧道的最大坡度为 4.5%，比原设计最大坡度为 3%增加 50%，降低了泥水输送系统中的接管阻塞器所承受的泥水水头压力，所以，在原有的接管阻塞器 3 道密封圈的基础上，再增加 1 道密封圈，使接管阻塞器有 4 道密封圈，增大了与 $\phi500$ 泥水管管壁的摩擦力，即增大了泥水的阻塞作用。经地面试验，改进后的接管阻塞器完全能阻塞隧道最大坡度为 4.5%泥水压力。

（8）其他部件的修复、保养

$\phi14.87$m 泥水气平衡盾构机的其他部件，如管片输送机、连接运输梁、1 号车架、集中润滑系统、同步注浆系统、供排水系统、供气系统等，按修复、保养原则进行修复、保养，修复后的各部件恢复原有功能，保证原有的主要技术参数，并且符合上中路越江隧道的施工要求。

2. 盾构供配电系统的消化、吸收

1）盾构供配电系统的组成

（1）盾构动力设备概况

盾构的动力设备配置齐全，主要动力设备有刀盘驱动电机 14 台，泥水输送泵 1 台，推进泵 1 台，拼装机电机 8 台，冷却泵 8 台，排水泵 10 台，水泵 7 台，润滑泵 10 台，注浆泵 7 台，风机 5 台，空压机 3 台，移动电机 28 台，钻机 2 台，电焊机 2 台，其他电机 16 台，总计 130 余台，见表 2-2-1。

盾构动力设备表　　表 2-2- 1

设 备 名 称	功率(kW)	数量	推进使用设备	取消设备	备　注
刀盘驱动电机	213	14	√		690V
$P_{2.1}$ 泵	660	1	√		690V
冷却泵(EG.P.01、05、11)	5.5	3	√		
冷却泵(EG.P.04、07)	11	2	√		
干油润滑(JZ0403 ～ 0406)	0.75	4	√		
稀油润滑泵(JZ0300、0310)	7.5+3	1+1	√		
仿形刀泵(JZ8000)	11	1	√		
推进泵(JZ2000)	200	1	√		
拼装机回转泵(JZ5000)	250	1			
拼装机平移泵(JZ5400)	55	1			
拼装机提升泵(JZ5300、5370)	90+3	1+1			
真空泵(JZ701、702)	3+1.5	1+1			
管片运输机(JZ7000)	55	1	√		
车架泥水阀(JZ0700、0200)	5.5+11	1+1	√		
工业水泵(EG.P.08)	22	1	√		
工业水泵(EG.P.09)	55	1	√		
冷却水泵(EG.P.02)	2.2	1	√		
工业水泵(EG.P.10)	1.5	1	√		
搅拌机(JZ8100、8200)	132	1	√		
搅拌机润滑泵(JZ0601、0602)	3	1	√		
气泡门动力站(JZ8300)	22	1		×	
接管小车(JZ0950)	55	1			
滤油泵(JZ0100)	37	1	√		
同步注浆泵(JZ0510、530、550)	55	3	√		
固定搅拌动力站(JZ0570)	22	1	√		
1 ～ 3 号移动搅拌	18	3	√		
工业空压机	90	1	√		
可呼吸空压机	357	2	√		
冷却泵(EG.P.07)	7.5	1	√		
高压水清洗泵(EK.P.01)	47	1	√		
油箱滤油泵(JZ0920)	2.2	1	√		
抽水泵(EX.P.01、01BIS)	45	2	√		
应急排水泵(EX.P.02、03)	90	2	√		
盾构排水泵(EX.P.04)	11	1	√		
2 号车架排水泵(EX.P.05、06)	7.5+3	1+1	√		
拼装区排水泵(EX.P.07、08、09)	11	3	√		

续上表

设 备 名 称	功率(kW)	数量	推进使用设备	取消设备	备 注
30t 管片装卸吊车	98	1 组	√		
14t 管片装卸吊车	23.5	1 组	√		
15t 管片装卸吊车	33	1 组	√		
DN200 葫芦	3	2	√		
DN500，3.2t,长、短行程葫芦	4	5	√		
油脂桶装卸葫芦	2.2	1	√		
车架移动平台	4	3	√		
伸缩平台	0.37	2	√		
水管等卷盘	1.5	4	√		
风机	160 + 110	1 + 1	√		
风扇、风机	0.6	3	√		
电焊机	45	2			
牵引泵	5.5	1	√		
钻机	37	2		×	
冷却泵、潜水泵	1.1	4	√		
其他葫芦	0.8	6	√		
高压电缆卷盘	4	1	√	×	
安全密封泵	1.5	1	√	×	
搅拌润滑泵	0.75	3	√		
拼装卷盘电机	0.75	2			
备用电机	55	1			

(2)负荷计算

盾构的用电设备功率比较大,特别是刀盘电机和泥水泵电机的单机功率大,采用 690V 电压等级比较合适,而其他动力设备均采用 400V 电压等级;需分 2 个电压等级分别进行计算。

① 690V 设备负荷计算

盾构中配置了 14 台刀盘电机和 1 台泥水泵电机,用 690V 电压供电,总计算负荷为 4496kV · A。

② 400V 设备负荷计算

盾构施工主要分“推进”和“拼装”两个工作状态。在每个工作状态,相应设备均可以同时使用。一般在“推进”工作状态的设备负荷大于“拼装”工作状态的负荷,盾构的总负荷应该按“推进”工作状态来计算。计“推进”工作状态的总有功计算负荷为 2965kV · A。

(3)电力变压器的选择

电力变压器采用国外常用的硅油冷却全密封免维护变压器,它具有适合隧道施工恶劣环境的优点,变压器内充入的硅油是一种阻燃液体,对人身和环境没有污染和危险。变压器的防护等级可达 IP55,它可以直接安装在盾构内而不需要保护外壳,从而使其在盾构中所占的位置小,更便于安装和散热。

① 1、2 号电力变压器容量选择

刀盘电机由变频器进行无级调速。采用 2 台电力变压器供电比较有利,即采用 2 台电力变压器的次级线圈相位相差 30°,用来抵消一些高次谐波。并在初级和次级之间添加一个屏蔽层来限制高次谐波的发散，采用单独的供电分系统更易于减少对其他电源的影响。

690V 设备的总计算负荷为 4496kV·A，由 2 台电力变压器供电，每台的计算负荷为 2248kV·A。考虑到使用的富余量和变压器的规格，选用了 2500kV·A 的电力变压器 2 台。

② 3 号电力变压器容量选择

400V 等设备的计算负荷为 2965kV·A，选用 3150kV·A 电力变压器 1 台。

(4)供配电系统的组成

盾构采用地面一路高压供电（20kV 电压），高压电缆在隧道内沿壁走线至 2 号台车上的高压电缆卷盘，再至 1 号台车的高压开关柜。高压柜由 4 个柜组成，其中 1 个为进线柜（IM），2 个为熔断器开关组合柜(QM)，另 1 个为隔离开关＋断路器柜(DMI-A)。QM 柜和 DMI-A 柜分别对 1 ～ 3 号电力变压器进行保护。高压柜采用了施耐德公司的 SM6 系列的开关柜。由 SF6 气体作为断路器的绝缘和灭弧介质，具有使用寿命长，触头免维护，电气寿命长，操作安全等良好性能。

供配电系统分成 2 个分系统，分别为 690V 和 400V 供配电分系统。

690V 供配电分系统设置 2 个高压开关柜（QM）分别保护各自的电力变压器，并各对 7 台刀盘设备配电。同时对盾构 1 号台车上的 1 台排泥泵($P_{2.1}$ 泵)配电。690V 供配电分系统图如图 2-2-18 所示。

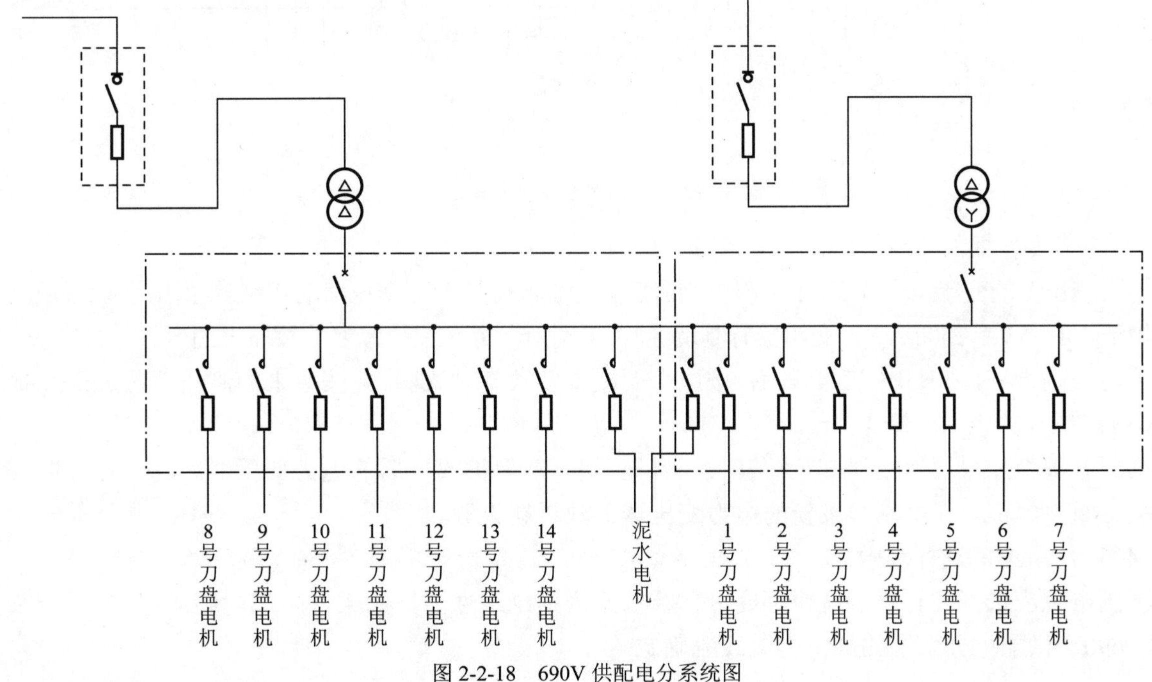

图 2-2-18　690V 供配电分系统图

400V 供配电分系统设置 1 个高压开关柜（DM1-A)，保护 1 台电力变压器，并对盾构的推进和拼装工作模式的所有其他设备进行配电，400V 供配电分系统图如图 2-2-19 所示。

2）盾构供配电系统的改造

盾构供配电系统的改造是为适合国内盾构施工的规范和工法，满足上中路越江隧道施工的需要。

按国内盾构施工实际情况，将供电电压等级改为国内常用的电压等级（10kV）。涉及改造的内容有供电方式、高压开关和电力变压器等。

(1)供电方式

原采用地面 1 路供电方式，电压等级减半使电流增大 1 倍。通过方案比较，采用地面 3 路供电方式比较有利。地面通过 3 根电缆把电源分别送到台车上的 3 台高压柜和电力变压器。

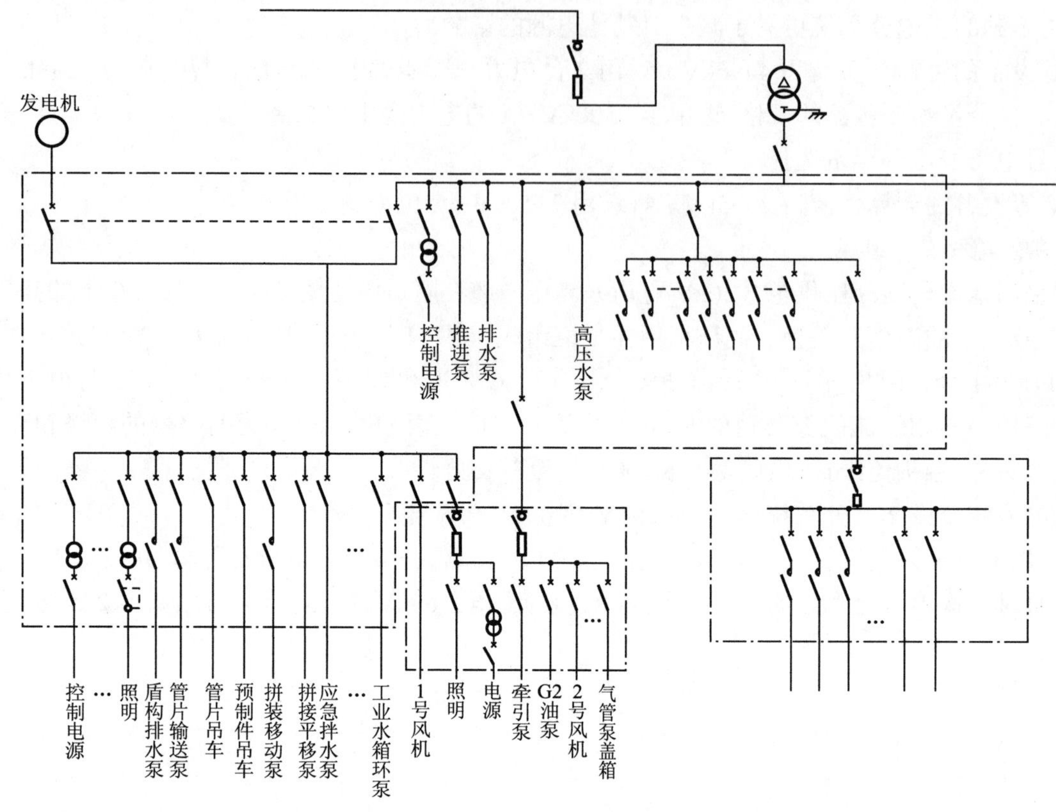

图 2-2-19　400V 供配电分系统图

（2）电力变压器的改造

电力变压器的变比发生改变，由于国内制造厂缺少生产硅油冷却变压器的实绩等原因，所以采用新制和改制相结合的办法。2500kV·A 变压器有制造经验，采用新制方法。技术参数按原来的要求。3150kV·A 变压器采用改制方法，把旧变压器拆开后，按原来的技术参数绕制线圈，并按原来的制作工艺进行改制。

（3）高压开关柜的改造

高压开关柜原采用熔断器＋负荷开关组合柜，现不能保护改制后的电力变压器。高压开关柜改为隔离开关＋断路器柜。保护参数按新的电力变压器参数重新设置。

（4）高压电缆的选择和敷设

高压电缆应选择具有一定抗拉强度、可弯绕、耐磨损绝缘性能好的柔性阻燃电缆。

①690V 供配电分系统的高压电缆载流确定

$$I_1 = \frac{S_1}{\sqrt{3} \times U} = 144.5\text{A}$$

②400V 供配电分系统的高压电缆载流确定

$$I_2 = \frac{S_2}{\sqrt{3} \times U} = 182.1\text{A}$$

选择常用规格的电缆有利于施工单位的备料和施工，本盾构选用 10kV 橡套软电缆。

3 根高压电缆沿隧道右侧敷设至 2 号台车，并以“8”字形堆放在电缆平台上，盾构推进时，通过导向轮将电缆放出。

（5）动力设备的局部调整

根据上中路隧道工程施工需要取消和调整部分动力设备。取消的设备有钻机、高压电缆卷盘、气泡门泵、安全密封泵等。因为取消的设备在“推进”工作状态中占相当小的比例，所以局部动力设备的调整不影响供配电系统的负荷计算和配置。

3）盾构供配电系统的特点

（1）应急供电措施经济

大型盾构设备的供电中断，很可能造成人员和设备的安全事故，本盾构内用发电机组作为应急电源，维持重要设备供电，使拼装机、管片运输机、风机、应急排水泵、吊车等施工安全密切相关的设备能正常工作。此应急供电措施比双回路高压供电节约了大量的投资费用和设备费用。

（2）供配电采用两个分系统合理

大型盾构的设备配置多，刀盘设备单机功率大，且采用变频器对电源影响大。采用 690V 供电，并将它作为一个独立的供配电分系统，使得整个供配电系统更为合理。在单独的系统中采用限制变频器产生的高次谐波方法和措施，使之对 400V 系统的影响减到最小，同时有利于应急电源和功率补偿的实行。

（3）硅油电力变压器优点多

采用硅油冷却全密封免维护变压器，适合隧道施工，比干式环氧变压器更具优势。如变压器容量大，价格便宜，不需要保护外壳，便于安装和散热，占用盾构位置小等，宜在国产盾构机中推广使用。

（4）紧停等级和范围设计合理

盾构的紧停分为高压、低压、控制、设备等几个等级，在盾构的各个相应设备位置能够紧急停止相应设备。特别在控制室，盾构内 1、2 号台车的主要区域均可以紧停切断控制电源使盾构各设备紧停。设计的理念更先进、安全性更好。

3. 盾构监控系统的消化、吸收

1）监控系统构成

盾构监控系统主要由施工自动测量计算机系统、数据库服务器、盾构计算机监控工作站、泥水计算机监控工作站、历史数据查询 / 报表生成打印工作站、地面监控工作站、网络语音电话交换机组成。整个监控系统采用以太网络构成局域网络，使得盾构施工的信息化管理更加智能、方便。

在盾构监控系统的消化过程中，将该系统分为监控管理系统计算机分系统和施工自动测量计算机分系统，如图 2-2-20 所示。

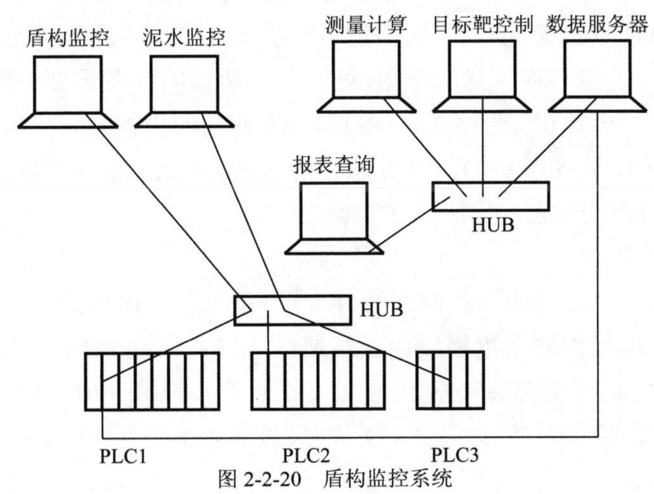

图 2-2-20　盾构监控系统

2）监控管理计算机分系统

盾构监控系统硬件结构主要由可编程控制器、现场总线网络系统、远程控制采集系统模块、监控管理计算机等硬件设备组成。控制系统选用了较为先进的控制网络，运用数字通信技术以简化电气控制线路，切实提高系统的可靠性和可维护性。

（1）可编程控制器

该盾构选用法国施耐德电气集团的 TE TSX 57 系列 PLC 作为电气监控系统自动控制环节的中央处理器。两台 TSX57452 PLC 分别控制盾构部分和泥水输送系统，一台 TSX57202 PLC 用于数值计算、数据交换及逻辑控制。

（2）现场总线网络系统

盾构机监控系统选用现场总线网络作为控制信号传输的“神经网络”，有效简化控制接线并减少了控制线缆的数量，为达到沟通各种类型总线设备的目的，监控系统选用了三种类型的现场总线网络。

①工业以太网

三台 PLC 之间的数据交换采用了基于 IEEE 802.3 标准 CSMA/CD 802.3 以太网协议的工业以太网，网络带宽为 10BASET，支持双工的 10Mbits/s 传输速率。网络传输线缆采用 CAT5 STP 类型屏蔽双绞线；采用 STP RJ45 联结端子进行物理连接，从而保证网络系统的抗干扰能力。三套 PLC 硬件设备之间的信号收发分配由工业网络路由器（HUB）完成。

② FIPIO 设备网络

盾构监控系统采用 FIPIO 设备网络系统作为现场控制采集模块与 PLC 之间的通信网络。FIPIO 设备网络是一种开放式的现场总线协议，受到众多工业控制设备供应商的支持和推崇。FIPIO 网络采用一对屏蔽双绞线将现场设备和控制器按总线形式构成通信网络，每一网络 ID 支持包括主站在内的 128 个设备，每段总线最多管理 32 个节点，最大传输速率为 1Mbits/s，总线 1000m 距离范围内无须加装中继器，网络最大传输距离为 15km。主站为带 CPU 的程序控制器，其他从站为带通信协议接口的智能 I/O 控制器。本系统中 PLC1、PLC2 分别通过 FIPIO 通信接口分别控制两个独立的总线网络，两个 FIPIO 网络分别具有 59 个和 74 个网络节点。

③ PROFIBUS 设备网络

PROFIBUS 是德国西门子等公司研究开发的一种工业现场网络规范，现已发展成一种比较通用的设备总线控制网络类型，具有通信带宽大、响应速度快、抗干扰能力强的优点。盾构监控系统采用 PROFIBUS/DP 总线网络作为 PLC 与 14 台刀盘驱动变频器控制装置间的通信网络。PROFIBUS/DP 是 PROFIBUS 总线协议针对现场设备的一种物理接口类型，采用屏蔽双绞线作为网络传输介质，DB9 接插件作为通信线路连接器，连接器内置终端电阻，处在总线两端的设备需要打开连接器内的终端电阻以消除驻波干扰。PLC1 通过 PBY100 模块作为 PROFIBUS 网络的主控设备（MASTER）；14 台变频器通过内置的 ABB NBPA02 接口卡成为 PROFIBUS 总线的从站。PLC1 与变频器之间的通信采用定长通信字，传递操作控制信号和每台变频器的实际工作数据。

（3）远程控制采集系统模块

远程控制采集模块作为现场总线控制网络的终端设备，分布在现场的各个控制柜内，用于对就地设备进行控制及信号采集。远程控制采集模块由总线通信接口和智能 I/O 模块组成。选用法国施耐德公司 170 系列总线 I/O 模块，该系列模块包括 170FNT110 通信基座和 170 AXX 智能 I/O 模块两个部件。远程控制采集模块具有自诊断功能，能对自身 I/O 状态、通信状态进行诊断，并通过总线网络向主控 PLC 通报运行状态。

（4）监控管理计算机

监控管理计算机用于向盾构操作人员提供一个盾构运行状态、施工数据的人机界面。监控管理计算机配置了 MAXTOR G200Q 多路输出显示卡，监控界面采用施耐德 MONITOR PRO 软件平台开发，采用多屏分屏显示技术，将盾构模拟图分割成三个部分分别显示在三个显示屏上，提高了监控画面的整体效果。

盾构的操作控制借助盾构监控系统来进行。通过监控系统中不同的软件模块（激活与否），监控屏幕上可以显示盾构各系统运转状况（传感器的测量数据和电机的运转状态等），并允许访问和修改某些参数。

一部分盾构设备的操作在监控屏幕上进行，另一部分则在操作面板上进行。

盾构监控系统共配备有三个监控显示屏幕，其中一个显示屏幕用于泥水系统的监控。监控画面有系统主画面、主油箱画面、推进画面、集中润滑画面、刀盘画面、供水系统画面、盾尾密封画面、同步注浆画面、泥水画面等。

（5）泥水监控计算机

泥水监控计算机用于显示气泡 / 泥水平衡控制系统、泥水输送系统阀、泵及相关传感器的工作状态、测量数据等。其监控工作站的硬件是一台标准 19″ 机架式工控机，通过以太网和数据库服务器连接取得盾构数据。

（6）历史数据查询 / 报表生成打印工作站

历史数据查询 / 报表生成打印工作站作为历史数据查询、盾构施工报表生成、打印的界面提供给盾构操作人员。ϕ14.87m 泥水气平衡盾构机数据查询功能非常强大，支持按时间、事件、参数变化、操作动作等功能进行查询，报表除标准施工报表外还可以生成用户自定义报表。

3）施工自动测量计算机分系统

施工自动测量计算机系统主要由测量目标靶、测量仪器、测量管理计算机等设备组成，通过集成传统光学测量原理，运用先进的自动化仪器和计算机系统，实现了盾构隧道施工的设备监控和自动化测量。

（1）目标靶

该系统中目标靶为一台专门设计的激光接受靶。目标靶装有滤镜，对波长接近 635nm 的红色激光敏感。目标靶内装有成像屏和 CCD 感光装置，可以把激光束在成像屏上位置转换成数字信号传送到计算机，目标靶结构如图 2-2-21 所示。

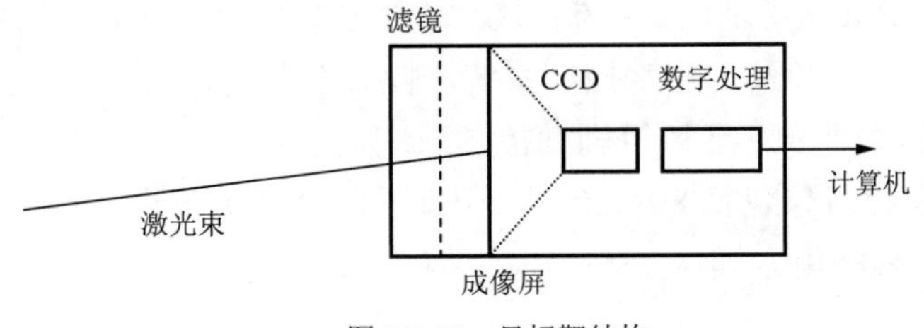

图 2-2-21　目标靶结构

（2）测量仪器

该系统的测量仪器由一台卡尔 - 蔡司电动激光经纬仪、一组高精度倾斜仪和多台盾构千斤顶行程仪构成。

本系统采用了一组高精度倾斜仪作为盾构旋转和坡度测量仪器，通过分布在两个方向的两个倾斜仪，分别得出两个数字信号并传递给计算机。图 2-2-22 中盾构姿态的 X 轴数据由转角测量倾斜仪得出，Y 轴数据由坡度测量倾斜仪得出。

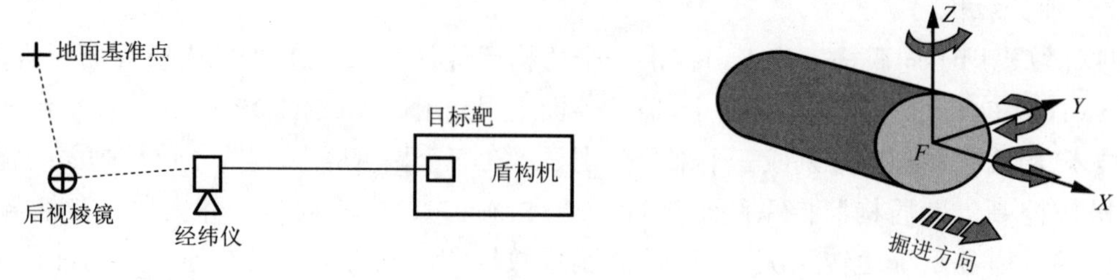

图 2-2-22　盾构姿态计算

盾构推进千斤顶装有多组行程传感器。行程传感器的数据给出盾构掘进精确距离，计算机系统通过计算累计掘进环数和当前千斤顶行程得出盾构自始发位置实际到达的距离。同时通过测量左右两腰行程仪的差值，按几何原理计算出盾构姿态的 Z 轴数据。

（3）测量管理计算机

盾构采用两台工业计算机组成测量管理计算机系统。其中，一台计算机负责目标靶采集控制，通过异步串行通信接口与目标靶控制器通信接口连接，另一台计算机负责轴线测量数据的计算，同时是设计数据输入和测量结果显示的工作站。

4）数据库服务器

盾构监控系统采用一台双机热备份的高可靠工业计算机搭建数据库服务器，采用 SQL Server 数据库管理系统管理、共享实时 / 历史数据。数据库服务器与 PLC 以太网接口连接，通过以太网通信模块采集盾构 PLC 实时数据。

4. 盾构 PLC 系统的消化、吸收

1）盾构控制系统简介

盾构的控制系统按控制功能可以分为盾构本体控制系统和泥水控制系统两大部分。

（1）盾构本体控制系统

盾构本体控制系统主要由以下分系统组成：刀盘控制系统，仿行刀控制系统，拼装控制系统，管片储运控制系统，推进控制系统，稀油 / 干油润滑控制系统，盾尾密封控制系统，同步注浆控制系统，气泡门控制系统，泥水搅拌机控制系统，冷却及工业水控制系统，排水控制系统，1、2 号台车行走控制系统，滤油控制系统和空压机 / 人行闸 / 材料闸 / 通风等辅助控制系统。

盾构本体控制系统的监控对象包括 80 余台各类电动机、250 余套各类传感器、240 余套各种限位及信号检测装置和 160 余个各类电磁阀。

（2）泥水控制系统

泥水输送控制系统主要由泥水输送控制系统和接管器控制系统两大部分组成。

泥水控制系统的监控对象包括 20 余台各类电动机、60 余套各类传感器、110 余套各种限位及信号检测装置和 80 余个各类电磁阀。

2）盾构 PLC 系统结构

（1）盾构 PLC 系统总体结构

盾构 PLC 系统主要由三套 TELEMECANIQUE 公司的 TSX57 系列大型 PLC 组成，其中 PLC1 用

于盾构本体设备的控制，PLC2 用于泥水系统设备的控制，SLURRY PLC 用于泥水平衡控制。这三套 PLC 借助位于盾构中控室内的 HUB 通过以太网实现与上位计算机的数据通信，亦可实现相互间的通信。

（2）PLC1 和 PLC2 分系统网络结构

PLC1 和 PLC2 分别用于盾构本体设备和泥水系统设备的控制，它们的网络结构采用 Master/Remote/Local（主控 / 远程 / 就地）的形式，通过 TELEMECANIQUE 的 FIPIO 通信规约进行相互间的数据通信。在 PLC1 中还配置有一块 Profi-bus 模块，用于和刀盘变频器间的相互通信。

PLC1 下辖 57 个 Remote（远程）站点；PLC2 下辖 61 个 Remote（远程）站点和 9 个 Local（就地）站点，其中 Local 站点采用 2 套 TSX57 系列 CPU，7 套 TSX57 系列 CPU；所有 Remote 站点均采用远程 I/O 模块（DI，DO，AI，AO）。

（3）盾构 PLC 系统通信方式

监控系统的通信方式比较复杂，具体方式归纳见表 2-2-2。

盾构动力设备　　表 2-2-2

通信类型	通信方式	通信介质	通信接口	通信协议
PLC 与上位机	主从	ETY110	Ethernet	Ethernet
PLC 主站与 PLC 主站		ETY110	Ethernet	Ethernet
PLC1 与变频器	主从	PBY110	Profi-bus	Profi-bus
PLC 主站与就地站	主从	57452	FIPIO	FIPIO
PLC 主站与远程站	主从	57452	FIPIO	FIPIO

3）盾构 PLC 系统控制软件

（1）盾构 PLC 系统控制软件功能概述

PLC 系统是 ϕ14.87m 泥水气平衡盾构机控制系统的核心部分，PLC 系统以盾构控制室内的主站作为控制核心，所有的控制执行指令和数据交换请求均由主站发出，从站负责执行由主站发出的指令，并根据主站的要求向其传送施工数据，体现了集散控制方式的灵活性、可靠性和易维护性等特点。

（2）盾构 PLC 系统控制软件特点

盾构 PLC 系统采用 TELEMECANIQUE 公司的 PL7 Pro V4.3 编程软件作为应用软件编制平台，该编程软件主要具有以下特点：

①多任务软件结构，具有主任务、快速任务、中断任务及辅助任务等多任务形式；

②编程方式灵活多样，具有梯形图、文本语言及宏步骤等多种编程工具；

③集成了多种软件可选功能块，可以简化智能模块的编程难度；

④在线监控功能强大且可在线修改用户程序。

以下以盾构本体 PLC 控制系统（PLC1）来分析控制软件的特点：

①结构清晰；

②编程语言丰富，适应盾构复杂控制的需求；

③故障判断逻辑严谨；

④控制安全可靠性高；

⑤可进行设备使用率统计。

在控制程序中，对每一台电机设备的运行时间均做了运行累积计时记录，该数据被传输到上位机中以文档方式保存下来，这对设备的维护和检修提供了极大便利。

（3）盾构 PLC 系统控制软件的修改和调整优化

2005 年 4 月，上海隧道股份有限公司在上中路施工现场成立了 ϕ14.87m 泥水气平衡盾构机 PLC 系统攻关小组，专门致力于 PLC 控制软件的消化吸收。通过半年的辛勤工作，攻关小组掌握了盾构各系统的控制原理、相互联锁条件、上位机与 PLC 及 PLC 与 PLC（包括外围智能设备）之间的数据通信原理和数据格式及定义。

在总装调试的过程中，根据实际施工需求，攻关小组对集中润滑系统、管片储运系统、泥水输送系统的控制程序以及部分设定参数做了适量的修改和调整优化，确保了总装调试一次顺利完成，并经掘进施工证明效果良好。

下面以管片储运控制系统程序的修改为例来说明。

在管片储运控制系统中，当需要装载新的管片时，须将原有的所有管片提升到位，然后管片平台后移，到指定位置再装载新的管片。在这个工艺流程中，管片提升到位后需停留一段时间。在原有的控制模式下，管片提升到位后相应的压力继电器动作，提升电磁阀停止工作，这样会造成已提升的管片失压而下降。虽然在系统中增加了储能器，但改善效果不明显。攻关小组通过消化吸收掌握的资料，对所有原管片提升到位的判断条件、每个提升千斤顶停止工作的条件、每个千斤顶允许下降的条件及压力继电器动作判断的条件做了修改，彻底解决了这个问题。

5. 盾构检测系统的消化、吸收

1）盾构检测信息的分析

大型泥水气平衡盾构机由刀盘、推进、拼装、集中润滑、稀油润滑、盾尾油脂、管片输送、工业水和冷却、台车行走、同步注浆、泥水仓、泥水输送、泥水阀（接管）、气路（气阀）等系统组成。本文以上述各系统为单元对检测信息做分析研究，盾构机的其他系统和设备，如吊运系统、高压供电系统、送排风机等，因这些系统独立性强，原系统已配置检测仪器，本文不再展开分析。

检测信息可以分为状态量、模拟量两种。状态量也称为开关量，本盾构主要检测的开关量有设备运行状态、设备位置状态、设备操作状态、液位状态、压力、温度、流量限值状态等。

本盾构主要研究模拟量信息，以下分系统进行分析。

刀盘系统的检测对象是刀盘电机和超挖刀及其泵组。主要检测刀盘电机的温度、转速；超挖刀的行程；泵组的油压和油温等。

推进系统的检测对象是推进泵组、推进千斤顶和主油箱。主要检测推进泵油压、四区油压、22 个推进千斤顶油压和行程、主油箱温度和滤油压力等。

拼装系统检测对象是回转、平移和移动泵组、千斤顶、气罐、油箱和真空泵组及其吸盘。主要检测各泵的油压力、油箱压力、油温、提升千斤顶行程、储气压力、真空压力等。

集中润滑系统主要检测润滑油脂油位、密封圈的温度和压力、压注泵的压力等。

稀油润滑系统主要检测稀油的压力和温度。

盾尾油脂系统主要检测油脂的油位、油脂泵压力和管道油脂压力等。

管片运输系统主要检测泵组的油压力。

工业水和冷却水系统主要检测工业水和冷却水的温度、流量和压力。

台车行走系统的检测对象是 1、2 号台车的行走机构和牵引设备。主要检测 1、2 号台车底盘的位置(行程),台车同隧道的间距,油箱的油温,牵引泵的油压。

同步注浆系统主要检测注浆泵油压力和温度、搅拌机泵油压力和温度、注浆管路压力等。

泥水仓(平衡)系统检测对象是泥水仓、气泡门、搅拌机等设备,主要检测泥水仓的液位和压力、气泡门的油温和油压、搅拌机的转速和泵压力等。

泥水输送系统主要检测送排泥水密度和流量、各泥水泵的压力、转速、电流及齿轮箱温度等。

泥水阀组系统主要检测阀门泵的油压、油箱温度、接管机流量等。

气路和气闸系统主要检测气路的气流量和压力、气闸压力等。

2)盾构检测系统组成

本盾构配置了 260 多个传感器(变送器)来检测各种施工信息。各传感器分布在盾构的各个部位,其获得的信号就近进入相邻的电气箱柜。

各传感器输出的标准电信号直接进入 PLC 的模拟量输入模块,脉冲信号进入 PLC 的高数计数模块,通过 PLC 的通信把信号送至控制台。另有一些信号(如刀盘的转速信号)是直接进入变频器,通过变频器与 PLC 的通信使信号送至控制台。

3)盾构检测系统设计要点

ϕ14.87m 泥水气平衡盾构机的检测系统,其显著特点是仪器齐全,检测手段和方法灵活,值得我们学习和借鉴。

(1)分析盾构的检测要求、搞清检测范围和技术要求

要根据盾构的总体设计要求,深入分析盾构检测要求。要从研究各系统的检测对象入手,研究要检测的物理量,重点研究检测的方法和手段,寻找最简洁有效的检测方法,拟定最可靠易行的检测手段,并搞清需要检测的范围和相应的技术参数要求。

(2)检测系统的设计要服从盾构的监控思想

盾构检测系统是盾构监控系统的重要组成部分,要从整个系统出发,应尽量发挥 PLC 可编程控制器和计算机的优势,用工业控制显示器(触摸屏)集中显示控制器的施工参数,尽可能少用单独的显示器、变换器和积算器等仪表。

(3)认真选型,使检测仪器适合施工工况

检测仪器要进行认真选型,从可靠性、准确性、实用性等方面进行比较,要分析使用场合和技术参数,选择合适的传感器(变送器)。

选型时应注意以下几点:

①隧道施工工况条件差,现场传感器的保护等级要采用 IP65 以上,若保护等级低一些,应考虑采取相应的保护措施。

②要选择适当的量程范围,量程过大精度相应会降低,量程过小有可能损坏仪器。

③传感器的精度选择要合适,一般无特别要求,进度可选择 0.5%～1%范围。过高的精度要求会增加仪器的价格费用,造成浪费。

6. 盾构刀盘电机变频控制技术的消化、吸收

刀盘是土压平衡或泥水平衡盾构机关键设备之一,在盾构施工过程中起到切削和支护土体的作用。

由于必须克服不同土质和可能遇到障碍物的阻力，刀盘功率配置一般留有足够的富余量。通常刀盘功率配置约占整个盾构设备总功率的 55% ～ 70%。而实际使用的功率只占刀盘配置功率的 30% 左右。因此可见，如何减少无功损耗，节约电能，降低施工成本，是盾构刀盘驱动方案应该考虑的问题。盾构刀盘驱动配置实例见表 2-2-3。

盾构刀盘驱动配置实例 表 2-2-3

工程名称	设备名称	盾构总功率(kW)	刀盘总功率(kW)	驱动方式
上海地铁 1、2 号线隧道	ϕ6.34m 土压平衡盾构机	697	385	液压
上海地铁 2 号线延伸段	国产 ϕ6.34m 土压平衡盾构机	816	480	液压
上海延安东路越江隧道	11.22m 泥水平衡盾构机	1300	900	磁粉离合器
上海地铁 M8 线区间隧道	6520mm×11120mm 双圆土压平衡盾构机	1400	900	变频器
上中路越江隧道	ϕ14.87m 泥水气压平衡盾构机			变频器
上海长江隧桥工程	ϕ15.44m 泥水气压平衡盾构机	6100	4000	变频器

刀盘的驱动方式主要是为了解决刀盘的负载启动和调速问题。刀盘有液压和电机两种驱动方式，其中，电机驱动又分为磁粉离合器控制和变频器控制方式。液压驱动方式：电机可空载启动，通过调节液压流量实现刀盘无级调速，但是电机无功功率能耗大，环境温度高。磁粉离合器控制方式：电机可空载启动，费用低，但是刀盘不能调速。变频器控制方式：电机无级调速，节能，但是控制复杂，费用高。

从当时上海市政工程引进的各类盾构刀盘驱动方式来看，由变频器驱动刀盘电机的控制方式已成为主流，反映了盾构刀盘控制技术的发展方向。

刀盘电机变频控制技术特点：作用在盾构刀盘上的外力主要包括切削土体引起的反作用力和旋转扭矩。盾构刀盘的面积与直径呈平方关系。因此，大直径盾构刀盘电机变频驱动方式具有大功率、多电机群控的特点。其需要具体解决的关键问题为刀盘运行时，在多个电机中设一台电机为主控电机，主控电机跟踪系统设定速度。主控电机运行时的实际转矩作为其他若干台电机的力矩设定值，即从控电机跟踪主控电机的转矩值。显然，这种控制方式，从控电机的转速不一定相等。

7. 结语

经过努力，上海隧道股份有限公司顺利完成了项目所规定的研究内容，达到了创新研制目标。通过引进 ϕ14.78m 泥水气平衡盾构机，并对其进行深入剖析和研究，使我们对国外超大型泥水平衡盾构的设计理念有了清晰的认识，消化吸收在该盾构机中采用的新技术、新工艺，针对上中路隧道的实际施工情况，对该盾构机（包括车架、泥水输送、泥水处理、液压系统等）进行修改和修复设计、制造、参数确认、安装，使修复后的盾构机能满足上中路隧道的施工要求。

引进一台全新 ϕ14.87m 泥水气平衡盾构机约需人民币 2.5 亿～ 3 亿元，而引进一台使用过一次的同款二手盾构机只需人民币 1.4 亿元，且该台盾构机应用于上中路越江隧道工程总产值达到 10.2 亿元人民币，经济效益十分可观。同时引进该台盾构，将推进国内大直径盾构技术的发展，使我们能尽快掌握国外超大直径泥水盾构的设计理念，在大直径盾构的应用方面赶上国际先进水平，并能为沪崇苏越江隧道工程打下基础。

第 2 节　盾构机关键系统再制造技术及应用

北京城建设计发展集团股份有限公司

1. 盾构机基本情况概述

1）日立 2 号、华隧通 H005 盾构机基本情况

日立 2 号土压平衡盾构机掘进运行采用四轨双列管理模式，于 2006 年 4 月投入到北京地铁 4 线 10 ～ 11 标段三个单线盾构区间隧道掘进施工，总里程 3.8km，盾构机始发与接收各四次。施工过程中，盾构机掘进参数基本正常，当掘进平安里站—新街口站区间右线，已累计掘进 2.8km 时，盾构机主驱动电机 3、4、5 号的减速机损坏，洞内拆除损坏的减速机，仅更换了 3、4 号减速机后完成区间掘进施工。于 2008 年 6 月，自 4 号线新街口站接收解体，运回基地进行维修保养，并进行刀盘和掘进管理模式的改造。2009 年 7 月，日立 2 号盾构机投入到北京地铁亦庄线 BT 工程 12 标，完成亦庄火车站—次渠站—次渠南站两个单线区间 2.2km 掘进，于 2010 年 3 月接收解体，运回基地维修时发现 10 台主驱动减速机有 6 台出现严重磨损而至报废，盾构机主轴承大齿圈上有一处齿断裂，因此进行主驱动等部件大修更换。

华隧通 H005 土压平衡盾构机于 2010 年 4 月投入到北京地铁 10 号线 16 标车道沟站—长春桥站区间隧道掘进施工，左右线共计 1.5km，2010 年 12 月隧道洞通。盾构解体运回基地整修后，于 2011 年 2 月投入到北京地铁 9 号线 06 标东钓鱼台站—白石桥南站区间 1.05km 盾构隧道掘进施工，于 2011 年 8 月完工。由于盾构主驱动密封返厂改造，因此进行主驱动解体大修，发现主驱动密封断裂，主轴承保持架严重磨损，最终在制造工厂对主驱动密封进行改造，并更换了主轴承。

2）日立 2 号、华隧通 H005 盾构机主要技术性能参数

两台盾构机的主要技术性能参数见表 2-2-4。

日立 2 号、华隧通 H005 盾构机主要技术性能参数表　　表 2-2-4

部　　位	项　　目	日立 2 号	华隧通 H005
基本参数	隧道衬砌管片尺寸（mm）	外径 6000，内径 5400，厚度 300，环宽 1200、1500	
	开挖直径（mm）	6170	6180
	主机长度（m）	8.4	8.8
	盾构机总长（m）	65	74
	装机总功率（kW）	约 1100	约 1200
	整机总重（t）	约 400	约 400
刀盘及主驱动	支承方式	面板式、中间支承	辐条式、中间支承
	驱动方式	变频电机 55×10=550kW	变频电机 75×8=600kW
	刀盘开口率（%）	38	63
	转速（r/min）	0 ～ 1.5	0 ～ 1.5
	额定扭矩（kN·m）	4850	5770
	脱困扭矩（kN·m）	6310	7500
	扭矩系数	20.6	24.4
	主轴承寿命（h）	不小于 7773	不小于 10000

续上表

部　　位	项　　目	日立 2 号	华隧通 H005
推进系统	千斤顶数量(根)	22	22
	千斤顶行程(mm)	2100	2150
	推进速度(mm/min)	0 ～ 80	0 ～ 80
	总推力(kN)	38500	38500
铰接系统	形式	主动式	主动式
	千斤顶数量(根)	20	20
	总回缩力(kN)	15000	15000
螺旋输送机	结构	有轴式，ϕ700	无轴式，ϕ800
	驱动方式	液压马达	液压马达
	转速(r/min)	0 ～ 22	0 ～ 17.7
	排土能力(m^3/h)	280	350
皮带运输机	长(m) × 宽(m)	110×0.75	120×0.8
	皮带转速(m/min)	140	140
	驱动方式	电动	电动
	排土能力(m^3/h)	280	450
管片拼装机	类型	盘式环形	盘式环形
	转速(r/min)	0.3/1.5	0.3/1.5
	提升能力(kN)	150	150
	旋转角度	210°（顺时针、逆时针）	220°（顺时针、逆时针）
渣土改良系统	泡沫发生器	300 L/min	2200 NL/min
	膨润土注入系统	30 m^3/h	240L/min×1.2MPa×3 套
同步注浆系统	可注浆液类型	单液注浆	单、双液注浆
	注浆方式	手动、自动	手动、自动
盾尾密封	密封形式	注脂式 3 道钢丝刷	注脂式 3 道钢丝刷
	注油脂	自动注油电动泵(工压 5MPa)	气动式注脂泵
挖掘数据管理	数据采集系统	演算工房 ARiGATAYA Version 3	演算工房 ARiGATAYA Version 3
测量系统	形式	棱镜式	棱镜式
	导向系统	演算工房 ARiGATAYA Version 3	演算工房 ARiGATAYA Version 3

2. 盾构机大修改造工作的组织与管理

1）盾构机大修改造工作原则和研究内容

（1）盾构机大修改造工作原则

①根据盾构机前期使用情况，以及整机解体后进行的全面检查情况，对盾构机进行状态评估，判定盾构机是否进入大修周期，需要实施大修或改造工作。

②对需要大修改造的盾构机，必须针对各系统制定详细的可实施性大修改造方案。方案的主要内容包括盾构机的使用情况和现状，大修工作的组织和部署，大修工作计划情况，各系统大修方案，针对后期工程的改造方案，大修改造工作的质量要求及保证措施等。

③对盾构机大修要有侧重点，分清重点维修和一般维修项目，大修方案应分项进行细化，以指导维修工作。

④盾构机大修改造应邀请盾构制造厂商和盾构设备专家进行方案论证，并根据专家论证评审意见适当调整大修改造方案。

⑤盾构机大修所使用的零部件，原则采用原厂配置的规格型号，当采用替代品时，必须对其详细技术性能参数进行核实，替换后的零部件技术性能参数必须等同或优于原配置。

⑥大修改造后的盾构机各系统应在工厂内进行无负载调试，确认各系统能够正常运转，设备整机联动调试正常。

（2）盾构机大修改造研究内容

根据盾构机制造、使用及维修保养等工作状况，结合国内外盾构施工管理的先进模式，对现有掘进管理模式下的盾构机进行大修改造。其研究内容主要有：

①收集盾构机的施工数据，建立盾构机运行档案。收集日立盾构机已完成区间隧道施工的有关数据，结合施工情况，对盾构机各系统的使用情况进行分析，并对盾构机的现有性能进行评估，建立盾构机运行档案。

②编制盾构机大修技术方案，实施大修工作。通过对盾构机性能的分析，确定日立盾构机各关键系统的大修方案，组织方案的实施工作，并在工厂进行无负载低压调试，恢复设备的完整使用功能。

③分析盾构掘进施工管理模式，实施盾构机技术改造方案。根据轨道交通盾构隧道工程施工实例，列举目前通用的两种盾构掘进施工管理模式的现状和对盾构机配置的要求，简析两种管理模式的优缺点，对现有较为复杂的掘进模式进行技术改造。

④监测大修改造后盾构机的使用情况。详细记录盾构机大修改造后的掘进施工参数，并与改造前的施工参数进行对比，分析大修改造后盾构机的技术、经济效益及推广应用前景，完善和丰富盾构掘进施工技术。

⑤建立完善的盾构设备管理体系。通过大修改造工作，逐步形成完善的盾构机使用、维修、保养管理体系，保证盾构机的正常、高效运转，确保盾构工程的顺利施工。

2）盾构机大修改造工作管理

（1）盾构机大修改造人员配置

盾构机大修改造需配置的作业人员见表 2-2-5。

大修改造作业人员配置表　　表 2-2-5

序号	岗　位	人　数	备　注
1	大修负责人	1	全面负责维修现场协调工作
2	电气工程师	1	负责电气系统维修
3	机械工程师	2	负责机械结构维修
4	液压工程师	1	负责液压系统维修
5	电工	1	负责现场安全用电
6	电焊工	3	负责焊接修复工作
7	机修工	6	辅助工程师进行设备修理
合计	15 人		

（2）盾构机大修改造所需设备及工具配置

在盾构机大修改造过程中，需配置的主要设备及工具见表 2-2-6。

主要机具配置一览表 表 2-2-6

序号	设备名称	规格、型号	数量	备注
1	200t 汽车吊	QY200	1 台	场地内盾构组装
2	100t 汽车吊	QY100	1 台	场地内盾构组装
3	50t 汽车吊	QY50	1 台	维修吊装
4	发电机	800kV·A	1 台	低压调试
5	液压扭力扳手	HY-5MXT	1 套	主驱动维修
6	螺栓拉伸器	TPT-M042-23-00	1 套	主驱动维修
7	气动冲击扳手	最大扭矩 1500N·m	1 台	主驱动维修
8	100t 千斤顶	带液压泵站	1 套	主驱动维修
9	液压式千斤顶	50t	2 台	
10	机械式千斤顶	32t	2 台	
11	手拉葫芦	6t×6m	2 台	
12	手扳葫芦	3t×6m	2 台	
13	电焊机	BX500	3 台	
14	气焊设备		2 套	
15	开口扳手	8 ～ 50	2 套	
16	活动扳手	300mm	2 套	
17	内六角扳手	1.5 ～ 17mm	2 套	
18	管钳	24"	3 把	
19	钢丝钳	7"	3 把	
20	卡簧钳	175mm	1 套	
21	螺丝刀	3×80mm	6 套	
22	热风机	2000W	1 个	

（3）盾构机大修工作流程

为确保盾构机大修工作顺利有序进行，应制定盾构机大修工作流程（图 2-2-23），并安排相关机电专业技术人员分工负责各项流程中的具体工作。

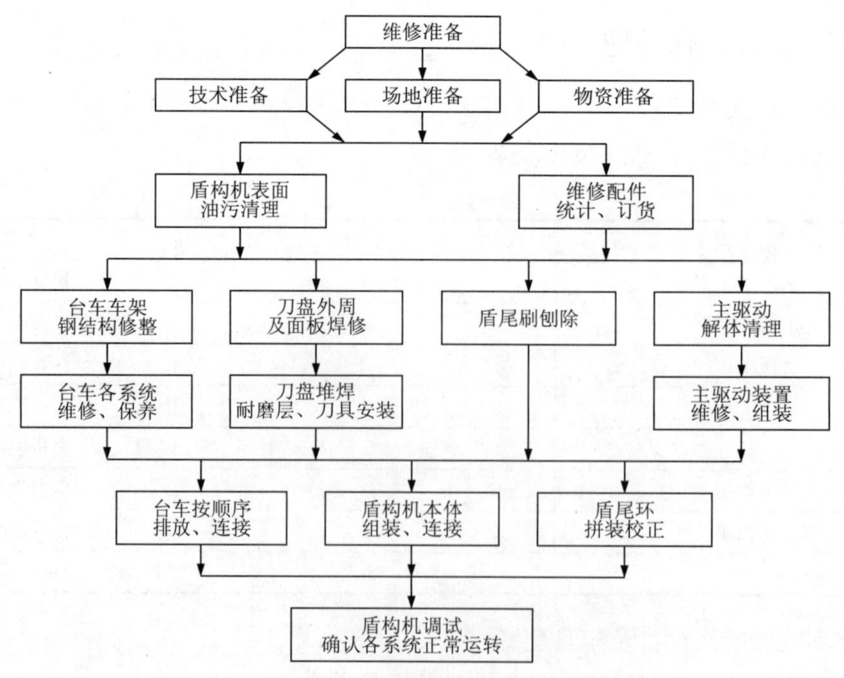

图 2-2-23 盾构机大修工作流程图

3. 盾构机关键系统大修技术

土压平衡盾构机一般由刀盘、盾体及后配套台车组成，主要包含以下系统：刀盘刀具、主驱动装置、油脂润滑系统、推进系统、铰接系统、人闸系统、管片拼装系统、渣土改良系统、排渣系统、同步注浆系统、盾尾密封系统、液压动力系统、电力及控制系统、测量导向系统、车架结构及辅助设备等。下面主要对部分关键系统大修技术进行说明。

1）刀盘大修

盾构机刀盘刀具是正常掘进切削开挖面土体的重要保障。盾构机长距离掘进时，尤其在穿越石英含量高的砂卵石地层时，刀盘刀具磨损非常严重，有时甚至造成盾构无法继续掘进而停工，进行地下修复。本次维修的日立盾构机完成北京地铁 4 号线工程后，刀具已经全部磨损，刀盘磨损严重局部有变形现象。根据刀盘的现状，制定刀盘大修项目及方案见表 2-2-7。刀盘大修前后对比如图 2-2-24 所示。

盾构机刀盘大修项目及方案　　表 2-2-7

序号	大 修 项 目	大 修 方 案
1	刀盘外圈磨损严重、局部变形	已磨损变形的刀盘外圈板全部切除，更换按原设计尺寸及材料新卷制的外周圈板；外面再贴焊碳化铬耐磨板条至刀盘外径设计尺寸
2	40mm 厚的面板和背板局部磨损严重	视情况进行更换，并堆焊网状耐磨层
3	外周 6 把强化先行刀严重磨损	外周更换 6 把周边先行刀，加装 24 把周圈先行保护刀
4	其他刀具磨损严重	除部分刀具可以继续使用外，其余全部更换
5	部分齿刀刀座磨损	更换新刀座、加焊耐磨层
6	渣土改良注入口	更换单向阀、中心刀橡胶圈

图 2-2-24　刀盘大修前后对比图片

2）主驱动大修

日立2号盾构机在北京地铁4号线完成了3.8km的隧道掘进，掘进过程中有3台主驱动电机减速器出现故障，因此必须将主驱动解体进行全面检修。主驱动大修项目及方案见表2-2-8。

盾构机主驱动大修项目及方案　　表2-2-8

序号	大修项目	大修方案
1	检查减速机齿轮油及滤芯	更换新的减速机齿轮油及滤芯
2	驱动电机及减速器	全部解体检查齿轮磨损情况，驱动电机保养
3	驱动大齿圈磨损情况	全部解体，进行检查确认
4	主轴承	全部解体确认磨损情况，进行保养
5	内、外周密封圈磨损情况	根据检查情况，确认是否需要更换
6	驱动中心隔板固定螺栓磨损严重	更换新螺栓，并加焊耐磨块
7	驱动外壳密封套结合面磨损严重	采用“表面再制造”技术，进行修复

（1）驱动外壳密封套“表面再制造”修复技术

①驱动外壳磨损情况分析

日立2号盾构机主驱动外圈直径约4m，其壳体磨损位置为3处，分别是外圈密封位磨损长度约30m，最深处磨损约7mm；内圈密封位磨损约20余米，最深处磨损约5mm；外圈密封位内侧和外圈有深度不等的划伤长约2m。密封位软性磨损间隙变大，轻者会出现润滑油消耗量增加，重者就会造成润滑油污染、摩擦力加大、影响运转，甚至卡死。

根据盾构机制造厂提供的材质资料和现场勘察，确定磨损处结构为焊接成型，磨损处具备热焊修复性能。磨损位置虽然在制造时是焊接成型，但制造时焊接后有机械加工工序来消除焊接变形及应力，以及相应成套的加工后处理技术，来保证几何尺寸精度。而修复后不能再进行二次整体机械加工，因此，在修复过程中必须确保不能产生修复变形，一旦变形，修复零件将报废。

②修复难点及技术保障

a. 应力的控制与管理。修复过程中会有大量热输入，随之会产生大量内应力，内应力的产生会带来零件的变形和断裂等潜在隐患。特别是对盾构机主驱动这样受力大的结构件，这种影响就更不能忽视。内应力的产生与变化，对修复件的使用寿命起着重要的影响。控制拉应力的大小，并科学地将拉应力适量转化为压应力，提高使用性能是修复最为关键的技术。

b. 修复后尺寸精度的保证。根据密封圈的形状和硬度判断，如果修复后精度不高，即使磨损的沟槽修复起来了也起不到密封作用，因为如果修复后尺寸精度低，出现微观波浪形不平整现象，密封时就会出现间隙，盾构机土仓内的渣土就会在压力的作用下，从间隙处被挤入内部并参与磨损，可能会带来更大损失。

c. 修补材料的选择与搭配。从修补材料的耐磨性、致密性、结合强度以及与壳体材质的匹配性等多方面选择修补材料。针对盾构机使用环境恶劣、复杂和施工过程中不易进行再次修复等实际情况，确定选择复合材料，进行修复。

③表面再制造修复工艺

检测：对现有磨损状态进行检测，主要检测磨损量和修复位置是否有裂纹出现，此检测对是否能成功焊补起着重要作用。

试验室试验：在模拟基材上将确定的修复材料进行修复试验，确定最佳修复材料及工艺。

现场试验：先选择非工作面试验，再选择局部工作面试验。经检测、评审，最终确定修复材料及工艺，并将图片、文字资料存档备案。

工艺流程：清洗（物理、化学）→检测（裂纹、磨损量）→试验（材料、工艺）→补焊（多次熔焊、恢复尺寸）→应力（检测、消除）→粗磨（机械工装）→精研（模具工装）→检测（尺寸精度）→表面处理（应力转化、修复材质二次强化）。

④应力的监测与消除及转化

应力监测与消除：用应力检测仪器对在修复过程中产生的内应力进行科学检测与消除。

应力的转化：使用专用应力处理设备对工作面的残余应力进行拉应力与压应力的转化。

⑤修复过程中热输入量的控制

在修复过程中为了减少热影响区，使用专用散热材料进行涂覆，并根据热输入量控制每次的热输入时间，并在修复长度上分段进行。

⑥工装设计

盾构机主驱动密封主要靠壳体密封面挤压唇型密封圈形成过盈变形起到密封作用。修复后的尺寸修复工作量大、要求精度高。据现场情况将机械与手工相结合，设计专用工装卡具进行现场加工以保证修复尺寸，同时设计专用加工精研模具进行后期研磨，设计专用加工检测模具进行后期尺寸精度检测。

主驱动壳体大修前后对比如图2-2-25所示。

图2-2-25　主驱动壳体大修前后对比图片

（2）主驱动轴承更换安装技术

日立2号盾构机完成北京轨道交通亦庄线施工任务后，在解体检修时，发现主驱动轴承大齿圈有一个齿断裂，其他齿的齿根部位点蚀严重，因此需要更换主驱动轴承。详细的更换安装技术如下。

①组装前准备工作

a. 扭腿清理。扭腿上安装轴承的接合面进行除锈、除去原有黏胶等清理工作，有突起物的部分必须要进行打磨平滑处理。轴承组装的螺栓孔进行丝锥加工，然后除锈、除黏胶，用高压空气将螺栓孔清理干净。

b. 轴承座清理。对磨损的密封滑动面进行修复，将齿轮室以及周边清理干净。

c. 轴承。核对主轴承外形尺寸，确认淬火软区标志的正确位置。去除轴承组装面残留的油脂，并进行清洁。使用胶条封闭给油孔，以防进入异物或脏污。主轴承尺寸如图2-2-26所示。

②扭腿和轴承的组装

将扭腿用托台垫高500mm左右，并将扭腿与主轴承的接合面找平。首先将主轴承进行试装，确认安装位置的嵌合度是否符合要求，并确认轴承的淬火软区标志部分及给油孔的位置，确认后进行标记，并将轴承取出。

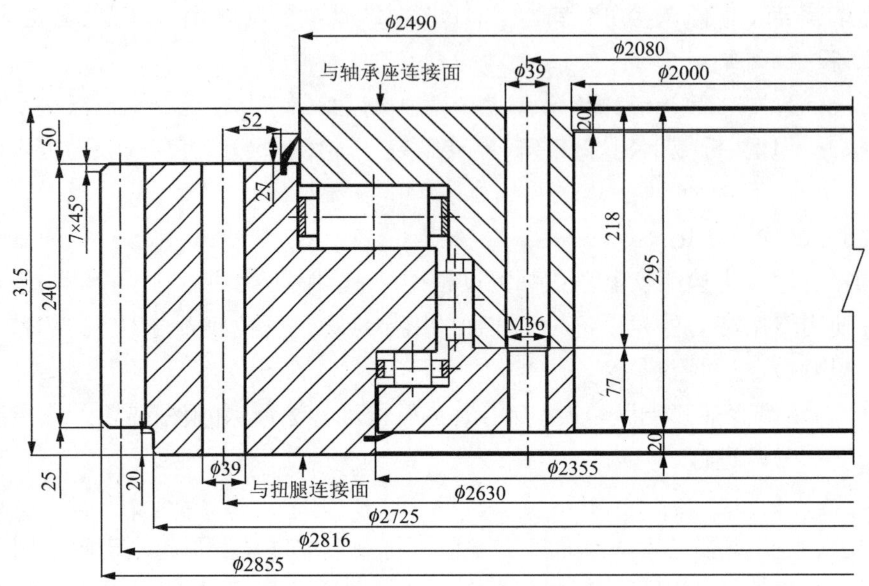

图 2-2-26　主驱动轴承尺寸图(尺寸单位：mm)

在扭腿与主轴承的安装面上涂满粘胶（乐泰 277 号），将轴承水平吊起，按标记位置组装在扭腿上。先使用冲击式扳手按对角均衡方法将螺栓预紧，然后再使用扭矩扳手将螺栓按上述方法最终拧紧，螺栓拧紧力矩设定在 3200 ～ 3500N·m。螺栓拧紧时不得一次完成，应分级重复数回将螺栓最终全部拧紧。扭腿和轴承组装示意图如图 2-2-27 所示，螺栓拧紧顺序如图 2-2-28 所示。

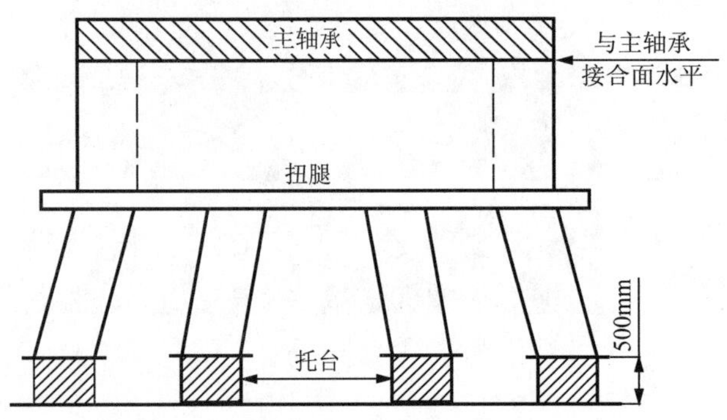

图 2-2-27　扭腿和轴承组装示意图

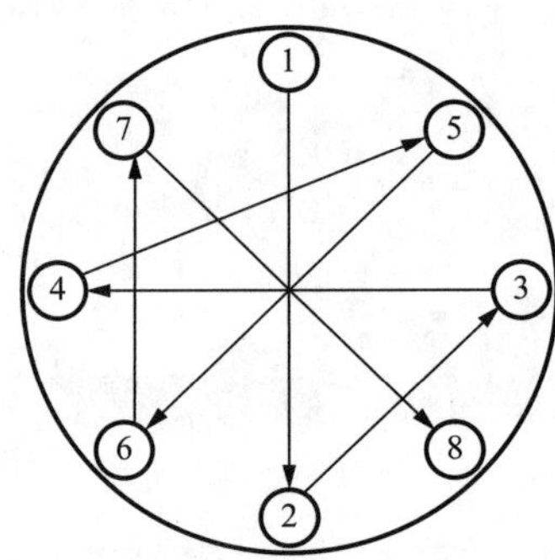

图 2-2-28　螺栓拧紧顺序示意图

③扭腿与轴承座的组装

对扭腿的密封、轴承、轴承座部分进行彻底清洁工作。在密封、轴承的大齿圈上涂抹润滑油脂；在轴承与轴承座接合面上涂满黏胶。除去轴承给油孔上的胶带。将轴承座水平吊起，保持水平状态安装于扭腿上。

确认轴承的嵌合度、淬火软区标记的位置、螺栓孔的位置，将连接螺栓按上述方法重复数回拧紧，然后为轴承的 18 个给油孔配管，最后安装 10 台小减速机及驱动电机。

3）螺旋输送机大修

（1）螺杆的修复：检查螺杆外形直线度，是否有弯曲，若有弯曲，则采取相应措施进行校正修复；叶片外圆和端面按原尺寸要求堆焊耐磨层。

（2）螺旋输送机外筒体的修复：检查筒体内径磨损情况，进行堆焊修复；螺旋输送机下部进口处筒体内表面按要求堆焊耐磨层。

（3）出泥闸板的修复：检查闸板和滑槽的平面度和其他构件，采用校形、补焊、加工等修复或更换。

（4）驱动装置的保养：减速机常规保养；蓄能器进行压力检测，做充气修复，须有检测报告。

（5）螺旋输送机闸门油缸、螺旋输送机筒体伸缩油缸、螺旋输送机前闸门油缸的保养。以上各类油缸须进行伸缩动作和耐压试验（耐压压力为14MPa），各类密封圈不允许有破损或翻边现象，并做好液压软管保护工作。

螺旋输送机螺杆叶片大修前后对比如图2-2-29所示。

图2-2-29　螺旋输送机螺杆叶片大修前后对比图片

4）液压系统维修保养

液压系统是盾构推进的动力源，是盾构的关键部分，其好坏将直接影响盾构的工作状况，是推进的基础。因此，在液压系统安装和调试中，必须严格按照工艺执行，确保液压系统的清洁和高质量。

（1）拆除软管后，管路接头处应采用钢制管堵头封口，防止杂质进入，发现硬管严重变形不能校正的应作更换。

（2）更换所有滤油器的滤芯，清洗油箱上的空气滤清器，损坏的予以更换。

（3）更换所有接口处的密封件。

（4）清洗油箱。盾构机油箱位于第3节车架右侧，油箱的清洁工作按以下工序进行：首先放掉油箱中原有的液压油，检查油箱内壁是否有锈蚀等现象，如有，则应铲刮干净。对于颗粒杂质，则用湿面粉粘取，严禁用纤维布料擦拭。检查并更换滤网。其次，在油箱内壁，涂防锈油，以防杂质污染油箱，最后加注合格的液压油。

（5）所有硬管、软管在安装前必须经过投油处理，严禁在原系统中用原设备进行投油，一律拆下，用专用投油机投油。管子的末端串联滤油精度为10μm的低压滤油器，油泵流量为大流量，管子可分批投油，每次投油时间不少于2h，在投油过程中，用锤子轻击管子外壁，每次投油后，应拆卸滤油器，检查滤网直到滤网上无肉眼可见的杂质，若投油后暂不安装，应及时采用钢制管堵头封口（严禁用纤维材料封堵）。

（6）对于原有的阀板，也要进行投油，对于重新加工更换的阀板，必须做好清洗工作。

（7）对油箱进行投油，直至回油滤芯中无肉眼可见的杂质，给油箱加油时，则应采用精细滤油机加油。

（8）安装所有液压元器件，按试车大纲进行试车，保证其符合设计的技术性能参数。

（9）推进油缸、铰接油缸大修：对推进油缸做压力为33MPa的耐压试验检查及保养；对推进油缸靴板进行检查，更换已损坏的靴板；对推进油缸球铰、销轴进行保养，并加注润滑脂；对油缸有内泄漏现象的，须进行更换活塞密封组件等维修保养工作。

4. 盾构机关键系统的技术改造

1）盾构机掘进管理模式改造

日立盾构机原厂配置的掘进管理模式采用四轨双列模式，即盾构机每掘进一环的渣土运输、浆液输送、管片输送由两列电机车装载完成，盾构机台车后部的运输轨道为四轨双列。该模式下盾构机的相关配套电机车编组设备造价较低，但钢轨枕架设高度较高，单根重量和用量较大，轨枕架设和隧道清理工作繁重。盾构每掘进一环两列车出渣的模式制约了盾构工程的整体掘进速度，近年来此模式已经逐渐淘汰。

现在通用的掘进管理模式为双轨单列模式，即盾构机每掘进一环的物料水平运输由一列重载电机车编组完成，盾构隧道内铺设高度较低的两根钢轨供电机车运行。当盾构区间隧道单向距离较长时，可适当增加整列电机车编组数量，并架设道岔进行编组调动，该模式虽然重载电机车设备造价较高，但大大提高了盾构隧道工程掘进效率，而被广泛采用。

为适应市场发展，增强盾构配套设备和周转材料的通用互换性能，根据日立盾构机原设计构造，对日立盾构机进行加宽台车钢结构间的净空尺寸、加高台车可拆卸式车轮高度等技术改造，使其适应双轨单列编组电机车的运输管理模式，可大幅提升盾构掘进的整体效率。

两种掘进管理模式盾构隧道断面如图 2-2-30 所示。

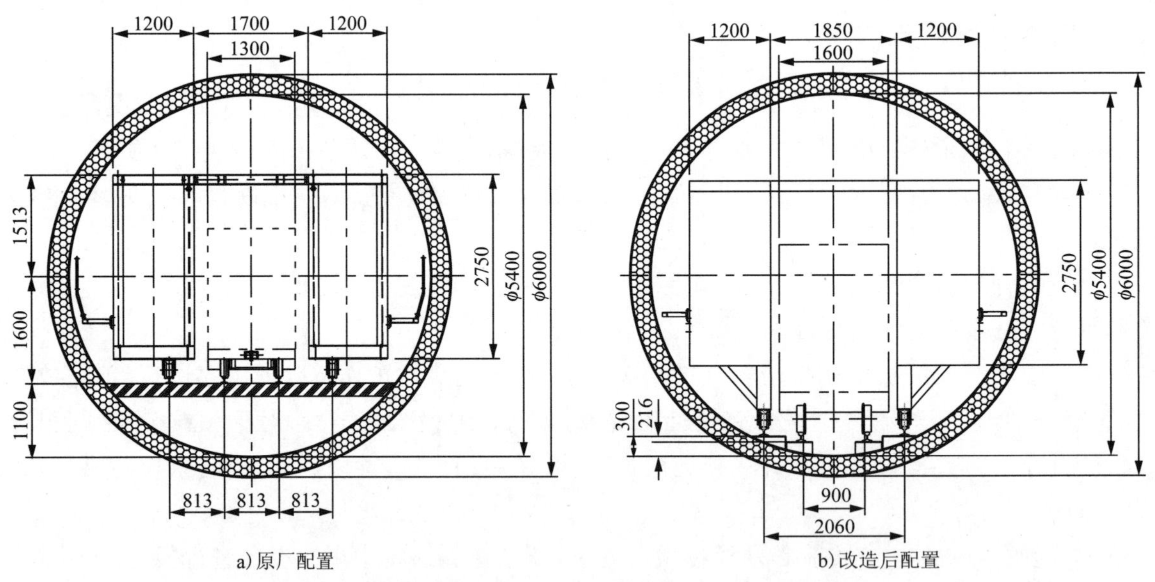

图 2-2-30　两种掘进管理模式盾构隧道断面图（尺寸单位：mm）

2）盾构机主驱动密封改造技术

（1）华隧通 H005 盾构机主驱动密封形式

华隧通 H005 盾构机主驱动密封形式如图 2-2-31 所示。内周密封和外周密封，均由一道唇形密封和三道 VD 密封组成。唇形密封材料采用聚氨酯（TPU），安装方式为先用洛德 305 双组分环氧胶黏剂与金属安装面黏结后再使用压板螺栓进行紧固，安装完成后将螺栓的顶部与压板点焊固定防止螺栓松脱。VD 密封材料采用丁腈橡胶（NBR），安装采用洛德 305 双组分环氧胶黏剂与金属密封槽黏结。密封圈表面粗糙度值为 3.2μm，与唇口接触的金属件表面粗糙度值为 1.6μm。

在两道密封之间的空腔利用集中润滑设备注入 EP0 润滑油脂。设计注入量外周每腔为 20mL/min，内周每腔为16mL/min。密封圈可以保持空腔内的润滑油脂产生一定的压力，超出一定压力范围时油脂向前一腔体外泄，并保证前一润滑腔体的油脂不会回流。油脂泵将带有一定压力的润滑油脂源源不断地注入到主驱动与盾构机土仓交界面，防止外部泥沙在土压力的作用下进入主驱动密封内部，从而起到密封作用。

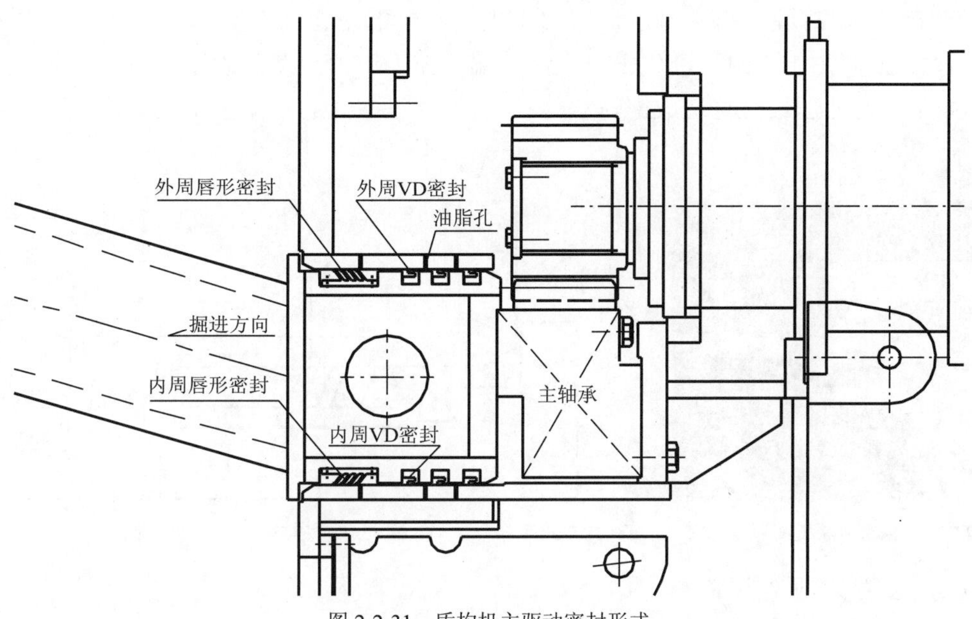

图2-2-31　盾构机主驱动密封形式

（2）华隧通H005盾构机密封的磨损与失效

①密封及密封套的磨损

主驱动解体检查发现唇形密封和VD密封均有不同程度的非正常磨损，特别是唇形密封靠近土仓侧，由于直接与泥沙接触，润滑效果较差，密封磨损严重，甚至局部出现剥落现象。主驱动密封的唇口相对于密封外套壳体设计有7mm的压缩量，在密封和密封套之间形成压紧力，主驱动旋转时密封和密封套之间相对滑动，随着密封的磨损，土仓内泥沙的侵入，密封套与密封唇口对应的位置出现深浅不一的沟槽，进一步造成密封效果的下降，如图2-2-32所示。

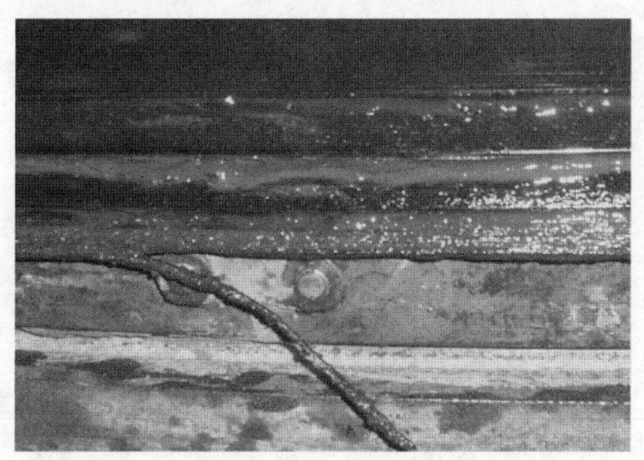

图2-2-32　密封及密封套磨损情况

由于这种磨损槽痕间隙的存在，会降低主轴承密封唇口的密封性能，并加速密封唇口的磨损，虽然有不间断的润滑油脂填充，当磨损达到一定程度时，密封的压缩量无法对磨损量进行补偿，造成主轴承密封腔体内的润滑油脂无法建立一定的压力，而导致外部泥沙侵入，从而引发主驱动齿轮、主轴承滚柱、滚道以及保持架的损坏。如果不消除槽痕带来的危害性，即使是更换了新的密封，由于槽痕的不平整，唇口和衬套的配合间隙达不到设计要求，密封效果同样不理想，因此需要对密封套进行修复。

②VD 密封断裂失效

由于 VD 密封的安装采用胶黏形式，局部的黏结强度不均匀，而密封与密封衬套相对旋转滑动时，密封套对密封产生沿圆周方向的切向拉伸力，密封黏结强度较低的部位在拉伸力的作用下，逐步造成密封开胶，然后形成应力集中，最终导致 VD 密封断裂（图 2-2-33）。

VD 密封断裂后，密封腔体内部润滑油脂由于失去密封的阻止而向大齿轮和轴承箱内泄漏，使润滑油脂消耗量加大。同时由于密封背部失去压力而前端存在土压力致使泥砂侵入（图 2-2-34），导致唇形密封磨损严重，如未及时处理最终将造成密封整体失效，泥沙进入大齿轮箱和主轴承，导致盾构机主驱动系统的严重故障。

图 2-2-33　VD 密封断裂图片

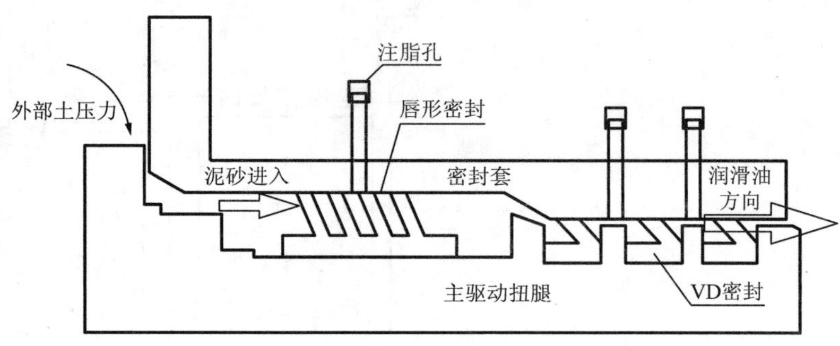

图 2-2-34　密封断裂后泥沙侵入示意图

（3）主驱动密封技术改造方案

为了减少密封非正常磨损及避免密封断裂的发生，必须对三道 VD 密封进行材质和安装形式的改进，以增强密封的可靠性。

①三道 VD 密封材质改进

由于三道 VD 密封靠近齿轮箱，当主驱动运转时其温度相对较高可达到 50 ～ 60℃，在此工况下，密封易出现加速老化和黏结剂失效开胶现象。对比分析各类密封材料，氟橡胶具有较好的耐高温、耐腐蚀性能，因此将内、外周三道 VD 密封材料更换为含氟的合成橡胶。

② VD 密封安装形式的改造

密封断裂多由于黏结效果不良、局部受力不均造成，将 VD 密封的安装形式由胶黏法改为压板法。将原扭腿进行立车加工，再根据设计螺栓孔位置钻孔、套丝。按照扭腿加工后的半径弧度加工压板，重新订做带有压接边缘的 VD 密封。密封压板安装后呈连续无间断的环形，使用螺栓有效固定。改造后效果如图 2-2-35 所示。

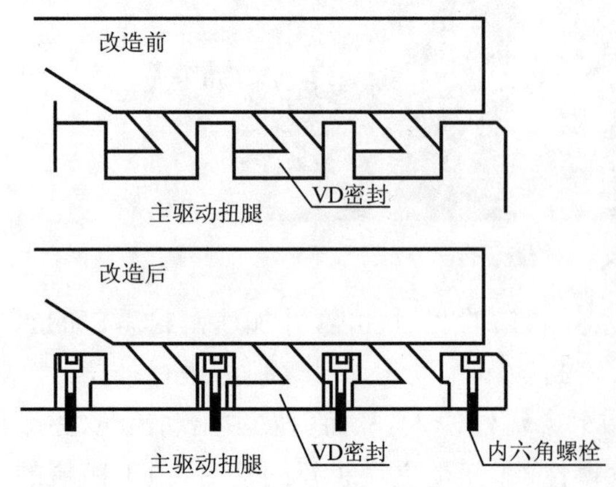

图 2-2-35　密封改造后示意图及图片

5. 盾构机大修改造技术要求与质量保证

1）盾构机大修改造技术要求

（1）盾构机刀盘刀具和钢结构件的焊接应符合《钢结构焊接规范》（GB 50661—2011）中的焊接质量标准要求。焊接件及刀盘本体焊后不平整度小于 5mm，焊缝无夹渣、气孔等缺陷；焊缝均匀，无断焊。

（2）主驱动安装螺栓的拧紧力矩必须符合厂家图纸规定要求。

（3）盾构机零部件维修后的技术性能必须符合盾构机出厂图纸的质量和技术要求。

（4）盾构机改造后，台车间的空间通过尺寸必须符合单列运输管理模式的要求。

2）盾构机大修改造质量保证

盾构机结构复杂、各系统零部件的型号和种类繁多，需要维修的项目也较多，因此在盾构机解体维修过程中必须严格按操作规程的规定实施作业，确保维修工作质量，具体措施如下：

（1）对全体维修人员进行技术安全教育与培训，提高其对设备重视的意识。

（2）拆除零部件时必须有主管技术人员旁站指导，并做好所拆除部件的标记。

（3）设备清理过程中必须有现场管理人员在场，严禁电器设备上溅水等事项的出现。

（4）安装过程中必须对照出厂设计图纸的要求，确保零部件安装精度和质量，对于各部件的连接螺栓应按规定扭矩拧紧。

（5）重要部件的维修，需专业厂家和盾构制造厂家有关技术人员进行必要的技术指导。

（6）对于台车钢结构件的改造过程中，应保持台车的稳定。先对一节标准台车进行试验性改造，经过现场实测其空间通过性符合要求后，再将其余台车进行改造。

6. 盾构机维修厂内组装与低压调试技术

1）盾构机维修厂内组装

日立 2 号盾构机完成各系统零部件修理工作后，将各部件按设备出厂设计标准和改造后的设计位置安装到位。盾壳和台车钢结构件修整完成后，在维修现场进行整机组装调试工作。在维修场地内，选择宽敞、坚实的长条形组装场地，放置盾构机基座。然后使用 200t 和 100t 两台汽车吊配合，进行日立盾构机维修厂内组装(图 2-2-36)。厂内组装工作流程如图 2-2-37 所示。

图 2-2-36　日立盾构机组装现场图片

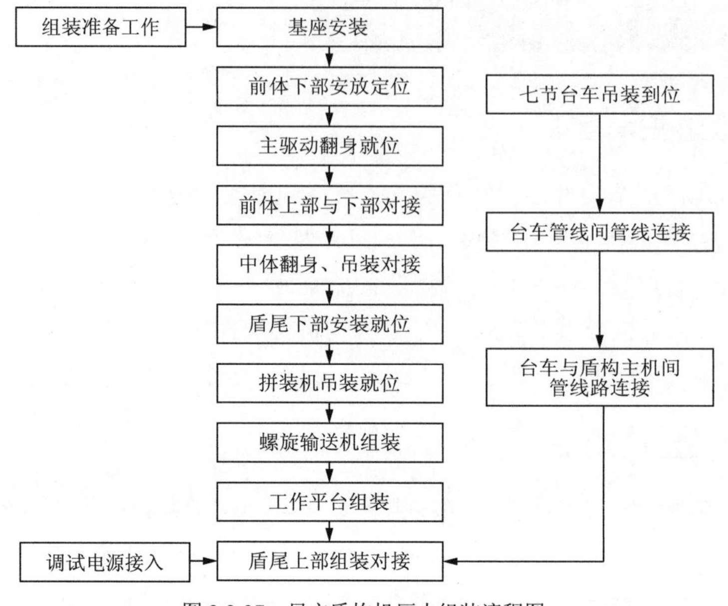

图 2-2-37　日立盾构机厂内组装流程图

2）盾构机低压调试与验收

由于维修场地内供配电条件为交流 380V、250kV·A 容量的动力电源和 220V 的照明电源，不具备盾构接入端为 10kV 电源的要求。因此须按照低压运转模式进行盾构机空载调试。

现场将盾构机的 10kV 一级变压器和后续设备控制箱及二级变压器之间的接线完全断开后，采用 800kV·A 柴油发电机发电，绕开盾构机一级变压器直接向用电设备控制箱供电，改变设备的整机运转模式，在操作程序上解开联锁控制，进行单个设备独立运转的形式。部分 220V 的设备采用场地内的照明线路进行供电运转。盾构机上电后，分系统进行空载调试，测试每个系统的运行参数是否符合设计要求，对不符合的项目进行调节，达到设计规定数值，最终使盾构机各个系统在空载状态下输入输出正常，安全平稳运行。

日立 2 号盾构机现场调试情况如图 2-2-38 所示。

图 2-2-38　日立 2 号盾构机现场调试图片

7. 盾构机大修改造后使用效果分析

1）盾构机大修改造后的实际使用情况

日立 2 号盾构机大修改造完成后经厂内调试，各项技术性能参数均达到设计技术性能要求。该盾构机于 2009 年 8 月投入到北京地铁亦庄线 BT 工程 12 标进行两个单线盾构区间共计 2.1km 的掘进，经过两次组装和两次拆解于 2010 年 3 月底安全抵达接收车站，顺利完成施工任务。改造前，日立 2 号盾构机在北京地铁 4 号线施工时最大单日掘进长度为 18 环即 21.6m，最大月掘进里程 430m；而经过大修改造后，在亦庄线施工过程中，最大单日掘进长度为 31 环即 37.2m，最大月掘进里程达到 810m，创造了该盾构机的最高掘进纪录，也为亦庄线盾构区间隧道顺利贯通提供了保障。

日立 2 号盾构机完成亦庄线 2.1km 掘进后刀盘及主驱动外壳情况如图 2-2-39 所示。

图 2-2-39　日立 2 号盾构完成亦庄线 2.1km 掘进后刀盘及主驱动壳体情况

华隧通 H005 盾构机维修改造后，投入到北京地铁 9 号线东白区间 1.05km 的掘进，经过连续对润滑油脂注入系统进行监测，油脂压力、消耗量均在设计要求范围以内。隧道贯通后，对主驱动密封再次拆解检查，内、外周 VD 密封均未出现断裂故障，同时检查密封压板没有松脱情况发生。含氟合成橡胶密封的粗糙度值、弹性等各项性能均符合设计要求，密封套和密封唇口结合部位磨损量为 0.6 ～ 0.8mm，润滑油脂单环使用量控制在 2.2mL 左右，达到了较好的使用效果。

华隧通 H005 盾构机掘进 1.05km 后主驱动密封情况如图 2-2-40 所示。

图 2-2-40　华隧通 H005 盾构机掘进 1.05km 后主驱动密封情况

2）盾构机维修效果分析

通过对以上两台盾构机大修改造项目的技术研究，深入了解盾构机的构造原理，积累了对长距离掘进后的盾构机进行整体大修，尤其是驱动系统的解体维修的宝贵经验；通过对盾构机掘进管理模式的改进，探索出了更加高效快捷的盾构区间隧道施工管理技术；对完成较长距离掘进施工的盾构机整体性能评价积累了丰富经验。

通过对盾构机大修改造的技术研究，提高了盾构机的设备性能和适应性，为盾构机从制造到使用、维护保养的国产化进程提供了更多实践经验，也给工程施工带来了良好的社会及经济效益。

第 3 节　再制造技术在盾构机修复中的应用

北京奥宇可鑫表面工程技术有限公司；北京城建设计发展集团股份有限公司

1. 再制造技术概述

再制造就是以旧的机器设备为毛坯，采用专门的工艺和技术，在原有制造的基础上进行一次新的制造，而且重新制造出来的产品无论是性能还是质量均等于或优于原先的新品。再制造概念图解如图 2-2-41 所示。

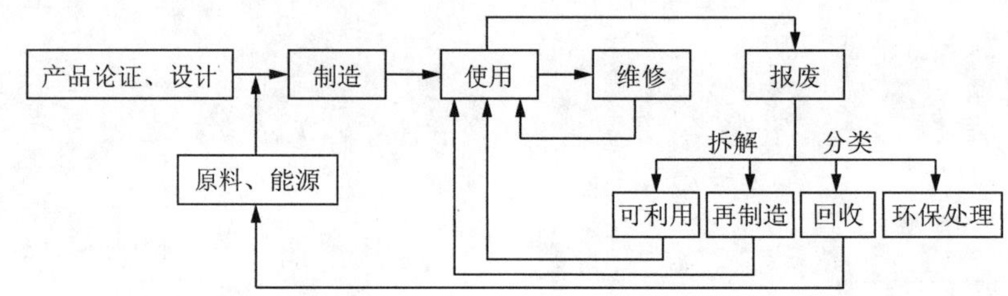

图 2-2-41　再制造概念图解

再制造是一种对废旧产品实施高技术修复和改造的产业，它针对的是损坏或将报废的零部件，在性能失效分析、寿命评估等分析的基础上，进行再制造工程设计，采用一系列相关的先进制造技术，使再制造产品质量达到或超过新品。与制造新品相比，再制造产品可节省成本 50%，节能 60%，节材 70%，几乎不产生固体废物。2009 年 1 月实施的《循环经济促进法》将再制造纳入法制化轨道。

2. 盾构机维修概述

目前盾构施工工法已经在国内得到广泛应用，国内盾构机保有数量已达 1200 余台。单台盾构机如果按照每年平均掘进 1 ～ 2km 计算，一般单台盾构机在 5 ～ 6 年后就已经达到使用寿命（单台盾构的设计寿命约 10km）。盾构机日常运转工作的环境处于高温、高湿、多粉尘的地下，盾构机长时间施工将会造成多个系统零部件的磨损、疲劳、腐蚀、老化等情况，因此，盾构机的维修保养就尤为重要。目前盾构机的维修保养大多采用更换新件的方法，维修时购买新件尤其是进口件采购周期长，还将投入大量的资金成本。随着再制造技术的不断丰富和发展，将先进的再制造技术应用到盾构机零部件的修复中，通过对原有零部件的再制造修复，赋予旧零部件新的生命，必将大大缩短盾构机修复工期，而且具有可观的经济效益和社会效益，目前我国盾构机零件的维修保养工程需求巨大。

北京奥宇可鑫表面工程技术有限公司始建于 1992 年，近年来专业从事盾构机设备零部件的再制造修复。公司拥有五项国内领先技术，一项世界领先技术，两项国内首创，一项具有推动行业向前发展作用的技术；是北京市高新技术企业、北京市循环经济重点领域首批试点单位、中国设备管理协会机械零件修理中心、中国设备维修一级资质企业、中国质量信誉咨询系统理事单位、北京市质量管理规范重点宣传单位、首都部分高校科技与生产力转化基地。

奥宇可鑫公司现有国内最先进的激光、喷涂设备、电镀设施及多台大型的机械加工设备，配合奥宇可鑫常温修复技术，可以满足不同设备零件的修复。

奥宇可鑫常温修复技术特点：

（1）零件在修复过程中，始终处于常温状态，不产生内应力、无热变形、无裂纹、无退火软化现象，无断裂的潜在影响。

（2）结合强度高、不产生脱落现象。

（3）修补处的机械性能高，通过选择不同的修复材料，可满足不同性能零件的技术要求，既可以把不同性能的材料修复到同一种材质的零件上，修复后的零件在硬度、耐磨、耐腐蚀等方面可达到或超过新品。

（4）技术先进，对修复零件材质无特殊要求。各种确定材质及不明材质以及表面镀铬、镀镍、镀钛等复合材质的零件均可修复。

（5）修复位置准确、灵活，修复量精确可控，修复后可进行机械加工，也可不进行加工直接装机使用。

（6）对于大型设备或精密设备，可实施现场不解体修复，以保证各部位的配合精度。

到目前为止，奥宇可鑫已成功应用再制造技术，为多家盾构施工企业维修盾构机刀盘、主驱动（驱动外壳、主轴承、密封耐磨钢环）、中心回转体、螺旋输送机、推进油缸等零部件，维修后的零部件性能和质量不低于新品，合格率 100%，节省了购买新件的等待时间，节约了成本，而且与制造新品相比，对环境的不良影响显著降低。

图 2-2-42 为奥宇可鑫常温修补机，图 2-2-43 为修补机专利证书。

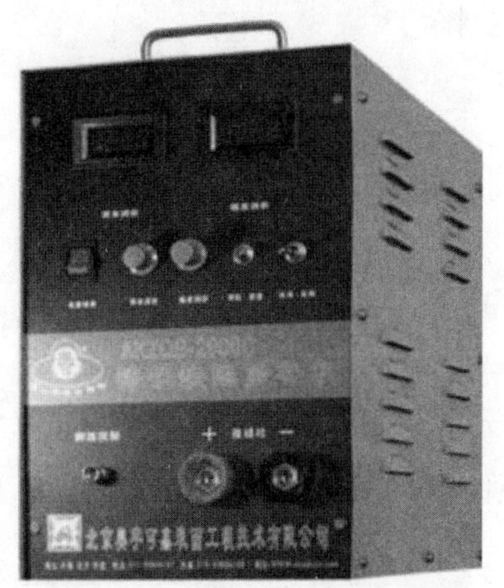

图 2-2-42　奥宇可鑫常温修补机

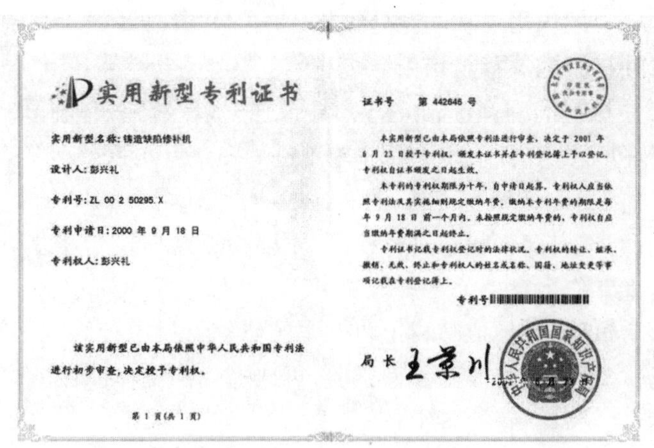

实用新型专利证书

实用新型名称：铸造缺陷修补机

设计人：彭兴礼

专利号：ZL 00 2 50295.X

专利申请日：2000 年 9 月 18 日

专利权人：彭兴礼

该实用新型已由本局依照中华人民共和国专利法进行初步审查，决定授予专利权。

证书号　第 442646 号

本实用新型已由本局依照专利法进行审查，决定于 2001 年 6 月 23 日授予专利权，颁发本证书并在专利登记簿上予以登记。专利权自证书颁发之日起生效。

本专利的专利权期限为十年，自申请日起算。专利权人应当依照专利法及其实施细则规定缴纳年费。缴纳本专利年费的期限是每年 9 月 18 日前一个月内。未按照规定缴纳年费的，专利权自应当缴纳年费期满之日起终止。

专利证书记载专利权登记时的法律状况。专利权的转让、继承、撤销、无效、终止和专利权人的姓名或名称、国籍、地址变更等事项记载在专利登记簿上。

专利号

局长 王景川

第 1 页（共 1 页）

图 2-2-43　修补机专利证书

3. 再制造技术在盾构机零部件修复中的应用实例

1）盾构机主驱动外壳密封套磨损表面再制造技术

（1）盾构机主驱动外壳磨损情况分析

某国外品牌盾构机完成 3km 隧道掘进后进行检修，其主驱动壳体外圈直径约 4m，其壳体密封套出现磨损位置为 3 处，分别是外圈密封位，其磨损长度约 9.2m，宽度 200mm，最深处磨损约 7mm（图 2-2-44）；内圈密封位，其磨损长度约 6m，宽度 200mm，最深处磨损约 5mm；外圈密封位，其内侧和外圈有深度不等的拉划伤长约 2m。盾构机主驱动密封位磨损间隙变大，轻者会出现润滑油消耗量增加，重者密封失效，泥沙侵入就会造成润滑油污染、摩擦力加大、影响运转甚至卡死。

图 2-2-44　盾构机主驱动外壳密封套磨损图

根据盾构机制造厂提供的材质资料和现场勘察，确定磨损处结构为焊接成型，磨损处具备热焊修复性能。磨损位置虽然在制造时是焊接成型，但制造时焊接后有机械加工工序来消除焊接变形及应力，以及相应成套的加工后处理技术来保证几何尺寸精度。而修复后不能再进行二次整体机械加工，因此在修复过程中必须确保不能产生修复变形，一旦变形，修复零件将报废。

（2）修复难点及技术保障

①应力的控制与管理

修复过程中会有大量热输入，随之会产生大量内应力，内应力的产生会带来零件的变形和断裂等潜在隐患。特别是对盾构机主驱动这样受力大的箱体结构件，这种影响就更不能忽视。内应力的产生与变化对修复件的使用寿命起着重要的影响。控制拉应力的大小，并科学的将拉应力适量转化为压应力，提高使用性能。

②修复后尺寸精度的保证

根据密封圈的形状和硬度判断，如果修复后精度不高，即使磨损的沟槽修复起来了也起不到密封作用，因为如果修复后尺寸精度低，出现微观波浪形不平整现象，密封时就会出现间隙，盾构机土仓内的渣土就会在压力的作用下从间隙处被挤入内部并参与磨损，可能会带来更大损失。

③修补材料的选择与搭配

从修补材料的耐磨性、致密性、结合强度以及与壳体材质的匹配性等多方面选择修补材料。针对盾构机使用环境恶劣、复杂和不易在施工过程中进行再次修复等多种特性，确定选择复合材料进行修复。

（3）表面再制造修复工艺（图 2-2-45）

检测：对现有磨损状态进行检测，主要检测磨损量和修复位置是否有裂纹出现，此内容对是否能成功焊补起着重要作用。

试验室试验：在模拟基材上将确定的修复材料进行修复试验，确定最佳修复材料及工艺。

现场试验：先选择非工作面试验，再选择局部工作面试验。经检测、评审，最终确定修复材料及工艺，并将图片、文字资料存档备案。

工艺流程：清洗（物理、化学）→检测（裂纹、磨损量）→试验（材料、工艺）→补焊（多次熔焊、恢复尺寸）→应力（检测、消除）→粗磨（机械工装）→精研（模具工装）→检测（尺寸精度）→表面处理（应力转化、修复材质二次强化）。

图 2-2-45　盾构机主驱动外壳密封套修复过程图

（4）应力的监测与消除及转化

应力监测与消除：用应力检测仪器对在修复过程中产生的内应力进行科学检测与消除。

应力的转化：使用专用应力处理设备对工作面的残余应力进行拉应力与压应力的转化。

（5）修复过程中热输入量的控制

在修复过程中为了减少热影响区，使用专用散热材料进行涂覆，并根据热输入量控制每次的热输入时间，并在修复长度上分段进行。

（6）工装设计

盾构机主驱动密封主要靠壳体密封面挤压唇型密封圈形成过盈变形起到密封作用。修复后的尺寸修复工作量大、要求精度高。据现场情况将机械与手工相结合，设计专用工装卡具进行现场加工以保证修复尺寸，同时设计专用加工精研模具进行后期研磨，设计专用加工检测模具进行后期尺寸精度检测。

（7）修复后使用情况

主驱动外壳修复完成后，该盾构机完成了 2.1km 的盾构区间隧道施工，经解体检查，发现修复后的驱动外壳密封套表面仅有 1mm 深的轻微磨损（图 2-2-46）。修复的部件性能完全达到了原有部件的各项技术性能。

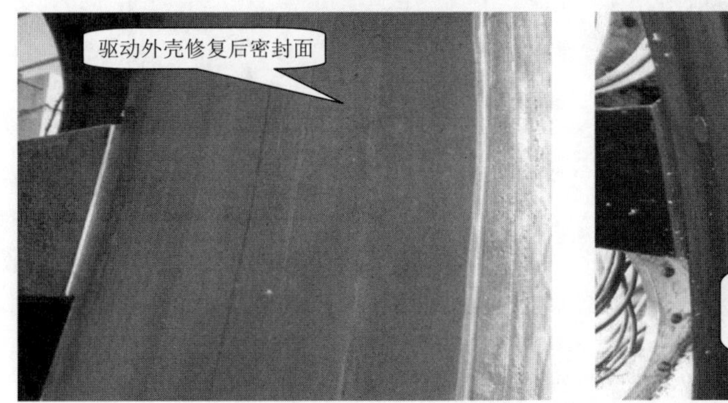

图 2-2-46　盾构机主驱动外壳密封套修复后使用情况

2）盾构机中心回转体磨损表面再制造技术

（1）中心回转体磨损情况分析

中心回转体安装在盾构机主驱动中心位置，与土仓隔板相连，其主要功能是向盾构土仓前方输送各类液体材料。中心回转体由定子和转子两大部分组成，根据掘进需要，定子和转子之间被密封分隔成若干独立通道，渣土改良材料、仿行刀液压油、刀具磨损装置密封油、电信号线等在盾构掘进时随着刀盘的旋转，从各个通道被输送传递到土仓前部。

由于盾构掘进时输送的渣土改良材料含有微细颗粒，在压力和流速的不断作用下，中心回转体转子和定子之间会产生磨损，导致中心回转体内密封磨损、老化失效，几个独立的注入通道相互窜通，中心回转体的转子表面镀层磨损、腐蚀、剥落，造成密封失效，磨损严重时相邻通道会窜通，导致改良材料注入效率下降，甚至无法向前注入。

以图 2-2-47 为例，中心回转转子直径 210mm，表面镀层磨损、腐蚀、剥落，最深处约 2.5mm。

根据盾构机制造厂提供的图纸，确定此零件无法用常规的热处理方式进行维修，针对此情况，奥宇可鑫公司采用公司专利技术——常温冷熔技术与纳米电刷镀技术相结合的方法对此零件进行修复。

（2）修复难点及技术保障

由于采用常温技术进行修复，修复过程中零件始终处于常温状态，不产生内应力，无热变形，无裂纹，无退火软化现象，无断裂的潜在影响。

首先将磨损较深处用常温冷熔技术进行焊补，补材采用与基材性能匹配的材料，填平沟槽后进行第一次机械加工。整体加工尺寸保证与标准尺寸直径相差约 50 丝，以保证后期镀层厚度。

然后在转子初步加工完成的基础上，用纳米电刷镀技术进行镀层恢复，刷镀时应做好非刷镀面的保护工作，保证刷镀位置镀层致密、结合强度高，刷镀后当整体尺寸高于标准尺寸约 60 丝后，进行第二次机械加工,加工到图纸要求的标准尺寸,保证精度要求。

a)修复前

b)修复后

图 2-2-47 盾构机中心回转体磨损修复前后对比图

最后将加工好的中心回转转子进行回装,安装完成后进行打压试验。

工艺流程:清洗(物理、化学)→检测(裂纹、磨损量)→试验(材料、工艺)→补焊(恢复尺寸)→粗磨(机械加工)→刷镀(恢复尺寸)→精研(机械加工)→打压试验。

注:此工艺也适用于盾构机推进千斤顶油缸磨损修复及表面有镀层的液压零件。

4. 总结

近年来,我国基础设施建设领域持续高速发展,各种工程机械的使用量大增,同时,随着使用年限增加,工程机械正在进入报废的高峰期,工程机械市场巨大的保有量,为工程机械再制造产业提供了充足的再制造资源。通过对盾构机等大型工程机械关键零部件磨损的再制造修复技术研究,逐步形成对于废旧零部件损伤和剩余寿命的评估技术与方法;并针对不同形状、不同损伤形式、不同材质的零部件形成不同的再制造修复技术体系,为工程机械修复提供可借鉴的实践经验,推进工程机械行业走出节能、降耗、减排的发展路线。

第 4 节 S-254 土压平衡盾构机整机再制造及其应用

北京建工土木工程有限公司

2014 年 11 月,北京建工土木工程有限公司以自有的盾构机维保基地为依托,在北京盾构工程协会的支持下,升级为北京建工土木盾构机再制造基地。基地成立后的第一项任务,决定对一台超过设计使用寿命的德产 S-254 土压平衡盾构机进行再制造。经过半年多的艰苦奋斗和探索创新，在再制造技术国家重点试验室和北京奥宇可鑫装备再制造技术研究院的大力支持下和共同努力下，成功地对这台原定报废的盾构机进行了再制造。并于 2015 年 9 月在北京地铁 16 号线 2 标段下井始发，2016 年 3 月 24 日隧道掘进安全贯通，成为我国首台隧道贯通的整机再制造盾构机。

1. 原机基本情况

这台再制造盾构机的原机是德国海瑞克隧道设备有限公司生产的土压平衡软土面板刀盘盾构机，出厂编号为 S-254。原机主要技术参数如下：

（1）刀盘直径为 6260mm，开口率 36%；刀盘附有 1 把中心刀，96 把刮刀，8 把铲刀，并带有 4 个土壤改良液体喷嘴。

（2）刀盘驱动方式为液压回转驱动，8 个液压马达，额定扭矩为 4100kN · m，脱困扭矩为 5200kN · m。推进油缸共计 30 个，最大推进力为 29700kN。

（3）管片设计为外径 6000m，内径 5400m，管片长度为 1200mm。

（4）铰接密封承压力为 3bar。

（5）电气系统初级电压 10kV，变压器 1250kV · A，次级电压为 400V，照明电压为 230V，全机总功率为 1011kW。

该机于 2003 年购入，截至 2013 年，已先后在北京地铁 5 号线 17 标、机场线 10B 标、15 号线 2 标、7 号线 11 标等四条地铁线工程中使用，总计完成掘进里程 12km，超过了设计使用寿命 2km，已出现整机故障频发的现象。这种状态通过普通的大修已不能完全恢复其功能和性能，按照有关规定只能作报废处理。

经过公司领导和专家研究，决定对这台盾构机在再制造可行性评估的基础上实施再制造。

2. 再制造可行性评估

对于任何一种机械装备的再制造，再制造的可行性科学评估是关键之一。因此组织有关专家对 S-254 盾构机进行再制造可行性评估。首先对盾构机进行无损拆解，清洗，然后对关键零部件通过无损探伤、表面磨损、腐蚀情况进行检测和失效寿命评估，从而判定这台盾构机是否还具有再制造的价值。

通过检测评估，专家一致认为该台盾构机的主要问题是一些关键零部件有不同程度的磨损、腐蚀。例如主驱动的外壳、齿圈，滚道，滚柱、密封衬套。刀盘面板，主驱动的减速机和螺旋输送机减速机的齿轮等，无损探伤没有发现这些关键零部件本体有影响强度的内伤。液压部分主要是密封磨损变形；电气部分主要存在的问题是部分元器件老化等评价。总体评价：有较高的再制造价值，具备再制造可行性。

3. 再制造方案制定及实施过程

1）再制造方案的制定

在再制造技术国家重点试验室的指导和北京奥宇可鑫再制造技术研究院的协助下，基地制定了具体的再制造实施方案。方案确定了再制造的内容和实施技术。再制造的内容主要包括：

（1）主驱动再制造；

（2）刀盘再制造；

（3）螺旋输送机再制造；

（4）油缸及液压系统再制造；

（5）由于该台盾构机是海瑞克的早期产品，电气系统和控制系统兼容性较差，而且老化的元器件很难配置，因此这两个系统以更新为主。

方案拟定应用的再制造技术及承担任务的主体单位分别为：

（1）零部件性能失效分析及寿命周期评估，由北京盾构工程协会组织专家组负责。

（2）零部件清洗及表面处理技术和特种材料应用技术、特殊检测技术，由再制造技术国家重点试验室负责。

（3）表面磨损修复所需的特殊冷焊技术、电刷镀技术、表面熔覆技术，由北京奥宇可鑫装备再制造技术研究院负责。

（4）整体协调及盾构机的拆检、清洗、涂装、组装调试，由北京建工土木工程公司主要负责。

（5）在再制造过程中进行全程技术跟踪，由装备再制造技术国防科技重点实验室负责。

2）零部件及液压系统和电气系统再制造的实施

对一些以磨损腐蚀为主要原因导致失效的零部件，根据零部件的尺寸、性状和磨损腐蚀程度，采用不同的再制造技术进行修复。同时还在恢复其性能和功能的基础上进行一些升级和改进。对一些必须更换的电气及液压系统元器件，原厂可以实施再制造的，送回原厂实施再制造，原厂不能再制造的，更换新件。

（1）主驱动再制造

①清洗主驱动齿圈，用纳米电刷镀电刷镀修复滚道，更换部分滚柱、密封衬套和密封件。

②对主驱动齿圈及行星齿轮，用冷焊再制造技术进行修复，并进行了气压试验（图 2-2-48）。

图 2-2-48　主驱动齿圈及行星齿轮进行探伤和再制造

③对主轴承进行整体再制造（图 2-2-49）。

图 2-2-49　主驱动轴承再制造

主驱动修复后主轴承端面跳动检测为 2 丝，径向跳动为 1 丝，整体评级为 P6 级，优于合格水平（P5 级为合格）。

（2）刀盘再制造

①优化刀具布局，改造中心刀；

②在原刀盘面板上增加边刮刀、切刀等，增加刀盘切削性能；

③加焊刀具保护块，面板及周边加焊耐磨材料；

④在切口环部位接焊耐磨材料，保证与刀盘刀圈间合理间隙；

⑤面板采用敷设耐磨板和耐磨网格堆焊处理。

（3）推进油缸再制造

①对油缸拆检、更换密封件；

②划痕、气孔等采用冷焊或纳米电刷镀技术再制造进行修复。

（4）螺旋输送机再制造

①螺旋筒内衬耐磨材料，并将螺旋筒旋转 180°（图 2-2-50）；

②螺旋叶片应用再制造国家重点试验室提供的新型耐磨焊材堆焊。

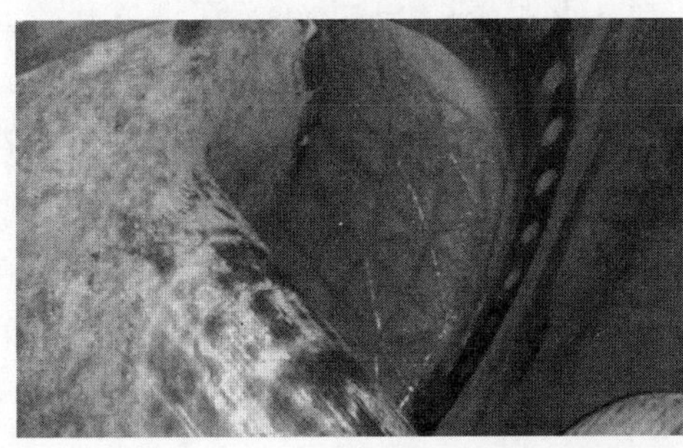

图 2-2-50　螺旋筒内衬耐磨材料，并将螺旋筒旋转 180°

（5）减速机再制造

更换了减速机密封及轴承；对螺旋输送机减速机、关节轴承进行了拆解检查，更换了减速机、关节轴承（图 2-2-51）及密封件。

图 2-2-51　再制造后的螺旋输送机减速机、关节轴承

（6）液压系统再制造

盾构机液压泵及液压马达返厂进行检测再制造，更换了部分易损件，并对泵及马达进行校验（图 2-2-52）。

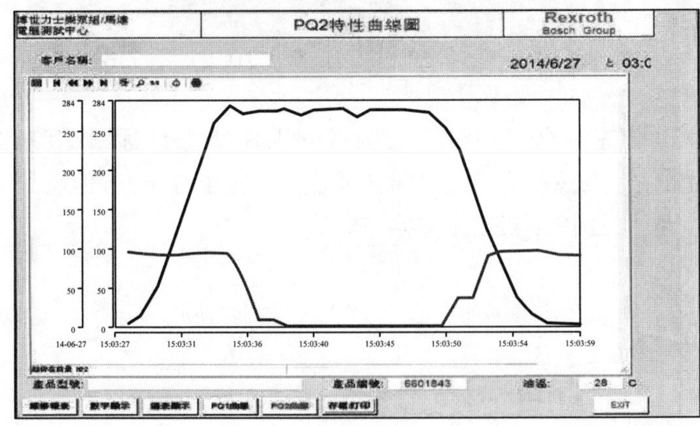

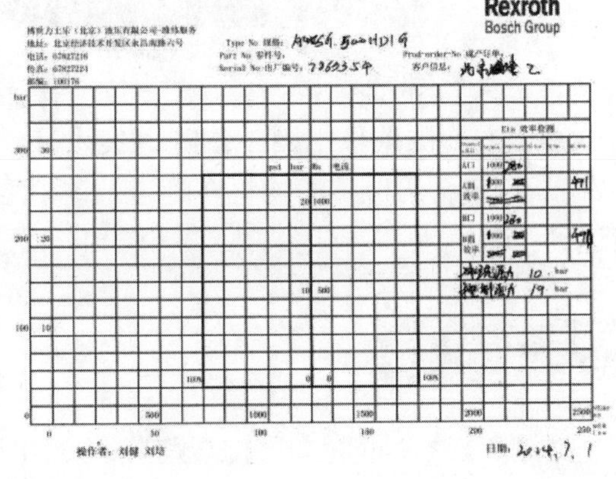

图 2-2-52　液压泵再制造完成试验报告

(7)液压管路更换

采购了成套的液压管路压接、试验、清洗设备,对盾构液压管路进行了更换。

(8)电气控制系统再制造

对 PDV 控制程序及 VMT 系统进行了升级,并将拼装机及双轨梁遥控器改造为无线控制。

3)组装和整机调试及验收

在所有的零部件和液压系统及电气系统全部再制造并分别按照新品性能和功能要求进行检测合格后,在再制造基地进行了组装和整机调试。并于 2015 年 7 月完成了组装并进行了调试验收。

再验收测试表明,所有再制造部分运转正常,刀盘再制造后切削能力甚至比原先更强。对液压系统的测试推算结果显示,这台盾构机的掘进推力、扭矩等关键参数都已恢复到新机状态,完全符合"装备再制造产品应达到或超过新品"的再制造定义。尤其是这台盾构机在再制造过程中,增加了泡沫管路及中心冲水装置,使这台盾构机可以适应更多类型的地层地质进行掘进施工。

盾构机主驱动组装如图 2-2-53 所示。

4. 再制造盾构机在工程中的应用

该台再制造盾构于 2015 年 9 月投入北京地铁 16 号线 2 标段盾构区间施工,同时委托第三方中国中铁隧道集团有限公司设备检测中心对该盾构机的工作状态进行跟踪测评。

盾构机从 2015 年 9 月下井始发,到 2016 年 3 月 24 日隧道贯通出井(图 2-2-54),总计完成 2.02km 隧道掘进工程。根据施工记录数据统计, S-254 盾构机在施工过程中单班掘进环数最高为 18 环,约合 21.6m,远超北京市目前地铁隧道单班掘进 8 ～ 10 环的平均速度。生产效率也较再制造前的单班掘进 12 ～ 16 环有显著提升。同时,还优化了盾构机渣土排出、同步注浆和管片安装的操控性和稳定性,使盾构操作人员能更加有效地把控施工环境风险。

图 2-2-53　主驱动组装

图 2-2-54　再制造盾构机隧道掘进贯通出井后刀盘被吊出井口

第三方检测单位中国中铁隧道集团有限公司设备检测中心对该盾构机的工作状态进行跟踪测评。报告显示,该台再制造盾构机在隧道掘进中运行正常,虽然还存在一些需要进一步改进的地方,但总体性能达到了新机水平,到达解体后再进行正常的维修后,还能继续进行掘进施工。

5. 效益分析

据测算,这台再制造盾构与购置一台同类型新盾构相比,可节省资金 2000 余万元,节省钢材 200 余吨,按标准煤计可节煤近 260t,减少二氧化碳及其他有害气体排放近 700t。

第 5 节　TBM 整机再制造开拓国外市场和应用

中铁工程装备集团有限公司

1. 需求背景

全断面岩石隧道掘进机（TBM）是铁路、公路以及水利建设等领域隧道施工的关键设备，随着对安全、环保和高效施工理念越来越认同，各个国家地区应用 TBM 施工成为必要的选择。为了保证施工安全，TBM 整机再制造在国外也有着巨大需求。国内企业凭借着专业的技术，优秀的品牌效应，紧紧抓住市场机遇，不但可以在新盾构（TBM）设备领域，在盾构（TBM）再制造技术领域也可以在国外市场创佳绩。

2. 技术创新

（1）中铁工程装备集团有限公司首次对刀盘 3.9m 的小直径 TBM 进行整机再制造（图 2-2-55）。

（2）采用了独有的刀盘刀具技术，刀群高效破岩技术，应对高石英含量、高强度岩层。

图 2-2-55　再制造后焕然一新的 TBM

（3）对 TBM 刀盘、护盾、驱动、推进支撑系统、电气系统、流体系统等进行了系统检测、诊断及修复。

（4）根据此台 TBM 工地施工要求，在铠式系统上新增了锚杆系统、喷浆系统及超前钻机系统，大大提升了设备在洞内应对复杂底层的能力。

（5）对流体系统进行了全面的改进及优化，确保了设备运行的稳定性。

（6）该台设备经过中铁工程装备集团有限公司再制造，攻克了地层埋深大、岩石强度大、岩体风化不均、存在溶洞、涌水风险等结构异常复杂的地质施工难题，突破了狭小空间完成支护、隧道顶部完成皮带机纠偏、超前预报和支护系统以及狭小空间进行维护和作业等关键技术。

（7）再制造中应用了循环冲洗技术、无损检测技术、轴承修复技术和表面修复技术等四项关键技术。

（8）“方案—交底—环控—检验—总结—提示” 六步骤的保障体系，将盾构机再制造制造前、制造时以及验收全过程纳入有效的监管控制。

3. 工程应用

此次再制造的 TBM 是原维尔特公司生产的一台敞开式 TBM，原用于意大利 Todini 项目。中铁工程装备集团有限公司首先获得的是此台 TBM 刀盘的改造任务，在出色完成了刀盘改造之后才获得了该设备的整机再制造业务。

承包商 CC47 公司将再制造的"中铁 R73 号" TBM 用于位于越南中部的 Da Nhim Hydropower Plant Expansion 水电工程。

4. 社会效益

2016 年 8 月 29 日，"中铁 R73 号" TBM 在越南 Dong Nai 省 Bien Hoa 市成功下线（图 2-2-56），这是国内盾构制造企业对国外 TBM 进行全面再制造的又一创新案例。

对国外直径 3.9m 双 X 撑靴式岩石隧道掘进机（TBM）的再制造，体现出国内盾构企业的专业技术水平得到了国际市场的认可，同时也进一步拓宽了东南亚市场。

图 2-2-56 TBM 再制造下线现场

第3章　新技术在盾构工程中的应用

第1节　3D激光打印技术在盾构工程中的应用

中国铁建十六局集团有限公司　全雪勇，张广鹏，吴煊鹏

1. 需求背景

盾构机上使用的盘形滚刀刀圈，国外生产的专利产品，具有较高的耐磨性、良好的稳定性。

近年来我国不少大学、研究机构和企业纷纷开展盾构、隧道掘进机刀具的研制、改进工作。国产刀具质量水平提升很快，且硬度、耐磨性接近国际水平，但不能保证稳定性是国内一些厂家存在的问题。总体而言技术水平与国际水平存在一定的差距。

刀具在特殊地段施工时，如何能够做到稳定性好、既耐磨，又能够抗冲击？如何利用已更换下来的旧刀圈？都是值得研究的关键技术问题。

针对以上问题，我们利用3D激光打印技术，进行了一些探索和研究。

2. 技术创新

3D激光打印技术在盾构工程中的应用，主要是以激光熔覆技术为基础，在刀圈上熔覆耐磨材料，同时提高刀圈的使用寿命，激光修复的产品价格一般为新品的50%，其性能和新刀圈一样甚至优于新刀圈，增强了使用寿命，减少更换刀圈频率，缩短施工周期，为施工节约大量资金；同时也缩短了采购周期。并且，刀圈修复前提是在盾构施工中需要进仓拆刀、换刀作业，而3D激光修复的诞生，既加快了施工效率，又能达到节约材料以及人力、成本的目的。

3D激光打印修复刀圈核心技术示意如图2-3-1所示。

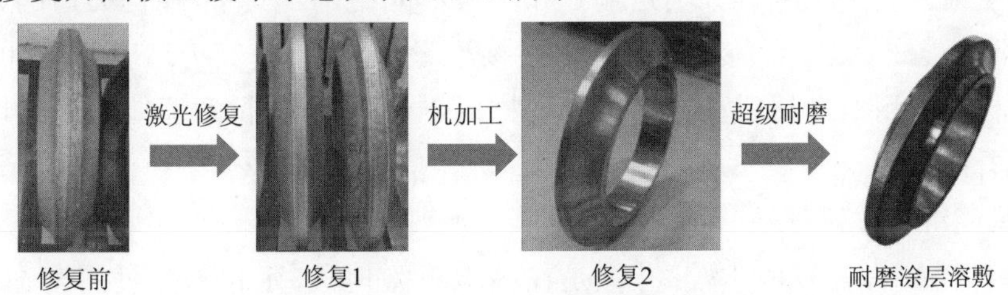

图2-3-1　3D激光打印修复刀圈核心技术示意图

注：超级耐磨技术显著提高了耐磨性，大大增加刀圈使用寿命，降低工程成本

修复基本流程为：

（1）截取小样，断面化学材料分析：选取H13钢金属粉。

（2）激光修复，根据原使用外形尺寸图纸进行计算机编程。

（3）机加工：对激光修复的刀圈做精加工处理。

（4）耐磨涂层溶敷。

（5）表面荧光检测：将溶有荧光物质的渗透剂渗入物体表面（例如焊缝或者不锈钢铸件、管材表面），清洗后，使用吸附剂使缺陷内的荧光油液渗至表面，在紫外线灯照射下显现荧光斑点或条纹，从而发现和判断缺陷的方法，清洗后的表面，无荧光斑点和条纹显现，证明无表面缺陷。

（6）内部X射线检测：X射线穿透试件后，能使放置在试件背面的胶片感光，把曝光后的胶片在暗室中经过显影、定影、水洗和干燥，形成底片。再将底片放在观片灯上观察，根据底片上的黑度变化所形成的图像，就可以判断出有无缺陷，以及缺陷的种类、数量、大小等，合格的修复刀圈内部无裂纹、未熔合等焊接缺陷影像。

（7）拉伸测试：修复层平均抗拉强度达到1897MPa，拉伸率比成品刀圈提高近12%，如图2-3-2所示，达到国外同类产品水平。

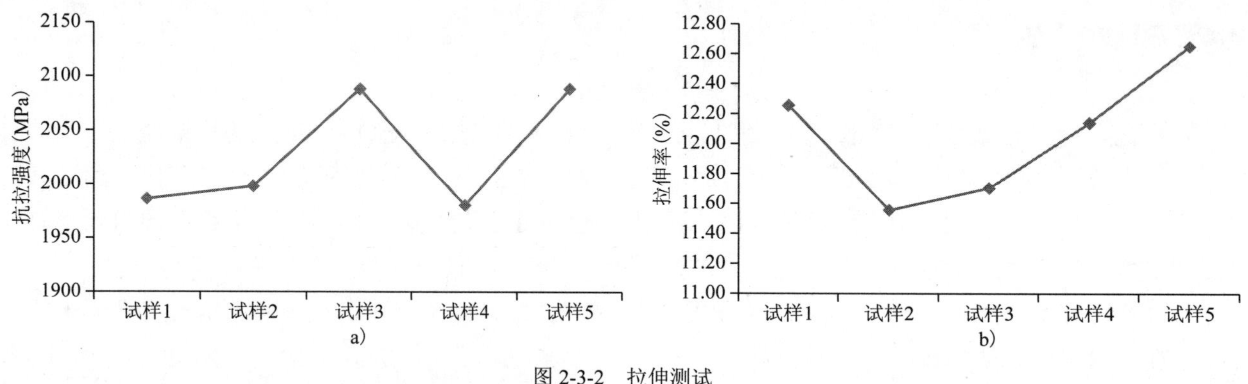

图2-3-2　拉伸测试

（8）硬度测试：修复层平均硬度达到56.7HRC，介于国产刀圈（56HRC）和进口刀圈（58HRC）之间，满足使用要求。

3D激光打印修复的刀圈成品如图2-3-3所示。

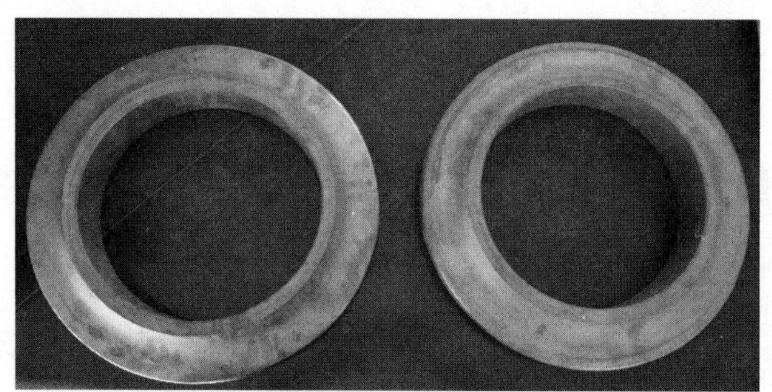

图2-3-3　3D激光打印修复的刀圈成品

3. 工程应用

在兰州地铁穿黄泥水平衡盾构机中，刀圈刃口采取了两种单晶修复工艺（图2-3-4），分别是陶瓷和母材单晶结构。其中，陶瓷刃口的刀圈与以往陶瓷工艺不同，该陶瓷并不是镶嵌上去，而是容纳在一体熔接进母体之中，使其刃口变得更加牢靠；母材单晶结构是采用比原刀具材质更耐磨的材料直接熔接至母材，靠材料本身的抗耐磨能力进行切削。

从使用效果来看：

（1）比换新刀具经济成本降低。

（2）采用高级修复材料，修复成本较高，但是在极端风险地段，延长刀具使用寿命，能够减少换刀次数，降低施工风险。

我们计划扩大3D激光打印修复范围，进一步试验效果，如：

（1）中继泵泵壳。以往泥浆泵的中继泵泵壳在损坏之后（图2-3-5）直接返厂或进行废料处理，而3D打印技术的诞生专门针对小面积破坏的金属材料进行恢复，可直接取样，选取合适粉剂进行熔接恢复，使其利用率大大提高。

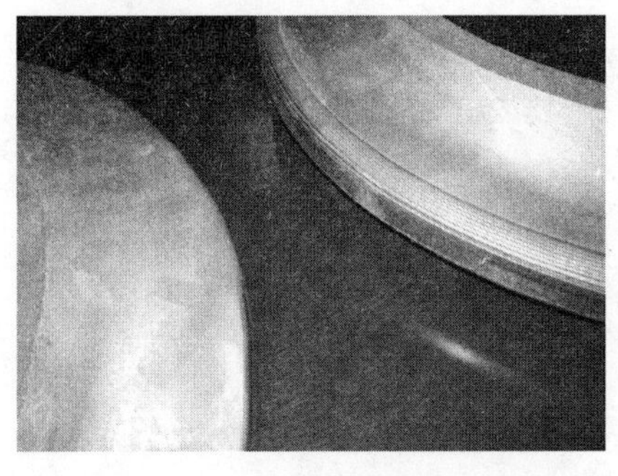

图 2-3-4　两种单晶修复工艺刀圈

图 2-3-5　中继泵泵壳磨损

（2）流量计。流量计在砂卵石地层中根据介质的特殊要求，接触面特别容易磨损并伤及合金锄头（图 2-3-6），而 3D 打印技术正在尝试将合金触头用比聚氨酯和天然橡胶均耐磨的材料进行裹敷，如能成功，将代替进口技术的天然橡胶流量计，在成本上更是极为可观的尝试。

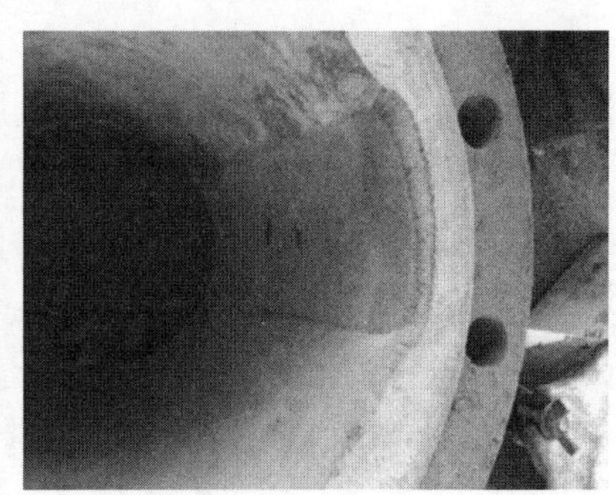

图 2-3-6　流量计磨损

（3）液动球阀。液动球阀在兰州地铁穿黄泥水平衡盾构机中磨损极其严重（图 2-3-7），采购周期长，内壁喷涂耐磨材料后使用率也很低，而 3D 打印技术也正在尝试将其熔接成抗耐磨材料，成功后也可大大降低施工成本，提高利用率。

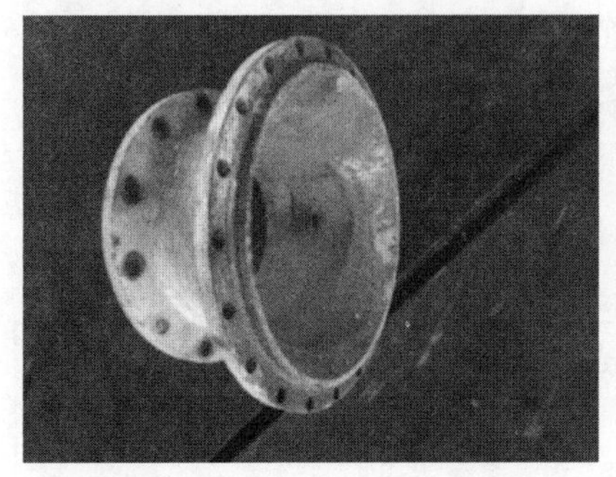

图 2-3-7　液动球阀磨损

4. 社会与经济效益

3D 激光打印修复技术在盾构领域对需具耐磨特性的金属材料颇为适用，不仅从结构上增加其耐磨强度，而且从价格上也比新品外购配件的价格低廉。在兰州地铁穿黄泥水平衡盾构机上，中继泵泵壳、流量计及液动球阀等配件均正在尝试，从简单的结构晶体分析，到工况的设计及使用要求，按专业的水准进行量身定制。

第 2 节　盾构隧道装配式衬砌三维力学分析理论与方法

港珠澳大桥管理局　苏宗贤

1. 需求背景

世界上最早的盾构法隧道就是为穿越江河而设计的，是为克服海底或河底等非常恶劣的地质条件而开发的。随着封闭式盾构机的成功研制，盾构工法发挥出了施工安全、掘进速度快、适应复杂地层和地表沉降小的显著优点，已成为当今国际上城市轨道交通和水下隧道工程的主要施工方法。我国经过近十几年的地铁建设高潮，对盾构设计、施工与设备的不断深入研究，在积累了大量建设经验的同时逐步实现自主创新。目前盾构工法也已成为我国穿越江海大型隧道的主要施工方法，正朝着大断面、高水压、大埋深、长距离和高速化施工等方向发展。

盾构隧道衬砌结构采用装配式拼装，与一般工法的隧道结构形式有很大不同，由于其衬砌结构的复杂性，目前国内外规范尚未给出具体的、完善的分析理论和方法，只指出可使用过去常用的均质圆环法和梁－弹簧模型分析方法，这类方法在力学模式上只能采用假定荷载的荷载－结构模式，只能分析横断面内力，不能分析三维内力，难以满足大断面、高水压、大埋深、长距离的隧道衬砌结构形式发展，也难以进行施工过程特殊的工况和运营期可能发生的纵向变形内力分析。对于过去 6m 直径断面的地铁盾构隧道工程，结合国内外已有工程经验，设计上结合工程类比采用传统的简便方法尚能偏于保守控制其结构安全性，但随着隧道断面的增大和高水压、大埋深、地质环境复杂等因素的作用下，使用传统的分析方法得出的结果非常粗糙，难以保证结构的安全性。由此，盾构隧道装配式衬砌的力学分析需要在三维计算理论与方法上实现进一步突破。

国际隧道协会（ITA）在 1978 年成立了隧道结构设计模型研究组，收集各会员国采用的地下结构设计模型，1982 年该研究组发表了其所调查的汇总结果《关于隧道工程结构设计模型》。入江健二（1993）根据新的进展汇总了当时各国所用设计模型调查结果，加入 1978 年 ITA 的调查结果，见表 2-3-1。从各国使用的计算模型看，基本特点是均采用荷载－结构模式的平面模型，这些模型有的至今还在沿用。

各国盾构衬砌设计方法汇总　　表 2-3-1

国　名	设 计 模 型	设计水土压	地基抗力系数
澳大利亚	全周弹簧模型；Muir Wood 法；Curtis 法	σ_v= 全覆土重 $\sigma_h=\lambda\sigma_v$ + 静水压	平板载荷试验
奥地利	全周弹簧模型	浅埋：σ_v= 全覆土重； $\sigma_h=\lambda\sigma_v$； 深埋：太沙基公式	$K=E_s/r$ 仅考虑径向
德国	覆土≤ $2D$，局部弹簧模型 覆土≥ $2D$，全周弹簧模型	σ_v= 全覆土重 $\sigma_h=\lambda\sigma_v$（λ=0.5）	$K=E_s/r$ 或 E_s/R_c 或 $0.5E_s/R_c$
法国	全周弹簧模型；有限元法	σ_v= 全覆土重或太沙基土压力 $\sigma_h=\lambda\sigma_v$（λ 取经验值）	$K=E/[(1+\mu)\ r]$
中国	匀质圆环法；弹性铰圆环法；梁－弹簧模型	σ_v= 全覆土重或太沙基土压力 $\sigma_h=\lambda\sigma_v$（λ 取试验值）	垂直或平板载荷试验

续上表

国 名	设 计 模 型	设计水土压	地基抗力系数
日本	惯用法和修正惯用法；梁 - 弹簧模型	σ_v= 全覆土重或太沙基 $\sigma_h=\lambda\sigma_v$（λ 取经验值）	按照 N 值和土性查表
西班牙	考虑地层与结构相互作用的 Buqera 法	不计黏着力的太沙基土压力	只考虑径向
英国	全周弹簧模型；Muir Wood 法	σ_v= 覆土重 σ_h=（1+λ）/2σ_v（$\lambda=K_0$）	三轴试验
美国	弹性地基圆环法	σ_v= 全上覆土重 $\sigma_h=\lambda\sigma_v$	室内试验

在纵向分析上，根据隧道接缝和和螺栓简化方法的不同，日本学者提出了两种纵向结构计算理论：一种是以村上博智及小泉·淳为代表的以轴向、剪切和弯曲弹簧模拟接缝和螺栓、以梁单元模拟衬砌环的纵向梁 - 弹簧模型，计算出的结果需要再次分析才能间接得到管片、螺栓应力和接缝张开量的较近似数据；另一种是以志波由纪夫及川岛一彦为代表的等效轴向刚度模型，认为隧道在横向为一均质圆环、纵向上以刚度等效的方法将有环向接缝非连续的结构等效为连续均质圆筒，该方法从管片、接缝和螺栓力学性能的分析得到纵向等效刚度（或刚度折减系数），但在计算中可发现，该模型梁体的轴向拉压、剪切和抗弯刚度折减系数是不相同的，有时差异较大，而且由于环缝的张开使得梁的平截面假设不能满足，截面中性轴位置会发生偏移。因此，这两种计算方法的结果仍比较粗糙。

2. 技术创新

2006 年西南交通大学张建刚博士和何川教授在武汉长江隧道衬砌结构设计的研究中，首次通过试验观察到三维衬砌结构实体在管片幅宽边缘和幅宽中央的内力差别，并采用三维壳 - 非线性弹簧模型全面分析了管片空间力学特征，并对三维壳体模型的建立过程和结论提出了系统的认识。2008 年，苏宗贤博士和何川教授在国家“863”计划“大型跨江海隧道结构力学特征及整体化设计方法”项目以及南京长江隧道衬砌结构设计的研究和实践中提出了荷载 - 结构模式和地层 - 结构模式的壳 - 弹簧 - 接触分析模型。在此基础上，近年正在研究可以分析盾构隧道纵向变形附加内力的壳 - 弹簧 - 接触模型，该分析模型和方法将突破国内外现有计算模型和分析方法的局限，可针对已建或拟建隧道产生的纵向变形进行结构安全分析，以及可结合隧道抗震分析结果、针对随机错缝拼装结构进一步分析更为准确的结构内力，弥补现有横、纵向结构分析的不足。

1）三维壳 - 弹簧模型

采用由一个整环和两个半环结构组成的整环衬砌模型，并以中间整环为研究目标，前后两个半环既作为错缝拼装受力环结构也作为中间整环的边界条件，如图 2-3-8a）所示。为确保整环结构沿隧道纵向稳定，对两半环外侧边缘设置了沿隧道纵向的位移限制约束，如图 2-3-8b）所示。管片接头弹簧单元沿管片纵缝密布在所有节点对上，每一端面上的所有旋转弹簧的抗弯刚度之和等于管片接头抗弯刚度值；环间接头弹簧单元同时考虑了径向剪切和环向剪切；地层抗力弹簧单元分布于壳面结构的所有节点上，如图 2-3-8c）所示。与经典的梁 - 弹簧模型相比，其结构形式和荷载模式基本一致，主要突破是分析出结构内力沿幅宽的分布。

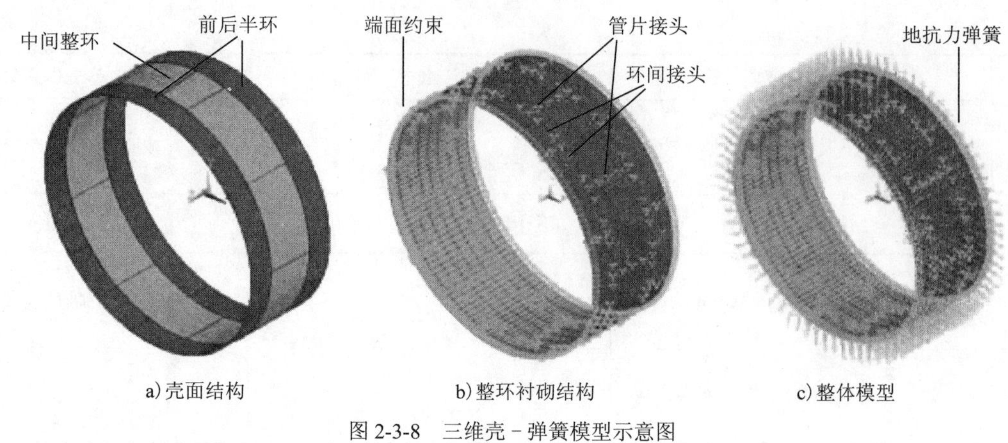

a) 壳面结构　　b) 整环衬砌结构　　c) 整体模型

图 2-3-8　三维壳－弹簧模型示意图

2）荷载－结构模式的壳－弹簧－接触模型

在荷载－结构模式的梁－弹簧模型和壳－弹簧模型中，地层对管片的抗力作用是通过径向和切向地基弹簧实现的，即采用 Winkler 弹性地基梁理论，当在壳体结构（如壳－弹簧模型）也采用传统的径向和切向弹簧模拟抗力，程序将显得繁琐而不高效。

虽然隧道与周围围岩土体的作用关系并非是简单的两个面接触，但为了同时考虑径向挤压和切向摩阻作用，运用接触理论是一种可行的选择。在此，对于三维问题，在壳单元与实体单元之间建立面－面三维弹性接触单元，可以较好地同时考虑管片与地基的径向、切向的相互作用。当壳单元位移朝向实体单元时，接触面产生挤压，实体单元因变形而产生径向抗力，若挤压的同时产生相对移动，则产生切向抗力；当壳单元位移背离实体单元时，接触面脱离而不产生抗力。这种方法可模拟目前普遍采用通用管片环的随机拼装方式，如图 2-3-9 所示，计算更为准确。

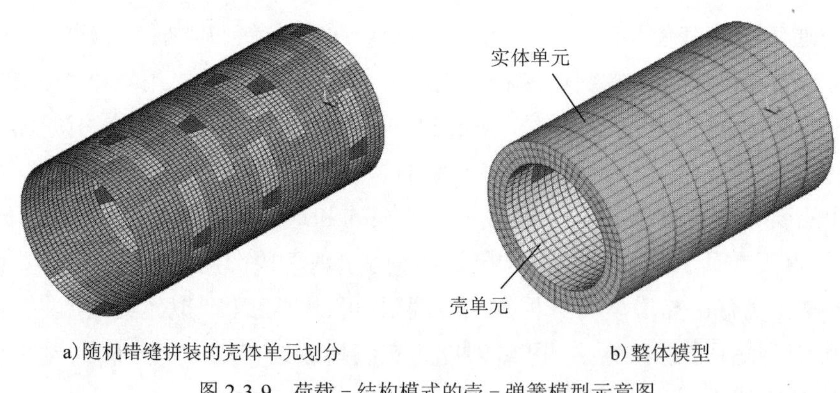

a) 随机错缝拼装的壳体单元划分　　b) 整体模型

图 2-3-9　荷载－结构模式的壳－弹簧模型示意图

3）地层 - 结构模式的壳－弹簧－接触模型

在荷载－结构模式下的梁－弹簧模型中，管片与围岩间的相互作用是通过径向和切向的地基弹簧实现的。同样基于 Winkler 理论的弹性地基板（壳）理论，一般较难考虑管片与围岩间的切向摩阻作用，而且这通常在荷载－结构的力学模式下使用，难以考虑开挖效应，而使用接触理论可以为使用地层 - 结构计算的模式提供条件。由此，在地层 - 结构模式的壳 - 弹簧 - 接触模型中，采用 8 节点六面体实体单元模拟围岩土体，在模拟管片的壳单元和模拟土体的实体单元之间建立面 - 面三维弹性接触单元，可同时考虑管片与围岩的挤压与摩阻作用，以及开挖后的荷载传递与变形相互协调作用，以达到模拟隧道与围岩共同变形的目的，如图 2-3-10 所示。

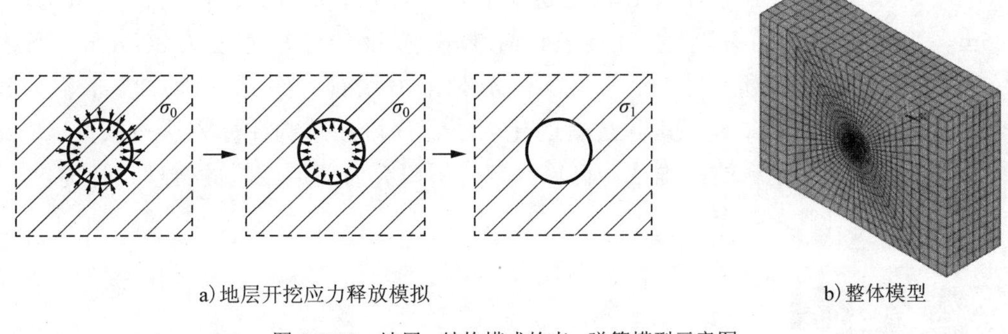

图 2-3-10　地层 - 结构模式的壳 - 弹簧模型示意图

4）纵向变形三维附加内力分析

近年来正在进一步研究可以分析盾构隧道纵向变形附加内力的壳 - 弹簧 - 接触模型，该方法将突破国内外现有计算模型和分析方法的局限，可针对已建或拟建隧道产生的纵向变形进行结构内力分析与安全评估，还可结合隧道抗震分析结果、针对随机错缝拼装结构进一步分析更为准确的结构内力，弥补现有横、纵向结构分析的不足，为国际首创，如图 2-3-11 所示。

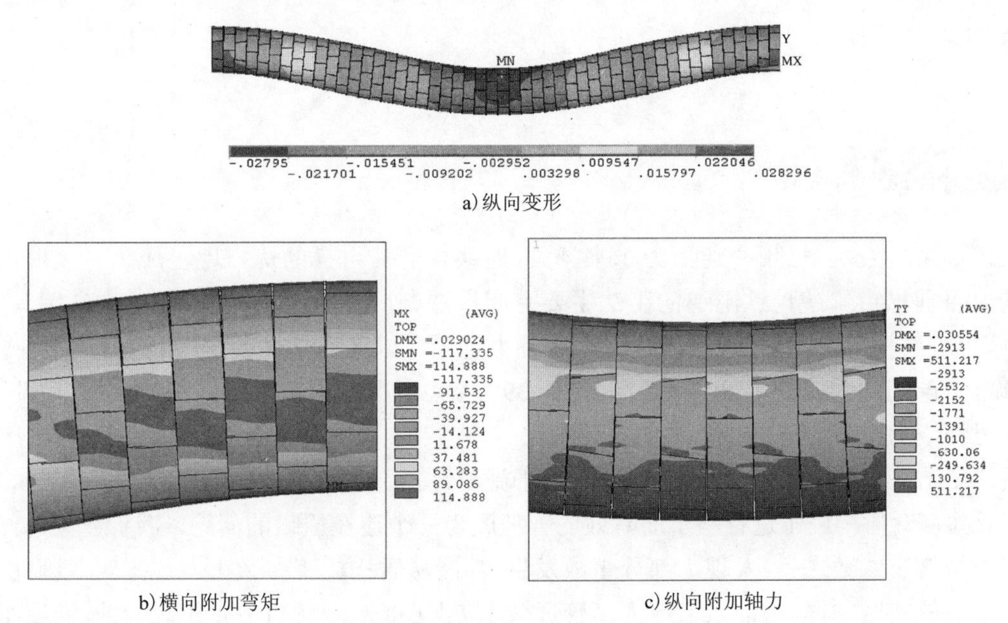

图 2-3-11　变形附加内力分析结果示意图

3. 工程应用

南京长江隧道工程是连接南京浦口区与河西新城区的市内快速通道，是南京市主城区"井字加一环"快速路系统跨江成环的重要组成部分。南京过江通道位于长江一桥、在建的长江三桥之间，上距长江三桥 9km，下距长江一桥 10km。工程区段属长江河床及高河漫滩，地形开阔平坦。工程范围内地层主要为第四系全新统冲积层，岩性以粉质黏土、淤泥质粉质黏土、粉细砂为主，隧道主要位于该地层。深部为白垩系下统浦口组地层，岩性以泥岩为主。地表水系主要为长江水系；地下水系主要表现为第四系松散岩类孔隙水和碎屑岩类孔隙 - 裂隙水。该工程于 2005 年 9 月开工，2009 年 8 月全线贯通。

该越江工程总长5853m，其中左汉盾构隧道全长约3930m，分为岸边段与江中盾构段，其中盾构段长度2925m。工程设左右两条隧道，每隧道设置3车道，设计行车速度为80km/h。盾构隧道内径13.3m，外径14.5m。圆形衬砌环环宽2m、厚0.6m，每环由10块管片组成。超大断面、高水压、大埋深、薄覆土是该工程的建设难点。结合该工程进行的超大型管片衬砌结构计算方法与原型试验纳入了国家“863”计划示范研究课题。创新的三维结构计算模型分析研究为隧道结构的合理设计提供了重要支撑，并为后续工程提供了重要参考。

4. 社会与经济效益

此外，纵向变形三维附加内力分析研究为近年国内外首创，将有待进一步与工程实践相结合，建议对既有隧道收集资料数据开展进一步研究与评估。

第3节　盾构施工实时远程监控系统

中国矿业大学(北京)　江玉生

1. 系统研发目的

随着我国经济的发展，城市交通压力越来越大，地铁凭借其自身的优点现已成为各大城市改善交通状况的首选。目前城市修建地铁隧道的工法主要有明挖法、矿山法和盾构法。而盾构法因其安全性高、适应性好、施工进度快等优点，在地铁修建中占比越来越大。以天津地铁5号线和6号线为例：5号线区间总计27个，全部用盾构法施工；6号线区间总计39个，其中用盾构法施工区间38个。由此可见，盾构法修建地铁已经成为城市修建地铁隧道的主要工法。

伴随盾构工法在每个地铁修建城市的应用，由于施工经验不足等各方面的原因，出现过许多大大小小的事故。因此如何对盾构施工进行科学而有效的管理成为一个迫在眉睫的问题。我课题组总结了许多事故发生前后盾构施工参数之后，发现大部分事故发生，都能从盾构施工参数上发现异常。因此，若能实现对盾构施工参数的实时掌握，将能极大地提高管理效率，尽可能地规避事故发生。为此，课题组研发出了一套功能全面的“盾构施工实时监控系统”，该系统可保持与盾构机数据同步，并可通过计算机浏览器和手机APP软件登录查看，方便盾构施工管理人员随时、随地实时掌握盾构施工参数信息，从而能及时合理地指导施工。

2. 系统的功能

1）土压平衡盾构系统

土压平衡盾构机作为目前应用最广泛的一种盾构类型，在城市地铁建设中发挥着重要的作用。课题组在2005年就研发了“盾构施工实时监控系统”，经过十年的不断改进，目前功能已经很完善，基本能满足盾构施工管理的需求。系统主要功能包括工程风险与监测、盾构施工参数查询分析、盾构施工参数预警和盾构设备参数预警功能，为了适应现代化随时随地管理盾构施工的需求，研发的 APP 也已经投入使用。

（1）工程风险与监测

系统登录后首先进入全网图界面，此处可显示所有工程区间在百度地图中的位置及施工状态情况，如图 2-3-12 所示；通过 “盾构数据监测” 项进入某标段工程简介界面，可查看该区间工程简介，包括各参建单位、工程概况与工程地质与水文地质情况；“工程进度”项可以查看盾构当前施工进度，以及掘进过程中周边的地面风险源，还可以看到各个沉降监测点在地面相对于隧道的位置，如图 2-3-13 所示。“监测数据” 项可以查看各个沉降点的沉降数据，并能通过曲线图形象地表示出来，如图 2-3-14 所示；“剖面图” 界面也可以看出盾构施工进度，还有盾构掘进过程中所穿越的地层情况和盾构相对于地下水的位置情况，如图 2-3-15 所示。

图 2-3-12　全网图界面

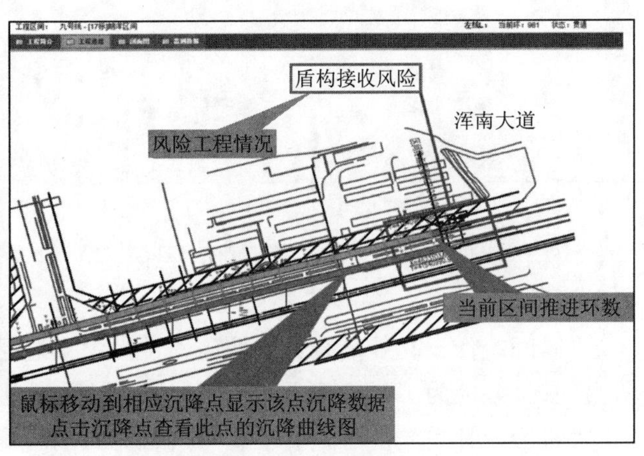

图 2-3-13　工程进度图

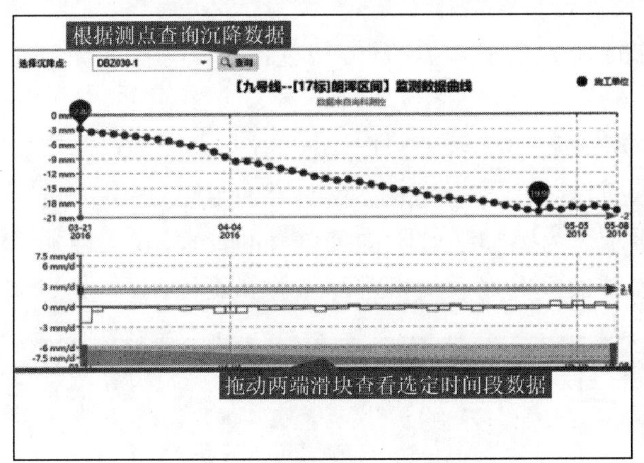

图 2-3-14　沉降监测曲线图

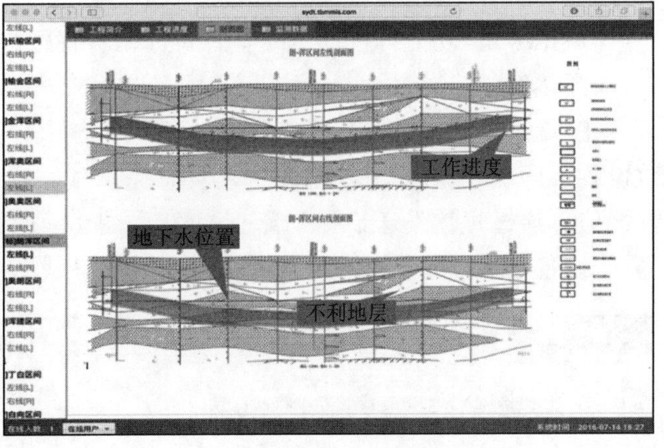

图 2-3-15　地层剖面情况

（2）盾构施工参数查询及预警功能

上文主要是关于在系统上查看工程区间风险和沉降监测的介绍，“盾构施工实时监控系统” 的另一重要功能是能将盾构施工参数实时与施工现场同步，且能存储在服务器方便施工管理人员随时随地查看施工参数。根据实际应用反馈，我们将施工中比较重要的大部分参数放在进入查看盾构数据的主界面，如图 2-3-16 所示，其中包括“刀盘”、“同步注浆”、“土压”和“铰接”等重要参数，还有盾构机所在当前环、工作状态以及数据传输状态。为了方便使用，在盾构参数主界面右侧共设有五个二级页面：刀盘（默认）、螺旋、导向系统、综合和统计报表。“螺旋”界面主要包括膨润土、泡沫、盾尾油脂和各种有害气体的实时同步数据;“导向”界面考虑到导向数据的重要性,因此合理的放置了盾构姿态、盾构大地坐标、盾构滚动角和俯仰角以及盾构每环纠偏量等重要参数,如图 2-3-17 所示。“综合”界面把所有的参数通过表格的形式实时显示出来,方便浏览任意施工参数;“统计报表”项中包括材料消耗、时间统计、进度统计、汇总统计和数据分析五个子项,以便按需查询各类参数,接下来详细介绍这五项数据查询分析功能。

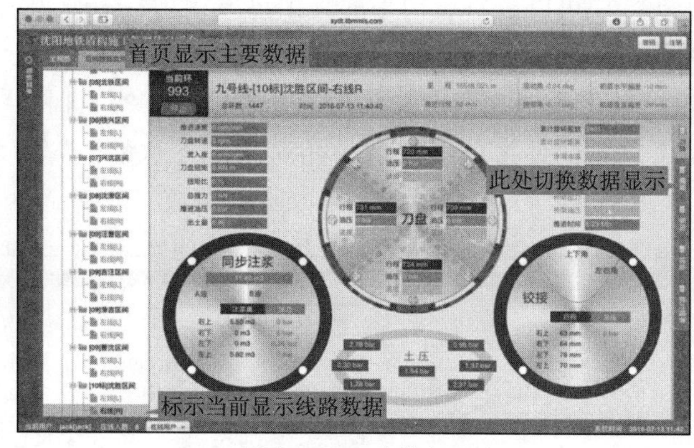

图 2-3-16　参数主界面

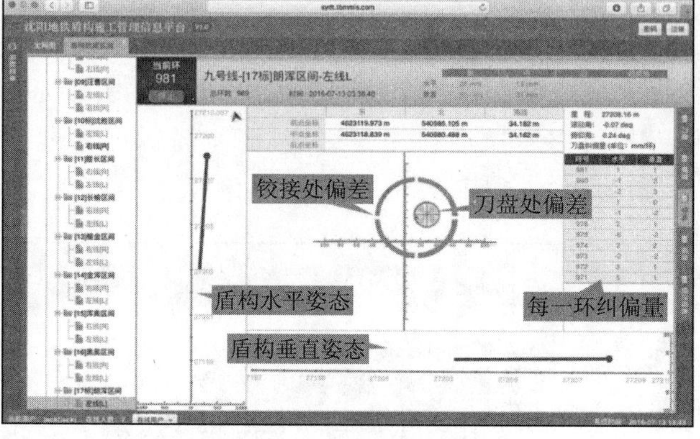

图 2-3-17　导向界面

“材料消耗”功能可查询任意的环号区间的材料消耗量,包括“同步注浆量”、“膨润土”和“盾尾油脂”三种材料。

“时间统计”功能是统计盾构施工过程中掘进、拼装、停机三种状态的时间及其分别在总工作时间中所占的比例,能为工程管理人员提供分析盾构施工进度的时间依据,以更加合理的进行施工组织安排。

“进度统计”功能可查看任意一天或几天的盾构施工进度环数,并可直接生成报表的形式,方便管理施工进度。

“汇总统计”功能可对某段时间内推进环数、工作时间和材料消耗做汇总。

“数据分析”功能可按环号或者时间查询所有盾构施工参数历史数据,且方便进行对比分析和经验总结,如图 2-3-18 所示。

在以上功能的基础上,我们还增加了“盾构施工参数预警”功能,可根据不同的施工环境,对施工参数设置不同的预警值,并能在系统上及时提示预警信息;同时为了方便管理,我们增加了短信功能,可将预警信息通过短信发送给相关管理人员,如图 2-3-19 所示。为了加强对盾构机自身的管理,我们增加了“盾构设备参数预警”功能,方便查看设备预警信息,从而能够及时对盾构机进行保养和维修。

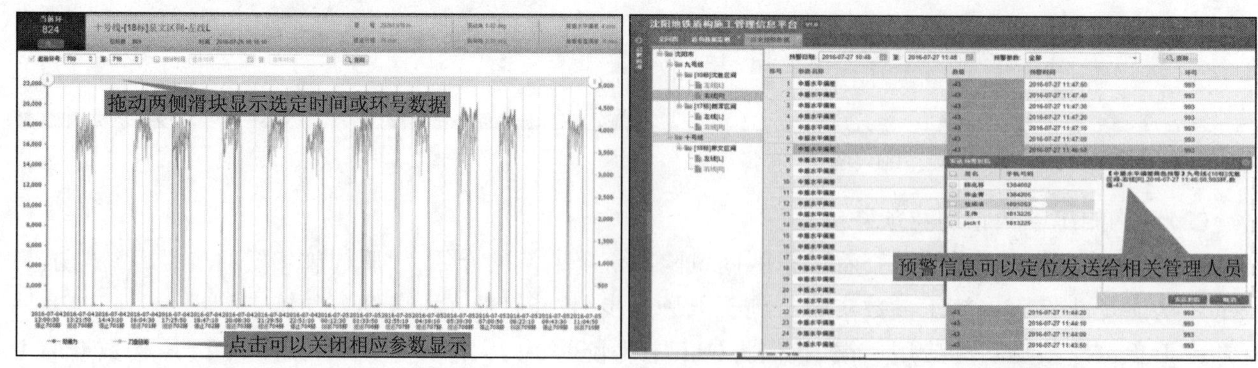

图 2-3-18　参数历史数据查询　　图 2-3-19　短信预警功能

(3)APP 功能

经工程实践证明以上功能基本可满足管理需求,但是随着智能手机的发展,管理人员已经开始渴求能随时随地掌握盾构施工信息，因此课题组结合目前手机系统的市场情况，发布了安卓版和苹果版两款APP，这将大大提高盾构施工管理效率，降低时间成本。APP 客户端功能和电脑版同样完善，反馈效果良好，其部分界面如图 2-3-20、图 2-3-21 所示。

图 2-3-20　APP 线路选择

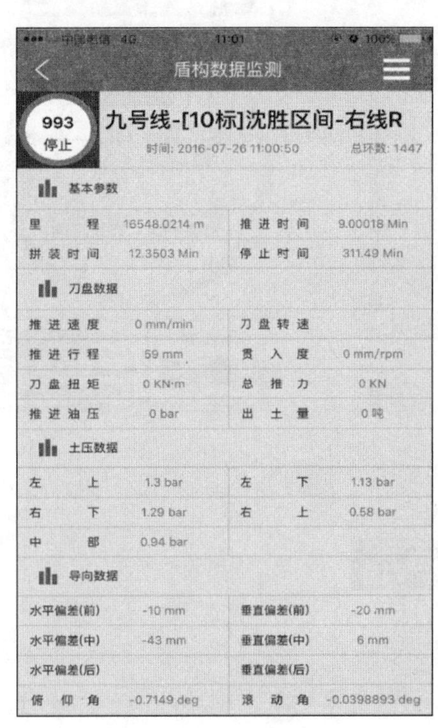

图 2-3-21　APP 参数界面

2）泥水平衡盾构和硬岩 TBM 系统

泥水平衡盾构机是另一种应用较为广泛的盾构类型，相较于土压平衡盾构机有着自身的特点。泥水平衡盾构机对盾尾密封及泥浆循环系统有着较高的要求，因此针对泥水平衡盾构机，我们在有土压平衡盾构机系统功能的基础上进行优化，增加了泥水循环界面，形象动态地显示了泥水循环系统及相关参数情况，如图 2-3-22 所示。同时针对硬岩 TBM 的实际情况，我们也开发了与其相适应的 TBM 管理信息系统，如图 2-3-23 所示。

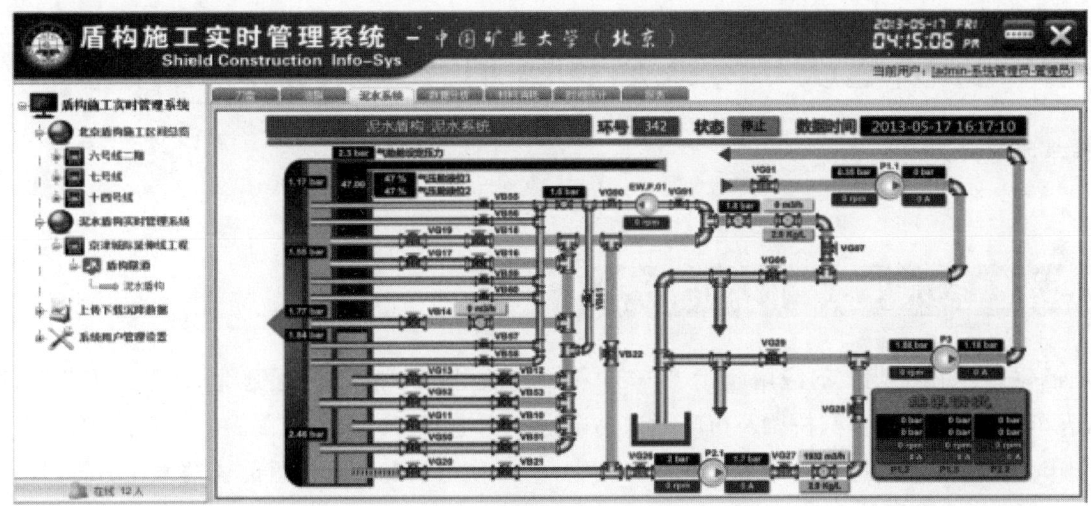

图 2-3-22　泥水平衡盾构机泥水循环界面

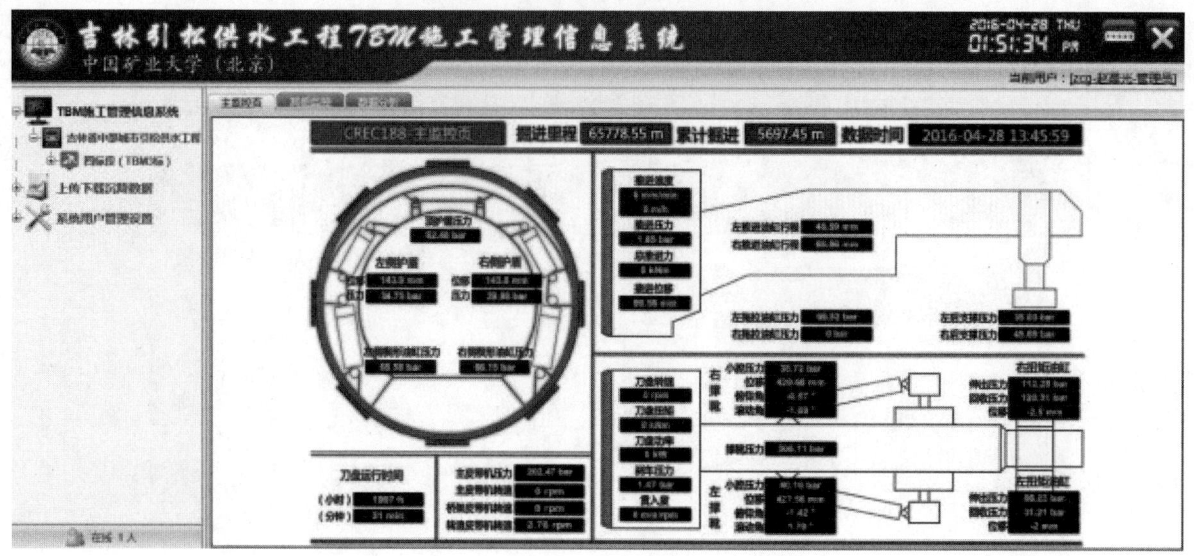

图 2-3-23　TBM 管理信息系统界面

3. 系统的应用

目前，北京、天津、广州、沈阳等多个地铁建设城市的建设单位，采用本系统来实现对盾构施工参数的实时监控和预警，以有效规避安全风险事故的发生。

4. 总结

“盾构施工实时监控系统”为现代化地铁建设的盾构施工管理提供了一种非常便捷的手段，同时也为盾构从业人员提供了一个交流学习和总结经验的平台。系统功能强大，在全国各地已有实现超过 200 台盾构的施工实时监控，有效规避工程事故的发生，提高了盾构施工信息化管理水平。

第 4 节　深圳地铁 9 号线盾构隧道预埋滑槽应用技术

深圳地铁集团有限公司　　刘卡丁

1. 预埋滑槽技术在国外的应用历史

预埋槽钢技术在工业上的应用起始于 1931 年，至今已有 80 多年的历史，目前在建筑幕墙、高速铁路隧道、火车站、核电厂、电梯、桥梁及市政隧道与电力隧道中都有广泛的应用。德国和法国最早于 20 世纪六七十年代开始在城市地铁隧道中应用预埋槽钢，至今使用状况较好。目前该技术在日本、埃及、新加坡、韩国和马来西亚等多个国家的地铁隧道中都有广泛应用。

2. 预埋滑槽技术在国内的应用现状

2013 年之前，国内的预埋滑槽技术主要应用于建筑、高铁的站台和高铁的隧道之内，在城市地铁隧道内没有应用案例。

1）应用预埋滑槽技术的优点

相对于传统的打孔技术，采用预埋滑槽技术具有如下优点：

（1）滑槽采用工厂化加工及预埋，能够确保质量；

（2）避免打孔，对结构不会造成任何损伤，保证了结构的耐久性；

（3）管线安装操作简单，功效高，环境清洁；

（4）运营期维护、更换隧道内设备、管线等方便。

传统打孔技术对主体结构的损坏以及引起的一系列后果将大大降低地铁的整体寿命，国内需要有人开始牵头探讨使用预埋滑槽技术，迈出第一步。

2）深圳地铁 9 号线在国内首次采用预埋技术

深圳地铁集团有限公司（本文简称集团公司）组织广州地铁设计研究院有限公司、BT 承办方中建南方投资有限公司等，冲破重重阻力，决定在深圳地铁 9 号线大胆创新，全线使用预埋滑槽技术。从 2012 年开始，集团公司邀请相关管片厂进行管片预埋滑槽试生产、管片水平试拼装、管线试安装、国内滑槽生产厂家调研、国外滑槽厂家技术咨询、组织设计院进行管片的受力影响论证和技术参数的选择、试验检测项目的确定、技术经济的分析、管片的批量生产、现场检测、组织国内知名专家对预埋技术的论证、隧道内管片的安装、隧道内 100m 管线试验段的安装等工作，于 2014 年 5 月对 100m 试验段进行了验收。

预埋滑槽和管线安装现场试验如图 2-3-24 所示。

图 2-3-24　预埋滑槽和管线安装现场试验

3）地铁内预埋滑槽技术和传统打孔技术的综合对比分析

通过深圳地铁 9 号线盾构管片预埋滑槽 100m 管线安装试验，可以比较明确的得出预埋技术和传统打孔技术的综合对比分析结果，见表 2-3-2。

地铁内预埋技术和传统打孔技术综合对比分析表　　表 2-3-2

序号	项　目	预埋滑槽技术	传统打孔技术
1	施工工艺	工厂化制造及预埋滑槽，现场进行螺栓固定支架及管线安装	现场打孔、植筋（膨胀螺栓）、螺栓固定支架及管线安装
2	施工环境	现场清洁、施工环境无污染	现场打孔灰尘大、施工环境污染严重
3	施工器具	仅需扳手、可移动安装平台	电钻、扳手、供电设备、可移动安装平台等
4	隧道保护	无任何损伤	打孔密集，管片损伤严重，破坏结构耐久性
5	施工效率	2.85m/(人·天)[100m/(5人·7天)]，各专业可交叉施工，互不影响，20～30天即完成每公里隧道管线安装	0.83m/（人·天），交叉施工干扰严重，效率低
6	外观效果	管线线型美观、整体效果良好	无效孔较多，结构表面破坏较多，管道线型不能保证，整体效果较差
7	运营维护	可快速更换、修复	更换、修复较困难
8	工序交接与管理	管线支架统一安装，工序交接简单，管理方便	各专业自行打孔及安装管线，作业班组多，工序交接复杂，管理难度大
9	可调整性	各专业管线安装位置环向调整方便	如需调整管线安装位置，则需重新打孔

4）国内专家和院士对地铁内采用预埋滑槽技术的论证

集团公司和中建南方投资有限公司多次邀请深圳市专家、国内多家地铁公司专家以及两院院士孙钧对地铁内采用预埋滑槽技术的可行性、检测试验项目、国内推广应用前景等进行了深入的分析和论证(图 2-3-25)。

图 2-3-25　预埋滑槽专家论证会

专家们认为，9 号线盾构法管片预埋滑槽设计理念先进，为城市轨道交通盾构隧道内设备及设施安装紧固件预留预埋实现标准化、工厂化以及提高盾构隧道设备设施安装效率，减少协调工作量和损坏管片衬砌创造了有力条件，促进了该领域技术的科技进步，具有广泛推广的价值。可依托深圳地铁 9 号线，结合有关试验量测数据，总结形成盾构法管片预埋滑槽设计施工指南，并在推广应用中逐步形成相关的国家规范。

图 2-3-26　深圳地铁 9 号线预埋滑槽 100m 试验段管线安装实拍图

5）国内相关地铁公司拟采用预埋技术的情况

深圳地铁 9 号线于 2014 年 5 月份完成预埋滑槽 100m 管线试安装后（图 2-3-26），宁波、广州、南宁、佛山等城市多家地铁公司到现场进行参观、调研。目前兰州地铁已经开始采用管片预埋滑槽技术，宁波地铁拟进行一个预埋滑槽试验段，其他如上海和青岛地铁也拟开始使用预埋技术。

深圳地铁 6 号线在全线的高架桥 U 型梁内和地下隧道管片内全线采用预埋滑槽技术。

3. 国内地铁推广应用预埋滑槽技术需进一步完善的问题

1）国内地铁推广预埋滑槽技术的基础

国内地铁全面推广预埋滑槽技术已经具备了较好的基础，主要如下：

①国内已经有了地铁预埋滑槽及预埋尼龙套管的定型产品，已经有多家厂家能生产该产品。

②已经在深圳地铁 9 号线得到全面运用，其他地铁公司也已开始陆续使用。

③预埋技术有关的试验检测项目基本明确，相关试验检测数据有据可查。

④深圳地铁 9 号线试验段试验效果良好。

2）需要进一步解决的问题

（1）预埋滑槽中较难解决的是滑槽的防腐耐久性问题。

目前的滑槽生产厂家的防腐效果均经过防腐试验的检验，但仍然需要结合我国国情进一步研究提高防腐效果的工艺。

锌镍渗层技术是一种铁素体状态下的化学热处理技术，是在加热密封条件下钢铁件与锌镍等多种粉末在催化剂作用下充分接触，使其原子均匀扩散入钢铁制品表面，在制品表面形成锌镍合金层。

锌镍渗层技术的特点：

①高耐腐蚀（中性盐雾试验＞3000h 未锈蚀）；

②高硬度、耐磨性好；

③无氢脆、附着力强，耐撞击；

④渗层厚度均匀致密，不影响螺纹装配；

⑤可焊性好；

⑥加工过程无三废排放，是节能减排、清洁生产防腐新技术。

锌镍渗层技术的适用范围：目前已在重庆轻轨 2、3 号线和地铁 1、6 号线及昆明地铁、广州地铁 5 号线和武广高铁上大量使用。

（2）滑槽的成本问题。

滑槽的直接成本比传统的打孔工艺略高，是许多地铁公司在采用滑槽技术时考虑的经济问题。但随着全国推广滑槽技术，滑槽用量大幅增加，滑槽的成本肯定会大大降低。

（3）滑槽的设计参数、T 型螺栓的设计参数、相关检测项目和检测的标准以及检测的频率还没有完全统一，没有实现标准化和规范化。

4. 国内地铁推广预埋滑槽技术所遇阻力和相关建议

1）全面推广预埋滑槽技术的阻力

（1）传统思想的束缚

当前国内推广预埋滑槽技术所遇到的主要是传统思想上的阻力。国内地铁自从建设以来一直沿用传统的打孔技术，打孔的思想已经根深蒂固，很难在短时间内接受预埋滑槽技术。

（2）滑槽设计和检测无现成的依据

滑槽最早在国外使用，有欧洲设计和检测标准。但国内地铁的首次设计尚无任何可参考的现成依据，只能简单参考建筑类预埋件的相关设计规范，或经过试验检测后再确定设计参数。这些问题给滑槽设计带来很大困难。

2）相关建议

由某个城市地铁公司来全面推广预埋滑槽技术层面太低、力度太小、号召力不足，所遇到的阻力太大，因此提出以下建议：

（1）由国家住房和城乡建设部牵头，组织相关协会、地铁公司、设计院、滑槽厂家、质量检测单位以及管片生产厂家等编制地铁滑槽设计、生产、预埋、检测和验收的相关规范或标准。从上至下的推广方式将可很快普及预埋滑槽技术。

（2）除了在盾构隧道管片上全面推广预埋滑槽技术外，建议在暗挖隧道和车站、明挖隧道和车站内也尽快开始研究预埋滑槽技术的应用，先做试点，再逐步推广应用。

第 5 节　可组装式多功能盾构管片力学性能试验系统

中国建筑股份有限公司技术中心　油新华

1. 研究背景及意义

据有关资料统计，截至目前，全国共有 43 个城市的轨道交通建设规划获得批复，规划总里程约 8600km。截至 2015 年年底，全国城市轨道交通运营线路已达到 97 条，运营总里程达到 3087 公里，居世界第一位。上述数据充分表明，国内已建、在建及拟建的盾构隧道数量巨大，而中国已成为世界上盾构法隧道工程发展最快、数量最多、技术难度最复杂、建设规模最大的国家。

从国内地铁盾构施工现况调查结果反映，盾构管片的工程造价占地铁隧道土建施工总造价的 30% ～ 45%。盾构管片不仅是隧道的关键结构，也是影响隧道工程造价的一个重要因素。由于城市地铁的快速发展，盾构管片设计跟不上发展要求。在管片结构形式、管片计算方法、管片结构承载模式、管片配筋形式和连接方式等方面还有许多值得研究的问题。但是由于试验装置的限制，缺少必要的 1∶1 试验的研究手段，所以管片设计、优化的理论研究处于半停滞状态。为了验证衬砌管片的承载力和稳定性，掌握管片细部结构真实受力与变形规律，以发展的观点和长远角度分析，建设盾构管片 1∶1 试验设备是必要的、值得的。

2. 可组装式多功能盾构管片力学性能试验系统简介

可组装式多功能盾构管片力学性能试验系统是中国建筑技术中心研发的拥有自主知识产权的大型试验设备之一，填补了国内外盾构管片大型试验设备的空白，与国内外同类设备相比处于国际领先水平。该试验系统已获得发明专利 4 项，实用新型专利 6 项，软件著作权 1 项。该设备研发过程中解决了我国盾构管片试验的一系列理论、方法和技术难题，突破了盾构管片试验的关键技术，为国内外盾构管片试验提供了技术支撑。

该试验系统由四部分组成，分别是加载框架系统、液压控制系统、实时数据监测采集系统及辅助系统。该试验设备结构规范、稳定性高，试验力的施加和保持均通过计算机自动控制，试验过程通过程序自动控制，具备液压加载全程伺服控制和自动数据采集功能。该试验设备由多组作动器按一定角度分布，可实现多点加载，能更好地模拟管片衬砌结构在各种状态下的受力特征；可进行几何尺寸 3 ～ 15m 的闭环试验，具有很好的适用性；可进行单环、双环及三环盾构管片试验；可针对不同材料类型、不同几何尺寸、不同受力模式的盾构管片衬砌结构在静力荷载作用下的力学响应和破坏模式进行研究，是检验盾构管片性能的理想设备。国内外同类技术先进性对比见表 2-3-3。

国内外同类技术先进性对比表　　表 2-3-3

内　　容	国内外同类技术	本项目技术
加载框架系统	（1）单片、单环、组合环； （2）6m、15m	（1）可模块化组装，拆卸； （2）直径 3 ～ 15m； （3）单环、双环及三环； （4）可施加轴向荷载
液压控制系统	（1）多点加载； （2）全伺服液压加载未见相关报道	（1）12 点等效加载； （2）36 通道全伺服液压加载控制系统
实时数据监控采集系统	国内外未见相关报道	力 - 位移自动化监控

可组装式多功能盾构管片力学试验系统可进行试验的管片规格见表 2-3-4，试件最大直径为 15.6m，宽度 2m，厚度 650mm，试验最大加载力为 200t×3。

试验管片规格　　表 2-3-4

序号	直径（m）	环宽（m）	厚度（mm）
1	6	1、1.2、1.5	300、350
2	6.2		
3	10.5	1.8	500、550
4	11.6		
5	15	2	600、650

3. 技术难点

作用在盾构管片结构上的荷载，除了水土压力、地层抗力、地面超载外，还有纵向轴力等，荷载分布形式相当复杂。试验时理应把试件竖立在试验平台上，在周边按上述实际荷载的大小、分布形式施加荷载，然而，这将给制造、安装加载装置带来很大的困难。行之有效的方法是把试件水平放置在试验平台上，在试件外水平布置若干数量的千斤顶，对试件径向施加水平径向荷载，以多点加载模拟连续分布的水土压力、地层抗力、地面超载等荷载。

1）加载方案的确定

盾构管片在实际地层中受到所受的荷载为连续分布荷载，因此加载控制点越多，管片的受力越接近于实际地层受力，但盾构管片力学性能试验系统的造价也就越高，系统也就越复杂。如何平衡加载控制点与工程造价的多少，成为盾构管片力学性能试验系统设计的关键点。

2）加载径向力的确定

可组装式多功能盾构管片力学性能试验系统，已经确定采用 12 控制点加载的设计方案，但加载径向力大小的确定又成为影响管片试验系统设计的关键问题。盾构管片在实际地层中所受的是连续分布的水土压力，有径向分布荷载也有环向分布荷载，但在试验中只能采用集中径向荷载的方式代替，等效荷载的确定就成了问题关键。

3）盾构管片破坏荷载的确定

可组装式多功能盾构管片力学性能试验系统主要功能是针对管片新型材料研发（钢纤维混凝土管片）、管片结构配筋优化、管片几何尺寸优化、管片连接方式优化（非螺栓连接方式）等方面进行力学性能试验。其中都涉及破坏性试验，只有破坏性试验才具有说服力，提取的数据才有意义。进行破坏性试验，确定管片的破坏荷载就成为问题的关键。

4）模块化可组装式加载框架的设计

可组装式多功能盾构管片力学性能试验系统要求适用性广，实用性强，要保证加载框架的刚度，控制加载框架的变形量，故设计难度大。课题组研发人员几经咨询和讨论，最终形成了模块化可组装式加载框架系统的设计思路，该加载框架系统造价低，可模块化组装、拆卸；适用性广，可进行直径 3 ～ 15m 的单环、双环及三环盾构管片力学性能试验；实用性强，变形量小、刚度大。

5）火荷载模拟

该试验系统要求，模拟实际作用在盾构管片结构上的荷载，除了水土压力、地层抗力、地面超载外，还需要模拟火荷载即火灾条件下的盾构管片力学性能试验。火荷载的模拟难度大，要求高，试验现场防火控火的任务也很大。为模拟火荷载，特意加工制作了管片底座、盖板和隔墙以及喷油烧嘴定位孔等，最终圆满的解决了火荷载模拟这一难题。

6）36 通道伺服控制协同加载

该试验系统由 12 组每组 3 个 200t 的千斤顶共 36 个千斤顶组成，按一定角度分布，实现 12 点等效加载。在进行三环试验的过程中，要求 36 个千斤顶联动并协同加载，这就要求控制方面的数据传输速度很快，并且控制精度要很高，才可以达到联动控制，系统加载的要求。最终通过开发拥有自主知识产权的 36 通道控制软件和采用高精度力 - 位移传感器和伺服阀解决了上述联动难题。

4. 主要创新点

该试验系统主要有以下几方面创新点：

（1）研发了一套可模块化组装，可进行直径 3 ～ 15m 的单环、双环及三环盾构管片力学性能试验装置和系统。

加载系统由外部径向反力钢桁架、轴向调质钢反力架、垫梁及加载梁等组成。加载框架的平面形状为正十二边形，环向采用平面桁架结构，从上到下共六道环向桁架，竖向通过角点柱连接，环向和竖向通过高强度螺栓连接来实现不同规格管片的试验要求。加载框架由上、中、下三层空间桁架结构组成。该反力架结构的主要支撑体系是由沿加载框架内环均匀布置 24 支、外环 12 支钢柱组成的。各加载框架分别由平面环形桁架和竖向角点柱组成，加载框架的用钢量约为 340t。加载框架可模块化组装，拆卸，可进行直径 3 ～ 15m 的单环、双环及三环盾构管片在各种工况下的力学性能试验，如图 2-3-27、图 2-3-28 所示。

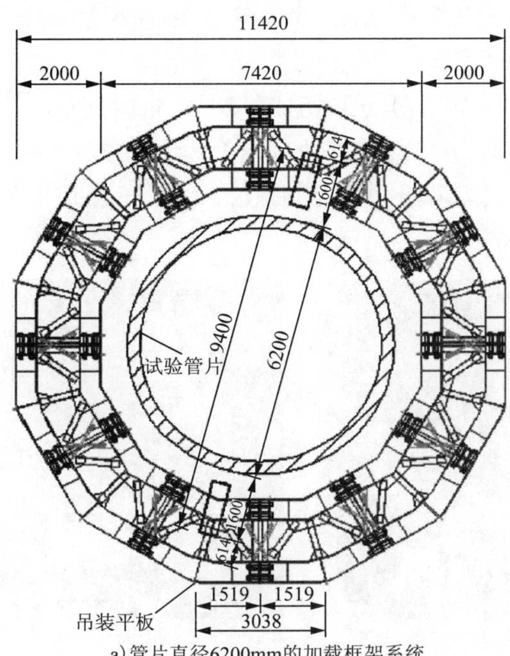

a)管片直径6200mm的加载框架系统

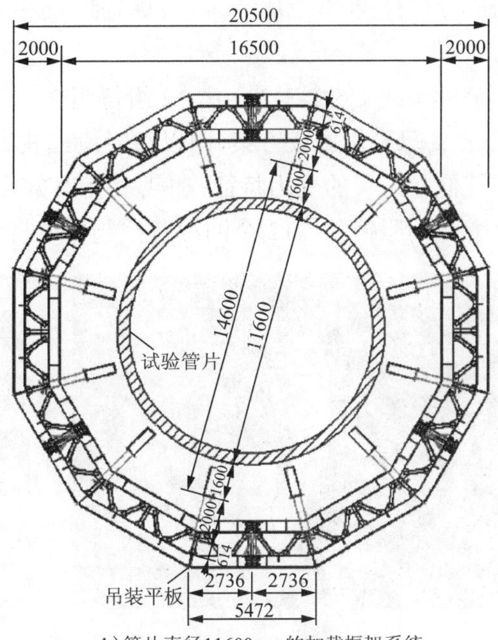

b)管片直径11600mm的加载框架系统

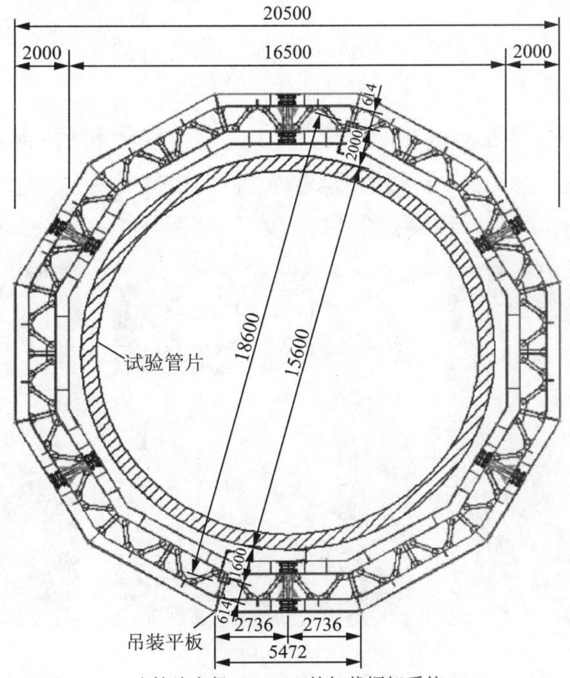

c)管片直径15600mm的加载框架系统

图 2-3-27　三种规格的加载框架系统(尺寸单位:mm)

图 2-3-28　可模块化组装、拆卸的加载框架系统

（2）研发了12点等效加载装置，更好地反映了管片实际受力状态，并实现了36通道加载全程伺服控制。

液压控制系统（图2-3-29）由12组每组3个千斤顶共36个千斤顶组成，按一定角度分布，实现单环12点等效加载即最优加载方案，同以往衬砌结构试验如4点对拉加载相比，能更好地模拟管片衬砌结构在火灾或其他状态下的受力特征；加载系统为36通道全伺服液压加载控制系统，采用36通道控制软件，实现加载全程伺服控制，12个油源及控制器，可保压48h。

a）千斤顶

b）控制系统

c）油源模块

图2-3-29　液压控制系统组成

（3）采用内置高精度力传感器、热电偶传感器和多参数自动量测系统，首次实现了力、温度和位移的全自动监测和数据采集。

实时数据监控采集系统通过力传感器和莱卡测量机器人实现力和位移全自动监测和数据采集。数据采集系统主要由应变片、应力计、传感线、接收器、数据采集软件等组成。数据采集系统的作用是收集试验过程中盾构管片及连接螺栓的受力和变形等试验数据，如图2-3-30、图2-3-31所示。

图2-3-30　位移自动监测系统

5. 试验情况

可组装式多功能盾构管片力学性能试验系统应用于由北京交通大学负责的“火灾条件下盾构隧道衬砌管片体系的力学行为损伤试验”，即“ϕ11.6m三环原型盾构隧道衬砌体系火灾损伤试验”（图2-3-32）。该试验是国家科技支撑计划课题“城市地下空间开发应用技术集成与示范”项目中“城市地下道路运营安全关键技术研究”课题的子课题“盾构隧道火灾对管片衬砌的损伤预测和安全性评价研究”中的研究内容。

在整个试验过程中，钢桁架的最大塑性变形不超过5mm（图2-3-33和图2-3-34），符合加载框架系统模块化可拆卸组装重复进行试验的要求，说明了试验系统结构稳定、性能好；管片变形情况基本与理论分析和工程实践检验的结果相符合，说明试验数据可靠，试验系统更能反映管片的实际受力状态，能很好地模拟管片衬砌结构在火灾或其他状态下的受力特征。

a）应变采集仪

b）管片应力采集仪

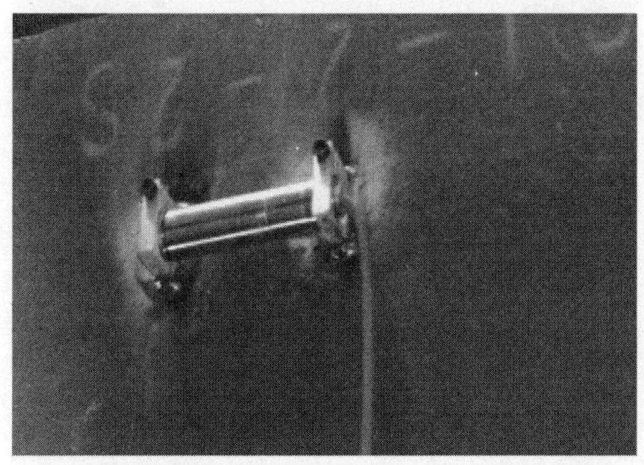
c）钢架应力计

d）位移计

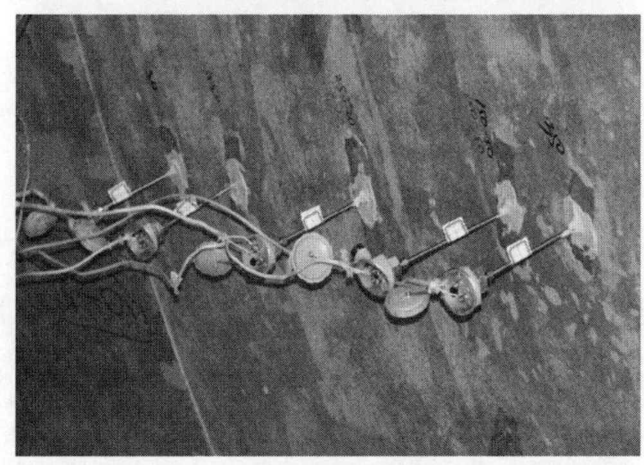
e）热电偶传感器

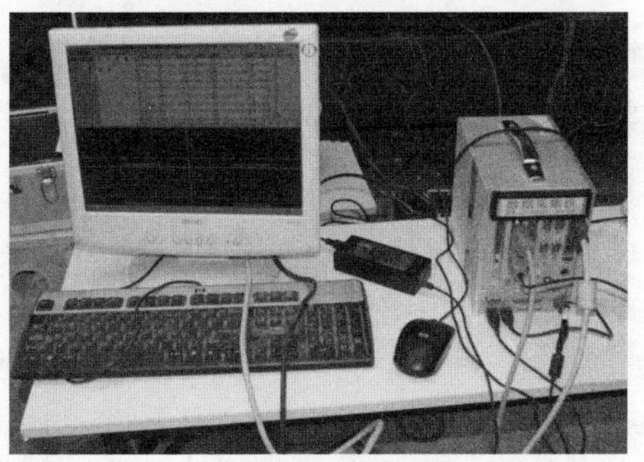
f）数据采集与处理软件

图 2-3-31　数据采集系统

图 2-3-32　ϕ11.6m 三环原型盾构隧道衬砌体系火灾损伤试验

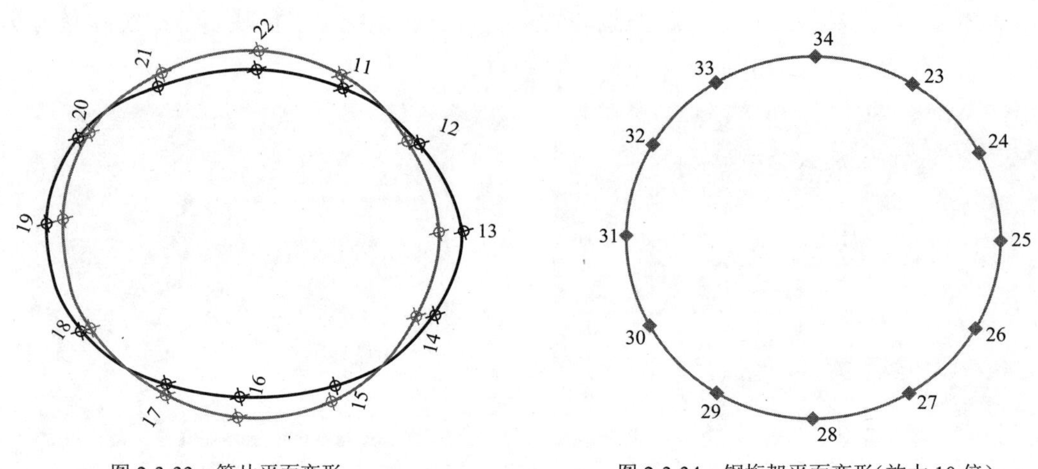

图 2-3-33　管片平面变形　　　图 2-3-34　钢桁架平面变形(放大 10 倍)

试验过程中获得的试验数据准确、详实、可靠，试验系统性能良好。从试验应用效果可以看出，该试验系统完全满足设计和使用要求，其中加载框架系统方面具有可模块化拆卸组装、结构稳定、可靠性高、适用性强、变形小刚度大等优点。

第 6 节　盾构三维云平台的研究及应用

北京市轨道交通建设管理有限公司　杨开武
北京九镁科技有限公司　许德昌

1. 引言

随着中国经济的快速腾飞，中国的交通事业快速发展，隧道运用得也越来越多。目前地下隧道建设多采用盾构法施工，而中国盾构行业也经历着从一无所知到世界三大巨头的巨大变化。基于上述背景，结合行业现状，建设中国盾构三维数字化云平台，通过建立盾构设备、施工场地环境及地质条件、路线与地理位置、隧道设计方案等数据库，对中国盾构施工进行全生命周期的模拟、监测、备份、分析，实现对中国盾构行业标准化、集中化管控，促进行业发展和进步。

2. 盾构三维云平台管理技术现状

随着城市建设的快速发展，地铁建设已成为解决城市交通难题最有效的方法，城市地铁采用盾构法施工的项目越来越多，但盾构法自身特点是：工作面狭窄、大型设备使用频繁、洞内水平运输、垂直运输量大等，人员健康、设备稳定、工程质量均与安全管理息息相关，因此盾构工程急需智能化、信息化的管理手段和方法来提高行业的管理水平。

目前在盾构行业，还处于各自为政的局面，对于某个方面和某个环节可能有对应的信息化系统，但对于整个盾构行业来说，没有统一的规范、模型，系统间没有信息的总体集成和数据共享，更别提工作的协同和大数据的分析来进行行业发展的指导。

对盾构掘进实时状态的监测，目前国内外已有多家企业进行了相关专业软件的开发，地理信息系统在城市轨道交通的规划、设计阶段的应用也相对比较成熟，施工过程中的动态监测、安全管理、质量管理也都有一定的应用。轨道交通从建设到运行维护阶段也基本都有对应的信息化系统进行支撑。

但是，随着 BIM 技术、VR 技术、云技术等信息化手段的发展，对于设备设施全生命周期精细化管理、不同专业之前的协同、信息数据在不同阶段的无缝传递及数据共享、大数据分析和预测等对盾构三维云平台的构建提供了时代发展的机会。从目前国内外盾构行业信息化发展的程度来看，还没有相应的智能化信息系统能满足相关的需求，甚至没有相关厂家和机构来规划和构建这样的平台和系统来满足行业发展的需要，盾构三维云平台应运而生。

3. 研究的目的

（1）建立统一的盾构数据标准，在云端提供标准的、开放的盾构数据存储和管理服务，形成云端的盾构数据库或电子档案。

（2）构建基于盾构数字化协同施工系统、盾构维保系统，获得盾构设备、盾构工程项目的全生命周期详细数据。

（3）提供各种盾构数据分析工具，设备交付与云端数据库（账户）同步交付。

（4）结合盾构三维云平台、BIM、VR、GIS、大数据等技术，向用户提供方便的、全面的服务。

4. 研究内容和关键技术

（1）云平台

构建盾构三维云平台，提供基于“云”的服务，依靠云平台来创建新的附着服务应用。

（2）BIM 技术

BIM（建筑信息模型）不是简单地将数字信息进行集成，而是一种数字信息的应用，并可以用于设计、建造、管理的数字化方法。这种方法支持建筑工程的集成管理环境，可以使建筑工程在其整个进程中显著提高效率、大量减少风险。

通过 BIM 技术形成一个共享的知识资源，是一个分享有关这个设施的信息，为该设施从建设到拆除的全生命周期中的所有决策提供可靠依据的过程。

在项目的不同阶段，不同利益相关方通过在 BIM 中插入、提取、更新和修改信息，以支持和反映其各自职责的协同作业。

（3）VR 技术

VR（Virtual Reality，即虚拟现实），利用计算机图形系统和各种现实及控制等接口设备，在计算机上生成可交互的三维盾构环境，提供沉浸感觉的技术。

（4）GIS 技术

GIS 即地理信息系统，是在计算机硬、软件系统支持下，对整个或部分地球表层（包括大气层）空间中的有关地理分布数据进行采集、储存、管理、运算、分析、显示和描述的技术系统。通过 GIS 技术将盾构地上、地下（地质情况）、土质情况等进行集成管理。

（5）三维平台大数据

通过三维平台大数据，对盾构业的各环节进行分析，使其具有更强的决策力、洞察发现力和流程优化能力，来适应海量、高增长率和多样化的信息资产。为消费者提供产品或服务的企业可以利用大数据进行精准营销。

通过以上技术的集成，形成对盾构机、盾构机辅助设备、管片、水文地质、盾构工程、检测、监测等的集成管理，最终形成盾构三维云平台。

5. 系统架构和主要功能

1）盾构云平台

（1）云交易展示平台，通过盾构协会、设备检定等服务，建立强注册机制。对所有盾构机、管片等生产厂家进行注册入库，并发布详细的介绍信息，为需方提供各种查询、检索、匹配、对比，为需方的采购或租赁决策提供必要的信息支持。

（2）盾构机大数据管理与分析平台，基于盾构机大数据平台，提供挖掘、分析，深入了解每台盾构机的特点、业绩。基于盾构数字化施工系统、盾构协同施工系统、盾构维保系统，获得盾构设备、盾构工程项目的全生命周期详细数据。

（3）中国盾构技术论坛，为盾构机的生产者、所有者、使用者、服务者建立交流合作平台。

2）基于"GIS+BIM"的盾构工程协同施工管理系统

基于互联网，通过云平台、桌面端、网页端、移动端相结合的方式，支持多参与方协同作业管理系统，包括动态施工管理（施工准备、现场管理、组装调试），动态资源管理，动态任务管理，动态安全管理和动态质量管理、运行监测数据的在线采集、传输、显示、处理、转换、存储、分析、工程量计算，安全监测数据的采集、集成（地表沉降、围护结构变形等），盾构机运行轨迹监测、远程控制与远程诊断、智能化控制的综合施工管理系统。

3）盾构数字化施工系统

建立盾构设备、施工场地环境及地质条件、路线与地理信息施工 BIM 模型，将施工组织方案中的 WBS 与进度计划与模型关联，在平台上模拟施工，对施工方案进行分析、评审、优化、宣传。在施工过程中通过 BIM 模型关联运行监测数据、运行轨迹监测数据、安全监测数据、传感器数据等，对项目数据进行存储、分析，控制施工质量。

4）三维数字化盾构机

基于 BIM 技术对盾构机进行建模，将盾构机的几何模型、参数模型、部件结构、多细节层级模型（Multi-LOD）进行集成，进而形成标准的数据格式；并对盾构机主要性参数信息进行收集、管理；对盾构机相关配件参数信息进行收集整理；对盾构机实时工作状态信息进行管理、监控，用于模拟仿真、培训、数字化施工、设备管理等，实现盾构机的全生命周期管理。

5）三维数字化管片

对管片种类，管片构造，管片制作工艺、过程，管片的存放与运输，管片的检测，管片的验收，管片的安装，管片的全寿命周期进行管理。

6）三维环境保护管理

对盾构工程周边水文、地质资料进行收集整理，对 GIS 数据（背景地图、工程位置、盾构机位置、周边地形地貌等）进行管理。

7）施工测量与监控测量

在施工过程中对地表沉降、建筑物沉降、地下管线、隧道拱顶沉降、隧道净空收敛、地下水位、土体内部位移、土层压应力、衬砌环内力和变形等进行监测。对先行沉降、开挖前沉降、通过时沉降、盾尾空隙沉降、后续沉降等不同类型沉降进行分析，对监测数据分析处理并采取对应措施。形成监测标准、警戒值知识库管理。

8）隧道防水管理

对管片结构的自防水、管片接缝的防水、嵌缝材料及施工、堵漏技术、螺栓孔防水、吊装孔的防水、盾构隧道附属结构的防水（联络通道及泵房主体结构、接口、变形缝）、隧道洞门等进行管理。

9）施工质量控制

对技术准备的质量控制、现场施工准备的质量控制、材料的质量控制、施工机械设备的质量控制、施工过程的质量控制、竣工验收的质量控制进行管理。

10）施工安全控制

对大门和围挡设置、现场封闭管理、施工场地布置、现场材料工具堆放、施工场地安全防护布置、临时用电布置、现场综合治理、应急预案、抢修材料、设备、人员等进行智能化管理。

11）施工进度、成本控制

对盾构工程施工进度计划、施工模拟、成本管控等进行管理。

12）维修、维护管理

对盾构工程的日常巡视、日常维修、维护等工作进行管理。

13）应急指挥管理

对重大危险源进行管理，并形成专项应急预案，管理抢修材料、设备、人员等，发生重大事件，进行应急指挥。

14）基于“BIM+VR”系统

三维数字化模型和虚拟现实技术的结合，对盾构设备结构、属性及工作原理进行交互式培训，对盾构施工中的运输、吊装、开挖、纠偏、衬砌、出洞、解体及退场、维保操作、安全要点与应急方案等进行动态交互培训，提供直观、可靠、安全和经济的培训环境。

根据具体项目的施工环境及地质条件、路线与地理位置、隧道设计方案等信息建立三维地形地貌、场区道路，盾构设备、施工场地环境的三维模型和 BIM 模型，对施工进度、工序、工艺、监测与安全要求等进行模拟，对施工方案进行分析、评审、优化、宣传。

15）基于“BIM+ 大数据”的模型库

基于“BIM+ 大数据”的模型库是整个平台的基础和根本，包含盾构 BIM 模型库、盾构数据库。

通过 BIM 技术盾构机进行建模，为不同厂家、不同型号的每台盾构机创建专属编号。建立统一的盾构机从需求、规划、设计、生产、经销、运行、使用、维修保养全生命周期的数据信息。每台盾构拥有自己的云端数据空间，将 BIM 模型与对应数据库进行单独绑定。

6. 系统的创新点

（1）集成 GIS、BIM、盾构云等多种信息化技术，形成了以盾构云模型技术为依托的智能盾构云管理方式；

（2）形成盾构行业统一的智能化管理标准、体系；

（3）通过信息的集成、数据的共享、工作的协同，形成了盾构三维云平台知识库大数据平台；

（4）综合了盾构设施、工程、运维等多业务环节，使每一环节的产物都可以进行历史的追溯；

（5）通过对云平台大数据分析，使盾构信息方便、直观查询、分析，为厂家、业主等相关方分析决策提供依据，预测和规划盾构行业各相关方的发展。

7. 应用情况

在北京地铁 8 号线天桥站，对新建长约 400m 的盾构隧道区间进行了三维激光扫描，形成了完整和全面的数字化三维激光点云隧道施工竣工模型及精细化断面数据。对隧道激光雷达检测数据进行自动化批量处理，形成隧道净空、断面收敛检测、轴线、侵界、裂缝、渗水等检测成果。

下一步计划结合设计图、竣工图、三维激光点云成果对该区间进行基于“BIM+GIS”的建模及应用，将相关设计、施工过程数据与“BIM+GIS”模型进行挂接，形成基于“BIM+GIS+ 过程信息”的数据模型，为后续的应用打下坚实的基础。

8. 结语

盾构三维云平台将建立统一的盾构数据标准，在云端提供标准的、开放的盾构数据存储和管理服务，形成云端的盾构数据库或电子档案，发挥云平台的安全可靠、随时随地访问等优势，涵盖盾构设备及相关附属设施、盾构工程项目、盾构运营及维保等全生命周期详细数据，提供各种盾构数据分析工具；无需企业或用户自建数据中心，简化数据维护操作，使盾构大数据在盾构行业信息化发展中打下坚实的基础。

第 7 节　环保型预拌砂浆的技术研究及工程应用

北京市预拌砂浆工程技术研究中心　徐海峰，肖群芳，章银祥，祝增文，田胜利
北京金隅砂浆有限公司　刘玉梅，李夏枝，郎昆仑，任亮

1. 需求背景

盾构同步注浆浆液现场拌和及地铁明、暗挖工程在干拌喷射混凝土时存在施工文明度不高、粉尘排放大、原材料质量不受控、占地面积大、人工消耗大等问题，更重要的是，《北京市大气污染防治条例》等相关法规明确规定，施工现场不得现场搅拌砂浆。本文通过研究盾构同步注浆拌和料以及干拌喷射混凝土的材料性能与施工工艺，探讨使用预拌砂浆产品替代施工现场搅拌材料的可行性。通过研究得出，干拌喷射混凝土以及盾构同步注浆拌和料产品及施工工艺能够替代传统的现场搅拌作业方式，较好解决现场搅拌砂浆在运输、储存、场地、设备、人员及环境污染等方面存在的问题。

预拌砂浆是一种环保型建筑材料，是由专业生产厂家生产的，用于建设工程中的各种砂浆拌和物成品。加快预拌砂浆发展，有利于节约资源，是全面落实科学发展观，也是提高水泥散装化的重要途径，推广应用预拌砂浆，有利于减轻环境负载，促进生态平衡，是提高工程质量和文明施工的有效手段，有利于充分利用工业废弃物，是实施可持续发展循环经济的重要举措，有利于体现以人为本的管理理念，是提高施工机械化程度和施工效率，减轻劳动强度，构建和谐社会的重要内容。

自 2007 年《商务部、公安部、建设部、交通部、质检总局、环保总局关于在部分城市限期禁止现场搅拌砂浆工作的通知》（商改发〔2007〕205 号）确定了第一批“禁现”城市起，到 2008 年《中华人民共和国特种设备安全法》鼓励推广使用预拌砂浆、2009 年《商务部、住房和城乡建设部关于进一步做好城市禁止现场搅拌砂浆工作的通知》（商商贸发〔2009〕361 号）明确违规现场搅拌砂浆的工程，散装水泥基金不予返退、2012 年《北京市住房和城乡建设委关于加快推进本市散装预拌砂浆应用工作的通知》（京建法〔2012〕15 号）推广使用散装预拌砂浆，再到目前《北京市大气污染防治条例》、《北京市建设工程施工现场管理办法》（北京市人民政府令第 247 号）以及《北京市住房和城乡建设委员会在全市建设工程中使用散装预拌砂浆工作的通知》（京建法〔2014〕15 号）中，明确要求北京全市范围内的房屋建筑和市政基础设施工程禁止现场搅拌砂浆，全部使用预拌砂浆的政策精神，均体现出政府对禁止现场搅拌砂浆、推广使用预拌砂浆，减少施工工地扬尘污染，加快绿色安全文明施工进程的决心和魄力。

预拌砂浆由专业的生产厂家经先进的专用生产线制造而成，生产全过程无组织排放受控，数据显示，先进的预拌砂浆生产线在生产预拌砂浆时，粉尘排放浓度不足 $10mg/m^3$，仅为现场搅拌作业粉尘排放量的几十分之一，且预拌砂浆，尤其是散装预拌砂浆在运输、使用等全过程中均能做到粉尘排放受控，能够有效地减少扬尘对大气的污染。

专业的预拌生产线，自动化程度高，计量精度高，混合均匀度高，能够有效避免因人为误差引起的产品质量波动，可在产品配比中精确添加添量低至十万分之一的有机助剂，提高产品性能，并可将产品配比中的各组分充分均匀混合，使产品质量更加稳定、更有保障。

专用的预拌砂浆配套施工设备，占地面积小，操作简便，维修快捷，通常情况下，1 名工人即可完成设备的操作、保养、维修等工作，可大大减少劳务用工，并可最大限度地降低设备维修造成的施工延误。

使用预拌砂浆，施工现场无须再设立原材料堆场，不仅可大大地节约场地，并对现场规范化、清洁化管理提供了极大的便利。

“十三五”期间，12 条地铁陆续建设开通，总里程有望突破 1000km，为本市居民公共交通出行提供最大便利。“十三五”也是北京市环境整治、业态疏解的关键时期，在环境治理转型升级的巨大压力下，繁重的轨道交通建设需要进一步深化安全文明施工管理，此时，使用预拌砂浆，替代现场搅拌砂浆的作业方式，显得尤为必要。

2. 技术创新

1）大容积散装砂浆移动筒仓的研发

在轨道交通建设领域内，除了与房建市场通用的砌筑、抹灰、地面砂浆等预拌砂浆外，还会用到盾构同步注浆拌和料与干拌喷射混凝土两种产品。这两种产品在轨道建设工程中用量大且集中，并且与施工安全息息相关，以盾构同步注浆拌和料为例，24h 用量可达 200t 甚至更高，如果产品供应不及时，极易发生地面塌陷等危险。以北京市为例，四环路（含）以内道路，6 时至 23 时，禁止本市货运机动车通行；五环路主路，6 时至 22 时，禁止 8t（含）以上本市货运机动车通行。也就是说，预拌砂浆的运输，基本只能在夜间进行，那么施工现场具有一定的物料储存能力则十分必要。但现在市场中散装预拌砂浆配套的移动筒仓，均为容积 22m³ 的通用筒仓，若要保障现场的物料储存，则需在现场设置多个筒仓，但这样又会与使用预拌砂浆节约施工现场场地的初衷相违背，而此时，研发大容积散装砂浆移动筒仓则显得尤为必要，为此，我们专门进行了 45m³ 容积散装砂浆移动筒仓的研发。

(1)移动筒仓防离析性能研究

随着筒仓容积的增大，筒仓的高度、直径均会发生变化，而随着筒仓的高度增加，筒仓内物料产生离析的可能性就越大，离析情况也会更加严重，对此，我们通过计算设计了几种不同形式的装置，通过改变物料进入筒仓后的自由下落高度、改变物料进入筒仓时的下落方式等手段，防止物料在筒仓内产生离析。试验结果见表 2-3-5。

散装砂浆移动筒仓防离析效果验证试验(单位:%) 表 2-3-5

编号	0.075mm 通过率										均匀度
	1	2	3	4	5	6	7	8	9	10	
通用筒仓	20.5	25.4	22.1	28.3	30.5	18.4	20.6	24.7	19.5	20.4	82.5
金隅 1 号筒仓	23.2	21.4	20.5	22.7	25.6	26.4	25.3	26.4	24.2	24.7	91.5
金隅 2 号筒仓	25.2	24.3	23.1	25.7	25.3	24	24.7	25.8	22.4	23.5	95.3

表 2-3-5 为目前市场通用的散装砂浆移动筒仓和金隅独立研发并获得专利的 1 号筒仓和 2 号筒仓的防离析效果试验，以预拌砂浆的均匀度表示，如图 2-3-35 所示，金隅研发的散装砂浆移动筒仓在防离析效果上有明显的优势，1 号筒仓的均匀度可满足标准要求，2 号筒仓的均匀度更可高达 95% 以上，移动筒仓具有良好的防离析效果，是保障预拌砂浆产品质量的先决条件。

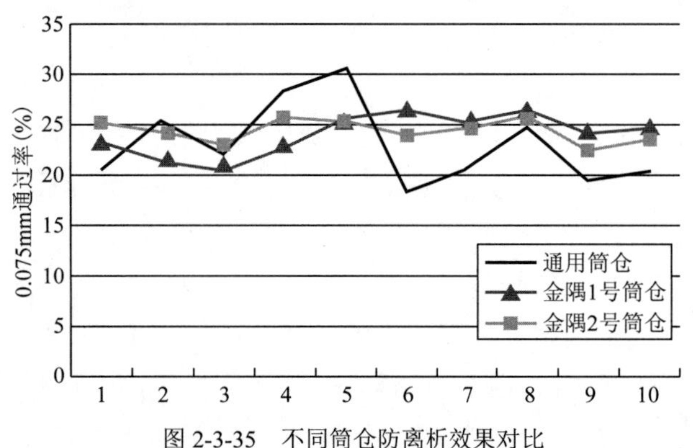

图 2-3-35 不同筒仓防离析效果对比

如金隅 1 号移动筒仓，我们在筒仓内部的进料管上由上至下均匀开孔，并加装了装置，使预拌砂浆通过气力输送的形式进入筒仓内部的进料管时，首先由靠近筒仓椎体部分的进料管最下方出料，当进入的物料达到一定的高度后，进料管上方的开孔由下至上依次打开，以此保证物料进入筒仓后的落差始终保持较小的距离，进而减小物料的离析情况，保障了产品的质量稳定性。

(2)连续混浆机拌和效果与拌和连续性验证试验

散装预拌砂浆移动筒仓的底部，带有连续式混浆机，操作简单，不占用额外空间，施工现场无须单独设立强制式搅拌机，但连续式混浆机的混合时间很短，那么连续式混浆机的混合效果则尤其重要，若混合效果不佳，则预拌砂浆的水化反应会受到很大影响，进而会影响产品质量。连续式混浆机为连续式混合出料，其拌和砂浆时的连续性也很重要，拌和不连续，也就是搅拌出的物料“时干时稀”，对产品的施工操作和质量都有很大影响。

我们通过改变连续式混浆机的搅拌轴形式、长度，以及改变混浆机单位时间出料量等参数，设计了两款连续式混浆机，分别安装于金隅 1 号筒仓与金隅 2 号筒仓之上，并与市场通用筒仓自带的混浆机进行对比，结果如图 2-3-36、图 2-3-37 所示，安装于金隅 2 号筒仓之上的连续混浆机表现最好，通过混浆机拌和好的砂浆初始稠度与此砂浆试样的行星式搅拌机二次拌和稠度对比数据来看，金隅 2 号筒仓所使用的混浆机拌和出的物料稠度差最小，这说明此混浆机拌和出的物料较为均匀，能够保障拌和产品的质量稳定。

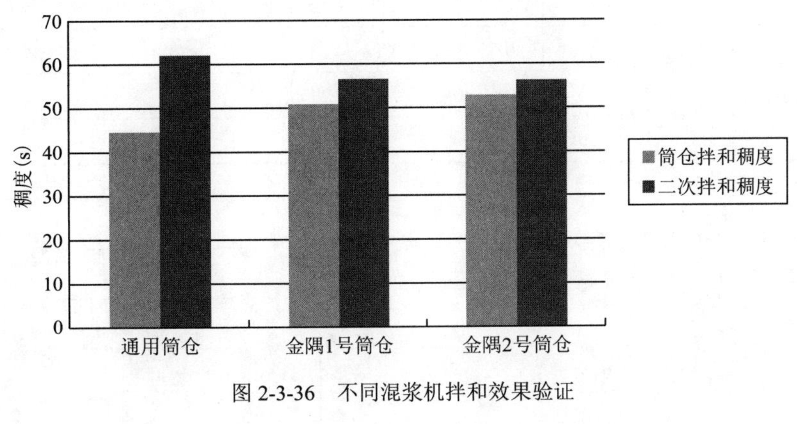

图 2-3-36　不同混浆机拌和效果验证

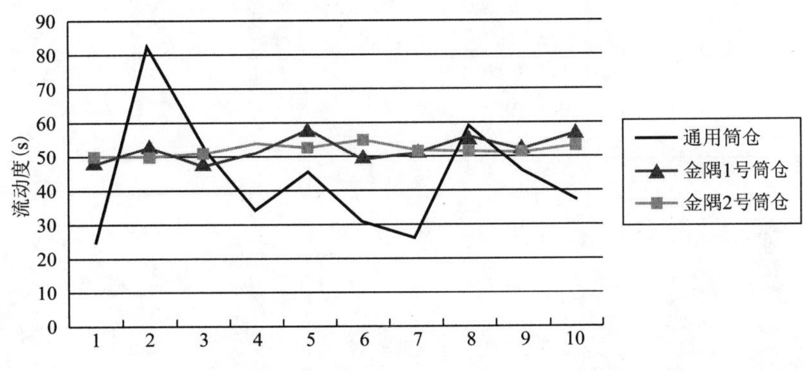

图 2-3-37　不同混浆机拌和连续性验证

通过一定时间内混浆机拌和物料的稠度稳定性分析，可以看出安装于金隅 2 号筒仓上的混浆机拌和连续性较好，一定时间内所拌和出的物料稠度波动不大，拌和效果较为连续。

通过上述研究，验证了预拌砂浆使用 45m³ 大容积散装砂浆移动筒仓的可行性，通过筒仓内部结构的合理设计以及配套混浆机的技术改造，能够制造出满足预拌砂浆使用要求，并可保障预拌砂浆质量的大容积散装砂浆移动筒仓。在轨道交通建设工程中使用大容积散装砂浆移动筒仓，能够很好地解决现场物料存储与占地面积之间的矛盾。

2）外加剂对盾构注浆拌和料性能的影响

现场搅拌盾构注浆材料时，由于设备等外在条件的限制，使得砂浆配比中无法添加过多的外加剂，而使用预拌砂浆时，则不存在此种限制，我们可以通过多种改性外加剂的配合，大大提高盾构注浆拌和料的产品性能。

试验结果如图 2-3-38 ～图 2-3-41 所示，见表 2-3-6、表 2-3-7，外加剂 1 的加入提高了材料的水灰比，延长了材料的凝结时间，降低了材料的 28 天强度，但是使材料的泌水率大大降低，28 天收缩率也降低了很多；外加剂 2 的加入对材料的水灰比、凝结时间、泌水率和 28 天抗压强度均无明显影响，但大大地降低了材料的 28 天收缩率；外加剂 3 对材料的水灰比和抗压强度有明显的影响，减少了材料的拌和用水量，提高了材料的抗压强度，并使材料的凝结时间略微缩短，泌水率略微下降。

JZ-1 基准砂浆配比及性能　　表 2-3-6

编号	P.O 42.5 水泥	矿渣粉	膨润土	稠度(s)	水灰比	凝结时间(h)	泌水率(%)	28 天收缩率(%)	28 天抗压强度(MPa)
JZ-1	100	100	100	56	0.52	10.1	2.2	3.1	3.4

外加剂对盾构注浆拌和料性能的影响试验

表 2-3-7

编号	外加剂 1	外加剂 2	外加剂 3	稠度(s)	水灰比	凝结时间(h)	泌水率(%)	28 天收缩率(%)	28 天抗压强度(MPa)
WZ-0	0.2	—	—	57	0.55	11.2	1.8	2.7	2.9
WZ-1	—	10	—	56	0.52	10.0	2.2	2.1	3.3
WZ-2	—	—	2.0	56	0.46	8.3	2.0	2.6	4.1

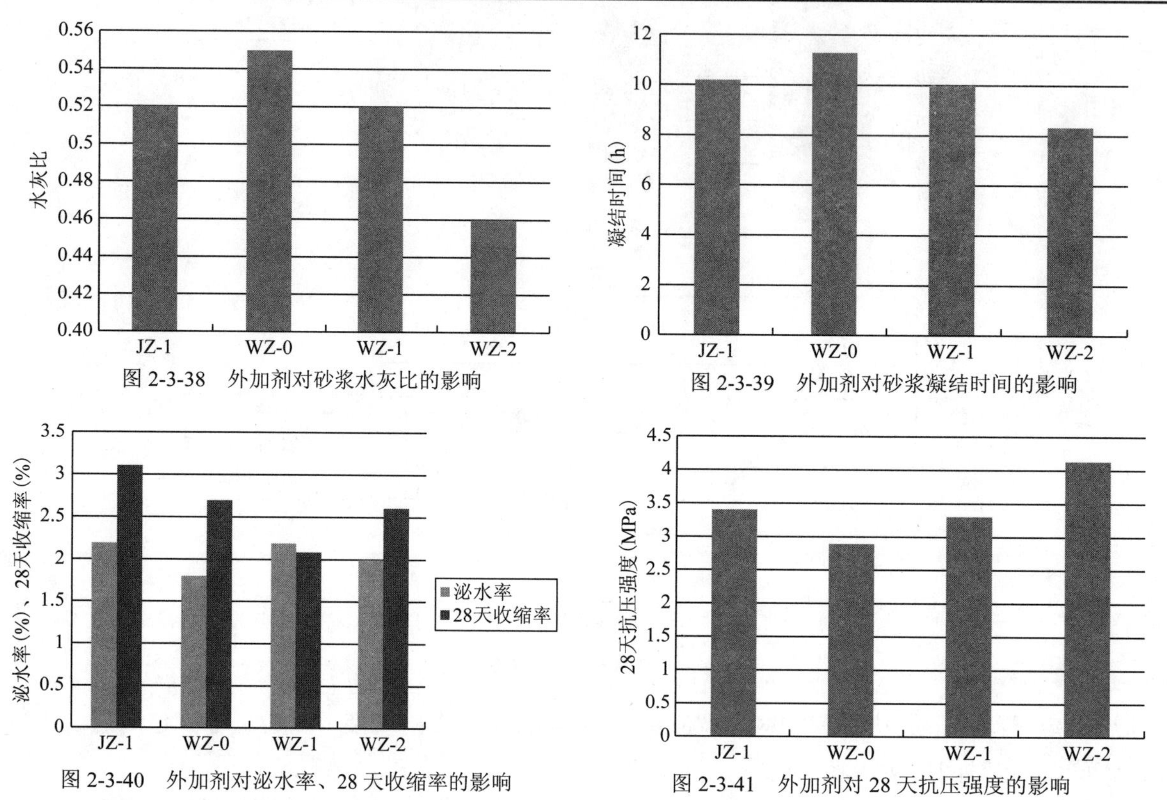

图 2-3-38　外加剂对砂浆水灰比的影响

图 2-3-39　外加剂对砂浆凝结时间的影响

图 2-3-40　外加剂对泌水率、28 天收缩率的影响

图 2-3-41　外加剂对 28 天抗压强度的影响

上述试验表明，合理的搭配、复配使用不同种类的外加剂，能够大大地提高盾构注浆拌和料的性能。

3）外加剂对干拌喷射混凝土性能的影响

外加剂在产品中的作用十分巨大，能够极大改变产品的物理性能，比如增加柔性、增加憎水性、增加黏聚性等等，当干拌喷射混凝土的黏聚性得到了提高，那么它的回弹量必定会大大地减少。

见表 2-3-8，随着外加剂 a 添量的增加，砂浆的黏聚性明显提高，但同时砂浆的抗压强度明显降低，凝结时间延长，也就是说随着外加剂 a 添量的增加，砂浆的回弹率将大大降低，但同时为保证砂浆的强度和凝结时间适宜，需提高水泥添量和速凝剂的添量。

外加剂对干拌喷射混凝土性能的影响

表 2-3-8

编号	外加剂 a 添量（质量）(%)	抗压强度(MPa)	凝结时间(min)	黏聚性
1	0	23.5	5.5	较散
2	0.15	21.7	7.3	良好
3	0.20	20.4	8.7	优于 2 号
4	0.25	19.3	10.3	优于 3 号
5	0.30	18.5	11.3	优于 4 号

综上所述，合理的利用外加剂能够使干拌喷射混凝土的综合性能明显提高，但外加剂在使用时需要

进行详细的验证试验，以求使砂浆达到最优化的性价比。

3. 应用工程

1）盾构注浆拌和料

盾构注浆拌和料，经产品研发、施工工艺研发以及中试应用验证，证明其从产品性能到施工工艺均可替代现场搅拌注浆砂浆的方式，目前盾构同步注浆拌和料已经成功在北京及天津的在建地铁线路中得到应用，总应用里程已超过 5km，管片姿态良好，用户较为满意，如图 2-3-42 所示。

工程名称：　使用仪器：徕卡TS15+R400　测量日期：2016. 04. 08

环号N	实测隧道中心线坐标（m）			成型管片姿态（mm）		盾构机姿态（mm）		较 差（mm）		备注
	Y	X	H	水平	垂直	水平	垂直	横向	竖向	
40	494545. 9979	314537. 8934	23. 6541	-23	-16	-12	-31	-11	15	
41	494546. 8595	314537. 0470	23. 6301	-2	-14	-5	-31	3	17	
42	494547. 7264	314536. 2274	23. 6101	-4	-9	0	-28	-4	19	
43	494548. 5938	314535. 3864	23. 5831	11	-9	3	-27	8	18	
44	494549. 4549	314534. 5536	23. 5548	25	-10	0	-22	25	12	
45	494550. 1985	314533. 8485	23. 5320	28	-10	4	-18	24	8	
46	494568. 8881	314516. 6445	22. 8883	34	-24	12	-33	22	9	
47	494569. 4481	314516. 1477	22. 8548	30	-39	11	-31	19	-8	
48	494552. 9425	314531. 2723	23. 4375	29	-15	9	-29	20	14	
49	494553. 8530	314530. 4308	23. 4101	21	-12	10	-31	11	19	
50	494554. 7174	314529. 6132	23. 3831	29	-10	11	-27	18	17	
51	494555. 6123	314528. 7966	23. 3575	17	-5	10	-20	7	15	
52	494556. 4913	314527. 9903	23. 3246	9	-8	11	-17	-2	9	
53	494557. 3278	314527. 1984	23. 2908	21	-13	6	-18	15	5	
54	494557. 8705	314526. 6957	23. 2709	22	-14	7	-22	15	8	
55	494568. 0046	314517. 4108	22. 9193	56	-22	23	-26	33	4	

a）管片姿态

BBMG 金隅砂浆

客户满意度调查表

尊敬的客户，您好！首先感谢您对金隅砂浆的信任！

在此我们请您将《客户满意度调查表》填好，作为产品质量信息及服务质量信息，

及时反馈给我公司，我们将以此作为[illegible]工作的依据，再一次表示感谢！

您的单位名称（盖章）	中铁一局集团[illegible]公司	联系人	[illegible]
您的单位地址	[illegible]	联系电话	[illegible]
您的工程名称	地铁 16 号线 09 标	单位电话	/
您的工程地址	海淀区西苑交通枢纽地铁 16 号线 9 标	邮箱	/

调查项目1：

产品名称	数量
盾构注浆料	[illegible]

调查项目2：　产品综合评价

此产品使用方便、环保，性能基本符合项目要求

客户签字：[illegible]　日期：2016. 6. 15

调查项目3：

金隅砂浆整体质量评价	☑很好	□较好	□一般	□不好	□很不好
金隅砂浆散装设备	☑很好	□较好	□一般	□不好	□很不好

备注：[illegible]

b）用户反馈

图 2-3-42　管片姿态及用户反馈

北京某应用标段的地质情况以黏土层和卵石层为主，现场采用的预拌砂浆施工工艺为活塞泵远距离输送模式，与现场搅拌相比，施工环境较为干净、整洁，整个施工过程中未见可见扬尘，产品质量十分稳定，预拌砂浆的使用效果较为理想。该标段每天推进约 40 环管片，需要消耗注浆浆液 230m³ 左右，预拌砂浆供应企业在物流保障方案中，采用了信息化物流技术，对现场的材料库存量进行实时监测，较好地保障了产品的供应。

采用预拌砂浆进行盾构同步注浆时，技术可行性总结如下：

（1）金隅砂浆公司独立研发的并已获得专利的散装盾构注浆拌和料专用移动筒仓成套设备，可替代传统现场搅拌模式下的砂浆搅拌站。专用成套设备占地面积小，无须设置原材料堆场，设备操作方便，一人、一个按键即可实现浆液的拌制，拌制的浆液均匀稳定。

（2）采用专用成套设备替代砂浆站，至少可减少现场一台铲车、一名投料工人的投入，节约运行成本，在施标段中每班均仅配备了一名工人负责浆液的拌制工作。

（3）与现场的砂浆站相比，专用成套设备操作简便、故障率低、维修方便快捷，使用中的维护成本大大降低。

（4）采用预拌砂浆，产品从运输到搅拌，均为全封闭结构，大大降低了扬尘污染。

(5)预拌砂浆为工厂预制,所有原材料经精确计量,产品高效混合,混合均匀度高,且工厂内配有专业的质量控制部门,对每批原材料、每批产品均有严格的质量控制措施及检测制度,产品质量更有保障。

专业的砂浆企业设有研发部,可根据工程的不同地质情况、不同施工条件灵活、快捷、准确的调整注浆产品的配比。

2)干拌喷射混凝土

干拌喷射混凝土,经产品研发、施工工艺研发以及中试应用验证,证明其从产品性能到施工工艺均可替代现场搅拌的方式,北京某在建地铁标段中,施工现场未建立搅拌站,材料全部使用预拌砂浆。现场散装预拌砂浆移动筒仓均为露天放置,干喷机置于筒仓出料口下,全套设备未进行封闭处理,干拌喷射混凝土的拌和及使用全程粉尘排放可控(图 2-3-43)。

图 2-3-43 锚喷支护预拌砂浆设备现场布置

施工单位在使用过干拌喷射混凝土后,认为其有以下优点:

(1)预拌砂浆及成套设备的使用,大大降低了施工人员的劳动强度,经技术改进的散装砂浆移动筒仓,出料量与干喷机的施工速度相匹配,可以将干喷机直接置于移动筒仓的出料口下,拌和好的材料直接进入干喷机,无须人工上料。

(2)设备故障率低,在某应用标段上仅因使用后清理不彻底出现过一次故障,并经简单清理后恢复正常使用。

(3)预拌砂浆的泵送性更好,在长距离输送的情况下不易堵管,可输送性明显优于现拌喷射混凝土。

(4)预拌砂浆喷涂施工时抗垂挂性能好,一次性喷涂施工厚度局部最厚可达 500mm 不垂挂。

(5)预拌砂浆应用至今,未出现收缩塌陷、开裂等现象,施工后抗渗性能好,表面平整度高,平整度明显优于现拌喷射混凝土。

(6)砂浆质量稳定性高,抗压强度良好,现场回弹 3 天强度高于 25MPa,凝结时间稳定,砂浆喷射施工回弹量不足 7%,明显少于现拌喷射混凝土。

4. 社会与经济效益

1)经济效益

(1)盾构注浆拌和料经济效益分析

目前,现场搅拌的盾构同步注浆材料,其成本大约在 200 元 /m³。而盾构注浆拌和料的市场售价为 260 元 /t(含 17% 增值税),盾构注浆拌和料的干粉料兑浆液的换算系数不低于 0.9,在此以 0.95 计,则产品成本为 260 元 /t÷0.95×(1-17%)=227 元 /m³。

使用预拌砂浆,比施工方采购各种原材料,现场搅拌砂浆的方式,原材料成本增幅为(227 元 /m³ — 200 元 /m³)÷200 元 /m³×100%=13.5%。

（2）干拌喷射混凝土经济效益分析

目前现场搅拌的干拌喷射混凝土，其材料成本大约在 300 元 /m³，施工中现场材料的回弹率至少在 20% 以上，在此我们以 25% 计算，故现场搅拌的材料，每立方米的实际成本约为 300 元 /m³×（1+25%）=375 元 /m³。

而干拌喷射混凝土的市场售价为 280 元 /t（含 17% 增值税），施工中的回弹率在 5% 左右，在此我们以 5% 计算，干拌喷射混凝土的质量与体积换算系数可取 1.9，也就是每立方米干拌喷射混凝土的价格为 280 元 /t×1.9×（1+5%）×（1−17%）=464 元 /m³。

使用预拌砂浆，若单以材料成本计算，成本增幅为（464 元 /m³ − 375 元 /m³）÷375 元 /m³×100%=23.7%。

2）社会效益

轨道建设工程中使用的预拌砂浆，一般都是在施工现场搅拌完成的，这违反了北京市相关法律法规的规定。

图 2-3-44 为北京地铁 16 号线某标段拍摄到的建设较为规范的现场砂浆搅拌站，该搅拌站虽三面封闭，但现场建设的搅拌站，因为几经周转使用，除尘装置及关键设备的连接处密封不好，导致在每锅物料的投料生产过程中粉尘外溢严重。

图 2-3-44　建设较规范的现场搅拌扬尘情况

（1）使用预拌砂浆能显著减少工地粉尘排放

工地的简易搅拌站虽然做到了三面封闭，但在每锅物料投料生产过程中，水泥灰、粉煤灰等粉尘自各连接口大量外溢，并经未封闭的上料通道溢出至搅拌站外。经粉尘浓度检测仪检测，现场的粉尘浓度达到 108mg/m³（参照有组织排放标准计算）。如果使用由专业生产厂生产的预拌砂浆，企业在预拌砂浆生产过程中粉尘排放完全达到北京市排放标准（<10mg/m³），预拌砂浆经密闭的散装砂浆运输车运送至工地后，经气力输送进入带有除尘的散装砂浆移动筒仓中，再经移动筒仓上的控制面板，一键式操作即可得到拌和好的产品，全程无可见扬尘，粉尘排放全部受控。

如果使用预拌砂浆替代现场搅拌的材料，那么轨道交通建设系统每年可减少 100t 的粉尘排放，将为北京市蓝天计划做出巨大贡献。

（2）使用预拌砂浆能使产品质量受控、提高施工质量

首先，使用预拌砂浆后，物料成为一个产品，验收过程以产品性能作为验收指标，取代了现场搅拌验收配合比的方法，使得产品质量可控性更好。

其次，预拌砂浆由专业生产厂制备，原材料质量受控，预拌砂浆混合均匀度高，经移动筒仓配套的连续混浆机拌和后，产品的工作性能和质量良好。

（3）使用预拌砂浆能够减少劳动用工及节省施工场地

首先，预拌砂浆设备操作简单，一人即可完成设备的操作、维护、维修工作，能够减少劳动用工数量，降低劳动强度。

其次，预拌砂浆设备占地面积小，施工现场无须再设立原材料堆场，能够大大的节省施工场地，并且利于现场标准化、清洁化管理。

5. 结语

目前，适用于地铁工程替代传统的现场搅拌方式的盾构同步注浆拌和料、干拌喷射混凝土以及配套的设备、施工工艺已经研发成功，并在北京和天津的轨道建设工程中成功应用，应用效果良好，预拌砂浆产品、配套设备以及施工工艺成套技术完全可行。

（1）盾构同步注浆拌和料在实际工程应用中，产品质量稳定，泌水率、固结结石率、凝结时间以及抗压强度等性能良好，浆液悬浮性优秀，施工中未出现堵管，施工后能够对土层及管片起到有效的承载和包裹作用。

（2）干拌喷射混凝土在实际工程应用中使用效果良好，产品骨料级配合理，凝结时间稳定，潮喷施工时不易堵管，施工后的工作面平整度高，抗渗性好，表面未见明显渗水痕迹。施工后进行现场回弹测试，抗压强度良好，平均高于设计强度一个等级。

在地铁工程中推广使用预拌砂浆，取缔现场建立的原材料堆场和临时砂浆搅拌站，能够极大地减少施工现场的场地占地面积，明显改善施工现场环境，降低现场粉尘排放量，减少劳动用工，对推动轨道交通系统建设工程安全文明施工具有积极的意义。

第 8 节　硬岩 TBM 新型高耐磨高韧性滚刀研制及其应用

天津立林机械集团有限公司　罗庆生

在隧道工程施工中，用于高硬度岩石地质（如片麻岩、角闪岩、石英岩、花岗岩等）隧道掘进的盾构机（硬岩 TBM），其滚刀的耐磨性和韧性（抗疲劳能力）是影响工程施工进度的关键问题。目前常用材料制造的硬岩 TBM 滚刀在掘进时损坏很快，除严重磨损外，由于韧性不够，还经常发生开裂、崩刃等疲劳破坏现象，如图 2-3-45 所示。

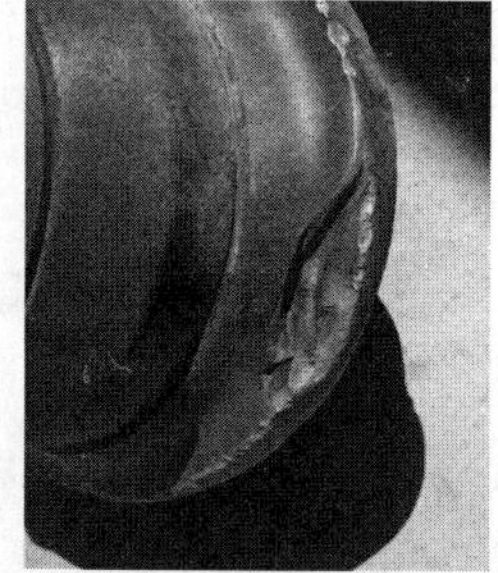

图 2-3-45　硬岩地质掘进时掘进机滚刀损坏现象

为了进一步提高硬岩 TBM 滚刀的耐磨性和韧性，天津立林机械集团有限公司成立了由科研人员与具有丰富经验的一线工人组成的硬岩 TBM 滚刀研制团队，成功研制了 HCA-60 新型高耐磨高韧性硬岩 TBM 滚刀。并先后投入山西省水利建筑工程局中部引黄项目和中隧宁陕引汉济渭两个隧道掘进工程项目，该新型滚刀表现出了优异的耐磨性能和高韧性，有效地加快了隧道掘进进度，提高了施工效率。

1.HCA-60 新型滚刀的研制

1）HCA-60 新型滚刀基材的选用

研制团队根据以往研制钻头的经验，以及对硬岩 TBM 所用滚刀磨损破坏情况的研究，决定选用某钢材生产商生产的具备优异淬硬能力及淬透性高碳高合金钢材料作为滚刀基材。

2）HCA-60 新型滚刀的锻造成型和热处理

滚刀是否具有更高的耐磨性和韧性，关键在于锻造工艺和热处理工艺。

（1）锻造成型

研制团队根据十几年的石油钻探钻头的锻造经验，为新型滚刀锻造成型设计了锻造工艺过程和相应的工艺参数，其中通过试验确定了足够的锻造比例与优化的成型方式，并使滚刀具备了理想的圆周方向延伸锻造流线。锻造成型过程中利用红外测温仪器全程进行监控，严格控制锻造温度及锻打变形量，保证了滚刀在锻造过程中材料的内部结构均匀且致密，锻后材料晶粒度控制≥ 7 级。锻造成型之后（图 2-3-46），直接利用锻后余热进行锻后处理，进一步优化组织结构，同时为最终热处理做足充分准备。

（2）热处理

为了进一步提高材料的耐磨性韧性，研制团队通过大量试验和研究，制订了科学的热处理方案，其中包括热处理设备的选用、热处理方法和热处理过程中各种参数的确定。这些参数最主要的都是对滚刀的淬火和回火处理的。淬火确定采用真空淬火炉，以确保滚刀材料在加热过程中表面不会因为氧化损失合金元素，材料的淬火晶粒度控制在≥ 10 级 [对照《金属平均晶粒度测定法》（GB/T 6394—2002）晶粒度评级图]，如图 2-3-47 所示。

图 2-3-46　滚刀的锻造成型

图 2-3-47　滚刀材料淬火晶粒度

在淬火过程和回火过程中，必须在保证滚刀外观尺寸精度的同时，还要保证材料的淬透性和材料合理的晶相结构，以保证材料表面的高硬度（以提高滚刀的耐磨性）和材料的高韧性。

在经过锻造及热处理等一系列工艺后，滚刀材料组织的晶相组织分析如图 2-3-48 所示。

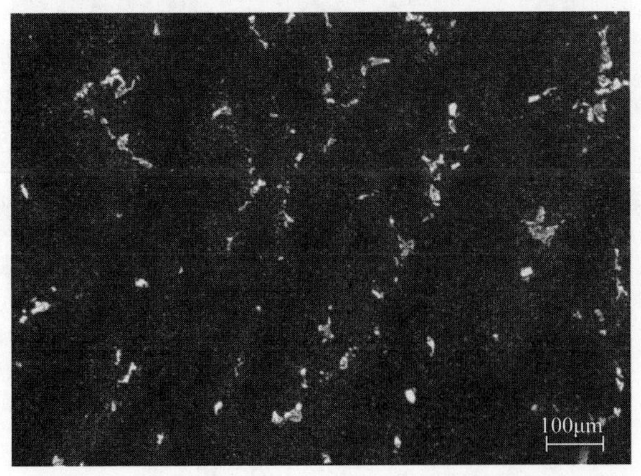

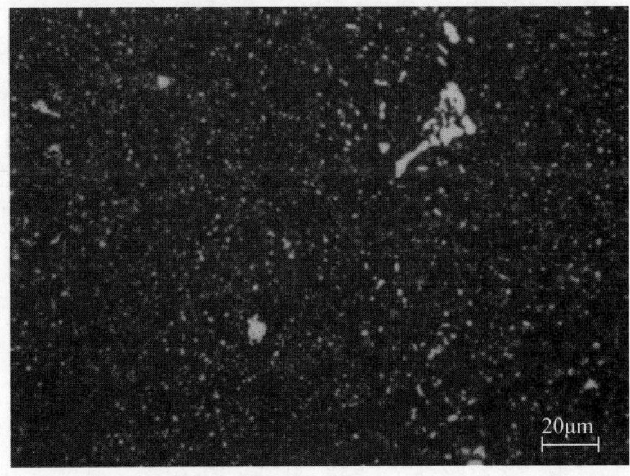

图 2-3-48　经锻造及热处理后的滚刀材料组织晶相分析图

从图 2-3-48 可以看出，材料中有很多的弥散分布硬质耐磨相，经测定，其显微硬度远超基体。表面硬度可达到 62 ～ 63HRC，材料各位置硬度差别≤ 1.5HRC。与目前常用的硬岩 TBM 滚刀相比较，大大提高了耐磨性和韧性，增强了滚刀的抗磨损和抗疲劳能力。

为了进一步保证滚刀的质量，与我公司生产的其他产品一样，每件滚刀都有自动记录仪对重要工艺参数进行无纸化记录供长期查询，所有的工艺过程、参数和性能检测数据都可追溯。

2.HCA-60 新型滚刀在工程中的应用

该滚刀已先后在山西省水利建筑工程局中部引黄项目和中隧宁陕引汉济渭两个隧道掘进工程项目中得到应用。公司派出工程技术人员到现场提供技术支持，负责滚刀的安装和使用，并对使用情况全程跟踪。

1）在山西省水利建筑工程局中部引黄工程项目中的应用

（1）工程地层岩性：条带状斜长角闪岩、花岗伟晶岩、不等粒黑云微斜长石片麻岩。

（2）硬岩 TBM 型号：DS1618-392 Robbins。

（3）总掘进里程：5.5km。

（4）正常推力：9500 ～ 10000kN。

（5）掘进速度：60mm/min。

（6）总计换刀次数：200 次。

（7）每次检查刀具或换刀平均掘进长度：30m。

目前，在该项目中共使用 80 多只该型号滚刀，其中在 2/4 号位中心刀截至目前共进尺 1821m，磨损 18mm，共使用 85 天。正面刀最高进尺为 731m，磨损 27mm；边缘刀最高进尺为 180m，磨损 11mm。

2）在中隧宁陕引汉济渭工程项目中的试用

（1）工程地层岩性：花岗岩、石英岩，地层软硬变化较大，有块状片状岩石。

（2）硬岩 TBM 型号：MB266-395 Robbins。

（3）工程掘进施工段：9860m+7630m，共 17490m，现已掘进 2560m。

我公司滚刀正在该项目中试用，尚未批量进入工程，但目前试用滚刀的耐磨性和进尺都超过了国外相关产品。

3. 结语

我公司研制的硬岩 TBM 配套用 HCA-60 新型高耐磨高韧性滚刀通过工程应用实践表明，与目前常用的滚刀相比，其抗磨损能力提高了 30% ～ 40%，其磨损表现为自锐磨损形态。正常工作状态下均未出现卷边、开裂和崩刃等情况，表明新型滚刀具有优异的韧性，是硬岩 TBM 配套刀具的优质产品。

第3篇
盾构工程科技成果

第1章 国家级科技奖励

第1节 盾构装备自主设计制造关键技术及产业化

1. 基本情况

奖励级别:国家科学技术进步一等奖

获奖日期:2012 年

项目编号:J-216-1-01

完成单位:浙江大学;上海隧道工程股份有限公司;中国中铁隧道集团有限公司;中铁隧道装备制造有限公司;杭州锅炉集团股份有限公司

推荐单位:教育部

2. 主要内容

1)项目技术背景

大型隧道掘进机(简称盾构)是我国基础设施、资源开发和国防建设急需的重大技术装备,广泛应用于铁路、公路、城市地铁、输气调水工程等隧道掘进。近四年就兴建隧道5000余公里,进口盾构300余台,费用达200亿元,未来十年还将持续大幅增长。但是,我国盾构核心技术与国外差距明显,市场一直被国外垄断。鉴于此,盾构的研发被列入国务院《装备制造业调整和振兴规划》。

电液控制系统传递着盾构功率、控制掘进方向与出土量,决定着掘进质量、工效、能耗和安全。掘进地质的改变会带来盾构载荷大范围随机突变,盾构电液控制系统的研发必然面临失稳、失效、失调的严峻挑战,是制约我国盾构自主发展的瓶颈。

盾构电液控制技术主要包括推进速度与姿态控制、密封舱压力与土压平衡控制、刀盘驱动与功率适应性控制。

2)项目主要内容

(1)发明点一:发明了基于盾构姿态预测的推进纠偏控制技术,实现了隧道的高质量快速掘进。

盾构是一个大惯量、非线性、大时滞的复杂运动控制系统,掘进中一旦跑偏,纠偏控制极其困难,国际上普遍采用轨迹偏差控制方法——轨迹偏离量超过设定阈值时才对推进液压缸分组进行压力或流量单独调节,纠偏频繁且滞后严重,盾构呈现"S"形前进,严重影响隧道质量和掘进速度。为此,本项目在国际上首次提出了基于位姿预测的盾构姿态控制新方法,通过提取推进液压缸压力信号,重构界面载荷分布,预测盾构位姿变化趋势,实现姿态实时控制;发明了基于掘进地质 - 偏载特性模型的盾构推进系统压力、流量复合控制核心技术，已成功应用于自主设计的多种盾构，提高了隧道质量和掘进工效。

盾构是由均布在盾体外环的液压缸组来推进的，这些液压缸组通常被分成 4 ～ 6 个区，通过控制各区液压缸的流量或压力，实现盾构的推进、转弯或纠偏。这种推进方式不能实现垂直于掘进方向的平移运动，因此盾构轨迹一旦偏离，纠偏十分困难。国际上通常采用基于轨迹偏差反馈的纠偏控制模式，在轨迹偏离量超过设定阈值时，对各区液压缸的推进速度进行调节，在原理上存在纠偏滞后的缺陷，偏载工况下盾构姿态调整量大，盾构呈“S”形推进，严重影响隧道质量和掘进速度。为此，本项目：

①发明了盾构位姿在线预测与实时控制技术。

a. 首次提出了基于位姿预测的盾构姿态控制新原理；

b. 创建了盾构推进系统姿态实时控制方法；

c. 发明了大量程、抗冲击型偏载力及力矩专用测试装置。

②发明了盾构多缸分区协调和同步控制的压力 / 流量复合电液控制技术。

a. 独创了掘进界面偏载下推进系统压力流量解耦算法；

b. 发明了比例流量 / 压力复合控制盾构推进电液系统；

c. 发明了负载压力自补偿的专用稳流阀。

（2）发明点二：发明了盾构密封舱压力动态平衡控制技术，防止了地面塌陷事故。

盾构密封舱压力失衡是地面塌陷等工程事故的根源。减少地表变形的基本原理是掘进中保持盾构密封舱压力与原始水土压力相平衡，国际上普遍采用出土量控制法，实现密封舱压力与原始水土压力的平衡，该方法预设盾构推进速度，只对出土量进行调节，在推进速度变化时，密封舱压力会大幅波动，导致地表变形，因此不能从根本上避免地面塌陷。为此，本项目发明了基于推进速度、出土量、载荷等多参数耦合的密封舱压力动态平衡控制方法和技术，突破了掘进、出土、纠偏等多个子系统协调控制的技术瓶颈，攻克了推进速度变化导致密封舱压力失衡难题，防止了地面塌陷。

盾构密封舱由刀盘、盾体、胸板构成，密封舱的压力必须保持与掘进界面原始水土压力相平衡，才能减少地表变形，避免塌陷事故。密封舱压力与掘进界面的压力分布、地质条件、掘进参数密切相关，还受舱内多相介质、掘进速度和出土量的影响，保持密封舱压力动态平衡极其困难。目前，国际上普遍采用设定推进速度的出土量控制法，但当地质条件和推进速度变化时，不能保证密封舱压力与原始水土压力相平衡，因此，不能从根本上避免地面塌陷等灾难事故的发生。为此，本项目：

①建立了多场耦合的密封舱压力平衡控制模型；

②发明了基于推进速度与出土量变化的密封舱压力平衡控制方法；

③发明了基于密封舱压力反馈的螺旋输送机电液控制系统；

④发明了多输入内反馈阀口并联式螺旋输送机电液控制系统专用阀。

（3）发明点三：发明了盾构全局功率自适应电液驱动技术，实现了盾构节能技术的跨越。

盾构是多液压执行机构的大型装备，不同地质条件下负载波动范围可达 300 倍，国际上普遍采用极限载荷配置功率，大马拉小车问题突出，造成效率低、发热高、能耗大。解决问题的最佳途径是弄清地层结构、预测所需功率，实现驱动功率自适应匹配。为此，首创了基于动力学参数的地层智能识别方法，创建了基于地质与动力学参数的驱动功率预测模型，发明了盾构全局功率自适应变转速节能驱动技术，解决了盾构驱动功率不能跟随载荷变化而自动调节的世界性难题，与国际领先的海瑞克盾构相比，节能 47%。

盾构在穿越不同地层时负载大范围波动，要求刀盘驱动系统具有大范围转速调节能力才能提高效率，而其前提是实时在线判别掘进界面前方地质条件，国际上现有的物理前探技术（如分段式地层勘探、地质雷达等）尚不成熟。因此，如何智能识别地层参数并准确预测负载功率是新一代盾构电液驱动系统设计所面临的挑战。由于负载功率与地质参数、掘进动力学参数等存在复杂的非线性耦合关系，现有国际先进的盾构电液控制系统无法预测功率，在穿越复杂地层时刀盘转速均由工程师现场按经验设定，造成泵的输出功率不能与刀盘所需的驱动功率相适应。

同时，盾构具有数十个旋转与直线液压执行机构复合运动的复杂作业特征，多执行机构存在严重的能量利用不平衡的问题，导致一个大功率复杂电液系统经常处于低效工作状态。国际上现有盾构刀盘驱动电液控制系统均采用压力或流量适应回路，只能通过节流损失来进行压力的单向调节，无法针对负载的大范围变化进行功率适应性控制，因此系统效率低，能耗大。为此，本项目：

①发明了基于动力学参数的地层智能识别新方法；

②发明了基于地质与动力学参数的驱动功率预测技术；

③发明和研制了基于恒压网络的液压变压器节能元件及其系统；

④发明了全局功率自适应匹配的盾构刀盘电液控制系统及装备。

3）技术先进性

本项目成果整体技术水平国际先进，其中基于姿态预测的盾构纠偏技术处国际领先，核心技术打破了国外的垄断，提升了我国盾构与电液控制技术及装备的自主创新能力，实现了盾构产业跨越式发展。

本项目在国家“863”、“973”、国家杰出青年科学基金和行业龙头企业支持下，围绕电液控制技术及装备，历经十年的持续研究，原创性地：

（1）发明了基于姿态预测的盾构纠偏控制技术，用推进液压缸压力信号重构掘进界面载荷分布，预测盾构位姿变化趋势，实现姿态实时稳定控制，解决了断面偏载下传统纠偏技术导致盾构“S”形推进的世界性难题，提高了隧道质量和掘进工效。

（2）发明了适于界面载荷突变的密封舱压力动态平衡控制技术，通过对推进速度、出土量和界面载荷的多参数耦合控制，实现密封舱压力动态平衡，解决了界面载荷突变下传统出土量控制技术导致密封舱压力大幅波动使平衡失效而引起地表塌陷难题，提高了隧道掘进安全性。

（3）发明了基于地层智能识别的盾构刀盘转速控制节能方法与全局功率自适应节能驱动技术，通过地层智能识别，预测驱动功率，实现盾构驱动功率全局自适应匹配，解决了现有盾构功率不能随载荷变化而自动调节导致能耗高的国际性难题，实现了盾构节能技术的跨越。

共申请发明专利 42 项，已授权 20 项；发表论文 51 篇，SCI/EI 26 篇（该数据为申报国家科技进步奖时的数据）。

4）应用范围和前景

本项目成果已应用于山东泰丰液压设备有限公司、湖州生力液压有限公司、杭州德泰电液系统工程有限公司和杭州华泰机电液技术工程有限公司自主开发的盾构专用电液元件与系统的生产，同时将其成功应用于龙头企业——中铁隧道集团（河南）、西子联合控股公司（杭州）和上海隧道股份公司自主研制的多种盾构，并在上海、北京、天津、广州、深圳、西安、沈阳、南京、杭州等 15 个特大城市完成了各种地铁隧道掘进，其中，在上海地铁 2 号线西延伸工程中，实现了月掘进 470m 的同类隧道掘进国际领先水平；天津营口道至和平站区间地铁隧道掘进，地表变形控制在 ±2mm 内的同类地质条件下的国际先进水平，成功保护了隧道区间珍贵的地面古瓷房建筑群。至 2008 年底，累计生产盾构 16 台及相应电液元件与系统，新增产值 9.06 亿元，利税 3.22 亿，所完成的隧道掘进工程产值累计超过 19 亿。培养了博士后 2 人、博士 6 人、硕士 15 人，新增上千个多种就业岗位，应用前景十分广阔。

第2节　砂卵石地层盾构隧道施工安全控制与高效掘进技术

1. 基本情况

奖励级别：国家技术发明二等奖

获奖日期：2015年

项目编号：F-310-2-02

完成单位：西南交通大学；同济大学；中国铁建大桥工程局集团有限公司；中铁十四局集团隧道工程有限公司

推荐单位：国家铁路局

2. 主要内容

1）项目技术背景

砂卵石地层是一种以漂石、卵石、砾石为主，含有砂土及少量黏性土的松散粗碎屑堆积物，在我国冲积层与洪积层地区以及江河沿岸城市广泛分布，如成都市域全境，沈阳、北京市域大部，广州、武汉、南京、深圳市域局部都分布有砂卵石地层。在砂卵石地层中建设隧道工程的需求巨大，然而，普通暗挖法修建隧道常需沿线对地层进行长期降水，影响范围极大，且受工期、造价、安全等多方面制约；明挖法对城市交通和环境有极大的干扰和破坏，该两种隧道施工方法难以大范围采用，盾构法成为重要可选工法。

然而，由于砂卵石地层独有的散粒性、强透水性、高磨耗性，盾构在施工中极易出现盾构掘进失控、隧道结构失稳、机具磨损失效等现象，会诱发重大工程事故。必须开展针对性技术研发，以解决以下三大方面的难题。

（1）盾构掘进失控。砂卵石地层结构松散，掘进实时平衡控制难度极大，极易发生超挖现象，诱发地层大变形；砂卵石地层渗透性强，富水条件下土压平衡盾构螺旋输送机保压和泥水平衡盾构泥膜形成困难，容易发生喷涌和地层劈裂，导致地表塌陷、建（构）筑物失稳、盾构姿态失控等重大安全事故。

（2）隧道结构失稳。砂卵石地层构造特殊，为不连续地层结构，地层荷载传递复杂，受管片同步注浆及地下水影响，管片结构脱出盾尾时上浮现象突出，极易形成不利施工荷载，导致管片结构难以嵌固，出现开裂、错台，接缝止水失效，乃至隧道失稳等安全事故。

（3）机具磨损失效。砂卵石地层卵石强度高，散粒体颗粒间相互碰撞，对盾构机体磨蚀冲撞大，造成刀盘刀具严重磨耗（损）、螺旋输送机磨耗并堵塞，需频繁维修刀盘、更换刀具，严重时会出现刀盘结构解体破坏、盾构机“卡死”等导致工程无法继续推进的重大工程事故，掘进效率极低。

2）项目主要内容

（1）发明点一：发明了泥水平衡盾构和土压平衡盾构的掘进模拟系统。

研究揭示了泥水压、土压对砂卵石地层的平衡作用机理，发明盾构掘进模拟系统。通过掘进模拟判明泥膜动态形成状况、地层变形特性，确定泥浆配比、超挖容许值、泥水和土压平衡保压值等现场施工掘进关键参数，获发明专利4项。实现了超挖可控、保压可调、平衡模式可选，解决了开挖面失稳、地表坍陷、螺旋输送机喷涌、地层劈裂等盾构掘进失控难题，保障了盾构掘进安全。

（2）发明点二：发明了施工期管片结构的内力分析方法与承压止水检验技术。

探明了管片拼装、同步注浆、浆液凝固、后期稳定四阶段荷载特征，建立了施工期分阶段的内力分析模型和方法，开发了各阶段施工荷载与水压联合作用下原型结构承压与止水能力的检验技术，获发明专利4项。从而实现了现场管片拼装、顶推、注浆等关键工序和参数的精确选择与控制，解决了结构止水失效、管片错台开裂及隧道结构失稳垮塌难题，保障了施工期隧道结构安全。

（3）发明点三：发明了刀盘刀具优化配置与耐磨保护及刀具快速更换技术。

研究揭示了砂卵石的细观流动变形和地下水禀赋特性，建立了刀盘刀具优化配置方法，研发了新型和耐磨刀具、地层减磨改良以及小空间常压换刀技术，获发明专利2项。解决了螺旋输送机损坏、管路破裂、刀具偏磨、刀盘解体破坏等机具磨损失效难题，保障了盾构的高效和长距离掘进施工。

3）技术特点

（1）发明点一：发明了泥水平衡盾构和土压平衡盾构的掘进模拟系统，揭示了泥水压/土压对砂卵石地层的平衡作用机理，形成了针对泥水平衡盾构和土压平衡盾构的整套掘进安全控制技术，解决了超挖塌陷、喷涌、地层劈裂等盾构掘进失控难题，保障了施工期盾构掘进安全。

①泥水平衡盾构动态掘进模拟技术；

②泥水盾构掌子面泥膜动态成形技术；

③土压平衡盾构动态掘进模拟技术；

④防超挖的开挖模式控制技术。

（2）发明点二：发明了施工期管片结构的内力分析方法与承压止水检验技术，揭示了隧道结构开裂失稳机制，形成了高水压条件下隧道结构的安全控制技术，解决了盾构隧道施工期止水失效、管片开裂乃至隧道结构失稳垮塌的难题，保障了施工期结构安全。

①施工期结构力学分析模型和方法；

②盾构隧道接缝止水性能检验技术；

③盾构隧道结构抗浮稳定控制技术。

（3）发明点三：揭示了地层内力分布与刀盘刀具的匹配关系，提出了适合砂卵石地层的刀盘刀具优化配置方法，发明了刀盘刀具优化配置与耐磨保护及刀具快速更换技术，解决了高磨耗、刀盘解体破坏以及卡机等机具磨损失效难题，保障了盾构的高效和长距离掘进。

①刀盘刀具选型配置与耐磨技术；

②泡沫改良地层减摩增效技术；

③小空间常压换刀技术。

4）应用范围和前景

砂卵石地层在我国广泛分布，采用盾构法建设隧道工程的需求巨大，该成果在砂卵石地层盾构隧道施工安全控制与高效掘进技术方面具有国际领先水平，该成果解决了砂卵石地层中盾构隧道施工的安全控制和高效掘进这一重大技术难题。可广泛应用于富水砂卵石地层城市地铁盾构隧道，城市特殊复杂环境下富水砂卵石地层地铁盾构邻近建（构）筑物施工，大直径泥水盾构长距离穿越全断面卵石地层施工等领域。

第3节　高水压浅覆土复杂地形地质超大直径长江盾构隧道成套工程技术

1. 基本情况

奖励级别：国家科学技术进步二等奖

获奖日期：2014年

项目编号：J-22101-2-03

完成单位：中国铁建股份有限公司；中国铁建十四局集团有限公司；中国铁建第四勘察设计院集团有限公司；西南交通大学；东南大学；河海大学；北京交通大学

推荐单位：中国铁道建筑总公司

2. 主要内容

1）项目技术背景

国内在长大型跨江、跨海隧道修建方面属于起步阶段，随着铁路、公路、轨道交通、水利事业、军工事业等一系列行业的发展，跨越江河海湾、连接岛屿及大陆的长大隧道将陆续修建，隧道在国防、战备、通航、环保等方面优势明显，大直径盾构施工前景广阔，同时复杂地形地质的建设条件和更高的通航标准也对大直径盾构隧道提出了迫切需求。

南京长江隧道位于长江大桥和三桥之间，是南京市跨江发展战略的标志性工程，也是当时长江流域难度最大、地质情况最复杂的隧道，被称为中国“水下施工第一难”。

本项目施工条件复杂，风险高，风险点多，施工技术难度大，主要面临的难题有：

（1）覆土薄：盾构隧道区间多处覆土厚度浅薄。江底约150m的冲槽段最小覆土厚度为10.49m，仅有0.72倍洞径；始发时的覆土厚度仅为5m，仅有0.33倍洞径；江北防洪大堤坡脚覆土厚度为10.88m，仅有0.73倍洞径。稍有不慎，极易造成洞门塌方、冒顶、沉降过大引起防洪大堤开裂决堤等灾难性后果。

（2）强透水：盾构在江中穿越的部分地段埋深超浅，地层为强透水（最大透水系数达10^{-2}cm/s）的粉细砂、砾砂地层，且与江底水系连通，属于当今世界上同类盾构隧道水中最小覆土强透水穿越工况，施工风险巨大。

（3）水压高：盾构穿越地段，江面至江底最深处达65m，水压力高达6.5kg/cm^2，为当时世界上同类盾构压力之最。

（4）直径大：本工程采用的泥水平衡式盾构机总重约4000t，机长135m，直径为14.93m，相当于五层楼高，直径超大，属于当今世界上最大的盾构机之一。

（5）地质复杂：本工程水下地质条件复杂，盾构穿越地层多为砂砾层、砾石层、圆砾石地层，部分地层夹杂大块孤石、铁器等异物，地层石英含量在62%～87%之间，透水性极强，施工难度巨大。

（6）超大直径盾构机在粉细砂、砂砾复合地层中一次性连续掘进超过3000m，相当于在淤泥质黏土地层中掘进30km，复杂地质条件下一次性掘进距离超长。

2）项目主要内容

（1）创新点一：穿越江中浅覆土地段施工技术。

首次进行了针对劈裂研究的泥水盾构现场试验，结合室内试验等方法阐明了泥水盾构掘进劈裂机理，提出了泥水突出压力的判别标准，建立了高水压、小覆土、突变地层大直径泥水平衡盾构安全掘进模式及掘进参数的理论体系，成功解决了穿越江中冲槽段的技术难题，填补了国内外同类施工的空白。

（2）创新点二：泥浆及成膜关键技术。

自主开发了高水压、强透水性地层中大直径盾构开仓泥膜的形成技术，保证了人员和工程安全；首次明确三种泥膜的形成条件、泥浆与地层的匹配关系；通过添加弃浆中的黏土组分，提高了泥浆的环保和经济性。提出泥皮型、渗透带＋泥皮型、渗滤型三种泥膜的形成条件，明确了泥浆成膜机理和规律；系统研究了各种地质条件下环流系统及排泥管携渣能力，明确了环流系统各组成部分的泥浆处理能力，以及应废弃泥浆的量，指导了各种地层条件下泥浆调配，同时明确了排泥管泥浆的界限流速，以确保泥沙不沉淀和大直径的砾石能够被带出。提出充分利用地层自造浆能力和前期排放泥浆来提高地层泥浆的性能，降低成本。

（3）创新点三：砂砾卵石地层中掘进刀具磨损机理研究及刀具更换关键技术。

揭示了超大直径泥水盾构砂卵石地层刀具切削机理，提出砂卵石地层中各类刀具的地层适应性，并建立相应的刀具配置技术体系，提出了刀具优化改进方案并成功应用实施；首次形成了高水压条件下（0.65MPa）泥水盾构常压刀具更换技术，解决了在砂砾卵石地层掘进刀具磨损重大技术难题；高压换刀技术填补了国内空白，形成了高压进舱换刀工艺流程。

（4）创新点四：超大直径盾构隧道衬砌结构基于监控的施工安全控制技术。

建立了管片脱出盾尾时结构的受力分析模型，明确了施工过程中隧道结构的受力状态，提出了盾构隧道施工上浮控制技术措施，确保盾构推进过程中隧道衬砌结构的质量安全。建立了隧道负环结构自重作用下的受力分析模型，明确了施工过程中隧道负环结构的受力状态；进而提出了南京长江隧道结构考虑施工过程负环应力集中的结构设计构造措施。工程实践表明，采取建议构造处理后，结构整体刚度得到有效提高，局部应力集中现象减少，负环管片施工裂缝得到有效控制。建立了管片脱出盾尾同步注浆时结构的受力分析模型，为大直径盾构隧道施工推进环境影响控制提供了依据；为南京长江隧道注浆压力和注浆量的设定提供了理论指导，保障了盾构的推进质量。

3）技术先进性

（1）技术成果一：复杂地层及地形条件下超大直径泥水盾构浅覆土长距离穿越长江关键技术。

冲槽段这一南京长江隧道面临的最大难题，通过世界上首次进行的现场原位试验、模型试验、数值分析和计算，形成最终实施方案，破解了在强透水地层、不进行地层处理条件下穿越江中冲槽浅覆土段的施工技术难题，填补了国内同类施工的空白；对江中冲槽段施工，确定了最终实施的非抛填施工方案，全顺利通过江中冲槽段施工。

（2）技术成果二：复杂地质条件下超大直径泥水盾构泥浆及成膜关键技术。

在隧道开挖面形成质量优良泥膜开发的高致密泥浆在高气压条件下开挖面稳定技术，保证了泥水盾构江底施工安全，形成了一套安全可靠的技术保证措施，为今后类似工程施工提供有益的经验和参考体系。

（3）技术成果三：砂砾卵石地层中掘进刀具磨损机理研究及刀具更换关键技术。

对刀盘刀具在砂卵石复合地层中的磨损机理、破坏机理进行深入研究和总结，提出砂—砂卵石地层盾构刀具切削机理并命名为“犁松原理”。

(4)技术成果四:复杂地质条件下超大直径盾构隧道衬砌结构基于监控的施工安全控制技术。

探明了盾构隧道上浮原因,提出了隧道上浮控制措施;通过对同步注浆工况中注浆压力及结构性态分析,揭示了管片脱出盾尾时结构的受力机理,优化了工程设计参数;探明了施工过程中负环结构的受力状态,提出了隧道结构减少负环应力集中的设计构造措施,有效控制负环管片的施工裂缝;形成了超大直径盾构隧道基于光纤光栅传感的结构监测技术,为实时掌握盾构隧道在施工过程中结构状态的变化,判断隧道结构的施工可靠性,提供了有效的控制手段。所设计的监测系统在南京长江隧道运行良好,保障了盾构施工阶段的顺利实施,为设计验证与运营管养提供了翔实有效的实测数据与重要的科学依据。

4)应用范围和前景

该项目历经五年科研攻关,分别在盾构选型、刀具配置和设计、维护保养规程制定、盾构状态检测和故障诊断系统开发、泥水盾构掘进劈裂机理研究、泥膜形成条件及作用机理、开仓泥膜形成技术、壁后注浆技术、隧道上浮控制措施、负环结构的受力机理及构造措施、临近江河超深基坑综合施工技术等方面进行了系统研究,并形成了复杂地形地质条件下超大直径泥水盾构穿越长江成套关键技术研究成果。研究成果整体技术已经通过三年以上的成功应用,项目成果全面支撑了南京长江隧道工程的建设,为复杂地层及地形条件下,超大直径泥水盾构穿越长江施工提供了重要保障。该项目研究形成的成套技术对跨江越海隧道的建设产生了显著的科技带动效应,创建了住房和城乡建设部科技示范工程,保证了工程顺利、安全建成。成果在南京地铁 D10-TA03 标和扬州瘦西湖隧道工程中得到推广应用。涌现出一大批技术专家、管理人才和专业操作能手,起到了引领和示范作用,促进了行业科技进步,应用前景广阔。

第2章　省部级与企业级科技奖励

第1节　南水北调中线穿黄隧道施工关键技术研究与应用

1. 基本情况

奖励级别：中国施工企业管理协会科学技术奖技术创新成果特等奖；中国铁建股份公司科技进步一等奖

获奖日期：2010年

完成单位：中国铁建十六局集团有限公司；中铁十六局集团北京轨道交通工程建设有限公司

2. 基本内容

“南水北调中线穿黄隧道施工关键技术研究与应用”以南水北调中线一期穿黄工程II-B标竖井和盾构工程为背景，对地下工程施工中不同类型的问题进行了大量分析和研究。通过将施工过程中所遇到的关键控制性难题进行数值模拟和方案比选，对实施效果进行分析，以及对相关方案和关键措施归纳和总结，最终形成在地下工程施工中具有代表性意义的综合施工技术。该项技术成果主要创新了复杂地质条件下超深地下连续墙施工关键技术、深基坑开挖及内衬施工关键技术、复杂地层中超深高喷地基加固技术、大型泥水盾构始发施工关键技术、大型泥水盾构管片改造技术研究、盾构机常压开仓刀盘修复及刀具改造技术研究等核心技术，并针对大型泥水盾构进洞土体加固及施工技术方面的难题进行分析和研究，从构造上对加固土体的厚度进行研究，提出盾构进出洞加固土体尺寸的确定方法；优化了双高压三重管高压旋喷法施工工艺，提高了加固质量和盾构始发的效率和安全；结合采用冷冻施工封水措施，洞门密封设置三道钢丝刷和两道止水帘布，确保了盾构出洞密封效果；在盾尾脱出洞门密封装置后对两道帘布之间采取双液注浆，确保了泥水平衡压力的建立；采用分段始发方案，克服了竖井空间狭小的困难，成功实现了超深高透水性砂层中大直径泥水盾构的始发施工，有效解决了隧洞工程施工穿越黄河底部饱和砂土层、黏土、粉质壤土、钙质结核、砾石等组成的复合地层的施工难题。“南水北调中线穿黄隧道施工关键技术研究与应用”科技成果在南水北调中线一期穿黄工程II-B标竖井和盾构工程中的成功应用，实现了复杂地质条下超深圆筒竖井连续墙的安全施工，大大降低了超深基坑施工的风险，为盾构的成功始发创造了良好的条件，确保了穿黄工程的顺利进行，在大埋深盾构机常压开仓技术方面取得较大的技术突破，为同类工程提供了宝贵的经验。

第2节 小角度近距离立体交叉地铁盾构下穿昆明火车站的关键技术

1. 基本情况

奖励级别：中国铁建股份公司科技进步一等奖

获奖日期：2014年

完成单位：中国铁建十六局集团有限公司；中铁十六局集团北京轨道交通工程建设有限公司；西南交通大学

2. 基本内容

“盾构隧道施工技术研究”为中铁十六局集团有限公司依托昆明市轨道交通首期工程土建8标施工项目进行的科技研究开发计划课题，经研究总结，形成研究报告《小角度近距离立体交叉地铁盾构下穿昆明火车站的关键技术》。依托工程施工合同签订于2010年4月15日，科技研究开发计划课题合同签订于2010年5月。依托项目具体包括展览中心站、塘子巷站—环城南路站区间、环城南路站—昆明火车站站区间、昆明火车站站—展览中心站区间，共一站三区间。展览中心站为地下两层岛式站台车站，车站主体结构采用明挖法施工。区间双线全长5223.804m，采用土压平衡盾构机施工，环城南路站—昆明火车站站、塘子巷站—环城南路站区间存在长距离、小间距重叠隧道施工，上下重叠隧道的最小净距为1.8m，环城南路站—昆明火车站站区间需下穿昆明火车站6个站台、12股道，地下出站通道等建（构）筑群，施工期间需要保证昆明火车站的正常运营，施工难度大。

该研究课题于2010年5月开始，与西南交通大学联合攻关，解决了滇池沉积层中地铁盾构一系列关键技术问题，2011年12月形成部分技术，并投入应用，于2012年5月形成初步成果，2013年8月形成最终成果及科研报告，2013年9月通过了中国铁建股份有限公司成果评审，评审结果为国际先进；2014年1月通过了云南省科技厅科技成果鉴定（组长为中国工程院院士郑颖人），鉴定结果为国际先进。两次鉴定均认为该项目提出了一整套滇池沉积层或湖相软弱地层中的地铁盾构施工技术，具有重要的理论、实际意义和应用价值，值得推广。

第3节 大直径土压平衡盾构机综合施工技术

1. 基本情况

奖励级别：中国铁建股份公司科技进步二等奖

获奖日期:2014 年

完成单位:中国铁建十六局集团有限公司;中铁十六局集团北京轨道交通工程建设有限公司;石家庄铁道大学

2. 基本内容

本课题依托珠三角穗莞深城际 SZH-3 标施工项目工程进行研究。依托项目具体包括虎门商贸城站，1、2 号工作井至虎门商贸城站区间隧道,虎门商贸城站至出口段区间隧道,共一站两区间。虎门商贸城车站为地下两层三跨岛式站台车站,车站主体结构采用明挖法施工。区间双线全长 7944.527m,采用土压平衡盾构机施工。隧道穿越区域主要为冲积平原区,地势平坦、开阔;局部为丘陵缓坡区,地势起伏不平,相对高差约 40.0m,总的地势由北向南微倾。沿线城镇化程度高,房屋建筑密布,通信、光电、地下管线等密集分布,施工难度大。

(1)通过地面临时堆载,有效解决大断面土压平衡盾构机在浅覆土限制条件下始发难题。

(2)利用有限元分析软件,对盾构刀盘进行静力学和动力学性能分析,求得盾构刀盘在复合地层中施工的应力、变形以及模态参数,为保证施工安全和盾构机选型提供了依据。

(3)提出了在盾构掘进过程中利用正交试验技术,对掘进速度、推力、刀盘扭矩、土仓压力、出渣量等主要参数进行了正交试验,并通过数据的多元非线性回归分析,建立了掘进参数的数学模型,通过参数优化得出了此地质条件下的最优掘进参数。

(4)建立了复合地层下土体改良参数的数学模型,对盾构施工中添加泡沫的量和浓度进行了最优化,提高了土体改良的效果,有利于施工的安全顺利进行和减小刀具的磨损。

(5)得出了一套在复杂地质条件下硬岩段掘进过程中减小螺旋输送机磨损和在软弱地层段安全快速换刀的处理方法,减少了机械设备的损耗,为隧道掘进施工节约大量时间,加快了施工进度。

本课题于 2011 年 7 月开始,与石家庄铁道大学联合攻关,解决了一系列关键技术问题，2014 年 8 月形成最终成果及科研报告。2014 年 9 月通过了中国铁建股份有限公司成果评审,评审结果为国际先进,认为该项目提出了一整套大直径（刀盘直径 8800mm）土压平衡盾构机综合施工技术,具有重要的理论、实际意义和应用价值,值得推广。

第 4 节　大粒径卵石地层中盾构长距离下穿运营高铁施工技术

1. 基本情况

奖励级别:中国施工企业管理协会科学技术奖科技创新成果二等奖

获奖日期:2014 年

完成单位:中国铁建十六局集团有限公司;中铁十六局集团地铁工程有限公司

2. 基本内容

随着我国经济实力的不断提高，城市化进程的进一步加速，城市交通拥堵愈显突出，为了缓解日益增长的交通压力，我国已有超过40个城市正在发展地下空间，修建或筹建轨道交通，而盾构法以其能适应不同埋深的较多地层、不需降水、对周围环境影响小、机械化作业程度高、掘进速度快等优点，被广泛应用在标准断面的长大区间施工上。目前，如何确保在大卵石地层中安全快速地进行盾构连续掘进是个世界性难题。

北京地铁10号线11标项目，其中六里桥站—莲花桥站区间，盾构从始发井始发后即进入铁路影响区域，在735.6m范围内以反"S"形顺行下穿高速铁路上下行线与机务段内的21股道、24组道岔、96处接触网塔柱、30余条地下管线及多处地上建筑，穿越距离空前绝后，加之穿越的地层卵石含量高且超大粒径漂石频繁出现，施工难度巨大，风险相当高，极具挑战性，对于沉降变形控制要求极为严格，被业内专家称为特级风险源中的特级风险源。因此，迫切需要研究在大粒径卵石层中盾构长距离下穿既有铁路的各项施工技术。

本课题攻克了一系列的技术难题，创造了在大粒径卵石层中盾构长距离下穿既有铁路各项施工技术，形成了以下关键技术和创新点：

1）关键技术

（1）大粒径卵石层中面板式盾构机系统改造技术；
（2）大粒径卵石地层中小半径曲线盾构始发施工技术；
（3）洞内常压开仓施工技术；
（4）在砂卵石地层中盾构下穿铁路掘进技术；
（5）初期支护状态下进行盾构接收施工控制技术。

2）主要创新点

（1）超大粒径无水砂卵石地层超长距离顺行下穿既有高铁与机务段沉降控制技术；
（2）超大粒径无水砂卵石地层盾构连续掘进技术；
（3）首次在盾构掘进中成功采取径向补偿注浆技术；
（4）首次引入盾构二次接收理念。

第5节　城市地铁近距离穿越地铁和桥梁综合施工技术

1. 基本情况

奖励级别：中国施工企业管理协会科学技术奖技术创新成果一等奖
获奖日期：2008年
完成单位：中国铁建十六局集团有限公司

2. 基本内容

本工程所面临的近接问题主要包括：北京地铁 1 号线国贸站—双井站区间暗挖下穿运营中的地铁 1 号线，盾构下穿双井北天桥、京秦铁路桥、国贸桥群桩、通惠河，以及国贸站—光华路站区间暗挖下穿国贸桥异形板区域等。其中，暗挖下穿运营中的地铁 1 号线是在“零距离、钢对钢”，完全剥离与既有线间隔土体的情况下进行的开挖，因此受列车振动荷载影响极大，考虑到 1 号线结构的安全，沉降指标严格控制在 5mm 以内；国贸站—光华路站区间南段下穿国贸桥异形板区域，区间结构距离桥桩最近距离仅为 2.41m，而且该区域桥桩已受到此前国贸站施工扰动，区间施工必然再次引起桥桩的沉降，经评估确定该区域桥桩沉降以 3mm 为警戒值；国贸站—双井站区间盾构下穿京秦铁路桥期间不能影响铁路的正常运行；通惠河底与隧道顶板距离仅有 10m，地表河水的渗漏对地下潜水有一定的补给作用；盾构在国贸桥群桩间穿行，隧道与国贸桥桥桩最近距离仅为 1.78m。另外，盾构施工所处地层含有大量砂卵石，给盾构施工中刀具的使用、注浆的效果、土压的建立和参数的控制带来种种不利。这一科研项目是以北京地铁 10 号线 6 标盾构和暗挖区间工程为背景，对地下工程施工中不同类型的近接问题进行了大量的分析和研究。通过将施工过程中所遇到的关键控制性难题进行数值模拟和方案比选，对实施效果进行分析，以及对相关方案和关键措施归纳和总结，最终形成这一在近接施工中具有代表性意义的综合施工技术。

第 6 节　大坡度小半径重叠隧道盾构综合施工技术研究

1. 基本情况

奖励级别：中国铁道建筑总公司科技进步二等奖

获奖日期：2009 年

完成单位：中国铁建十六局集团有限公司

2. 基本内容

1）项目技术背景

广州地铁 5 号线区杨盾构区间包括区庄站—动物园站区间（以下简称“区动区间”）、动物园站—杨箕站区间（以下简称“动杨区间”），工程涵盖暗挖、盾构等工法。施工所在区段均位于繁华市区，沿线重要建（构）筑物密布，尤其是区间施工中，盾构要空推过矿山法隧道，进行大坡度小半径交叉重叠隧道施工、暗挖车站中板接收及始发，近距离穿越桥梁和房屋，给施工带来了巨大难度。因此，如何有效地控制地面沉降保证施工安全、顺利进行是本工程最大的重点和难点。

2）项目主要内容

（1）小半径曲线盾构机及管片选型技术

区杨盾构区间曲线半径小（最小曲线半径为 200m）、线路坡度大（最大坡度为 38‰），区间隧道主要位于中、微风化泥质粉砂岩、粉砂质泥岩中，单轴抗压强度较大，正确合理地对盾构机及衬砌管片进行选型，对顺利完成区间隧道盾构施工至关重要。

（2）复合地层大坡度小半径重叠隧道盾构施工技术

区间左右线隧道在杨箕站平行始发，经过1号联络通道在小半径区域左线隧道逐渐爬升，左右线隧道水平距离逐渐缩小，直到动物园站左右线隧道上下重叠，水平净距为零。单一的急曲线隧道施工在地铁施工中并不多见，况且200m曲率半径施工的同时附带左右线交叉重叠，这在国内地铁施工中尚属首次。

小半径区段施工是本工程的难点区段。本区段采用FLAC3D软件对盾构小半径曲线区段施工过程进行了数值模拟，对隧道施工期间上下线隧道的相互影响效果进行了分析；对上下水平平行、45°斜交平行及上下线竖直平行进行有限元分析，并用有限元分析结果指导施工；同时针对小半径区段盾构施工参数、盾构机纠偏方法及盾构施工围岩与结构稳定、施工中管片漂移及复合地层换刀技术等技术难题进行研究，从而在施工中采取合理的技术措施，保证施工的顺利、安全进行。

（3）盾构近距离通过既有桩基础施工技术

HC9A桩基是东风会所房屋（两层）的桩基础，为人工挖孔桩，桩的扩大端距离隧道管片衬砌外壁181mm（距离盾构刀盘仅41mm），桩的最底部位于隧道中心线以下714mm位置。该桩紧邻地铁隧道特急曲线段，为典型的近接施工。盾构在特急曲线段掘进，轴线不易控制，刀盘可能会切削桩体，破坏东风会所结构；盾构掘进引起地面沉降，会导致东风会所围护结构或设备基础破坏。通过对施工过程进行数值模型模拟研究，并在实际施工中反复实践、改进，采用近接桩施工及桩基托换等技术，确保了各个难点的顺利通过。

（4）复合牙支顶过矿山法隧道施工技术

区杨盾构区间盾构工程要通过长约40m的矿山法开挖隧道。传统盾构机过矿山法隧道施工方法是盾构机一边推进，一边拼管片，一边向管片背后喷射豆砾石，以充填管片和隧道间的空隙。这种方法虽然用得多，但施工速度很慢。在过矿山法隧道的施工中，我们自主创新了复合牙支顶过矿山法。该方法节约了盾构机过矿山法隧道的时间，缩短了工期，同时隧道各项质量符合广州地铁集团有限公司的标准要求。

（5）盾构施工检测技术

为获取准确的施工信息，对围岩和支护的变化做出准确的分析和判断，及时指导施工，防止塌方，确保施工安全和工期，而且还通过现场监测获得围岩动态和支护工作状态的信息，为修正和确定初期支护参数，混凝土衬砌支护时机提供信息依据。该监测成果为工程的动态化施工，确保工程质量提供了技术保障，并为日后类似工程的施工监测方案设计提供参考。因此，围岩动态监控量测工作是隧道施工的一个重要环节，贯穿在隧道掘进施工的全过程。

3）技术先进性

本科研项目以广州地铁5号线区杨盾构区间为背景，对地铁隧道施工中大坡度小半径交叉重叠、空推通过矿山法隧道及通过既有桩基础施工技术问题进行了大量的理论分析和研究实践，将施工过程中遇到的关键控制性难题，如小半径曲线盾构机及管片选型、复合地层大坡度小半径重叠隧道盾构施工、盾构近距离通过既有桩基础施工、复合牙支顶过矿山法隧道施工等技术进行革新、数值模拟和方案比选，并对相关方案、关键措施及实施效果进行分析、归纳和总结，最终形成了在城市地铁施工中极具代表意义的综合施工技术。

4）应用范围和前景

该成果可应用于类似的小半径和重叠隧道盾构工程，具有推广价值。

第 7 节　杭州复杂地质条件下盾构区间综合施工技术

1. 基本情况

奖励级别：中国铁建股份公司科技进步二等奖
获奖日期：2013 年
完成单位：中国铁建十六局集团有限公司；中铁十六局集团北京轨道交通工程建设有限公司

2. 基本内容

“杭州复杂地质条件下盾构区间综合施工技术”以杭州地铁 1 号线工程为背景，对杭州软土地区城市地铁施工综合技术问题进行了大量的分析和研究，选取施工过程中所遇到的关键性技术难题，进行理论分析和数值模拟，并对实施效果进行对比分析，在此基础上对相关方案和关键措施进行归纳和总结，用以指导在沿海软土复杂地质条件下的盾构施工。该项技术成果主要针对盾构施工对环境影响的机理、盾构侧穿邻近市政桥梁群桩关键技术、盾构下穿老城区建筑群关键技术、盾构穿越不良地质关键技术、盾构区间超长联络通道关键技术等进行了研究，有效解决了在软硬不均匀地质条件下以最小 1.3m 水平距离连续在 500m 范围内，双线隧道先后侧穿 108 根市政桥梁桩基的难题；在软硬不均匀地质条件和 300m 小半径曲线、28‰大坡度条件下，双线隧道先后下穿 10 栋浅基础古城区建筑群的难题；盾构在高压沼气层和“铁板砂”、“老黏土”等不良地质条件下的施工安全的难题，延长了刀盘刀具的使用寿命，保证了隧道轴线偏离在设计允许范围内；在高压缩性、低强度、低渗透性的饱和软黏土中，土层内有高压沼气层，底板下有高承压水影响的条件下，冻结法施工 33m 超长联络通道的技术难题。经杭州地铁 1 号线工程的应用，证明“杭州复杂地质条件下盾构区间综合施工技术”的成果适用性强、技术参数合理、安全可靠。

第 8 节　黄河冲淤积地质城市地铁综合施工技术

1. 基本情况

奖励级别：中国铁建股份公司科技进步一等奖
获奖日期：2012 年
完成单位：中国铁建十六局集团有限公司；中铁十六局集团北京轨道交通工程建设有限公司

2. 基本内容

“黄河冲淤积地质城市地铁综合施工技术”以郑州地铁1号线05标段工程为研究背景，通过将施工中遇到的问题进行了大量的分析和研究，对关键性难题进行数值分析模拟和方案比选，以及对相关方案和关键措施的归纳和总结，最终形成了针对黄河冲淤积地质特征的具有代表意义的综合研究技术。该项技术形成了黄河冲淤积地质钻孔灌注桩施工技术、密实砂层中深层搅拌桩施工技术、复合式地下连续墙施工技术、黄河冲淤积地质盾构机选型及后配套优化技术、多风险复杂地层盾构施工技术、盾构施工浆液配比研究、大范围锚索拔除技术等成果。并创新了根据深层搅拌桩机钻杆的旋转角度安装合金刀具，确定最有力的切削土体的轨迹线；根据深层搅拌桩机钻头的旋转轨迹确定每把刀具的安装高度和受力方向；根据原有深层搅拌机的钻具位置来调整固定新装刀具的位置；利用耐磨合金刀具安装的角度和高度把铁板砂层切削松软并与固化浆液搅拌均匀；盾构下穿过街天桥风险源时采取建筑物受力点托换、地基注浆加固、隧道内补浆加固、优化同步注浆及二次补浆配比、合理选择掘进参数措施；富水砂层盾构机到达接收区域，采取三轴搅拌桩+高压旋喷桩加固措施；盾构穿越管线群时采用袖阀管对管线群分层注浆措施；小半径隧道施工采取加强盾构机姿态控制，及时二次补浆，优化掘进参数措施；小净间距施工采取增设管片注浆孔，双液浆注浆及管片环纵向连接措施。“黄河冲淤积地质城市地铁综合施工技术”在郑州地铁1号线05标段工程的成功应用，证明了该项技术成果适用性强、技术参数合理、安全可靠，能有效预防坍孔、缩孔等问题，有效保证盾构机掘进施工过程中均衡、快速施工。

第9节　盾构隧道近距离小角度上穿既有矿山法隧道施工关键技术研究

1. 基本情况

奖励级别：北京城建科技促进会一等奖

获奖日期：2010年

完成单位：北京市政建设集团有限责任公司

2. 基本内容

该成果的技术实质是要解决如下两个问题：

技术实质之一：当盾构隧道与矿山法隧道长距离并行，并且两条隧道间距很小时，应采用合理的施工顺序；

技术实质之二：在矿山法隧道完成开挖初期支护但是尚未施作二次衬砌时，盾构隧道能否从上方直接穿越。

本课题在关键技术、系统综合集成的创新程度如下：

（1）通过对暗挖隧道二次衬砌结构不同施工时机的施工方案进行数值计算，结果表明：在下方地铁9

号线暗挖隧道开挖初期支护结束后及时浇筑二次衬砌结构，然后再施工上方的盾构隧道，对于保证已建隧道的结构安全和盾构隧道的施工安全更为合理。

（2）在不能及时施作二次衬砌的条件下，盾构隧道也可以直接上穿暗挖隧道，但是必须对既有暗挖隧道采取一定的加强措施，如架设临时的型钢支撑体系等。

（3）在盾构穿越期间，下方隧道内的型钢支撑体系起到良好的加固作用。确保了在暗挖隧道未施作二次衬砌的情况下盾构隧道的顺利掘进。通过该工程的建设最终形成“小角度、近间距、长距离”空间立交隧道的施工方案和相应加固方案，对今后修建类似交叠穿越形式的地铁隧道施工具有重要的指导意义。

由于两条隧道在空间上呈现“小角度、近间距、长距离”空间立交，谁先施工、谁后施工，这样的研究在国内尚无先例，通过本课题的研究，证明了：即使在两条隧道间距很小的情况下（本工程的两条隧道最小净间距为 1.59m），盾构隧道也可以在下方隧道暂未施作二次衬砌的前提下，直接穿越。通过本课题的研究，形成了“小角度、近间距、长距离”上穿既有隧道结构的施工方案以及地层加固和隧道结构的配套技术，研究成果不但指导了本工程的施工，而且对今后地铁类似工程的设计与施工有重要的指导意义。国内虽然有盾构隧道上穿或下穿既有隧道的施工案例，但是类似本工程，盾构隧道以“小角度、近间距、长距离”的方式从刚完成初期支护，但是尚未施作二次衬砌的矿山法隧道上方穿过的工程实例，尚未查阅到相关文献。

由北京市政建设集团有限责任公司第四工程处、北京交通大学等单位共同实施的“盾构隧道近距离小角度上穿既有矿山法隧道施工关键技术研究”课题产生的经济效益主要是节省工期产生的间接经济效益。

课题研究结论表明：在下面地铁 9 号线隧道未施作二次衬砌的情况下，只要对隧道进行合理的支护，盾构隧道也可以直接上穿。这样盾构机就不需要等待 9 号线隧道二次衬砌施工结束后再穿越。由此节省的盾构工期约 2 个月，产生的间接经济效益约为 100 万元。

第 10 节　盾构小半径下穿京沪京九多股铁路特级风险源施工技术研究

1. 基本情况

奖励级别：中国施工企业管理协会科学技术奖技术创新成果一等奖

获奖日期：2009 年

完成单位：北京住总集团有限责任公司；北京住总市政工程有限责任公司

2. 基本内容

本课题以北京地铁大兴线 01 标黄村火车站—义和庄站区间盾构 350m 小曲线半径穿越 12 股道群为研究背景，通过前期的现场调查，对下穿段工程地质条件以及铁路系统工程等宏观背景进行全面系统的调研，分析地层条件的稳定性；针对铁路部门的行业标准，结合盾构工法的特点，分析得出铁路部门要求的沉降标准对小曲线半径下穿多轨道铁路是盾构施工中的一大难点。施工过程中，在分析500m试验段试验结果的基础上，确定了行之有效的掘进施工参数。并在科学、严谨指导施工的前提下，制订了合理的施工组织方案。最后通过现场监测数据分析，验证施工方法及组织措施的合理性和科学性，对今后下穿既有线施工具有指导意义。

盾构在动荷载作用下下穿既有线时，对地层采取加固措施，特别是进行扣轨加固可以明显降低沉降量。而因受地形条件的约束，地面注浆加固措施无法完全解决沉降控制问题，建议盾构施工前对铁路轨道扣轨加固处理，可以减小地面沉降。

盾构小曲线半径下穿风险源时，根据推进速度、出土量和地层形变的信息数据，及时调整各种施工参数，在尽量短的时间内将平衡压力和各部位的注浆量调至曲线推进的最佳状态。保证盾构掘进中的轴线定位走向与设计轴线尽可能一致；减小盾构纠偏量，从而缓解因盾构纠偏对周围土层的剪切挤压扰动，有利于控制盾尾与管片后背间的间隙，减少地层损失。施工时，加强对推进轴线的控制，其中关键是对盾构姿态进行控制，曲线推进，盾构环环都在纠偏，做到勤纠，纠偏量尽量符合曲线要求值是必须要注意的事项，这样才能确保楔形块的环面始终处于曲率半径的径向面内；在注浆量方面，盾构外侧注浆量应大于内侧，以加固外侧土体，使盾构沿设计曲线方向运动。

第11节　混合地层小半径连续正反向曲线段土压平衡盾构综合施工技术研究

1. 基本情况

奖励级别：北京市科学技术进步三等奖

获奖日期：2009年

完成单位：北京住总集团有限责任公司；中国矿业大学（北京）；北京市轨道交通建设管理有限公司；北京住总市政工程有限责任公司；中国科学院力学研究所

2. 基本内容

课题以北京地铁10号线一期土建施工11标段（三元桥站—亮马河站区间，亮马河站—农展馆站区间）为依托，从理论分析和工程实践出发探索和研究了含水混合地层条件下盾构施工的关键技术，形成了下列报告：土压平衡盾构开挖面与舱内压力理论研究报告，数值模拟分析研究报告，盾构/TBM施工实时管理系统研究报告，地面沉降实时监测系统研究报告，超近长距离平行盾构隧道施工关键技术研究报告，长距离盾构曲线施工测量控制技术研究报告，左线隧道监控量测研究报告。

依据研究成果，指导北京地铁10号线一期土建施工11标段盾构工程施工，解决了约300m长、最小净距1.7m近距离平行盾构隧道施工难题；形成了混合地层中土压平衡施工控制技术；创新、开发了邻近建筑物和地表沉降远程无线监控技术；研发了盾构/TBM施工实时管理系统等，顺利安全地完成了本标段施工。

盾构 / TBM 施工实时管理系统对北京地铁 10 号线一期土建施工 11 标段右线盾构顺利穿越 301 所楼群、京顺路、机场高速路、三元桥、两次穿越东三环主辅路、南北小街 8 号楼群区域等起到了重要作用。其参数显示功能不仅形象地显示了盾构 /TBM 施工过程，也对盾构施工过程起到了很好的监控作用；数据分析功能对盾构数据进行分析，对盾构施工参数的合理选择和调整起到有效指导作用。

右线盾构穿越南北小街 8 号楼群时，左右线隧道相距最近仅 1.7m，在保证楼群安全的同时也要保证左线隧道的安全，因此对盾构施工过程参数的控制要求非常严格。盾构 /TBM 施工实时管理系统对盾构穿越上述楼区的施工过程起到了很好的监控作用，保证了施工参数的及时调整和处于有效的控制范围内，为右线盾构隧道顺利穿越楼群区域起到了关键作用。尤其是“材料消耗”界面统计每一环的同步注浆量对控制地面沉降至关重要，保证了楼群的变形在可控范围内。

地面沉降监控系统在北京地铁 10 号线一期土建施工 11 标盾构近距离旁穿南北小街 8 号楼群时用来监测楼群和地面的相对沉降量，首次在地铁沉降监测中实现了地面沉降监测的实时无线遥测，并取得非常满意的结果。之后，该地面沉降监控系统又被应用到沈阳地铁 1 号线 4 标段盾构近距离旁穿沈大路 8 号七层住宅楼的监测项目中，在盾构穿越楼房的施工过程中对楼房的沉降进行了实时的监测，确保了楼房的安全。

第 12 节　盾构高压环境下动火修复关键技术研究

1. 基本情况

奖励级别：中国铁路工程总公司科学技术特等奖

获奖日期：2015 年

完成单位：中国中铁隧道集团有限公司

2. 基本内容

北京地下直径线工程施工过程中，2011 年 3 月，盾构下穿北京地铁 4 号线宣武门车站时，由于抽水机、桥式滤水钢管等地下障碍物的影响，导致盾构刀盘严重受损，最终盾构停机位置地处交通繁华地带，周围建（构）筑物众多，施工风险高，难度大，采用该技术成果，在 2.5bar 压力下带压进舱 115 舱进行盾构损坏刀盘刀具的修复，确保了后续工程的顺利实施。2012 年 8 月，由于地质条件的变化，为了确保盾构安全通过前门箭楼、正阳门火车站等重要建筑物，应用该技术成果，在 2.0bar 压力环境下动火作业 24 舱对盾构刀盘开口率进行调整，并维修更换了磨损严重的排浆管等，顺利通过了上述高难度风险点。

本课题有以下主要创新点：

1）地下高压作业盾构刀盘修复过程中作业空间维持的安全保障技术

研究了可以提供高压环境空间气密性关键的特殊高质量基础泥浆。通过比较钙基、钠基及其与不同制浆剂、CMC、增黏剂等掺料调配，配制了具有很好泥膜形成能力、较高黏度和韧性的泥浆。通过配制不同黏度泥浆，针对不同停机位置及地层特点实现高压环境维持的气密性。在盾构刀盘的修复过程中，严格监控刀盘舱压力设置、泥浆质量和气密性。盾构刀盘修复过程中严密监测舱内的空气质量。当舱内有毒气体或其他有害气体含量超标时，应通知舱内作业人员立即出舱。同时在停机位置的地表加密测点布置，增加监测频率，对保压、进舱加压、出舱减压等各个过程的沉降数据做好记录与分析，舱内作业人员注意对掌子面泥膜质量的观察与检查。

2）高压环境下盾构机刀盘动火维修人员操作安全保障技术

（1）舱室封闭条件下火灾烟流特性研究。盾构机刀盘舱是封闭空间，对封闭空间火灾烟流特性进行了动力学仿真研究，得到了火源和舱门处温度变化规律，以及两种主要气体 CO_2 和 CO 的 FED 数变化规律，为舱内安全提供了更为丰富的理论依据。

（2）高压环境作业风险分析与控制，及其相关的设备保障。

（3）盾构机带压进舱人员加压、减压控制技术。参考现有的高压环境加压、减压程序，结合盾构机的特殊要求，建立了盾构机带压进舱作业工法、泥水盾构高压环境（3.6bar）动火作业工法，并实现了作业标准化，在北京地下直径线工程实现带压进舱 2777 舱，其中带压动火 641 舱。台山核电站取水隧洞工程实现带压进舱 1495 舱，其中带压动火 33 舱。

3）地下高压作业空间内盾构刀盘焊接、切割修复技术

（1）压缩空气爆炸燃烧试验。在确定采用既能满足地下水压要求，又具备良好经济性的压缩空气作为盾构机舱内高压气体之后，进行了压缩空气爆炸燃烧试验，确定了可燃性气体爆炸浓度下限，为焊接切割安全控制提供了重要依据。

（2）压缩空气环境下焊接电弧行为研究。对高压环境下焊接电弧导电机理进行了理论研究，在此基础上，采用有限元软件 CFD-ACE+ 对压缩空气环境下焊接电弧行为进行了仿真研究，并进行了焊接电弧形态、电弧电特性试验研究，掌握了环境压力对电弧行为的影响规律。研究表明，随着环境压力增加，弧柱弧压增加，电弧收缩。根据弧长为 5.5mm 时，在 0.1 ～ 0.7MPa 压力范围内测量得到的电弧静特性曲线，表明在空气环境下，静特性随环境压力增加而向上平移，其平移量为 5 ～ 10V/MPa。研究发现，随着环境压力的升高，电弧最高温度在下降，而且电弧收缩。

该技术成果在天津地下直径线、南昌轨道交通 1 号线等工程中得到了推广应用。

第 13 节　4m 小直径土压平衡盾构机研制

1. 基本情况

奖励级别：中国铁路工程总公司科技进步特等奖

获奖日期：2014 年

完成单位：中铁工程装备集团有限公司

2. 基本内容

1）项目背景简介

城市化进程的加快及其规模的扩张，为城市的功能实现提出更高要求。旧的城市规划中电缆、煤气、排水、热力管道等地下管线逐渐不堪重负，常规地下管线已经不能承受城市运转的负荷，借鉴发达国家的发展经验，解决该问题的根本办法是修建地下共同管廊。针对《国务院办公厅关于加强城市地下管线建设管理的指导意见》提出的要求，该工程建设领域所需的小直径盾构机有着较大的技术、市场空白，开展小直径盾构机的研制和应用研究势在必行。

2）主要技术创新点

通过项目的研发，解决了如何在狭小空间内完成管片拼装，如何在隧道顶部完成皮带机纠偏，如何调整油缸分区做到精确纠偏，如何便于工作人员在狭小空间内进行维护和作业等关键技术，主要创新点如下：

（1）高精度补偿仿形刀控制技术，解决了盾构机大长径比小曲线转弯的难题；

（2）大长径比小曲线主动铰接系统，可通过自动控制实现盾构机掘进中的精准超挖；

（3）任意分组自动控制纠偏技术，基于姿态角的自动控制方法，节能效果显著，泵的排量无级调节实现油缸推进微速控制；

（4）单管单泵泡沫系统，单泵对应单一管路，每路管路压力恒定，不易堵塞。

项目技术成果已获得国家授权专利 3 项，其中发明专利 1 项，实用新型专利 2 项。

3）推广应用情况

通过项目的实施，已累计销售小直径土压平衡盾构机 4 台，实现销售额 2.2 亿元。设备成功应用于北京红军营电缆隧道、郑州红旗电缆隧道、深圳北环线电缆隧道的施工，取得了显著的经济社会效益。随着城市化进程的加快，小直径盾构机在未来的城市地下共同管廊（自来水管道、排污管道、煤气管道、热力管道、动力电缆、通信电缆等综合管道小直径隧道）建设开发中将发挥重要作用，有广泛的应用前景。

第 14 节　“中建一号”盾构机系统改造与应用

1. 基本情况

奖励级别：中国施工企业管理协会科学技术奖技术创新成果二等奖

获奖日期：2009 年

完成单位：中建市政建设有限公司；中国建筑一局（集团）有限公司

2. 基本内容

本研究项目属工程机械综合研究技术，主要针对复合式面板盾构机在砂卵石地层中的施工特点和问题，对盾构机进行了全面深入的研究和系统改造，取得了多项创新技术：

（1）针对盾构机在砂卵石地层掘进过程中刀盘、刀具磨损严重的情况，对盾构刀盘进行了设计改造，对刀具布置形式进行了优化，创新地提出两种刀盘间形式转换技术，保证了工程质量和施工顺利进行；

（2）在国内首次提出在地面施作工作井进行盾构刀盘修复及换刀施工技术并取得了成功，提供了一种安全、快速修复盾构刀盘、更换刀具的工法；

（3）在国内盾构领域首次应用超声波动态检测刀具磨损装置，从而实现实时检测刀具动态磨损量，提高了掘进效率；

（4）在既有设备的基础上，改造发泡系统的执行机构，有力地改善了泡沫加注到土仓内的效果；

（5）针对设备同步注浆系统缺陷进行改进，实现操作灵活、简便，更适于工程实际。

该成果通过了由中国建筑工程总公司组织的专家鉴定，整体水平达到了“国内领先水平”，并形成实用新型专利 1 项、企业工法 2 项，发表论文 4 篇。

该成果在北京地铁 4 号线北京南站—陶然亭站区间和沈阳地铁 1 号线沈阳站—南京街站区间施工中得到成功应用，保证了工程工期、质量、安全等各项目标的实现，减少了地铁施工对环境的影响，取得了显著的经济效益和社会效益，节约成本 670 万元，具有很高的推广价值。

第 15 节　盾构机及辅助装置修复创新技术研究与应用

1. 基本情况

奖励级别：中国施工企业管理协会科学技术奖技术创新成果二等奖

获奖日期：2009 年

完成单位：中建交通建设集团有限公司；中国建筑一局（集团）有限公司

2. 基本内容

本研究项目属工程机械综合研究技术，主要对盾构机及其施工辅助装置进行研究、改进和开发实践，成功解决了以往盾构施工中存在的一些问题和不足，并取得了一定的成果，主要包括以下几个方面：

（1）首次总结了不同品牌盾构机中心回转体的组成结构、故障原因、修理方法，研究成果的取得有助于优化并提高该部件的设计水平，同时为类似问题的处理提供了良好的技术经验。

（2）针对盾构机大尺寸部件主驱动牛腿环的损坏情况进行分析，提出采用镶嵌钢环与辅助焊接的修复方法减少了焊接工程量和工件变形量，保证了修复的质量。由于改变了以往技术与实施全部包干委托的模式，降低了维修成本，具有一定借鉴意义。

（3）对盾构施工中产生的损坏零部件的情况进行分析，论证其是否具有可回收利用的必要性，然后对其进行提取、再利用，节约了资源、降低了成本，是当前所推行的循环经济、低碳经济方面的重要体现。

（4）项目开发的新型轨枕和行人通行装置具有安拆方便、易存储、利用率高等特点，节约了施工成本，改善了洞内施工环境，具有广泛的应用前景。

（5）研制了盾构分体始发管线同步移动装置，解决了施工时转接管线随盾构主机移动的难题。另外，开辟了一种新的盾构分体始发方式，解决了管线路采购费用高、安拆不便的问题，具有重要的应用价值。

（6）针对以往盾构机渣土输送系统中刮泥装置和清洗装置使用时存在的问题提出了改进措施，使其达到最佳刮泥效果，同时节约了水资源，减轻了隧道环境污染，保证了生产的正常进行。

该成果通过了由中国建筑工程总公司组织的专家鉴定，整体水平达到了“国内领先水平”，并形成企业工法 1 项、申请专利 6 项，获得专利授权 2 项，发表论文 3 篇。

该成果在北京、沈阳、深圳等多项地铁盾构隧道施工中得到了成功应用，实现了项目成本、质量、安全与文明施工各项目标，取得了显著的经济效益和社会效益，具有很高的推广价值。

第 16 节　盾构下穿建（构）筑物群施工技术

1. 基本情况

奖励级别：中国施工企业管理协会科学技术奖技术创新成果二等奖

获奖日期：2009 年

完成单位：中建交通建设集团有限公司；中国建筑股份有限公司技术中心；北京交通大学土木建筑工程学院；中国建筑一局（集团）有限公司

2. 基本内容

本研究项目属工程建设施工技术领域，课题研究紧密结合工程实际，针对城市地下轨道交通盾构施工下穿建（构）筑物群可能引发的风险，提出了一套有效的施工控制技术。通过实际应用，取得了多项创新性研究成果，主要成果如下：

（1）结合影响盾构施工的地层缺陷的种类及其形成的原因，给出了目前常用的盾构施工地层缺陷探测方法及处理方法；

（2）提出了盾构下穿建（构）筑物施工工程风险等级划分标准及等级，给出了几种典型的建（构）筑物处理方法；

（3）归纳了盾构设备常见故障及其产生原因和排除方法，提出了下穿建（构）筑物群时盾构设备维护保养内容及方式；

（4）提出了“小纠偏、勤纠偏、少扰动”的盾构姿态控制原则和控制标准及方法；

（5）提出了盾构施工下穿建（构）筑物群时满足建（构）筑物群变形控制的壁后注浆注入率和盾构推进土压值的确定原则；

（6）结合以往施工经验，给出了盾构下穿建（构）筑物施工的建（构）筑物监控量测方法、监测基本要求、监测项目及频率、测点布设原则及方法、监测控制标准及动态管理方式。

该成果在多个工程中得到了成功应用，有效地控制了城市盾构施工下穿建（构）筑物群安全风险，取得了显著的经济效益和社会效益，可为类似工程施工提供借鉴，具有一定的推广应用价值。

通过本课题的研究与应用，培养了一支专业化管理与施工队伍，能够顺利完成盾构下穿建（构）筑物工程，真正做到了专业化的技术、专业化的人才队伍；并取得了一系列的科技成果，其中获得国家实用新型专利 4 项、企业级工法 1 项，发表论文 4 篇、编制技术规程 1 部。

第 17 节　复杂条件下盾构施工关键技术

1. 基本情况

奖励级别：中国施工企业管理协会科学技术奖技术创新成果二等奖

获奖日期：2010 年

完成单位：中建市政建设有限公司

2. 基本内容

本研究项目属建筑工程的综合性施工研究技术。

根据土压平衡盾构机在复杂环境下始发与接收的特点和难点，公司成立了盾构技术攻关组，研究攻克了盾构始发与接收施工中遇到的多项施工技术难题，并取得了一些成果，主要包括：

（1）在不具备设置独立的始发与接收竖井且车站主体结构端头的盾构始发与接收线路正上方不具备设置预留吊装孔的情况下，利用车站风道进行盾构下井、组装、始发或接收、解体、吊装，解决了繁华街道难以设置盾构始发及接收竖井的难题，保护了环境，扩展了盾构工法的适用范围；在施工过程中，研究开发了利用风道进行盾构始发与接收的盾构机及后配套转向和平移技术；解决了利用风道进行盾构始发施工的快速运输难题。该成果通过了由中国建筑工程总公司组织的专家鉴定，已达到“国际领先水平”。

（2）在盾构接收车站设置预留吊装孔的情况下，采用 AtuoCAD 软件模拟技术确定了最优的车站内盾构调头方式；独创了卷扬机法后配套车架平移技术，实现了后配套车架的快速移位；给出了封闭式车站调头施工情况下的车站结构设计预留条件优化建议。

（3）研制了利用双排行走轮、普通钢板和型钢制作的轮式移动基座和便捷的反力装置，实现了盾构主机整体过站的快速平移；通过在车站内铺设后配套车架型钢托架，实现了利用电瓶车＋管片车对后配套车架的快速平移。

（4）针对小半径曲线始发的特点，通过对可能的始发点、始发方向以及可能的盾构姿态控制方法深入研究，确定了最优化的始发点和始发方向，提供了盾构轴线与设计轴线偏差的控制技术。

本课题形成实用新型专利 2 项，发明型专利 1 项，企业工法 3 项、国家二级工法 1 项，发表论文 3 篇。

本课题研究成果在沈阳、北京、深圳等地铁工程中得到了成功应用，并取得了较好的环境、社会和经济效益。经国内外检索及专家鉴定，该成果整体上已经达到国际领先水平，在我国目前城市轨道交通大规模建设中具有很强的推广应用价值和广阔的推广应用前景。

第 18 节　特殊环境条件下地铁盾构施工综合技术

1. 基本情况

奖励级别:中建总公司科学技术二等奖

获奖日期:2009 年

完成单位:中建交通建设集团有限公司

2. 基本内容

该项目属城乡基础建设的城市轨道交通工程领域。

随着城市化进程的不断加快,现代化的城市建设逐渐开始发展立体式交通,地下工程和地面工程相继出现了交叉设计和相互影响的局面。为提高在复杂条件下盾构施工的质量及安全性,以深圳地铁 9 号线 BT 工程 9103 标和 9104-3 标为背景,由中建交通建设集团有限公司和中国矿业大学(北京)组成研究团队,历时三年,从数值模拟、理论计算、现场实施等多个方面入手,总结出一套特殊环境条件下盾构施工综合技术。

项目研究取得以下创新性成果:

(1)在上软下硬、富水且不具备地层加固条件下,首次采用钢套筒密闭始发 + 中盾壳体外注浆控制沉降 + 自动化监测控制等综合技术,成功实现了近距离下穿既有地铁运营线路施工。

(2)通过采取预注浆及动态注浆加固措施、盾构机优化配置、合理掘进参数以及信息化施工控制技术,在未进行托换的情况下,成功切削 137 根群桩,保证了建筑物的安全。

(3)首次系统研究了复杂地层及环境条件下地铁隧道五线并行叠落施工的力学特征及变形规律,通过盾构施工参数优化、模板台车支撑等手段,顺利实现了五线并行叠落地铁隧道施工,形成了相应的成套技术。

项目研究形成省部级工法 2 项,申请发明专利 2 项,发表论文 1 篇。

项目成果已在深圳地铁 9 号线工程中得到成功应用,取得了显著的社会、经济和环境效益,可为类似工程施工提供借鉴,具有推广应用价值。

经国内检索及北京市住房和城乡建设委员会组织,由业内多位知名专家组成的专家组对科技成果进行鉴定,专家一致认为项目研究成果整体水平达到“国际先进水平”。

第 19 节　复杂地质条件下小断面长距离泥水平衡盾构施工技术研究

1. 基本情况

奖励级别:中国石油天然气集团公司科学技术进步三等奖

获奖日期:2013 年

完成单位:中国石油天然气管道局第四工程分公司

2. 基本内容

为了解决砂层、卵石层等复杂地质结构条件下小断面长距离盾构穿越难题，中国石油天然气管道局第四工程分公司针对我国复杂地质条件下小断面长距离泥水平衡盾构施工中存在的问题，在分析总结以往盾构施工案例、借鉴国内外同行业成功经验和管道局现有相关技术成果的基础上，开展了小断面长距离、长距离砂层、卵石层、硬岩地层、不同地质条件下背填注浆施工、复合地层下泥浆应用等关键技术的研究。

本课题有以下创新点:

(1)发明了一种盾构隧道注浆试验的模拟装置及其使用方法，利用该注浆模拟装置能够很好地模拟盾构隧道施工中的背浆注浆过程，通过测试分析注浆后的浆壳，得到适合该地层及盾构姿态下的注浆参数和注浆工艺。

(2)发明了一种在复杂地质条件下亦可保持盾构正常掘进的施工方法，保障了利用盾构穿越长距离大颗粒卵砾石层且在高水压下地层掘进中保持正常工作，解决了盾构在该种地层中隧道掘进施工的难题。该种盾构穿越施工方法在国内外尚属首次。

(3)自主开发设计一种用于尾盾密封的防水结构，该结构具有提高钢丝密封刷使用寿命、防水性能高、耐磨性好、方便更换，安全风险小、结构简单，便于加工、成本低、易实施更换等优点。

通过研究形成的砂层、卵石层及硬岩等复杂地层下的盾构施工工法，在西气东输二线的五个盾构(长江盾构、钱塘江盾构、抚河盾构、北江盾构、绥江盾构) 穿越江河项目中得到了广泛应用，各盾构项目的月平均进尺由原来的 150m 提高到 230m，最高月进尺达 400m。完成的不同地层的背填注浆施工技术研究成果，提高了同步注浆效果，减少了二次补浆工作量，与以往同类工程相比，注浆量节省 28.57%，相同工序节省成本 25.764%。

本项目形成的研究成果，在西气东输二线五个盾构穿越江河项目中进行了应用，为这些控制性工程的顺利完工奠定了技术基础，提高了工程施工效率，确保了工程按期投产。截至目前，项目各项研究成果通过改进施工工艺、减少施工投入等已累计创效 4000 多万元。

第4篇
盾构工程专利

第1章　发明专利

第1节　一种密实砂层中加快盾构掘进的刀盘刀具改进方法

1. 基本情况

专利类别：发明专利

专利号：ZL 2012 1 0119346.4

授权时间：2012.02.15

专利权人：中国铁建十六局集团有限公司；中铁十六局集团北京轨道交通工程建设有限公司

2. 基本内容

1）技术领域

本发明涉及城市地铁隧道施工领域，尤其涉及一种密实砂层中加快盾构掘进的刀盘刀具改进方法。

2）背景技术

目前，盾构机刀盘及刀具的布置形式一般根据拟投入使用的区间隧道的地质条件来进行设计，当地质条件发生变化时，原有的刀具形式很难适应当前的地质情况，造成相关掘进参数异常，进而影响盾构掘进的整体施工速度。

为适应粉土地层施工而设计的盾构机刀盘在进入密实砂层中施工时出现了掘进参数异常，主要表现在：一是刀盘扭矩增大，接近额定扭矩，刀盘刀具长期在高负荷下工作，很容易造成刀具的磨损；二是掘进速度缓慢，易在刀盘的中心部位形成泥饼，结泥饼部位的土体很难被刀盘刀具切削下来，由此增大了总推力降低了掘进速度，造成施工进度的缓慢；三是地面沉降不易控制，由于密实砂层中盾构机密闭舱内压力难以建立，极易造成局部超挖，产生地面的沉降。

3）发明内容

本发明公开了一种密实砂层中加快盾构掘进的刀盘刀具改进方法，以解决上述隧道施工中遇到的问题。

图4-1-1为本发明的改进后的刀盘刀具的结构示意图。

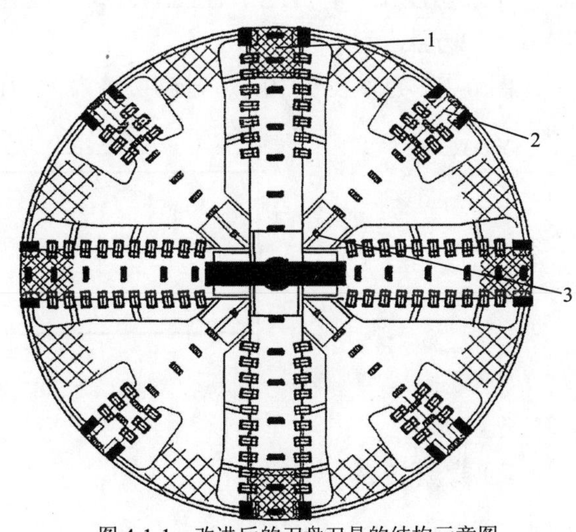

图4-1-1　改进后的刀盘刀具的结构示意图

1-刀具主臂割除面；2-刀具辅臂割除面；3-刮刀座

本发明的目的是通过以下技术方案来实现。

一种密实砂层中加快盾构掘进的刀盘刀具改进方法，包括以下步骤：拆除刀盘中心部位主臂上的刮刀螺栓；沿顺时针方向对刮刀座沿焊缝进行割除，割除时采用耐火石棉布覆盖刀盘表面，并对割除面进行打磨处理；将盾构机刀盘中心部位附近及辅臂上靠近刀盘边缘间距较小的刀具沿面板进行割除，并对割除面进行打磨处理；以及将先行刀沿中心耐磨块切割为两部分，对称安装在原有刮刀的位置，使刀具安装高度与原刮刀保持一致，安装角度按原角度顺时针旋转90°，并采用耐磨焊条对刀具进行堆焊。

本发明的有益效果为：刀盘扭矩降低，盾构机设备性能得到保障，同时加快了施工进度；降低了刀具磨损的风险，节约了刀具更换的费用；盾构机刀具切削的土体进入密闭舱通道顺畅，避免了刀盘泥饼的生成，密闭舱压力得到提高，有效控制了地面沉降。

第2节　软土地层既有盾构法隧道防渗漏保护方法

1. 基本情况

专利类别：发明专利

专利号：ZL 2011 1 0451765.3

授权时间：2012.07.04

专利权人：中铁十六局集团北京轨道交通工程建设有限公司；上海交通大学

2. 基本内容

1）技术领域

本发明涉及一种隧道工程技术领域的隧道防渗漏保护方法，具体是一种软土地层既有盾构法隧道防渗漏保护方法。

图4-1-2为本发明中隧道衬砌接缝内侧钢板处理示意图。

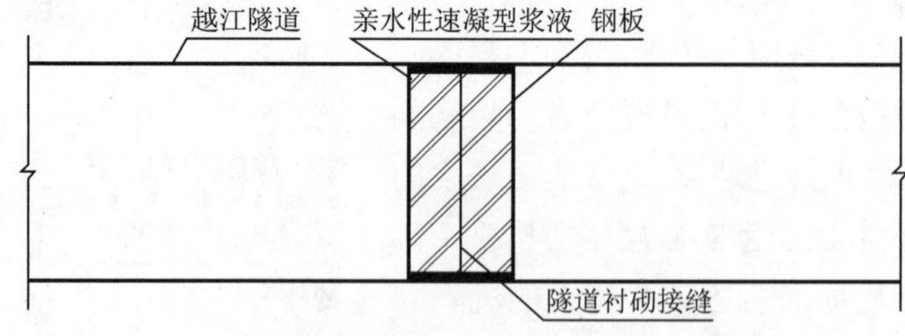

图4-1-2　隧道衬砌接缝内侧钢板处理示意图

2）背景技术

越江隧道所处位置的水文地质条件一般比较复杂，且在隧道投入使用过程中，隧道结构反弯点处和隧道衬砌接缝处易发生老化，越江隧道就会出现渗漏问题，从而影响隧道结构本身的强度，不仅缩短了隧道的使用寿命，同时也威胁着隧道工程的质量安全。隧道发生渗漏的位置不容易确定，渗漏水量也难以预估，发现渗漏后补漏工艺复杂，这都给越江隧道保护技术提出了不小难题。

3）发明内容

本发明公开一种软土地层既有盾构法隧道防渗漏保护方法，该方法首先获取含隧道在内的浅层土的土层划分信息，确定土层的渗透系数，通过土层的渗透系数和衬砌的渗透系数获得理论最大渗水量，并在隧道理论最大渗水量的位置、隧道结构纵向反弯点的位置和隧道衬砌接缝处布设检测点，当在检测点处发生渗漏时，及时采取堵漏措施，隧道防水防漏效果明显，该方法简单，运行成本低。

第 3 节　一种无水砂卵石地层盾构开仓换刀的方法

1. 基本情况

专利类别：发明专利

专利号：ZL 2014 1 0114219.4

授权时间：2016.05.04

专利权人：中铁十六局集团地铁工程有限公司

2. 基本内容

1）技术领域

本发明涉及建筑施工技术领域，尤其涉及一种无水砂卵石地层盾构开仓换刀的方法。

2）背景技术

盾构机在含砂层、圆砾层中切削土体时，盾构机刀盘、刀具不断与土体摩擦、碰撞，是盾构设备最易磨损的部件。刀具检修的方式有竖井检修、加压开仓、常压开仓，检修前需进行土体加固。施工中常根据施工经验计算出需要进行刀具检修的位置，但由于地质情况的复杂性，刀具的检修位置常有一定的不可预见性，有些位置不具备地面加固条件，需进行舱内加固。

3）发明内容

本发明的目的是提供一种无水砂卵石地层盾构开仓换刀的方法，以克服目前现有技术存在的上述不足。

本发明的目的是通过以下技术方案来实现。

一种无水砂卵石地层盾构开仓换刀的方法，包括以下步骤：

步骤一，形成泥膜。

步骤二，加固盾体周边土体。

步骤三，加固及封闭盾构掌子面土体。

步骤四，清理泥饼。

步骤五，刀具检查及更换。

步骤六，若在上述步骤中掌子面泥膜出现破损的情况，则需进行以下步骤：

（1）立即停止开仓施工，撤出土仓，关闭人闸；

（2）重新向刀盘和土仓内打入发酵后的膨润土，同时加气，将上土压升至 0.5bar 以上，维持 30min；

（3）重新按照既定开仓流程，进行开仓作业，检查破损处泥膜修补情况，若泥膜状态良好，则继续进行开仓作业，若泥膜修补不佳，则提高上土压力值，延长保压时间后，再行检查泥膜情况，直至泥膜状态满足稳定掌子面要求后，继续进行开仓作业。

步骤七，恢复掘进。将成袋膨润土填入盾构土仓内，直至无法填充为止，关闭舱门恢复推进，推进初始不出土，同时加气推进，直至上土压建立至 0.2 ～ 0.6bar 后恢复正常推进。

本发明的有益效果为：实现在砂卵石地层中常压开仓换刀，同时采用常压开仓舱内加固，相比于带压开仓和地面加固后常压开仓，其具有开仓位置更为灵活、对地面影响更小、土体加固更为经济的特点，对于盾构下穿重要建(构)筑物时的开仓提供了安全可靠的保证。

第 4 节　一种隧道用同步注浆材料及其制备方法

1. 基本情况

专利类别：发明专利

专利号：ZL 2009 1 0312927.8

授权时间：2013.04.17

专利权人：中国建筑股份有限公司；中建市政建设有限公司；中南大学

2. 基本内容

1）技术领域

本发明涉及一种隧道施工中使用的注浆材料及其制备方法。

2）背景技术

随着我国轨道交通的迅速发展，地铁建设也随之进入一个快速发展时期。国内地铁隧道的施工方法主要有明挖、暗挖、盖挖以及盾构等几种方式。与其他三种工法相比较，盾构法施工有着明显的优越性，其应用越来越广泛。同步注浆作为盾构法的一项关键技术，对于确保地铁施工和周边环境的安全具有重要的作用。同步注浆材料的选择跟国内地铁工程设计思维和技术密切相关。

目前在地铁工程及地下工程领域，特别是盾构法隧道工程中，同步注浆材料和二次注浆材料主要采用双液注浆材料和以水泥浆为主的单液注浆材料，注浆材料采用外运的方式，而施工过程中产生的大量渣土和大量泥水没有得到充分利用，并且其运输处理工序不仅增加了工程造价，而且污染了环境。

3）发明内容

本发明提供一种隧道用同步注浆材料及其制备方法，具体如下：

该注浆材料是以黏土及细砂含量共占30%～65%、土砂质量比为0.1～0.18：1的渣土浆液为主要原料，在每立方米渣土浆液中添加水泥80～120kg、粉煤灰300～450kg、水或泥水200～500kg、羧甲基钠纤维素3～10kg，配制而成的浆液，其密度为1.85～2.05g/cm^3、稠度在10.5～12cm之间。

本发明实现在黏土地层中利用盾构施工过程中产生的渣土和泥水作为同步注浆和二次补浆的主要的注浆材料成分，以大幅减少高能耗的水泥用量，降低隧道的施工成本，节能环保。并可以在隧道洞内和洞外作业，施工方便。

第5节　盾构机皮带输送机刮泥清洗装置及其安装方法

1. 基本情况

专利类别：发明专利

专利号：ZL 2012 1 0087708.6

授权时间：2012.03.29

专利权人：中建交通建设集团有限公司；中国建筑一局（集团）有限公司；北京宗圣兴业商业控股有限公司

2. 基本内容

本发明涉及一种盾构机皮带输送机刮泥清洗装置（图4-1-3）及其安装方法。所述刮泥清洗装置包括第一道清扫机构、第二道清扫机构和清洗机构。所述第一道清扫机构由弧形刮泥板、一组夹板、调节丝杆、直旋转臂杆和纵向联动杆组成，设置在驱动滚轮后下方，以“铲”的方式清除皮带渣土；所述第二道清扫机构由直形刮泥板、一组夹板、调节丝杆、弯曲旋转臂杆、纵向联动杆组成，设置在驱动滚轮和从动滚轮之间的皮带的下方，以“刮”的方式清除皮带渣土；所述清洗机构上设置有电磁阀，所述电磁阀与带传动机构的控制回路联动与皮带。本发明具有皮带的清洗效果好，结构简单，清洗效率高，更换次数少，更换方便，可广泛应用于隧道施工盾构、TBM及其他行业的皮带清理作业。

1）技术领域

本发明涉及一种盾构机辅助装置及其安装方法，特别是盾构机皮带输送机刮泥清洗装置及其安装方法。

2）背景技术

目前，在隧道施工中，利用盾构作业开挖时，开挖出的渣土通过皮带输送机运输到列车编组的渣土车中，再通过渣土车运输至洞外。但是在皮带运输时，皮带上极易粘连渣土，导致隧道掉渣现象严重，同时污染隧道管片结构，给隧道清理作业带来极大不便，增加二次清理作业工作量。

现有刮泥板的刮泥端为平直的钝端，在盾构掘进时，皮带连续运转，皮带与刮泥板间的摩擦导致刮泥板极容易磨损，根据掉渣情况随时需对皮带进行调整，当刮泥板磨损到极限无法调节时需对刮泥板更换，而刮泥装置安装的位置位于出渣口处，溅渣和螺栓锈蚀现象极其严重，更换极为不便。

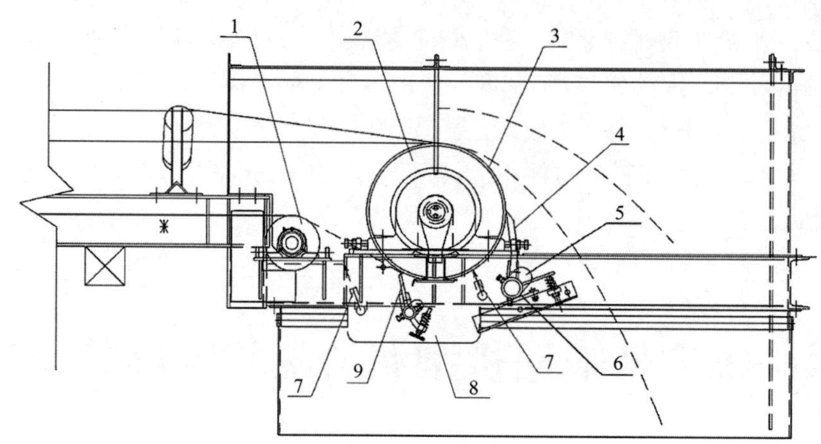

图 4-1-3　盾构机皮带输送机刮泥清洗装置示意图

1- 从动滚轮；2- 驱动滚轮；3- 皮带；4- 弧形刮泥板；5- 活动孔；6- 安装孔；7- 喷头；8- 皮带架侧板；9- 限位螺母 A

3）发明内容

本发明是提供一种盾构机皮带输送机刮泥清洗装置及其安装方法，要解决现有盾构机皮带清洗装置设置在出闸口处，刮泥效果差、极易损坏及安装不便技术问题；并解决本发明提供的刮泥清洗装置的安装技术问题。

第 6 节　盾构机千斤顶撑靴安装与拆卸装置及撑靴安装、拆卸方法

1. 基本情况

专利类别：发明专利

专利号：ZL 2012 1 0087518.4

授权时间：2012.03.29

专利权人：中建交通建设集团有限公司；中国建筑一局(集团)有限公司

2. 基本内容

本发明涉及一种盾构机千斤顶撑靴安装与拆卸装置（图 4-1-4）及撑靴安装、拆卸方法，所述装置由支撑机构和吊装头组成，所述支撑机构包括 Y 形支撑框架、小顶靴支撑块、大顶靴支撑块、撑靴连接板和安装管，Y 形支撑框架由矩形支撑纵梁和梯形支撑横梁对接而成，所述小顶靴支撑块设置在梯形支撑横梁

上表面两端，所述大顶靴支撑块设置在矩形支撑纵梁的上表面，所述撑靴连接板设置在矩形支撑纵梁的另一端面，其上开有连接孔，所述安装管嵌入梯形支撑横梁和矩形支撑纵梁交接处，其内开有上大下小的台阶式圆柱孔；所述吊装头插入台阶式圆柱孔内，并通过螺栓固定。本发明可大幅度提高撑靴安拆效率，安全性高，可广泛应用于盾构机撑靴的安装与拆卸。

1）技术领域

本发明涉及一种盾构机千斤顶撑靴安装和拆卸的辅助装置及其使用方法。

2）背景技术

随着地下大空间的开发利用，盾构机的应用越来越广泛，然而由于大多数盾构机结构设计的原因，比如 NFM 盾构机，要求每次进行盾构机组装和解体时，都要进行千斤顶撑靴的安装与拆卸这一环节，并且由于千斤顶撑靴数量多（一般为 10 个）、单个撑靴质量较大（约 550kg）且千斤顶撑靴的安装位置各不相同（高度、角度不同）、作业空间受限等特点，通过传统的人工借助拉倒链的方法进行安装或拆卸的操作方法，全部完成撑靴的安装或拆卸工作，工作量大、操作难度大、工作效率低并且还存在较大危险性，这样严重制约了后续工作的开展。

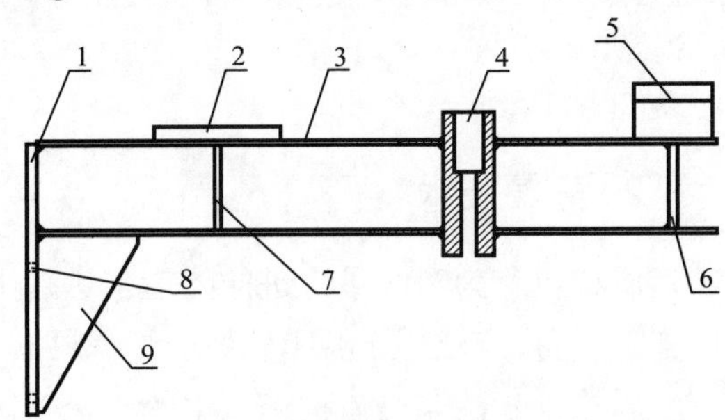

图 4-1-4　盾构机千斤顶撑靴安装与拆卸装置主视图

1- 撑靴连接板；2- 大顶靴支撑块；3- 矩形支撑纵梁；4- 安装管；5- 小顶靴支撑块；6- 梯形支撑横梁；7- 支撑块加劲板；8- 连接孔 A；9- 连接板加劲板

3）发明内容

本发明是提供一种盾构机千斤顶撑靴安装与拆卸装置及撑靴安装、拆卸方法，要解决现有的人工安装撑靴的方法工作量大、工作效率低、施工难度大、安全性差的技术问题。

第 7 节　盾构机注浆管路清洗的浆液和水回收利用系统及操作方法

1. 基本情况

专利类别：发明专利

专利号：ZL 2013 1 0396555.8

授权时间：2013.09.04

专利权人：中建交通建设集团有限公司

2. 基本内容

本发明公开了一种盾构机注浆管路清洗的浆液和水回收利用系统（图 4-1-5）及其操作方法，所述系

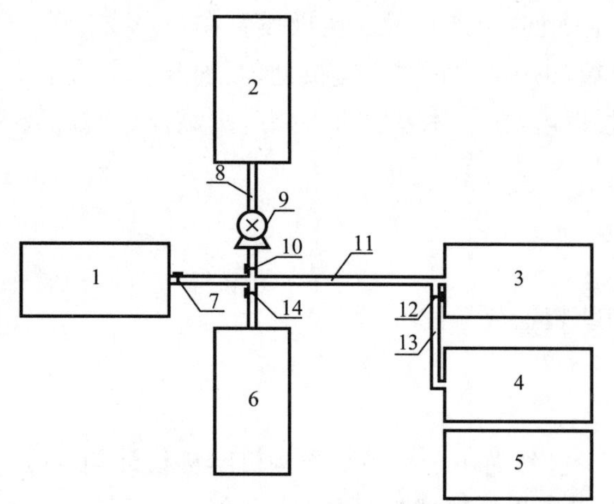

图 4-1-5　盾构机注浆管路清洗的浆液和水回收利用系统示意图
1- 浆液搅拌站；2- 储水池；3- 浆液箱一；4- 浆液箱二；5- 储料平台；6- 空压机；7- 阀门一；8- 管道一；9- 水泵；10- 阀门二；11- 管道二；12- 阀门四；13- 管道三；14- 阀门三

统由设置于地面上的浆液搅拌站、空压机、储水池以及设置于盾构台车上的浆液箱一、浆液箱二、储料平台和管路组成。本发明在盾构原同步注浆系统外增加了一台空压机、一个浆液箱二和一个储料平台，结合该系统的操作方法，解决了以往盾构同步注浆施工中管路清洗时浆液和水的浪费以及因大量污水排放而产生的环境污染问题，节约了浆液和水资源，保护了环境，降低了施工同步注浆与用水成本。

1）技术领域

本发明涉及盾构施工技术领域，尤其涉及一种盾构机注浆管路清洗的浆液和水回收利用系统及其操作方法。

2）背景技术

盾构机作为当今最先进的隧道掘进超大型专用设备，是实现掘进、出土、支护等一次开挖成洞的高科技施工设备，广泛用于城市轨道交通、铁路、公路、市政、水电等隧道工程。

盾构同步注浆是盾构施工中的一个关键工序，盾构施工中每掘进一环就需要对盾构管片与盾构机外壳之间产生的空隙进行注浆，然后，等待盾构机完成管片拼装后再推进时，才能再次进行注浆，盾构两次同步注浆的时间间隔最少也有十几分钟，如不及时清洗，将会造成管路堵塞，影响下一次的同步注浆。以往同步注浆管路清洗采用水清洗，用水量相当大。一方面，每次管路清洗时管路内都存在整管的浆液，清洗后直接排入废水箱，造成了浆液和水资源的浪费；另一方面，清洗后的浆液与清洗水的混合物浓度较大，排放比较困难，容易堵塞市政管网，同时也会造成环境污染。

3）发明内容

本发明提供盾构机注浆管路清洗的浆液和水回收利用系统及操作方法，要解决盾构同步注浆管路清洗时浆液和清洗水的回收再利用问题。

第 8 节　盾构掘进过程中更换尾刷的装置及其施工方法

1. 基本情况

专利类别：发明专利

专利号：ZL 2011 1 0069253.0

授权时间：2011.03.22

专利权人：中建市政建设有限公司；中国建筑一局（集团）有限公司

2. 基本内容

本发明涉及一种盾构掘进过程中更换尾刷的装置（图 4-1-6）及其施工方法。所述装置包括间隙调整管片环、隔离管片环、支撑结构和千斤顶；所述间隙调整管片环和隔离管片环拼接，其拼接缝位于第二道盾尾刷之后；所述间隙调整管片环背面通过其上的吊装孔 A 灌注有止水化学浆；所述支撑结构位于隔离管片环内，所述隔离管片环与间隙调整管片环背离面通过钢丝绳与千斤顶连接。所述方法通过将盾尾刷后的间隙调整管片环固定，与盾尾刷重合隔离管片环通过盾构机上的千斤顶拉离，更换盾尾刷之后又通过千斤顶将其复位。本发明所述更换尾刷装置结构简单，辅助措施少，施工方法简便易行，安全可靠成本低。可广泛应用于盾构施工过程中尤其是低水压环境下的盾尾刷的更换。

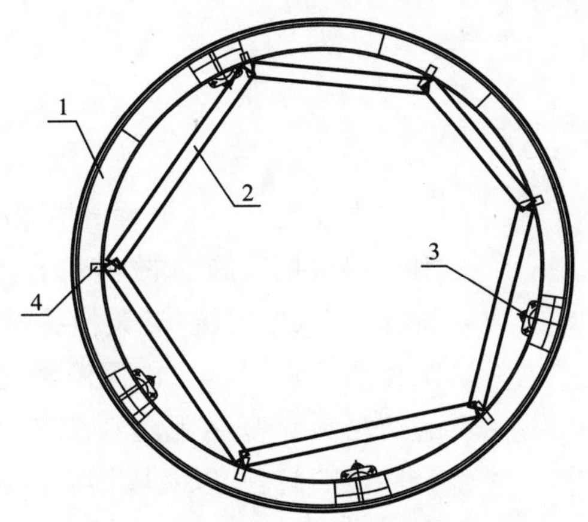

图 4-1-6　盾构掘进过程中更换尾刷装置示意图

1- 隔离管片环；2- 支撑型钢；3- 吊装螺栓；4- 千斤顶

1）技术领域

本发明涉及一种盾构设备的维修装置和维修方法，特别是一种在隧道施工过程中盾构机尾部密封钢丝刷更换的施工方法，属于隧道施工工程领域。

2）背景技术

随着我国城市建设的发展，地下轨道交通工程日益增多，隧道的盾构推进距离也越来越长，但由于盾构机在经过长距离连续推进或由于手涂油脂涂抹质量、首次油脂填充量、同步注浆压力控制、同步油脂注入控制及盾尾间隙等质量控制不到位或操作不当等因素，可能导致盾构两道盾尾刷间腔体内进入壁后注浆浆液，固化后引起尾刷的异常磨损，寿命大大缩短，从而导致盾尾密封失效。

为了保证盾构推进工作的顺利进行与安全，就必须对受损的尾刷进行更换施工。现有的尾刷更换方法有将尾刷后部管片固定，前部管片拆除后更换尾刷，换好后再将前部管片重新拼装。此方法更换过程复杂，施工时间长，施工成本高，还需要设置特定的前部管片。

3）发明内容

本发明是提供一种盾构掘进过程中更换尾刷的装置及其施工方法，要解决现有的尾刷更换过程中需要设置特定的尾刷前部管片，在更换过程中需将前部管片拆除，更换完毕后还需将前部管片重新拼装，施工过程复杂，施工成本高的技术问题。

第 9 节　一种盾构泥渣净化回收再利用系统及其方法

1. 基本情况

专利类别：发明专利

专利号：ZL 2013 1 0397192.X

授权时间：2016.02.10

专利权人：中建市政建设有限公司

2. 基本内容

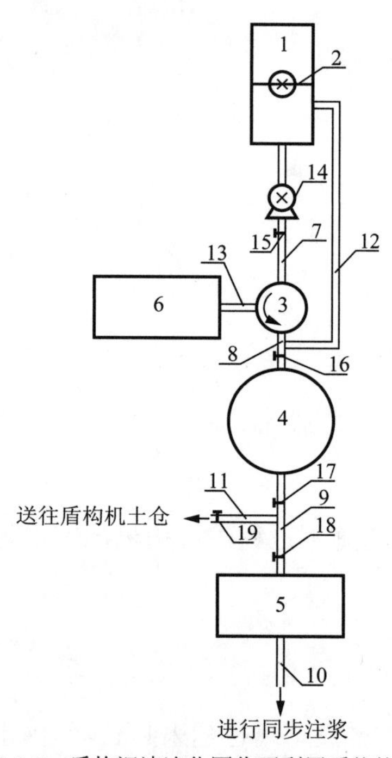

图 4-1-7　盾构泥渣净化回收再利用系统的示意图
1- 泥浆搅拌池；2- 搅拌机；3- 旋流除砂器；4- 储浆罐；5- 砂浆搅拌站；6- 弃渣堆放场；7- 管道一；8- 管道二；9- 管道三；10- 管道四；11- 管道五；12- 管道六；13- 传送皮带；14- 泥浆泵；15- 阀门一；16- 阀门二；17- 阀门三；18- 阀门四；19- 阀门五

本发明公开了一种盾构泥渣净化回收再利用系统（图 4-1-7）用于盾构掘进施工的方法，该系统包括泥浆搅拌池、搅拌机、旋流除砂器、储浆罐、砂浆搅拌站、弃渣堆放场和管路组成。本发明使盾构施工产生的泥渣经过净化回收后作为盾构同步注浆的原材料重复利用，解决了以往盾构施工中泥渣废弃量大、污染环境的问题，以及盾构同步注浆膨润土等原材料消耗量的问题，节约了膨润土用量，减少了废弃泥渣对环境的污染，降低了盾构施工成本。利用本发明的系统以及方法，在砂浆搅拌站中采用本发明的浆液配比制备的浆液，进行同步注浆，注浆的性能与质量与使用膨润土泥浆的质量相同，能够满足盾构施工的需要。

1）技术领域

本发明涉及盾构施工技术领域，尤其涉及一种盾构泥渣净化回收再利用系统及其方法。

2）背景技术

盾构机作为当今最先进的隧道掘进超大型专用设备，是实现掘进、出土、支护等一次开挖成洞的高科技施工设备，广泛用于城市轨道交通、铁路、公路、市政、水电等隧道工程。

隧道盾构掘进施工过程中盾构机切削地层土体，产生大量泥渣。目前此类泥渣处理是以外运至指定的弃土场为主，运输量多，占用场地大，易产生环境污染，难觅合适的弃土场，其处理费用占盾构隧道成本的 10% 左右。实际上，如对盾构泥渣进行改良处理，循环利用，泥渣处理费用可降低一半以上。

当前一些发达国家已经开始对盾构泥渣处理技术进行研究，采用改良的方法进行处理，处理后作为回填土、筑堤土、路基土等。我国现有的泥渣处理，基本上是以外运至指定的弃土场或用于回填为主，除了可用于回填的渣土外，其余方式都将占用较大的场地。

盾构施工中，向土仓注入泥浆和盾构同步注浆是盾构施工的两个关键环节。一方面，需要不断地向盾构机刀盘前端的掌子面及盾构刀盘后部的土仓注入膨润土泥浆，用以湿润掌子面土体以利刀盘切削土体和输出泥渣；另一方面，盾构施工中每掘进一环就需要对盾构管片与盾构机外壳之间产生的空隙进行注浆，注浆材料主要是将膨润土搅拌成为泥浆，再加入水泥、粉煤灰等添加料形成。因此盾构施工中的膨润土消耗量是相当大的。

3）发明内容

为了解决盾构施工中产生大量泥渣，处理困难，且使用大量膨润土泥浆，导致施工成本高的问题，本发明提出了一种盾构泥渣净化回收再利用系统用于盾构掘进施工的方法。

第 10 节　盾构施工用装配式轨枕及其施工方法

1. 基本情况

专利类别：发明专利

专利号：ZL 2011 1 0069255.X

授权时间：2012.11.28

专利权人：中建市政建设有限公司；中国建筑一局(集团)有限公司

2. 基本内容

本发明涉及一种盾构施工用装配式轨枕（图 4-1-8）及其施工方法，属于盾构施工中的轨枕铺设技术领域，由两个台车轨枕和渣车轨枕拼接而成，底板为弧形，用带弧形的直角三角形板和梯形板代替现有的工字钢轨枕，此结构形式具有重量轻、易堆放、保护盾构管片等优点；施工过程中，不断拆除台车后不再使用的台车轨枕，提高构件的利用率，可有效降低施工成本。本发明可广泛应用于盾构施工过程中机械轨枕的安装。

1）技术领域

本发明涉及一种盾构施工中的轨枕及其施工方法。

2）背景技术

盾构机作为当今最先进的隧道掘进超大型专用设备，是实现掘进、出土、支护等一次开挖成洞的高科技施工设备，广泛用于城市轨道交通、铁路、公路、市政、水电等隧道工程。

隧道内水平运输是盾构施工过程中的一个重要环节。目前，地铁盾构隧道施工中洞内运输轨枕多为 H 型钢、工字钢加工制作，间距在 1 ～ 1.2m 之间，随盾构推进不断铺

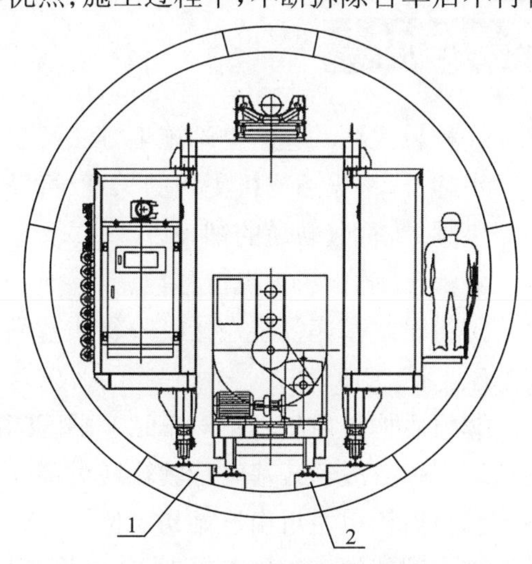

图 4-1-8　盾构施工用装配式轨枕结构示意图

1- 直角三角板；2- 梯形板

设，直至隧道贯通。此种轨枕方式有耗费钢材量大、重量重、搬运不便、存放困难等缺点。

与本发明最接近的现有技术为发明专利"一种盾构台车与电机车各自设立轨枕的方法"（专利号 ZL 2006 1 0024101.8）中披露了一种盾构施工中隧道内运输用轨枕的铺设方法，其特点是：盾构后续台车需用的大轨枕和平板运输车需用的小轨枕，分别各自设立和铺设；随着盾构施工推进，不断铺设供平板运输车使用的小轨枕；拆除支撑过的盾构后续台车左、右成对车轮轨枕，铺垫于盾构施工前进方向作新的盾构后续台车支撑。这种盾构后配套台车左、右车轮的轨枕是两根工字钢，构成不等边的一直角三角形，短边垂直顶住隧道圆底，长边搁置隧道侧边。从施工效率上讲，这种工字钢设置，不便于施工中搬运；从成品保护方面讲，这种设置在盾构后配套台车、水平运输电瓶车编组重压下，容易将盾构管片表面损坏，严重时使盾构管片缺棱掉角；从施工效率方面比较，小型轨枕的主要材料为 8 号槽钢，由于是直的，在水平运输电瓶车编组重压下容易变形，造成水平运输电瓶车编组掉轨，影响施工进度。

3）发明内容

本发明是提供一种盾构施工用装配式轨枕及其施工方法，要解决现有轨枕搬运不便、容易压坏盾构管片、施工效率低的技术问题。

第 11 节　轮式移动基座过站施工方法及装置

1. 基本情况

专利类别：发明专利

专利号：ZL 2010 1 0152929.8

授权时间：2011.07.27

专利权人：中建市政建设有限公司

2. 基本内容

一种轮式移动基座过站施工方法及装置，施工步骤如下：

步骤一，根据盾构机主机的长度、直径和所过车站的结构尺寸制作轮式基座；

步骤二，行驶轨道的铺设；

步骤三，盾构机主机位移。

①将轮式基座安装在接收段轮式基座行驶轨道上，再将盾构机主机从车站一端区间隧道内移动至轮式基座上；

②将盾构机主机由正对车站一端区间隧道的接收位置平移至过站初始位置，并将接收段轮式基座行驶轨道与标准段轮式基座行驶轨道对接；

③将盾构机主机由过站初始位置沿轨道移动至过站终止位置。

本发明能够缩短施工工期、节省施工材料和资源，适用于盾构机整体过站施工，特别适用于盾构机出洞后需要平移和长距离移动条件下的过站施工。

1）技术领域

本发明涉及一种地铁盾构施工领域，特别是一种盾构机过站的施工方法及装置。

2）背景技术

在地铁施工中，车站两端的区间隧道均需采用盾构施工。当盾构机掘进完成车站一端的区间隧道后需通过此车站掘进车站另一端区间隧道时，通常采用整机过站法，即先浇筑混凝土 U 型槽，当混凝土强度达到 100% 后，盾构机以 U 型槽内拼装的管片为反力墙，顶推过站，待盾构施工完毕后拆除 U 型槽。此过站施工方式在盾构千斤顶顶推出一段距离后，拼装管片的同时需设置反力柱，管片和反力柱的反复安装和拆除工序繁杂，工作量大，施工成本较高。在盾构机出洞后需要平移和长距离移动的情况下，必定会增加施工的难度和成本，现有施工方法均难于适用。

3）发明内容

本发明是提供一种轮式移动基座过站施工方法及装置，要解决现有盾构机过站施工方法施工难度大、成本高，不适用于盾构机出洞后需要平移和长距离移动施工的技术问题。

图 4-1-9 为本发明的行驶轨道铺设的示意图。

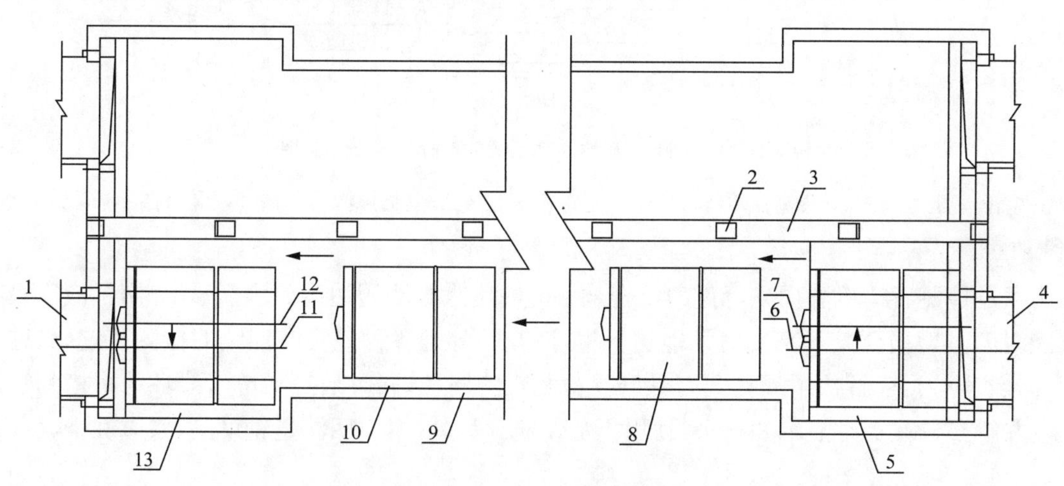

图 4-1-9　行驶轨道铺设的示意图

1- 另一侧间隧道；2- 车站立柱；3- 车站底纵梁；4- 区间隧道；5- 接收段；6- 接收位置；7- 过站初始位置；8- 盾构机主机；9- 车站侧墙；10- 标准段；11- 始发位置；12- 过站终止位置；13- 始发段

第 12 节　一种用于盾构机刀具磨损量的检测装置及检测方法

1. 基本情况

专利类别：发明专利

专利号：ZL 2012 1 0087793.6

授权时间：2012.03.29

专利权人：中建市政建设有限公司；中国建筑一局（集团）有限公司；北京宗圣兴业商业控股有限公司

2. 基本内容

本发明公开了一种用于盾构机刀具磨损量的检测装置（图 4-1-10）及检测方法，在盾构机外周先行齿刀内设置有通过数据线与检测仪输入端连接的检测探头，所述检测仪通过信号输出装置连接盾构机 PLC 控制系统，所述盾构机 PLC 控制系统与一触摸屏连接并通信。

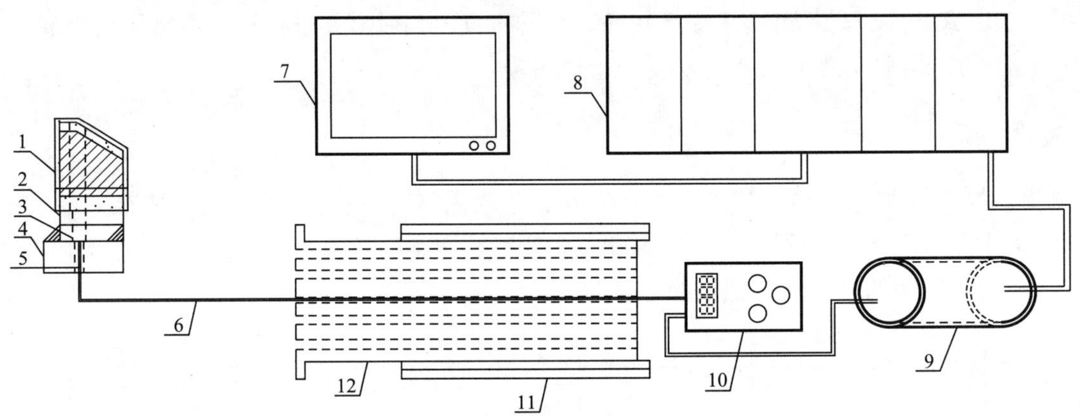

图 4-1-10　一种用于盾构机刀具磨损量的检测装置示意图

1- 盾构机外周先行齿刀；2- 盲孔；3- 检测探头；4- 刀座；5- 通孔；6- 数据线；7- 触摸屏；8- 盾构机 PLC 控制系统；9- 信号输出装置；10- 检测仪；11- 外壳；12- 旋转接头

本发明通过检测盾构机外周先行齿刀上合金条的高度来检测周边齿刀磨损量，克服了液压极限式检测方式只能对刀具磨损至某一高度时才能进行报警的缺陷，是一种能实时连续的检测装置；通过将外周先行齿刀焊接在一刀座，解决了焊接式刀具磨损检测难的问题，同时通过导电滑线环运用检测数据可直接在操作室并触摸进行实时显示和记录，使用更加便捷。另外，本发明测量精度高、实时性强、可靠性高。

1）技术领域

本发明具体涉及一种用于盾构机刀具磨损量的检测装置及检测方法，用于盾构机行业中检测刀盘外周先行齿刀的磨损量。

2）背景技术

目前，随着中国城市化进程的不断推进，盾构法在国内地铁施工中得以广泛的应用，且随着这种进程的推进，盾构发展呈现出大断面、大深度、长距离几大趋势。这几大趋势均对盾构的刀盘和刀具提出了较高要求。及时掌握刀具的磨损规律、磨损量对设置合理的掘进参数，有计划的更换刀具起着决定性的作用。

3）发明内容

本发明在于提供一种用于盾构机刀具磨损量的检测装置及检测方法，能够实时连续地检测盾构机外周先行齿刀的磨损量。

第13节　一种用于隧道盾构施工中的刀具磨损检测装置及方法

1. 基本情况

专利类别：发明专利

专利号：ZL 2012 1 0087792.1

授权时间：2012.03.29

专利权人：中建市政建设有限公司；中国建筑一局（集团）有限公司

2. 基本内容

本发明公开了一种用于隧道盾构施工行业中的刀具磨损检测装置（图4-1-11）及方法，包括多个带油腔检测刀具、盾体液压系统以及连接所述检测刀具油腔开口端与盾体液压系统的液压油输出管路、液压系统溢流回路的液压油管，该液压油管上设有压力传感器，每个油腔开口端的油管上对应设有溢流阀；所述液压油溢流回路上设有电磁压力阀，所述电磁压力阀、压力传感装置均连接自动控制系统。本发明实现了通过中心回转轴一条液压管路测量多个压力值，进而推算刀具的不同磨损程度；解决了传统液压检测不能单条液压回路检测多个压力值的缺陷，以及电气控制干扰大、不可靠、增加了中心回转加工难度等问题。

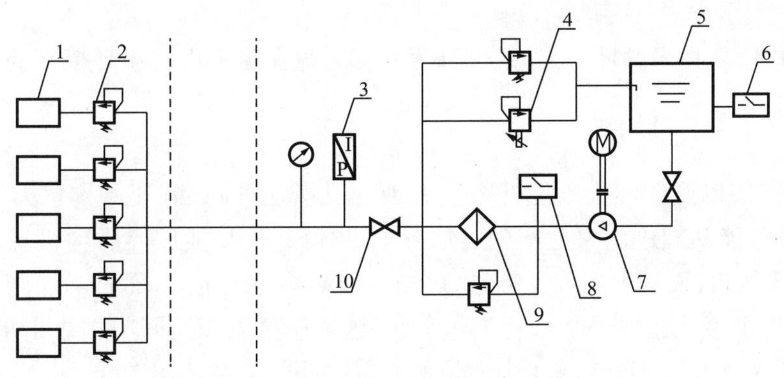

图4-1-11　一种刀具磨损检测装置示意图

1-检测刀具；2-溢流阀；3-压力传感器；4-电磁压力阀；5-液压油箱；6-液位检测开关；7-液压油泵；8-压力开关；9-滤芯；10-球阀

1）技术领域

本发明涉及一种刀具磨损检测装置及方法，特别是指一种用于隧道盾构施工中的刀具磨损检测装置及方法，适用于盾构刀具的磨损检测。

2）背景技术

随着我国现代化建设的加速，地铁隧道、市政隧道、公路水电隧道逐渐增多，盾构以其在隧道施工中得天独厚的优势，得到了广泛的应用。盾构刀具作为盾构掘进关键部件，直接决定了施工的效率、掘进的长度、掘进能力等，因此刀具的磨损检测在盾构隧道施工中显得尤为重要。

3）发明内容

本发明在于提供一种用于隧道盾构施工行业中的刀具磨损检测装置及方法，旨在解决现有刀具磨损检测方法由于受盾构机中心回转轴尺寸的限制，在刀盘上难以实现对多点多位置进行检测的问题。

第14节　一种盾构机刀盘在隧道内高压环境下的修复方法

1. 基本情况

专利类别：发明专利
专利号：ZL 2013 1 0003409.4
授权时间：2015.05.27
专利权人：中国中铁隧道集团有限公司

2. 基本内容

1）技术领域

本发明属于盾构机修复技术领域，尤其是一种盾构机刀盘在隧道内高压环境下的修复方法。

2）背景技术

由于城市建筑物密集以及江河上不能开挖竖井或建立所述屏障墙，使盾构机刀盘的修复产生了难题，因为盾构机根本不可能从掘进出事地拖到隧道外来进行修复，只能放弃盾构机掘进并在掘进出事地构筑屏障墙后再拆除盾构机，而后改用人工掘进，这样不但影响施工工期，而且增加施工成本。

能否在隧道内掘进出事地建立一个修复工作空间，这个修复工作空间与掘进出事地的压力相等，从而对盾构机磨损刀盘进行修复，是隧道施工中盾构机修复要面临的主要问题。

通常在隧道施工中：将掘进出事地大于1个大气压的施工环境自定义为高压环境，而等于1个大气压的施工环境则称为常压环境。

3）发明内容

本发明是一种盾构机刀盘在隧道内高压环境下的修复方法，该修复方法就是要在隧道内掘进出事地建立一个修复工作空间，修复工作空间的压力与掘进出事地的压力相等，而掘进出事地的压力与盾构机掘进时给定的压力相等，从而利用修复工作空间来对盾构机磨损刀盘进行修复。包括盾构机掘进出事地施工面的地层加固区处理、修复工作空间的建立以及修复工作空间建立后应立即对磨损刀盘进行修复三项内容。

图4-1-12为本发明的刀盘在隧道内高压环境下修复方法的布局示意简图。

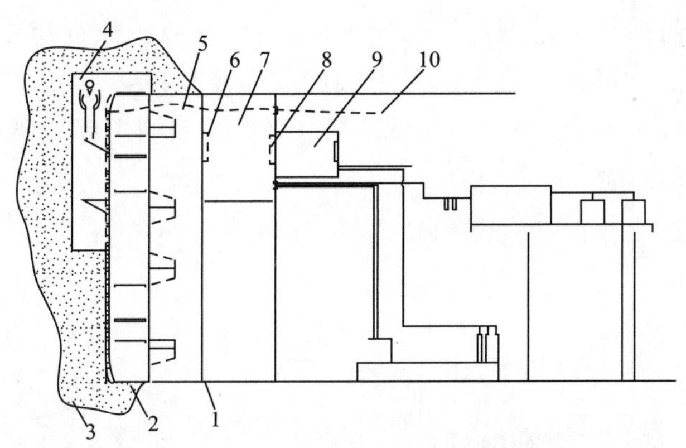

图 4-1-12　刀盘在隧道内高压环境下修复方法的布局示意简图

1- 盾构机；2- 刀盘；3- 地层加固区；4- 工作空间；5- 刀盘仓；6- 刀盘仓仓门；7- 气垫仓；8- 气垫仓仓门；9- 人舱；10- 废气排放管

第 15 节　一种隧道和地下工程中盾构刀盘检修井机械成井的方法

1. 基本情况

专利类别：发明专利

专利号：ZL 2012 1 0414617.9

授权时间：2014.05.21

专利权人：中国中铁隧道集团有限公司

2. 基本内容

1）技术领域

本发明涉及竖井施作技术领域，主要涉及一种隧道和地下工程中盾构刀盘检修井机械成井的方法。

2）背景技术

在采用的盾构法施工的城市地下铁路隧道和地铁工程中，经常需施作工作竖井，对盾构刀盘刀具改造修复。

目前国内外采用的传统工作竖井施工方法，施工场地大、施工工艺复杂，经常需要进行施工降水、管线改移、长时间交通导改等工作，极大地增加了施工成本和施工工期。另外，传统竖井施工采用人工开挖且常伴带水作业，施工场地周边临近建筑物，施工安全风险非常大。

3）发明内容

本发明是一种隧道和地下工程中盾构刀盘检修井机械成井的方法，首先在盾构隧道需要检修刀盘的位置做好标记，对钻孔灌注桩的加固范围进行注浆加固，再以预停机位置为中心对盾构隧道加固范围施作玻璃纤维筋灌注桩；并在盾构隧道轴线上群桩中间施作灌注桩，然后在灌注桩中间旋挖钻钻出一个中空孔形成盾构刀盘检修竖井，并在井口预埋钢护筒；再对群桩中间的土体地层进行补偿注浆，最后在灌注桩桩顶施作盖梁，将所有的桩连成一个整体。

图 4-1-13 本发明中的桩、孔平面布置图和刀盘与工作井侧面示意图。

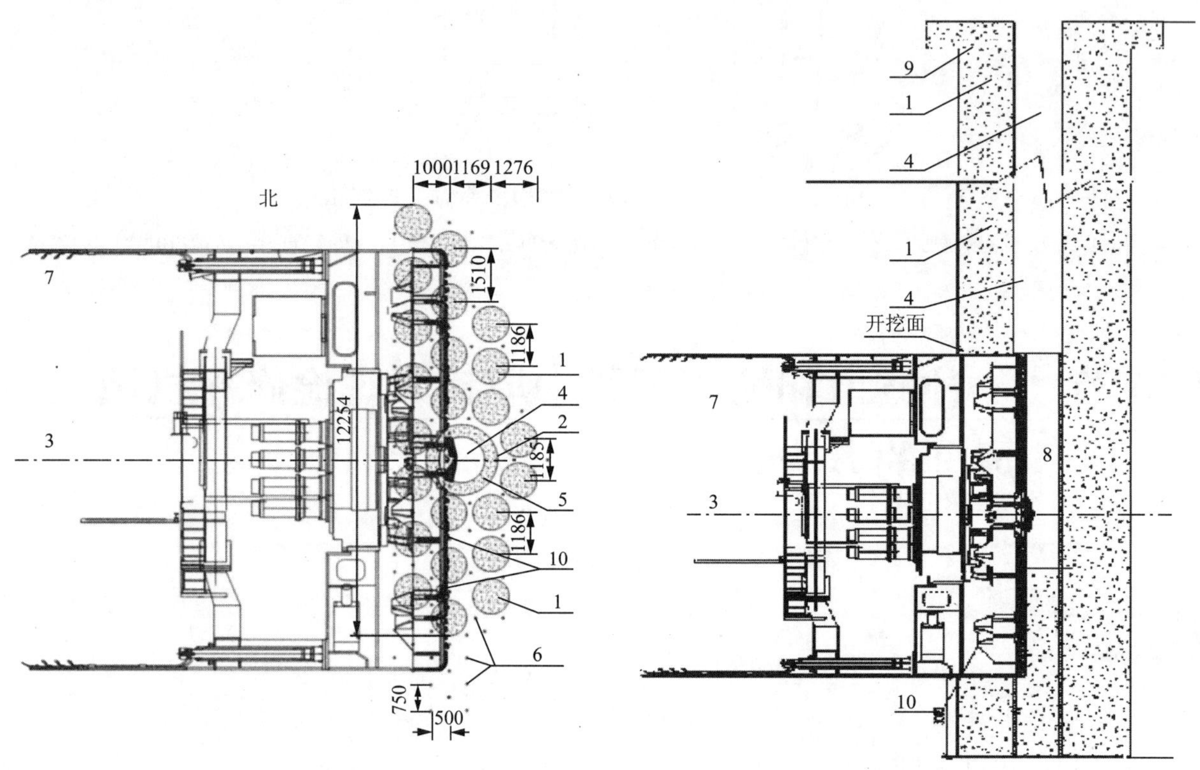

a）灌注桩和注浆孔位平面布置图　　b）盾构刀盘与工作竖井下部位置关系纵侧面示意图

图 4-1-13　本发明中的桩孔平面布置图和刀盘与工作井侧面示意图（尺寸单位：mm）

1-ϕ1.0m 玻纤灌注桩；2-ϕ2.0m 玻纤灌注桩；3- 隧道中线；4-ϕ1.0m 中空桩；5-C20 缓凝混凝土；6- 补偿注浆孔；7- 盾构机；8- 工作空间；9-C30 混凝土盖梁；10- 盾构机刀盘

第 16 节　用于高压环境下干式焊接的载人培训试验舱及试验方法

1. 基本情况

专利类别：发明专利

专利号：ZL 2013 1 0003236.6

授权时间：2015.04.22

专利权人：中国中铁隧道集团有限公司

2. 基本内容

1）技术领域

本发明属于高压焊接技术领域，尤其是一种用于高压环境下干式焊接的载人培训试验舱及试验方法。

2）背景技术

干式焊接是指通过干式舱在水下营造干式环境下的一种焊接方式。干式焊接根据干式舱结构的不同，分为围桶式、高压式和常压式三种。所述高压是指焊接的环境压力大于 1 大气压，而所述常压是指焊接的环境压力等于 1 大气压。上述干式舱通常用于水深较深的水下焊接作业，从干式舱底部敞口的部位将待修工件包裹并通过设置在干式舱内的自动焊接装置来修补焊接待修工件，此时干式舱内的压力与所述水深之处的水压压强相等，这种干式舱内的压力称之为高压环境，在此高压环境下只能通过所述自动焊接装置来修补焊接待修工件，且所述干式舱只具有一个舱体。

3）发明内容

为解决焊工在高压环境下干式焊接的培训问题，本发明提供了一种用于高压环境下干式焊接的载人培训试验舱及试验方法，该载人培训试验舱可以模拟不同压力的高压环境并提供干式焊接的工作场所，载人培训试验方法通过载人培训试验舱来培训焊工在高压环境下的干式焊接，满足深水下各种待修工件的焊接，提高高压环境下干式焊接的质量。试验舱不但可以用于焊工在高压环境下的干式焊接或切割培训，还可以模拟 2.0MPa 以内水下钢结构的焊接或切割环境，以及模拟 2.0MPa 以内地下工程施工所需要的焊接或切割环境，为研究高压环境下的各种焊接和切割工艺提供可能。

图 4-1-14 为本发明的载人培训试验舱各种配置布局的简易视图。

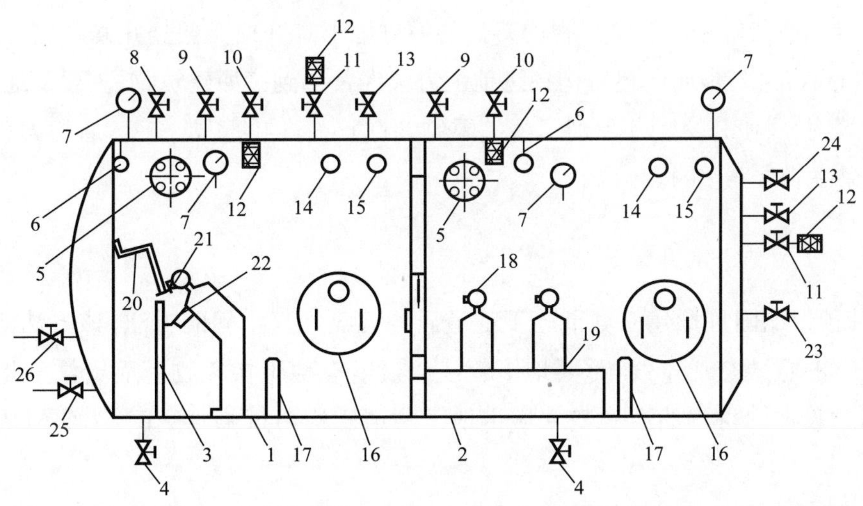

图 4-1-14　载人培训试验舱各种配置布局的简易视图

1- 工作舱；2- 减压舱；3- 焊接平台；4- 排水阀；5- 电源通信接口；6- 照明灯；7- 压力表；8- 废气排放阀门；9- 安全阀；10- 加压进气阀门；11- 降压排气阀门；12- 消音器；13- 进水阀门；14- 摄像头；15- 对讲机；16- 外舱门；17- 高压灭火器；18- 氧气呼吸面罩；19- 排椅；20- 吸尘手臂；21- 自带减压阀的焊接呼吸面罩；22- 电焊钳或气刨枪；23- 第一呼吸排气阀门；24- 第一呼吸进气阀门；25- 第二呼吸排气阀门；26- 第二呼吸进气阀门

第17节 预设加固桩群建立城市地下隧道盾构刀盘修复空间的方法

1. 基本情况

专利类别：发明专利

专利号：ZL 2013 1 0018055.0

授权时间：2015.03.04

专利权人：中国中铁隧道集团有限公司

2. 基本内容

1）技术领域

本发明属于盾构施工技术领域，尤其是一种预设加固桩群建立城市地下隧道盾构刀盘修复空间的方法。

2）背景技术

通常当盾构刀盘出现磨损时，需要在盾构刀盘的掘进地上方开挖一条竖井暴露出刀盘修复区域，才能在常压条件下进行人工修复，而所述盾构掘进地上方会经常遇到诸如建筑物、重要交通干线、重要地下管线、既有地下构筑物等，使开挖竖井受到了极大限制，制约了盾构的正常施工，盾构刀盘得不到及时修复，产生的综合后果是非常严重的。

3）发明内容

本发明是一种预设加固桩群建立城市地下隧道盾构刀盘修复空间的方法，该方法能在盾构刀盘掘进地上方存在建筑物、重要交通干线、重要地下管线以及既有地下构筑物等而无法从地面直接开挖竖井的情况下，采用预设加固桩群的方式建立城市地下隧道盾构刀盘修复空间，为修复盾构刀盘提供了可能。

预设加固桩群是根据所建地下隧道的地质构造并结合盾构刀盘的磨损维修周期在所述掘进轴线设计方向的上方设置 N 个不同间距的待修点，N 为自然整数，每个所述待修点均依据地质构造以及刀盘磨损维修周期而人为设置，主要目的是为刀盘修复空间的建立而提前预设加固桩群。

图 4-1-15 为本发明的通过横向隧道预设加固桩群的截面示意简图和建立城市地下隧道盾构刀盘修复空间的截面示意简图。

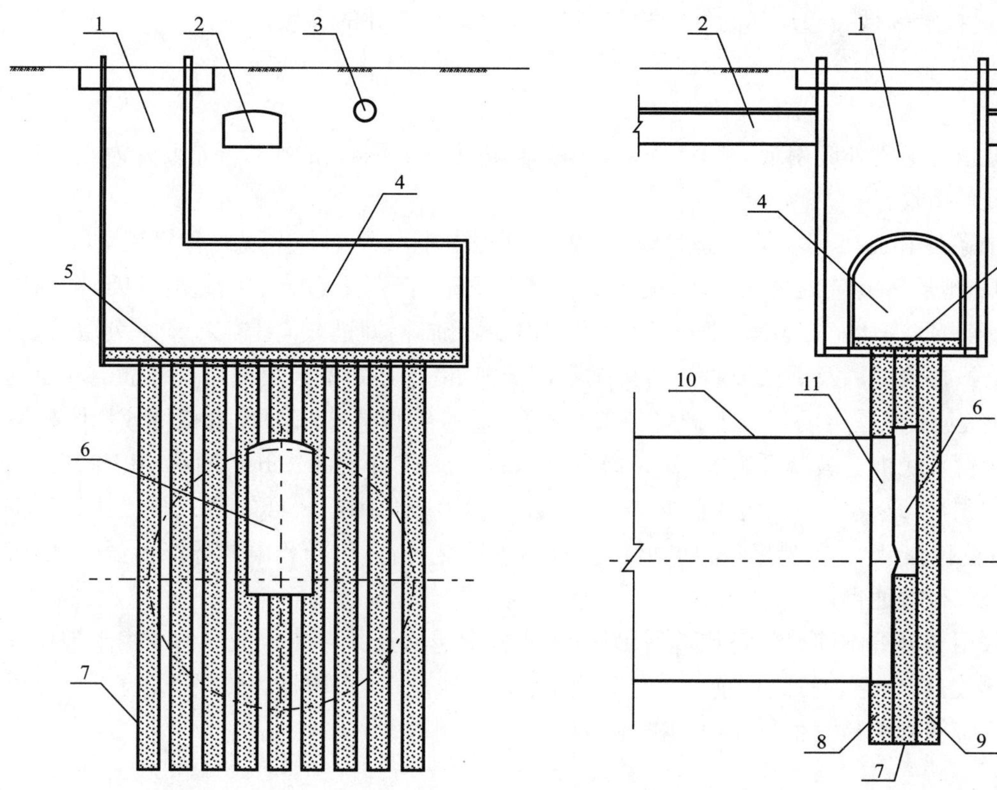

a) 通过横向隧道预设加固桩群的截面示意简图　　b) 建立城市地下隧道盾构刀盘修复空间的截面示意简图

图 4-1-15　本发明专利中的两个截面示意简图

1- 矩形竖井；2- 地下构筑物；3- 重要地下管线；4- 横向隧道；5- 钢筋混凝土盖板；6- 修复空间；7- 第二排数个玻璃纤维筋混凝土桩；8- 第一排数个玻璃纤维筋混凝土桩；9- 第三排数个玻璃纤维筋混凝土桩；10- 盾构机；11- 刀盘

第18节　盾构穿越检查井的施工方法

1. 基本情况

专利类别：发明专利

专利号：ZL 2014 1 0329413.4

授权时间：2016.03.30

专利权人：北京建筑大学；北京城市快轨建设管理有限公司

2. 基本内容

1）技术领域

本发明涉及盾构掘进隧道的方法，具体是一种盾构穿越检查井的施工方法，包括检查井的施工方法

（检查井和盾构外壳接触区域局部加强的结构构造）和盾构穿越检查井的参数设置。

2）背景技术

目前盾构法隧道是国内外应用最为广泛的一种隧道掘进方法。盾构法施工一般划分为三个阶段，即盾构始发、正常掘进、接收。

由于水文地质条件和施工环境的复杂性，盾构掘进过程中不可避免会出现各种机械故障和刀盘磨损，尤其是在砂卵石地层等复杂地质条件下，刀盘磨损非常严重，将直接影响工程进度，甚至在掘进过程中发生停顿，完全丧失掘进功能。为满足盾构机检修的需要，沿盾构掘进方向上施工一系列盾构检查井，重点检查盾构刀盘磨损情况以及更换刀盘。盾构掘进范围内，检查井井壁采用玻璃纤维筋混凝土的方法进行支护，可以避免人工破除钢筋混凝土护臂带来的安全风险，实现盾构机刀盘直接低速切削检查井玻璃纤维筋混凝土护臂及底板。玻璃纤维筋（Glass Fiber Reinforced Polymer Rebar，简称 GFRP），是一种玻璃纤维增强复合材料，由玻璃纤维和树脂经热融合而成，可加工成与钢筋一样的形式与尺寸。与钢筋相比，GFRP 筋具有抗拉强度高、重量轻、可切割性好、抗腐蚀性能好、热传导和电传导能力低等优点，在很多情况下可以用来代替普通钢筋。

检查井护臂采用玻璃纤维筋局部替代普通钢筋后，盾构穿越检查井存在一些问题。由于玻璃纤维筋具有较低的抗剪强度，同时盾构推进的前方为检查井，是临空状态，在盾构推力作用下，检查井和盾构外壳接触区域玻璃纤维筋格栅易发生整体剪切破坏。

3）发明内容

提供一种盾构穿越检查井的施工方法，设定合理的盾构穿越检查井参数以及检查井和盾构外壳接触区域局部加强的结构构造。盾构洞口玻璃纤维筋围护桩局部加强的结构构造，可解决现有技术存在的盾构穿越检查井因检查井和盾构外壳接触区域玻璃纤维筋格栅抗剪承载力不足而容易导致工程事故的问题。

第 19 节　一种盾构通过竖井结构的施工方法

1. 基本情况

专利类别：发明专利

专利号：ZL 2013 1 0320720.1

授权时间：2015.07.15

专利权人：北京住总集团有限责任公司

2. 基本内容

1）技术领域

本发明涉及一种地下工程中盾构通过井类结构的施工工艺，尤其适用于地铁工程或水利工程中盾构通过区间竖井结构的施工。

2）背景技术

在目前的地下工程施工中，尤其是在地铁工程和水利工程中，盾构施工技术已占据重要的地位。考虑到功能和施工需要，在盾构线路上往往会设置区间竖井结构，进而会涉及盾构掘进过程中通过区间竖井结构的施工。现有技术中，盾构通过井类结构的方法有以下两种：①盾构先通过再开挖结构内土体；②先开挖土体并施工结构，然后在结构内填砂再盾构通过。这两种方法在整体工期、质量、安全、造价等方面都不尽如人意。

3）发明内容

为了克服现有技术中存在的问题，本发明提供了一种盾构通过竖井结构的施工方法，包括：基座及导轨设置步骤，在竖井内盾构通过的位置设置基座，并在基座上铺设可供盾构移动的导轨；盾构接收步骤，盾构通过接收端竖井壁后直接上导轨，并沿导轨向前移动；盾构始发步骤，盾构接触始发端竖井壁后继续掘进，并离开竖井。

本发明的有益效果包括：

先开挖竖井再盾构通过，一方面方便及时验证盾构机姿态，另一方面对于长距离的隧道能起到投点测量的作用，减少和及时纠正长距离隧道测量的误差。

如果盾构刀盘磨损需要在掘进区间中途检查或换刀，将会大大增加工期，且检查刀具或换刀具均可能产生施工安全的问题。先开挖竖井结构盾构后通过，可以利用竖井内的空间检查刀盘刀具，且能根据现场的情况更换刀具，避免盾构再次掘进造成刀具损坏而不易更换等风险。

钢结构弧形导台接收兼始发基座技术和负环拼装技术，具有实用性强、操作简便、节约成本、节省时间、提高工作效率、有效保障施工人员的安全等特点。

图 4-1-16 为本发明的盾构通过二次衬砌竖井的俯视示意图。

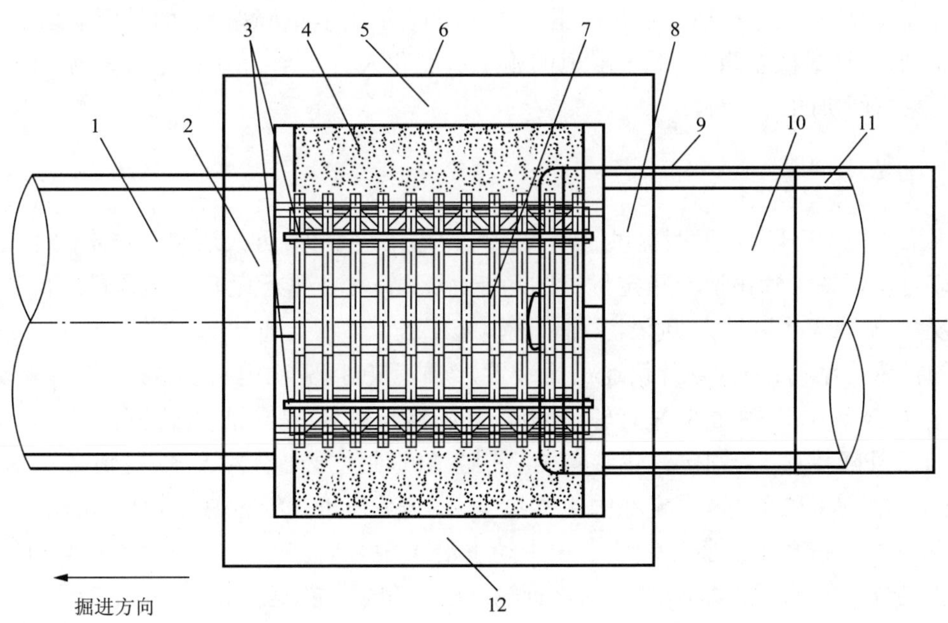

图 4-1-16　盾构通过二次衬砌竖井的俯视示意图

1- 前方隧洞；2- 始发端井壁；3- 导轨；4- 底板；5- 侧面井壁；6- 竖井；7- 基座；8- 接收端井壁；9- 盾构；10- 后方隧洞；11- 隧洞管片；12- 侧面井壁

第 20 节　管片快速吊运装置

1. 基本情况

专利类别：发明专利

专利号：ZL 2013 1 0075666.9

授权时间：2014.08.27

专利权人：辽宁三三工业有限公司

2. 基本内容

1）技术领域

本发明涉及一种隧道工程施工机械的盾构机管片吊运系统，特别是涉及一种管片快速吊运装置。

2）背景技术

管片吊运设备是隧道施工用盾构掘进机的重要组成部件之一，盾构机向前推进一段距离后，管片吊运设备立即开始工作，将管片吊运并及时拼装成隧道衬砌，管片吊运设备的性能直接影响到隧道工程施工的进度。

现有技术虽然可以实现管片吊运的要求，但由于其采用分段吊运，并且驱动系统是跟随吊机共同行走的，导致其运行效率低下，安全性低，驱动系统同步性难以控制，即在管片吊运过程中需要分两次进行拆卸和吊运管片，驱动系统分别独立且并行驱动难以控制同步性，故障率高，而且驱动系统在倾斜段行走时难以控制制动，易造成安全事故，对于隧道的施工进度和人身安全会有一定的影响。研制一种管片快速吊运装置是急需解决的新课题。

3）发明内容

为了解决上述技术问题，本发明提供了一种管片快速吊运装置，可改进现有技术的不足，具有一次吊运无需转运即可实现将管片吊运至指定位置的功能，实现管片在平行段和倾斜段的无障碍吊运，有效提高管片吊运效率，确保工作区域人员安全，加快隧道施工进度。

本发明的技术方案为：一种管片快速吊运装置，该装置包括驱动电机 1、减速机 2、驱动链轮 3、固定支撑 4、循环行走链条 5、联轴器 6、平行输送段 7、升降钢丝绳 8、提升油缸 9、变向装置 10、倾斜输送段 11、输送小车 12、升降装置 13、固定链轮装置 14，将隧道的轴线方向设为 X 轴，隧道径向垂直方向设为 Y 轴，驱动电机 1 与减速机 2 连接，固定在固定支撑 4 上，其减速机 2 经过减速箱驱动小齿轮，小齿轮带动驱动链轮 3，循环行走链条 5 在驱动链轮 3 的带动下沿 X 轴方向在平行输送段 7 和倾斜输送段 11 上循环行走，其变向装置 10 实现驱动小车 12 在平行输送段 7 和倾斜输送段 11 之间任意通过，联轴器 6 连接两套驱动装置使其保持运行同步，升降钢丝绳 8 沿平行输送段 7 和倾斜输送段 11 布置并穿过升降装置 13，提升油缸 9 连接在钢丝绳 8 上，通过提升油缸 9 沿 X 轴方向进行油缸伸缩，拉动升降钢丝绳 8 带动升降装置 13 沿 Y 轴方向实现升降，输送小车 12 两端的小齿轮与循环行走链条 5 咬合，在驱动链轮 3 和固定链轮装置 14 之间沿 X 轴方向行走。

本发明的工作原理是，在固定支撑 4 上安装驱动电机 1、减速机 2 和驱动链轮 3，通过联轴器 6 连接进行固定驱动。 输送小 12 沿 X 轴方向行走通过循环行走链条 5 带动完成，升降装置 13 沿 Y 轴升降通过提升油缸 9 拉伸钢丝绳 8 完成。

图 4-1-17 为本发明的固定驱动剖视图和结构侧视图。

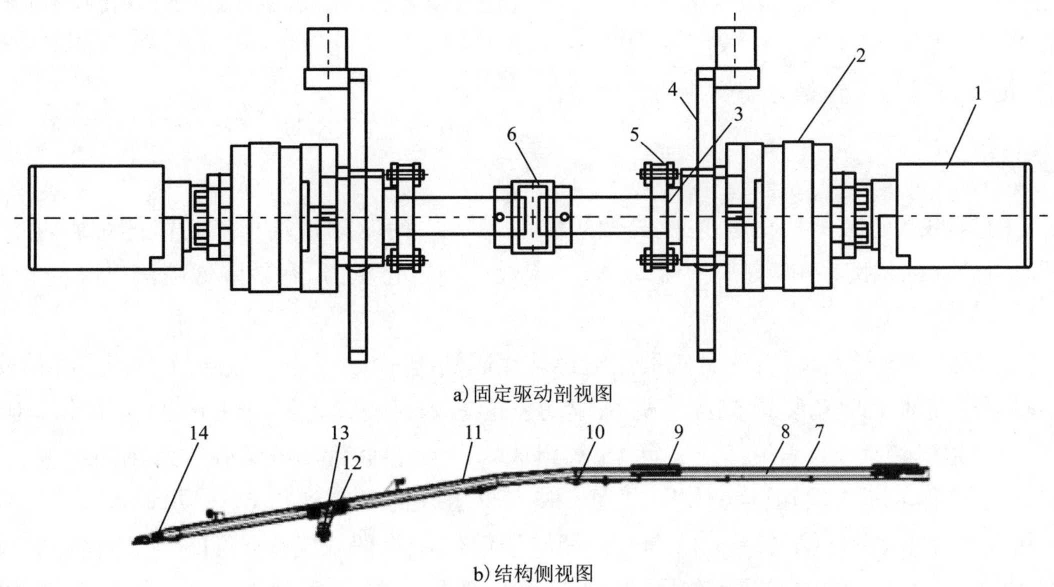

a) 固定驱动剖视图

b) 结构侧视图

图 4-1-17　本发明的固定驱动剖视图和结构侧视图

1- 驱动电机；2- 减速机；3- 驱动链轮；4- 固定支撑；5- 循环行走链条；6- 联轴器；7- 平行输送段；8- 升降钢丝绳；9- 提升油缸；10- 变向装置；11- 倾斜输送段；12- 输送小车；13- 升降装置；14- 固定链轮装置

第 21 节　轴端出渣螺旋输送机

1. 基本情况

专利类别：发明专利

专利号：ZL 2014 1 0111465.4

授权时间：2015.04.08

专利权人：辽宁三三工业有限公司

2. 基本内容

1）技术领域

本发明涉及一种隧道工程施工机械的螺旋出渣装置，特别涉及盾构机螺旋输送机。

2）背景技术

出渣设备是隧道施工用盾构掘进机的重要组成部件之一，盾构机向前推进过程中，需要及时将土仓内的渣土排出，以此来精确控制土仓内的渣土压力，最终精确控制地表的隆起和沉降。现有技术虽然可以实现螺旋出渣功能，但由于采用轴端驱动，驱动系统直接驱动螺旋杆，显然，其扭矩增大，螺旋杆一端支撑，容易与筒体发送偏磨，改变了渣土的流动方向，土仓压力难以控制，容易引起渣土飞溅，不利于皮带机输送，且在复杂地层防喷涌能力差，对于隧道的施工进度和安全性有一定的影响。因此研制一种中间驱动轴端出渣的螺旋输送装置是急需解决的新课题。

3）发明内容

本发明的目的是提供一种改进现有技术的不足，具有中间驱动轴端出渣功能的螺旋输送装置，有效解决螺杆与筒体的偏磨，不改变渣土流动方向，有效控制土仓压力，有效降低喷涌风险的新型螺旋输送机。

本发明的目的是这样实现的：一种轴端出渣螺旋输送机，整个装置由二级闸门 1、渣土存储管 2、一级闸门 3、一段输送筒体 4、驱动装置 5、减速机 6、驱动齿轮 7、密封装置 8、从动装置 9、从动叶片 10、二段输送筒体 11、三段输送筒体 12、螺旋输送装置 13 等组成。 渣土存储管 2 安装在二级闸门 1 和一级闸门 3 之间，一段输送筒体 4 和二段输送筒体 11 之间安装有驱动装置 5、减速机 6、驱动齿轮 7、密封装置 8、从动装置 9、从动叶片 10，螺旋输送装置 13 贯穿一段输送筒体 4、二段输送筒体 11 和三段输送筒体 12。

本发明的要点在于它的结构及工作原理。其工作原理是，在二级闸门 1 和一级闸门 3 之间安装有渣土存储管 2 用于渣土存储和缓冲出渣，一段输送筒体 4 和二段输送筒体 11 之间安装有驱动装置 5、减速机 6、驱动齿轮 7、密封装置 8、从动装置 9、从动叶片 10，从动装置 9 与从动叶片 10 通过特殊方法连接在一起，驱动装置 5 连接减速机 6，通过驱动齿轮 7 直接驱动从动装置 9 带动叶片 10 转动，实现对螺旋输送装置 13 的驱动，从而实现出渣功能。

轴端出渣螺旋输送机与现有技术相比，具有不改变渣土流动方向即可实现出渣的功能，实现中间驱动，有效解决螺杆与筒体偏磨问题，设置有渣土缓冲出渣区域，且处于平行段，有效降低喷涌风险，隧道施工进度及安全性大幅提高，将广泛地应用于隧道工程施工机械行业中。

图 4-1-18 为本发明的结构侧视图和固定中间驱动剖视图。

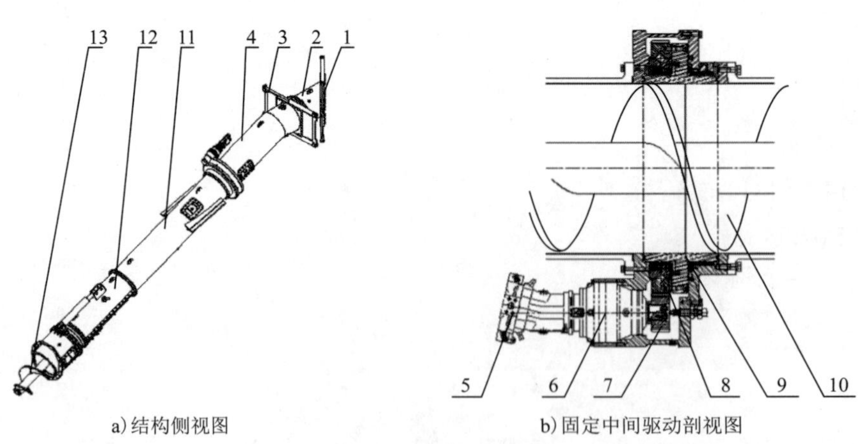

a）结构侧视图　　b）固定中间驱动剖视图

图 4-1-18　本发明的结构侧视图和固定中间驱动剖视图

1- 二级闸门；2- 渣土存储管；3- 一级闸门；4- 一段输送筒体； 5- 驱动装置；6- 减速机；7- 驱动齿轮；8- 密封装置；9- 从动装置；10- 从动叶片；11- 二段输送筒体；12- 三段输送筒体；13- 螺旋输送装置

第 22 节　盾构机管片拼装机抓取装置

1. 基本情况

专利类别：发明专利
专利号：ZL 2014 1 0481319.0
授权时间：2016.04.13
专利权人：辽宁三三工业有限公司

2. 基本内容

1）技术领域

本发明涉及盾构机管片拼装机抓取管片时所使用的抓取装置。

2）背景技术

现有盾构机管片拼装机抓取装置工作时，其抓取处与管片之间需要人工连接，工作效率低。另外，其抓取时是通过两个油缸的伸出来固定管片的，只限制了一个自由度，管片容易产生偏摆现象；而且无锁紧装置，管片容易从抓取装置上脱落，发生危险。

3）发明内容

本发明所要解决的技术问题是提供一种其抓取处与管片之间能自动连接，管片不会产生偏摆现象，管片不会从抓取装置上脱落的盾构机管片拼装机抓取装置。

上述目的是这样实现的：它包括弧形的底板，上、下调整油缸的缸体固定在底板上，球座固定在底板上，球座下方的底板上有供管片球头通过的通道，环形的锁紧导轨套装在球座外部，环形的锁紧导轨外侧壁上开有环形槽，锁紧座固定在底板上，锁紧座上有与锁紧导轨环形槽相配合的环形台，锁紧座的环形台置于锁紧导轨的环形槽内，可防止锁紧导轨向上脱出，环形的锁紧导轨底部置于底板上，锁紧导轨可在底板和锁紧座中转动，锁紧导轨上固定有锁紧导轨面，锁紧导轨面为两半式结构，球座的上方设有铰接球座，还包括抓取臂，抓取臂的底部固定有球头，该所述球头置于铰接球座内，球头压盖通过螺栓与铰接球座连接固定，球头压盖上设有孔，球头压盖上的孔的直径小于球头的直径，球头压盖能保证抓取臂上的球头不从铰接球座中脱离，左、右调整油缸的缸体固定在抓取臂上，左、右调整油缸的缸杆固定在底板上，前、后调整油缸的缸体固定在抓取臂上，前、后调整油缸的缸杆固定在底板上，锁紧油缸的缸体固定在底板上，锁紧油缸的缸杆上连接有 Y 形的导轨面连接板，导轨面连接板分别与两个半面的锁紧导轨面的端部连接，锁紧油缸工作，带动两个半面的锁紧导轨面转动，从而带动锁紧导轨转动，将底板上供管片球头通过的通道封住，实现锁紧。

图 4-1-19 是本发明的结构示意图。

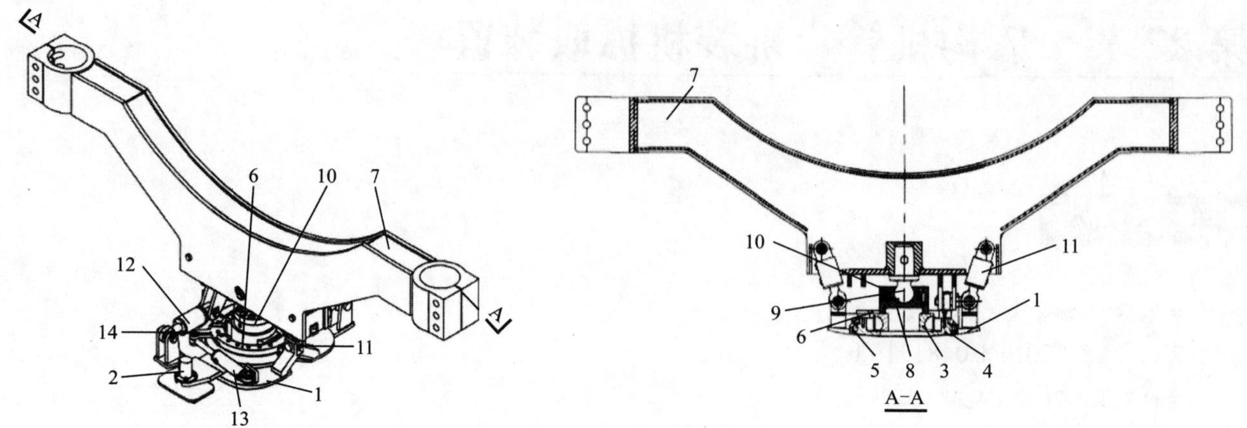

图 4-1-19　本发明的结构示意图

1- 弧形的底板；2- 上、下调整油缸；3- 球座；4- 锁紧导轨；5- 锁紧座；6- 锁紧导轨面；7- 抓取臂；8- 铰接球座；9- 球头；10- 球头压盖；11- 左、右调整油缸；12- 前、后调整油缸；13- 锁紧油缸；14- 导轨面连接板

第 23 节　盾构机螺旋输送机驱动机构

1. 基本情况

专利类别：发明专利

专利号：ZL 2014 1 0481320.3

授权时间：2016.06.15

专利权人：辽宁三三工业有限公司

2. 基本内容

1）技术领域

本发明涉及用来驱动盾构机螺旋输送机的机构。

2）背景技术

现有盾构机螺旋输送机的驱动机构由一个液压马达提供驱动动力，输出扭矩较小，导致出土能力低。其驱动部分密封效果不好，由于驱动部分直接与泥土接触，经常发生泥土进入到驱动部分内的情况，导致驱动部分卡死。另外，由于驱动部分内部密封无压力支撑，密封圈易损坏，需经常进行更换，耽误生产的正常进行。

3）发明内容

本发明所要解决的技术问题是提供一种输出扭矩大，驱动部分密封效果好，密封圈不易损坏的盾构机螺旋输送机驱动机构。

上述目的是这样实现的：它包括两个液压马达和螺旋驱动框架，压盖通过螺栓固定在螺旋驱动框架上，螺旋驱动框架内有驱动轴，驱动轴焊接在螺旋叶片上，螺旋叶片安装在螺旋输送机的主轴上，螺旋驱动框架内还设有圆柱滚子轴承，驱动轴通过螺栓和圆柱滚子轴承的外圈连接固定，圆柱滚子轴承的内圈固定在螺旋驱动框架上，圆柱滚子轴承的内圈上设有若干道环形密封圈，相邻两道环形密封圈之间设有环形的密封圈隔垫，所述的环形密封圈与驱动轴接触，所述密封圈隔垫的内径大于环形密封圈的内径，两道相邻的密封圈及它们之间的密封圈隔垫与驱动轴之间所形成的空间为液压油通道，液压油通道内装有液压油，压盖的内壁上也设有若干道环形密封圈，该所述相邻两道环形密封圈之间也设有环形的密封圈隔垫，所述的环形密封圈与驱动轴接触，所述环形密封圈隔垫的内径大于环形密封圈的内径，两道相邻的密封圈及它们之间的密封圈隔垫与驱动轴之间所形成的空间为液压油通道，液压油通道内装有液压油，压盖内壁固定有密封盖，密封盖位于压盖内壁上最右侧的环形密封圈的右侧，密封盖顶在位于压盖内壁上最右侧的环形密封圈上；圆柱滚子轴承内圈上也固定有密封盖，该所述密封盖位于圆柱滚子轴承内圈上最左侧的环形密封圈的左侧，密封盖顶在位于圆柱滚子轴承内圈最左侧的环形密封圈上，两个液压马达都固定在螺旋驱动框架上，两个液压马达的传动齿轮都与圆柱滚子轴承的齿啮合，螺旋驱动框架上，两个液压马达的传动齿轮都与圆柱滚子轴承的齿啮合，螺旋驱动框架上装有速度传感器，对应各液压油通道处的压盖和螺旋驱动框架上都分别设有液压油进口。

本发明的优点是：由于设有两个液压马达，所以输出扭矩大，由于在相邻的两道环形密封圈之间注入了液压油，可保证每道密封圈的后部都存在一定的压力，增加了环形密封圈的安全性，环形密封圈不易损坏，保证了驱动部分的密封效果，泥土不会进入到轴承及齿轮中，不会出现卡死现象。

第24节　敞开式岩石掘进机斗轮式清渣装置

1. 基本情况

专利类别：发明专利

专利号：ZL 2014 1 0481345.3

授权时间：2016.06.15

专利权人：辽宁三三工业有限公司

2. 基本内容

1）技术领域

本发明涉及掘进机渣石清理装置，具体涉及一种敞开式岩石掘进机所应用的斗轮式清渣装置。

2）背景技术

传统的掘进机在进行山体或隧道等掘进施工作业时，掘进机底部掉落的渣石都是通过清渣装置送入到皮带机内，然后排出。现有的清渣装置包括一个斗轮，斗轮在最低处时工人向斗轮内装渣石，然后通过钢绳带动斗轮向上运动，当斗轮运行到最高处时翻转卸渣，通过钢绳带动其向下运动，再进行装料。其不足之处在于工作效率低，斗轮体积非常大，装料多，每次卸料都会对皮带机造成很大的冲击，降低了皮带机系统的使用寿命。另外，其机构动作复杂，在施工现场经常出现故障。

3）发明内容

本发明所要解决的技术问题是提供一种工作效率高，卸料时对皮带机冲击小，机构动作简单，不易出现故障的敞开式岩石掘进机斗轮式清渣装置。

上述目的是这样实现的：它包括液压马达，液压马达固定在皮带机的上支架上，还包括主动轴和从动轴，主动轴和液压马达的动力输出轴通过联轴器连接，主动轴通过轴承与皮带机的上支架连接，主动轴上装有主动轮，从动轴固定在皮带机的下支架上，从动轮装在从动轴上，皮带套装在主动轮和从动轮上，皮带上固定有若干个斗轮；还包括导渣槽，导渣槽包括槽底和两个侧板，所述的槽底包括固定槽底和活动槽底，所述的固定槽底和活动槽底通过折页连接在一起，折页上套有弹簧，弹簧的一端与活动槽底连接，弹簧的另一端与固定槽底连接，所述的两个侧板分别与固定槽底的两侧连接固定，所述活动槽底的长度和宽度都稍大于斗轮的长度和宽度，所述的导渣槽倾斜设置，导渣槽的高端位于回程皮带的上部，导渣槽的低端位于皮带机输送皮带的上方，导渣槽固定在皮带机上。

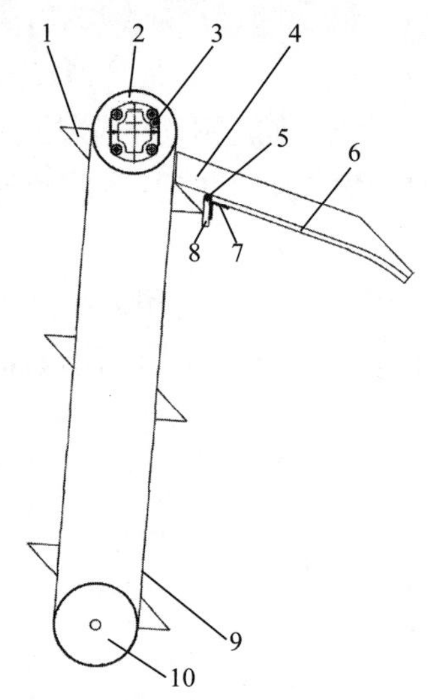

图 4-1-20　本发明的结构示意图

1- 斗轮；2- 主动轮；3- 液压马达；4- 侧板；5- 折页；6- 固定槽底；7- 弹簧；8- 活动槽底；9- 皮带；10- 从动轮

本发明的优点是：液压马达工作带动主动轴旋转，从而带动皮带运动，工人向位于皮带去程最低处的斗轮内装渣石，皮带运动带动各装满渣石的斗轮向上运动，当斗轮运行到最高处时翻转卸渣，渣石通过导渣槽进入到皮带机的输送皮带上，斗轮空载经过导渣槽时，压过活动槽底继续向下运动，活动槽底在弹簧的作用下归位，下一个斗轮卸料时，活动槽底已完成复位，卸料后压过活动槽底继续向下运动。由于皮带匀速不停的运转，并且皮带上固定有若干个斗轮，这样可减小斗轮的体积，在保证清渣效率的前提下，减少了对皮带机的冲击，工作效率高，机械动作简单，不易出现故障。

图 4-1-20 为本发明的结构示意图。

第 25 节　盾构机管片快速卸载装置

1. 基本情况

专利类别：发明专利

专利号：ZL 2014 1 0516556.6

授权时间：2016.6.15

专利权人：辽宁三三工业有限公司

2. 基本内容

1）技术领域

本发明涉及利用盾构机进行隧道施工时，能够快速将服务车上的管片卸下的装置。

2）背景技术

隧道施工多采用盾构法，衬砌管片。施工时所需管片由服务车运送，服务车运送管片及卸载管片时间的长短直接决定了施工的速度。目前都是利用管片吊机进行卸载，卸载时管片吊机将一片管片从服务车上吊起，送至管片存储区域，再回来吊起下一片管片，这个过程需要 5min。以国内地铁隧道为例，服务车一次运送 6 片管片，管片吊机卸载管片需 30min。卸载速度慢，功效低，影响整体隧道施工速度。

3）发明内容

本发明所要解决的技术问题是提供一种卸载管片速度快，功效高，从而保证隧道施工速度的盾构管片快速卸载装置。

本发明的目的是这样实现的：它包括框架，框架底部有行走轮，框架底部的行走轮置于地面的轨道上，液压缸固定在框架的顶部，液压缸左侧的框架顶部设有一个左滑轮，所述左滑轮装在左滑轮轴上，左滑轮轴的一端固定在框架上，左滑轮轴的另一端固定在左滑轮框架上，左滑轮框架通过连接螺栓和框架连接固定，液压缸右侧的框架上设有上下布置的右上滑轮和右下滑轮，右上滑轮和右下滑轮分别装在各自的滑轮轴上，这两个滑轮轴的一端都固定在框架上，这两个滑轮轴的另一端都固定在右滑轮框架上，右滑轮框架通过连接螺栓和框架连接固定，还包括两根钢绳，其中一根钢绳的一端固定在液压缸的缸杆上，另一端在绕经右上滑轮和左滑轮后与左提升板连接，另一根钢绳的一端也固定在液压缸的缸杆上，另一根钢绳的另一端在绕经右下滑轮后与右提升板连接，左提升板和右提升板的两端都固定有环链，左提升板两端的环链底部分别固定有管片护板，右提升板两端的环链底部也分别固定有管片护板。

本发明的优点是：卸载管片时，液压缸的缸杆伸出，左提升板和右提升板位于最低处，人工将管片护板置于最下层的管片底部，将管片托住，液压缸工作，缸杆回缩，在滑轮组的作用下，将水平运动转为垂直运动，管片在提升板及钢绳的作用下被快速提升，将管片从服务小车上卸下。本装置结构简单，安装空间小，安装方便。由于提升装置是柔性结构，在卸载过程中产生的振动小，卸载速度快，功效高，可大大缩短隧道施工时间。

图 4-1-21 为本发明的主视结构示意图。

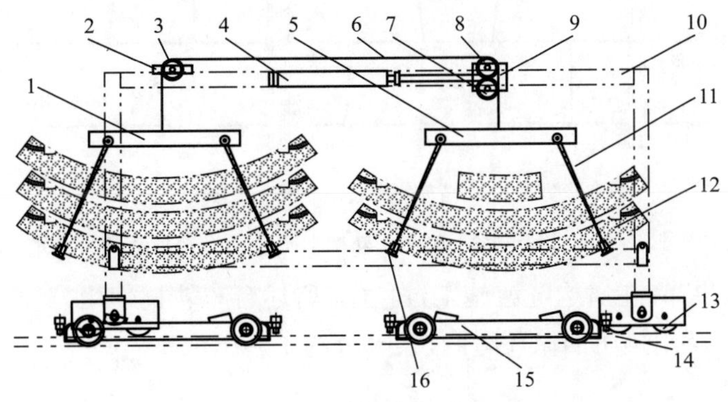

图 4-1-21　本发明的主视结构示意图

1- 左提升板；2- 左滑轮；3- 左滑轮框架；4- 液压缸；5- 右提升板；6- 钢绳；7- 右下滑轮；8- 右上滑轮；9- 右滑轮框架；10- 框架；11- 环链；12- 管片；13- 行走轮；14- 轨道；15- 管片运输车；16- 管片护板

第2章　实用新型专利

第1节　一种盾构隧道简易实用台车轨枕

1. 基本情况

专利类别：实用新型

专利号：ZL 2012 2 0172907.2

授权时间：2012.02.15

专利权人：中国铁建十六局集团有限公司；中铁十六局集团北京轨道交通工程建设有限公司

2. 基本内容

本实用新型涉及一种盾构隧道简易实用台车轨枕（图4-2-1），包括台车轨枕本体，所述台车轨枕本体安装在管片螺栓孔上，台车轨枕本体上端设有限位挡块，四周边缘设有增强侧板，侧面设有侧面支撑面板，内部设有加强筋板；所述侧面支撑面板与隧道管片内弧面平齐，所述限位挡块固定盾构机台车轨道；所述与隧道管片内弧面相配合的台车轨枕腹板的底部钢板为圆弧状。

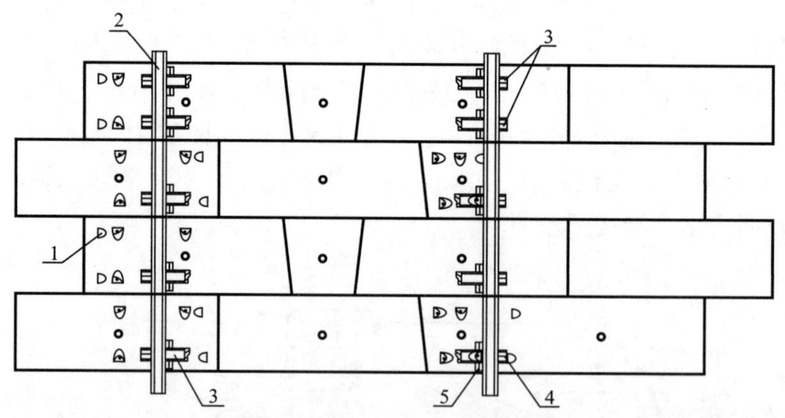

图4-2-1　简易实用台车轨枕示意图

1-管片螺栓孔；2-盾构机台车轨道；3-台车轨枕本体；4-限位挡块；5-侧面支撑面板

本实用新型的有益效果为：在盾构隧道施工过程中，所述台车轨枕使用方便，台车行走平稳可靠，提高了轨道延伸速度，节约了隧道施工的循环时间，大大节约了施工成本。

1）技术领域

本实用新型涉及一种盾构隧道简易实用台车轨枕。

2）背景技术

目前，应用于地铁隧道施工的盾构机台车行走轨枕，通常采用一种长约 3m 的型钢加工而成，且轨道在上面安装时需要四套轨道压板及配套螺栓，传统轨枕在隧道内铺设时，单根轨枕的质量约 150kg，工人劳动强度高；在隧道内铺设时需要 3 ～ 4 名工人同时作业，所需铺设人数多；在安装轨道过程中，每根轨枕都需要四块压板对台车轨道进行固定，实际铺设过程中每延长一次轨道需要铺设四根轨枕，紧固十六块轨道压板，安装程序复杂，工作效率较低；加工 1 根轨枕费用约 1000 元，隧道内每隔 1.5m 铺设 1 根，整条隧道铺设完成后施工成本高；由于隧道截面为圆形，轨枕在安装过程中不宜找平，造成两侧轨道安装后高低不平，台车在行走过程中很容易造成倾斜，安装质量较差。

3）实用新型内容

本实用新型的目的是提供一种盾构隧道简易实用台车轨枕，解决了市场上现有的台车轨枕铺设过程中工人劳动强度高、所需铺设人数多、安装程序复杂、施工成本高及安装质量较差的问题。

第 2 节　成型盾构隧道顶部管片拆除装置

1. 基本情况

专利类别：实用新型

专利号：ZL 2012 2 0125150.1

授权时间：2012.11.28

专利权人：中建交通建设集团有限公司；中国建筑一局（集团）有限公司

2. 基本内容

一种成型盾构隧道顶部管片拆除装置（图 4-2-2），包括吊耳板、螺栓和垫板，所述吊耳板的横截面呈 U 形，其两翼竖直向上且开有右吊装孔和左吊装孔，所述吊耳板的中心开孔并穿有螺栓，其螺栓头与吊耳板上表面焊接，其螺栓杆由上至下依次穿过吊耳板、顶部管片的注浆孔和垫板的螺栓孔，并通过螺母固定。所述吊耳板由横板以及两端的翼板焊接而成。所述吊耳板的横板和垫板的形状均为矩形。

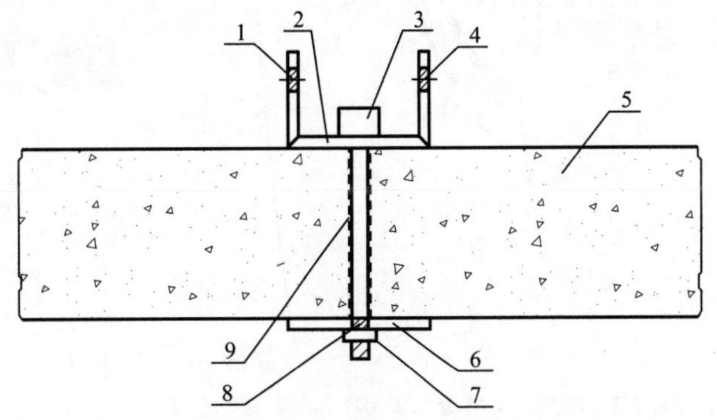

图 4-2-2　成型盾构隧道顶部管片拆除装置示意图

1- 左吊装孔；2- 吊耳板；3- 螺栓；4- 右吊装孔；5- 顶部管片；6- 垫板；7- 螺母；8- 螺栓孔；9- 注浆孔

本实用新型解决了盾构法施工完成初始掘进或采用先隧后站法完成过站掘进后拆除成型盾构隧道顶部管片时，传统的拆除方法对顶部管片损伤严重和拆除速度较慢的技术问题。

1）技术领域

本实用新型涉及一种隧道工程施工装置，特别是一种用于盾构隧道管片的拆除装置。

2）背景技术

随着国内外盾构设备制造技术水平的提高和盾构法施工成本的降低，盾构法已成为地下空间开挖的主要施工方法之一。由于其相对于矿山法等其他施工方法具有安全性等优势，盾构法在城市地铁隧道施工中的应用日益广泛。

在城市地铁隧道工程领域，采用盾构法完成初始掘进或采用先隧后站法完成过站掘进后，需要拆除成型盾构隧道管片。目前，一般采用钢丝绳直接穿过盾构隧道顶部管片上的注浆孔进行吊装的拆除方法。这种拆除方法，一方面对管片的损伤较为严重，另一方面拆除的速度较慢。

3）实用新型内容

本实用新型是提供一种成型盾构隧道顶部管片拆除装置，解决盾构法施工完成初始掘进或采用先隧后站法完成过站掘进后拆除成型盾构隧道顶部管片时，传统的拆除方法对顶部管片损伤严重和拆除速度较慢的技术问题。

第 3 节　成型盾构隧道下部管片拆除装置

1. 基本情况

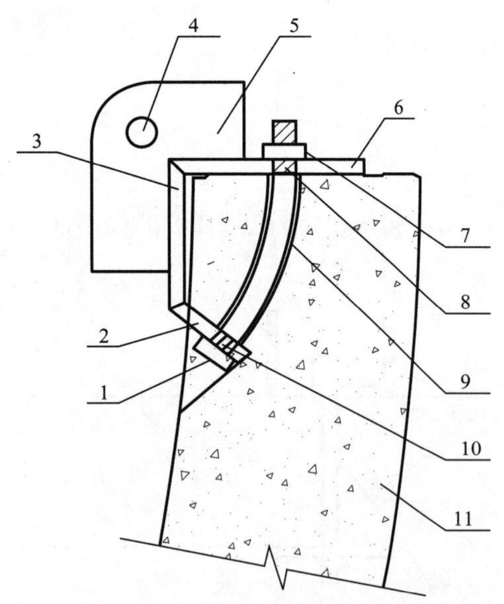

图 4-2-3　成型盾构隧道下部管片拆除装置示意图

1- 弯弧螺栓；2- 斜板；3- 竖板；4- 吊装孔；5- 吊装板；6- 横板；7- 螺母；8- 卡板上螺栓孔；9- 下部管片螺栓孔；10- 卡板下螺栓孔；11- 下部管片

专利类别：实用新型

专利号：ZL 2012 2 0125133.8

授权时间：2012.11.28

专利权人：中建交通建设集团有限公司；中国建筑一局（集团）有限公司

2. 基本内容

一种成型盾构隧道下部管片拆除装置（图 4-2-3），包括卡板、弯弧螺栓和焊接在卡板背后的吊装板，所述卡板呈 C 形，其横板开有卡板上螺栓孔，紧贴于下部管片的端面，其竖板上边连接横板，下边连接斜板，贴在下部管片的侧面，其斜板伸入下部管片的螺栓头槽口，其上开有卡板下螺栓孔，所述弯弧螺栓由下至上依次穿过卡板下螺栓孔、下部管片螺栓孔和卡板上螺栓孔，并通过螺母固定，所述吊装板呈 L 形，连接于卡板背后横板和竖版的连接角部，其上开有吊装孔。本实用新型解决了盾构法施工完成初始掘进或采用先隧后站法完成过站掘进后拆除成型盾构隧道下部管片时，传统的拆除方法对下部管片损伤严重和拆除速度较慢的技术问题。

1）技术领域

本实用新型涉及一种隧道工程施工装置，特别是一种用于盾构隧道管片的拆除装置。

2）背景技术

随着国内外盾构设备制造技术水平的提高和盾构法施工成本的降低，盾构法已成为地下空间开挖的主要施工方法之一。由于其相对于矿山法等其他施工方法具有安全性等优势，盾构法在城市地铁隧道施工中的应用日益广泛。

在城市地铁隧道工程领域，采用盾构法完成初始掘进或采用先隧后站法完成过站掘进后，需要拆除成型盾构隧道管片。目前，一般采用钢丝绳直接穿过盾构隧道顶部管片上的注浆孔进行吊装的拆除方法。这种拆除方法，一方面对管片的损伤较为严重，另一方面拆除的速度较慢。

3）实用新型内容

本实用新型是提供一种成型盾构隧道下部管片拆除装置，解决盾构法施工完成初始掘进或采用先隧后站法完成过站掘进后拆除成型盾构隧道下部管片时，传统的拆除方法对下部管片损伤严重和拆除速度较慢的技术问题。

第 4 节　盾构分体始发管线同步移动装置

1. 基本情况

专利类别：实用新型

专利号：ZL 2012 2 0125212.9

授权时间：2012.03.29

专利权人：中建交通建设集团有限公司；中国建筑一局（集团）有限公司；北京宗圣兴业商业控股有限公司

2. 基本内容

一种盾构分体始发管线同步移动装置（图 4-2-4），包括设置于盾构隧道左右两侧上部的钢丝绳、轨道、单轨工字滑车和绳子；钢丝绳一头固定连接轨道，另一头固定连接在盾构隧道上部的管片螺栓上；单轨工字滑车沿轨道长向间隔设置并行走于轨道上；转接管线由绳子吊挂于单轨工字滑车的托架上。

本实用新型将管路和电缆用绳子吊挂于单轨工字滑车的托架上，滑车行走在轨道上。在盾构机始发掘进时，转接管线可通过该装置随着主机的前移而不断前移，从而真正解决了盾构分体始发时转接管线随盾构主机移动的难题，节省了劳动力，安装、拆卸简单，施工后可重复利用，节省施工材料和资源。

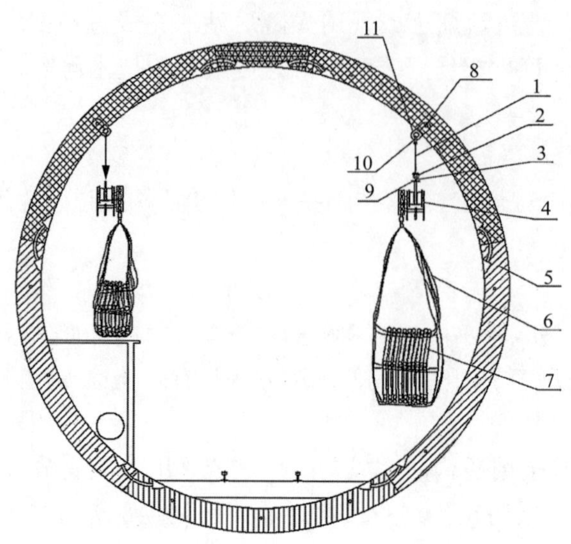

图 4-2-4　盾构分体始发管线同步移动装置正视结构示意图

1- 钢丝绳；2- 卡环 I；3- 吊耳 I；4- 单轨工字滑车；5- 盾构隧道；6- 绳子；7- 转接管线；8- 管片螺栓；9- 轨道；10- 卡环 II；11- 吊耳 II

1）技术领域

本实用新型涉及一种盾构分体始发施工中使用的管线移动装置。

2）背景技术

盾构机作为当今最先进的隧道掘进超大型专用设备，是实现掘进、出土、支护等一次开挖成洞的高科技施工设备，广泛用于城市轨道交通、铁路、公路、市政、水电等隧道工程。

盾构始发技术是盾构施工中的一项关键技术，主要有整体始发和分体始发两种形式。盾构整体始发是将主机和后配套车架全部在竖井或车站内组装连接成为一个整体后开始掘进，主机和后配套车架同步前进，管片和渣土则利用后配套车架尾部的空间进行水平和垂直运输。采用此种始发方式，需要为盾构始发施工提供长度大于盾构机与后配套总长度（约为 80m）的空间，在城市地铁施工中越来越难以满足盾构机整体始发要求。

为了缩短总体工程工期、解决城市拆迁和征地难题，采取盾构分体始发施工技术，即将盾构主机和后配套车架通过转接油管和电缆连接，盾构主机先始发掘进，当主机掘进长度大于后配套车架长度且能满足初期掘进长度要求时，拆除转接油管和电缆，再将后配套车架与主机连接成为一个整体，然后进行正常掘进施工。

盾构分体始发时，为盾构主机提供动力的电源和液压泵以及盾构机主控室均布置在地面（或隧道后方）的后配套台车上，需要通过油管、水管、浆液管和电缆将动力和控制信号传递到主机部分，转接管线多达 100 多根。如果这些管线移动不够及时，可能导致油管、电缆承受拉伸应力，并由此导致管线的损坏甚至断裂，使系统无法正常工作。由于它们移动频繁，如果采用人工搬运，不仅工人劳动强度大，而且所需时间长，影响盾构掘进。

3）实用新型内容

本实用新型提供一种盾构分体始发管线同步移动装置，要解决盾构分体始发时转接管线无法随盾构主机移动、人工搬运效率低、管线易被拉断的技术问题。

第 5 节　盾构机过站反力装置

1. 基本情况

专利类别：实用新型

专利号：ZL 2010 2 0166846.X

授权时间：2010.12.08

专利权人：中建市政建设有限公司

2. 基本内容

一种盾构机过站反力装置（图 4-2-5），该装置包括组合在一起的前撑板、后撑板、腹撑板和平撑板。前撑板、后撑板、腹撑板和平撑板有两组，连接成两组模块，两组模块左右对称安装于钢轨的两侧；前撑板和后撑板垂直于钢轨侧面间隔设置；后撑板内边与钢轨上翼缘侧面相对处留有一楔入口；腹撑板竖向连接于前撑板和后撑板之间，平撑板在上述楔入口的内侧水平连接于前撑板和后撑板之间，在朝向钢轨的一侧留有与楔块尖角相契合的缺角；楔块尖角通过上述楔入口楔入平撑板的缺角处，与钢轨侧面楔紧。该装置具有模块化结构，能快速安装、拆卸，使用时只需将两个模块用螺栓和楔块与轨道固定即可，可减少过站需消耗的设备与材料，缩短施工工期，降低施工成本。

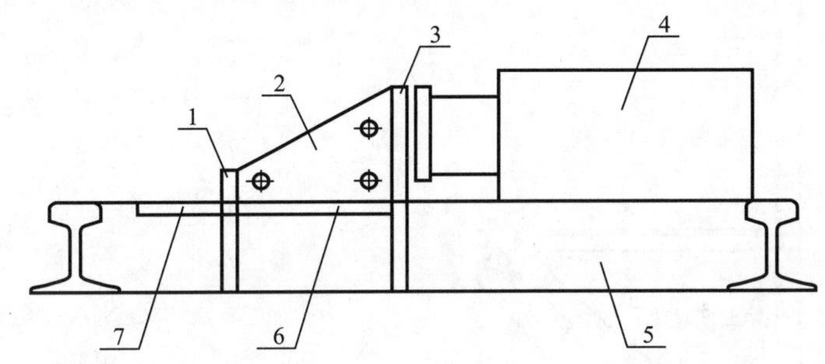

图 4-2-5　盾构机过站反力装置平面图

1- 后撑板；2- 腹撑板；3- 前撑板；4- 千斤顶；5- 钢轨；6- 平撑板；7- 楔块

1）技术领域

本实用新型涉及一种用于支撑千斤顶的反力支座，特别是一种轨道建设中给盾构机过站提供反力的支座。

2）背景技术

目前盾构机主机过站施工，一般采用经加工后的型钢支撑作为液压装置的反力支座，通过底板植筋将型钢支撑固定在地面上，利用液压泵站的推力，将主机逐段顶推过站。此施工方式，工时长，工序繁杂，施工成本较高，拆卸不便。

3）实用新型内容

本实用新型是提供一种盾构机过站反力装置，要解决盾构机过站的反力支座施工难度大、成本高、拆卸不便、难以与轨道固定连接的技术问题，并减少过站过程需要消耗的设备与材料。

第6节　盾构掘进隧道内行人通行装置

1. 基本情况

专利类别：实用新型

专利号：ZL 2011 2 0076838.0

授权时间：2011.03.22

专利权人：中建市政建设有限公司；中国建筑一局(集团)有限公司

2. 基本内容

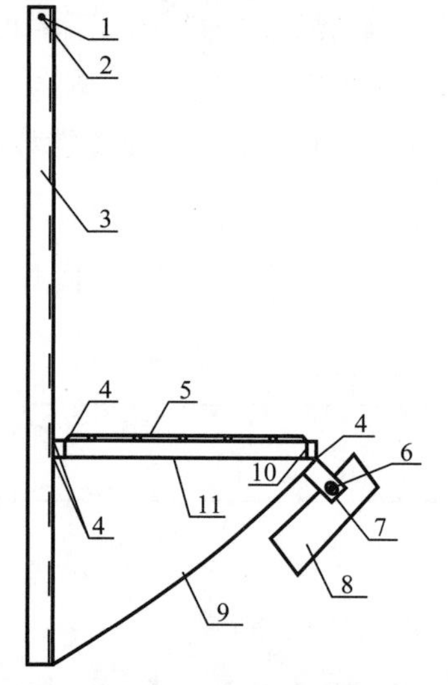

图 4-2-6　盾构掘进隧道内行人通行装置示意图
1- 孔；2- 尼龙绳；3- 角钢立柱；4- 焊缝；5- 横向角钢；6- 螺栓孔；7- 连接板；8- 环管片；9- 加强钢板；10- 纵向角钢；11- 槽钢悬臂

一种盾构掘进隧道内行人通行装置（图 4-2-6），由若干走道板、走道板支架以及环管片组成。走道板包括两根纵向和若干横向角钢构成板面，板面上设有铁丝网。走道板支架包括角钢立柱及与之直角焊接的槽钢悬臂，槽钢悬臂下面与角钢立柱之间焊接加强钢板，加强钢板上部焊接连接板，连接板上设有螺栓孔。每相邻两个走道板支架上部连接尼龙绳，中部搭接一个走道板。走道板支架每间隔一个环管片长度设置一个，并通过连接板固定在环管片上。两根纵向角钢的两端各自设有一个豁槽。走道板通过豁槽卡在悬臂槽钢上。

本盾构掘进隧道内行人通行装置，无须设置预埋件固定，安拆便捷。它成本低，重量轻，可重复利用。它解决了隧道中行人安全通行问题，又可促进加快施工进程。

1）技术领域

本实用新型涉及一种盾构掘进隧道内行人通行部件，具体涉及一种无须设置预埋件固定，且安拆便捷的盾构掘进隧道内行人通行装置。

2）背景技术

随着我国市政工程及地下工程的迅速发展，盾构工程进入一个快速发展时期。国内市政工程及地下工程的施工方法主要有明挖、暗挖、盖挖及盾构等几种方式。与其他几种工法相比较，盾构法施工有着明显的优越性，其应用范围越来越广泛。盾构隧道掘进过程中，施工人员进出隧道的安全问题，越来越受到各方面的关注。

目前在市政工程及地下工程领域，采用盾构法施工的工程中，载运施工材料和施工渣土的运输车辆频繁进出隧道，对施工人员进出隧道的安全构成极大的威胁，造成人员伤亡事故的可能性很大。

3）实用新型内容

本实用新型是给出一种施工人员能在隧道中安全通行，降低人员的伤亡风险的盾构掘进隧道内行人通行装置。

第 7 节　门式起重机装配式轨道基础

1. 基本情况

专利类别：实用新型

专利号：ZL 2013 2 0546308.7

授权时间：2014.03.12

专利权人：中建交通建设集团有限公司

2. 基本内容

一种门式起重机专用装配式轨道基础，由至少一条标准预制构件、若干组预埋螺栓、若干个钢轨压板和一条钢轨构成一个装配式轨道基础标准件，由至少两个装配式轨道基础标准件纵向连接构成。标准预制构件由构件厂生产，可分批生产，质量稳定精度高，节约了现场制作模板时间；根据施工条件分段铺设，灵活性好；施工现场用叉车和小型吊车就可以进行。

本实用新型门式起重机专用装配式轨道基础用于盾构隧道，安装拆卸方便，缩短了工期；盾构隧道施工结束后，装配式轨道基础件马上可以装车运走进行重复利用，节省施工成本和资源。

1）技术领域

本实用新型涉及一种盾构施工的轨道，特别是涉及一种门式起重机专用装配式轨道基础（图 4-2-7）。

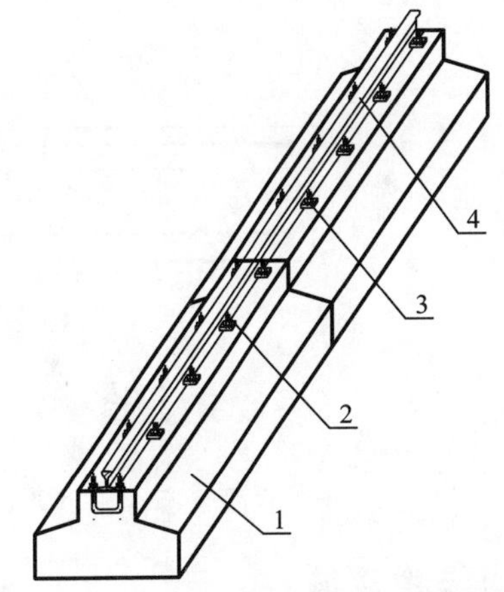

图 4-2-7　门式起重机专用装配式轨道基础标准件结构示意图

1- 标准预制构件；2- 预埋螺栓；3- 钢轨压板；4- 钢轨

2）背景技术

门式起重机是当今土压平衡盾构施工工法的一种常用的配套设施，作为土压平衡盾构施工的一项重要补充，门式起重机是施工过程中隧道和地面之间垂直运输的重要施工设备，广泛用于盾构隧道土建工程。与塔吊、桥式起重机等设备相比，门式起重机的载重能力大，可以在负载的情况之下，整机沿水平轨道行走，因此，水平轨道基础也是门式起重机的必要组成部分。目前，轨道基础多为现浇式钢筋混凝土地基梁，构筑现浇式钢筋混凝土地基梁，首先要将现场场地全部清空，再进行绑扎钢筋，安装模板，安装预埋件，浇筑混凝土等工作，混凝土浇筑后还需要养护 28 天龄期才能载荷，最后在现浇式钢筋混凝土地基梁上安装门式起重机；隧道施工结束起重机拆卸后，再拆除地基梁。此种现浇式钢筋混凝土地基梁基础的缺点是施工周期长；受场地制约，不能提前施工；施工精度低，施工质量波动大；基础只能一次性使用，拆除时还要支付费用。

3）实用新型内容

本实用新型是给出一种由标准结构件组合构成，组装简便，能重复使用，生产成本低，可提高门式起重机的轨道基础的施工效率和施工精度的门式起重机专用装配式轨道基础。

第8节 移动托架

1. 基本情况

专利类别：实用新型

专利号：ZL 2010 2 0166847.4

授权时间：2010.11.10

专利权人：中建市政建设有限公司

2. 基本内容

一种移动托架（图4-2-8），包括架体和行走机构，所述行走机构是两台在两对平行的纵向轨道上并列的管片运送车，所述架体与纵向轨道垂直并横向置于两台管片运送车之上，架体由两根上横梁、两根下横梁、间隔连接在两根上横梁之间的上纵梁、间隔连接在两根下横梁之间的下纵梁和间隔连接于上横梁和下横梁之间的立柱焊接成型钢框架，型钢框架的底部连接8根框架支撑腿，8根框架支撑腿分两组固定于两台管片运送车上，型钢框架的顶部沿上横梁顶面固定连接两根横向轨道。本移动托架结构简单、成本低廉、使用方便，不仅可以实现横向平移和纵向平移，而且操作起来非常便捷，大大节约了施工成本，加快了施工速度，缩短了施工工期。

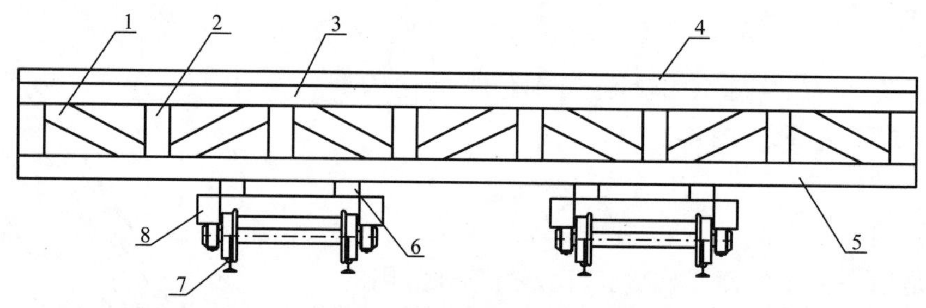

图4-2-8 移动托架的结构示意图

1-斜撑；2-立柱；3-上横梁；4-横向轨道；5-下横梁；6-框架支撑腿；7-纵向轨道；8-管片运送车

1）技术领域

本实用新型涉及一种在隧道盾构施工中用的平移托架。

2）背景技术

一般情况下，与车站连接的区间隧道采用盾构法施工，盾构法施工中所使用的盾构机下井始发或解体吊出车站均采用明挖法施工，盾构预留口设置在车站端头的线路正上方，盾构机下井或吊出直接在盾构始发或接收位置进行，不需要进行站内平移。但当始发车站正上方为城市繁华地段的主干道时，为了避免因中断道路而干扰城市交通，盾构机吊装口将不能设置在车站端头的盾构始发线路正上方，而是设置在车站旁侧附属结构上。在此种条件下，虽然盾构主机可借鉴以往盾构机在封闭式车站调头施工的方式，在车站内底板上，利用液压泵站为动力，以普通黄油为润滑剂，在满铺的钢板上反复旋转、平移至盾构机施工位置，但是，若盾构机后配套车架、牵引梁、管片吊装和运输梁、皮带机架子前端以及各种管线路等配件也采用盾构主机移位的施工方式，则有工作量太大的缺点，不但会加大施工成本，而且会减缓施工速度，造成施工工期的延误。

3）实用新型内容

本实用新型是提供一种移动托架，要解决盾构机和盾构机配件在地下水平移动烦琐复杂的问题。

第 9 节　砂卵石地层盾构刀盘

1. 基本情况

专利类别：实用新型

专利号：ZL 2008 2 0301907.1

授权时间：2008.08.22

专利权人：中国建筑一局(集团)有限公司；中建一局集团第三建筑有限公司；中建一局华江建设有限公司

2. 基本内容

一种砂卵石地层盾构刀盘(图 4-2-9)，包括盘体和盘面上连接的刀具，盘体自中心至边缘连接有放射形的辐条盘面，在每一辐条盘面的中部和两边分别固定有一列强化先行刀和两列切削刀，在辐条盘面上还连接至少一个磨损检测刀，其特征在于：在相邻辐条盘面之间的区域，在盘体上连接有三角形盘面，三角形盘面的边缘两端分别有周边刀，在盘心上连接鱼尾刀，在辐条盘面根部靠近鱼尾刀外缘焊接一个保护刀。

本实用新型对盾构刀盘的修复设计改进，有效减少了刀盘的磨损，增加了刀盘的耐磨性能，使修复设计改进后的刀盘更适应砂卵石地层中长距离施工。本实用新型适用于埋深较浅、地面有施工条件的盾构设备刀盘修复及换刀。

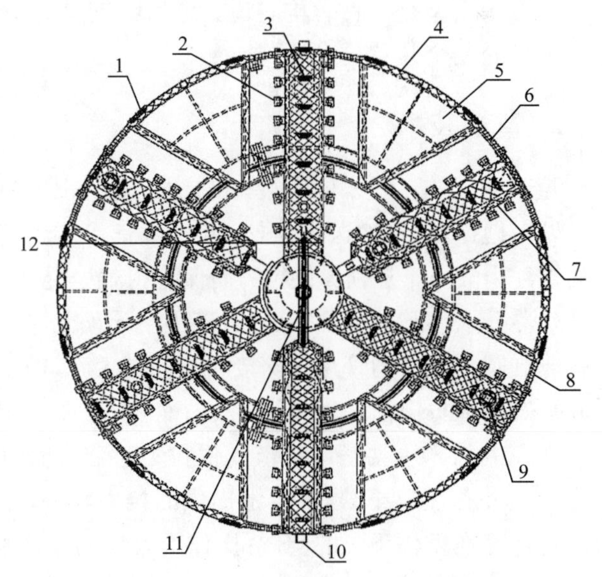

图 4-2-9　砂卵石地层盾构刀盘结构示意图

1- 周边刀；2- 切削刀；3- 强化先行刀；4- 网状耐磨层；5- 三角形盘面；6- 加强绑条；7- 辐条盘面；8- 盘体；9- 磨损检测刀；10- 超挖刀；11- 鱼尾刀；12- 保护刀

1）技术领域

本实用新型涉及一种地层盾构刀盘，特别是一种磨损后经重新修复的盾构刀盘。

2）背景技术

目前，盾构法在砂卵石地层施工过程中的刀

盘需及时修复和换刀，常规做法是购置新刀盘后，从盾构机机头内开仓进入进行刀盘更换，不但成本高、所需工期长，而且施工风险也很高。

3）实用新型内容

为了克服现有盾构刀盘修复和换刀成本高、所需工期长、施工风险高的不足，本实用新型提供一种砂卵石地层盾构刀盘，不但施工成本低，所需工期短，而且能提高施工的安全性。

第10节　一种盾构隧道贯通口管片结构

1. 基本情况

专利类别：实用新型

专利号：ZL 2010 2 0153122.1

授权时间：2011.01.12

专利权人：中国石油天然气集团公司；中国石油天然气管道局

2. 基本内容

1）技术领域

本实用新型是一种盾构隧道贯通后特别是针对进洞段为松软地层的盾构隧道贯通口管片结构，涉及隧道本身的安全装置技术领域。

2）背景技术

随着地下施工技术的发展，由于盾构法不影响地面建筑物、优质、安全、高效等特点，越来越广泛的应用于城市地铁、油气输送、给排水、电力通信等隧道建设。管片背填注浆的浆液尚未达到设计强度前，刚拼装的管片由液压千斤顶提供推力而保持相对稳定，但在盾构进洞（隧道贯通）后，盾构设备前方的外力大幅降低。最后一环管片拼装完成后，液压千斤顶无法向管片提供足够大的压力时，管片会在自身重力的作用下变成椭圆，同时，当管片外探接收洞门过大时，由于缺少有效的底部支撑，还会产生下沉现象，因此，必须采取有效措施防止管片变形和下沉。而现有的技术措施对防止管片变形与下沉的效果并不理想。

现在的技术主要是用导链提供拉力，将贯通段附近管片接在一起，从而维持其相对稳定。现有的技术措施主要存在以下缺陷：导链提供的拉力较小，不足以维持贯通段管片自身稳定；受导链长度限制，贯通段管片存在整体下沉的问题；操作受人为因素影响较大，不易控制。

3）实用新型内容

本实用新型的目的是设计一种盾构隧道贯通后防止管片变形、确保成型隧道稳定性和安全性的盾构隧道贯通口管片结构。

本盾构隧道贯通口管片的结构是：从距离隧道贯通口 60m（后 50 环）开始拼装有管片内弧面预埋钢板 5 和管片内弧面预埋钢板锚筋 6 的管片 1（见专利说明书中附图 3 和附图 4），管片 1 的片与片间由两组螺栓孔 2 与螺栓 3 配合及管片内弧面连接钢板 7 连接，环与环间由多道插销孔 4 及管片内弧面连接槽钢 8 连接；隧道最后一环拼装带有管片端面预埋钢板 9 的管片 1（见专利说明书中附图 11和附图 12），并在成环形的管片 1 端面预埋钢板 9 上部水平焊连三道管片端面拉接槽钢 10；在接收竖井 11 与最后一环管片 1 交接处，接收轨道 13 与管片 1 间隙中填充垫板 12，垫板 12 与接收轨道 13 焊接在一起。

其中：有管片内弧面预埋钢板 5 和管片内弧面预埋钢板锚筋 6 的管片 1 的结构如专利说明书中附图 3 和附图 4 所示，它为弧形条板，内有钢筋笼，预埋有螺栓孔 2；管片内弧面预埋钢板 5 的弧度与管片 1 的弧度一致，预埋在管片 1 的中部里侧并与钢筋笼焊接在一起，管片内弧面预埋钢板 5 里侧垂直焊接有多根管片内弧面预埋钢板锚筋 6，作用是固定预埋钢板，管片内弧面预埋钢板锚筋 6 的长度等于或小于管片 1 的厚度；有管片端面预埋钢板 9 的管片 1 的结构如专利说明书中附图 11 和附图 12 所示，它只是在有管片内弧面预埋钢板 5 和管片内弧面预埋钢板锚筋 6 的管片 1 的基础上，另在外端面又预埋有管片端面预埋钢板 9，该管片端面预埋钢板 9 成环弧片，它与钢筋笼焊接在一起。

将后期的单环管片 1 连接成一整体，就可防止管片下沉，提高隧道稳定性；最后一环管片的侧面用管片端面拉接槽钢 10 水平拉接至少三道，就能防止管片被压扁。

本实用新型的优点是，采用多种防变形措施，成型隧道更加稳定、安全可靠，且无论接收洞口处地层是否松软，成型隧道总可以保持稳定，不发生下沉、压扁等变形。

注：上述文字中涉及的数字含义，可查阅专利说明书中的附图。

第 11 节　盾构机分体始发加长管线隧道内悬吊架

1. 基本情况

专利类别：实用新型

专利号：ZL 2015 2 0250442.1

授权时间：2015.08.12

专利权人：北京建工土木工程有限公司

2. 基本内容

本实用新型涉及一种盾构机分体始发加长管线隧道内悬吊架，其包括滑轨和滑轨小车。滑轨固定连接在盾构机分体始发加长管线隧道的一侧腰线以上部位。滑轨小车包括：第一架体，由第一平板、第二平板和第三平板组成；第二架体，构造与第一架体互为镜像；第一架体和第二架体通过架体连接孔固定连接；第一滑轮，安装在第一架体的滑轮安装孔处；第二滑轮，安装在第二架体的滑轮安装孔处；连接件，与第一架体和第二架体连接；连接件用于将加长管线吊起。使用本实用新型悬吊架进行盾构机分体始发时，不必采用人工前移管线，节省大量人力；不会阻碍运输电瓶车在隧道内行走和施工人员施工。此外，也避免了加长管线会被泥水浸泡污染的问题。

1）技术领域

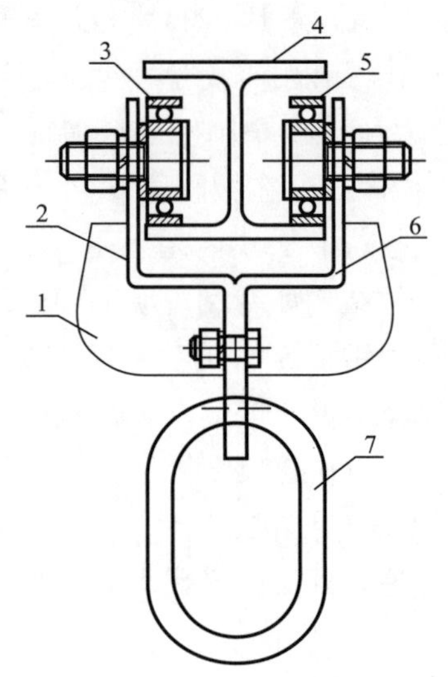

图 4-2-10　盾构机分体始发加长管线隧道内悬吊架示意图

1- 加强筋；2- 第一架体；3- 第一滑轮；4- 滑轨；5- 第二滑轮；6- 第二架体；7- 连接件

本实用新型属于盾构机分体始发施工技术领域，特别是涉及一种盾构机分体始发加长管线隧道内悬吊架，其示意图如图 4-2-10 所示。

2）背景技术

盾构分体始发中由于盾体与后配套设备分离，因此盾体与后配套之间采用加长管线进行连接。各种管路、电缆的加长必然带来如何放置的问题。盾构始发阶段施工，隧道内环境恶劣、泥泞，同时电瓶车来回运输行走，施工作业人员不可避免的会踩踏各种管线，因此各种管线不能直接放置在隧道地面上，而必须放置在既不阻碍电瓶车行走和施工人员施工，又避免被泥水浸泡污染的地方。

3）实用新型内容

本实用新型提供一种盾构机分体始发加长管线隧道内悬吊架，所要解决的技术问题是现有盾构机分体始发施工过程中，各种加长管路、加长电缆放置在盾构机分体始发加长管线隧道的地面，阻碍运输电瓶车在隧道内行走和施工人员施工，以及加长管路、加长电缆会被泥水浸泡污染。

第 12 节　盾构机分体始发加长管线隧道外悬吊架

1. 基本情况

专利类别：实用新型

专利号：ZL 2015 2 0250454.4

授权时间：2015.04.23

专利权人：北京建工土木工程有限公司

2. 基本内容

本实用新型涉及一种盾构机分体始发加长管线隧道外悬吊架，其包括：第一板体，其下部设置有呈圆弧状排布的第一通孔；第二板体，第二板体与第一板体互为镜像结构；连接柱，一端与第一板体的第一通孔连接，另一端与第二板体对应位置的第一通孔连接；转筒，转筒安装在连接柱上，绕连接柱自由转动；连接件，通过连接件与手拉葫芦连接至竖井的井口或竖井外。使用本实用新型悬吊架进行盾构机分体始发时，加长管线吊挂在悬吊架上，不会阻碍运输电瓶车在隧道内行走和施工人员施工。笨重的油管和轻便的电缆线可以分层缠绕悬挂，方便区分、检查，损坏时方便检修。管线延长时不需人力搬运，省时省力。

此外，也避免了加长管路、加长电缆会被泥水浸泡污染的问题。

1）技术领域

本实用新型属于盾构机分体始发施工技术领域，特别是涉及一种盾构机分体始发加长管线隧道外悬吊架，其示意图如图4-2-11所示。

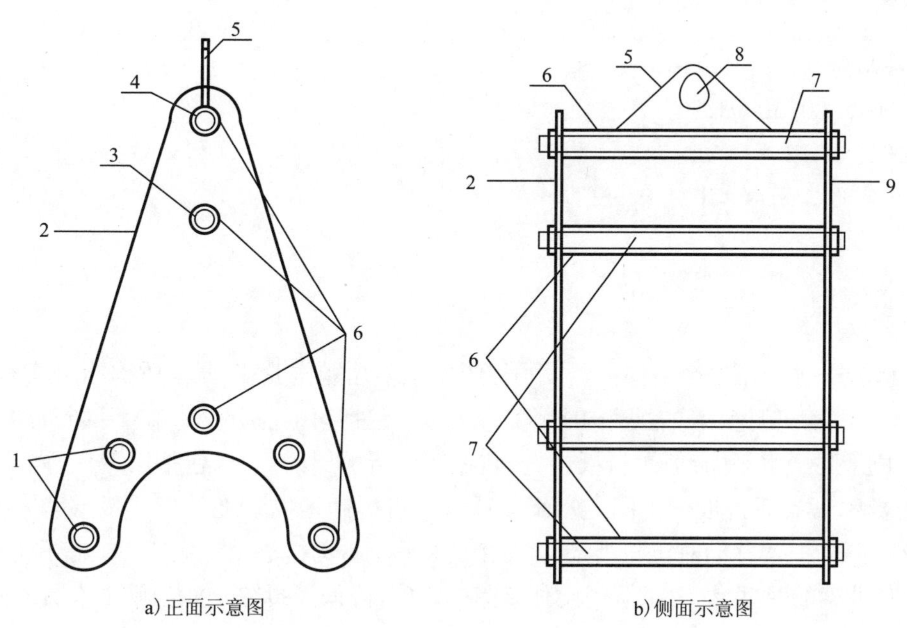

图4-2-11　盾构机分体始发加长管线隧道外悬吊架示意图

1-第一通孔；2-第一板体；3-第二通孔；4-第三通孔；5-连接件；6-转筒；7-连接柱；8-连接孔；9-第二板体

2）背景技术

盾构分体始发中由于盾体与后配套设备分离，因此盾体与后配套之间采用加长管线进行连接。各种管路、电缆的加长必然带来如何放置的问题。盾构始发阶段施工，隧道内环境恶劣、泥泞，同时电瓶车来回运输行走，施工作业人员不可避免的会踩踏各种管线，因此各种管线不能直接放置在隧道地面上，必须放置在既不阻碍电瓶车行走和施工人员施工，又避免被泥水浸泡污染的地方。

3）实用新型内容

本实用新型的目的在于提供一种盾构机分体始发加长管线隧道外悬吊架，所要解决的技术问题是现有盾构机分体始发施工过程中，各种加长管路、加长电缆放置在盾构机分体始发加长管线隧道的地面，阻碍运输电瓶车在隧道内行走和施工人员施工，以及加长管路、加长电会被泥水浸泡污染。

本实用新型是这样实现的：

在竖井或过站竖井的井口安装工字钢（工字钢横跨竖井两侧），手拉葫芦的一端与工字钢连接，另一端与连接件连接。悬吊架的数量根据加长管线的长度具体确定。将加长管线的一端逐一穿过第一板体和第二板体之间，且加长管线位于转筒的上方，使相邻的悬吊架之间存在冗余的加长管线。然后采用分体方式进行盾构机始发，盾体沿着隧道前进，同时牵拉加长管线移动，手拉葫芦下放悬吊的加长管线。待初始掘进完成后再将盾体与台车在隧道内安装连接进行正常掘进。将加长管线悬吊在竖井内，不会影响运输电瓶车在隧道内行走和施工人员施工。

第13节　土压平衡盾构机始发与接收施工多功能作业架

1. 基本情况

专利类别：实用新型

专利号：ZL 2015 2 0250491.5

授权时间：2015.08.12

专利权人：北京建工土木工程有限公司

2. 基本内容

本实用新型涉及一种土压平衡盾构机始发与接收施工多功能作业架，属于盾构施工技术领域。该作业架包括：框架，由圆拱、第一侧壁、第二侧壁构成；第一折板层，包括第一前折板和第一后折板，展开时第一前折板和第一后折板位于同一水平面；第二折板层，安装在第一折板层的下方，包括第二前折板和第二后折板，展开时第二前折板和第二后折板位于同一水平面；跳板，可拆卸地安装在第一折板层和/或第二折板层；滚轮，安装在框架底部，框架移动时滚轮滑动。利用土压平衡盾构机进出洞施工多功能作业架人工凿除洞门，节约了安、拆作业架的时间，缩短了洞门土体暴露的时间，降低了拆除作业架施工人员的安全风险。

1）技术领域

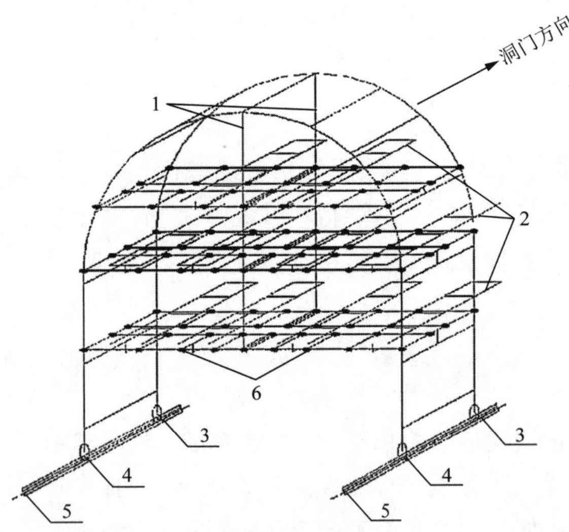

图4-2-12　盾构始发与接收施工多功能作业架示意图

1-拉杆；2-跳板；3-滚轮；4-带孔固定板；5-滑道；6-转轴

本实用新型属于盾构施工技术领域，特别是涉及一种用于土压平衡盾构机始发与接收施工的多功能作业架（图4-2-12）。

2）背景技术

现有技术中盾构隧道洞门凿除方法一般分为人工凿除、机械凿除、盾构机刀盘直接切削和定向爆破四种方式，其中人工凿除洞门方式应用最广泛。

采用人工凿除盾构隧道洞门时，由于洞门直径一般较大，必须搭设人工作业架，方便施工人员进行凿除洞门混凝土作业。传统的作业架一般采用脚手架，若采用钢脚手架搭设作业平台具有相应的缺点，一方面，脚手架拆除耗时较长，使得洞门混凝土完全凿除后，洞门土体暴露时间延长，加大了洞门土体发生失稳、坍塌的风险；另一方面，脚手架拆除施工人员自身长时间暴露在危险中，一旦发生土体坍塌，施工人员无法及时逃离危险。若采用毛竹脚手架，架子的刚度小，整体性差，搭设质量不易保证，人员在上作业时有一定的危险性。在洞门分层凿除的过程中，需要调整毛竹向洞门方向的悬挑长度，延长了洞门凿除时间。当盾构始发施工时如果不拆除毛竹脚手架，直接前推盾构机，毛竹脚手架推入洞门的过程中可能会划破橡胶止水帘布，降低洞门密封装置的防水效果，毛竹脚手架被推入洞口后，被刀盘铰断的毛竹或麻绳易于缠绕在刀盘上或进入螺旋输送机中，使出土不顺畅，严重时可能导致刀盘无法转动，影响盾构掘进施工。另外，在盾构机始发施工时，传统作业架的搭设施工与盾构机组装施工存在场地交叉，相互影响，还存在影响工期的问题。

3）实用新型内容

本实用新型所要解决的技术问题是提供一种土压平衡盾构机始发与接收施工多功能作业架，较好的解决了传统作业架安拆时间长，调节不便，无法移动，影响其他作业，增大施工风险等问题。

第 14 节　盾构施工预制拼装型集土坑

1. 基本情况

专利类别：实用新型
专利号：ZL 2015 2 0250484.5
授权时间：2015.11.11
专利权人：北京建工土木工程有限公司

2. 基本内容

本实用新型涉及一种盾构施工预制拼装型集土坑（图 4-2-13），属于盾构施工技术领域。该集土坑包括：集土坑底板；外侧固定梁；底圈梁，在底圈梁与所述外侧固定梁之间形成间隙；第一预制拼装钢板；第二预制拼装钢板；所述第一预制拼装钢板插入到底圈梁与所述外侧固定梁之间形成间隙；相邻的第一预制拼装钢板之间通过侧连接板密封连接；在集土坑底板拐角处使用一个第二预制拼装钢板，并且使集土坑底板拐角处的第一预制拼装钢板与第二预制拼装钢板密封连接。本实用新型的有益效果是：降低挖掘深度，减少挖掘施工量，减少水泥浇筑施工量，后期水泥结构破除容易，以及预制拼装钢板可回收利用，避免资源浪费。

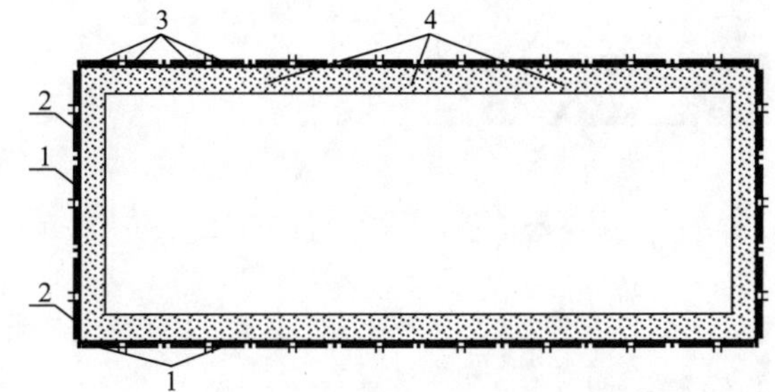

图 4-2-13　盾构施工预制拼装型集土坑示意图

1- 第一预制拼装钢板；2- 第二预制拼装钢板；3- 第三预制拼装钢板；4- 预埋件

1）技术领域

本实用新型属于盾构施工技术领域，特别是涉及一种盾构施工预制拼装型集土坑。

2）背景技术

盾构法施工切削的土体因其中加水或加改良剂如发泡剂等，致使运至地面的土体一般呈黏稠的泥浆状，必须存放在一定容器中。现有技术中，为保证盾构施工期间渣土外运，盾构施工现场必须设置集土坑，用于储存日掘进的土方量，为土方集中处理外运创造方便、快捷的施工环境。集土坑的大小根据现场实际施工情况设计。集土坑施工传统做法为现浇混凝土或锚喷倒挂，施工时土坑开挖较深且所施作的结构为一次性使用，盾构施工结束后须对集土坑进行破除，因此存在巨大的浪费且耗时较长。现有技术集土坑施工存在以下缺陷：①需要向地下开挖与集土坑深度相同的土坑，开挖施工量大；②土坑底部和四壁均需要浇筑混凝土，造成混凝土耗费量大的问题；③盾构施工结束后需要对集土坑进行破除，破除施工量大；④混凝土材料的集土坑仅能一次性使用，无可周转性。

3）实用新型内容

本实用新型提供一种盾构施工预制拼装型集土坑，所要解决的技术问题是现有技术集土坑施工开挖施工量大，混凝土耗费量大，盾构施工结束后需要对集土坑进行破除以及混凝土材料的集土坑仅能一次性使用，无可周转性。

第15节　一种用于富集大粒径漂石地层的盾构刀盘

1. 基本情况

专利类别：实用新型
专利号：ZL 2013 2 0016794.1
授权时间：2013.11.13
专利权人：北京城建集团有限责任公司

2. 基本内容

1）技术领域

本实用新型涉及一种地层盾构刀盘，特别是在富集大粒径漂石的复合地层内掘进，且方便更换刀具的盾构刀盘。

2）背景技术

目前，在富集大粒径漂石地层内采用盾构法进行长距离隧道掘进施工，尚无成功案例，加之隧道工程位于城市河湖下方，地层内含水量丰富，隧道施工面临极大难度。通常采用的明挖法和暗挖法施工对周边环境影响大、成本高，施工安全风险大、工期长等，不能满足工程设计及施工要求。一般的盾构刀盘及刀具无法破碎富集的高强度大粒径漂石，通常情况对数量较少的大粒径漂石或孤石，采取其他辅助手段将其破碎后，再行盾构掘进施工。

3）实用新型内容

本实用新型针对上述现有技术存在的问题进行了改进，即本实用新型要解决的技术问题是提供一种针对砾岩层与卵石层交互的复合地层内富集大粒径漂石地层的盾构刀盘，实现长距离、低成本、安全高效的盾构法掘进施工。

为解决上述技术问题，本实用新型的一种用于富集大粒径漂石地层的盾构刀盘，包括刀盘本体和刀具的设置。圆形的刀盘本体结构上设置四条在刀盘本体中心位置互相垂直交叉的主肋板，四条主肋板的上表面形成主肋板盘面；同时设置四根在刀盘本体的中心位置互相垂直交叉并且与四条主肋板分别呈45°间隔布置的辐条；主肋板与辐条通过钢格栅相互连接，并与刀盘本体的外周圈圆环形钢板焊接构成面板式盾构刀盘；在主肋板盘面上方固定有重型撕裂刀、盘形滚刀和刀盘面板强化保护刀；在辐条上方固定有重型撕裂刀和刮刀；在刀盘本体的中心位置安装鱼尾刀或双联盘形滚刀。

在所述刀盘本体主肋板盘面上方焊接盘面强化保护刀，在所述刀盘本体的所述外周圈圆环形钢板外侧焊接条形强化保护刀，以有效降低地层渣土对刀盘的磨损。

所述重型撕裂刀和所述盘形滚刀可互换安装使用，适应各种复杂的复合地层盾构掘进施工需要。重型撕裂刀与盘形滚刀配合使用，通过敲击、挤压等综合作用力实现大粒径漂石的破碎。除强化保护刀采用焊接外，刮刀、盘形滚刀和重型撕裂刀均采用背装式螺栓连接安装方式，可直接在盾构土仓内进行刀具更换，方便了工程施工中的换刀工作，明显提高了工程整体施工效率。

所述刀盘本体的外表面铺满并焊接高强碳化铬耐磨钢板，用于降低刀盘本体在富集大粒径漂石地层挖掘过程中的磨损。

所述刀盘本体上的刮刀、盘形滚刀、强化保护刀和重型撕裂刀的高度由低至高分别设置，从而形成多轨迹多层次的刀具布置，实现盾构长距离掘进施工。

本实用新型具有的有益效果：本盾构刀盘的多轨迹多层次配置刀具的设计，可通过敲击、挤压等综合作用力有效破碎大粒径漂石，实现盾构顺利掘进施工。刀盘本体满铺高强碳化铬耐磨板，并配置刀盘强化保护刀，有效降低了地层渣土对刀盘的磨损，实现了盾构刀盘刀具在富集大粒径漂石地层中长距离掘进施工。

第16节　一种盾构机用重型撕裂刀

1. 基本情况

专利类别：实用新型

专利号：ZL 2012 2 0293261.3

授权时间：2013.03.13

专利权人：洛阳九久技术开发有限公司；北京城建设计发展集团股份有限公司

2. 基本内容

1）技术领域

本实用新型涉及盾构机配件技术领域，具体涉及一种盾构机用重型撕裂刀，其结构示意图如

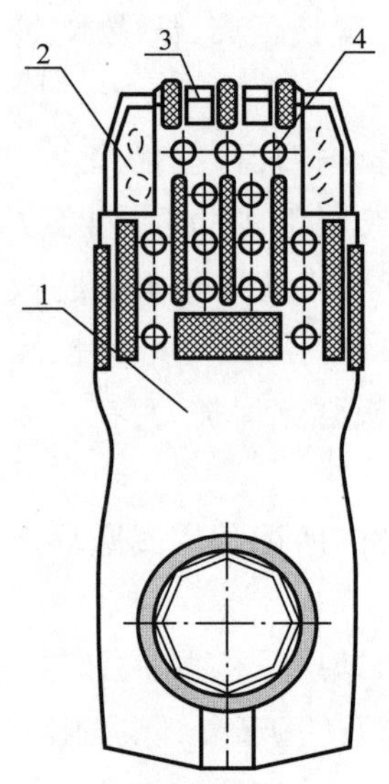

图 4-2-14　一种盾构机用重型撕裂刀结构示意图
1- 刀体；2- 主刀刃；3- 辅助刀刃；4- 辅助合金柱齿

图 4-2-14 所示。

2）背景技术

重型撕裂刀是在砂卵石地质条件下代替滚刀安装在盾构机刀盘上用于切削剥离砂卵石的专用刀具，它们或组合安装或单独安装在刀盘上且在隧道施工时被贯入砂卵石地层中，同时刀盘在旋转装置驱动下实现公转，使重型撕裂刀对砂卵石进行连续敲击撬动剥离使其破碎。现有技术中盾构机刀具包括刀柄、刀体，所述刀体的刃口上设有沿刃口方向延伸的凹槽，所述的凹槽内焊接有硬质合金体。该结构的盾构机刀具在使用过程中，由于刀体刃口部的凹槽外围没有设置硬质合金体的防磨保护措施，所以在遇到隧道中的岩石层或沙砾层等密度较高的土壤时，刀体刃口的磨损很快，很容易使刀体刃口部凹槽内的硬质合金体脱落，使刀具的使用寿命缩短，这样就增加了刀具的更换次数，从而增加了施工成本，影响了施工进度。

3）实用新型内容

本实用新型的目的是提供一种有足够强度、刀刃部分各刃角合理、耐磨性好和安装更换方便的能适应各类砂卵石地质条件的盾构机用重型撕裂刀。本实用新型采用如下所述的技术方案：一种盾构机用重型撕裂刀，包括刀体、主刀刃、辅助刀刃和辅助合金柱齿和刀轴，所述刀体两侧面均开设有台阶槽，所述主刀刃固联在台阶槽内，刀体顶部开设有 U 型槽，所述辅助刀刃镶嵌在 U 型槽内并高出刀体顶面，所述辅助合金柱齿固联在刀体的前端面和后端面；刀体的前端面上设有阶梯孔，所述的刀轴一端固联在阶梯孔内，另一端位于刀体外部。为更好的实施本发明创造，所述刀体设置为矩形，且沿刀体宽度方向至少设置两个台阶槽。进一步的，所述刀体的前端面和后端面均设有耐磨层。更进一步的，所述辅助刀合金柱齿设置为至少四排。

本实用新型具有以下优越性：本实用新型所述的重型撕裂刀通过刀轴穿过刀体上的阶梯孔刚性固定焊接，安装到盾构机的刀盘上，由硬质合金组成的主刀刃和辅助刀刃面对开挖的掌子面，在刀盘旋转时随刀盘公转，在砂卵石掌子面像石匠的錾子一样将掌子面连续敲击开挖出环形沟槽，将密实的砂卵石地层击碎松动和剥落；且重型撕裂刀本身各种刀刃前角、后角和偏角合理，制造成本低，结构强度可靠，耐磨性能好，耐冲击力大，在隧道内更换拆装方便，能够有效提高重型撕裂刀的使用寿命。

第 17 节　一种用于软硬不均互侵复合岩层的盾构复合式刀盘

1. 基本情况

专利类别：实用新型

专利号：ZL 2014 2 0363413.1

授权时间：2014.12.10

专利权人：北京城建设计发展集团股份有限公司

2. 基本内容

1）技术领域

本实用新型涉及盾构机刀盘领域，特别是涉及一种用于软硬不均互侵复合岩层的盾构复合式刀盘。

2）背景技术

在软硬不均互侵复合岩层不平整的掘进岩面，盾构机刀盘的滚刀本身切削规律发生变化，滚刀不能紧压岩面挤入并转动，而是不断地忽高忽低地运动，故持续存在滚刀缺少着力界面而不转偏磨，受岩石突然冲击而使刀圈、刀轴断裂的问题。岩石强度高，其中更含有大量同样高强度的石英岩及金属矿物，对刀具受力性能要求极高，刀具磨损量明显加大，寿命急速缩减，对刀座刀箱也造成了较大冲击而致变形。

在软硬不均互侵复合岩层，因掌子面地层分布不均，破碎，切削后岩石呈块状碎裂，掌子面极不平整，盾构机刀盘的齿刀及铲刀提前参与破岩受力，在盾构机刀盘转动下，受到掌子面突出岩块、尖岩的冲击，齿刀及铲刀固定螺栓因受弯拉和受剪力过大而崩断，致刀具崩落，刀座螺栓孔变形，螺纹损坏。崩落的齿刀、铲刀刀具及断裂的滚刀刀圈、刀体等残体在刀盘前方及土仓内反复搅动，不能及时排出，对滚刀造成了很大的撞击、挤压、摩擦作用，使滚刀大面积频繁出现：被挤入刀箱，造成滚刀发生偏磨；刀圈被挤脱，失去作用；刀圈被撞击致断裂或出现缺口；刀轴受力异常而断裂；与刀体发生挤压等，造成刀体变形，端盖挤出，刀毂被严重挤压变形，刀箱变形，最后无法拆出，只能破坏性气割拆除，使刀具报废。滚刀被卡死，刀具圈严重偏磨，更有甚者，刀圈断裂后刀体被偏磨严重；滚刀固定楔块、螺栓因间接受力而变形、折断。软硬不均互侵复合岩层对滚刀的密封损害较大，长期高压作用下，密封受损失效，水及岩屑、粉末颗粒等进入，进而使轴承生锈、磨损。刀盘正面边缘（铲刀刀座后方）耐磨及本体因铲刀崩落失去保护，掉落刀具及刀座落入刀盘底部随刀盘搅动而致磨损。

因此希望有一种用于软硬不均互侵复合岩层的盾构复合式刀盘来克服或至少减轻上述缺陷。

3）实用新型内容

本实用新型公开了一种用于软硬不均互侵复合岩层的盾构复合式刀盘。所述用于软硬不均互侵复合岩层的盾构复合式刀盘包括：

重型刀盘，所述重型刀盘为辐板式中间支撑结构；

双刃中心滚刀，所述双刃中心滚刀互相垂直设置在所述重型刀盘的中心位置；

单刃正面滚刀，所述单刃正面滚刀根据盾构刀盘的切削轨迹设置在所述重型刀盘的四条主辐臂上方；

单刃周边滚刀，所述单刃周边滚刀根据盾构刀盘的切削轨迹设置在所述四条主辐臂的端部；

辅助刀，所述辅助刀根据盾构刀盘的切削轨迹设置在所述重型刀盘的辐臂上方。

该刀盘适应于软硬不均、交互侵入的复合岩层盾构掘进，能够满足饱和单轴抗压强度为 150MPa 的硬岩、极硬岩地层破岩掘进能力，也可用于软岩、软土地层掘进。

第18节　盾构机步履式推移车

1. 基本情况

专利类别：实用新型

专利号：ZL 2013 2 0855983.8

授权时间：2015.11.11

专利权人：北京城建设计发展集团股份有限公司；北京首钢机电有限公司

2. 基本内容

1）技术领域

本实用新型涉及一种传输装置，特别是一种能连续运送盾构机向前推移的盾构机步履式推移车，推移车立体示意图如图4-2-15所示。

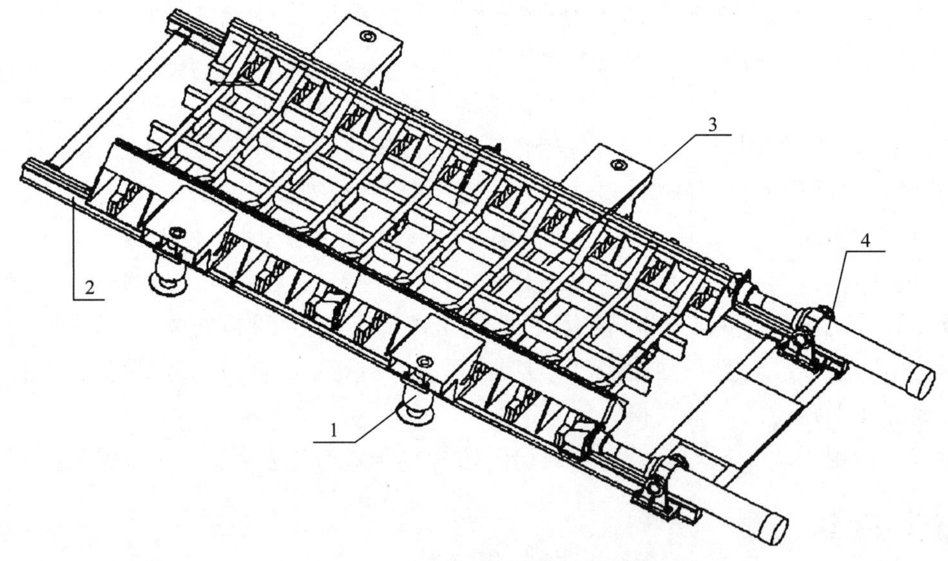

图4-2-15　盾构机步履式推移车立体示意图

1-四个升降油缸；2-底部滑枕；3-基座；4-两个推移油缸

2）背景技术

盾构机是一种隧道掘进的专用工程机械，具有开挖切削土体、输送土渣、拼装隧道衬砌、测量导向纠偏等功能，涉及地质、土木、机械、力学、液压、电气、控制、测量等多门学科技术。盾构掘进机已广泛用于地铁、铁路、公路、市政、水电等隧道工程。

近年来，随着城市地铁和城市水利建设的不断发展，盾构机在地下隧道的建设中占据了主要地位，成为地下隧道开挖主要使用的机械设备，然而由于盾构机在地下隧道中完成本工作站工作时需要借助其他机械设施将其运送到下一个工作站，因而影响了盾构机在工程运行时耗费的时间，降低了工程效率并增加了工程运行成本。

3）实用新型内容

所要解决的技术问题在于克服上述现有技术中存在的缺陷，而提供一种通过油缸提供动力使盾构机无需借助其他机械设施即可步履式水平移动进入下一个工作站的盾构机步履式推移车。

为解决上述技术问题，盾构机步履式推移车包括：底部滑枕、基座、螺栓、螺母和推移油缸，底部滑枕置于基础地面上，基座位于底部滑枕上方，推移油缸具有球头装配的一端通过螺栓和垫圈与基座相连，推移油缸通过油缸支架用螺栓和垫圈固定在底部滑枕上。

盾构机步履式推移车的工作循环包括以下步骤：推移、顶升、前行和下降。

盾构机步履式推移车通过油缸提供动力使盾构机无须借助其他机械设施即可步履式水平移动进入下一个工作站，有效节省了盾构机在工程运行时耗费的时间，提高了工程效率并降低了工程运行成本。鉴于我国现代化建设的需要，该发明具有广阔的市场前景，其推出必然带来良好的经济效益和社会效益。

第19节　一种软硬不均互侵复合岩层的盾构刀盘与刀具选型配置

1. 基本情况

专利类别：实用新型

专利号：ZL 2014 2 0360998.1

授权时间：2015.03.11

专利权人：北京城建设计发展集团股份有限公司

2. 基本内容

1）技术领域

本实用新型涉及盾构刀盘与刀具选型配置领域，特别是涉及一种软硬不均互侵复合岩层的盾构刀盘与刀具选型配置，其结构示意图如图4-2-16所示。

2）背景技术

在软硬不均互侵复合岩层不平整的掘进岩面，盾构机刀盘的滚刀本身切削规律发生变化，滚刀不能紧压岩面挤入并转动，而是不断地忽高忽低地运动，故持续存在滚刀缺少着力界面而不转偏磨，受岩石突然冲击而使刀圈、刀轴断裂的问题。岩石强度高，其中更含有大量同样高强度的石英岩及金属矿物，对刀具受力性能要求极高，刀具磨损量明显加大，寿命急速缩减，对刀座刀箱也造成了较大冲击而致变形。

因此希望有一种用于软硬不均互侵复合岩层的盾构复合式刀盘与刀具选型配置来克服或至少减轻

上述缺陷。

3）实用新型内容

本实用新型公开了一种软硬不均互侵复合岩层的盾构刀盘与刀具选型配置。所述软硬不均互侵复合岩层的盾构盾构刀盘与刀具选型配置包括：

重型刀盘，所述重型刀盘为辐板式中间支撑结构；

重型刀箱，所述重型刀箱设置在重型刀盘上方；

中心双刃滚刀，所述中心双刃滚刀安装在所述重型刀箱内，且所述中心双刃滚刀互相垂直设置在盾构机刀盘的中心位置；

正面滚刀，所述正面滚刀安装在所述重型刀箱内，且所述正面滚刀根据盾构刀盘的切削轨迹设置在所述盾构机刀盘的四条主辐臂上方；

周边滚刀，所述周边滚刀安装在所述重型刀箱内，且所述周边滚刀设置在所述四条主辐臂的端部；

辅助刀，所述辅助刀设置在所述盾构机刀盘上方；

其中所述正面滚刀的刀刃之间的距离范围值为 60 ～ 100mm。

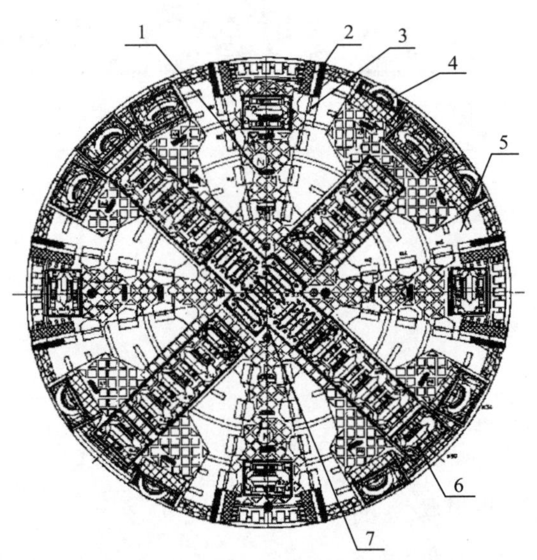

图 4-2-16　软硬不均互侵复合岩层的盾构刀盘与刀具选型配置的结构示意图

1- 保护刀；2- 铲刀；3- 正面齿刀；4- 周边滚刀；5- 刀盘；6- 正面滚刀；7- 中心双刃滚刀

第 20 节　一种刀具呈分层多点布置的盾构刀盘

1. 基本情况

专利类别：实用新型

专利号：ZL 2014 2 0363412.7

授权时间：2015.04.22

专利权人：北京城建设计发展集团股份有限公司；中国矿业大学

2. 基本内容

1）技术领域

本实用新型涉及一种盾构刀盘，特别是一种刀具呈分层多点布置的盾构刀盘。

2）背景技术

富含超大粒径漂石地层相比硬岩地层较为松散，地层很难提供支撑力使大粒径卵石和漂石始终处于稳固状态。采用配置单一盘形滚刀的盾构刀盘破岩，会导致配置单一盘形滚刀的盾构刀盘很难实现滚压破岩作用，而且在卵石和漂石地层中滚刀刀圈自转启动困难，容易造成滚刀偏磨失效。采用普通软土刀具进行切削破岩，由于卵石和漂石强度高，切刀很难将其破碎，而且容易造成切刀崩齿断裂失效。因此希望有一种刀具呈分层多点布置的盾构刀盘来克服或至少减轻上述缺陷。

3）实用新型内容

本实用新型所要解决的技术问题在于克服上述现有技术中存在的缺陷，而提供一种破碎富含超大粒径漂石地层的刀具呈分层多点布置的盾构刀盘，通过所述盾构刀盘实现锤击劈裂破岩和滚刀挤压破碎。

为解决上述技术问题，一种刀具呈分层多点布置的盾构刀盘包括：

重型撕裂刀，所述重型撕裂刀分别设置在所述盾构刀盘的面板和所述盾构刀盘的辐条上，用于敲击漂石；

双刃盘形滚刀，所述双刃盘形滚刀设置在所述盾构刀盘的面板上，用于挤压破碎漂石；

中心鱼尾刀，所述中心鱼尾刀设置在所述盾构刀盘的中心位置；

刮刀，所述刮刀分别设置在所述盾构刀盘的面板和所述盾构刀盘的辐条上。

所述中心鱼尾刀的高度大于所述重型撕裂刀的高度。

所述重型撕裂刀的高度大于所述双刃盘形滚刀的高度。

所述双刃盘形滚刀的高度大于所述刮刀的高度。

所述盾构刀盘还包括刀盘强化保护刀，所述刀盘强化保护刀沿与所述盾构刀盘同心圆形轨道设置在所述盾构刀盘上。

本实用新型提供了一种刀具呈分层多点布置的盾构刀盘，所述盾构刀盘用于破碎富含超大粒径漂石地层，通过所述盾构刀盘实现锤击劈裂破岩和滚刀挤压破碎。鉴于我国现代化建设的需要，该实用新型具有广阔的市场前景，其推出必然带来良好的经济效益和社会效益。

第21节　盾构机用耐磨板

1. 基本情况

专利类别：实用新型

专利号：ZL 2010 2 0103709.1

授权时间:2010.11.17
专利权人:聊城天工工具有限公司

2. 基本内容

本实用新型为一种盾构机用耐磨板,安装在盾构机的转动刀盘上,主要包括耐磨材料制作的方形板体,板体的外平面上纵向开有闭式槽,该闭式槽在板体上均匀设置、成列分布。闭式槽内分别钎焊长方体形的硬质合金条,该硬质合金条由两块、三块或以上数量的硬质合金柱组成;合金柱组成一体,在耐磨板的板体上形成成列分布的硬质合金,用于保护耐磨板以及转动刀盘。根据不同的地况要求,所述硬质合金条的外露工作面高出耐磨板的外平面,或与耐磨板的外平面持平,如图 4-2-17 所示。

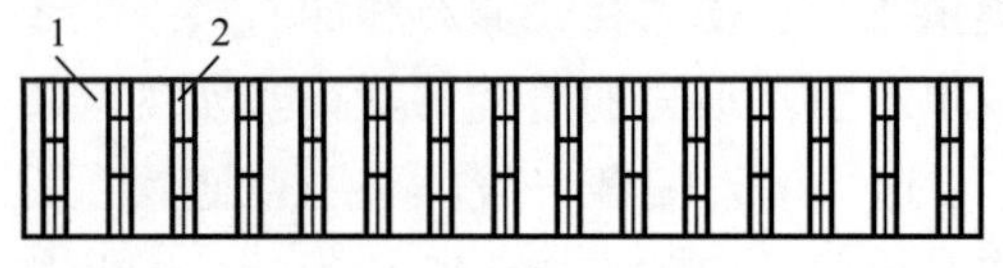

图 4-2-17 盾构机用耐磨板结构示意图
1- 板体;2- 硬质合金条

1)技术领域

本实用新型属于盾构机配件,特别是一种盾构机用耐磨板。

2)背景技术

盾构机用耐磨板属于盾构机的易损配件,安装在盾构机的转动刀盘上,主要起保护刀盘的作用,协同盾构刀完成隧道的开挖、掘进等施工。现在所用的耐磨板,其上散置有小圆柱形硬质合金,由于硬质合金之间存在较大间隙,不利于对耐磨板的保护,使得耐磨板板体磨损严重,使用一定程度后导致硬质合金脱落,造成耐磨板整体报废。

3)实用新型内容

本实用新型的目的在于提供一种结构合理、使用寿命长的盾构机用耐磨板。

本实用新型是这样实现的:

盾构机用耐磨板,主要包括板体,其特征在于:在板体的外平面上纵向开有闭式槽,闭式槽内钎焊有长方体形的硬质合金条。本实用新型采用上述结构后,硬质合金条代替原散置的小圆柱形硬质合金,提高了硬质合金的保护面积,可有效地保护耐磨板,避免耐磨板的磨损,从而保护转动刀盘。具有结构合理、实用性强的效果,耐冲击、耐磨损,有效延长了耐磨板的使用寿命,适于各种复杂地质条件下的盾构施工。

第 22 节 盾构机用先行刀

1. 基本情况

专利类别:实用新型
专利号:ZL 2008 2 0187996.1
授权时间:2008.08.20

专利权人：聊城天工工具有限公司

2. 基本内容

本实用新型为一种盾构机用先行刀（图 4-2-18），属于盾构机配件，主要包括刀体，特点是刀体为方形，刀体顶面左右两端通过开式槽焊接有大合金体，刀体顶面通过内凹槽焊接有略高出刀体顶面的小合金体。一个大合金体首先接触岩土，然后是小合金体，最后是另一个大合金体，对岩土进行处理，可有效代替原有的撕裂刀、耙齿刀以及羊角刀等各种先行刀。大合金体直接接触岩土，避免了岩土对刀体的直接磨损，有效保护了刀体，避免了刀体磨损合金脱落现象的发生。抗磨损，使用寿命长。

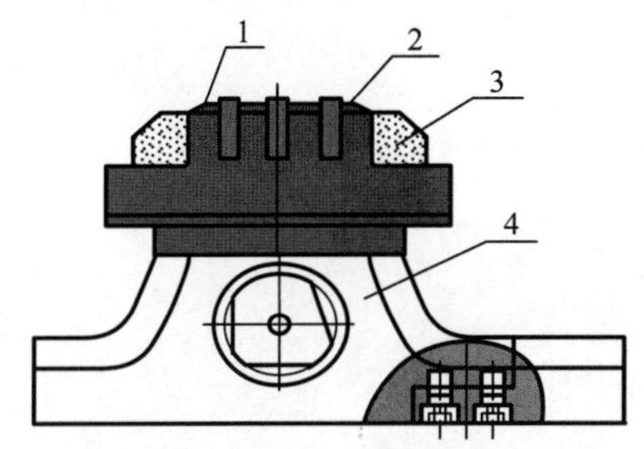

图 4-2-18　盾构机用先行刀结构示意图

1- 耐磨层；2- 小合金体；3- 大合金体；4- 刀体

1）技术领域

本实用新型属于盾构机配件，具体涉及一种安装在盾构机刀盘上的先行刀具。

2）背景技术

盾构机，近年来广泛用于地下工程以及隧道掘进等作业。盾构机的刀盘上设置有刀具，主要是利用刀盘的转动，由刀具对岩土、土层、砂石等进行开沟、碾压、破碎和切削等，从而完成工程掘进。根据工程要求，刀具一般分为刮刀、滚刀和先行刀等。先行刀又根据安装位置以及作用的不同，分为撕裂刀、耙齿刀、羊角刀等。其中撕裂刀是在弧形刀体上开孔焊接多个条状合金，耙齿刀是在耙齿刀刀体上开孔焊接多个条状合金，羊角刀是在羊角形刀体的两个羊角处焊接由多个合金块组成的合金。上述三种刀具都存在着刀体外露，包裹合金易脱落报废现象，使用寿命短、耐磨性能差。

3）实用新型内容

本实用新型的目的在于提供一种耐磨性能高的盾构机用先行刀，代替原有的撕裂刀、耙齿刀以及羊角刀。

本实用新型是这样实现的：

盾构机用先行刀，主要包括刀体，其特征在于：所述刀体为方形，在刀体顶面的左右两端分别设置有一个开式槽，开式槽内焊接有大合金体；两个大合金体之间的刀体顶面上开有内凹槽，内凹槽内焊接有略高出刀体顶面的小合金体。

本实用新型采用上述结构后，在刀体的端部采用大合金体，中间设置小合金体，先由一个大合金体接触岩土，进行前处理，然后通过小合金体对岩土进行再处理，最后由另一个大合金体对岩土进行后处理，保证开沟、破碎等先行作业，可有效代替原来的撕裂刀、耙齿刀以及羊角刀等各种形式的先行刀。由于大合金体的外露，且直接接触岩土，避免了由于刀体磨损合金脱落现象的发生。具有抗磨损、使用寿命长的效果，增大了合金面，提高了刀体的耐磨性能。

第5篇

盾构工程施工工法

第1章　国家级工法

第1节　地铁盾构始发阶段近距离下穿地铁运营线路施工工法

1. 基本情况

工法级别：国家级

工法编号：GJJGF 264—2014

完成单位：中建交通建设集团有限公司

2. 具体内容

1）前言

盾构法施工以其安全、优质、高效、环保、劳动强度低等优点被广泛应用于城市地铁建设中。随着城市轨道交通事业的快速发展，地铁盾构施工穿越既有线路的情况会越来越多，地铁盾构始发阶段近距离下穿地铁运营线路的情况也会时有发生。因此，在盾构始发阶段近距离下穿地铁运营线路在未来的地铁建设过程中将会逐渐成为一种常态。如何尽早建立土压平衡，采取有效措施控制既有隧道结构变形及位移，使盾构隧道安全通过，减少对运营线路的影响，是目前亟须解决的技术难题。

中建交通建设集团有限公司在深圳地铁9号线盾构区间施工过程中，采取自动化监测、运营隧道内动态平衡注浆加固、钢套筒始发、中盾壳体外注浆等组合措施，保证了盾构安全顺利近距离下穿已运营的深圳地铁4号线（龙华线）隧道与深圳地铁3号线（龙岗线）隧道，减少了对社会环境的影响，成功摸索出地铁盾构始发阶段近距离下穿地铁运营线路施工工法。深圳地铁9号线梅村站—上梅林站区间穿越深圳地铁4号线得到深圳卫视等多家媒体的广泛关注，并予以实时报道，同时深圳地铁集团邀请7号线、11号线建设施工方主要负责人现场参观学习，并把此次穿越工程施工作为深圳地铁三期工程下穿既有地铁运营线路的标杆。该工法关键技术为国内首创，经国内外检索及相关专家鉴定，已达到国际先进水平。

2）工法特点

①利用在运营隧道内预先动态对称平衡注浆加固穿越影响段隧道周围的地层，解决了在地面加固占地难、对隧道的影响难以控制、注浆加固效果差等问题。

②首次采用大型钢套筒始发装置，解决了盾构端头不具备地面加固条件或加固效果难以达到设计要求的盾构始发端头土体加固施工难题。盾构机在密闭套筒的保护下始发掘进，密封效果好，盾构一始发就可建立土压平衡，降低了盾构始发近距离下穿地铁运营线路的风险。

③利用盾构中盾的超前注浆孔或盾壳上的径向注浆孔，向盾壳外间隙注入自制低强度凝结时间可调的惰性浆液，阻止了水流通道的形成和上覆土体的下沉，有效控制了既有地铁运营隧道的沉降。

④采用自动化监测技术对既有地铁运营隧道进行监测，监测数据指导隧道内注浆及盾构下穿运营线过程中的各施工参数，有效控制既有隧道结构变形及位移。运营隧道内注浆因其措施直接、见效快的特点，可作为下穿过程中对运营隧道变形及位移控制的应急措施。

⑤本工法采用大型钢套筒始发装置，与原设计方案“端头加固 + 大管棚法”相比，取消了端头加固、降水井和大管棚施工，缩短了工期、降低了造价，保证了施工安全和质量，经济效益、社会效益显著。

3）适用范围

本工法适用于盾构端头不具备加固条件或加固效果难以达到设计要求，盾构机在大型密闭套筒的保护下直接切削混凝土围护结构始发，且始发后立刻需要长距离下穿与之净距较小的既有运营线路的情况。

4）工艺原理

如图 5-1-1 所示，通过在受影响的既有运营隧道内进行注浆预加固，填充既有隧道周边的空隙，切断运营隧道周边可能存在的水流通道，降低受影响的运营隧道管片周边土体的渗透系数，提高周边土体的无侧向抗压强度，降低土体受扰动时产生影响的程度；利用始发套筒，使盾构机在密闭套筒的保护下始发掘进，提前达到土压平衡状态；在盾构机下穿过程中，利用盾构中盾的超前注浆孔或盾壳上的径向注浆孔，向盾壳外间隙注入自制低强度凝结时间可调的惰性浆液，有效填充盾壳与地层间的开挖间隙，控制既有隧道结构变形；整个过程中应做好信息化监测，及时调整施工参数与隧道二次补浆，将既有运营线路的变形量控制在安全和合理区间，增强在施隧道和运营线路的长期稳定性，提高施工质量。

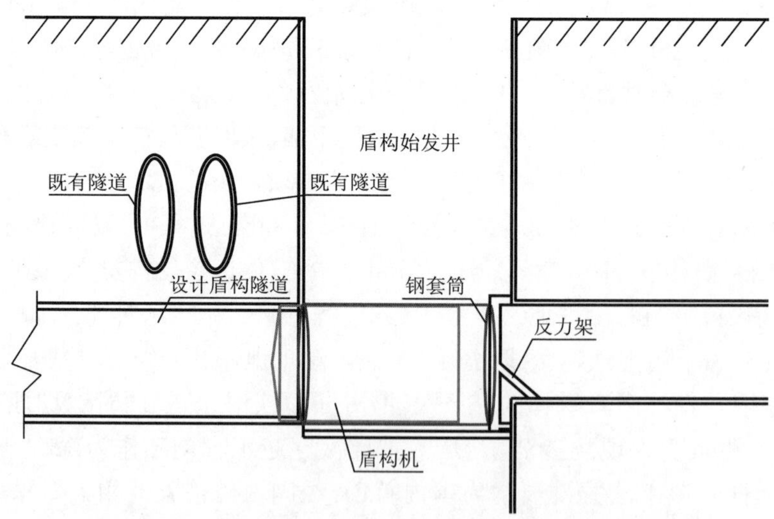

图 5-1-1　盾构始发阶段近距离下穿地铁运营线路施工原理图

5）工艺流程及操作要点

（1）工艺流程

施工工艺流程如图 5-1-2 所示。

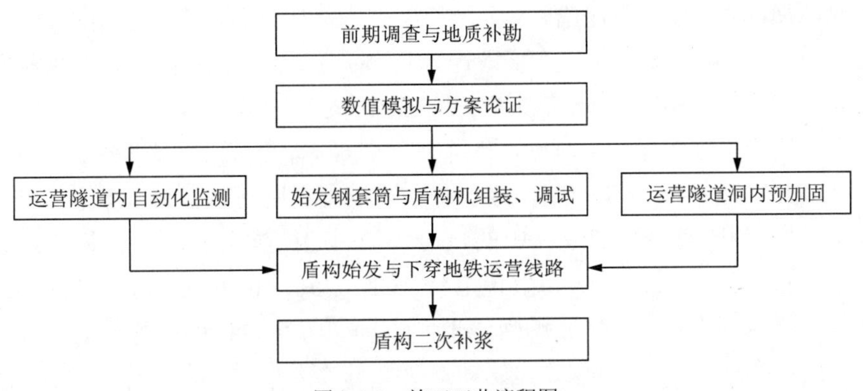

图 5-1-2 施工工艺流程图

（2）操作要点

①前期调查与地质补勘

a. 对既有运营线路下穿影响区域进行前期调查，调查项目包括管片外观质量、管片椭圆度、管片渗漏水、管片背后密实程度、道床轨道现状、轨道平直度及轨面高差，形成报告。

b. 调查地铁线路运营的停止运营时间段、运营高峰期、运营重要时段及非重要时段，将穿越风险最大的时段尽量安排在运营的非重要时段或停止运营时间段。

c. 根据设计详勘情况，适当增加对既有运营线路周边土体的补勘，为既有隧道洞内预注浆、盾构掘进施工提供资料，以优化注浆参数及盾构掘进参数。

②数值模拟与方案论证

a. 为了摸清盾构隧道开挖至不同阶段，既有运营隧道的力学特征与变形模式，采用 ABAQUS 非线性有限元分析软件，结合土压平衡盾构开挖面稳定性及沉降控制的研究结果，进行数值模拟分析，为盾构实际下穿施工提供参考。

b. 通过数值模拟计算，得出盾构开挖对既有线的影响范围、盾构开挖间隙填充材料的性质（泊松比与黏聚力）、填充材料的弹性模量（等效为开挖间隙的充填量）对沉降控制的影响，以及盾构土压力对既有线的影响。

c. 对施工方案可行性进行分析论证，明确既有隧道洞内注浆加固施工参数、始发钢套筒控制要点、盾壳外间隙注浆参数及盾构掘进控制参数，确定实施方案。

③运营隧道内监测点布设

a. 测点布设：

▶ 对新建隧道影响范围内的既有地铁隧道变形采用自动化监测技术，监测隧道变形和管片接缝张开量等，监测点断面布置如图 5-1-3 所示。

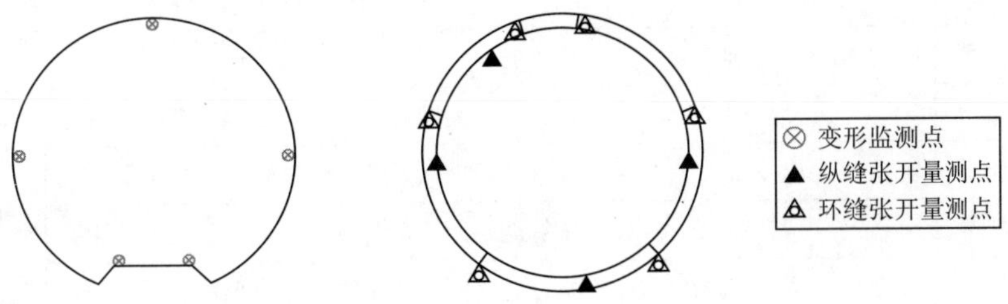

图 5-1-3 地铁隧道自动化监测点断面布置示意图

▶ 在监测断面处还需对相应的线路轨道静态尺寸进行监测，分别监测轨距变化和两轨横向高差变化。

▶ 自动化监测断面间距：通常为在施隧道两侧 50m 范围内的既有线隧道中选择若干监测断面（在距离施工隧道中心 30m 范围内，通常间隔 12m 左右选择一个主测断面，主测断面之间每间隔 4m 左右局部布点加密；在 30 ～ 50m 范围内，主测断面的间距可适当加大），在每个监测断面圆周上设置若干观测棱镜（通常每个主测断面 5 个观测棱镜，即道床 2 个、拱腰 2 个、拱顶 1 个）作为监测点，每个监测区域设置 3 个以上基准点，通过对设置在既有线隧道中轨道道床上的全站仪观测监测点，来实时监测既有线隧道及其中的轨道变形引起的横向和纵向位移变化量，并通过全站仪数据输出端连接的数据采集设备和数传电台，将监测到的位移变化量数据传送到监控中心。下穿地铁运营线路（4 号线）自动化监测断面平面布置如图 5-1-4 所示。

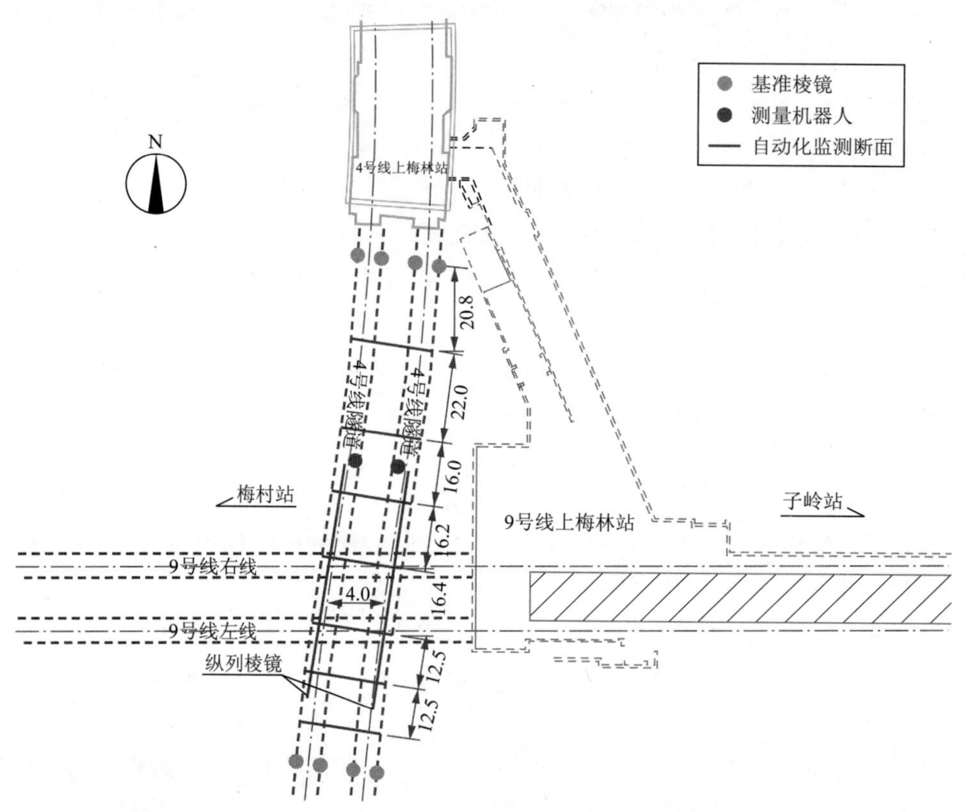

图 5-1-4 下穿地铁运营线路（4 号线）自动化监测断面平面布置图（尺寸单位：m）

b. 监测项目及监测频率：

远程监测项目见表 5-1-1。

远程监测项目汇总表

表 5-1-1

序号	监 测 项 目	监 测 仪 器	监 测 目 的	监 测 频 率
1	既有线结构沉降监测	静力水准仪、自动全站仪	掌握施工期间既有线结构变形情况	一般施工状态：1 次 /60min 施工关键期：1 次 /30min
2	既有线结构缝胀缩监测	测缝计	掌握施工期间既有线结构缝水平变形情况	
3	左右轨道差异沉降监测	电水平尺	掌握施工期间既有线左右轨道变形情况	
4	走行轨轨距变形监测	位移计	掌握施工期间既有线轨道水平距离变化情况	
5	建（构）筑物沉降监测	静力水准仪、自动全站仪	掌握施工期间建筑物沉降变形情况	
6	建筑物倾斜监测	倾角传感器、自动全站仪	掌握施工期间建筑物倾斜变形情况	
7	建筑物裂缝监测	测缝计	掌握施工期间建筑物裂缝发展情况	
8	地下水位监测	液位计	掌握施工期地下水位变化情况	

c. 监测控制标准：

▶ 变形控制标准根据当地地下轨道运营安全的要求确定，隧道绝对沉降量和水平位移量限值为±10mm。

▶ 运营线路轨道静态尺寸容许偏差值为两轨道轨距变形及横向高差 <4mm/10m。

▶ 预警值取控制值的 60%，警戒值取控制值的 80%。

④运营隧道洞内预加固

a. 为了将盾构穿越运营线过程中对运营线的影响控制在合理范围内，在盾构始发前在运营隧道内对影响区的管片周围进行预加固。

b. 在穿越区影响范围区段（施工隧道中心线外 50m）从管片注浆孔注水泥—水玻璃双液浆。在距离施工隧道中心线 10m 范围，可每间隔 2 环对称从管片腰部进行注浆；10 ～ 50m 范围可每间隔 4 环管片从管片腰部注浆孔进行注浆；注浆以压力控制为主，同时结合自动化监测数据并观测注浆管片有无异常。整个注浆以加固稳定管片为主，当管片姿态小于 3mm 的变形量，管片及管片接缝无异常，压力升至 0.25 ～ 0.3MPa 时，停止注浆。

c. 在一个注浆断面上，使用两套注浆设备同时对管片腰部两处注浆孔进行对称注浆。对于渗透性较好的地层，可直接打开注浆孔进行注浆；对于软弱地层及渗透性不好的地层，采用钢花管进行注浆，钢花管的长度 2m 左右。在重叠段钢花管的长度依照打设完钢花管后端部距离刀盘开挖断面 500mm 进行控制，钢管前部 60cm 范围内钻 3 组出浆孔，每组 3 个孔，孔组间距为 20cm。第一次注浆完成后，不拆除注浆管，可利用预留的注浆管进行反复注浆，作为盾构下穿运营线过程中的一项应急措施。

⑤始发钢套筒与盾构机组装、调试

a. 钢套筒设计

如图 5-1-5 和图 5-1-6 所示，整个钢套筒结构由过渡环、筒体、反力架等部分组成。筒体部分长 10900mm，直径（内径）6500mm，分三段，每段又分为上下两半圆。筒体材料用 16mm 厚的 A3 钢板制成。每段筒体的外周焊接纵、环向筋板以保证筒体刚度，筋板厚 20mm，高 150mm，间隔约 550mm×600mm。每段筒体的端头和上下两半圆接合面均焊接圆法兰，法兰采用 24mm 厚的 A3 板，上下两半圆以及两段筒体之间均采用 M30、8.8 级螺栓连接，中间加 3mm 厚橡胶垫。在筒体底部制作托架，托架分 3 块制作，

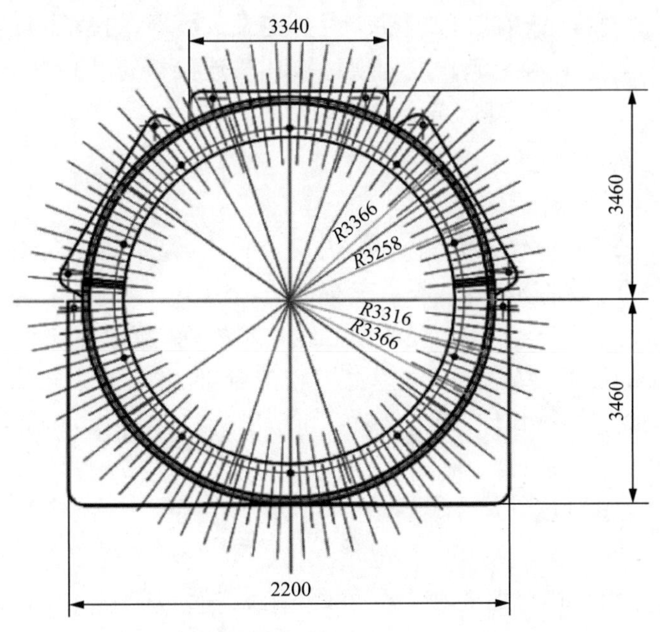

图 5-1-5　钢套筒组装正面示意图（尺寸单位：mm）

之间用螺栓连接。每段又分为3件。托架承力板用24mm厚的A3板，筋板用20mm厚的A3板，底板用24mm厚的A3钢板，底部用200mm×200mm工字钢按“托架图”相应的尺寸焊接成整体。托架与下部筒体焊接连成一体，焊接时托架板先与筒体焊接，再焊接横向筋板，焊接底板和工字钢。托架组装完后，工字钢底边与车站底板预埋件焊接，托架须用型钢与车站侧墙顶紧。

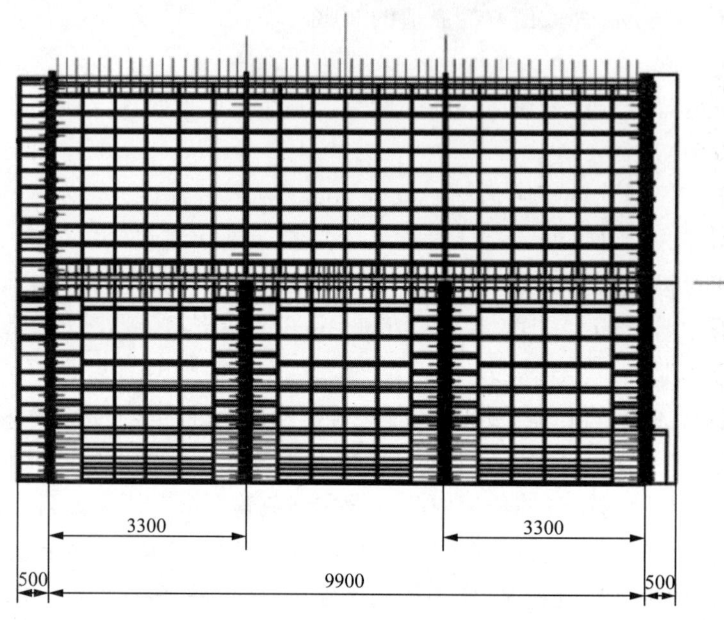

图5-1-6 钢套筒组装侧面示意图(尺寸单位:mm)

b. 洞门检查

钢套筒安装前需对洞门预埋环板进行检查，必要时须进行植筋加固。为防止盾构始发时刀盘切削到连续墙钢筋或工字钢接头，造成刀盘损坏，对洞门圆周一周凿除连续墙的混凝土保护层，露出玻璃纤维筋，确认洞门范围不存在钢筋。如发现凿除混凝土保护层后有存在钢筋的现象，则应对侵入洞门范围的钢筋进行割除，确保盾构始发的安全、顺利。

c. 安装过渡环

根据现场实测洞门上的预埋A板实际平整度，量身定做过渡环，过渡环与A板通过焊接连接，焊缝沿过渡环一圈内外侧满焊，焊缝必须饱满。如出现过渡环与连接板有些地方无法与洞门环板密贴的情况，则在这些空隙处填充钢板并连接牢固，务必将空隙尽可能堵住。在确定洞门环板与过渡板全部密贴后，将过渡板满焊在洞门环板上。

d. 安装钢套筒下半圆和反力架

- ▶ 在开始安装钢套筒之前，首先在基坑内确定井口盾体中心线，也就是钢套筒的安装位置，使从地面上吊下来的钢套筒一次性放到位，不再左右移动。
- ▶ 吊下第一节钢套筒的下半段，使钢套筒的中心线与事先确定好的井口盾体中心线重合，在下半段的钢套筒左右两边的法兰处放好6mm厚的橡胶密封垫，在与第二节的下半部连接过程中，要注意水平位置与纵向位置的一致性，确保螺栓孔对位准确，并用M30的高强螺栓连接紧固。
- ▶ 钢套筒与过渡环采用螺栓连接。
- ▶ 采用盾构始发反力架紧贴钢套筒。

e. 钢套筒内安装钢轨

在钢套筒下方90°圆弧内平均分布安装4根38kg钢轨，钢轨从钢套筒后端铺设至距洞门围护结构2m位置，钢轨两侧通长焊接。为保持盾构机始发时抬头的趋势，靠近洞门端钢轨垫高20mm，盾尾端钢轨不垫高。38kg 钢轨高 134mm，盾尾下方与钢套筒间隙 134mm，盾尾上方与钢套筒间隙 136mm，刀盘下方与钢套筒间隙 154mm，刀盘上方与钢套筒间隙 66mm。

f. 第一次钢套筒内填砂（钢轨之间铺砂、压实）

在钢套筒底部 4 根钢轨之间铺砂并压实（图 5-1-7），每个位置的铺砂高度高出相应钢轨高度 15mm，待盾构机放上后，进一步压实，确保底部砂层提供充足的防盾构机扭转摩擦反力。

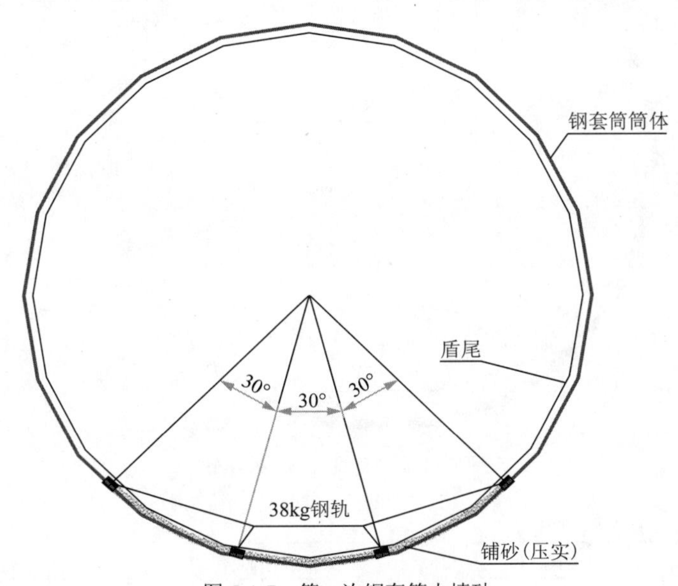

图 5-1-7　第一次钢套筒内填砂

g. 钢套筒内盾构机组装

在钢套筒内进行盾构机主机组装，并与连接桥和后配套台车连接。

h. 安装钢套筒上半圆

盾构机主机组装好后，安装钢套筒上半圆，安装好后，需进行压紧螺栓的调整。检查各部连接处，对每一处连接安装的地点进行检验，确保其连接完好，尤其是对于钢套筒的上下半圆和节与节部分之间连接的检查，还要检查过渡连接板与洞门环板之间的焊接，看是否存在点焊或浮焊，发现隐患，要及时处理。

i. 预加反力

上半圆安装完成后，需进行环梁预加压力螺栓的调整，分别上紧环梁上一周的每个螺栓，上紧时分别采用对角上紧，保证环梁的均匀受力。每根螺栓的压紧力为 54000N（总计反力架的预加反力约为 7.0×10^{6}N），上紧后用锁紧螺母锁住，这样可保证钢套筒在有水压时洞门环板处连接螺栓不受力。上紧的过程中注意检查反力架各支撑是否松动，各段法兰连接螺栓是否松动。

j. 安装负环，盾构机刀盘推进至洞门掌子面

钢套筒、反力架安装完毕，盾构机调试完成后，安装负环、盾构机向前推进至刀盘面板贴近洞门掌子面，但不切削掌子面。第一环负环在盾尾内拼装成型后，通过千斤顶整体向后顶推至紧贴反力架，管片与反力架之间采用螺栓连接。

k. 第二次钢套筒内填砂

盾构机向前推进至刀盘面板贴近洞门掌子面后，向钢套筒内进行第二次填砂（图 5-1-8），本次填砂将整个钢套筒填充满。在填充的过程中适当加水，保证砂的密实。

l. 负环管片壁后注浆

为保证负环管片与钢套筒之前的密封效果，在盾构机刀盘贴近洞门掌子面后，通过靠近反力架两环

管片的吊装孔进行壁后注浆。注浆材料采用惰性浆液，在管片后面形成一道密封防渗环，注浆压力不大于 0.35MPa。管片壁后注浆如图 5-1-9 所示。

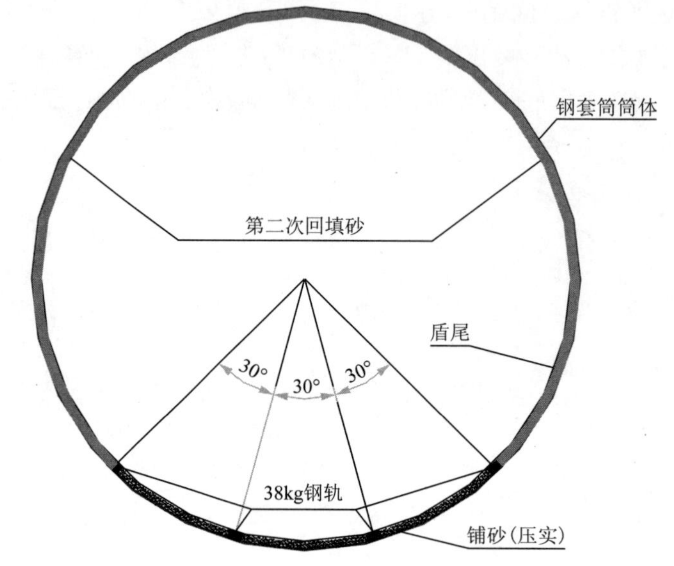

图 5-1-8　钢套筒内第二次填砂

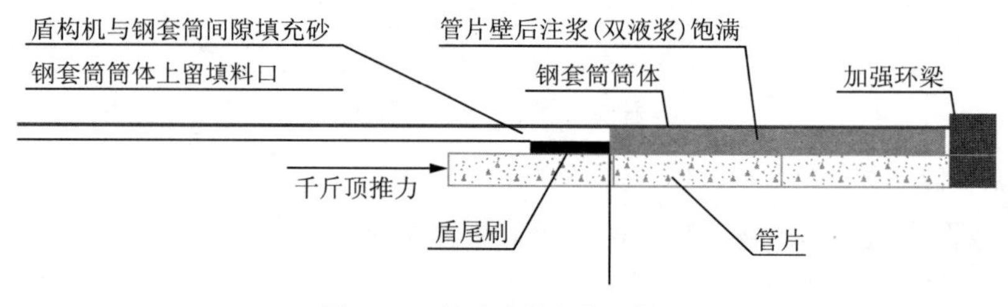

图 5-1-9　管片壁后注浆示意图

m. 钢套筒压力测试

渗漏检测：

▶ 从加水孔向钢套筒内加水，加至满水后，检查压力，如果压力达到 0.3MPa，则停止加水，并维持压力稳定，对各连接部分进行检查，包括洞门连接板、钢套筒环向与纵向连接位置、钢套筒与反力架的连接处有无漏水。

▶ 加压检测过程中一旦发现有漏水或焊缝脱焊情况，必须立即进行卸压，上紧螺栓或重新焊接。完成后再进行加压，直至压力稳定在 0.3MPa 并未发现有漏点时，方可确认钢套筒的密封性。

钢套筒位移检测：

▶ 在盾构机组装过程中要安装各种测量用具，其主要用于测试钢套筒有无变形，以及钢套筒环向和纵向连接位置的位移等。

▶ 在试水、加压测试前，在钢套筒与洞门环板连接的部位分区域安装应变片，在钢套筒表面安装百分表，量程在 3 ～ 5mm，可控制变形量或位移量精度约 0.5mm。在加压过程中，一旦发现应变超标或位移过大，必须立即进行卸压、分析原因，并采取解决措施。

⑥盾构始发与下穿地铁运营线路

a. 盾构施工区段划分

根据盾构穿越运营线的工况特点，将盾构穿越前后 60m 距离划分为 3 个施工控制阶段，即控制段、穿越段和穿越后控制段。控制段是从盾构始发到刀盘距离运营线边 2 环时的区段，穿越段为刀盘距离运营线 2 环至盾尾脱出运营线后 2 环时的区段，穿越后控制段为盾尾脱出运营线后 2 环至盾构施工对运营线近乎没有影响时的区段。

b. 盾构始发掘进

洞门连续墙为 800mm 厚的 C30 玻璃纤维筋连续墙，盾构机在切削连续墙时，推进速度控制在 5 ～ 10mm/min，扭矩不大于 2000kN·m，千斤顶总推力不大于 1.0×10^7N。通过洞门后，速度可逐步提升至 40mm/min 左右，千斤顶总推力逐步调整到（1.5 ～ 2.0）$\times10^7$N。

c. 盾构下穿地铁运营线路施工技术参数

盾构推进速度与土压力设置：采用土压平衡掘进模式，匀速直线掘进。穿越前控制段推进速度 40mm/min 左右，土压力取静止水土压力 ±0.02MPa；穿越控制段推进速度 60mm/min 左右，土压力取静止水土压力 ±0.01MPa；穿越后控制段推进速度 50mm/min 左右，土压力取静止水土压力 ±0.02MPa；实际土压力设定值根据监测数据值进行微调。

中盾同步注浆：

- 在盾构掘进的同时，使用两台可调节流量的泵，通过盾构中盾的超前注浆孔或盾壳上的径向注浆孔，向盾构外壳注低强度、凝结时间可调的浆液，达到填充与止水的目的。该注浆方法根据自动化监测情况，主要在穿越段使用。
- 浆液由两部分组成，分别是特殊膨润土浆液（A 液，膨润土溶液加定量的外加剂），配比为膨润土：水 =1：2；水玻璃液（B 液），配比为水玻璃：水 =1：1。该浆液的弹性模量稍大于上覆土体的弹性模量，泊松比≥ 0.3，注浆压力为 1.1 ～ 1.2 倍的静止土压力。
- 在浆液注入过程中，通过 Y 形注浆头混入 A、B 两种浆液，B 液的注入率为 5% ～ 6%。浆液混合后在 40s 内达到初凝，形成黏性较高且难以稀释的膏状物。

出土量：出土量控制在理论值的 95% 左右，保证盾构切口上方土体能微量隆起，以减少土体的后期沉降量。

盾构姿态控制：在确保盾构正面沉降控制良好的情况下，尽可能使盾构匀速、直线通过，减少盾构纠偏量和纠偏次数。推进时不急纠、不猛纠，多注意观察管片与盾壳的间隙，相对区域油压的变化量随出土箱数和千斤顶行程逐渐变化，以减少盾构施工对既有地铁运营线路和地面的影响。

管片拼装：在盾构进行拼装的状态下，由于千斤顶的收缩，必然会引起盾构机的后退，因此，在盾构推进结束后，不要立即拼装，等待 2 ～ 3min 后，使周围土体与盾构机固结在一起后，再回缩千斤顶，回缩的千斤顶应尽可能少，满足管片拼装即可。拼装过程中，盾构操作人员应注意土压力的变化，必要时通过反转螺旋输送机，维持盾构前方土体平衡。

同步注浆：

- 注浆量：为确保充分填充空隙，注浆量控制在空隙体积的 150% ～ 170%。
- 注浆压力：为保证浆体较好地渗入周围土体中，注浆压力须大于隧道底部的土压力值。而且必须控制在较好的范围之内，保证只是填充而不是劈裂。根据经验，可取 1.1 ～ 1.2 倍的静止土压力，且注浆压力在穿越段适当增大。
- 浆液配比：同步注浆采用惰性浆液，每立方米浆液材料用量见表 5-1-2，适当提高浆液的稠度。实际掘进时在盾构机送浆泵正常运行情况下，应尽可能提高含砂量，减小后期沉降。

同步注浆浆液配合比　　表 5-1-2

材料	水泥（kg）	粉煤灰（kg）	膨润土（kg）	河砂（kg）	水（kg）
配合比（每 m^3 质量比）	100 ～ 150	350 ～ 450	50 ～ 75	600 ～ 700	500

⑦盾构二次补浆

a. 在穿越过程中，当0环为脱出盾尾第3环时，即可开始进行双液浆的二次补浆，注浆可从管片两腰上部注浆孔进行，需“边掘进，边注浆”，务必做到掘进、注浆同步进行，以防浆液抱死盾尾。后期每隔一环随着盾构掘进的同时，双液浆注浆沿隧道方向同步向前施工，注浆压力结合自动化监测情况，且不能超过0.3MPa。

b. 当盾尾脱出运营线后，可在运营线下方的管片上通过注浆孔反复进行双液浆注浆，注浆压力及注浆时间可结合自动化监测进行调整，直到运营隧道稳定。

c. 在整个穿越过程中，在既有线隧道影响范围内，根据隧道变形情况（如沉降或偏移接近7mm），可利用晚间运营间歇时间，采取洞内注浆施工，对运营隧道进行加固抬升及纠偏。

（3）劳动力组织

劳动力组织见表5-1-3。

劳动力组织情况　　表5-1-3

序号	工　　种	人　　数	序号	工　　种	人　　数
1	盾构司机	2	10	龙门吊司机	4
2	拼装手兼工班长	2	11	地面吊装工	6
3	管片工	6	12	搅拌站	8
4	注浆工	2	13	充电工	2
5	电瓶车司机	2	14	综合班	9
6	勤务工	4	15	值班工程师	2
7	看土工	2	16	测量监测人员	12
8	井下吊装工	4	17	工程协调中心	12
9	地面工班长	2		合　　计	81人

6）材料与设备

（1）材料

主要材料见表5-1-4。

主要材料　　表5-1-4

序号	材料名称	规格型号	单　位	数　量
1	水泥	50kg/袋	袋	20t
2	水玻璃		桶	若干
3	催化剂		m^3	若干
4	彩条布	10m×8m	块	5
5	塑料袋		个	50
6	中砂		m^3	60（单台）
7	膨润土		袋	若干
8	粉煤灰		吨	若干
9	裂缝监测贴板		个	若干

（2）设备

主要机械设备见表5-1-5。

主要机械设备　表 5-1-5

序号	名　称	规格型号	数量(每一工作面)	用　途
1	始发套筒		1 套(带液压站)	
2	徕卡 TS30 自动监测机器人		2 台	每条线 1 台,用于自动化监测
3	全站仪	徕卡 TS11-1	1 套	用于常规监测
4	电子水准仪	Trimble DINI12	1 套	用于常规监测
5	圆棱镜		104 个	用于自动化监测
6	数显式收敛计	金坛 YD-SL	1 个	用于常规监测
7	游标卡尺	广陆 150	1 个	用于常规监测
8	手电筒		3	照明
9	管钳		3	拧固注浆头
10	电钻		3	
11	对讲机		若干	各方联络(以实际情况为准)
12	输送小车		3	输送水泥
13	二次注浆机		4	注浆
14	高压注浆管		若干	输送浆液(以现场实际情况为准)
15	注浆三通接头		5	连接注浆头

7)质量控制

①建立健全质量管理制度和质量保证体系,并认真贯彻执行。

②详细调查施工中可能存在的质量隐患,有针对性地制定切实可行的保证措施。

③对进场的物资、设备等严格进行质量检验与评定,禁止使用不合格品。

④施工前,根据浆液配合比进行试验检测,测试浆液配合比的强度。

⑤始发套筒必须与周围结构连接牢固,并确保钢套筒与洞门预埋钢环间的密封性。在反力架和环梁之间设置预压力螺栓,通过预压力螺栓对钢套筒施加预压力,使钢套筒顶紧洞门环板。

⑥如果出现钢套筒本体连接端面法兰处出现变形量较大时,要立即采取加强措施,在变形量较大处补加加强肋板,加强肋板可利用现场钢板制作。

⑦钢套筒、反力架制造前进行严格的受力计算;钢套筒靠近反力架端设置加强环梁;盾构始发掘进前进行对安装好的成套装置进行压力测试,压力测试合格后,方能进行盾构始发掘进。

⑧对钢套筒与洞门环板连接处和反力架进行监测,对钢套筒本体的连接处、筒体进行观测,根据可能出现的不同情况采取针对性措施。

⑨盾构下穿既有地铁隧道施工严格采用土压平衡模式,土仓压力波动不超过 ±0.01MPa,严格控制出土量,不允许超挖,施工保持连续均匀掘进,不宜太快。

⑩注浆前,通过注浆孔取出管片后的土体,观察土体状态;注浆完成后,同样通过注浆孔取出注浆后的土体进行观察,从而判断注浆效果。

8)安全措施

①建立健全施工现场安全管理规章制度、安全监控网络和安全保证体系,并认真贯彻执行。

②详细调查施工中可能存在的安全隐患,有针对性地制定切实有效的防护措施。

③严格控制进场物资、设备等的质量，并对物资、设备等及时报废，杜绝安全隐患的存在。

④针对现场施工所用机械设备，制定安全操作规程，并实时进行维护保养和检修，确保其处于良好的工作状态。

⑤设置专职安全员和现场责任工程师，实时监督操作人员严格执行操作规范和安全技术交底工作，严禁违章指挥或违章操作。

⑥有关各方应成立联合指挥、协调机构，及时处理异常情况。

⑦盾构下穿施工尽可能安排在既有地铁隧道非运营时间段进行。

⑧当注浆管道内的压力未降至零时，严禁拆卸管路。

9）环保措施

①建立健全施工现场环保管理规章制度，并认真贯彻执行。

②详细调查施工中可能存在的影响环境因素，有针对性地制定切实可行的保护措施。

③对主要噪声源，如吊车等采用有效的吸音、隔音材料施作封闭隔声屏。同时，夜间施工严禁大声喧哗，装卸物料及码放时轻拿轻放，最大限度地减少噪声扰民。

④注浆结束应及时按盾构操作规程，将注浆设备及管路清洗干净。在注浆过程中被浆液污染的地点，要及时清理、清洗。

10）效益分析

①通常下穿地铁运营线，地面加固施工成本约 300 万元，管棚施工成本约 70 万元，且加固及管棚施工过程中可能对运营线路造成不利影响。采用本工法下穿地铁运营线路，在地铁运营线隧道内动态平衡注浆预加固施工成本约 70 万，采用中盾壳体外注低强度浆液及采用始发套筒施工成本约 120 万，而且始发钢套筒可以重复利用。两者相对比，本工法约为通常施工成本的 51.4%。

②从工期上来说，因为运营线隧道内的动态平衡注浆，可在盾构下井前完成，不占用盾构施工时间，所以对比通常下穿运营线的施工方法（地面加固及管棚施工），工期上能提前约 1 个月。

③采用自动化监测、运营隧道内动态平衡注浆加固、钢套筒始发技术、中盾壳体外注浆等组合措施施工，缩短了施工工期，降低了施工成本，保证了地铁盾构始发阶段近距离下穿地铁运营线路施工安全，大大降低了施工对社会造成的不利影响，经济效益、社会效益和环境效益显著。

11）应用实例

（1）深圳地铁 9 号线 BT 项目 9103 标段上梅林—梅村区间

①工程概况

深圳地铁 9 号线梅村站—上梅林站区间隧道与深圳地铁 4 号线隧道基本正交，在 9 号线左线交叉点处（北），4 号线右线外缘距离 9 号线上梅林站基坑为 16.7m；在 9 号线右线交叉点处（南），4 号线右线外缘距离 9 号线上梅林站基坑为 19.1m，如图 5-1-10 所示。正在运营的 4 号线位于上梅林站西侧，中康路下方，为外径 6m 的盾构隧道。隧道拱顶覆土约 8.5m，轨面标高 9.048m，其隧道围岩为⑥$_1$ 可塑状砂砾质黏性土及⑥$_2$ 硬塑状砂砾质黏性土。9 号线右线隧道与 4 号线隧道上下净距仅为 2.497m（盾构刀盘距离 4 号线隧道底部 2.397m）；9 号线左线隧道与 4 号线隧道上下净距为 3.108m（盾构刀盘距离 4 号线隧道底部 2.968m），夹层地质为⑥$_2$ 硬塑状砂砾质黏性土层，9 号线隧道围岩主要为⑥$_2$ 硬塑状砂砾质黏性土及 11$_1$ 全风化混合岩。

图 5-1-11、图 5-1-12 分别为 4 号线隧道与 9 号线右线、左线关系剖面图。

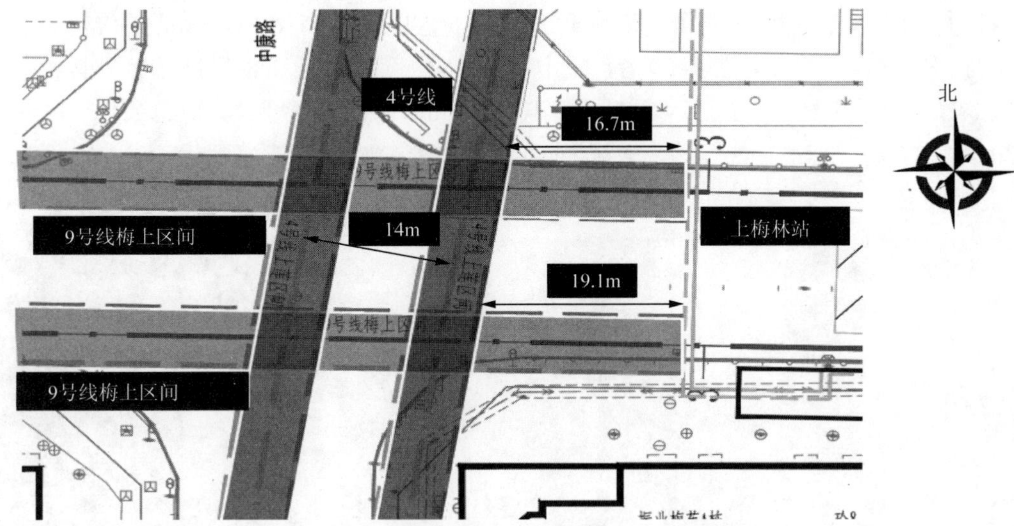

图 5-1-10　4 号线隧道与 9 号线线路关系平面图

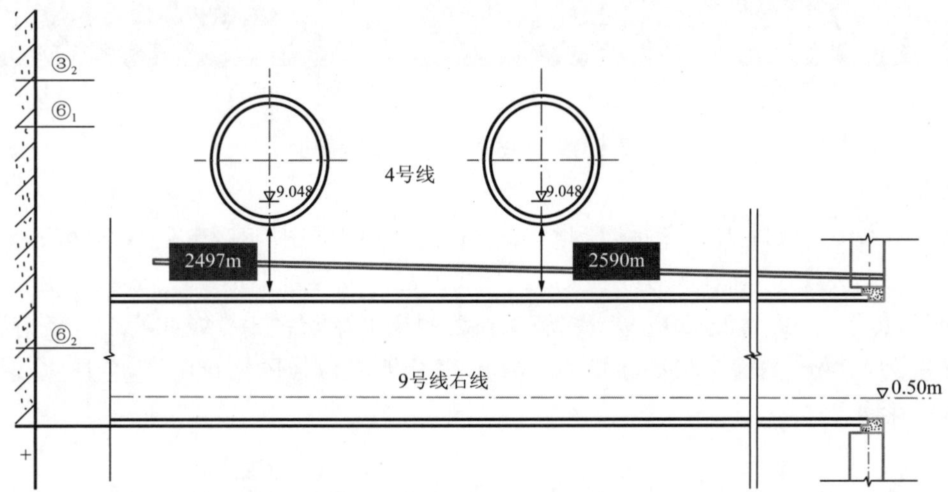

图 5-1-11　4 号线隧道与 9 号线右线关系剖面图(尺寸单位:mm)

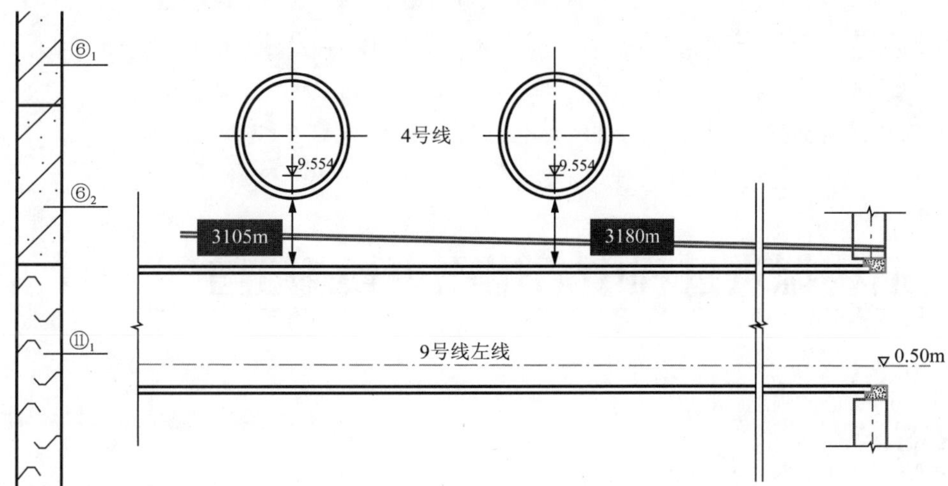

图 5-1-12　4 号线隧道与 9 号线左线关系剖面图(尺寸单位:mm)

②施工情况

在深圳地铁 9 号线梅村站—上梅林站盾构区间施工过程中,中建交通建设集团有限公司成功应用地铁盾构始发阶段近距离下穿地铁运营线路施工工法（图 5-1-13、图 5-1-14），保证了盾构始发阶段安全顺利近距离下穿深圳地铁 4 号线（龙华线）运营隧道。其中，区间右线施工使用维尔特盾构机，于 2014 年 11 月 14 日～ 11 月 17 日完成下穿，过程中最大沉降 7.00mm，最终沉降 3.70mm；区间左线使用海瑞克盾构机，于 2014 年 12 月 12 日～ 2014 年 12 月 15 日完成下穿，施工过程中最大沉降 6.28mm，最终沉降 3.00mm。

图 5-1-13　始发钢套筒装置

图 5-1-14　既有 4 号线隧道内管片壁后注浆

（2）深圳地铁 9 号线 BT 项目 9104-3 标段园岭站—红岭站区间

①工程概况

深圳地铁 9 号线 BT 项目 9104-3 标段园岭站—红岭站区间采用盾构法施工，从园岭站始发，沿红岭中路南下到达红岭站接收，与既有 3 号线正交。3 号线为已建成运营中地铁线路，列车运行频率高，人流量大，营运时间为每天 6:30 至 23:30。9 号线施工需近距离下穿既有 3 号线红岭站—老街站区间，3 号线距红岭站基坑为 8.14m，两隧道最小净距为 1.61m，夹杂地层为强风化花岗岩、全风化花岗岩、中风化花岗岩及微风化花岗岩。

②施工情况

在 9 号线园岭站—红岭站盾构区间施工过程中，中建交通建设集团有限公司应用地铁盾构始发阶段近距离下穿地铁运营线路施工工法，保证了盾构安全顺利近距离下穿 3 号线（龙岗线）红岭—老街区间运营隧道。其中，区间左线施工使用海瑞克 S292 盾构机，于 2015 年 2 月 10 日～ 2 月 12 日完成下穿，最大沉降 3.3mm；区间右线使用海瑞克 S472 盾构机，于 2015 年 5 月 25 日～ 2015 年 5 月 29 日完成下穿，最大沉降 5.6mm；由于沉降叠加，最终沉降 5.8mm，位于右线中心线靠左线 4.5m 处。

第 2 节　盾构掘进过程中盾尾刷更换施工工法

1. 基本情况

工法级别：国家级

工法编号：GJEJGF 263—2012

完成单位：中建交通建设集团有限公司

2. 基本内容

1）前言

随着我国城市建设的发展，地下轨道交通工程日益增多，隧道的盾构推进距离越来越长。但是，盾构在经过长距离连续推进或由于手涂油脂涂抹质量、首次油脂填充量、同步注浆压力控制、同步油脂注入控制及盾尾间隙等质量控制不到位或操作不当因素，可能导致盾构两道盾尾刷间腔体内进入壁后注浆浆液，固化后引起盾尾刷的异常磨损，从而导致盾尾密封失效。为了保证盾构推进工作安全、顺利进行，就必须对受损的尾刷进行更换。

在沈阳地铁 1、2 号线盾构区间施工过程中，盾构机因盾尾刷受损而发生渗漏，严重影响盾构掘进施工。由于盾尾刷始终位于管片背后，而且水文地质条件复杂，在隧道内更换盾尾刷困难。中建交通建设集团有限公司依靠公司内部科技力量，根据日系盾构的特点，创新研制出一种盾构掘进过程中盾尾刷更换的施工工法，为国内首创，经国内检索和相关专家鉴定，该工法已达到国内领先水平。

2）工法特点

（1）通过从盾尾间隙调整环管片的吊装孔向管片背后注入化学浆，对盾尾进行封堵止水，可快速、有效地解决盾尾密封问题，避免因注浆量及注浆压力不足、地下水流失严重而引发的地面过大沉降、隧道内涌水等事故的发生。

（2）通过采用盾构机千斤顶进行整环管片的推拉，从而完成盾尾刷的更换，充分利用盾构施工中的现有机械，所需辅助措施少，仅需设置支撑隔离管片环的内支撑结构，因此，本工法具有操作简单、成本低的特点。

（3）通过在隔离管片环内设置内接的多边形支撑结构，确保了隔离管片环的椭圆度，保证了施工过程中管片环的整体性和安全性。

（4）由于隔离管片环是整环拉出，如遇紧急情况，可整环推回，从而有效保证施工安全。

（5）盾尾刷更换作业空间相对较大，易于保证更换质量。

3）适用范围

本工法适用于各种类型的盾构机在掘进施工过程中由于盾尾刷密封失效后需及时更换盾尾刷的情况，尤其适用于由于所选用盾构机的管片拼装机不能使管片直接拼装覆盖盾尾刷区域的情况，如图 5-1-15 所示。

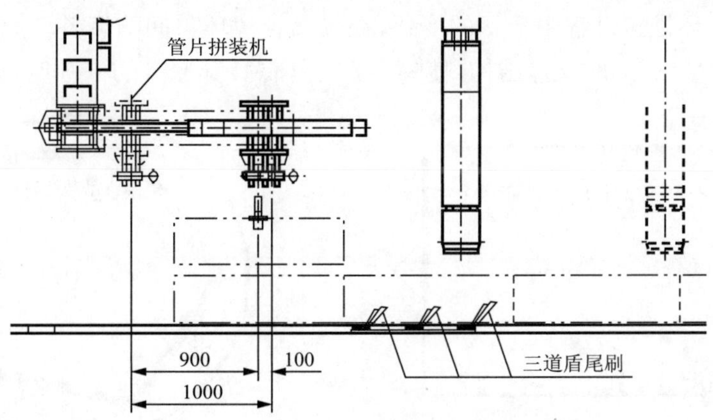

图 5-1-15　管片拼装机与盾尾刷的位置示意图（尺寸单位：mm）

4）工艺原理

根据盾构机及隧道结构特点，充分利用施工中的现有机械，将隔离管片环（当前环）推到拼装缝位于第二、第三道盾尾刷之间位置后停止，然后利用间隙调整环（上一环）管片上的吊装孔向第三道盾尾刷后部注入化学浆液止水，再在隔离管片环内部设置好内支撑结构后，利用盾构推进千斤顶将隔离管片环拉回，暴露出第一、第二道盾尾刷，最后在无水的状态下完成第一、第二道盾尾刷更换。

5）施工工艺流程及操作要点

（1）施工工艺流程

施工工艺流程如图 5-1-16 所示。

（2）施工操作要点

①施工准备

a. 调整盾构机姿态及盾尾间隙，使它们达到较好状态后，拼装间隙调整环管片，拼装完成后推出，推至推进千斤顶伸至最大量。

b. 向盾尾、刀盘前方注入一定量的黏稠膨润土浆，做好盾构机停机前的准备工作。防止后方注入化学止水浆液、二次补浆时，浆液包裹盾体或进入刀盘范围，从而影响盾构机的再次启动。

c. 在盾尾壳体水平腰线及以下，均匀布置不少于 5 根圆钢垫铁（图 5-1-17），用以减少隔离管片环推拉过程中的摩擦力。

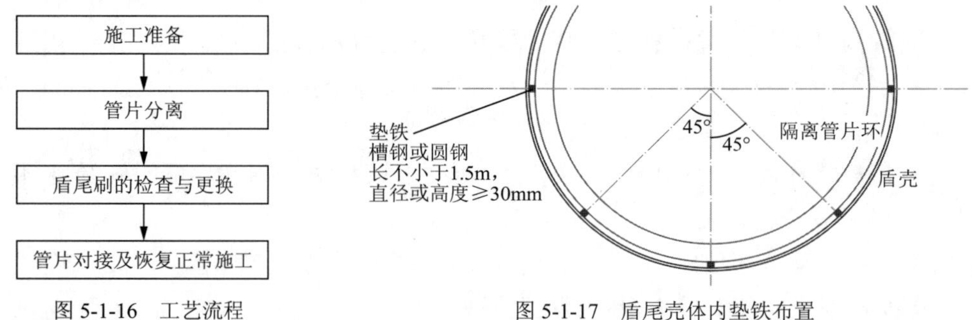

图 5-1-16　工艺流程

图 5-1-17　盾尾壳体内垫铁布置

d. 拼装隔离管片环管片。

e. 将隔离管片环推出，将拼装缝推至第二、第三道盾尾刷之间的位置后停止。

f. 采用化学浆液，对间隙调整环一周进行注浆封堵，确保第三道尾刷后部的止水效果，盾尾化学浆止水位置如图 5-1-18 所示。同时对后 10 环管片进行二次加强补浆，以控制地表沉降。

g. 为减少隔离管片环推拉过程中形状的变化，在隔离管片环与间隙调整环分离前，在隔离管片环的吊装螺栓之间焊接支撑型钢，形成支撑结构，使隔离管片环保持其原有的椭圆度，如图 5-1-19 所示。

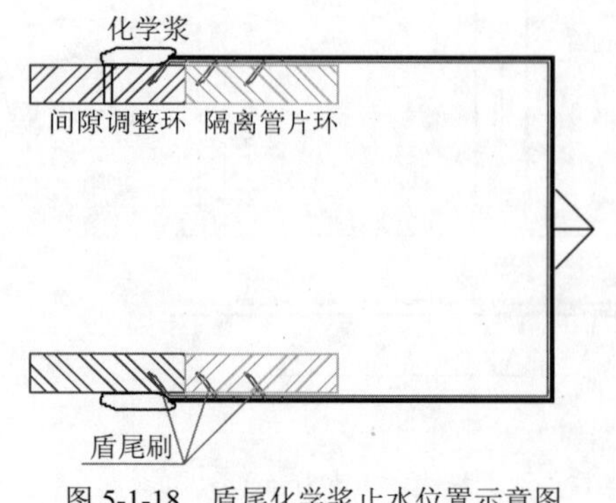

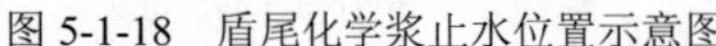
图 5-1-18　盾尾化学浆止水位置示意图

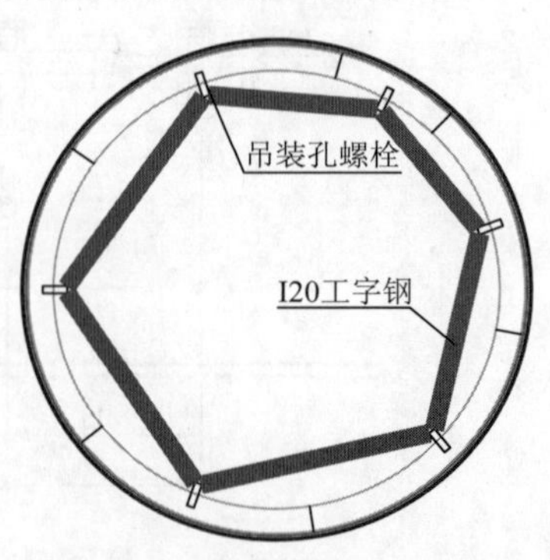

图 5-1-19　隔离管片环内支撑示意图

h. 加强地面监测及巡视频率，做好盾构机长时间停机及隧道涌水、地面沉降大的应急准备。

②管片分离

a. 在做好以上准备工作后，开始进行管片分离。

b. 在上下左右均匀选取4个伸缩速度一致的千斤顶。采用相同长度的钢丝绳穿过隔离管片环上的管片螺栓孔，将隔离管片环固定在千斤顶上，钢丝绳两端通过卡环连接固定。

c. 拆除隔离管片环与间隙调整环管片连接螺栓，然后均匀、缓慢地将隔离管片环拉至第一道盾尾刷露出，如图5-1-20所示。

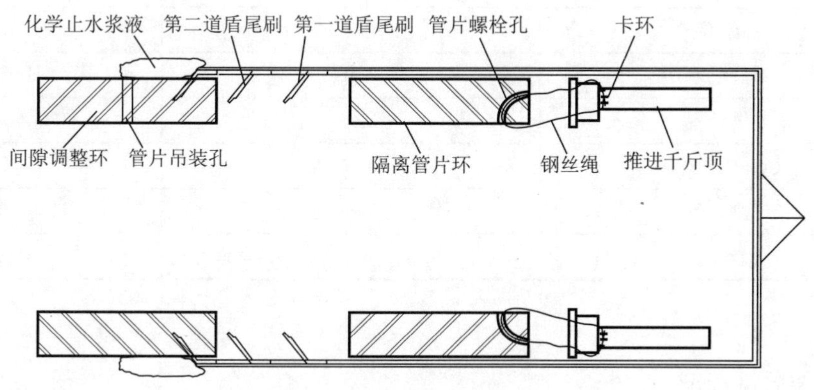

图5-1-20　管片分离示意图

d. 在分离过程中，要随时检查管片环间间隙的均匀，防止因偏转后受力不均造成管片破损。

③盾尾刷的检查与更换

a. 隔离管片环与间隙调整环管片分离后，进行盾尾刷检查、清理工作。

b. 切除磨损严重的盾尾刷并进行更换。

c. 更换完成后进行手涂油脂作业。

④管片对接及恢复正常施工

a. 盾尾刷更换完毕后，将隔离管片环向后推与间隙调整管片环连接，推进过程中采用左、右、下三个推进千斤顶均匀推出，顶部千斤顶跟随管片前进，上部剐蹭壳体时进行加力，保持稳定。

b. 推动过程中，每移动200mm，要测量前后两环管片螺栓孔的对准情况；当前后两环管片间距有100mm左右时，将16条纵向管片连接螺栓提前穿上，再将管片顶到实际安装位置，如有少量偏差，可以用锤将管片螺栓轻轻打进去，上紧螺栓，管片安装完成。

c. 拆除隔离管片环内的支撑型钢，恢复盾构正常施工。

6）材料与设备

①材料

a. 化学止水浆液，主要成分为水玻璃、Gs剂、P剂、H剂、C剂，各项指标应符合国家标准，并附有出厂质保单。

b. 二次补强浆液，为盾构施工同步注浆用双液浆，主要成分为水泥、水玻璃、粉煤灰、膨润土和水，各项指标应符合国家标准，并附有出厂质保单。

c. 长度不小于1.5m、直径不小于30mm的槽钢或5根圆钢，用于盾构壳体内垫铁。

d. 选用普通吊装钢丝绳，用于管片分离。

e. 选用I20工字钢，用于隔离管片环内支撑制作。

f. 选用2t卡环，用于钢丝绳连接。

g. 选用90手涂盾尾油脂。

②设备

主要机具设备详见表 5-1-6。

主 要 机 具 设 备　　表 5-1-6

序号	设 备 名 称	设 备 型 号	用 途
1	污水泵	80JYWQ50	隧道内抽污水
2	泥浆泵	TBW850/50	抽泥浆
3	通风机	SDFN0.6.5	作业面处通风
4	注浆泵	KBY-50/70	止水注浆
5	导链	3t	支撑拉结
6	气爆设备	—	割尾刷
7	CO_2 保护焊	KR500A	尾刷焊接
8	气割设备	—	型钢切割
9	钢丝绳	—	管片回拉

7）质量控制

（1）盾尾刷安装质量标准

盾尾刷安装允许偏差见表 5-1-7。

盾尾刷安装允许偏差　　表 5-1-7

序号	项　　目	允许偏差(mm)	检 验 方 法	检 查 频 率
1	高度偏差	<2	定位时尺量	1 点 /5 块
2	间隙	<2	定位时尺量	1 点 /5 块

（2）管片拼装质量控制标准

隔离管片环、间隙调整环在对接前主要根据间隙调整环成型质量，控制隔离管片环拼装质量，确保两环能够顺利对接。管片拼装质量除执行现行相关规范外，还应增加管片旋转角偏差，其检验标准见表 5-1-8。

管片拼装允许偏差　　表 5-1-8

序号	项　　目	允许偏差(mm)	检 验 方 法	检 查 频 率
1	衬砌环直径椭圆度	$\pm 5‰ D$	尺量后计算	4 点 / 环
2	隧道圆环平面位置	±50	用经纬仪测中线	1 点 / 环
3	隧道圆环高程	±50	用水准仪测高程	1 点 / 环
4	相邻管片的径向错台	5	用尺量	4 点 / 环
5	相邻环片环面错台	6	用尺量	1 点 / 环
6	管片旋转后纵向螺栓孔错位	±10	拉线或经纬仪	1～2 点 / 环

注：D 指隧道的外直径，单位：mm。

（3）质量控制要点

①调整好盾构机姿态，在盾尾刷更换前，上下左右盾尾间隙要大致相等。

②检查化学浆液止水效果，保证盾尾刷更换作业无水施工。

③管片分离作业时，要均匀、缓慢地将管片拉出，要用米尺随时检查分离管片环间间隙，避免因管片受力不均造成破损。

④隔离管片环内支撑要焊接牢固，保证管片椭圆度。

⑤做好盾尾刷更换技术交底工作，保证盾尾刷更换施工质量。

⑥管片对接施工过程中，应严格控制盾尾间隙的均匀性，防止管片及盾尾刷损坏。

8）安全措施

①进行管片分离前，在间隙调整环管片上打孔，确定盾尾注浆止水效果，确认无水，方可分离管片。

②管片分离过程中，管片支撑范围内严禁站人，防止由于管片分离过程中，千斤顶回缩速度不均，导致支撑脱焊坠落伤人。

③隧道内二次补浆、地面注浆设备处于 24h 待命状态，可随时进行施工。

④隧道内除既有排污管路、排污设备外，可将膨润土管路作为临时排污应急使用，同时多配备两套排污设备。

⑤准备好足够的防火布、灭火器等消防器材，电气焊作业须符合相关规定，作业人员配备防毒口罩，作业范围内的管路、电缆等须有防火措施。

⑥盾构掘进、管片拼装、洞内注浆止水、隧道内水平运输等须符合正常安全技术要求。

⑦隧道内备好通风设备，定期检测洞内空气质量浓度。

⑧备好大功率水泵，并确认连接完好、可以随时使用。

⑨注浆止水设备配备齐全、完好，作业人员坚守岗位，保证随时可以进行注浆处理。

⑩对盾构停机影响范围内地表进行 24h 监控，并安排专人对路面进行巡视，发现异常情况，及时采取有效措施。地面巡视人员与项目值班人员保持通信畅通，并在现场准备好足量的砂土，备好铲车、运输车等机械设备。

9）环保措施

①在施工过程中，严格遵守国家和地方政府下发的有关环境保护的法律、法规和规章，加强对施工废水、弃渣的控制和治理，遵守有防火及废弃物处理的规章制度。

②废水按环境卫生指标进行处理达标后，按环保要求的指定地点排放。

③焊接作业过程中，加强通风，保证作业空气质量。

10）效益分析

完好的盾尾刷是盾构隧道注浆质量、防水质量、管片拼装质量以及地表沉降控制质量的保证。盾尾刷一旦磨损严重，会引起盾构漏水、漏浆，可采用加大油脂注入量、减小注浆压力、漏浆处用棉被堵塞、后方及时进行二次补浆等措施解决，但会严重影响施工进度，造成重大施工隐患。根据盾尾刷磨损及地下水位的不同，每环成本增加 2000 ～ 3000 元。盾构掘进过程中盾尾刷更换施工工法提供了一种盾尾刷更换方法，该工法充分利用盾构施工中的现有机械，操作简单、成本低、安全性高，具有良好的社会效益和经济效益，为盾构长距离掘进的施工提供了技术保障。随着国内长隧道、过江隧道、过河隧道数量的不断增多，推广应用前景广阔。

11）应用实例

（1）沈阳地铁 1 号线一期工程土建施工第 9 标段太原街站—南市站区间工程

①工程概况

沈阳地铁 1 号线一期工程土建施工第 9 标段太原街站—南市站区间工程位于沈阳市和平区，起点为太原街站，终点为南市站，右线全长约 1029m，左线全长约 1018m，区间地层主要为砂卵石地层。施工使用 1 台日本石川岛盾构机从太原街站右线始发掘进至南市站，然后在南市站内调头后掘进区间左线回至太原街站。区间右线于 2007 年 5 月 20 日始发，2007 年 12 月 2 日完成。区间左线于 2008 年 1 月 14 日始发，2008 年 5 月 31 日完成。

②施工情况

在沈阳地铁 1 号线 9 标太原街站—南市站区间左线施工过程中，盾构机因盾尾刷受损而发生渗漏，严重影响盾构掘进施工。由于本区间使用日本三菱盾构，其拼装机管片抓举头所到最远位置只能使管片到达第一道尾刷根部，管片不能直接拼装覆盖尾刷区域。考虑到对现有拼装机进行改造的工期长、造价高，且需要结构受力计算等因素，采用管片成环后拉出的方法进行盾尾刷更换，2008 年 3 月 31 日～ 2008 年 4 月 15 日，历时 16 天，成功完成了尾刷更换工作，研制出一种盾构掘进过程中盾尾刷更换的施工工法。

（2）沈阳地铁 2 号线一期工程土建施工第 2 标段新乐遗址站—北陵公园站区间

①工程概况

沈阳地铁 2 号线 2 标新乐遗址站—北陵公园站区间，左线盾构于 2009 年 12 月 30 日始发，2010 年 7 月 6 日完成。2010 年 4 月在掘进至 465 环时由于尾刷异常磨损，盾尾处漏水、漏浆严重（图 5-1-21），同步注浆浆液损失量达到一半（1 ～ 1.5m^3），出现盾尾大量涌水现象（图 5-1-22），并在加大盾尾油注入量（1 ～ 2 环 / 桶，正常使用量为 4 ～ 6 环 / 桶）时状况无改观，据以上现象判断盾尾刷已损坏，必须更换。盾尾刷磨损严重如图 5-1-23 所示。

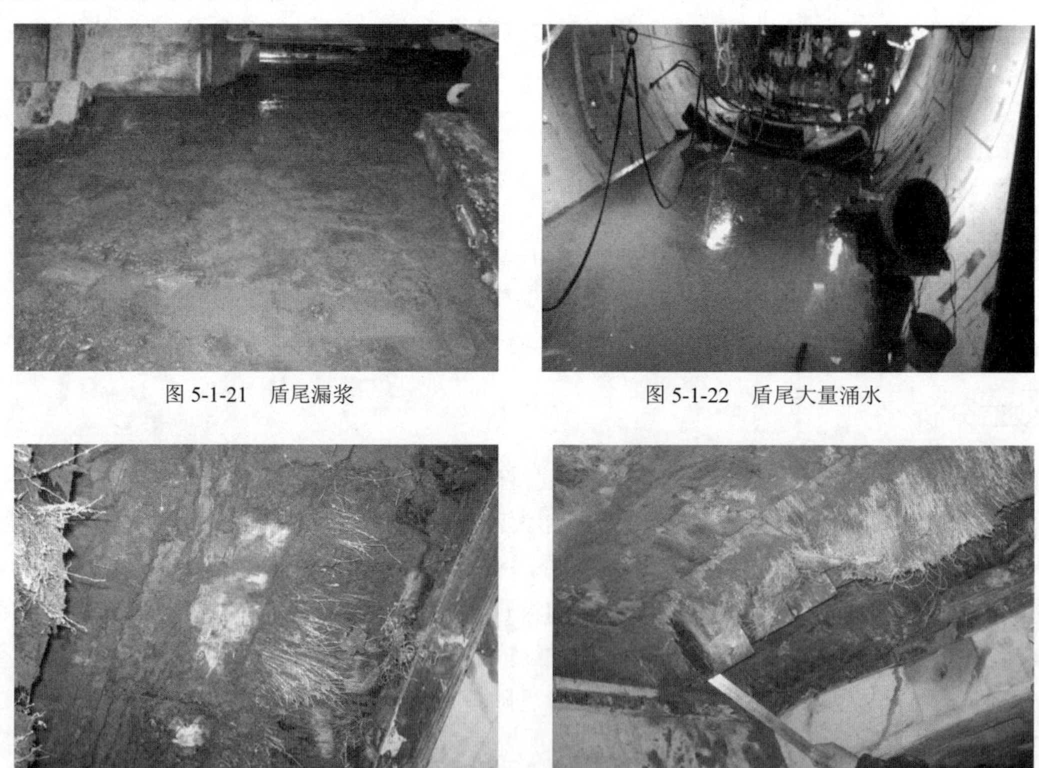

图 5-1-21　盾尾漏浆

图 5-1-22　盾尾大量涌水

图 5-1-23　盾尾刷磨损严重

②施工情况

2010 年 4 月 18 日，开始进行盾尾刷更换工作准备，历时 6 天，于 2010 年 4 月 23 日成功完成了盾构掘进过程中盾尾刷更换工作。盾尾刷更换如图 5-1-24 和图 5-1-25 所示。

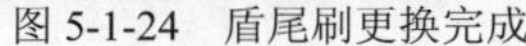

图 5-1-24　盾尾刷更换完成

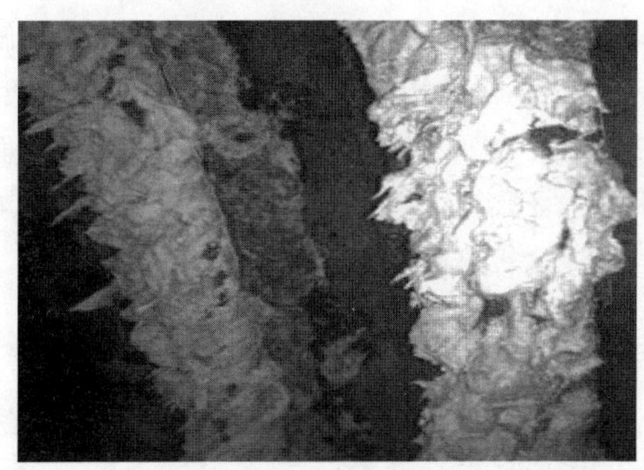

图 5-1-25　油脂手涂完成

盾尾刷更换后盾尾油脂注入压力由原来的0.25MPa恢复到0.5MPa，无油脂挤出现象；盾尾注浆压力由更换前的0.05MPa恢复到0.25MPa，无漏浆现象。尾刷的更换有效解决了漏浆问题。从地面沉降监测结果分析，随着注浆压力的提高，盾尾注浆量增大，从而有效填充了盾尾退出空间，控制了地表沉降。由此可见，盾尾密封止水、止浆效果良好，满足盾构掘进施工要求。

第3节　车站风道下井盾构始发施工工法

1. 基本情况

工法级别：国家级

工法编号：GJEJGF 218—2010

完成单位：中建市政建设有限公司；浙江勤业建工集团有限公司

2. 具体内容

1）前言

目前，国内修建地铁的城市日益增多，盾构法在城市地铁隧道施工中的应用也日益广泛。因此，在城市中心区繁华地段修建盾构区间隧道，在线路正上方预留盾构吊装口进行始发施工已不能满足环境要求。为避免干扰城市交通、降低对周围环境的影响，沈阳地铁南京街站—南市站和南京街站—沈阳站盾构区间施工时，在南京街站（盖挖车站）采用车站风道下井、始发的施工方式，成功探索出车站风道下井盾构始发施工工法，为国内首创，经国内外检索和相关专家鉴定，该工法技术已达到国际领先水平。

2）工法特点

（1）首次利用车站风道进行盾构下井、组装、始发，解决了繁华街道难以设置盾构始发竖井的难题，保护了环境，拓展了盾构工法的适用范围。

（2）与常规利用始发线路正上方的地面吊装口下井方式相比，避免了对城市繁华地段主干道路交通的干扰。

(3)首次采用双层双向(垂直)移动托架法,实施盾构机后配套车架自风道吊装口下井后的平移。与常规采用液压泵站平移相比,缩短了施工工期,降低了施工成本。

(4)整个施工过程提前通过 AutoCAD 软件精确模拟,清晰、直观。

(5)采用 Y 形道岔进行独特的车站风道式盾构始发施工的进料、出渣运输,解决了利用风道进行盾构始发施工、运输等难题。

3)适用范围

本工法适用于在城市繁华地段主干道下方,且线路正上方无法设置盾构地面吊装口的盖挖法或暗挖法车站,进行盾构始发的情况。

4)工艺原理

利用盖挖法或暗挖法车站旁侧风道进行盾构下井吊装,并采用双层双向移动托架技术、盾构主机平移技术,将盾构机后配套及主机移至始发位置,同时采用 Y 形道岔通过风道进行进料、出渣运输,最终完成盾构始发施工。

5)工艺流程及操作要点

(1)工艺流程

工艺流程如图 5-1-26 所示。

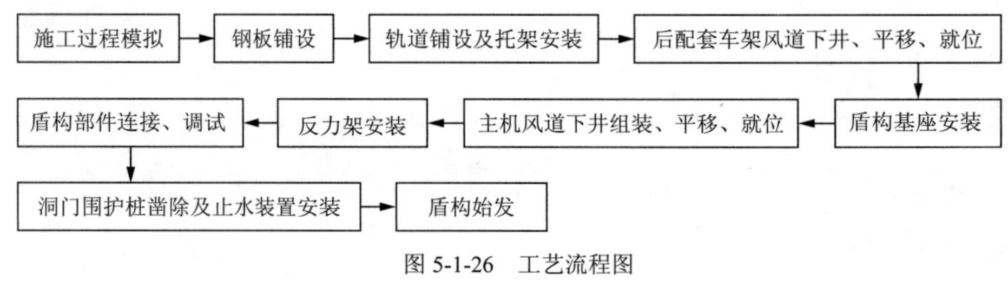

图 5-1-26 工艺流程图

(2)操作要点

①施工过程模拟

依据施工图设计和盾构设备的实际尺寸,将车站、盾构机、基座、轨道、固定托架、双向移动托架、反力架、钢板、吊车等,按相应的比例在 AutoCAD 软件中绘制成形,模拟盾构风道下井、始发过程,并对整个模拟过程的可行性深入研究分析,确定方便、快捷且经济的最佳施工路线。

②钢板铺设

根据风道盾构井的平面净空尺寸和盾构施工路线,设计钢板铺设范围;在盾构井底板上铺设一层10mm 厚的粗砂找平层;利用龙门吊将钢板吊至井下,通过卷扬机移至铺设位置;将相邻钢板进行间断焊接,并用角磨机打磨平整。

③轨道铺设及托架安装

a. 根据盾构后配套车架长度和盾构井平面净空尺寸,在盾构井底板的钢板上铺设两辆管片车行驶轨道。

b. 根据盾构后配套车架宽度和线路中线在车站标准段内的位置,铺设后配套车架行驶轨道。

c. 利用龙门吊将两辆管片车自风道吊装口吊至轨道上,利用其将 H 型钢制作的固定托架移至盾构井内靠近车站标准段的盾构始发位置,对接固定托架与车站标准段的后配套车架轨道。

d. 利用龙门吊将 H 型钢制作的另一托架,自风道吊装口对称放在两辆管片车上,与管片车焊接固定，制作成移动托架。

④后配套车架风道下井、就位

a. 利用龙门吊，将最后一节后配套车架自风道吊装口吊至移动托架上，用手拉葫芦将后配套车架和移动托架拉紧、固定。

b. 通过卷扬机，将后配套车架沿移动托架行驶轨道移至固定托架位置，对接移动托架与固定托架的后配套车架轨道，如图 5-1-27 所示。

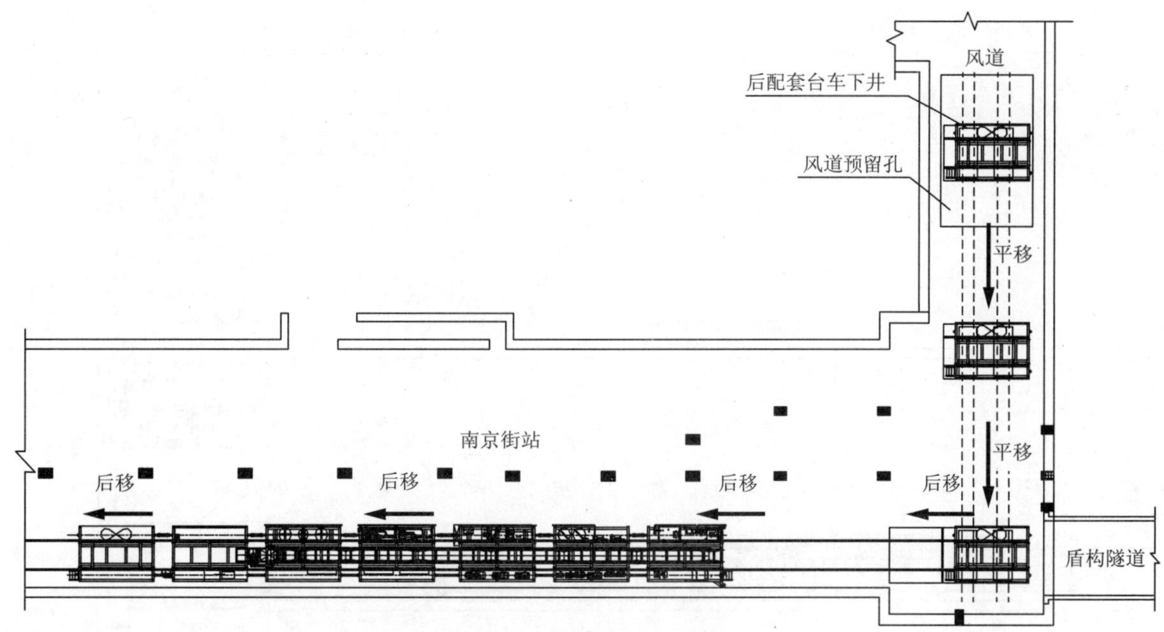

图 5-1-27　后配套车架移位图

c. 用卷扬机将后配套车架，沿行驶轨道移至车站标准段内始发位置。

d. 依照上述方式，按由后向前的顺序，将后配套车架逐节移至始发位置。

e 在后配套车架自风道吊装口下井后，对于左右两侧重量不均衡的后配套车架，在重量轻的一侧加设配重，保持后配套车架平衡。

⑤盾构基座安装

a. 后配套车架下井、就位后，拆除后配套车架施工所用的双向移动托架、固定托架和轨道等。

b. 根据盾构主机各分块尺寸和下井吊装方法，通过测量放线，在风道吊装口下方的底板上定出盾构基座边线和轴线的具体位置。

c. 盾构基座利用龙门吊分体吊至风道吊装口下方的底板上，用高强螺栓连接成整体。

d. 在基座底部两侧对称焊接两道宽 400mm、厚 20mm 的钢板，并在盾构井底板上的钢板与基座底部的钢板之间涂满黄油。

e. 利用龙门吊将基座移至盾构井底板上预先设计位置。

⑥主机风道下井组装、就位

a. 根据施工现场场地情况、主机各分块尺寸和重量，确定吊装方法和吊车站位。

b. 根据主机各分块尺寸，通过测量放线，定出其在基座上的具体位置。

c. 将主机分块最重的前盾和中盾，利用一台 300t 主吊和一台 150t 的副吊，配合千斤顶自风道吊装口依次放在基座上预设位置，用定位销固定。再按照刀盘、盾尾前、盾尾后下半部分、管片拼装机、后张出台、螺旋输送机、盾尾后上半部分的顺序，将它们利用 40t/15t 龙门吊、千斤顶和导链，自风道吊装口依次放在盾构基座预设位置，用高强螺栓栓接或定位销固定。

d. 根据 AutoCAD 软件模拟确定的最佳施工路线，通过测量放线，定出盾构主机井下旋转、平移路线的关键控制点。

e. 用焊接在盾构井底板钢板上的 H 型钢提供反力，利用液压泵站为动力，沿模拟路线旋转、平移至始发位置，如图 5-1-28 所示。

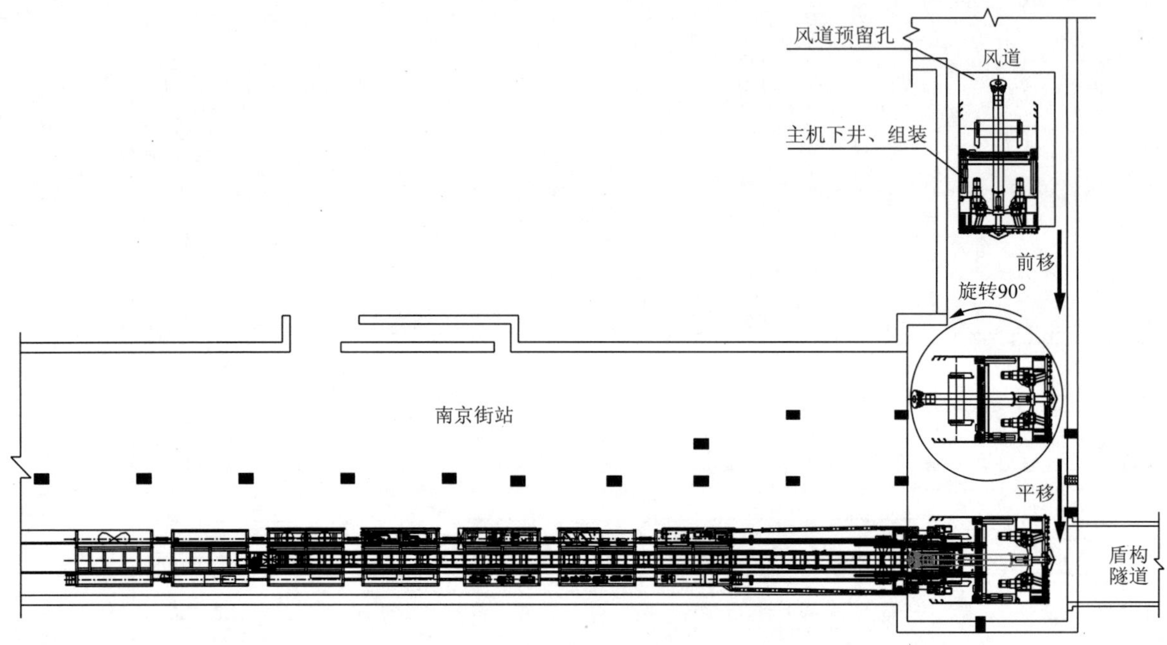

图 5-1-28　盾构机主机移位图

f. 将主机前盾、中盾、盾尾前、盾构尾后下半部分和盾尾后上半部分焊接成一体，然后拆除定位销，切割定位块，将盾壳打磨光滑。

⑦反力架安装

a. 设计的反力架，需根据车站内提供反力的结构等相关条件，并依据盾构的最大推力要求进行加工制作，满足盾构施工的需要。

b. 在盾构机调头完成后，通过测量放线，定出反力架立柱的具体位置。

c. 利用卷扬机、千斤顶和导链，依次安装反力架右立柱、下横梁、上横梁、左立柱、水平撑、斜撑等部件，并通过法兰用高强螺栓连接成整体。

d. 将反力架立柱、水平撑和斜撑与预先埋设在车站底板、侧墙和中板预留口侧面的钢板焊接、固定。

⑧盾构机部件连接、调试

a. 反力架安装完成后，连接盾构主机与后配套车架及后配套车架间的机械部件、液压管线、电气线路和输送泥浆、浆液、清水、污水的管路等。

b. 接通电源，确认各部分电压符合要求。

c. 调试并确认盾构机各管路、阀门、线路及其连接处于良好状态。

d. 确认液压油箱的油位和各变速箱的油位处于正常状态。

e. 调试并确认机内各液压泵、电动机等运转处于正常状态。

f. 调试并确认活塞泵、润滑油管路和千斤顶内的空气已排除干净。

g. 调试并确认机内各紧急按钮和各漏电保护开关有效。

h. 对千斤顶进行全位伸出、回缩，确认计测千斤顶的速度和伸缩长度。

i. 调试并确认管片拼装机的控制系统操作、旋转马达运转和伸缩、提升、支撑千斤顶动作处于正常状态。

j. 调试并确认螺旋输送机液压马达灵活可靠。

k. 确认排土门蓄能、蓄压处于正常状态，开启、关闭运行可靠。

l. 调试并确认刀盘正、反方向旋转处于正常状态。

m. 调试并确认皮带机转向和各个滚轮的转动灵活可靠。

n. 盾构机整机联动调试，确认各部位运转正常。

⑨洞门围护桩凿除及止水装置安装

a. 在洞门围护桩凿除前，确认土体加固效果满足设计要求、地下水位降至车站底板以下。

b. 在洞门前搭设三层脚手架，每层层高为 1.5m，脚手架上铺设 60cm 宽的木板。

c. 洞门围护桩凿除采用人工高压风镐，按照“由下到上、从左到右”的施工顺序进行。

d. 凿除洞门围护桩桩身表面的喷射混凝土。

e. 凿除洞门围护桩上下两端临空面半圈混凝土，直到露出钢筋，并切除钢筋，接着凿除围护桩上下两端临空面剩余部分混凝土，保留后半圆钢筋。

f. 采用 10mm×10mm 的方木布满整个刀盘，用铁丝固定，避免围护桩吊装过程中损坏刀盘及刀具。

g. 洞门止水装置安装

- ▶ 确认帘布橡胶板和螺栓孔处于完好状态。
- ▶ 对帘布橡胶板、圆环板和扇形板上所开螺孔位置、尺寸进行复核，确保其与洞口钢环上预留螺孔位置一致，并用螺丝攻清理螺孔内螺纹并涂上黄油。
- ▶ 将不带螺帽的全丝螺栓旋入预先埋设在洞口钢环周边的螺母内。
- ▶ 安装帘布橡胶板及圆环板，并用薄螺母固定在车站端墙上。
- ▶ 将扇形板套在装有薄螺母等的螺栓上，再用螺母固定。

h. 待盾构机调试完毕后，切割围护桩凿除部位后半圈剩余钢筋，用卷扬机吊出。

i. 确认洞门范围内无残留围护桩桩头和钢筋头。

j. 拆除脚手架，清理钢筋、混凝土、残土等异物。

⑩盾构始发

a. 负环管片采用通缝拼装，封顶块拼在 12 点位置，便于始发完毕后拆卸。拼装第一环负环管片的 A 块时，在盾尾下半圈与推进千斤顶之间的对称位置加焊 $\phi 20$ 的圆钢，保证第一环负环管片拼装后具有均匀的盾尾间隙，且在推出盾尾时不会拉坏盾尾密封刷。在 B1 块和 B2 块拼装完毕后，立即用事先做好的定位板，将 B1 块和 B2 块固定，再拼装 C 块。成环之后，将其推至反力架，为后续推进提供反力。最后，启动油脂泵将三道盾尾密封刷之间的间隙填满。

b. 盾构推进前，在基座导轨外侧的盾壳上均匀焊接三道 20mm 厚的钢板，以防止盾构主机在基座上产生旋转。

c. 盾构主机沿基座上的导轨进入洞口钢环后，刀盘与开挖面和盾壳与洞口钢环之间均存在一定距离，此时盾构主机重心前移，易产生叩头，宜在洞口钢环处安设一段导轨，以支撑盾构主机顺利始发。

d. 在盾构机接触到开挖面后，开始旋转刀盘切削土体，同时通过加泥注入口，向前方加注适量泥浆，待土仓内泥土压力与刀盘前方水土压力平衡后，启动螺旋输送机和皮带机，盾构开始掘进。

e. 在盾构开始掘进后，根据洞门止水装置的使用效果，及时采取有效措施，加以改进。

f. 针对独特的车站风道始发施工方式，在车站和风道内设置 Y 形道岔，用于盾构始发后的进料、出渣运输。

g. 在盾构始发施工中，根据盾构掘进土层的情况，利用膨润土等改良渣土。

h. 在盾构主机全部进入洞门止水装置后，开始同步注浆，注浆以注浆量与注浆压力双控为原则。

6）材料与设备

（1）材料

主要材料见表 5-1-9。

主要材料　　表 5-1-9

序号	材料名称	规格型号	单位	备注
1	钢板	20mm	m²	盾构平移
2	钢板	10mm	m²	盾构平移
3	润滑脂	5kg	桶	盾构平移
4	槽钢	10	m	轨道轨枕
5	H 型钢	200mm×200mm	m	制作移动托架
6	H 型钢	100mm×100mm	m	制作移动托架
7	轨道	24kg	根	
8	轨道压板及配套螺栓	24kg 轨道	个	固定轨道
9	轨道夹板及配套螺栓	24kg 轨道	个	固定轨道
10	拉轨器	900mm	个	固定轨道
11	焊条	THJ422、JT-D707	包	焊接
12	药芯焊丝	TY-YJ502（Q）、TY-YD55	个	焊接

（2）机械设备

主要机械设备见表 5-1-10。

主要机械设备　　表 5-1-10

序号	名称	规格型号	数量（每工作面）	用途
1	电瓶车	JXK25	2 辆	井下材料运输及后配套车架牵引动力
2	充电器	KCA-100A/300V	2 台	电瓶车蓄电池充电
3	管片车	LJK8G	2 辆	作为移动托架的一部分
4	龙门吊	40t/15t/12.4m	1 台	垂直运输
5	汽车吊	GMT8350 型 300t 全液压式	1 辆	盾构主机吊装
6	汽车吊	KMK6200 型 150t 全液压式	1 辆	盾构主机吊装
7	大型板车	12m	4 辆	盾构机运输
8	液压泵站	100t	1 台	盾构主机井下旋转、平移
9	发电机	200kW	1 台	应急供电
10	全站仪	瑞士徕卡 TCRA1202 R100	1 套	隧道及线路测量
11	电子水准仪	瑞士徕卡 DNA03	1 套	地表监测
12	电焊机	ZX7-400sx	2 台	焊接盾构机、刀盘耐磨堆焊
13	电焊机	BX1-500	2 台	焊接钢板、反力架、基座、托架等
14	千斤顶	YCQ-40	4 台	盾构机组装
15	千斤顶	YCQ-10	4 台	盾构机组装
16	倒链	10t	6 台	盾构机组装
17	倒链	5t	4 台	盾构机组装
18	角磨机	GWS 8-100	2 台	打磨钢板及盾壳

7）质量控制

（1）建立健全质量管理制度和质量保证体系，并认真贯彻执行。

（2）详细调查施工中可能存在的质量隐患，有针对性地制订切实可行的保证措施。

（3）对进场的物资、设备等进行严格的质量检验与评定，禁止使用不合格品。

（4）盾构井底板粗砂找平、钢板铺设要平整，钢板间焊缝连接处要打磨平滑，满足盾构主机平移要求。

（5）双层双向托架下层行驶轨道铺设要尽量水平，满足平移盾构后配套车架要求。

（6）盾构基座、固定托架及双层双向托架制作前要进行受力计算，保证其分别满足盾构主机和后配套车架荷载要求。

（7）盾构基座、固定托架及双层双向托架制作时焊缝要饱满，以保证焊接质量。

（8）双层双向托架制作精度要保证其上层轨道顶标高与车站标准段上铺设的轨道顶标高平齐。

（9）双层双向托架上层及下层轨道和车站内铺设的后配套车架、电机车行驶轨道铺设时，要平滑，坡度和转弯半径要满足行驶要求。

8）安全措施

（1）建立健全施工现场安全管理规章制度、安全监控网络和安全保证体系，并认真贯彻执行。

（2）详细调查施工中可能存在的安全隐患，有针对性地制订切实有效的防护措施。

（3）严格控制进场物资、设备等的质量，并对物资、设备等及时报废，杜绝安全隐患的存在。

（4）针对现场施工所用机械设备，制定安全操作规程，并实时进行维护保养和检修，确保其处于良好的工作状态。

（5）易燃易爆物品，如氧气、乙炔等应存放到工地指定地点。由专人管理，有消防防火措施，并配备消防器材，有警告标志。易燃易爆物品操作之后，要检查现场，消除隐患。

（6）设置专职安全员和现场责任工程师，实时监督操作人员是否严格执行操作规范和安全技术交底，严禁违章指挥或违章操作。

（7）龙门吊及汽车吊应通过相关部门验收，并取得准用证。在每次使用前必须检查钢丝绳等部件，合格后方可使用。司机必须持证上岗，安排持操作证的信号工指挥吊装，并遵循国家、行业及地方的相关标准。

（8）卷扬机进场时应通过相应报验手续，并获得准用许可，在每次使用前必须检查钢丝绳等部件，合格后方可使用。

（9）电瓶车应通过相应报验手续，并获得准用许可，在行驶前应确保刹车的有效性，并间隔性鸣笛，同时在轨道两边做好警示标志，严禁无关人员长时间逗留在轨道内。若确有需要长时间占用轨道，需提前通知电瓶车司机，令其暂停行驶，避免产生交通事故。

（10）后配套车架吊至移动托架上后，必须用手拉葫芦将后配套车架和移动托架拉紧、固定，并对于左右两侧重量不均衡的后配套车架，在重量轻的一侧加设配重，保持后配套车架平衡，避免倾覆。

（11）双层双向托架上层轨道与车站标准段上铺设的轨道对齐后，要将托架固定，保证其不沿下层轨道左右滑动，避免后配套车架进入车站标准段时发生安全事故。

（12）底板上铺设的钢板间及液压泵站的顶铁与钢板间焊接部位的焊缝应饱满，避免崩裂伤人。

（13）盾构主机平移后，要及时清理现场残留的润滑脂，避免现场人员滑倒。

9）环保措施

（1）建立健全施工现场环保管理规章制度，并认真贯彻执行。

(2)详细调查施工中可能存在的影响环境因素，有针对性地制定切实可行的保护措施。

(3)对主要噪声源，如吊车等采用有效的吸音、隔音材料施作封闭隔声屏，同时，夜间施工严禁大声喧哗，装卸物料及码放时轻拿轻放，最大限度地减少噪声扰民。

(4)夜施光源如汽车灯光及照明灯不直接对居民房，采取有效措施避免直接照射。

(5)现场存放油料的库房，必须进行防渗漏处理。储存和使用都要采取措施，防止因“跑、冒、滴、漏”，而污染水体。

(6)禁止在施工现场烧有毒、有害和有恶臭气味的物质。

(7)盾构主机平移后，要及时清理现场残留的润滑脂，避免污染环境。

(8)在焊接过程中所产生的废料等，要及时清理。

10)效益分析

(1)首次利用车站风道进行盾构下井、组装、始发，解决了繁华街道难以设置盾构始发或接收竖井的难题，避免了对城市繁华地段主干道路交通的干扰，保护了环境，拓展了盾构工法的适用范围，取得了良好的社会效益和环境效益。

(2)在工程施工过程中，结合工程设计要求和盾构设备的实际尺寸和重量，采用移动托架后配套车架平移技术，缩短了后配套车架平移的施工工期，降低了施工成本，确保了施工安全，取得良好的经济效益。

11)应用实例

(1)沈阳地铁南京街站—南市站盾构区间工程

①工程概况

沈阳地铁南京街站—南市站盾构区间工程，左线全长1018m，右线全长1029m，南京街站和南市站均为盖挖法车站。区间盾构从南京街站2号风道下井始发掘进右线，沿中华路、十一纬路到达南市站。2008年9月8日，盾构后配套、主机从南京街站2号风道下井组装，于2008年10月22日完成盾构机组装调试工作，并进行盾构始发，历时45天。

②工程应用

结合沈阳地铁南京街站—南市站区间盾构风道下井、组装、平移、始发的实际施工情况，通过AutoCAD软件模拟，确定了最佳的施工路线；独创双层双向移动托架后配套车架的平移技术（图5-1-29、图5-1-30），加快了后配套车架平移施工的工程进度，节约后配套车架平移施工工期约83%，节约后配套车架平移施工成本约70%，确保了施工安全，并积累了车站风道下井盾构始发施工(即本工法)经验。

图5-1-29　后配套车架从吊装口放在双向移动托架上

图5-1-30　双向移动托架与车站标准段车架轨道对接

(2)沈阳地铁沈阳站站—南京街站盾构区间右线工程

①工程概况

沈阳地铁沈阳站站—南京街站盾构区间右线全长 778.82m，南京街站为盖挖法车站，沈阳站为暗挖法车站。区间盾构从南京街站 1 号风道下井始发掘进右线，沿中华路到达沈阳站，从 3 号风道解体吊出。2009 年 1 月 12 日，盾构后配套、主机从南京街站 1 号风道下井组装，于 2009 年 2 月 17 日完成盾构机组装调试工作，并进行盾构始发，历时 37 天。

②工程应用

结合沈阳地铁沈阳站—南京街站盾构区间右线盾构风道下井、组装、平移、始发的实际施工情况，又一次利用了双层双向移动托架后配套车架的平移技术，总结出了车站风道下井盾构始发施工工法。

(3)沈阳地铁沈阳站—南京街站盾构区间左线工程

①工程概况

沈阳地铁沈阳站—南京街站盾构区间左线全长 778.836m，南京街站为盖挖法车站，沈阳站站为暗挖法车站。区间盾构从南京街站 1 号风道下井始发掘进左线，沿中华路到达沈阳站站，从 3 号风道解体吊出。2009 年 6 月 28 日，盾构后配套、主机从南京街站 1 号风道下井组装，于 2007 年 7 月 27 日完成盾构机组装调试工作，并进行盾构始发，历时 30 天。

②工程应用

结合沈阳地铁沈阳站—南京街站盾构区间左线盾构风道下井、组装、平移、始发的实际施工情况，再次利用了双层双向移动托架后配套车架的平移技术，完善了车站风道下井盾构始发施工工法。

第 4 节　富水砂卵石地层大直径泥水盾构掘进施工工法

1. 基本情况

工法级别：国家级

工法编号：GJEJGF 268—2012

完成单位：中国中铁隧道集团有限公司

2. 基本内容

1）前言

盾构法施工城市地下工程具有机械化程度高，对地层扰动小，综合性强，掘进速度快，对环境影响小等特点。盾构法在我国的北京、上海、广州、南京等城市地铁和地下工程中广泛应用，并取得较大的经济、技术和社会效益。

盾构的主要类型有敞开式盾构、气压盾构、土压平衡盾构、泥水盾构。敞开式盾构适用于开挖面能够自稳或通过机械可以稳定，且没有地下水的地层；气压盾构可以用于地下水位以下或含水层；土压平衡盾构主要适用于含水率和粒度组成比较适中的地层；而泥水盾构适用的地质范围较大。

北京铁路地下直径线工程是连接北京西站与北京站的铁路枢纽工程，隧道设计为单洞双线隧道，盾构掘进段隧道长 5.175km，采用 ϕ12.04m 膨润土—气垫式泥水平衡盾构掘进施工。

工程位于北京市中心区，隧道沿线高楼林立，地下管线众多，隧道紧临既有地铁与桥梁施工，周边环境复杂，沿线工程地质及水文地质条件复杂，在此环境和地质条件下采用大直径泥水盾构施工，对于我国来说尚属首次。因此有必要对富水砂卵石地层条件下进行大直径泥水盾构掘进技术进行深入研究，同时开发此工法对企业的发展和提高行业施工技术水平也是非常必要的。

2）工法特点

富水砂卵石地层大直径泥水盾构掘进施工工法具有适用于变形控制严格、地质复杂环境下施工，施工对周边环境影响小的特点。

①通过建立掘进参数与沉降一一对应关系，优化掘进参数、采取预加固等工程措施，很好地控制了施工引起的对周边环境的影响，解决了大直径泥水盾构施工沉降控制技术难题。

②根据地质条件变化对泥水系统、刀盘刀具进行改造，泥水盾构可在粗、细颗粒含量不同的各类复杂地层施工。

③通过对泥水分离循环设备的科学选型及改造，克服了施工场地狭小的难题，实现了城区盾构施工废旧泥浆达标排放。

④运用复打空心桩施工竖井技术可以安全、快速、低成本地为修复刀盘提供作业空间。

3）适用范围

除适用于正常条件下泥水加压平衡盾构工程范围外，还适用于富水砂卵石地层、临近建(构)筑物、管线密集、地质条件复杂的大直径、长距离盾构工程。

4）工艺原理

膨润土—气垫式泥水盾构是借助气垫来调节开挖室内封闭压力的一种泥水盾构。其基本原理是，在开挖不稳定地层中（通常在地下水位以下）使用一种液态介质（膨润土泥浆）来支撑隧道的掌子面。出渣采用泵送悬浮于泥浆中渣土的方法来实现，使泥浆也同时用于掌子面的支撑。这种技术能够精确地控制封闭压力（在 ±0.05bar），因此它被用于当隧道掘进要求对地层的干扰控制严格时，诸如沉陷和隆起等极其敏感的建筑(构)物下进行的情况。盾构泥水加压平衡原理示意如图 5-1-31 所示。

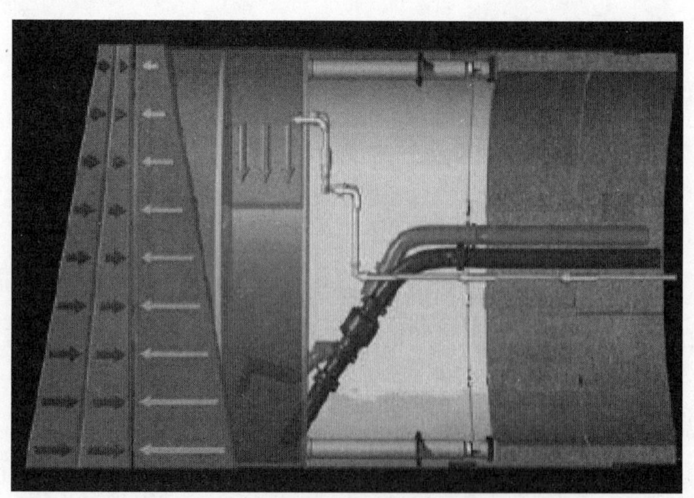

图 5-1-31　盾构泥水加压平衡原理示意图

5）施工工艺流程及操作要点

（1）施工工艺流程

施工准备→盾构掘进施工→带压更换刀具→恢复掘进施工。

（2）操作要点

①施工准备

为确保盾构掘进施工安全、顺利进行，在施工前主要进行以下准备工作：

a. 盾构机及其配套设备调试及全面检查

施工前应对盾构机及其配套设备进行全面的调试和检查，确保盾构机以最佳的状态进行掘进施工。

b. 施工方案编制及人员培训

根据相关规范及设计文件，结合施工现场情况编制施工方案及安全技术交底等技术文件（包括盾构掘进参数的确定），并组织相关人员进行培训。

c. 制订环境风险控制措施

富水砂卵石地层大直径泥水盾构施工中环境风险控制措施主要有以下几个方面：

- 邀请相关有资质、有经验的单位对工程上部建（构）筑物现状鉴定及工程对上部建（构）筑物、既有桥梁、既有地铁等影响进行安全评估、对每一栋重点建（构）筑物都给出具体的沉降控制标准，并据此采取相应的施工措施，控制周边环境风险。
- 施工过程中严格控制盾构掘进参数，控制掌子面泥水压力，控制盾构姿态；加强出渣量控制，盾构推进时地层损失率控制在 0.5% ～ 0.75% 之间；防止出现较大的隆起或沉降。
- 采用高效率制浆剂，制备高性能泥浆，短时间内较好的形成泥膜，保持掌子面稳定。
- 严格控制同步注浆。选择胶凝时间较短的浆液进行同步注浆，使管片尽早稳定，并起到防水的作用，同步注浆浆液采用特种灌浆料以及加入微膨胀剂，保证填充密实。
- 管片出盾尾后利用管片背后的注浆孔进行二次注浆，二次注浆保证其注浆效果。
- 加强施工对周边环境影响的监控量测工作。
- 对风险性较大的建（构）筑物进行地表跟踪注浆、隔离桩、盖板、板凳桩等采取不同加固措施。

d. 编制应急预案及应急演练

对盾构施工过程中可能遇到的各种风险源进行分析，评价，制定详细的应急预案，提前对重点风险进行应急演练。

e. 选择带压换刀地点并进行与加固

对刀盘刀具配置与地质适应性进行分析，并结合地层地质资料与施工周边环境情况，初步选定带压换刀地点，并进行预加固施工。

②盾构掘进施工

泥水盾构掘进作业工序流程如图 5-1-32 所示。

a. 泥水盾构掘进参数控制

合理的选择掘进参数可以保持掌子面稳定、控制地面沉降、减小刀盘刀具磨损等，盾构掘进主要参数包括刀盘转速、掘进速度、盾构推力、刀盘扭矩及盾构姿态。这些参数互相制约，要根据地层条件、刀盘状态、同步注浆状况、泥浆质量等因素综合考虑而确定。

- 刀盘转速及掘进速度：对卵石集中、粒径大的地层刀盘转速应控制在 0.9 ～ 1.0r/min 之间，掘进速度宜控制在 15mm/min 以内。对卵石粒径较小或黏土含量较多地段，刀盘转速宜控制在 0.95 ～ 1.05r/min 之间，同时可适当提高掘进速度至 20mm/min 以内。

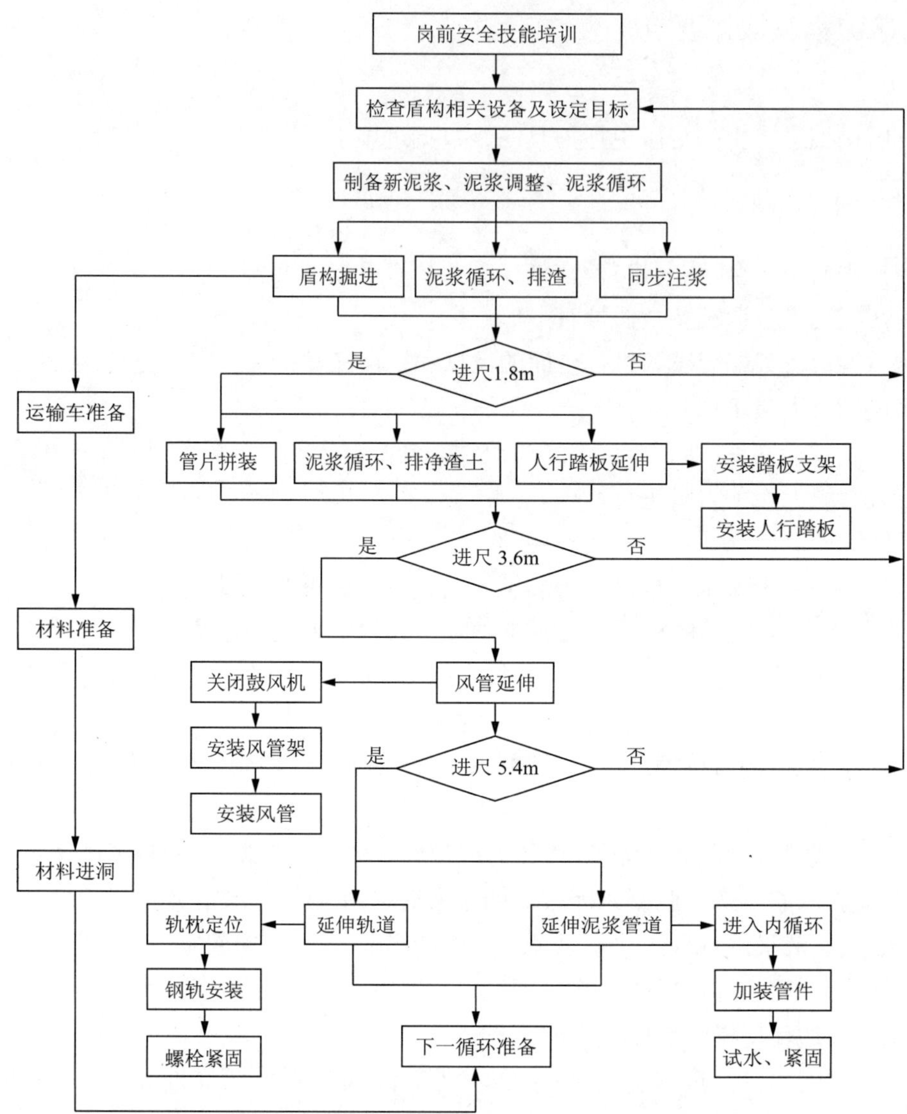

图 5-1-32　泥水盾构掘进作业工序流程图

▶ 泥水指标：根据掘进施工情况分析，泥水密度宜控制在 1.2 ～ 1.3g/cm^3 之间，黏度控制 20 ～ 30s，泥浆密度提高，可以使停止掘进时刀盘仓泥浆损失量较低、泵站功耗较以往可降低 10% ～ 15%；同时可以降低管路的磨损。但过高的泥浆相对密度也容易造成渣浆泵、振动筛、驱动电机负荷过大而增加故障率。

基础泥浆主要技术指标及高黏度调整、置换泥浆配合比及指标分别见表 5-1-11 和表 5-1-12。

基础泥浆主要技术指标要求　　表 5-1-11

膨润土（kg）	制浆剂 1 型（kg）	制浆剂 3 型（kg）	拌和用水（L）	密度（g/cm^3）	黏度（Pa • s）	泥膜（mm）	屈服值	pH 值
60	3	5	1000	1.05	28	1.0	3.2	7

高黏度调整、置换泥浆配合比及指标　　表 5-1-12

膨润土（kg）	制浆剂 1 型（kg）	制浆剂 2 型（kg）	制浆剂 3 型（kg）	拌和用水（L）	密度（g/cm^3）	黏度（Pa • s）	失水量	屈服值	pH 值	备注
60	5	—	10	1000	1.07	158	5	2.4	7	调整泥浆
60	5	50	10	1000	1.07	158	5	2.4	7	置换泥浆

▶ 盾构姿态及掘进方向控制：盾构掘进姿态控制严格遵循勤调整、微调整的原则进行，要根据管片与盾尾之间间隙大小调整掘进时的纠偏大小，实际施工过程中一般控制在 5mm 以内。

▶ 其他主要掘进参数控制：泥水仓压力一般在 1.5 ～ 3.2bar，刀盘扭矩范围控制在 3000 ～ 6000kN • m，盾构掘进速度范围控制在 15 ～ 25mm/min，盾构刀盘转速范围控制在 1 ～ 1.25r/min，盾构掘进推力范围控制在 40000 ～ 80000kN，最大推力 107500kN。

b. 同步注浆施工

（a）浆液配比

为保证注浆效果，注浆材料选择及配比设计过程中必须充分考虑浆液与地层的适应性。

富水砂卵石地层中泥水盾构施工，同步浆浆液不仅要具有良好的和易性、填充性能好、早期强度高等性能，而且对浆液的保水性提出更高要求。同步注浆材料配合比见表 5-1-13。

同步注浆材料配合比　　表 5-1-13

水泥（kg）	粉煤灰（kg）	膨润土（kg）	砂（kg）	水（kg）	外加剂
80 ～ 200	381 ～ 241	60 ～ 50	600 ～ 780	460 ～ 600	需要根据试验加入

（b）浆液性能指标

同步注浆材料性能指标见表 5-1-14。

同步注浆材料性能指标　　表 5-1-14

胶 凝 时 间	固结体强度	浆液结石率	浆液稳定性
一般 3 ～ 10h	1 天，≥ 0.2MPa	>95%	倾析率 <5%
	28 天，≥ 2.0MPa		

同步注浆施工的关键参数：

▶ 注浆压力：同步注浆时注浆压力（压入口处）要大于该处静水压力与土压力之和。压浆应尽量达到如下填充效果而不是劈裂效果，压力参数要随隧道深度及地层变化及时调整。

▶ 富水砂卵石地层中，注浆附加压力在隧道顶部、中部、底部分别设定为 0.4×10^5Pa、1.2×10^5Pa 及 1.8×10^5Pa 时，地表最终沉降较小，二次注浆钻孔过程也证实同步注浆满足其均匀密实性要求。

▶ 注浆量：同步注浆施工按照注浆量与注浆压力双控的方式进行，同步注浆量按管片外径的空间空隙率的 180% ～ 210% 控制。

▶ 注浆速度及时间：同步注浆速度应与掘进速度相匹配，根据盾构推进速度，以每循环达到的总注浆量匀速、均匀地注入。注浆在盾构推进时同步进行。

c. 泥水处理系统

（a）泥水处理工艺流程

泥水处理系统是将盾构切削搅拌形成的泥水和土砂混合物进行颗粒分离和处理后，再将回收泥浆泵入调整槽，经调整池调整后，形成满足要求的新浆，重新泵送至盾构泥水仓进行重复利用。泥水处理系统工艺流程如图 5-1-33 所示。

（b）泥水分离系统

泥水分离经过预分筛、一级旋流、二级旋流分别将直径大于 3mm、75μm、20μm 的颗粒分离出。然后将经过二级旋流器，满足拌置新泥浆粒径要求的泥浆送至调整池供调制浆系统使用。一级、二级旋流器分别如图 5-1-34、图 5-1-35 所示。

（c）常见故障及应对措施

▶ 粗颗粒含量高地层中系统的常见故障及处理技术：粗颗粒（大于 2mm）含量占 75%以上的地层

中，泥水系统分离效果较好，常见故障有管路、预筛、一级、二级旋流器、旋流泵及筛板磨损严重，需要采取以下措施。

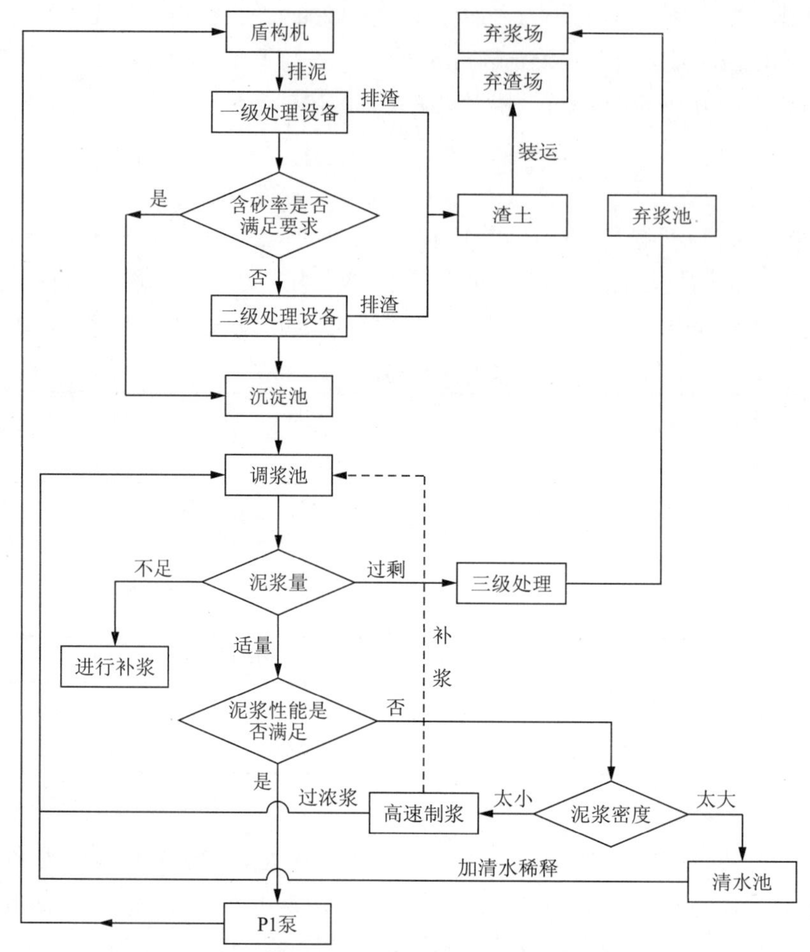

图 5-1-33　泥水处理系统工艺流程图

图 5-1-34　一级旋流器

图 5-1-35　二级旋流器

- 将泥水系统排浆管路改为双层耐磨复合管，提高其耐磨性，增加使用寿命。耐磨复合管是由内外两层不同材料制造的钢管，以及两层钢管之间填充加入耐磨材料的混凝土组成。耐磨复合管结构图、实物图分别如图 5-1-36、图 5-1-37 所示。
- 试用新工艺、新材料，耐磨、耐冲击的一级、二级旋流器、筛板及旋流泵。
- 加强设备的维保工作。

▶ 细颗粒含量高地层中系统的常见故障及处理技术：细颗粒（小于 2mm）含量占 25%以上的地层

中，泥水分离效果较差，常见故障有泥浆相对密度居高不下，泥水系统管路、预筛、一级、二级旋流器，以及盾构刀盘刀具、泵、传感器等磨损严重，设备超负荷运转，电机烧坏频繁，排浆泵负荷大，排渣能力差，盾构扭矩、推力大，掘进速度降低等一系列故障和问题。针对此类地层，确定以筛分、压滤为主，絮凝沉淀为辅的方式进行渣土分离。

- 在现有泥水系统上增加一套一级、二级旋流系统，调整现有设备预筛、脱水筛的筛孔尺寸和组合方式，同时更换现有一级、二级旋流渣浆泵，提高筛分效果，加大泥水分离的处理能力。
- 对分离后的高相对密度泥浆进行压滤分离处理，据原系统能力和地层颗粒含量的最不利分析，确定压滤机数量。压滤机布置及压滤效果如图 5-1-38、图 5-1-39 所示。
- 利用现有场地做大型沉淀池，通过对泥浆掺加絮凝剂，加速泥浆沉淀，增加泥浆处理能力。

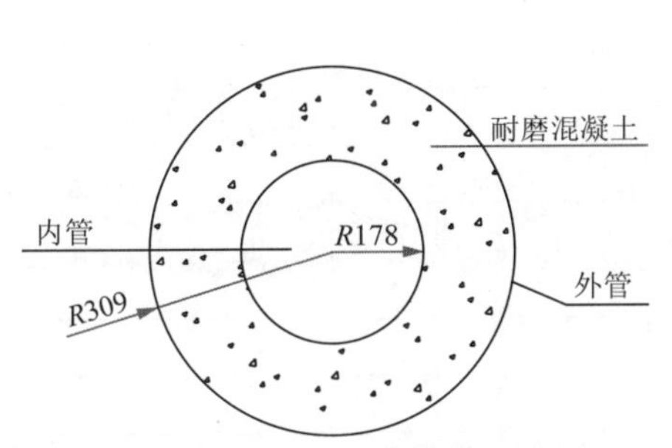

图 5-1-36　复合管结构示意图

图 5-1-37　成型复合双层管

图 5-1-38　压滤机布置效果图

图 5-1-39　压滤效果图

d. 泥水盾构信息化施工

▶ 泥水盾构信息反馈系统组成：项目采用信息化施工视频反馈集成系统进行信息反馈，信息反馈系统组成如图 5-1-40 所示。

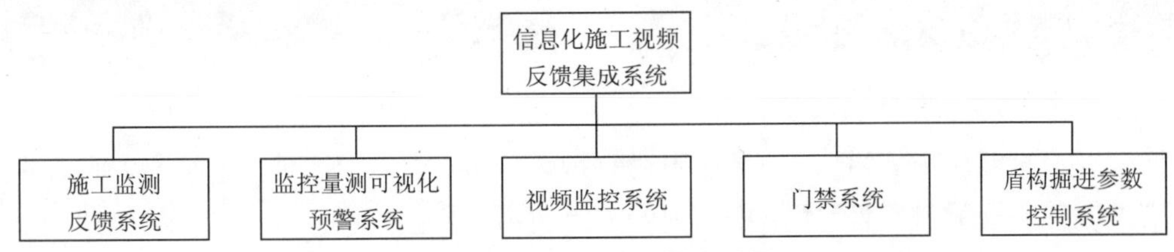

图 5-1-40　信息反馈系统组成图

▶ 监控量测可视化预警系统：利用本系统可以直观的显示隧道与周边环境的位置关系、隧道周边环境情况，隧道施工进度、工程地质、各种监测项目测点布置及沉降值数值、沉降历时曲线以及三级预警等功能。

- ▶ 视频监控系统：通过安装在施工作业面等重要部位的各类摄像机监控施工现场，能够对如盾构机主控室、盾构人舱等关键施工部位、工序及重大风险源进行 24h 监控，实时掌握施工现场情况。
- ▶ 盾构掘进参数控制系统：通过该系统，主要领导及技术人员能随时掌握盾构实时操作情况，如泥水压力、扭矩等主要参数，发现异常可以及时指示盾构主控室调整操作指令，实现盾构主控室和调度控制中心的联动，确保盾构的安全掘进。
- ▶ 施工监测反馈系统：主要包括现场数据采集、监测信息反馈两方面。现场数据采集中常规监测项目采用人工进行数据采集，对于重点建筑物采用远程自动化监测系统进行实时监测。

通过施工监测系统总结了不同地层沉降、沉降发展过程规律、施工横向影响范围、建(构)筑物沉降规律以及泥水压力、注浆量等掘进参数与地层沉降之间的对应关系，通过优化掘进参数，有效的控制了地表和周边环境的变化。地表沉降与泥水压力关系曲线如图 5-1-41 所示。

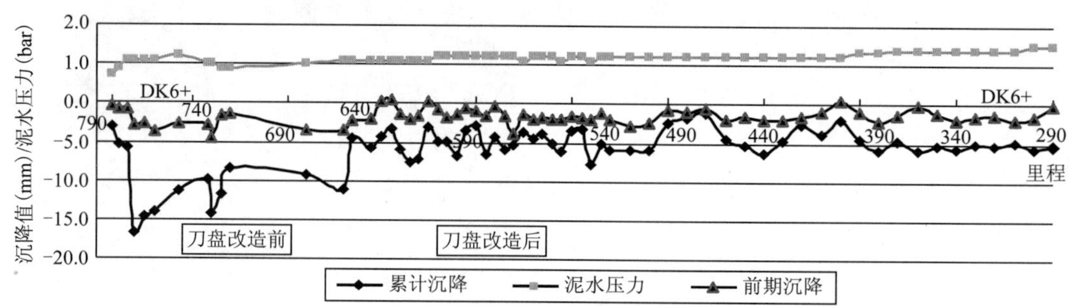

图 5-1-41　隧道轴线地表累计隆沉、前期隆沉与泥水压力关系曲线图

③带压更换刀具

盾构在软岩、富水地段掘进时，特别是盾构在卵石层中掘进刀具磨损严重，进舱对刀具进行检查及更换就成了无法回避的任务，为主动控制风险，加强盾构掘进过程掘进参数控制的可靠性，施工中，带压换刀已纳入工序进行管理。刀具磨损情况如图 5-1-42 和图 5-1-43 所示。

图 5-1-42　双刃滚刀磨损图

图 5-1-43　切刀磨损图

刀具更换主要通过两种方式进行：一是在不进行地表加固的情况下，通过置换高黏度泥浆、中盾注膨润土浆液等措施确保进仓的气密性，实现短期内的刀具更换；二是在上述措施采取的同时，在停机点地表通过地表注浆进一步提高进仓期间的气密性，进行系统性的刀具更换。通过多种措施的组合、试验，解决了富水砂卵石地层带压换刀的气密性难题，换刀工作实现流程化。

a. 刀具配置及适应性分析

刀具适应性及配置对照见表 5-1-15。

刀具适应性及配置对照表　　表 5-1-15

序号	刀 具 类 型	适应地层或工况	直径线刀具配备
1	滚刀	硬岩地层，一般作为先行刀设计，滚刀齿型和盘型两种。盘型滚刀又有单刃、双刃和三刃几种类型	配备滚刀 42 把，其中 34 把为双刃滚刀
2	重型撕裂刀	较松散的砂卵石地层，一般作为先行刀设计	无
3	切刀(齿刀，刮刀)	软土：一般适用于粒径小于 400mm 的砂、卵石、黏土等松散体地层	切刀 360 把、刮刀 32 把
4	贝型刀	较松散的大粒径砂卵石地层	配备 52 把贝型刀(撕裂刀)，其中 26 把可更换
5	鱼尾刀、锥形刀、羊角刀	软岩刀具一般作为中心刀使用。最先切入土体，掌子面破出中心槽，以增加开挖仓土体的流动性	刀盘配备有 5 把双联滚刀
6	周边保护刀	用于保护刀盘周边，适用于砂砾石地层	24 把
7	耐磨合金刀	用于保护刀盘圆弧面过渡区等，适用于砂砾石地层	配备 96 把
8	仿形或超挖刀	适用于有较大曲线的隧道开挖	配备 1 把仿形刀

刀盘、刀具适用性分析：

▶ 刀盘的适应性分析：设计的刀盘，增加了滚刀、撕裂刀和合金刀，同时在面板不同位置加焊了耐磨焊和耐磨钢板，由刀具的主动切削替代了刀盘的被动磨损，很好地保护了刀盘本体。

▶ 滚刀适应性分析：由于盾构穿越地层主要以砂卵石为主，正面滚刀为双刃滚刀，边滚刀为单刃刀，刀间距 80mm，施工过程中滚刀磨损基本上全部正常磨损，偏磨及刀圈断裂现象很少，但是双刃滚刀磨损较单刃滚刀大，磨损量也较大，同时发现有部分双刃滚刀刀圈串轴的现象，经过分析研究，在盾构推进和刀盘转动过程中，双刃滚刀受到大粒径卵石、漂石的高速冲击，造成刀圈的串轴和刀体变形。为了减少滚刀刀具的磨损，延长刀具使用寿命，节约成本，将双刃滚刀更换为单刃滚刀，使用寿命延长了 1/3，效果明显。

▶ 切、刮刀适应性分析：盾构施工过程中非正常损坏比较严重，主要原因为切刀与刀座接触部位角度太小，刀盘在旋转过程中，切刀背部及侧面受到卵石、漂石的高速冲击，导致刀具螺栓频繁、不均匀疲劳受力，螺栓被剪断，切刀掉落，掉落的切刀锥积在开挖仓底部，刀盘转动过程中，掉落的刀具与刀盘刀具发生激烈碰撞冲击，造成了更大范围的切刀、刮刀刀具的掉落，从而导致刀盘刀具损伤比较严重，必须进行修复和更换。

b. 带压进仓前地面加固辅助措施

▶ 地面深层注浆加固措施：地层加固采用后退式分层注浆加固的方法，压注普通水泥浆，富水砂卵石地层特点决定地表注浆钻孔难度较大，项目采用液压履带钻机进行钻孔注浆施工。

▶ 复打空心桩施作竖井技术：在隧道 DK5+028 里程处创造性的使用了复打空心桩施作竖井技术，为带压动火更换刀具、修复刀盘提供作业空间。

首先探明施工区地下管线，然后对钻孔灌注桩加固范围内 5m 深的地层进行注浆加固，施作周边 ϕ1.0m 灌注桩后，在群桩中间施作 1 根大直径（如 ϕ2.0m）的旋挖灌注桩，水下灌注缓凝混凝土，待 ϕ2.0m 的灌注桩混凝土达到 1 天凝固强度后，采用 ϕ1.0m 的旋挖钻进行钻孔。钻孔时孔内仍然装满高质量泥浆，起到护壁和支撑桩壁的作用。确定工作井钻孔设计标高，并保证工作井底部有足够厚底板。钻孔完成后，孔内仍充满泥浆，待混凝土达到 3 天强度后，将孔内泥浆全部抽排干净，形成工作竖井，井口预埋一段高 2m 的钢护筒，使钢护筒和盖板钢筋连接牢固一起浇筑盖板，确保安全。灌注桩完成后对群桩中间的土体地层进行补偿注浆，最后在桩顶施作 C30 盖梁，将所有的桩连成一个整体，如图 5-1-44 所示。

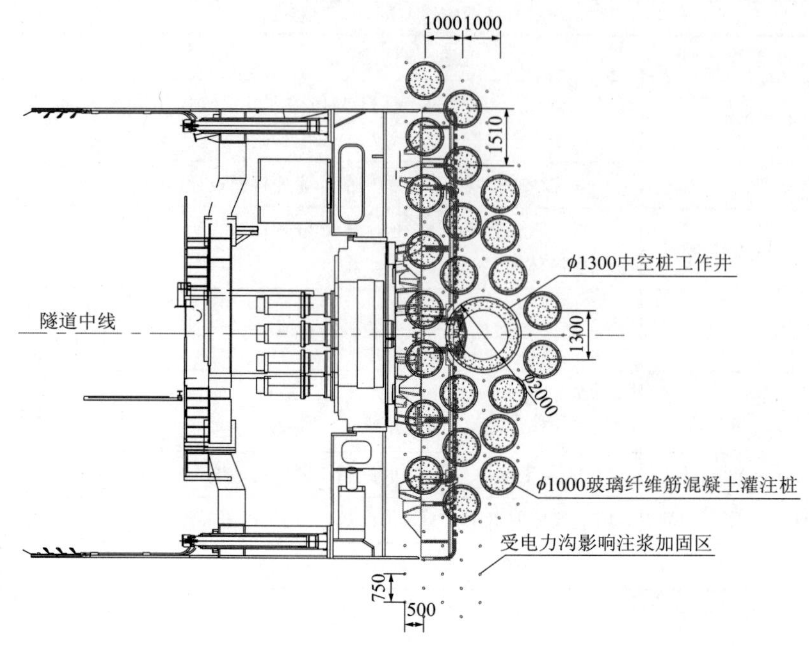

图 5-1-44　灌注桩和注浆孔位平面布置图（尺寸单位：mm）

施工实践表明，城市繁忙地区采用复打空心桩技术施作竖井方案，减少开挖工程数量，缩短施工工期、降低工程成本和施工风险，达到为盾构刀盘刀具改造修复提供作业空间的目的。

c. 盾构带压更换刀具工艺

带压进仓更换刀具流程如图 5-1-45 所示。

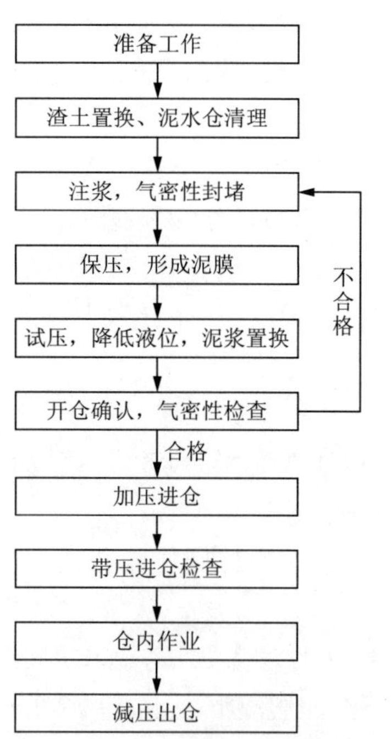

图 5-1-45　带压进仓更换刀具流程

(a)准备工作及渣土置换、泥水仓清理：

▶ 准备工作包括人员准备、材料设备准备和压气设备的检查与试验等工作。作业前对作业人员进行必要的培训，做好空压机等材料设备的准备与检查工作。

▶ 进行泥浆循环，将刀盘仓及管道的渣土清理干净。

(b)注浆、气密性封堵及形成泥膜：带压进仓的气密性封堵、形成泥膜是带压进仓的关键技术，使其实现主要有以下方法。

▶ 在盾构到达预定停机位置前 3 ～ 5 环，提高同步注浆压力 0.2bar，增大注浆量，减少作业时气体从盾尾后部管片背后逃逸。

▶ 掘进完成后刀盘应比平时正常掘进停机多旋转几圈，尽量排空开挖仓内的沙石。

▶ 提高泥浆相对密度，以避免各个泵站的密封水进入泥水循环系统，使泥浆密度下降而不利于掌子面的泥膜形成。

▶ 完成掘进后，将盾尾同步注浆管路改为向中盾顶部、左右两侧注入高浓度泥浆，用于填充盾构掘进时盾壳与地层间的空隙。对开挖仓置换高浓度泥浆。

▶ 泥浆置换完成后转动刀盘，以对开挖仓内置换的高黏度泥浆充分搅拌。

▶ 完成空转刀盘后开始保压，保压压力应比设定的进仓工作压力高 0.4 ～ 0.5bar，目的是将高黏度泥浆中的膨润土等压入地层以形成泥膜，保压按照开挖仓中心起始压力起算，每间隔 30min 提高压力 0.1bar，直至达到保压压力，液位控制在 50%。然后稳定压力 2h，使得刀盘仓内的高黏度泥浆充分渗入到地层中，形成很好的泥膜，防止漏气。

(c)减压、降低液位、泥浆置换：

▶ 进仓压力一般不低于掘进时的顶部压力，在地层条件较好和采取了加固措施的地段，可以适当降低进仓作业压力。

▶ 进仓液位根据工作需要而定：换切刀时液位可保持在55%以上，换滚刀、周边刮刀时，液位不高于40%，如需检查破碎机、泥浆门，则液位可降至10%左右。

(d)开仓确认、气密性检查：在地面进行沉降观测，检查地面刀盘位置是否有气体泄漏，以判定切口面是否稳定，同时观察仓内气压的变化情况，监视空压机的供气情况，一般补气量在10%以下，可以确定已具备进仓作业条件。

(e)带压进仓及检查：进仓是指进仓人员和材料先进入人员仓内，关闭仓门，按照加压标准逐步加压，使人员仓压力达到气垫仓相同气压后方可打开人员仓与气垫仓的舱/仓门进入气垫仓。人员进入气垫仓以后，在确认泥水仓和气垫仓压力一致后，作业人员进入刀盘仓开始对刀盘和刀具进行清洗。鉴定仓内的工作状况，主要对掌子面的地质情况和稳定性进行检查、确认，同时对刀盘、刀具磨损情况进行检查，为确定换刀方案和各种带压换刀前的各项准备工作提供依据。

(f)仓内作业：

▶ 先将作业所需工具、刀具等物品全部运入人员仓，进仓作业注意不要破坏泥膜，如果破坏，应及时调泥浆修复；并经常观察泥膜有无龟裂现象，同时操仓人员和主机室人员要随时观察开挖仓压力、液位的变化和补气量的变化情况，必要时人员要退出，再次对刀盘仓重新置换高黏度泥浆，以确保进仓作业的安全、稳定。

▶ 作业过程中如要转动刀盘，人员和工具应全部撤出刀盘仓，退回至人员仓，并关闭仓门，刀盘停止后，在确认无漏水、塌方开挖面保持稳定后，将人员仓和气垫仓的舱/仓门打开，人员再次进行作业。

(g)减压出仓：仓内作业完毕后，关闭土仓门前对所有的刀具安装质量进行检查，并避免工具、杂物遗留在内。确认无误后关闭仓门，人员进入人员仓按规定速率进行减压出仓。

④恢复掘进施工

带压进仓更换完刀具后，技术人员对所有刀具安装质量进行检查，确认无误后，进行泥浆置换，恢复掘进施工。

(3)劳动力组织

参与本工法每班组劳动力组织见表5-1-16。

劳动力组织表　　表5-1-16

序号	岗　位	人数(名)	备　注
1	技术人员	2	土木及机电技术人员各1名
2	材料员	1	
3	安全员	1	另每个工班聘1名兼职安全员
4	质检员	1	
5	掘进班	25	司机2人、班长1、注浆1人、管片安装5人、接管6人、电瓶车司机3人、调车员3人、接料2人、值班电工2人
6	维保班	10	电工2人、盾构维保4人、常规设备维保2人、装载司机1人、吊车司机1人
7	地面管片、材料倒运、材料人员	4	
8	砂浆搅拌站	5	

续上表

序号	岗　　位	人数(名)	备　　注
9	抽水工	1	
10	泥浆处理系统	6	每台2人，共3台
11	泥浆拌制	6	
合计		62	

6)材料与设备

(1)材料

每环(1.8m/ 环)使用的主要材料见表5-1-17。

主要材料供应表(每环用量)　　表5-1-17

序号	材 料 名 称		单　　位	数　　量
1	掘进泥浆材料	膨润土	m^3	1.20
2		1型制浆剂	t	0.10
3		3型制浆剂	t	0.20
4	同步注浆材料	水泥	t	4.76
5		砂子	m^3	11.11
6		膨润土	t	1.85
7		粉煤灰	t	12.70
8	二次注浆材料	水泥	t	1.17
9	密封油脂	WR89康达特(盾尾油脂)	kg	123.39
10		佳密多(9916t盾尾油脂)	kg	64.55
11		合东双(DW-268盾尾油脂)	kg	30.29
12		HBW (主轴承密封脂)	kg	84.68
13	隧道材料	管片	环	1.00
14		连接螺栓(纵向)	根	18.00
15		连接螺栓(横向)	根	50.00
16		垫圈	套	68.00

(2)设备

采用的机具设备见表5-1-18。

机具设备配备表　　表5-1-18

序号	设 备 名 称	型 号 规 格	单　位	数　量	备　注
1	盾构机	12.04m	套	1	
2	后配套拖车	46m	套	1	
3	冷却塔	80t/h	台	1	冷却塔
4	门式起重机	MD35/10-20-55	台	1	
5	通风机	2×132kW/2×160kW	台	2	各1台

续上表

序号	设备名称	型号规格	单位	数量	备注
6	搅拌站	HZS30	套	1	
7	装载机	ZL30（或 40C）	套	1	
8	注浆机	KBY50/70	套	1	
9	叉车	5t	台	1	
10	泥水分离设备	800m³/h	套	2	
11	调、制浆设备	120m³/h	套	1	
12	离心机		套	1	
13	电瓶车	45t/12t	台	4	各 2 台
14	管片车	35t	台	6	
15	砂浆车	8m³	台	9	
16	人车		台	2	

7）质量控制

（1）盾构始发质量保证措施

①加强洞口橡胶止水条的安装质量检查；加强洞圈混凝土的捣固，确保洞圈混凝土密实；管片和洞圈的间隙用水硬性浆液进行填充，确保接缝质量。

②洞门封堵由专职质检员进行全过程监督，同时安排专人对洞口封堵做跟踪检查，确保洞口封堵完好。

③加强反力架的设计与验算，保证反力架有足够的刚度、强度和平整度。盾构拼装完成后，进行系统和整机调试并经监理工程师验收，认可后方可掘进施工。

④由测量人员准确定出始发基座中线和高程位置。严格控制始发架、反力架和负环的安装精度，始发基座应焊接牢固，确保盾构始发姿态与设计线路基本重合。

（2）盾构推进、管片同步注浆质量保证措施

①严格按照设计，施工规范组织掘进，提高盾构掘进质量。

②加强盾构施工人员培训，提高盾构司机的操作水平。

③加强施工测量，采取盾构自动测量先行，人工测量随时校核的措施，确保隧道线形正确，位置精度满足规范要求。

④在盾构推进中根据不同土质和覆土厚度，结合地面监测信息，合理调整注浆质量，并按推力、推进速度和泥仓内泥水压力的相互关系，合理控制推进速度，保证泥水压力和开挖面水土压力平衡。

⑤根据洞内管片衬砌变形和地面变形监测结果，及时进行信息反馈，修正注浆参数和掘进参数，发现情况及时解决。

⑥环形间隙充填不够、结构与地层变形不能得到有效控制或存在地下水渗漏区段时，通过注浆孔对管片背后进行二次补充注浆。

（3）隧道轴线质量保证措施

①在掘进中，及时掌握盾构机的方向和位置，严格对盾构机进行姿态控制，保证实际轴线同设计轴线的偏差量小于 ±50mm 的要求。

②盾构推进中，测量在每环拼装后进行，做到勤测勤纠，避免误差积累，对轴线一次纠偏量不大于 4mm。

③在盾构施工中由于受曲线的影响，需要选择合适的管片来调整盾构姿态，以保证盾构沿着设计线路中线方向推进。

④定期人工测量盾构机姿态，发现问题及时纠正。

⑤隧道衬砌每循环都要测量盾尾间隙。及时纠偏，以保证隧道轴线的准确性。

(4)管片拼装质量保证措施

①加强管片运输过程保护。

②正确选择管片的安装位置，规范管片安装操作。

③严格进行管片螺栓复紧。

④合理选取同步注浆参数，确保管片受力均匀并尽早获得稳定，注意调整盾尾间隙，控制推进油缸的伸缩和同步注浆压力，拼装精度控制在设计要求之内，防止管片移位、错台。

(5)盾构隧道防水质量保证措施

盾构法隧道防水的原则是“以防为主、多道防线、综合治理”。其防水施工的主要内容包括管片自防水、管片接缝防水（遇水膨胀橡胶止水条防水、嵌缝防水）、螺栓孔防水、漏渗处理（盾尾充填注浆等）。以混凝土衬砌结构自防水为根本，衬砌管片接缝防水为重点，确保隧道整体防水。

8)安全措施

(1)带压进仓安全措施

工作人员必须进过专业培训并取得相关资质后方可进行带压进仓作业，工作人员必须进行身体检查，确认身体符合进仓作业条件方可进仓。进仓穿着雨衣、雨鞋，佩戴好护目镜，系好安全带，并且安全带必须固定在事先焊好的铁环上，由土建工程师鉴定开挖面的稳定性，确认安全后，方可进泥水仓工作；仓内作业时，始终保持泥水仓与人闸主室的畅通，以便有紧急情况时工作人员能迅速撤离泥水仓；在人闸地面 1.4m 高处，安装照度不低于 100lux 的照明设备。配备应急灯，并在正常照明有故障时能自动打开；检查电线、管线接头部分是否严密，必须有防水性。通信设备必须在进仓之前，由电气工程师检查过，确认无误后方可起用；在有压条件下进行闸门的开关时一定要保证仓内、外压力完全相同时，才能进行闸门的开关作业；必须配备一套有效的水消防系统，在气闸内的最大工作压力条件下应能正常使用；必须做好人闸内的通风换气工作，内部还要配备氧气瓶，以便紧急情况下为伤员吸氧；当清理刀具周围泥土时，必须注意开挖面的变化，如有不正常现象，马上停止作业，退出泥水仓。待开挖面稳定后，方可进入泥水仓继续工作；闸内的土建工程师必须时刻监视开挖面的土质情况，发现土质变软或含水量变大时，及时撤出泥水仓内的工作人员。

(2)轨道安全措施

车辆司机必须由经过培训和规程教育、考试合格的人员担任，工作时必须持证上岗；司机交接班时，必须仔细检查蓄电池、制动装置、车灯、喇叭等设备，确认完好后试运行；司机离开电瓶车座位时，必须切断电源，收起转向手把，扳紧车闸，但不准关闭车灯；电瓶车在坡度较大隧道中行驶、接近弯道、道岔、行人较多的地点时应减速行驶，并在 40m 外鸣喇叭，做好刹车准备；机车行驶时，司机要时刻注视前方信号、障碍物等情况，若有行人必须鸣喇叭并做好刹车准备。装载料具时，严禁超出装载限界。装运大体积或超长料具时，应捆扎牢固，必要时加设保险绳和显示限界的红灯，各种运输设备不得人、料混装；垂直运输必须设专人指挥。连接装置必须安全可靠，防止脱钩、溜车事故。

(3)其他安全措施

①为施工人员配备齐全的安全生产用品(安全帽、绝缘鞋、绝缘手套、防护口罩、防护衣等)，所有施工人员必须戴安全帽，特殊工种按规定带好防护用品。

②氧气瓶不得沾染油脂，乙炔发生器必须有防止回火的安全装置，氧气瓶与乙炔瓶要隔离存放。

③施工现场临时用电，严格按现行《施工现场临时用电安全技术规范》（JGJ 46)的有关规定执行。

④所有的机械设备应有安全操作防护罩和详细的安全操作要点等，所有提升架等垂直和水平运输机械进行安全围护，必要处设置警示灯、警示铃。

⑤起重工在工作时集中精力，明确分工，服从统一指挥；起吊重物时，起重扒杆下不得有人停留或行走，吊机停止作业时，应按止动器，收紧吊钩和钢丝绳。

9）环保措施

①严格遵守国家和北京市有关文明施工的法律法规及相关规定。项目部对环境保护、文明施工现场进行定期和不定期检查，严格奖惩。

②施工作业过程中应严格按施工方案和作业指导书、技术交底等进行施工，保证施工质量、安全，达到环保要求。

③新技术、新工艺、新设备的应用要达到环保要求。

④搞好施工废水的二次利用，提高水的重复利用率。在 4 号竖井井口建立三级沉淀池，将沉淀池最后一级废水供拌浆再利用，减少了对环境的污染。泥水系统的污水处理后应满足现行《污水综合排放标准》(GB 8978)，才允许排放入市政污水管道中。

⑤建立泥水处理场地的隔音隔振屏障设施，确保施工噪声无扰民现象发生。

⑥制定施工场地废弃物管理制度，对现场堆料场进行统一规划，分类堆放，对可回收利用的施工废弃物，进行加工处理，再利用。

⑦在施工场地大门口设置洗车槽和洗车设备，在施工车辆驶出施工场地使进行洗刷，确保施工车辆对城市不造成污染。

⑧施工场地、办公场地进行混凝土硬化和场地围挡，减少场地粉尘污染。

10）效益分析

（1）社会效益分析

该泥水盾构掘进对周围土体扰动小，地表沉降控制好，均小于 15mm。采用惰性浆液进行注浆，有效避免对地下水的污染，同时又能达到控制地层变形的效果，环境效益良好。

研究选用集成化、立体化程度较高的泥水分离系统设备，并在施工地质条件改变时，对其进行优化与技术改造，提高了分离效率，拓宽了设备的适用范围。实现了在城市中心工程施工过程泥水污染物达标排放及绿色施工的目标。

本工法为富水砂卵石地层大直径泥水盾构掘进施工技术，为我国在城区大直径泥水盾构类似地层施工提供了可靠的技术保证。具有较好的推广应用前景，社会效益明显。

（2）经济效益分析

刀盘刀具经过优化调整，如将重型撕裂刀更换为滚刀，切刀从小合金齿改为大合金块的设计，刀具更换距离从最初的 66m 提高到 120m，减少了刀具的更换次数。

优化盾构掘进参数，减少刀具磨损及地表沉降，进一步优化带压换刀技术，从而加快了施工进度。实现了隧道的快速施工。单月最高掘进距离达到了 205m。自 2008 年 9 月至 2011 年 3 月 17 日累计掘进 2336.4m，共 1298 环。占总工程量的 45%。

采用双层复合耐磨管技术，有效解决了砂卵石地层大直径泥水盾构长距离掘进管路磨损的难题，换管距离从 300m 提高到 500 ～ 800m。

11）应用实例

（1）北京铁路地下直径线盾构隧道西段（天宁寺至长椿街路口）

①工程概况

北京铁路地下直径线是国内第一条在市区地下修建的铁路全电气化隧道，于2005年12月24日动工。因其拆迁工作量多且难度大、沿线各种地下管线情况异常复杂、工程周边环境风险评估要求高以及工程类型和工法繁多等众多因素，北京铁路地下直径线被北京市政府列为“最难、风险最大的在建地下工程”。

由中国中铁隧道集团有限公司承建的北京铁路地下直径线工程2标，从正义路路口西南侧起始，沿崇文门西大街往西穿越前门、和平门、宣武门至长椿街后拐至西便门桥、天宁寺桥、白云路桥北侧，斜穿白云路桥下至小马场附近出地面。隧道全长6230m，包含181.2m段明挖工程、873.8m的暗挖隧道工程和5175m盾构隧道和三个施工竖井。

直径线盾构隧道西段线路范围为天宁寺桥盾构始发井至长椿街路口(隧道里程为DK6+785.5～DK5+500)共1285.5m，主要穿越的地层为卵石层、圆砾层，局部为粉质黏土层、粉土层和粉质黏土层等土层，密实，湿～饱和，一般粒径10～60mm，大于20mm的颗粒含量约占总重的65%，亚圆形，中粗砂充填；向西卵石粒径逐渐加大，大于0.25mm的颗粒含量约占总重的90%。根据实际开挖揭露，盾构隧道穿越地层中存在ϕ650mm的大直径卵石，并且存在砂层与卵石层的胶结，最大强度约30MPa。

②工法应用情况

盾构机于2008年5月组装调试完成。因北京奥运会原因，于2008年8月30日始发，至2008年11月3日共掘进59.4m（33环），根据实际地质情况对盾构机刀盘刀具进行改造修复工作，历时6个月，2009年5月15日恢复掘进施工，于2010年5月6日该段隧道掘进施工完成，期间累计掘进1226.1m（681环）。顺利通过天宁寺2号匝道桥、天宁寺1号匝道桥、西便门西里7号楼等重点风险源及各类二三级风险源、平行地铁2号线已掘进约400m，沿线地表沉降控制在15mm以内，2号线地铁结构沉降控制在允许的3mm以内。工法在该段施工效果较好，施工质量高，盾构姿态、管片拼装质量均符合国家相关规范要求。

工程项目施工过程中提出了适用于富水致密卵石地层条件下的刀盘、刀具配置技术；解决了在砂卵石地层带压进仓过程的气密性控制问题，形成了带压进仓换刀技术；通过研发具有自主知识产权的双层复合耐磨管应用，解决了长距离泥浆排浆管路的耐磨性问题；通过刀具磨损检测研究，开发了具有自主知识产权的刀具磨损；建立了掘进参数与地表沉降的相互关系，提出了适应砂卵石地层的大直径泥水盾构掘进参数，并开发了具有自主知识产权的监测数据处理系统；掌握了大直径泥水盾构同步注浆技术，有效控制了地表沉降等一系列重点技术并在工程中广泛应用，取得了较好的经济、社会效益。

（2）北京铁路地下直径线盾构隧道东段（长椿街路口至宣武门路口东）

①工程概况

直径线盾构隧道东段线路范围为长椿街路口东至宣武门路口东（隧道里程为DK5+500～DK4+438）共1062m（590环），主要穿越的地层为砾砂层，黏土和粉细砂含量较高，有大量黏土块，卵石一般粒径为10～40mm，最大粒径为160mm，粒径＞2mm占40%；0.25mm＜粒径≤2mm占35%；粒径≤0.25mm占25%。

②工法应用情况

盾构隧道自DK5+500开始，地层中粉细砂和粉质黏土等细颗粒含量逐渐增多，泥水系统无法分离，导致泥浆相对密度上升过快，一、二级旋流处理能力难以满足正常掘进需求，致使筛板溢浆，浆液相对密度大，循环系统携渣能力差，盾构扭矩、推力大，刀盘刀具、管、泵等磨损严重等一系列问题，导致盾构无法正常推进。同时由于北京直径线砂卵石的特点，造成盾构刀盘切刀大范围掉落，并间接破坏刀盘上其他完好刀具，盾构刀盘耐磨焊也磨损较为严重，难以满足后续掘进任务，必须对刀盘上切刀及刀座形式进行改造和对刀盘损伤磨损的部位进行带压焊接耐磨焊。

因此，2010 年 8 月 12 日开始进行采用带压动火技术第二次对盾构刀盘、刀具维修改造，同时对泥水系统进行了改造。于 10 月 9 日恢复掘进，掘进至宣武门路口东（里程 DK4+438）期间累计掘进 1062m，累计掘进 2347.5m（1304 环），该段盾构隧道施工期间，顺利下穿既有地铁 4 号线宣武门站施工等风险源，沿线地表沉降控制在 10mm 以内，2 号线地铁结构沉降控制在允许的 3mm 以内，地铁 4 号线宣武门站沉降控制在允许的 2mm 以内。工程项目施工过程中除运用了西段先进技术外，还解决了在城区内泥水场地狭小条件下，处理细颗粒含量多引起泥浆相对密度大的重大难题，实现了废旧泥浆达标排放。采用复打空心桩施工竖井技术为带压动火改造刀盘提供了作业空间，减少开挖工程数量，缩短施工工期、降低工程成本和施工风险、同时双层复合耐磨管得到了更广泛的应用，取得了较好的经济、社会效益。

（3）南昌市轨道交通 1 号线土建工程 4 标

①工程概况

南昌市轨道交通 1 号线土建工程 4 标地处南昌市中心区，标段由秋水广场站、地铁大厦站及秋水广场站—中山西路站区间、地铁大厦站—秋水广场站区间、会展路站—地铁大厦站区间组成。项目采用两台直径为 6.28m 及一台直径为 6.28m 的泥水盾构施工区间隧道，区间隧道里程范围为 SK10+983.83 ～ SK12+873.572、SK10+248.533 ～ SK10+835.829、SK9+197.584 ～ SK9+913.620，区间最小平面曲线半径为 349.851m，线路最小埋深 5.4m，最大埋深 21.2m。

②工法应用情况

为确保盾构隧道安全、优质、快速施工，项目借鉴及应用北京铁路地下直径线"大直径泥水盾构穿越富水砂卵石地层掘进施工工法"相关成果，确保了本工程的安全、顺利建设，主要应用的相关技术如下：

a. 应用北京地下直径线大直径泥水盾构施工过程的沉降精确控制技术，确保了本项目盾构施工过程中沿线环境风险点的变形控制在安全范围内。

b. 应用北京地下直径线地下高压环境空间的构建与保持技术，确保了本项目盾构掘进过程中刀盘、刀具磨损情况的及时检查与更换，保障了盾构掘进过程中扭矩、推力等参数的可靠控制，为施工安全提供了保障。

c. 应用北京地下直径线盾构刀盘刀具对地层适应性技术的研究成果，确保了本项目盾构刀具配置的针对性和有效性，有力的提升了盾构掘进效率和降低了施工成本。

d. 应用北京地下直径线针对不同工况、地层条件下的泥浆性能指标的特性研究，提升了本项目盾构掘进过程不同地层条件下泥浆的支护效果，提高了泥浆排放过程的携渣能力，有效控制了盾构施工过程中泥浆的成本。

第 5 节　富水富含大粒径漂石复杂地层盾构隧道施工方法

1. 基本情况

工法级别：国家级

工法编号：GJEJGF 270—2012

完成单位：北京城建集团有限责任公司

2. 基本内容

1）前言

盾构法作为集成了多种设备功能的全机械化隧道建设设备，在地下隧道建设中应用越来越普及，其自动化程度高，具有安全、快速等特点，但由于盾构设备、工艺在不同地层区别较大，在粒径较大的卵漂石、孤石地层建设隧道是盾构领域未妥善解决的施工难点，在富水条件下的施工难度更大，风险更高。

在北京地铁 9 号线施工筹备阶段，隧道邻近一大型基坑揭示地层中密集分布直径超过 1000mm 漂石，且强度超过 300MPa，经工作井探查，最大漂石粒径为 1500mm×1700mm，隧道每掘进一环地层中遭遇粒径 1000mm 以上漂石至少 2 块、粒径 800mm 以上漂石至少 4 块，其中粒径 500mm 以上漂石体积比超过 50%。为盾构设备选型及施工筹划带来了前所未有的挑战，经查证国内外无类似工程实例可供参考。

此次采用盾构法在潜水下漂石地层中完成隧道施工，通过对盾构工艺的系统改善、技术创新，利用盾构设备，成功解决了较高水压条件下连续破碎密集高强度、大粒径漂石的隧道建设工程难题，摸索、形成了一套该种地层盾构施工的成熟技术。

在工程实施过程中，本项目申请了多项发明和实用新型专利。

项目成果属于国内外首例，工程实践证明，该工法具有较高的技术创新水平、设备机具配合高效、操作参数准确、节能增效、经济合理，大幅度拓展盾构法施工适用领域。

2）工法特点

①突破了束缚地下工程建设诸多技术难题，拓展了地下工程建设前景，将土压平衡盾构应用范围进行了较大幅度的延伸，储备了在更深地层、更广地域建设隧道的技术手段。

②可以在潜水中、扰动可控条件下解决利用盾构刀盘、刀具在刀盘前方机械连续破碎漂石、孤石等，利用渣土改良手段将均匀破碎的漂石碎块顺利由螺旋输送机排出，突破了漂石地层对于盾构法施工的限制。

③研究并改进设备各系统在潜水环境下密封、润滑状态，尤其是人闸、铰接、螺旋、盾尾等部位，可以有效降低能源消耗、改善设备运行状态，并确保隧道成型圆滑、衬砌防水高效、管片结构稳定。

④发展、完善并形成了高效、经济的卵漂石地层中渣土改良系统，可以对漂石及漂石颗粒、卵石等进行有效握裹，起到高效降低工作扭矩、延缓刀具损耗、减少喷涌等功效。

⑤对盾构掘进体系、掘进辅助体系做了较多实践及对比，可以满足在新建工程干扰较小情况下的，满足诸如地面沉降、噪声控制等较高的要求。

⑥工程中选择采用大量环保材料，可多次周转，循环使用。

3）适用范围

本工法解决了连续分布的卵漂石粒径在 500 ～ 1700mm 之间，单轴抗压强度 300MPa 左右的地层中盾构施工的难题。本工法适用于潜水下连续大粒径漂石地层盾构隧道施工。

普遍可以应用于无水、有水、富水、透水等砂卵漂石中隧道建设，漂石可以连续、密集或间隔分布，对于含孤石、球状风化体等地层隧道施工也有较好的适应性。

4）工艺原理

要解决的技术问题分别是：高水位下、不间断情况下盾构连续破碎大粒径漂石，涉及盾构刀盘形式、刀具形式、各系统密封形式；大粒径漂石输送对于渣土改良系统的要求；盾构掘进系统对于大粒径漂石针对性控制;潜水下盾构设备维护等。

针对地层中卵漂石比例高、粒径大、强度高的情况,采用盘形滚刀无法准确捕捉、稳定圆形漂石,无法形成冲击压碎、剪切碾碎的功效;采用刮刀等其他盾构常用刀具等也无法破碎球状漂石的情况,本工法研制了新型重型撕裂刀体系(已获多项专利),配合高强耐磨面板式刀盘,在土仓内外多点喷射的高效渣土改良前提下,推进系统施加较小推力,利用刀盘施以高转速、持续稳定高扭矩的尖锐部划割挤压机理对较大粒径的卵漂石进行破碎减小,实现盾构在潜水下连续掘进。

针对潜水中存在的大粒径卵漂石外轮廓大体为圆形,且高透水地层中级配细颗粒以粗砂为主,无黏性、砂土等细小颗粒,造成地层的内摩擦角较大,地层自身和易性、流动性非常差。如何确保渣土具备良好的流塑性是盾构能否形成连续掘进的关键,且在卵漂石地层中,渣土改良效果直接影响盾构各项推进参数的变化。本工法核心之一就是渣土改良具有较好的经济性及适用性,尤其是对土压平衡盾构渣土改良工艺进行了多方面改进,分别从设备制备、发酵过程、输送系统、投送体系、握裹周期、再循环等多方面进行了创新、发展、提高和应用,形成了一套独有、高效、经济的潜水中高透水卵漂石地层的渣土改良专利技术和管理系统。

对土压平衡盾构的部分部位上的密封形式进行了针对性的改进,尤其是在主驱动密封采用液压油和HBW油脂复合式密封形式,提高潜水下密封性能;中心回转采用多节式结构,便于潜水下进行设备维护;渣土改良系统采用单点单泵独立注入方式,对注入量进行有效控制。对于潜水下提高隧道衬砌质量提供了充分的设备保障。

本工法针对特殊地层的工况特点,在盾构掘进工艺设计中,采用了重型撕裂刀具优化体系、高强耐磨刀盘、连续多点喷射改良系统、高效降阻、特定漂石渣土改良材料、小推力高扭矩掘进等掘进体系,完善了隧道结构防水、始发、接收加固等措施。事实证明,经改进后的新型重型撕裂刀体系解决了潜水下盾构法连续破碎漂石的问题,尤其是开创了盾构在潜水下连续破碎漂石的先例,工程项目已经顺利贯通,取得圆满成功。

5)施工工艺流程及操作要点

(1)施工作业工艺流程

施工作业工艺流程如图5-1-46所示。

(2)操作要点

①程序设定

在分析研究工程地质和水文地质的基础上设定盾构设备性能,设定各项掘进管理基准,进行地层岩性试验分析,对设备、人员等进行施工准备。施工中,按照现场条件及准备情况进行组装、调试,验证设备主要机械性能如刀盘转速、改良系统等,始发掘进验证掘进管理措施,调整、稳定掘进模式后进入正常掘进阶段,稳压推进、渣土改良、管片拼装、同步注浆、轨道延伸等。

②设定掘进管理基准

根据隧道工程地质及水文地质情况设定盾构性能参数(如刀盘形式、刀具种类、刀具数量)和隧道埋深、掘进参数(土压值、刀盘转速、刀盘扭矩、螺旋输送机转速、螺旋输送机扭矩、推进油缸压力等)、耗材管理指标(如改良材料、注入位置、注入量、稠度等)及壁后注浆参数(如浆液材料、配比、注浆压力、注浆量等)等主要管理基准。在盾构始发施工及试验段施工阶段,观察盾构姿态、出土量管理多种参数,不断调整、持续改善,使整个工作系统保持良好状态,并尽快达到稳定作业循环目的,使推进管理达到稳定、高效、节约、简便的状态。

③设备准备

基于刀具、刀盘、驱动、中心回转、螺旋输送机、皮带机的各设备性能匹配的原则,选择、安装效率高、功率准确的机械设备,并通过良好的PLC程序设定,确保各系统均能高效运行、匹配良好。

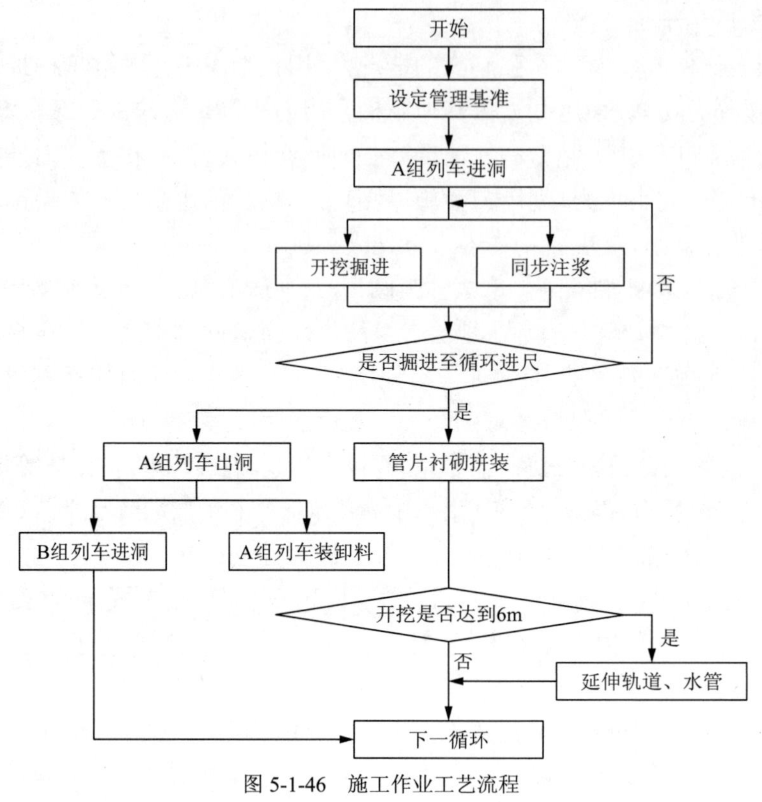

图 5-1-46　施工作业工艺流程

a. 刀具

主要破碎刀具分别为撕裂刀、先行刀、滚刀、刮刀等，确保刀具布置有明显的高差，刀具按三层进行设置。

刀具按照同心圆形式布置，临近的不同的同心圆间刀具按照可形成导流槽形式建立较小的偏心，偏向外圈板方向。

刀具配置数量见表 5-1-19，刀具高差布置如图 5-1-47 所示。

刀具配置数量表　　表 5-1-19

种类名称	数量(把)	位　　置	切割线	功率损耗(%)	降扭矩	刀具快拆装
中心鱼尾刀刀盘	1	中心	刀盘中心	5	渣土改良	螺栓固定块
重型撕裂刀	60	面板和辐条	中心到边缘各切割线	73	渣土改良	螺栓固定块
17″双刃滚刀	10	刀盘边缘	刀盘边缘和外延	6	渣土改良	螺栓固定块
两孔刮刀(大)	8	幅条靠近中心端	辐刀盘整体	2	渣土改良	螺栓固定块
两孔刮刀(小)	16	辐条和面板边缘外侧	刀盘整体	2	渣土改良	螺栓固定块
三孔刮刀	48	辐条	刀盘整体	2	渣土改良	螺栓固定块
边缘刮刀	16	辐条和面板边缘	刀盘边缘	1	渣土改良	螺栓固定块
刀盘边缘	30	面板	刀盘面板	9	渣土改良	螺栓固定块

b. 刀盘

卵漂石地层中不同大小、强度的漂石随机分布，刀盘具有较高的强度和刚度，支撑结构须强化处理，减小刀盘不均匀受力变形传递给主轴承，保护主轴承的密封体系。

刀盘临近中心、面板、格栅等各同心圆布置有独立渣土改良注射点、土压传感器，刀盘外圈板设置 2 处注射点。

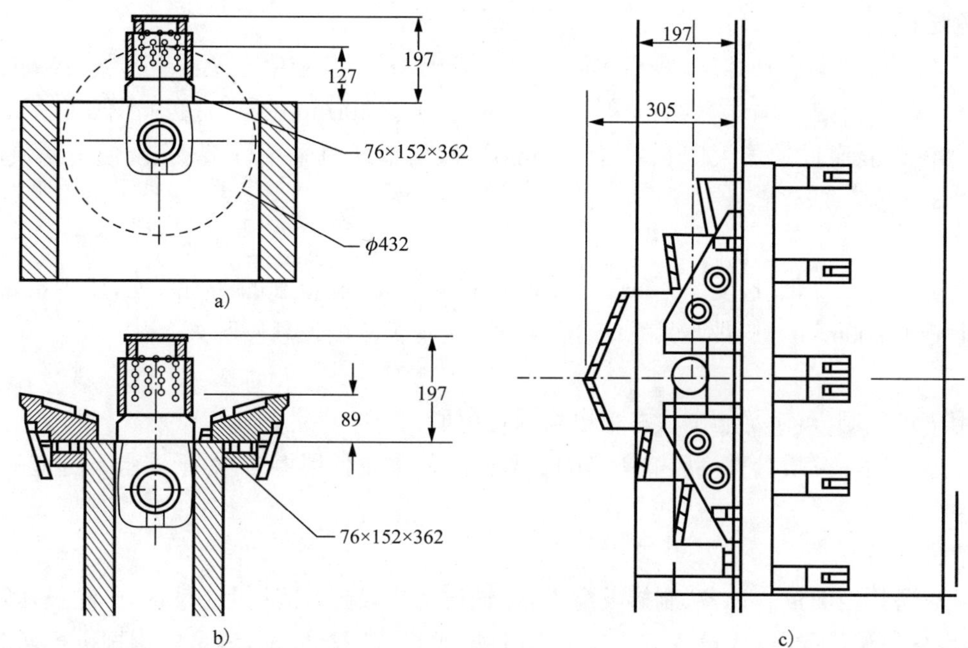

图5-1-47　刀具高差布置图(尺寸单位:mm)

注:刮刀高出刀盘89mm;滚刀高出刀盘127mm;重型撕裂刀高出刀盘197mm;中心刀高出刀盘305mm;差值分别为38mm、70mm、108mm,递减排列,逐级破碎岩层

辐条设计采用高强网格式钢格栅,最大通过粒径不小于300mm,不大于330mm;刀盘开口率38%。

刀盘满铺耐磨板,从而保护刀盘正面与刀盘侧边缘。

c. 土仓

螺旋输送机螺杆底部要探入土仓,土仓底部设螺旋输送机闸门,螺旋输送机螺杆探入深度可调。

土仓内设主动搅拌棒,改善土仓内渣土改良效果。

在前盾面板下、中及顶部适宜位置分别设投送管道口,管路尾部探入中盾,管道设双闸门控制。该部位承担输排水、检验水位、投送渣土改良材料的作用。

d. 驱动

盾构机驱动采用变频电机驱动,安装6个高功率变频驱动单元(包含减速机、水冷式电机、力矩限制器等),确保刀盘转速不低于3r/min,刀盘总功率1200kW,每台电机配备单独的变频器,主驱可调速,双向转动刀盘。

在设备性能范围内适当提高设备的工作扭矩及最大扭矩输出时对应的刀盘速度范围,使盾构具备较高的脱困扭矩,脱困扭矩不低于700t·m。

主驱动密封采用液压油和HBW油脂复合式密封,各道密封采用独立密封油(液压油)脂自动注入系统,由PLC控制注入压力及注入量,并有检验取样口,掌握密封中润滑效果及工作状态。

密封设防压力不低于0.5MPa,密封系统要有故障保护设置(遇故障时自动启动停机保护),根据采集密封油样检测密封效果。主轴承润滑采用单独供油单元,确保齿轮油供给到位,保证主轴承正常运转。

e. 中心回转

中心回转采用多节式结构,便于潜水下进行设备维护;回转内通道为8道;密封是可更换的环形密封。确保可应用多通道作渣土改良系统及耐磨检测管路通过。

f. 铰接

中盾与盾尾采用被动铰接系统连接,铰接系统液压推力不少于2880t,行程不低于100mm。

g. 螺旋输送机

采用变频电机驱动的有轴螺旋，便于在筒体内形成土塞效应，避免出现出土不畅且减少喷涌。功率不低于 225kW，以保证螺旋输送机的正常工作，转速不低于 20r/min，最大扭矩不低于 7.5t·m，最大出土量不低于 450m³/h，通过的最大卵石直径 330mm。螺旋输送机采用分节安装，便于螺旋输送机从土仓中推出及检查维护。

h. 皮带机

皮带机采用拖挂式皮带机，功率不低于 35kW 电机驱动，配有单独的动力单元，皮带机带宽 900mm，额定出土量不低于 800m³/h。皮带张紧系统便于维护，皮带机两侧设急停开关。

i. 盾尾

盾尾采用三道尾刷，可满足施工状态下更换两道尾刷。

始发手涂型油脂涂抹质量直接影响尾刷的防水密封效果及使用寿命，对于潜水下隧道的防水质量影响较大。

④渣土改良设备

渣土改良设备按地面混合设备、制拌发酵设备、输送管道设备、压注投送设备、压注投送管路、清洗设备、回收处理设备等进行配备，各设备可独立工作，性能须进行匹配验证，满足盾构掘进投送要求。

a. 地面混合设备

主要考虑各种材料添加计量控制，包括特定添加剂、多种膨润土、水等，采用电子计量系统，混合设备一次可储备容量不低于 60m³。

b. 制拌发酵设备

对于制拌机具的要求主要参照盾构施工效率予以确定，确保在发酵周期满足制备要求的情况下，制拌设备具有多级强制混合能力。制拌设备底部为半圆形，为避免浆液局部沉淀造成混合配比出现偏差，发酵时间控制应不少于 24h。

c. 输送管道设备

管路还承担输送过程中渣土改良浆液进一步混合、反应的作用，采用管道输送，根据用量采用多级管道增压泵，每 350m 设置一处管道增压泵，管路设检修闸阀等。

d. 压注投送设备

盾构设备自身设置不少于两处储备仓，仓体容积不低于单环掘进用量，且仓体自身有搅拌能力，底部设排渣口。采用不少于 2 台套活塞泵，一备一用，单通道流量不低于 6m³，四个通道共计 24m³。

投送管路须设置集中控制台，管道设检修闸阀，各管路间通道可互换。每套投送管路设置独立控制单元，通过盾构 PLC 系统可以便捷管理。

e. 压注投送管路

须满足流量要求，管路设冲洗清通装置，管路满足快拆要求。压注管路按管径 50mm、80mm、100mm 分成三路，以备调整投送量发生较大变化时选择。

⑤磨损监测系统

在刀盘面板、主要刀具上设置磨损监测系统，不少于 2 个撕裂刀磨损自动监测点及 2 处刀盘监测点。

⑥其他辅助设备

a. 各油脂泵配单独的液压动力系统，便于单独控制，压力可调，并整机配有流量监控系统，确保盾构机使用安全。

b. 盾构台车上配备空压机系统，为泡沫系统、盾尾油脂泵等提供压缩空气。

c. 盾尾配 20 道盾尾油脂注射通道，确保盾尾密封严密。

⑦始发、接收

a. 加固

为确保盾构始发和到达时地层稳定，避免发生坍塌或涌、漏水等意外情况，根据始发和接收端头的工程地质、水文地质和端头结构等综合分析和评价，采取适合端头加固方式。

潜水内的端头加固关键解决地层渗透性问题，主要以充填、堵塞水流通路为主。

b. 始发

始发机座利用槽钢、钢板安装固定；始发反力架安装要稳定、垂直，垫实反力架与土建结构连接部位的间隙；在盾壳左右两侧焊接防侧滚装置；负环管片安装须稳固、准确。

c. 洞门密封

洞门密封采用折叶式密封压板。

d. 建压与降压

在富含大尺寸漂石的卵漂石地层施工中，密切注意保持开挖面的稳定，根据盾构所处位置水压情况，记录掘进、停止及拼装前后的压力变化，对土仓压力进行慎重、准确管理。

e. 出渣量控制

提前进行土工试验确定土体松散系数，卵漂石系数按照1.2～1.4予以控制。观察连续多环出渣总量，了解每斗出土量与推进油缸行程之间对应关系，将渣土的出土量与掘进的挖掘量相匹配，使掘进处于最佳状态。

f. 管片拼装

管片拼装由盾构司机、管片安装机操作工和拼装工等三个工种配合完成。拼装前必须检查管片防水密封条清理情况，涂刷中性肥皂水，不允许拼装时夹杂砂砾等杂物。在管片成环脱离盾尾后对管片连接螺栓进行二次紧固。安装管片时避免损坏防水密封条，保证管片拼装质量，减少错台，保证其密封止水效果。管片安装程序如图5-1-48所示。

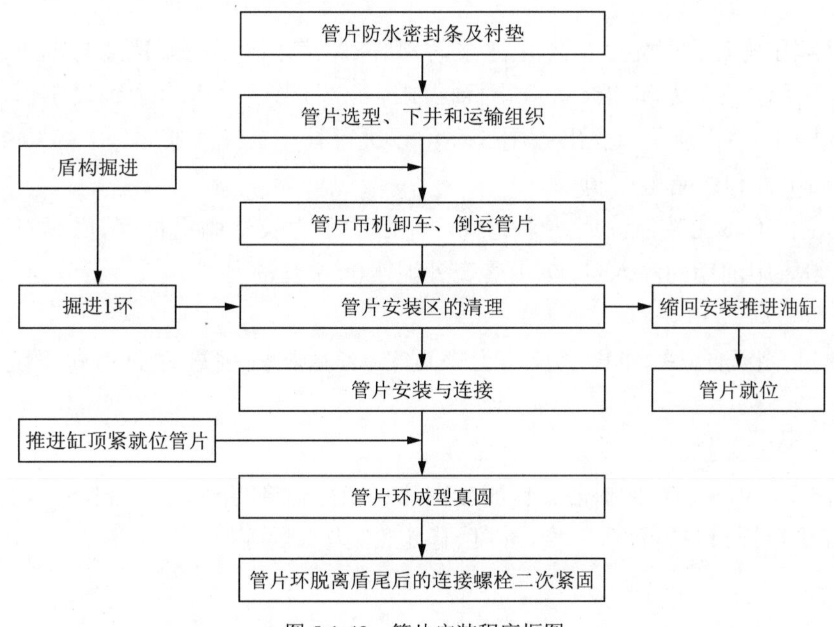

图5-1-48　管片安装程序框图

⑧试掘进

在设备性能与隧道环境允许的一定区域，先选择多组不同的土压和渣土改良材料试掘进。试掘进时保持掘进速度相对平稳，并逐步增加，根据地表监测结果及时调整土仓压力和渣土改良材料，并控制好掘进纠偏量，减少对土体的扰动，以充分掌握盾构纠偏的主要施工参数。该区域长度不少于 60m。

⑨参数调整

结合在富含大粒径漂石的卵漂石地层中的刀具磨损情况、磨损位置、同步注浆浆液配比、出渣方量、渣土改良材料注入量及注入时间等实际情况，总结出在该地层相对安全、稳定的盾构机各项参数，包括推力、刀盘转速、刀盘扭矩、螺旋输送机转速、土仓压力、注浆压力、注浆量等，及时调整，正常施工。管片组装时或其他较长工序中断时，刀盘间隔 30min 试转。

⑩正常段掘进

在土压平衡模式下掘进，操作人员必须注意掌子面的压力、刀盘的扭矩（驱动压力）、土仓压力、顶部土压、同步注浆及油脂的压力，盾构推进压力、螺旋输送机转速、掘进方向等。

a. 刀盘扭矩控制

通过调整刀盘转速、推进压力及速度使刀盘扭矩不超过最大工作扭矩的 80%。

b. 盾构土仓压力的控制

调整螺旋输送机的转速、出渣量、掘进速度、推力等措施。

c. 盾构推力控制

根据掘进速度、土压值、扭矩变化调整油缸推力。

d. 螺旋输送机控制

根据土压值、螺旋输送机扭矩、出土量调整螺旋转速、闸门开度。

e. 同步注浆控制

▶ 浆液材料：采用普通硅酸盐水泥、粉煤灰、砂、膨润土和添加剂制拌单液浆，初凝时间不大于 6h。按照注浆压力低于土仓压力予以控制。

▶ 注浆时机：在不同的地层中根据不同凝结时间的浆液及掘进速度来具体控制注浆介入时间，做到“进、注浆同步；不注浆、不掘进”，通过控制同步注浆压力和注浆量双重标准来确定注浆时间。

注浆量和注浆压力达到设定值后停止注浆，否则需补浆。同步注浆速度与掘进速度匹配。

▶ 效果检查：采用注浆压力和注浆量双指标控制标准，即当注浆压力达到设定值，注浆量达到设计值的 85% 以上时停止注浆。脱出盾尾 5 环位置进行补充二次注浆。

f. 盾尾密封油脂压力和注脂量控制

由操作人员在主控面板上控制注脂泵来完成。注脂的压力及油脂量根据开挖段的水压来调整。依据开挖段水压值调整盾尾油脂的注入量，防止盾壳外泥水涌入设备内部。

g. 方向控制

掘进方向是通过分区油缸的伸长量及压力来调节，使盾构的掘进方向趋向于隧道的理论设计中心线。

h. 渣土改良原理及参数控制

▶ 改良原理：向土仓内及刀盘面板前工作面分别注入制拌和格的渣土改良材料，改善渣土的流塑性。

▶ 渣土改良评价指标：包括稠度、密度、黏度、稳定性、失水量等。

⑪辅助工序

a. 管道选择

根据盾构施工的特点，在隧道内布置“四管、四线、一走道”。四管即冷却循环水管、排污管、通风管和渣土改良管；四线即 10kV 高压电缆、380V 动力电缆、36V 照明线、43kg 运输轨线；一走道即人行通道。

b. 轨道布置

隧道洞内铺设单线运输轨道，轨距 900mm，轨枕布置间隔为 1.2m，在始发掘进段铺设道岔。配置 2 组运输列车，每编组由 4 辆渣土车、2 辆管片车、1 辆浆液车和 1 辆牵引机车组成。

c. 隧道内辅助管道布置

- ▶ 隧道通风：隧道配备 2 台轴流风机和拉链式软风管进行压入式通风。风管直径 800mm，洞外采用铁皮风筒，入口段 200m 采用加强型软管。
- ▶ 隧道给排水：给水管道采用 DN100 镀锌钢管采用法兰连接，与盾构水箱相接。在供水管中间增设管道增压泵。为满足隧道清理用水等，每隔 60m 在水管上安装水阀，并连接水管以备清洗管片和冲刷运输掉渣等。排水管道采用 DN100 镀锌钢管采用法兰连接。拼装区附近临时积水坑，在盾构机内部增设二台自吸式隔膜泵，出水管与原排水管连通。
- ▶ 隧道照明：为满足长距离供电照明的需要，在隧道每 50m 左右设一低压配电箱。

6）材料与设备

（1）材料

①润滑材料

康达特 HBW、美孚 EP2、康达特盾尾油脂、美孚 320 齿轮油、美孚液压油。

性能指标：盾尾密封油脂型号 WR89。

②渣土改良材料

渣土改良材料一般由水、膨胀土、泡沫剂、制浆剂、聚合物、纤维素等组成。

③注浆材料

同步注浆采用单液浆，单液浆由水、砂、粉煤灰、水泥等在地面利用搅拌机制拌而成。

（2）设备

①控制设备

控制系统种类分为 PLC 控制单元、动力控制单元、液压控制单元、GCS 渣土改良控制单元、信号检测控制单元等。

②动力设备

干式变压器、VFD 变频器、控制箱、主驱动电机、液压泵站动力单元等。

（3）液压设备

主供油单元、主推进液压系统、螺旋输送机液压系统、密封油液压系统，齿轮油液压系统、注浆系统动力单元。

7）质量控制

（1）质量控制标准规范

盾构施工必须严格执行现行《地下工程防水技术规范》（GB 50108）、《地下防水工程质量验收规范》（GB 50208）、《地下铁道、轻轨交通工程测量规范》（GB 50308）、《地下铁道工程施工及验收规范》（GB 50299）、《地铁设计规范》（GB 50157）、《盾构法隧道施工与验收规范》（GB 50446）等国家及行业标准的有关规定。

（2）主要控制指标

①渣土改良浆液制备

渣土改良浆液质量标准见表 5-1-20。

渣土改良浆液质量标准 表 5-1-20

部　　位	内　　容	允 许 偏 差	检 测 方 法	主要性能范围
浆液站	稠度	±10s	泥浆稠度仪	30 ～ 120s
	相对密度	±2g/cm^3	泥浆比重计	1.0 ～ 2.3g/cm^3
盾构储浆罐	稠度	±15s	泥浆稠度仪	60 ～ 220s
	失水量	±5mL/30min	失水量测定仪	12 ～ 13mL/30min

②管片制作及拼装要求

管片制作和拼装质量标准见表 5-1-21。

管片制作和拼装质量标准 表 5-1-21

项　　目	内　　容	允 许 偏 差	检 测 方 法	备　　注
单片检验	管片宽度	±1mm	卡尺	
	管片弧、弦长	±1.0mm	样板、塞尺	
	四周沿边管片厚度	+3、-1mm	钢尺	
	螺栓孔位	±1.0mm	钢尺、卡尺	
整环拼装检验	环缝间隙	≤ 2.0mm	塞尺	
	纵缝间隙	≤ 2.0mm	塞尺	
	成环后内径	±2.0mm	钢卷尺	三环整环（不加衬垫）
	成环后外径	+6、-2mm	钢卷尺	三环整环（不加衬垫）

（3）主要控制要求及措施

①严格控制管片模具的精度，按照规定的精度要求定期对管片钢模进行检查和校正。

②拼装选取管片时要多方面考虑，选取管片时要本着“勤纠偏、小纠偏”的原则进行，以减小片拼装时的错台。

③严格按浆液配比拌制浆液，每个作业班做一组浆液试块，出浆时用网晒过滤，每盘浆液由稠度仪测定稠度，符合要求方能送至作业使用。

④随时观察注浆压力与过程是否正常，认真控制并详细记录，发现情况及时解决，根据洞内管片衬砌变形监测结果，及时进行信息反馈，修正主要参数设计和施工方法。

⑤注浆结束后，在一定压力下关闭管片注浆管口处旋阀或同步注浆的浆液分配系统，同时打开回路管停止注浆，并做好注浆孔的密封，保证不渗漏。

⑥管片在粘贴防水材料前的运输、堆放、翻身等作业中均不能损坏管片防水槽等关键部位，防水材料在管片粘贴后，在运输时不得损坏，发现问题及时修补才可下井进行拼装。

⑦粘贴防水材料必须严格按设计进行，如遇传力衬垫材料粘贴厚度超过设计要求时，防水密封垫的厚度也必须相应增加。

⑧管片拼装时必须保护防水材料不被破坏，并严防脱槽、扭曲和移位现象的发生，确保管片接缝防水质量。

⑨在刀盘转动方向进行交替时，保留适当的时间间隔。推进油缸油压的调整不宜过快、过大，从操作上避免造成管片受力状突变而损坏。

⑩当盾构施工与其他原因暂时施工时，对于使用遇水膨胀橡胶材料的防水密封垫，对新拼装环处的防水密封涂以缓膨胀。

⑪在盾构隧道施工之前，要严格按要求建立起一套严密的人工测量和自动测量控制系统，根据自动

的精度和工程的精度要求决定人工控制测量和复核的内容及频率。

⑫所使用盾构机须装备有高度现代化的自动实时监控测量指引系统。

⑬在盾构掘进施工过程中，盾构姿态变幅越大，盾构机越难控制，对地面沉降的影响也越大，要坚持"勤监测、勤纠偏、小纠偏"的原则，尽量实现盾构的平缓推进；严禁一次性大幅度纠偏，造成过大超挖和对周围土层的扰动。

8）安全措施

①建立健全安全管理体系，根据施工各阶段特点和安全防护重点，编制安全施工专项方案与应急预案，制订技术保证措施。施工前要对全体参施人员进行安全教育和交底，交底要针对施工内容，并做好书面记录。

②本工法施工中，涉及多种机械设备和人员交叉作业，隧道内作业面小，净空高度不足，施工中各工种及操作人员等必须严格遵守安全技术规程。

③各种设备使用前，按程序进行检查和试运转验收，确认合格后再投入使用。机械操作手必须持证上岗。

④隧道内机车行走路线需铺设平整并压实，起重吊装设备作业范围内严禁站人。

⑤施工过程中，定期对施工的机械设备、测量计量仪器具进行维护、检查、保养。

⑥现场存渣池周围设立防护栏杆，洞口设警示标志。

⑦制订施工现场临时用电安全措施，安装、维修或拆除临时用电设施必须由持证专业电工进行。施工现场内所有电器设施都做好接地保护。施工现场所用电线电缆必须做好绝缘保护，并按规范要求做好埋地敷设。

9）环保措施

①建立环保组织机构，完善环境保护体系，配备相应的环保设施，切实搞好环保工作。

②施工中保护好现场环境，管理好施工中的燃料、油、污水、废料和垃圾等有害物质。运输易飞扬物料时用篷布覆盖严密，不得超限超载运输。

③在批准的临时用地范围内开展施工作业活动。

④定期、定点检修机械设备，保持设备完好，减少噪声，做到尽量少扰民。

⑤施工现场标牌清楚，齐全，各种标识醒目，施工场地整洁。

⑥及时提取渣土坑表层的泥浆，进行过滤、筛分后添加到渣土浆液制备装置，重复利用，节能减耗。

10）效益分析

漂石此前定义较为笼统。岩土工程学对于粒径分类包括漂石粒、卵石粒、砾粒、砂粒、粉粒、黏粒和胶粒。其中，漂石（块石）泛指粒径大于 200mm 以浑圆（棱角）状为主粒径，其含量超过总质量 50%且粒径大于 60mm 颗粒含量超过总质量 75%的土。对于粒径超过 500mm 乃至超过 1000mm 卵石没有确切定义，而粒径大小的改变对于盾构工艺的要求完全不同，受设备及隧道外形所限，盾构不采取破碎措施，无法对大粒径卵漂石输排，且易出现刀盘被卡死盾构无法掘进等问题，在潜水中进行处理作业的风险更难以控制。

在本次工程实施之前，盾构法施工未能妥善处理机械破碎连续大粒径漂石的难题。国内外目前基本采用提前预处理漂石（又称孤石、球状风化体），即地面钻孔爆破碎石、人工挖孔破碎、地面开挖工作竖井、盾构开仓人工破石、盾构设备上设置破碎钳在盾构完全停机状态下，提前对漂石进行破碎处理，再行施工隧道，工程实施周期加长。且受作业环境所限，曾多次出现伤人及危及地面安全的事故，是一种难以控制的处理漂石方式。利用独立的液压设备强力碎石时，设备无法在盾构刀盘前准确捕捉到漂石。以上各种工艺仅适用于偶发、数量少的大粒径漂石处理，施工效率低，作业成本高，且作业风险不能受控。不适宜连续、密集分布的漂石地层隧道施工。如采用水下爆破等预处理工艺，存在作业技术水平和费用高、安全风险大等诸多问题。地下隧道设计中也普遍采用回避措施，避免在类似地层中建设隧道，尤其是利用盾构法建设隧道。

本工法在此次工程实践中取得的突破，有着较好的经济及社会效益。其中，仅利用盾构完成较大漂石的破碎，就为地下隧道建设解决了众多难题，最重要的就是确认了盾构设备本身具备破碎漂石的能力，不必采用爆破等手段处理漂石。另外，对于拓展隧道建设领域有较大突破，可以解决水下建设隧道面临遇连续大粒径漂石（孤石等）盾构施工难题。

避免对漂石进行详细勘查确认位置、数量等准确信息，避免在盾构完全停机状态下，采用地面钻孔爆破碎石、人工挖孔破碎、地面开挖工作竖井、盾构开仓人工破石、盾构单独添置破碎钳等措施，每延米隧道节约工程投入不低于2500元，区间节约投资超过600万元。还不包括因爆破产生的对于地下水、环境污染及人身设备安全处理费用。盾构法连续作业，隧道建设的工期提前约1年左右。

该工法适用于不同水文情况下卵漂石地质的隧道建设，对掘进系统、渣土改良系统及设备性能等的较大改进，建立了完善的盾构施工防水技术和渣土改良工艺及控制措施，工程设施和材料消耗少，施工进度快，安全度高，防水质量好，地表沉降控制好，弃渣土和排放施工用水对周围环境污染小，采用的单液浆液也能有效避免对地下水污染。工程安全隐患降低，周边环境得到良好保护，施工成本也较大幅度降低，取得了较好的环境效益、社会效益和经济效益。

本工法为盾构在类似地层中施工隧道提供了详尽的技术方案及可靠操作技术保证，将土压平衡盾构的适用范围进行了拓展，为盾构在连续大粒径漂石复杂地层，水下隧道对于地层情况不明时，安全、高效建设地下工程提供了可借鉴的工程经验。同时避免了其他工法在类似地层中建设隧道将带来的不可预知的安全风险和高额建设费用，采用此工法能够确保安全程度高的前提下，加快施工速度，降低施工干扰，可以确保在类似卵漂石或砂卵石地层中全面推广盾构法施工。

11）应用实例——北京地铁9号线6标军事博物馆站—东钓鱼台站区间

（1）工程概况

区间隧道位于北京西部的公主坟地区，自世纪坛风井始发，白堆子车站接收，设计桩号为K12+654.283～K13+861.914，区间总长1207.631m，采用盾构法施工。沿线设联络通道各一处，其中一处联络通道下设区间排水泵房。该盾构施工区间整体呈南北走向，主要穿越玉渊潭公园，隧道覆土17.4～22.4m。穿越永定河引水渠、玉渊潭东湖、玉渊潭引水湖等三处湖面，地层是典型的卵漂石地层。

盾构采用罗威特公司与上海重型机器厂联合制造的土压平衡盾构，外径6300mm，主机全长9990mm（从中心刀尖至后方螺旋输送机末端），配备2节台架和8节台车，配有德国TACS导向系统控制掘进方向。

（2）工程难点

①盾构主要穿越高透水的卵石⑦层，含有粒径达1700mm的漂石，漂石单轴抗压强度超过300MPa，稳定潜水水位在盾构隧道上方2000mm位置，且水位呈明显潮汐现象，盾构须在高水位下满足持续破石状态下连续推进。

②盾构下穿永定河引水渠及玉渊潭公园东湖、引水湖段水面宽度累计超过500m，且地层气密性差，无法实施加压进仓维护，对于盾构施工组织要求较高。

③盾构下穿机要管理区，穿越区域长度为 137m，隧道顶覆土 20m，隧道上方有多处重要设施等。相关单位要求穿越过程中做到“零振动”、“零沉降”。项目完成后实际沉降未超 0.3mm。

盾构左线于 2011 年 8 月 10 日进场，2 天完成反力架、基座安装，经过 18 天吊装、组装和调试，于 2011 年 9 月 1 日分体始发，掘进 120m 后二次转接，之后二次整体始发，途经 4 个换刀井进行设备维护，在潜水区域多次组织始发及接收。

2011 年 6 月、2012 年 4 月分别实现双线隧道贯通，在潜水重大卵漂石地层累计掘进长度近 1500m。施工中盾构在潜水平均月进度为 180m，创造了最高日掘进 16m，最高月掘进 300m 的好成绩，积累了盾构成功在潜水下穿越含大尺寸卵漂石地层的宝贵经验，确保了总体工程进度，隧道衬砌防水质量良好，取得了较好的经济与社会效益，获得了建设、监理设计及公园管理、河湖管理各方的充分肯定。

第2章 省部级工法

第1节 全环管片拼装式盾构空推通过竖井施工工法

1. 基本情况

工法级别:北京市级

工法编号:BJGF14-008-444

完成单位:北京住总集团有限责任公司

2. 基本内容

1)前言

在目前的地铁或水利工程中,盾构法在隧道施工中的应用已较为广泛,考虑到功能和施工的需要,往往会在盾构线路上设置区间竖井结构,进而会涉及盾构通过区间竖井结构的施工,而此工序往往会成为整条盾构线路的关键节点。因此,如何在安全、快捷的前提下,顺利完成盾构通过竖井结构施工成为该工程领域关注的热点。

北京住总集团有限责任公司承建的北京市南水北调配套工程东干渠工程施工第二合同段输水隧道全长3859.25m,初衬采用盾构法施工,施工中需通过2个区间竖井结构,作为后续隧道二次衬砌的施工竖井,最终施作排气阀井,竖井均采用连续墙结构;盾构掘进期间需通过竖井结构,选择一种操作简单、施工速度快、安全可靠且适用性强的盾构通过竖井施工技术成为本课题研究的重点。为此,我单位成立了技术研发小组,对盾构通过区间竖井结构施工技术进行了攻关,形成了"全环管片拼装式盾构空推通过竖井技术",在工程中得到了成功应用,并获得了1项发明专利和1项实用新型专利。该技术于2014年12月12日通过北京市住房和城乡建设委员会组织专家鉴定,达到国内领先水平。在此基础上,经过进一步提炼,形成了全环管片拼装式盾构空推通过竖井的施工工法。

2)工法特点

①本工法所研究的全环管片拼装式盾构空推通过竖井施工技术实际为采用"先井后隧"法完成盾构通过竖井施工,需要在竖井底板上施工基座,盾构在基座上空推通过竖井。

②采用装配式可调"八"字形钢基座施工新技术,结构简单、受力良好,加工制作方便快捷,并且能多次周转使用。

③竖井内管片拼装采用"整环通缝拼装+预装便捷式管片拆解装置"技术,不仅能为盾构在竖井内推进提供足够的均匀反力,而且便于拼装和拆卸,施工快捷。

④洞口与管片间隙封堵采用“扇形翻板＋橡胶止水帘布”方法，施工快捷、操作简单、安全可靠、封堵严密。

⑤采用“先井后隧”法施工，在竖井内检修刀盘刀具、盾尾刷及油脂填充情况，使得盾构均连续掘进通过各个风险源，风险源变形均控制在设计要求范围内。

3）适用范围

本工法适用于盾构隧道施工中盾构通过的各种竖井结构的工程，如地铁隧道的中间风道结构、输水隧道区间的施工竖井结构等，竖井结构垂直于隧道轴线方向的净空尺寸需满足盾构机通过的要求。

第 2 节　盾构直接切削围护结构始发与接收施工工法

1. 基本情况

工法级别：北京市级

工法编号：BJGF14-093-529

完成单位：北京建工土木工程有限公司

2. 基本内容

1）前言

地铁车站或盾构井是盾构始发与接收的必要条件，而这些结构一般均为钢筋混凝土材料，盾构若强行用刀盘切割钢筋混凝土结构则会造成刀盘、刀具的损坏，进而无法使盾构正常掘进，因此，盾构始发与接收前必须破除洞口的钢筋混凝土结构。但在破除过程中存在较大的施工安全风险且工期较长，破除后的外侧土体直接暴露，易出现涌水和坍方，造成周围地层沉降，甚至塌方，进而造成盾构无法正常始发与接收。

玻璃纤维筋（Glass Fiber Reinforced Polymer Rebar，简称 GFRP 筋），是一种玻璃纤维增强复合材料，与钢筋相比，GFRP 筋具有抗拉强度高、重量轻、可切割性好、抗腐蚀性能好、热传导和电传导能力低等优点，在很多情况下可以用来代替普通钢筋。盾构施工中，利用易于切割的材料——玻璃纤维筋替代洞口处围护结构的钢筋而实现盾构直接切削既减少了由于凿除钢筋混凝土而带来的安全风险，又简化了施工工艺、加快了施工进度。

本工法的核心技术已经通过北京市住房和城乡建设委员会组织的科技成果鉴定，达到国际先进水平。

该工法成功应用在了北京地铁 15 号线等工程建设中，采用新材料、新技术不仅降低了安全风险，而且加快了施工速度、节约了工程费用，具有明显的经济效益和社会效益。

2）工法特点

（1）工艺先进、操作简单：盾构机通过刀盘的旋转切割玻璃纤维筋混凝土桩（墙）体进洞或出洞，减少了刀盘、刀具的损坏，降低了盾构始发与接收的风险。

（2）施工速度快：常规的始发与接收一般需要10天左右，采用此工法施工仅需要1天时间。

（3）前后工序衔接紧密：始发过程中，盾构机组装完成后便可实现连续掘进，避免组装完成后停机再凿除围护结构的过程。

（4）安全性高：不需要人工凿除围护结构，避免了凿除围护结构后土体坍塌带来的安全问题，也避免凿除围护结构时机不当带来的安全风险，因此安全有保障。

（5）绿色施工：采用玻璃纤维增强复合材料代替钢筋，切割出的渣土对环境无污染，可直接与其他渣土一起运输；另外，节约了钢筋的用量，节能性好。

3）适用范围

（1）采用玻璃纤维筋或其他易于切割的材料替代盾构端头井洞口处围护结构内的部分钢筋，从而进行土压平衡盾构和泥水平衡盾构的始发与接收的工程。

（2）盾构穿越既有地下结构的穿越工程。

第3节　地铁盾构小半径分体始发施工工法

1. 基本情况

工法级别：北京市级

工法编号：08-39-120

完成单位：北京市长城贝尔芬格伯格建筑工程有限公司；北京建工集团有限责任公司

2. 基本内容

1）前言

城市地铁线路及其施工环境的复杂，造成了施工中大量小始发井、小半径曲线的频繁出现，传统的直线整体始发施工工法应用受到限制，盾构机在小始发井、小半径曲线上的始发技术研究意义重大。因此，北京建工集团统一立项，以该集团北京长城贝尔芬格伯格建筑工程有限公司广州地铁6号线盾构3标项目经理部为主研力量，针对广州地铁6号线海珠广场站—黄沙站盾构区间隧道工程，就本工程中面临的盾构始发竖井的平面尺寸小、始发井后可利用的暗挖隧道短且始发时隧道处于小半径曲线段上等问题，抽调专门的人力物力资源，对小半径分体始发施工关键技术进行了研究，总结了盾构在小半径曲线条件下分体始发的施工经验，最终形成了一整套完整的施工工法。

2）工法特点

（1）首创了一整套地铁盾构小半径分体始发施工技术，完善了盾构始发方法体系。

（2）提出了完整的盾构分体始发计算模式，具有重要的参考价值。

（3）总结了小半径分体始发掘进技术要点，为类似工程提供了宝贵经验。

（4）建立了完整的掘进量测与信息反馈技术，提出了明确的质量控制方法，确保工程建设的安全顺利进行。

3）适用范围

该工法适用于盾构法施工中始发条件符合以下之一及其组合：

（1）盾构始发位置处于 $R \leqslant 300$m 的小半径曲线段；

（2）盾构始发井长度 + 后方可利用空间长度 < 盾构机 + 后配套台车长度。

在繁华的城市中修建地铁，由于受规划及现有车站及建（构）筑物的制约，使得轨道交通的线型越来越复杂，小半径隧道应用越来越广泛。同时，由于在城区受狭窄施工场地的限制，盾构始发条件也越来越困难。因此，该工法的研究对类似工程具有重要的指导意义和参考价值；此外，盾构分体始发程序繁多，工作量大，安全隐患大，是盾构施工的关键环节，且始发时隧道处于小半径曲线，始发控制难度大，因此，该工法的研究同时也是盾构始发安全体系中的一项重要内容。

第 4 节　砂卵石地层盾构隧道施工工法

1. 基本情况

工法级别：北京市级

工法编号：08-70-151

完成单位：北京市政建设集团有限责任公司

2. 基本内容

1）前言

盾构法施工技术已广泛应用于地下铁道、公路隧道、雨污水隧道等城市基础设施建设。在国外，如日本对盾构技术已有了相当多的工程成功实例，并进行了相对较多的研究，但是基于盾构施工极大程度上依赖于地层特性，因此难能照搬已有成果。在国内，尤其是 2003 年以前，上海是应用盾构施工比较多的地区，但其应用地层为软土地层，在砂卵石尤其是无水砂卵石地层中盾构掘进的经验较少。因此，在既有的施工经验的基础上，北京市政建设集团有限责任公司统一立项，北京市政建设集团有限责任公司第四工程处与北京交通大学联合对凉水河南岸污水干线盾构工程进行了无水砂卵石地层盾构隧道施工关键技术研究，总结盾构在砂卵石地层中的施工经验，形成了一整套砂卵石地层盾构施工工法。

2）工法特点

（1）首创了一整套长距离穿越砂卵石地层的盾构施工技术。

（2）盾构机选型的研究为同类地层条件提供了相当有价值的参考。

（3）构建了为控制地层沉降的无水砂卵石地层盾构开挖面的稳定性模型。

（4）研究开发了加泥、加泡沫技术。

（5）完善实施了监控量测与信息反馈技术，灵活运用同步注浆、二次和三次补浆工艺。

（6）建立了一套可操作的快速施工技术。

3）适用范围

砂卵石是一种特殊的不稳定地层，砂卵石地层盾构隧道施工工法对全断面、半断面砂卵石地层条件下盾构施工具有理论指导意义和实践意义。

第5节　步履式推移车承载盾构机整体过站施工工法

1. 基本情况

工法级别：北京市级

工法编号：BJGF14-088-524

完成单位：北京城建设计发展集团股份有限公司

2. 基本内容

1）前言

在地铁、水利、市政工程的盾构法隧道施工中，经常涉及盾构机直接穿越已建车站、竖井、明槽、隧道等结构的工况，需要盾构机整机在非掘进状态下通过结构，完成整体平移的动作，即通常的盾构过站、过井或通过隧道施工，统称过站施工。

传统的盾构机过站方式根据辅助盾构机移位的动力来源，主要分为卷扬机牵引拖拉法、外置千斤顶顶进法和盾构机推进千斤顶顶进法三种；根据辅助盾构机移位时主机的承托结构形式和运动方式，主要分为滚杠法、滚轮法、基座滑移法、导台法等。在动力方面，牵引拖拉和顶进均须外加动力设备，前移的方向控制要求高，尤其是外置千斤顶顶进时，须跟随盾构机的移位不断更替反力座位置，工作量较大，效率较低。在承托结构形式和运动方式方面，滚杠法实际操作技术控制要求高，滚轮法须铺设滚轮小车轨道及基础，基座滑移法须满铺钢板作为滑移的基础平台，导台法需要提前施作混凝土结构或钢结构的导台等临时结构。

以上方法除导台法外，一般均须盾构主机与车架系统分离，待主机通过至结构另一端后，再另行铺设车架轨道，将车架系统牵拉至相应位置后重新连接，工序繁杂，工期较长；盾构在始发、接收时，需要根据车站两端结构加深尺寸，进行基座底部加高和轨道沿纵向高程上的过渡；穿越前后结构底板上临时结构的前期准备和后期拆除恢复的工作量较大；穿越期间前移或顶进前移的每一循环速度缓慢，总体工期长，一般需时约30天。

在一条线路建设时，盾构区间的合理筹划，对整条线路的工期、成本控制和充分发挥单台盾构施工能力，有着明显的意义。采用盾构机过站的施工方法，在盾构连续掘进、施工部署、现场布置、节约工期与成本等方面，较之传统的盾构解体后，同场地或异地吊运转场再组装或调头的方法，有着显著的优势。因此，对盾构机过站施工方法的创新研究，有助于更加突出其方法特点和效益优势，使得从工程筹划和设计阶段，就在盾构机数量选择与施工部署以及盾构组织方式上达到最优。

通过模拟盾构机过站施工的各种工况和条件，北京城建集团设计研制了一套承托盾构机进行自行推移的设备，即盾构机步履式推移车，总结出一套步履式推移车承载盾构机整体过站施工关键技术，形成本工法，经国内外检索查新，未见文献报道。

2）工法特点

（1）借助盾构机步履式推移车设备，完成盾构机整体过站，实现盾构过站施工的连续性。无须盾构主机与车架系统预先分离和拆解，减少了拆解和再组装的工期和成本。

（2）推移车承载盾构机，实现步履式自行进，提高了盾构过站施工机械化水平。无须预先铺设轨道和施作导台，操作简单，安全可靠；每循环步进时间短，过站效率高，人工成本少，工期短。

（3）推移车步履式行进动作通过盾构机 PLC 程序集中自动控制，提高了过站设备的自动化水平。无须手动控制液压机构分步动作，各阀组统一分配调节和动作，简化了操作程序，提高了控制水平和操作精度，实现了自动化行进。

（4）推移动力来自于盾构机自身液压系统，提高了过站设备的配套化程度。无须配套外置动力设备，简单便捷，节能环保，节约成本。

（5）推移车结构简单，部件容易组配，工况条件适应性强，增强了技术应用性。

①水平推进油缸和垂直顶升油缸配置简单，市场常见，易于组配。

②车体结构可拆解，利于运输和吊装，现场组装简单易行。

③整体高度低，过站穿越结构无需为盾构通过而额外加高或加深净空尺寸。

（6）推移车动作实现能力强，拓展了该技术的适应范围。

①通过顶升油缸，辅助支垫车体下方垫枕，设备可自行完成高度调节，实现整机垂直顶升或下降，满足结构底板或基础高差工况，工序简单。

②液压控制系统通过控制阀，调节分配各油缸速度和流量，可实现油缸同步动作，或某根油缸的单点动作，或同组油缸在行程上的差异动作，以调节推移车水平或竖向姿态。借此，在油缸的行程差范围内，实现前进方向上和竖向高度上的主动调整，使设备更好地适应平面线形（或行进轨迹）和结构纵坡，或达到行进过程中方向上的纠偏和垂直姿态上的微调。

③机架底部设计有导向槽，可在结构顶面安装导向轨，实现直线地段定向精准前进。

（7）使盾构过站技术更加机械化、自动化、专业化，高效化；使盾构过站施工更加绿色、节能、环保，促进过站施工的技术创新发展和应用。

（8）可周转多次使用，单次使用成本低。

3）适用范围

（1）本工法适用于盾构机平移通过车站、竖井、明槽、隧道等结构施工的工况，需要盾构机整机在非掘进、不解体状态下整体连续通过结构，即盾构整体过站、过井或通过隧道施工；亦适用于盾构机主机与车架分离状态下，承载主机先行过站的分体过站施工。

（2）适用于纵坡不大于 35‰的直线地段或半径不小于 300m 的曲线地段负荷状态下，实现自行连续行走。应用于较大坡度时，需前后设置防滑移限位，两侧设置防滚动限位。

（3）适用于承载负荷不超过400t的其他重型设备设施，实现步履式水平移位施工。针对不同的重载设备或设置，可将机架结构作局部调整，以适应其下部尺寸。

（4）借助外置千斤顶，可实现90°转向，以完成盾构机调头或侧移施工。

第6节　盾构双液同步注浆施工工法

1. 基本情况

工法级别：北京市级

工法编号：BJGF10-54-225

完成单位：中建市政建设有限公司；中建材料工程研究中心；中国建筑一局（集团）有限公司

2. 基本内容

1）前言

目前，盾构法施工在城市地铁和市政管线隧道中的应用日益广泛。地面沉降和隆起、隧道结构的轴线偏差和渗漏水是盾构法施工的几个关键控制点。盾构双液同步注浆浆液具有速凝性，且其速凝时间可调，一方面可以快速有效地控制盾构掘进引起的地面差异沉降、整体沉降和隆起，保证盾构下穿段上方的建（构）筑物和管线的安全；另一方面可以防止隧道结构的下沉、上浮和偏移，减少管片接头和盾尾间隙渗漏水，保证隧道结构的使用功能，能避免盾构施工引起的负面社会效应和负面经济效应，具有明显的社会效益和经济效益。

2）工法特点

（1）双液同步注浆是在盾构掘进过程中，利用盾构设备中的输送管路，保持一定压力，不间断地将双液浆从盾尾直接向盾构管片与周围土体间的环形间隙填充的注浆方法。

（2）所用的双液浆是水泥、粉煤灰、膨润土等的混合液——A液和用水稀释的水玻璃——B液，按一定比例混合的浆液。

（3）所配制的双液浆具有良好的流动性、触变性和扩散性，浆液初凝快且其初凝时间可调，能适时提高强度，可以快速控制盾构掘进引起的地面差异沉降、整体沉降和隆起，防止隧道结构的下沉、上浮和偏移，减少管片接头和盾尾间隙渗漏水。

（4）双液同步注浆施工管理方便，自动化程度高，操作简单。

3）适应范围

（1）适用于所选用的盾构机具有双液注浆系统的盾构隧道施工。

（2）可在卵（碎）石层、圆（角）砾层、砾砂层、粗砂层、中砂层、细砂层、粉砂层、粉土层、粉质黏土层、黏性土层等地层中使用，尤其适用于不稳定的淤泥质地层和易塌方的砂质地层。

第 7 节　封闭式车站盾构调头始发施工工法

1. 基本情况

工法级别：北京市级

工法编号：BJGF10-54-221

完成单位：中建市政建设有限公司；中国建筑一局（集团）有限公司

2. 基本内容

1）前言

目前，盾构法在城市地铁隧道施工中的应用日益广泛，盾构调头作为该施工技术的重要施工内容之一，受到了广泛的关注。绝大多数盾构都是在车站始发施工，且盾构吊装口设置在车站内区间始发线路正上方，因此盾构机一般在线路正上方下井、始发；而有些盾构区间出于尽量避免干扰交通的考虑，盾构机采用了封闭式车站调头的施工方式，在施工中成功摸索出了一套封闭式车站盾构调头施工的工法。

2）工法特点

（1）封闭式车站调头施工方式能够解决位于城市繁华地段主干道路上的盾构施工对交通的干扰问题。

（2）此种施工方式需要车站提供满足盾构调头施工的相关条件，如底板反梁宜为下反梁、底板柱距满足盾构主机及后配套车架通过条件、中板宜开洞满足吊装要求等。

（3）设置 H 形道岔用于封闭式车站盾构调头施工的进料、出渣运输。

（4）整个施工过程提前通过 AutoCAD 软件精确模拟，清楚直观。

3）适用范围

（1）适用于采用盾构法且在封闭式车站调头施工的城市地铁隧道施工。

（2）适宜于设置在城市繁华地段的主干道路下方，为保证交通通畅，采用盖挖法或暗挖法施工，且车站端头的盾构线路正上方无地面吊装口的盾构区间施工。

第 8 节　盾构隧道与预筑法车站同步施工工法

1. 基本情况

工法级别：中建总公司级

工法编号：GF001-2012

完成单位：中建交通建设集团有限公司

2. 基本内容

1）前言

随着国内外盾构设备制造技术水平的提高和盾构法施工成本的降低，盾构法已成为城市地铁隧道的主要施工方法之一。目前，在城市繁华中心区修建地铁工程时，常采用的盾构过站施工方式主要是先站后隧法和先隧后站法两种。如果能在车站施工的同时进行盾构过站施工，将大大缩短地铁工程的建设周期，从总体上看将较大幅度地降低工程造价。

在沈阳地铁2号线陵西站—新乐遗址站—北陵公园站区间盾构过新乐遗址站（预筑法）施工中，采用在新乐遗址站主体结构施工的同时进行盾构掘进穿越车站的施工技术，缩短了工期，节约了成本，总结形成了盾构隧道与预筑法车站同步施工工法。这一施工方法在国内外尚无先例，经中国建筑工程总公司组织专家鉴定，该技术已达到国际先进水平。

2）工法特点

（1）在地铁预筑法车站主体结构施工的同时盾构掘进穿越车站，实现了车站与盾构区间的同步施工。

（2）可以利用电机车通过盾构隧道快速运输车站土方。

（3）避免了盾构施工和车站结构施工间不必要的相互干扰，缩短了工期。

3）适用范围

本工法适用于需要在预筑法车站主体结构施工的同时，进行盾构掘进穿越车站的情况。

第9节　带压检查更换盾构刀具施工工法

1. 基本情况

工法级别：中建总公司级

工法编号：GF/201012-2010

完成单位：中建市政建设有限公司

2. 基本内容

1）前言

布置在刀盘上的刀具是盾构掘进时切削土体的主要工具，根据其位置和工作原理，主要分为滚动刀具和刮削刀具两大类。刀具的磨损程度将直接影响到盾构机的掘进效率。当盾构掘进一定距离后，刀具发生较大磨损或偏磨时必须更换；或者在复杂地质条件下，为适应不同岩性的土体掘进应更换相应类型的刀具，以提高掘进效率并降低成本。

盾构机掘进时主要利用土仓内的渣土来维持掌子面上的土压平衡。但在检查、更换刀具的时候，必须清理出土仓内的渣土以提供工作空间，原有的土压平衡状态被打破，因此，保持掌子面土体稳定成为安全顺利换刀施工的关键。若掌子面土体自稳性较好，可直接开仓作业；大多数情况下掌子面土体自稳性不能满足换刀需要，常采用降水加固法、注浆加固法、围护桩（如人工挖孔桩）加固法、带压加固法等保持掌子面土体稳定。各种加固方法都有一定的局限性和适用性。国内各地区地质条件差异较大，具体施工环境不同，因而采用的换刀加固模式也不尽相同。目前在我国地铁盾构施工中，带压进仓换刀应用实例较少，处于探索阶段，有必要总结推广。中建市政建设有限公司在深圳地铁 1 号线续建工程土建 20 标段施工中成功完成了深圳地区的首次带压换刀作业，总结出一整套带压进仓更换盾构刀具的施工工法。

2）工法特点

（1）可有效平衡掌子面水土压力，防止渗水和塌方，保证换刀作业顺利安全。

（2）可节省加固土体等措施费用，有效降低施工成本。

（3）带压换刀作业全部在隧道内实施，不会对地表交通造成干扰。

3）适用范围

（1）适用于自稳性较好且空气散失率低的地层中进行盾构机刀具检查和更换作业。

（2）适用于地面无空间进行注浆加固、降水加固或施作工作井的工程环境。

第 10 节　盾构小车过站施工工法

1. 基本情况

工法级别：中建总公司级

工法编号：GF/201018-2009

完成单位：中建市政建设有限公司；中国建筑一局（集团）有限公司

2. 基本内容

1）前言

盾构技术具有安全性好、适应性强及施工进度快的特点，已越来越被广泛应用于城市交通、地下管道和穿山跨江隧道等工程领域。随着盾构技术的发展，衍生出一系列相关的技术工法，其中盾构过站是目前隧道施工中经常运用的一项重要技术。

盾构过站技术是盾构机在脱离盾构隧道后继续穿越已成型的车站、明挖基坑，再次进入下一 个区间（或吊出）的施工工艺。在地铁盾构施工过程中，盾构机过站是经常碰到的施工技术环节，是影响施工质量、安全和进度的重要环节之一。盾构小车过站作为常用的过站手段，具有工期短、成本低、操作简单等特点。通过在实践中对此施工方法不断地加以充实、总结、完善，形成了本工法。

2）工法特点

（1）可适用于多数条件下的盾构接收和过站施工。

（2）操作简单，施工过程容易控制。

（3）施工成本低，设备材料可反复应用，施工工期较短；在较长空间内使用更能体现其成本效益和工期上的明显优越性。

（4）技术运用灵活，具有很大发展空间。

3）适用范围

盾构小车过站技术适用于盾构机需要通过地铁车站、明挖区间及暗挖隧道等已建构筑物的盾构过站施工。

第11节　盾构刀盘检修工作间施工工法

1. 基本情况

工法级别：河南省级

工法编号：EJGF82-2013

完成单位：中国中铁隧道集团有限公司

2. 基本内容

1）前言

目前，国内外多采用传统工作竖井施工方法施作盾构刀盘检修工作间。而大量的工程实践表明，传统工作竖井施工方法弊端很多，如需要施工场地大，施工工艺复杂，经常需要进行施工降水、管线改移、长时间交通导改等工作，极大增加了施工成本并延长了施工工期。另外，传统竖井施工采用人工开挖，常伴有带水作业，同时施工场地临近周边建筑物，施工安全风险非常大。

因此，中国中铁隧道集团有限公司在总结各类施工竖井施工实践的基础上，开展了大量研究工作，提出了盾构刀盘检修工作间工法。该工法具有安全、快速，工程成本低，对周边环境影响小的特点。本工法的关键技术为机械二次成井技术，可以提高工作效率及工程安全可靠性。

2）工法特点

本工法需先在盾构机刀盘拟定停机检修位置为中心地段施作3排ϕ1.0m的玻璃纤维筋灌注桩，然后在隧道轴线上，群桩中间做1根ϕ2.0m的灌注桩，灌注缓凝混凝土，在ϕ2.0m桩中间位置采用旋挖钻钻出一个ϕ1.0m井孔，再用人工开挖，将下部扩挖成所需要的工作间。

本工法采用机械式成井代替人工开挖作业，避免了人工开挖过程中经常带水作业的高风险，同时该施作工作间方法对周边环境影响小；施工工艺简单，所需场地小，无须降水及管线改移，交通导改量小；施工开挖工程数量小，无须进行竖井护壁等支护，施工工期短、工程成本低。

本工法在北京铁路地下直径线等工程中得到了成功的应用，获得了良好的经济、社会和环境效益。

（1）经济效益

与传统的竖井施工相比，施工场地减小20%，工期缩短40%，工程量减少50%，工程成本降低50%，推广应用的经济效益巨大。

（2）社会效益

本工法避免了传统竖井过程中需要进行施工降水、管线改移、长时间交通导改以及人工伴水开挖等问题，工作间施工安全、快速、对周边环境影响小。另外，采用该工法可以显著地节约施工中的能源消耗。因此，本工法的推广应用也有着良好的社会效益。

因此，和国外同类技术相比，本工法达到了国际领先水平。

3）适用范围

本工法适用于盾构隧道施工，在国内隧道和地下工程领域得到了大力的推广应用，技术成熟可靠。随着我国地下工程的蓬勃发展，该工法的推广应用前景将会十分广阔。

第12节　0.5～0.65MPa水压—松散地层小断面盾构穿越施工工法

1. 基本情况

工法级别：石油工程建设工法

评审单位：中国石油工程建设协会

评审时间：2015年6月

完成单位：中国石油天然气管道局第四工程分公司

2. 基本内容

1）前言

目前，国内外就油气管道穿越大江、大河普遍采用的非开挖穿越技术有三种：一是水平定向钻穿越，二是顶管穿越，三是盾构穿越。针对江河多年冲刷所形成的承载力低的松散地层，小断面盾构穿越则突显了其技术优势。

2002年，中国石油天然气管道局第四工程分公司（以下简称“管道四公司”）开始采用盾构法进行长输管道江河穿越施工，多次穿越粉细砂、砂砾、砾石岩层及砂砾卵石层等复杂地层。完成17条穿越江河盾构隧道施工，并总结形成了“油气管道泥水平衡盾构穿越河流施工工法”等三项省部级工法。2012 年，管道四公司结合工程实际，在原“小断面长距离盾构隧道施工工法”的基础上，针对 0.65MPa 水压下盾尾密封、刀盘刀具设计、管片连接形式等进行了深入研究，自行研发了一种新型盾尾密封结构，一种洞门密封装置和防止 K 块后退装置；并通过优化泥浆配比和掘进参数及井点降水、高压旋喷桩进行端头地质改良等施工工艺的应用，首次在国内解决了穿越过程中最大水压达到 0.65MPa 的技术难题。通过高水压松散地层小断面盾构穿越技术在实际工程中的成功应用，管道四公司总结编制了“0.5 ～ 0.65MPa 水压松散地层小断面盾构穿越施工工法”。

2013 年至今，已采用此工法在 0.5 ～ 0.65MPa 水压砂层地质中盾构掘进总长达 2600m。涉及的主要工程有：2013 年南坦海盾构穿越工程中穿越了 600m 粉细砂层地质，最高水压为 0.5MPa；2013 年金陵石化长江盾构工程中穿越了 2000m 砂层地质，最大水压 0.65MPa；2013 年瓯江盾构工程中，应用盾构洞门密封技术使其成功安全始发。

2013 年，“复杂地质条件下小断面长距离泥水平衡盾构施工技术研究”获中国石油天然气集团公司科学技术进步奖；2011 年，“小断面、长距离砂层地段泥水盾构施工技术研究”获中国石油天气管道局科技进步三等奖；2007 年，“解决小型盾构机在高水压、松散地层下的盾尾漏水问题”获中国石油天气管道局技术革新奖。

2010 年，“砂层泥水平衡盾构隧道施工工法”“小断面长距离盾构隧道施工工法”被评为省部级工法；2013 年，“油气管道泥水平衡盾构穿越河流施工工法”被评为省部级工法。

2）工法特点

（1）科学合理的刀具与刀盘的组合方式，最大适用水压达 0.65MPa，且 0.4MPa 以上水压地层连续掘进 2000m 不更换刀具。

（2）采用新型洞门密封形式保证了高水压 0.65MPa 松散地层中盾构机安全始发和到达施工时不发生涌水涌砂。

（3）新型盾尾密封装置的结构形式，能很好抑制涌水涌砂，与采用老式盾尾密封技术穿越高水压松散地层相比，提高了掘进的安全性。

（4）采用小断面盾构穿越高水压松散地层，与采用其他方式穿越该类地质相比，其安全性与施工周期更易保障。

3）适用范围

适用于隧道内径≤ 5m，水压≤ 0.65MPa，穿越江、河、湖泊的小断面泥水加压平衡式盾构穿越。适用地层为黏土、淤泥、砂层、卵石层等透水性强、易坍塌的松散地层。

第 13 节　小断面长距离盾构隧道施工工法

1. 基本情况

工法级别：石油工程建设工法

评审单位：中国石油工程建设协会

评审时间:2011年5月

完成单位:中国石油天然气管道局第四工程分公司

2. 基本内容

1）前言

随着国家对能源需求的增长，长输油气管道建设地域跨度越来越大，管道穿越江河等天然屏障是不可避免的。当遇到透水性强的卵石层、砂层等复杂地质条件时，采用定向钻、大开挖穿越无法达到设计规范的要求。盾构法穿越将可解决上述用定向钻或大开挖穿越时不能完全达标的问题。根据油气管道建设的实际现状，近年来大口径输气管道管径在ϕ1016～1219mm之间，一般要求单管或双管敷设，有时穿越长度在2000m以上，甚至可达4000m。中国石油天然气管道局第四工程分公司（以下简称“管道四公司”）通过采取设备引进与技术配套等措施，在西二线长江盾构穿越和钱塘江盾构穿越工程中先后应用了小断面长距离盾构隧道穿越技术，成功穿越长江、钱塘江，完全达到了设计规范要求。在成功应用该穿越技术的基础上，编制了小断面长距离盾构隧道施工工法。

2001年，管道四公司引进了第一台泥水盾构机，先后派出三批共计50人次前往德国学习，并聘请国内外盾构专家进行盾构操作、管片预制、设备维护等方面的技术培训。2002年，在忠县—武汉输油管道工程中成功穿越了长江，该隧道内径2440mm、长度1400m；2006年，川气东送管道工程在武汉、宜昌、黄石同时穿越长江，隧道内径为2440～3080mm，长度分别为1900m、1450m和1400m；2008年，西气东输二线管道工程在九江再次成功穿越长江，该隧道内径3080mm、长度2600m。目前，中国石油天然气管道局拥有4台内径在4000mm以内盾构机。经过多年的工程实践和技术创新，在小断面长距离盾构隧道施工中解决了地面测量通视差、支导线测量精度低、单轨道运输效率低等难题，取得了很好的施工经验，已完成断面在2.4～4.0m的盾构隧道10条，累计已逾16000m，均达到了《盾构法隧道施工与验收规范》（GB 50446—2008）的要求。

2006年，管道四公司参与了《油气输送管道穿越工程施工规范》（GB 50424—2007）中盾构部分的编写工作。2010年，“改善盾构机V型掘进姿态”荣获国家级QC成果，“降低盾构施工中的地表沉降”荣获省部级QC成果。“砂卵层泥水平衡式盾构法施工技术的研究”荣获2006年管道科学奖。

2）工法特点

（1）盾构机的泥水平衡系统，可以适应高水压、强透水、不稳定的卵石层、砂层等。

（2）主辅点四边形导线法与GPS、激光垂准仪、陀螺全站仪等联合使用可提高长距离隧道贯通精度53.4%以上。

（3）竖井、工作隧道与轨道铺设布设形式的改变，实现电瓶车无间歇作业，提高隧道内物资运输效率。

（4）弧面端头轨枕的新型设计形式，增大了轨枕与隧道内壁的接触面积，避免了因轨枕变形维修而导致的运输不畅，提高了轨道稳定性。

（5）采用闭式循环冷却系统，减少隧道内的散热量。

（6）多级低噪轴流风机供风和多台射流风机排风的联合应用，提高空气流通速度，有效降低了隧道内的温、湿度，达到《盾构法隧道施工与验收规范》（GB 50446—2008）中环境要求，改善人员、设备的作业环境。

3）适用范围

（1）适用于隧道断面内径 4m 以下。

（2）适用于穿越距离不大于 4000m 的盾构隧道。

（3）对于穿越长度大于 4000m 的盾构隧道施工，可参照本工法施工。

第 14 节　无水砂卵石地层盾构常压开仓换刀工法

1. 基本情况

奖励名称：中国铁建股份有限公司优秀工法

证书编号：YXGF-2015-108

完成单位：中铁十六局集团地铁工程有限公司；中国铁建十六局集团有限公司

2. 基本内容

1）前言

盾构长距离推进不可避免地需要进行开仓检查和刀具更换。刀具检修的常见方式有竖井检修、加压开仓、常压开仓，检修前需进行土体加固。由于地质情况的复杂性，刀具的检修位置常有一定的不可预见性，有些位置不具备地面加固条件，需进行仓内加固，同时无水砂卵石地层的特性造成加压开仓实施效果不佳。为此，形成了一套通过物理封堵结合化学加固的快速常压开仓方法，常压开仓位置选择更为灵活，施工耗时相对较短，沉降控制效果良好，土体加固更为经济。

该工法已成功在北京地铁 10 号二期 11 标盾构区间得以应用，社会、环境、经济效益显著。其关键技术形成的“一种无水砂卵石地层盾构开仓换刀的方法”已申请发明专利（专利号：201410114219.4）。以该技术为基础形成的“大粒径卵石地层中盾构长距离下穿运营高铁施工技术”获得中国施工企业管理协会科技创新成果二等奖、中国铁道建筑总公司科技奖三等奖和中铁十六局集团科技进步一等奖。

2）工法特点

（1）刀具检修位置更为灵活。常压开仓仓内加固施工方法，相比于带压开仓和地面加固后常压开仓而言，不受地质情况及地面加固条件限制的影响，具有开仓位置更为灵活的特点。

（2）对地面影响小。在仓内进行常压开仓加固地层施工方法，能够有效减少地面条件的制约，同时仓内加固又可以保证地层的稳定，将对地面的影响降到最低。

（3）土体加固更为经济。在仓内进行常压开仓，减少了地面加固产生的各类措施费用，加快了施工进度，大大降低了经济成本。

3）适用范围

本工法适用于无水砂卵石等类似地层中的盾构下穿各类重要风险源工程，尤其适用于地质情况复杂，刀具检修位置不可预见，不具备地面加固条件的需要进行舱内加固的盾构隧道施工工程。

第 15 节　富水圆砾地层泥水盾构短套筒密闭接收施工工法

1. 基本情况

奖励名称：中国铁建股份有限公司优秀工法

证书编号：YXGF-2015-110

完成单位：中铁十六局集团北京轨道交通工程建设有限公司

2. 基本内容

1）前言

南宁市轨道交通 1 号线土建施工 10 标广白区间接收端为富水强渗透性圆砾地层，根据施工设计图纸采用外包素连续墙加袖阀管注浆的端头加固形式，由于客观原因造成接收端头加固体长度不足，如果采用常规的橡胶帘布加压板等密封措施进行接收，无法从根本上解决洞门涌水涌砂现象。因此，本工程打破常规，并结合现场实际情况，以“接长补短”的指导思路，开创性提出了密闭接收的方案，通过洞门外增设密闭短套筒来达到泥水平衡盾构机在富水圆砾地层中顺利接收的目的。接收过程盾构姿态控制及欠压掘进、套筒设计及受力分析、钢结构加工安装精度要求高、高空作业风险大、施工过程筹划等均是施工过程中的技术难题。

2）工法特点

（1）采用短套筒接收，应用“接长补短”的理念，虽然外接了 40cm 的密闭短套筒，但实际上却将盾构机的接收位置向前延长了 2000mm（洞门连续墙厚 800mm+ 车站主体侧墙厚 800mm+ 外接短套筒 400mm）极大地降低了盾构机接收时涌水涌砂的风险。

（2）采用泥水仓欠压掘进，降低了开挖仓泥浆对套筒端盖的压力，保证在接收过程中整套接收系统安全性。

（3）接收前，通过在封板底部开孔检验降水及注浆封堵效果，可以有效地控制接收风险。

（4）短套筒接收系统具有较强的适应性，在接收条件满足的情况下，可根据盾构主机长度和端头加固长度来选择加工合适长度的套筒，且整套系统可以重复利用。

（5）接收过程中，刀盘尽量贴近封板，可以有效地减少接收时产生的渣土，缩短接收时间。

3）适用范围

适用于城市地铁、水利泥水盾构、土压盾构接收过程，加固区由于各种原因受到限制的接收施工。

第 16 节　大断面土压平衡盾构浅覆土、小间距平行始发施工工法

1. 基本情况

奖励名称：中国铁建股份有限公司优秀工法

证书编号：YXGF-2013-137-2

完成单位：中铁十六局集团北京轨道交通工程建设有限公司

2. 基本内容

1）前言

穗莞深城际轨道交通 SZH-3 标虎长区间由中铁十六局集团轨道公司承建，采用盾构工法施工，由两台日本奥村 8810mm 大断面土压平衡盾构机从出口段始发掘进至虎门商贸城站。区间长约 2894m，始发段盾构机穿越地层为粉质黏土和砂层，覆土最少处为 4.8m，小于隧道外径 D（8.5m），最小转弯半径为 600m ≥ 40D（340m），左右线平行盾构隧道净间距为 4.89m，小于 0.7 D（5.95m）的最小净距。隧道浅覆土主要是通过始发端头旋喷桩加固、临时堆载等加以解决，并在测量监测、掘进参数控制、注浆等方面总结了大断面土压平衡盾构机小间距平行始发工法。本文以穗莞深 SZH-3 标虎长区间两台盾构成功始发为经验，总结了大断面土压平衡盾构机超浅埋、小间距平行始发施工工法，为后续土压平衡盾构施工出现类似问题提供参考。

本工法于 2013 年 10 月由广东省科学技术情报研究所在国内外文献中进行科技查新，结果表明，未见与本工法关键技术点类似的文献报道。本工法在 2013 年度中铁十六局集团公司优秀工法评选中荣获一等奖。

2）工法特点

（1）端头加固可以在始发前期进行施工，采用旋喷桩加固。

（2）提前进行场地规划，进行临时堆载，前期施工基本不影响盾构机的始发，且施工成本低。

（3）本工法行之有效，安全可靠且可以大大加快施工进度，降低施工成本。

（4）在实施过程中工序较为简单，应用相对灵活，投入的设备及人员较少，处理过程周期短、效果明显，很大程度上降低了盾构机在特殊地段始发的风险。

3）适用范围

本工法适用于土压平衡盾构机超浅埋、小间距平行隧道始发施工，同时适用于大断面土压平衡盾构隧道。尤其在工程工期较紧、工程地质复杂等情况下技术经济最佳，对提高盾构施工安全性、缩短工期、降低成本等有着积极的作用。且本工法在应用过程中，对施工季节、周边环境无特殊要求。

第 17 节　盾构在砂卵石地层中极近距离穿越河桥施工工法

1. 基本情况

工法级别：2006—2007 年度中国铁建股份有限公司优秀工法

完成单位：中国铁建十六局集团有限公司

2. 基本内容

1）前言

随着世界经济的飞速发展，城市化建设的不断加速，城市密集度越来越大，高层建筑越来越多，地面可利用空间渐渐变少，而地下又布满了各种用途的管线，所以，如何更有效利用和创造地下空间已成为当今城市现代化建设的重要课题，采用盾构法来开发地下空间则是一种最佳选择。

盾构机是一种专门用于隧道工程的大型高科技综合施工设备，它具有开挖快、优质、安全、经济、有利于环境保护和降低劳动强度的优点，从松散软土、淤泥到硬岩都可应用。

我单位承担修建北京地铁 10 号线第 06 标段国贸站—双井站区间隧道，根据北京市地质条件和工程特点，采用两台德国海瑞克公司生产的世界上最先进的土压平衡式盾构机。

本工法根据盾构在含水砂卵石地质条件以及极近距离穿越河桥的施工经验总结而成。

2）工法特点

（1）精密的隧道掘进激光导向系统

德国 VMT 公司的 SLS-T 隧道掘进激光导向系统主要作用有以下几点：

①可以在隧道激光导向系统用电脑显示屏上随时以图形的形式显示盾构机轴线相对于隧道设计轴线的准确位置。

②推进一环结束后，隧道掘进激光导向系统从盾构机 PLC 自动控制系统获得推进油缸和铰接油缸的油缸杆伸长量的数值，并依此计算出上一环管片的管环平面，再综合考虑被手工输入隧道掘进激光导向系统电脑的盾尾间隙等因素，计算并选择这一环适合拼装的管片类型。

③可以提供完整的各环掘进姿态及其他相关资料的档案资料。

④可以通过标准的隧道设计几何元素计算出隧道的理论轴线。

⑤可以通过调制解调器和电话线与地面的一台电脑相连，这样在地面就可以实时监控盾构机的掘进姿态。

（2）S7-PLC 计算机自动化控制系统

西门子 S7-PLC 是控制系统的关键部件，控制系统用于控制盾构机掘进、拼装时的各主要功能。该系统协调盾构电气系统与盾构机械功能，掘进施工参数的关系如下：系统地协调供配电、传感器、仪表、控制器、计算机的电量关系；系统地协调设备状态和数据信息流的关系；系统地协调软件和硬件的关系，在此基础上建立盾构控制模型，确定供配电器件、传感器、仪表、PLC、计算机基本配置；确定 PLC 的 I/O 口信息的性质、流向、数量；确定系统的逻辑和时序关系、数值变换关系。

主要控制项目如下：①土压平衡控制；②同步注浆控制；③掘进分区油压控制；④拼装回转限位的控制；⑤电动机控制；⑥掘进分区油压控制；⑦时序逻辑控制；⑧数值处理。

（3）针对砂卵石地层的施工技术创新

砂卵石是一种典型的力学不稳定地层，盾构机在此条件下掘进时，一方面，土体流塑性差，开挖面土压平衡不易保持，容易崩塌；另一方面，砂卵石对于刀盘、刀具、密封舱内壁以及螺旋输送机的磨损极大，特别是在石英砂含量较多、卵石（砾石）粒径较大的情况下，磨损将更为严重。

因此，在长距离穿越砂卵石地层的过程中，怎样保证盾构机顺利、连续的推进，尽可能地减少换刀次数，以及如何降低换刀所带来的风险，是目前国内外盾构法隧道施工中的一个重难点。

为了实现盾构机长距离的正常、连续掘进，我们采取了以下措施：

①刀具材质和分布形式的改进

在砂卵石地层中，刀具的磨损形式主要包括石英砂对刀具产生的磨耗磨损和卵石对刀具的撞击损伤。因此，采用碳化钨合金替代硬质钛合金钢作为刀头，提高刀具的硬度和韧性，可延长刀具的使用寿命。

设计超前刀、切削刀组合协同工作。超前刀在切削刀切削土体之前先行切削土体，将土体切割分块，为切削刀创造良好的切削条件。

采用超前刀后，刀具切削土体的流动性显著增加，大大降低切削刀的扭矩，提高了刀具的切削效率。同时，由于超前刀比切削刀高出20cm，只有当超前刀的高度磨损超过20mm后，切削刀才直接切削土体，从而有效地保护了这些标准刀具，延长了刀具的磨损长度，大大提高了刀具整体抗磨损（耗）能力。

②推进技术的改进

当盾构机通过隧道上方无重要建筑物结构时，即在对控制地表沉降要求不是很高的地段，采用欠压推进。不仅有效地保护了刀盘、刀具，而且可加快施工进度。

欠压推进技术的主要原理如下。

由于土仓外正面土体的稳定主要是通过推力、推进速度和出土速度三个参数来控制，而刀盘、刀具的损耗主要是由推进过程中土体的摩擦造成的，即推力越大，刀盘、刀具受到的摩擦力越大，从而磨损就越大。所以，在欠压推进的过程中，加快出土速度，保持土仓压力比。通过计算得到，土压低0.2～0.3bar，既保证了推进速度不受影响，又减小了总推力，刀盘切削土体时的摩擦力也因此随之减小。大大降低了刀具的磨耗，延长了刀具的使用寿命。

通过反复试验，并结合现场监控量测的数据反馈，不断优化欠压推进时的技术参数，将盾构机在通过这些地段后的地表沉降值控制在允许范围之内。

③泡沫在盾构推进过程中使用技术的创新

盾构机在砂卵石地层中掘进时，仅仅通过加注水或膨润土液往往不能有效的改善土体的流塑性，导致刀盘扭矩增大，螺旋输送机出土不畅，掌子面失稳。

而泡沫的注入，一方面，能改善土体的流动性及透水性，达到稳定掌子面的效果；另一方面，细密的泡沫分布刀盘周围和土体之间，大大地降低了扭矩，从而有效地保护了刀具。

通过泡沫技术的应用，盾构在砂卵石地层中掘进时，推进速度、刀盘扭矩及地面沉降均得到良好的改善。

（4）极近距离穿越河桥的重难点攻关

根据盾构机所穿越建、构筑物各自不同的结构形式和环境特征，制订好掘进参数和其他相关技术措施：

①控制好盾构机姿态，建立好土压平衡，使得1号土压传感器压力保持在设定值。

②控制好掘进速度。

③严格控制出土量。

④壁后注浆，采用凝结时间短的活性浆液替代惰性浆液，控制好注浆量和注浆压力。

⑤及时联系测量队进行地表沉降监测，必要时6次/天，根据地表监测反馈信息，及时优化施工参数。

⑥出现盾尾漏浆情况，应及时采取补注密封脂等措施，阻止继续漏浆，并根据浆液漏出量及时进行补注。

3）适用范围

①本工法适用于卵石层、中粗砂层、粉细砂层、粉质黏土层、透镜状细中砂层等地层中施工。

②本工法不仅适用于浅埋的公路、铁路、地铁、水工隧道的施工，而且也适用于上部覆土较深的条件施工。

③本工法适用于长大隧道施工。

④本工法特别适用于极近距离穿越河桥或其他重大建、构筑物的盾构区间施工。

第3章　企业级工法

第1节　泥水平衡盾构施工工法

1. 基本情况

工法级别：企业级

工法编号：ZJJTGF-01-2015

完成单位：中建交通建设集团有限公司

2. 基本内容

1）前言

随着我国经济发展快速增长，越来越多的城市开始修建地铁，施工中会遇到各式各样的特殊地层（如高富水层、砂层、淤泥层、软土层与硬土层的交替等）及复杂环境，给施工带来极大的影响，不利于施工安全、质量控制。为适应特殊地质条件，降低隧道施工风险，选用合理盾构机，尤为重要。与土压平衡盾构相比，泥水平衡盾构在富水地层适应性、变形控制和施工安全性等方面具有明显的优势。目前，我国泥水平衡盾构相对于土压平衡盾构较少，尤其是中建系统内泥水平衡盾构施工技术方面仍是一项空白。中建交通建设集团有限公司于2015年将泥水盾构引进中建系统，在佛山市南海区新型公共交通地下段建设中组织科研及工程技术人员开展了专项科研课题研究，并在技术引进的基础上进行集成创新，解决了富水地层变形控制的难题，形成本工法。

2）工法特点

（1）采用密闭钢套筒，并通过针对性的盾构刀具的配置方案，直接切削玻璃纤维筋围护结构进出洞，在始发与接收阶段即达到了泥水平衡状态，降低了施工风险。

（2）依靠泥水仓内的泥浆在隧道开挖面形成泥膜，泥浆压力可以均匀作用在地层开挖面上，可有效控制开挖面稳定，施工安全性高。

（3）依靠泥浆在隧道开挖面形成的泥膜可以有效抵抗水土压力，能适应高水压的地层条件，同时采用泥浆循环，无需对特殊土体再次进行改良，能适应各种地质条件，应用性广。

（4）土仓内充满泥浆，可对刀盘、刀具起到润滑降温作用，刀盘、刀具使用寿命长。

（5）采用管道机械输送泥浆，管道占用空间小，管道内的泥浆能起到一定的降温作用，隧道内温度低，渣土通过密封管道进行外排，隧道内无粉尘或特殊气味，施工作业环境好。

3）适用范围

适用于富水软土、软岩至硬岩地层，尤其是含水率较高的砂质、砂砾石层、围岩破碎的软硬交替地层、地表沉降要求严格以及周边环境复杂、建(构)筑物及管线众多的闹市区。

第2节　上软下硬地层盾构接收段近距离下穿既有地铁线路施工工法

1. 基本情况

工法级别：企业级

工法编号：ZJJTGF-10-2015

完成单位：中建交通建设集团有限公司

2. 基本内容

1）前言

目前，国内修建地铁的城市日益增多，盾构法在城市地铁隧道施工中的应用也日益广泛。繁华都市中心城区既有地铁线路较多，新建地铁线路将不可避免地与既有地铁线路交叉，新建地铁线路将下穿或上跨既有地铁线路，当新老地铁线路距离较近或新建车站距离既有隧道过近时，常规加固和掘进方法已经不能满足保证既有地铁线路运营安全的沉降要求，如何采取有效措施控制既有隧道结构变形及位移，使盾构隧道安全通过，减少对运营线路的影响，是目前亟须解决的技术难题。

深圳地铁9号线园岭站—红岭站区间，区间隧道下穿地铁3号线，新老线路最近净距约1.55m，地质非常复杂，设计大管棚加固措施对既有线影响较大，无法施工；盾构接收端车站距既有线路11.8m，既有线路对端头加固较敏感，无法实施；如何减小施工对地层的扰动，确保既有线路的结构及运营安全，是本项目的重难点之一，盾构下穿既有线时必须采取措施对沉降有效控制。我单位采取下穿前对既有运营线路洞内双侧对称注浆的方式对既有线加固，下穿期间通过自动化监测实施动态信息管理，在自动化监测数据指导下于新建隧道和既有隧道洞内注浆，及时控制沉降点，成功完成近距离下穿既有线施工，且未对既有线运营造成影响，并摸索出一套切实可行的上软下硬地层盾构接收段近距离下穿既有地铁线路施工工法。

2）工法特点

(1)通过预先于既有地铁线路内动态平衡注浆加固穿越影响段隧道周围地层，解决了既有线路距盾构接收端车站距离较近，端头加固对既有线影响较大和大管棚无法施工的难题。

(2)采用隧道自动化监测技术对既有地铁运营隧道进行监测，监测数据指导隧道内注浆及盾构下穿运营线过程中的各施工参数，有效控制既有隧道结构变形及位移，解决了既有运营线路行车区间人工监测无法实施的难题。

（3）采用在新建线路和既有线洞内注浆，根据施工过程沉降情况及时修正，对既有线左右偏移及时纠偏。

（4）利用盾构中盾的超前注浆孔或盾壳上的径向注浆孔，向盾壳外间隙注入克泥效，阻止了水流通道的形成和上覆土体的下沉，有效控制了既有地铁运营隧道的沉降。

3）适用范围

本工法适用于在城市新建地铁下穿既有地铁线路，既有地铁线路距新建盾构接收端车站较近，盾构区间端头加固对既有线影响较大，因新旧线距离过近常规大管棚加固无法施工的情况。

第3节　岩溶地区土压平衡盾构施工工法

1. 基本情况

工法级别：企业级

工法编号：ZJJTGF-16-2015

完成单位：中建交通建设集团有限公司

2. 基本内容

1）前言

我国可溶性岩层分布广、面积大，随着我国城市基础设施工程建设的不断发展和扩大，城市轨道交通工程穿越岩溶地层越来越成为不可避免的问题。而岩溶作为一种不良地质现象，由于它的发育致使工程建设场地和地基的工程地质条件大为恶化，在岩溶地区进行城市轨道交通工程建设，将面临很大的困难和工程风险。尤其，对于盾构穿越岩溶地层施工，可能发生盾构栽头、陷落、姿态失控、螺旋输送机喷涌、刀具损坏或盾壳卡住、地面过大沉降或坍塌等风险，危及施工与周边环境安全，处理也异常困难。南宁市轨道交通2号线土建3标和4标，玉洞站—金象站—石子塘站—建设路站（不含）3站3区间均不同程度受到岩溶地质的影响，这也是南宁地铁建设首次遇到岩溶。其中，石子塘站两端区间岩溶中等发育、局部强烈发育，而且岩溶水较丰富，盾构施工风险巨大。施工从岩溶补勘和盾构选型与改造入手，经过细致全面的勘察、因地制宜的处理、合理的盾构选型、稳妥可靠的掘进参数控制，顺利通过了岩溶发育区，并成功摸索出了岩溶地区土压平衡盾构的施工工法，对后续城市轨道交通工程的建设具有积极的指导作用和良好的借鉴价值。

2）工法特点

（1）相对于普通地层中的盾构施工，对于岩溶地区的盾构施工，应首先在初步勘察或详细勘察的基础上，对岩溶进行专项补充勘察。根据岩溶补勘的结果，采取先地面预处理、后盾构掘进的方式进行施工。

（2）岩溶处理应根据岩溶补勘揭示的溶、土洞发育情况，采取不同的方法和工艺，并应通过质量检测，相应处理指标满足要求方可进行盾构掘进施工。

（3）不同于常规盾构施工，针对岩溶地区盾构在掘进过程中可能出现的问题以及需要具备的性能要求，应对盾构机进行针对性的选型设计或改造；并在盾构掘进过程中，不断优化施工参数，盾构通过后再次进行探地雷达检测，以确保盾构施工和后期通车运营的安全。

（4）本工法系统的提出了岩溶地区土压平衡盾构施工从岩溶补勘、处理、检测，针对性的盾构选型、改造、掘进控制、隐患检查等成套技术，避免了不良地质对盾构施工的影响，提高了盾构施工工效、施工质量和安全性，降低了施工成本和施工风险，拓展了盾构施工的适用范围，具有良好的社会效益、经济效益和环境效益。

3）适用范围

本工法适用于可溶岩地层中有岩溶发育现象的盾构隧道施工和处理。

第 4 节　密闭钢套筒接收盾构施工工法

1. 基本情况

工法级别：企业级

工法编号：ZJJTGF-11-2014

完成单位：中建交通建设集团有限公司

2. 基本内容

1）前言

在地铁工程目前所采用的盾构法区间隧道施工中，始发和接收过程是整个工程中的关键工序，也是难度最大、风险最高的环节。盾构机由刀盘和盾体组成，盾构机的刀盘开挖直径比盾体直径大 3 ～ 6cm，在盾构机接收进洞的阶段，会存在一个时期，刀盘已经进入车站而盾构还在土体内，这时盾体外侧与开挖面之间的空隙就会形成透水通道，特别是在地质条件复杂，含砂含水，周边环境受限等情况下，采用传统的接收加固措施加固范围大、加固质量要求高、一旦加固存在缺陷会出现灾难性后果。采用装备式密封接收装置，是解决盾构在恶劣工况下顺利接收、确保施工质量及安全的一种新途径，本工法就是在引进新型专利技术基础上经过现场实践归纳形成的。

东莞地铁 2 号线 2311 标段珊美站—展览中心站区间左、右线工程施工中，采用地下连续墙加旋喷桩加固方式仍不能满足接收要求，为此引进钢套筒专利技术顺利完成了盾构机接收施工，解决了盾构接收段地质条件恶劣所引起的接收难题，极大地缩短了施工工期，降低了施工成本，并且具有较高的安全性，总结形成了施工工法。

2）工法特点

（1）该工法具有较高的安全性，可在大深度、高水压、地质复杂条件下进行盾构接收工作。

（2）不用进行接收段长距离大范围的土体加固，极大降低了施工成本，同时减少了地面施工场地条件受限的难题。

（3）钢套筒采用分节拼装，施工便利，安装时间短，并且可以周转重复使用。

3）适用范围

本工法适用于盾构接收段地质条件恶劣，无法保证土体加固质量，易出现涌水、涌砂及地面塌陷事故，或者因地面环境以及管线条件无法按设计范围进行土体加固的特殊情况。

第5节　盾构空推拼管片施工工法

1. 基本情况

工法级别：企业级

工法编号：ZJJTGF-12-2014

完成单位：中建交通建设集团有限公司

2. 基本内容

1）前言

随着城市快速发展，城区规模越来越大，交通拥堵问题日趋严重。为有效缓解交通压力，各大城市积极进行城市轨道交通的建设。但由于之前老城区城市规划的不合理，地下管线错综复杂，地面建筑物众多。造成地铁施工前期管线迁移、地面拆迁征地困难，此工法适用于地质岩层坚硬、地面场地狭小、管线众多，前期施工困难的地段地铁隧道的施工。盾构空推是先采用矿山法开挖隧道并完成初期支护，然后再利用盾构拼装管片空推通过的一种施工方法。空推的同时由盾构机拼装管片以形成矿山法隧道的二次衬砌。二次衬砌和初支之间的孔隙采用粒径小于10mm的细石土填充，然后注浆填充空隙，最终由注浆体和管片共同构成矿山法隧道的二次衬砌。

深圳地铁9号线停车场出场线，此区间共有860m的硬岩地层，采用矿山法施工，两端各有347m及543m软弱围岩采用盾构法施工，中间区段矿山法施工完成初支以后再由盾构机空载推进通过，同时拼装管片，管片后喷射豆粒石与注浆作为结构的二次衬砌，并取得了圆满成功。在此基础上，总结形成本工法。

2）工法特点

（1）在矿山法隧道初支施工完成的基础上进行的盾构空推作业，极大地扩展了盾构法的施工适用范围。

（2）不同于盾构法，无须建立土压、出土及渣土改良等工序，施工速度快，工效明显。最高每天可达30m的施工进度，其综合进度比盾构法在软弱围岩地层及矿山法二次衬砌施工的进度还快。

（3）避免了盾构法在硬岩地层掘进时的设备及刀具的损坏，避免了因刀具磨损开仓换刀的次数，既有效节约了成本，也降低了施工风险。

（4）工艺可操作性强，增加了盾构法在复杂地层的施工领域。在城市地铁施工中可推广使用。

3）适用范围

本工法适用于采用盾构施工的城市地铁、铁路、公路、水工隧道等地下工程中有较长距离硬岩地层的地段。

第6节　盾构机快速过站施工工法

1. 基本情况

工法级别：企业级

工法编号：ZJJTGF-010-2013

完成单位：中建交通建设集团有限公司

2. 基本内容

1）前言

随着国内外盾构设备制造技术水平的提高和盾构法施工成本的降低，盾构施工技术在城市地铁隧道建设中逐步占据主导地位，而盾构过站是城市繁华中心区修建地铁隧道施工经常碰到的关键环节。为了降低车站工程造价和施工成本，加快盾构过站速度，在北京地铁14号线善各庄站—来广营站—东湖渠站区间盾构过来广营站（明挖法）施工中，采用两台电瓶车联动牵引技术、站内特制支架快速移动盾构机后配套台车施工技术和大块拆装盾构机主机施工技术，缩短了工期，节约了成本，总结形成了盾构机快速过站施工工法。

2）工法特点

（1）将盾构机主机相邻的两个或多个部件组合吊装，减少了焊缝切割与焊接或螺栓拆装的工作量。

（2）利用两台电机车联动作为动力，牵引整个盾构机后配套台车过站。

（3）采用可移动式特制支架支撑牵引梁、皮带机前端支架及管线路，减少了盾构机后配套零部件拆装数量，避免了皮带更换。

3）适用范围

本工法适用于盾构机主机站外过站，同时，后配套台车站内过站且地面具备大件吊装及运输条件的情况。

第7节　盾构隧道近接既有建(构)物施工工法

1. 基本情况

工法级别:企业级

工法编号:ZJ1GF-477-2012

完成单位:中建市政建设有限公司;中国建筑一局(集团)有限公司

2. 基本内容

1)前言

目前,盾构法施工在城市地铁隧道中的应用日益广泛,近接既有建(构)筑物施工成为城市地铁隧道盾构法重要的风险控制点之一。为保证盾构隧道近接既有建(构)筑物的安全,在北京、沈阳、深圳地铁盾构施工中,采用预控技术和全过程实时精确控制技术,将隧道近接既有建(构)筑物的沉降控制在规范允许范围之内,确保了既有建(构)筑物安全。在此基础上,形成了盾构隧道近接既有建(构)物施工工法。

2)工法特点

(1)采用了地层缺陷探测技术,可以预知既有建(构)筑物下方的地层情况。

(2)采用了地层加固预处理技术,可以对近接施工周边缺陷地层进行预先治理,实现事前控制。

(3)采用了24h不间断施工监测和巡视方法,可以随时掌握既有建(构)筑物的沉降情况,实时反馈施工。

(4)采用了全过程实时精确控制技术调整盾构施工参数,可以有效地控制既有建(构)筑物的沉降,尤其是差异沉降,保证盾构隧道近接既有建(构)筑物的安全。

3)适用范围

本工法适用于盾构隧道近接既有建(构)筑物施工的情况。

第8节　富水复合地层盾构施工工法

1. 基本情况

工法级别:企业级

工法编号:ZJ1GF-384-2010

完成单位:中建市政建设有限公司

2. 基本内容

1）前言

盾构法在目前地铁隧道、市政管线、公路、铁路、水利等工程建设领域中得到了广泛的应用，但是，现阶段盾构法施工仍存在一定局限性，其中较为突出的一项是盾构在复合地层中掘进施工。复合地层的特点是工程范围内的地层岩性变化频繁，物理力学特性差异大，基岩风化界面起伏大，含水量较大。其具体表现为：隧道同一里程横断面上下或左右软硬不均，隧道纵断面上表现为软硬相间，其中隧道横断面地层的复合特性，对盾构施工的影响尤为明显。

中建市政建设有限公司在深圳地铁 1 号线续建工程土建 20 标段项目施工中遇到较为典型的软硬不均复合地层情况，采用 ϕ6280mm 维尔特盾构机进行施工，采取了优化掘进参数、注双液浆止水、地面预加固等技术措施，系统地总结出一套复合式土压平衡盾构机在此种富水复合地层情况下施工的工法。

2）工法特点

（1）具有很强的可操作性，适用于复合式土压平衡盾构机在软硬不均的地层中施工。

（2）可有效地减少喷涌、防止掌子面塌方，有效地控制地面沉降。

（3）技术运用灵活，具有很大的改进空间。

3）适用范围

本工法适用于复合式盾构机在强度差别较大且地下水丰富的复合地层中掘进施工。

第 9 节　盾构常压填仓换刀施工工法

1. 基本情况

奖励名称：中国铁建十六局集团有限公司优秀工法

完成单位：中铁十六局集团北京轨道交通工程建设有限公司

2. 基本内容

1）前言

随着地铁建设规模的不断扩大，盾构施工技术得到越来越广泛的应用，盾构隧道也越来越显现出大直径、长距离、穿越底层复杂等特点，这也对刀具的使用提出了更高的要求。但由于受地层条件及刀具耐磨的限制，盾构机在掘进隧道施工到一定工程量后，刀具将会磨损。如果不及时进行换刀处理而继续掘进，轻则无法保证正常的掘进速度，延误工期；重则会使盾构机无法掘进施工，甚至损坏刀盘盾体本身，影响盾构机的寿命。因此，在施工过程选择相对合适的地段对盾构机进行开仓检查更换刀具是十分必要的工作。

目前，常见的盾构换刀方法分常压、带压两种。常规的常压换刀作业利用土体自身的稳定性，在排出土仓内渣土后直接开仓换刀，但受地质条件本身的复杂性、多变性和周边条件的局限性影响，往往需要在地面对开挖面前方进行土体加固从而实施常压进仓作业。但在复杂地层中土体加固困难，或者地面状况复杂无法提供土体加固施工条件，常规常压换刀难以实现。而带压换刀作业是利用向土仓内注入压缩空气以支撑开挖面，辅以泥浆护面等手段，人员在加压状态下进入土仓进行换刀作业，拥有无须地层加固、地质适应性强、对周边环境要求低和影响小等优点，但在压气状态下不能见明火，对更换磨损严重的刀存在着诸多的限制，同时对施工人员的身体技术水平、装置设备的完备程度也存在着诸多要求。

针对现有技术的不足和缺陷，并依托广州市轨道交通 9 号线马鞍山公园站—花都广场站区间隧道工程，开发了盾构常压填舱换刀施工工法，即通过盾构停机、盾体及刀盘保护、注入膨润土置换土仓内渣土、填充水泥砂浆置换膨润土、常压清舱、常压换刀、恢复掘进等一系列工序，在无须地面加固开挖面前方土体的条件下常压状态中快速安全完成换刀作业，确保盾构正常掘进，工程顺利进行，并实现对周边环境的较小影响。

2）工法特点

盾构常压填仓换刀施工工法是在盾构常压换刀施工工法的基础上，针对缺乏地层加固条件，又限制带压作业的工况开发出的全新盾构换刀施工工法。

（1）本工法通过填充水泥砂浆达到稳定掌子面、提供开仓换刀空间的目的，无须施工人员带压工作，便于磨损严重的刀具更换。

（2）本工法无需对盾构前方地层进行加固，在地面环境无法提供地层加固条件或者本身地质条件恶劣不利于加固的状况下可以快速便捷完成换刀作业，保障盾构顺利掘进。

3）适用范围

本工法广泛适用于各种地层中盾构换刀作业，尤其适用于无法通过地表进行地层加固条件下软弱地层中的盾构换刀作业。

第6篇
盾构工程典型案例

第 1 章　大直径盾构工程案例

第 1 节　北京地下铁路直径线隧道大直径泥水盾构施工技术

中国中铁隧道集团有限公司

1. 工程概况

本项目为北京站至北京西站地下直径线工程，位于北京市中心区。盾构机由天宁寺桥北 4 号竖井始发，沿天宁寺桥、西便门桥、宣武门西大街，到达终点里程宣武门地铁西端 K4+748 里程处，盾构段隧道全长 5175m。其中设 4 号竖井（盾构始发井）、5 号竖井（始发辅助井）。

盾构设备为泥水加压平衡（膨润土—气垫式泥水盾构）盾构，盾构开挖外径为 11.97m，隧道外径为 11.6m，隧道内径为 10.5m。

该段隧道位于直线上，线路纵坡为面向北京西客站 10‰的上坡，隧道的轨面高程为 22.414 ～ 22.644m，隧道顶高程为 30.214 ～ 30.444m。

2. 地质水文情况

1）工程地质、水文地质条件

隧道西端（天宁寺至和平门段）穿越的复合地层以卵石层、圆砾层为主，同时含有胶结岩石层、粉质黏土层、粉土层、粉质黏土层等，其中胶结岩石层单轴抗压强度约 30MPa。隧道东端（和平门至崇文门段）穿越的复合地层以黏土层、粉质黏土层、粉土层和砂层为主，地层自稳性差，可压缩性强。工程主要地质情况如图 6-1-1 所示。

图 6-1-1　工程主要地质情况

工程周围地下水类型主要为孔隙潜水，局部为孔隙承压水，地层最大渗透系数为 150m/d，单井最大涌水量为 37200m^3/d，水位埋深为 23.13 ～ 24.31m。

2）工程周边环境及主要风险点

盾构隧道位于北京市中心区域，平行既有地铁 2 号线段累计 4km，结构水平净距 1.7 ～ 20m，垂直净距 3 ～ 13m；盾构下穿既有地铁 4 号线宣武门站，垂直距离仅 4.7m；隧道临近箭楼、正阳门火车站（水平净距 1.7m）、团中央办公大楼、二环西便门桥群、天宁寺桥群等重要地面设施；工程沿线各种地下管线错综复杂，护城河、盖板暗河等构筑物密布。因工程环境特别复杂，工程对全线进行了风险评估，确定了各级风险源累计 87 个，其中特级风险源 17 个，如图 6-1-2 所示。

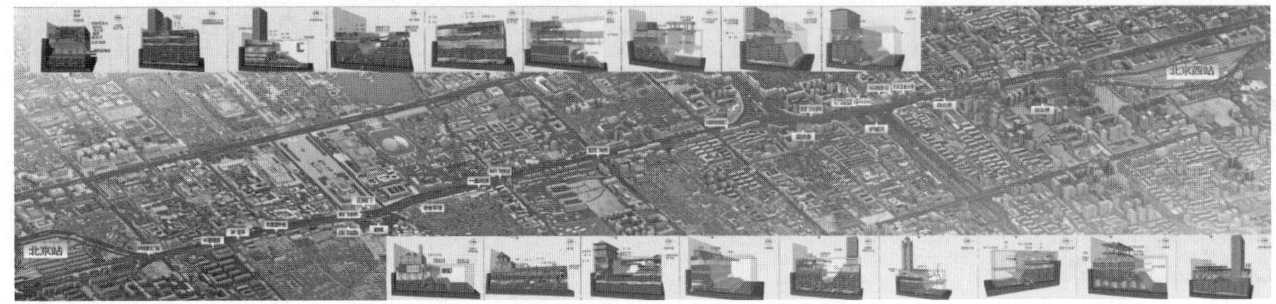

图 6-1-2　工程沿线主要风险点平面布置图

3）工程重、难点

①地质条件复杂：因隧道沿线为第四纪冲洪积层，大断面隧道穿越由黏土层、粉质黏土层、粉土层、砂层、卵石圆砾层、高强钙化岩石层等组成的复合地层，软土与岩石结合，细微颗粒与大粒径卵石混合。工程全线富水，部分工程处于承压水中。

②长距离掘进：因盾构独头掘进 5.2km，施工中面临大长隧道通风、测量控制、泥水长距离环流以及管道磨损与爆管、刀盘刀具对不同地层的适应性配置调整以及磨损与修复、泥浆对不同地层的适应性、泥饼堵仓设备老化等诸多问题。

③变形控制标准严格：工程沿线地面及地下设施复杂，不同建（构）筑、地下管线、桥梁等对环境变形的敏感程度不同，需结合环境特点进行全面风险识别与评估，确定各设施变形控制标准。既有地铁 2 号线允许底板最大沉降 5mm、4 号线宣武门站底板最大允许沉降 3mm、桥梁单跨两端差异沉降小于 5mm 等为代表的变形控制标准，给工程建设提出了严格的变形控制要求。

④多工法交接施工：工程浅埋暗挖隧道采用洞桩法、盖挖法、CRD 法、双侧壁导坑法等多工法交接施工，涉及多工序转换及不同技术控制标准，施工难度大。

⑤施工场地狭小：因工程地处北京市中心区，盾构施工场地面积仅 $6000m^2+3000m^2$，为泥水盾构施工所涉及的盾构组装、泥水分离等带来较大压力。

⑥首都核心区环保要求高：施工场地近临居民区，不仅噪声、扬尘等需严格控制，泥浆系统涉及的泥浆对地下水影响、渣土筛分、废浆排放等也成为施工中环境保护控制的重点。

4）泥水盾构施工关键技术

（1）盾构刀盘刀具与地层的适应性技术

掘进过程中先后经历大粒径致密砂卵石层、钙化岩石层、黏土层等为主的复合地层。不同地质条件下盾构刀盘结构、刀具材料、刀具形式及布置方式、刀具切削原理等都有所不同。初期采用的原设计刀盘刀具，因与实际地质条件不相适应，引起了地表变形大、刀具损坏严重、掘进排渣困难等一系列问题，为解决以上问题，采取以下措施：

①通过对刀盘、刀具的改造，形成了适用于不同地层条件的刀盘刀具配置形式。

施工过程中，结合致密卵石夹钙化岩石层、富水砂卵石复合地层、砂—黏土复合地层等不同地质条件，针对性进行了三次刀盘刀具改造及修复作业，如图 6-1-3 ～图 6-1-5 所示。通过不同形式刀盘刀具的调整，总结出在富水砂卵石地层中，“辐条 + 面板”式对变形控制有其明显的优越性；“滚压”切削理论较“捶击”切削理论在刀具磨损、地层扰动控制、掘进参数控制等方面有其明显优越性；针对易结“泥饼”的黏土复合地层，则应依照“痕迹覆盖适当”原则配置刀具，并适当调整刀盘开口率等经验。

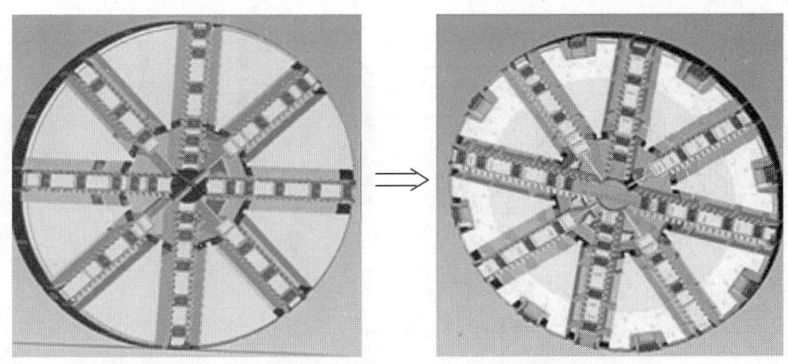

图 6-1-3　初装刀盘的改造效果

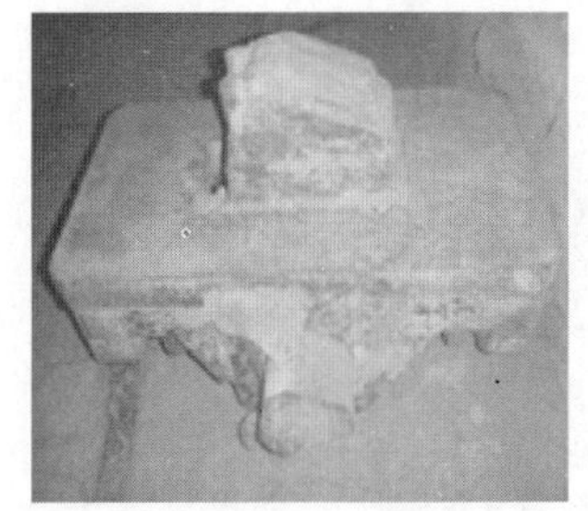

图 6-1-4　砂卵石地层中不同刀具的应用

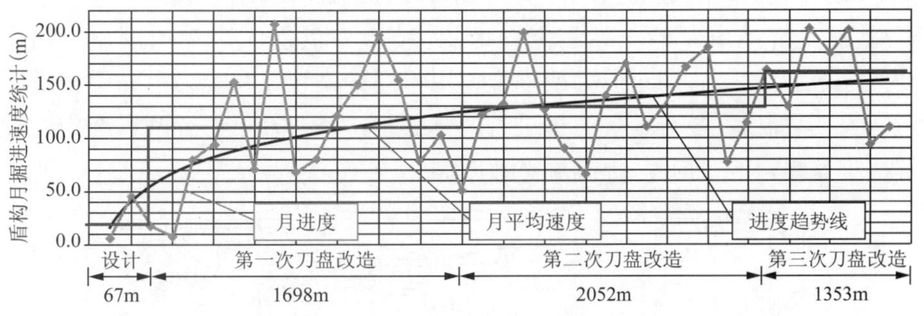

图 6-1-5　刀盘改造对盾构施工进度的影响

②三层“立体切削”理念的提出及应用，拓宽了盾构刀盘对地层的应用范围。

施工过程中，针对致密砂卵石为主的富水复合地层，在原“捶击 + 切削”的双层土体切削理论基础上，研究总结并实践“先行滚压 + 二次捶击 + 三次切削”的三层立体切削理论（图 6-1-6），加大刀盘对胶结岩石层、致密卵石、砂层等复合地层的适应性；针对易结泥饼的“黏土 + 砂卵石”复合地层，则需适当加大刀盘开口率，同时按照“痕迹覆盖”原则配置刀具。采用“加强刀具配置 + 大强度冲刷 + 人工带压进仓冲刷”的综合措施，解决仓内结泥饼等掘进难题。

图6-1-6　立体切削理念的实施效果

③刀具国产化及刀具磨损监测技术的推进及实施。

通过对进口刀具与国产刀具不同形式及刀具材料的对比分析（图 6-1-7 和图 6-1-8），联合国内盾构刀具研发单位对卵石黏土（局部钙化）复合地层中刀盘刀具的受力环境进行分析，研发了适合砂卵石—黏土复合地层中的新型刀具。此外通过对刀具形式的改造及刀具磨损检测技术的研发及应用，实现了盾构刀具磨损量的快速监测，为刀具的及时更换及减少意外停机奠定了基础。

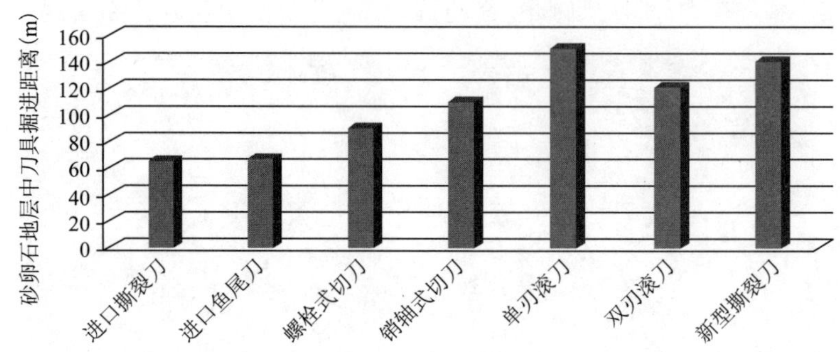

图 6-1-7　砂卵石地层中不同刀具适用掘进距离

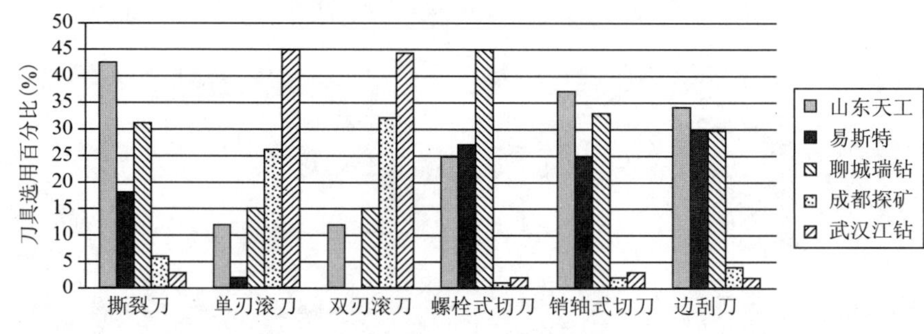

图 6-1-8　国产刀具使用情况对比

④改造“冲刷系统”，结合带压进仓人工冲刷，辅助解决刀盘泥饼。

针对卵石—黏土复合地层及砂—黏土复合地层，结合刀盘前泥饼黏结规律，改造刀盘冲刷系统（图 6-1-9），在开挖仓增加冲刷口，通过单独或混合使用不同冲刷管路减少刀盘黏附泥饼现象。因冲刷管路布置形式受盾构设备限制，在复合地层中掘进时，需要结合人工带压进仓冲刷、选择性投放分散材料等综合辅助措施解决刀盘黏附泥饼问题，提高掘进效率。

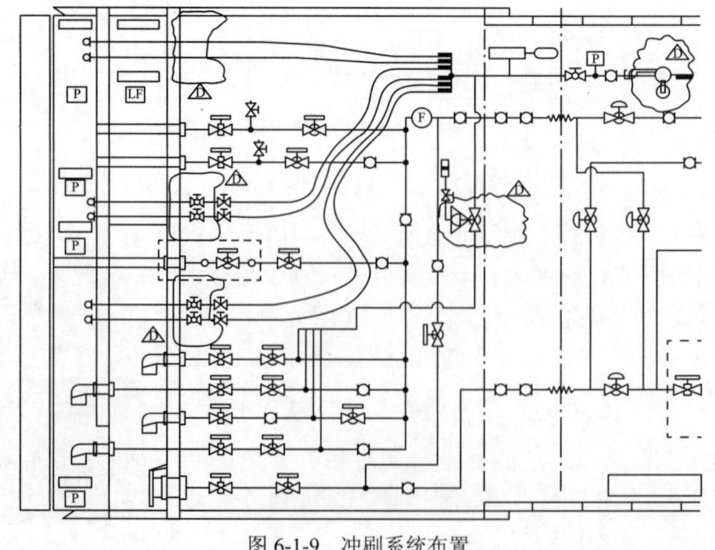

图 6-1-9　冲刷系统布置

（2）高气压条件下进仓检查及动火维修技术

盾构机在地下封闭环境条件下施工，对刀盘刀具的检查、维修等工作一般需要在密闭的高气压条件下进行。因此，为确保盾构在地下施工的高效性，必须掌握高气压条件下进仓检查、刀具更换及动火维修技术。

①高气压环境条件下空间构建及安全性维持技术的研究和成功应用，为刀具更换、动火维修、障碍物处理等奠定了基础。

采用超前地质探测、带压进仓检查等措施确定盾构停机点的地质条件，通过注浆加固、灌注桩等措施进行停机点的预加固处理，然后采用复打空心桩、开挖面洞室开挖等措施开辟高气压条件下盾构修复作业空间（图 6-1-10 和图 6-1-11）。当盾构机到达预停机点后通过开挖面压力精确控制、高黏度泥浆置换、开挖仓保压建立优质泥膜、高浓度泥浆盾壳外密封处理等措施确保作业空间稳定性。人员进仓作业期间通过高压气体逃逸量检测、仓内气体成分控制等措施确保进仓人员及环境的安全性。

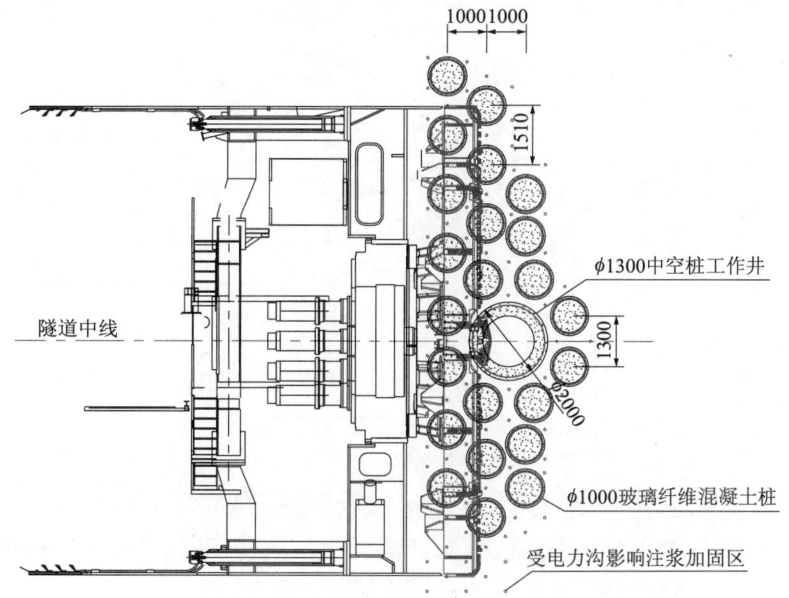

图 6-1-10　空心桩预留地下高压作业空间（尺寸单位：mm）

②通过自主创新研究，高气压环境条件下的带压动火维修技术达到国际领先水平并填补了国内该项技术的空白。

联合相关高校，针对高气压条件下刀盘刀具的动火维修技术进行创新研究，通过高气压环境中爆炸试验、无人自动焊接、高气压载人焊接等试验（图 6-1-12 ～图 6-1-14），研究高气压条件下焊接技术、气体组分、通风技术及环境对人体的影响等规律，并成功实施了高气压条件下刀盘维修作业，填补了国内该项技术空白。该项技术的突破，解除了高压环境条件盾构刀盘修复作业的技术壁垒，实现了地面不设竖井、不影响地面交通的条件下直接修复刀盘，同时该项技术可以用于盾构掘进过程中各类地下障碍物的处理，提高了盾构机面临此类风险的应变能力。

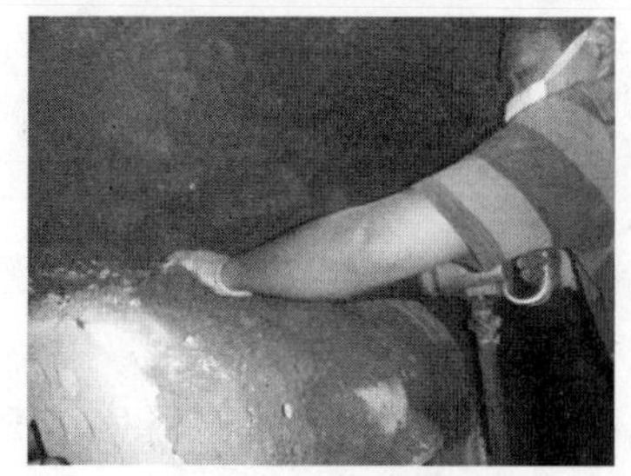

图 6-1-11　带压进仓直接开挖地下作业空间

图 6-1-12　高气压自动焊接及载人焊接试验

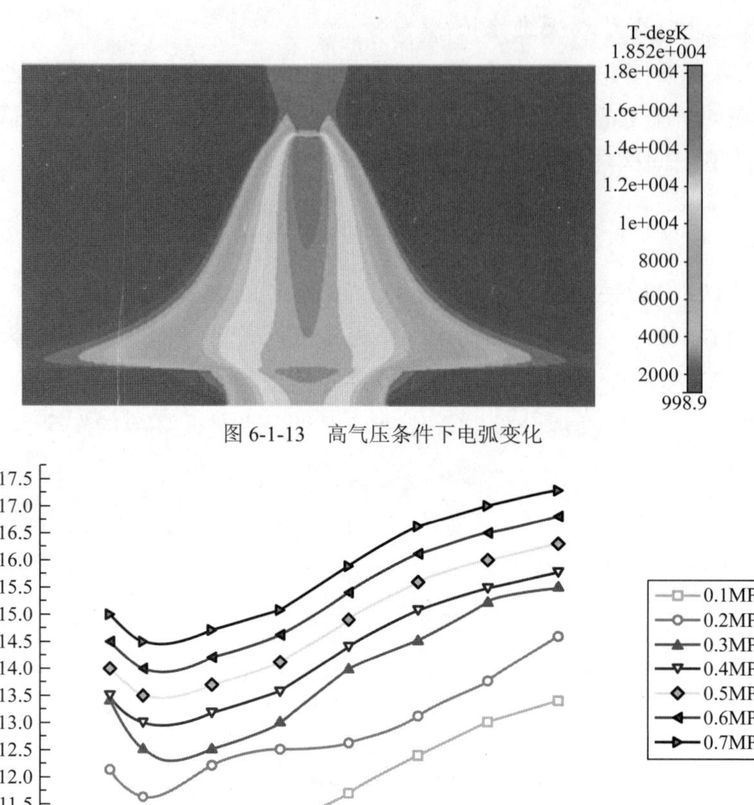

图 6-1-13　高气压条件下电弧变化

图 6-1-14　高气压条件下电弧电压的变化规律

③高气压条件下进仓检查及刀具更换技术的创新研究及成功应用，确保了盾构停机点周围环境安全性及盾构机长距离施工刀具磨损检查及更换的顺利实施。

砂卵石地层中刀具磨损严重，刀具磨损导致掘进参数较大的波动，如盾构机推力、扭矩的增加，掘进速度的降低等，致使工程建设效率降低，加大盾构施工对地层扰动的影响。把高气压条件下进行刀盘刀具检查及更换纳入常规的工序管理，成为项目建设风险主动控制的关键措施之一。高气压条件下进仓作业涉及地面预加固、泥浆置换建立开挖面均质泥膜、盾壳周围密封处理、高气压进仓作业等关键技术，项目部制定了高气压条件下进仓作业标准化流程（图 6-1-15），确保了高气压进仓作业的安全实施。

（3）环保型泥浆处理及系统配套技术

项目地处北京市中心区，一方面施工场地面积十分有限，另一方面工程条件复杂。泥水盾构施工时面临泥浆影响地下水、泥水环流系统磨损、不同粒径渣土筛分处理、废浆零排放等问题，需因地制宜建立可以实现降低扬尘、防止噪声污染、渣土及泥浆环保处理的综合配套技术。

①针对卵石—黏土复合地层颗粒粒径及性能差异大等特点，将传统“三级”泥水分离技术升级为“五级”泥水分离技术。

在盾构施工技术发展过程中，传统泥水处理系统由“筛分—旋流—沉淀”三级处理构成，泥水处理颗粒的最小粒径为 40μm，对黏土颗粒、粉质黏土颗粒等细微颗粒则难以进行有效处理。项目针对卵石—黏土复合地层的特点，通过实践研究将传统泥水分离升级为“筛分—旋流—离心—沉淀—压滤”的五级处理模式，泥水单位时间处理能力提升了 40%，泥水处理性能提高到可以处理最小粒径 7μm 的颗粒。

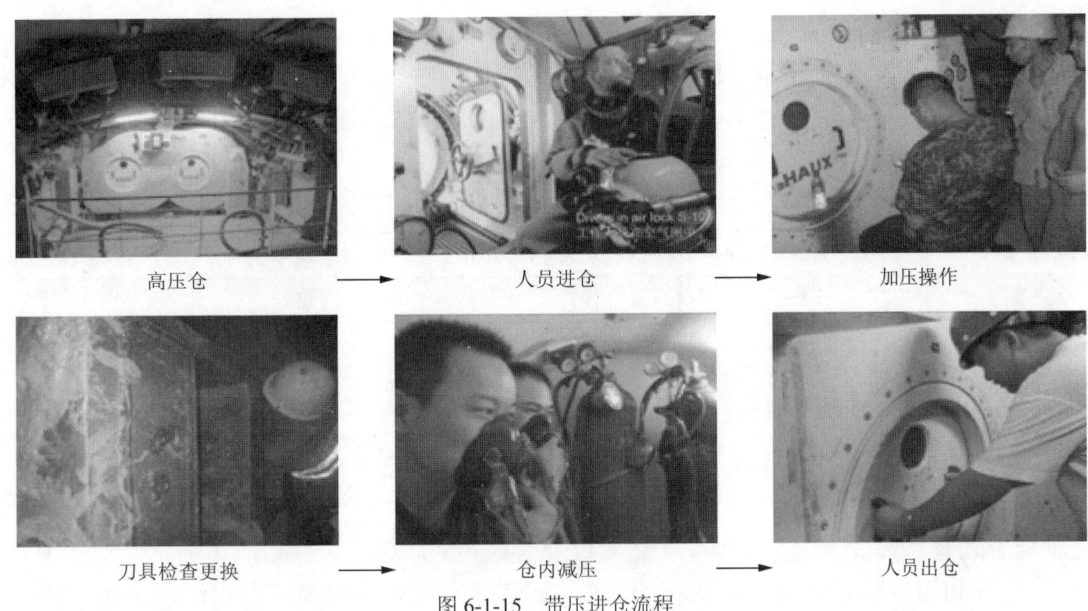

图 6-1-15　带压进仓流程

②泥浆调制、环流、处理等设备通过系统集成，实现了工厂化、立体化。

通过泥浆立体制浆、立体储存，泥水分离设备系统集成，泥水场地工厂化处理等措施不但解决了泥水分离有效面积小与单日泥水处理量需求大之间的矛盾，而且通过设置隔音棚、除尘器等设施实现了施工场地无扬尘、无噪声污染。

③通过渣土与泥浆混合流体与循环系统设备相互作用的分析，掌握了卵石黏土复合地层条件下大直径泥水盾构泥浆环流系统中继泵站的合理设置间距，采用自主创新的复合型耐磨管路（图 6-1-16）替代传统的焊接钢管作为排浆管路，解决了卵石黏土复合地层长距离掘进过程中的环流系统耐磨损问题，降低了隧道内渣土排出产生的噪声。

图 6-1-16　复合型耐磨管路

④选用膨润土、环保型制浆剂等材料调制不同性能的环保型泥浆，防止泥浆对地下水的污染。

针对盾构掘进地层差异、工况差异（掘进、停机保压及带压换刀等）采用了不同的泥浆配方（图 6-1-17），提高了泥水盾构施工过程泥浆适用性，有效提升了盾构掘进过程开挖面的稳定，从源头上实现了绿色施工，避免了对地下水的污染。

图 6-1-17　不同用途泥浆在掌子面的泥膜效果

（4）大直径泥水盾构施工地层变形的精确控制技术

作为北京市“在建最难、风险最大的地下工程”，北京铁路地下直径线通过全面的风险识别与风险评估，确定了工程沿线不同风险点的变形控制标准，对工程施工变形控制提出了更高、更严格的要求。工程建设过程中通过深入研究大直径泥水盾构施工变形规律及控制措施，制定了全面的变形控制方案，确保沿线风险点的安全性。

①委托专业机构采用先进技术手段对全线环境风险现状进行全面深入的检测、鉴定及评估，采取设计与施工结合、施工与运营结合、定性与定量结合的多层面、多渠道措施对既有建（构）筑物进行全面评估，确认变形控制标准（表 6-1-1）及风险管理等级。

既有地铁变形控制标准值

表 6-1-1

既 有 地 铁	底板最大沉降(mm)	底板最大侧移(mm)	横向变形斜率(‰)	纵向变形斜率(‰)
2 号线车站	5	2	0.5	—
2 号线区间	5	3	1.0	—
4 号线宣武门站	3	—	—	0.3
2 号线出入口	6	3（侧墙中线）	—	—
2 号线风道	6	3（侧墙中线）	—	—

②通过理论计算、试验测试、实际参数统计分析等措施实现盾构掘进参数的精确化控制（图 6-1-18 ～图 6-1-20）。充分利用气垫加压式泥水盾构设备的先进性，实现对盾构掘进过程泥水压力与流量、推力、刀盘扭矩、刀盘转速、贯入度、盾构姿态与纠偏、同步注浆压力及注浆量、泥水性能指标、出土量等参数的精确化控制，以达到沉降变形的主动控制。

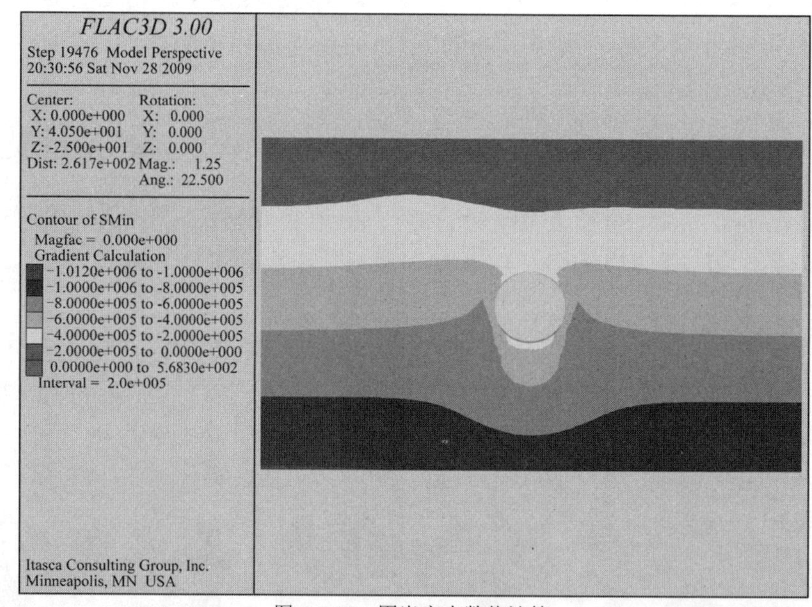

图 6-1-18 围岩应力数值计算

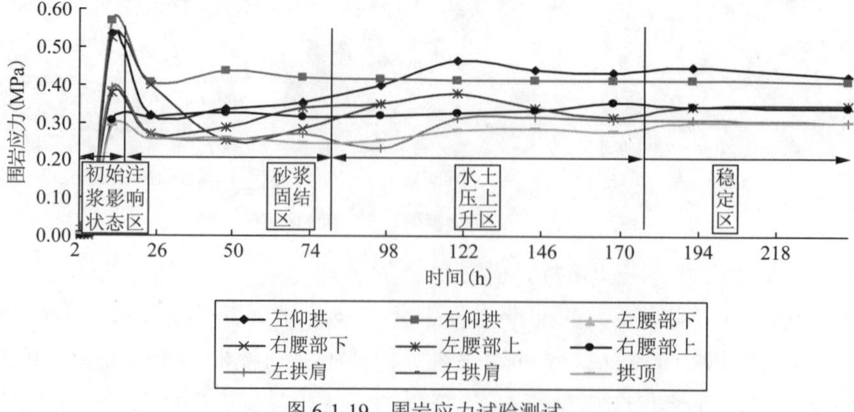

图 6-1-19 围岩应力试验测试

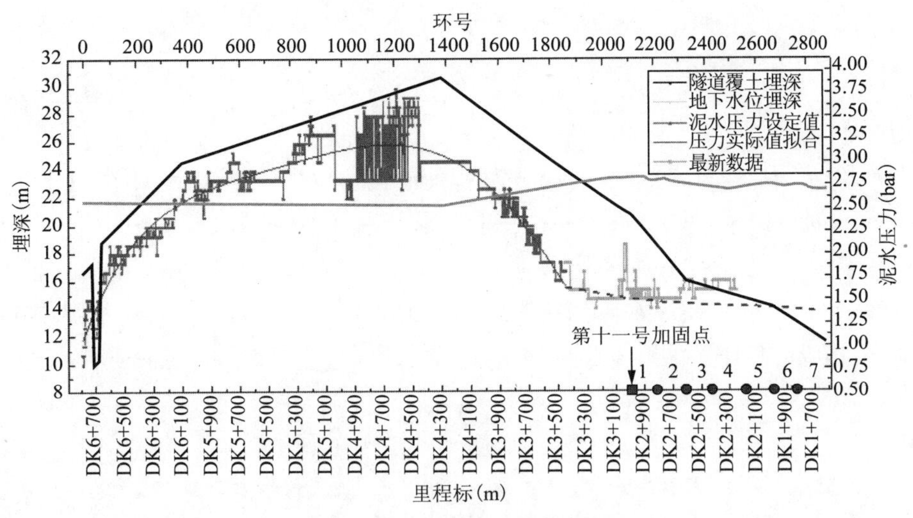

图 6-1-20　泥水压力设定统计分析

③通过沉降数据分析，掌握大直径泥水盾构在不同埋深、地层情况下的泥浆与地层作用规律、沉降规律及主要影响因素，动态反馈盾构施工过程中掘进参数设定的合理性。

根据施工过程监测数据统计分析，将盾构掘进引起的地表沉降（图 6-1-21）分为先行沉降、开挖面前沉降、通过沉降、盾尾空隙沉降、后期沉降五个阶段。以砂卵石地层为代表，经统计分析各阶段沉降值占总沉降值的比例分别为 8%、20%、35%、21%、17%。先行沉降主要受泥浆性能指标、泥水压力等因素的影响。开挖面前沉降主要受刀具配置形式、盾构掘进参数设置等因素的影响。通过沉降主要受掘进速度、地层自稳性能、盾壳周围空隙填充及时性等因素的影响。盾尾空隙沉降主要受同步注浆填充率、浆液性能、填充及时性等因素的影响。后期沉降主要受地下水位变化（图 6-1-22）、土体固结性质等因素的影响。盾构掘进的总体纵向影响范围为刀盘前方 $1D \sim 1.5D$（D 为盾构直径），盾构通过后 $1.5D \sim 2D$ 的范围。

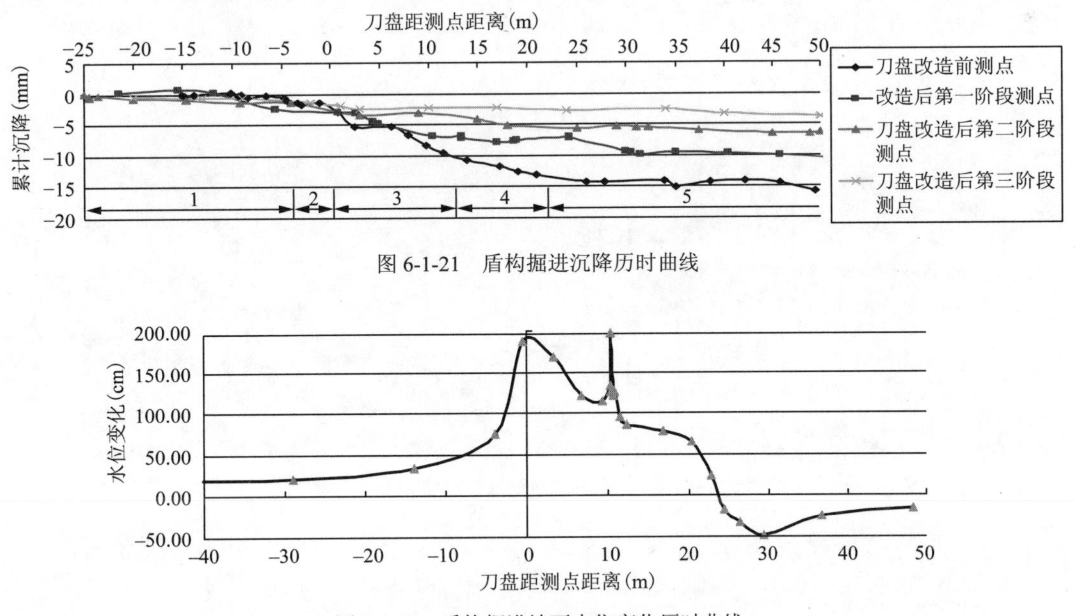

图 6-1-21　盾构掘进沉降历时曲线

图 6-1-22　盾构掘进地下水位变化历时曲线

④通过齐全的监测项目设置，及时采集监测数据，施工方、第三方、产权单位多层面相互校核验证，人工、软件相结合的结果分析，多渠道的及时反馈，确保施工过程变形信息反应的灵敏性与应对的准确性，为盾构施工参数的动态反馈及调整奠定数据支持。

5）结语

北京地下直径线气垫式泥水盾构施工实践表明，气垫式泥水盾构施工过程可精确控制地层沉降，减少对周边建（构）筑物的迁改，对周边建（构）物保护较其他工法更优；以高气压条件下盾构刀盘动火作业技术为代表的盾构刀盘刀具检查及维修技术成果的推广应用，使盾构可以向大埋深、长距离进一步发展；盾构刀盘与地层适应性技术的创新技术，以及盾构刀具的完全国产化，不仅使得盾构的应用可以拓展至全地层，且大大降低了工程建设成本，也为今后泥水盾构国产化设计制造提供重要依据；泥水处理技术的成熟及配套设施的立体化、模块化、工厂化，使泥水盾构所需的场地面积极大缩小，加之噪声、污染排放等问题的全面解决，必将使泥水盾构成为地下空间开发应用中最为安全、优质、环保、综合效益高的施工方法之一。

第 2 节　天津地下铁路直径线隧道大直径泥水盾构施工技术

中国铁建十六局集团有限公司　吴煊鹏，李振武

1. 工程概况

天津西站至天津站地下铁路直径线，简称天津地下直径线，是联系东北、华北及华东地区铁路路网（图 6-1-23）的重要通道，其修建可提升滨海新区对外能力，充分发挥天津站和天津西站的作用以及部分城市轨道交通功能，对沟通津秦客专与京沪高铁通道及滨海新区建设和发展均具有十分重要的意义。

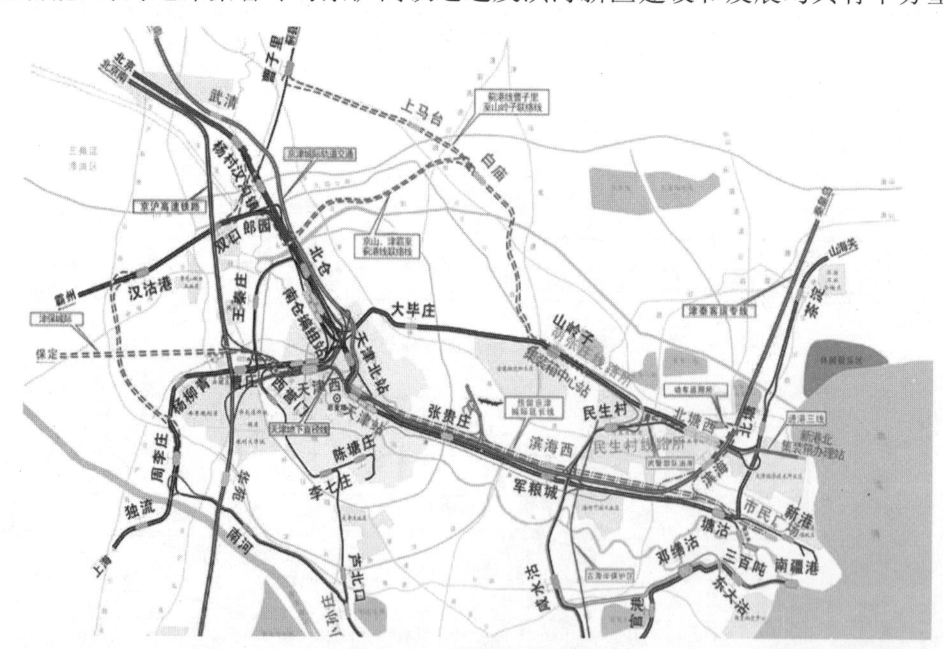

图 6-1-23　铁路路网线路图

线路西起天津西站，上跨规划地铁六号线；穿越河北大街快速路立交桥后，在规划泰达城北侧沿子牙河南马路下穿慈海桥、工业博物馆、明珠泵站、引滦入津纪念碑及南运河到达金刚桥；沿张自忠路下穿地铁四号线、狮子林桥、海河及李叔同故居到达规划嘉海二期小区；在城东变电站与琴海公寓之间下穿胜利路及京山铁路后露出地面，上跨五经路地道，在城际与普速车场之间进入天津站，如图 6-1-24 所示。

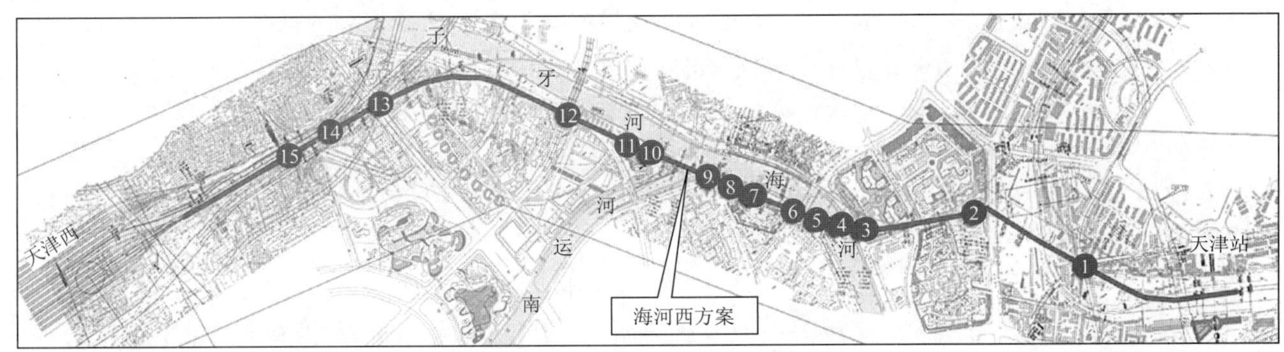

图 6-1-24　盾构隧道线路平面图

线路出天津西站后以 20‰下坡至工业博物馆，并以 3.4‰继续下坡至张自忠路，随后以 23‰上坡出地面到达天津站。

其中盾构隧道长约 2146m，隧道设计为单洞双线，采用一台由法国 NFM 与北方重工集团合资生产的开挖直径为 11.97m 泥水加压气垫平衡式盾构机，衬砌采用 C50 钢筋混凝土管片，抗渗等级为 P12，管片厚度为 500mm，外径为 11600mm，内径为 10600mm。

天津直径线盾构隧道是当时天津市最大直径的盾构隧道，该盾构隧道 2010 年 8 月 23 日始发，2012 年 6 月 12 日贯通。天津直径线建设单位是北京铁路局，设计单位是铁道第三勘察设计院集团有限公司，监理单位是北京铁建工程监理有限公司，由中国铁建十六局集团有限公司承担施工。

2. 工程地质与水文地质

1）工程地质

隧道范围内地层主要为第四系全新统新近沉积层（Q_4^{si}），第Ⅰ陆相层（Q_4^{al}）、第Ⅰ海相层（Q_4^{m}）、第Ⅱ陆相层（Q_4^{al}）、第Ⅲ陆相层（Q_3^{al}）、第Ⅱ海相层（Q_3^{m}）、第Ⅳ陆相层（Q_3^{al}）、第Ⅲ海相层（Q_3^{m}）、第Ⅴ陆相层（Q_3^{al}）；表层覆盖第四系全新统人工堆积层（Q_4^{ml}）。

岩性主要为黏性土、淤泥质土、淤泥、粉土、粉砂及细砂。

对工程整体来说，其基底处于非均质地基上，应考虑其不均匀沉降。

地表覆盖①$_3$杂填土，厚度变化较大，组成成分复杂，土质松散，分布不均匀，土的工程性质也很差，不宜作为天然地基。第Ⅰ陆相层③层土质均匀，分布较为稳定，但土的工程性质也很差，不宜作为天然地基。

2）水文地质

本工点地下水位较高，在水压力作用下易产生基坑突水及管涌现象。

场地属稳定场地，适宜铁路建设，但应考虑上部软弱地层及地下水的影响，根据工程状况采取适宜的处理方式。

隧道内表层地下水类型为第四系孔隙潜水。赋存于第Ⅱ陆相层及其以下粉砂及粉土中的地下水具有微承压性，为微承压水。

3）工程重难点、特点分析

（1）工程重难点

①地面环境以及周边环境相对复杂。直径线隧道位于天津市市中心海河沿线地区，跨越红桥区、南

开区、河北区3个行政区，主要穿越2条河流（海河、南运河各1次），2条规划地铁线（4、6号线），3栋建筑物，4个规划地块，4桥、6路。盾构隧道两次穿河且大部分傍河敷设，施工风险高。

②地下环境比较复杂。地下管线密集，尤其是穿越海河、子牙河的地下管线，埋深较深，而且没有比较准确的数字；地下构筑物较多，如海河护岸桩、工程试桩等。

③地质条件较差。沿线涉及的不良地质及特殊土有地震液化、区域地面沉降、填土、软土等；隧道穿越微承压水含水地层。

④地下（不明）障碍物较多。地下障碍物的清除，也是本工程的一大难点。

⑤隧道沿线关键控制点处（穿越海河及其护岸桩、狮子林桥、金刚桥、慈海桥等）施工难度大，风险高。

（2）工程特点

①该工程是天津市及当时铁道部直径最大的盾构工程，属于单洞双线隧道，隧道外径为11600mm，内径为10600mm，采用通用楔形环管片，分块为8+1，环宽为1800mm，最小转弯半径为600mm，隧道最大埋深约43m，平均埋深约20m。隧道内两端最大纵坡为23‰，最小为3‰。

②泥水处理系统采用美国克莱伯斯旋流设备与西班牙分离技术相结合的三级处理技术，达到了严格的环保要求。

③本工程是超浅覆土（有效土层厚度不足4m）条件下穿越大江大河的大直径盾构工程。

④盾构始发加固采用封闭式硬咬合桩。

⑤在狭小空间内（净高不足5m）进行了64m大直径钻孔灌注桩拔除。

⑥国内首次采用BEAM系统技术进行超前勘探。

3. 工程风险点

工程风险点分布如图6-1-25所示。

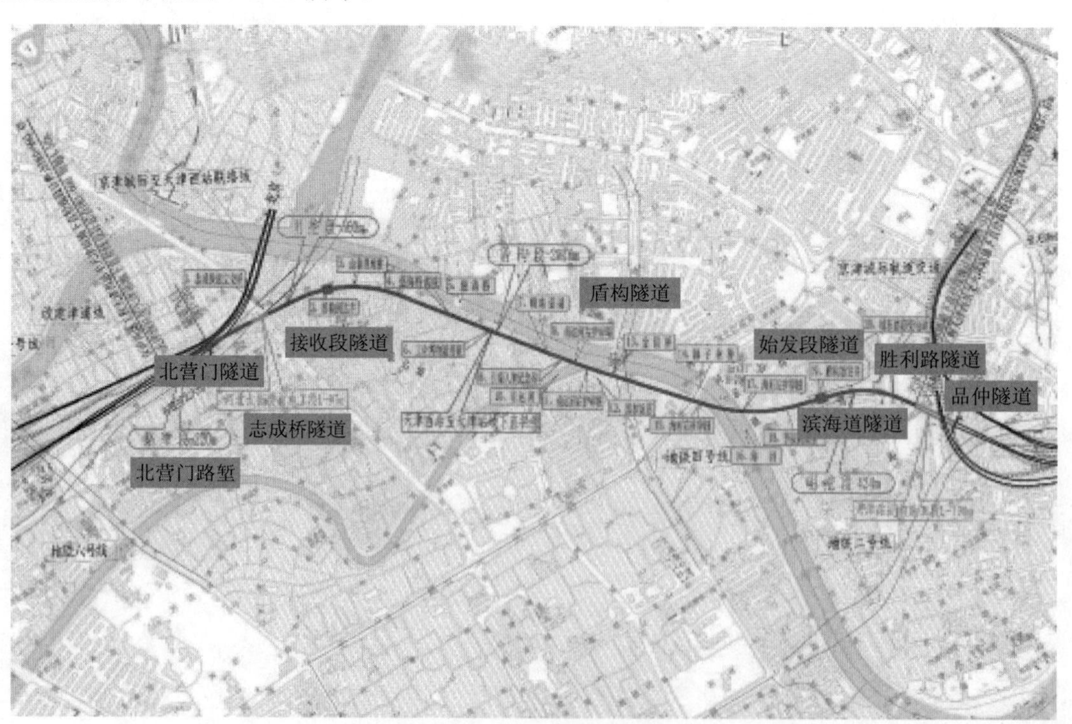

图6-1-25　工程风险点分布图

4. 盾构施工

1）大直径泥水平衡盾构机

本工程所用泥水盾构机原计划用于北京地下铁路直径线（加上广深港客运专线狮子洋盾构隧道所用泥水平衡盾构机共6台，2006年由铁道部统一招标），后改用在天津地下铁路直径线。图6-1-26为盾构机工厂验收。

图6-1-26　盾构机工厂验收

（1）盾构机改造与增加配置

本工程所用泥水平衡盾构机改用于天津地下铁路直径线，由于盾构机制造时间较长，地质条件、管片设计发生变化，以及其他几台同型号盾构机在盾构隧道施工中出现了一些不足，因此施工单位在2009年天津地下铁路直径线开工前，对该盾构机进行了部分改造与设备增加。

主要改造项目有：

①刀盘刀具：刀盘辐条与辐板间增加加强筋，辐板边缘增加耐磨堆焊层。刀具改为单层软土刀具，刀盘边沿辐板上增加6个刀箱。

②主驱动：增加1台变频电机和减速机，相应增加变频器、变频柜等，总计10个电机功率共1800kW；泥浆管路、冷却水管路也进行相应改造；刀盘扭矩增加为17420kN·m。

③泥水环流系统：进泥泵$P_{1.1}$（350kW）、$P_{1.2}$（350kW），排泥泵$P_{2.1}$（500kW）、$P_{2.2}$（500kW）、P_3（500kW）。增加1台冲刷泵，$200m^3/h$，75kW，7.5bar，包括相应的阀、传感器和配电柜。刀盘背后增加6个冲刷点，其中4个冲刷点位于主驱动位置，2个冲刷点位于刀盘边缘区域。

④根据新的管片图纸改造管片拼装机真空吸盘、管片吊机吸盘。

⑤改造推进油缸千斤顶撑靴。

增加配置：增配超前勘探地质雷达（图6-1-27）和泥水处理压滤机（图6-1-28）。

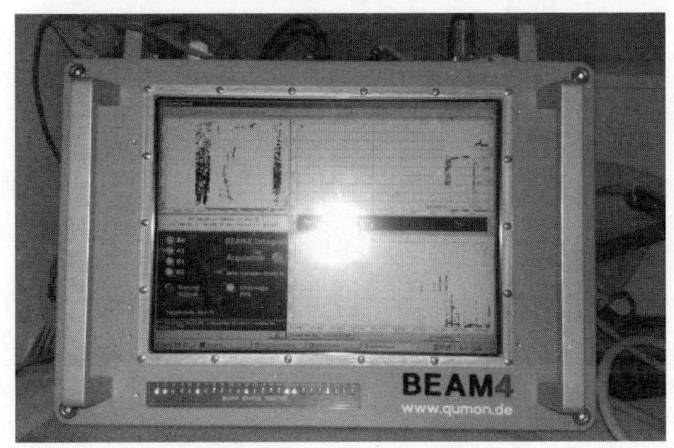

图6-1-27　超前勘探BEAM系统

图6-1-28　泥水处理压滤机

（2）盾构机组装

按照始发基座组装、后配套系统组装、前盾下部组装、中盾下部组装、主驱动组装、前盾上部组装、中盾上部组装（图6-1-29）、刀盘组装、盾尾组装、管片拼装机和行走梁组装、反力架组装的顺序，把盾构机组装完毕。

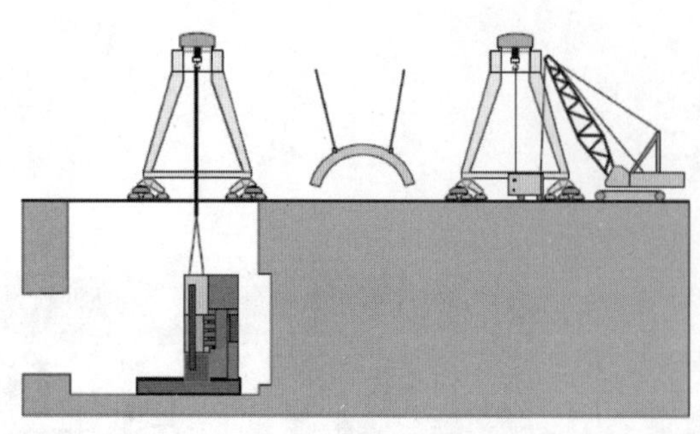

图 6-1-29 中盾上部组装示意图

(3)盾构机调试内容

盾构机调试内容包括:

①推进系统测试:推进速度、油缸压力检测。

②刀盘驱动系统测试:正转及反转功能、最大速度及速度调节、压力等是否正常。

③液压泵站测试:检查液压油过滤、循环系统。

④管片安装系统测试:各自由度功能检测、真空吸盘功能检测。

⑤超挖刀功能测试。

⑥注浆泵系统测试:各个功能是否达到性能要求,换向和调速是否正常。

⑦其他辅助液压系统测试。

⑧管片吊机功能测试。

⑨岩石破碎系统测试:动作、工作压力、破碎能力检测等。

⑩齿轮油循环系统测试:液位报警功能等是否正常。

⑪盾尾油脂注入系统测试:工作压力是否正常,自动工作情况是否合理。

⑫主轴承 HBW 系统测试:工作压力是否正常,刀盘前部油脂是否注满。

⑬测试油脂密封系统是否正常并且将油脂注满主轴承,直至溢出;测试压力是否到达要求,控制部分功能是否正常,小油脂桶液位连锁功能是否正常。

⑭测试空气加压系统的控制部分是否正常,压力是否正常。

⑮测试泥水处理系统循环工况是否正常,压力、速度自动调节是否满足要求。

⑯测试水循环系统能否工作,主驱动部分流速是否达标,压力是否正常。

⑰测试整机联动控制是否正常,各个环节在控制室的控制情况是否正常。

⑱盾构机故障显示测试。

此外,应认真记录测试数据,并填写检测报告。

2)盾构始发

本工程采用整体始发,后配套台车存放于明挖隧道内,通过明挖隧道内的配合井进行物资运输。在整机调试完成及端头加固保证措施到位后,开始盾构始发推进。

(1)始发端头地层加固

为确保盾构始发的安全,减少始发竖井段隧道不均匀沉降,应进行盾构井端头地层加固(图 6-1-30),加固采用硬咬合旋喷桩 + 水泥搅拌桩相结合的方式。

(2)洞门内混凝土凿除

为了防止洞门破除后发生涌水涌砂,凿除地下连续墙部分厚度 600mm,保留 400mm 保护厚度(连续墙厚度为 1000mm),并将外露的玻璃纤维筋全部割除取出。

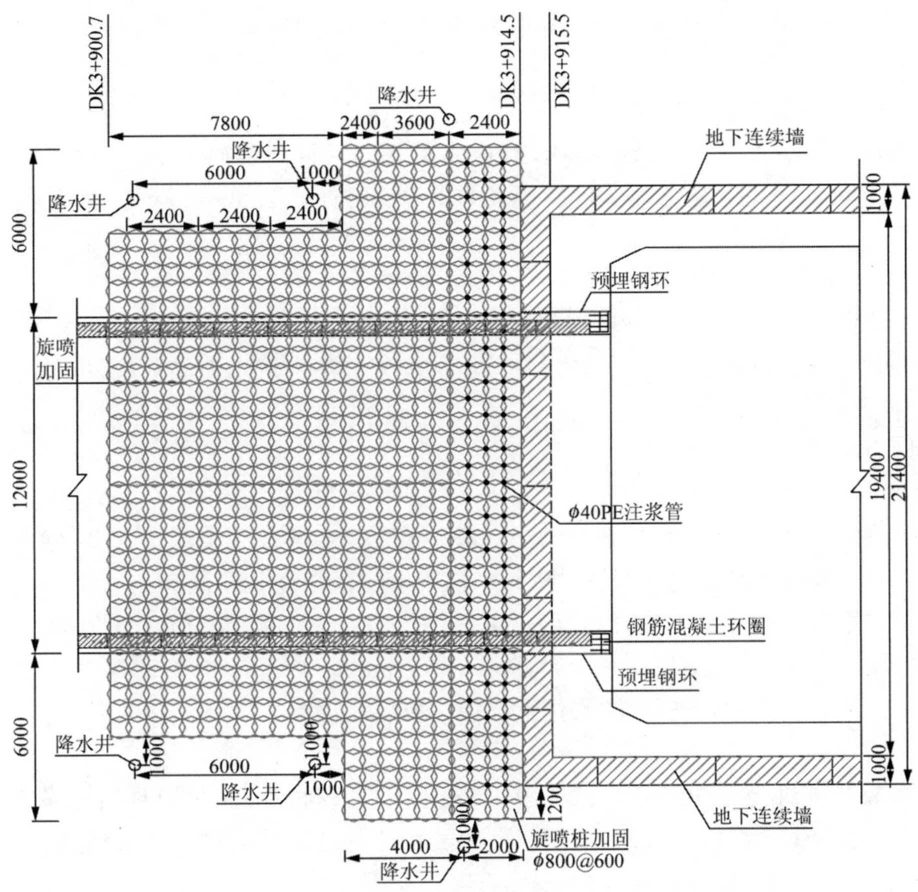

图 6-1-30　端头地层加固示意图(尺寸单位:mm)

洞门破除分为 16 块,每块不大于 9m^2,由人工利用风镐自上而下一次完成凿除,洞门中心部位鱼尾刀 1.4m 范围内多凿除 20cm。在保证洞门范围内再无障碍物后,尽快将盾构机前移,使刀盘紧贴掌子面,以保证掌子面稳定,并由刀盘切削剩余部分连续墙混凝土。

(3)洞门止水箱体安装

洞门密封止水装置由 2 道帘布橡胶板、扇形压板、止水箱、注浆管和螺栓等组成。两道帘布橡胶板密封间隔为 400mm,如图 6-1-31 所示。

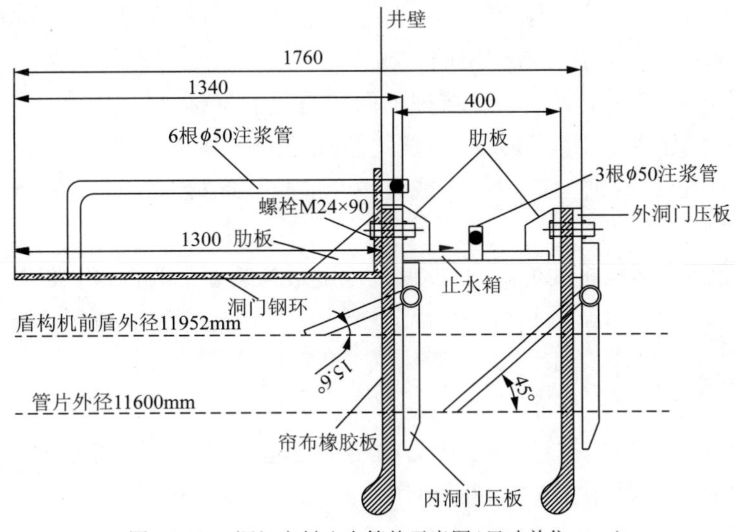

图 6-1-31　洞门密封止水箱体示意图(尺寸单位:mm)

盾构机进入洞门前，在刀盘外围和帘布橡胶板外侧涂润滑油脂，防止盾构机刀盘磨损帘布橡胶板而影响密封效果。

（4）管片安装

天津地下铁路直径线管片采用错缝拼接，以管片K块与时针对照确定25种拼装方式，每种拼装方式后可接12种其他不通缝的拼装方案。K块代表的点位逆时针转28.8+43.2*n*（*n*为整数）度即是需要调向的方向。

（5）始发洞门封堵

拼装完正1环向前推进时，洞门0环混凝土管片脱出盾尾，止水装置帘布橡胶板及折页板全部扣在0环管片上，待盾尾全部通过止水箱体后，通过箱体上的注浆阀注水泥水玻璃双液浆，对洞门进行封堵。

（6）同步注浆及注浆量

理论注浆量为：

$$V=\pi\cdot(\phi^2_{刀盘}-\phi^2_{管片})\ L\ /\ 4=\pi\cdot(11.97^2-11.60^2)\times1.8\ /\ 4=12.32\text{m}^3$$

根据施工掘进情况，同步注浆量填充系数取200%～250%，即注浆量最少为24.64～27.58m^3，以控制地面的沉降。同时根据地面监测数据及时进行二次双液注浆或深孔注浆。

本工程双液浆采用0.8：1的水灰比，浆液初凝时间约为7h，7天抗压强度约为20MPa。

根据实际地质条件注浆压力取0.3～0.5MPa。

二次注浆在管片脱出盾尾后进行，注浆位置选择在盾尾后第5～10环之间。

（7）负环管片拆除

根据计算当盾构掘进至正70环，即试验段120m掘进完成时，可满足负环拆除条件。采取由上至下，分块拆除的方法，用钢丝绳捆绑顶部3块管片，两侧管片通过钢丝绳对拉固定，然后拆除连接螺栓，吊除顶部管片，继而拆除两侧及底部管片。

负环管片拆除后，清理基坑，在竖井底部搭设平台，铺设道岔，安装P3泵。

拆除时先将反力架拆除，然后拆负9环管片的连接块，随后逐块拆除。

3）监测测量

平面位置测量：准确掌握测量盾构机位置和方向的方法，采用导线测量法管理坐标。测量盾构机平面位置概况的测量顺序如下：

①在盾构机内设置测点P_1、P_2，测点设置在隔板、梁或者螺旋输送机及作业平台等盾构机内固定件上；

②用导线测量法测定洞内基准点与上述P_1、P_2两点的距离和角度，进而计算测点坐标；

③从P_1、P_2的方向求出修正值及盾构机的方向；

④根据盾构中心线与测点的位置关系计算掘削面和盾尾的坐标；

⑤与隧道计划坐标对比，根据计划线形算出偏离量和方向偏离量。

纵断位置测量：用水准仪直接作水准测量，或者用经纬仪作间接水准测量。所谓间接水准测量，即由经纬仪望远镜竖直角与距离求出高程差。

测量频度：为了尽量减少盾构机的偏离，掌握偏离幅度最为重要。为此，每推进一环测量一次。受盾构机固有缺点、土质变化等因素的影响，盾构机的偏离无法预测，只能提高测量频度以掌握盾构机的偏离特性。

4）初期掘进控制要点

本隧道工程采用泥水平衡盾构掘进，泥水压力的设定是泥水平衡盾构施工的关键，而维持和调整压力值又是盾构推进操作中的重要环节，其中包括控制好推力、推进速度和出土量三者的相互关系。此外，盾构施工轴线和地层变形量的控制也比较重要，因此盾构试掘进过程中，应根据不同地质条件、覆土厚度、地面情况设定泥水压力，选定泥水性能指标，并根据地表隆陷监测结果及时调整泥水压力和性能指标。

在试掘进段，掘进速度应保持相对平稳，逐步增大到最大速度 40mm/min，并按操作规程控制掘进纠偏量，减少对土体的扰动。在空旷地带，应选择多组不同泥水压力和泥水性能指标试掘进，并加强地表隆陷观测，得出泥水压力设定与地表隆陷的关系。同步注浆量和注浆压力要根据推进速度、出渣量适当调整，并通过加强盾构通过后地表隆陷监测确定同步注浆和盾构通过后地表隆陷的关系。此外，试掘进段还应加强盾构隧道的轴线控制，掌握盾构机纠偏的主要施工参数。

5）盾构正常段掘进

（1）技术要求

在完成试验段掘进后，根据试验段掘进施工参数进行分析总结，确定正常掘进施工参数。为保证工程施工的顺利进行，应加强盾构在正常段的掘进管理，主要技术要求如下：

①根据地质条件、覆土厚度和试掘进过程中的经验结果进一步优化掘进参数。

②推进过程中，严格控制好推进方向，将施工测量结果不断地与计算的三维坐标相校核，及时调整。

③盾构操作人员根据当班工程师指令设定的参数推进，推进与管片背后注浆同步进行，不断完善施工工艺。

④盾构掘进过程中，坡度不能突变，隧道轴线和折角变化不能超过 0.4%。

⑤盾构掘进施工全过程严格受控，根据地质变化、隧道埋深、地面荷载、地表沉降、盾构机姿态、刀盘扭矩、千斤顶推力等各种勘察、测量数据信息，正确下达每班掘进指令，并即时跟踪调整。盾构机操作人员严格执行指令，谨慎操作，对初始出现的小偏差应及时纠正，避免盾构机走“蛇”形路线。盾构机一次纠偏量不能超过 4mm/ 环，以减少对地层的扰动。

⑥做好施工记录：记录内容包括盾构推进压力、盾构掘进速度、盾构刀盘压力、刀盘转速、泥水仓压力、泥浆流量、注脂压力、注浆压力、盾构垂直及水平偏差、盾构机各设备运行状态等。

（2）掘进管理

正常掘进条件下，掘进速度设定为 20 ～ 40mm/min，在盾构机通过软硬不均地层时，掘进速度控制在 10 ～ 20mm/min，同时保证每环注浆量不少于 24.64m^3。掘进速度与注浆速度相匹配。泥水质量控制：浓度 1.05 ～ 1.28g/cm^3，漏斗黏度 25 ～ 35s，析水率 <5%，pH 值 8 ～ 9，脱水量 <200mL。

（3）泥水输送管理

盾构机自带进排泥浆管采用 ϕ400mm 的钢管，隧道中使用的进排泥管选用 ϕ377mm 的钢管。泥水循环靠进排泥浆泵提供动力来实现，通过调节泵转速频率改变泥浆输送速度。图 6-1-32 为泥水循环系统图。

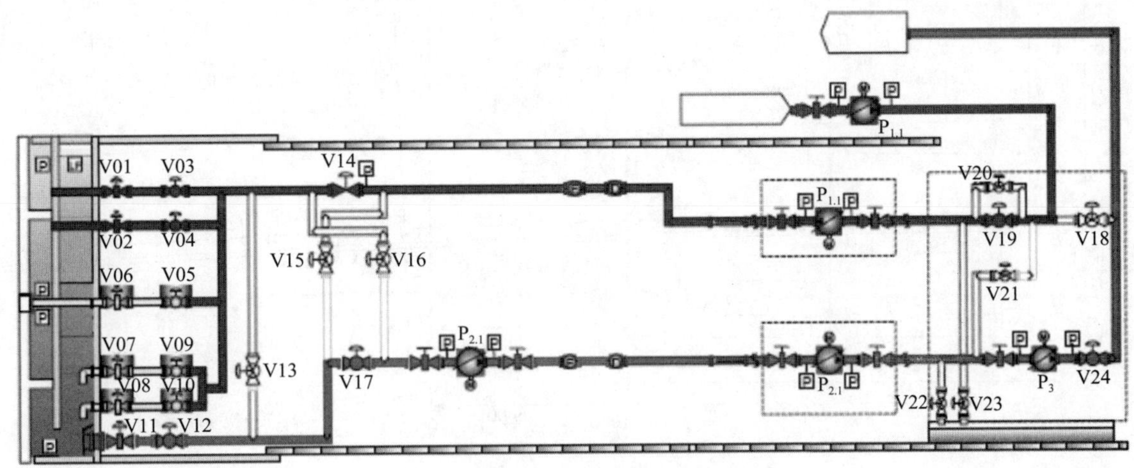

图 6-1-32　泥水循环系统图

（4）盾构掘进方向的控制与调整

盾构机配备一套PPS自动导向系统，盾构机的位置以数据或图表的形式显示在控制室内的屏幕上，盾构机操作手采取相应的操作方法尽快且平缓地逼近设计线路，控制住盾构机的掘进方向，使之与设计线路的偏差保持在较小的允许范围内。

图6-1-33　天津地下直径线盾构施工监控中心

（5）信息化施工

天津地下直径线盾构施工采用了当时国内最先进的信息化技术，能够远程监控盾构机的各种掘进参数，及时调整和优化，对于整个工程的安全和质量控制，起到了很好的辅助作用。图6-1-33为天津地下直径线盾构施工监控中心。

6）盾构机接收

由于到达段盾构顶覆土厚度较小，为确保建立泥水平衡切口压力、有效控制盾构姿态、保证施工安全，本工程盾构机接收采用了主井、副井接收方案。

（1）接收井端头加固

对副井端头长、宽18m范围土体采取了高压旋喷＋深层水泥土搅拌桩加固，副井端头地下连续墙边缘施作一排咬合桩，深层水泥土搅拌桩与咬合桩及地下连续墙之间部分土体采用高压旋喷补充加固，如图6-1-34所示。

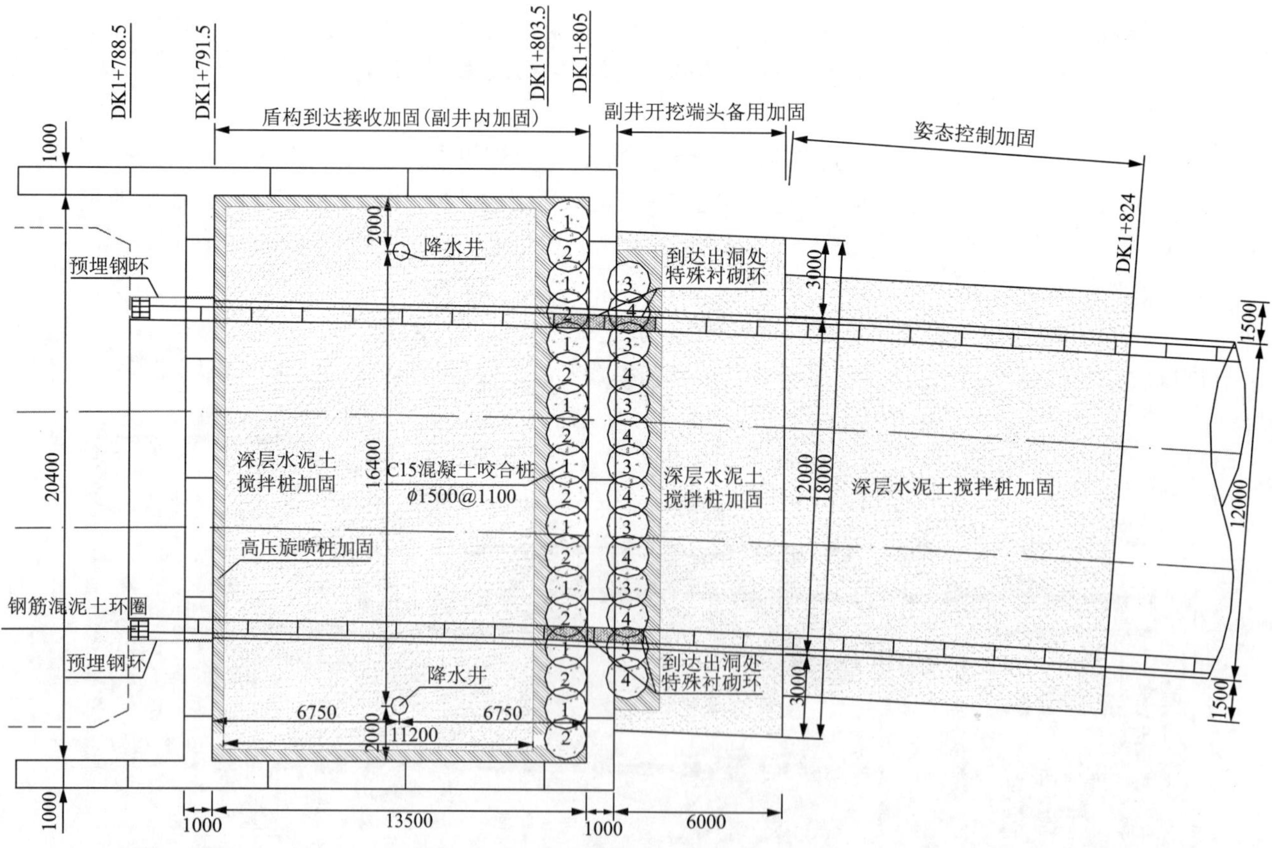

图6-1-34　接收井端头加固示意图（尺寸单位：mm）

（2）盾构机到达施工技术

盾构到达（图6-1-35）施工：一是做好洞门密封装置安装；二是按技术要求进行洞门凿除；三是安装好超前导轨；四是形成二次注浆管环；五是控制好盾构姿态；六是保证管片螺栓复紧和管片拉紧。

图6-1-35　盾构到达

5. 穿越重大风险点海河段关键施工技术

盾构穿越重大风险点处的保护措施包括洞内施工措施和地面施工措施两类。洞内施工措施是指在掘进时，在隧道内进行同步注浆、二次注浆以及二次深孔注浆。洞内施工措施充分利用了盾构施工艺的先进性，把掘进时地层损失率控制在0.5%以内。

地面施工措施主要有地面注浆加固、开挖裸露保护、界限内障碍物清理及针对周边环境进行特殊监测等措施。

以下对盾构穿越海河段施工进行详细阐述。

1）海河段工程条件

（1）盾构隧道与海河平面关系

如图6-1-36所示，海河及其护岸桩与直径线隧道交叉段位于狮子林桥东侧，长165m，与海河交角约为30°，隧道涉及水域范围长141m。

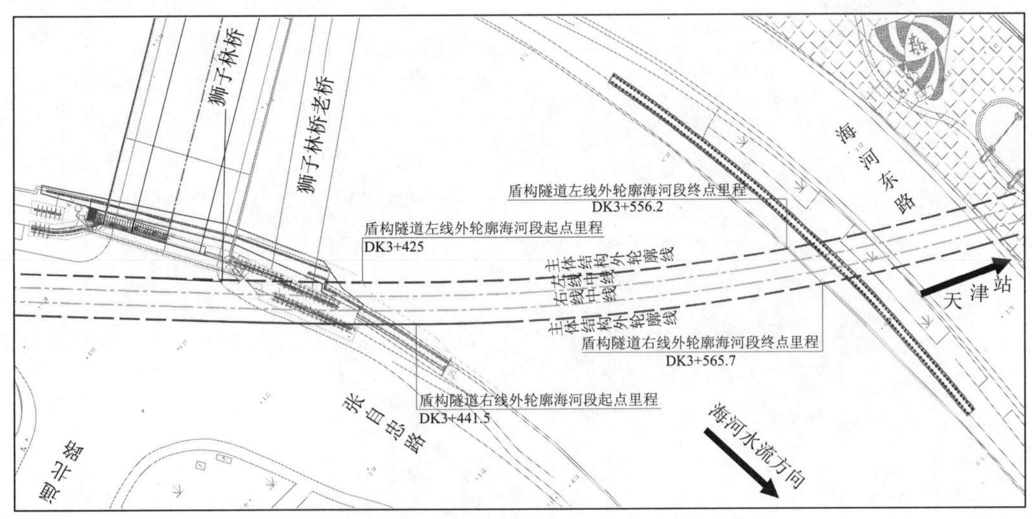

图6-1-36　盾构隧道与海河平面关系图

(2)盾构隧道与海河横断面关系

如图 6-1-37 所示，隧道顶距海河河底最小距离为 8.4m。盾构隧道与海河左岸护岸桩（2 排，共 24 根）在空间碰撞交叉，交叉高度为 2.7 ～ 3.0m。隧道顶距右岸护岸桩桩底最小距离为 0.182m。

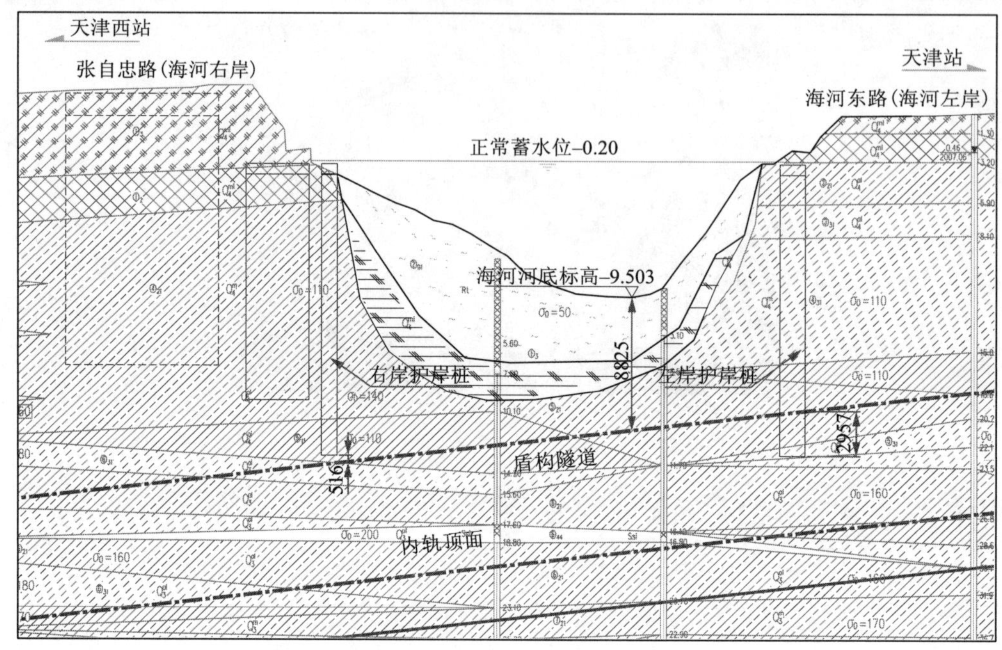

图 6-1-37　盾构隧道与海河横断面关系图(尺寸单位：mm)

2)海河段地层地质条件勘察

本工程加固区域主要处于淤泥地层中，淤泥分布在海河底部，含碎石等杂物，如图 6-1-38 所示。钻孔揭示隧道上方淤泥最大深度为 7.6m，具高灵敏度、低强度等特点，极易发生蠕动和扰动，工程性质差。盾构下穿海河段，海河底存在淤泥层，平均厚度为 5.35m。

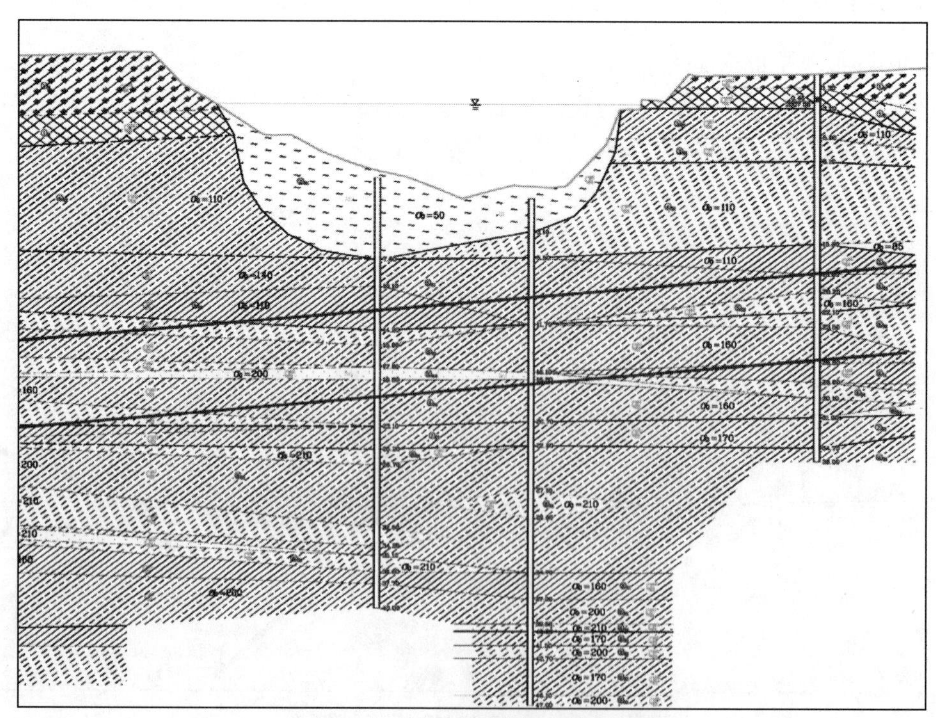

图 6-1-38　海河段地质纵横剖面示意图

3）盾构穿越海河段河底加固

将隧道上部一定范围内的土层及淤泥层进行注浆加固改良，将淤泥换填成混凝土并采用钻孔灌注桩将换填混凝土锚固在隧道两侧，对换填混凝土厚度及范围进行了优化，如图 6-1-39 和图 6-1-40 所示。

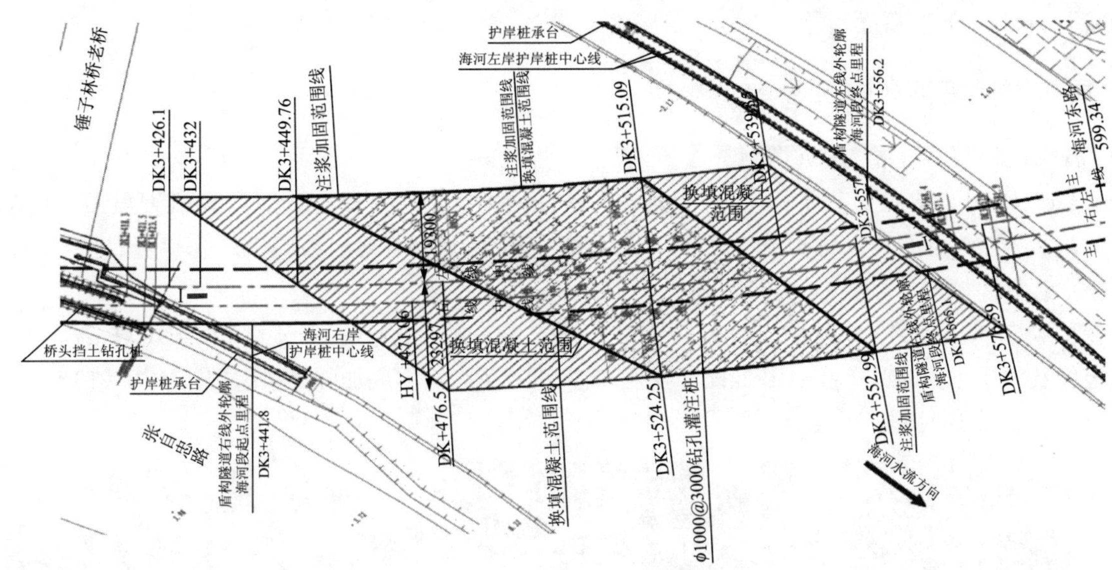

图 6-1-39　海河加固区域示意图

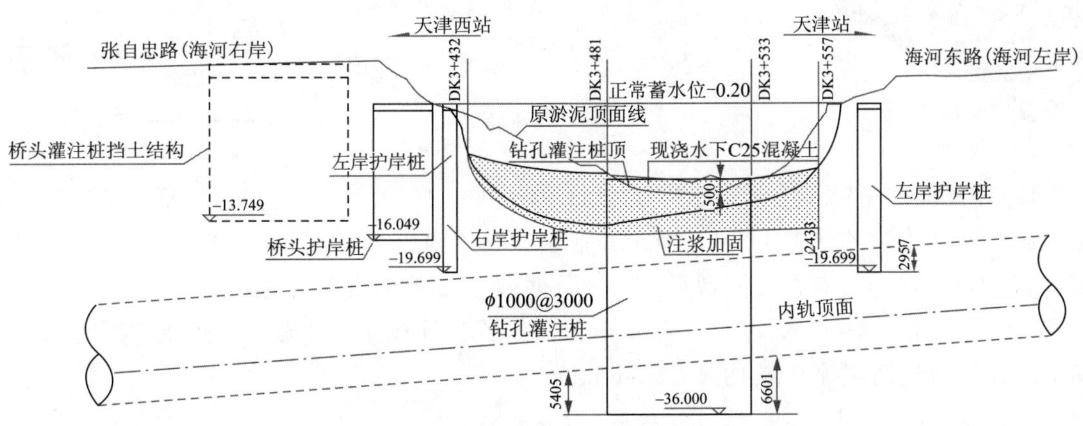

图 6-1-40　海河加固后隧道与海河位置图（尺寸单位：mm）

4）河底加固效果

海河加固完成后，根据业主要求，参照设计院制定的海河河底取芯位置图进行河底钻孔取芯检测（采用钻芯法和标准贯入试验法），加固效果情况如下：

加固后 45 天对加固效果进行钻芯法和标准贯入试验检测，钻芯法检测共施工 13 个钻孔，2 个标准贯入试验孔。

①岩芯观察：从钻孔抽芯观察，该加固底层②$_{9\text{-}1}$层淤泥岩芯多呈柱状，并呈可塑状态，含较多水泥碎屑。

②标准贯入试验：

对 Q_3、Q_4 钻孔进行标准贯入试验。根据试验成果，注浆加固后修正标贯击数 N 范围值为 2.37 ～ 12.46 击，加固段标贯击数较高，N 值多在 6 击以上，平均值为 8.74 击。

加固后土层状态、无侧限抗压强度等性质都较注浆加固前有明显提高。淤泥土层的基本承载力按不利条件考虑，加固前 δ_0=50kPa，加固后 δ_0 提高为 90kPa。

5）盾构隧道内洞内深孔注浆工艺

管片背后二次深孔加强注浆是在管片预留的注浆孔位置向地层中打孔，并插入注浆管进行注浆，以补偿地层损失，减少构（建）筑物沉降。注浆里程为 DK3+433.8 ～ DK3+563.5 上半断面 180° 范围，注浆深度为管片外 3m，下半断面为管片外 6m。

6）盾构穿越海河段施工参数

（1）盾构机停机开仓检查、更换刀具

为了确保盾构始发的安全性和可靠性，始发段范围内对土体进行了加固。盾构机刀盘刀具切削加固体对刀具磨损严重，为了确保盾构一次性成功穿越海河段，在下穿海河前要停机进仓检查、更换刀具。

（2）确定盾构掘进参数（图 6-1-41）

开挖面切口水压以最具代表性的河底覆土最小处（8.4m）的工况为例，经计算，P_{fu}=204kPa；P_{fl}=180kPa，仅考虑土体及水压本身时为 160 ～ 182kPa，但由于前期进行了海河河底加固并考虑预留压力（10 ～ 20kPa），实际取值为 180 ～ 192 kPa。

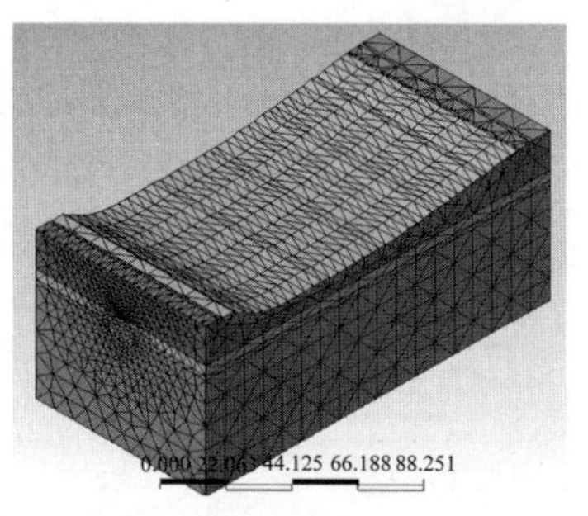

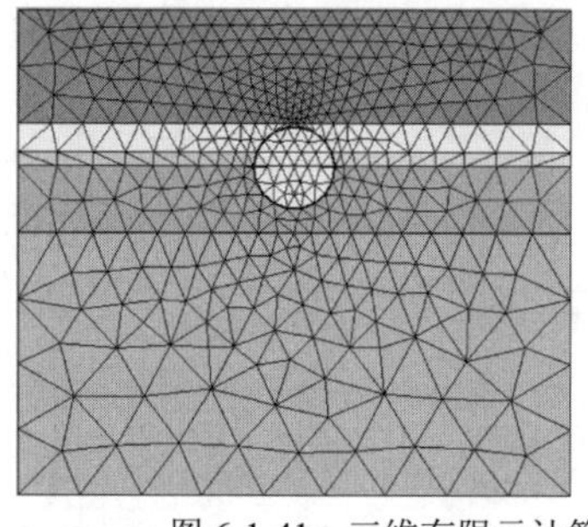
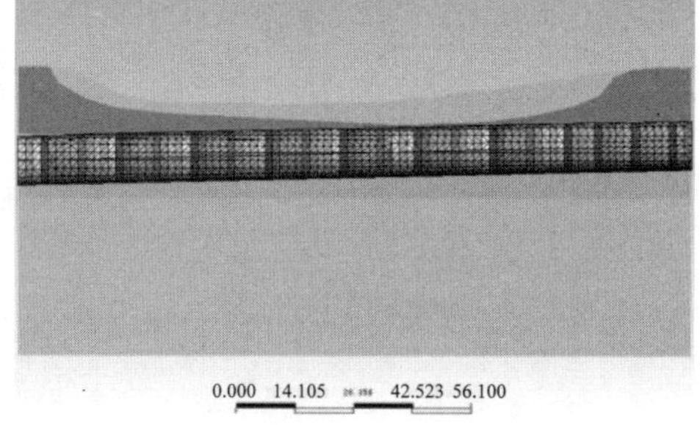

图 6-1-41 三维有限元计算图

盾构穿越段软弱冲击黏性土是灵敏度很大的土，土的强度低，流动性大，有崩塌的危险性。实际施工时，应尽量保持在稳定的状态下开挖、取土和排土。切入深度 t 参照以往经验，一般选用比砂性土大 10 ～ 20mm 的数值，这样可获得良好效果。因全断面砂土、砂砾层是容易崩塌的土层，减小切入深度便于开挖，根据以往施工经验，切入深度 t 取 10mm 左右。经过计算并结合施工经验，盾构穿越海河的刀盘转速取 1.0 ～ 1.2，掘进速度控制在 18 ～ 25mm/min。

第 3 节 京津城际延伸线解放路铁路隧道小半径曲线大直径泥水盾构施工关键技术

中国铁建十六局集团有限公司 吴煊鹏，周明祥

1. 工程概况

1）概述

京津城际延伸线从天津站引出，至滨海新区于家堡商务核心区，全长 45km，中国铁建十六局集团承

建解放路隧道，总投资 10.028 亿元，于 2009 年 8 月开工，2014 年 5 月 29 日盾构隧道贯通，2015 年 9 月 20 日通车运营。解放路隧道西起塘沽火车站，东至于家堡客运枢纽站，全长 2.8km，隧道为单洞双线，采用明挖和盾构法施工，明挖段长 559.5m，盾构段长 2248.5m，如图 6-1-42 所示。

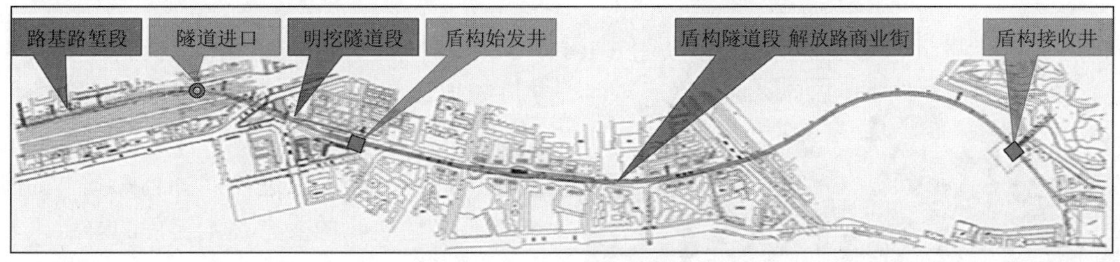

图 6-1-42　解放路隧道线路平面示意图

盾构机于 2012 年 11 月 29 日成功始发，盾构隧道从位于世纪广场的盾构始发井出发，纵贯解放路商业街，到达位于原天津碱厂内的接收井。盾构隧道外径 11.6m，内径 10.6m，埋深 8 ～ 16m，最大纵坡 20‰，最小转弯半径 450m。隧道衬砌采用通用双面楔形环管片，共 1499 环，环宽 1.5m，管片厚度 0.5m。衬砌全环为 8+1 模式，错缝拼装。如图 6-1-43 为盾构始发井施工现场，图 6-1-44 为已建成的于家堡高铁车站。

图 6-1-43　盾构始发井施工现场

图 6-1-44　已建成的于家堡高铁车站

2. 工程地质特点

京津城际延伸线解放路隧道穿越的土层岩性主要为黏土、粉质黏土、淤泥质黏土、淤泥质粉质黏土、粉土、粉砂、细砂七种。淤泥质土主要为③$_{7-1}$、③$_{8-1}$、④$_{7-1}$ 层淤泥质土，④$_{7-1}$ 层呈层状分布，压缩系数 $\alpha_{0.1\sim0.2}$=0.48 ～ 0.89MPa^{-1}，c=10 ～ 21kPa，ϕ=2.4° ～ 4.8°，且具高灵敏度、低强度等特点，极易发生蠕动和扰动，工程性质差。地下水资源开发利用始于 1923 年，据历史水准点资料，伴随着地下水的开发，地面沉降相应发生，年沉降仅几个毫米。新中国成立以来，随着工农业的发展，地下水开采量逐渐增加，地面沉降越来越严重，1950 ～ 1957 年沉降速率为 7 ～ 12mm/a，1958 ～ 1966 年沉降速率为 30 ～ 46mm/a，沉降中心逐步形成，1967 ～ 1985 年沉降速率为 80 ～ 100mm/a，这期间沉降急剧发展。1986 年后进入沉降治理阶段，大部分地区沉降明显减缓，市区沉降速率降低到 10 ～ 15mm/a。本工程的工程地质条件较差。

本工程地下水位较高，区间内表层地下水类型为第四系空隙潜水。赋存于第Ⅱ陆相层及以下粉砂及粉土中的地下水具有微承压性，为微承压水。

潜水对混凝土具硫酸盐侵蚀，环境作用等级为 H4；具镁盐侵蚀，环境作用等级为 H3。微承压水对混凝土具硫酸盐侵蚀，环境作用等级为 H2；具镁盐侵蚀，环境作用等级为 H1。本工程的水文地质条件较差。

3. 工程重难点与特点

1）穿越建(构)筑物众多

盾构隧道连续侧（下）穿解放路商业街（图 6-1-45）32 栋各式商业建筑，经评定，极高风险点 8 处，高度风险点 5 处，中度风险点 11 处，需采取加固措施进行保护的风险点建筑物共计 19 处，有 18 处管线需进行加固处理。掘进期间如何准确控制地面隆沉，确保各建筑物的安全是本工程的难点。

图6-1-45　盾构隧道下穿解放路商业街实景图

2）泥水分离困难，环保要求高

由于盾构掘进地层以淤泥质土和粉质土为主，成分复杂，颗粒细微，而国内外现有泥水分离设备均存在不同程度的缺陷，如何快速有效实施泥水分离，确保工程质量和进度，降低环境污染是本工程的难点。

3）隧道曲线半径小

盾构隧道最小曲线半径为 450m，为国内同等直径的隧道最小曲线半径，且占掘进线路总长近 25%，在这种曲线半径下施工，对盾构机有特殊要求。

4. 盾构施工技术措施

1）盾构机

京津城际延伸线解放路盾构隧道采用的盾构机是一台直径为 12m 的气垫式泥水平衡盾构机（图 6-1-46），总长 50m，其中主机长 11.88m，主机及其后配套设备总重 1600t，最大单件重量为 195t，装机总功率为 3960kW，设计最大总推力为 140000kN，最大掘进速度为 60mm/min，最小转弯半径为 350m，由北方重工 NFM 公司设计制造。

该盾构机最大特点是在国内大直径泥水盾构机中唯一设置了铰接系统，并配置了 BEAM 超前探测系统、盾尾间隙测量系统。

图 6-1-46　京津城际延伸线解放路隧道施工使用的盾构机

2）泥水处理系统

泥水处理系统由泥水分离系统、调 / 制浆系统、余浆及废浆处理系统、集中控制系统组成，主要设备采用了多项拥有自主知识产权的国家专利技术，同时引进了国际顶级水平的旋流分离技术（美国 KREBS），重要部件选用美国技术、意大利工艺制造，或直接选用德国西门子产品，整体采用立体集成式设计，具有“高效、环保”的突出特点。图 6-1-47 为泥水处理系统布局。

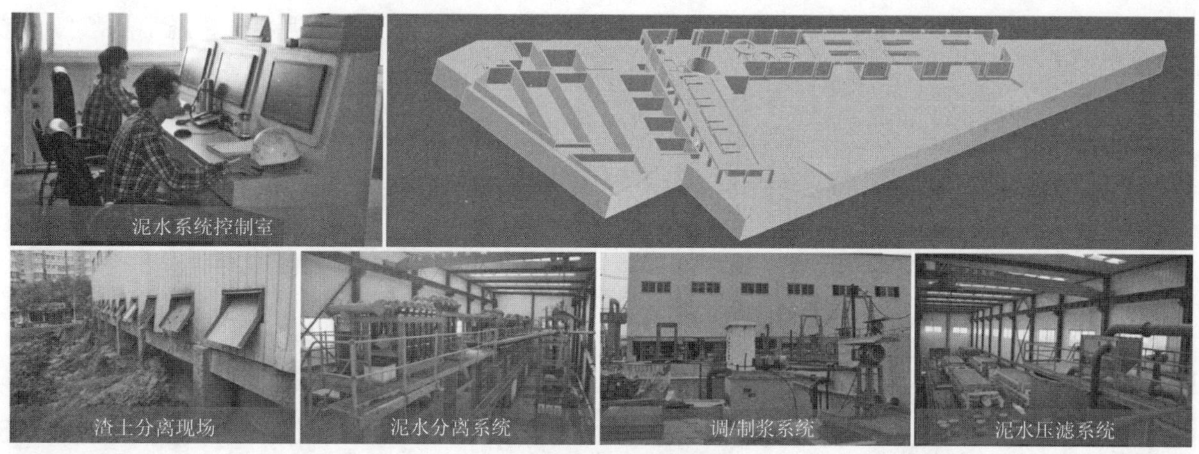

图 6-1-47　泥水处理系统布局

3）管片

解放路盾构隧道采用通用管片形式，管片全环重量为 68.3t，抗渗等级为 P12，采用 C50 高性能混凝土在高精度钢模内浇筑成型。管片外弧侧设弹性密封垫槽，内弧侧设嵌缝槽。环与环间以 50 根 M30 的纵向螺栓相连，块与块间以 2 根 M36 的环向螺栓紧密相连，纵向螺栓均采用纳米复合粉末渗锌防腐处理。管片楔形量按半径 450m 的圆曲线计算并综合考虑后确定，衬砌拟合误差一般小于 10mm，局部小于 15mm。

盾构管片在厂内集中预制，先采用蒸汽养护，脱模后喷洒养护剂。2011 年 8 月 15 日管片开始正常生产，采用 2 套管模，平均日生产量 3 环。图 6-1-48 为管片生产及拼装。

本工程管片环宽设计为 1.5m，以适应小曲线半径的盾构施工需求。

图 6-1-48　管片生产及拼装

5. 关键盾构施工技术

1）细微颗粒泥水分离技术

京津城际延伸线盾构施工土层中的细微颗粒占土体 70% 以上，日均 4 环的盾构掘进目标意味着每天泥水系统要把这 4 环中的细微颗粒完全分离出来，才能满足掘进目标。但目前国内外的泥水分离设备对于细微颗粒的分离能力十分有限，同时在城市中心的盾构施工又受到场地制约，而且废浆外运的费用很高，要想按时、经济地完成盾构掘进任务，必须解决对细微颗粒进行有效分离的问题。为此，在解放路隧道盾构施工中，除了引进先进的泥水分离设备外，还专项开发了“细微颗粒泥水分离施工技术”。该技术要点是：以筛分、旋流为主要技术手段，采用离心、絮凝、浓缩、压滤等进行技术补充，在传统的泥水分离系统中只有泥水分离系统和沉淀池的基础上，引入压滤技术和离心技术，形成主分离系统、压滤系统和离心系统。

（1）主分离系统

携带渣土的污浆到达泥水分离系统（图 6-1-49）后，首先通过筛分和旋流，将渣土与泥浆分离，分离后的渣土排出到渣土场，等待装车外运，泥浆经调整指标后，重新参与循环。

图 6-1-49　泥水分离系统

筛分：利用筛板的振动，将渣土从浆液中抛起，浆液顺筛板缝隙向下透流，实现渣土和泥浆的初步分离。

旋流：筛分分离出的泥浆在泵压力作用下沿切线方向进入旋流器壳体做高速回转运动，泥浆中的粗颗粒（或密度大的颗粒）因受到较大的离心力而进入回转流的外围，最终由底部排出成为沉砂，细颗粒因离心力较小，处于回转流中心并随液流向上运动，最后由溢流管排出成为溢流。

（2）压滤系统

经过反复循环的泥浆中的细微颗粒不断富集，泥浆指标无法调整到工作状态时，必须弃掉一部分泥浆。为达到零排放的目的，采用压滤方式对外弃泥浆进行处理，利用压力泵将初步分离后的废泥浆压入密闭滤室中，将泥浆中的水压出，将渣料压成含水极低的泥饼（图 6-1-50）排出。同时，经过旋流处理后的底流相对密度较高，为避免这部分泥浆重新进入循环而导致泥浆指标恶化，将其收集后也进入压滤系统进行固液分离。为保证压滤机的固液分离效果和效率，泥浆在进入压滤机前需加入适量的生石灰助滤。分离出的滤液水可直接排至调浆池参与调浆。

图 6-1-50　压滤系统及压滤后形成的泥饼

图6-1-51　泥水离心系统

（3）离心系统

泥水离心系统（图 6-1-51）主要由离心机组成，它能有效分离 5 ～ 7μm 以上的超细颗粒。

浆液进入高速旋转的转鼓内，在离心力的作用下，利用固液两相的密度差，使固相颗粒迅速与水产生分离，沉积在转鼓内壁上，与转鼓做相对运动的螺旋叶片不断将沉积在转鼓内壁上的固体颗粒刮下并推出，分离后的清液溢流出转鼓。

(4)渣土外运

经泥水分离系统分离的淤泥质土仍然具有较高的含水量，为保护城市环境，需脱去部分水分后才能外运。由于渣场存渣量限制，不可能通过晾晒的方式脱水，因此采用在渣土中掺入生石灰的方法快速脱水，平均每环渣土的生石灰掺入量为 18t。

2)地表隆沉控制与风险点建筑物加固保护技术

盾构在掘进过程中对地层的扰动相对较大，对其周边建筑物的影响是客观存在的，尤其是大直径盾构在滨海地区地层中掘进，影响更为明显。为避免过量变形对建筑物结构产生破坏，应首先精确控制切口压力、刀盘转速等盾构掘进参数，但还必须采取合理的措施对建筑物进行保护。

通常，选择对建筑物的保护措施会优先考虑洞内措施，但洞内措施是带有滞后性特点的。由于滨海地区地质条件的特殊性，地面变形过于敏感，同时基于对沉降原因的分析以及对沉降趋势的预测和对各阶段沉降量的统计，单纯的洞内措施满足不了对建筑物保护的要求，滨海地区大直径盾构施工对建筑物的保护必须采取地面措施。地面措施主要有两种作用效果：第一，完全抵抗地层变形对建筑物的影响，即不允许建筑物产生丝毫变形，盾构施工不能对建筑物产生影响；第二，在可承受范围内，接受地层变形对建筑物影响，然后进行控制和补偿，即允许建筑物产生一定量的变形，然后再采取简单易行的综合措施控制住变形的进一步发展，使变形不再威胁建筑物的安全。

在本工程施工中，主要考虑了第二种作用效果。对建筑物保护的总体思路是：首先通过采取地面措施，减缓地面及建筑物的变形，并确保变形控制在可承受范围之内，直至盾构通过并具备采取洞内措施的条件，再及时实施洞内措施对地层损失进行补偿，从而控制地面及建筑物的进一步变形，或对变形较大的部位实施针对性纠偏。经过充分比选，最终采用了目前被国内外公认为最可靠的注浆工法——袖阀管地面注浆法。主要做法为：在需要保护的建筑物与盾构隧道之间打设 3 ～ 5 排注浆孔，排距 0.5m，孔距 0.75m，孔位呈梅花形布置，开孔直径为 110mm，孔内预置 ϕ50mm PVC 袖阀管。根据条件，注浆孔可直打，也可以设置一定角度斜打。袖阀管长度为至破裂面以下至少 3m。在盾构到达前，预先压注水泥浆液。在盾构通过期间，根据地表和建筑物沉降的情况，实施跟踪补充注浆。图 6-1-52 为建筑物注浆加固保护措施示意图。

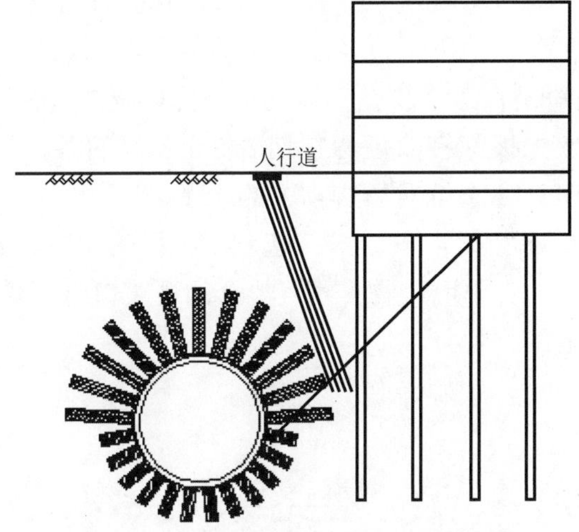

图 6-1-52　建筑物注浆加固保护措施示意图

3)小半径曲线掘进施工控制技术

由于受到线路规划、地表建（构）筑物等条件的限制，盾构隧道难免遇到小半径曲线。曲线半径越小则纠偏量越大，纠偏灵敏度越低，轴线就越难于控制。本技术主要是从盾构机掘进参数、盾构设备（仿形刀、铰接装置等）、管片选型和拼装等施工措施方面来解决，特别是采取了同步注浆和二次双液注浆相结合的措施，以保证小半径曲线段成型管片不出现侧向移动，并及时填充围岩空隙保证土体稳定。经工程实际检验，该措施取得了良好的效果。

气垫式泥水平衡盾构是利用安装在盾构最前面带有多种刀具的全断面切削刀盘，使正面土体切削下来的土进入刀盘后面的密封仓内，通过气垫仓的气压与开挖面水土压力保持平衡或欠平衡，以减少盾构推进对地层土体的扰动，从而控制地表变形。该盾构由泥水循环系统的泥浆携带渣土进行连续排土，并通过泥水循环系统的进、排泥浆管的流量来控制出渣量。

在小半径曲线段，由于盾构机本身为直线形刚体，不能与曲线完全拟合。曲线半径越小、盾构机身越长，则拟合困难越大。在急曲线段盾构机掘进形成的线形为一段连续的折线，为了使折线与急曲线接近吻合，掘进施工时需连续纠偏。

小曲线隧道每掘进一环，管片端面与该处轴线的法线方向在平面上将产生一定的角度，在千斤顶的推力下产生一个侧向分力。管片出盾尾后，受到侧向分力的影响，隧道向圆弧外侧偏移。

盾构在曲线上施工，是利用多段管片组合成的一条以多段条小直线拟合的曲线，而盾构掘进形成一段段连续的拟合曲线，在各小直线间采用铰接油缸实现角度偏转。管片环宽越短，盾构机掘进的小直线也越短，多段小直线所拟合的曲线就越接近平曲线路，其盾构在每段小直线所产生的超挖量越少。当管片环宽较大时，盾构容易偏离曲线，在施过中需作多次姿态纠偏，超挖量也会再度增加。当超挖量较大时，容易造成地层损失较大，同时管片拼装也会因盾构机与地层间存在过大的空隙量而造成管片错台。

本工程由于在盾构机上设置了铰接系统，管片环宽为 1.5m，施工过程中精准控制了盾构姿态和注浆量以及盾构掘进参数，在小半径曲线施工过程中实现了无错台、无渗漏、无碎裂。

4）地下不明障碍物的探测与清除

天津碱厂是中国创建最早的制碱厂，于 1914 年开始建厂，其后经历过多次改造。天津碱厂所处地区地基软弱，建厂及改扩建过程中进行了地基处理。经了解，原碱厂内房屋等建筑物地基处理方式多为桩基，但因建厂年代久远，建筑资料遗失，对于桩基的分布情况、埋藏深度等无法查证。

盾构隧道纵穿碱厂区域，为确保盾构安全，必须对碱厂内地下废桩基等不明障碍物采取措施预先探明。受地下水位及土层地质的影响，普通的地质雷达等物探设备仅能探明地表以下 5m，无法探明安全探测深度（隧道范围）内地下障碍物的情况。经多次研究，采用了机械地表挖探和一次性快速拔桩技术，预先拔除桩头埋深在地表 2m 以下的各类桩基 140 余根。在盾构掘进过程中，还利用盾构机上装载的 BEAM 系统对盾构前方的岩土、地质和水文地质条件变化进行实时探测和预报，降低了施工风险，对盾构隧道安全、快速施工起到了积极的作用。

在不明杂物堆积气垫仓的进浆口时，盾构参数急剧变化，及时采取了停止掘进、带压进仓清除等施工措施。

第 4 节　穗莞深城际铁路 3 标盾构施工技术

中国铁建十六局集团有限公司　吴煊鹏

1. 工程概况

1）珠三角城际轨道交通网概况

广东珠三角城际轨道交通网是全国第一个规划建设的省级城际轨道交通网。规划呈现“三环八射”架构，以广州、深圳、珠海为枢纽，通达珠三角地区 9 个城市，覆盖区域主要城镇，同时考虑了向周边地区延伸，以及与香港、澳门的对接。由于覆盖面广，连接经济发达的市县与城镇，在盾构施工中，有着直径大的特点，又存在着地质与水文条件差异大，盾构适应性范围有限，地面建（构）筑物众多，地面交通异常繁忙，交通疏解困难等技术难题。盾构施工技术案例的经验仅可以部分地借鉴应用。

珠三角城际轨道交通主骨架网有莞惠、穗莞深、佛肇、广佛环线（佛山西至广州南段）、佛莞、广佛江珠、珠海市区至珠海机场、广清、广佛江珠、中山至虎门等项目组成。此外，还有多个正在建设之中。

2）穗莞深3标工程概况

穗莞深城际轨道交通项目工程施工总承包SZH-3标段位于东莞虎门镇，里程范围为DK50+100～DK55+113，线路长度5.013km。标段范围内含隧道（其中盾构段4094m，明挖段566m）、虎门商贸城地下站、SZH-2、SZH-3标管片预制等工程内容。

本标段原计划采用7台盾构机（见图6-1-53），后来由于工期延长，优化了盾构工程筹划，取消了2个盾构井，改为3台盾构机施工，即1台盾构机由虎门站向虎门商贸城站掘进，到站后掉头向虎门站掘进；2台盾构机由出口段向虎门商贸城站施工。

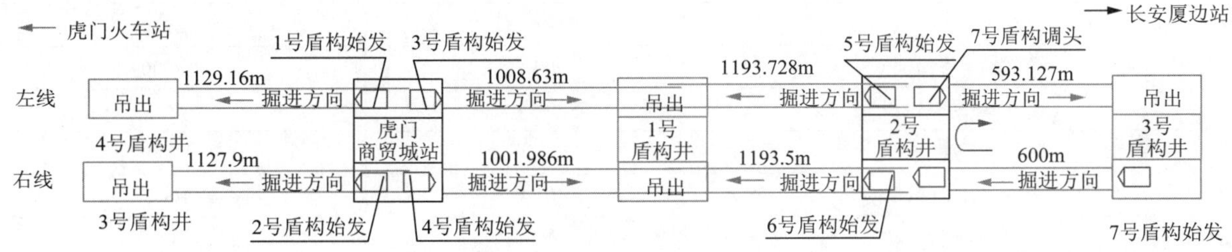

图6-1-53　原盾构机施工筹划

隧道区间为虎门火车站区间工作井—虎门商贸城站（简称虎虎区间）、虎门商贸城站—出口段（简称虎长区间），两个区间概况见表6-1-2、表6-1-3。盾构隧道为8017单线米，明挖隧道为913单线米。盾构法隧道管片内径7700mm，外径8500mm，厚度400mm，环宽1.6m，管片采用通用管片。

虎虎区间概况　　表6-1-2

序号	项　目	里程范围	长　度
1	左线盾构	ZDK49+915～ZDK51+341.072	1426.072m
2	右线盾构	DK50+575.899～DK51+307.209	731.31m

虎长区间概况　　表6-1-3

序号	项　目	里程范围	长　度
1	左线盾构	ZDK51+638.719～ZDK54+531.803	2893.084m
2	右线盾构	DK51+605.8～DK54+500	2894.2m

3）穗莞深3标盾构机主要参数

本标段经过优化后采用3台盾构机施工，其中2台为日本奥村盾构机，1台为海瑞克盾构机，其主要参数见表6-1-4。

穗莞深3标土压平衡式盾构机主要技术参数　　表6-1-4

系　统	项　目	海瑞克	奥村组
初装刀具	滚刀（把）	49	单刃8+双刃49+中间七联
	刮刀（把）	138	124+先行刀57
	铲刀（把）	16	16

续上表

系　统	项　目	海瑞克	奥村组
刀盘	刀盘形式	闭式、面板式	圆形面板式
	最大破岩能力(MPa)	200	150
	开口率(%)	26	30
	刀具磨损检测装置(个)	2	1
	刀盘外缘磨损检测系统	1	1
	刀具安装方式	背装式	可更换盒式
	仿形刀	1 × 软土刮刀	
刀盘驱动	主轴承直径(mm)	4000	4500
	刀盘驱动形式(变频电机)(kW)	变频驱动 2240	变频电机 1716
	转速范围(0 ～ r/min)	0 ～ 4.2	0.63 ～ 1.85
	最大扭矩(kN·m)	11369	15267
	脱困扭矩(kN·m)	12181	18320
	主轴承寿命(h)	10000	10000
	工作压力(bar)	最大 6	6
螺旋输送机	伸缩长度(mm)	1500	1000
	叶片直径(mm)	900	1000
	驱动方式	液压驱动	液压马达
	最大出渣能力(m^3/h)	450	560
	最大通过粒径(mm)	520×340	800×370
盾体	直径(mm)	8800	8920
	钢丝刷密封数量(排)	4	4
	盾尾间隙(mm)	约 40	30
推进系统	最大总推力(kN)	70000	75000
	油缸数量(只)	19×2	30
	分区(组)	6	4
	油缸缸径及行程(mm)	260/220;2300	内径 300;行程 2550
	最大推进速度(mm/min)	60	8
	最大回缩速度(mm/min)	1600	
	行程传感器数量(个)	6	6
	推进油缸分区数量(个)	6	4

2. 工程地质

1)虎长区间地质条件

该区间盾构段地质变化较大,主要穿越砂层、花岗岩全风化残积层,强风化花岗岩,中风化地层。花岗岩全风化地层强度较低、风化严重且具有遇水崩解软化等特征,中风化地层强度较高,属 V 级次坚石,整个区间为典型的复合地层。

区间有地表水,隧道工程区内多为海陆沉积平原地区,零星水沟分布地下水。地下水可划分为孔隙潜水和基岩裂隙水两大基本类型。

2）虎虎区间地质条件

该区间岩性主要为花岗岩风化地层，一些地段花岗岩全风化地层强度较低、风化严重且有遇水崩解软化等特征，一些地段为中风化地层，强度较高。

该区间地表水不发育，地下水为孔隙潜水和基岩裂隙水，水量贫乏。

3. 工程重难点分析

盾构区间施工的重难点主要有：盾构区间为复合地层，区间长达 2894m，刀盘刀具必须优化配置。

虎长区间盾构为下坡、浅埋、曲线始发。虎长区间出口段盾构始发地处与明挖段结合部位，埋深浅，上覆土仅有 4.3m，只有盾构机半径深度，下坡坡度为 28.56‰，平面转弯曲线半径为 600mm，必须采取技术措施，做好盾构机始发姿态控制，预防管片上浮。

区间隧道沿线闹市街道，地下管线密集，建（构）筑物众多（表 6-1-5），地质复杂。盾构区间所处地质主要为海陆交汇沉积平原区，上部覆盖层主要为填土、粉质黏土、中砂、粗砾砂层；下伏基岩为第三系含砾砂岩。隧道范围内下伏基岩风化不均匀，存在大量软硬夹层。因地面为道路，周边建筑密布，地下管线密集，施工时有可能碰到建筑桩基础，必须采取有效保护措施，防止施工地质灾害，确保道路、管线、地面建筑物等的安全。

盾构穿越主要建筑物　表 6-1-5

序号	建　筑　物	结 构 类 型	基 础 类 型	桩　径	与隧道关系
1	创丰商业大厦 A 座	18 层框架结构	直径 60cm 预应力管桩	60cm	距离右线隧道结构边缘 4.78m
2	创丰商业大厦 B 座		直径 60cm 预应力管桩	60cm	距离左线隧道结构边缘 2.72m
3	富民时装城	26 层框架结构	预应力管桩及冲孔灌注桩	60cm、120cm	距离右线隧道结构边缘 2m
4	小捷窖高架桥	单桩单柱结构	直径 120cm 钻孔灌注桩	120cm	距离左右线隧道结构最近距离 1.706m、1.942m

4. 盾构施工

1）盾构组装与调试

由于本标段配置了两个厂家的盾构机，其组装调试方法完全不同。特别是大直径土压平衡盾构机组装调试的时间较长，部件重量较大，需要的起吊设备、组装方法较地铁用盾构机要复杂得多。奥村盾构机结构分为 A 环、B 环、C 环、D 环（盾尾）、刀盘。组装顺序如图 6-1-54 ～图 6-1-57 所示。

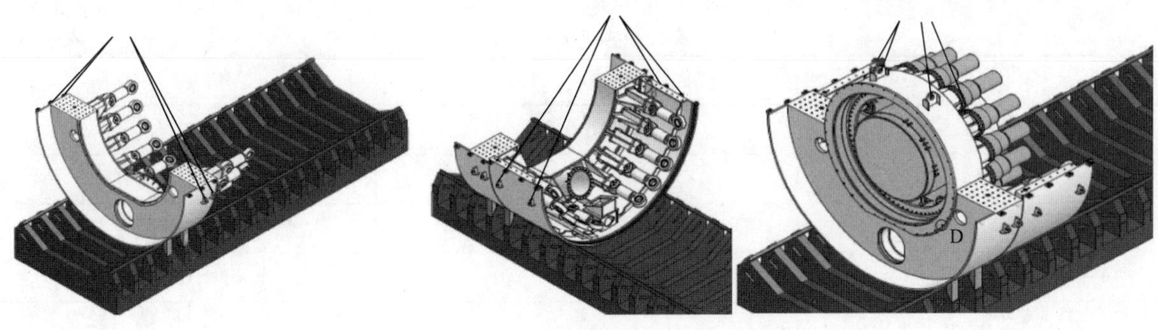

图 6-1-54　A 环下部、B 环下部、主轴承安装

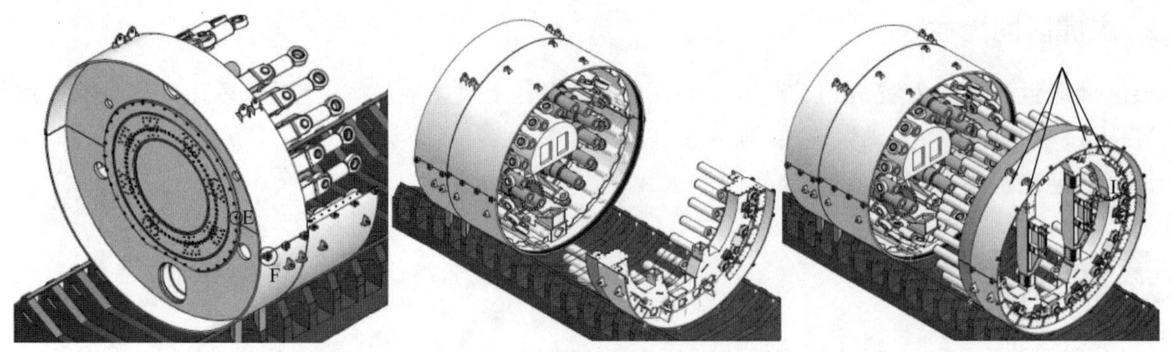

图 6-1-55　A 环上部、B 环上部、C 环下部和 C 环上部安装

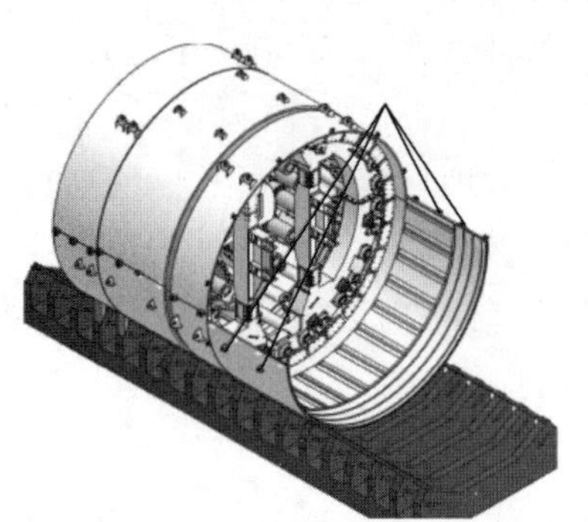

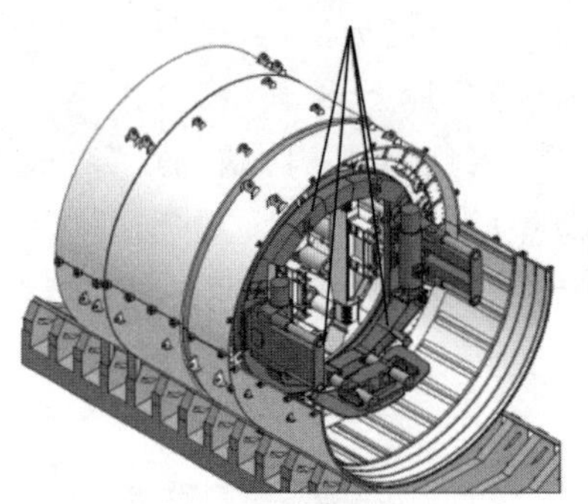

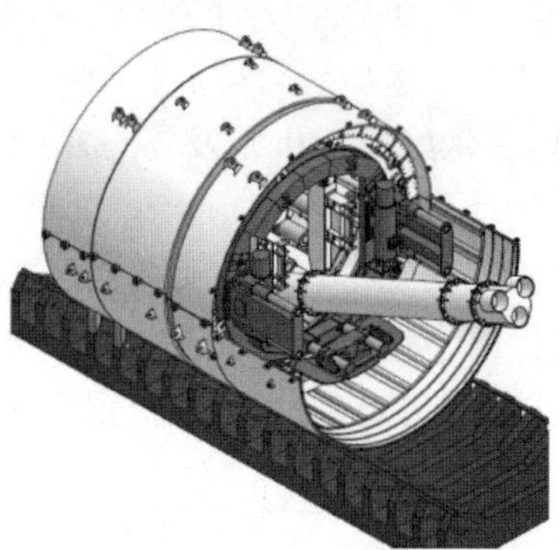

图 6-1-56　D 环下部、拼装机、螺旋输送机安装

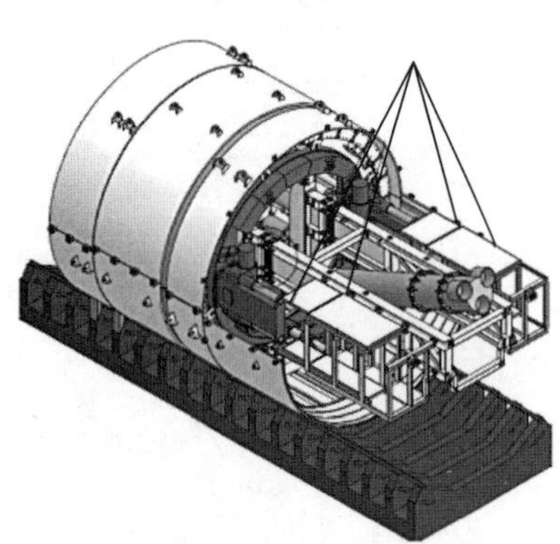

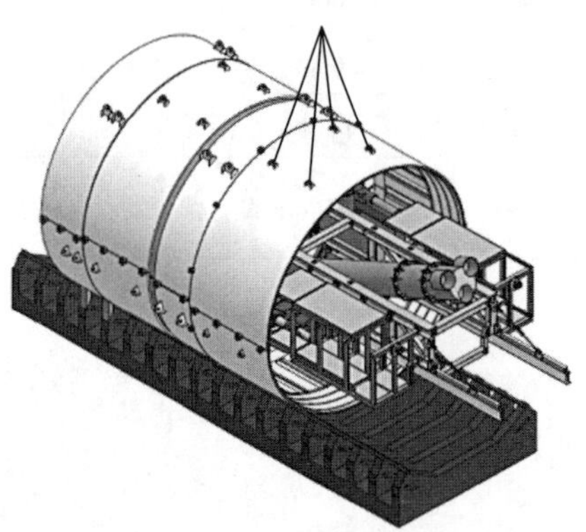

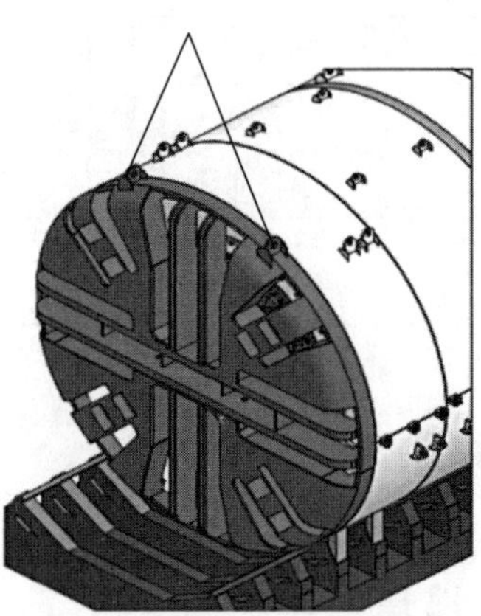

图 6-1-57　拼装平台、D 环上部、刀盘安装

2）盾构配套设备

单台盾构机配套设备情况见表 6-1-6。

单台盾构机配套设备　　表 6-1-6

设　备	规 格 型 号	数　量
盾构机	ϕ8860 土压	1 台
龙门吊	60t	1 台
电机车	45t	1 台
土箱	20m^3	5 个
砂浆车	9m^3	1 台

3）盾构始发

根据浅覆土、曲线、下坡始发的特点，对始发端头井进行了特别加固。考虑到盾构机的断面和重量都较大，在下坡始发时遇到软土层容易下沉，所以始发托架定位按照盾构就位后实际轴线应高于设计轴线 50mm 执行。严格控制始发托架安装精度及洞门钢环精度。严格控制盾构机初始掘进姿态，合理布置地面监测点，及时处理监测数据，反馈信息，调整盾构机掘进参数。图 6-1-58 为盾构始发与刀盘刀具布置。

图 6-1-58　盾构始发与刀盘刀具布置

4）建立掘进参数数学模型，优化盾构掘进参数

影响盾构掘进速度的各种因素中，掘进过程主要参数千斤顶推力、刀盘转速、泡沫溶液量、泡沫浓度是可以控制的。根据施工经验，一般盾构的主要掘进参数范围为：

推力：与土层条件、掘进速度、泡沫溶液量、泡沫浓度等因素有关，根据刀具的配置推力为 24000 ～ 28450kN，本机千斤顶最大推力可达 75000kN；

刀盘转速：无级可调，转速 n=0 ～ 3r/min；

泡沫溶液量：10 ～ 22m^3；

泡沫浓度：根据施工经验，分别设置为 5%、6%、7%；

掘进速度：0 ～ 100mm/min；

扭矩：最大值为 7634kN·m。

根据上述主要掘进参数的可调范围，结合实际地层条件，对各种参数进行正交试验。

5）大直径土压平衡盾构机的土体改良参数优化

刀盘在土体改良的过程中，其扭矩大概在 1000 ～ 6000 kN·m 范围内变化。在某地段通过试验，扭矩的变化范围基本在 2500 ～ 5000kN·m 之间。最小扭矩发生在刀盘推力为 20000kN，刀盘转速为 1.28r/min，泡沫溶液量为 0.01，泡沫浓度为 7% 时，此时刀盘扭矩的最优值为 2033.1kN·m，其结果与实际施工情况相符，表明在该地层下，按照最优值设定盾构的掘进参数，土体改良效果最好，刀盘扭矩最小，有利于施工的顺利进行，也有利于减小刀具的磨损。

对于不同埋深、不同地质的复合地层下盾构施工的土体改良，必须根据土体改良参数的模型不断进行现场施工试验，才能使得土体改良最优。

对于风化岩地层在添加泡沫进行土体改良的同时，添加泥浆或水来改良土体后，效果更好。

6）管片同步注浆

本工程同步注浆位置是管片的 11 点和 5 点、1 点和 7 点位置，各点注浆量的调整根据盾构姿态确定。

盾构推进中的同步注浆是充填外界土体与管片外圆环间的建筑间隙和减少后期土体变形的有效手段，同时也可加强隧道的稳定性，也是盾构推进施工中的一道重要工序。同步注浆选择水泥砂浆浆液，同步注浆浆液配比见表6-1-7。

同步注浆浆液配比　　表6-1-7

砂	膨润土	粉煤灰	水	水泥
715kg	110kg	310kg	250kg	100kg

7）地面监测

盾构始发处设2个监测断面，每个断面设9个测点；区间隧道每隔30m为1个监测断面，临近建筑物每10m为1个断面。沉降测点布设根据隧道埋深和洞身的地质条件，沿隧道中线方向的间距，横断面方向测点间隔为3～5m，每个监测断面设9个以上测点，地面测点突出地面4mm。区间隧道地面沉降监测点布置示意图如图6-1-59所示，盾构过房屋检测点布置如图6-1-60所示。

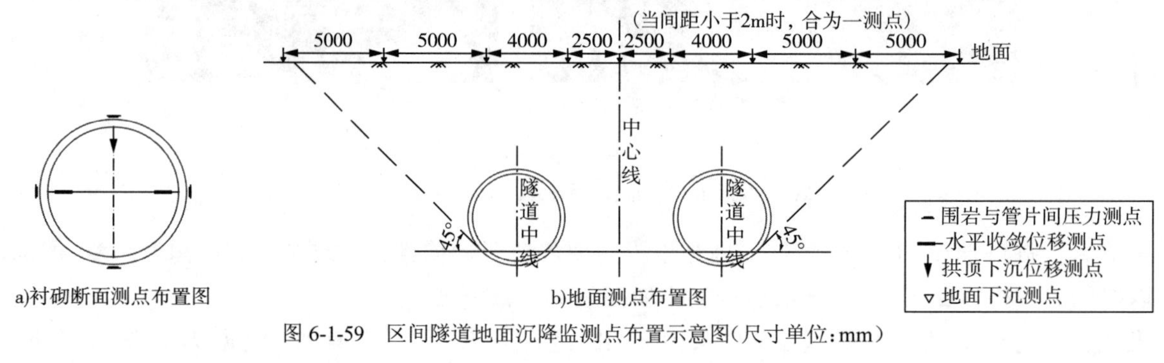

图6-1-59　区间隧道地面沉降监测点布置示意图（尺寸单位：mm）

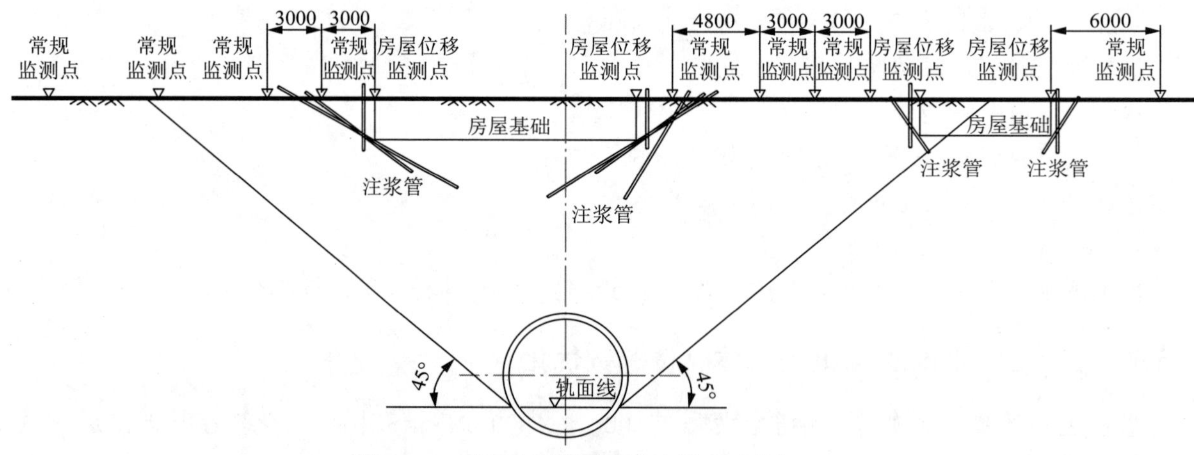

图6-1-60　盾构过房屋段检测点布置（尺寸单位：mm）

8）穿越建筑物保护措施

（1）在穿越建筑物前对盾构机进行全面检修和维护，对建筑物采取地面注浆隔离措施。

（2）穿越前在房屋及周边区域设置精密监测系统，在穿越过程中根据盾构与房屋基础的相对位置以及监测系统的即时监测数据，综合调控施工步骤及参数。

（3）掘进过程中合理精确地设定土压力，保持土压平衡，尤其是盾构机在房屋下方期间，充分考虑盾构从房屋下方穿越时的土压力损失值，保持出土量、注浆量与掘进进尺平衡，注浆压力与水土压力平衡。

（4）盾构推进过程盾构姿态良好，平稳掘进，严格防止超挖和欠挖；严格控制盾构推进速度，对一般地层推进速度不大于30mm/min。

（5）尽量压缩管片拼装时间，防止盾构机后退导致正面土压力降低，必要时可采取在管片拼装中途启动千斤顶或土仓内加压等技术措施。

（6）在穿越过程中及时进行同步注浆；盾构穿越后应进行二次补浆，二次补浆的开始时间、注浆位置、注浆量与速率、补浆次数与间隔时间应根据监测数据来确定。

5. 关键技术

1）盾构选型技术

利用有限元分析软件，对盾构刀盘进行静力学和动力学性能分析，求得盾构刀盘在复合地层中施工的应力、变形以及模态参数，并根据分析结果进行优化，有效地提高了刀盘的可靠性，为保证施工的安全提供了依据。

2）通过试验优化盾构掘进参数

基于正交试验的盾构掘进参数与土体改良数学模型的建立与优化，提出了在盾构掘进过程中利用正交试验技术，对掘进速度、推力、刀盘扭矩、土仓压力、出渣量等主要参数进行正交试验，并通过数据的多元非线性回归分析，建立掘进参数的数学模型，通过参数优化得出此地质条件下的最优的掘进参数；建立了复合地层下土体改良参数的数学模型，对盾构施工中添加泡沫的量和浓度进行优化，提高了土体改良的效果，减小了刀具的磨损，保障了施工的安全顺利进行。

3）复合地层下盾构的安全换刀技术

针对复合地层下的换刀技术进行了系统的研究与实践，总结了一套行之有效的在硬岩段和软弱地层段安全快速换刀的施工方法；根据换刀实测数据和正交试验对刀具的磨损进行了分析和预测，对类似复合地层隧道施工过程中磨损刀具更换有重要的指导作用。

4）建筑物保护技术

盾构施工顺利下穿高压电塔、小捷滘高架桥，虎长区间左线顺利穿越富民服装展示中心、创丰商业大厦、富民服装双子城、农贸桥、亚丰五金店等建筑物。地表及建筑物沉降控制在30mm以内，地表及建筑物均未出现可见变形或裂隙。小捷滘高架桥桥桩群沉降控制在10mm以内，广深高速公路的使用未受隧道施工影响。

第5节　长株潭城际铁路大直径土压平衡盾构姿态纠偏技术

中国铁建十四局集团有限公司长株潭二项目部

1. 工程概况

长株潭城际铁路树木岭隧道是明挖段盾构工作井—香樟路站盾构区间，单线全长2045.5m。区间为左右双线，采用一台 ϕ9.33m 土压平衡盾构机从明挖段工作井始发，先施工右线后，从香樟路站吊出，转场至明挖段工作井，重新始发。盾构管环外径为 9.0m，内径为 8.1m，管环厚度为 450mm，平均宽度为 1.8m，双边楔形量为 32mm，抗渗等级为 P12。

盾构穿越主要地层为强、弱风化泥质粉砂岩。穿越地层地下水主要为基岩裂隙水，水量较小，径流条件差。

区间线路纵断面下坡段坡度为 1.11%，上坡段坡度为 0.7%；区间线路平面上主要位于圆曲线段，半径为 2400m。

盾构姿态纠偏是指如何进行合理操作，使盾构机沿着设计隧道轴线掘进，当盾构掘进偏离设计轴线时采取措施使其回到设计轴线上来。在土质均一、无软硬互层的土层中直线掘进时，及时调整推进千斤顶推进压力，就可以较好地控制盾构姿态。实际施工过程中，由于地层的不均匀性、曲线线路及盾构操作失误，会导致盾构机偏离设计轴线，在这种情况下就需要对形成偏差的原因进行分析，并采取相应措施。

由于本工程在线路平面上处于圆曲线段，且大部分区域盾构穿越软弱不均地层，盾构掘进容易偏离设计轴线，盾构姿态控制难度较大。在掘进过程中，分区千斤顶推进压力的合理设定及正确的管片选型尤为重要。

2. 本工程盾构姿态控制难点

1）盾构穿越软弱互层

由于地层的不均匀，以及地层中有卵石或其他障碍物，造成开挖掌子面及盾构机四周阻力不一致，容易向地质较软部位偏离设计轴线。

如图 6-1-61 所示，本区间盾构穿越断面大部分上部为强风化泥质粉砂岩，下部为弱风化泥质粉砂岩，盾构姿态容易向设计轴线上方偏移。

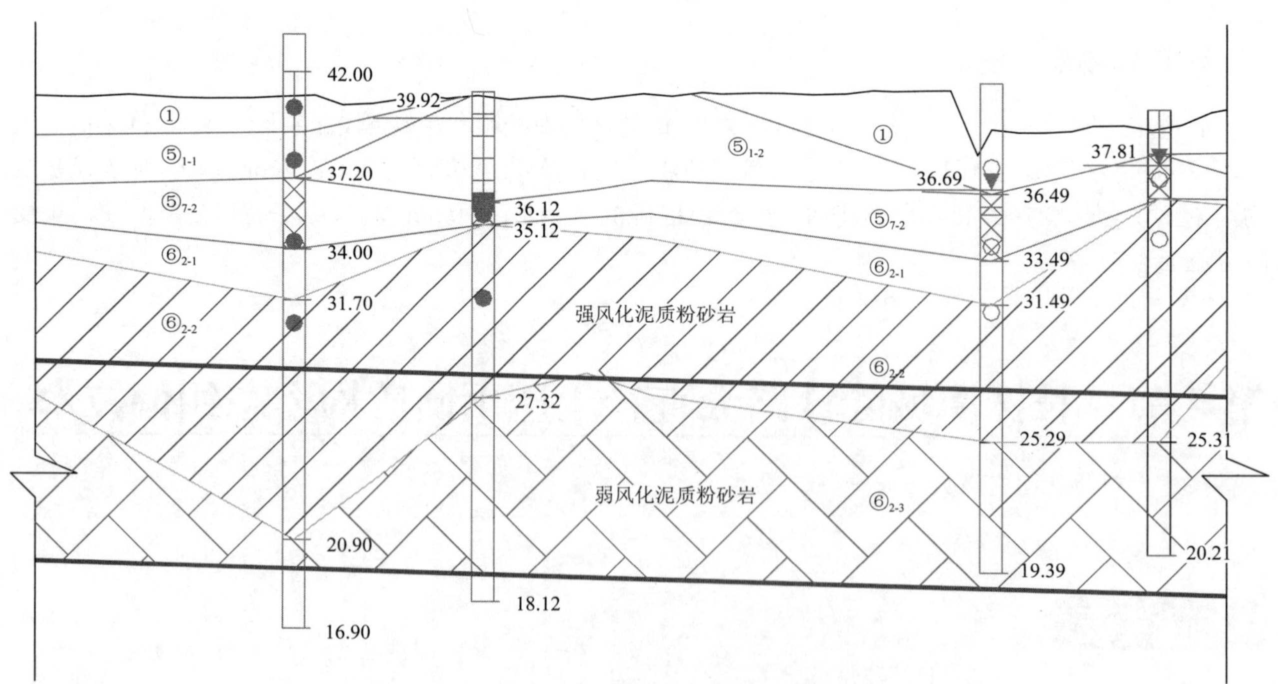

图 6-1-61　盾构穿越软硬不均地层纵断面图

2）曲线段掘进

曲线段掘进时，不考虑其他因素的情况下，掘进曲线两侧盾构千斤顶行程应有固定差值。如图 6-1-62 所示，本工程为半径 2400m 的平面左曲线，每环平均掘进长度为 1.8m，管片外径为 9m，每环推进左右千斤顶行程差 $\Delta=Dw/R=9\times1.8/2400=6.75$mm。

本区间盾构推进过程中，盾构机易在线路右侧偏出设计轴线。

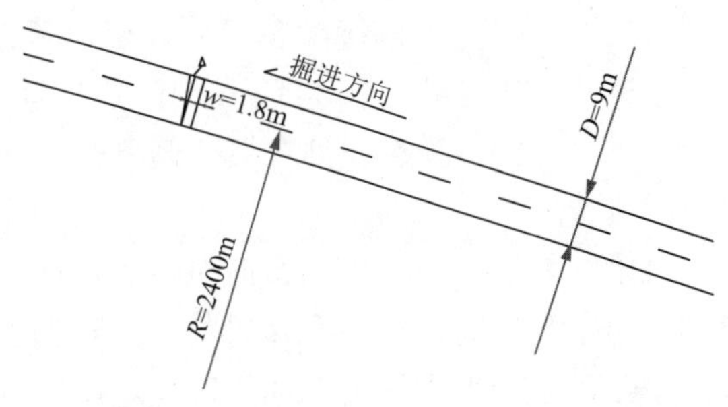

图 6-1-62　曲线段掘进千斤顶行程差计算示意图

3）管片选型

管片选型最理想情况应是在新掘进一环完毕后，考虑盾尾中已拼装管片的尺寸，然后使用盾构机配备管环顺序计算程序进行计算，从所有可以作为当前管环的后续管环类型中选出将要拼装的下一环管片类型。管片选型考虑的最主要因素为抵消盾构掘进过程中的千斤顶行程差，使管片拟合线路与盾构掘进线路一致，即盾构机沿着设计线路走，管片跟着盾构机走，同时保证满足盾尾间隙的要求。

本盾构机 S662 共有 22 组推进千斤顶，分为 A ～ F 共 6 组。始发完成后，A 组油缸传感器失灵，如果更换需拆除千斤顶，耗时 2 周，更换难度大、时间长。为不影响工程进展，A 组采用 B 组行程传感器信号。即 A 组千斤顶行程与 B 组相同。由于 A 组千斤顶行程失真，管环计算程序中生成的上、下、左、右四个推进油缸行程与实际不符，管片选型采用人工选型。

实际施工过程中，管片需要在地面提前 2 环准备，调好点位，即第 n 环掘进完成后，需选出 n+2 环的点位。

人工选型的偏差及掘进的不确定性，造成实际拼装点位不理想，拼装完成后盾构机千斤顶行程差不能得到有效消除，行程差较大，影响盾构下一步走势。

在这种情况下，盾构机易向管片倾斜方向行进，增加盾构机姿态控制的操作难度。

3. 本工程盾构纠偏主要措施

盾构纠偏主要依靠调整分区千斤顶推进压力，来实现姿态的改变。在实际施工过程中，有时仅靠调整压力，难以改变盾构姿态，需同步采取一些辅助措施。

1）降低推进速度

盾构推进速度对盾构姿态控制起着重要作用，速度越快，盾构姿态越不容易控制。纠偏过程中速度宜控制在 10 ～ 20mm/min 之间。

2）调整控制土压

实际土仓压力越大，所需推力越大，越不容易转弯。但土仓压力太低，容易造成地面沉降。纠偏过程中应严格控制土仓压力在允许范围内。

3）增加开挖直径

使用仿行刀增加开挖直径，减轻纠偏方向的土压，有利于盾构机向所需要的方向转弯。

4）准确的管片选型

采用 VMT 导向系统配备管环选型计算程序进行管片选型。推进结束，人工测量 A 组千斤顶行程，并在“液压油缸编辑器”中修改 A 组千斤顶行程，在管环计算程序中选取后两环管片点位。

在盾构机偏差较大，且有继续偏离的趋势情况下，可牺牲千斤顶行程差，强制选取管片类型，减少盾构偏离趋势。

如图 6-1-63 所示，盾构机向右偏出设计轴线，且偏离值会进一步增加。在机选管片类型不是左转环的情况下，人工选取一环左转管片，即将管片楔形量最大部位放于右侧，有利于盾构机左转。管片如此选型，会人为减少右侧千斤顶的行程。在下一环的机选管片过程中，在程序中应将右侧千斤顶行程相应增加。

在纠偏过程中，在满足盾尾间隙的情况下，可间断进行此步操作。待盾构机姿态逐步恢复后，累积的千斤顶行程差再通过正常管片选型予以消除。

4. 盾构纠偏注意事项

（1）盾构机的水平及垂直趋向决定了盾构机下一步的前进方向，盾构纠偏首先就是控制或改变盾构机的趋向。在水平方向上，趋向为正表示盾构机相对于设计轴线右转，负表示左转。垂直方向上，趋向为正表示盾构机相对于设计轴线向上，负表示向下。

当盾构机位置方向如图 6-1-63 所示，盾构机在设计轴线右侧，趋向向右。此时需提高右侧分区千斤顶的推力，减小盾构机右转趋向，趋向逐步减少，但盾构机偏移量仍会逐步增加。

当盾构机位置方向如图 6-1-64 所示，盾构机在设计轴线右侧，趋向向左。此时需提高左侧分区千斤顶推力，控制盾构机左转趋向，趋向逐步减少，盾构机偏移量也同步减少。

图 6-1-63　盾构机与设计轴线位置关系图 1　　图 6-1-64　盾构机与设计轴线位置关系图 2

盾构机偏差在设计允许范围以外时，盾构纠偏趋向应控制在 ±8mm/m 以内；在设计允许范围以内时，趋向应控制在 ±3mm/m 以内。

（2）盾构纠偏应缓慢进行，每环盾构姿态改变量应控制在 10mm 以内，防止纠偏过急使盾尾挤压已拼装管片。

（3）在曲线掘进时，盾构机易向曲线外侧偏移，一般情况下，让盾构机向曲线内侧偏移一定量。

（4）在软弱不均地层掘进时，盾构机易向软土层偏移，一般情况下，让盾构机向较硬地层一侧偏移一定量。

（5）尽量选取合理的管片类型，避免人为因素对盾构机姿态造成过大影响。严格把控管片拼装质量，避免因此而引起对盾构机姿态的调整。

（6）纠偏过程中应时刻注意盾尾铰接千斤顶的压力，如压力突然上升，则表示纠偏过急。

第 6 节　南京地铁过江隧道大直径盾构施工技术

中国铁建十四局集团有限公司

1. 工程概况

1）工程简介

南京地铁十号线过江隧道项目的盾构始发井、中间风井工程位于长江北岸的浦口区，纬七路公路过江隧道南侧 50m 处。中间风井—江心洲站区间右线起点里程为 DK11+251.065，终点里程为 DK14+850.039，全长 3598.975m，为单洞双线断面，工程采用盾构法施工。线路平面最小曲线半径为 1200m，最大纵坡度为 28‰。隧道覆土埋深一般为 10.4 ～ 40.4m，浅冲槽段最浅处覆土仅为 11.4m。采用 ϕ11.64m 的大直径盾构在长江江底高水压的卵砾石层中连续掘进 3600m，于 2013 年 5 月 10 日顺利贯通，掘进历时 12 个月。

盾构隧道管片内径为 10.2m，外径为 11.2m，厚度为 0.5m，管片环宽为 2m。管片采用 5 块标准块（SB）+2 块邻接块（SL）+1 块封顶块（SF）的通用双边楔形环。管片错缝拼装，采用斜螺栓连接。管片防水采用 2 道中孔型三元乙丙橡胶密封垫。隧道下部结构采取中间预制“口”字件、两侧现浇车道板的结构形式。

2）工程地质

本标段勘探深度内地层为淤泥、淤泥质粉质黏土、粉质黏土、粉土、粉细砂、中粗砾砂及卵砾石混合土。其中主要为粉细砂、卵砾石及粉质黏土地层，占地层总量的 98.5%，见表 6-1-8。

隧道区间地层含量　　表 6-1-8

名　称	占开挖土层的含量	备　注
淤泥质粉质黏土	3.7%	淤泥质粉质黏土、粉质黏土，12.0%
粉质黏土	0.5%	
粉砂、细砂	4.0%	粉细砂，67.8%
粉质黏土	6.7%	
粉砂、细砂	57.3%	中粗砂，1.3%
粉砂、细砂	6.5%	
粉质黏土	1.2%	卵砾石、含砾中粗砂，18.7%
中砂、粗砂	1.3%	
卵石、圆砾、砾砂、含砾中粗砂	18.7%	泥岩、砂岩，0.15%
强风化泥岩、砂质泥岩、泥质砂岩	0.15%	

2. ϕ11.64m 复合式泥水气压平衡盾构机简介

本工程选用德国海瑞克公司针对本工程专门设计的 ϕ11.64m 复合式泥水气压平衡盾构机进行施工。

为保证不同地层下的正常掘进，盾构机采用世界先进的常压换刀技术。

盾构机整体分为五个部分，依次为盾构机主机、1 号台车、2 号台车、3 号台车、4 号台车(图 6-1-65)。盾构机主要参数见表 6-1-9。

图 6-1-65 盾构机总图

盾构机主要参数 表 6-1-9

名称		技术参数	备注
盾体	盾体前部直径	11610mm	
	盾体后部直径	11590mm	
	最小转弯半径	700m	
盾尾	直径	11570mm	
	盾尾密封系统	4 排钢丝刷密封，一排弹簧板，一个可充气应急密封	
刀盘	直径	11640mm	
	结构	5 个辐条	
	刀具	以齿刀、中心撕裂刀、铲刀为主	刀具可常压更换
	旋转驱动	11 台电动机，250kW	2750kW
	最大扭矩	21011kN·m	
推进油缸	最大推力	106172kN	按复合地层配置
	冲程	3000mm	
	油缸分区数量	6	
	主推力油缸数	22 台	
管片拼装机	抓取系统	真空吸盘式	
	回转角度	±200°	比例控制
	行走车道	2400mm	
同步注浆系统	注浆泵	3×KSP12	
	储浆罐容量	3×16m³	
	功率	90kW	
泥浆输送系统	泥浆管路直径	450mm	
	进浆泵	TBM：1×750kW 隧道：2×750kW	流量 1800m³/h
	出浆泵	TBM：1×1100kW 隧道：2×1100kW	流量 2000m³/h

3. 盾构施工工艺流程

如图 6-1-66 所示，在中间风井主体结构施工完成以后，首先进行加深段弧形槽、始发基座与反力架施工；盾构机运至工地后，进行整机下井组装，在组装过程中进行端头冻结加固、洞门密封安装及泥水设备联机测试；盾构机组装完成后进行空载调试，同步进行分次洞门破除以及泥水投料试车等工作；盾构机空载调试完成后进行负载调试、拼装负环管片；然后盾构机向前推进，待洞门全部破除，刀盘接触掌子面土体时，进行洞门密封及二次注浆；洞门二次密封完成、盾构始发成功后开始试掘进施工。

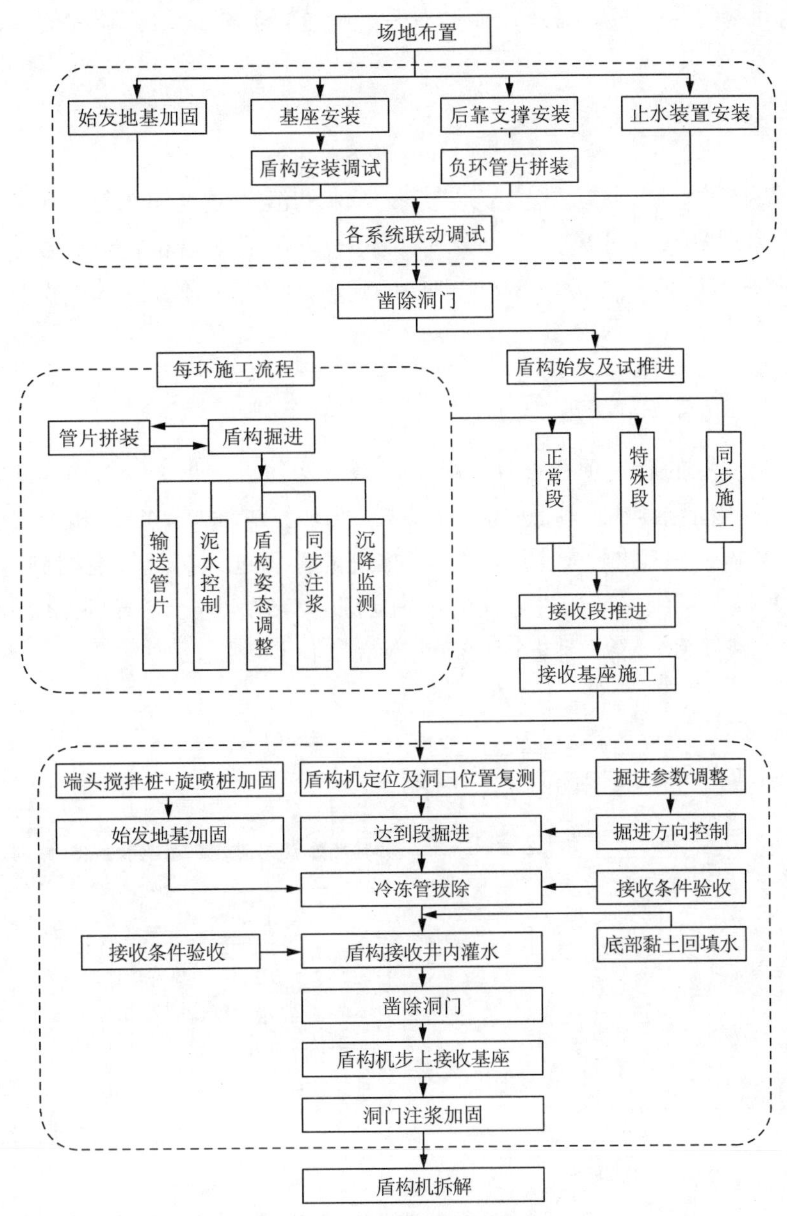

图 6-1-66　盾构施工工艺流程

盾构机从试掘进开始依次穿越浦口水厂、长江北岸大堤、城南河、长江主航道、浅冲槽段、长江南岸大堤、江心洲民房，最后到达江心洲站接收井。推进过程中需承受高水压、强透水、长距离、复杂地质等恶劣条件，同时还要严格控制隧道变形及保证地面沉降要求。项目部通过优化施工方案与施工参数、加强现场施工管理、邀请专家会诊等措施保证了盾构机顺利、安全到达接收井。

盾构接收前端头需提前完成搅拌桩加固、冻结、井点降水、洞门密封安装、接收基座等施工措施，待洞门完全破除后，在接收井内回填黏土到盾构机上部三分之二处，再回灌水至设计标高，盾构机在水中进行接收；进洞前根据测量结果调整盾构姿态，及时控制掘进方向；盾尾脱出末环管片后，进行洞门二次密封处理并对洞门注浆加固，确保洞门封堵严密；成功接收后，盾构机盾体先行在接收井内进行拆解吊装，再依次进行刀盘、主驱动、台车车架的拆解工作。

盾构机掘进施工时，各岗位人员相互衔接配合才能完成整个施工过程。盾构机掘进过程中泥水循环系统处于掘进模式，盾构机掘进完 1 环（2m）后在盾尾拼装区域按预先选定的拼装点位拼装管片。8 块管片全部拼装完毕后方可掘进下一环。掘进施工时管片及砂浆等物资的运输随缺随补，箱涵在拼装管片时同时进行安装操作。

1）泥水循环系统

采用泥水平衡盾构机施工，推进过程中刀盘开挖下来的渣土通过泥水管道随泥水循环系统循环至地面泥水处理场。泥水分离设备分离出的渣土进行外运，分离后的合格泥浆再次注入循环系统中重复使用。所采用的泥水分离设备分离效率高，处理后的泥浆中含砂率低，有效地保证了盾构掘进时泥浆的指标。

2）推进系统

盾构推进时千斤顶油缸的后端顶在管片侧壁上提供盾构前进的反力，22 组推进油缸按照在盾体圆周上的区域分为 6 组，每组油缸均能单独进行压力调整，实现推进油缸的分组和单独控制，使其按照预先设定好的路线掘进。盾构机按照推进、管片拼装、再推进的循环过程实现隧道掘进。本工程盾构机还采用了先进的 VMT 激光导向系统保证掘进方向的正确（图 6-1-67）。VMT 导向系统能够对盾构在掘进中的各种姿态以及盾构的线路和位置关系进行精确地测量和显示。

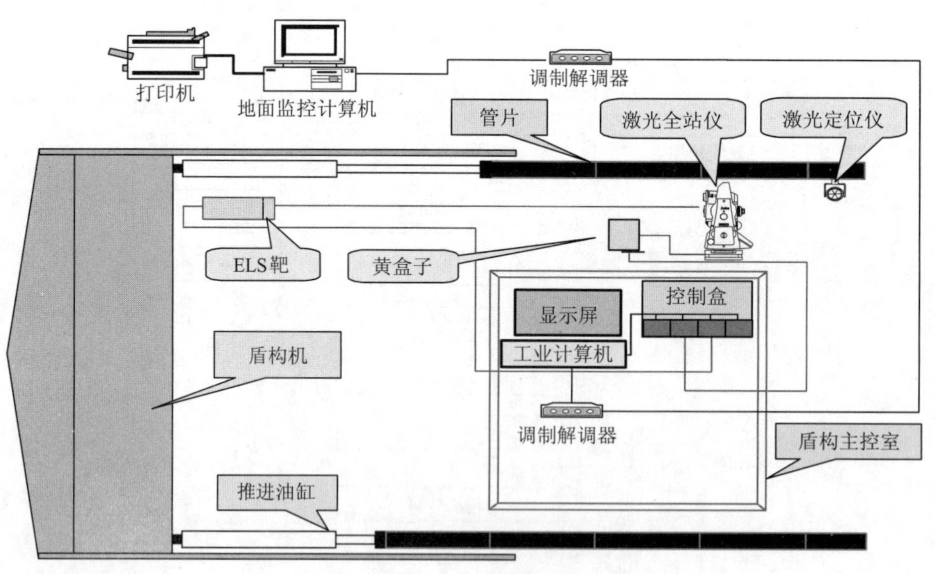

图 6-1-67　VMT 导向系统示意图

为保证刀具在长距离、复杂地质等恶劣条件下的正常施工，刀盘上安装了 72 把常压下可更换的刀具。为防止地质不均匀性对刀具乃至刀盘的磨损，需要定期检查、更换这些可更换刀具，使盾构机刀盘、刀具处于良好工作状态，以利于快速掘进。

3）同步注浆系统

掘进过程中，管片与地层之间的环形间隙采用水泥砂浆同步注浆回填，以控制地层变形、减少地面沉降。同步注浆技术的关键是随着盾构的推进及时充分地充填管片外径与地层之间的建筑空隙。本工程采用配合比适宜的单液水泥砂浆，并根据地层特点随时调整各注浆点位的注浆量和注浆压力，使注浆效果达到最佳。

4）走行系统

盾构机 1 号、2 号台车下分别设置两组大型轮对（图 6-1-68），轮对直接斜向支撑在管片两侧，并安装有液压转向系统用以调节台车走行的方向。简洁的前部台车走行系统布局合理，增加了台车的稳定性，为盾构机的快速推进创造了条件。

3 号台车及 4 号台车安装的大型轮对则行走在箱涵两侧临时铺设的仰拱块轨道上。

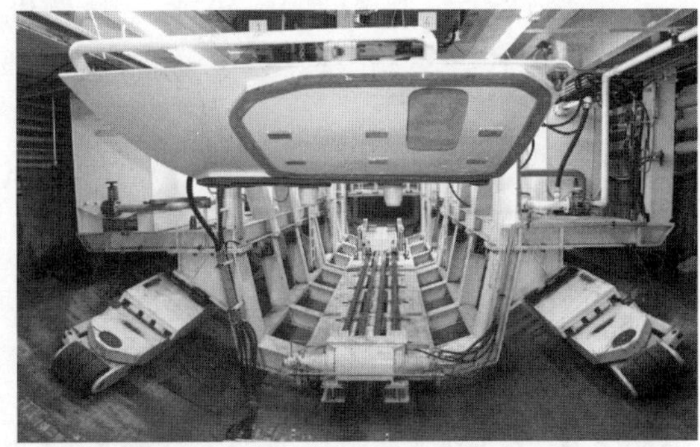

图 6-1-68　2 号台车轮对

5）管片、箱涵等物资运输流程

隧道内采用无轨运输，依靠特种车辆完成。地面调度按照预先设定好的管片拼装顺序将管片和箱涵依次装车，由中间风井预留井口运输至盾构机 3 号台车下，管片通过 3 号台车联系梁上的管片吊机将管片驳运到管片小车上，再由管片旋转吊机将管片依序排放至管片输送机，等待推进结束后进行管片拼装操作（图 6-1-69），箱涵则直接通过 3 号台车下的箱涵吊机拼装到位。图 6-1-70 所示为双头箱涵车停至 3 号台车位置等待拼装的箱涵。

图 6-1-69　管片小车及管片输送机上的管片

图 6-1-70　等待拼装的箱涵

6）通风系统

本隧道内径大，管片内径达到 10.2m，工作面产生的热量和潮气无法自然排出，成雾状聚集在工作面。根据现场情况，在中间风井安装 2 台 SDF 抽入式风机，在盾构机 4 号台车顶部安装功率为 30kW 的通风机。通过风机“接力”，将新鲜空气由地面通过隧道下部的箱涵输送到盾构机最前端，使盾构机内的作业环境得到改善。

4. 结语

南京地铁 10 号线过江隧道工程系独头掘进一次越江，施工环境苛刻，地质异常复杂。从盾构始发掘进以来，其间不断优化施工方案与施工参数，创新各项科研成果，先后克服了下穿浦口水厂与长江大堤、长距离穿越施工困难的卵砾石与泥岩等不良地质、快速穿越江中浅冲槽段、下穿江南民房群等重大风险源，直至盾构机顺利接收。

在长达3600m的掘进施工过程中，针对不同地质条件采用不同的盾构掘进参数，确保各项施工参数准确无误。根据左、右两条线的地质勘查报告及盾构掘进数据分析，提前编制相应的掘进参数指令表，将刀盘转速、扭矩、切口水压、气垫仓压力、泥浆相对密度与黏度、油缸推力、掘进速度、同步注浆方量等掘进参数控制在合理范围之内，并及时下发到盾构机控制室。

历经12个月的不间断掘进施工，盾构机安全、平稳、顺利地穿越各种地质条件，成功接收。盾构施工全过程采取监控量测跟踪，隧道沉降及地层变形均控制在合理范围之内，满足盾构隧道施工质量要求。

第7节　南水北调穿黄泥水盾构始发洞门密封装置喷浆的解决技术

中国铁建十六局集团有限公司　于兴国，吴煊鹏

1. 工程概况

南水北调中线穿黄工程II-B标穿黄隧洞位于河南省郑州市上游约30km处，洞长4250m，包括过河隧洞和邙山隧洞，其中过河隧洞段长3450m，邙山隧洞段长800m（其中南端35m采用矿山法施工），采用1台ϕ9m的泥水加压气垫平衡盾构机自北岸竖井始发向南岸掘进，完成过河隧洞段掘进后进入南岸竖井，其后再始发完成邙山隧洞段掘进。穿黄隧洞最大埋深为35m，最小埋深为23m；断面最大水土压为4.5bar；坡度由北向南由2‰变为1‰。邙山隧洞由北向南设计坡度为49.107‰，用半径为800m的竖曲线将过黄河隧洞与邙山隧洞相连。

如图6-1-71所示，穿黄隧洞主要穿越地质条件为：

①单一砂土结构：隧洞围岩主要为Q_4^1中砂层，局部为粗砂层，砂层中零星分布砂砾石透镜体，砂土中的石英颗粒含量较高，达40%～70%，且砂层属强透水地层，渗透系数达10^{-2}～10^{-3}cm/s。

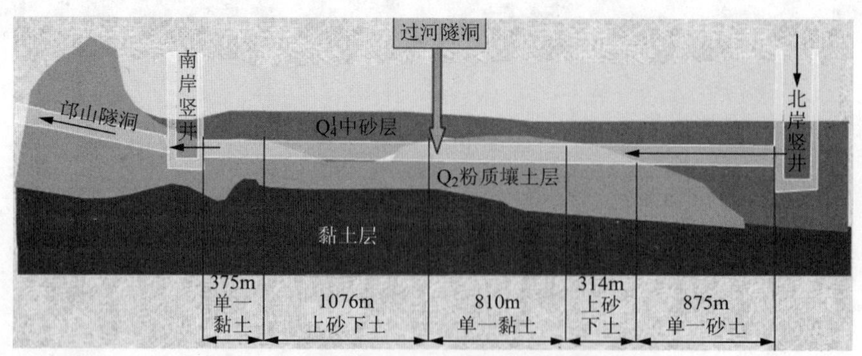

图6-1-71　穿黄工程地质概况

②上砂下土结构：隧洞围岩上部为Q_4^1中砂层，下部为Q_2粉质壤土层。

③单一黏土结构：隧洞围岩为Q_2粉质壤土层。Q_2粉质壤土渗透系数较小，强度较高，但其中夹有数

层钙质结核层，厚度一般为 0.2 ～ 1.0m，最厚达 1.7m。钙质结核一般粒径为 5 ～ 8cm，个别较大，单个粒径最大超过 15cm。钙质结核单轴抗压强度为 8.5 ～ 15.7MPa，硬度约 3 度。

北岸始发竖井地处黄河漫滩，圆形结构，内径为 16.4m，深 50.5m。盾构始发方向设始发洞门，洞门内径为 9.4m，洞门中心点埋深为 39m，底部最大埋深为 43.5m。

盾构始发处地质：自地面至洞门底部全部为强透水砂层。

始发处水位：原始水位为地面下 7m，始发时降水后水位为地面下 15m，即盾构始发时承受的最大水头压力为 2.85bar。

端头加固方式：三重管旋喷加固 + 降水。

始发洞门密封装置：采用洞门内 3 道钢丝刷 + 洞门外止水箱体的结构形式，其中止水箱体由 2 道帘布橡胶板 +2 道翻板构成。另外，在洞门相应 3 道钢丝刷之间沿外圈均匀布置 $\phi38$ 注浆孔，在止水箱体周边设 $\phi25$ 油脂孔。洞门密封结构形式如图 6-1-72 所示。

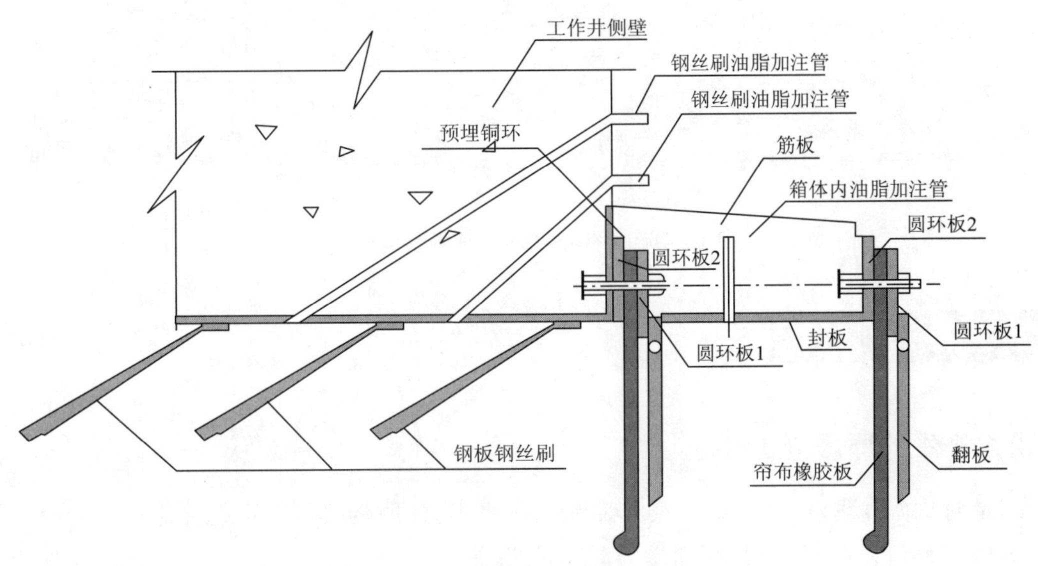

图 6-1-72　始发洞门密封装置示意图

2. 出现的问题

问题 1：当盾尾止浆板通过第一道帘布橡胶板后，将盾构气垫仓压力逐步升至工作压力 3.1bar，在此过程中，洞门 9 点钟位置帘布橡胶板同负环钢管片之间，沿着钢管片两块管片纵向接缝处开始漏浆，压力不断增大，如图 6-1-73 和图 6-1-74 所示。

图 6-1-73　帘布橡胶板同负环管片之间开始漏浆

图 6-1-74　帘布橡胶板同负环管片之间喷浆压力增大

图 6-1-75　止水箱体接缝喷水

问题 2：几分钟后，洞门 8 点钟位置出现螺栓崩断的异响，此处止水箱体圆环板 1、圆环板 2 之间接缝处以及止水箱体分块接缝处开始漏浆，压力迅速增大，最后呈喷射状，水中含有泥沙，情况紧急，如图 6-1-75 所示。

问题 3：几小时后，发现止水箱体在水压力作用下，多处发生不同程度的外翻（特别是在洞门底部），此时整个止水箱体已发生变形，难以继续承受较大压力。变形较大处位于负环管片下方狭窄处，示意图如图 6-1-76 所示。

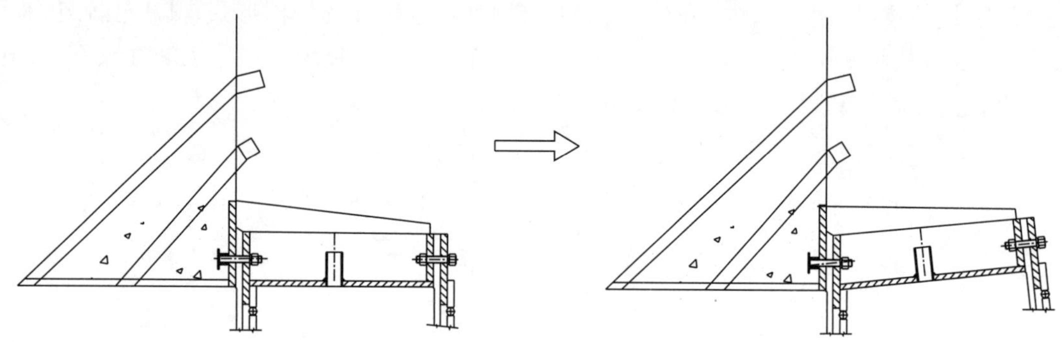
图 6-1-76　止水箱体发生外翻变形示意图

3. 问题产生的原因分析

1）问题 1 产生的原因分析

主要原因是盾构始发埋深大（40m）；黄河滩涂地下水丰富；盾构机已经穿越冷冻层；帘布橡胶板未与负环钢管片表面密贴，特别是钢管片纵向接缝处形成凹槽，产生渗漏水通道，当盾构机前仓加压时，泥浆通过此通道泄漏，随着前仓压力的升高，泄漏压力不断增大，最后形成喷射状。

2）问题 2 产生的原因分析

主要原因有以下几点：

①洞门止水箱体设计强度不足。止水箱体钢材强度、刚度不足，各部分连接均采用单排螺栓，且螺栓直径较小，当止水箱体受到较大的水压力作用，螺栓崩断，接缝张开，形成漏水通道。

②洞门预埋钢环安装精度及止水箱体加工精度不足，造成止水箱体在安装过程中发生变形，连接面不平整，接缝不严密，形成漏水通道。

③止水钢环分缝及安装方法存在问题。在安装过程中，错误地将圆环板分缝与止水箱体分缝重合（图 6-1-77），使接缝重合部位成为薄弱点，同时在接缝处焊接质量较差，在水压力作用下，接缝重合部位焊缝撕裂、螺栓崩断，造成较大的漏水通道，在高水压作用下，漏水呈喷射状，喷射压力较大。

④超深三重管旋喷桩只起到了对土体进行加固的作用，对止水效果不佳。当洞门与外部地下水联通时，即发生漏水。

3）问题 3 产生的原因分析

洞门止水箱体强度、刚度不足，连接部位采用单排较小直径的螺栓连接，过于薄弱，在高水压力作用下，钢环发生外翻变形。

4. 采取的措施及效果

1）针对问题 1 采取的措施及效果

此种情况，在前仓能建压成功而泄漏泥浆能及时止住的前提下，一般不予处理，所以在问题 1 产生后，没有采取其他措施，只是保持密切观察。将来当盾尾脱离第二道帘布橡胶板后，进行同步注浆，漏浆问题即可消除。

2）针对问题 2 采取的措施及效果

当问题 2 出现后采取如下措施：

（1）停止升高盾构前仓压力，漏水点将压力不断泄掉后，使前仓压力同外部水压力平衡，不人为增大漏水压力及漏水量。

效果：此措施采取后，帘布橡胶板同管片之间漏水压力变小，最后停止渗漏；止水钢环漏水点压力变小，流量变小（图 6-1-78）。

（2）立即对止水箱体喷水处进行支撑加固（图 6-1-79）。因为此处焊缝已经撕裂、螺栓也已崩断，已不满足继续受力的要求，必须立即对此处钢环进行加固，以防出现更大险情。具体方法为：

①采用型钢支撑和三角钢板将此处钢环顶在钢管片上，以防止水箱体外移，同预埋钢环脱离，形成更大的漏水通道；

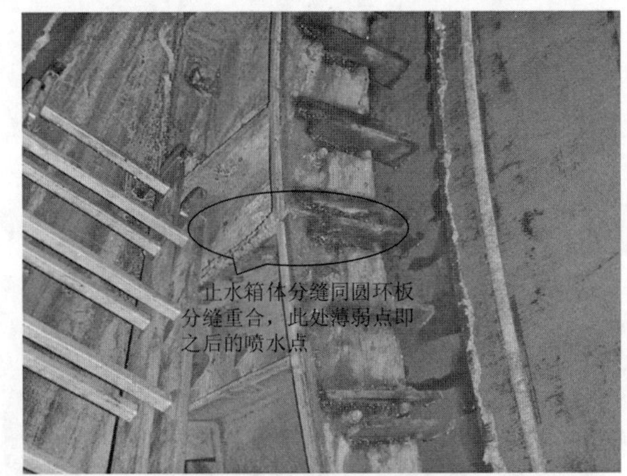

图 6-1-77　止水箱体薄弱位置

②采用 U 形卡将螺栓崩断处的圆环板 1 和圆环板 2 卡住，以代替崩断的螺栓，防止圆环板 1 和圆环板 2 之间的接缝进一步张大；

③采用 7 形块，将里圈的止水箱体圆环板 2 同预埋钢环焊接，以达到补强螺栓连接的作用。

图 6-1-78　前仓停止升压后，漏水减小

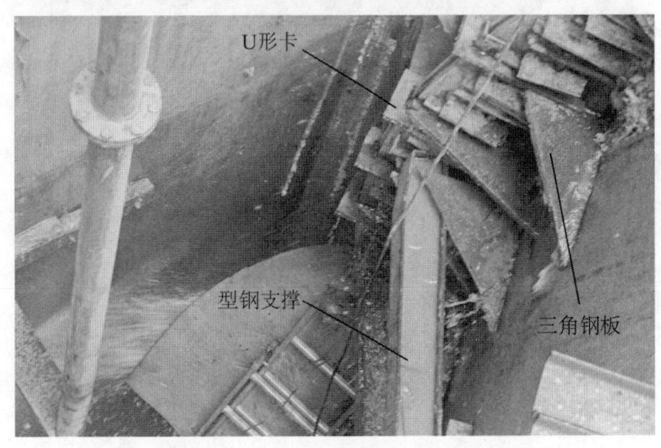

图 6-1-79　漏水处洞门止水箱体加固

效果：漏水处止水箱体没有进一步外移、变形，圆环板 1 和圆环板 2 之间的接缝没有进一步张大，达到预期。

(3)利用漏水区域附近的洞门结构中预埋的预留钢管及止水箱体上预留的油脂孔,向洞门内的3道钢丝刷之间以及2道帘布橡胶板间加注盾尾油脂,以达到初步止水、降低漏水压力的目的,同时防止后期注浆将整套密封装置固结,造成密封失效。

效果:喷水压力降低,但止水效果不佳,很多油脂都顺着漏水点漏出。

(4)利用漏水区域附近的洞门结构中预埋的预留钢管及止水箱体上预留的油脂孔,向洞门内的三道钢丝刷之间以及两道帘布橡胶板间加注双液浆,以达到止水的目的。

效果:漏水很快被止住,只有少量渗漏。

(5)漏水点封堵成功后,将漏水处撕裂的焊缝重新焊接加固。

3)针对问题3采取的措施及效果

问题3出现后,变形后的洞门止水钢环已不满足继续承受高水压的要求,必须对整个洞门密封装置进行加固。主要方法是,采用U形卡、三角钢板、7形块对整个洞门密封装置进行焊接加固。在钢环加固期间,所有加固件的焊接点或面全部满焊。洞门钢环整圈加固,包括只有50cm高度空间的止水箱底部以及各漏水较重的区域;加固所用材料(图6-1-80),均根据现场的实际尺寸,在地面割料,然后用龙门吊逐块吊至洞门的各个部位进行焊接。最后统计共消耗钢材20余吨。

效果:经过上述措施,保证了盾构始发过程中的洞门安全。盾构机恢复始发后,洞门没有再出现较大渗漏,洞门没有继续变形,盾构顺利始发。

图6-1-81为加固完成后的洞门密封装置。

图6-1-80　加工加固用的材料

图6-1-81　加固完成后的洞门密封装置

5. 经验和建议

①洞门密封止水箱体各部分必须具备足够的强度,在高水压环境下,各部螺栓均需采用双排高强螺栓,以增强止水箱体的整体高度和强度。

②洞门预埋钢环安装精度及止水箱体加工精度必须要满足施工要求,否则将为日后施工带来很多麻烦。

③止水箱体、圆环板等装置的分缝及安装位置必须事先设计;各接缝不得重合,各部接缝除用螺栓连接牢固后,必须满焊加固;对薄弱位置应事先加固,以防万一。

④旋喷桩加固体的止水效果有待于考证,因此必须采取其他止水措施。

⑤洞门密封装置应设置预留孔并安装阀门,在盾尾没有脱离帘布橡胶板之前,谨慎使用注水泥浆的

方法止水，以防密封装置固结、失效；如果要注水泥浆应先注油脂，对密封装置进行保护。

⑥当洞门密封出现漏水后，一定要耐心将问题解决，万无一失后方可继续施工，不能为了赶工期而增大损失。

第8节　南水北调穿黄盾构刀盘刀具地下维修技术

中国铁建十六局集团有限公司　于兴国，吴煊鹏

1. 工程概况

工程概况同第2篇第1章第7节。

2. 刀盘刀具磨损状况

盾构机2007年3月20日开始进场，2007年5月1日正式开始盾构下井组装和调试工作，2007年7月8日顺利始发。

盾构始发掘进前875m为砂层，掘进速度达到40mm/min，每天平均为8环。875m后进入上砂下土地层，出现了推力、扭矩等掘进参数增大的现象，同时掘进速度明显降低，掘进速度低至3mm/min。至2008年9月2日盾构掘进约1360m，已处于地质报告中的单一黏土层中，根据地质情况的改变，对施工参数做出了调整，气垫平衡压由4.2bar调整为3.6bar，盾构掘进总推力增加为38000～41000kN，盾构机的扭矩由2MN·m左右增加到3～6MN·m。伴随着盾构的掘进过程，泥浆处理中心筛分出异常盾构物件，如图6-1-82所示。

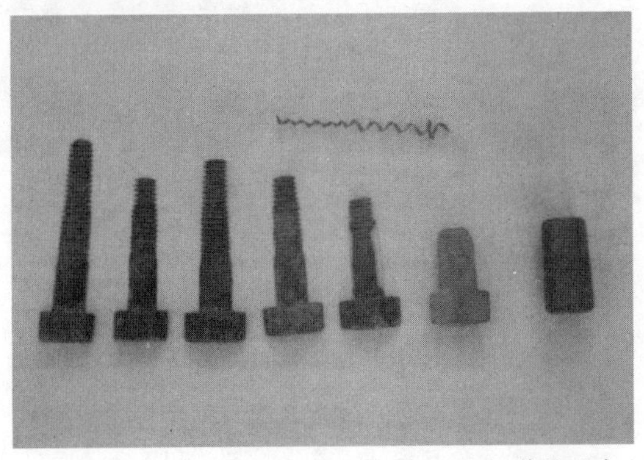
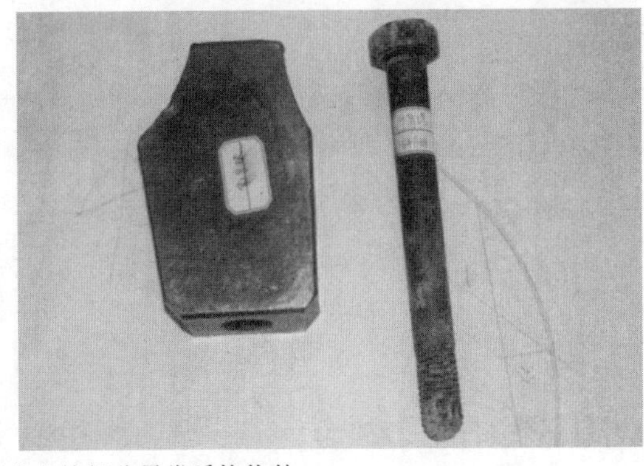

图6-1-82　泥浆处理中心筛分出的部分异常盾构物件

盾构9月3日停止掘进，随后带压进仓检查了盾构机刀盘以及刀具的损坏情况，进仓压力为3.0bar，共进仓17次。检查发现刀盘存在较大的损坏情况。

1）刀具的损坏情况

（1）边缘铲刀的损坏情况

全部16把铲刀均受到了严重的损坏。铲刀外缘全部被损坏，仅剩余15cm长的刀体；同时外缘约

25cm 范围内的刀座全部受到损坏。铲刀磨损如图 6-1-83 所示。

图 6-1-83　铲刀磨损

（2）滚刀的损坏情况

本刀盘共布置滚刀 8 把，对 8 把滚刀进行了检查，较外缘的 15、16 号滚刀，13、14 号滚刀，11、12 号滚刀都已经损坏，其余滚刀只是刀圈磨损。

（3）先行刀的损坏情况

本刀盘共 24 把先行刀，布置于各组刀臂的辅臂上，先行刀刀体大部分存在损坏情况，合金块脱落，刀体被磨平，但先行刀刀座全部完好，无损坏现象。

2）刀座损坏的情况

（1）滚刀刀座损坏

本次检查的 8 把滚刀中，位于刀盘较外缘的滚刀刀箱均存在严重损坏的现象。滚刀刀座损坏如图 6-1-84 所示。

图 6-1-84　滚刀刀座损坏

（2）铲刀刀座损坏

本刀盘 16 把铲刀刀座均受到严重破坏，由刀盘外缘向内 40cm 范围内的刀座全部损坏。

3）刀盘钢结构的损坏情况

位于刀盘外圈约 20cm 范围内的刀具、刀座全部损坏。刀盘外缘箱式刀盘的主结构已经受到损坏。由于刀盘结构损坏导致刀盘正面的耐磨板外翻，经测量刀盘外缘圆弧钢板厚度（内侧）现为 150mm，比原厚度小约 10mm。2 号辅臂外缘圆弧板的宽度约为 210mm，由内向外厚度明显变薄，如图 6-1-85 ～图 6-1-87 所示。

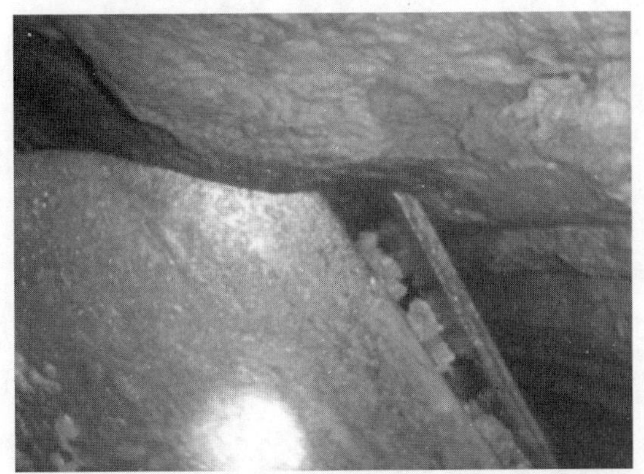

图 6-1-85　刀盘钢结构损坏

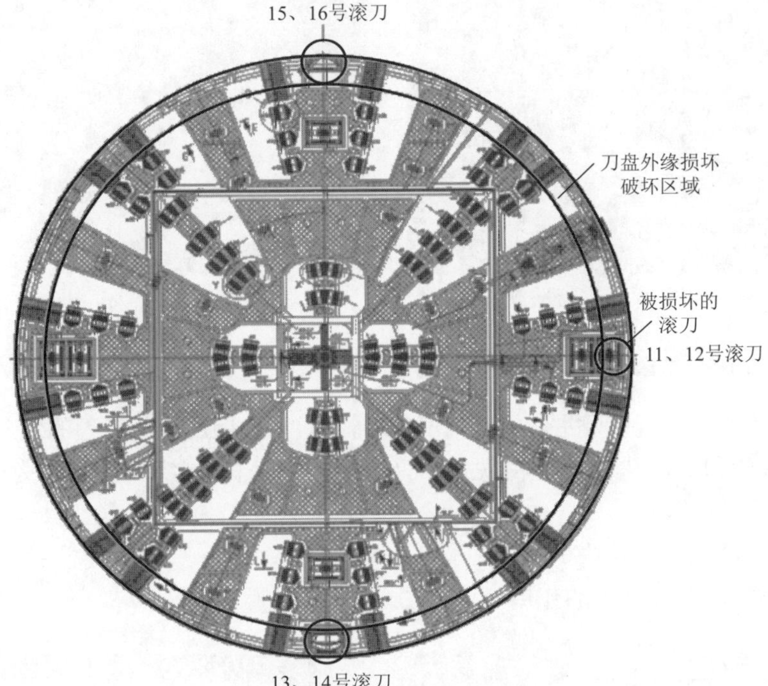

图 6-1-86　刀盘损坏示意图(正面)

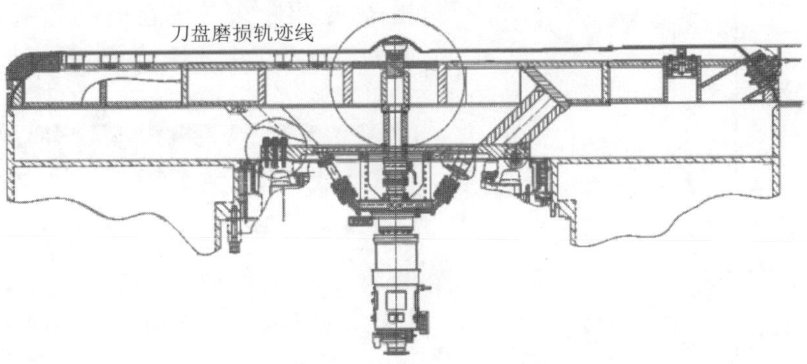

图 6-1-87　刀盘损坏示意图(剖面)

4)刀盘损坏情况总结

刀盘外缘约 25cm 范围内的刀具、刀座、耐磨板和刀盘箱体钢结构受到了损坏,刀盘开挖直径减小。

3. 刀盘刀具严重磨损原因分析

1）地质原因

在实际掘进过程中揭示全断面砂层中含有较多的卵石层，部分卵石粒径超过 15cm；在上砂下土层中筛分出大量的钙质结核，部分里程筛分出的钙质结核占筛分物 70% ～ 80%，钙质结核单轴抗压强度为 8.5 ～ 15.7MPa，硬度约 3 度。根据所做的地质补充勘探与实际掘进揭示的地质条件，同一断面地层厚度的变化幅度也比较大，与前期的勘探结果有出入，甚至有较大的出入。这些钙质结核、卵石（图 6-1-88 和图 6-1-89）的存在对盾构刀盘刀具造成了较大的冲击。

图 6-1-88　掘进断面含有大量的卵石

图 6-1-89　分离出大量卵石和钙质结核

2）盾构机刀盘刀具配置原因

从实际盾构机刀盘刀具配置以及进仓检查情况来看，刀具未能满足穿黄工程的地质要求，主要体现在：

①通过筛分出来的刀具和进仓检查情况来看，边缘铲刀为非正常磨损，刀具构造上不能满足穿黄地质要求；

②配置刀具抗冲击性不行，并缺少保护刀具；

③盾构机刀盘防磨保护层发挥的作用有限。

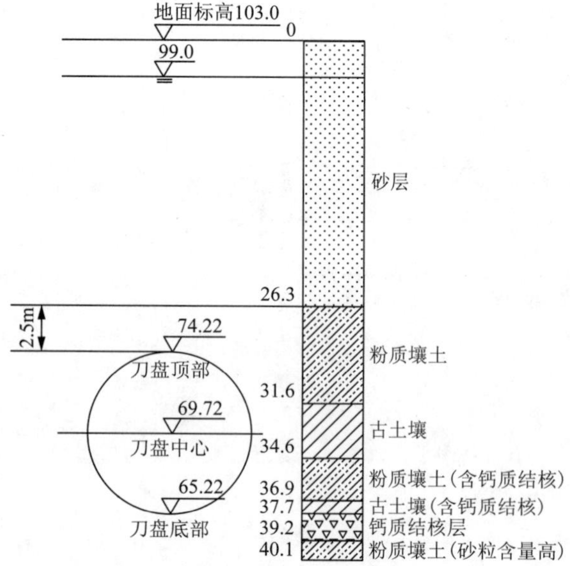

图 6-1-90　常压换刀处地质情况

3）发现参数异常未果断采取措施

发现盾构机参数发生异常，由于对砂层中进仓的担心，未果断采取进仓检查更换刀具措施，也是造成盾构机刀盘刀具严重磨损的原因。

4. 刀盘维修空间的建立与维修技术

刀盘刀具严重磨损破坏，部分刀座及面板也受到磨损。对刀具进行更换及修复工作量庞大并且有大量的焊接工作，此次换刀工作周期长，难度大，必须在黄河岸边 29m 深处建立一个维修空间，在常压情况下对刀盘刀具进行修复、更换。

本次常压换刀地基加固段盾构埋深近 29m，盾构上方有 20m 覆盖砂层，地下水位位于地表以下 4m。常压换刀处地质情况如图 6-1-90 所示。

1）地基加固

（1）加固区布置

为防止有较高压力的地下水进入刀盘开挖空间，形成大量涌水涌砂，并减小水土压力对刀盘修复空间的影响，防止开挖空间坍塌，在盾构机四周设置一圈止水帷幕，其中盾构机前方和两侧各施工一道搅拌桩防渗墙，加固深度为 42m，采用单排三轴搅拌桩套打施工，盾构机后部防渗墙采用单排三轴搅拌桩，加固深度为 28.5 ～ 42m，紧贴其所在位置的已成型隧道，尽量减少过水通道。

为防止掌子面开挖期间和常压修复及改造刀盘时，刀盘上方和前方土体失稳，对开挖空间造成较大压力，导致整个空间坍塌，对盾构机前方土体进行三排搅拌桩加固，加固深度为 42m，并对盾构机前盾上方范围进行 5 排搅拌桩加固，加固深度为 28.5m，以增强此处土体的稳定性、隔水性及强度。

三轴水泥土搅拌桩加固：共计施工 96 幅（盾构机刀盘上方 60 幅，盾构机前方 36 幅），单桩直径 850mm，桩中心间距 600mm，排距 600mm，相邻幅间搭接方式为套打一根桩。

地基加固如图 6-1-91 所示。

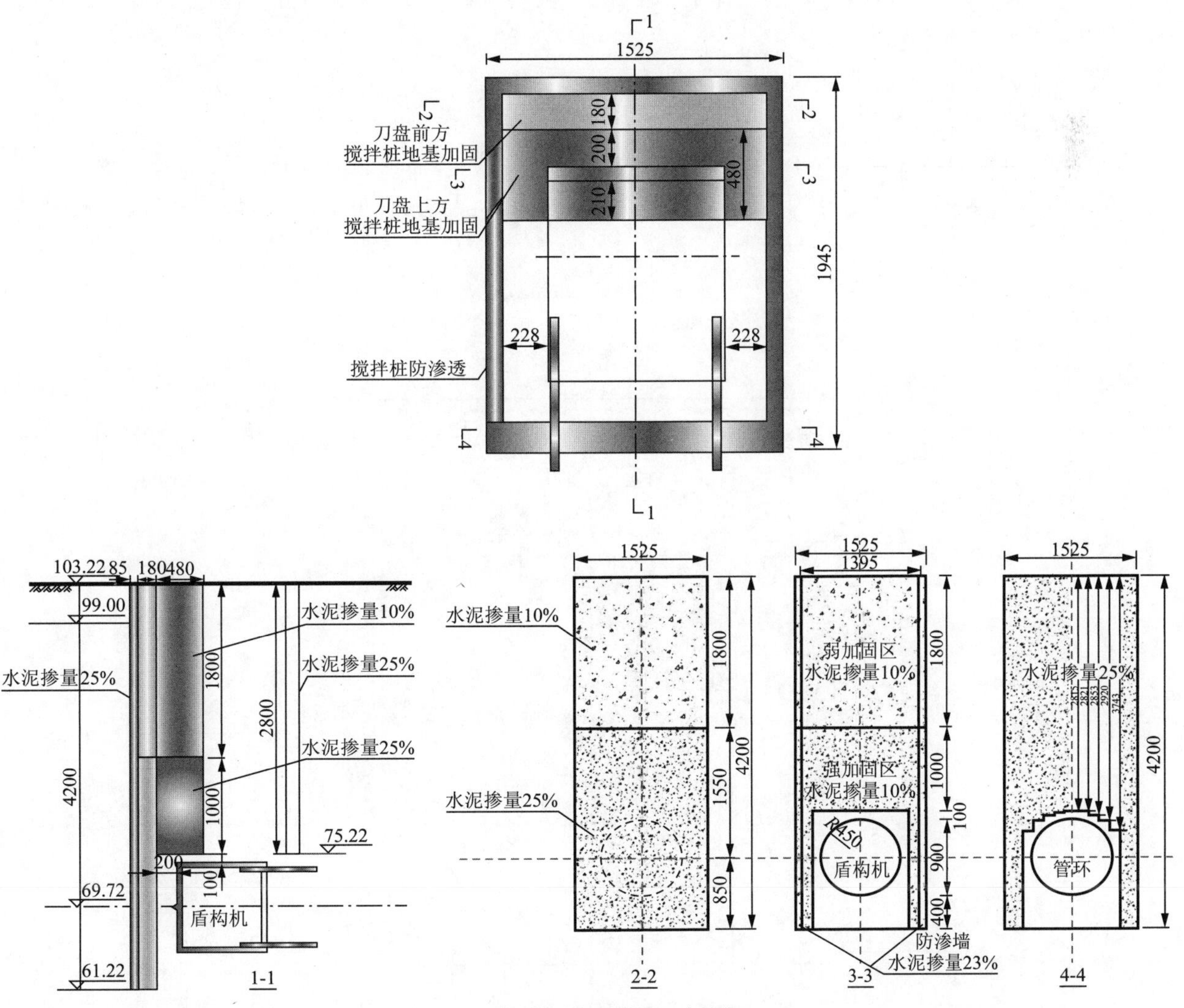

图 6-1-91　地基加固平面图（尺寸单位：mm）

（2）加固效果

①首次在黄河复杂地质条件下采用 42m 深搅拌桩，施工较为困难，加固进度比计划进度滞后，且埋钻杆一套，未取出。

②完成全部盾构常压换刀加固搅拌桩的施工后，对加固体进行了钻孔取芯检查并进行强度检测，根据钻孔取芯情况判断搅拌桩桩体整体性和均匀性均较好，桩间搭接充分，水泥土胶结良好，强度较高，其抗压强度均大于 1.5MPa。

③对盾构周边搅拌桩进行了钻孔取芯及压水试验，从钻孔压水试验来看，桩身未有裂隙，抗渗能力较强，渗透系数均小于 1×10^{-6}cm/s。

判断盾构常压换刀搅拌桩加固质量良好，达到了较好的防渗和加固土体的效果，可满足目前降水施工的要求。

2）加固区内外强降水

①通过降水及时降低加固区域范围内土体的地下水位，防止高压水进入开挖区，以满足加固区域刀盘前方开挖、支护等施工要求。

②降低开挖区外的水土压力，防止掌子面开挖和刀盘修复期间出现涌水涌砂、塌方、开挖支护垮塌的现象。

③通过降水降低加固区域内外侧土体主动土压力，减少搅拌桩变形，提高桩体稳定性，缩小对周边环境的影响。

④降低刀盘修复区域的地下水，为刀盘修复提供安全作业环境。

（1）降水井的布置

降水井的布置如图 6-1-92 所示，普通降水井中，1、2、3、4、5 号井深 40m，7、8 号井深 50m，6、9 号井深 28 m；观测井中，1 号井深 28m，2、3 号井深 40m，4 号井深 50m；真空降水井沿盾构机两侧各布置 4 口，深 40 m。

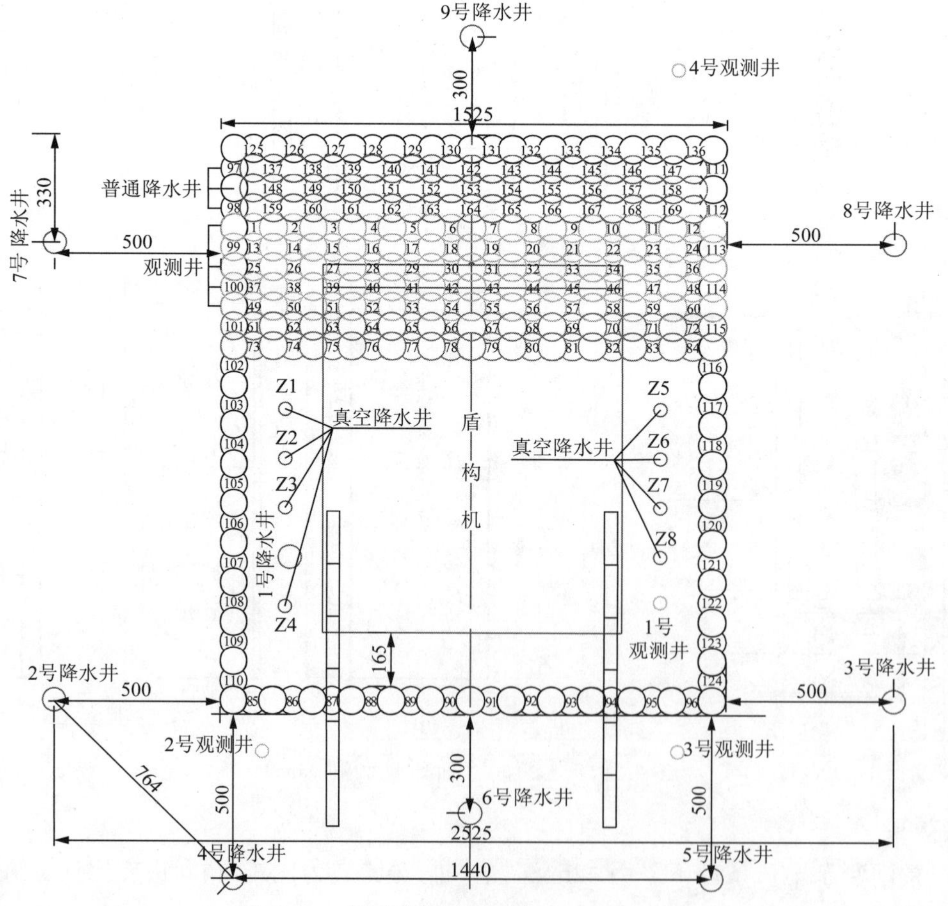

图 6-1-92　加固区降水井布置图（尺寸单位：mm）

①降水井布置

A区为搅拌桩防渗墙内侧，即盾构机头上部，目的为疏干防渗墙内砂层中的地下水，同时对粉质壤土和粉质黏土层也起到一定的疏干作用。

B区为盾尾，将地下潜水水位降至23m以下，最大限度地减小防渗墙外地下水向墙内渗透的压力。

C区为盾前，即盾前加固区外侧，主要用于降低砂岩层的水位。

②真空降水井布置

布置的真空降水井主要以疏干黏性土层水位目的。根据搅拌桩加固情况，真空降水井布置在盾构机身两侧与搅拌桩之间，以高度真空的方式疏干黏性土层的孔隙水，保障盾构机头开挖洞室的稳定及施工人员的安全。

（2）降水效果

经后期降水测试，水位可以从地下4m降至地下26m，降深达22m。水位在盾构机刀盘中心线以上1.5m左右，位于刀盘修复作业空间以下，满足刀盘修复作业要求，同时也为刀盘修复作业空间的开挖提供了有利条件。

3）掌子面开挖

（1）开挖形式

根据经验确定的刀盘修复空间为刀盘90°开口范围内的土体，同时向刀盘外边缘扩展1m，以满足对刀盘外缘耐磨条的修复要求。在隧道轴线方向上，向刀盘面板前方开挖1.3m，向刀盘面板后方开挖1.2m，总开挖长度为2.5m。开挖空间横断面示意图如图6-1-93所示。

（2）开挖方法

盾构所处位置刀盘前方土体主要为粉质壤土、粉质黏土及钙质结核的胶结物。开挖空间最大跨度为10.68m。根据上述条件，同时考虑施工的安全性、易操作性，确定开挖方法采用中隔壁法，即CD法。支护整体横断面示意图如图6-1-94所示。

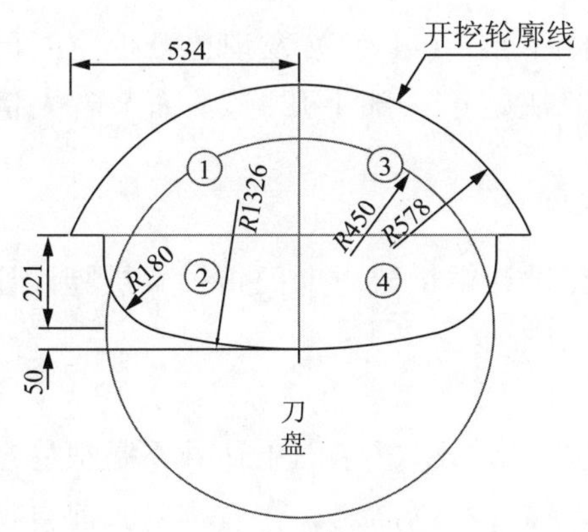

图6-1-93　开挖空间横断面示意图（尺寸单位：mm）

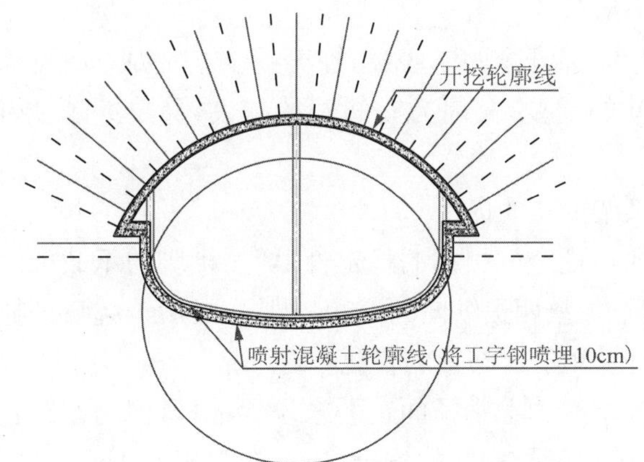

图6-1-94　支护整体横断面示意图

（3）支护方法

刀盘修复及换刀工作持续时间较长，需要一个稳定持久的开挖空间，而且掌子面土体较不稳定，有可能存在较丰富的地下水。因此，采用隧道施工中的新奥法对掌子面进行支护。开挖支护采用喷射混凝土、锚杆、钢筋网联合，但不做二次衬砌。支护整体纵断面示意如图6-1-95所示。

（4）开挖区防水

根据土质隧道采用的“以堵为主，以排为辅”的原则，本次设计采用封堵局部漏水点，以防、排水为主的措施，主要采用在喷射混凝土内预埋盲管、设置沟槽的方法将开挖区的渗漏水集中，再将其排出开挖区。开挖区防排水示意图如图 6-1-96 所示。

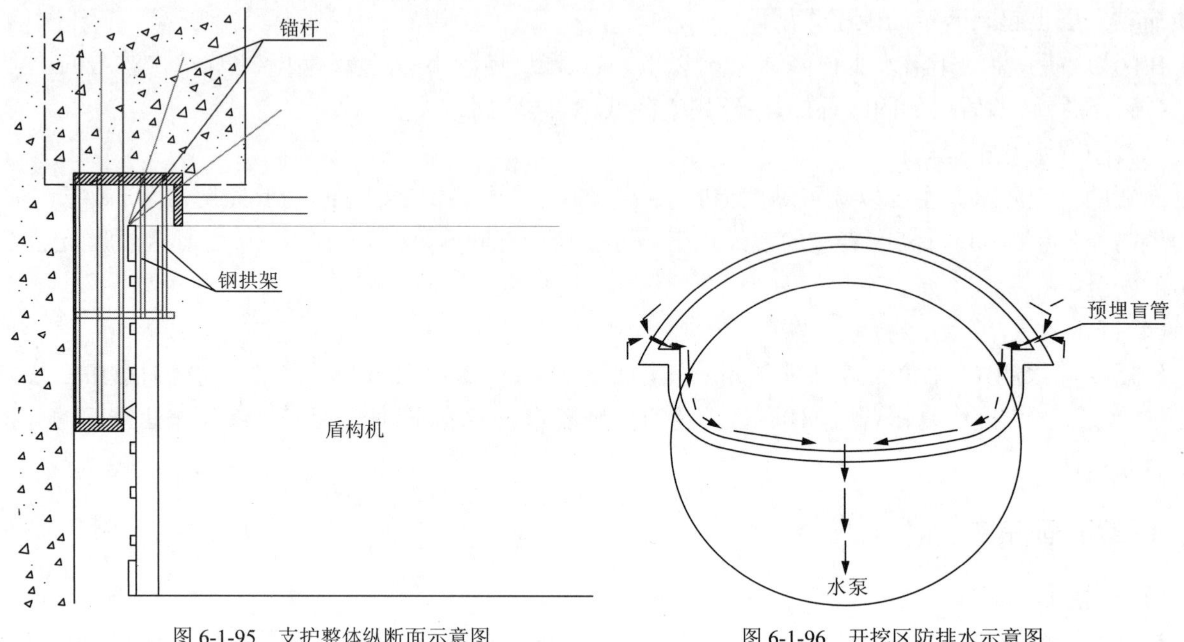

图 6-1-95　支护整体纵断面示意图

图 6-1-96　开挖区防排水示意图

（5）方案实施效果及优化

①扩径尺寸的优化

在开挖刀盘前方第一榀时，发现开挖空间顶部的粉质壤土层厚度不均，个别地方仅有 50cm，没有足够的稳定性，在开挖过程中便发生过一次小面积塌落现象，并伴有一定量的水砂涌出。发现此问题后，决定将原开挖尺寸向刀盘外边缘扩展 1m，修改为扩展 0.5m，以减小开挖空间及增加上方粉质壤土厚度，增加空间的稳定性。在之后的开挖过程中，未出现塌落及涌水、涌砂现象。

②开挖形状的优化

原计划 4 部开挖的掌子面，在开挖支护完成①、②、③部后（图 6-1-93），发现已开挖空间已满足刀盘修复空间的需要，又因为空间开挖越大，稳定性越低，因此决定第④部不开挖，从而节省大量工程量和时间。

③钢拱架形式的优化

为增加开挖空间拱部的稳定性，增加拱脚的承载能力，在设计钢拱架时专门将拱架拱脚设计为大拱脚形式，其下加垫两根纵向的 H200 型钢，最后一起喷进喷射混凝土。

④锚杆及钢筋网布置的优化

原方案中在刀盘掌子面正面未设置锚杆，但是在开挖过程中发现，掌子面土体并不是很稳定且有渗水现象，为确保开挖空间的安全，决定在掌子面正面土体加设锚杆和钢筋网。在盾构复工前再将锚杆拔出，去掉钢筋网。

4）刀盘修复

对于刀盘的修复，原则上是要将刀盘修复到原始模样，但是由于受地下空间作业特点、时间、前部土体稳定时间等条件的限制，刀盘恢复原貌十分困难。刀盘修复的原则是修复刀盘的强度、刚度和功能，重点是修复刀盘的刀座、刀箱，使其能满足刀具切削土体时所需要的强度要求。对于受损坏的钢结构，主要进行补强和增加耐磨保护修复工作。

（1）通风

通风主要作用为置换污浊空气、稀释有害有毒气体、降低温度等，结合本次常压下修复刀盘的工作实际情况，设计通风方式为送风和抽风相结合的方式。经过计算选取合适的通风机、风管，并对其进行布置，在隧道内设置中继风机。工作面和隧道内通风示意图分别如图 6-1-97 和图 6-1-98 所示。

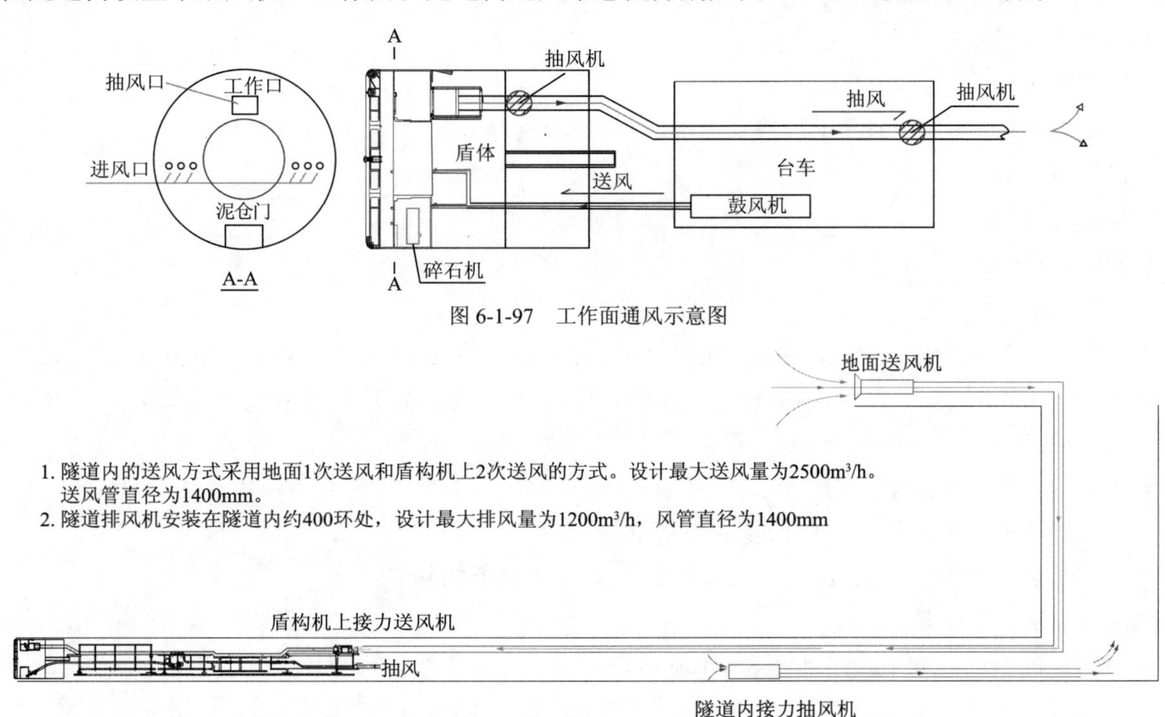

图 6-1-97　工作面通风示意图

图 6-1-98　隧道内通风示意图

（2）刀盘钢结构的修复

从开仓的检查中发现，刀盘各幅臂外缘的主体箱形结构都有一定的损坏，刀盘外缘圆弧板也存在损坏的现象。为保证刀盘各刀具刀座、刀箱的修复，需修复损坏的钢结构。刀盘钢结构的修复以保证刀盘的强度、刚性和加强刀盘边缘的耐磨性为目的，主要采用补焊钢板和耐磨板的方式进行修复。

刀盘箱形主结构的损坏部位主要为各幅臂外缘和刀盘外圈圆弧板。在进行修复时主要进行刨、磨和补焊工作。特别是刀盘外缘的圆形弧板，由于其自身结构为整体式，不能更换，故修复时采用贴钢板焊接修复的方式。采用适当形式的钢板，将损坏部分进行填补，根据实际情况选择适当的破口形式进行焊接，然后在其上面焊接刀座、外缘耐磨条、耐磨板等。刀盘幅臂外缘钢结构修复示意图如图 6-1-99 所示。

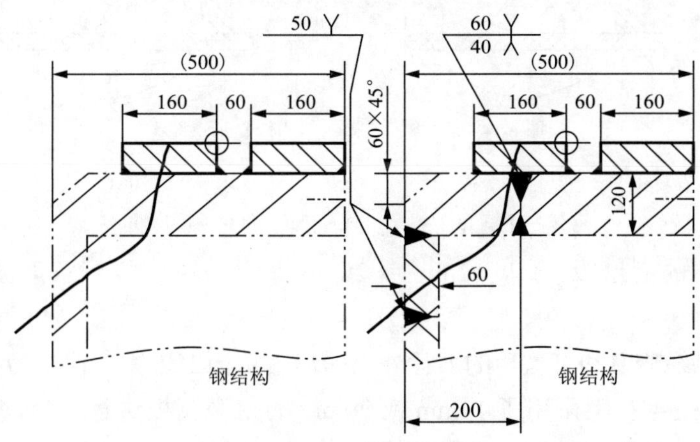

图 6-1-99　刀盘幅臂外缘钢结构修复示意图（尺寸单位：mm）

(3)边缘铲刀刀座的修复

本刀盘共布置16把边缘铲刀,其中N形铲刀8把,W形铲刀8把,经本次检查发现,16把边缘铲刀的刀座全部被损坏,需对刀座、支撑块进行修复。

铲刀的刀座分为主刀座和支撑块,主要焊接于刀盘幅臂箱体正面板和侧面板。在进行修复工作时,按以下顺序进行修复:

①先刨掉损坏的刀座;

②修复刀座钢结构,打磨满足焊接要求的坡口;

③再焊接主刀座;

④焊接支撑块;

⑤安装新铲刀。

(4)滚刀刀箱的修复

本刀盘共布置8个滚刀刀箱,经检查已经损坏的滚刀刀箱为15、16号,13、14号,11、12号,必须进行修复。由于三个滚刀刀箱的位置特殊,在修复过程中应分别注意定位其代表的轨迹线和刀箱的高度,后进行焊接工作。

滚刀刀箱修复工序如下:

①刨掉损坏的滚刀刀箱和需要修复的刀箱钢结构;

②打磨满足要求的坡口形式后,对刀箱钢结构进行填钢板的修复;

③焊接新的滚刀刀箱。

滚刀刀箱钢结构修复示意图如图6-1-100所示。

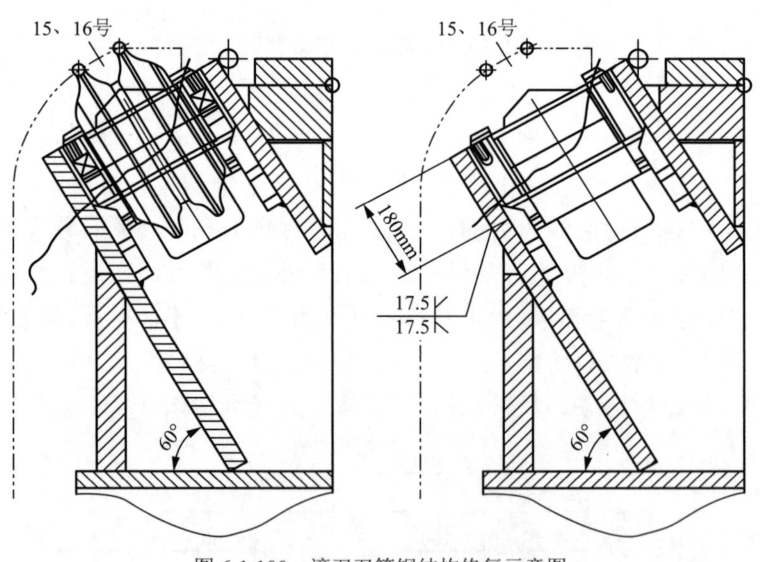

图6-1-100 滚刀刀箱钢结构修复示意图

(5)刀盘耐磨条、耐磨块的修复

刀盘共8条辅臂,辅臂外缘没有刀具的布置。为了保护各辅臂外缘不受到损坏,原刀盘在外缘各拐角处设计了防止损坏的耐磨板,板厚12mm或20mm。耐磨块修复示意如图6-1-101和图6-1-102所示。

修复此耐磨条,在已经修复和打磨后的刀盘外缘弧形钢结构上进行。但是为了更好地保护刀盘钢结构,在修复钢结构时,在钢结构上采用了12mm或20mm的耐磨钢板进行保护,此步骤可根据实际情况选择保护方法。刀盘修复过程如图6-1-103所示。

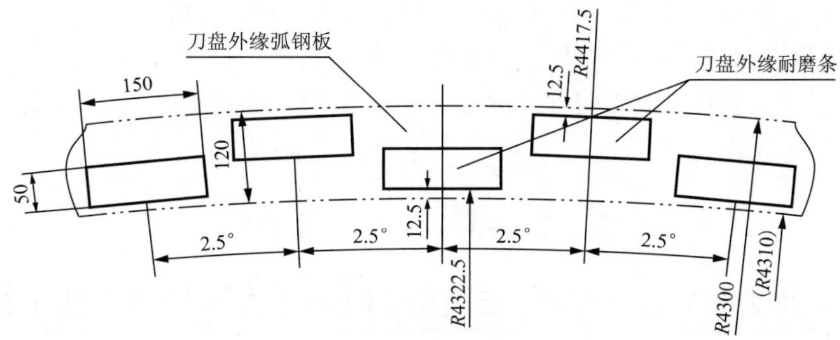

图 6-1-101　耐磨块修复示意图 1（尺寸单位：mm）

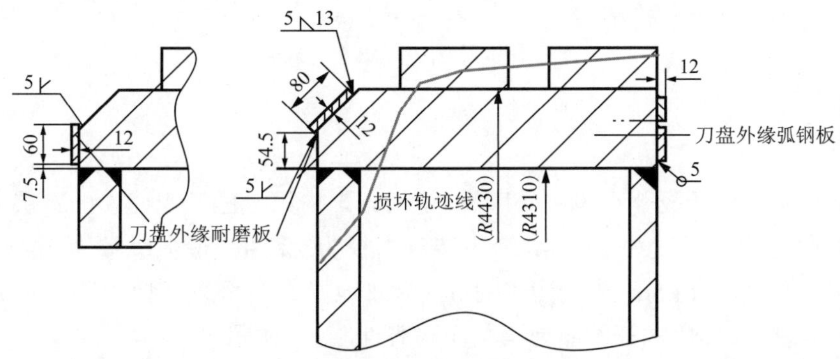

图 6-1-102　耐磨块修复示意图 2（尺寸单位：mm）

图 6-1-103　刀盘修复过程

（6）刀盘修复效果

刀盘经修复和改造后的后续掘进中，盾构机的掘进参数如刀盘扭矩、推力、掘进速度方面都有一定的优化，刀具的磨损程度有所减小。穿黄隧洞盾构机在刀盘修复和改造施工完成后至全线贯通，共计掘进 2900m，先后经过含钙质结核的全断面黏土层、全断面砂层（砂卵石层）、上砂下土地层，盾构机体刀盘刀具表现了良好适应性，全线换刀的数量大大减小（控制在两盘之内）。可见，修复后的刀盘拥有足够的强度和精度要求，达到了预期目的。

5. 结语

①黄河区域普遍存在的砂、钙质结核地质，对刀盘刀具损伤非常大，类似工程需注意防范；复杂地质条件下，盾构机刀盘必须加强周边保护设计，应采用加强型、耐磨、抗冲击刀具。

②盾构机厂家配置的刀具，需再三确认其适应性，必要时必须更换。

③当盾构机推进参数显著异常时，必须认真分析原因，切勿盲目推进。

④措施合理、细致操作，在砂层中带压进仓检查、更换刀具是可行的。

⑤对于黄河复杂地质条件下的三周搅拌桩地基加固，需严格控制加固质量，特别是水泥掺量、搅拌均匀性、垂直度控制。

第9节　扬州膨胀性黏土地层超大直径泥水盾构施工技术

中国铁建十四局集团有限公司

1. 工程概况

扬州瘦西湖隧道工程位于扬州市市中心区域，是当时国内第一座开工建设的双层双向行车的盾构隧道，全长5352m，其中盾构段长度为1278m，最小转弯半径为1238m，最大纵坡为5.4%，属于单管双层双向隧道。隧道完成后外径为14.5m，内径为13.3m。沿线地层为白垩系浦口组紫红色泥质砂岩及第四系上更新统冲洪积下蜀黏土，其盾构开挖面为全断面膨胀性黏土，如图6-1-104所示。

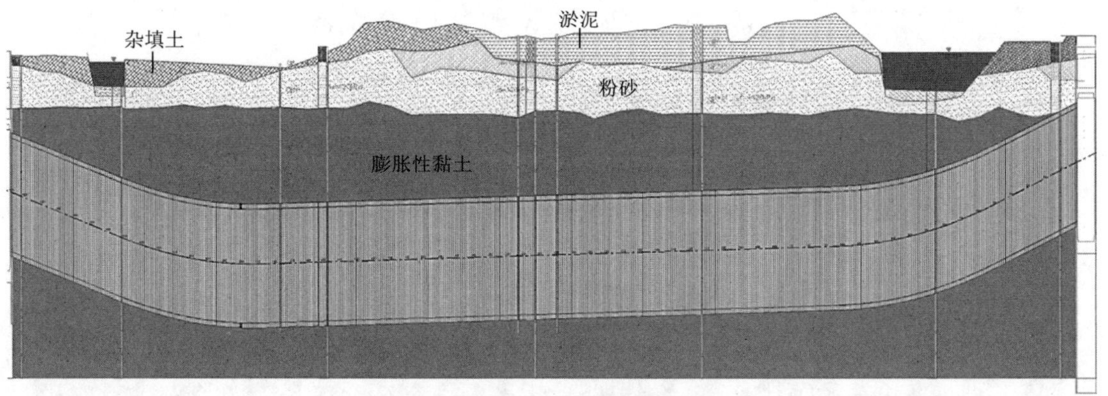

图6-1-104　隧道掘进地层分布断面图

盾构在该类地层中掘进时易遇到掘进困难、进度缓慢、刀盘或仓内易结泥饼，造成盾构在黏土地层中掘进困难，因此控制掘进参数至关重要。

2. 掘进参数的分析与确定

鉴于国内鲜有在此类地层中采用超大直径泥水盾构开挖隧道的施工经验，在施工初期困难重重。最棘手的问题就是仓内的渣土不能顺畅排出，造成吸口负压及堵管，进而造成气压仓液位波动大，影响掌子面的稳定。此外在施工过程中还会遇到刀盘扭矩变化大、盾构姿态难控制等问题。在施工的过程中经过不断探索，大胆实践，通过对机器的改造以及推进参数的不断优化，实现了单日推进6环、单月100环的施工纪录。

以下就此工程掘进过程中参数设定作简要分析。

盾构掘进主要的参数包括刀盘转速、掘进速度、刀盘扭矩、进出浆流量等。这些参数互相制约，要根据刀盘状态、泥浆质量等因素来不断摸索合适的掘进参数，不能盲目追求高速度。

1）刀盘转速设定分析

在膨胀性黏土地层中掘进，由于土质较硬，采用高转速、低速度的推进方式。在速度一定的情况下，较高的刀盘转速可以使土层得到充分切削，使较小的土块从土层中被切下，通过泥水环流系统被排出。盾构机设计刀盘转速在 0 ～ 1.5r/min 之间，在理想状况下，推进速度一定的条件下刀盘转速越快，则对土层的切削越均匀，但对于主驱动电机的负荷也就越大。刀盘转速超过 1.0r/min 的情况下，经常出现由于个别主驱动电机负载过大而调停的现象，因此设定推进速度为 1.0r/min。

2）推进速度设定分析

在推进过程中，适当减缓推进速度可以保证土体被充分切削，同时降低推进速度增加推进时间，可以使等量的渣土在更长的时间内通过泥水环流系统被排除，减小了出浆泵的负载。推进速度与 $P_{2.1}$ 出口压力对比分析如图 6-1-105 所示。

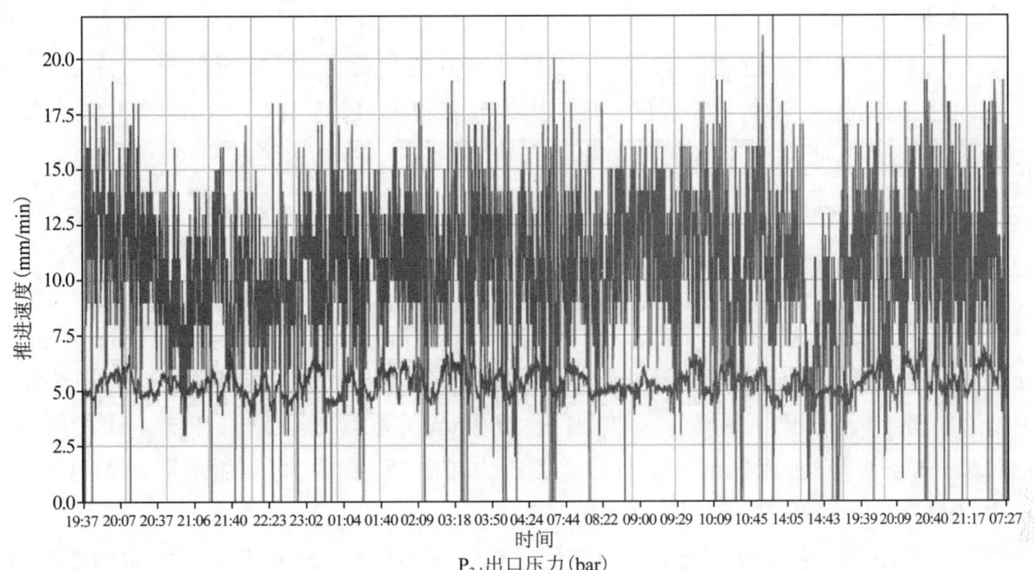

图 6-1-105　推进速度与 $P_{2.1}$ 出口压力对比分析

初始控制掘进速度在 8 ～ 12mm/min，掘进期间刀盘扭矩控制较为理想，出渣也以小碎黏土块为主，出渣量连续稳定。过程中对推进速度逐渐进行了提升，发现当平均速度大于 15mm/min 时，地面泥水厂出渣过程中大黏土块较多，掘进困难。为此，确定掘进速度在 10 ～ 15mm/min，平均速度不大于 13mm/min 的掘进参数适应在本地层掘进的需要。推进速度与刀盘扭矩对比分析如图 6-1-106 所示。

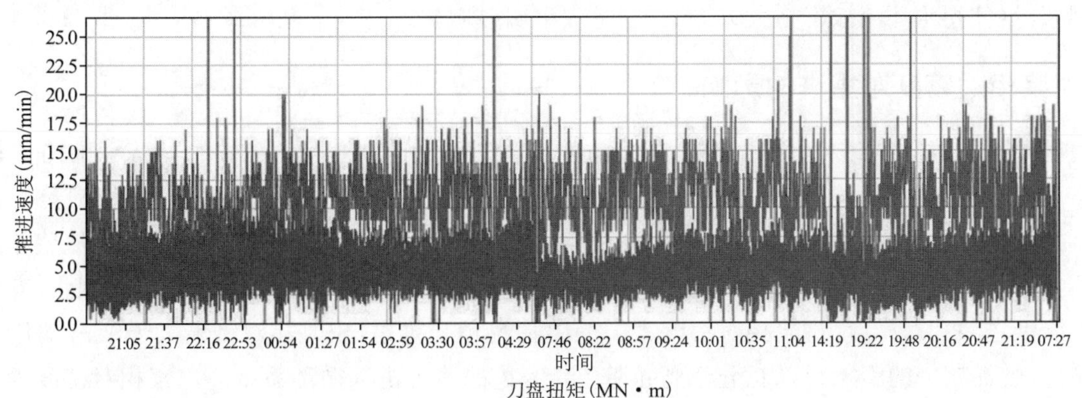

图 6-1-106　推进速度与刀盘扭矩对比分析

3）泥水环流系统的参数控制

泥浆是泥水盾构的血液，泥水环流系统的正常工作是盾构推进的保障。在推进过程中，泥浆管石棉垫破损、吸口负压是影响正常泥水环流系统正常工作的主要原因。

启动泥水环流系统时，同时开启三个泥浆泵，缓慢逐个增加各泵的转速，并保证 $P_{2.2}$ 的转速大于 $P_{2.1}$，在启动过程中注意观察管路压力和流量的变化，泥浆管压力值以气泡仓的压力值为参考，这样会避免出浆管的压力过大。当进出浆流量在 2000m³/h 左右时，停止泥浆泵的转速调整，待旁通循环稳定后，进入开挖仓循环，同时启动刀盘。在推进开始前将刀盘转速调整为 0.50r/min，对开挖仓进行泥水循环，以减小对地面的扰动，待地面出渣量小且出浆相对密度与进浆相对密度的差值不大于 0.02 时，提高刀盘转速至 1.00r/min 开始推进。在推进开始时，应增大出浆泵的转速，以避免推进开始时开挖仓受挤压而引起气泡仓液位突然上升。在循环及推进过程中，应注意观察切口压力和气泡仓液位，气泡仓液位应控制在 -0.40 ～ 0.40 之间。在推进过程中，应密切关注出浆流量、$P_{2.1}$ 的吸口与出口压力。出浆流量波动超过 300m³/h、吸口压力小于 2.2bar 或出口压力大于 6.2bar 后应暂停推进，进行泥水循环。在推进结束后，如无超过 12h 的停机，应对开挖仓进行充分循环，避免渣土在刀盘上和气泡仓内堆积。待地面通知出渣很少时，关闭刀盘冲刷以及进浆管 V11、V12、V13 及 V14，同时开启 V24、V25，对气泡仓充分循环以防止渣土堆积。待循环 5 ～ 10min 后转入旁通循环 5min，然后停循环，泥水厂进行充分调浆。

4）冲刷系统的应用

为适应膨胀性黏土地层，本盾构机增加了一套冲刷装置，主要分为刀盘冲刷和清水冲刷两个部分。

刀盘冲刷分为中心刀具冲刷和刀臂冲刷。中心刀具在刀盘的鱼尾刀上开有 3 个孔，刀臂冲刷在刀盘的 6 个主臂上分别开 2 ～ 3 个冲刷孔，都是由 DN100mm 的水管提供泥浆冲刷。在冲刷口上安装有 DN100mm 变 20mm 的锥形口，以保证冲刷有足够的压力（由 $P_{0.1}$ 提供高压力泥浆）。刀盘冲刷流量不低于 250m³/h，中心刀具冲刷常开，刀臂冲刷一次开启 3 个， 5min 切换一次。

清水冲刷为出浆管在气泡仓吸口处加 4 只高压水枪（压力达到 25bar 左右），水枪由 2 台 90kW 清水泵自地面供水，经过 4 个支路的 4 台 35kW 水泵加压枪口指向出浆管吸口的左上、右上、左下、右下四个位置。在循环和推进过程中清水冲刷总流量控制在 280m³/h，总管路压力约为 10bar，各支路压力约为 22bar。

冲刷系统的应用能够建立起比较顺畅的泥水环流。刀臂冲刷减少了切削的黏土在刀臂上的黏着，降低了刀臂上黏附的泥块堆积形成较大泥块的概率；清水冲刷不仅起到冲击黏土的作用，还在一定程度上稀释了泥浆，这使得水环流效率将大大提高，推进效率明显增加。

5）泥浆相对密度对掘进的影响

随着隧道掘进的不断进行，总结出推进过程中合理的泥浆相对密度应控制在 1.02 ～ 1.10 之间。泥浆相对密度过高，刀盘扭矩会增加，切削下的渣块无法及时带走，会造成渣土堆积以及大块形成，影响掘进效率；泥浆密度过低则增加推进成本，浪费大量清水，而且废浆过多也会造成环境污染。泥浆相对密度的升高主要源于切削渣土在泥浆中的溶解，进浆相对密度大于 1.06 时泥水厂应立刻启动调浆，弃浆并添加清水以降低进浆相对密度，进浆相对密度大于 1.10 时应停止推进；出浆相对密度大于 1.14 时应暂停推进进行循环，使泥浆中的渣土得以充分分离并避免新开挖的渣土进入循环系统。出浆相对密度增大反映了泥浆中含有过多的渣土，造成出浆泵负荷增加和出浆管压力增大，造成出浆管存在爆管的风险。进浆相对密度与刀盘扭矩、出口压力对比分析如图 6-1-107 和图 6-1-108 所示。

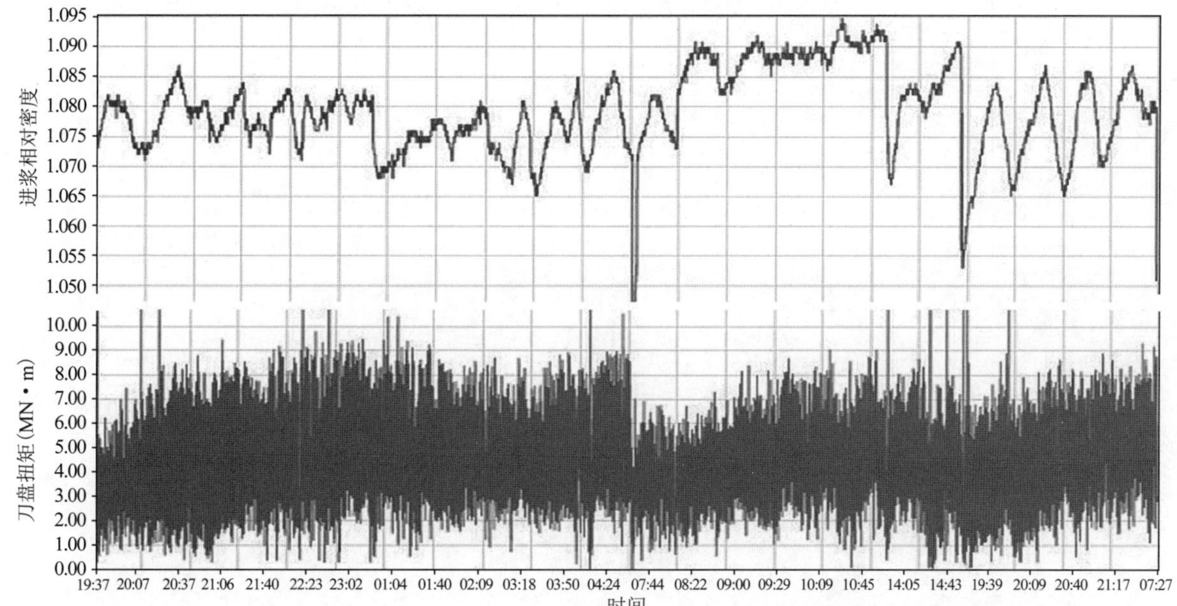

图 6-1-107　进浆相对密度(上)与刀盘扭矩(下)对比分析

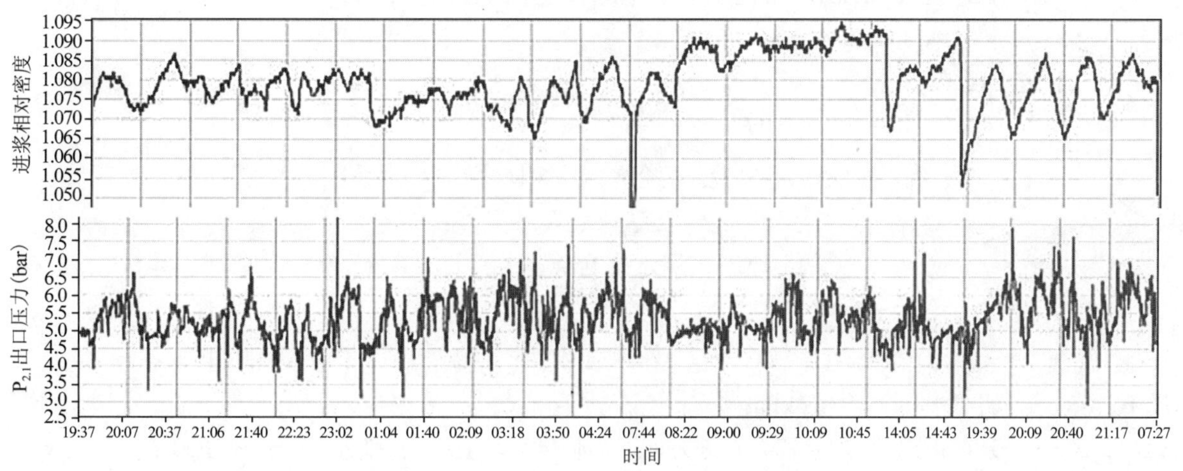

图 6-1-108　进浆相对密度(上)与 $P_{2.1}$ 出口压力(下)对比分析

通过前期对泥水处理的经验来看,盾构机排出的污浆由排泥泵送入预筛分系统,经过预筛分器(两层筛)将粒径在 3mm 以上的渣料筛出;筛余的泥浆进入一级处理系统,经过旋流除砂器分选以及渣料筛分脱水后排出;处理后的泥浆进入二级处理系统(二级处理系统工作原理与一级处理系统工作原理相同)再次处理。经过两次处理后的泥浆经汇流槽流入沉淀池,但这种流程对降低泥浆相对密度起到的效果非常小且场地漫浆现象十分严重。所以对泥水处理设备进行改造,泥浆进入泥水厂后经过预筛分系统之后直接回到沉淀池,经过一、二级沉淀池流回调浆池。推进所需浆液完全可以自给自足,无需制浆工序。这样一来,推进过程中泥浆相对密度涨至 1.08 时,泥水厂启动调浆,将清水加入到调浆池对泥浆进行稀释。

6)土压力设定

土压力计算参照南京长江隧道计算公式,采用挡土墙模型,根据分层综合法计算盾构拱顶土压力。

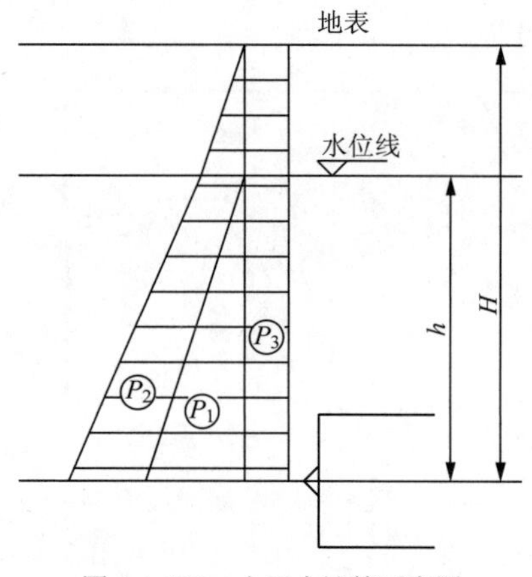

图 6-1-109　土压力计算示意图

根据扬州特殊的地质情况，设定土压力选取主动土压力与静止土压力的平均值乘一定系数，土压力计算示意图如图 6-1-109 所示。

（1）切口水压上限值

$$P_{fu}=P_1+P_2+P_3$$

$$P_1=\sum(\gamma_w\times h)+\sum[K_0\times(\gamma-\gamma_w)\times d]+K_0\times\gamma_w\times(H-h)$$

（填土、淤泥、粉土、粉砂地层采用水土分算）

$$P_2=\sum(K_0\times\gamma\times d)$$

（黏土地层采用水土合算）

$$P_3=30$$

上述式中：P_{fu}——切口水压上限值（kPa）；

P_1、P_2、P_3——分别指透水地层静止土压力、黏性地层静止土压力、变动土压力（kPa）；

H、h——分别指拱顶到黏土地层的总高以及拱顶到黏土地层水位线以下的高度（m）；

K_0——静止土压力系数；

d——各层土的厚度（m）；

γ——土的重度（kN/m^3，水位以下取饱和重度）；

γ_w——水的重度（kN/m^3）。

（2）切口水压下限值

$$P_{fu}=P_1+P_2+P_3$$

$$P_1=\sum(\gamma_w\times h)+\sum[K_a\times(\gamma-\gamma_w)\times d]+K_a\times\gamma\times(H-h)$$

$$P_2=\sum(K_a\times\gamma\times d)-2\times c_u\times\sqrt{K_a}$$

（黏土地层采用水土合算）

$$P_3=30$$

$$K_a=\tan^2(45^\circ-\varphi/2)$$

上述式中：P_{fl}——切口水压下限值（kPa）；

P_1、P_2、P_3——分别指透水地层主动土压力、黏性地层主动土压力、变动土压力（kPa）；

K_a——主动土压力系数；

c_u——土的黏聚力（kPa）；

φ——土的内摩擦角（°）。

由于开始时采用较低相对密度的泥浆进行推进，因此气泡仓压力设定值采用拱顶压力计算值加 0.8bar。推进过程中观察支撑压力变化，控制实际值与计算值偏差不大于 ±0.1bar。

经过施工实践，该压力计算方法及压力控制方法是可行的。盾构机开挖面通过过程中地面稍有 5 ～ 10mm 的累计沉降，建（构）筑物未发现大于 10mm 的沉降。除盾构改造作业长时间停机位置外，其他地点未出现大的隆沉。

7）盾构姿态控制

现在的盾构机都装备有先进的自动导向系统，盾构机上的自动导向系统为德国 VMT 导向，由具有自动照准目标的全站仪、激光靶、计算机及隧道掘进软件和供电箱子组成，可以精确测量出盾构机姿态和偏离预定轨道的值。受隧道拐弯及空气质量的影响，推进 100m 后测量误差增大须进行换站，每次换站须进行一次人工复测以修正累计误差。

盾构机姿态的参数包括滚动角、仰俯角、盾体前部和尾部相对于设计轴线的偏转数值。滚动角的产生来源于刀盘切削土层时，盾体受到反向力，导致盾体出现反向转动。滚动角过大会导致推进油缸活塞杆扭转，损坏推进油缸。滚动角出现时，停下刀盘并反向转动一段时间后即可消除。仰俯角反映盾构机轴线与线路方向的相对偏差，隧道轴线应设计为先下俯冲后抬头向上。

盾体前部和尾部的相对于设计轴线的偏转数值：盾构机的推进系统由 6 组油缸组成，分为上侧 A 组、下侧 B 组，右上 B 组、右下 C 组，左上 F 组、左下 E 组。在推进过程中，如需向上调节，则增大 D 组油缸压力或减小 A 组油缸压力；如需向左调节，则增大 B、C 两组油缸压力或减小 E、F 两组油缸压力。

盾尾与管片之间的间隙主要通过管片选型来控制。管片选型考虑盾尾间隙和油缸长度差值两个方面，两者所占的比重可以人为设定，根据目前的掘进经验，最合理的权重为盾尾间隙占 75%，油缸长度差值占 25%。利用管片的楔形量可以使油缸长度和各方向的盾尾间隙趋于平均。

3. 结语

①合理控制盾构机掘进参数、建立顺畅的泥水循环系统是盾构施工顺利进行的有力保证。

②做好对盾构机掘进各项数据的记录，加强对数据的分析总结是判断盾构掘进工况的重要手段。

③熟悉盾构机图纸及设备状况是每个盾构司机的基本素养，根据实际的盾构操作经验，多思考，多实践，总结出一套合理的盾构操作技术，通过不断优化操作指令、加强设备的维护保养才能保证盾构机的安全掘进。

第 2 章　盾构穿越风险工程案例

第 1 节　北京地铁 9 号线盾构穿越玉渊潭湖施工技术

北京城建设计发展集团股份有限公司

1. 工程概况

北京地铁 9 号线玉渊潭湖底区间隧道位于军事博物馆站—白碓子站之间，区间长度为 1207.15m（单线）。盾构在位于中心城区的军事博物馆北侧始发后连续穿越超过 70m 宽的永定河引水渠、340m 宽玉渊潭东湖及近 100m 宽的引水湖等水面。隧道底板标高为 31.0 ~ 34.4m，隧道的左右线间距为 10 ~ 15m，隧道在水面下覆土厚度为 21.0 ~ 27.0m，其中穿越玉渊潭东湖段盾构完全位于潜水水位以下 2m。

2. 工程地质水文条件

1）地质水文情况

本区间段地下水类型主要为潜水，局部地段存在上层滞水。水位标高在 38.49 ~ 38.77m 之间，水位埋深在 13.30 ~ 13.80m 之间，含水层为卵石、圆砾层。本工程区间隧道范围内地层大量接受引水渠及湖水的补给，水量稳定，且水位有明显潮汐规律。根据现场多处盾构换刀井施工情况，地层中均发现有大量粒径超过 1000mm 的漂石，不排除有更大粒径漂石存在，且大粒径漂石含量较杂，或局部孤立，或局部富集成群。经现场随机取样检测，卵石强度因石英含量的不同而有很大差异，石英 + 长石含量为 70% ~ 95%，石英含量为 10.28% ~ 48.54%，点荷载强度为 0.63 ~ 10.15MPa，硬度为 2500 ~ 6100MPa，样本的单轴抗压强度超过 300MPa。

2）工程地质剖面图

自 2009 年 6 月 2 日，北京市勘察设计研究院有限公司在盾构始发井基坑开挖过程进行了现场跟踪，对地层进行了详细分析，再次形成的勘察报告中对盾构隧道结构深度范围内卵石粒径调查情况进行了描述，由于该地层中粒径超过 300mm 的卵石含量超过 40%，且粒径超过 1000mm 的漂石较普遍，提出了卵漂石地层的概念。图 6-2-1 为工程地质剖面图。

3）卵石物理力学性质

现场开挖换刀井取样试验表明，卵石岩性以花岗岩、闪长岩及火山碎屑岩等为主，矿物成分以石英、斜长石、碱性长石等为主。卵石强度随岩性差异很大，现场开挖使用"破碎炮"也难以破碎。

由于盾构隧道穿越湖底埋深在地下 23m，且需要在区间范围连续穿越永定河引水渠及玉渊潭两处

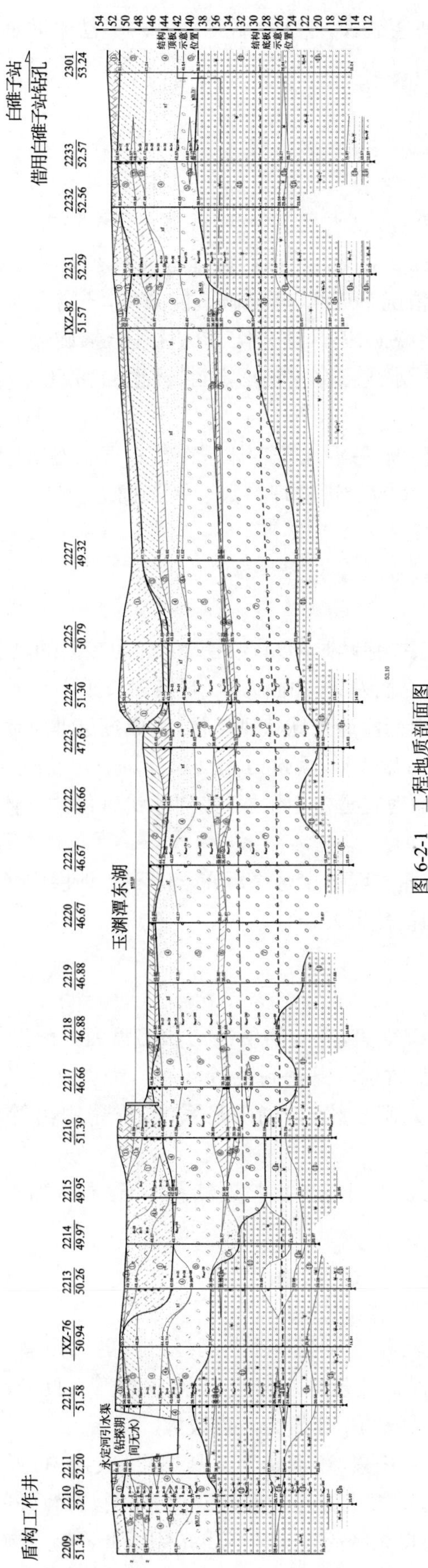

图 6-2-1　工程地质剖面图

湖面、机要管理区等，加之隧道埋置较深，绝大多数地面基本无法采取辅助施工措施解决盾构连续推进难题，要求盾构施工做好充分准备，减少施工风险。

3. 工程重点、难点

根据地层情况可知，玉渊潭湖底富水且富含漂石，漂石分布随机。由推进参数变化可以判断，大粒径漂石密集、孤立等的状态都存在，该情况为盾构设备选型及掘进管理带来了非常大的风险。

盾构设备除须具备不停机情况下连续、间隔破石能力外，还需克服来自隧道上方稳定的潜水。设备风险主要表现在：盾构刀盘严重磨损、刀具耐久性、盾构被困、螺旋输送器发生喷涌、盾尾密封失败、铰接密封失败、螺旋输送器密封失败、水压击穿主轴承密封、开挖面和湖水贯通、碎石时设备扭矩过大、设备控制失误造成盾构机体旋转等。

对于掘进管理面临的主要问题是：渣土改良体系在富水下状态适应性；刀具布置与渣土改良、设备扭矩匹配；刀盘转速、推力、螺旋开度等掘进管理参数选择。掘进管理的根本目的是延缓刀具损耗，减少刀具更换频率，节能降耗。

1）类似工程

成都地铁盾构在砂卵石地层中穿越时，卵石粒径 20cm 为较大的，但含量大、强度高，对盾构刀具和刀盘的磨损严重，工程前期需频繁更换刀具、加固刀盘，且换刀曾采用加固土体及临时竖井的方式换刀。

广州地铁施工时也曾在个别标段遇到球状风化体，造成掘进非常困难、频繁卡住刀盘、盾构姿态难以控制、盾构刀具磨损严重、刀座刀盘变形、掘进时振动等问题。广佛线曾因操作失误造成盾构机体旋转。处理球状风化体的方法是在地面对隧道范围钻探，找到球状风化体具体位置后，加固土体，洞内开仓爆破破岩后再继续推进。

加拿大温哥华、美国俄亥俄盾构隧道也曾先后在含漂石的地层中进行施工，掘进极其困难，多次变更刀盘形式并更换刀具配置，盾构损耗极大。

2）适应性原则

就玉渊潭盾构区间地层情况而言，盾构需解决诸如刀盘刀具耐磨性、刀具快速拆换，破碎大粒径漂石，在富水卵漂石层防止喷涌及盾构本身密封性等问题。需要在盾构刀盘、刀具、设备动力、渣土改良系统、螺旋输送器、铰接装置、人闸系统、衬砌压浆系统、盾尾密封等进行专项设计，以提高盾构的适应性。

此外，由于粒径较大，强度高，且开挖断面将连续有漂石，盾构刀盘易卡死、换刀危险较大，最终选择了面板式土压平衡盾构机。

3）掘进管理

此次盾构掘进管理原则是在高效减阻基础上延缓刀具更换频率，采取的措施主要有控制刀盘高转速、维持较高土压、保持小推力及高流量注入材料、多点喷射等。此外，设备始终处于高负荷状态下连续工作，设备损耗较大，设备冷却系统的工作压力一直较大。

通过工程实施中的经验教训积累，还调整了刀具规格、数量、布置形式，摸索出以刀盘转速、螺旋开度、土仓压力等三个参数为主控的掘进管理基准，经事实证明，有较强的适应性及破碎漂石效果，刀具耐久性有大幅提高。此外，渣土改良系统的重大革新也是完成此次隧道施工的关键。

4. 技术方案

1）盾构破岩机理

目前盾构普遍认可的破岩方式有冲击破岩、刮削破岩、挤压破岩三种。

冲击破岩有盘型滚刀破岩、钎头破岩、潜孔钻头破岩、射弹冲击破岩；刮削破岩有锯齿切割破岩、刮刀破碎破岩、金刚石钻头破岩、环形取芯钻头破岩等；挤压破岩有牙轮钻头破岩、盘型滚刀破岩、齿形滚刀破岩等，牙轮钻头分单牙轮、双牙轮、三牙轮、多牙轮等；盘型滚刀有单刃和双刃；齿形滚刀有铣齿滚刀、铸齿滚刀、镶齿滚刀等。

目前地下隧道普遍利用滚刀破岩。滚刀破岩是靠滚刀滚动产生冲击压碎和剪切的作用来破碎岩石，属于滚压破岩。当在地层母岩对卵石缺少约束力的砂卵石层或卵石层掘进时，地层无法给滚刀提供足够的转动力矩和滚刀破岩的支撑力，会导致滚刀不转，破岩效果下降。

2）破石机理选择

此次采用的破石机理初步可以概括为尖锐部划割挤压机理，即由刀盘提供高速旋转产生的较大冲击惯性带动重型撕裂刀对卵石、漂石进行“锤击”，尖锐合金点划割产生损伤裂痕，刀具有效的导流促成石块间挤压并配合面板挤压，大粒径漂石开始变小。

本盘刀具配置理念是中心先行刀剥离，对掘进地层进行中心松动，稳定掘进方向；重型撕裂刀对掘进面较大漂石进行破碎，较小卵石随导流作用随刮刀收集至格栅口排入土仓，刀盘外沿滚刀保证刀盘开挖直径并降低工作扭矩。

在破碎漂石过程中，较小的卵石通过刀具间隙布置形成导流，避免刀具过多参与破碎较小（直径250mm以下）卵石，避免无限制增加刀具数量造成刀盘驱动扭矩加大和盾构启动困难等问题。

此次盾构安装的撕裂刀高度较高，布置较为疏松，且按照同心圆及特定规律，随刀盘旋转起到的搅拌、导流效果明显，面板前卵石趋于均匀布置、均匀受力，面板与卵石接触面趋向密贴。加之刀盘转速较高，卵石在高速旋转的撕裂刀与面板间隙范围，在高速离心力的作用下，各个不同位置撕裂刀间隔击打、划割，面板前的卵石产生高速撞击，卵石在互相撞击同时，在撕裂刀和面板之间的涡流作用下通过互相撞击、摩擦而粉碎。较小卵石汇集的导流作用促使大型漂石流向线速度较高的刀盘外沿，该处多方位的撕裂刀频繁划割，最终由刮刀收集至临近格栅开口位置进入土仓，满足螺旋输送机排石尺寸要求，最终排出。

3）设备选型及掘进的主要参数

（1）设备出厂性能参数

刀盘外径：6264mm；最大推力：3780t；刀盘最大功率：1200kW；主轴承直径：3130.55mm；极限脱困扭矩：7740kN；刀盘最大转速：3.2r/min；最大掘进速度80mm/min。

设备主要特点：刀盘动力储备更足、极限扭矩高、主轴大、扭矩强，在遇到地层突变、扭矩剧烈变化时，刀盘不会出现较大变形，刀盘开挖系统可靠性高。变频电机驱动具有刚性扭矩大、极限扭矩高、低能耗、设备高效；工作环境好（噪声小、温度低）、故障低、维修少、检修方便、消耗物资更少等优势。

采用Q690特种钢制造的刀盘，面板及易损位置铺设20mm碳化铬板作耐磨层。各同心圆轨迹上配备不少于3把重型撕裂刀和4把刮刀，保证刀盘一圈的漂石锤击频率达到3次，后期适当加装部分先行刀。

在刀盘正面与侧面、土仓内、螺旋输送机设独立渣土改良注射点，选用多种投注方式，可以单独或多点进行投注控制，满足不同的投注点可以独立控制流量，并按照恒定、脉冲、变速不同方式进行分别投注。投注部位多，单位时间内投注量较大。

刀盘开口率接近40%，开口率、开口大小与螺旋通过能力进行匹配。刀盘格栅开口与螺旋可通过粒径为330mm，尽量提高刀盘通过率，小于300mm漂石尽量输排，刀具不参与破碎，以降低刀具破碎负担。

（2）盾构掘进参数设定

以刀盘转速、螺旋开度、土仓压力作为主要控制参数，对照各种情况的扭矩变化，工程实施中分别按照固定土压、固定转速、变换开度，参看螺旋出口渣土情况，土仓的上土压分别按照1.5bar、1.0bar、0.8bar、0.6bar等，对照刀盘转速在1r/min、1.2r/min、1.5r/min、1.7r/min、1.9r/min、2.1r/min、2.5r/min，螺旋开度逐渐从10%提高到80%，对刀盘、螺旋扭矩变化进行统计分析。

通过PLC数据分析获取地层与渣土、推进等各系统间较为匹配的参数。推进中刀盘的较高转速及较高土压对于设备扭矩增加影响非常大，高转速造成刀具单环磨损程度加剧。曾经尝试降低土压进行推进，但盾构下扎的趋势非常严重，盾构掘进速度降低明显，掘进姿态及方向难以有效控制。分析是由于低土压状态下，盾构的刀盘及前盾重量较大，面板前方搅拌、导流情况不佳，开挖面较大漂石积存较多，破石效率急速降低，地层扰动加剧无法承托盾构自重所致。

5. 施工过程控制及措施

1）提前规划换刀井位置

在困难地层施工，土建工程师必须掌握及规划刀具更换位置，避免盾构在敏感位置被动停机。初期换刀井间距按照150～180m布置。刀具、刀盘曾经在160m、180m处报警，并出现过刀盘面板本体支撑结构严重磨损情况。工程过程中，经多次刀具统计数据验证，各系统改进大幅延缓刀具损耗，可以大幅延长换刀间距。

2）渣土改良的持续改进

良好的渣土改良能有效降低刀盘磨损、增加开挖面稳定并使排土顺畅，降低扭矩及推力。泡沫可以减少渗透性、建立气垫效应、减少刀具磨损、稳定土仓土压作用；聚合物可以将分散微粒聚合在一起、减少渗透性；适量注水可以稀释泡沫，降低泡沫和聚合物的用量；加注膨润土能够起到润滑盾构、稳定盾构周边土体，使泡沫、聚合物等在开挖面不扩散、填充盾壳空隙、减少磨损等作用。

本次盾构先后试验了多种改良系统，先后调配稠度15～200s的泥浆，对渣土的制配、输送、投注等各系统进行了多次优化。对照盾构推进参数变化，选用不同类型浆液，采用主要材料有钠基膨润土、专业制浆剂等，泡沫为一级康达特，原液与混合液按4%混合。

6. 关键技术研究

隧道施工过程中，先后进行了十余次完整的刀具测量统计工作，对盾构推进参数、辅材消耗、刀具磨损、刀盘磨损等进行了全面总结、分析，按照刀具、刀盘报警前后两种不同状态进行了初步总结，力求找出盾构施工规律。

在推进中曾经将泡沫含量由0.6%先后分级调整到3%，也调整了多种制浆剂及膨润土，改良后浆液稠度变化近80倍。富水卵漂石⑦层曾单环注入渣土改良材料近100L，大体积优质的混合液及优质膨润土确实大幅度改善了盾构掘进状态，尤其降低了刀具、刀盘的单位损耗量，表现为掘进速度及扭矩状态改变非常明显。选用合理的渣土改良体系，刀盘扭矩能够趋于平稳，减小的趋势明显。

参照玉渊潭区间地质条件及计算参数，代入盾构刀盘刀具的形状、尺寸及刀具布置数据，进行了仿真验证，以验证推进主要性能参数关系。

1）工艺改进方向

玉渊潭盾构区间一直受到业内人士关注。通过此次盾构完成区间的实践，证明采用盾构是最经济合理的工法，目前双线贯通并已投入运营。

就盾构完成过程看，如何完善隧道工程的施工预测、盾构性能评价以及刀盘、刀具布置优化等，还是下一步引导隧道掘进施工技术发展的方向。从玉渊潭盾构区间完成的过程分析，对于富水卵石、漂石地层盾构工艺的改进，建议可以从以下几个方面入手：

（1）盾构设备

此次破岩核心理念是刀盘高转速情况下敲击、搅拌卵石。驱动控制系统的高精度反馈及转速的连续可调，较高的扭矩保障是卵漂石地层中盾构设备必须考虑的。从完成过程看，盾构推力较小。

螺旋底部探入土仓的位置须合理，且螺旋自身要设计有脱困措施。在玉渊潭区间掘进中曾多次出现喷涌及被卡现象。在卵漂石地层中需要注意螺旋输送机扭矩与刀盘扭矩的配合，单级有轴螺旋能够有效确保螺旋驱动电机扭矩传递，对于排渣及螺旋脱困有保障。螺旋输送机自身独立的渣土注入系统也是确保渣土顺畅及脱困的关键。

双级螺旋在卵石淤阻时难以清理，并且还会带给螺旋输送机额外的破石压力。

（2）刀盘优化

面板式刀盘能够达到挤压破石的目的。较小的接触面无法捕捉到开挖面漂石，而不固定漂石则不会有稳定的破碎过程。

此次刀盘主要辐条多垂直于中心，造成转动过程中辐条旋转产生附加扭矩，抵消了部分破石的用功扭矩。刀盘弧形辐条设计可以降低扭矩损失，改善导流效果，对于减少非做功扭矩效果明显。此外，面板覆盖耐磨层是减少损耗的有效措施。

刀盘探入土仓内的主动搅拌棒，对于土仓内部均匀搅拌渣土，改善土体流动性，使土体与渣土改良材料均匀接触，改善流动性和包裹性有较大帮助。

（3）刀具优化

快拆、快装刀具体系，土仓内背装及标准刀箱是此次盾构实现安全快速换刀的保障。但矩形刃口外形的刀具也抵消了部分扭矩，破岩功能的实现主要依赖刀具外侧合金端头。圆弧形、半月弧外沿设计可以有效减低刀盘扭矩，并且有效收集面板外侧渣土。刀具外形优化、合金嵌入效果是提高刀具耐磨的方向。

（4）渣土改良

注入点位置均匀分布、多路独立注入点直接影响渣土改良效果及材料用量。不同地层选择不同注入口位置以及控制注入压力能起到优化渣土系统的目的。渣土改良材料选择要考虑环保、再利用及降低成本的因素。

（5）控制系统优化

PLC 系统简单合理，控制单元尽量相互独立，对于调整操作参数、查询设备故障、降低设备故障率是非常有效的。不建议系统集成的程度过高，电控设备灵敏程度提高的同时，对于作业环境的要求也更加严格，不一定适合于潮湿、复杂的地下隧道施工环境。

7. 结语

玉渊潭湖底区间隧道间盾构施工难点是对于漂石的破碎处理，特别是过玉渊潭东湖时在水下处理漂石。虽然盾构可以为了特定施工环境而量身定做，但处于富水、富含漂石的复合地层中施工必须及时调整施工参数，密切关注盾构推进中的异常情况，不能简单加大推力、单纯利用盾构设备破石，采取合理辅助工法，是在高水压下安全顺利穿越富含漂石地层的关键。

撕裂刀的敲击破碎及切削破岩的作用可以解决漂石破碎、体型减小问题，为在分布有连续、密集较大体积漂石地层中建设隧道时选择盾构工法提供了较完整的工程实践。

由于北京地铁9号线玉渊潭区间地层较为特殊，特别是在富水条件下需要处理卵漂石，该项目中采用的各种辅助工法及盾构设备、盾构推进参数，仅可作为施工参考。北京地铁建设中成功解决砂卵石地层的经典案例较多，理念多有不同，此处仅通过介绍玉渊潭区间的情况，为业内同仁在遇连续漂石、孤石时提供施工参考。

第2节　北京地铁14号线盾构穿越朝阳公园南湖施工技术

北京市市政四建设工程有限责任公司　刁春仁，刘小龙，耿富林，刘可

1. 工程概况

1）工程范围

北京地铁14号线工程土建施工19合同段，由“一站两区间”组成，即朝阳公园站—枣营站区间、枣营站、枣营站—东风北桥站区间。

朝阳公园站—枣营站区间：起讫里程为K34+907.700 ~ K35+693.450。区间有三段半径为450m平面圆曲线，竖曲线半径分别为5000m、3000m，最大坡度为17.5‰。

枣营站—东风北桥站区间：起讫里程为K35+916.486 ~ K37+866.250。区间有两段平面曲线，曲线半径分别为400m、450m，竖曲线半径为5000m，最大坡度为28‰。

工程总平面如图6-2-2所示。

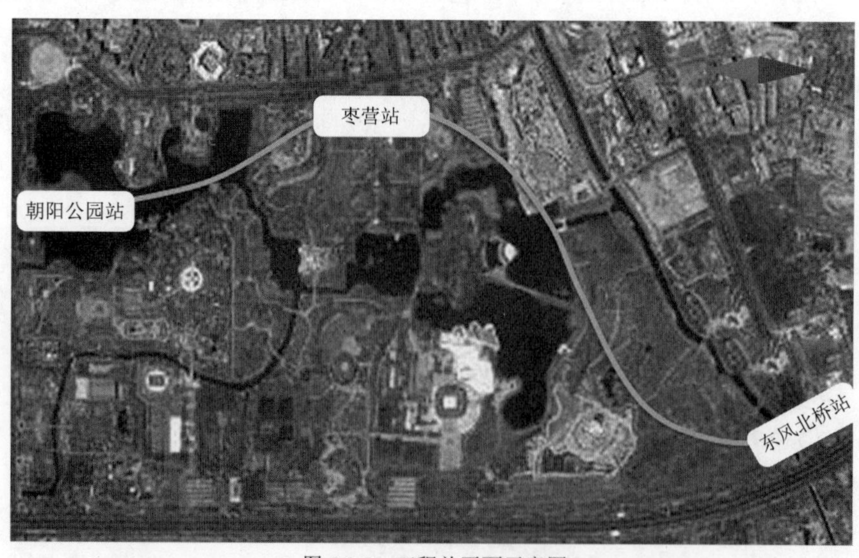

图6-2-2　工程总平面示意图

2）工程地质条件

本工程范围内地质段沿线第四纪冲洪积覆盖层厚度大约为200m。表层以厚度不均的人工堆积的杂填土、粉土填土、淤泥为主，人工堆积层以下为第四纪全新世冲洪积层，再往下为第四纪晚更新世冲洪积层。

（1）朝阳公园站—枣营站区间

如图6-2-3所示，本区间线路地形由南向北逐渐升高，自然地面标高在33.90～36.20m之间，区间隧道结构所处地层主要为圆砾、黏土地层，圆砾最大粒径不小于90mm，一般粒径为5～20mm，粒径大于2mm颗粒约占总质量的60%～70%。在线路里程K34+907.700～K34+342.480段（565.22m）、K35+374.861K35+576.639段（201.778m）下穿朝阳公园南湖和北小湖，平均水面标高为34.40m，湖底标高为31.00～33.00m，覆土最浅处标高为6.3m。根据工程地质勘察报告显示，湖底无衬砌和防水层，有厚度0.4～1m的淤泥层（局部厚可达2.2m）。在里程K35+800～K35+811段下穿亮马河灌渠，河底标高约为33.84m，结构顶标高约为26.50m，间距为7.34m，河底及两侧有片石衬砌，河水流量少。

（2）枣营站—东风北桥站区间

如图6-2-4所示，本区间线路地形变化比较大，在朝阳公园范围内有较缓的起伏，自然地面标高在36.00～37.00m之间。区间隧道结构所处地层主要为粉土层和粉质黏土层，局部为粉细砂层。在线路里程K36+251～K36+894段（643m）下穿朝阳公园北湖，平均水面标高为35.43m，湖底标高约为32.43m，湖底距结构隧顶约为10.6m。根据工程地质勘察报告显示，湖底无衬砌和防水层，有厚度0.6～1m的淤泥层（局部厚度可达2.2m）。在里程K37+890～K37+836段下穿亮马河，河底标高约为31.05m，水深1.8m，河底距结构隧顶约为7.6m，隧道下穿位置河底有衬砌。

3）水文条件

（1）朝阳公园站—枣营站区间

根据朝阳公园站—枣营站区间相关岩土工程勘察报告揭示，本站范围内地下存在三层水。第一层为上层滞水（一）：水位埋深1.40～1.85m，水位标高33.05～34.15m，含水层岩性为人工填土层，主要分布在朝阳公园湖、亮马河灌渠附近；第二层为潜水（二）：水位埋深8.90～12.00m，水位标高25.41～26.00m，含水层为粉细砂④$_3$层、中粗砂④$_4$层、圆砾⑤层、中粗砂⑤$_1$层，该层地下水分布较为连续，水位标高随含水层的起伏而变化；第三层为承压水（三）：水头埋深17.24～22.70m，水头标高14.24～17.21m，含水层主要为圆砾卵石⑦层、中粗砂⑦$_1$层。区间结构主要穿越第二层潜水（二）。沿线场区内上层滞水（一）、潜水（二）位于隧道结构隧底以上，承压水（三）接近结构隧底，对于盾构施工影响不大。

（2）枣营站—东风北桥站区间

根据枣东区间相关岩土工程勘察报告揭示，本站范围内地下存在四层水。第一层为上层滞水（一）：水位埋深1.60～8.74m，水位标高35.60～30.65m，含水层岩性为人工填土层和粉土③层；第二层为潜水（二）：水位埋深5.58～9.90m，水位标高29.75～24.00m，含水层为粉土④$_2$层、粉细砂④$_3$层，该层地下水分布较为连续，水位标高随含水层的起伏而变化，局部具承压性；第三层为承压水（三）：水头埋深9.6～18.10m，水头标高25.33～19.09m，含水层主要为粉细砂④$_3$层、中粗砂⑤$_1$层、粉土⑥$_2$层、细中砂⑥$_3$层，由南向北承压性降低；第四层为承压水（四）：水头埋深19.40～21.72m，水头标高16.57～13.32m，含水层主要为圆砾卵石⑦层、中粗砂⑦$_1$层、粉细砂⑦$_2$层。区间结构主要穿越第二层潜水（二），局部穿越第三层承压（三）。

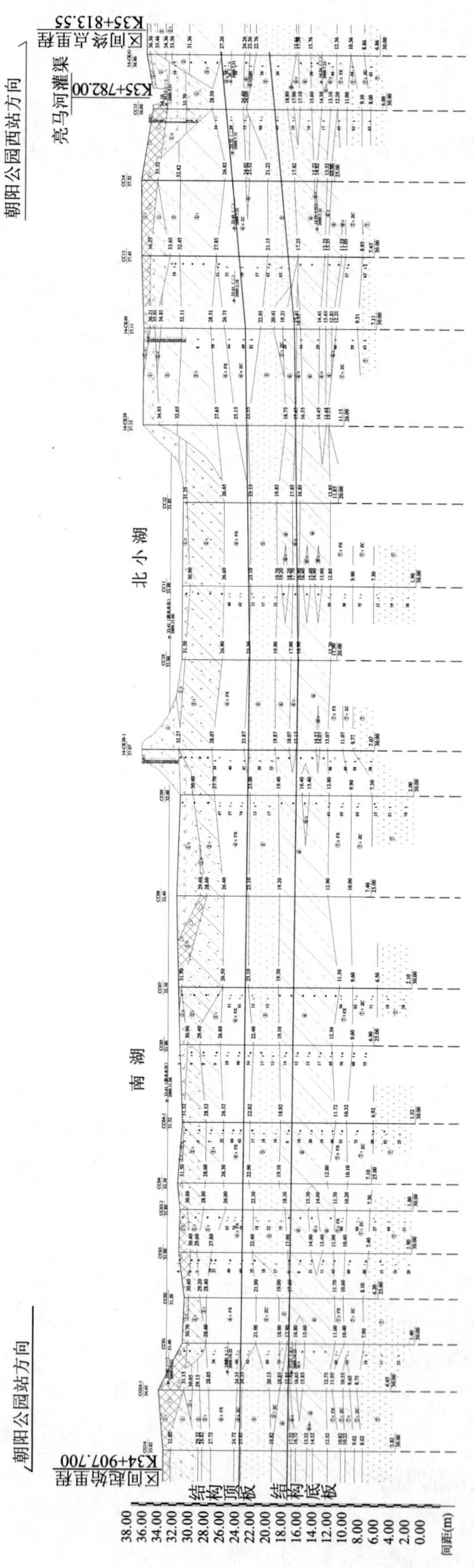

图 6-2-3 朝阳公园站—枣营站区间地质断面图

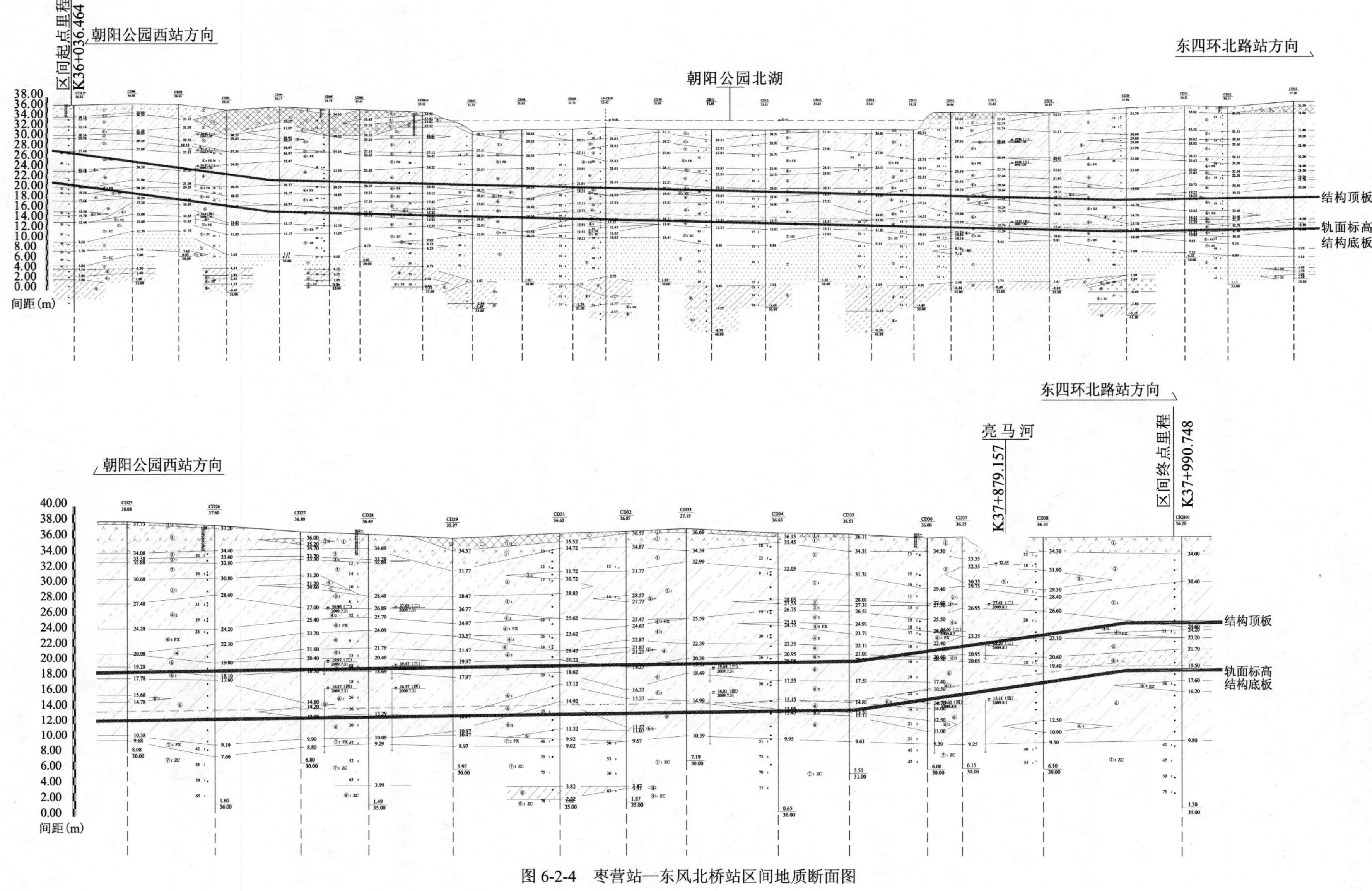

图 6-2-4　枣营站—东风北桥站区间地质断面图

2. 盾构穿湖施工的重点和难点

1）湖区无法进行地层变形监测

盾构穿湖施工处于冬季，湖水结冰，无法进行地层沉降监测，进而无法直观得知盾构施工参数对地层变形控制情况的效果，无法进行及时调整。

2）盾构长距离穿湖，风险持续时间长、发生概率高

盾构穿越朝阳公园湖区水域面积很大，近 0.68km^2，盾构区间隧顶距湖底覆土较浅，处于盾构扰动区内，隧顶有富水砂层，属敏感地层，对沉降控制要求十分严格。枣营站—东风北桥站、朝阳公园站—枣营站区间为双线盾构区间，水下盾构穿湖段施工时间持续长，发生湖底隆沉开裂、喷涌等风险的概率很高。

3）进湖段与出湖段土压变化大，存在开挖面失稳风险

根据工程地质勘察报告中地表水影响评价工程，湖底无衬砌，湖区的侧壁以填土为主，侧向对地下水有补给作用。盾构隧道在湖底段掘进时，由于存在砂层，含水量饱和，受到盾构扰动极易发生液化。在由陆地转向湖区施工时（进湖段）及盾尾脱离湖岸边界范围时（出湖段），盾构刀盘进入边界范围，土体压力变化突变易造成临界面湖底隆沉变化，因坍塌或地层突变盾构推进压力击穿覆土层，产生裂隙，造成开挖面与湖水联通，湖水倒灌。

4）盾尾漏水风险高

部分穿湖区段曲线盾构施工，掘进过程中不可避免地存在纠偏，施工中频繁扰动土体，易造成湖底与开挖面联通，引起大面积塌方，纠偏的同时造成盾尾与管片间隙过大，极易发生盾尾漏水。

5）盾构通过后，土体固结沉降造成成型隧道结构失稳

盾构通过后，土体固结沉降造成湖底土体坍塌，湖水沿湖底开裂缝隙流入成型隧道结构侧壁砂层，带动砂层局部流失，造成成型隧道结构失稳。

6）喷涌、设备漏水

盾构穿湖段淤泥质粉质黏土地层，扰动后易产生渗水现象。当渣土与大量地下水混合成流体状进入土仓后，随着仓内压力的增大，容易形成喷涌现象。

机械设备出现密封泄漏，如盾尾和盾体铰接出现严重漏水。若盾构机某个部位发生泄漏，将导致盾构周边包裹土体被抽空，一旦盾构机四周无有效土体支撑，盾构机与管片之间可能产生较大的相对位移，造成管片破损，极易造成湖底塑性区开裂，进而造成盾构机被淹、隧道淹水，影响工程安全及环境安全。

3. 盾构穿湖施工技术保证措施

1）穿湖试验段施工

据以往经验，盾构到达湖区前 2*D*（*D* 为隧道直径）以及盾尾脱离湖区 2 *D* 可视为穿湖施工。基于枣营站—东风北桥站、朝阳公园站—枣营站区间地层较为连续，在盾构穿湖前做试验段，并设地层分层沉降

观测点(见表 6-2-1),为水下盾构施工提供第一手依据,优化盾构施工参数。

监测项目一览表　　表 6-2-1

<table>
<tr><th>序　号</th><th>观测名称</th><th>方法及工具</th><th>测 点 布 置</th><th>测 量 频 率</th></tr>
<tr><td>A1</td><td>洞内及洞外观察</td><td>洞内的管片衬砌变形、开裂等,洞外的地表沉降开裂等肉眼观察</td><td></td><td>每天不少于 1 次</td></tr>
<tr><td>A2</td><td>地表沉降(或隆起)</td><td>水准仪</td><td>纵向测点间距 10 ~ 30m,横向在盾构始发 100 范围及工法和结构断面变化部位布置监测断面</td><td>距掘进面前后 <20m,1 次 / 天
距掘进面前后 <50m,1 次 /2 天
距掘进面前后 >50m,1 次 / 周
沉降稳定后,1 次 / 月</td></tr>
<tr><td>A5</td><td>管片衬砌变形</td><td>全站仪
收敛仪</td><td>每一盾构施工的区间隧道设 1 ~ 2 个主测断面,在拱顶、拱底、拱腰共埋设 4 个测点</td><td>与脱出盾尾且能通视时两阶段进行监测</td></tr>
<tr><td>A6</td><td>管片与土层间接触应力</td><td>土压力盒、频率接收仪</td><td>全段主测断面对应设置 1 ~ 2 个断面,每一断面不少于 5 个测点</td><td rowspan="3">距掘进面前后 <20m,1 次 / 天
距掘进面前后 <50m,1 次 /2 天
距掘进面前后 >50m,1 次 / 周
沉降稳定后,1 次 / 月</td></tr>
<tr><td>A7</td><td>管片内力</td><td>钢筋应力计、混凝土应变计、螺栓应力计</td><td>全段主测断面对应设置 1 ~ 2 个断面,每一断面不少于 5 个测点</td></tr>
<tr><td>A8</td><td>土体分层沉降及水平位移</td><td>分层沉降仪、倾斜仪</td><td>全段主测断面对应设置 1 ~ 2 个断面,每一断面不少于 5 个测点</td></tr>
</table>

以枣营站—东风北桥站区间为例,在盾构穿越北湖之前,距离 1 号联络通道西侧外 100m 范围内做一试验段,进行土体分层沉降监测,分析地层情况、盾构推力、土仓压力、地下水位等情况对土体位移影响,模拟盾构下穿湖底的各种参数,严格控制盾构施工参数,加强泥土塑性改造,合理设定目标压力、严格控制排土量、均衡推进,使开挖面土体受干扰最小,减少超、欠挖,及时进行同步注浆,不断优化掘进参数、加固方式等使地层扰动和沉降达到最小,并采取洞内不同范围径向补充加固措施,保证穿湖安全。

控制指标:地表沉降 <30mm、拱顶沉降 <20mm,地表隆起 <10mm,位移平均速率 <1mm/ 天,最大速率 <3mm/ 天。

2)过湖段施工技术要求

掘进过程中,要求盾构在通过该特殊段时"有序、平衡、平稳"。

(1)有序

①施工组织有序。人、机、料的配置合理,工序的安排、衔接有序。

②机械保养有序。机械保养定人、定期、专业、规范,做到无遗漏、标准化。

③信息管理有序。技术交底、作业交底按部就班,自经理部至作业面指令畅通、反馈迅速。

(2)平衡

①土仓压力与开挖面水土压力平衡。严格控制土仓压力,尽量保持土压平衡,不要出现过大的波动。

②出土量与掘进进尺平衡。严格控制出土量,做到进尺量与出土量均衡。除量的控制外,还要坚持对每环渣样进行地质水文分析,一旦发现与开挖断面地质情况不符,则马上采取措施。

③注浆压力与水土压力平衡。除考虑注浆处的水土压力,还要考虑后方来水、开挖面来水的水压,故注浆压力是在注浆处水土压力基础上提高 0.1 ~ 0.2MPa,且应使浆液不进入土仓和压坏管片,并不因注浆压力过大造成击穿湖底。

(3)平稳

①盾构姿态平稳。推进过程应保持盾构机有良好的姿态,避免蛇行,每环姿态变化控制在 ±5mm

内。千斤顶 A 区、C 区油缸油压值差宜保持统一、恒定，不宜出现过大的波动。

②管片姿态平稳。做好管片选型，现场对盾尾间隙实测实量，注意管片拼装的椭圆度，防止尾刷与管片碰撞导致盾尾密封、铰接密封损坏及管片变形。

③推进速度平稳。掘进过程中向土仓内及刀盘面注入泡沫等添加材料，可以改善渣土性能，提高渣土的流动性和止水性，防止涌水流砂、结泥饼和喷涌现象出现，有利于保持速度的稳定。

3）盾构穿湖技术措施

针对本工程湖床底下的地质条件情况以及覆土厚度，采用主动保护措施进行施工。具体措施如下：

（1）设备检查

穿湖前，认真对盾构机刀盘、刀具、注浆系统、密封系统、推进千斤顶、监控系统等设备进行检查，确保顺利穿湖。

（2）合理设置土压力值，严格控制出土量

项目部将从盾构始发起，对土压力值进行严格控制，并结合环境监测数据对土压力值进行调整。

由于盾构在湖底部穿越时其上部覆土厚度与穿越前后有所变化，故需要重新计算设置土压力，并结合实际监测数据调整，进行信息化施工。

穿越湖部位原则上应按理论出土量出土，可适当欠挖，保证土体密实，以免湖水渗透入土体并进入盾构。此外，应严格控制盾构到达湖区前土体的沉降值，尽量做到微隆不沉。

（3）降低推进速度，控制总推力

盾构机在穿越湖时，宜采取适度的速度推进，速度一般控制在 60mm/min 以内，并严格控制千斤顶总推力，减少土层扰动，以免顶破湖底土体。

（4）调整好盾构姿态，减少纠偏次数及纠偏量

在穿越推进过程中，连续测量盾构机的姿态偏差，盾构司机根据偏差及时调整盾构机的推进方向，尽可能减少纠偏，特别是要杜绝大量值纠偏，减少土体的扰动，从而保证盾构机平稳地从湖下方穿越。

（5）优化浆液配比，合理设定注浆量及注浆压力

选取快凝、早强、渗透性好、止水性强的同步注浆材料，确保很好地起到填充、隔水作用；注入量按理论空隙的 180% ～ 200% 进行控制，注浆压力不超过 0.35MPa，以免因压力过大而击穿湖底土体，导致与隧道上部的土层贯通，湖水进入盾构施工区。

在穿越过程中，根据实际注浆效果，对浆液配比进行调整优化，缩短浆液凝胶时间，确保浆液质量。

（6）严防盾尾漏水

盾构机采用 3 道盾尾钢丝密封刷，能有效防止盾尾透水。掘进中加强盾尾密封油脂的注入，选择止水性能及泵送性能较高的盾尾油脂；水下盾构施工时加大盾尾油脂注入量，不低于陆地条件下注入量的 1.5 倍；确保盾尾密封油脂压力不小于 0.35MPa；加强中体与盾尾铰接处的密封检查，及时调节密封压板螺栓，保证其密封效果，防止地下水涌入。

控制好管片姿态，居中拼装，防止盾构建筑空隙过大形成透水通道，必要时在管片外侧粘贴海绵（用于止水），封堵管片与盾构间的间隙。

采取上述措施后，基本可控制盾尾渗漏。如果盾尾发生渗漏，则从管片注浆孔压注聚氨酯，形成环圈，封闭涌水通道。

（7）加强施工质量，提高隧道自防水能力

在湖底段掘进时，加强盾构掘进姿态控制及管片选型，加强螺栓复紧和盾尾间隙控制，减小管片错台、裂缝、漏水，保证较好的隧道线形，提高隧道防水质量。

（8）土体改良

合理选择注入配比，以此降低刀盘扭矩，刀盘扭矩一般控制在额定扭矩的 60% 以下，以减少对土体的扰动；合理选择塑流化材料，采用高品质膨润土及泡沫，配合高分子聚合物，使土仓内与刀盘前方之间土体起到一定的隔水作用。

（9）二次补注浆

管片脱离盾尾适当位置（一般为 6 环），应及时进行二次补注浆，注入量控制在 350 ～ 600L，注浆压力不超过 0.45MPa。

（10）减阻浆液注入

为减少盾构穿湖过程中对土体的扰动，应增加盾构机壁外减阻，降低盾构机对土体的水平位移影响。

（11）在盾构穿越湖底后，对区间影响范围内湖底进行径向注浆加固

为降低湖区对已成型隧道土体不稳定的影响，应当在台车脱离管片后 5 ～ 10 环起采用径向补偿注浆，以此固化管片外围土体，使成型隧道长期稳定。

洞内径向注浆加固示意图如图 6-2-5 所示。

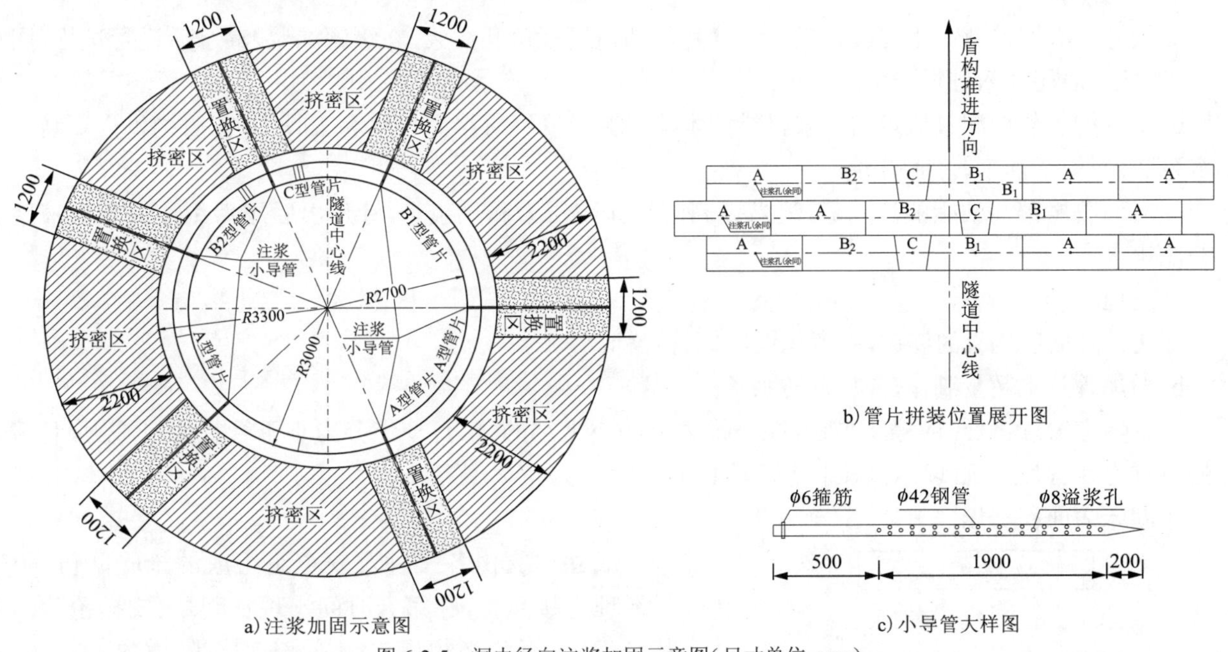

图 6-2-5　洞内径向注浆加固示意图（尺寸单位：mm）

洞内径向注浆要点如下：

①为防止地下水渗漏，先将与管片吊装孔配套外有螺纹长 50cm 的钢管安装在管片吊装孔中，钢管安装时螺纹处用生料带缠绕，钢管外露 10cm 并接上单向止浆阀。

②成孔时，注意保护管口不受损、变形，以便与注浆管路连接。

③在台车脱离管片适当位置实施径向补偿注浆措施。

④注浆导管直径为 42mm，长度为 2.6m，壁厚为 3.75mm。径向补偿式注浆加固至隧洞外侧 2.5m，注浆量受砂卵石地层的渗透率、泄露损失、浆液的种类和注浆压力等多种因素的影响，为保证注浆效果、控制地层沉降，浆液为 P.O.42.5 水泥浆液，水灰比按 1 : 1 试配，注浆终压控制在 0.35MPa 左右，每孔加固体约为 2.3m^3，扩散半径为 0.6m，并应根据施工情况和试验段监测值及时对注浆压力和注浆量进行调整，以达到最优效果。注浆后期采用高强度等级防水砂浆回填钻孔，进行防水密封处理。

（12）确保隧道和地面的通信畅通

以有线电话为主，对讲机为辅，两套通信设施，确保通信通畅。

4）盾构穿湖应急预案

（1）预防措施

①提前对施工人员进行交底，做到精心施工，同时加强值班管理、工程监测。

②配备足够的机动设备，一旦发生意外情况，在第一时间投入工作。

③盾构穿湖期间，安排监测人员进行24h监测。技术人员根据沉降变化数据及时调整施工参数，将指令通过内线电话通知盾构驾驶室，盾构推进后的效果再反映到监测数据的变化，如此循环，做到动态管理，实现信息化施工。

④在推进前，一定要对盾构进行足够的调试，确保盾构性能的可靠性。同时，配备足够的值班维修人员，及时处理盾构设备的故障，确保盾构推进。

（2）应急处理方案

①螺旋输送机防喷

立即关闭螺旋输送机阀门，并向土仓内打入稠膨润土以控制土仓内的土压和抑制喷涌。

②盾尾漏浆

a. 采用速凝型浆液在相邻盾尾最近的管片吊装口进行每孔注浆，在缓解漏浆、漏水后进行试推，同时对同步注浆、盾尾注入进行严格的掌控；

b. 在盾构工作面配置适量的注浆材料和木楔、棉纱、麻绳等堵漏材料和工具，并在盾构机内安装大功率水泵2台，用于涌水时抽水排险；

c. 增加盾尾密封油脂的注入量，适当提高同步注浆压力和注浆量，管片出盾尾后用速凝型双液浆进行补注止水。

③隧道上浮

a. 适当降低盾构机的姿态，有意识地压低管片标高；

b. 增加管片上超量制作，并加贴防水条；

c. 若隧道继续上浮，应停止推进，减小推力亦减小上浮的分力，使该分力小于管片的自重力，利用管片的自重力使管片下沉，以达到控制上浮的目的。

④湖床大面积坍塌

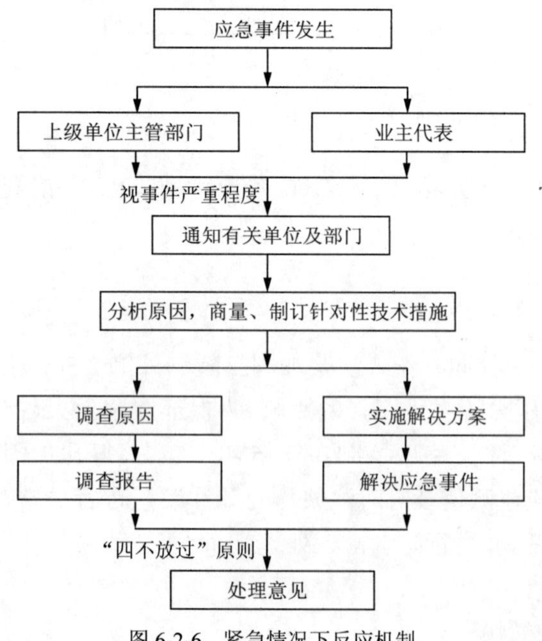

图6-2-6　紧急情况下反应机制

成立一支由各工种及安全组组成的抢险队伍，由项目经理直接负责，在第一时间出现在现场，安排抢险。尤其是供电、工具必须事先完善，安置在隧道内。此外，保证24h有抢险队成员在工地值班，并明确自己的职责。

a. 险情出现后立即停止推进，关闭螺旋输送机闸门，加大盾尾油脂注入量，严防盾尾漏水；

b. 重新建立刀盘面上部的覆盖层：可以采用抛填黏土方式，但抛填黏土可能改变大面积水体的颜色，因此黏土须用编织袋装满后抛填。

c. 刀盘面稳定后继续掘进，待盾构通过湖后，对塌方段采取壁后二次注浆，加固塌方扰动过的土体。

（3）紧急情况下反应机制

紧急情况下反应机制如图6-2-6所示。

（4）应急物资清单（表6-2-2）

①用于应急抢险的各类物资应全面准备就绪，做到

材料员负责保管，并对物资、设备的完好性进行定期检查。

②任何单位或者个人不得擅自动用应急抢险专用设备、机具和材料。

③建立应急抢险专用仓库，并将其按规定挂牌、妥善放置。

应急物资清单　表6-2-2

物资名称	数量	物资名称	数量
潜水泵	10台	麻绳	200m
草袋	1000只	配电箱	5个
塑料编织袋	1000只	铁锹	50把
水溶性聚氨酯	1t	铅丝	100kg
水泥	5t	手电筒	20只
粉煤灰	5t	雨衣、雨鞋	50套
膨润土	5t		

（5）注意事项

①施工前施工单位应详细对照本区间段详勘报告原文，充分了解地质与水文情况；施工前应对本工程进行工程安全性分析，对可能出现的危险制定相应对策；施工过程中应根据现场地质条件及时调整辅助施工措施和施工方法，发现特殊情况及时通知相关单位。

②穿湖前必须对盾构及其配套设施进行检查，对有问题的设备及时维修和更换。

③严格执行施工恢复程序，防止施工恢复中出现二次灾害。

④确保隧道和地面的通信畅通，确保至少有两套（无线和有线）通信设备。

⑤在保证安全的前提下，优化施工方法及施工组织，尽量缩短工期，及时完成盾构结构，减少对周边环境的影响。

⑥湖边预备充足的工程抢险物资，湖面备应急驳船，装载应急沙袋、覆膜围堰、压浆泵、电焊机、排泥泵、空压机等抢险物资材料。

⑦加强湖面人工巡视，异常情况及时反馈，巡视河面一旦发现盾构穿越位置水面气泡、漩涡、不规则扰动等现象，立即向河底投掷沙袋等进行封堵。

4. 盾构穿湖施工关键技术

1）刀盘设计、刀具布置与地层的适应性技术

采用辐条式刀盘能更好地建立土压，保证土仓内土压力与地层土压力平衡，能更好地控制地层沉降，保证线路上方建（构）筑物安全，这点面板式刀盘很难做到，而且辐条式刀盘更能够满足盾构施工掘进进度、沉降控制等要求。

刀盘采用中心支撑，开挖面黏土层较多，对于中心支撑形式，土仓内土体不存在搅拌死区，土体流动顺畅，土体搅拌效果良好，可有效防止泥饼的形成。

刀盘配置有加强先行刀、刮刀、切刀、超挖刀、周边刀、鱼尾刀，盾构机刀盘结构形式和刀具分别如图6-2-7和图6-2-8所示。

考虑到施工中刀具和砾石撞击等不利因素，刀具采用日本进口耐磨刀具，加焊耐磨层和防撞块，并分三层布置。

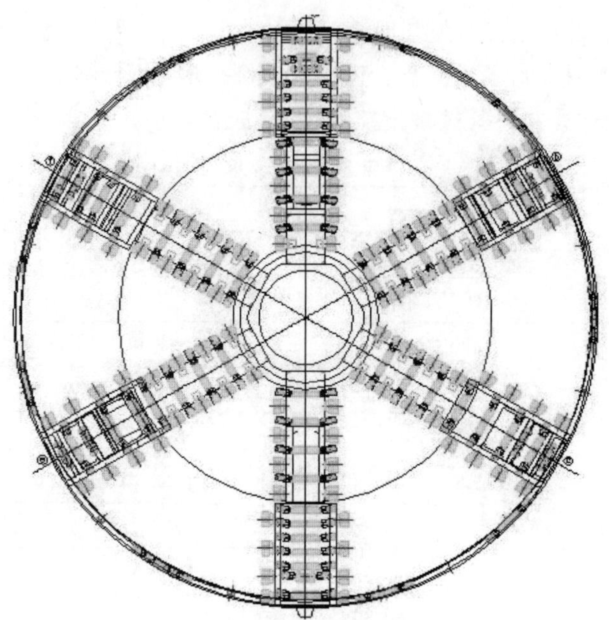

图 6-2-7　刀盘结构形式图

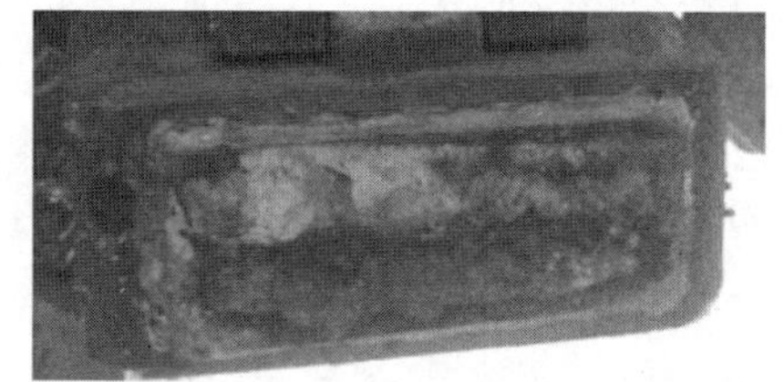

图 6-2-8　刀具

2）土体塑流化改造技术

加泥系统是加泥式土压平衡盾构机的基本配置。采用该系统，可对不同地质条件下的土体，通过添加塑流化改性材料，达到改善盾构机土仓内切削土体塑流性的目的，既可实现平衡开挖面水、土压力，又能向外顺畅排土，从而大大拓宽盾构机的适应范围。但是，盾构机在无水砂卵石地质环境中掘进时，仅采用加泥措施来改善切削土体流动性往往效果不佳，土仓内切削土体离析严重，卵石不能顺畅排出，而且加泥量过大时还会导致施工费用增加。为适应这种地质环境的施工，可在加泥的基础上增加泡沫系统。加入泡沫可改善土体粒状构造，吸附在土体颗粒之间的气泡可以减少颗粒间的摩擦，增加切削土体的黏聚力，同时降低土体渗透性，达到既能平衡开挖面土压又能连续向外顺畅排土的目的。

土仓间壁上设计 3 个注浆口，可以用于泥浆注入，也可用于泡沫注入。辐条上设计 2 个泡沫注入口，2 个泥浆注入口。每路注浆管路由一个单独注浆泵供给，保证刀盘在转动过程中不会因土仓压力的变化影响注入量，进而导致渣土改良不均匀，影响塑流化改造效果。

添加剂出口设置保护刀和单向阀，防止出口被渣土中的卵石撞坏和渣土进入添加剂管路造成管路堵塞。

3）同步注浆与二次注浆技术

（1）盾构机配备双液同步注浆系统

盾构穿湖施工过程中，管片环脱出盾尾后会与土体形成建筑空隙，需通过同步注浆来填补该空隙。同步注浆常用的浆液有单液浆和双液浆。单液浆凝固时间长，不利于地层沉降控制且容易造成管片上浮，影响成型隧道质量；双液浆可通过改变两种浆液配比调节浆液凝固时间，满足地层沉降和隧道质量控制要求，因此双液注浆系统（图 6-2-9）可较好地控制地层沉降，满足施工需要。

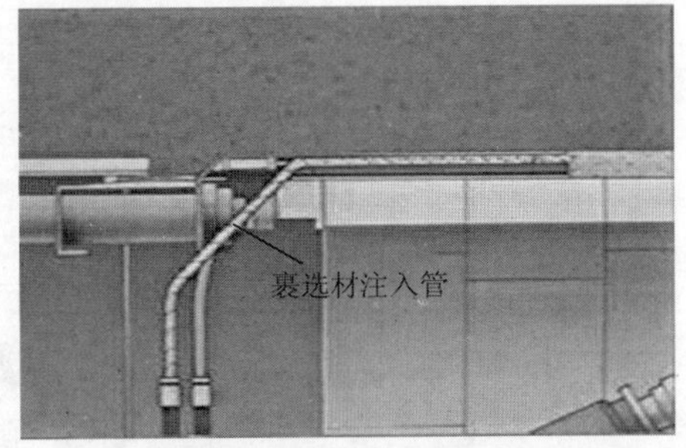

图 6-2-9　盾构双液同步注浆系统

（2）盾构机配备二次补浆系统

盾构机配备二次补浆系统（图 6-2-10），可以进行二次补注浆，进一步稳定地层，控制地表沉降。

图 6-2-10　二次补浆系统

5. 结语

盾构机长距离穿湖施工，掘进断面砂层分布较广，埋深较浅，受沉降或隆起敏感等因素影响，盾构施工存在较大风险，且持续时间长。盾构施工时应根据本段地层岩性特点合理选择刀盘，严格控制掘进速度，并注意压力平衡方式。由于穿湖部分区段隧道围岩自稳能力差（特别是下穿朝阳公园北湖段），应采用注浆加固控制沉降量，并辅以壁后注浆加固围岩，正确把握注浆材料、注浆时间、注浆压力、注浆范围及注浆方法等，使较大空隙做到及时加固填充，避免导致过大的湖底沉降，防范喷涌或者大面积塌方等事故影响工程安全及环境安全。

第 3 节　北京地铁 14 号线下穿既有 15 号线地铁隧道盾构施工技术

北京建工土木工程有限公司

1. 工程概况

北京地铁 14 号线阜通西站—望京站区间设计范围为右线 K42+657.250 ～ K43+374.920，全长 720.803m；左线 K42+637.250 ～ K43+372.085，全长 755.379m；全部采用盾构法施工。

既有地铁 15 号线区间隧道为单洞单线隧道。如图 6-2-11 所示，地铁 14 号线阜通西站—望京站盾构区间隧道在 K43+296.02 ～ K43+359.02 范围内下穿 15 号线区间既有隧道，穿越距离为 63m，距 15 号线竖向净距为 1.9m。双线下穿地铁 15 号线区间隧道穿过的主要地层为$④_3$粉细砂、$⑥_2$粉土、⑥粉质黏土，如图 6-2-12 所示。

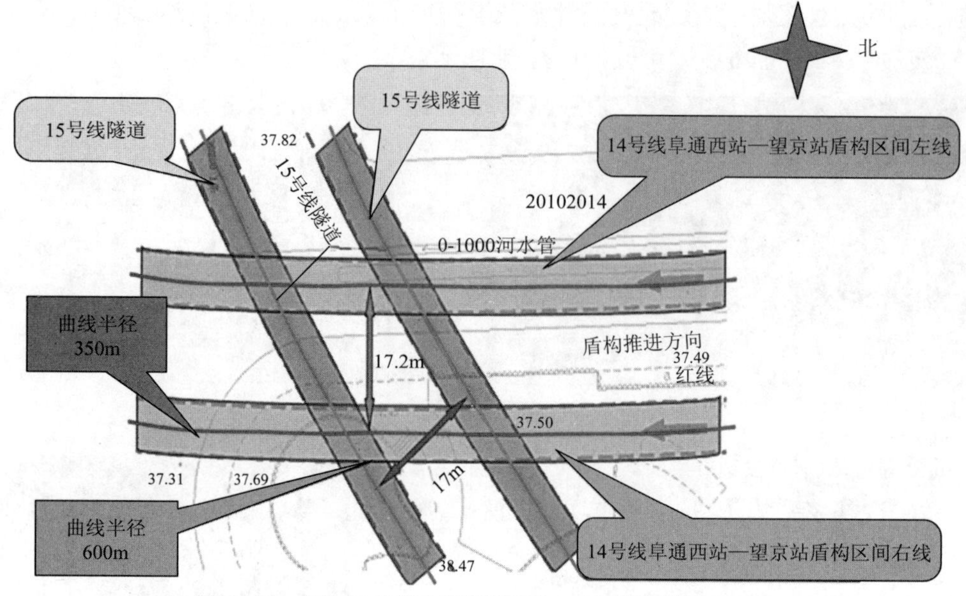

图 6-2-11　地铁 14 号线双线隧道下穿 15 号线区间隧道平面图

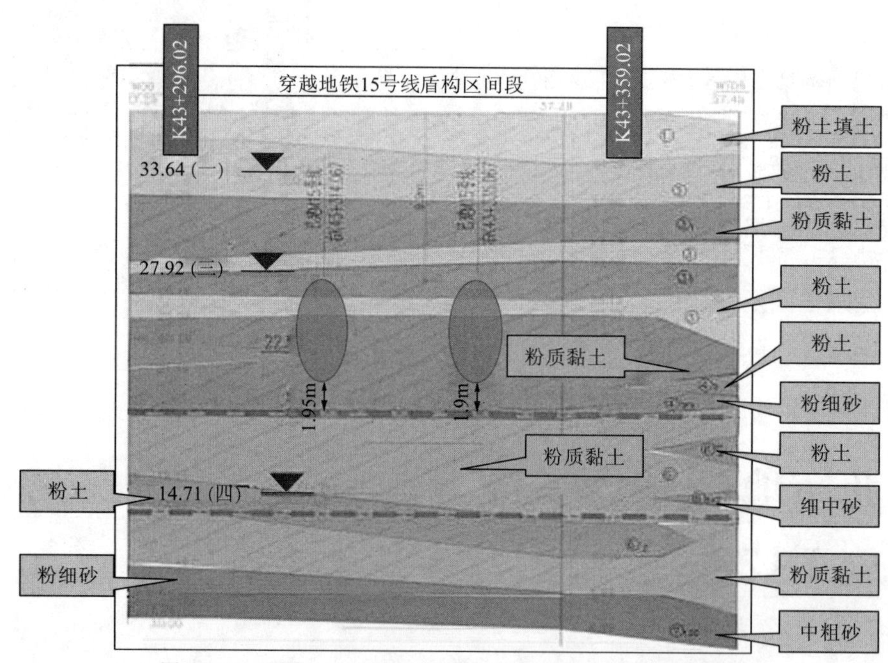

图 6-2-12　地铁 14 号线双线隧道下穿 15 号线区间隧道剖面图

1）既有隧道设计变形控制指标

新建盾构隧道下穿既有盾构隧道工程要求既有隧道不出现沉降、变形和裂缝等几乎是不可能的，只是其大小不同而已，问题关键在于如何将其控制在容许范围之内。既有隧道由于结构形式、建造时期、使用情况、重要性、功能、隧道尺寸、运营荷载等不同，具有不同的承受荷载作用和变形的能力，因此必须根据既有隧道的实际情况来确定相应的变形控制指标。

依据其他类似工程经验和现场监测数据及现有常规测量仪器的监测精度，综合运营安全要求及变形预测结果，既有地铁 15 号线盾构区间隧道结构变形的控制指标值见表 6-2-3，并将控制值的 80% 作为报警值，70% 作为预警值。

既有地铁 15 号线盾构区间结构变形控制指标　　表 6-2-3

项　　目	预警值(mm)	报警值(mm)	控制值(mm)
竖向变形	2.1	2.4	3.0
横向变形	0.7	0.8	1.0

2）沉降监测点的布设

14 号线阜通西站—望京站区间左线盾构于 2014 年 1 月 10 日～1 月 14 日顺利完成了下穿既有 15 号线隧道施工。穿越过程中采用信息化施工，利用布设于 15 号线隧道内自动化监测点与人工监测两种监测方法对 14 号线阜通西站—望京站左线盾构下穿 15 号线隧道进行全过程监测。

如图 6-2-13 所示，可以看出 ZDZ02、ZDZ03、ZDZ04 三个监测点位于 15 号线下行线穿越区，ZDY02、ZDY03、ZDY04 三个监测点位于 15 号线上行线穿越区。选取这 6 个监测点的监测数据分析 15 号线隧道变形值。

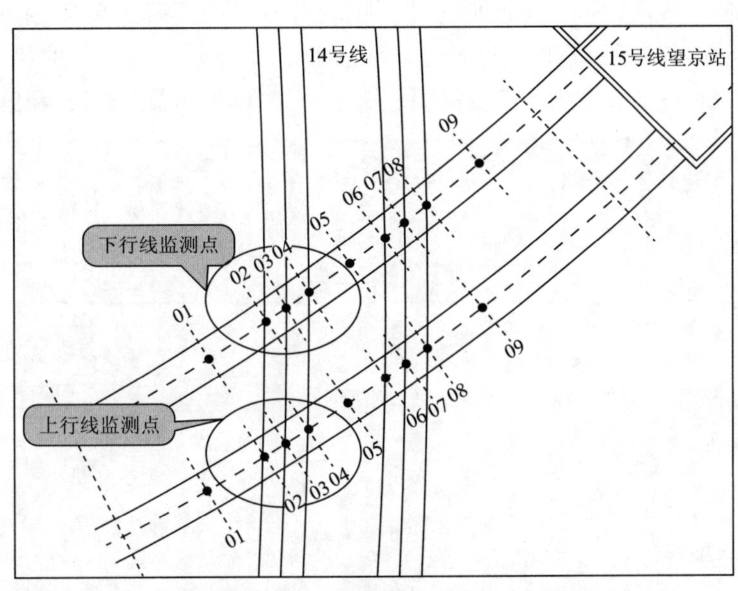

图 6-2-13　15 号线隧道内监测点位平面布置图

2. 施工方法的特点及适用范围

1）施工方法的特点

（1）工艺先进、掘进速度快：掘进过程中通过控制盾构掘进参数以及采用增设注浆孔的改进型管片、盾体径向注浆孔同步注入可塑性黏土材料、增加聚氨酯隔离环、改良同步注浆浆液配比等措施，达到控制地层变化量的目的，施工速度快，省时快速。

（2）影响范围小、施工便捷：盾构掘进过程基本不影响地面交通和地下管线等设施；对城市的正常功能及周围环境的影响很小。施工中可以保证既有运营隧道的正常使用与运营。

（3）受干扰因素少：盾构施工受季节、风雨等气候条件影响很小，噪声和扰民问题很小。

（4）安全性高：与矿山法相比，施工过程自动化作业，作业人员劳动强度低，安全性高，成本低。

（5）绿色环保施工：施工前无须采取任何土体预加固措施，节约了水泥的使用量。

2）适用范围

（1）可应用于人口密集区域且周边建筑物对地层变形要求严格、要求沉降范围小、地层复杂或者施工安全风险较大的盾构隧道施工。

（2）可应用于地铁盾构隧道下穿盾构隧道施工，也可应用于盾构隧道穿越其他重要建（构）筑物施工。

3. 技术方案

1）工艺原理

刀盘转动不可避免地会对周边地层土体产生摩擦、挤压、拖带、剪切、松动、加载和卸载等作用，地层的弹性模量和强度等性状会发生变化，使地层的原始应力状态发生改变，引发地层的变形和移动，进而对既有隧道结构造成影响。

根据地层变形的时间效应，盾构施工推进时引起既有隧道的沉降主要可划分为四个阶段，即挖掘面下沉、通过时下沉、盾尾间隙下沉和后续下沉。不同的沉降阶段采用不同的措施（图 6-2-14），以控制和减弱地铁盾构施工对既有地铁盾构隧道的损害，保证在建隧道施工安全和既有隧道的运营安全。

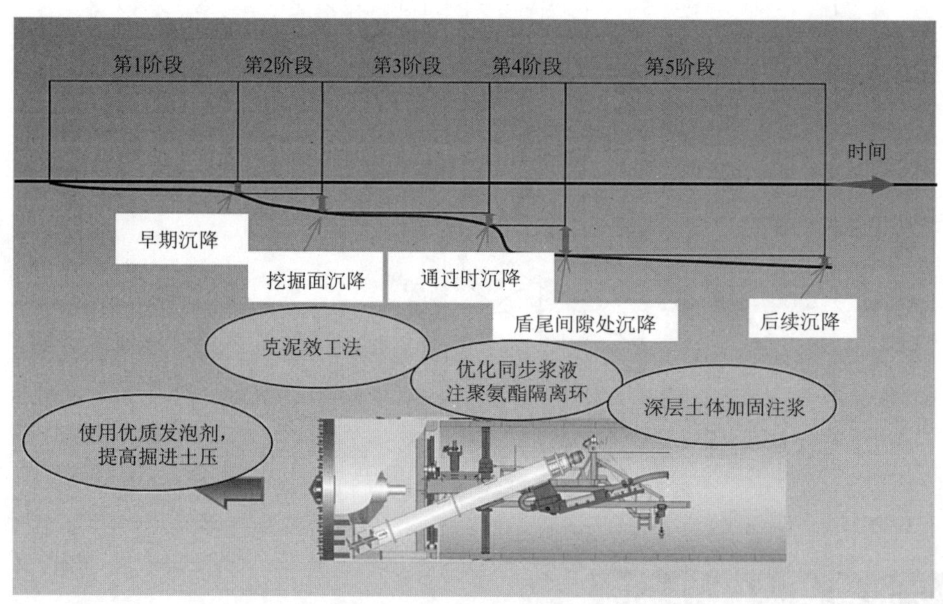

图 6-2-14　沉降阶段控制措施

（1）盾构挖掘面沉降控制措施

①使用发泡效果好的优质发泡剂，减少土体颗粒的摩擦，增加切削土体的黏聚力，同时降低土体渗透性，达到平衡土压和连续向外顺畅排土的目的。

②优化掘进参数，提高土压，限制掌子面地层向刀盘方向移动，减小地层沉降变形。

（2）盾构通过时沉降控制措施

通过注入可塑性黏土材料（克泥效浆液），及时充填盾构切口环和盾体之间的间隙，控制盾构通过地层时的地层变形，从而达到控制隧道结构变形的目的。

（3）盾尾空隙沉降控制措施

①优化同步浆液配比，增加注浆量

为了减少浆液初凝时间，提高浆液结石率，减小浆液的管片外壁流动性，采用新的配比型速凝型浆液。新的速凝型浆液的初凝时间小于 4.5h，配比在原速凝型浆液配比的基础上水泥增加 25kg，粉煤灰增加 25kg，浆液配比为 1 ∶ 1.17。

为保证浆液充填效果，增大注浆量，使每环浆液注入量达到理论空隙体积的 195% 以上。

②注聚氨酯隔离环

由于同步浆液为惰性浆液，凝结时间为 4.5h，浆液注入管片外壁后无法立即凝结，其还具有一定的流动性，无法起到及时填充管片与周边土体空隙。

在下穿施工中注入水溶性瞬凝型聚氨酯材料，形成聚氨酯隔离环，可以很好地防止同步注浆浆液窜流引起浆液流失，同时也可加速同步注浆浆液凝结。聚氨酯材料与水产生瞬时化学反应后，借其缓慢膨胀及持续压力，完全填充管片与周边土体或浆液的空隙，实现环与环之间同步注浆浆液的完全隔离。

（4）后续沉降控制措施

采用深孔土体加固措施，及时填充地层空隙，挤出孔隙水，防止后期固结沉降变形。

2）施工工艺流程

施工工艺流程如图 6-2-15 所示。

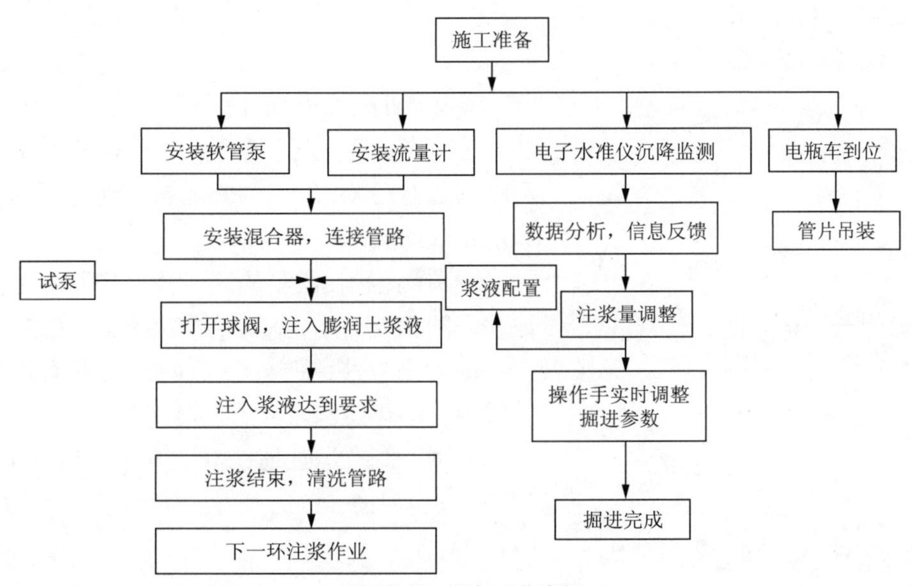

图 6-2-15　施工工艺流程

3）操作要点

在施工中，根据盾构机与既有地铁隧道平面相对距离（即盾构施工对既有地铁隧道的影响大小），将在建地铁区间下穿既有地铁隧道划分为试验段和穿越段，分别采取针对性施工措施。新建地铁隧道穿越既有地铁区域及其上下行线前后 15 ～ 30m 之间的掘进段为穿越段，盾构机掘进位置至穿越段之间前 15 ～ 30m 之间的掘进段为试验段。在试验段通过试掘进来验证暂定施工参数对变形控制的效果，在试验段掘进完成后需对盾构施工洞内措施施工效果进行评估，确认变形控制符合要求后，盾构开始掘进穿越段。因此，以下主要介绍穿越段的施工操作要点。

在掘进过程中，主要从沉降实时监测、优化盾构掘进参数、注浆三个方面来控制盾构掘进。

（1）沉降实时监测

①地面监测

a. 采用不同的监测频率，对地面沉降进行监测，并及时分析处理监测数据，随时动态掌握地层的稳定情况，通过信息化指导穿越工程施工。

b. 监测方法：在地表埋设监测点，在影响既有地铁隧道沿线以及地表影响范围外布设监测基准点，基准点按照国家二等水准观测的技术要求实施，用精密水准仪进行地面沉降的量测。

c. 测点布置原则：测点布置在地面上，新建盾构隧道区间是左、右线双线布设。若所在地方为交通主干道，车流繁忙，在新建隧道穿越既有地铁隧道区段，为了保证盾构施工时地面安全，地面沉降监测点进行加密布设。在接近和离开既有地铁隧道的100m内，沿在建盾构隧道中心线纵向20m布设一个沉降监测断面，其他范围50m布设一个沉降监测断面，在既有地铁上、下行隧道上方设置两个主沉降观测断面，主观测断面内按近密远疏布设测点。

d. 监测频率：距盾构刀盘开挖面≤20m，1～2次/天；20m<距盾构刀盘开挖面≤50m，1次/天；距盾构刀盘开挖面>50m，1次/周；数据分析确定沉降基本稳定后，1次/月，风险源附近监测频率适当加大。

e. 量测精度：±1.0mm。

f. 使用仪器：精密水准仪、铟钢尺。

g. 地面变形的限值：-15～10mm。

h. 位移最大速率：3mm/天。

②隧道变形监测

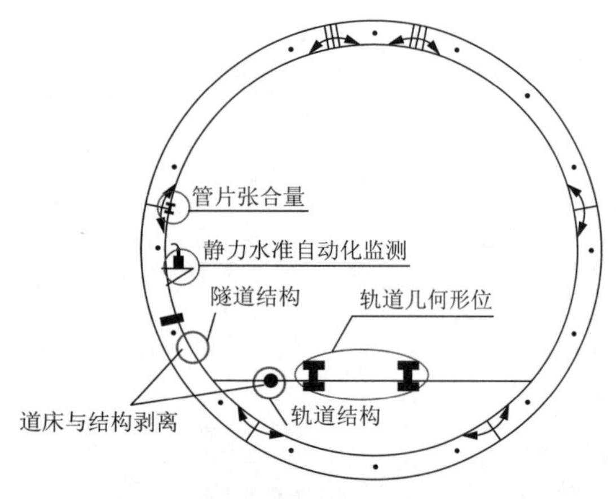

图6-2-16 15号线隧道内监测点布设断面图

a. 在既有地铁隧道内布设沉降观测点，主要监测新建盾构隧道掘进过程引起的运营盾构隧道变形情况。对监测结果进行分析，准确判断盾构掘进对运营隧道位移变形和地铁线路轨道的影响。

b. 监测范围：监测的区段为既有地铁隧道区间与新建地铁区间相交的盾构隧道结构及线路轨道。

c. 监测方法：在施工过程中，对既有地铁盾构隧道结构采用自动化监测及人工监测两种监测手段相结合的方法进行监测。既有运营地铁隧道内布设自动化和人工两种类型监测点，如图6-2-16所示。自动化监测仪器如图6-2-17所示。

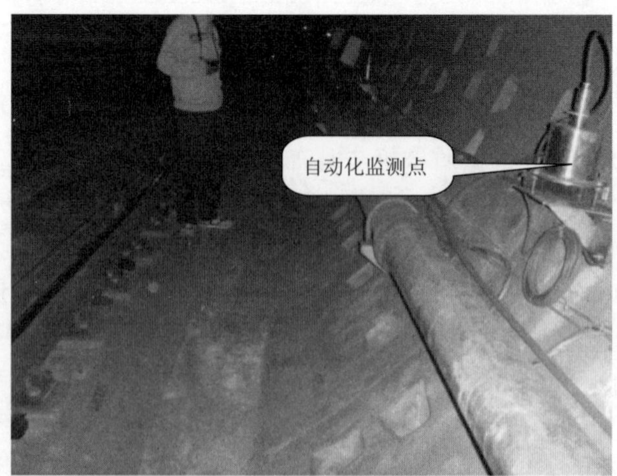

图6-2-17 自动化监测仪器

d. 监测对象、项目、精度、频率、周期见表6-2-4和表6-2-5所示。

自动化监测项目　　表 6-2-4

序号	监测对象	监 测 项 目	监测精度	监测频率	监 测 周 期
1	隧道结构	隧道结构沉降	0.1mm	24h 监控	工程施工前一周开始至施工完成

人 工 监 测 项 目　　表 6-2-5

序号	监测对象	监 测 项 目	监测精度	监 测 频 率	监测周期
1	隧道结构 轨道结构	隧道结构沉降	0.3mm	施工期间及施工结束后 10 天内每天夜间列车停运后进行 1 次，之后根据监测数据情况逐步调整。建议前三个月内每周监测 2 次，第四月至第六月内每周监测 1 次，第七个月至九个月内每半月监测 1 次，之后三个月每月监测 1 次	工程施工前开始至工程竣工后一年
2		轨道结构沉降	0.3mm		
3		轨道几何形位	1.0mm		
4		道床与结构剥离情况	0.3mm		
5		地铁结构及道床裂缝	0.02mm		
6		钢轨爬行情况	0.5mm		
7		盾构管片张开量监测	0.02mm		
8		人工巡视	—		

（2）优化盾构掘进参数

a. 利用盾构穿越风险源之前试验段的沉降监测结果来判断土压力设定值是否合理及其与自然土压力的吻合程度。如隆起过大则应适当调低土压力设定值，如发生沉降则应适当调高土压力设定值。

b. 穿越风险源时应做到连续、平稳、快速掘进，掘进速度控制在 40 ～ 60mm/min。

c. 每环出土量总量控制在理论值的 110% ～ 120%（松散系数）。

d. 土压提高至 1.3 ～ 1.8bar。满足土压管理下的合理出土速度，通过控制螺旋输送机的转速来调节出土速度是进行土压管理的有效措施。

（3）注浆

①同步注浆

a. 穿越风险源段盾构机同步注浆采用速凝型水泥砂浆，同步注浆采用注浆量与注浆压力双控，注浆速度与盾构掘进速度匹配，掘进与注浆同步。

b. 每环的同步注浆量为理论空隙体积的 185%。同步注浆压力为保证足够注浆量的最小值，并保证与开挖仓内的土压力相匹，其值计划为 0.2 ～ 0.3MPa。

c. 同步注浆为速凝型浆液（初凝时间小于 6h），配比为：砂子 375kg，水泥 120kg，粉煤灰 145kg，膨润土 43kg，水 320kg。同步注浆须保证注浆原材料的质量，拌浆时配比准确，搅拌充分；及时用膨润土泥浆冲洗注浆管路，使管壁润滑良好。

d. 施工中为了减少同步注浆浆液初凝时间，提高浆液结实率，对同步注浆浆液的配比进行了优化调整，优化后的配比（初凝时间小于 4.5h）为：砂子 375kg，水泥 145kg（水泥增加 25kg），粉煤灰 170kg（粉煤灰增加 25kg），膨润土 43kg，水 320kg。

e. 盾构掘进过程中，随时了解掌握监测数据，一旦发现沉降速率加大或超标，立即根据监测数据及时进行补浆，减缓沉降。

②盾体径向注入可塑性黏土材料（克泥效浆液）

a. 工艺流程（图 6-2-18）

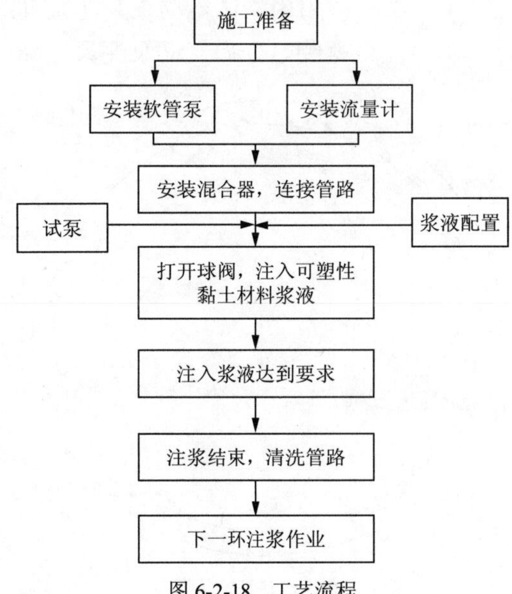

图 6-2-18　工艺流程

b. 施工步骤

（a）安装注浆设备连接管路。在盾构机台车上安装软管泵，并在软管泵的出浆阀上安装流量计，在吸浆阀上安装脚门，通过观测流量计控制注入浆液量。

在软管泵与中盾径向注浆孔之间安装混合器，混合器一端通过一条管路与中盾注浆孔球阀连接。

（b）试泵。用清水试注浆泵及注浆管路、搅拌桶，确保注浆系统运行良好。

（c）制浆。可塑性黏土材料为 AB 液，A 液为特殊膨润土浆液，配比为特殊膨润土：水＝ 1：2.0625（质量比）；B 液为水玻璃和水的混合液，比例为水玻璃：水＝ 1：1（体积比），水玻璃浓度为 40° Bé。

严格按浆液配制比例配制，并搅拌均匀，搅拌 5 ～ 10min 后注浆，注浆过程中仍要不断搅拌。

（d）注浆。打开预留注浆孔的球阀，开启注浆泵注浆，达到设计流量后停止注浆。

注浆要求通过控制变频器来控制 A 液和 B 液的注入量，A 液和 B 液同时注入，注入 A 液和 B 液的流量比为 12.5：1，并且要求 A 液的流量为 0.9m^3/h。混合后的可塑性黏土浆液混合 4.5s 后，黏度可达 300 ～ 500dPa·s。注浆量为刀盘与盾体之间的理论空隙值的 143%。

（e）清洗管路。注浆结束后，关闭中盾注浆孔阀门，清洗注浆管路，准备下一环注浆。

③穿越段设置聚氨酯隔离环

a. 盾构机使用的浆液为惰性浆液，浆液凝结时间为 5 ～ 7h，因此浆液在注入管片壁后的一定时间内仍具有较好的流动性。为限制浆液的流动性，使浆液快速凝结，应及时填空管片壁后空隙。

b. 在左、右线穿越段前端及末端各 5 环（隧道全断面 360° ）范围内注入瞬凝型聚氨酯材料，形成聚氨酯隔离环，同时为保证同步注浆浆液效果，在左、右线穿越段每间隔 4 环注入一环瞬凝型聚氨酯材料（隧道全断面 360° ），形成聚氨酯隔离环。

c. 聚氨酯材料与水产生瞬时化学反应后，借其缓慢膨胀及持续压力，完全填充管片与周边土体或浆液的空隙，实现环与环之间同步注浆浆液的完全隔离。液体聚氨酯材料注入压力为 0.4MPa，注入量为满包盾构管片外表面，厚度约为 3cm。

d. 工艺流程

（a）钻孔。利用电钻对管片吊装孔进行打孔。

（b）安设孔口管。将孔口管推入吊装孔内。在注浆泵的出浆阀上安装流量计，在吸浆阀上安装脚门，通过观测流量计，控制阀门单孔注入聚氨酯量。

（c）试泵。用丙酮试气动泵及注浆管路，确保注浆系统运行良好。

（d）注聚氨酯。开启气动泵注聚氨酯，达到设计流量后停止。

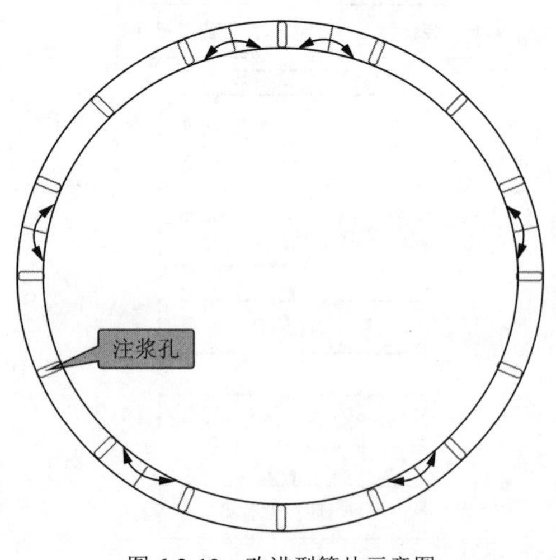

图 6-2-19　改进型管片示意图

（e）清洗。单孔达到停注标准时，利用丙酮冲洗管路、气动泵等。

④及时补浆

为控制土体后续沉降，盾构掘进过程中要根据实时获得的监测数据对脱出盾尾的管片进行二次补浆，填充同步注浆浆液凝结所留下的剩余空隙。为便于及时补浆，在穿越段使用增设预埋注浆孔的改进型管片，如图 6-2-19 所示。

a. 在同步注浆的基础上，根据监测数据利用管片原有的吊装孔和拼装的改进型管片上的预设注浆孔及时进行二次补浆，并遵循先近后远的原则，先补注离盾构刀盘近的盾构管片周围土体空隙，后补注离刀盘远的盾构管片周围土体空隙。

b. 每拼装完一环，在适合位置管片的腰线部位打开吊装孔或增设的注浆孔进行二次补浆。注浆设备放置在操作室前方，每拼装完一环，注浆设备前移一环，以免影响盾构掘进。

c. 补浆要点：

（a）注浆设备采用 QZB-24/6 型气动注浆泵。

（b）注浆压力不超过 0.4MPa。

（c）浆液采用水泥—水玻璃双液浆。水灰比为 1：0.8，水泥浆：水玻璃 =1：1，水玻璃浓度为 35° Bé。

d. 补浆工艺

（a）钻眼。按补浆要求利用电钻对注浆孔或管片吊装孔进行钻眼。钻眼时要待前一个注浆孔注浆即将结束时，再钻下一个注浆孔，以防止出现跑浆现象。

（b）安设孔口管和混合器等。孔口管的丝扣一端缠上生麻，另一端充入少量的树脂锚固剂，将孔口管推入吊装孔内。在注浆泵的出浆阀上安装流量计，在吸浆阀上安装脚门，通过观测流量计，控制阀门单孔注入浆液量。

（c）试泵。用清水试注浆泵及注浆管路、搅拌桶，确保注浆系统运行良好。

（d）制浆。严格按浆液配制比例配制，并搅拌均匀，搅拌 5～10min 后注浆，注浆过程中仍要不断搅拌。

（e）注浆。开启注浆泵注浆，达到设计压力后停止注浆。

（f）封孔。每个注浆孔结束后，用旋塞（带遇水膨胀胶圈）封堵注浆孔。

（g）清洗。单孔达到停注标准时，为防止浆液在管路中胶凝，停注前要压清水 0.5 ～ 1 min 冲洗管路、注浆泵等。

⑤周边土体进行加固

a. 在管片脱出盾尾后，利用改进型管片上预设的注浆孔和管片吊装孔进行径向注浆，对隧道周边土体进行加固，使隧道周边土体彻底固结，以控制既有隧道的沉降，稳定新建隧道，减少后续施工以及列车运行对交叉隧道的相互影响。

b. 新建隧道周边土体加固范围为隧道顶部 270°，加固厚度与新建地铁隧道和既有地铁隧道垂直直线距离相等，但穿越段隧道拱部 45° 范围采用的注浆管长度在上述距离基础上缩短 30cm，以防止打穿既有隧道周边的浆液层，其他掘进段加固厚度与新建地铁隧道和既有地铁隧道垂直直线距离相等，加固土体强度不低于 1MPa。

c. 土体加固注浆采用水玻璃水泥双液浆，水玻璃浓度为 35° Bé，水灰比为 0.5 ～ 0.6。注浆压力不大于 0.4MPa。注浆管采用 ϕ32 水煤气管，每节注浆管上间距 20cm 梅花形布设 6mm 注浆孔。

d. 土体加固注浆工艺流程（图 6-2-20）：

（a）注浆管、风镐和注浆泵及水泥、水玻璃、聚氨酯材料等各种设备及材料就位。

（b）打开预设的注浆孔或吊装孔，利用风镐顶入 3 节注浆管（共 2.5m 长），第三节注浆管末端安装活动阀门；风镐顶入注浆管时，注意不得损坏吊装孔或注浆孔。

（c）气动注浆泵就位后，进行注浆管路连接，检查注浆头混合器和压力表是否完好，确认注浆系统各部分连接无误后，开动注浆泵压水试验，检查注浆泵液压情况，系统管路有否漏浆，管路是否畅通。

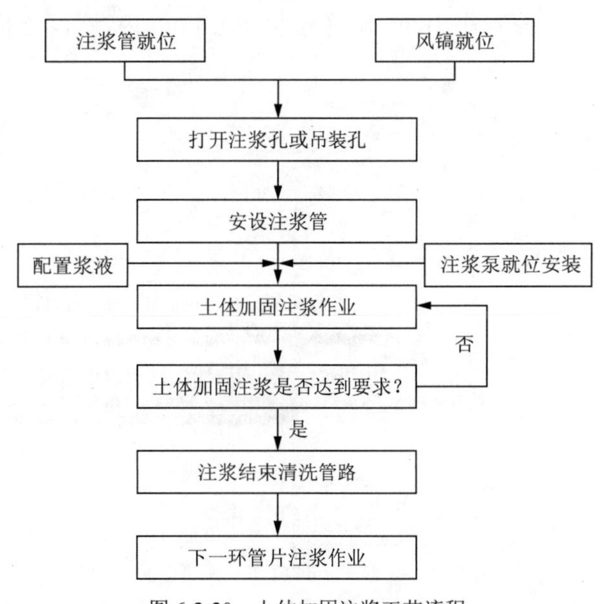

图 6-2-20　土体加固注浆工艺流程

（d）配置水泥—水玻璃双液浆进行土体加固注浆，注浆压力不大于 0.4MPa。

（e）加固注浆完成后，切除露出管片外的注浆管，同时必须对注浆孔进行可靠封堵，以防止因注浆孔漏水而造成下部电气设备损坏。拆除注浆头后，一般采用旋塞（带遇水膨胀胶圈）封堵注浆孔。

（f）清洗注浆管路，做好下一次注浆准备工作。

4. 质量控制标准

（1）既有地铁隧道结构变形控制标准为沉降 3mm、隆起 2mm，并将控制值的 80% 作为报警值，70% 作为预警值（表 6-2-6）。

既有地铁盾构区间结构变形控制指标　　表 6-2-6

项　目	预警值（mm）	报警值（mm）	控制值（mm）
竖向变形	2.1	2.4	3.0
横向变形	0.7	0.8	1.0

（2）在质量控制方面，遵循以下现行标准、规范：

①盾构隧道掘进施工遵循《盾构法隧道施工与验收规范》（GB 50446—2008）；

②地铁隧道轨道几何尺寸容许偏差管理值遵循《北京市地铁运营有限公司企业标准—技术标准—工务维修规则》（QB（J）/BDY（A）XL 003—2009）；

③运营地铁的轨道变形应满足《北京地铁工务维修规则》中确定的轨道日常维修要求；

④运营隧道结构和隧道内的地铁线路轨道监测变形数值采用《铁路隧道施工规范》（TB 10204—2002）中的三级管理制度。

5. 成果分析

1）沉降监测成果分析

通过分析图 6-2-21 和图 6-2-22 可以看出，盾构机穿越通过地铁 15 号线隧道结构时，15 号线隧道隆起控制在 2mm、沉降控制在 1.3mm 内，膨润土抑制隧道沉降施工工法作用效果显著。

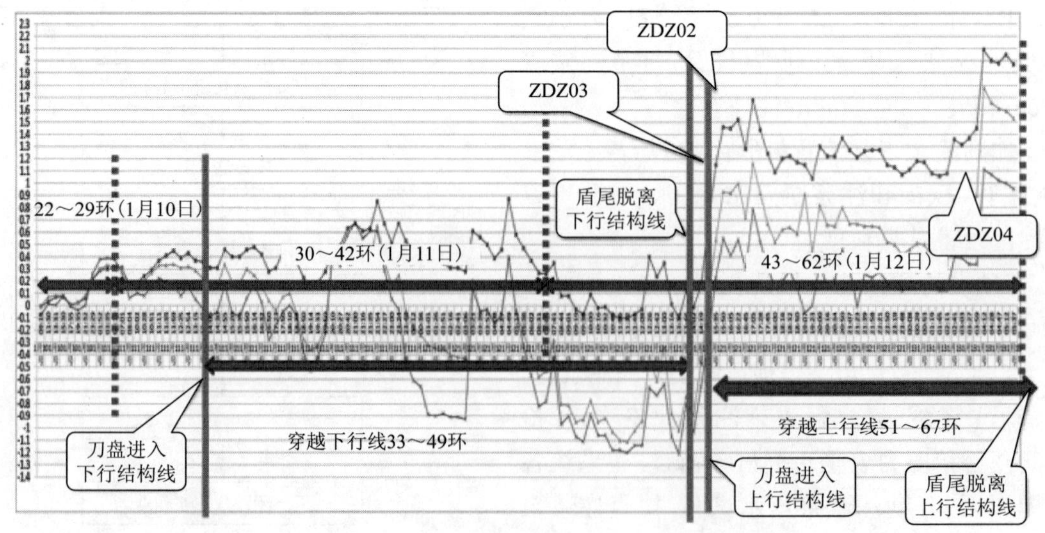

图 6-2-21

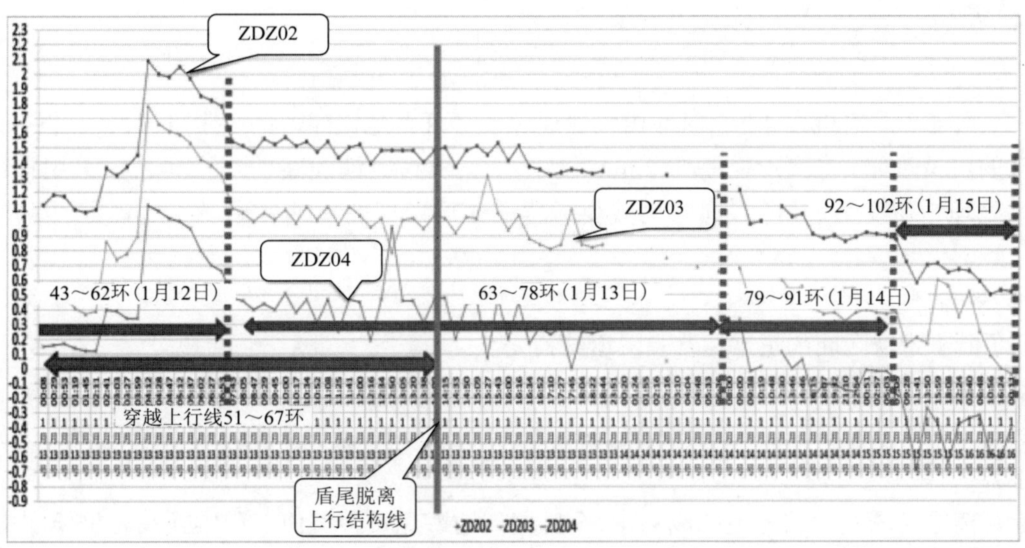

图 6-2-21　15 号线下行线 ZDZ02、ZDZ03、ZDZ04 号点沉降

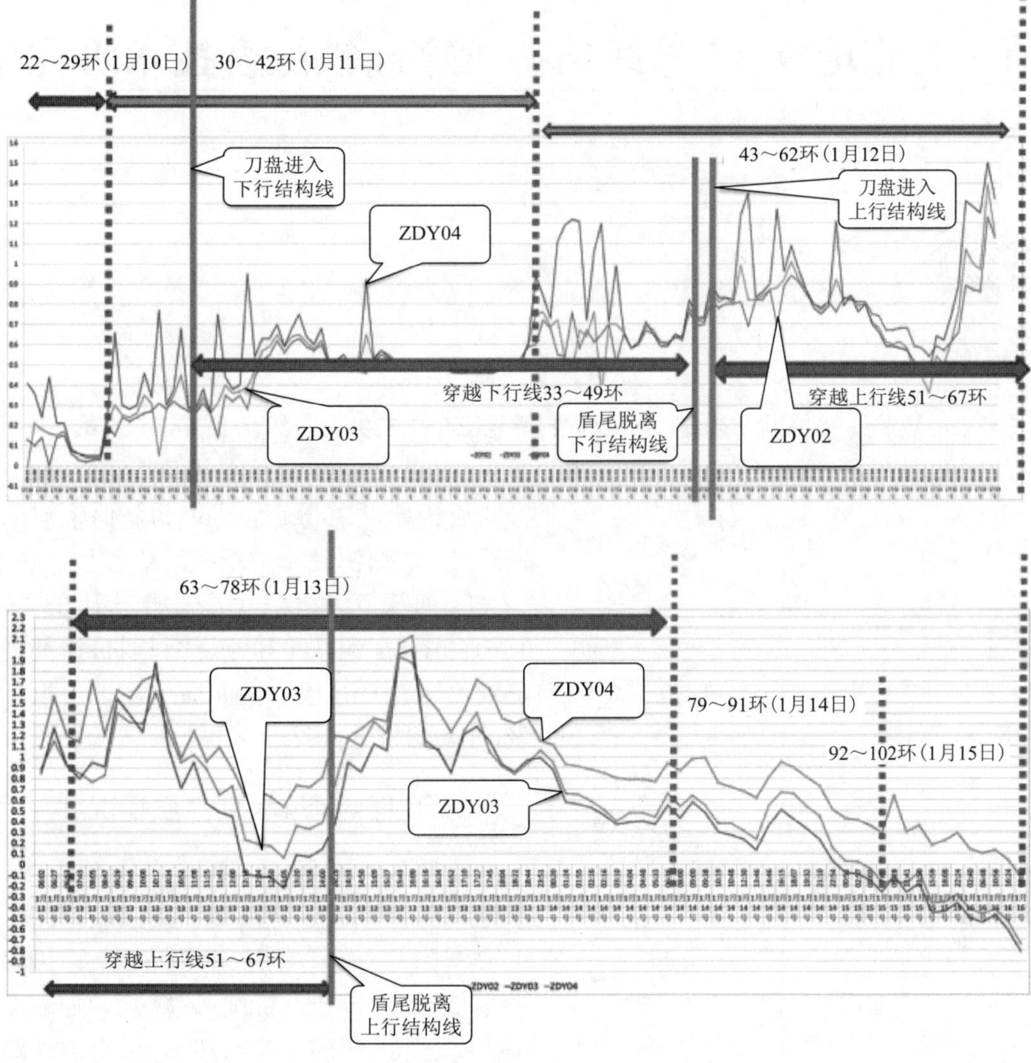

图 6-2-22　15 号线下行线 ZDY02、ZDY03、ZDY04 号点沉降

2）效益分析

（1）经济效益

本次施工保证了盾构机在4.5天时间内快速通过下穿既有地铁隧道的危险阶段，并且很好地控制既有地铁隧道的沉降变形，将变形控制在2mm内，保证了既有地铁线路的正常运营。采用该工法节约了后期停机处理地层变形的时间，同时也减少了隧道变形处理的后期费用。据统计，费用节约了300万元。

（2）社会效益

①保证了既有地铁区间的正常运营及隧道结构安全。

②积累了施工经验，对今后城市地铁建设中类似工程实践具有重要的指导意义。

③是北京首例盾构施工近距离穿越既有地铁隧道的成功案例，赢得了业主的好评，提升了北京建工集团品牌。

盾构近距离穿越既有地铁隧道的成功，对今后城市地铁建设中类似工程实践具有重要的指导意义，新颖的工法技术将促进地下工程盾构隧道施工技术进步，经济效益和社会效益明显。

第4节　北京地铁14号线盾构下穿高铁综合技术研究与应用

中铁三局第四工程有限公司盾构分公司

1. 工程概况

1）工程概况

北京地铁14号线陶然桥站—永定门外站，左线全长851.229m，右线全长833.809m。采用盾构法施工，区间左线平面由R=310m、R=360m，右线平面由R=330m、R=400m的曲线及直线构成。

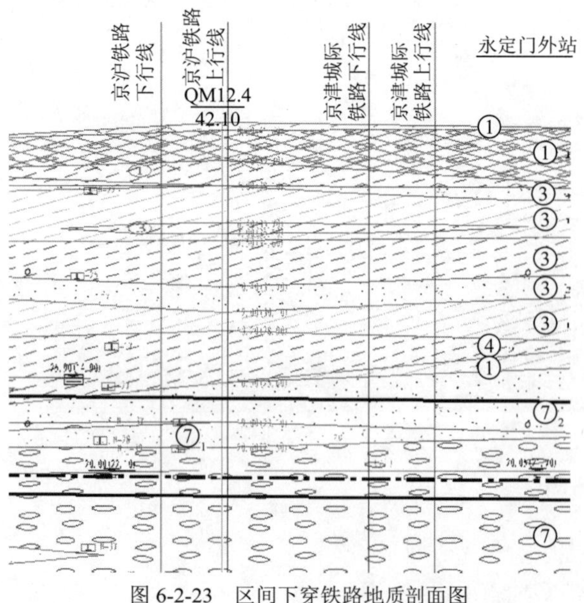

图6-2-23　区间下穿铁路地质剖面图

盾构始发33m后以56°角斜向下穿越京津城际铁路、京沪铁路，路基位于区间结构上方16.5m。

区间采用两台日立造船设计的TS6150BI和TS6150BⅡ加泥式土压平衡盾构机，错缝拼装预制钢筋混凝土管片衬砌。区间盾构施工由永定门外站始发，在陶然桥站接收。

2）工程地质、水文地质情况

如图6-2-23所示，隧道覆土约16.5m，区间由永定门外站始发至下穿通过铁路范围内，隧道洞身主要穿越粉细砂⑦$_2$层、中粗砂⑦$_1$层、卵石⑦层，隧道顶板以上土层为粉细砂⑦$_2$层，顶板以上厚度为0.7～2.3m。区间下穿京津城际、京沪铁路段潜水水位位于结构底板以上约1m。

3）盾构隧道与铁路平面关系（图 6-2-24）

区间隧道中心线间距约为 14.6m。盾构施工强烈影响区（按 45° 考虑）范围内的盾构管片环数范围为：左线第 20 环～第 84 环，右线第 26 环～第 92 环。

盾构区间穿越京津、京沪铁路部位线路位于曲线段（左线 330m，右线 310m）。现状的四股铁路轨道类型均为 60kg/m 钢轨，电气化铁路，京沪铁路路基为碎石道床；京津城际铁路路基为碎石道床和整体道床，其中盾构区间结构穿越段位于碎石道床。京津城际路基在整体道床部位向西 40m 施作了 CFG 桩加固地层，桩长 4.5 ～ 8.5m，现状铁路两侧有铁通电缆，地面有电气化铁路接触网杆。

4）盾构隧道与铁路剖面关系（图 6-2-25）

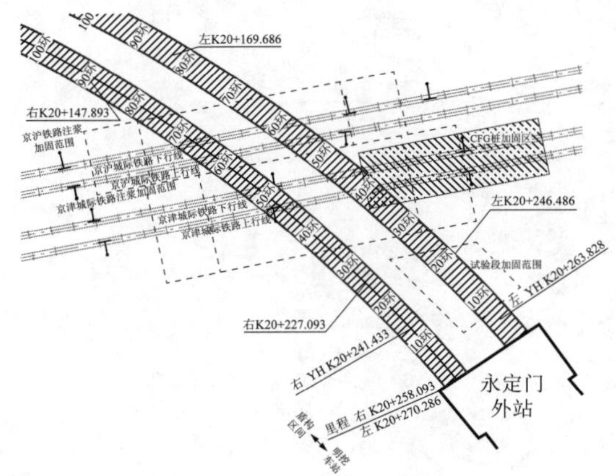

图 6-2-24　京津城际铁路、京沪铁路平面图

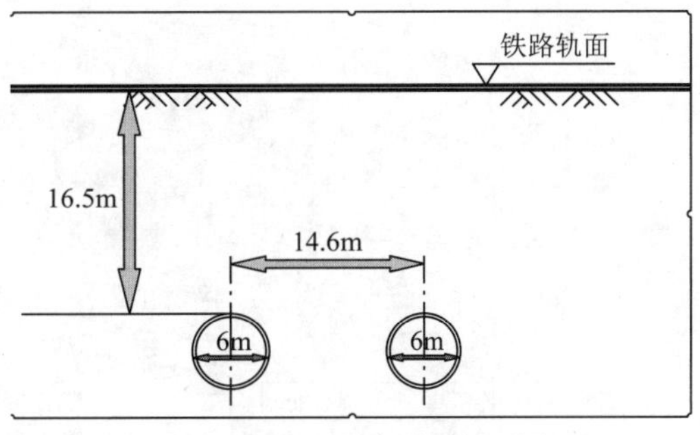

图 6-2-25　铁路与隧道剖面图

2. 铁路加固措施

1）扣轨加固

为确保地铁施工过程中既有京津城际铁路在不限速、不进行线路加固，京沪铁路不限速条件下的正常运营以及施工后铁路的运营安全，需在盾构施工前对京沪铁路进行线路加固，加固采用 3-5-3 扣轨加固（图 6-2-26）。

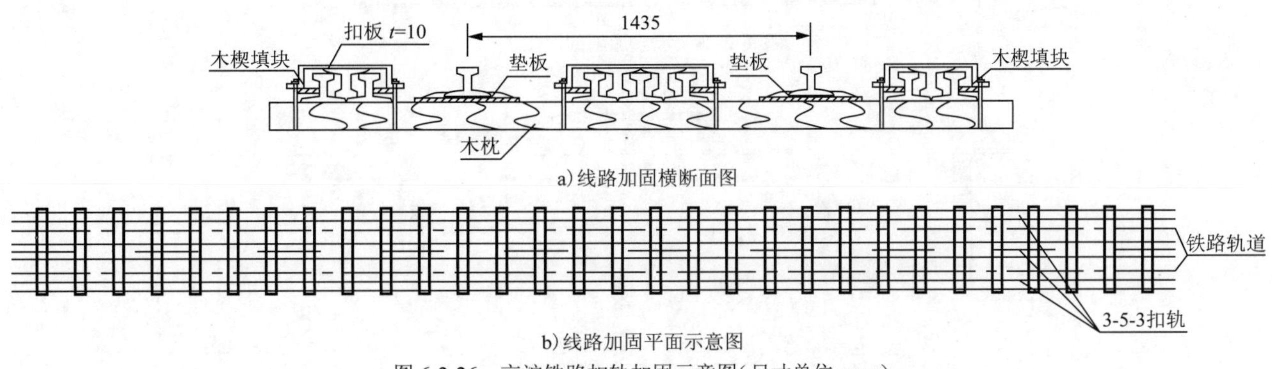

图 6-2-26　京沪铁路扣轨加固示意图（尺寸单位：mm）

（1）加固前需对部分无缝线路进行应力放散，并将加固范围内的混凝土枕全部换为长木枕。

（2）扣轨形式采用 3-5-3 扣轨，轨型为 50kg/m 钢轨，要求道心扣轨间隔均匀，并在主轨与扣轨腰间放置间隔木，防止连电。钢轨接头应错开 1m 以上，扣轨完成后两端顶固临时木梭头。

(3)在下穿施工期间，应加强对线路的高低、轨向、水平、轨距、扭曲及各部分螺丝进行检查，发现问题，及时调整，以保证列车行车安全。

(4)扣轨施工完成后及拆除扣轨和恢复线路正常运营前，均应对道床进行捣固，以保证道床的稳定。

2）注浆加固

盾构施工前需对京津及京沪铁路路基下地层进行注浆加固。为方便注浆施工、改善注浆效果、控制注浆不利影响，结合现场实际施作条件，在京津铁路一侧既有路基外施作临时竖井及通道，在通道内打设夯管并对一定深度范围路基进行注浆施工，在京沪铁路另一侧在地面对下部一定深度范围路基进行注浆加固，如图 6-2-27 ～图 6-2-29 所示。

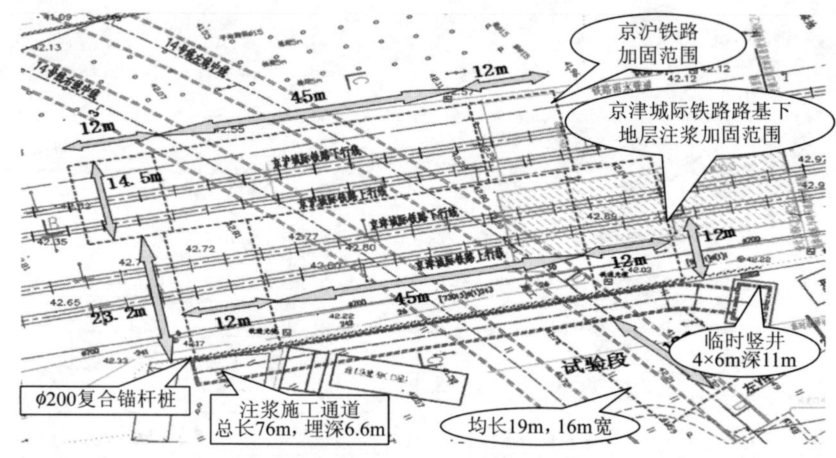

图 6-2-27　注浆加固平面示意图

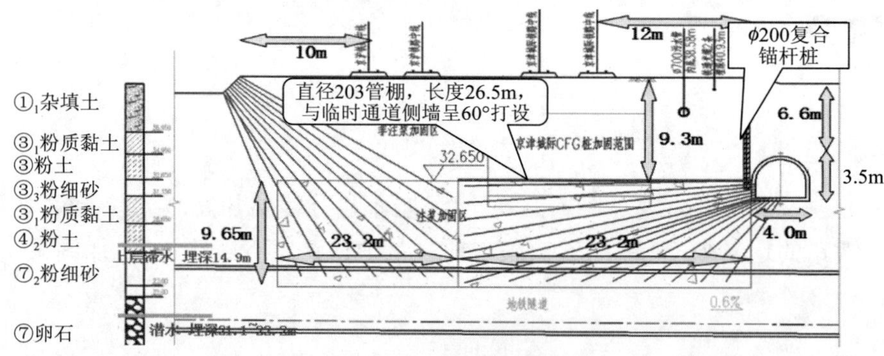

图 6-2-28　注浆加固剖面图 1

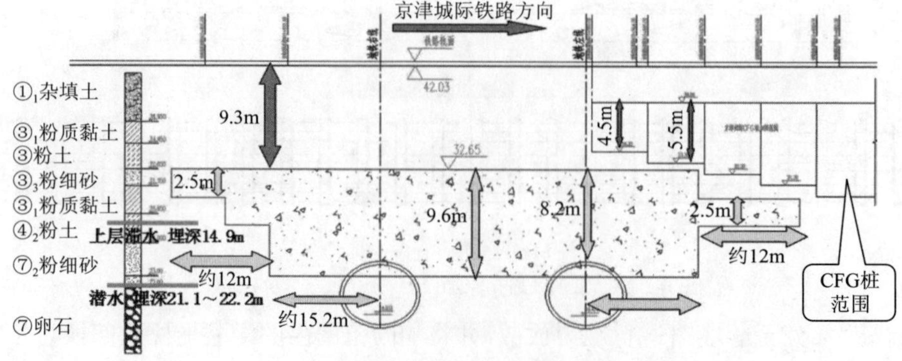

图 6-2-29　注浆加固剖面图 2

3. 盾构施工

1）掘进参数控制原则

为了确保在盾构穿越期间京津城际、京沪铁路的畅通，综合考虑该区间隧道的埋深、地质情况以及与京津、京沪铁路空间关系，制定本段盾构下穿施工的指导思想为“均衡、连续、匀速、饱满”，并确立“模式正确、土压合理、快速掘进、保证注浆、避免停机、严密监测、快速反馈”的施工原则。

2）试验段掘进参数控制

在盾构始发后按照盾构穿越铁路试验段的要求进行掘进管理和现场试验，通过试验段的掘进及时总结、摸索、掌握盾构掘进参数对地层的影响，以便为盾构通过铁路积累经验。

左线 6 ～ 19 环为试验段区域，20 ～ 84 环为铁路影响区域（其中 40 ～ 60 环位于铁路正下方）。

右线 6 ～ 25 环为试验段区域，26 ～ 92 环为铁路影响区域（其中 45 ～ 70 环位于铁路正下方）。

在试验段掘进作业过程中，对盾构掘进参数及地表沉降情况进行总结，对掘进作业对土体的扰动进行分析，确定沉降槽，适当调整推力、推进速度、刀盘扭矩、刀盘转速、螺旋输送机转速以控制土压力；调整注浆量（同步注浆、二次注浆）、注浆压力以控制盾尾通过时因建筑空隙而产生的沉降。

在试验段掘进期间，掌握了适于本区间地层的土压控制、沉降控制、姿态调整的方法及规律，完成了土体改良，及时总结了施工经验，为下一步穿越铁路段的掘进参数设定做好准备。

3）穿越铁路段盾构施工

为确保穿越铁路掘进施工顺利开展，对盾构作业质量、安全及进度进行严格把关，建立了一套完善的施工管理机制，对盾构掘进作业过程进行全程管控。

（1）严格控制土压力

根据掘进参数数据，在土层中维持土压力稳定，保证正常掘进时附近的监测点沉降控制在要求范围内。盾构在穿越铁路期间，土压力控制为 0.1 ～ 0.15MPa（图 6-2-30）。

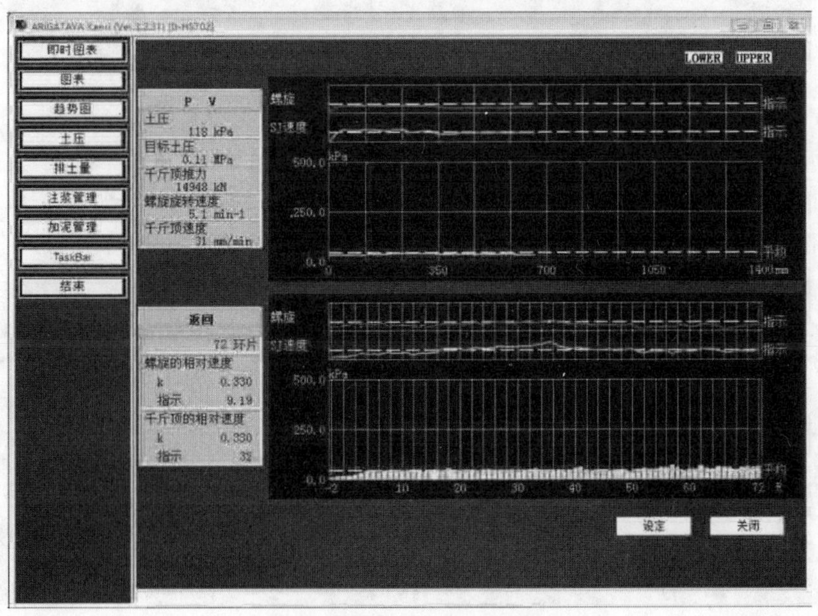

图 6-2-30　土压力变化图

（2）土体改良

为了改良土体和止水性，防止出现喷涌和掌子面发生坍塌，穿越过程中在盾构机土仓内适当加膨润土和泡沫改良土体，添加量达到 40%。同时新增膨润土发酵罐，加强土体改良效果，有效地改善渣土的和易性，确保螺旋输送机的出土顺畅，有效地调节土仓内的压力。

①采用优质膨润土浆液和进口泡沫添加剂。

②盾构推进过程中盾构姿态控制不好易造成盾尾处漏浆，地表沉降过大，因此在盾构下穿“京津”、“京沪”铁路期间，应确保盾尾四周间隙均匀，控制好盾尾油脂的注入压力，通过加大盾尾油脂注入量来防止浆液通过盾尾流失。同时油脂全部采用 CONDAT 油脂。此外，加大密封油脂的注入量，可以确保刀盘及铰接密封系统可靠、稳定地工作。

（3）严格控制出土量

掘进过程中严格控制出土量，每环理论出土量为 35.9m^3，掘进过程中需要加泥和泡沫，系数按 1.15 考虑，实际控制出土量为 39 ～ 41 m^3/ 环（图 6-2-31）。一旦发现问题，立即采取土体改良措施处理。

严禁多出土，保持土仓压力，避免超方、塌方，导致沉降过大。

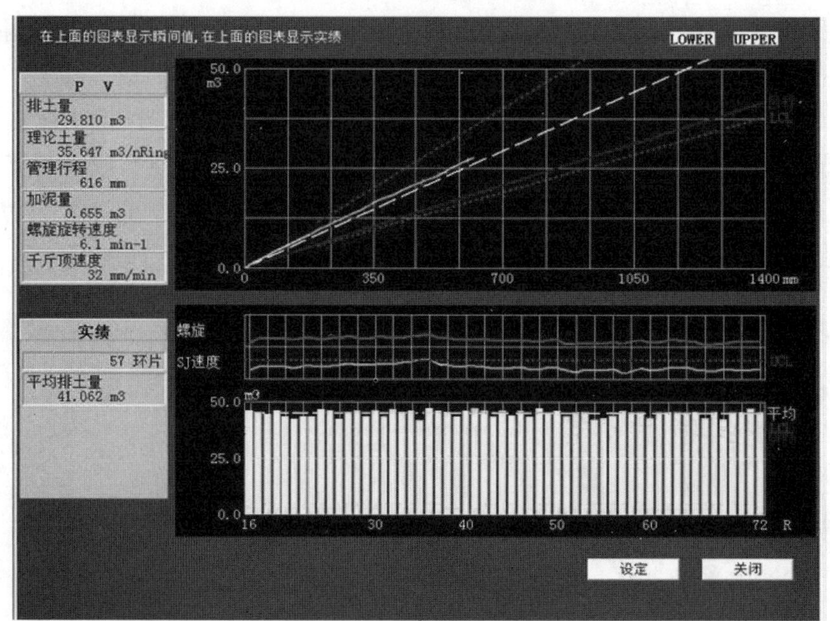

图 6-2-31　出土量控制图

（4）严格控制盾尾同步注浆

根据地面监测情况严格控制同步注浆的注浆量（设计注浆量为 2.06m^3，平均注浆量 3.6m^3，达到设计注浆量的 180%，如图 6-2-32 所示）、注浆压力（0.25MPa）、浆液配合比（初凝时间保持在 6h）。

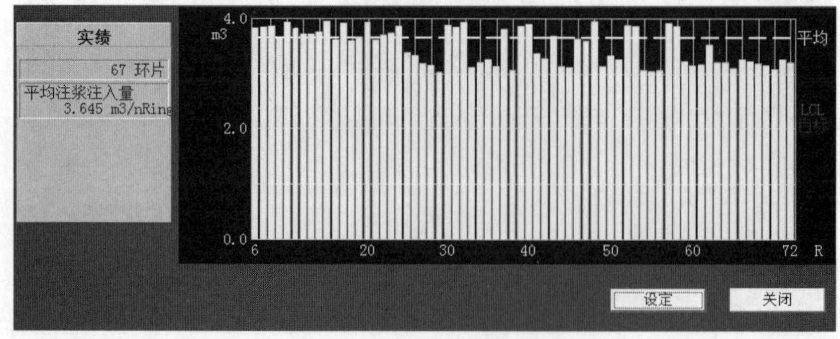

图 6-2-32　同步注浆控制值

（5）严格控制二次注浆

每隔 3 ～ 5 环管片进行一次二次补浆（图 6-2-33），注浆孔位置为隧道顶部两侧管片，二次补浆量为 2.0m^3，补浆压力 0.4MPa。盾构施工中还将通过隧道上方地表沉降的速率来严密控制补浆的时间和位置，例如监测中地表某一监测点的沉降速率大于 0.2mm/d，则立即对监测点对应的地下隧道管片两侧各 5 环的管片进行补浆处理（配比同二次补浆），注浆量以注浆压力达到 0.35 ～ 0.45 MPa 为标准。补浆 24h 进行一次，直到此几环管片对应的地表监测点的沉降速率小于 0.2mm/ 周。

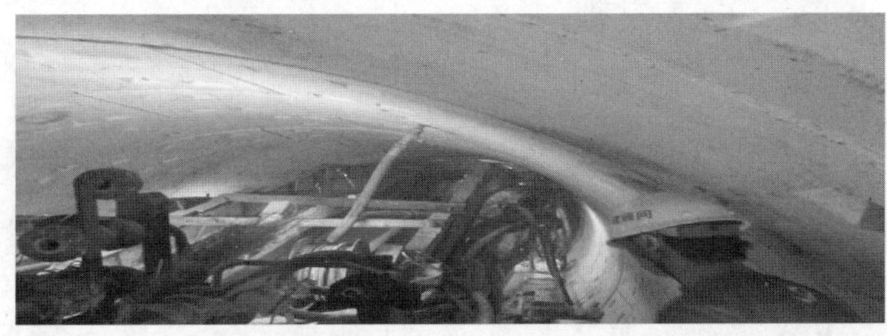

图 6-2-33　二次补浆

（6）严格控制盾构姿态

在掘进过程中关键是要严格控制千斤顶的行程、油压和油量，根据最新的测量结果调整盾构及管片的位置和姿态（图 6-2-34），按“勤纠偏、小纠偏”的原则，通过严格的计算合理选择和控制各千斤顶的行程量，从而使盾构和隧道轴线沿设计轴线在容许偏差范围内平缓推进。

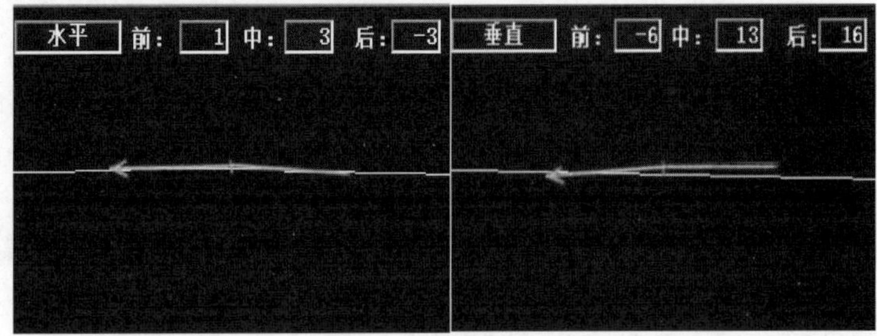

图 6-2-34　盾构姿态控制

（7）严格控制浆液质量

严格按照配合比进行浆液控制，对同步注浆浆液拌和进行全程控制，对每罐浆液进行取样、记录（图 6-2-35），观察初凝时间和结实率。安排人 24h 值班，下穿期间做到岗不离人。

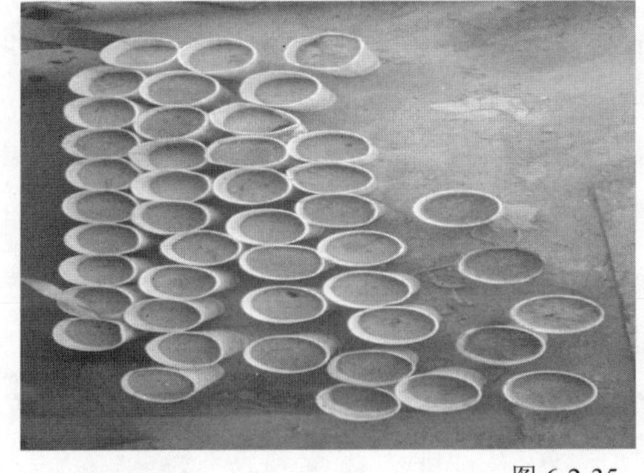

图 6-2-35　浆液取样记录

（8）深孔注浆措施

根据以往施工经验，为保下穿铁路安全，采用了深孔注浆措施（图 6-2-36），确保地层稳固，减少对地层的扰动。对注浆量、注浆压力进行详细记录。深孔注浆采用 1：1 比例的水泥、水玻璃双液浆，注浆位置在盾尾倒数 5 ～ 10 环范围内，每环全部进行深孔注浆，注浆范围为隧道拱顶 180° 范围，浆液扩散半径可达 1m，打孔深度为 3m。对隧道拱顶土体进行加固，形成“自然拱”，提高隧道上部土体承载力，极大地减小因盾构掘进对土体的扰动而引起的沉降。

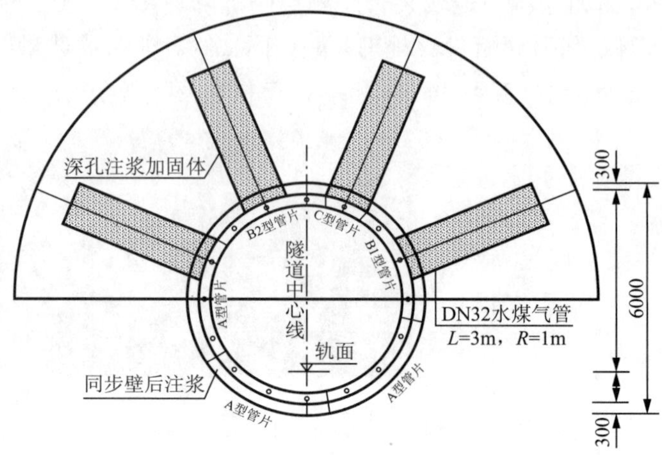

图 6-2-36　深孔注浆现场施工（尺寸单位：mm）

（9）严格控制管片选型

管片拼装完成后做到对每环盾尾间隙的控制，针对盾尾间隙选择管片型号，同时拼装时选择合适的点位，把楔形量最大点放在盾尾间隙最小处。

管片连接螺栓采用 C 级 M24，力学等级为 8.8 级。在管片拼装完成后要对管片连接螺栓彻底落实初紧、复紧、三紧制度，并用力矩扳手全部检查，拧紧力矩控制在 651 ～ 868N·m，以保证拼装质量。

（10）严格控制施工过程

穿越铁路阶段，对整个盾构施工进行严格的过程控制：

①与监理单位一同对管片拼装质量进行每环验收。

②对每环出土量进行记录，严禁超挖。出土量均控制在 39 ～ $41m^3$ 之间。

③采用泡沫和膨润土系统改良渣土，土体改良效果较好。

（11）现场管理

安排各部门部长 24h 监控室值班，对掘进作业进行全程监控，负责对掘进作业情况进行收集、汇报、沟通、传达、解决。

安排洞内值班和 12h 换班制，对洞内盾构推进、拼装、出土、注浆、维修等作业进行全程监控。监督、记录掘进参数、出土量、管片拼装质量，并及时与监理报检。

在盾构下穿铁路施工中，对整个施工作业进行全程管控，并做出了以下重点管控方针：

①先以左线盾构下穿铁路施工为重点，左线完成下穿作业后以右线盾构下穿施工为重点。加强施工管理及盾构掘进参数控制，确保盾构安全穿越特级风险源。下穿施工期间，制定奖励措施，充分调动工人的积极性，保质保量保工期地完成了下穿任务。

②保证各工序顺畅，每一道环节衔接有序，确保每一个循环（推进、拼装、出渣、下料）控制在一个合适的时间范围（3h）以内，保证每个班掘进 3 ～ 4 环，每天 6 ～ 8 环。

③保持盾构姿态规律性调整，确保姿态良好，盾尾间隙合理；严格控制管片拼装，确保成型隧道的质量。

④对注浆浆液配比、注浆量、注浆时间、注浆压力进行全程控制，确保深孔注浆效果达到要求。

⑤对掘进参数进行全程管控，严格控制土压力、出土量，并对沉降情况进行及时的调查、汇总、分析，

根据实际情况适当调整掘进参数。

⑥控制好两台盾构机的前后距离，尽量减小对地层的叠加扰动，确保盾构机匀速、连续通过下穿铁路区域，保障铁路的运行安全。

（12）穿越铁路段盾构掘进参数

在左线穿越铁路施工期间，对施工参数及施工过程进行了全程控制，及时总结现场施工问题，及时调整作业安排；及时总结沉降规律，按照预设的掘进参数在本区间地层进行掘进的同时，结合沉降数据情况，分析盾构掘进作业对铁路路基的影响。同时根据左线施工参数去指导右线施工参数控制，以正下穿铁路施工那条隧道为施工控制重点，控制好两台盾构机的前后距离，尽量减小对地层的叠加扰动，确保盾构机匀速、连续通过下穿铁路区域，保障铁路的运行安全。

穿越铁路段盾构掘进参数见表 6-2-7。

穿越铁路段盾构掘进参数　　表 6-2-7

序　号	项　目	设 定 范 围	备　注
1	推力	1700 ～ 1900t	11.5% 计算
2	推进速度	30 ～ 50mm/min	
3	注浆压力	0.22 ～ 0.28MPa	
4	注浆量	3.1 ～ 3.5m^3	140% ～ 160% 计
5	刀盘扭矩	50% ～ 70%	
6	刀盘转速	1 ～ 1.2 r/min	
7	土压力	0.1 ～ 0.15MPa	
8	盾尾密封	工作设定 6 ～ 18MPa	极限值 21MPa
9	泡沫	溶液：空气 =1：10	水：原液 =95：5
10	驱动电机温度	小于 50℃（报警值）	
11	出土量	39 ～ 41m^3	设计 35.9m^3

4. 监控量测

穿越铁路段监控量测由自动监测和人工监测两部分组成。

自动监测：主要是通过建立的实时自动监测系统，对关键监测点进行实时自动监测，实现自动采集、远程传输、实时分析和预警预报，为相关单位及时提供监测结果。

人工监测：主要是利用铁路天窗时间对变形监测点进行人工测量。人工监测结果可全面反映整个监测范围内的线路变形情况，并对自动监测起到校验作用。

1）监控范围及监控内容

（1）监测范围

以 14 号线和京津城际铁路的垂直投影为中心，沿既有铁路线路在投影中心两侧各延长 45m，在总计为 90m 的监测范围内，布设各种变形监测点，对铁路路基、轨道变形进行监测。

（2）监测内容

①路基变形：主要对路基沉降、分层土体沉降、水平位移、深层土体水平位移进行监测；

②其他变形：主要对线杆姿态进行监测。

（3）监控点位布设

①铁路监测点位布设如图 6-2-37 所示。

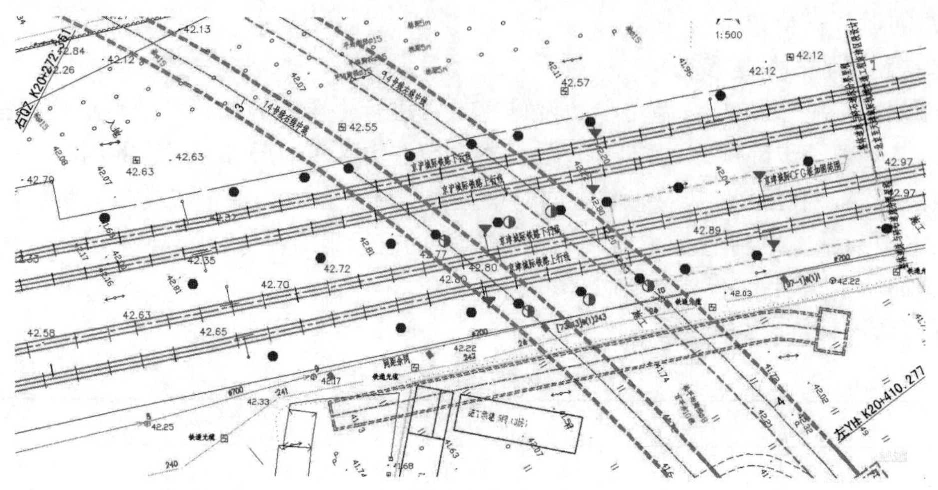

图 6-2-37　铁路监测点位布设

铁路监测段共设 3 排 27 个自动监测点位，对整个下穿作业进行 24h 实时全程监控。

②路基深层水平位移测点位布设如图 6-2-38 所示。

沿加固导洞隔离桩内侧 0.5m 处布设测斜孔，测斜孔深度为 16m，共计 5 个测斜孔。

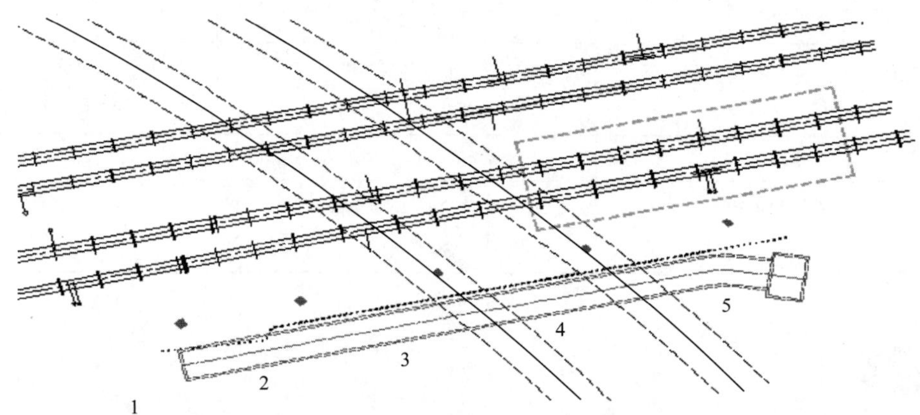

图 6-2-38　路基深层水平位移测点位布设

③路基分层沉降监控测点位布设如图 6-2-39 所示。

沿盾构隧道的轴线布设，每条轴线布设 1 个孔，每孔分别于深度为 2m、4m、6m、8m 等处设置测点。

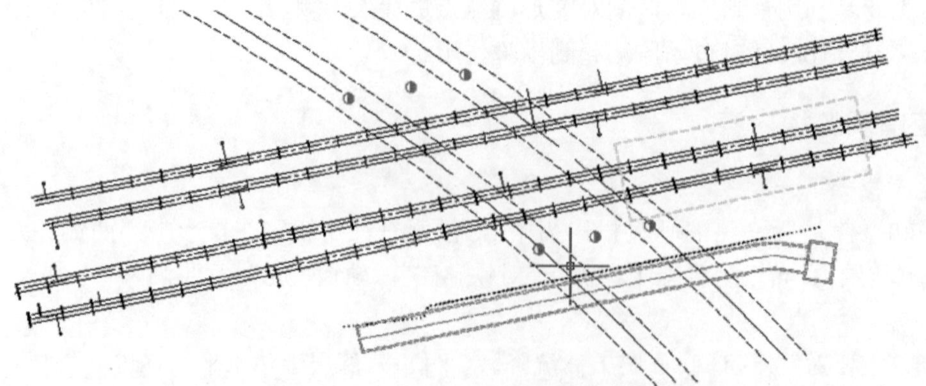

图 6-2-39　路基分层沉降监控测点位布设

④线杆支柱姿态监测点位布设如图 6-2-40 所示。

线杆姿态监测内容包括双轴倾角、水准沉降自动监测和人工监测等。

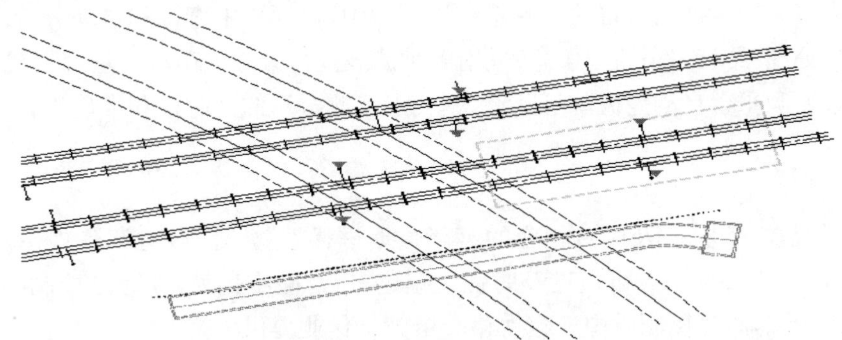

图 6-2-40　线杆支柱姿态监测点位布设

⑤线路状态监测如图 6-2-41 所示。

视频监测：监控现场共布设两个摄像机，其中一个为红外 PTZ 球机，可以在监控中心控制摄像机水平和垂直转动；另外一个为红外防水摄像机，适合室外和夜间使用，迎向来车方向。

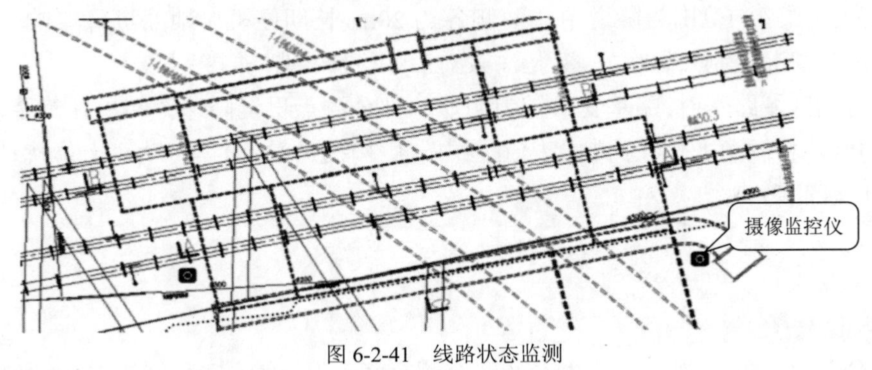

图 6-2-41　线路状态监测

⑥来车状态监测如图 6-2-42 所示。

来车状态激光监测系统能够自动确认监测区域是否存在列车运行，保证静态无动荷载测试结果的有效性。

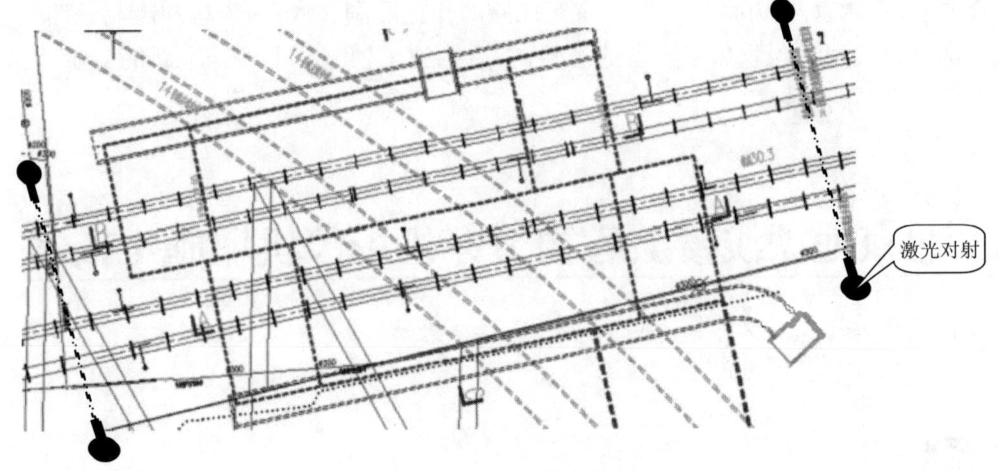

图 6-2-42　来车状态监测

2）监控设备工作情况

①自动监测频率：在施工期间，每 20min 采集一次数据，每 2h 自动形成一份监测结果报表；在非施

工期，每 2h 采集一次数据，每天自动形成一份监测结果日报表。

②人工监测频率：在施工期间，每天利用铁路夜间天窗时间观测 1 次，其他时间为每周观测 1 次，直到稳定收敛为止。人工观测数据录入自动监测系统数据库中，以便集中查询和自动分析。

③自动监测数据处理：结合来车监测信息，采用多种滤波技术去除列车对路基变形扰动的短时影响。

以上步骤可通过监测平台自动完成，保证了路基变形监测数据的及时性和准确性。

3）沉降分析

根据盾构穿越铁路施工进度，及时对相应的沉降数据进行汇总、处理，对沉降规律及沉降槽进行分析，为盾构掘进施工起到指导作用。可通过及时优化掘进参数，减小扰动，并通过控制同步注浆、二次注浆以及深孔注浆来控制沉降，为控制盾构下穿铁路安全施工作业提供依据。

在地铁隧道施工过程中，京津城际铁路的路基变形控制标准为：地面沉降值为 8mm，地表隆起值为 0mm，地表沉降速率不大于 1mm/ 天。

盾构左右线全部下穿铁路需要一个稳定期，受双线扰动影响，区监测点 J205 最大沉降累计数值为 6.24mm。

盾构穿越期间主要影响范围为隧道中心两侧各约 20m，长期停机对地面沉降影响较大。壁后注浆、二次补浆作业对沉降情况控制效果良好，深孔注浆对后期沉降控制效果良好。

盾构穿越到监测区域路基时，路基变形较为明显。部分测点日沉降速率和累计沉降值较大。

盾构穿越期间，线杆倾角变化在控制指标范围内。盾构掘进时，刀盘转动对土体扰动轻微，掘进作业使土体产生小幅度隆起趋势。

5. 结语

由于准备充分，措施到位，制定了适合本区间穿越京津城际、京沪铁路施工的各项制度及技术指标；合理安排施工作业，全程控制盾构施工各环节；结合现场实际施工情况，对盾构掘进参数进行了优化。同时严格控制同步注浆和深孔注浆措施，有效地控制了铁路路基沉降及变形，沉降量均在安全可控范围内，施工质量符合要求，穿越京津城际、京沪铁路特级风险源作业顺利完成，为盾构穿越高铁路基工程施工技术奠定了坚实的基础。另外也积累了丰富的经验，在盾构施工领域又上了一个新的台阶，对以后类似工程设计和施工具有重要的指导意义。

第 5 节　北京地铁浅覆土盾构下穿机场停机坪施工技术

北京城建集团有限责任公司　李润军，李乾斌，李润圣，薛英法

1. 工程概况

1）设计概况

北京地铁机场线 T2 支线地下段盾构区间工程，在到达 T2 航站楼前要下穿首都机场停机坪，穿越长

度为 376m，如图 6-2-43 所示，隧道覆土厚度为 8.6 ～ 10.2m，线间距为 12m，盾构隧道内径为 5400mm，厚度为 300mm，宽度为 1200m，采用错缝拼装，采用铰接式土压平衡盾构机。如图 6-2-44 所示，停机坪为 5m×5m、厚度为 38 ～ 42cm 的现浇混凝土方块，建于 20 世纪 60 年代，局部为 2003 年建。

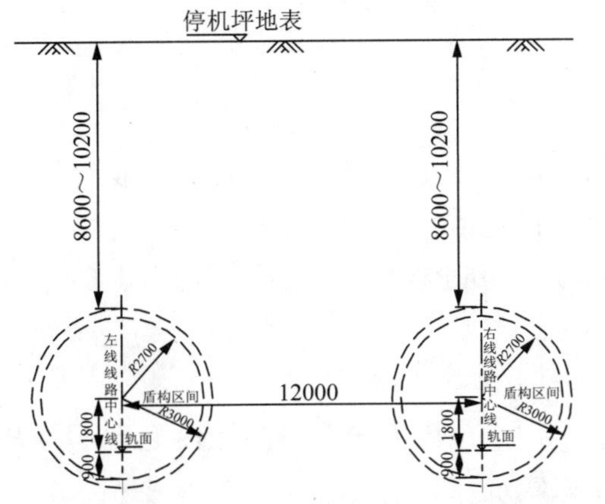

图 6-2-43　盾构隧道下穿停机坪剖面示意图（尺寸单位：mm）

图 6-2-44　首都机场 P3 停机坪现状图

2）工程地质与水文地质情况

如图 6-2-45 所示，盾构隧道主要穿越粉质黏土④、黏土④$_2$ 层，局部穿越粉细砂④$_3$ 层，属于软土地层。盾构穿越地层涉及两类地下水：一是上层滞水，水位埋深为 3.46 ～ 3.80m；二是层间潜水，水位埋深为 15.7 ～ 19.5m，其含水层主要为粉土④$_2$ 层、粉细砂④$_3$ 层，水量比较大。

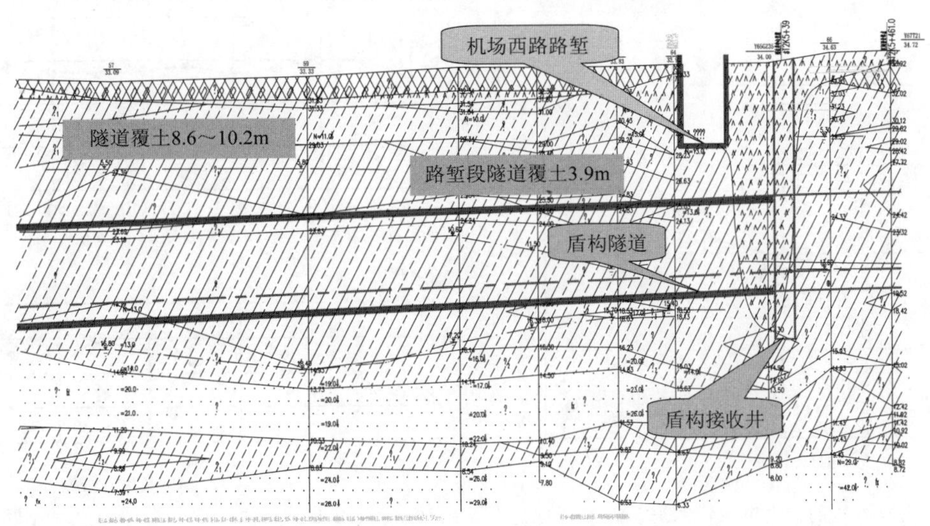

图 6-2-45　盾构穿越停机坪地质剖面图

2. 工程重、难点

（1）地层沉降控制严格，施工难度大，为特级施工风险源。由于机场停机坪的特殊性，尤其是飞机滑行区域对地表沉降值要求非常高，机场管理部门给出的地表允许最大沉降控制值不超过 20mm，这对于双线盾构隧道穿越来说，其控制难度是非常大的。

（2）覆土浅，对地层的扰动大。

（3）地层以饱和粉质黏土为主，地下水位高。

（4）飞机停放区、滑行区地面（动）荷载较大，增加了地层中的附加应力，增大了地层变形量。

3. 盾构开挖面土压管理技术

1）目标工作土压力的设定

目标土压力值按“静止土压＋水压＋预留压力”来计算，但静止土压数值很难确定。一般情况下，可以把盾构停止时开挖面上土压计的测定值近似作为目标土压力设定值。

根据计算与初始掘进的优化，确定目标土压力设定值为 55 ～ 70kPa。

2）开挖面土压平衡的保持

为控制开挖面的稳定，必须通过目标土压力值的管理，使地层水土压力 P 和密封舱内泥土压力 P_0 保持动态平衡。这种平衡通过调节与控制螺旋输送机的排土量来实现。

图 6-2-46 表示盾构机掘进时，开挖面压力差与螺旋输送机取土量之间的关系，从图中可以看出，开挖面土压力的大小及其变化幅度是开挖面稳定的重要因素。为实现螺旋输送机正常排土，保证开挖面的土压平衡，目标土压力值的管理还涉及加泥量（含泥浆性能）、千斤顶推进速度、切削刀盘的转速控制等。因此，目标工作压力的管理实际上是一项综合管理技术。

经过上述土压力调整，实现了土压力的稳定，如图 6-2-47 所示。

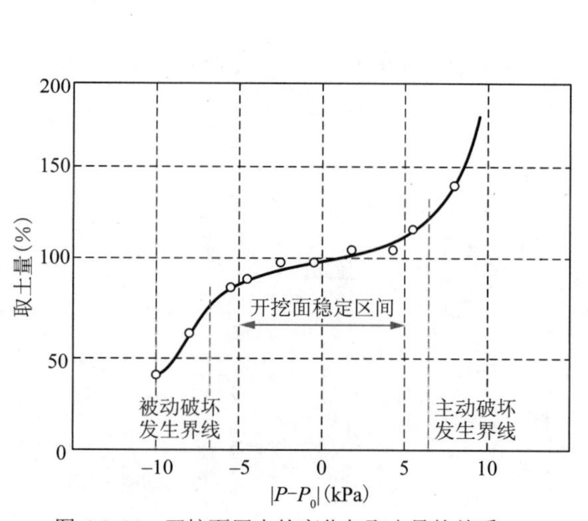

图 6-2-46 开挖面压力的变化与取土量的关系

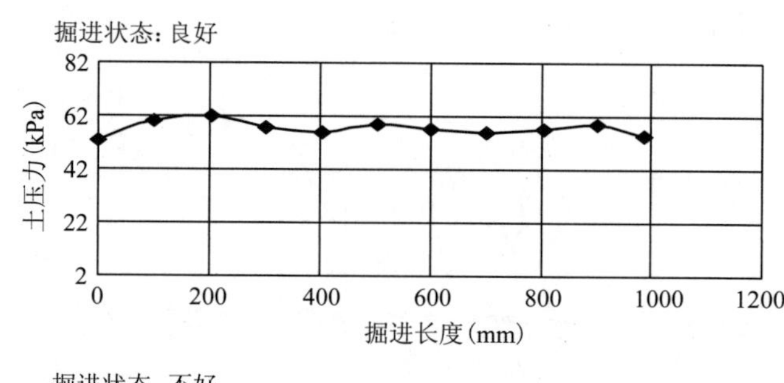

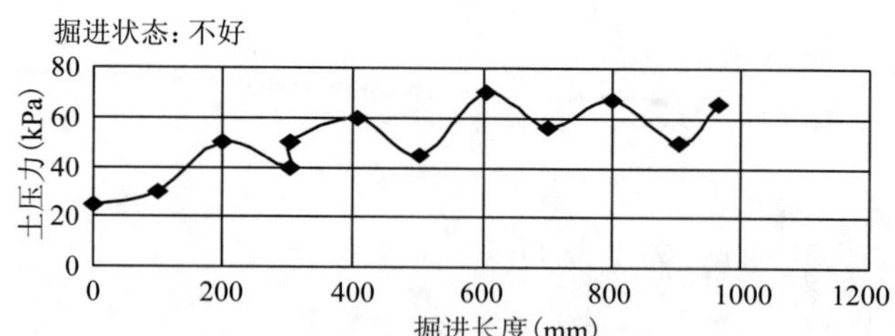

图 6-2-47 掘进一环土室内土压力的不同变化曲线

3）开挖土量的管理

开挖土量与排土量是否平衡对开挖面土压力有比较大的影响。图 6-2-48 为盾构掘进中某一环的开挖土量与排土量的关系，从图中可以看出，开挖土量、排土量与土压力的关系：若开挖土量大于排土量，则土压力有升高的趋势；若开挖土量小于排土量，则土压力有降低的趋势。

盾构开挖土量的管理要求是使挖掘的土量与排出的土量相等，理论上在施工中可通过调整刀盘油压和螺旋输送机的油压等实现开挖土量与排土量的平衡，如图 6-2-49 所示。但实际上这些参数是随着盾构掘进不断变化的，因此要做到开挖土量与排出的土量绝对相等是很难的，实际工程中，二者是有一定波动的。

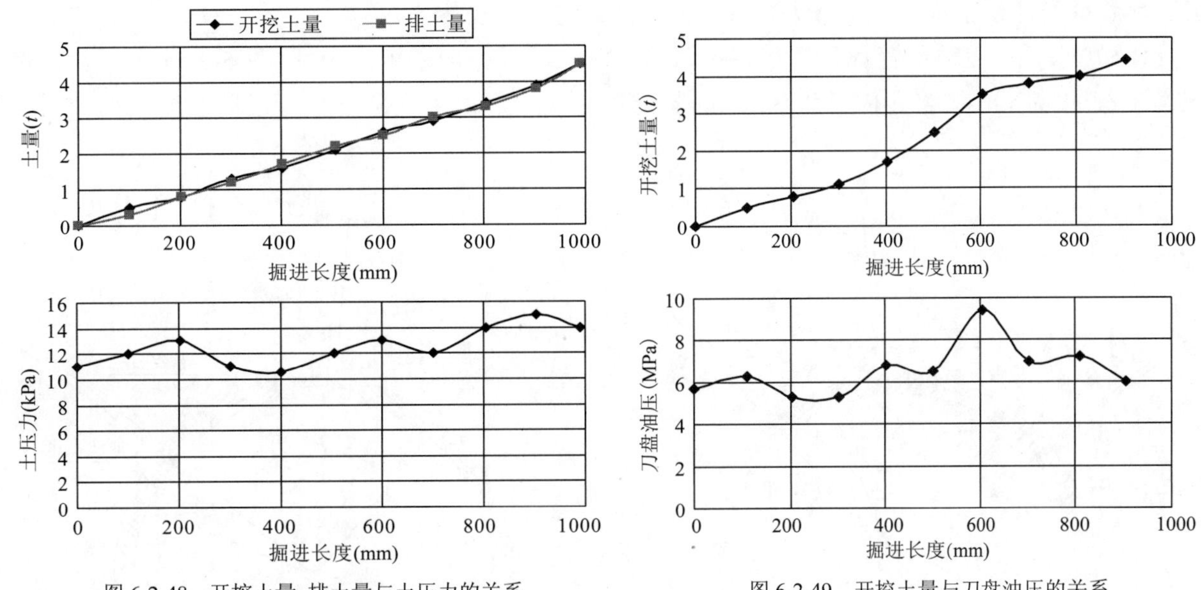

图 6-2-48　开挖土量、排土量与土压力的关系

图 6-2-49　开挖土量与刀盘油压的关系

4. 同步注浆及多次补压浆技术

1）同步注浆

同步注浆采用双液(A、B)浆，当盾构推进 100mm 左右，通过台车上的两台注浆泵分别将 A 液、B 液送出，在盾壳内混合管中充分混合后经盾构盾壳上的注浆管注出，开始进行同步注浆，如图 6-2-50 所示。当推完 900mm 时完成同步注浆。每次同步注浆完成后要通过盾壳内高压水管进行冲洗。

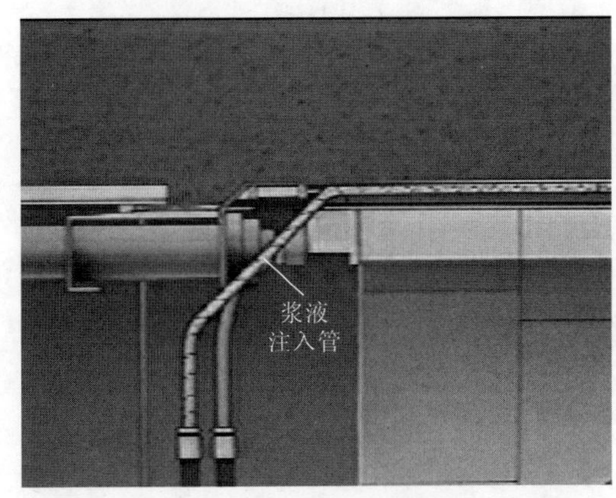

图 6-2-50　同步注浆示意图

本工程中，同步注浆压入口的压力选取 1.1 ～ 1.2 倍的静止土压力，注浆压力不大于 0.28MPa；同步注浆量为理论间隙的 140% 左右；同步注浆在衬砌脱出盾尾及盾构掘进时同步进行，并在推进一环的时间内完成。

2）二次(或多次)注浆

二次(或多次)注浆主要是弥补同步注浆的不足，因此浆液性能与同步注浆浆液有明显不同。要求浆材的细度更小，浆液的流动性更好，必须掺入缓凝剂来延长凝结时间。同时为了提高浆体强度，不掺膨润土。注浆压力应当小一些，注浆时间适当延长，即延时低压。

二次补浆：700L/2 环，注浆压力≤ 0.3MPa；

三次补浆：500L/2 环，注浆压力≤ 0.35MPa。

二次、三次补压浆则利用滞后盾构机 4 ～ 6 环管片上的注浆孔完成。

5. 隧道洞内深孔劈裂注浆技术

为了控制停机坪地表沉降值，在盾构机通过后，引进深孔劈裂注浆技术，挤密、劈裂受扰动的土体，对地层进行微量顶升和加固，确保停机坪的最终沉降控制在允许范围之内。

具体做法如下：在顶部管片预留注浆孔，每环 2 ～ 3 个，方向基本向上，如图 6-2-51 所示。注浆深度在本工程中取 6m；注浆孔内径为 84mm；浆液采用双液浆。注浆量与压力根据监测数据及时进行调整。

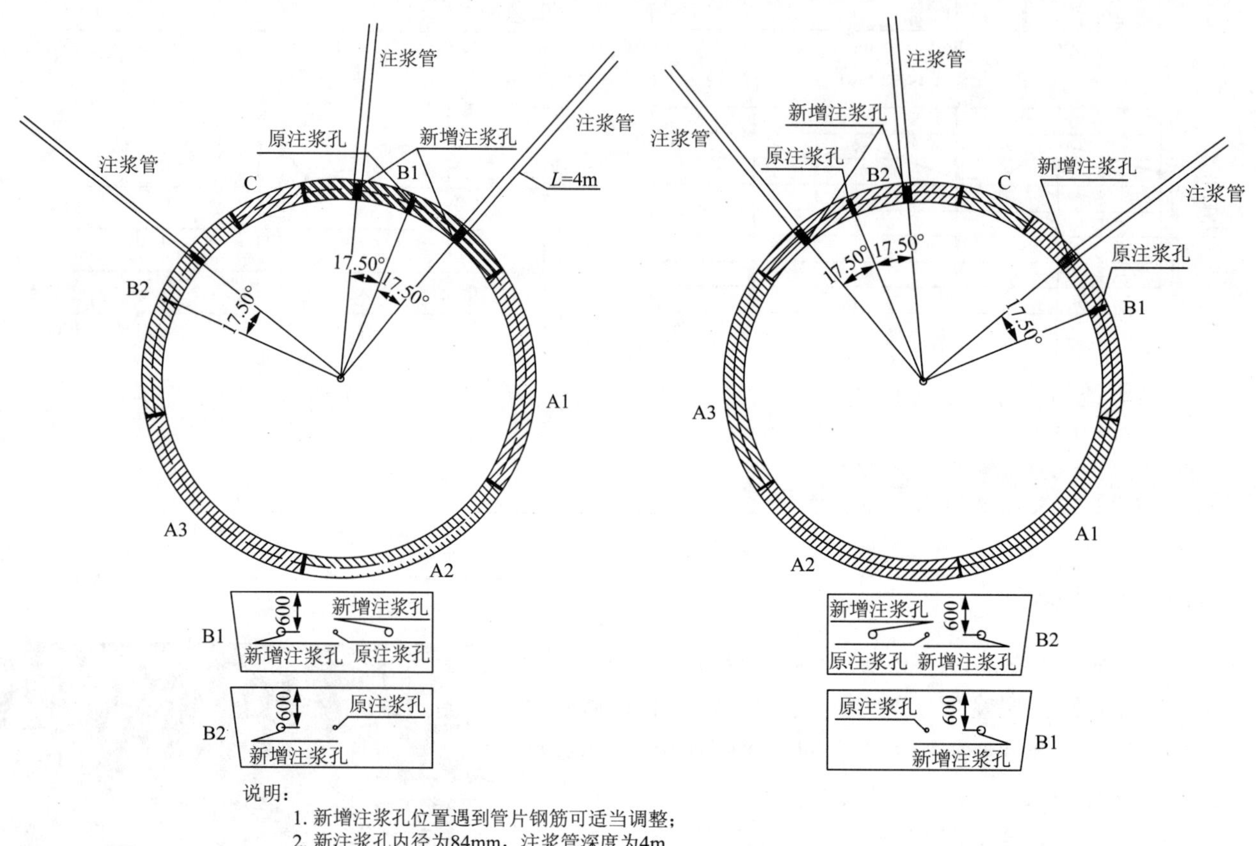

图 6-2-51 深孔注浆示意图(尺寸单位：mm)

6. 其他技术措施

(1)进入停机坪前 50m 作为过停机坪模拟段，完全模拟按照穿越停机坪时的盾构操作要求进行推进，加强监测，总结施工参数，为正式穿越停机坪提供施工依据。

(2)穿越前详细核实各控制点坐标及标高，特别是位于平曲线和竖曲线上，根据设计曲线偏移值和竖曲线修正值确定盾构掘进中线，并控制好盾构机的掘进姿态，以免引起偏差。

7. 监测结果

通过对整个穿越过程中的数据分析，限于篇幅，选取后行通过右线的中线监测结果，如图 6-2-52 所示。

监测结果显示，右线最大沉降量为 18mm，说明采取这些有效的技术措施确保了盾构通过期间停机坪的安全使用。

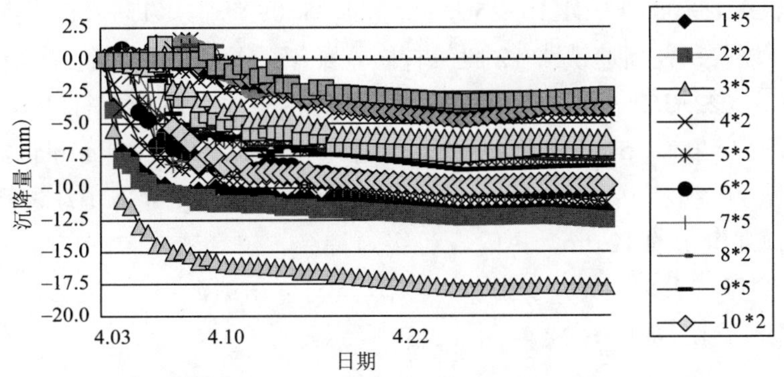

图 6-2-52　右线隧道中线各监测点沉降曲线

8. 结语

（1）对于在浅覆土及饱和粉土、粉质黏土（局部砂层）中进行盾构施工，由于土体强度低，自稳性差，地层位移量增大，控制地表沉降难度大，而且机场管理部门要求的地表控制值非常严格，在施工过程中，通过优化盾构掘进参数，采取土压动态控制技术、二次注浆技术及深孔劈裂注浆技术，把沉降值控制在目标值以内，保证了盾构安全、快速通过。

（2）由于机场停机坪的特殊性，为确保飞机滑行及停放的安全，加强施工监测，监测数据及时反馈到作业面，保证了盾构通过期间停机坪的安全使用。

（3）盾构隧道下穿机场停机坪施工，当时在国内是第一次，可为以后类似工程的设计与施工提供重要的参考意义。

第 6 节　北京地铁盾构小曲线半径穿越多股轨道铁路施工技术

北京住总集团有限责任公司

1. 工程概况

北京地铁大兴线黄村火车站站—义和庄站区间为盾构区间，区间左线长度 1863.462m，右线长度 1872.057m，总长度为 3735.519m，如图 6-2-53 所示。

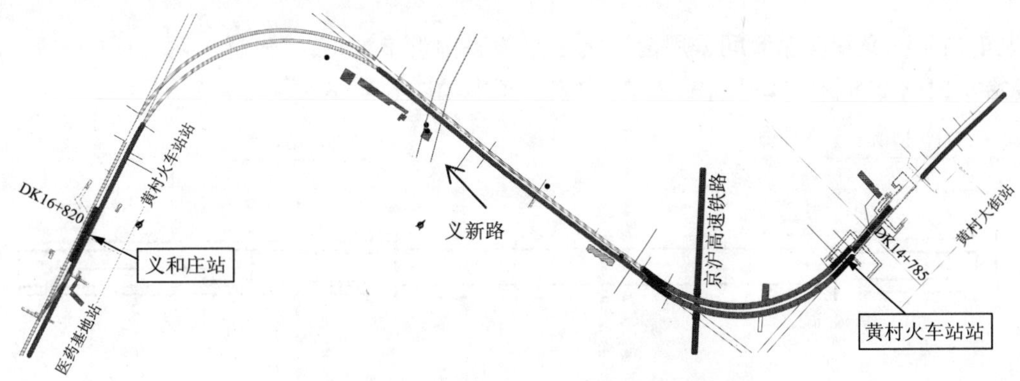

图 6-2-53　黄村火车站站—义和庄站区间线路概况

盾构在里程右线 DK15+083 ～ DK15+150，左线 DK15+099 ～ DK15+165 范围以 300m 小曲线半径下穿黄村火车站站内京沪、京九高速铁路 12 股轨行区及配属的站房等构筑物。其中，左线在京沪下行线 K35+213.8、京九下行线 K22+357.8 处穿越铁路，交角为 85°；右线在京沪下行线 K35+196.3、京九下行线 K22+339.4 处穿越铁路，交角为 85°。12 股铁路线为无缝电气化线路，60kg/m 轨，钢筋混凝土轨枕。路基两侧有铁路通信、信号电缆和电力电缆及电力塔杆。股道下基础为碎石道床基础，该处盾构线间距为 16.8 ～ 17.7m。盾构顶部覆土约 12.2m。风险源等级为特级。在穿越 12 股道前还穿越义和庄村民房区，穿越铁路过程中间插穿黄村火车站站房、通信发射塔、黄村火车站派出所、接触网塔、站台雨棚和地下人行通道等 6 个一、二级风险源，如图 6-2-54、图 6-2-55 所示。

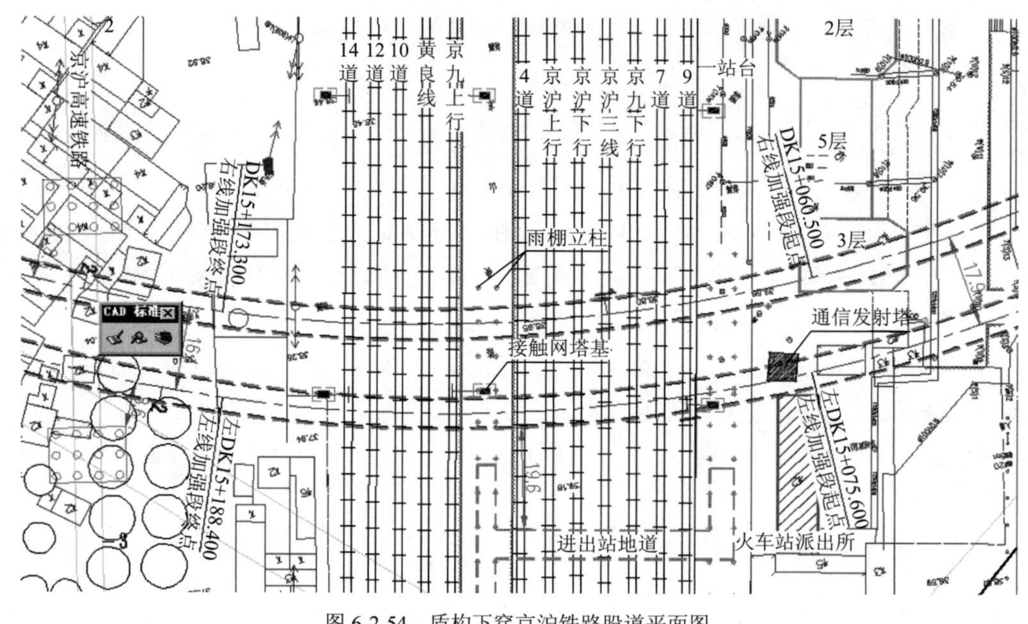

图 6-2-54　盾构下穿京沪铁路股道平面图

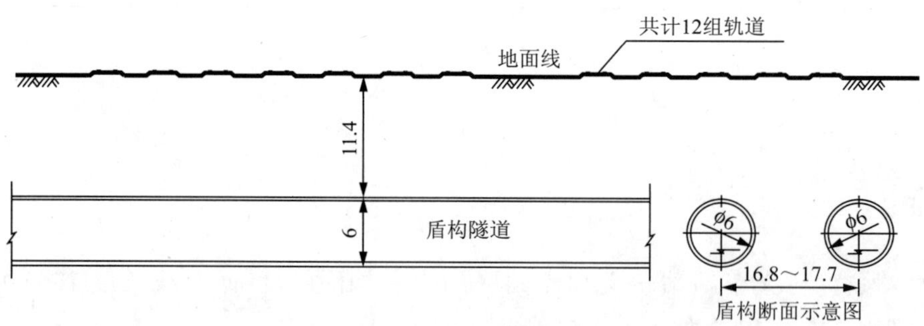

图 6-2-55　盾构下穿京沪铁路股道剖面图（尺寸单位：m）

黄村火车站站—义和庄站区间采用两台土压平衡盾构机施工，右线先行。两台盾构先后从义和庄站左线、右线始发掘进至黄村火车站后解体，盾构施工顺序如图 6-2-56 所示。

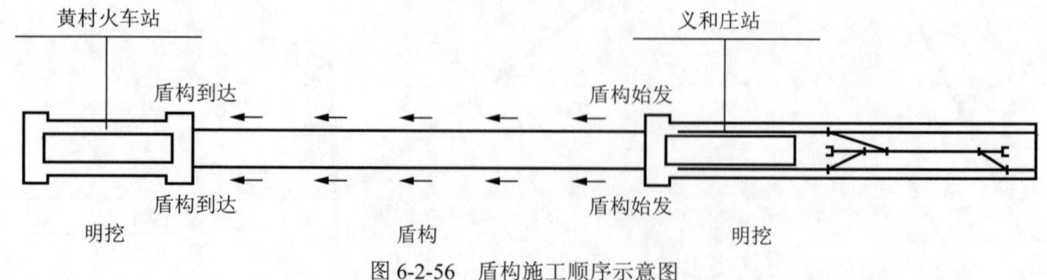

图 6-2-56　盾构施工顺序示意图

2. 工程地质与水文地质概况

1）工程地质概况

黄村火车站站—义和庄站区间地层主要为人工填土、第四纪新近沉积层和一般第四系沉积层，如图 6-2-57 所示。区间地层自上而下依次为：

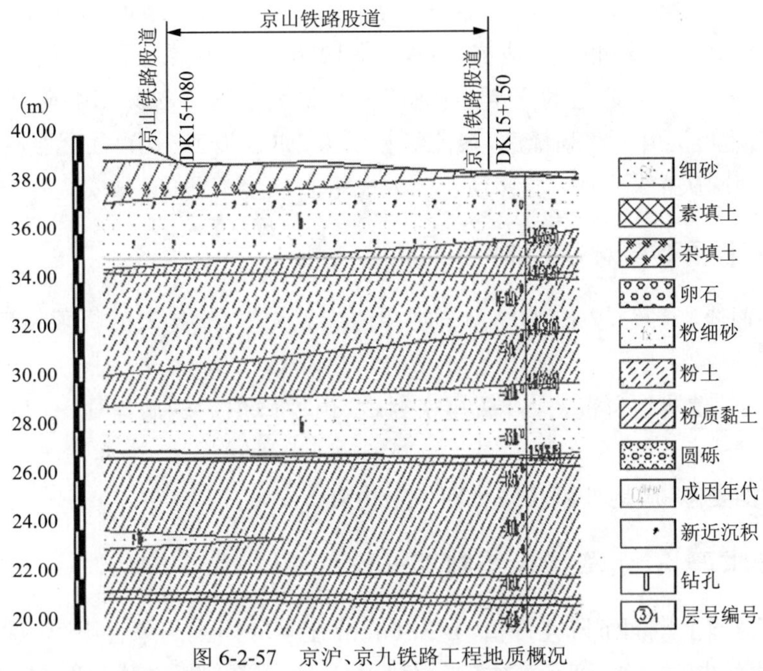

图 6-2-57　京沪、京九铁路工程地质概况

（1）素填土①$_1$ 层、杂填土①$_2$ 层；

（2）粉土②层、粉质黏土②$_1$ 层、粉细砂②$_2$ 层，土层厚度 0.8 ～ 6.7m；

（3）粉质黏土③层、粉土③$_1$ 层、粉细砂③$_2$ 层、黏土③$_3$ 层，土层厚度 12.9 ～ 19.3m；

（4）粉细砂④$_1$ 层、粉土④$_2$ 层，土层厚度 1.2 ～ 9.3m；

（5）粉土⑤$_1$ 层，土层厚度 1.5m；

（6）圆砾⑥层、粉细砂⑥$_1$ 层，粉质黏土⑥$_3$ 层，土层厚度 2.0 ～ 14.5m；

（7）粉质黏土⑦层、细砂⑦$_1$ 层、圆砾⑦$_2$ 层，土层厚度 2.1 ～ 7.8m。

区间隧道结构主体地基持力层主要为③层粉质黏土和③$_1$ 层粉土及③$_2$ 层粉细砂，属中压缩性土，地层分布较为稳定，层面起伏不大。

地况地貌：本区间沿线地形比较平坦。

2）水文地质概况

地质勘察揭露的深度范围内地下水主要为上层滞水、潜水和层间潜水，上层滞水主要为农田灌溉所致，无稳定水位；潜水主要分布在 DK18+800 ～ DK20+850，地下水水位标高为 23.98 ～ 21.86m，含水层主要为粉土③$_1$ 层；层间潜水在沿线均匀分布，水位标高为 17.77 ～ 13.71m，含水层主要为圆砾④层、粉细砂④$_1$ 层及其以下的砂、圆砾层中，由于层间潜水受大气降水影响较大，水位有一定的变化，变化幅度一般在 2 ～ 3m。

本区间隧道结构在地下稳定水位以上。

3. 施工重、难点分析与对策

本工程盾构机在300m小曲线半径条件下施工，穿越京沪、京九12股铁路轨行区及其配属的站房等构筑物，施工社会影响大、施工难度大。主要体现在以下几点：

1）盾构安全稳定穿越风险源的政治重要性

（1）京沪、京九铁路是全国铁路运输的枢纽，为南北主要铁路大通道，也是贯穿我国南北的第三大通道，在全国铁路网中处于十分重要的地位。黄村段12股线路主要是承接货物运输的干线，高峰时每3min一趟，合计432趟/天，保证它的安全、疏通流畅及将地下施工对其影响降低到最小是必须遵循的施工准则。盾构施工期间正值暑运高峰期，客流量相当大，如若施工不当，社会影响将非常大。

（2）盾构施工正值国庆前期，为了能够使全国人民平安欢度节日，必须安全、高质量的通过风险源。

2）盾构小曲线半径下穿难以控制

盾构以300m小曲线半径穿越12股轨道群在国内尚无先例（盾构机的极限转弯半径250m）。

采取的施工对策：

（1）在盾构下穿12股轨道群前，检查盾尾密封刷，更换破损后的盾尾刷，保持盾尾密封装置的密封效果。

（2）为了控制盾构姿态，盾构外侧注浆量应大于内侧。

3）沉降控制要求严格，沉降指标控制不一致

（1）正常地段盾构施工地面沉降允许值为≤30mm，在采取措施的条件下可以控制到10mm左右，但盾构下穿运行中的既有线路，来往列车产生的动荷载对地表沉降影响较大，普通措施很难控制到10mm。参照我国铁路工程线路静态几何尺寸允许偏差管理值的控制标准并结合国铁黄村火车站实际情况，设计确定的铁路沉降控制标准为：轨道沉降最大沉降/隆起量≤5mm，最大速率≤1mm/天，两轨沉降差≤4mm。

（2）盾构下穿12股轨道铁路时，还要连续下穿其他众多风险源群，且沉降指标控制都不一致，给施工造成了困难。

采取了以下对策：

（1）编制科学合理的施工方案，施工方案必须通过专家论证。地面加固措施和地下注浆加固措施也要严格按照通过论证的方案执行，加大执行能力和贯彻力度。

（2）与特级风险源同时施工的其他风险源，如站台雨棚、接触网塔、地下通道，都以特级风险源沉降标准严格控制。

4）工期短

由于铁路在暑运高峰期，为了不影响铁路部门运输，施工工期很紧。

采取了以下对策：

（1）提前半年进入专项方案审查及相关协调。大兴线项目公司组织设计方案、施工方案审查会及相关协调会，包括设计方案、施工方案、初步要点计划、各种配合协议的签订。

（2）进入铁路下穿施工前先用500m作为施工试验段，对施工试验段的数据进行分析总结。根据试验段数据分析结果，合理优化掘进参数，为平稳匀速通过铁路做好技术准备。确保不出现非正常停机。

（3）编制施工进度，并对穿越多轨铁路期间，每天掘进多少米，多少环，刀盘及盾尾所处轨道的位置，每个管理人员必须心中有数，严格按照施工进度计划通过风险源。

（4）做好充足的应急预案，物资准备，抢险队伍准备。进行应急演练，每位参加施工的人员都做到遇事不慌，沉着应对。减少非正常停机时间。

4. 盾构穿越京沪、京九铁路技术控制措施

1）地面加固措施

（1）路基注浆

为保证盾构穿越铁路后路基的稳定，保证行车安全，要求对铁路线下 4m 范围内的路基土进行注浆加固处理，其主要技术要求如下：

①路基注浆加固范围为隧道影响范围外边缘外 10m，全长 75.0m，宽度为线路中心以外 4.0m，如图 6-2-58 所示。

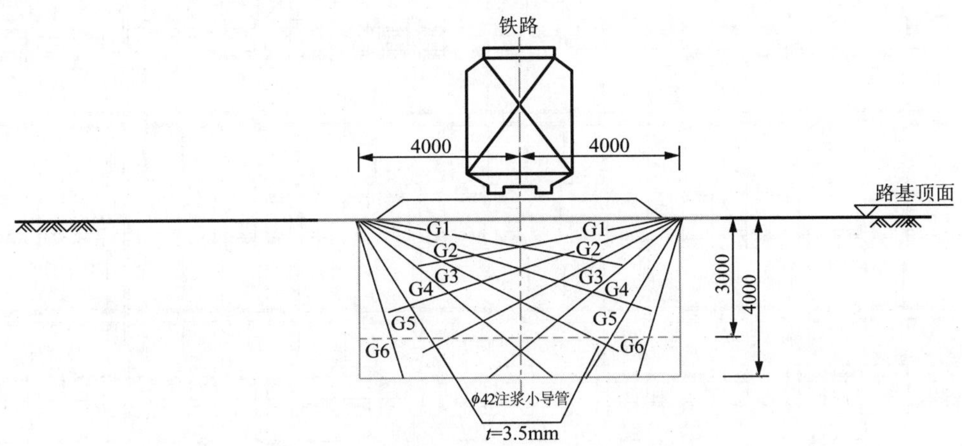

图 6-2-58　路基注浆加固图（尺寸单位：mm）

②注浆采用 ϕ42 热轧无缝钢管，注浆孔沿线路纵向间距 800mm，横向间距 400mm，梅花状布置，管身设 ϕ8 溢浆孔，孔间距 15cm。

③浆液采用水泥 – 水玻璃双浆液，注浆压力 0.3 ～ 0.5MPa。

无收缩双液浆注浆配合比（1m^3 浆液材料用量比例）：

A 液，水 ∶ 水玻璃 =1 ∶ 1，水玻璃为 40°Bé；

B 液，水 ∶ 水泥 ∶ H 剂 ∶ C 剂 =1 ∶ 1；

A 液 ∶ B 液 = 1 ∶ 1；

水泥为 P.O32.5 级普通硅酸盐水泥。

（2）线路加固措施

按区间隧道左、右线穿越铁路的不同时间段，分别对线路进行 3-5-3 扣轨加固（图 6-2-59），线路加固里程为京沪线 K35+161 ～ K35+248.5、京九线 K22+305 ～ K22+392.5、黄良线 K0+153.6 ～ K0+231.1，全长 87.5m。

线路加固主要技术要求如下：

①加固前应首先对无缝线路进行应力放散，并将加固范围内的混凝土枕全部更换为长木枕，换枕前对施工地段前后 300m 防爬锁定复紧一遍。

图 6-2-59　现场铁路扣轨加固图

②加固形式采用 3-5-3 扣轨，轨型为 43kg/m 钢轨，要求道心扣轨间隔均匀，并在主轨与扣轨腰间放置间隔木，防止连电。钢轨接头应错开 1.0m 以上，扣轨完成后扣轨两端钉固临时木梭头（图 6-2-60）。

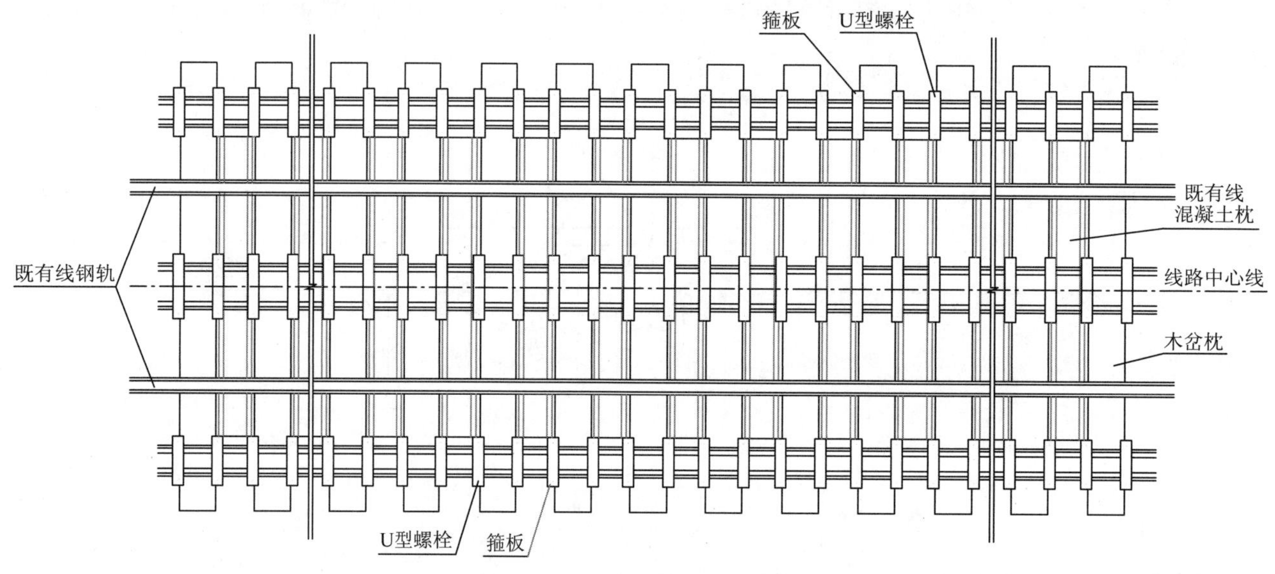

图 6-2-60　铁路扣轨加固平面图

③盾构施工期间，对线路的方向、高低、轨距、水平及各部螺栓进行检查并随时调整，在列车经过前后各检查一次，以保证列车的行车安全。

④扣轨施工完成后以及拆除扣轨和恢复线路正常运营前，均应对道床进行捣固和加强整修，以保证道床的稳定。

2）盾构施工措施和掘进参数

根据理论计算结果和 500m 试验段施工总结，结合盾构下穿铁路的具体情况，下穿京沪、京九铁路期间采取如下施工措施和掘进参数：

①严格控制相关盾构推进参数，确保盾构稳定、匀速通过铁路，避免对地层扰动过大。主要控制参数：推进速度 20mm/min，刀盘转速 1.0 ～ 1.2r/min，推力 12000 ～ 16000kN。

②实际施工过程中，面板上土压按照 1.2 ～ 1.4bar、下土压按照 2.0 ～ 2.5bar 推进。

③严格控制出土量，避免出土量过大造成地层损失，引起地面塌陷，轨道沉降过大。将出土量控制在 $45m^3$ 左右。

④严格控制同步注浆量和注浆压力，且同步注浆速率应与盾构推进速率相符。同步注浆量控制在

6.0 ～ 7.0m^3，为开挖空隙的 200% ～ 220%，同步注浆压力控制在 2.0 ～ 3.0bar。

⑤推进时及时进行二次补浆和多次补浆，每隔 2 环管片进行一次二次补浆，注浆孔位置为隧道顶部两侧管片，二次补浆量为 1.2m^3，补浆压力 4bar。并根据地面沉降情况进行多次补浆。

⑥采取合适的地层改良措施、改善土体的流塑性、保持进出土顺畅，即采用优质膨润土浆液和优质泡沫添加剂，以达到最优的土体改良效果。

⑦铁路正下方及相邻两侧 20m 范围使用加强型管片。

⑧采用优质盾尾密封油脂，确保盾尾密封良好，防止盾尾漏浆；每掘进 4 环用一桶油脂。

⑨为控制盾构推进过程中的后期沉降，减小列车行车时对盾构隧道震动的影响，以及大兴线运营后对铁路影响，盾构推过 30m 后，在管片吊装孔上打入长 6m，ϕ32 的钢花管对隧道周围土层进行注浆加固（采用 HSC 超细水泥浆液），利用深孔进行劈裂注浆。

⑩在小曲线施工过程中，盾构推进时，根据推进速度、出土量和地层形变的信息数据，及时调整各种施工参数，以期在尽量短的时间内将平衡压力和各部位的注浆量调至曲线推进的最佳状态。施工时要着重加强对推进轴线的控制，这其中关键是对盾构姿态的控制，由于曲线推进盾构环环都在纠偏，做到勤纠，而每次的纠偏量应尽量符合曲线要求值，确保楔形块的环面始终处于曲线半径的径向面内；盾构外侧注浆量应大于内侧，以加固外侧土体，使盾构沿设计曲线方向运动。

5. 监测数据分析

1）铁路轨面、地表沉降与盾构参数分析

（1）上土压力与轨面、地面沉降关系分析

从左右线轨面、地面沉降与盾构推进过程中上土压力关系曲线（图 6-2-61 ～图 6-2-64）可以看出，盾构在推进过程中，轨面、地面沉降与盾构上土压力基本呈线性关系，轨面的沉降基本随盾构上土压力的增加而增加、减小而减小；同时，从曲线也可看出，上土压力过大，轨面沉降反而相对增加。

（2）注浆量与铁路轨面沉降关系分析

从左右线铁路轨面沉降与盾构推进过程中同步注浆量关系曲线（图 6-2-65）可以看出，盾构在推进过程中，铁路轨面沉降与同步注浆量基本呈线性关系，同步注浆量加大，轨面沉降相对减小；同时，加大注浆量可以很好地控制轨面沉降。

（3）刀盘扭矩与铁路地面沉降关系分析

从左右线铁路地面沉降与盾构推进过程中刀盘扭矩关系曲线（图 6-2-66）可以看出，盾构在推进过程中，刀盘扭矩大，对地层扰动大，地面沉降将加大；刀盘扭矩较小，地面沉降无明显的减小。因此，刀盘扭矩均衡对地面沉降控制较好。

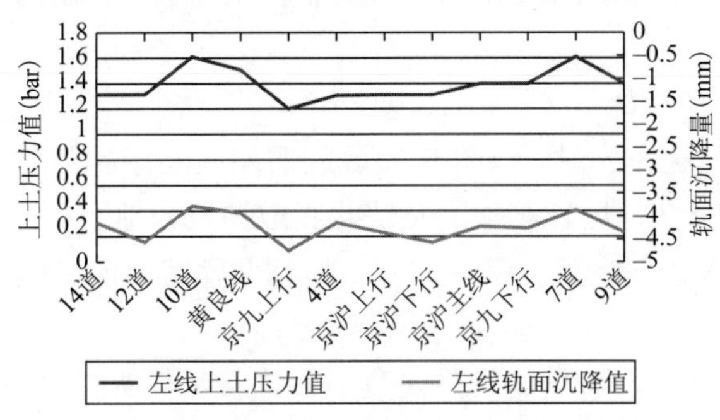

图 6-2-61　左线轨面沉降与上土压力关系曲线

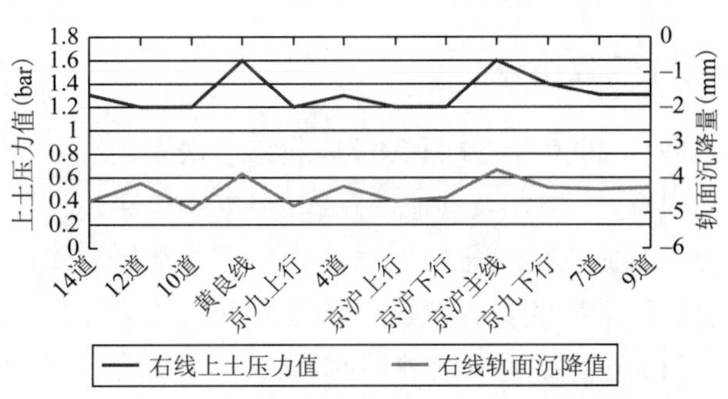

图 6-2-62　右线轨面沉降与上土压力关系曲线

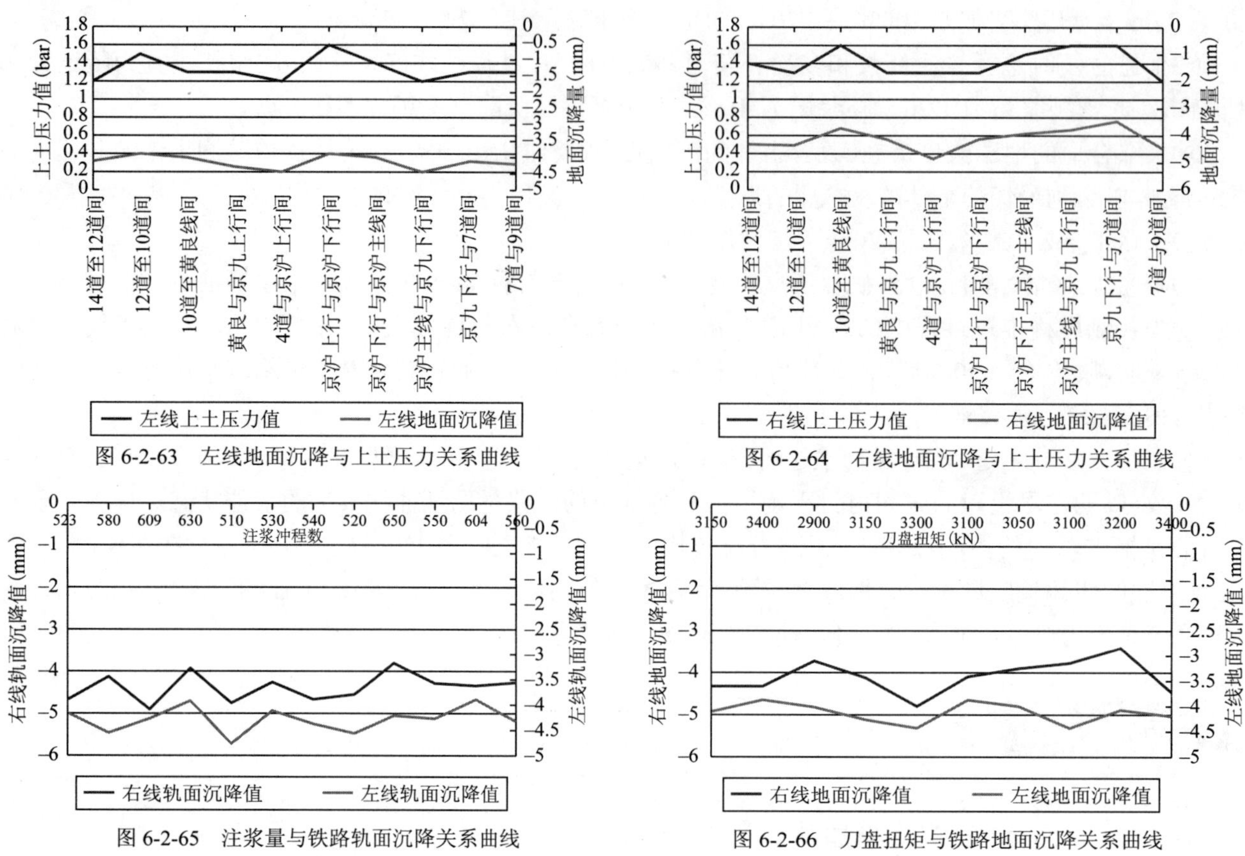

图 6-2-63 左线地面沉降与上土压力关系曲线

图 6-2-64 右线地面沉降与上土压力关系曲线

图 6-2-65 注浆量与铁路轨面沉降关系曲线

图 6-2-66 刀盘扭矩与铁路地面沉降关系曲线

(4)盾构推力、推进速度与地表沉降关系分析

从左右线地面沉降与盾构推进过程中盾构推力、推进速度关系曲线(图 6-2-67、图 6-2-68)可以看出,盾构在推进过程中,盾构推力大、推进速度快,对土层扰动大,地面沉降将加大;盾构推力小,速度小,地面沉降无明显的减小。因此,推力均衡、速度匀速可以很好地控制地面沉降。

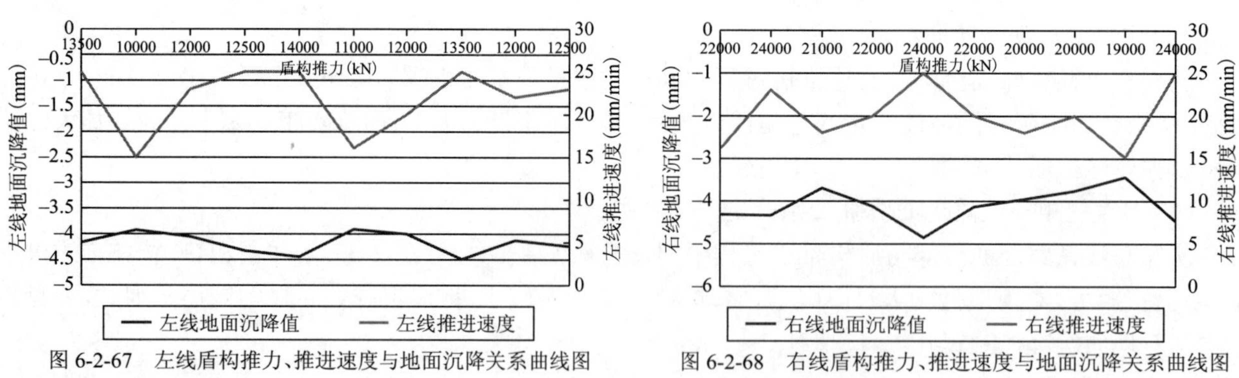

图 6-2-67 左线盾构推力、推进速度与地面沉降关系曲线图

图 6-2-68 右线盾构推力、推进速度与地面沉降关系曲线图

2)沉降小结

截至 2009 年 09 月 21 日,北京地铁大兴线 01 标黄村火车站站—义和庄站区间盾构成功穿越黄村火车站内京沪、京九及其他铁路线,根据盾构穿越过程中地上(地层注浆加固及铁路股道扣轨)、地下(根据试验段及施工经验采取的盾构推进措施及后期二次补浆、径向注浆)采取的施工措施和铁路轨面、地表、深层位移的监测数据及沉降曲线的分析结果,总结如下:

(1)盾构穿越粉细砂层时,盾构到达前的前期地层沉降较大;盾构穿越过程对砂层扰动较大,影响范围较广。

(2)盾构通过后，特别是盾尾脱出后，地层沉降较大，沉降发生时间较短。

(3)通过对盾尾脱出后的沉降及沉降速率分析，二次补浆对铁路的地层沉降起到了很好的作用，特别是二次补浆的补浆时间及补浆量，对于铁路动荷载下的沉降起到了很大的作用。

(4)径向注浆对盾构通过后的后期沉降起到了很好的控制作用。通过对盾构通过后的地表沉降数据分析及与其他盾构工程穿越砂层后的后期沉降相比较发现，径向注浆的注浆时间越及时，与盾尾部的脱离环数越少，注浆量越大，后期隧道的沉降就越小。

(5)通过对铁路轨面沉降与地面沉降比较发现，轨面沉降小于地面沉降，说明了铁路的扣轨加固可以很好保护铁路轨道沉降，保证列车的正常运行。

(6)通过对盾构推进参数、注浆量与沉降数据分析发现，盾构推力较大或较小、速度较大、扭矩较大、同步注浆量较小，沉降就较大，所以，在盾构推进过程中一定要控制好盾构的推进参数及注浆量。

6. 结语

本案例以北京地铁大兴线 01 标黄村火车站站—义和庄站区间，盾构 350m 小曲线半径穿越 12 股轨道群为研究背景，通过前期的现场调查，对下穿段地层条件进行稳定性分析；针对铁路部门的行业标准，结合盾构工法的特点，分析得出铁路部门要求的沉降标准对盾构小曲线半径下穿多轨道铁路是施工中的一大难点。施工过程中，根据盾构下穿铁路前 500m 试验段的试验数据，确定了合理的掘进施工参数。最后通过现场监测数据分析，验证施工方法及组织措施的合理性和科学性，对今后盾构下穿既有铁路施工具有重要的指导意义。

第 7 节　西安地铁 2 号线盾构穿越湿陷性黄土地层古文物保护区施工技术

北京住总集团有限责任公司

1. 工程概况

西安钟楼为全国重点文物保护单位，明洪武十七年(1384 年)创建，后经清乾隆五年(1740 年)重修。钟楼是一座重檐三滴水四角攒尖木结构的建筑，基座为方形，边长 35.5m，高 8.6m，用青砖白灰砌筑而成。基座之上为木质结构的楼体，楼分两层，占地面积为 35.5m×35.5m，基座高度为 8.6m，总高 36m。钟楼为木结构楼层，基座为夯土平台、外包砌体结构。

西安地铁 2 号线左右线分别由钟楼东西两侧通过，右线线路中心离钟楼基座最小距离为 16.25m，左线线路中心离钟楼基座最小距离为 16.9m，如图 6-2-69 所示。

此处隧道拱顶埋深为 12.82m，隧道拱顶地层为新黄土③$_1$。由于钟楼属于国家级的重要保护文物，而且年代久远，至今已有 600 多年的历史，抗变形能力较差，无论是施工造成的影响还是后期运营过程中的影响都将是不可忽视的。设计单位的计算表明，盾构掘进时的地面沉降值不得大于 30mm，但沉降梯度不能满足砌体、夯土的小于 1‰的要求。因此防止施工过程中造成对古建筑的损坏是重中之重，确保古建筑的安全也是首要任务。

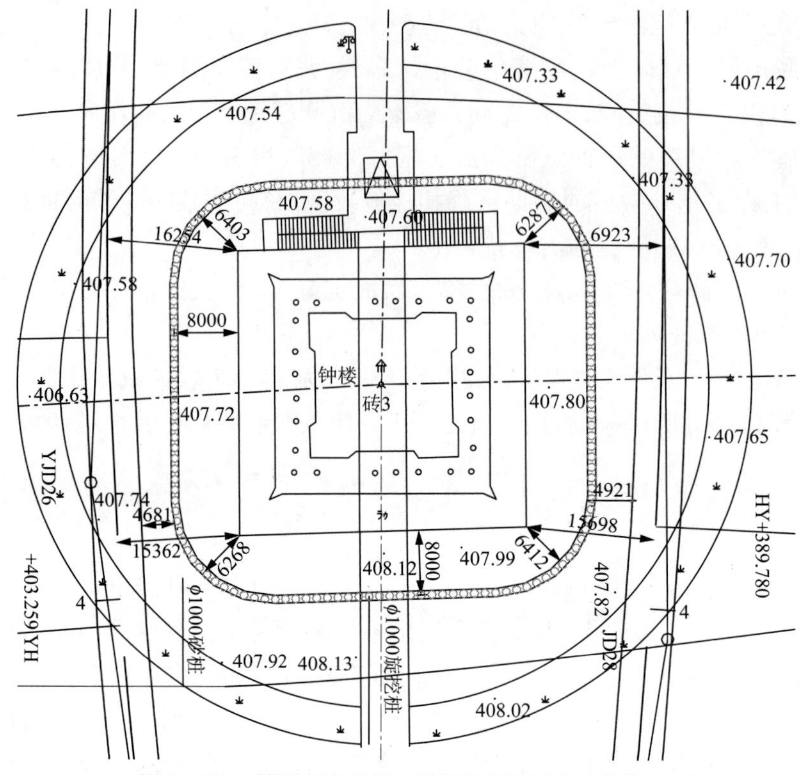

图 6-2-69　盾构线路与钟楼加固桩平面关系（尺寸单位：mm）

2. 预加固措施

增强建筑物的自身抗干扰能力主要以隔断基座与隧道之间的土体联系为主要思路，利用钻孔桩隔断地层沉降槽，减小钟楼方向地层沉降。具体操作是在钟楼基座外围 8m 左右设一圈旋挖桩隔断地层，减小地层沉降槽向钟楼方向的发展。加固桩分为两种：A 型和 B 型桩，直径 1m，桩间距 1.3m，其中靠近规划 6 号线侧加固桩 A 型桩长 27m，共 105 根；其余为 B 型桩，长 20.9m，共 34 根。采用跳两桩的方式施工，钻孔桩施工完毕后，在桩顶施作 1000mm×800mm 冠梁，埋深为 2.5m。

1）隔离桩施工

根据设计要求，隔离桩选择泥浆护壁旋挖成孔，在施工中加注提前准备好的泥浆。

隔离桩加固施工工艺流程如图 6-2-70 所示。

2）泥浆池

施工场地设 2 个泥浆池，每容积不小于 25m^3，泥浆池中废浆要勤抽，沉淀物要及时清理。一旦泥浆池中浆量不够，及时进行补充。

3）隔离桩加固施工注意事项

（1）隔离桩施工中可能出现意外情况的应急措施

①孔口塌方：现场备用钢护筒 10m，采用加长护筒、稳固老黄土的办法解决。

②因地质原因发生斜孔：处理地下障碍物，上下钻头拉孔纠偏，或用回填法纠偏。

③机械设备、配件备件现场要有足够的储备，万一发生故障，及时更换，如有意外情况出现，应全力以

赴参加处置。

(2)成孔质量检测方法

护筒定位验收：护筒埋设前应在桩位中心周围设置(预埋)控制校验点，护筒顶部拉正交十字线，十字线交点即护筒的中心点。通过桩位的纵横轴线校验点拉尺，其与护筒中点的偏差，即护筒中心偏差，不大于 50mm。

孔深测量：孔深测量采用专用测绳测量，测绳下拴铁制测饼，测饼直径为 120mm，厚度为 3cm。测绳长度应定期用钢尺校验。

4)冠梁施工

钻孔灌注桩顶设钢筋混凝土冠梁，将其连为一体，采用 1000mm×800mm 截面形式。冠梁施工安排在灌注桩施工完成后分阶段进行施工。冠梁施工工艺如图 6-2-71 所示。

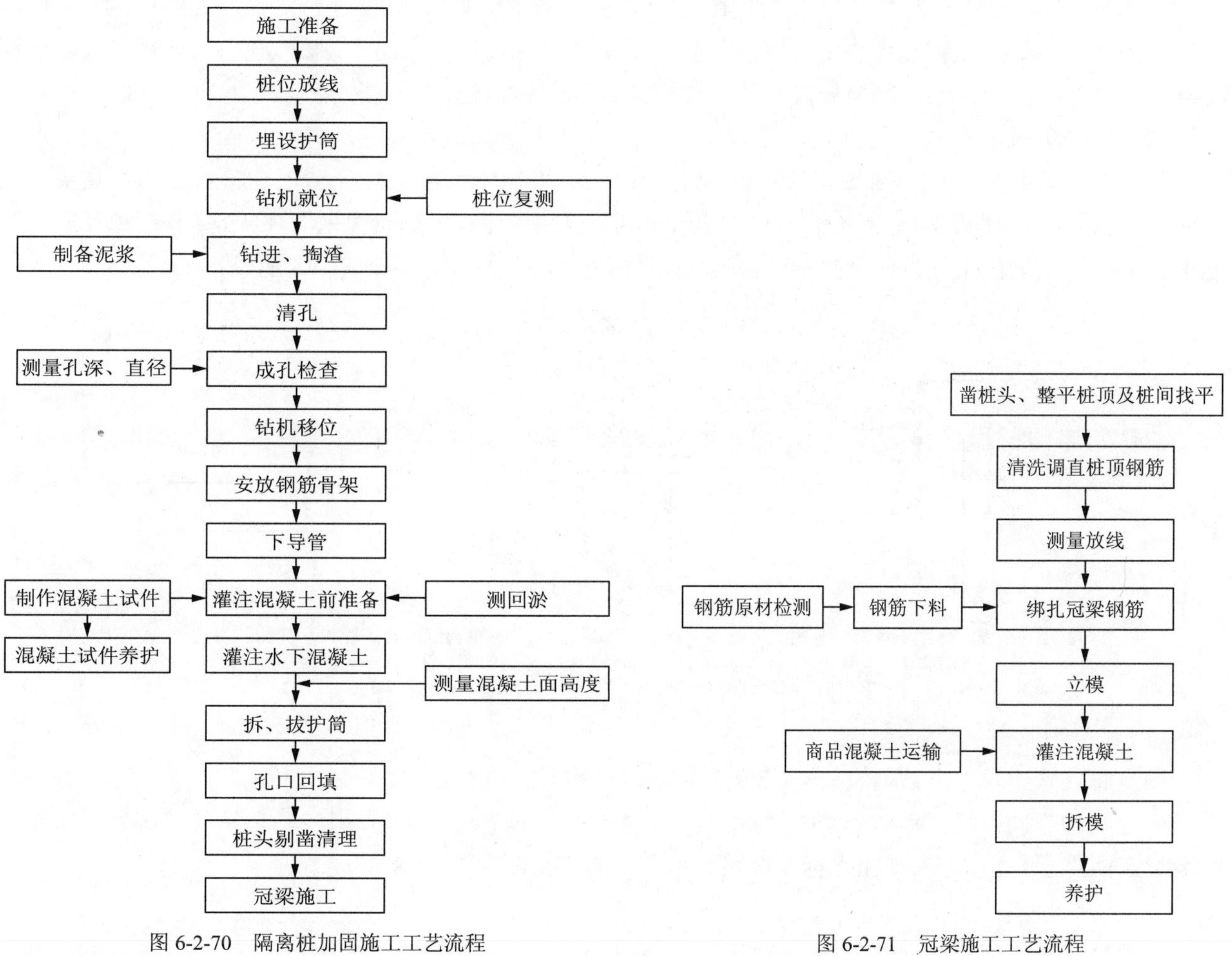

图 6-2-70　隔离桩加固施工工艺流程

图 6-2-71　冠梁施工工艺流程

3. 监控量测

1)监测仪器

采用德国蔡司精密电子水准仪及配套条形码尺、徕卡全站仪及配套棱镜组、游标卡尺、钢尺和配套工具、摄像机、连通器水准仪、太阳能电池板、无线电信号发送器等仪器进行监测。

2）监测项目

根据招标文件、设计资料以及现场实际情况，日常的常规监测项目主要有地表沉降、钟楼基础沉降、钟楼倾斜。

辅助监测项目：地面巡视观察、钟楼墙体裂缝观察、照相摄影对比及钟楼地下盘道的沉降缝。

实时监测项目：钟楼盘道内左、右线各布置 1 个实时沉降测点，中间布置 1 个基准点。

3）常规监测实施方案

（1）地表沉降

地表沉降测点埋设示意图如图 6-2-72 所示。

开工前用水钻在地表路面钻孔，要求穿透混凝土路面，然后根据路面混凝土层厚度打入长约 80 ～ 100cm 的 $\phi16$ 钢筋测点，并用水泥砂浆回填密实。在穿过混凝土路面层部分使用套管隔离，保证钢筋与下部土体固结而与上部路面分离。测点周围用红油漆做标记，并用红油漆编号做出测点标志。

（2）建筑物沉降

用冲击钻在建筑物的基础或墙上钻孔，然后放入长 200 ～ 300mm、直径 20 ～ 30mm 的半圆头弯曲钢筋，四周用环氧树脂胶填充密实。测点的埋设高度应方便观测，对测点应采取保护措施，避免在施工过程中受到破坏。周围用红油漆做标记，并用红油漆编号作观测标记，如图 6-2-73 所示。

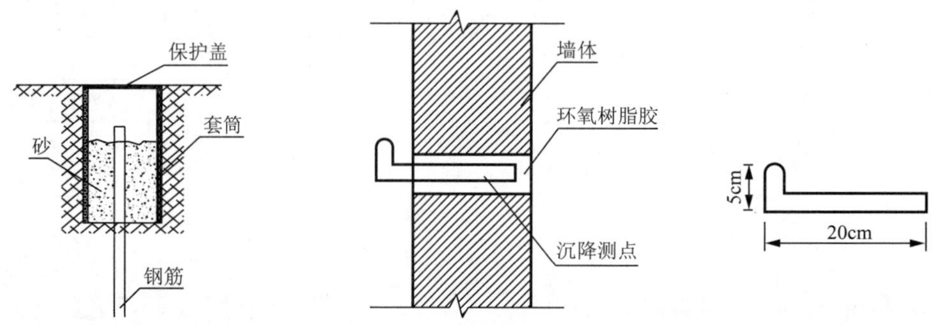

图 6-2-72　地表沉降测点埋设示意图　　图 6-2-73　建筑物沉降测点埋设示意图

如上述方案不能实施，则采用挂件在墙体粘固、墙面贴尺等方式进行。

（3）建筑物倾斜

测点布置采用墙体标志（棱镜测距）或者贴反射片的方式进行。

在建筑物不同高度（应大于 2/3 建筑物高度）建立上下两个观测点，采用自动全站仪按国家二级观测标准测定两点坐标值，两次观测坐标差即可计算出该建筑物的倾斜变化量。

（4）测量方法

采用精密电子水准仪进行观测，观测时各项限差应严格控制在规定额度之内，超过时应重读后视点读数，以作核对。首次观测应对测点进行连续三次观测，三次高程之差应小于 ±0.5mm，取平均值作为初始值。

4）辅助监测项目

地面巡视观察：每天派人沿钟楼四周及盾构线路沿线巡视观察，发现异常情况立即上报。

城墙裂缝观察：根据裂缝分布情况，可以对重要的裂缝，选择在有代表性的位置与裂缝两侧各埋设一个标志。标志系直径为 20mm，长约 80mm 的金属棒，埋入混凝土内 60mm。外露部分为标点，标点上各有一个保护盖。两标点之间的距离不得少于 150mm，用游标卡尺定期地测定两个标点之间距离的变化值，以此来掌握裂缝的发展情况。对于比较整齐的裂缝（如伸缩缝），则可用千分尺直接量取裂缝的变化。

照相摄影对比：在盾构旁穿钟楼之前，约请钟楼管理单位、地铁公司业主代表、监理、设计单位代表共同对钟楼进行照相、摄影，留存影像资料。

5）实时监测项目

钟楼盘道内左、右线隧道上方各布置 1 个实时沉降监测点。

根据以往经验，准备在钟楼盘道内布设 2 组实时监测点，每组布设 2 个点，再加上 1 个基准点，共计 5 个测点。该实时监测系统可以每隔 0.5h 发送一次数据，是人工监测方法不能比拟的。

（1）监测仪器

连通器实时监测系统由两大部分组成：一是地下材料埋入部分，由连通器、液体导管、底盖、顶盖板组成；二是地面发送和接收部分，由太阳能电池板、数据发送天线、蓄电池组、系统供电电缆、接收系统电脑等组成。

（2）监测实施方法

首先做好连通器，并做密闭性试验成功后，埋入地面下，连接导管并注入有色液体（冬天加适量防冻剂），安装动力系统和发送系统，覆盖即可。

连通器原理图如图 6-2-74 所示，当土体有位移时，$\Delta h = H_1 - H_2$ 或 $\Delta h = (a_1 - a_2) - (b_1 - b_2)$。

连通器水准监测在钟楼盘道的平面布置如图 6-2-75 所示。数据自动测量后由天线发送到控制中心的计算机上，由工程技术人员实时监控和分析。

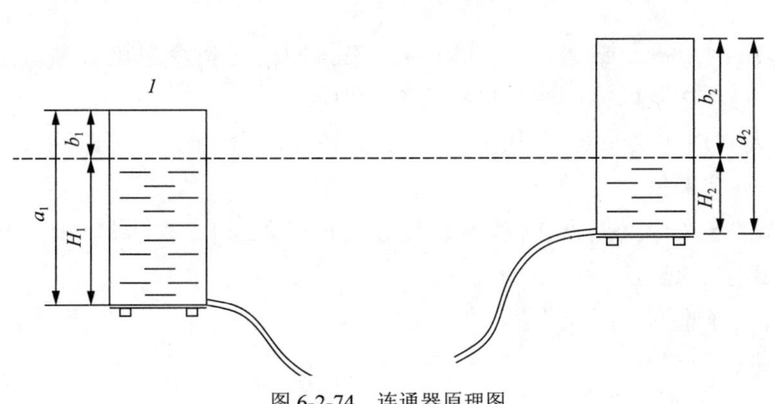

图 6-2-74　连通器原理图

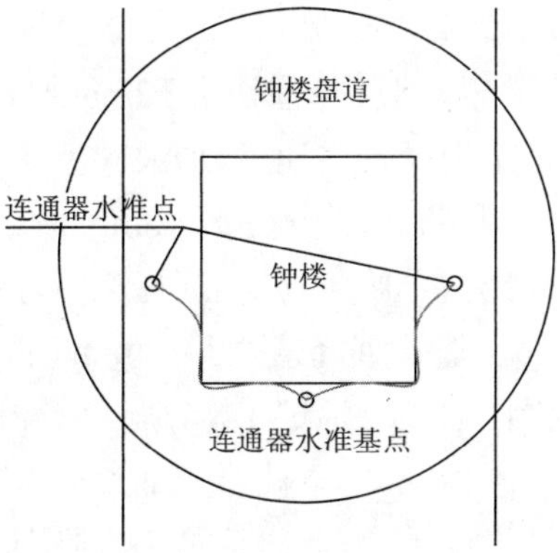

钟楼盘道
连通器水准点
钟楼
连通器水准基点

图 6-2-75　连通器在钟楼盘道的平面布置图

6）测点统计

钟楼监测项目测点统计见表 6-2-8。

钟楼监测项目测点统计　　表 6-2-8

序　号	测 点 类 型	数　量	备　注
1	地表沉降测点	20	必测
2	建筑物倾斜测点	9	必测
4	裂缝观测点	10	选测
5	连通水准实时监测点	3	选测

7）监测组织机构

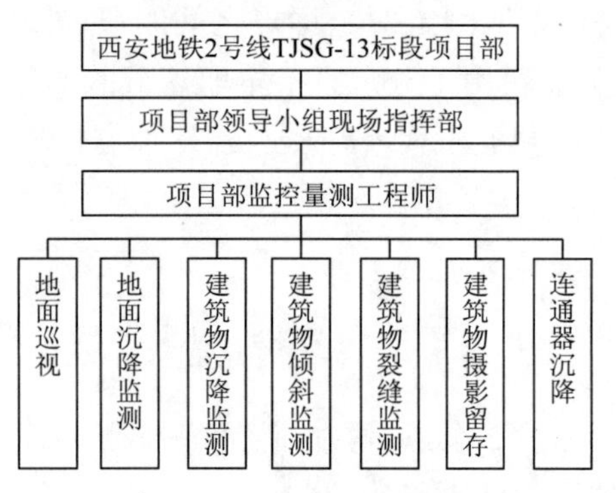

图 6-2-76 监测组织机构

由于文物保护非常重要，项目经理部成立了现场指挥部，由项目经理亲自挂帅，监测组织机构如图 6-2-76 所示。

现场监测的各项数据直接反馈到施工工作面和现场指挥部，由现场指挥部直接下达指令。

8）监测控制标准及监测频率

依据《西安地铁 2 号线运行振动对城墙影响专题研究报告书》（机械工业勘察设计研究院，2008.02）、《西安城墙永宁门、北门地铁 2 号线穿越区段安全性评估及西安地铁 2 号线施工沉降与运行振动对城墙影响专题研究成果》，地铁 2 号线盾构施工穿越钟楼时，城墙范围内可以按地表最大沉降量控制在 +5 ～ −5mm、城墙局部倾斜控制为 0.05% 的变形允许值作为评估城墙地基安全的标准。

监测时严格按照现行《建筑地基基础设计规范》（GB 50007）、《工程测量规范》（GB 50026）、《建筑变形测量规范》（JGJ 8）等规范执行。

根据有关规范和设计图纸的要求，施工过程中对测量结果及时进行分析反馈。

钟楼控制标准：

①地面沉降不超过 −10mm，隆起不超过 +5mm。

②钟楼基础沉降不超过 −5mm，倾斜梯度不超过 0.05%。

③钟楼基础沉降值达到 −2mm 时为预警值，沉降值达到 −3mm 为报警值，沉降值达到 −4mm 为警戒值。

当基础沉降值达到 −2mm 时，提醒盾构司机及隧道内施工人员，严格按照掘进指令单进行掘进，控制好推力及推进速度，加大同步注浆量，同步注浆以控制注浆量和注浆压力为主。

当基础沉降值达到 −3mm 时，在加大同步注浆的同时，加强二（多）次补浆，同时加强地面监测频率，用数据指导施工，减少沉降速率，控制基础沉降值。

当基础沉降值达到 −4mm 时，项目部召开会议提出建议，值班领导亲自进入操作室指导施工，同时加强地面 24h 巡逻工作，确保沉降值不超过 −5mm。

④监测频率：距掌子面 60m 时开始加强监测。每天监测一次，必要时实时监测。数据隔一天上报业主及设计单位，同时请第三方监测单位进行数据复核。

9）监测数据处理及信息反馈

监测数据整理分析反馈的方法和内容通常包括监测资料的采集、整理、分析、反馈及评判决策等方面。

（1）数据采集

通过测量仪器现场监测取得数据和与之相关的其他资料，实时搜集并记录（有时需人工读数、记录），然后将实测数据输入计算机。为了提高监测数据的及时性，要及时联系驻地监理、现场生产人员进行信息反馈。

（2）数据整理

每次观测后应立即对原始观测数据进行校核和整理，包括原始观测值的检验、物理量的计算、填表制图，异常值的剔除、初步分析和整编等，并将检验过的数据输入计算机的数据库管理系统。

（3）数据分析

采用比较法、作图法和数学、物理模型，分析各监测物理量值大小、变化规律、发展趋势，以便对工程的安全状态和应采取的措施进行评估决策。

绘制时间位移曲线散点图和距离位移曲线散点图。如图 6-2-77 所示，如果位移的变化随时间（或距掌子面距离）而渐趋稳定，说明处于稳定状态，说明推进系统是有效、可靠的，属正常曲线；反常曲线中出现了反弯点，说明位移出现反常的急骤增长现象，表明已呈不稳定状态，应立即采取相应的工程措施。

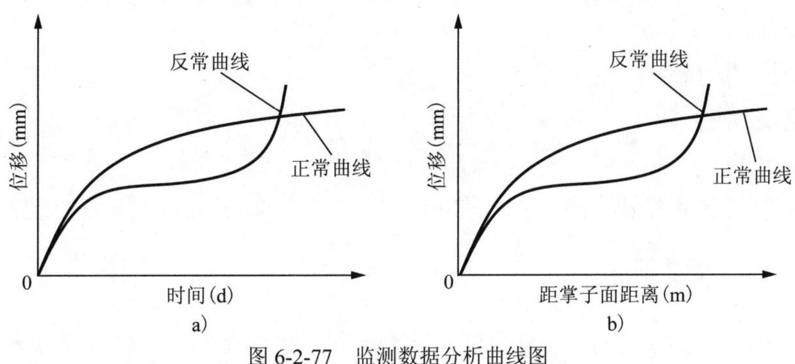

图 6-2-77　监测数据分析曲线图

10）安全预报和反馈

为确保监测结果的质量，加快信息反馈速度，全部监测数据均由计算机管理，每次监测必须有监测结果，及时上报监测周报表，同时附上相应的测点位移时态曲线图，对当月的施工情况进行评价并提出施工建议，并根据当前的施工方法修改监测方案，提高监测数据的可靠性和及时性。

监测数据分析及信息反馈中需加强以下几个方面：

①明确监控量测在施工中有着不可替代的作用，加强重视，强化管理。

②监测成果的分析是监测工作的重点，由专家给予现场指导。

③监测人员要有责任心，细心，耐心。监测人员要及时与施工队、监理、甲方、设计联系，共同解决疑难问题。

④要逐步健全和完善监测体系，形成监控量测信息化系统，并形成相应数据库管理。

4. 盾构施工措施

1）合理设置土压力，防止超挖

在盾构推进的过程中，根据监测数据及时调整土压力值，从而科学合理地设置土压力值及相应的推进速度等参数，防止超挖。钟楼段隧道埋深为 11 ～ 12m，根据计算和以往施工经验，土压力控制在 0.12 ～ 0.14MPa 之间，并根据施工情况调整。

2）合理控制掘进速度、出土量

穿越时降低推进速度，推进速度应控制在 20 ～ 30mm/min，严格控制盾构推进方向，减少纠偏，特别是大纠偏。合理控制出土量，通过试验计算出土的松散系数，每环出土量可控制在 $54m^3$ 左右。

3）加强同步注浆

穿越期间加强同步注浆，并确保注浆量。

同步注浆材料配比和性能指标见表 6-2-9。

同步注浆材料配比和性能指标　　表 6-2-9

水泥(kg)	粉煤灰(kg)	膨润土(kg)	砂(kg)	水(kg)	外加剂
120 ~ 160	210 ~ 270	60 ~ 80	779	520	按需要根据试验加入

每推进一环的建筑空隙为：

$$V=\pi(D_1^2-D_2^2)L/4$$

式中：D_1——盾构外径，取 6.16m；

D_2——管片外径，取 6m；

L——管片宽度，取 1.5m。

代入数据，得：$V=\pi(D_1^2-D_2^2)L/4=2.3\text{m}^3$

每环的压浆量一般为建筑空隙的 150% ~ 200%，即 3.4 ~ 4.6m^3，注浆压力控制在 0.25 ~ 0.35MPa。

4）环箍补浆（多次补浆）

根据地表沉降情况决定是否进行环箍注浆，补浆量为同步注浆量的 30%，注浆利用低压、少量、多次注浆的方式及时补充因原有浆液固结收缩所产生的空隙。盾构推进过后每 15 环进行环箍注浆（例如盾构机当前正在推进 80 环，则需在第 64 环进行一次环箍注浆注浆），每环 6 个孔每孔注入 0.5 ~ 1.0m^3，注浆损耗率以 10% 计，注浆压力为 0.2 ~ 0.25MPa。

两个环箍之间进行多次补浆，每一环箍补两次浆，补浆位置为每环箍后第 2 环和第 4 环的位置，注浆孔位置为隧道顶部两侧的 L 环管片。每孔多次补浆量为同步注浆量的 30%，多次补浆在环箍注浆完成后 12h 开始进行多次补浆。多次补浆分两次进行，两次之间间隔 24h，以便降低地表沉降速率，减小沉降值，确保地层沉降在允许范围内。

为保证补浆对盾构施工的影响减至最小，保证盾构机推进的连贯性，在末节台车上加装补浆罐车，具备 8 环左右的补浆浆液储备能力。

5）控制好盾构姿态，确保盾尾间隙均匀

盾构推进过程中的同步注浆及二次补浆是控制地面沉降的主要因素。以往的经验显示，盾构推进过程中的盾构姿态不好易造成盾尾处漏浆，地面沉降，因此在盾构掘进期间，应确保盾构推进轴线与设计轴线相吻合，盾尾四周间隙均匀。另外，也可通过加大盾尾油脂压注量来防止浆液通过盾尾流失。根据以往施工经验，盾尾油脂量比正常推进每环多 20kg 可以较好地控制盾尾的漏浆量。同时油脂全部采用进口油脂 CONDAT，施工期间，每掘进 4 环使用一桶油脂。

5. 实测沉降分析

通过上述措施的实施，盾构旁穿钟楼时进行了不间断的监测。盾构旁穿钟楼时间：左线于 2009 年 3 月 13 日～ 2009 年 3 月 21 日顺利通过，钟楼基座最大沉降为 -1.4mm，地面累计最大沉降为 -4.13mm；右线于 2009 年 6 月 20 日～ 2009 年 6 月 27 日顺利通过，钟楼基座最大累计沉降量为 -0.21mm，地面累计最大沉降量为 -2.35mm。本次施工得到了监理、业主和当地市民的好评，取得了良好的经济、社会效益。钟楼台基座测点布置及沉降规律如图 6-2-78 ～图 6-2-80 所示。

由上述实测值可以看出，钟楼距离隧道中心线 15 ~ 16m，沉降都控制在 1mm 以内，与 Peck 公式法和 FLAC3D 数值模拟结果一致。

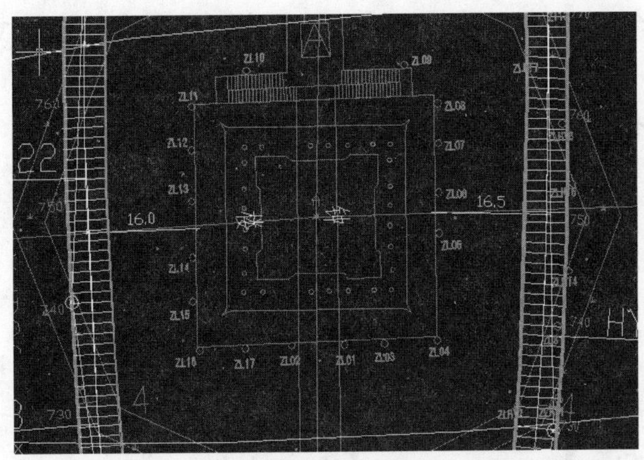

图6-2-78　左线盾构旁穿钟楼时台基座测点布置

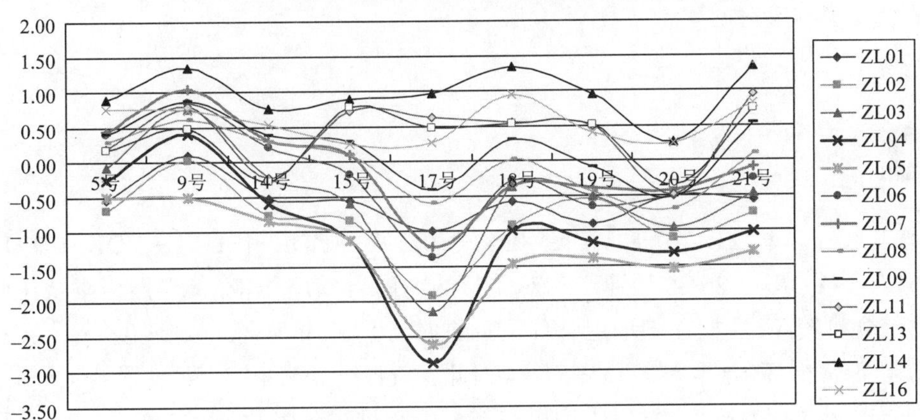

图6-2-79　钟楼台基座测点沉降随时间变化规律

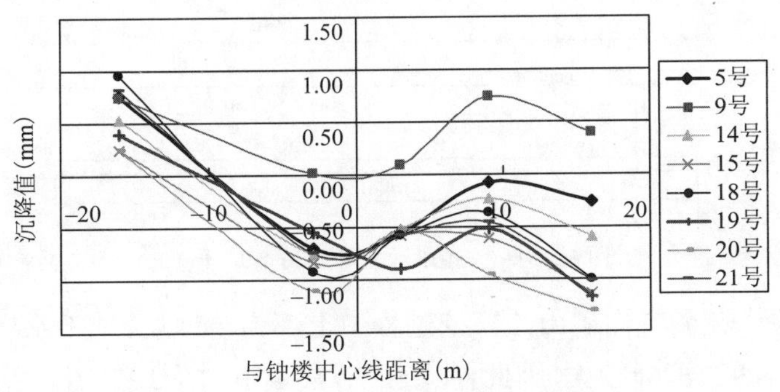

图6-2-80　钟楼中线横向沉降槽曲线

6. 结论与展望

本案例通过对西安地铁湿陷性黄土地层隧道开挖变形监测资料的总结、归纳与分析，结合对土体的变形、沉降解析分析、修正、推导，同时参照部分前人的经验，通过Peck数学公式拟合和FLAC3D数值解析结果分析，深入系统地探讨了盾构在西北地区湿陷性黄土地层下施工引起的地层位移规律，得到以下主要成果与结论：

（1）在综合分析试验段各种实测数据的研究基础上，对西安地区黄土地层中盾构隧道开挖引起地层位移规律进行了研究和探讨，拟合了一条具有广泛代表性的沉降曲线。

（2）研究和讨论了随机介质理论方法与Peck法的理论关系，运用FLAC3D有限差分程序，预测分析了盾构隧道穿越钟楼引起的地层位移规律，并与理论拟合的沉降规律进行了对比，得出了一致的结论。

（3）通过工程实践研究和现场实测沉降数据分析，对比分析了数值分析与工程实际值，得出了相同的结论，为西北地区类似地层条件下盾构隧道开挖提供了参考依据，为国内外文物保护工作提供了一条新思路。

第8节　广州地铁燕塘站—梅花园站区间盾构穿越矿山法段施工技术

广州轨道交通建设监理有限公司

1. 工程概述

本区间隧道左线在里程ZDK-0-821.7～ZDK-0-021.6～ZDK-1-117～ZDK-1-131.2处，右线在里程YDK-0-851.7～YDK-1-261.6处通过相对完整的花岗岩微风化带，其天然极限抗压强度最大值为126MPa，二氧化硅含量较高，盾构在该地层条件下掘进时刀具磨损严重、掘进速度慢，且在控制不当的情况下易造成刀具非正常损坏，甚至可能损坏刀盘，因此在YDK-1-124.286处设置施工竖井及横通道，采用矿山法掘进硬岩段形成初衬隧道，然后盾构机在隧道中空推拼装管片通过，如图6-2-81所示。

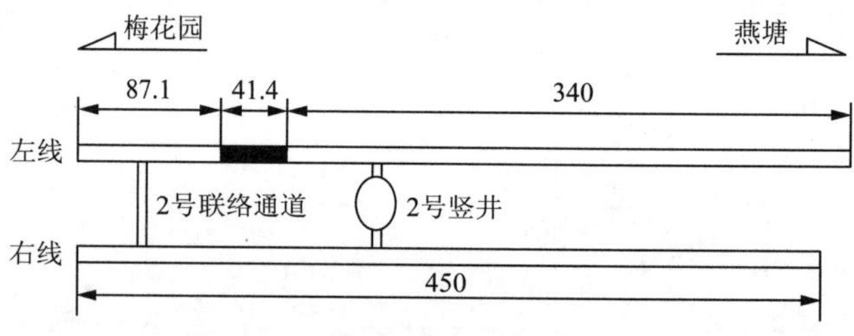

图6-2-81　空推段示意图（尺寸单位：m）

左线在从2号竖井往梅花园方向矿山法开挖过程中上部为⑦地层，地下水较大，地层松散，遇水易崩解，开挖难度大，造成地面涵洞沉降较大，因此停止开挖，决定通过右线2号联络通道往隧道两侧进行开挖，开挖至⑧破碎地层后停止开挖，故形成87.1m盲洞区及41.4m夹层。

2. 盾构机到达矿山法段前的施工技术措施

1）掘进参数分析

（1）左线小松盾构机在掘进至741环1000mm时前方岩石倒塌，刀盘已露出。根据盾构机测量（表6-2-10）及人工复测显示，盾构机应为推进至743环油缸行程520mm时刀盘露出掌子面，盾构机提前2.5m到达。从掘进参数上分析，由于在贯通前5环未对盾构机推力进行及时调整，仍然采用较大推力和速度进行掘进，最终导致洞门处岩石倒塌，盾构机提前到达。

左线小松盾构机到达第一段矿山法段前 10 环掘进数据　　表 6-2-10

环数	推力(t)	最大扭矩百分比(%)	刀盘转速(r/min)	掘进速度(mm/min)	仓压(上部)(MPa)	螺旋输送机回转速度(r/min)
732	1675	60	1.31	40	0.2	8.3
733	1602	56	1.31	41	0.21	8.2
734	1866	59	1.31	37	0.18	6.6
735	1669	60	1.31	36	0.2	6.9
736	1369	60	1.31	33	0.2	7.6
737	1406	48	1.31	29	0.21	6.2
738	1617	46	1.31	25	0.19	2
739	1510	46	1.34	19	0.19	1.8
740	1334	46	2	18	0.17	1.1
741	1513	29	1.63	12	0.08	6.5
742	1449	14	1.31	18	0	1
743	940	16	1.31	19	0	0

(2)左线小松盾构机到达第二段矿山法隧道前在掘进至 826 环时上部⑦地层已经倒塌,刀盘露出,距离端头约 2.6m。分析掘进参数（表 6-2-11),在贯通前 5 环已有意识将推力降低,调整刀盘转速,加快螺旋输送机排土速度,逐步降低仓压。但由于掌子面上部为⑦地层原因,最后仍然导致盾构机提前到达。综上两次到达情况的分析,第一次如果及时调整掘进参数,到达效果应能达到预期效果;第二次在到达前对端头上部进行横向格栅钢架处理,对上部岩层的稳定将起到更好效果。

左线小松盾构机到达第二段矿山法隧道前 10 环掘进数据　　表 6-2-9

环数	推力(t)	最大扭矩百分比(%)	刀盘转速(r/min)	掘进速度(mm/min)	仓压(上部)(MPa)	螺旋输送机回转速度(r/min)
817	1854	50	1.31	21	0.1	1.2
818	1723	61	1.31	23	0.1	2.6
819	1901	56	1.32	22	0.1	2.6
820	1952	57	1.37	21	0.11	2.4
821	1969	51	1.31	20	0.11	0.2
822	1842	56	1.31	20	0.12	2.5
823	1509	54	1.77	19	0.1	2.5
824	1173	37	1.99	20	0.07	3.1
825	1166	42	2	17	0.02	6.2
826	1081	39	1.94	20	0	9

2)盾构到达矿山法段前采取的施工措施

本区间左右线经历三次盾构到达,进入矿山法隧道,每次到达效果各不相同,但在到达过程中控制措施基本相同。

(1)对矿山法端头坐标、里程进行再次复核,推算出盾构机掘进至多少环油缸行程约多少时刀盘露出掌子面。

(2)贯通前 20 环开始对盾构机姿态进行调整,将盾构机向靶心推进,到达过程中保持盾构机抬头姿态,垂直趋向按照 +2 ～ +3mm 进行控制。

（3）根据到达地质情况选择合理掘进方式，本区间在到达前附近地层为微风化花岗岩⑨、中风化花岗岩⑧地层，因此在到达前采用敞开式掘进方式推进。

（4）在贯通前10环调整掘进参数，控制速度为15～20mm/min，转速为1.31r/min；贯通前5环选择5～10mm/min，转速为1.31r/min，并在掘进过程中逐步减低推力。

（5）在贯通前1～2环处，控制螺旋输送机转速，确保土仓内渣土能及时排出，保持空仓。

（6）当盾构机测量系统显示刀盘距离矿山法端头200mm时，将仓内土排空，而后缓慢掘进，减少贯通之后的清仓工作量。

（7）到达前采取止水措施，在中盾上径向注入惰性浆液及聚氨酯，防止到达时造成涌水涌泥。

（8）做好管片螺栓紧固和复紧工作，防止管片松弛影响密封防水效果。

（9）准备常规应急物资，如快干水泥、水玻璃、木楔子、棉纱、注浆泵等。

3）盾构机到达矿山法段施工技术措施分析

（1）盾构机姿态应及时调整，最好设置一段导台。与以往盾构机到达不同，盾构机进入矿山法隧道即将面对已开挖完成初期支护隧道，初期支护隧道由锚杆钢网或者格栅钢架支护，并且围岩强度较高，一旦盾构到达姿态偏差，对后期盾构姿态纠偏将造成极大困难。

（2）贯通前掘进参数控制：在贯通前对推力、扭矩、转速进行控制，需采用低推力、小转数进行掘进，合理选择添加剂用量，减少后期到达后的清理工作量。

（3）到达前防水措施：在到达前盾尾做止水环，中盾上注入惰性浆液及聚氨酯，在裂隙水发育及软岩不均地层，防止到达前涌水涌泥显得尤为重要。

（4）盾构机进入矿山法段的端头加固措施：最初认为⑧、⑨地层不需进行端头加固处理，左线小松盾构机到达第一段矿山法段时，由于围岩较为破碎，刀盘距离矿山法端头约2.5m位置，下部围岩已经脱落，露出1/3刀盘。右线海瑞克盾构机到达矿山法段时，刀盘距离矿山法端头约1m位置，掌子面已全部破碎，刀盘几乎全部露出（图6-2-82）。掌子面提前塌落造成大量岩块堆积，造成了掘进困难，清理难度加大。为此，在左线盾构机第二次到达矿山法段前，上部掌子面采取锚喷支护的措施，盾构机到达时，未发生掌子面提早失稳现象（图6-2-83）。

图6-2-82　右线海瑞克盾构机到达矿山法段

图6-2-83　左线小松盾构机到达第二段矿山法段

3. 盾构过空推段施工技术

本区间盾构空推共三次，左线盲洞区空推，后340m空推，右线450m空推。由于采用不同施工工艺，施工工序衔接及组织上安排差异，最后三次空推进度存在较大差异，空推完成后隧道质量也截然不同。

1）空推段准备措施（三次空推相同处）

（1）盾构机到达后，立即将刀盘、土仓内、刀盘前方渣土清理干净，转动刀盘转动至合适位置（图 6-2-84），拆除边缘刀具。

（2）刀盘上焊接人行走道板（图 6-2-85）、施工平台、上下楼梯，方便从盾构机进入矿山法隧道及进行刀具拆除工作。

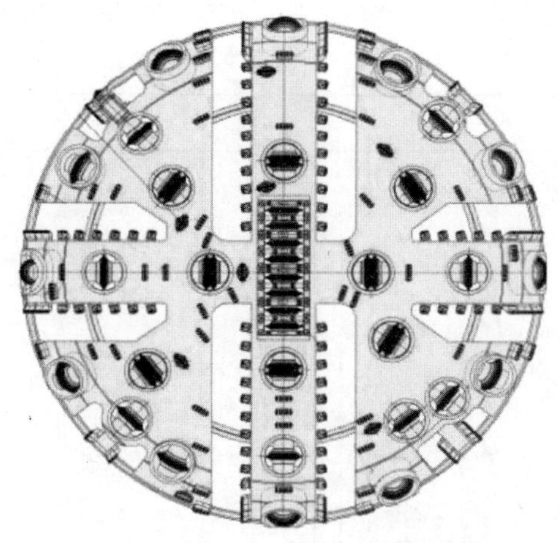

图 6-2-84　小松盾构机空推段刀盘摆放位置

图 6-2-85　海瑞克盾构机空推段刀盘摆放及搭设走道板

2）左线第一段矿山法段空推施工技术

（1）由于受隧道自身限制，豆砾石无法通过 2 号联络通道运至第一段矿山法段，因此该段空推豆砾石喷射选择从刀盘后方进行喷射。

（2）列车重新编组，如图 6-2-86 所示，采用 2 节管片车 +1 节豆砾石渣车 +1 节浆车（方向为从电瓶车机头至后方）进行编组，并且将连接桥架下方防撞横梁拆除。

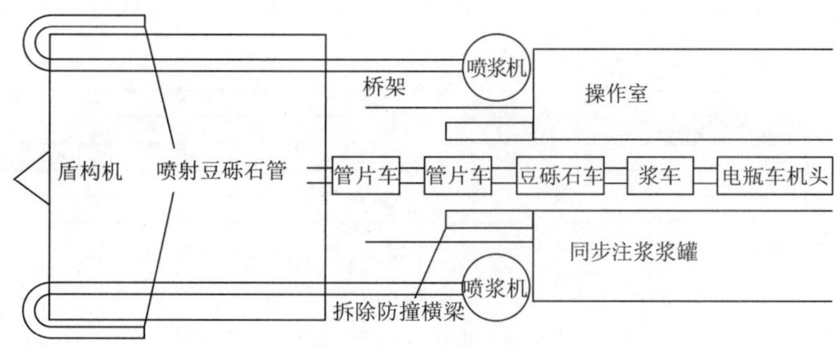

图 6-2-86　左线盲洞空推段各机械及管路分布

（3）喷浆机排放及管路连接：将两台喷浆机分别放置在桥架后端的两侧，将喷射豆砾石管路及风管连接好，喷射管一端连至喷浆机，另一端管口固定在刀盘 2 点、10 点位两处，并且深入盾构机盾壳内。

（4）防止同步注浆前窜措施：待刀盘拖出掌子面 1m 后，从刀盘前端将沙袋塞在盾体和矿山法初期支护之间，3、9 点位以下全部堵塞好，并且使用 500mm 长、100mm 宽、20mm 厚的钢板，焊接在盾构机切口环 5、7 点位的位置。

3）左线第一段矿山法段掘进进度及各项掘进参数分析

（1）第一段矿山法段盾构空推拼装管片历时 9 天（从刀盘过矿山法端头算起），累计掘进 55 环，平均进尺 6.1 环 / 天，中间停机时间为 1 天，最高日进尺 12 环 / 天（表 6-2-12 和图 6-2-87）。

第一段矿山法段掘进进度 表 6-2-12

日　期	日掘进（环）	累计（环）	日　期	日掘进（环）	累计（环）
2009-11-29	3	745	2009-12-4	2	775
2009-11-30	6	751	2009-12-5	8	783
2009-12-1	12	763	2009-12-6	11	794
2009-12-2	10	773	2009-12-7	3	797
2009-12-3	0	773			

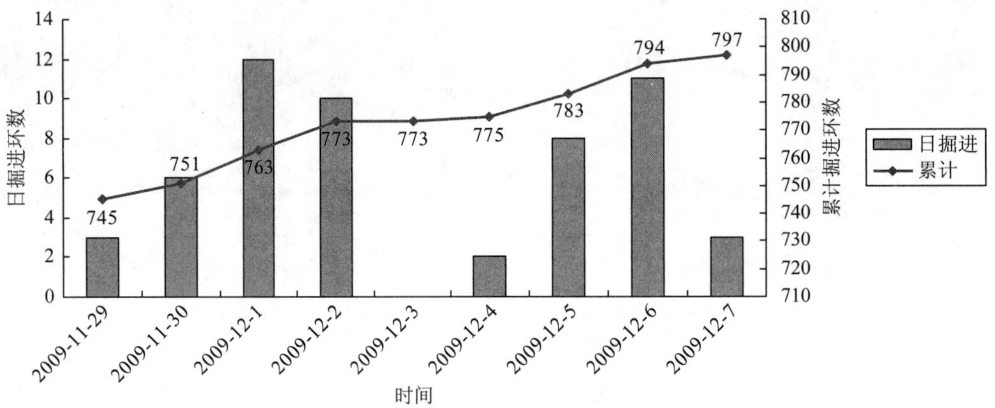

图 6-2-87　第一段矿山法段掘进进度

（2）空推段掘进速度保持在 35 ～ 50mm/min 之间（图 6-2-88），偶尔几环在 70 ～ 80mm/min 之间，掘进耗时在 30 ～ 50min 之间，推力保持在 400 ～ 600t，由于初期支护隧道局部欠挖，770 ～ 772 环推力在 1300 ～ 1800t（图 6-2-89）。

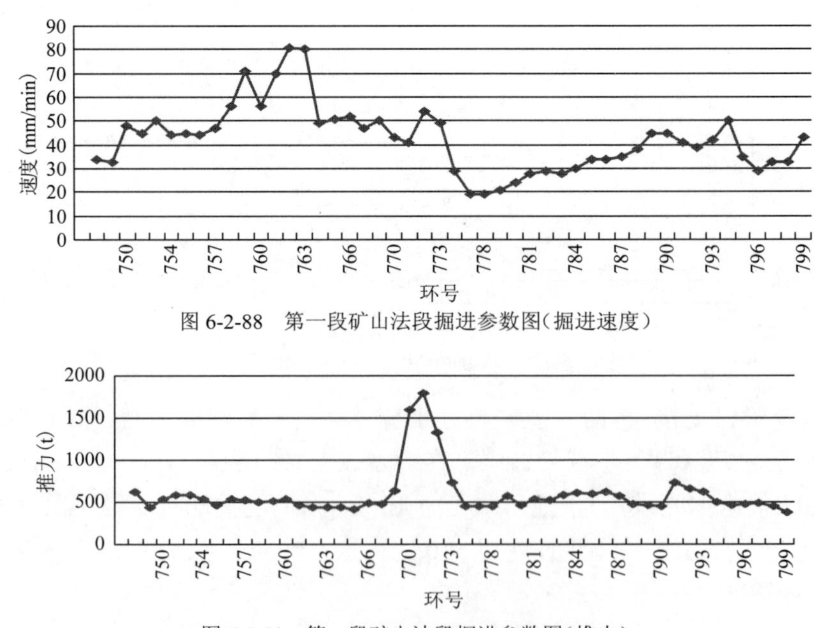

图 6-2-88　第一段矿山法段掘进参数图（掘进速度）

图 6-2-89　第一段矿山法段掘进参数图（推力）

（3）空推段故障时间统计：12 月 2 日双轨梁电缆老化断裂，接线耗时 2h，12 月 3 日盾构机导台断裂，架立新导台，耗时 1 天。12 月 7 日掘进完成 797 环后补喷豆砾石，更换盾尾刷。

4）第一段矿山法段空推总结

（1）空推段每延米喷射豆砾石理论量为 5.3m³，每环掘进喷射豆砾石为 7.95m³。由于空推段掘进速度较快，豆砾石从豆砾石车内倒运至喷浆机效率较低，并且在掘进完成后为了工序衔接，拼装管片时需进行倒车工序，无法喷射豆砾石，以上三种原因最终造成空推段喷射豆砾石量不足。从以上三种原因上分析，要解决从后方喷射豆砾石饱满问题需在豆砾石倒运至喷浆机及喷浆机喷射效率上想办法。

（2）由于喷射豆砾石量不足，经常造成同步注浆浆液前窜至刀盘前方，虽有止浆钢板，但初期支护开挖面凹凸不平使得浆液前窜。

（3）由于管片与初期支护之间有空隙，空推段同步注浆浆液进入空隙间无阻力，注浆时间非常快，3m³ 浆液几分钟内完成，注浆效果无法得到保证，这也是造成浆液前窜原因之一。

（4）在喷射豆砾石不饱满，同步注浆效果较差情况下未及时进行管片背后二次注浆。

（5）在空推之前未对初期支护断面欠挖进行处理，推进过程中遇到局部欠挖处加大推力强行推行，导致盾构机导台断裂。虽然进行重新架设钢轨，喷射混凝土，与原来导台进行连接，最终将盾构机引上导台，但盾构机姿态受到严重影响。

4. 左线二次空推施工技术（340m）

1）结合第一段空推经验和教训得出的应对措施

（1）豆砾石喷射改由从刀盘前方喷射，先计算出 340m 需喷射豆砾石量，然后将豆砾石从竖井运至隧道内，均匀平铺于盾构机导台上方两侧。

（2）列车重新编组，如图 6-2-90 所示采用浆车 + 管片车（三大块）+ 管片车（两大一小）+ 管片车（两大一小）+ 管片车（三大块）进行编组。

（3）施工竖井内准备地泵，将地泵放至井下，使用 DN150 钢管从地面连接管路至井下地泵，采用地泵进行管片背后的二次注浆。

（4）采用大容量喷浆机，使用一台 6m³ 和一台 9m³ 喷浆机进行豆砾石喷射（图 6-2-91）。

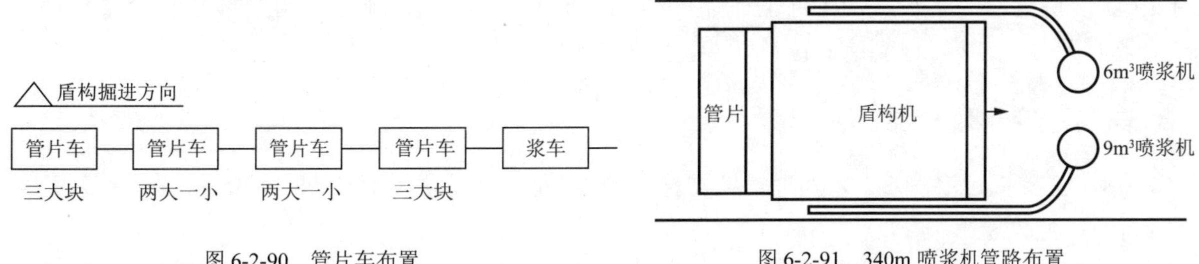

图 6-2-90　管片车布置

图 6-2-91　340m 喷浆机管路布置

2）左线第二段矿山法段掘进进度及各项掘进参数分析

左线第二段矿山法段掘进进度见表 6-2-13 及图 6-2-92。

（1）340m 空推段历时 22 天，共掘进 227 环，平均进尺 10.3 环 / 天，最高进尺 20 环 / 天，中间停机 3 天。

（2）340m 掘进速度保持在 40 ～ 70mm/min 之间，掘进耗时在 20 ～ 30min 之间，推力保持在 400 ～ 700t 之间。

第二段矿山法段掘进进度　　表 6-2-13

日　期	日掘进(环)	累计(环)	日　期	日掘进(环)	累计(环)
2009-12-22	7	833	2010-1-2	15	946
2009-12-23	9	842	2010-1-3	20	966
2009-12-24	18	860	2010-1-4	16	982
2009-12-25	14	874	2010-1-5	19	1001
2009-12-26	15	889	2010-1-6	12	1013
2009-12-27	0	889	2010-1-7	10	1023
2009-12-28	0	889	2010-1-8	12	1035
2009-12-29	7	896	2010-1-9	10	1045
2009-12-30	14	910	2010-1-10	0	1045
2009-12-31	6	916	2010-1-11	1	1046
2010-1-1	15	931	2010-1-12	7	1053

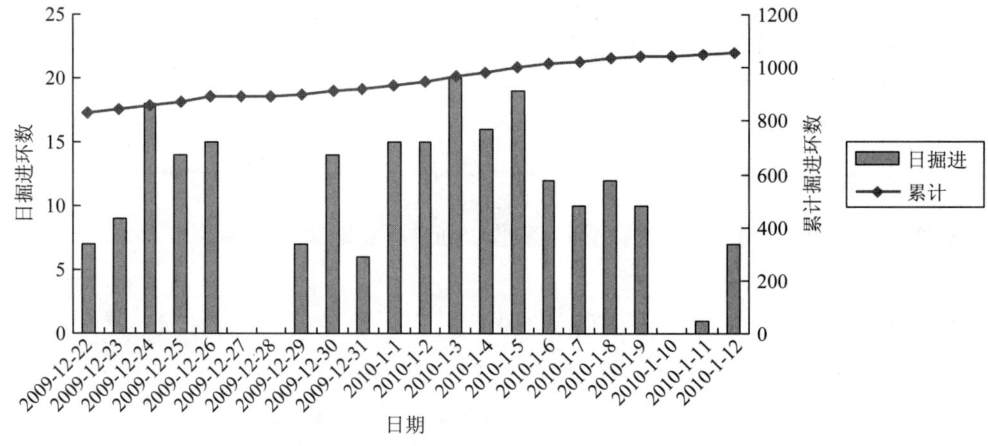

图 6-2-92　左线 340m 掘进进度

(3)340m 耽误掘进时间统计:2009 年 12 月 23 日白天组织人员清泥;12 月 27 日、28 日处理欠挖;12 月 29 日白班继续处理欠挖;12 月 31 日白班停电;2010 年 1 月 10 日三次始发准备和设备检修;1 月 11 日安装刀具;1 月 12 日已到达矿山法端头,空推结束。

3)第二段空推段总结

(1)本次空推掘进浪费 2.5 天处理初期支护欠挖,因此在空推段需对初期支护断面进行多次复核,保证全断面无一处欠挖。

(2)由于喷射豆砾石不受拼装管片影响,因此只需加快喷射豆砾石效率即可提高掘进速度,但喷射豆砾石与掘进速度相互影响,豆砾石在刀盘前方初期支护隧道内均匀平铺,在掘进过程中刀盘与喷浆机保持一定距离。当此刀盘与喷浆机之间距离变近,说明掘进速度较快,需放慢掘进速度;当刀盘与喷浆机之间距离变远,说明掘进速度较慢或者喷射豆砾石太快,需加快掘进速度或者减慢喷射速度。

(3)在盾构机通过施工竖井之后,切割横通道处管片,在竖井内用地泵进行管片背后二次注浆。但由于担心管片不能承受地泵输送混凝土压力导致管片变形,因此对管片背后未进行较好填充。

(4)由于左线隧道在矿山法初期支护完成后仍存在局部渗漏情况,管片背后又未填充饱满,最终导致左线空推段管片上浮。施工竖井将来作为废水泵房处于最低位置,整条隧道呈“V”字走向,因此竖井附近管片上浮最为严重，对后期管片姿态稳定及管片背后回填造成极大困难。

5. 右线空推段掘进技术分析

1）结合左线空推经验和教训得出的应对措施

右线空推掘进时左线空推段掘进已经全部完成，正进行空推段管片背后注浆回填及侵陷段处理，在此地层空推，由于深知管片与初期支护之间回填不饱满带来的危害，在保证进度同时，为保证回填饱满采取了如下措施：

（1）管路连接：豆砾石仍然从刀盘前方喷射，喷浆机放至刀盘前方 8 ～ 10m 处，喷射管固定于刀盘 1 点位和 11 点位处，并伸入盾构机（图 6-2-93 和图 6-2-94）。

图 6-2-93　伸入盾构机盾壳喷豆砾石软管

图 6-2-94　固定在盾构机 11 点位喷豆砾石软管

（2）注浆改进：用两根同步注浆管对盾尾后第 5 环 3 点位、9 点位吊装孔进行注浆。泡沫箱内改装水玻璃，泡沫管和上述两根同步注浆管连接一起，注入双液浆，三通接口在吊装孔处（图 6-2-95）。

在进行空推准备工作时对注入双液浆凝固时间做反复试验，当将装有水玻璃的泡沫流量调为 8%，同步注浆泵流速调为 5 冲程 /min，体积比调为 30 : 1（砂浆 : 水玻璃），30 ～ 40s 浆液开始结块，准备采用此种配合比进行注浆。

（3）为防止同步注浆管堵塞，备用一台“黑旋风”送浆泵。

（4）另外一个同步注浆管接盾尾后第 10 环附近 12 点位吊装孔进行注浆。

（5）5 号台车后 12 点位进行二次补充注浆。

（6）为防止浆液前窜至刀盘前方，在切口环 3 ～ 9 点位以下设 2 道止浆钢板（图 6-2-96）。

图 6-2-95　盾尾后第 5 环附近同步注浆

（粗管为同步注浆管，细管为装有水玻璃的泡沫管，三通置于吊装孔处）

图 6-2-96　切口环 3 ～ 9 点位以下止浆板

（7）列车编组：采用“2 管片车 +1 浆车 +1 渣车底盘”方式，渣车底盘主要用于运输 5 号台车后补充二次注浆所需水泥。

（8）明确分工：成立喷射豆砾石班、同步注浆班、掘进班、调配班、二次注浆班、设备日常维护班六大班组。每个班组各司其职，相互之间沟通协调。

2）右线过矿山法段掘进进度分析

右线过矿山法段掘进进度如图 6-2-97 所示。

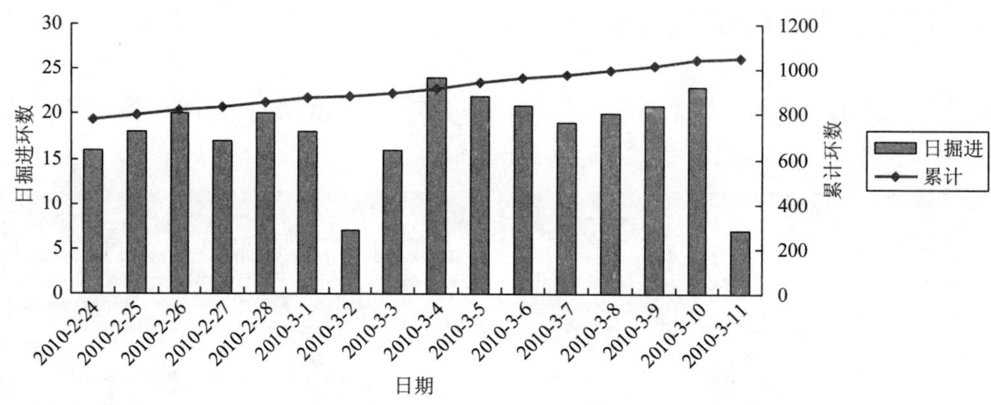

图 6-2-97　右线过矿山法段掘进进度

（1）右线空推历时 16 天，共掘进 289 环，平均进尺 18.1 环 / 天，最高进尺 24 环 / 天，无停机时间。

（2）掘进速度保持在 40 ～ 70mm/min 之间，掘进耗时在 20 ～ 30min 之间，推力保持在 400 ～ 700t 之间。

（3）右线 3 月 2 日掘进 7 环，其原因为白天隧道接电缆线。

3）右线空推段总结

（1）施工组织恰当，合理安排工序衔接是这次空推段高进度成功之处。

（2）对同步注入双液浆的凝固时间把握，最初采用 8% 的泡沫流量常发生堵塞管路现象，后将泡沫流量改为 3% 才得到解决。

（3）对管片背后多次填充，确保管片背后填充饱满。

（4）右线整个空推过程中仅有一次浆液前窜现象，除由于注入双液浆凝固时间较快原因之外，切口处加止浆板也起了必不可少的作用。

（5）在空推段掘进过程中，拼装机、双轨梁、电瓶车为重荷载设备，加强此类设备的维护及保养，出现设备故障及时解决是这次空推成功的原因之一。在空推过程中仅发生两次拼装机油管故障，并且都在 1h 之内解决问题。

6. 三次空推比较

三次空推，一次比一次成功，每一次施工都认真吸取前一次在施工过程的经验和教训，采用了更为合理的施工方法加以改进，使得最后一次取得 18.1 环 / 天进度。

通过对这几次空推段掘进情况的分析，主要应关注以下几个方面的问题：

（1）要严格控制盾构机导台的施工质量，如果因为施工质量差导致导台断裂极易引起盾构机栽头，盾构机栽头会造成盾构机姿态难以控制，恢复掘进困难，因此要在施工导台时要加入钢筋网片，严格控制混凝土的浇筑质量，以确保盾构的正常掘进。

（2）空推段盾构施工前要全面测量矿山法隧道断面几何尺寸，对出现的欠挖区域必须凿除，对较大的超挖区域提前处理，否则就会造成盾构机姿态难以控制，导致管片侵限。

（3）保障普通管片与特殊管片的及时供应，确保盾构掘进和注浆能够持续均衡地进行。

（4）刀盘前保持有足够多的豆砾石，能够提供盾构机在掘进过程中的反推力，使得管片拼装更为紧密。

（5）在盾构掘进过程中，要及时进行同步注浆和二次补注浆，使管片能够及时受到约束，保证管片不受地下水影响而出现管片上浮现象。

7. 盾构过横通道段技术

（1）在盾构机到达之前，将两根工字钢固定在横通道上，高度与盾构机 3、9 点位平齐，矿山法隧道清理完成后，使用沙袋将 2 号竖井堆高 1000mm，防止同步注浆浆液流至竖井。H 型钢与 250mm×150mm ×5mm 的钢板焊接，钢板用膨胀螺栓固定在横通道两侧端墙上，在 H 型钢外侧做 3 道斜撑，斜撑一边与 H 型钢焊接，一边与隧道固定。

（2）盾构机在通过 2 号竖井时，管片拼装完毕，脱出盾尾后，在靠近竖井一侧，用木楔打在管片和导台之间、管片和型钢之间，防止管片下沉及侧移。

（3）盾构机在通过 2 号竖井时，只使用远离竖井一侧的管路喷射豆砾石，同时将注浆点位移至 4、7 点位。控制同步注浆量，派专人在竖井处观察，当浆液大约相差 100mm 与沙袋平齐时，停止同步注浆。

第 9 节　深圳地铁 9 号线上软下硬地层盾构切削居民楼群桩施工技术

中建交通建设集团有限公司

1. 工程概况

深圳地铁 9 号线大剧院站—鹿丹村站区间右线长 484.983m，左线长 459.538m，采用盾构法施工。盾构自鹿丹村站始发后，下穿 14 栋多层建筑，再以 350m 小半径转入深圳城建开发集团地块，最终沿红岭南路到达大剧院站。区间地面环境复杂，车辆众多，人口密集，其中滨苑小区 1990 年建成，9 ～ 13 号楼均为 7 层框架结构，无地下室，基础均为 ϕ340 沉管灌注桩，设计单桩承载力为 35t，建筑物桩基侵入隧道，需进行盾构连续切削桩基础穿越居民楼群施工。经观察发现建筑物表面老化严重，裂痕密布，部分区域混凝土剥落，内部钢筋锈蚀严重。

盾构设备为土压平衡盾构，盾构开挖外径为 6.28m，隧道外径为 6m，隧道内径为 5.4m。

该段隧道最小曲线半径为 350m，左右线隧道线间距为 16 ～ 20m，最大纵坡为 28‰，隧道埋深为 7 ～ 20m。

1）地质水文情况

切桩段隧道处于地面以下 12 ～ 15m，地质断面为可塑状砾质黏性土⑥$_1$、硬塑状砾质黏性土⑥$_2$、全风化花岗岩⑫$_1$、强风化花岗岩⑫$_2$、中风化花岗岩⑫$_3$、微风化花岗岩⑫$_4$。工程主要地质情况如图 6-2-98 所示。

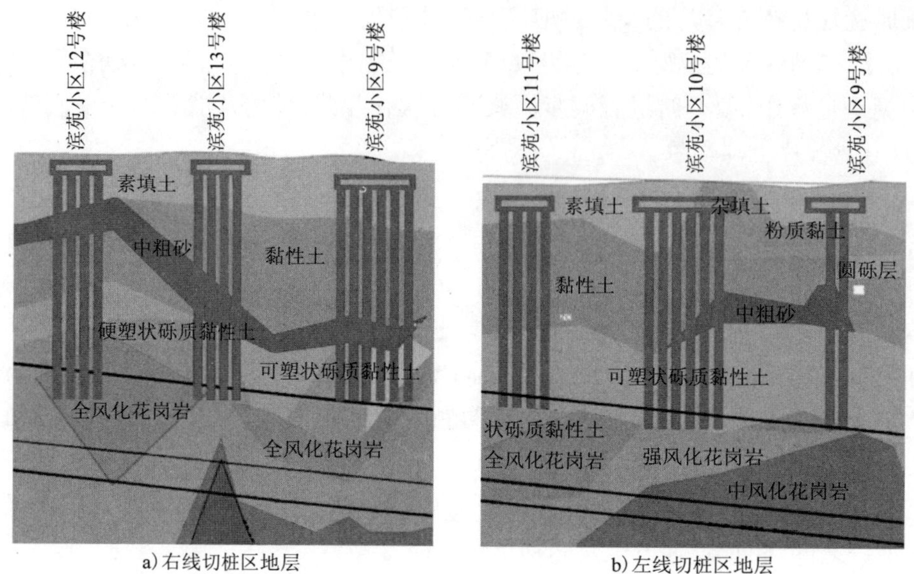

a) 右线切桩区地层　　b) 左线切桩区地层

图 6-2-98　工程地质情况

工程周围地下水类型主要为基岩裂隙水，局部为孔隙承压水，地层最大渗透系数为 150m/ 天，最大涌水量为 37200m^3/ 天，水位埋深为 0.50 ～ 7.20m。

2）工程周边环境及主要风险点

盾构隧道位于深圳市中心区域，区间隧道周边邻近建（构）筑物情况见表 6-2-14。其中，滨苑小区 9 ～ 13 号楼桩基不同程度侵入隧道，盾构需切桩穿越属一级风险源。

区间隧道周边邻近建(构)筑物情况　　表 6-2-14

序号	建(构)筑物位置	结构(基础类型)	相对位置关系
1	红叶立体声影院	浅基础	隧道上方，最小竖向净距 4.36m
2	滨苑小区 11、12 号	0.34m 沉管灌注桩，框架结构	桩基侵入隧道 1.34、1.23m
3	滨苑小区 10、13 号	0.34m 沉管灌注桩，框架结构	桩基侵入隧道 1.07、1m
4	滨苑小区 7 号	0.34m 沉管灌注桩，框架结构	隧道偏上方，最小竖向净距 6.87m
5	滨苑区 9 号	0.34m 沉管灌注桩，框架结构	桩基侵入隧道 0.8m
6	滨苑小区 1 号	0.34m 沉管灌注桩，框架结构	隧道上方，最小竖向净距 12.58m
7	滨河小学住宿楼	0.48m 沉管灌注桩，框架结构	隧道偏上方，最小竖向净距 6.27m
8	滨苑幼儿园综合楼	浅基础	隧道上方，最小竖向净距 17.31m

2. 工程重、难点

（1）工程风险大：区间盾构需连续切削居民楼群桩基共计 137 根，且盾构穿越地层为上软下硬地层，风险极大。施工过程中如何采取措施，最大限度地降低对地层及桩基的扰动程度，减小既有建筑物沉降或倾倒，并控制穿越后的后期沉降是本工程的重点和难点。

（2）盾构自身施工难度高：盾构机在上软下硬地层中连续切削桩基对盾构施工过程控制提出了更高的要求。在保证建（构）筑物安全的前提下，同时保证盾构机姿态良好、成型隧道线形满足设计及规范要求，也是本工程实施的一项重、难点。

3. 盾构上软下硬地层切桩施工关键技术

1）切桩施工数值模拟分析技术

（1）通过数值分析模拟建（构）筑物注浆的全过程，分析不同注浆效果下建（构）筑物基础的力学特征。

（2）通过数值分析模拟盾构切桩施工的全过程，分析盾构隧道切桩施工不同阶段既有建（构）筑物桩基础的力学特征与变形情况。

（3）通过数值模拟结果，分析盾构切桩完成后，既有建（构）筑物桩基础作用在隧道上方时管片的受力特征和变形情况，反向确定隧道管片应具备的承载力性能。

（4）通过数值模拟分析情况，验证并优化施工方案，初步确定地层预加固参数、盾构隧道壁后注浆量和注浆压力、盾构土压力等，为盾构实际下穿施工提供理论依据。

2）预注浆加固技术

（1）通过探地雷达法、多道面波法、高密度电阻率法、地震映像法、基于 ohm mapper 的电阻率成像法等方法对既有建（构）筑物下方地层进行探测，确定是否存在地层缺陷以及存在地层缺陷的类型、埋深、大小、与区间位置关系等，形成探测报告，并附图说明。

（2）根据设计图纸要求及地层探测结果，调查既有建筑物周围管线分布情况，特别是雨水管、给水管、污水管的位置及走向等环境条件，并结合既定施工工艺所能达到的加固效果确定预注浆加固范围、孔位布置及数量。

（3）预注浆加固采用后退式注浆，由下往上，保证层层叠加加固效果。

（4）预注浆加固采用注入压力控制为主，注浆量控制为辅，注入压力控制在 0.3 ～ 0.5MPa，注浆量为地层缺陷所需理论计算量。

（5）预注浆加固应以稳定既有建（构）筑物为主，尽量避免预注浆不均匀抬升既有建（构）筑物，确保预注浆加固时既有建筑物的安全性。

（6）根据地层情况确定换刀位置，并进行预注浆加固。

（7）预注浆加固处理效果应在注浆完成一定时间后进行检测，检测合格后方可进行盾构施工。

图 6-2-99 为对预下穿建筑物基础进行注浆加固。

图 6-2-99　对预下穿建筑物基础进行注浆加固

3）自动化监测技术

（1）对盾构隧道切桩影响范围内的既有建（构）筑物采用自动化监测（图 6-2-100），观测点埋设范围应能反映变形区变形状况（图 6-2-101），主要监测对象为结构物承重结构，如结构柱。

（2）监测初始值应在盾构切桩前，连续观测 2 次，观测数据满足要求后，取平均值作为初始值，直至观测对象稳定时结束观测。

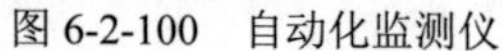
图 6-2-100　自动化监测仪

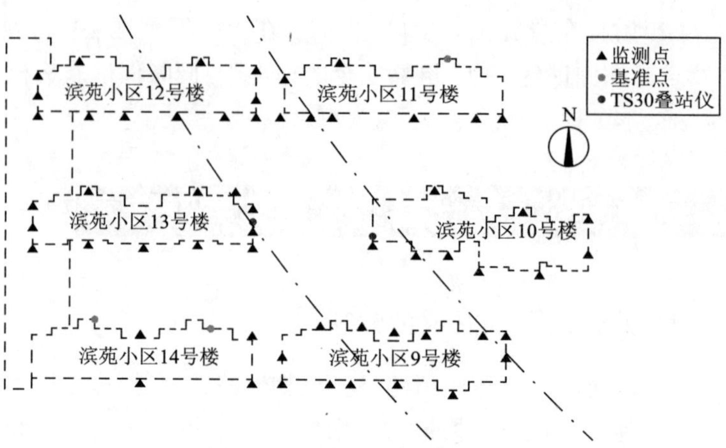

图 6-2-101　自动化监测布点

（3）在穿越房屋及其他建（构）筑物桩基础时，应对有条件观测到的建（构）筑物承重结构进行全过程24h监测。监测内容应包括建筑物主体三维沉降、承重结构沉降及差异沉降等，数据处理后得出建筑物倾斜、沉降速率。对无通视条件的承重结构和自动化监测无法监测的墙体裂缝进行人工监测。

（4）在穿越城市桥梁桩基础时，应对桥梁墩台、盖梁、梁板结构进行穿越施工全过程24h监测。监测内容应包括桥梁墩台的沉降观测及倾斜、盖梁及梁板结构的沉降及差异沉降、裂缝等。

（5）在穿越承载既有线的桥梁桩基础时，应对既有线结构、道床和轨道进行穿越施工全过程监测，其中对结构沉降及沉降缝的错台变形、轨道沉降、轨道横向差异沉降、轨距变化和道床纵向沉降等内容进行24h的远程实时监测。

（6）在盾构隧道切桩过程中，还应加强监测周围地层土体变形。

（7）在盾构隧道切桩通过既有建筑物后，应对盾构隧道大的管片内力和变形进行监测。

（8）取得监测数据后，应立即进行回归分析，并及时将监测数据和分析结果反馈给施工人员，一方面为判断变形体的安全提供依据，另一方面为盾构施工参数调整提供依据。

（9）监测项目应按“分区、分级、分阶段”的原则制定监控量测控制标准，并按照黄色、橙色和红色三级预警进行反馈和控制，见表 6-2-15。

三级预警状态判别　　表 6-2-15

预警级别	预警状态描述
黄色预警	实测指标的绝对值和速率值双控指标均达到极限值的 70% ～ 85% 之间时或双控指标之一达到极限值的 85% ～ 100% 之间而另一指标未达到该值时
橙色预警	实测指标的绝对值和速率值双控指标均达到极限值的 85% ～ 100% 之间时或双控指标之一达到极限值而另一指标未达到该值时
红色预警	实测指标的绝对值和速率值双控指标均达到极限值

（10）当实测数据达到预警状态时，施工单位应根据预警级别立即分别向监理、建设、产权单位和其他相关单位报告。

（11）自动化监测的使用需配备第三方人工监测，每天对自动化监测数据进行比对，防止自动化监测的数据失真。

4）切桩施工技术

（1）盾构机切桩施工前停机检查

①在进入盾构切桩区前必须进行停机检查，根据刀具磨损情况确定是否进行换刀，刀具尽量选用性

能好的进口刀具。

②后期掘进过程中根据对盾构参数的判断确定是否需要换刀。切桩期间尽量减少换刀次数，争取一次性成功穿越。如必须换刀，最好在盾尾脱出既有建筑物后再进行换刀。

③应严格按照维修保养表格对设备进行认真检查，如果发现设备存在严重故障隐患等问题，必须马上报告给项目经理部，立即处理。

④应加强维修保养人员的力量，确保维修保养工作全面彻底完成。

⑤应该配备必要的维修工具，保证维修工作快速顺利进行。

⑥应准备充足的备品、备件、易耗品，保证更换和使用的及时性。

⑦应对盾构机上的各种设备、仪器、仪表等进行覆盖保护和对各个区域，如台车的液压泵站表面、砂浆灌、皮带机滚筒、推进千斤顶区域等及时清理，避免切桩时停机清理。

⑧应检查盾构机水循环的水质情况，不合格的及时予以更换。

⑨对长时间使用而未更换的油虑、水滤、空滤要提前予以更换。

⑩应检查所有螺栓连接部位是否具有松动现象，检查钢结构变形处是否需要及时补强。

（2）关键参数设定

①盾构土压力设定：

a. 首先根据经验值和半经验公式计算初步设定的土压力，然后根据监测结果对初步设定的土压力进行验证、比较和修正，得出比较合理的施工土压力值。

b. 盾构总推力在黏性土地层一般控制在 15000kN 以下，在砾砂和中、粗砂地层一般控制在 25000kN 以下，在圆砾地层一般控制在 35000kN 以下，同时应严格注意推力的变化，观察盾尾后方管片是否有异常，如果出现异常现象，立即停止推进，并上报。

②盾构刀盘力矩一般不宜超过额定扭矩的 50%，否则，应查明原因，采取措施。

③刀盘旋转速度在初始掘进时暂时尽量调到低位，一般控制在 0.4 ～ 0.6r/min；切桩掘进时，保持高转速，一般控制在 1.5 ～ 1.9r/min。

④掘进速度受土质影响最大，应根据土质、扭矩、推力和土仓压力等综合确定。最大速度宜控制在 60mm/min，一般控制在 20 ～ 40mm/min。

⑤盾构回转角不宜超过 ±0.5°，否则应立即调整刀盘的左右转，防止盾构机扭转较大。

⑥盾尾油脂系统气阀压力和注入压力一般控制在 0.3 ～ 0.4MPa 之间，注入量一般控制在 40 ～ 50kg/ 环，但应保证盾尾不漏水、不漏浆。

⑦在进行纠偏时，应注意铰接角度变化，铰接角度一般不宜超过 0.5°。

⑧螺旋输送机参数：排土门一般开到 40% ～ 70% 可满足推进，有黏土时应注意开度。压力宜控制在 0.35 ～ 0.6MPa 之间，同时注意力矩的变化，防止大的卵石或桩头卡住螺旋输送机。

⑨出土量根据地层土质类别取理论出土量的 1.08 ～ 1.5 倍。

⑩注浆参数确定：

a. 注浆压力应大于该点的静止水压及土压力之和，前期注入压力宜为地层阻力 +0.1 ～ 0.2MPa，后期注入压力为地层阻力 +0.05 ～ 0.1MPa。根据施工经验，结合管片螺栓抗剪力约 0.4MPa 的限制，同步注浆压力为 0.2 ～ 0.4MPa，二次或多次补浆压力为 0.35 ～ 0.4MPa。

b. 同步注浆量根据地层土质类别取理论注浆量的 1.3 ～ 2.15 倍，二次补浆量一般为同步注浆量的 30% ～ 60%。

c. 同步注浆速度应与掘进速度相匹配。

d. 为避免同步注浆浆液残留在切刀周围、附着到盾构机表面或进入尾部密封圈内损坏密封圈，当盾构机推进 50mm 左右后，开始进行同步注浆；当盾构机推进结束前 50mm 左右，停止同步注浆。二次或多次补浆根据地面沉降情况，在盾尾后方 6 ～ 10 环左右进行。

e. 同步注浆采用双控标准，注浆压力应达到设计压力，注浆量应达到理论注浆量的 90% 以上；二次或多次补浆应满足地表沉降或隧道结构变形控制要求。

⑪渣土改良剂参数：

a. 黏性土地层一般采用泡沫进行土体改良，必要时可加入分散剂防止泥饼形成。泡沫溶液一般由 3% 泡沫添加剂和 97% 水混合而成，泡沫一般由 90% ～ 95% 压缩空气和 5% ～ 10% 泡沫溶液混合而成。每立方土泡沫（原液）注入量一般为 1 ～ 2L。

b. 砂卵石地层一般采用泥浆和泡沫混合改良，必要时可加入增黏剂。泥浆相对密度控制在 1.05 ～ 1.1，黏稠度至少应达到 30s，每立方土泥浆注入量一般为 0.1 ～ 0.2m^3。

（3）切桩掘进

①对每环的出土量进行统计，严格控制每环出土量，严禁出现超排或欠排现象。

②仿形刀不得因纠偏而私自开启，如果使用需上报，待批准后开启。

③在盾构姿态满足隧道设计轴线要求的基础上，遵循“频纠偏、小纠偏、不超限”的原则，严防管片出现大的错台、破裂和渗漏，更不能出现隧道超限的情况，保证盾构隧道的工程质量。

④综合规范和设计图纸要求，并考虑可能存在的其他各种误差，盾构姿态控制标准从严确定：隧道轴线平面位置最大允许偏差设定为 ±30mm；隧道轴线高程位置最大允许偏差设定为 ±30mm；隧道衬砌环直径椭圆度最大允许偏差设定为 ±5‰ D；隧道相邻管片的径向错台最大允许偏差设定为 5mm，相邻环片环面错台最大允许偏差设定为 6mm。

⑤切桩施工中，控制纠偏坡度在 ±1‰之内，一次纠偏量在 5mm 以内，掘进前后，盾构机主机前后参考点的坐标值的变化不超过 9mm。

⑥宜每 10 环采用人工测量进行一次复核，实现对盾构推进轴线进行实时修正。

⑦曲线段还应根据曲线半径大小预设一个油缸行程差 $\Delta L=(D-t)\times L/R$。式中，D 为管片直径；t 为管片厚度；L 为管片宽度；R 为曲线半径。

（4）设备维修、保养

①设备故障的排除应本着快速、高效的原则进行。

②应提高润滑注入点的注入频次，保证润滑部位充分润滑，降低故障率。

③可以采取连锁条件解除、一般故障点（不影响掘进）待修的临时解决方法进行设备管理，从而保证盾构机快速通过。

④如果设备零部件损坏应采取及时更换新件的处理方式（旧件待修），保证维修的及时性

⑤切桩结束后应当及时恢复原盾构机的使用状态，包括连锁条件、一般故障点的恢复、参数设置等。

（5）补浆和紧急加固

①紧急情况下采用补浆加固，增加浆液中水玻璃比例，使浆液快速凝结，形成强度。

②盾构切桩期间既有建筑物可能会发生沉降，根据自动化监测数据判断房屋沉降和倾斜情况，进行针对性注浆加固纠偏。

③切桩施工过程中建筑物周边可能会出现泡沫冒出等现象，要及时选用快速双液浆进行露点封堵。

④此阶段注浆加固主要采用跟进式注浆加固，先将表层土体加固后再逐步向下加固。

（6）钢管片拼装（图 6-2-102）

①特殊钢管片拼接与普通管片不同，螺栓使用量增加较多，为保证拼装时间和质量，应对工人进行专项交底，同时注意井上、井下配合。

②特殊管片因制作问题其重心不在吊装孔上，由台车上吊下时需配备一定的配重块（混凝土块即可），以解决无法吊装的问题。

图 6-2-102　钢管片拼装

4. 结语

深圳地铁 9 号线大剧院站—鹿丹村站区间通过运用盾构机切桩数值模拟技术、自动化监测技术、预注浆加固技术及钢管片拼装技术、盾构信息化施工技术，在国内首次完成盾构施工大规模切除桩群，为繁华都市中心城区切桩施工积累了丰富的经验，对以后类似施工具有指导意义，避免了盾构施工对既有建（构）筑物的破坏，保护了环境，拓展了盾构工法的适用范围，取得了良好的社会效益和环境效益。

第 10 节　南京地铁 3 号线深埋复杂地层中盾构长距离下穿玄武湖施工技术

宏润建设集团股份公司　翁厚洋

1. 工程概况

1）工程概述

南京地铁 3 号线新庄站—鸡鸣寺站区间位于南京市玄武区，区间起点为设置于南京林业大学前的新庄站南端，沿龙蟠路南行，穿过情侣园公园后到达中间风井，然后长达 1.34km 下穿湖泊后在明城墙处东偏，进入市政府大院并沿内秦淮河前行至鸡鸣寺站北端，如图 6-2-103 所示。

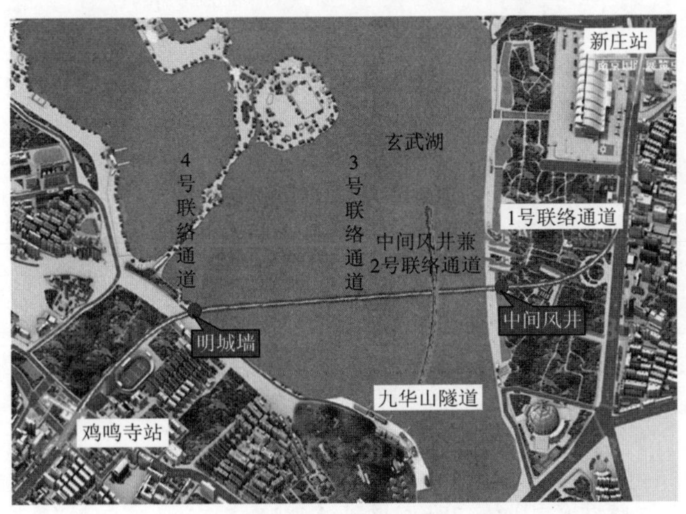

图 6-2-103　区间线路平面图

2）工程地质条件

（1）地质情况

如图 6-2-104 所示新庄站—鸡鸣寺站区间下穿湖泊区段地层主要分为三类：

①第一类：全断面岩层中掘进（里程 K19+300 ～ K19+486）

该段隧道位于全断面岩层中，隧道范围内地层分布为强风化角岩化泥岩、中风化角岩化泥岩、中风化闪长岩，隧道顶部为粉质黏土层、混合土层、强风化角岩化泥岩。

②第二类：半土半岩地层中掘进（里程 K19+486 ～ K19+726）

该段隧道位于半土半岩地层，隧道范围内地层分布为强风化角岩化泥岩、混合土层、中风化闪长岩，隧道顶部为粉质黏土层、混合土层。

③第三类：砂性土层中掘进（里程 K19+726 ～ K20+340）

该段隧道主要处于砂土层中，部分处于粉质黏土层，隧道顶部为砂土层。

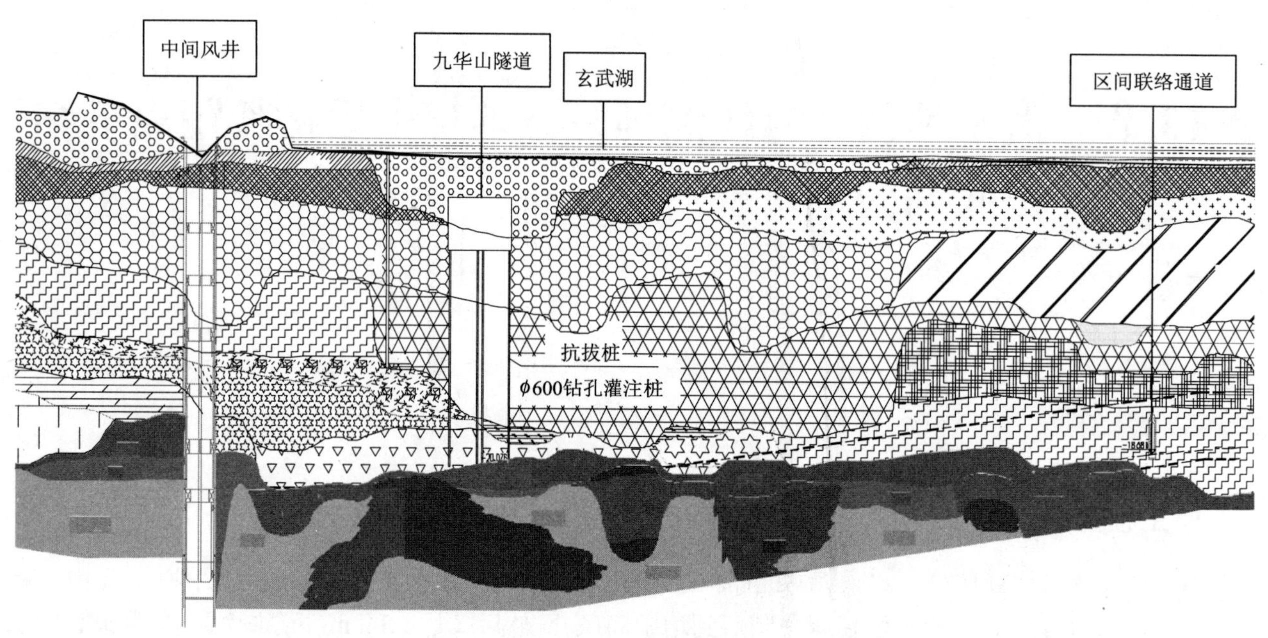

图 6-2-104　湖底段区间隧道地质剖面图

（2）水文情况

①地表水

玄武湖周围有多个人工闸，水位多由人工控制，常年水位较稳定，水深一般为 1.3 ～ 1.7m，水系庞大。

②地下水

依据地下水的埋藏条件和赋存条件，可分为松散岩类孔隙潜水、松散岩类孔隙承压水、基岩裂隙水。孔隙潜水含水层主要为砂土、粉土，孔隙承压水含水层主要为③层下的粉细砂、混合土，基岩裂隙水主要分布于基岩破碎带。

2. 工程重、难点

湖底段盾构掘进施工工程特性及相应重、难点见表 6-2-16。

湖底段盾构掘进施工工程特性及相应重、难点　　表6-2-16

<table>
<tr><th>序号</th><th>工 程 特 性</th><th>具 体 内 容</th><th>施工重难点</th></tr>
<tr><td>1</td><td>穿越湖泊距离较长</td><td>里程K19+300～K20+340在玄武湖下方，约长1370m</td><td rowspan="5">①水土压力高，湖底最大水土压力达到4.5～5.0bar，可能会造成刀盘密封、铰接密封和盾尾刷失效；
②螺旋输送机喷涌严重，水系发育，尤其在复合地层和粉细砂层中，可能会发生闸门密封失效，渗漏或严重喷涌；
③湖底段长达1.37km，若水力贯通，进一步加剧水土压力和螺旋输送机喷涌；
④湖底水系发育，气压保压困难，换刀施工难度大</td></tr>
<tr><td>2</td><td>隧道埋深大</td><td>隧道顶埋深最大约34m</td></tr>
<tr><td>3</td><td>硬岩层和复合地层</td><td>岩石强度高，部分基岩饱和单轴抗压强度超过100MPa；复合地层上软下硬，强度变化快</td></tr>
<tr><td>4</td><td>湖底气压换刀</td><td>长距离岩层段掘进，刀具易磨损，湖底需进行气压开仓换刀</td></tr>
<tr><td>5</td><td>湖底穿越九华山隧道</td><td>隧道顶部距九华山隧道底的距离约21.8～21.5m，距九华山隧道抗拔桩底的距离为1.8～1.5m，穿越距离约33m</td></tr>
</table>

3. 关键施工技术

1）长距离湖底掘进施工技术

（1）设备保证

①盾构机刀盘密封在设计时需考虑到该区段的极限土压，防止出现因水土压力过大导致密封击穿的事故。

②在复合地层中掘进时，石渣高速涌出，对螺旋输送机闸门的磨损极快，会发生闸门关闭后渣土依然继续流出。尤其在粉细砂地层中，应无条件装配两道闸门，在进入粉细砂地层后在闸门下方装重型闸阀，必要时人工关闭闸门。

③采用耐磨性较高的盾尾刷，以防盾尾刷过早损坏。

④进入该区段前对各密封系统进行再次检查，尤其对铰接部位密封及气囊进行检查。

⑤在铰接附近盾壳上设置8个注浆孔，通过注浆孔可以向盾壳外注入油脂、聚氨酯或者双液浆等，可在盾壳周围形成环箍进行止水，也可以在铰接密封失效时进行应急堵漏。

⑥配备气压换刀系统，湖底换刀的风险远远大于陆地。

⑦配置气体检测装置，由于海湖底部沉积年代久远，容易存在沼气等易燃易爆气体，应保证隧道内空气流动。

（2）掘进管理

①湖底段盾构掘进的原则是"保头、护尾、防密封"，在此原则下保证盾构机快速通过。

②严格设定掘进参数，制定专项施工方案，并对方案进行审查，施工过程中执行方案要求，尤其在地表沉降、盾构机姿态、土压、推力等参数出现异常时，及时进行分析，找出原因后再继续推进，防止土压瞬间升高。此外，在土压超过3.0bar后应立即开启刀盘密封保压系统。

③采用质量较好的油脂，无论是刀盘密封黑油脂还是盾尾油脂，必须要符合盾构机设计要求，能够满足高水土压力要求。油脂的压注量不得节省，不能在发现密封出问题或者出现渗漏时才加大油脂的压注量，在铰接部位同样要注入足够量的油脂。

④合理利用铰接，铰接千斤顶的行程应设置在中位75mm以内。行程伸出量不大于100mm，同时控制行程差不大于40mm，以防止千斤活塞接近两端而卡住盾尾。

⑤保证盾尾各部位间隙均匀，做到勤测勤纠，避免发生因间隙不够而卡住盾尾，最终挤坏盾尾刷，形成盾尾渗漏通道；盾尾间隙过大同样会导致盾尾刷不能有效阻止水砂的涌入。

⑥严格控制出土量，做好每箱土的千斤顶行程记录检查，防止超挖，避免冒顶。

⑦控制泡沫注入量和注入压力，因泡沫中含有大量气体，在河床覆土较浅或者掌子面部位距离地质勘探孔比较近时，容易击穿，形成透水通道，应坚持定期巡视湖面，观察是否存在冒泡翻浆现象。

（3）注浆管理

江湖底部水力联系广泛，含水量高，流动性好，此类地层中注浆浆液要具备保水性好，不会过早离析，浆液初凝时间适当，早期强度高，浆液硬化后体积收缩率小等特点。应采用水泥浆液，缩短浆液初凝时间，注浆遵循“同步注入、快速凝结、信息反馈、适当补充”的原则，注浆量为理论建筑空隙的180%～220%。具体压浆量和压浆点视压浆时的压力值和地层变形监测数据而优化。

在盾构掘进过程中，同时在脱出盾尾5环后的管片上每隔5～10环打一次环箍，采用双液浆，水灰比为1：1，凝结时间控制在1min左右，利用注浆压力控制注浆量，注浆压力为0.5～3bar。一方面是对流失浆液的补充，另一方面是对管片的固定，可以有效阻止管片的后期上浮，同时具有一定的止水效果。

（4）监测

该区间湖及河床水深仅在1.3～1.7m，较浅，因此采用湖底直接埋点方法，将4根1.0m长的钢筋焊于表面带孔的钢板下，作为固定锚，钢板上再焊出钢筋，露出湖面，钢筋上设置反光片作为沉降观测标志。对于隧道中心沉降点，埋设前在沉降点钢筋或钢管上焊接小棱镜螺母，埋设湖中测点时将小棱镜安装好，测量过程中采用高精度的全站仪架设于岸边陆地上进行测量。随着盾构的掘进，不断布设新的测点，在沉降稳定后回收测量点钢筋。

（5）应急预案

①应急管理领导小组

应急管理领导小组由项目经理作为组长，项目总工及项目副经理作为副组长，相关施工和技术管理、物资、安全等人员作为组员，制定各人员职责，责任到人。

②应急物资

隧道内一般常见的渗漏发生在盾尾，由于盾尾刷的损坏或者盾尾间隙较大形成渗漏通道，也有部分发生在铰接部位。对于渗漏发生涌水涌砂时，必须能够及时采取措施进行封堵。尤其在江湖等下方，水压高，含水丰富，除了常用的注浆物资及抢险设备外，隧道内还应配备以下物资：

a. 弧形钢板，宽度50cm，长度100cm，厚度1cm，常备10块，用于盾尾发生严重渗漏时，将弧形钢板贴近盾尾内管片端面，安装到位后，将推进千斤顶伸长顶好，并将钢板焊接在盾壳上，压住盾尾渗漏通道，如图6-2-105所示。

b. 棉胎：用于涌水涌砂时压住渗漏通道，应急抢险时使用。

c. 海绵条：加工150mm×150mm长度为2m的海绵条，在盾尾存在渗漏通道时可在管片背后粘贴海绵条进行止水，如图6-2-106所示。

图6-2-105　盾构漏水

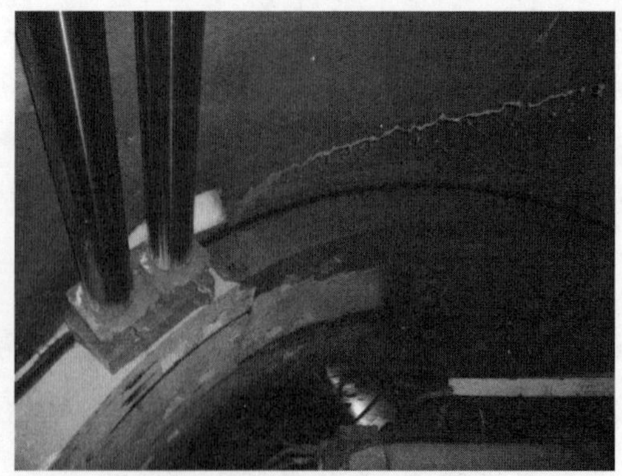

图6-2-106　管片背后垫海绵条

d. 电焊机：进行各种焊接作业。

（6）湖底发生坍塌的应急预案

湖底发生坍塌主要是掌子面失稳，如掘进时超挖或者开仓后掌子面坍塌等。湖底发生坍塌最直接的后果就是导致湖中水与土仓贯通，土仓压力瞬间升高，螺旋输送机喷涌严重，扭矩增大，推力增大，严重情况时将导致盾构机无法继续推进。

应急处理措施：

①对湖底坍塌区域进行探测，探明坍塌范围、塌区深度、坍塌量，做好持续监测。

②坍塌量较小时，应继续将盾构机向前掘进，建立土压平衡，严格控制出土量，加大油脂压注量，尽快将盾构机通过坍塌区域。在盾尾通过坍塌区域时，增加注浆量，在盾尾通过坍塌区域5环以后，在坍塌区域进行补充注浆，填充双液浆，稳固隧道管片，充填坍塌区域，加强对此处湖底和隧道管片的监测。

③坍塌量较大时，应制定专项处理措施，重新稳定掌子面上覆土层，采取抛填黏土或者浇筑水下混凝土措施，但必须防止混凝土进入土仓，然后再恢复掘进，尽快通过坍塌区域，通过后处理措施同上。

2）复杂地层盾构掘进施工技术

（1）盾构刀具配置

盾构在硬岩层中掘进，主要切削刀具为滚刀，需合理配置刀圈硬度和启动扭矩，并对齿刀加以保护或者拆除，刮刀亦需加以保护（图6-2-107～图6-2-109），防止因岩石撞击或者掉落刀具撞击将其撞落，并防止刀座损坏和刀盘磨损；在软土地层中掘进，主要切削刀具为齿刀和刮刀，滚刀可以不予考虑。

图6-2-107　钢板保护刀座

图6-2-108　齿刀两侧钢板加固

图6-2-109　周边刮刀钢板加固

（2）掘进模式的选择

针对湖底段三种地质情况选用三种工作模式，全断面岩层采用敞开式（OPEN）、软土地层采用土压平衡模式（EPB）、半土半岩地层采用半敞开式（SEMI-OPEN）。

（3）刀具的保护及维修

对于硬岩段掌子面比较稳定的地层，尽可能创造开仓条件，勤开仓，勤检查，及时更换刀具。刀具磨损超过规定值必须更换，一般周边滚刀正常磨损超过1cm，正面滚刀正常磨损超过2.5cm时应及时更换，尤其是周边滚刀和刮刀必须完好，保证开挖直径，防止盾壳被卡。

（4）推进参数的管理

推进参数的合理设置是保证盾构机正常掘进，减少对地层周围环境影响的关键因素。软土段、半土半岩段、全断面岩层段推进参数有区别，需对刀盘转速、推力（油压）、推进速度、贯入度、分区油压、接触压力、土压力等进行合理设定。

3）湖底气压换刀施工技术

盾构长距离在玄武湖底硬岩段掘进，刀具易磨损，但掌子面地层稳定性差、不具备常压开仓条件，需在湖底进行带压开仓换刀，更换磨损超限刀具，以加快硬岩段掘进速度。

（1）设定带压换刀压力

根据朗肯土压力理论公式计算得出土体静止土压力，结合停机前掘进土压力等参数，拟定开仓压力。

（2）设备材料准备

组建仓内供气系统，并设置备用供气设备；隧道内采用电机车编组进行水平运输，将换刀机具运至盾构头部。

（3）水泥砂浆护壁

采用水泥砂浆在加压的情况下置换土仓内土体，在刀盘前端形成致密水泥砂浆“墙体”，有效阻隔地下水，防止气体泄漏。

（4）密封性保证

通过盾体和盾尾上预留的注浆孔分别向盾壳外压注膨润土和聚氨酯，充填盾壳与土体空隙，防止气体向盾尾后流窜，并避免盾体被护壁的水泥浆固结；同时，向盾尾后 4 ～ 6 环管片外部逐环压注双液浆形成环箍，切断盾尾后方地下水流窜通道。

（5）保压试验

作业人员进入仓前进行无人保压试验，通过向仓内注入空气，在保证土仓上部土压力不变的情况下利用螺旋输送机出渣，将仓内土体降低至人闸室平衡阀以下，观察 3h 后通过平衡阀可排出压缩空气，无水，无泥，此时可判断地层保压成功，并根据仓内实际情况，将仓内渣位降至 3 ～ 9 点位置（钟表点位）后可安排压气人员带压进仓。

（6）进仓换刀

换刀作业执行“三人一组进仓、组长进仓带班、操仓人员及医生 24h 仓门值班”的原则，逐个对刀具磨损情况进行检查和记录，更换磨损超限的刀具。

4）湖底穿越九华山隧道

九华山隧道为市政公路隧道，单层 3 跨框架结构，左右两孔净宽 13m，中间管廊净宽 2m，侧墙厚 1m，净高 5.25m，底板设置 ϕ0.6m 抗拔桩，有效桩长 20m。隧道顶部距九华山隧道底的距离为 21.8 ～ 21.5m，距九华山隧道抗拔桩底的距离为 1.8 ～ 1.5m，穿越距离约 33m；隧道以 3‰坡度上坡；隧道范围内主要为中风化角岩化泥岩、强风化角岩化泥岩、中风化闪长岩，隧道顶部为强风化角岩化泥岩、混合土层。

穿越九华山隧道前 10 环时即开始采取以下措施：

（1）检修盾构机设备，包括推进系统、拼装机、螺旋输送机、皮带机、注浆系统等，保证穿越九华山隧道施工连续性。

（2）控制推进速度为 10 ～ 15mm/min，平稳推进；刀盘转速控制为 1.6 ～ 1.9r/min。

（3）同步注浆控制：注浆量为理论建筑空隙的 120% ～ 150%，注浆压力控制在 3 ～ 4bar；浆液采用水泥砂浆。

（4）土压力设定：穿越九华山隧道前后均采用土压平衡模式，并根据实时监测数据适量调整。

（5）施工监测：

①加强隧道内监测：每天两次对隧道拱顶、拱底沉降及隧道收敛等进行监测。

②加强九华山隧道内监测：与九华山隧道管理处沟通，在九华山隧道内路面布点，每天两次对九华山隧道进行地面沉降监测。

及时反馈监测数据，根据实时监测数据优化盾构掘进参数以及同步注浆、二次注浆参数。

（6）禁止超挖、欠挖：考虑到岩层中含裂隙微承压水、地下水丰富，盾构司机认真记录每环出土量及每箱土推进千斤顶行程量，严禁超挖。

4. 结语

南京地铁 3 号线新庄站—鸡鸣寺站区间隧道长达 1.37km 下穿玄武湖，湖底段地质复杂，经过全断面岩层、半土半岩地层和砂土等软土地层，施工前根据工程特性和地质水文情况，合理优化盾构机设计，过程中对各重难点进行预估、分析和制定针对性技术措施，解决了湖底复杂地层长距离掘进、湖底气压换刀、湖底穿越既有隧道等施工难题，取得了良好的经济效益和市场影响力，为类似工程提供了参考。

第3章　不同地质条件下盾构工程案例

第1节　北京地铁无水漂卵砾石地层盾构施工技术

北京市市政四建设工程有限责任公司　汪建，周宏伟，聂晓彦，吴钦刚，周政

1.工程概况

本项目为北京地铁9号线3标，丰台东大街站—丰台北路站区间，沿丰台东大街下方设置，整体呈南北走向，隧道覆土9～12m，丰台东大街为规划万寿路南延路，该道路已实现规划，道路红线宽度50m。区间隧道采用盾构法施工，由两台ϕ6140加泥式土压平衡盾构机完成区间隧道施工，盾构从丰台东大街站始发，丰台北路站接收，先进行左线施工，间隔一个月进行右线施工。区间隧道为盾构普通衬砌环结构，环宽1200mm，由6块预制钢筋混凝土管片错缝拼装构成。

区间西线里程为K5+277.655～K6+308.605，长1030.95m；区间东线里程K5+226.905～K6+310.661，长1083.756m。区间平面有半径分别为R=2500m、R=3000m两段曲线，竖曲线R=5000m。

区间隧道在K6+275.5～K6+299.5下穿万丰桥。高架桥桩基承台埋深2.5m，桥桩深37m，高架桥桩距地铁隧道水平净距最小3.63m，隧道覆土11.8m。

1）工程地质条件

本标段地铁区间隧道埋深为9～12m，地质土层分布由上至下情况如下：

（1）人工填土层

粉土填土①层：稍密～中密，湿，含砖渣、灰渣，局部为耕植土；杂填土①层：杂色，稍密～中密，湿，含砖块、石块等。层底高程39.60～47.23m。

（2）新近沉积层

粉土②层：黄色～黄褐色，中密，湿；粉质黏土$②_1$层：黄褐色～褐黄色，可塑，含云母、氧化铁、有机质砂粒；粉细砂$②_3$：中粗砂$②_4$：黄褐色，湿，含云母、氧化铁；圆砾$②_5$层：杂色，中密，湿。层底高程36.62～41.50m。

（3）第四纪晚更新世冲洪积层

圆砾卵石⑤层：杂色，密实，湿，地勘揭露最大粒径420mm，一般粒径20～80mm，亚圆形，中粗砂充填；中粗砂$⑤_1$层：褐黄色，密实，湿，含云母、氧化铁、少量砾石；粉细砂$⑤_2$层：褐黄色，中密～密实，湿，含云母、氧化铁；粉土$⑤_3$层：褐黄色，密实，中压缩性土。层底高程25.62～33.20m，盾构隧道主要穿越该层。

卵石⑦层：杂色，密实，湿～饱和，一般粒径30～80mm；中粗砂$⑦_1$层：褐黄色，密实，湿～饱和，含少量砾石；$⑦_2$层：褐黄色，密实，湿～饱和，含少量砾石。层底高程15.16～20.82m。

卵石⑩层：杂色，密实，饱和，一般粒径30～80mm，中粗砂充填；粉细砂$⑨_2$：褐黄色，密实，饱和，含

个别砾石。层底高程 10.94 ～ 13.95m。

本标段的盾构区间隧顶埋深 9 ～ 12m，隧道主要穿越地层为卵石⑤层。

2）水文地质条件

沿线潜水水位高程在 19.03 ～ 24.00m 之间，水位埋深在 21.49 ～ 28.30m 之间。主要接受大气降水补给和侧向径流补给，隧道施工范围内无地下水。

图 6-3-1 为工程地质与水文地质条件。

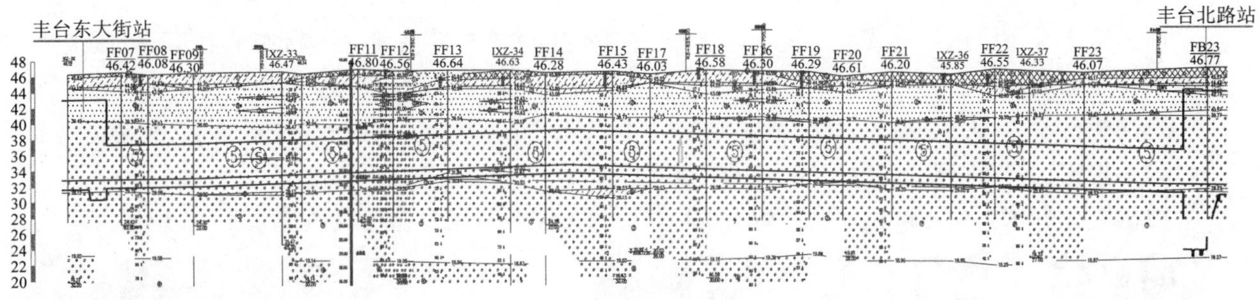

图 6-3-1　工程地质与水文地质条件

2. 盾构施工重、难点

该地层基本结构松散、胶结程度差、卵石强度高、粒径大小不等，且部分地层中含有大粒径漂石。卵石空隙多被中、粗砂充填，地层反应灵敏，盾构在此地层中掘进，土体塑流性差，刀盘、刀具及螺旋输送机的磨损将会比较严重，盾构姿态控制困难，开挖面土压不易保持，地表沉降控制具有相当难度，容易发生大的安全风险事故。

盾构施工过程中遇到以下技术难题：

1）无水大粒径卵漂石地层盾构选型

盾构选型是盾构隧道施工的关键环节，一定程度上决定着盾构掘进的成败。适宜的机型选择及施工参数、措施的合理设定是盾构顺利掘进的保障，为了最大限度地规避盾构施工风险，盾构设备的适应性、施工参数的合理性评估必不可少。本标段全线均为无水大粒径漂砾石地层，漂石粒径大、卵石含量高、硬度大、间断级配。地勘揭示地层中卵砾石的含量高达 80%，最大粒径超过 900mm，平均抗压强度 80MPa 以上，隧道断面下部地层砾石胶结致密，在此地层下尚无盾构施工成功先例，施工难度极大（图 6-3-2）。

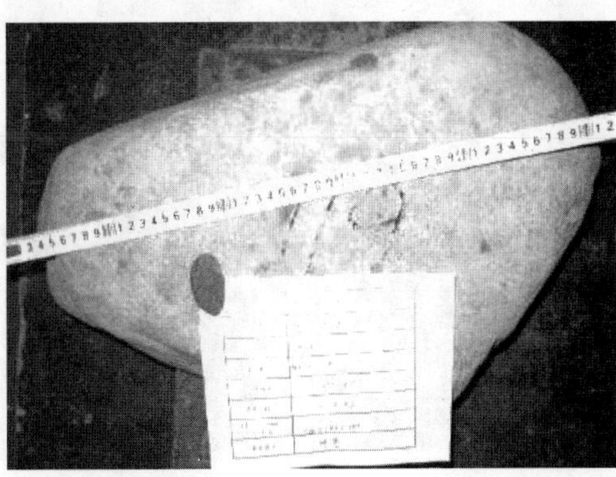

图 6-3-2　大粒径漂石、卵石揭露情况

2）开挖面稳定及变形控制

砂卵石地层基本结构松散、胶结程度差，土体改良效果欠佳时土体的流塑性较差，致使土仓内不易实现连续的动态平衡，无法有效控制出土量。盾构在此地层中掘进时，开挖面稳定将难以保持，致使地表隆沉幅度增大。盾构因刀盘扭矩过大而频繁跳闸保护后的重新启动会在一定程度上扰动周围土体，进而增加地表沉降控制难度。

3）土体改良不佳

砂卵石地层采用土压平衡式盾构进行施工，土压改良技术在一定程度上直接影响着工程的成败。渣土改良不良易造成：

①形成板结现象，刀盘开口被堵死（图 6-3-3），使得开挖的渣土无法进入土压仓，因此极易出现盾构推进过程中推力大、推进速度为零、频繁跳闸保护等问题。

②排出渣土变稀，卵石排出量变少，离析现象严重（图 6-3-4），土体塑流化改造效果差，地层沉降大。

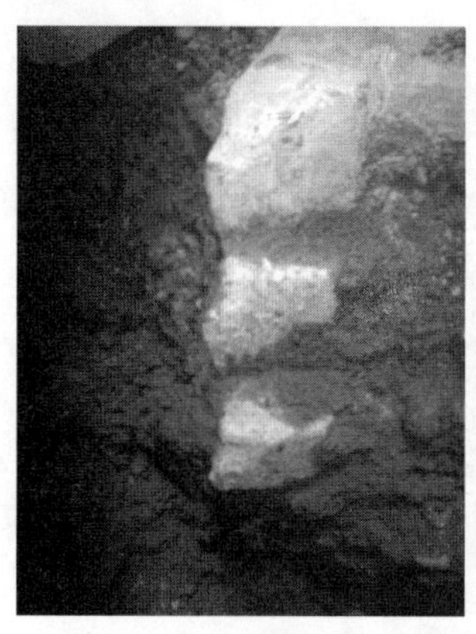

图 6-3-3　刀盘开口被泥饼堵死

图 6-3-4　排除渣土离析显现

4）刀具磨损严重

砂卵石地层的盾构施工，磨损是不可避免的（图 6-3-5），但在此类地层中，如何控制刀盘、刀具的不规则磨损，有效地减少开仓换刀次数，提高盾构掘进效率，降低盾构施工成本成为砂卵石地层盾构施工的主

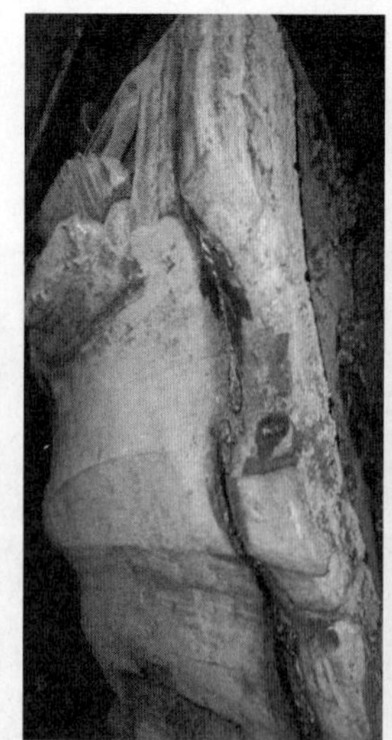

图 6-3-5　损坏的刀具

要难题之一。盾构在此地层中掘进，靠近刀盘外侧的刀具会因冲击作用首先被磨损，而过大的扭矩及推力会加剧刀具的冲击磨损；同时，砂卵石地层分布不均匀，刀盘与刀具还出现了异常磨损，大大降低了盾构掘进效率。而且，由于砂卵石颗粒之间摩擦阻力大，在土体改良效果欠佳时难以获得良好的流动性，加之其本身含石英较多，使得切削土体时刀盘容易过热，会加剧刀盘、刀具、螺旋输送机的磨损。

地层中存在的大粒径卵石不仅增加了盾构施工过程中刀具切削、破碎的难度，而且不易通过螺旋输送机直接排出，极易堆积在土仓内，对盾构施工造成不良影响。

5）盾构姿态控制技术

由于砂卵石力学性质不稳定，卵石含量高，且分布不均，因此盾构姿态控制困难，容易发生盾构掘进方向偏离预定轴线情况。

6）工期压力大

由于施工难度大，推进速度慢，如何保证按期完工是面临的一大难题。

3. 主要应对措施

1）盾构机选型及针对设计

根据本区段地质特征，盾构选型应在满足一般选型原则的前提下对盾构机各系统进行有针对性的调整与设计，尽可能地提高盾构机在本段地质情况下的适应能力。

针对本工程主要穿越地层特点和线路上方建（构）筑的特点，根据以往在类似地层中的施工经验，对螺旋输送机、刀盘、刀具进行了特殊设计，设计理念为：

①以疏为主：增大螺旋输送机直径；

②以隔为辅：采用辐条式刀盘，适当降低刀盘开口率（54%），加装滚刀。

这种设计能保证进入土压仓的卵石都能从螺旋排除，不会使卵石在土压仓堆积，造成对刀盘和土仓隔板反复研磨，加速刀盘与刀具的磨损，螺旋输送机排石能力为 $\phi 640 \times p1100$，本区间最大漂石粒径 430mm，满足排石要求。

采用辐条式刀盘能更好地建立土压，保证土压仓内土压力与地层土压力平衡，能更好地控制地层沉降，保证线路上方建（构）筑物安全，这点面板式刀盘很难做到，辐条式刀盘更能够满足盾构施工掘进进度、沉降控制等的要求。

刀盘配置有加强先行刀、刮刀、切刀、超挖刀、周边刀、鱼尾刀。

考虑到施工中刀具和砾石撞击等不利因素，刀具采用日本进口耐磨刀具，刀具加焊耐磨层和防撞块，且刀具分三层布置。

2）螺旋设计

根据螺旋输送机的构造不同，可分为有中心轴的螺旋杆式螺旋输送机和无中心轴的带式螺旋输送机两种。前者适用于一般性土、砂运输，后者则适用于较大颗粒的砂卵石和块石的运输。为尽可能增加盾构机最大排出卵石（砾石）的能力，本机采用 900 带式无轴螺旋输送机（图 6-3-6），最大排出粒径 $\phi 640 \times p1100$。

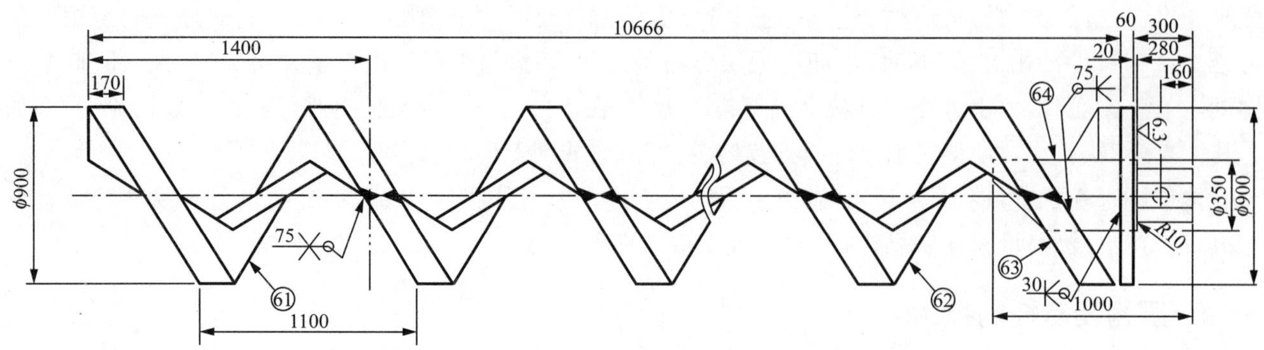

图 6-3-6 带式无轴螺旋输送机(尺寸单位:mm)

(3)加泥及泡沫系统

加泥系统是加泥式土压平衡盾构机的基本配置。采用该系统,可对不同地质条件下的土体,通过添加塑流化改性材料,达到改善盾构机土仓内切削土体的塑流性,既可实现平衡开挖面水、土压力,又能向外顺畅排土的目的,从而大大拓宽了盾构机的适应范围。但是,盾构机在无水砂卵石地质环境中掘进时,仅采用加泥措施来改善切削土体流动性往往效果不佳,土仓内切削土体离析严重,卵石不能顺畅排出,而且加泥量过大时还会导致施工费用增加。为适应这种地质环境的施工,可在加泥的基础上增加泡沫系统(图 6-3-7)。加入泡沫可改善土体粒状构造,其吸附在土体颗粒之间的气泡可以减少颗粒间的摩擦,增加切削土体的黏聚力,同时降低土体渗透性,达到既能平衡开挖面土压又能连续向外顺畅排土的目的。

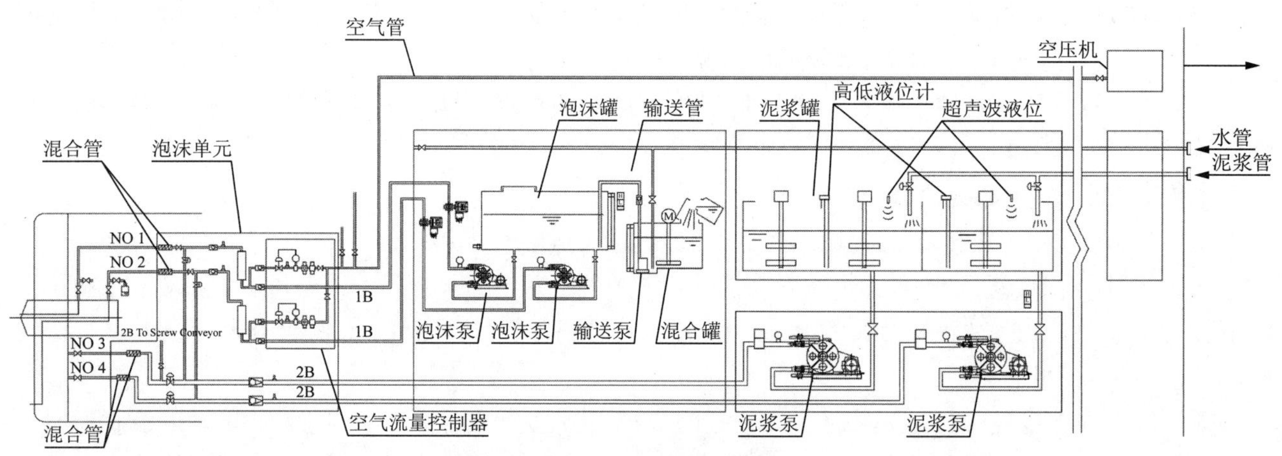

图 6-3-7 泥浆泡沫注入系统

土仓间壁上设计 3 个注浆口,可以用于泥浆注入,也可用于泡沫注入。辐条上设计 2 个泡沫注入口,2 个泥浆注入口。每路注浆管路由一个单独注浆泵供给,保证刀盘在转动过程中不会因土仓压力的变化影响注入量,导致渣土改良不均匀,影响塑流化改造效果。

添加剂出口设置保护刀和单向阀,防止出口被渣土中的卵石撞坏、渣土进入添加剂管路造成管路堵塞。

(4)同步注浆系统

盾构法施工中,管片环脱出盾尾后会与土体形成建筑空隙,如果该空隙不能得到及时填充,就会影响地面的建筑与地下管线的安全,因此一般通过同步注浆来填补该空隙。同步注浆常用的有单液浆和双液浆(图 6-3-8)。单液浆凝固时间长,不利于地层沉降控制且容易造成管片上浮,影响成型隧道质量;双液浆可通过改变两种浆液配比调节浆液凝固时间,满足地层沉降和隧道质量控制要求,因此双液注浆系统更适合于砂卵石地层施工。

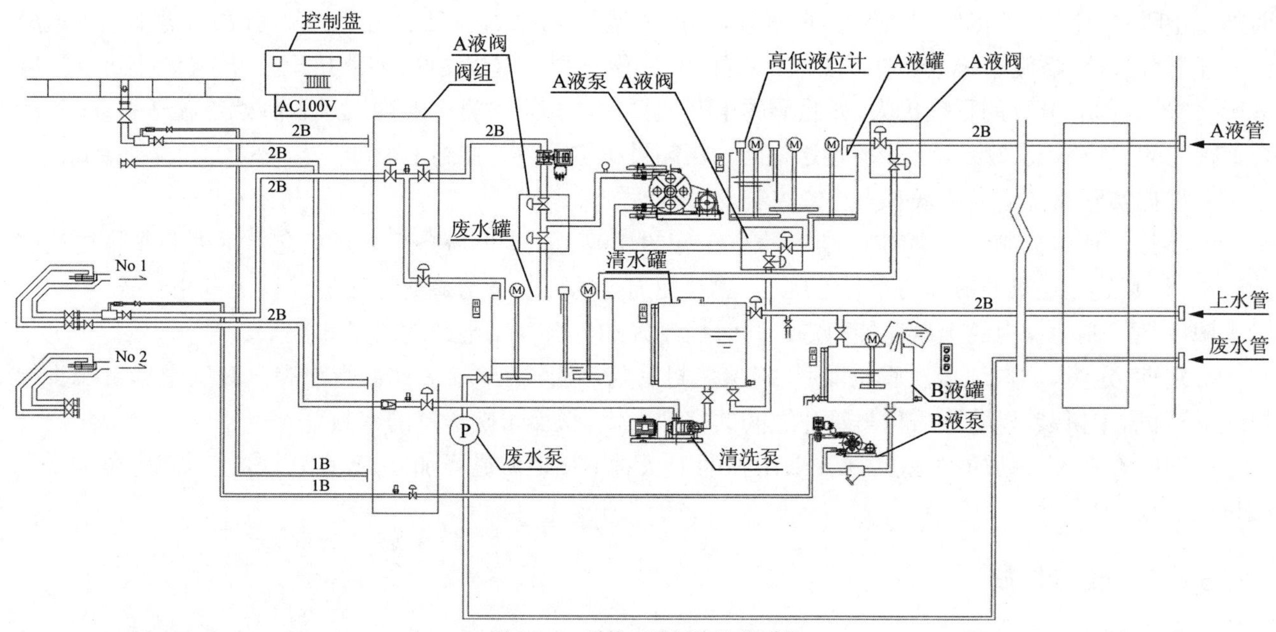

图 6-3-8　盾构双液同步注浆系统

2）开挖面稳定控制措施

（1）盾构始发与到达阶段开挖面稳定性控制技术

盾构始发与到达端头区域是盾构施工过程事故多发地方，施工控制不当极易引发工程事故。北京地铁九号线大粒径砂卵石地层力学性质极其不稳定，自稳能力差，因此，在该地层范围内进行始发与到达施工，开挖面稳定性的控制至关重要，重点应注意以下几点：

①必须根据端头区域工程地质条件、水文地质条件制订详细的端头加固方案。端头加固范围的确定、端头加固方法的选定必须确保端头土体加固后能满足强度、稳定性、渗透性及盾构几何构造尺寸的要求。

②端头加固完以后必须对加固质量进行检验，确保安全后方可进行始发或到达施工。

③严格控制盾构掘进参数，确保土压、推力、扭矩、推进速度等关键参数满足施工要求。

④严格控制同步注浆量、同步注浆压力，适时根据需要进行二次补浆。

⑤严格控制盾构出土量与盾构姿态。

（2）盾构正常掘进阶段开挖面稳定性控制技术

由前述可知，砂卵石地层力学性质极其不稳定，盾构掘进过程中，如果控制不当或者未及时采取有效措施，将引起开挖面失稳，引起地表较大的塌落和松动，严重时可能危及地表建（构）筑物的安全。因此，在盾构正常掘进阶段，必须采用以下有效措施进行开挖面稳定性的控制：

①实时监控盾构施工参数，并对关键参数作出实时有效的调整，使得刀盘扭矩、推进油缸的推力、刀盘转速、推进速度，土压力等参数控制在正常的范围内，使得盾构土仓内的泥土压力足以与地层土压力相互平衡。

②时刻保持开挖面切削土量与螺旋输送机排土量的平衡，以使得泥土压力与地层水土压力保持动态平衡。

③向土仓及开挖前方注入优质泡沫及膨润土等土体改良剂，对开挖面及土仓内土体进行塑流化改造，改善开挖面砂卵石地层的力学性质的同时，使得土仓内土体保持一种“塑流性状态”，同时有利于改善盾构刀盘和螺旋输送机的工作环境。

但是，盾构在卵砾层中推进时对加泥量的要求比较高，切削下来的土体中砂与卵石的体积差异较大，而卵石不吸水，所加入的泥浆大部分被砂吸收，加泥量无形中加大，一旦加泥量过大，会在刀盘土仓内造成砂与卵石分离，而螺旋输送机一时无法把卵石排出，当聚集到一定程度时，刀盘扭矩过高，导致推进的速度减慢，使砂与卵石分离的程度更大，如此形成了恶性循环。一旦大直径的卵石进入到螺旋输送机内时，就会使得它的扭矩增大，最后导致螺旋输送机的油压超过核定荷载。在施工中可适当采取如下控制措施：

a. 根据实际情况适当降低对土压的控制。

b. 将掘进速度控制在一定的范围内，稳定每环的加泥量。控制好各个掘进工艺参数尤其是推进速度的稳定，使螺旋输送机的转速与推进速度相匹配，使刀盘的切削量与螺旋输送机的排土量相一致，以此来最大限度地控制刀盘内的土压保持稳定。同时控制好加泥及加入泡沫的质量和数量。

c. 定期、定量、均匀地压注盾尾油脂，确保尾封密封严密，钢丝刷密封油脂饱满。开挖中尽量减少超挖量，管片居中拼装，以防止盾构与管片之间的空隙太大，从而影响盾尾的密封。

④对于存在不良地质的地层，预先采用辅助工法对不良地质进行加固、改良处理，使其满足盾构正常掘进的需要。

3）渣土改良措施

①区间采用泡沫和膨润土泥浆相结合，并在刀盘前分区式注入的方式进行土体改良，其效果比单独使用泡沫或膨润土改良有很大的改善。显著降低刀盘、螺旋输送机的油压及盾构推力，减小刀盘扭矩，减轻砂卵石地层对盾构设备的磨损，提高掘进速度和设备的使用寿命。

②膨润土发酵设备与膨润土的发酵效果直接相关，在掘进初期，我们使用普通的发酵箱进行膨润土发酵，结果大量喷润土直接沉淀结块，发酵后的膨润土不仅浓度达不到要求，而且还有大量块状膨润土导入盾构机上膨润土箱，经常造成膨润土系统管路不通，后经过多次研究并试验，对原有膨润土发酵箱进行改造，加入搅拌系统后，膨润土沉淀的问题得到很好的解决。

为了使膨润土起到更好的改良效果，项目部人员提前根据勘探资料揭示的地质情况预先在试验室得到最好的膨润土配比方案及注入量，然后根据试验结果在每段地层使用不同的膨润土配比，同时根据每天的出渣渣样、推力、扭矩等参数变化，动态的控制膨润土的配比、泡沫配比、刀盘上泡沫孔及土仓壁上球阀孔的分区使用等使盾构顺利掘进。

③模拟盾构机上泡沫形成原理研制而成泡沫效果检测装置，在试验室中鉴别泡沫质量并等到合理配比。

4）刀盘、刀具设计

（1）刀盘形式选择

刀盘可分为辐条式和面板式两大类。面板式刀盘结构复杂，刀具安装在刀盘面板结构上，整个刀盘与土体接触面积大，刀盘转动时阻力大，需要较大的扭矩驱动刀盘，能耗高，对驱动齿轮、轴承等机械设备的性能要求高，因此造价也高。施工中，土仓与开挖面土体之间被刀盘面板隔离，土压计测得的压力为土仓内土压，不能准确反映开挖面变化情况。辐条式刀盘仅有几根辐条，刀具安装在辐条上，结构简单，刀盘和土体接触面小，转动需要的扭矩小，其开口率较大，一般在 50% 以上。土仓和开挖面为一个整体，土压计测得的压力即为开挖面压力，可准确反映开挖面变化情况，容易控制开挖面沉降。而面板式刀盘因其开口率较小，大粒径卵石无法顺利进入土仓，因此容易造成卵石反复研磨、碰撞刀具与面板，使其使用寿命大大缩短。刀具损坏后，刀盘扭矩会急剧增大，致使刀盘无法切削土体而被迫停止施工。

刀盘的支撑一般有中心、中间和周边支撑三种形式。地铁隧道外径一般为 6m，盾构机直径不大于 7m，根据国内外施工经验，一般应采用中心或中间支撑的形式。对于中间支撑方式，中心支座将土压仓分成两大区域，而中心区域将占据相当大的空间。当刀盘旋转切削土体时，中心区内土体流动性差，当土体改良材料搅拌不良时，容易聚集于中心区域。中心区域土体逐渐增多，并最终形成泥饼，完全丧失流动性，使刀盘旋转阻力增加，严重者可使刀盘无法旋转。对于中心支撑形式，土仓内土体不存在搅拌死区，土体流动顺畅，土体搅拌效果良好，引起堵塞的可能性较小，开挖面土体也稳定。

综合以上分析，中心支撑辐条形式的刀盘更适用于该地层施工。

（2）刀具配置

刀具的布置和形状在盾构机设计中是非常重要的内容。刀具的布置方式及形状是否适合应用的工程地质条件，将直接影响盾构机的切削效果、出土状况和掘进速度。

①刀具布置

对于全断面切削的辐条式刀盘，刀具布置有两种方式：第一种为刀具整体连续排列方式，因其切削阻力较大，土仓内土体流动性差，现已很少使用，仅偶尔在切削阻力小的淤泥质地层中采用；第二种为刀具牙形交错连续排列方式，因其切削阻力小、切削效率高、密封仓内土体流动性好和易搅拌而被广泛使用。目前世界上基本均采用牙形交错连续排列方式进行刀具布置。

刀具布置时，应按照牙形交错连续排列的原理，确保盾构机刀具的切削轨迹布满开挖全断面，同时针对不同切削要求，刀盘配置鱼尾刀 1 把，刮刀 105 把，先行刀 30 把，周边刀 6 把，仿形刀 2 把。考虑到施工中刀具和砾石撞击等不利因素，刀具采用日本进口耐磨刀具，刀具加焊耐磨层，且刀具分 3 层布置。刀具保护设置如图 6-3-9 所示。

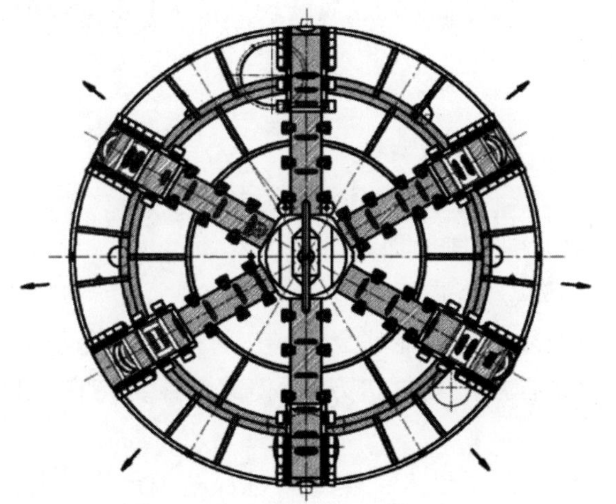

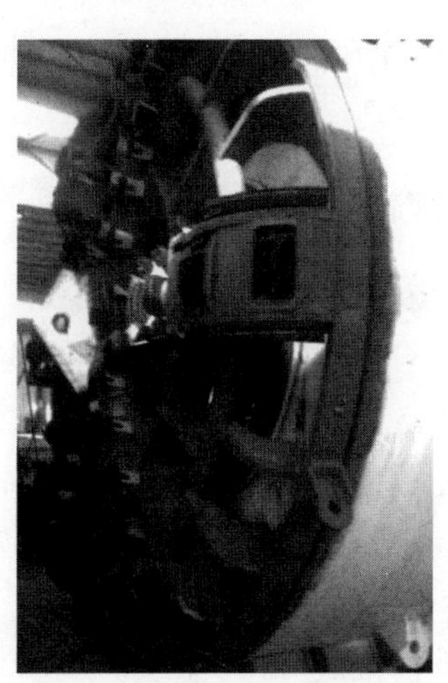

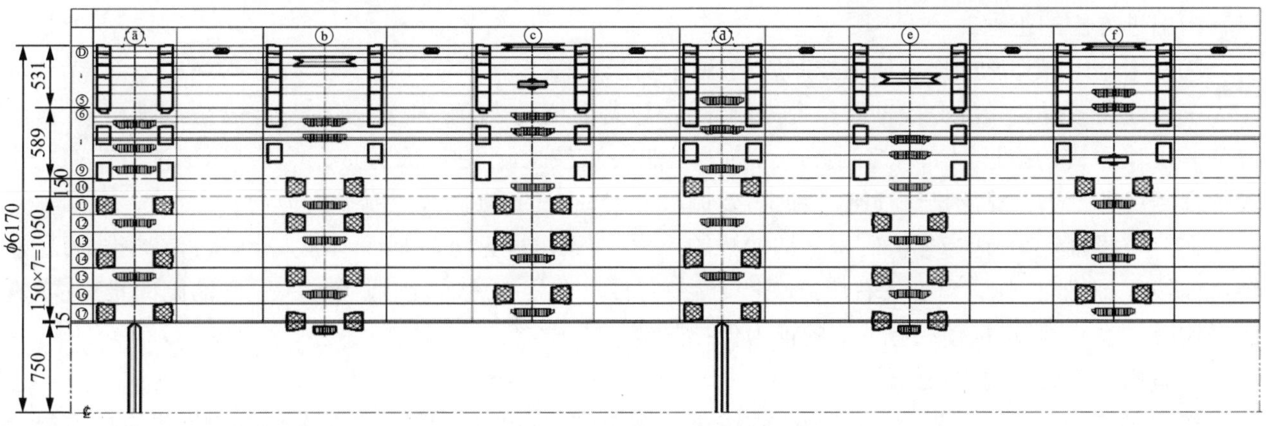

图 6-3-9　刀具牙形交错连续排列方式(尺寸单位:mm)

②刀具合金选择

盾构切削刀具一般采用矿山工具用YG类硬质合金。常用的硬质合金有三种（表6-3-1），E3硬度与抗压强度最高，表明耐磨性最好，但抗弯和抗拉强度最低，说明其抗冲击能力最差；E5与之相反；E4性能介于E3和E5之间。在砂卵石地层中掘进的盾构刀具材料应选择抗冲击能力强的E5。

硬质合金特性表 表6-3-1

牌号	硬度HRA	抗折力（kg/mm^2）	Co含量（%）	压缩强度（kg/mm^2）	拉伸强度（kg/mm^2）	热膨胀系数（$\times10^{-6}/K$）	WC粒径（μm）	裂缝试验（μm）
E3	> 88	> 160	7～12	—	—	—	—	—
	88.5	290	7～9	430	130	5	4～10	119
E4	> 87	> 170	8～13	—	—	—	—	—
	87.5	310	10～12	410	140	5.5	4～10	—
E5	> 86	> 200	9～17	—	—	—	—	—
	86.5	320	13～15	380	145	6	4～10	38

对于大粒径、高含量、高强度的砂卵石地层，对土层的切削应以剥离为主，如果以破碎为主，则对刀盘、刀具磨损非常大，但如果以剥离为主，则刀具贯入度加大，刀具破坏以碰撞为主，就要求刀具符合抗碰撞性能好、刀具合金块质量好、合金块体积形状适合碰撞等要求。根据施工经验，该种合金宽度不应低于20mm，且外侧合金形状进行圆角处理，合金类型为抗弯抗拉强度较好的E5硬质合金，更适合于该地层。

5）盾构机姿态控制

（1）盾构姿态控制方法

结合盾构区间的特点，通常采取以下方法控制盾构掘进方向：

①采用自动导向系统和人工测量辅助进行盾构姿态监测。

该系统配置了导向、自动定位、掘进程序软件和显示器等，能够全天候在盾构主控室动态显示盾构当前位置与隧道设计轴线的偏差以及趋势。据此调整控制盾构掘进方向，使其始终保持在允许的偏差范围内。

随着盾构推进，导向系统后视基准点需要前移，必须通过人工测量来进行精确定位。为保证推进方向的准确可靠，拟每周进行两次人工测量，以校核自动导向系统的测量数据，并复核盾构的位置、姿态，确保盾构掘进方向的正确。

②采用分区操作盾构推进油缸控制盾构掘进方向。

根据线路条件所做的分段轴线拟合控制计划、导向系统反映的盾构姿态信息，结合隧道地层情况，通过分区操作盾构的推进油缸来控制掘进方向。推进油缸按上、下、左、右分成四个组，每组油缸都有一个带行程测量和推力计算的推进油缸，根据需要调节各组油缸的推进力，控制掘进方向。

在上坡段掘进时，适当加大盾构下部油缸的推力；在下坡段掘进时则适当加大上部油缸的推力；在左转弯曲线段掘进时，则适当加大右侧油缸推力；在右转弯曲线掘进时，则适当加大左侧油缸的推力；在直线平坡段掘进时，则尽量使所有油缸的推力保持一致。

③盾构掘进姿态调整与纠偏。

在实际施工中，由于管片选型错误、盾构司机操作失误、地层土质条件等原因盾构推进方向可能会偏离设计轴线并超过管理警戒值；在稳定地层中掘进，因地层提供的滚动阻力小，可能会产生盾体滚动偏差；在线路变坡段或急弯段掘进过程中，有可能产生较大的偏差，这时就要及时调整盾构姿态、纠正偏差。

a. 参照上述方法分区操作推进油缸来调整盾构姿态，纠正偏差，将盾构的方向控制调整到符合要求的范围内。

b. 在曲线段和变坡段，必要时可利用盾构的仿形刀进行局部超挖和在轴线允许偏差范围内提前进入曲线段掘进来纠偏。

c. 当滚动超限时，应及时采用盾构刀盘反转的方法纠正滚动偏差。

（2）盾构掘进姿态调整与纠偏注意事项

①在切换刀盘转动方向时，应保留适当的时间间隔，切换速度不宜过快，切换速度过快可能造成管片受力状态突变，而使管片损坏。

②根据掌子面地层情况应及时调整掘进参数，调整掘进方向时应设置警戒值与限制值。达到警戒值时及时实行纠偏程序。

③蛇行修正及纠偏时缓慢进行，如修正过程过急，蛇行反而更加明显。在直线推进的情况下，应选取盾构当前所在位置点与设计线上远方的一点作一直线，然后再以这条线为新的基准进行线形管理。在曲线推进的情况下，使盾构当前所在位置点与远方点的连线同设计曲线相切。

④推进油缸油压的调整不宜过快、过大，否则可能造成管片局部破损甚至开裂。

⑤正确进行管片选型，确保拼装质量与精度，以使管片端面尽可能与计划的掘进方向垂直。

⑥盾构始发、到达时方向控制极其重要，应按照始发、到达掘进的有关技术要求，做好测量定位工作。

6）工期保证措施

刀具检修在检修井中完成，检修井施作需要 15 ～ 30 天，如果等刀具磨损到无法施工再停工检修，那么检修工作要等检修井完成后才能开始，检修工作对整个工程工期影响比较明显。为减少检修工作对施工工期的影响，采取主动检修措施，即根据施工经验，判断刀具需要检修的位置，提前做好检修井，等盾构机刀盘进入检修井之后，即可开始刀盘检修工作，降低检修工作对施工工期的影响。除此之外，合理的施工工序安排也是保证工程工期的重要措施。

4. 关键技术总结

无水漂卵砾石地层土压平衡盾构施工实践表明，有针对性地对盾构机各系统进行适应性设计，对关键工序进行适应性优化至关重要，主要包括：

（1）刀盘设计以疏为主以隔为辅，确保进入土压仓的卵石都能从螺旋排出，刀盘切削以剥离为主，刀具合金块体积形状应适合碰撞，合金采用抗弯抗拉强度较好的 E5 硬质合金。

（2）采用无中心轴的带式螺旋输送机，尽可能增加盾构机最大排出卵石（砾石）的能力。

（3）渣土改良在加泥的基础上增加泡沫系统，有效增加切削土体的黏聚力，同时降低土体渗透性，达到既能平衡开挖面土压又能连续向外顺畅排土的目的。

（4）严格控制盾构掘进参数，确保土压、推力、扭矩、推进速度，严格确保同步注浆的填充效果，确保开挖面稳定。

（5）加强盾构姿态监测，及时采取纠偏措施，确保盾构姿态平稳。

第 2 节　广州地铁土压平衡盾构穿越砂层施工技术

广州轨道交通建设监理有限公司

1. 工程概况

高增站—新机场南站盾构区间线路呈南北走向，位于三号北延段最北端。采用海瑞克土压平衡盾构机（右线盾构机先始发）。

本区间工程包括始发井明挖段、盾构施工区间、吊出井明挖段三部分，其中盾构区间设 2 号、3 号两个联络通道，2 号联络通道和废水泵房合建。

1）工程地质与水文地质

长距离富水砂层主要集中在 Y（Z）DK-27-380.56 ～ Y（Z）DK-28-076.696（到达里程）段，主要以③$_2$ 中粗砂层为主，局部出现砾砂层，掘进埋深较浅，沉降反映较敏感。③$_1$、③$_2$、③$_3$ 是透水层，渗透性强，为主要含水层，属第四系孔隙水。由于本段砂层分布广泛，且厚度大，连通好，和地表水水力联系密切，富水性强。⑦、⑧为基岩裂隙水含水层，渗透性中等，隧道开挖时涌水量大。

2）工程周边环境及主要风险点

高新站—新机场南站隧道从矮岗村出发，始发阶段平行机场高速路向北延伸，其中须经过 3 个鱼塘及机场生态公园，并要斜穿机场高速路。在斜穿机场高速前，沿线均为鱼塘、农田，地势较平整，下部并无管线须穿越；线路北段为机场绿化带内穿行，地表均为人工种植花卉，右线隧道西侧上方埋设有高压电缆，但埋深较浅，隧道施工不对其造成影响。

隧道斜穿机场高速路区段上方须穿越航油管线、电力线、给排水管等机场重要管线，具有机场高速路标志性建筑（机场高速），以及机场景观河。

2. 工程重、难点

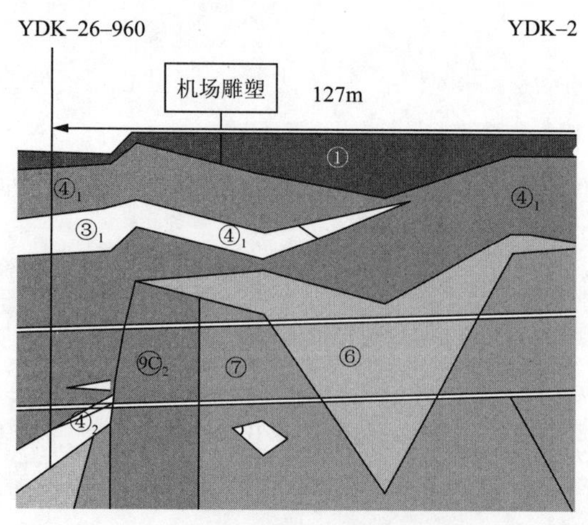

图 6-3-10　右线穿越机场高速路段地质断面图

（1）地质变化大，对软硬不均和长距离富水砂层的地层进行盾构施工风险大。

从工程剖面图可以发现，隧道线路在横穿机场高速下地层变化较大，从线路地质断面图（图 6-3-10、图 6-3-11），线路下伏地层主要为⑥、⑦、⑨C$_2$ 灰岩地层，尤其是灰岩地层起伏波动较大；线路上伏地层主要为③$_2$ 中粗砂层、④$_1$ 黏土层，局部有③$_1$ 粉细砂层，软硬不均的地层给盾构施工带来较大的风险。同时线路在机场高速不具备勘察条件，提供的地质资料精确度较差，地层中有较多溶土洞，资料都没揭露。盾构进入绿化带掘进后，线路边界离高速路仅有 3m，而隧道埋深达 16m，施工影响高速公路 5 条车道以上，600m 的长距离砂层风险较大。

（2）机场高速位置敏感，沉降控制要求高，管线多、施工保护难度大。

盾构掘进对双向 8 车道机场高速路影响范围达 200 多米长，左右线路分别需穿越机场雕塑、航油管、机场路景观河、电力线及供水管等设施管线。尤其是航油管路（图 6-3-12），它担负着整个整场的能源供应，其安全级别是最高级的，同时航油管离盾构隧道仅有 5m，增加了施工保护的难度。

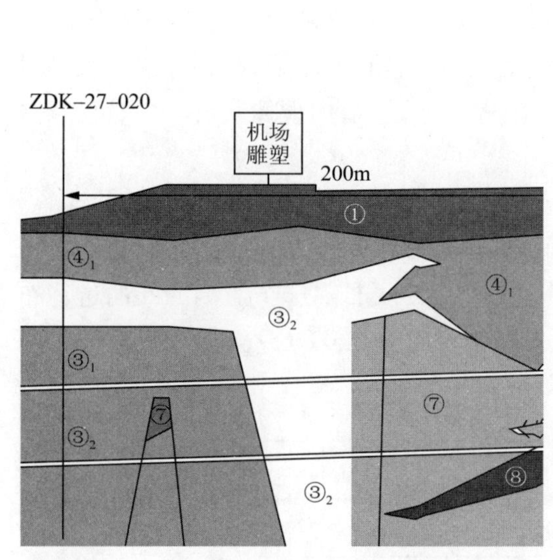

图 6-3-11　左线穿越机场高速路段地质断面图

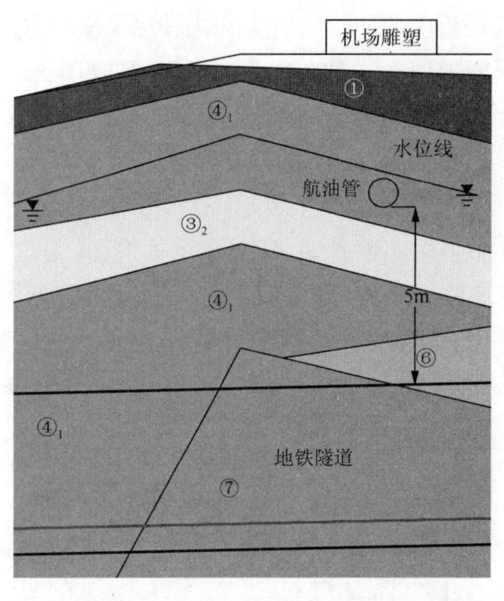

图 6-3-12　航油管路与盾构隧道空间关系图

（3）软硬不均地层使盾构掘进姿态和出土量控制难度都较大。

（4）全断面砂层掘进容易发生喷涌，以致发生地面塌方。

3. 盾构在机场高速下富水砂层中掘进的施工关键技术

（1）盾构进入机场高速路范围前，在 2 号联络通道加固体内对刀盘刀具进行了全面检查，更换了磨损的滚刀、修补掉落及损坏齿刀，对盾构施工各项配套设备进行检查，如电瓶车、龙门吊、搅拌站等重要设备故障进行保养，减少因设备故障引起的停机。

（2）采用土压平衡模式掘进、使盾构连续快速掘进。

（3）加强渣土改良，避免盾构掘进“喷涌”，以达到盾构出土量控制目的。

本工程渣土改良分成三类。一类是砂层，其特点是含泥量都在 20% ～ 30% 之间，同时线路大部分断面都是半断面砂层和半断面黏土层，含水率较大，施工中仅加入 3% ～ 5% 的泡沫水溶液，泡沫注入率达 15% ～ 25%（泡沫体积与渣土的体积比），泡沫水溶液使用为 10 ～ 15m^3，已达到良好的渣土改良。第二类是黏土层、残积土层和全风化及强风化地层，这类地层粉黏粒含量较高，需加入大量的泡沫和水，施工中加入 5% ～ 8% 的泡沫水溶液，泡沫注入率为 35% ～ 45%，泡沫水溶液使用 20 ～ 25m^3，方能达到改良渣土、预防刀盘结泥饼及保护刀具的目的。第三类为中风化和微风化岩层，该地层一般为裂隙水发育，出来的石渣和水完全分离，容易发生喷涌；渣土改良采用膨润土 + 高分子的外加剂。高分子水溶液（高分子原液为 1%）和膨润土泥浆 [膨润土浆液按照膨润土 ：水 =1 ：10（质量比）配制，注入量为 10% ～ 15%]，分两个管路注入刀盘，使石渣四周包裹泥皮，高分子与泥水发生反应形成塑性较好的渣土。

（4）通过同步注入单液浆和分段补充注入双液注浆控制地表沉降。

工程主要通过同步注浆填充隧道管片背后的空隙，采用水泥砂浆作为同步注浆材料，水泥采用

32.5R 普通硅酸盐水泥，注浆配合比见表 6-3-2。

同步注浆材料配比（单位：m^3）　　表 6-3-2

水泥（kg）	粉煤灰（kg）	膨润土（kg）	砂（kg）	水（kg）
120	360	120	700	500

盾构掘进中，通过控制注浆压力和注浆量双重条件保证填充效果，注浆压力恒压保持在 2.0 ～ 2.5bar。注浆量取环形间隙理论体积的 1.2 ～ 1.3 倍，则每环（1.5m）注浆量 $Q=\pi\times3.15^2\times1.5-\pi\times3^2\times1.5=4.3m^3$，施工中搅拌浆量为确定注浆量 5.5$m^3$/ 环。若砂浆量没注完，注浆压力已达到恒压要求，则停止注浆；盾构一环掘进没完成，砂浆已注完，但是注浆压力没达到恒压要求，需停止掘进，增加搅拌浆液，要求每循环掘进完成后注浆压力必须达到恒压要求。

（5）加强盾尾刷管理，延长盾尾刷寿命，是提高注浆效果，控制地表沉降的有效保证。

（6）加强地表沉降监测，及时反馈监测信息指导施工。

盾构在高速路下掘进，横向重点对埋深 45° 影响范围每隔 15m 布置一个监测的断面进行布点监测；纵向沿着线路中心每 5m 布置一个监测点，盾构掘进时，盾构机前方 2.5*D*（*D* 为盾构机直径）及盾构通过后 30m 都是重点监测范围，监测结果如图 6-3-13 所示。

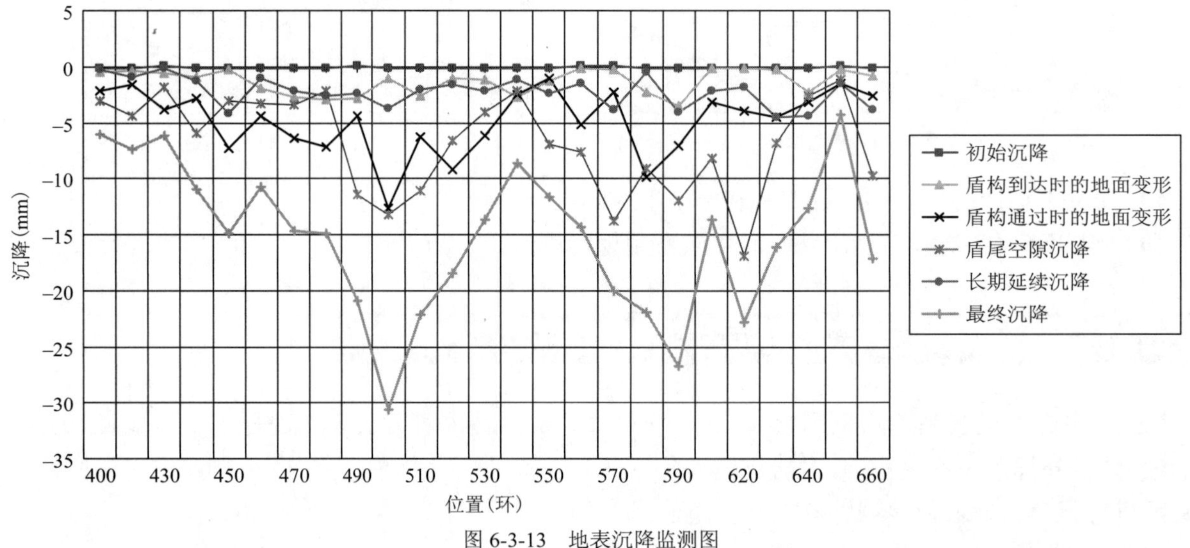

图 6-3-13　地表沉降监测图

根据观测到的每个断面上各个测点的沉降值，画出测量断面沉降曲线。通过分析，得出如下规律：

①当盾构机工作面在测量断面前大约 15m，各个测点的沉降值基本为 0，即在盾构机前方 2.5*D*（*D* 为盾构机直径）以上时基本无沉降。

②当盾构机通过测量断面后 10 ～ 25m 之间位移增加值变小，这说明从这之后盾构机的推进对该断面的影响不大。

③位移增加最快的点一般位于盾构机通过测量断面 0 ～ 12m。在这段距离内，产生的沉降值在 5 ～ 10mm 之间。因此，在该区间（盾尾空隙沉降）要加强观测，以防发生大的沉降。

综合监测数据分析，盾构在高速下施工变形较小，施工较安全。

（7）盾构在高速路下存在高风险，施工前制订了详细的施工方案和安全应急措施，并组织了桌面演练，施工中一旦发生险情，马上启动预案。盾构在横穿高速路期间，曾发生出土超量现象，工程技术人员迅速启动预案，封锁受影响的高速路车道，并从高速路上钻孔回灌砂浆，在受影响范围加密布点监测，使险情迅速解除。

4. 长距离富水砂层土压盾构施工控制技术研究

1）研究内容

为了配合广州地铁富水砂层土压盾构综合施工控制技术研究这个课题，调查土压平衡盾构砂性土层开挖面稳定及盾构掘进对周边环境的影响，研究富水砂层盾构掘进参数匹配控制技术和盾构施工扰动指标体系和检测技术，对广州地铁三号线区间隧道的典型富水砂层区段进行监测，并且完成以下内容：

（1）研究盾构在富水砂层中施工的地面沉降的大小和范围；

（2）研究盾构在富水砂层中施工引起的土体应力、土体深层沉降和位移的变化规律；

（3）施工参数根据监测反馈的信息，及时调整相关盾构施工参数及施工辅助措施，进行监测数据的分析，实行信息化施工；

（4）研究富水砂层中盾构与土层相互作用以及地层反应规律，结合理论分析解决盾构掘进在富水砂层开挖面稳定的问题。

2）主要科研结论

（1）关于地表沉降的小结

①盾构推进各阶段的沉降百分比如图 6-3-14 所示。

从图 6-3-14 中可以看出，对于砂土为主的土层，前期沉降占到了 16%，而主要的沉降集中在盾构通过期间和盾尾注浆阶段，占 75%，后期沉降只占 9%，表明盾构在通过期间和盾尾注浆阶段的参数设置很重要，比如土仓压力的控制，注浆量和注浆压力的设定等。还表明砂土在扰动后的固结速率比较快。

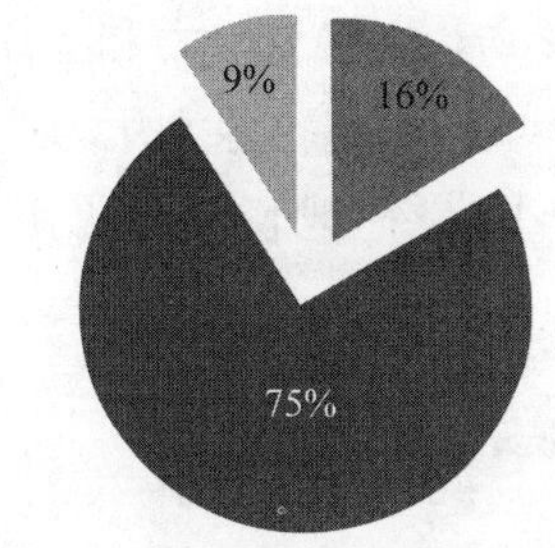

图 6-3-14　盾构推进各阶段沉降百分比

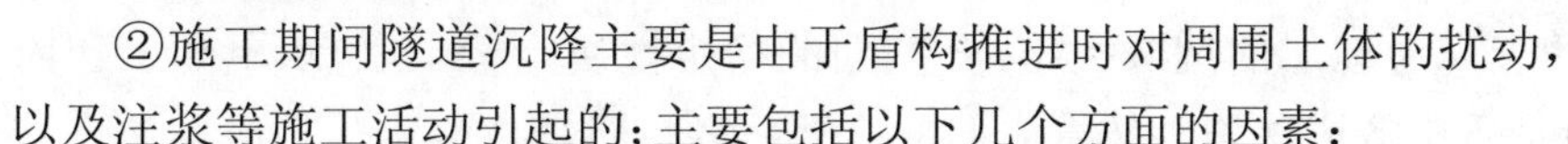

②施工期间隧道沉降主要是由于盾构推进时对周围土体的扰动，以及注浆等施工活动引起的；主要包括以下几个方面的因素：

a. 开挖面底下的土体扰动；

b. 盾尾后压浆不及时不充分；

c. 盾构在曲线推进或纠偏推进中造成超挖；

d. 盾壳对周围土体的摩擦和剪切造成隧道周围土层的扰动；

e. 盾构挤压推进对土体的扰动。

③土体在盾构掘进速度较慢的情况下，容易发生液化而造成更大的土体沉降，因此在通过富水砂层时，应尽量快速通过，不要停留时间过长。

④对沉降监测的一些建议。由于地理位置的特殊，沉降点的选取受到限制，一个断面最多只布置了两个监测点，使得横向沉降槽无法分析其规律。监测时间点不能很好地和盾构掘进相联系，只是按照自己的时间安排进行，大致是上午下午各监测一次，使得盾构在通过期间不能得到变化过程的数据。由于穿越高速比较麻烦，选取的参考点（即沉降监测时默认的不动点）离隧道太近，无法保证其绝对不沉降。

（2）关于分层沉降的小结

①隧道正上方的土体随着埋深增大，沉降值增大；隧道侧边的土体随着埋深增大，沉降值呈现先增大后减小的趋势，在隧道底部的土体沉降值几乎为 0。

②与地表沉降一样，分层沉降主要发生在盾构通过期间和盾尾通过后 10m 范围内，影响其沉降的主要是土仓压力的变化，在快速通过的同时，必须控制螺旋输送带的转速，将土仓内的土体维持在一定水

平，严格控制出土量。

③对分层沉降监测的建议。由于我们所使用的分层沉降仪是手动式的，靠人工进行读数，由于所用钢尺是比较软的，而且容易扭曲收缩，造成测量的误差。同时，由于需要靠在管顶读数，视线必定与钢尺有一定角度，造成斜视，出现读数上的误差。而且管顶也不是水平的，不同人读数时钢尺所靠的位置也不一致，造成了读数的误差。因此建议分层沉降监测最好采用自动读数仪，当传感器接触磁环的瞬间一起自动计数，会大大减小误差。

（3）关于土压力的小结

①当切口达到断面前，土压力的变化值很小，但总体上呈现随着盾构的靠近土压力增大的趋势。切口经过断面时，土压力达到一个较大的波动值，然后有小幅度回落。这主要是因为切口逼近时对土体的挤压和形成超孔隙水压力致使土压力大幅度上升，当切口推进一环时要停机进行管片拼装，对于砂土一旦停止掘进，超孔隙水压力会迅速消散，使得土压力有所回落。而后再次推进，到盾尾通过时，土压力会再次波动到一个较大的水平，甚至超过切口达到时的土压力值。这是因为盾尾通过后进行同步注浆，注浆压力会产生较大的土压力。停止注浆后，土压力开始回落，后期回落会持续较长时间。从监测情况来看，同一个孔埋深越大，土压力的变化值也越大。同一深度土体，离隧道越近，土压力变化值也越大。

②孔隙水压力的变化规律与土压力基本类似。与土压力明显的区别在于，孔隙水压力的回落非常快，而且回落幅度也很大，基本在切口通过断面 25m（4*D*）之后，能回落到初始水平附近。

③超孔隙水压力和土压力变化的实测结果表明，土压力与孔隙水压力是同步增加的，说明土体中土压力增加是超孔隙水压力产生的原因。隧道顶和肩部的土体扰动程度较大，隧道底部土体的应力扰动程度较小，越往地表，土体的应力扰动程度越小。

5. 结语

（1）开挖面的稳定性最直接的表现为地层的沉降大小，开挖面的稳定性决定于土压、水压和土仓内的压力的平衡关系，确保土压平衡是盾构隧道法施工技术方面的主要问题，通过监测，本工程盾构通过砂层设置的各参数基本合理。

科研结合工程实践证明：

①土压平衡盾构施工过程中必须在开挖面和隔板之间充满可塑性土料。

②在盾构推进和管片拼装过程中，盾构密封舱内压力 P_i 始终略大于正面主动侧压力 P_k 和水压力 P_w 之和，即

$$P_i \geqslant (1.1 \sim 1.2)(P_k + P_w)$$

式中：P_i——密封舱内压力（MPa）；

P_k——正面主动侧压力（MPa）；

P_w——水压力（MPa）。

③土压平衡盾构螺旋排土器出土量与刀盘前方进土量一致，以保持土压力的动态平衡。

（2）盾构在砂层掘进的基本原则是：建立土压平衡模式，尽量减小对砂层的扰动，快速通过砂层。广州地铁三号线北延段盾构隧道穿越近 500m 的软弱砂层，采取的主要对策就是土压平衡掘进、保持盾尾良好的密封性能、渣土流塑化改良等。

（3）在中粗砂地层，当盾构处于动态掘进时，应力上升，静态拼装管片或者停机时，应力回落，且一般能回落到初始值。所以整个掘进过程中，土体应力处于上下波动状态。 沿盾构前进方向孔隙水压和侧向土压的变化规律一致（下面两者统称为土体应力），共分为三个阶段：

①缓变段——盾构切口距离断面 15m 时，波动范围在 5kPa 之内；
②显变段——切口临近至盾尾过后 3 ～ 12m 范围内，峰值一般出现在盾尾壁后注浆期间；
③消散段——盾尾远离，这时掘进的影响已经很微弱。
（4）黏土砂卵石区域盾构掘进速度、扭矩、注浆行程及总推力参数，见图 6-3-15 ～图 6-3-17。

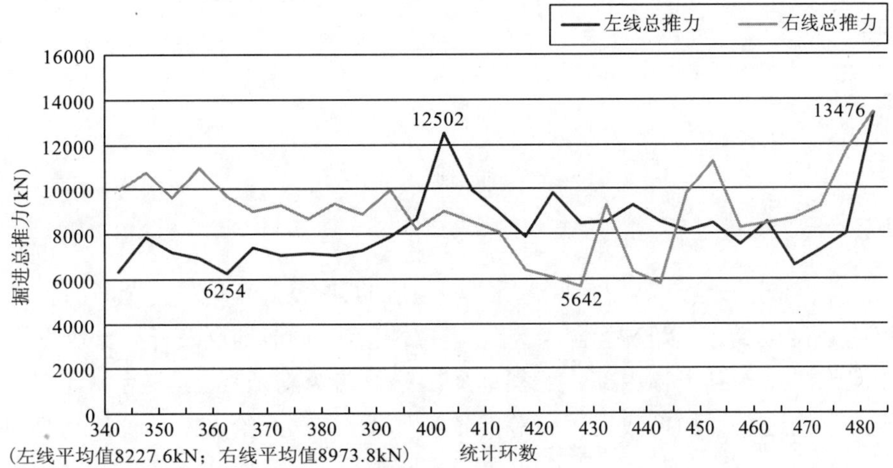

图 6-3-15　左右线穿越鹅卵石地层掘进速度统计图

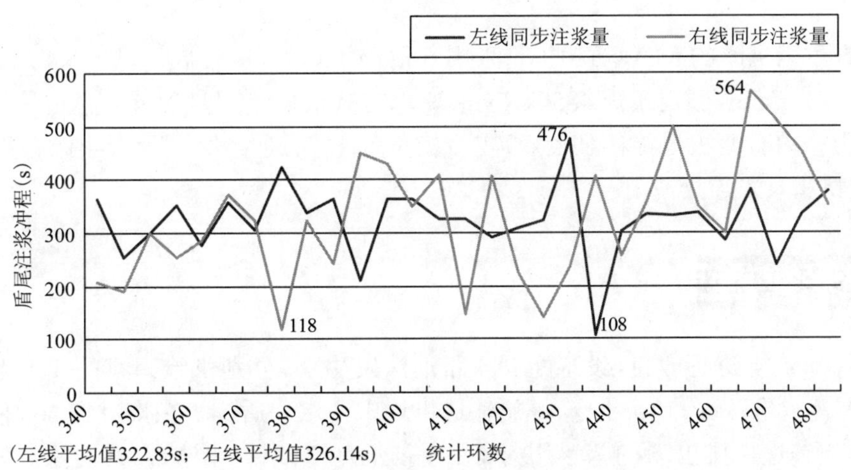

图 6-3-16　左右线穿越鹅卵石地层同步注浆量统计图

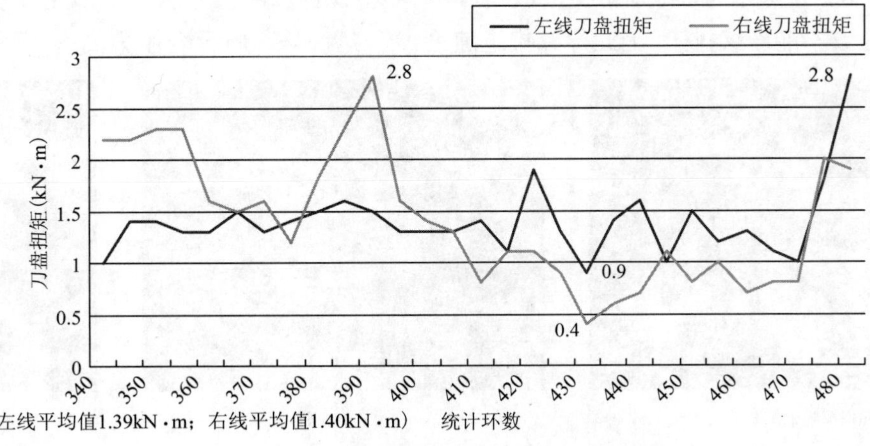

图 6-3-17　左右线穿越鹅卵石地层刀盘扭矩统计图

第3节　沈阳地铁胶泥质黏土地层渣土改良及盾构掘进参数优化施工技术

沈阳鑫山盟建材有限公司　侯德超，周贺，国怀春，宋洪雁

1. 工程概况

1）地质情况

该案例为沈阳地铁10号线含有高黏性胶泥质土质地层的某个标段，地质为全断面胶泥质黏土层，土块断面光滑、土质密实，黏度极高、形似胶泥，含水率低，渗透性极小，同时地层及开挖土块吸水性不强，仅土块表面层少量吸水，但无法渗入到土体内部。工程地质勘察报告为粉质黏土，实际施工时发现地层与地勘不符，导致始发前刀盘改造及添加剂改良试验等准备工作不够充分，给施工单位盾构掘进带来了意想不到的困难。

2）设备情况

盾构机为北方重工生产的NFM盾构机。采用6根辐条式刀盘，刀盘开口率大约70%，刀具为刮刀、撕裂刀，刀盘转数1.13r/min，额定扭矩4850kN·m，驱动方式液压。刀盘配置4个泡沫注入口，其中一路在中心刀位置。土仓内有两根搅拌棒且较短，皮带机角度16°，角度大。两路同步注浆分别位于左上和右上，一台膨润土挤压泵未连接使用。

2. 施工中遇到的问题

现场采用泡沫对渣土进行改良，设备配置4路泡沫发生器，分别供给刀盘的4个泡沫注入口，土仓和螺旋输送机没有注入泡沫。刀盘、土仓、螺旋输送机均未注水。盾构机在推进到66环以前土体改良不佳，渣土不易从螺旋输送机排出，渣土呈大块状，在皮带上打滑，堵塞出渣口，同时螺旋输送机扭矩大，经常出现卡死现象，出渣口排土不畅如图6-3-18a）所示。

同时，排出的渣土被挤压的特别密实，成条状，由于皮带机设计的角度较大，渣土在皮带上打滑，如图6-3-18b）所示，导致不能连续排土，因此导致推进速度慢，刀盘扭矩高，土仓压力高等一系列问题。

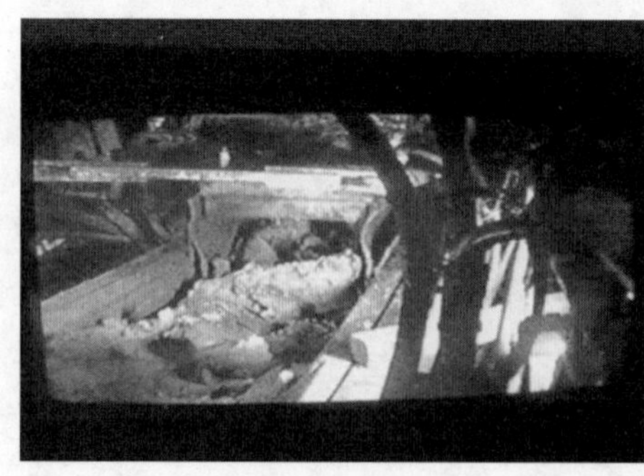

a）排渣口堵塞

b）皮带打滑

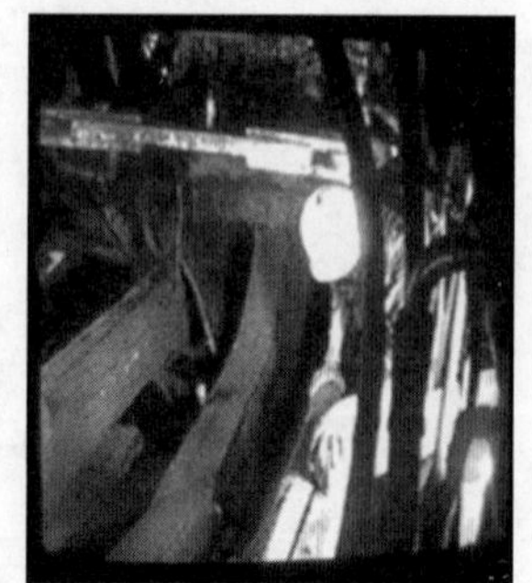

c）渣土挤压成条

图6-3-18　螺旋输送机出渣情况

平均推进一环需要1～2h，推进速度6～20mm/min，在推进过程中需经常停机排土保持合理的土仓压力，导致推进时间较长。

为了解决渣土在皮带上打滑问题，既需要提前准备好沙子（图6-3-19），把沙子撒在皮带上增加渣土与皮带的摩擦力，同时需要人力推送渣土，浪费了大量的时间及人力。同时每环泡沫剂原液用量在150～180L，泡沫剂原液用量较大。

图6-3-19　防止渣土皮带上打滑准备的沙子

3.问题分析及改良方案的确定

1）问题分析

前66环中，出土流塑性差，渣土成大块状且溜皮带，掘进速度低，土仓压力不稳等状态，施工单位初步分析为渣土改良不佳造成。施工人员积极寻求解决问题的方案，先后邀请盾构机厂家及多家泡沫剂厂商技术人员探讨渣土改良问题的原因，经过分析，认为造成掘进困难的原因大体如下：

（1）实际地层与地勘不符，出入较大。故盾构机改造期间按照地勘中粉土地层配置，搅拌棒少而短，同时没有对皮带机的角度进行针对性改造。遇到胶泥质地层出现掘进困难后，洞内实施皮带角度改造的难度很大。

（2）在现有设备配置及地层条件下，渣土的改良未达到平稳连续推进的要求。刀盘前方切削下来的小土块在带压土仓内没有有效的改良处理，黏度较高而易黏结在一起，压密固化形成大块，以致于经常卡住螺旋输送机。出土的土块过大易堵塞出渣口以及在注水量较大的同时土体表面湿滑而易引起溜皮带现象。这是缓解堵塞出渣口及溜皮带问题的最简单易行的方式，项目决定先优化渣土改良，看看能否基本解决施工掘进难的问题。

渣土改良不好的原因可能存在很多方面，项目部通过对设备改良系统的排查、施工参数的优化及相关试验等方面尽量做到最优，在这种前提下，再尽可能地选择最优质的泡沫剂对渣土进行改良。

根据以上分析，项目部人员联系并借用沈阳鑫山盟公司在沈阳的盾构应用技术试验室进行相应的渣土改良模拟试验研究，并通过试验进一步对盾构机泡沫系统相关参数进行优化设定和施工操作方法的优化调整等综合方面来解决该地层推进的困难。

2）渣土改良模拟试验

试验土样为取自沈阳地铁10号线某标的黏土土样（图6-3-20），相同土样平均分为三份（土样1、土样2、土样3），每份土样重12kg。改良材料选用水和泡沫剂（原项目部使用品牌及鑫山盟SF-02），分别做改良材料的改良试验研究。

（1）单独注入水改良

土样 1 共加入了约 300g 水，缓缓地注入，最开始加水时，使土块表面润湿，降低了土块之间的黏结能力，起到了一定的改良作用，但效果并不明显，继续搅拌土块仍然相互粘接成大土块。继续加水，非但没有得到更好效果，土块黏结形成大块，土块周边表面极其湿滑，导致土块在搅拌机内开始打滑。

由试验可以得出，该地层黏土吸水性差，少量水能够起到润湿土块表面降黏的作用。但水量稍大，无法渗入土体，表面覆水后形成水膜，而土块之间的接触面在相互挤压后，水膜沿着土块之间的接触面挤出并导致土块重新固结，造成了渣土在皮带机上形成大块出土并打滑的现象，如图 6-3-21 所示。

图 6-3-20 试验室改良试验所用土样 1

图 6-3-21 单独使用水改良后的渣土

（2）单独注入项目部原来使用的泡沫改良

土样 2 加入约 900mL 泡沫时土块表面基本被泡沫包裹，停止加入泡沫后继续搅拌，土块间的泡沫破裂，少量小土块开始黏结成大块，若想达到较好的改良效果，需增加泡沫的注入量。随后分两次加入了约 1300mL 的泡沫，泡沫吸附包裹在土块的表面（图 6-3-22），达到一定的改良效果。

试验证实该土层对泡沫的强度及稳定性要求较高，若改良用泡沫的强度及稳定性差，会加速泡沫的消泡过程，后土块之间接触面由于没有隔膜作用，导致土块再固结，变成大块。

（3）使用鑫山盟 SF-02 泡沫剂改良

土样 3 加入约 900mL 的泡沫搅拌一段时间，可观察到小土块表面附着的泡沫与浮土形成的泥膜，泡沫在挤压下不易破碎，起到了很好的隔膜作用，有效地降黏、润滑、防固结。

试验表明，鑫山盟 SF-02 泡沫剂具有更长的半衰期及稳泡性，试验室测试鑫山盟 SF-02 泡沫剂的半衰期≥ 30min（室温 20℃）。土样 3 改良说明了高黏性黏土地层对泡沫的半衰期及稳定性较高，能长时间在土块及颗粒间润滑支撑，有效地防止了渣土的重新固结（图 6-3-23）。

图 6-3-22 使用原品牌泡沫剂改良后的渣土

图 6-3-23 SF-02 泡沫剂改良后的渣土

3）泡沫系统调试及参数设定

经排查，项目所采用的北方重工盾构机泡沫系统较为完好，可有效地保证泡沫剂的发泡。同时，根据对掘进速度的预估及注入量的计算，确定了 3% 的原液掺比，15 倍的发泡倍率参数，并选取项目原来使用的泡沫剂与鑫山盟 SF-02 泡沫剂进行发泡对比测试，如图 6-3-24 ～图 6-3-27 所示。

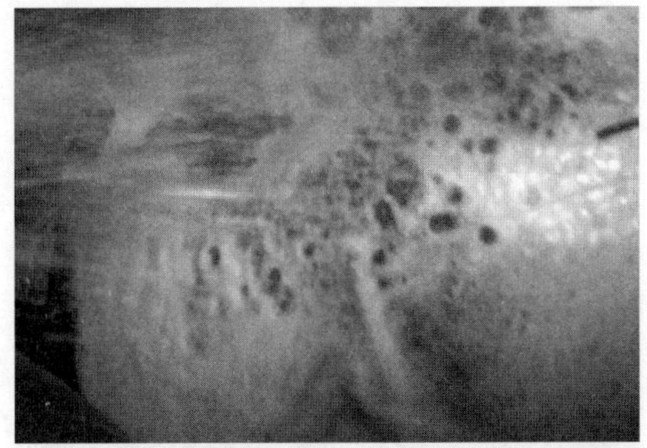
图 6-3-24　项目部原来使用泡沫剂固定参数调试效果

图 6-3-25　SF-02 泡沫剂固定参数调试效果

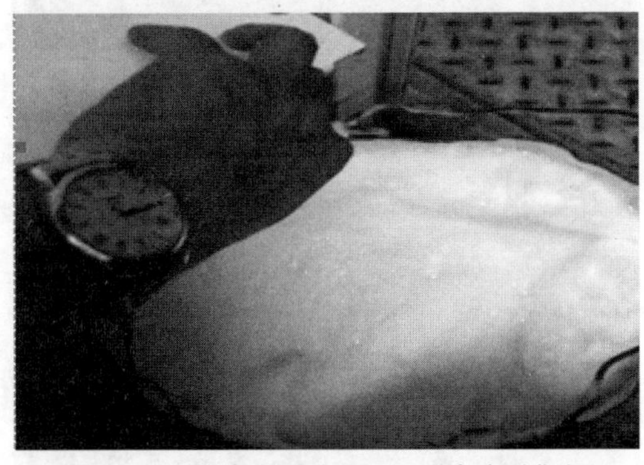
图 6-3-26　半衰期测试：SF-02 碰泡沫刚发出

图 6-3-27　半衰期测试：SF-02 泡沫剂发泡后静止 30min

4）施工参数的优化

鉴于该黏土地层土块黏性高、易黏结形成大块的特点，经研究决定，优化掘进参数法如下：

（1）适当提高刀盘转速，降低贯入度，利于加强刀盘刀具对原状土的切削和搅拌，降低从掌子面切削下来土块的粒径，防止大块渣土带来的出渣困难。

（2）采用半衰期及稳定性更强的鑫山盟 SF-02 泡沫剂。

4. 优化施工方案后实施效果

从第 67 环开始，新的解决方案效果明显，推进速度由之前的 6 ～ 20 mm/min 提高到平均 40mm/min 以上，详细的数据见表 6-3-1，以及图 6-3-28 ～图 6-3-31。

优化施工方案详细数据　　表 6-3-1

对　比　项	66 环前（掘进困难）	67 环后（优化后）	原 因 分 析
每环用量（L/ 环）	120 ～ 150	40 ～ 60	在材料节约的同时，掘进速度较大提升，利于盾构机姿态及土压控制。实现了正常连续的推进。加快刀盘转速，降低贯入度，使刀具切削下来的土块粒径减小
上土压（bar）	1.1 ～ 2.5	0.9 ～ 1.1	
刀盘转速（r/min）	1.2	1.5	
刀盘扭矩（kN·m）	1500 ～ 2600	1200 ～ 1500	出土不畅导致扭矩高且波动大
单环推进时间（min）	70 ～ 120	25 ～ 35	推进时间明显缩短

续上表

对　比　项	66 环前(掘进困难)	67 环后(优化后)	原 因 分 析
螺旋 / 皮带出渣状态	土块巨大,堵出渣口挤出并溜皮带,无法带走	出土较松散连续	渣土改良的优化保证了出渣的连续性及渣土的顺利带走
综合效益对比	—	泡沫剂费用、运营费用降低,有效产出提高	效率更高、综合成本低

图 6-3-28　原出渣效果

图 6-3-29　新改良方案的出渣效果

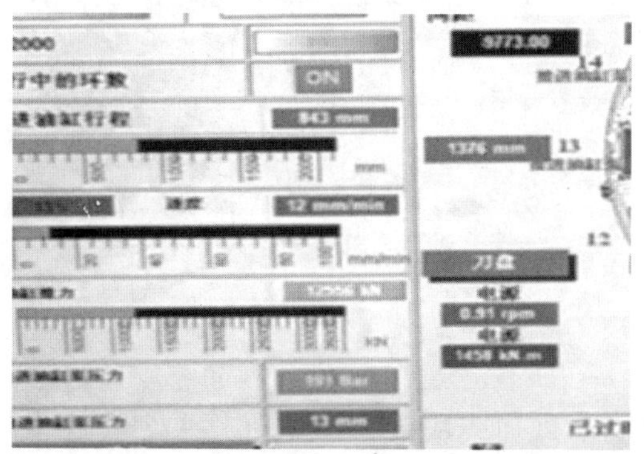

图 6-3-30　原推进速度 12mm/min

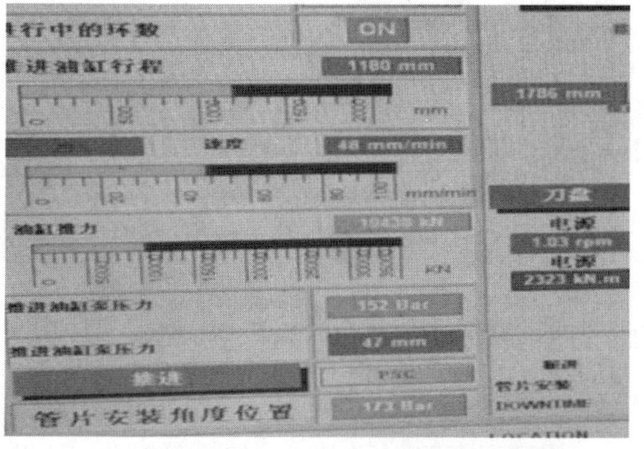

图 6-3-31　优化后推进速度 48mm/min

5. 结语

通过沈阳地铁 10 号线高黏性胶泥质土质地层盾构掘进渣土改良案例的解决,针对高黏性纯黏土地层的施工方案及渣土改良,可以得到以下结论:

(1)胶泥质黏土地层黏度较高,刀盘刀具对掌子面原状土的切削较为重要。适当提高刀盘转速、降低贯入度可使原始土块较小。

(2)这种地层土质密实、黏度较高易黏结、不易吸水软化,对此地层改良需从防止土块黏结、压密固结方面着手,使渣土松散且表面不湿滑,不溜皮带连续出土,这就要求附着的泡沫具有一定的挤压支撑强度和稳定性。因此该地层的改良对泡沫剂要求很高,除需保障泡沫系统的正常工作外,对泡沫性能有如下要求:

①良好的发泡性能,发泡充分、细腻、均匀膏状、吸附性高。

②较高的泡沫强度及稳定性,在土块间起到良好的润滑支撑作用,防止土块压密固结,改善渣土流塑性,保证土体从开挖至排出过程中的渣土改良要求。

(3)在改良方法上,除以泡沫剂为主对土体进行改良外,同时应根据地层含水率的情况少量注水(含水率较高地层可不加水），来进一步加强土体流动性及渣土表面黏度的降低。但因为这种胶泥质地层吸水率极为有限，因此水量不应过大，以渣土在皮带机上不打滑为准。

（4）针对这种地层，在盾构设备配置方面，如条件允许，搅拌棒应多配并加长，皮带机的角度不应大于 12°。

第 4 节　成都地铁高富水大粒径卵漂石地层盾构施工技术

辽宁三三工业有限公司　陈崎

1. 工程概况

成都地铁 4 号线二期凤溪站—南熏大道站区间为地下线，本段区间起讫里程为 DK19+954.500 ～ DK20+816.799，全长 862.299m（图 6-3-32）。柳河站—凤溪站区间结构外缘起讫里程为 DK18+709.67 ～ DK19+774.50，总长 1064.83m。

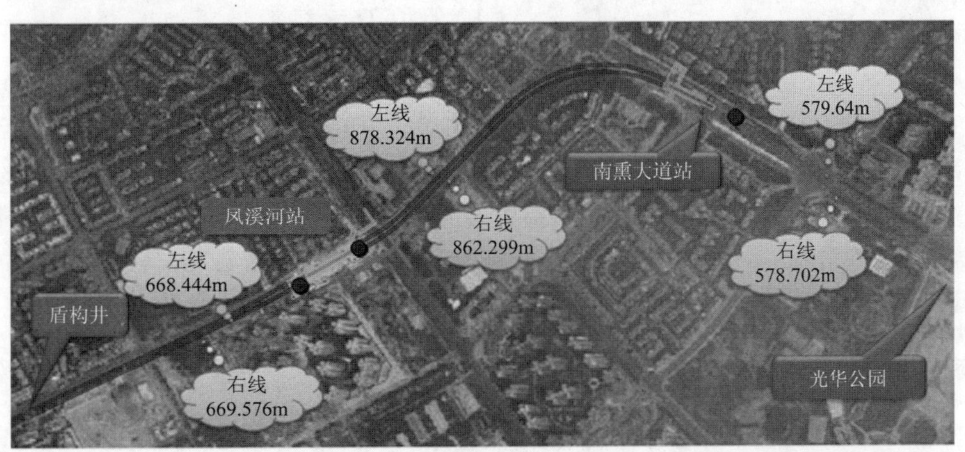

图 6-3-32　成都地铁 4 号线二期工程凤溪站—南熏大道站—光华公园站区间示意图

盾构区间主要穿越②$_{9-2}$ 中密卵石土、②$_{9-3}$ 密实卵石土和③$_{8-3}$ 密实卵石土地地层，卵漂石含量 70% ～ 90%，卵石粒径一般为 20 ～ 200mm，漂石含量根据探坑揭示为 10% ～ 25%，漂石粒径集中在 200 ～ 300mm，凤溪站—南熏大道站区间大于 300mm 粒径漂石含量 2% ～ 5%（体积比），卵漂石抗压强度 41 ～ 299MPa。卵漂石地层渗透系数 *K* 取 18 ～ 35m/天，为强透水层。

成都地铁 4 号线二期工程土建 6 标 1 工区地质（图 6-3-33）为高富水、大粒径、高强度、无胶结漂卵石地层，是成都地铁自盾构施工以来施工难度最大的地层。

图 6-3-33　区间卵漂石

2. 工程难点及风险

（1）根据成都地铁之前的掘进经验，盾构在穿越该区间密实型卵漂石的过程中，刀具和刀盘磨损严重，工程期间需频繁更换刀具，加固刀盘。

（2）该区间卵漂石最大粒径为900mm，超过刀盘及螺旋输送机300mm×500mm的通过粒径，大粒径漂石需在刀盘前方破碎。如刀盘无法及时破碎大粒径漂石，将造成多个漂石在刀盘前方堆积，造成刀盘启动扭矩增大，掘进缓慢，严重情况下将导致刀盘卡死或无法推进。

（3）该区间的卵漂石颗粒之间胶结差或基本无胶结，当盾构通过时，上方土体经刀盘扰动后极易塌落，造成地面沉降。

（4）该区间盾构开挖面位于地下水位线以下，地下水丰富并且岩层渗透率高。造成螺旋输送机出渣含水率较大，易从皮带机前方倒流至管片拼装区域，需花费大量人工及时间清理，严重影响掘进效率。

3. 盾构机的选型及配置

图 6-3-34　本工程用土压平衡盾构机

综合考虑盾构机各个系统的动力匹配、刀盘扭矩、转速及驱动功率储备、螺旋输送机形式以及各个部件的耐磨措施，使盾构机能够实现在该地层下高效掘进。项目组最终选定辽宁三三生产的土压平衡盾构机（图 6-3-34）。

该盾构主要技术参数如下：

1）刀盘刀具参数

刀盘开口率34%（中心开口率50%），配备33把17″单刃滚刀，4把17″中心双联滚刀（均可更换为18″刀圈）；正面刮刀80把，周边刮刀24把。刀盘开口率与最大刀具布置数量成反比，对于该区间的卵漂石地层，34%的刀盘开口率比较适宜。另因为刀盘中心的刀具运行半径较小，因此在其工作时受到的侧向力较大，对滚刀的切削效率、工作寿命均有较大影响，因此要保证刀盘中心开口较大，便于中心部位切削松散后的渣土更快进入土仓内，避免在刀盘前方堆积，降低中心部位刀具的工作负担。

2）耐磨设计

刀盘正表面布置CAT特种耐磨合金板，侧面布置镶嵌式耐磨合金条；刀盘布置7个渣土改良注入口，均采用单管单泵的形式；刀盘的耐磨性主要通过两个方面进行控制，一是主体耐磨材料的选择，二是通过有效的渣土改良系统对土体进行改良，降低其磨损性。

3）主驱动设计

刀盘主驱动为6台200kW水冷变频电机，刀盘额定扭矩6300kN·m，额定扭矩转速范围0～1.8r/min，最高转速3.2r/min；脱困扭矩8300kN·m；在应对该区间的大粒径卵漂石地层时，刀盘动力储备更足，极限扭矩高，主轴大，扭矩强，在遇到地层突变、扭矩剧烈变化时，刀盘不会出现变形，刀盘开挖系统可靠性高。变频电机驱动具有提供刚性扭矩大、极限扭矩高、低能耗、设备高效、工作环境好（噪声小，温度低）、故障低、维修少、检修方便和减少消耗物资等优势。

4）螺旋输送机设计

螺旋输送机内径850mm，最大通过粒径300mm（直径）×500mm（长度）；最大推进速度200mm/min。更高的推进速度使盾构具备快速通过恶劣地层的能力，降低单位时间内刀盘对单位长度内土体的扰动，有效降低上方岩层塌落，减小地面沉降。

4. 盾构掘进技术难点

基于该项目是成都地区地铁施工以来所面临的最困难的地质条件，根据成都地区以往盾构机的掘进经验，采用在以往标段中已经成熟的半仓欠压掘进法进行施工。但是盾构掘进仍极其困难，其主要表现为：

（1）根据过往成都地铁掘进经验，刀盘转速应控制在 1r/min 左右，以避免对土体扰动过大，造成上方土体沉降。

（2）刀盘土仓应保持半仓状态，并对刀盘周边注入膨润土，以减小刀盘扭矩，避免刀盘卡死；然而，在掘进初期，盾构机频繁遭遇刀盘卡顿，推进困难，地面沉降过大等问题。最长的脱困周期超过 20 天。

5. 盾构施工技术对策

1）高转速破碎卵石

该区间卵漂石粒径较大，最大粒径超过刀盘及螺旋输送机通过粒径，需要对其进行破碎，然后排出。如果采用 1r/min 左右的刀盘转速，则滚刀无法形成有效的贯入度对大粒径的漂石进行破碎，从而导致大粒径漂石在刀盘前方堆积过多，最终造成刀盘卡死。

本工程盾构机刀盘驱动功率配置较高，其扭矩转速比有较大的富余量，在 1.76r/min 的高转速时，仍能提供 6300kN·m 的额定扭矩，因此，应将刀盘转速提高至 2r/min，刀盘扭矩保持在 4500 ～ 5500kN·m 范围内。利用刀盘高转速对刀盘前方的大粒径漂石进行破碎，从而避免漂石的堆积，解决刀盘卡死的问题。

2）满仓掘进

该区间地层自稳性差，卵石之间无胶结。采用半仓掘进，容易造成上方土体塌落，从而导致地面产生较大沉降。应充分利用辽宁三三盾构机扭矩富余量较大的优势，采取满仓方式进行掘进，并严格控制出渣量，减小甚至消除上方土体塌落空间，从而有效控制地面沉降。

在采用以上应对措施后，盾构机掘进顺利，刀盘卡死现象未曾出现。并且，随着刀盘转速的提高，漂石破碎效果显著，掘进速度也得以大幅提高，后期同样地层条件下的平均掘进速度达到 150mm/min。最高月进尺在 300m 转弯半径上达到 370 环。

6. 总结

成都地铁 4 号线二期凤溪站—南熏大道站区间采用盾构法掘进的成功经验，对于我们日后在类似地层下采用盾构法施工中的盾构选型及掘进参数的选择有一定的指导意义。从对凤溪站—南熏大道站区间完成的过程分析，对于高富水、大粒径、无胶结、高强度的卵漂石地层中盾构的选型，建议从以下几个方面入手：

1）刀盘驱动功率

在该区间中刀盘功率配置的富余量是成功贯通的关键。在大粒径高强度的卵漂石地层中，要着重注意对超过刀盘及螺旋输送机通过粒径漂石的破碎，避免其在刀盘前方堆积过多。

2）刀具的优化

滚刀在无胶结地层中工况较差，松散的土体无法为滚刀提供足够的启动扭矩，造成刀具在切削过程中无法有效滚动，从而造成偏磨。因此，针对不同地层，需合理地设置滚刀启动扭矩。

3）刀盘结构与布置

在大粒径卵漂石地层中掘进，刀盘扭矩始终在4500～5500kN·m内波动，瞬时最高扭矩达到7000kN·m，因此，刀盘需具有较高的整体结构强度。另外，卵漂石单轴抗压强度较高，对刀盘及刀具的磨损性较高，因此对刀盘正表面及边缘的耐磨性也提出更高的要求，避免刀盘在掘进过程中提前破损，影响施工进度。

4）推进速度

在类似地层中掘进，保持一个较高的推进速度（80～150mm/min）会给其他几个关键参数带来巨大的正面影响。掘进速度越高，单环的掘进时间越短，掘进必需的油脂等消耗品的使用量也越小，在本区间中，单桶HBW可支持40环以上的掘进。另外，掘进速度的提高也可大幅提高刀具的使用寿命，在本区间中的换刀距最大为670m。

7. 结语

成都地铁4号线二期工程凤溪站—南熏大道站区间地层较为特殊，特别是在富水条件下需要处理卵漂石。在成都地铁建设中成功解决砂卵石地层的经典案例较多，理念多有不同，凤溪站—南熏大道站区间盾构施工技术，可为业内在遇到大粒径、高强度、卵漂石地质条件时提供参考。

第5节　南京石化过江小断面盾构机在粉细砂层中的脱困施工技术

中国石油天然气管道局第四工程分公司

1. 工程概况

（1）本工程采用海瑞克AVND3080泥水平衡盾构机，在掘进第118环，地层处于粉细砂层时，盾构机总推力超过10000kN（极限是值11661kN），掘进速度仅在1～5mm/min之间波动，与该地层正常掘进参数不符。

（2）随着盾构机总推力的增大，掘进速度逐渐降低，铰接压力逐渐增大至2420kN，达到系统设定的最高保护值。

（3）刀盘前方的泥水压力变化较大，在0.25～0.35MPa之间变化，且泥水分离系统的出渣与掘进长度不符（每环理论出渣为13.63m^3），出现了超挖现象。

2. 工程地质水文情况

盾构隧道主要穿越地层为③$_3$ 粉细砂层，穿越地段地下水含水岩组下部含水介质为粉细砂及卵砾石层，于长江河道区直接与江水相通，透水性较强，属透水层，如图 6-3-35 所示。

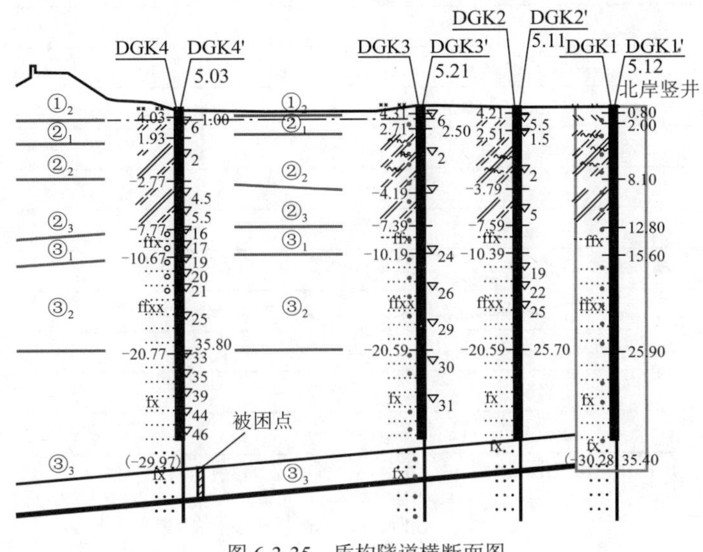

图 6-3-35　盾构隧道横断面图

3. 盾构施工过程

1）掘进参数异常

（1）被困前盾构机在③$_3$ 粉细砂地层中掘进，盾构机的推力为 5000kN 时，掘进速度通常在 35 ～ 50mm/min 范围内；当掘进至第 116 环时，盾构机总推力开始逐渐增大到 8000kN，掘进速度在 10 ～ 20mm/min 之间；在掘进至第 117 环时，盾构机总推力达到 9000kN，掘进速度在 1 ～ 10mm/min 之间；在掘进至第 118 环时，盾构机总推力已超过 10000kN，掘进速度在 1 ～ 5mm/min 之间，与该地层正常掘进参数不符。

（2）在掘进第 116 ～ 118 环时，盾构的铰接压力由正常掘进时的 500kN 左右逐渐增大至 2420kN（最大值），导致推进系统受保护而液压泵无法启动，致使盾构机无法掘进。

（3）在推进压力和铰接压力增大的同时，刀盘的扭矩也随之增大，由正常的 700kN•m 左右上升至 1200kN · m 以上（最大值 1540kN · m）。

（4）泥水分离出渣系统，由每环 13 ～ 14m^3 增至 16m^3，一级筛出渣中有极少的粗砂，二级筛出渣为粉细砂。

（5）在掘进第 116 ～ 118 环时，12 点位置的盾尾间隙逐渐增大至 90mm（正常值为 70mm 左右），6 点位置的值尾间隙逐渐减小至 45mm 左右。

2）原因分析

（1）通过对 100 ～ 118 环的掘进数据分析（图 6-3-36），可知导向油缸压力无明显变化，维持在 3000 ～ 4000kN，而推进油缸和铰接油缸压力呈相同变化趋势，在第 115 环前无明显变化，第 116 环之后却逐渐上升。第 115 环之前，推进油缸压力为 5000kN，在正常范围内，此后压力逐渐增大，最高达

10500kN（最大推力为 11661kN）。同样，铰接油缸在第 115 环前压力为 500kN 左右，此后也逐渐增大，最高达 2420kN。所以，第 116 环为推进油缸压力和铰接油缸压力突然增长的拐点。在掘进至 118 环时，推进油缸和铰接油缸的压力也达最大，速度几乎为零，释放盾尾铰接油缸发现掘进速度有所提高，而铰接油缸压力随之逐渐增大，初步判断盾构机第三节主机“卡壳”。

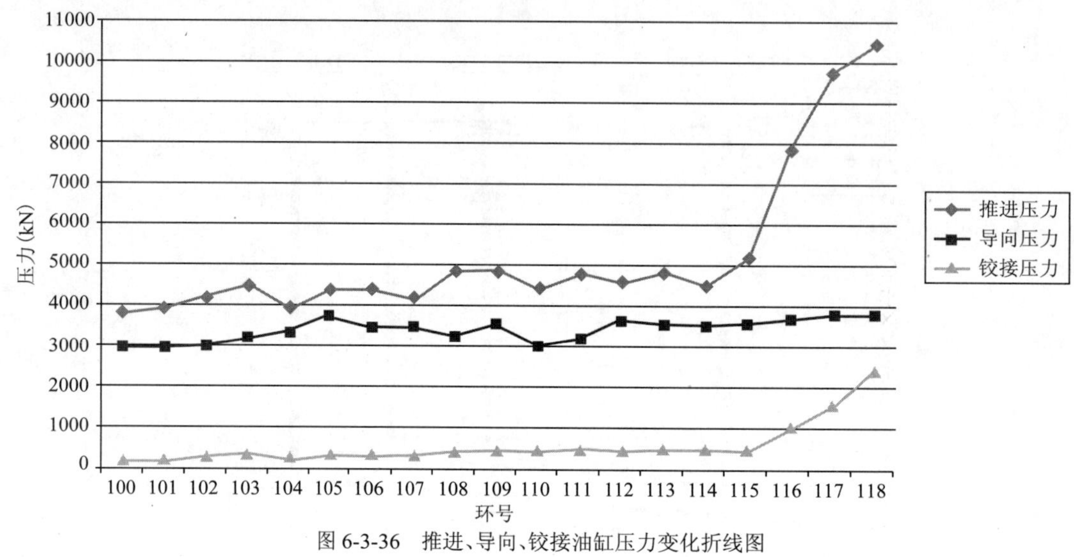

图 6-3-36　推进、导向、铰接油缸压力变化折线图

（2）由于泥水分离出渣情况与之前类似，符合地质勘探报告，不是由于地质变化而引起的，但由于掘进完第 115 环后，盾构机停机约 20h。在掘进过程中，对地层有扰动，待设备停机后，开挖过的土体由松散状态变为密实，粉细砂紧紧包裹在盾构机体上。

（3）盾构机停机后，被刀盘扰动的粉细砂在泥水仓和开挖面变得更加密实，盾构机重新启动后，刀盘扭矩较以往会增大。

（4）由于盾构机外壁摩擦阻力增大，掘进速度变慢，泥浆循环流量保持在 300m^3/h，泥浆携渣能力不变，但在泥水仓循环时间较长，从而单环出渣量增大。

4. 采取脱困应对措施

由于粉细砂的流塑性较差，增大了盾构机外壳与地层间的摩擦阻力，为了使盾构机能顺利脱困，主要采取减少摩擦阻力、增大推进力及控制泥浆循环模式等方法来解决脱困问题。

1）注入化学浆液

盾构机出现严重“卡壳”，推力明显不足，向盾壳外部压注黏度为 40s 以上的膨润土泥浆，盾构机头部分环向均布 4 个孔，盾构机铰接处环向均布 4 个孔，各孔分阶段注入，在盾构机顶推前预注入 0.8m^3，顶推时连续注入 0.7m^3，充分达到润滑作用，减小盾壳与地层之间的摩擦力。盾构机脱困所用泥浆性能指标见表 6-3-2。

盾构机脱困所用泥浆性能指标　　表 6-3-2

密度(g/cm^3)	黏度(s)	含砂率(%)	塑性指数	胶体率(%)	失水率(mL×30min)	pH 值
1.4 ~ 1.5	35 ~ 45	<4	>5	>95	<20	7.5 ~ 9
1.2 ~ 1.3	25 ~ 35	<4	>5	>95	<20	7.5 ~ 9
1.1 ~ 1.2	20 ~ 25	<4	>5	>95	<20	7.5 ~ 9

2）增加助力油缸

由于盾构机“卡壳”较为严重，设备原有的最大推力无法满足盾构机前进，通过在盾尾铰接油缸后方增加 4 个助力油缸（图 6-3-37）配合原有的推进油缸掘进，可增加盾构机的总推力以及保护铰接油缸，减弱地层对盾尾的包裹。

图 6-3-37　助力油缸配合原有推进油缸进行掘进

3）提高泥浆循环黏度

将循环泥浆的黏度控制在 30s 以上，掘进时刀盘保持在 0.5 ～ 1.0r/min，并使用下喷嘴进行循环出渣，可保持开挖面的稳定，同时保证进排泥浆量控制在 300m^3/h，严格控制水土压力高于静水压力 0.02MPa。

4）控制盾构姿态

减缓盾构机前趋势的变化量及前垂直坐标值，避免过度调节导向油缸的上下差值导致盾构姿态剧烈变化，防止因姿态变化过大，造成二次被困。同时合理选择管片拼装类型，使盾尾间隙趋于正常范围内。

5. 结语

在南京金陵石化长江盾构工程中，根据盾构机在粉细砂层中被困的位置情况，采取盾壳注入膨润土泥浆（合理的调整性能参数）、增加助力油缸、增加泥浆黏度、控制盾构机姿态等方式解决了盾构机卡壳问题。针对盾构被困的各种原因和问题，从多个方面对问题原因进行了讨论，针对要因实施对策，成功地解决了小断面盾构机在粉细砂层的被困问题，同时也验证了此项技术措施是可行的。

第 6 节　北京电力隧道长距离无水砂卵石地层盾构施工技术

中国铁建十四局集团有限公司

1. 工程概况及重、难点

北京市海淀 500kV 电缆隧道工程盾构区间长度为 1160.096m，区间埋深 5.4 ～ 9.8m。盾构区间的断面形式为内径 5.4m、外径 6m 的钢筋混凝土管片，管片厚度 300mm，宽度为 1.2m。盾构主要穿越③、④卵石地层。卵石③层，杂色，中密，湿，粒径一般为 3 ～ 5cm，部分大于 12cm（基坑开挖过程中揭示最大粒径达到 450mm），亚圆，级配较好，细中砂充填，充填物含量约占 30%，卵石成分以石英岩、灰岩为主。卵石④层，杂色，以褐黄色为主，中等密实，粒径一般为 4 ～ 6cm，部分大于 10cm，亚圆，级配较好，细中砂充填，充填物含量约占 25%，卵石成分以石英岩、灰岩为主，夹黏性土薄层，该层连续分布。本工程近 3 ～ 5 年沿线大部分地区最高地下水位埋深均大于 20m。

本区间全部处于无水卵石地层内，而无水卵石地层对于盾构掘进来说比较困难。因为无水，并且主要是大粒径卵石地层，所以在这种地层掘进，如果刀盘刀具配置及渣土改良效果等关键环节不到位，将出现出渣困难、盾构刀具的过量磨损等问题。

2. 盾构机参数

结合本工程特点、通过专家讨论确定本区间采用小松加泥式土压平衡盾构机 TM625PMM-16 进行施工，盾构机主要参数见表 6-3-3。

小松 TM625PMM-16 盾构机主要参数　　表 6-3-3

序号	项　目	单　位	参　数	序号	项　目	单　位	参　数
1	主机总长	m	9.33	7	螺旋输送机直径	mm	876
2	刀盘直径	mm	6280	8	螺旋输送机转速	r/min	0 ～ 14.7
3	最大推力	kN	37730	9	输送能力	m^3/h	300
4	最大速度	mm/min	85	10	同步注浆泵	台	2
5	额定扭矩	kN•m	7164	11	注浆能力	m^3/h	2×12
6	刀盘转速	r/min	0.3 ～ 2.2				

3. 盾构施工准备

1）对刀具和刀盘的改进

因本区间有大粒径卵石，对刀盘、刀具、螺旋输送机的磨损会非常严重，故在盾构机组装前期更换成满盘耐磨刀具，在刀盘上加焊耐磨网。

（1）更换刀具

在卵石及砂层地质情况下，为了增加刀具的耐磨性能及耐冲击性，最好的办法是增加刀具工作表面的硬质合金覆盖面积及工作方向上的厚度。

鉴于此，我们在原有刀具的基础上，对刀具形式进行了调整，优化其结构，特别是对于刀具的合金大小、形状等进行了调整，使其更加适合卵石地层的工作，现分别介绍如下：

①先行刀，此类刀具是最先接触开挖断面的刀具，前期对于刀具的碰撞、冲击等，最先体现在先行刀上，现对原先行刀结构进行了调整，对比如图 6-3-38、图 6-3-39 所示。

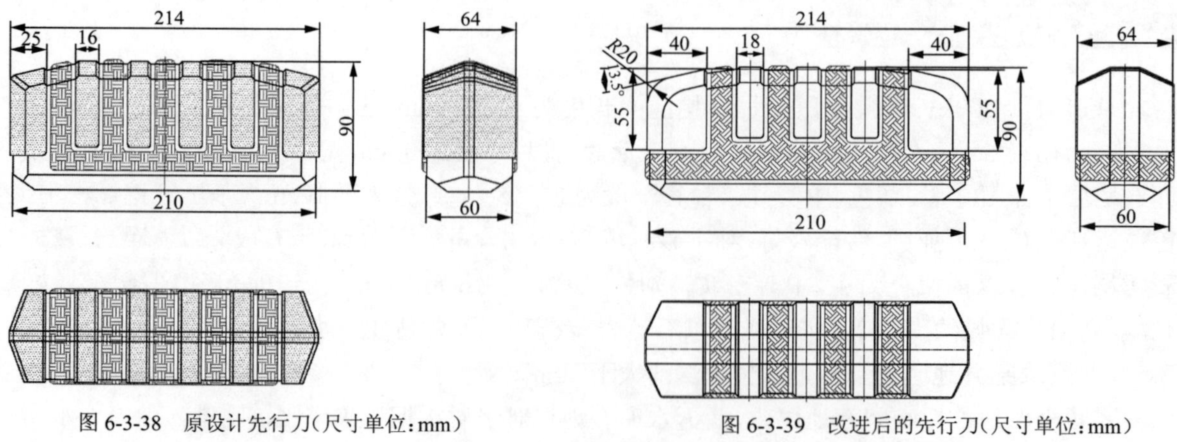

图 6-3-38　原设计先行刀(尺寸单位:mm)　　图 6-3-39　改进后的先行刀(尺寸单位:mm)

将原先行刀的两端合金进行加大，平顶加宽，两端尖角加工成圆角，当刀具遇到较大卵石时，接触面为圆凸面，相对有个缓冲，不会导致合金碎片。同时较大合金块本身也可以承受较大的冲击。

中间合金进行合并，原来的 4 块合并成 3 块，厚度变成 18mm，可以增加单块合金的耐磨程度。

先行刀提前将卵石地层松动，松动后的砂石由下层的刮刀刮入仓内，排到后面。

②刮刀是主切削刀，处在先行刀的下层，当此类刀具接触到开挖面时，已经被先行刀进行了松动，故其所经受的冲击要小得多，但必须要将原来的锐角改为圆角，以避免上面掉下来的较大卵石对其的冲击，其结构如图 6-3-40、图 6-3-41 所示。

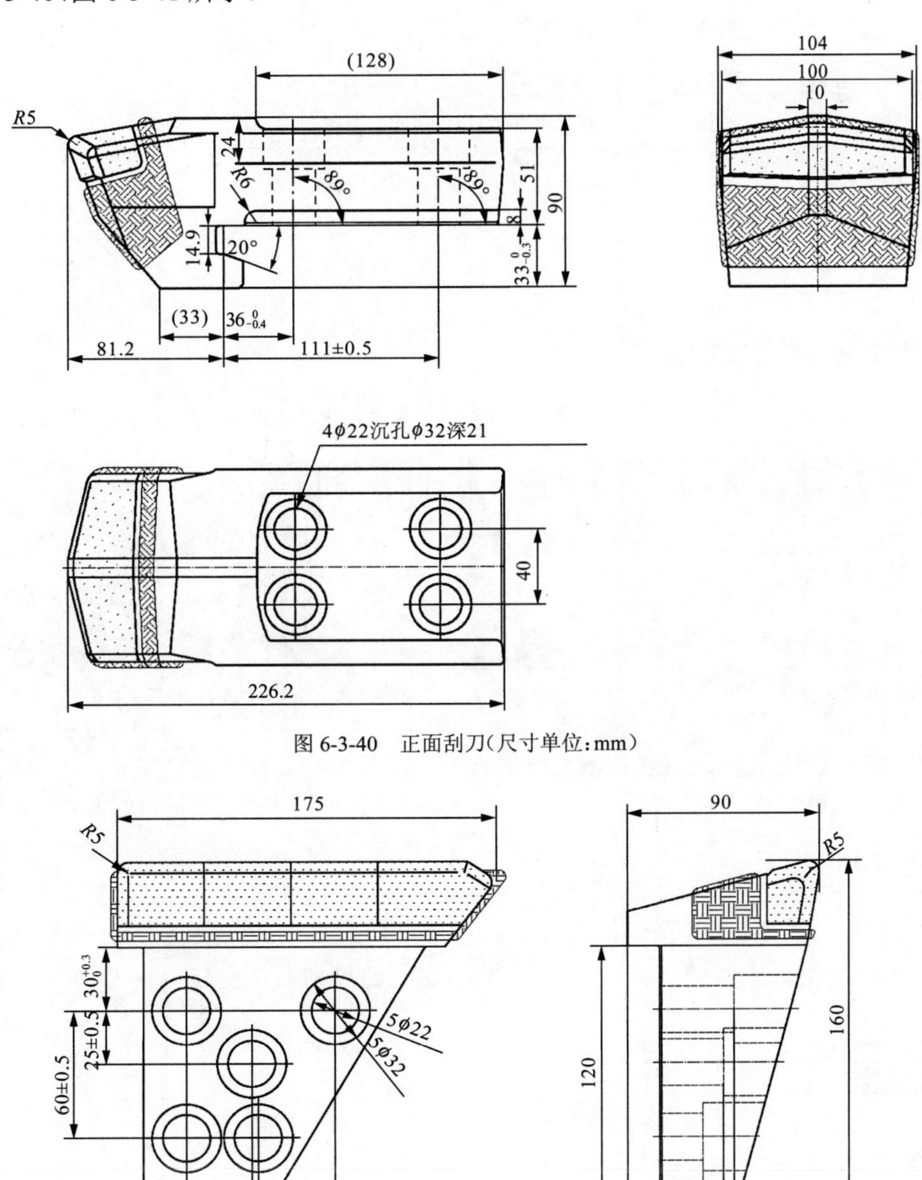

图 6-3-40　正面刮刀(尺寸单位:mm)

图 6-3-41　周边刮刀(尺寸单位:mm)

③泡沫口保护刀，原来的刀具只是表面进行了堆焊，为了增加其在砂层的耐磨性能，表面增加了硬质合金，其结构如图 6-3-42 所示。

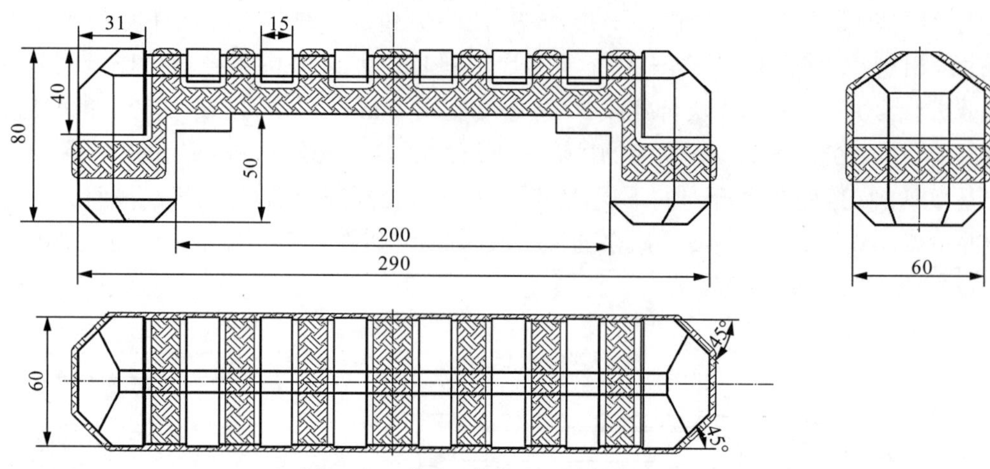

图 6-3-42 泡沫口保护刀(尺寸单位:mm)

(2)加焊耐磨网

刀盘加焊耐磨网如图 6-3-43 所示。

2)对螺旋输送机的改进

在螺旋输送机内部加焊了耐磨条。在螺旋杆最前端加焊了一把耐磨刀具(图 6-3-44)。

图 6-3-43 刀盘加焊耐磨网

图 6-3-44 螺旋输送机改进

3)施工检修井

为满足盾构检修的需求,在线路中部设置了内净空直径为 2.4m 的圆形检修井。检修井采用倒挂井壁法施工,钢筋 + 喷射混凝土支护。在盾构到达该位置后,通过刀盘的旋转更换刀具。

4. 施工关键技术

1)渣土改良

在无水卵石中，塑流化改造的效果直接影响到刀盘扭矩的大小、刀具的磨损和周围土体的扰动。塑流化改良主要通过添加膨润土和泡沫来实现。在本工程的掘进中,膨润土的质量至关重要的。膨润土要选择优质膨润土,要求膨化后的密度达到 1.08kg/m^3,黏度达到 18s 以上。每环的注入量约 4m^3。泡沫的浓度为 4% ～ 7%,发泡倍率为 12,每环的注入量约 30L 原液。

在掘进初期,根据北京地铁 8 号线什刹海站—南锣鼓巷站盾构区间施工经验,即根据不同添加剂的改良机理及实际工况,合理选择各个注入孔注入的添加剂类型。对于刀盘中心注入孔,应选择注入泡沫;

对于螺旋输送机筒体上的注入孔，如有必要，应优先选择加入膨润土浆液。此外，其他孔应根据注入量的大小进行选择，确保每种浆液均能够均匀注入土仓及开挖面内。盾构推进前，首先加入泡沫，转动刀盘，待刀盘扭矩正常稳定后，再向前推进，同时加入泥浆，每环推进完成后，先停止加泥，转动刀盘 3min 左右再停止加泡沫。结果在施工中发现刀盘面板注入口经常堵塞，加注高压液压油，也难以疏通管路，从而增大了刀盘扭矩和刀盘、刀具的磨损。

经过分析后可知，注入口太多，注入口压力会逐渐减小，很容易被小颗粒砂卵石堵塞。到达检修井后更改加泥、泡沫管路，混合使用改为单一泵送，并将泡沫保护刀割除。使用 4 个注入口，即一个泵对应一个注入口，中间加泥，两边加泡沫。操作改为开机前全开加泥、泡沫，待流量稳定后再启动刀盘。掘进结束时先停刀盘再加注 30s。拼装或长时间停机期间间隔 20min 左右，打开加泥、泡沫注入 30s。结果刀盘扭矩大大降低，能够建立稳定的土压力。

由以上分析可得出，在砂卵石地层中，单一泵送合理注入添加剂，能改善土压平衡盾构机的掘进性能，使推进速度大幅提高，刀盘刀具的磨损程度降低。

将加泡口保护刀改为两半式的（图 6-3-45），呈三角形，两侧的斜边可以起到导流刀的作用。这样不仅可以杜绝被石块卡在中间的现象，还可以最大限度地保护加泡口。其结构形式如图 6-3-46 所示。

以上为其中的一半，这样两块一前一后焊接在加泡口的旋转方向上。焊接图如图 6-3-47 所示。

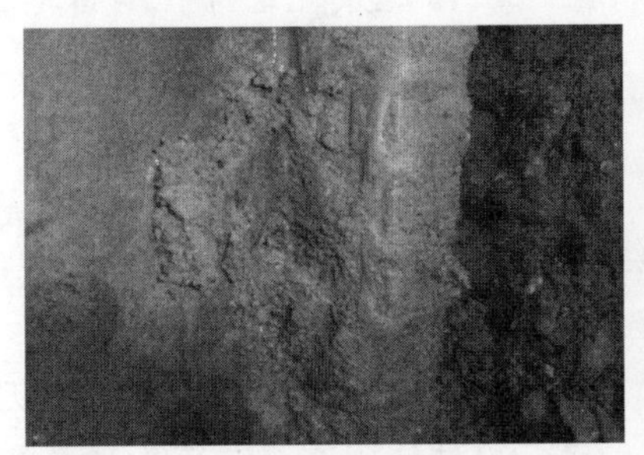
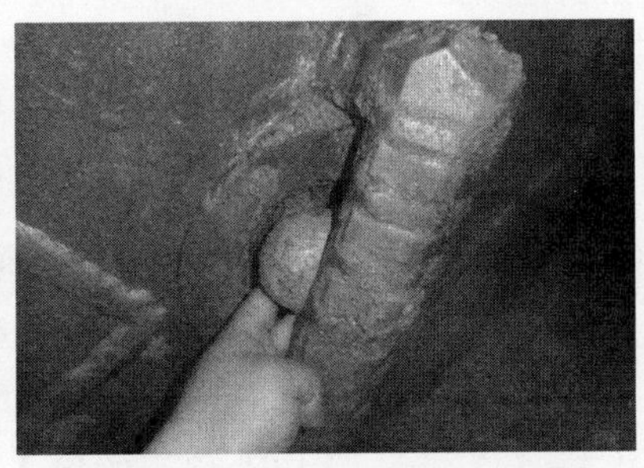

图 6-3-45　割除保护刀之前、之后图片

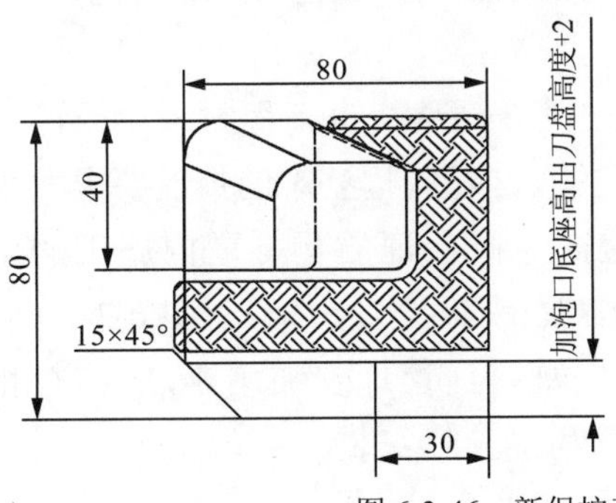

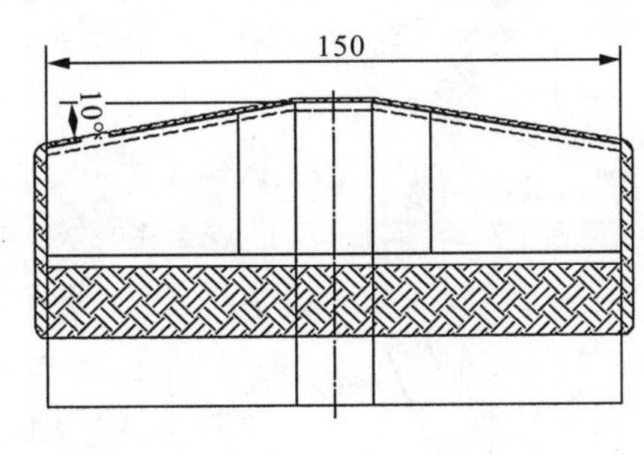

图 6-3-46　新保护刀结构图(尺寸单位：mm)

图 6-3-47　新保护刀焊接图

图 6-3-48、图 6-3-49 分别为管路更改前、后渣土改良情况。

图 6-3-48　管路更改之前渣土改良

图 6-3-49　管路更改之后渣土改良

2）同步及二次注浆

同步注浆量理论计算公式为：

$$q=\left[\pi\left(\frac{D_1^2-D_2^2}{4}\right)\right]La$$

式中：D_1——刀盘直径；

D_2——管片外径；

L——每环掘进长度；

a——填充率，因受多重因素影响，难以用数值精确表示，一般根据施工经验和分析施工实际情况得出。

因无水砂卵石颗粒之间空隙大，浆液在土体之间的流动性好，扩散较快，因此要求浆液凝固时间较短（我们配制出的砂浆初凝时间为 6h），浆液在无水砂卵石中扩散面积大，管片外圈与土体之间填充率较低，因此也需要加大注浆量，提高填充率。通过分析地面沉降等相关数值，采取二次补浆。

本工程前期同步注浆压力控制在 1.5 ～ 1.8bar（注浆压力比土压力高约 1bar），每环同步注浆量 4.21 ～ 5.83m^3（1.3 ～ 1.8 倍），二次注浆在管片脱出盾尾 8 ～ 10 环后进行。后监测数据显示沉降量较大，随后调整相关参数为同步注浆压力控制在 3bar，每环同步注浆量 5 ～ 6m^3。二次注浆在管片脱出盾尾 5 环后进行。沉降数据控制在了 30mm 以内。

3）盾构掘进姿态控制

总推力不宜过小，推力过小会使盾构机回转角变化快，盾构机姿态不易控制，适当降低刀盘转速，有助于提高刀盘切削力。

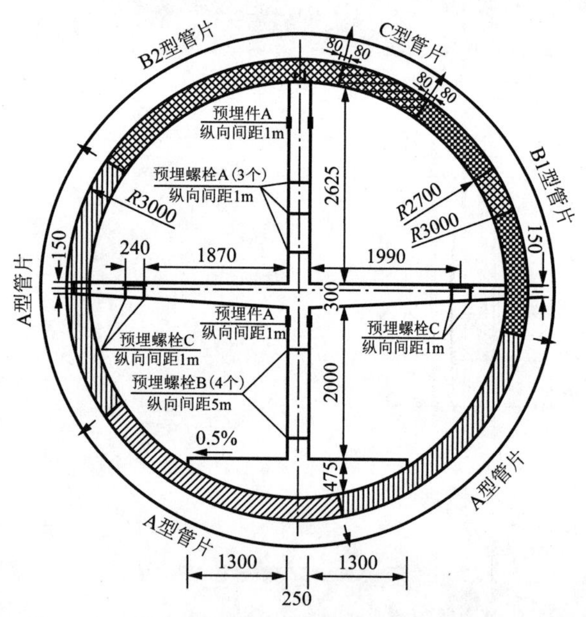

图 6-3-50 管片内部结构十字隔板示意图(尺寸单位：mm)

盾构机姿态纠偏不宜过大，纠偏过大会增大刀具与砂卵石的撞击，缩短刀具使用寿命。确保盾构姿态，在掘进过程中需要纠偏时，应遵循“缓纠偏、慢纠偏”的原则。

由于电缆隧道的特殊要求，本工程封顶块只能安装在 1 点和 11 点位置，这对盾构姿态的控制要求尤为严格。因为只有这样才能保证盾构隧道内施工的十字隔板钢筋施工所需的钢板位置正确，如图 6-3-50 所示。在掘进过程中，如遇到管片安装困难，应该在相应位置贴石棉板，以利于管片安装。

4）快速检查和处理泡沫刀

盾构在掘进至 105 环时，盾构机推力增大，扭矩增大，推进速度仅为 10 ～ 20mm/min。初步分析渣土改良效果不佳，泡沫孔无法正常工作。此时距离中间检查井还有 400 多环，无法到达检查井。结合地面情况，项目部决定在一处民居的院内施工人工挖孔，工作人员从孔内对泡沫孔进行检查和处理。考虑到该处埋深约 6.5m，且没有水，在确定人工挖孔方案时，确定了钢护筒方案，即人工在钢护筒的支护下向下开挖。钢护筒直径为 1.5m，每节 1.5m，壁厚 10mm。人工挖孔的位置位于刀盘前方，避开先行刀，要求钢护筒的位置能兼顾 6 把泡沫刀的更换。检查完成一把刀后，旋转刀盘，计算好旋转的角度并在相应的高度在钢护筒上开孔。如图 6-3-51、图 6-3-52 所示。

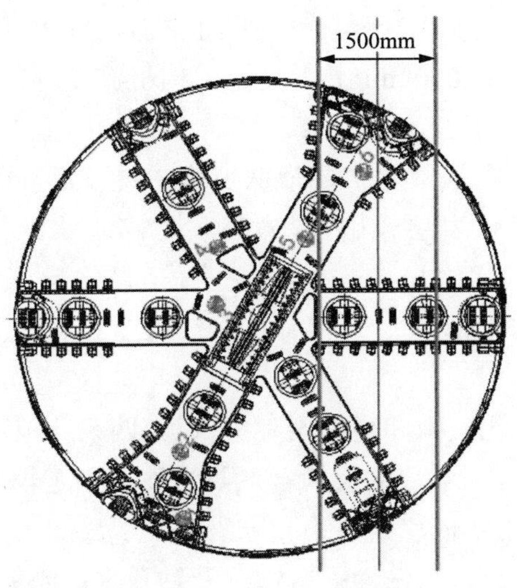

图 6-3-51　钢护筒开口与刀盘相对位置图

图 6-3-52　钢护筒开口位置图

5）检查井更换刀具

通过刀盘的旋转，在中间检查井完成了刀具的更换。共更换先行刀 16 把，刮刀 35 把。

5. 经验与教训

结合本次盾构施工，总结了以下经验和教训：

（1）在大粒径无水砂卵石地层进行盾构施工将不可避免地遇到刀具磨损严重、施工参数难以控制、渣土流动性差等问题。所以要将盾构掘进参数作为一种动态的模式来管理，即在实际施工中，验证制订方案的合理性、科学性，对既有盾构掘进技术方案进行改良，做到从实践中找到改良措施，改良后应用于实践，再从实践中优化改良的良性循环。对盾构掘进经过的地表进行监测，根据监测数据，调整盾构掘进参数，对盾构掘进参数要严格要求。只有通过不断分析、调整，使各种参数组合处于最优状态，才能使盾构机平稳、快速推进。

（2）在无水砂卵石地层中掘进，渣土改良尤为重要。施工中应注重膨润土的质量、泡沫的质量及两种添加剂的注入。

（3）浅覆土掘进施工对地面沉降影响较大，施工中除了注意保持土压外，还要注意渣土改良，使掌子面有有效的支撑。加强同步注浆和二次注浆的管理。

第 7 节　重庆电力隧道砂岩地层盾构施工技术

北京市市政四建设工程有限责任公司　李德洋，葛国华，刘小龙，孟祥涛

1. 工程概况

重庆市渝北区龙溪变 110kV 送出工程电力隧道，区间最小转弯半径为 151m，最大坡度 20.15‰，

其中北环立交至骑龙电缆隧道接口段隧道内径4000mm，采用ϕ4150mm土压平衡盾构机施工，隧道总长1697m；大庆村隧道接口至洪恩寺隧道内径3000mm，采用ϕ3640mm土压平衡盾构机施工，隧道总长1683m。

龙溪变110kV送出工程电力隧道洞身穿越地层，场地出露的基岩主要为侏罗系中统沙溪庙组粉砂岩、泥岩。场地内基岩划分为强风化带和中等风化带，强风化岩层较破碎，岩芯多呈碎块状、饼状，少量短柱状，岩石手捏易碎，质软，有少量裂隙发育。中等风化岩层较完整～完整，岩芯多呈长、短柱状，锤击声脆，手难折断，质硬，裂隙不发育。场地基岩强风化带厚度一般为0.60（SZY33）～3.30m（SZY16）。

场区内地下水主要赋存在地表松散土层以及基岩浅层风化裂隙和层间裂隙中，以第四系孔隙潜水和浅层基岩裂隙水的形式存在。场区下伏基岩厚度大，是相对含水层。下伏基岩主要为砂岩和泥岩。砂岩为相对含水层，泥岩为相对隔水层或不含水层。基岩裂隙水主要依靠第四系孔隙潜水及少量的大气降水补给。由于补给单一、补给量匮乏，因此场区内基岩裂隙水贫乏。从钻探揭露情况及钻孔水位简易观测，钻孔内无稳定水位。该段隧道预计涌水量为39m^3/天，该拟建隧道最大涌水量小。

2. 工程重、难点

（1）掘进困难，严重影响进度：施工地层硬岩强度高，刀具挤压切削硬岩效率较低。

（2）管片上浮：盾构机在曲线变坡点和硬岩地层中掘进时，由于盾构机千斤顶压力作用，容易使管片上浮，管片上浮直接导致管片间错台、管片破裂、隧道漏水，严重的导致线路轴线出现严重偏差。

（3）刀具损坏严重：掘进时间长，刀具磨损严重。同时，由于切削产生的热量高，加快了刀盘刀具的磨损速度。

3. 盾构施工关键技术

1）盾构刀盘刀具与地层的适应性技术

（1）刀盘针对性设计

刀盘钢结构材料采用SS400钢，整个刀盘为面板式结构，受力布局合理，在刀盘上焊接安装滚刀及刮刀的刀座。刀盘与主驱动通过中心结构件扭力臂式法兰盘连接，以传递足够的扭矩和推力。开口槽为沿盘面6根辐条分布12个长条扇形孔开口槽，开口槽壁板设计成与盘面钢板倾斜（后扩张八字）的形式，有利于泥土平顺地进入土仓，减小刀具及刀盘磨损。刀盘充分考虑砂岩的特点，在容易磨损的部位大量堆焊了网格状的耐磨焊，并在刀盘圆周设计了环圈耐磨焊，大大提高了刀盘的耐磨性和使用寿命。

（2）刀具针对性设计

针对刀盘不同区域（中心区、正面区及边缘区），滚刀、刮刀对土层的作用不同，在充分对该区间的地质结构进行详勘的前提下确定了刀具的布置：中心区布置3把双刃滚刀、正面区布置20把单刃滚刀、边缘区布置6把边缘滚刀及20把边缘刮刀。滚刀切削刃高出刀盘面板80mm，刮刀切削刃高出刀盘面板60mm。滚刀与刮刀设计高差为20mm，在盾构施工过程中更好地起到切削的效果。滚刀以碾压形式对岩石进行破碎，刮刀对滚刀破碎面进行松动，边缘刮刀保证开挖掌子面的圆度校正。

刀盘形式及刀具布置如图6-3-53所示。

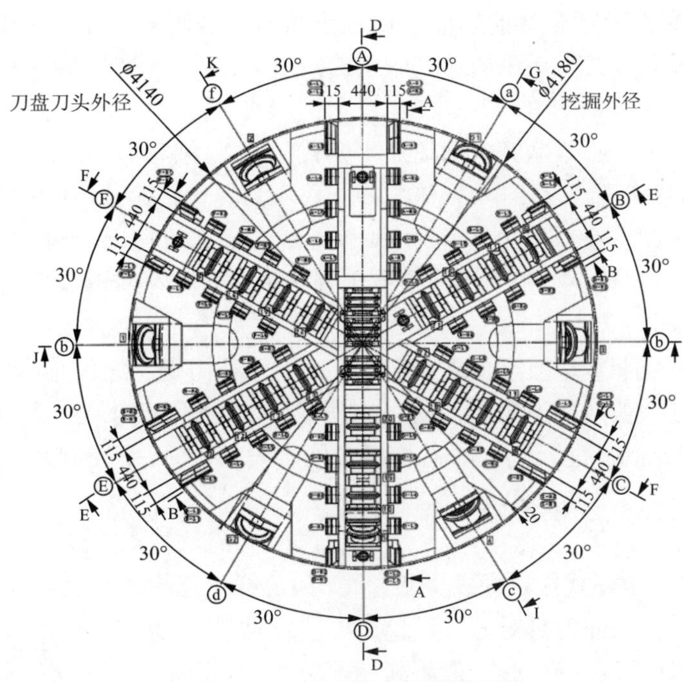

图 6-3-53　刀盘形式及刀具布置图

2）硬岩地层掘进隧道管片上浮控制

管片作为盾构隧道的最后成型部位，其完好性直接关系到工程建设的最终结果。管片上浮直接导致管片间错台、管片破裂、隧道漏水，严重的导致线路轴线出现严重偏差，所以在掘进过程中势必要加强管片上浮的控制。

盾构机在曲线变坡点和硬岩地层中掘进时，由于盾构机千斤顶压力作用，容易使管片上浮，在掘进施工过程中采取以下措施防止管片上浮。

（1）针对盾构掘进线路情况进行实际勘察，勘察内容包括：地质地层分布、相对埋深、岩石强度、地层含水率等。根据勘察得出结果，预先制订不同地质情况的掘进措施。在掘进过程中，及时对掘进速度、掘进推力、掘进模式等施工参数进行调整。

（2）加强盾构机姿态的控制，尤其在上坡和下坡地段，及时调整姿态及千斤顶行程差，避免出现超挖和蛇行，保证各组推进油缸推力均衡。在掘进中，对盾构姿态小范围下调，以抵消管片上浮造成的轴线偏位。

（3）在变坡段一定要注意做好管片拼装位置选定，对楔形量进行调整。

（4）加强测量的精度和频率，建立健全人工测量和自动测量系统，保证测量的精度，合理布控测量控制点和导线，根据工程中的实际情况制定控制测量和复核的频率，根据测量的结果反馈盾构施工。

（5）加强盾构纠偏控制，采用少纠、勤纠的纠偏方式，避免加剧千斤顶油缸压力差，造成管片环面受力不均。

（6）加强管片姿态的测量，一旦有出现管片上浮现象，马上启用二次注浆（在管片顶部注入），控制管片进一步上浮。

（7）保证管片螺栓的安装质量，管片拼装过程中减少错台，及时安装连接螺栓，确保定位准确，连接牢固。在掘进的过程中，及时对螺栓进行复紧。

3）硬岩地段盾构掘进施工控制

盾构在砂岩地层中施工需要的推力大，掘进时间长，刀具的损耗严重，管片间错台与破损情况较严重，盾构施工时需对掘进参数进行有效的控制。通过不断的探索研究及龙溪变 110kV 送出工程的实际施工情况，总结出硬岩地段复合式土压平衡盾构施工对策如下：

（1）掘进模式的控制

土压平衡盾构机分为敞开式、半敞开式和土压平衡式三种掘进模式。本工程掘进地层岩石抗压强度较高，掌子面自稳能力强，基岩裂缝水不丰富，施工中土体不易坍塌。因此，在本工程地层施工，选择敞开式掘进模式，盾构机切削下来的土体进入土仓内，即刻被螺流输送机排出，土仓内仅有少量渣土，掘进中刀盘和螺旋输送机所受反扭力较小。由于不需控制土仓压力，刀盘扭矩较低，掘进效果较好。

（2）盾构机姿态的控制

在硬岩地层施工时，盾构机姿态尤为重要，硬岩地层进行盾构姿态纠偏难度较软土中大得多。因为硬岩段的开挖难度大，实施纠偏效果不明显，并且会造成刀具的磨损。如果纠偏过急，可能发生盾构机卡死、管片错台较大及刀具损坏等风险。因此，盾构机在硬岩段掘进时，要控制好盾构掘进姿态，如姿态出现偏离，要遵循“长距离、缓纠偏”的思想，进行盾构纠偏。

（3）掘进参数的控制

①在稳定砂岩地层选择敞开式掘进模式的掘进方式，这样可以提高推力在盾构机掘进中的利用率，又能较为容易地施加推进力，保证刀具对岩体开挖效果，减小刀具的磨损。

②将刀盘转速尽可能地提高，施工时一般将其设置为 2.5 ～ 2.8r/min，有效地控制刀盘的扭矩。

③掘进中要对盾构刀盘刀具的贯入度进行控制，保证刀具破岩效果，一般情况推速控制在 30mm/min 内，同时根据掘进反馈的参数，适当地加快或减缓掘进速度。

④总推力一般控制在 3500kN 以内（滚刀轴承限制），刀盘扭矩控制在 500 ～ 800kN•m。

⑤合理调节盾构铰接千斤顶，控制刀盘趋势，以满足对硬岩部位的切削，保证盾构推进过程中隧道轴线的控制能力。

（4）注浆参数的控制

在砂岩地层施工，刀盘切削掌子面成形稳定，管片拼装后外壁与围岩存在 15mm 的空隙，需要及时进行填充，防止管片在千斤顶的作用下会发生上浮现象，掘进时管片会出现摆动，甚至影响管片的拼装质量，出现管片渗水、错台、破损等问题。

及时并足量的同步注浆可以有效地避免上述问题。根据推进速度严格控制注浆速度，根据地层埋深调节注浆压力，根据注浆压力控制注浆量。如同步注浆不充分，围岩与管片间未进行完全填充，存在部分空隙或地层渗透力较大及结构变化导致注浆参数的设置不合理、注浆不及时。因此需要及时进行二次注浆完成管片与围岩空隙的再次填充。避免空隙较大引起的管片质量问题和地面沉降。良好的同步注浆将保证浆液在围岩和管片间形成一层致密的填充层，并形成盾构隧道的第一道防水层。砂岩地层同步注浆的浆液在调配时需采用凝结较快配比。

（5）泡沫系统的使用

由于硬岩渣的流塑性及和易性不高，需要加入泡沫剂对渣土的流塑性进行改良，保证螺旋输送机出土顺畅。同时，盾构机在硬岩地段推进时，刀盘及刀具磨损大、温度高，需增加泡沫剂掺入量，以降低刀盘和刀具的温度，起到润滑刀盘和刀具的作用，减少渣土对刀具的摩擦，从而增加刀盘和刀具的使用寿命。刀盘前方的泡沫注入口很容易被开挖下来的岩渣堵塞，进行刀具检查和更换期间，要及时就泡沫注入口进行检查及清理，确保泡沫系统的正常工作。

（6）刀具的相关处理措施

在砂岩地层施工，刀具的长距离掘进很大程度归功于施工管理。在长距离砂岩施工中造成刀具磨损的原因可以归结为三点：刀具的质量及适应性、围岩的坚硬程度、盾构操作手操作。为保证盾构有效施工，必须采取针对性的技术管理措施。

①加强刀具的管理

盾构穿越砂岩地层时，对刀具破坏较大。因此在施工前，需提前进行刀具储备，保证刀具备有量。对于拆下来的滚刀进行返修，满足设计要求后重新使用，提高刀具的利用率，降低整体造价。

②制定刀具更换标准

a. 正常磨损刀具更换标准。盾构在砂岩地层中掘进，处于正常磨损情况下的刀具，一般更换标准为：外周边扩径滚刀磨损 12 ～ 15mm，正面滚刀和中心双刃滚刀磨损 18 ～ 20mm，磨损值处于上述范围，此时刀圈的刀刃变宽，导致冲击压碎和切削岩石能力降低，盾构掘进时的推力和扭矩增大，从而加大了盾构液压系统和电机系统的负荷，导致盾构掘进降速或停机。

b. 非正常磨损刀具更换标准。盾构在砂岩地层中掘进，如果发生滚刀失效，则会造成对相邻刀具切削岩石的负荷加剧及其相邻刀具的正常使用，导致刀具连锁性失效，影响正常掘进。当发生刀圈的刀刃偏磨、轴承失效、刀具内部润滑油脂泄露等情况时，需要将刀具及时更换，保证后续正常施工。

③建立定期和不定期刀具检查制度

a. 建立定期刀具检查制度：根据隧道掘进地层条件及地表有建（构）筑物地段位置，制定定期刀具检查制度，掘进一定距离后，对刀具的磨损情况进行检查，通过检查，确认刀具磨损及使用情况，根据实际情况，判断是否进行更换。刀具更换后，需进行试运转对刀具安装情况进行检查，如存在刀具安装不到位等情况，需及时对刀具螺栓进行复紧。

b. 建立不定期刀具检查制度：根据盾构掘进过程中扭矩、推力、贯入度等施工参数以及排渣情况来判断刀盘的使用情况和刀具磨损情况。掘进参数发生突变时，对刀具进行开仓检查，确认刀具使用情况。

盾构机在砂岩段掘进，通过制定定期和不定期刀具检查制度，对刀具进行检测及分析，在刀具失效前，对刀具进行更换，是保证盾构施工安全、提高掘进效率的必要措施。

④建立健全刀具的更换流程

刀具在更换过程中，处于土仓内进行，作业空间狭小，且滚刀重量大，拆卸、转运、安装难度较大，突发事件多，在进行中心刀更换时，难度更大。因此，建立健全刀具的更换流程，不仅能够有序地进行刀具更换，保证换刀人员的安全，而且可以对盾构掘进提供更多的时间保障，从而提高施工效率。

4. 结语

盾构在硬岩地层施工，对硬岩地质条件、物理特性的认识及理解是克服施工难题，为选择掘进参数提供依据的先决条件。通过地层特性，在施工中选择合理的掘进参数，保证盾构姿态及管片成型，并通过有计划的刀具管理，确保盾构在岩层施工顺利。

第8节　南京电力隧道角砾岩地层盾构施工技术

北京市市政四建设工程有限责任公司　刘汝东，夏宝坤，李伟，庄坤，刘亮

1. 工程概况

莫愁变—宁海路变 220kV 电缆线路工程，位于南京市中心的鼓楼区，起于秦淮河西的盾构工作井，

穿越秦淮河，明城墙、国防园公园、清凉山公园、城西干道、规划地铁 7 号线至虎距关路接收。隧道段采用盾构法施工，全线长 1268m。

盾构中心线埋深为 15.0 ～ 65.0m，隧道外径为 4.0m。设计纵坡为 -2.3%、3.5%，其对应坡长分别为 585m、683m，最低点设一条半径 2000m 的凹形竖曲线。

2. 工程地质、水文地质情况及周边环境

1）工程地质情况

（1）前 262m 为软土代表地层，盾构隧道深度是 12.4 ～ 16.4m。对应管片排布 1 ～ 205 环，分布于在秦淮河及东西两岸区域。该段地质，由上而下为：

地面～ 2.60m 为杂填土；

2.60 ～ 4.40m 为粉质黏土（可塑～软塑）；

4.40 ～ 16.0m 为淤泥质粉质黏土（流塑）；

16.0 ～ 30.0m 为粉质黏土（软塑～流塑）；

30.0 ～ 38.0m 为粉质黏土夹粉砂（软塑～流塑）。

图 6-3-54 为其局部地质剖面图。

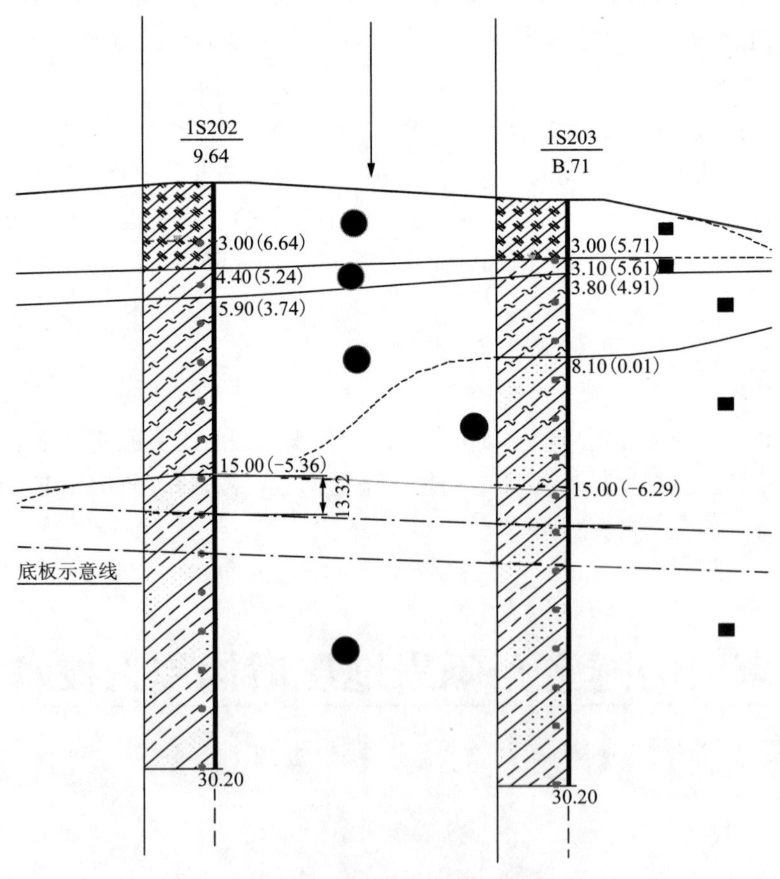

图 6-3-54　局部地质剖面图（尺寸单位：m）

（2）后 1006m 为风化岩地层，盾构隧道深度是 23 ～ 65m，对应环号 206 ～ 1057 环。

代表地层有：

⑫层强风化砂岩；

⑬层强风化角砾岩；

⑭层中等风化角砾岩；

砾石单轴抗压强度一般在 38 ～ 47 MPa，局部高达 77.3 ～ 158MPa。

图 6-3-55 为其局部地质剖面图。

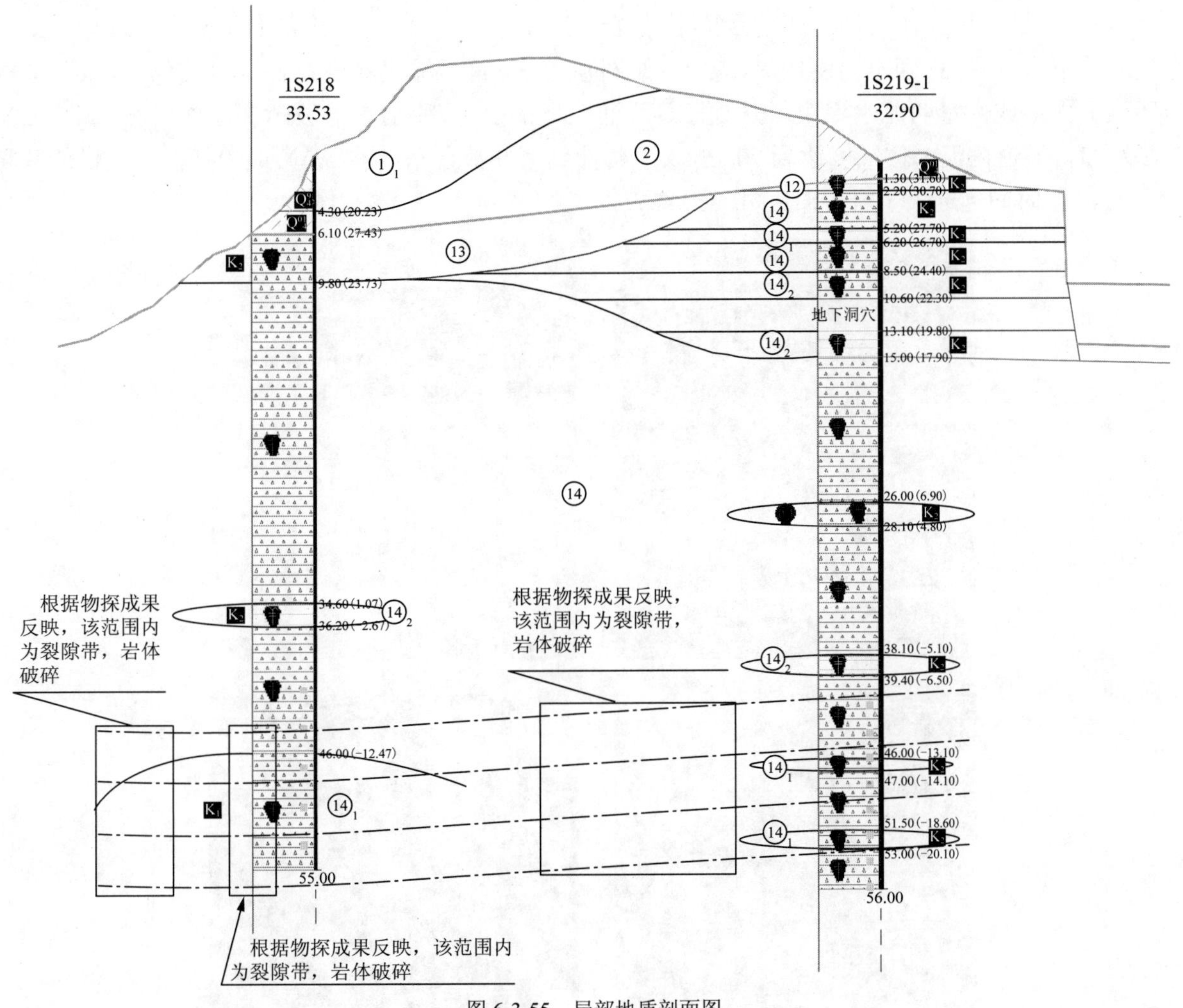

图 6-3-55　局部地质剖面图

2）水文地质情况

根据区域水文地质和已有工程勘测资料，本段地下水类型主要为孔隙潜水、承压水及基岩裂隙水，孔隙潜水主要赋存于表层的填土、软土、黏性土层中；承压水主要赋存于中、下部的粉砂、中粗砂层中；基岩裂隙水主要赋存于基岩中，埋藏很深。本地段地下水水位主要受大气降水、地表水体等影响，呈季节性变化。根据已有工程资料及调查结果，本段河漫滩地区的地下水常年稳定水位（混合水位）埋深相对较浅，一般为 0.50 ～ 1.50m，变化幅度一般为 1.00m；低山丘陵及阶地地区地下水埋藏深，一般大于 3.00m。

3）工程周边环境

盾构始发井位于嫩江路与凤凰东街交叉口处，盾构隧道向东先后下穿秦淮河、石头城公园、明城墙、国防园、虎踞路、清凉山公园，交于虎踞关路。

3. 工程重、难点

1）基岩裂隙水来源多方向，水量大，施工效率低、进度慢

地下水的含量较大，分布间断，时有时无，时多时少。在后方打多道环箍也无法控制地下水，通过开仓发现地下水来自多个方向。

土压平衡盾构机在角砾岩地质中受到较大基岩裂隙水影响，无法建立正常的平衡土压进行施工。由于大量的地下水存在，打开出土闸门时，螺旋口向外喷泥，皮带运输机无法发挥运输的作用，从而造成顶进一环隧道内形成大量的泥水聚集；每推进一环，涌泥量都很大，特别是在破碎带位置，泥水量在 200m³ 左右，最大时，隧道内泥水位深度达到 70cm，长度延伸到第 5 节台车（约 45m），最深处在拼装机位置将近 1m。清理淤泥时间远远大于推进时间（图 6-3-56）。

图 6-3-56　盾构内部积水图

2）地下水呈红褐色、浑浊，外弃困难

施工过程中排出的大量地下水，由于含有地下岩层破碎时产生的颗粒，整体呈红褐色，无法直接排入城市管网。泵送到地面的地下水不但外运成本高，而且如果不及时外弃掉，也将影响现场排渣能力，从而影响施工进度。

3）刀具磨损严重

盾构机在角砾岩掘进期间刀具磨损量异常，项目人员从盾构机人孔进入土压仓取出较大石

块进行了检测，结果显示岩石强度最高达到了 237MPa，地勘资料显示砾石单轴抗压强度一般在 38.30 ～ 47.01MPa，局部高达 77.30 ～ 158.00 MPa。实际值大于工程地质勘察报告中提供的参考岩石强度，此类高强度的岩石对刀具磨损非常严重，又因岩石间胶结多为泥质、钙质填充，在这种软硬不断变化的情况下，滚刀受力不均极易发生偏磨和与大石块碰撞断裂，对刀具造成非常不利的影响。

4. 盾构施工技术对策

1）设置二次螺旋

针对皮带无法运输、清理时间远远大于推进时间等问题，改变土的运输方式，取消原有的皮带运输机，增加二次辅助螺旋，减少泥水的洒落，缩短人工清理的时间（图 6-3-57）。在单级螺旋输送机的基础上再增加一级螺旋输送器，每级螺旋输送器具备独立的驱动系统，这样既可联动控制也可每级独立操作。利用两段螺旋之间的空腔和不同的螺旋转速来形成土塞效应，从而能有效增大前方抵抗压力的能力。在双螺旋输送机结构中，两段螺旋输送机的螺距相同，并且均可单独控制。正常情况下，两段螺旋输送机的转速相同，在两段螺旋间不积聚渣土，可以正常出渣。当土仓压力过大或土偏稀可能发生喷涌时，可以对两段螺旋输送机的转速进行调节，使后端的螺旋输送机转速小于前端。由于前端螺旋输送机输出的渣土多于后端螺旋输送机，渣土很快在两段螺旋输送机间积聚形成土塞，从而能有效地防止喷涌。

采用二次螺旋后施工进度有所提高，由前面的平均 1 环 / 天，提高到平均 3 环 / 天。

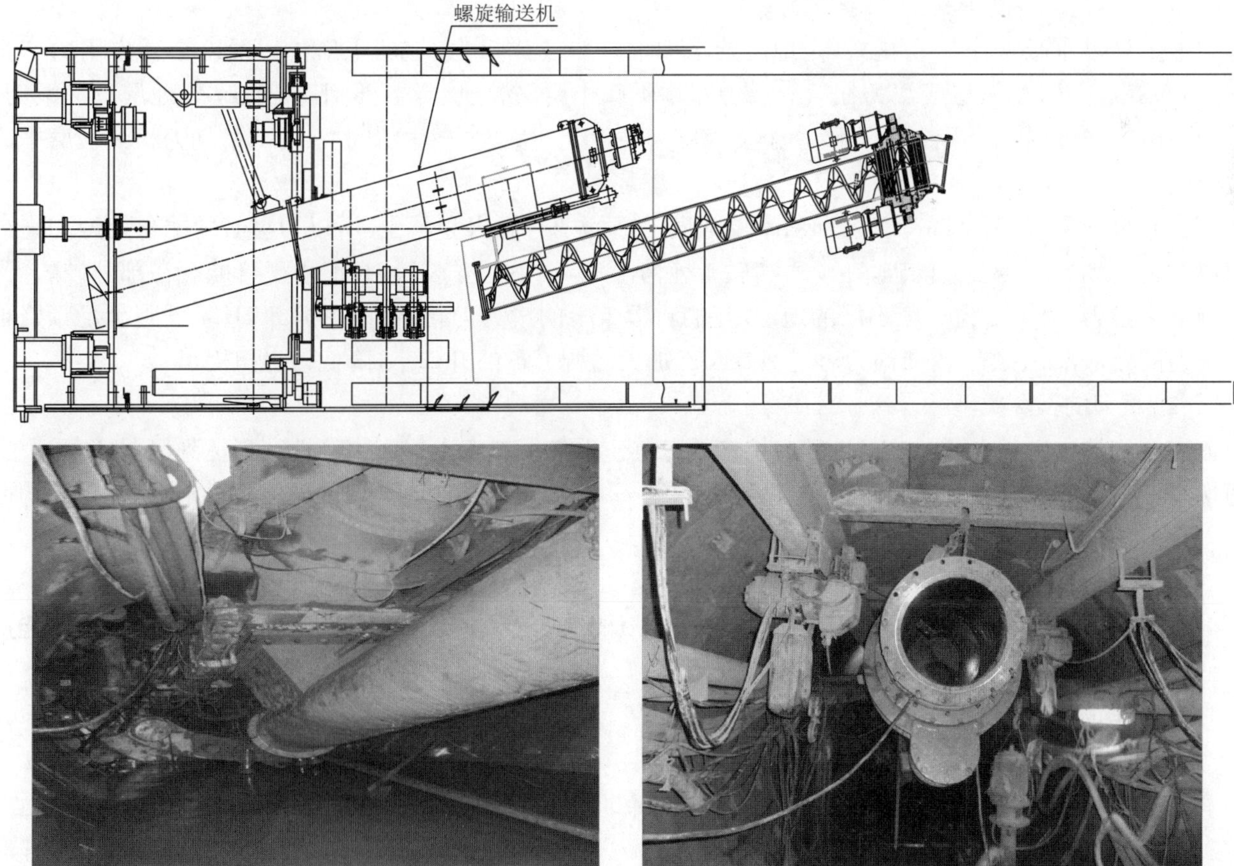

图 6-3-57　盾构二次螺旋图

2）增加淤泥处理材料、泥水净化处理措施

隧道内抽出来的泥水排至地面泥浆坑中呈红褐色，这是角砾岩泥质或钙质填充物所致，由于颗粒小，很难沉淀。泥水全部采用罐车外弃，费用较高，且白天无法外运，存于土坑内，影响盾构施工；如果直接排入市政管道，泥质或钙质填充物沉淀可能堵塞管道。因此，需要增加泥水净化处理系统来降低泥水外运量。

现场的泥水处理方案为：采用振动筛加旋流器对泥水和大集料物质进行分离（图 6-3-58）。对浑浊的污水，使用促沉剂进行处理。坑内的淤泥外运现场采用了加拌生石灰、吸水、拌干的方式来保证外运，以方便装车，减少因泥土遗洒对市政道路的污染。

图 6-3-58　泥水净化处理

3）刀具的管理

（1）复合地层中刀具配置的矛盾现象

滚刀转动需要一个启动扭矩，是地层给滚刀的一个反作用力，在软土层中一般这个反作用力产生的扭矩启动不了滚刀，造成滚刀在软土层中基本不起作用，软土层只需要刮刀。而硬岩地层只需滚刀，刮刀在破硬岩过程中几乎没有作用，由于贯入度和高度差的原因，产生瞬间冲击荷载，切刀极易被磨平或被崩断。

在复合地层中，有些黏土、砂、卵石地层或同一断面中有硬岩和软土，所以刀盘必须配备切刀和先行刀以对应非硬岩的需要。同理，在软岩和软土地情况下，本不需安装滚刀，但由于可能存在部分硬岩，又必须安装滚刀。为此，为对应不同的地层，我们将辐条上的滚刀刀箱，做成可拆卸刀箱，一则满足频繁更换滚刀的需求，二则在不需要滚刀时，拆除滚刀，加大盾构刀盘的开口率，降低刀盘扭矩。

（2）滚刀的损坏类型

在盾构掘进过程中，通过刀具切削、推挤的双重作用使得被切土层产生塑性变形达到极限应力，发生剪切滑移与前方土体脱落，刀具在切削过程中产生不可避免的磨损，依据机械磨损机理，我们可将盾构掘进刀具磨损分为正常磨损和非正常磨损两大类。

正常磨损主要指刀具刃口宽度在使用过程中超过设计许用规定值的均匀磨损，在盾构掘进过程中是不可避免的。其发生在地质情况相对比较单一、均质的地层中，特点是刀具换下来后，除刀刃磨损不能正常使用外，其他各部分配合新刀刃均可再次使用。

对于非正常磨损，尤其是滚刀，主要有断裂、刀圈偏磨、刀具蹿动或脱落、轴承破坏等形式。

①刀圈断裂或崩角

主要包括冲击疲劳断裂和内应力破坏。当刀圈的选用材质与地质的物理特性不匹配，有时为了适应岩石较高的单轴抗压强度，刀圈的自身设计硬度高，从而韧性过低时，容易造成刀圈的抗冲击性能下降，出现刀圈断裂，称之为冲击疲劳断裂。

在刀具安装过程中，若配合间隙的过盈量超过设计的规定值，就会造成在掘进过程中刀具内外温度急剧增加，造成刀具的内应力增加；或者由于盾构整机的冷却系统效果不好，特别是在通过淤泥、黏土地质或岩石断裂带夹层时容易造成刀盘堵转，温度骤然升高，其内应力增加，也会使刀圈断裂（图 6-3-59），称之为内应力破坏。

②刀圈偏磨

主要发生在软硬不均的地质情况下，由于刀具受到偏载作用，使刀圈内侧受力增大，发生单边偏载受力磨损（图 6-3-60）。这种情况如果发现不及时，不但会加速该把刀具的破坏及磨损，并会造成相邻滚刀的偏磨，随着持续推进，最终不仅使所有滚刀发生磨损失效，严重的会造成轴承挡圈密封性能失效、刀座严重变形损坏，甚至会影响到整个刀盘的强度、刚度及稳定性。

图 6-3-59　刀圈断裂

图 6-3-60　刀圈偏磨

③刀具蹿动

刀具蹿动主要是由于在安装过程中盘形滚刀挡圈焊接加固不牢或者使用不当，挡圈发生严重断裂而失效，此时在受到突变荷载时滚刀将受到巨大偏载作用，造成刀具沿轴线方向蹿动。特别是本工程刀盘的中心双刃滚刀，如果两个刃之间的挡圈磨损严重，造成刀刃蹿动，两个刀刃挤压在一起时，容易造成刀圈不转动，最终形成偏磨。

④轴承损坏

由于刀具轴承挡圈的密封失效或者刀具严重过载，会造成滚刀内部轴承损坏（图 6-3-61），进而导致刀圈偏磨、堵转，致使刀具完全失效。其中刀具密封失效主要是刀具受到偏载作用，润滑油泄漏，导致渣土、冷却液甚至水泥浆液等杂物渗入轴承，使轴承无法有效运转，即堵转。一般轴承的密封性能与密封件的耐压、耐高温能力有关，因此在掘进过程中要保持渣土流动的顺畅性，防止出现泥饼，降低刀具工作时整个环境的温度和压力，进而保证刀圈轴承的密封要求，避免轴承的损坏。

图 6-3-61　滚刀轴承损坏

（3）滚刀的选型改造

根据以上四种常见的滚刀磨损情况分析，一些非正常磨损是可以在盾构组装及操作过程中，如控制刀具焊接、安装质量，控制掘进速度，调整泡沫注入量等，降低其发生率的。但刀具本身材料选择及设计方案也将影响刀具的磨损，对此做了以下针对性改进。

①调整刀具材料硬度，改变刀刃的洛氏硬度，通过不断试验调整，由最早设计的 58 洛氏硬度改为 54 洛氏硬度，来增强刀具的韧性，减小断裂的可能性。

②刀具硬度降低后，其抗磨性降低，刀具正常磨损加剧，为此，对刀具厚度进行调整，刀刃刃脚两边各加厚 5mm（图 6-3-62），降低刀具的磨损速度。

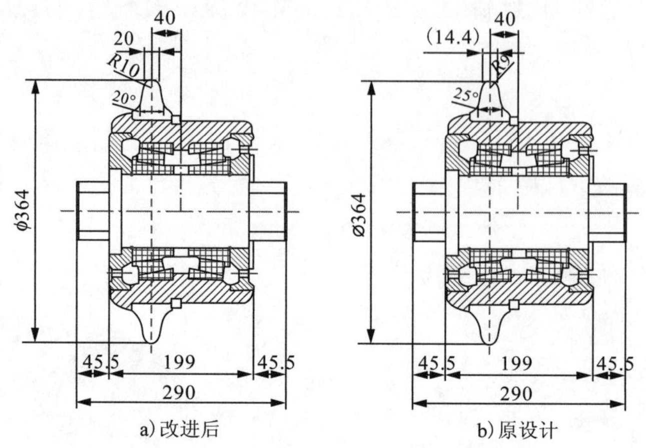

图 6-3-62 刀具刃脚改进（尺寸单位：mm）

③盾构机上滚刀以 12" 滚刀为主，但周边保径刀为 14" 滚刀，该处由于其线速度高，刀具承受的冲量大，刀圈断裂频率比其他刀都高，考虑其刃脚处容易应力集中，将刀圈与母材改成一体式（图 6-3-63），刃脚处以圆弧过渡，减小应力集中。

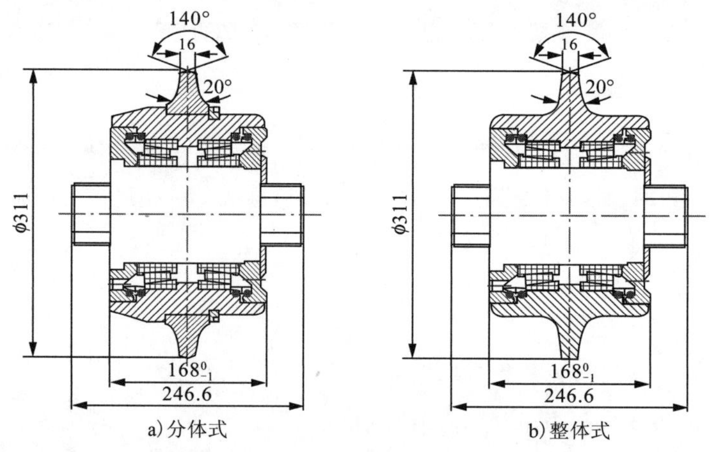

图 6-3-63 滚刀改进图（尺寸单位：mm）

5. 结语

高水压复合地层下施工，需要有针对性地做出一些应对措施，主要包括：盾构刀具的选择与布置，刀具材质与岩层强度的匹配，盾构机螺旋的防喷涌处理等。当然，施工过程中，施工工序的合理安排，盾构隧道的线性控制等，也是其控制要点。事实证明，通过合理技术措施，对盾构机关键点的改造，土压平衡盾构机完全可以满足高水压复合地层条件的施工。

第 4 章　特殊工况下盾构工程案例

第 1 节　北京地铁 14 号线南八里庄站—北京工业大学站区间盾构洞内脱壳解体施工技术

北京建工土木工程有限公司　马云新，周林生，马千里，赵洪岩，帅玉兵

1. 工程概况

北京地铁 14 号线 13 标包括两站两区间，分别为北京工业大学站（明挖法）、南八里庄站（暂缓施工），南八里庄站—北京工业大学站区间（盾构法）和北工大站—平乐园站区间（暗挖法），全长 2.5km。南八里庄站—北京工业大学站区间盾构段起讫里程为右 K26+704.950 ～ 右 K27+913.450，左 K26+704.950 ～ 左 K27+887.868，右线长 1208.5m，左线长 1182.918m。线路自十里河—南八里庄站区间开始，沿弘燕路向东 396m 向北穿过南新园小区拐入西大望路，到达北京工业大学站。区间采用盾构法施工，左、右线两台盾构机均从北京工业大学站始发。

图 6-4-1　北京地铁 14 号线 13 标线路示意图

南八里庄站因无法征得施工场地而被迫缓建，使得十里河站—北京工业大学站区间长约 2.4km，为满足区间设备设施和运营规范需要，在区间中部设置单活塞区间风井。

南八里庄站—北京工业大学站区间盾构已经开始掘进，南八里庄站—十里河站区间暗挖施工已经开始，通过反复比较三种盾构施工方案（方案一：盾构掘进至原南八里庄站西端后洞内脱壳抽芯运出；方案二：盾构掘进至区间风井平推吊出，风井向西部分采用暗挖法施工；方案三：在原南八里庄站位置施作明挖竖井，供盾构接收与吊出），决定采用方案一，即在已缓建的南八里庄站位置设置暗挖段扩大端接收室，接收后进行脱壳解体，拆除设备均由北京工业大学站吊出。

2. 工程地质、水文地质情况

本段线路属于古漯水河与古金沟河之间的河间地块，自然地面高程为 36.77 ～ 40.46m。本段基岩埋深大于 50m，地层以黏性土、粉土、砂类土交互沉积为主，碎石土分布较多。隧道所处土层从上到下依次为杂填土$①_1$、粉土素填土①、粉土③、粉土$③_6$、粉质黏土$③_5$、粉土$③_6$、粉土$④_2$、粉质黏土④、黏土$④_1$、粉细砂$④_3$、粉质黏土④、粉土$④_2$、粉质黏土⑥、粉土$⑥_2$、粉质黏土⑥、粉土$⑧_2$、粉质黏土⑧、粉土$⑧_2$。隧道穿越地层主要为粉细砂层、粉土，拱顶为 3m 厚饱和粉细砂层，隧道大部分位于饱和粉土层。

勘察期间，勘察深度内实测到四层地下水，地下水的类型分别为上层滞水（一）、潜水（二）、层间

水～承压水(三)和承压水(四)。

潜水(二):含水层主要为上部的粉细砂④$_3$、中粗砂④$_4$层;层间水～承压水(三):含水层主要为下部的粉细砂④$_3$、中粗砂层④$_4$、粉土⑥$_2$层、卵石⑦层及中粗砂⑦$_1$层,这两层水在整个场地普遍分布。暗挖段开挖过程中揭示的地层含水量极丰富且带有微承压性,地层大部分为细颗粒的饱和粉细砂和饱和粉土层,土体自稳能力非常差。

3. 工程重、难点

本工程为全国首例未经专项设计的地铁土压平衡盾构机进行洞内脱壳解体,没有可借鉴的同类施工经验。13 标施工既处在抢工阶段,又是 14 号线中段保证通车的关键节点,在保证施工安全的前提下,如何对整个拆除工序进行合理安排,对拆除工力进行最优规划,以保证在最短时间内完成盾构机的洞内脱壳解体工作,是整个施工的重点。

同时,盾构机拆解过程中,涉及较多的大、长、重构件,存在单件体积大、重量大等特性,对大件的拆除工艺和后续的水平、垂直运输都存在较多困难,这些大件的拆卸工艺是决定这种施工方案成败的关键,也是整个拆除过程中需要面对的难点。

盾构机这一复杂的大型施工设备,如何在保证整个拆解过程顺利完成的前提下,尽可能地保留所拆解下的构件的完整性,为盾构机后续的再制造提供更大的便利性和经济性也是这种施工方法所要解决的难点。

4. 洞内接收脱壳解体施工关键技术

1)盾构暗挖接收

洞内接收提前预留接收条件,在暗挖隧道接口里程处进行暗挖施工,预留盾构洞内接收条件,等待盾构机到达完成接收。左、右线分别采取了暗挖扩大端二次衬砌内盾构接收和暗挖反挖盾构刀盘接收的方法,如图 6-4-2、图 6-4-3 所示。

左线暗挖扩大端二次衬砌内盾构接收法是在暗挖接收段内施工盾构接收室,并对接收部位端头加固,待初期支护及二次衬砌全部施工完成后,盾构机进入接收段进行解体,盾构机盾壳留在土体内,最后施工盾壳内防水及二次衬砌结构。

右线暗挖反挖盾构刀盘接收法是暗挖标准断面开挖至指定里程段后封闭掌子面并进行洞内加固及盾构接收范围端头加固,为盾构掘进做准备,盾构掘进至接收区域后停机再采用暗挖方式扩挖出盾构刀盘,然后进行盾构洞内解体,盾构机盾壳留在土体内,最后施工盾壳内防水及二次衬砌结构。

图 6-4-2 暗挖扩大端二次衬砌内盾构接收

图 6-4-3 暗挖反挖盾构刀盘接收

2）盾构洞内脱壳解体

（1）构件与拆机模拟分析

采用 Midas Civil 有限元分析软件对盾构机外壳进行计算，分析构件的强度、承载力和正常极限状况能否满足要求。

利用 3Dmax 软件，根据盾构机制造厂家提供的整套 AutoCAD 设计图纸，对所要拆解的盾构机进行 1：1 的 3D 建模；分别对常规盾构机接收解体和盾构机洞内脱壳解体过程进行模拟。在建模和模拟中，总结常规接收解体和洞内脱壳解体的主要区别，对盾构机洞内脱壳解体的施工特点、重点、难点进行细化明确。从对整个拆解顺序以及拆除路由进行系统安排，对重点、难点施工关键工序和技术措施进行深入研究及系统安排。

图 6-4-4、图 6-4-5 分别为未拆解盾构机整体示意图和需拆解盾构机部件爆炸图。

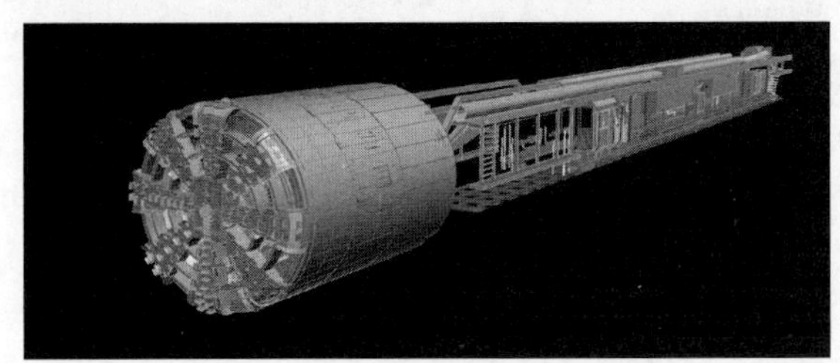

图 6-4-4　未拆解盾构机整体示意图

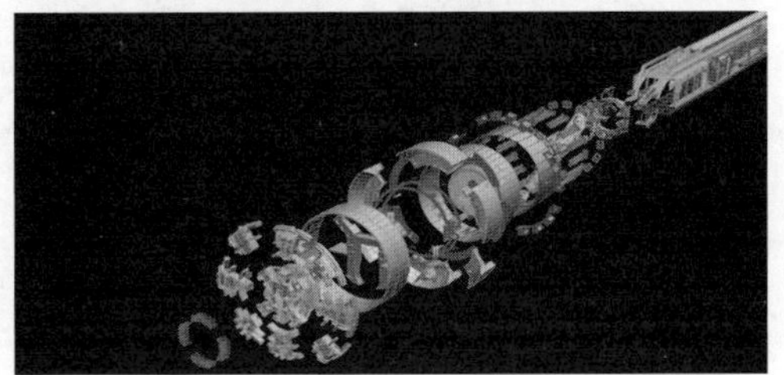

图 6-4-5　需拆解盾构机部件爆炸图

（2）拆除顺序与主要拆除方法

盾构设备复杂、结构紧凑，各部分设备之间相互关联影响。各部分的拆除需严格安排工序，保证拆除施工合理、顺利进行。拆除时也需充分考虑盾构机后续的再制造恢复，尽可能保证盾构机拆除部件的完整性。拆解的总流程如图 6-4-6 所示。

（3）刀盘拆除

①清理刀盘面板及土仓内渣土，清理扩大段及暗挖区间满足作业空间要求，制作一套移动式组合门架（后称“组合架”，如图 6-4-7 所示），并运至暗挖扩大接收段。

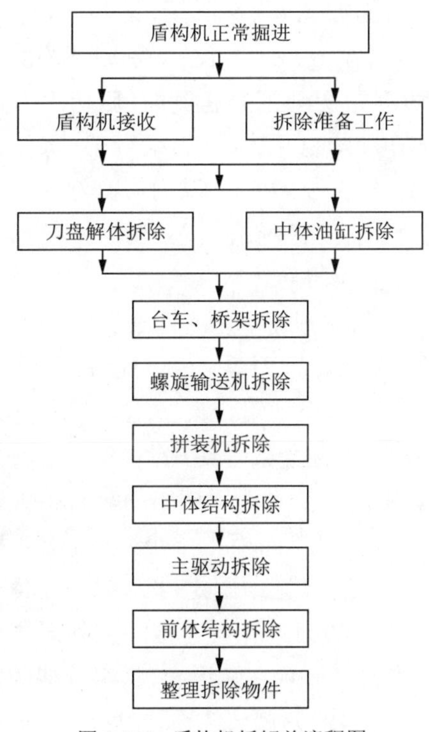

图 6-4-6　盾构机拆解总流程图

图 6-4-7　组合门架

②刀盘分成8条刀盘幅板，包含4条有牛腿刀臂、4条无牛腿刀臂、中心刀支撑方孔及连接法兰九部分进行切割拆除（图6-4-8）。

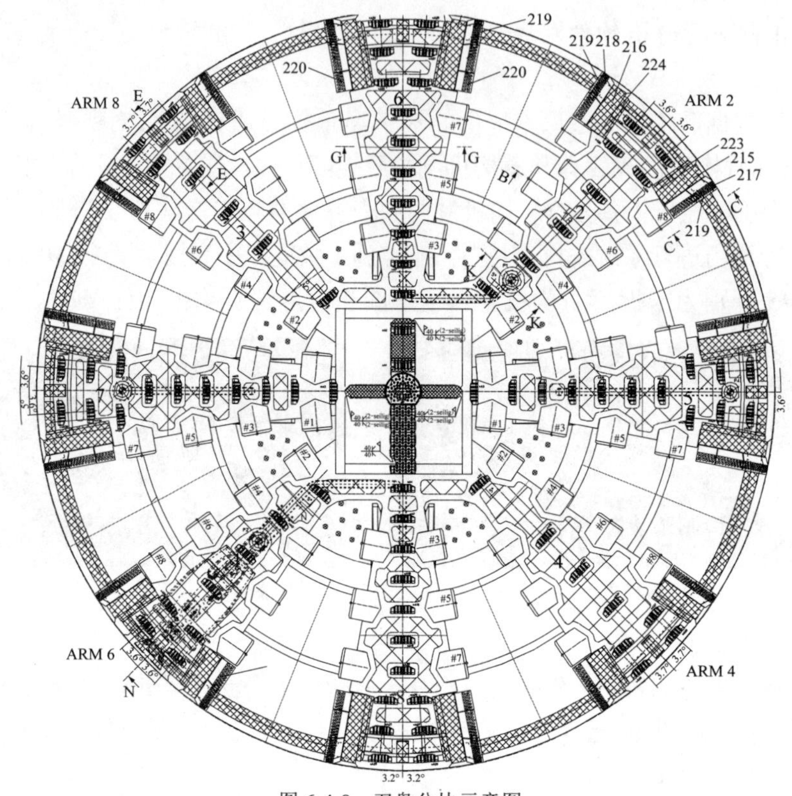

图6-4-8　刀盘分块示意图

切割刀盘幅板时，利用组合架葫芦及土仓顶部葫芦对刀盘幅板做拉结固定，刀盘幅板切割须遵循先切割无支撑臂，后切割有支撑臂刀盘幅板，对称切割的原则。

图6-4-9　切割刀盘刀臂

刀盘刀臂切割如图6-4-9所示，切割时，先旋转刀盘将要切割的刀臂旋转至6点钟方位，切割刀臂两侧耐磨钢环及支撑环，刀臂切割先切割正面和侧面，后切割刀臂后部结构板。刀臂切割与刀盘脱开后，利用组合架，将刀臂运至暗挖隧道内存放。1号、5号、7号刀臂内含有泡沫管路，切割时，先在刀臂后部开方孔，将割枪伸入刀臂内将泡沫管路切断，然后再按照正常步骤切割。

刀臂全部切割完成后，用钢管在刀盘上焊接门架，托住组合架吊梁，拆除靠近刀盘一侧门框移动至靠近另一侧门框法兰孔处安装。拖动组合架至组合架吊梁顶到土仓胸板，调整吊梁高度使组合架行走轮均落实在轨道上。在土仓胸板上使用30mm钢板焊接吊梁托架托住吊梁，并将吊梁和托架及胸板焊接牢固。将扩大端轨道铺设至顶到胸板。在中心刀支撑方孔及连接法兰上焊接翻身吊耳（刀盘面板上4个、连接法兰板上2个），吊耳与吊梁垂直距离不小于1200mm。吊耳焊接牢固后用葫芦进行拉结固定，拆除刀盘螺栓，将刀盘和前体连接法兰分开。组合架门框距离胸板距离为4.17m，刀盘中心刀方孔及连接法兰外形最大尺寸约为3.5m×3.5m×1.6m，利用手拉葫芦对刀盘进行翻身。翻身后将刀盘放置在轨道上，将组合架改回初始安装状态，起吊刀盘中心部分，带架体整体向暗挖隧道内移动，切割完成的刀盘部件均临时存放于暗挖隧道内。

（4）油缸拆除（图6-4-10）

①加工制作推进油缸拆除工装。

②每台盾构机共有铰接油缸14个，推进油缸16组共32根。先将14个铰接油缸拆除。将铰接油缸油路断开，油管及阀组接口用油堵封好后拆除。上部铰接油缸共6个，用吊带将油缸锁住，利用两侧推进油缸拉结固定，拆除销子，然后将铰接油缸放下运出。下部共8个，直接拆除销子然后放下运出。铰接销子、两侧封板及销轴隔套集中存放于库房。销轴座结构切割拆除。

③拆除铰接油缸的同时，拆除管片小车、管片小车拖拉油缸及油缸支座。

④将推进油缸伸出，油缸伸出长度以达到拼装机最小行程时撑靴可以够到拼装机V形梁为准，调整拼装机旋转角度及红蓝缸行程，紧贴撑靴，用手拉葫芦将撑靴和拼装机V形梁绑扎固定，拆除撑靴螺栓，用拼装机将撑靴旋转至下部放下（图6-4-11）。

⑤拆除要拔出的推进油缸尾部防转板螺栓和油缸抱卡螺栓及抱卡，将葫芦挂在要拔出推进油缸两侧肋板上，防止推进油缸向中心倾斜，用拼装机挂吊带将油缸缓慢拔出油缸，防转块脱离防转槽后用大链钳旋转油缸将油缸油口转至上侧，防止油缸油管接口在拔出过程中卡到中体油缸抱卡支座结构。

图6-4-10　油缸拆除示意图

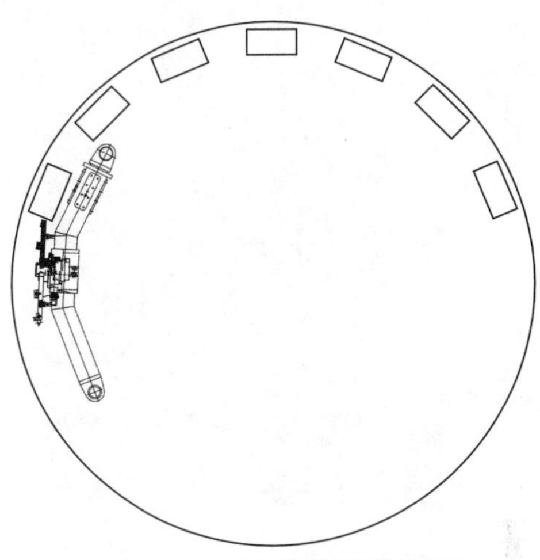

图6-4-11　油缸撑靴拆除示意图

在油缸拆除组合工装板上安装门式框作为油缸支点，推进油缸拔出时在门框上滑动，油缸到位后，用U形卡将油缸固定好用拼装机旋转到下部，将拆下的推进油缸放在滚轮架上推出，用双轨梁装车拉至井口吊出。

（5）台车拆除

①台车后部开始拆除循环水管，收高压电缆，拆除管路挂钩及走道板。

②台车内拆除皮带、皮带头，进行管路吹油，拆除台车之间，台车到桥架以及桥架至盾体、拼装机螺旋的管路及线缆，将油管封堵线缆捆扎固定牢固，对台车泵、热交换器放水点进行放水，支桥架（图6-4-12）。

③用电瓶车将2～4号台车分别拖至井口吊出，桥架和1号台车整体拖至井口，先将1号台车退至车站内，先吊出桥架，再将1号台车推至井口吊出。

（6）螺旋输送机输送机拆除

①拆除螺旋输送机马达、减速机及关节轴承（图6-4-13），减少螺旋输送机长度，增加顶部拆除空间，利用螺旋输送机伸缩将螺旋输送机叶片向后顶出至基本与前插筒平齐，减少螺旋输送机拆除过程倾斜拔出。将移动式组合门架推至螺旋输送机处。

②组合门式架挂10t葫芦吊稳螺旋输送机，拆除螺旋与前体连接螺栓及与H架连接销，利用移动式组合门架葫芦滑车水平移动及葫芦起升将螺旋输送机缓慢拔出。断开拼装机行走油缸管路，用葫芦将拼

装机拉至最大行程处，水平移动螺旋输送机拖至与拼装机环梁干扰位置，在拼装机大梁根部吊点位置挂葫芦将螺旋输送机端平。用葫芦将拼装机拖至油缸最小行程处，将土车底盘推进螺旋输送机下方，焊支架将螺旋输送机放置在土车底盘上运出（图 6-4-14）。

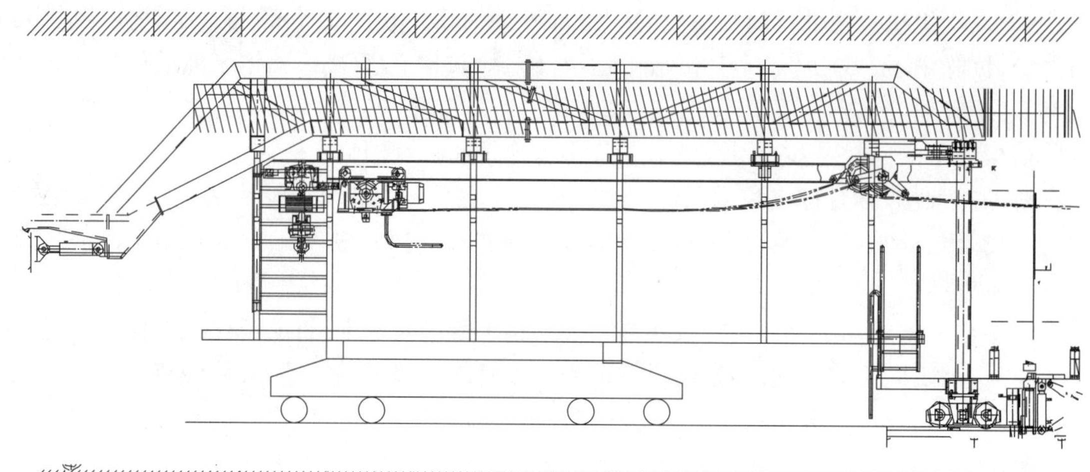

图 6-4-12　盾构机桥架支撑

图 6-4-13　拆除螺旋输送机关节轴承

图 6-4-14　螺旋拆除及运输

（7）拼装机拆除

拆除拼装机两侧爬梯及平台、拆除拼装机熊链、熊链护板及油管，拆除拼装机行程油缸。将拼装机退至最小行程处，组合架推至靠近拼装机，盾尾上焊接吊耳吊住组合架大梁，拆除前侧立柱，用葫芦拉住拼装机向组合架方向移动至拼装机完全进入组合架内，安装组合架立柱，焊接拼装机吊梁，用葫芦提升拼装机至拼装机行走轮与大梁有微量间隙。用葫芦将拼装机拉出拼装机大梁，移动组合架至组合架离开拼装机大梁（图 6-4-15）。在拼装机马达侧下部焊接翻身吊耳，将拼装机在组合架内进行翻身（图 6-4-16）。翻平后，安装拼装机支架，支放在土车底盘上运出。拼装机大梁用组合架及盾尾铰接销座挂葫芦吊下运出（图 6-4-17）。

图 6-4-15　拼装机拔出

图 6-4-16　拼装机拔出翻身

图 6-4-17　拼装机拆除及运输

（8）电机及减速机拆除（图 6-4-18）

①拆除刀盘电机循环冷却管路及水管支架，在前体肋板结构上切孔挂卸扣葫芦将电机及减速机分别拆除。减速机连接法兰孔用盲板封堵。

②拆除中前体阀组、EP2 系统部件、齿轮油系统部件（图 6-4-19）。

图 6-4-18　电机及减速机拆除

图 6-4-19　拆除中前体推进油缸阀组

（9）中体结构拆除

切割中体结构时（图 6-4-20），为避免搭设临时平台，采用从上向下拆除顺序，先将 H 架作为作业平台切割顶部推进油缸抱卡支座结构，H 架上部斜梁及油缸抱卡支座结构，拆除两侧平台，整体切割拆除 H 架，切割下部油缸抱卡支座结构。因两侧油缸支座结构不影响后续工序施工，为加快拆除速度，充分利用时间，将两侧油缸支座结构留待最后切割。切割中体结构同时，开始切割主驱动人闸及人闸右侧胸板结构。

图 6-4-20　切割中体结构

整体切割 H 架结构时，用盾尾铰接油缸销座挂手拉葫芦对 H 架吊住固定，同时在 H 架两个立柱上挂手扳葫芦对 H 架进行拉结固定，防止 H 架切割断开后摆动伤人。H 架切割时留正面外侧 3 ～ 5cm，两侧同时用气焊切割，切割时作业人员站在侧面未切割的中体结构上。H 架切割断开后，将管片车退至 H 架下方，将 H 架放置在管片车上运出。

（10）主驱动拆除

①中体结构切割及主驱动上部人闸和人闸后侧胸板结构完成后，将原有轨道拆除换铺变坡轨枕（图 6-4-21）。

②将组合架在土车底盘上定位后焊接牢固，用电瓶车拖至主驱动处，拆除门架主驱动侧两个立柱，将土车底盘退至主驱动下方，安装拆除立柱，在门架底部纵梁与主驱动法兰筒外壳之间塞角板进行焊

接支撑，电机侧端面直接焊斜撑支撑，刀盘法兰侧用 30mm 钢板打螺栓孔用刀盘螺栓紧固在法兰面上，在钢板上焊接斜撑，斜撑均支撑在底部纵梁上。在门架顶部纵梁上挂 10t 葫芦对主驱动进行拉结保护（图 6-4-22）。门架前后外跨横梁下支 4 个 50t 千斤顶，千斤顶接触到横梁即可，作为门架保护防止切割胸板时主驱动倾倒。切割主驱动法兰筒周边胸板结构，在 2 点、10 点位置各留 20cm×20cm 耳朵一个，耳朵与下部胸板结构接触。切割耳朵下部接触胸板，逐层片除直至主驱动不再下沉为止。均匀收 4 个保护千斤顶，千斤顶不再受力后撤除。用电瓶车将主驱动缓慢拖出变坡段，到达正常段隧道后，安装两侧支撑轮，运至井口吊出（图 6-4-23）。

图 6-4-21　换铺变坡轨枕

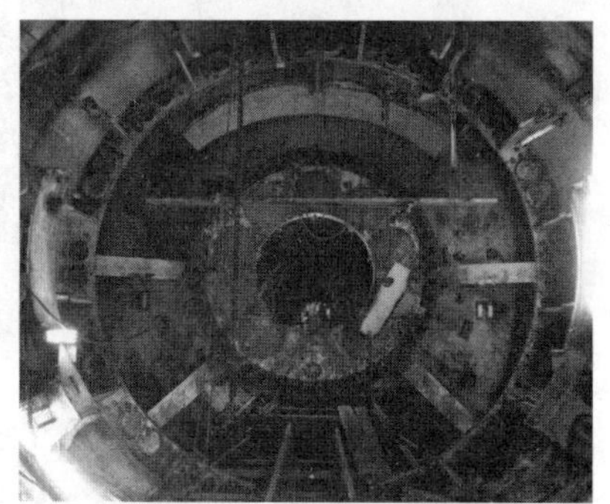

图 6-4-22　待拆除主驱动

图 6-4-23　主驱动拆除运输

（11）剩余结构切割拆除

按照隧道二次衬砌施工要求，将中前体剩余结构全部切割拆除。其中，中前体连接螺栓法兰板将内侧两排螺栓孔结构切割拆除，为防止中前体脱开，靠近壳体一排螺栓及连接法兰结构为切割拆除。

5. 施工监测

在盾构机进入暗挖接收段影响范围区后，即对暗挖施工的地面沉降、拱顶沉降、净空收敛、钢筋应力、土压力及暗挖施工影响到的周边建筑物及管线等进行监测。另外，还需对暗挖接收段临时封端墙进行位移监测及裂缝观测。

6. 结语

通过工程实践确定，盾构洞内脱壳解体的施工方法是可行的，节约了竖井开挖费用及地面交通导改、管线改移和园林移植等费用，避免了业主可能存在的高昂拆迁费，大幅缩减了施工成本和工期且基本不影响地面交通与设施，对城市的正常功能及周围环境的影响微小，取得了显著的社会效益、经济效益和环境效益。

第2节　北京地铁超长小间距隧道盾构施工技术

北京住总集团有限责任公司

1. 工程概况

北京地铁10号线11标盾构始发井—三元桥站—亮马河站区间隧道穿越三元桥东桥侧后分别在ZK16+149.2～ZK16＋525.52和YK16+175.4～YK16+525.4区段先后穿越三源里建筑群（北小街8号、南小街2号、南小街6号、南小街8号、泛旅大厦等建筑物），对应的管片环号分别为：先行隧道1100～1390环，后行隧道1000～1380环。其中，先行盾构在此区段范围内（计290环，348m）对三源里建筑群产生一定影响，后行隧道在此区段范围内（计380环，456m），由于离建筑物距离较近，同时两条隧道之间的距离最近处仅1.7m，后行隧道对先行隧道结构（包括内力和稳定性等）及其周围土体的变形位移以及地面建筑物沉降等，根据分析计算和相关经验，将产生较为严重的影响，如何严格按照设计要求，将该设计成功地付诸工程实践，严格有效地控制好施工中的各项技术措施并正确实施是前提条件。根据分析，本次区间隧道的超近距离相互影响的起始里程为ZK16+149.198～ZK16+525.52（先行隧道1140～1453环），两条隧道最小净距离为1.7m，净距2.5m的范围达到150m左右，两条隧道近距离施工范围长。

在通过的群楼中，北小街8号楼与南小街8号楼的结构形式完全相同，且结构最差，调线前与盾构施工最近的为南小街8号楼。后行隧道与南、北小街8号楼的水平距离较近且旁穿距离较长，调线前后行隧道边缘距离南小街8号楼垡板基础的最小水平距离为3.55m，处在盾构通过时所产生的沉降槽影响范围内，同时隧道与南小街8号楼平行走向，旁穿距离长度为150m；后行隧道中心线与北小街8号居民楼垡板基础的最小水平距离仅为4.05m，且与北小街8号楼平行52m长的距离。

这两幢楼房为20世纪80年代的居民楼，其上部结构的墙面裂缝随处可见，普遍为壁板连接处，有错动痕迹，板间连接件也有一定程度的锈蚀，其连接作用明显已被削弱，结构整体性较差。壁板式因其结构本身存在缺陷，在北京地区曾试用数年后被禁止。因此，南小街8号住宅楼整体结构强度和刚度均较差，又有较长的使用年限，对基础不均匀沉降敏感。

鉴于南、北小街8号楼的现状及其抗变形能力的实际情况，对楼区地面沉降和楼体倾斜的实时监测、实时反馈，并根据监测结果及时调整盾构施工参数，以便确保楼体的整体安全，是十分必要的。传统的监控量测工作，一次测量结果最多能够反映一天或半天前的平均沉降变形情况。我们这次在后行盾构推进通过楼区地段时，除了安排传统的监控量测工作系统外，为了及时准确地掌握楼区地面和楼体倾斜的实时变形沉降状况，单独安装并实施了地面与楼顶沉降变形的实时监测、无线传输监控量测系统。这套实时监测、无线传输监控量测系统，可以与盾构生产实时管理系统相配合，进行真正意义上的地铁盾构生产和地面沉降的实时管理和控制。系统可以根据预先设定，提供1～5min内、10min内、0.5h内、1h内或更长时间内的平均沉降速率和此时刻的累积沉降量的具体数值。这套系统在后行盾构通过楼区时的成功应用，对我们及时调整盾构推进（如推力、土压、扭矩等）、同步注浆和二次补浆参数等，起到了很好的作用。

由于先行隧道已经施工完毕，后行隧道盾构施工时，将会对两条隧道之间的土体产生扰动，进而影响到先行隧道，如管片结构的内力与变形、隧道收敛、螺栓受力等，严重时可能影响到先行隧道的稳定。为了增强隧道间剩余有限土体的抗变形能力，控制先行隧道的右侧卸载作用和管片的变形、保持隧道的稳定，按照设计要求对两条隧道周围土体及先行隧道进行加固。为了实现设计意图，既要控制后行隧道掘进引起的地面沉降在一定的范围内，确保地面建筑物的安全，又要保证先行和后行隧道各自的安全。针对控制地面沉降，分别在两隧道不同地段进行了试验段试验施工，对各项技术措施、施工技术参数等进行了充分地优化和对比分析，总结经验，然后应用于后行隧道超近长距离的穿越施工，从而严格控制地面沉降；针对如何保护先行和后行隧道的安全，在可供参考和借鉴的资料和经验很少的情况下，我们只能在实践中边摸索，边施工。

2. 控制指标

本次施工过程中的主要控制指标分为两大部分。一部分是先行隧道内各种加固措施的控制指标（包括十字撑的内力及拆撑条件等），另一部分是北小街 8 号楼到南小街 8 号楼段地表沉降控制指标。根据试验段施工的经验和设计计算分析的结果，该段隧道正上方地表沉降必须控制在 15mm 以下。

3. 施工重、难点

（1）根据南小街 8 号楼的评估报告，临街外墙下基础的最大沉降量要求小于 10mm，为了满足此项要求，后行隧道正上方地表沉降必须控制在 15mm 以下；此控制指标满足北京市轨道交通建设管理有限公司的企标《盾构隧道工程施工质量验收标准》要求的沉降控制标准 20mm。

（2）线路调整后，两条隧道之间的净距最近处仅约 1.7m，净距小于 $0.5D$ 的范围长度达到 237m 左右，两条隧道近距离施工范围长，相互影响明显，控制地面沉降试验段施工的具体盾构施工技术参数，例如同步注浆压力和二次补浆压力、开挖仓土压力波动的范围、盾构纠偏的幅度等，很难完全照搬应用，同时需加强监控量测工作，及时反馈信息，进行相应的施工技术参数调整。

（3）超近长距离施工要求测量精度高，盾构纠偏更要谨慎从事。

（4）两隧道洞内加固操作空间有限，施工难度大，先行隧道内临时支撑的架设和拆除尤其如此。

4. 施工技术方案与现场实施

1）控制沉降试验段技术分析

为了使后行盾构安全、顺利地旁穿南小街 8 号楼等建筑群并确保先行隧道的安全，我们先期制订了减少地面沉降的具体措施，并在接近楼区前进行试验段施工。先行盾构隧道在 1620 ～ 1710 环之间、后行盾构隧道在 881 ～ 1020 环之间分别按照制定的技术参数和技术方案进行试验掘进（如土压、推进速度、同步注浆量、注浆压力、浆液配比以及环箍注浆、二次补浆的位置、频率、注入量、浆液材料选择和注入压力等），以此段经验对穿越南小街 8 号楼区的风险段施工提供参考和指导。

后行盾构隧道试验段初步总结如下：

（1）合理设置土压力，宜控制在 0.18 ～ 0.20MPa 之间。

（2）降低推进速度，严格控制推进方向，减少纠偏，特别是大量值纠偏。试验段推进速度控制在 20 ～ 30mm/min。

（3）合理选用注浆材料：采用 HSC 超细水泥浆液同步注浆工艺，并确保注浆量。考虑到南小街 8 号楼地面沉降控制标准高，HSC 超细水泥具有早强、渗透率高等特点，试验段同步注浆量控制在每环 5.0 ～ 5.5m^3，注浆压力控制在 0.35MPa；合理确定配合比，保证浆液在进入间隙后 4h 内初凝。

（4）盾构推进过后每 6 环进行一次环箍注浆，注浆压力为 0.35MPa，以注浆压力控制为准。二次补浆采用 HSC 快硬硫铝酸盐超细水泥，相关注浆参数同同步注浆。

（5）控制好盾构姿态，确保盾尾间隙均匀，加大盾尾油脂压注量来防止漏浆，实际盾尾油脂量比正常推进每环多 20kg。

（6）加强施工过程管理，确保盾构连续穿越，为了确保 24h 连续推进，在穿越前对盾构机及其他辅助设备进行一次全面的彻底的检修。

通过采取上述有关措施，得到以下控制地面沉降的效果：后行盾构隧道引起的附加沉降在 14mm 左右；无论是采用惰性浆液还是采用硬性浆液，管片脱出盾尾时产生约 3mm 的沉降是难以避免的，相同的盾构采用硬性浆液较惰性浆液的最终累计沉降量要小。

2）先行隧道加固保护措施

调线后，两条隧道间距变小，后行盾构隧道施工会对两条隧道之间的土体产生扰动，进而有可能影响到先行隧道的变形和稳定性，为了增强隧道间土体的抗压、抗剪能力，控制管片变形、隧道偏移，进而减少或降低对先行隧道的卸载作用，根据设计要求采取了以下措施对先行隧道进行保护，包括先行隧道受影响区长度内周围土体加固和隧道管片结构支撑加固两项主要措施。

（1）后行隧道施工前，对先行隧道周围土体进行加固。

在已经施工完成的先行隧道内通过注浆对土层进行加固，如图 6-4-24 所示。由于通过原有注浆孔进行注浆加固后的加固范围有限，根据设计图纸和现场情况，在管片的吊装孔打入 5 根长 3m、1 根长 1.5m，ϕ42 的钢花管进行注浆加固，来控制后行隧道施工引起先行隧道的变形。具体注浆加固措施如下：

①对先行隧道在里程 ZK16+149.198 ～ ZK16+525.52（1140 ～ 1453 环）范围内的每环隧道进行花管注浆，注浆位置选在每环管片的 6 个注浆孔位置。

②根据现场试验结果，每孔注入 1.5m^3 左右浆液，注浆压力达到 0.5 ～ 1.0MPa。

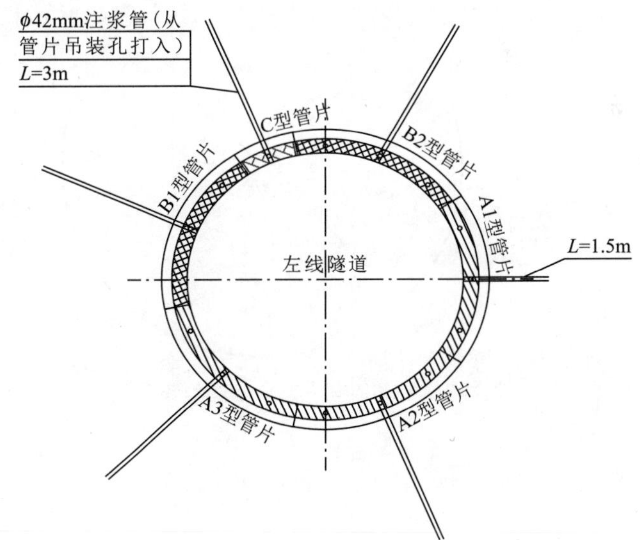

图 6-4-24　先行隧道内注浆加固示意图

③采用两台 ZBY-80/70 液压注浆泵，浆液采用 HSC、水玻璃双液浆，具体浆液配比根据现场试验确定，见表 6-4-1。

A 液配比（1m^3）　　表 6-4-1

HSC	水	外加剂（NaH_2PO_3）
735kg	735kg	22 kg

注：A 液水灰比为 1:1。

B 液为水玻璃，其浓度控制在 35° Bé。

A 液的搅拌时间不少于 10min。

A 液、B 液体积比为 2∶1。

④严格控制注浆质量：

a. 进行注浆时，先开水泥浆注浆管，然后开水玻璃浆注浆管。

b. 在注浆结束时先停止水玻璃浆注浆管，10 ～ 15s 后再停止水泥浆注浆管；

c. 注意注浆孔的密封，以防渗水。

d. 使用一次性球阀。

e. 注浆完毕后，泵送剂清洗注浆管，避免堵管现象发生。

f. 注浆时，为了避免因一侧注浆压力过大，严格按照对称注浆的原则进行注浆。

实际施工中，每环注浆各项参数均达到此标准。

（2）先行隧道内部附加支撑，改善其受力状态。

在里程 ZK16+204.314 ～ ZK16+439.92（1183 ～ 1383 环）之间的 200 环，采取“注浆 + 隧道内支撑”加固措施。在后行盾构到达前，于里程 ZK16+149.198 ～ ZK16+204.314 之间预先架设 3 ～ 5 环的试验钢支撑并监测钢支撑的轴力，一旦竖向支撑轴力超过 34kN，则原先仅做注浆管注浆加固的地段也应加设钢支撑。

①钢环制作、运输和安装。

用厚 20mm、宽 500mm 的钢板作为钢环紧贴在每两环管片的接缝部位，使管片的接缝正好处于钢环的正中，钢环用厚 20mm 钢板切割、弯弧，每环分四节制作，该钢环分为 4 节安装，如图 6-4-25 所示。

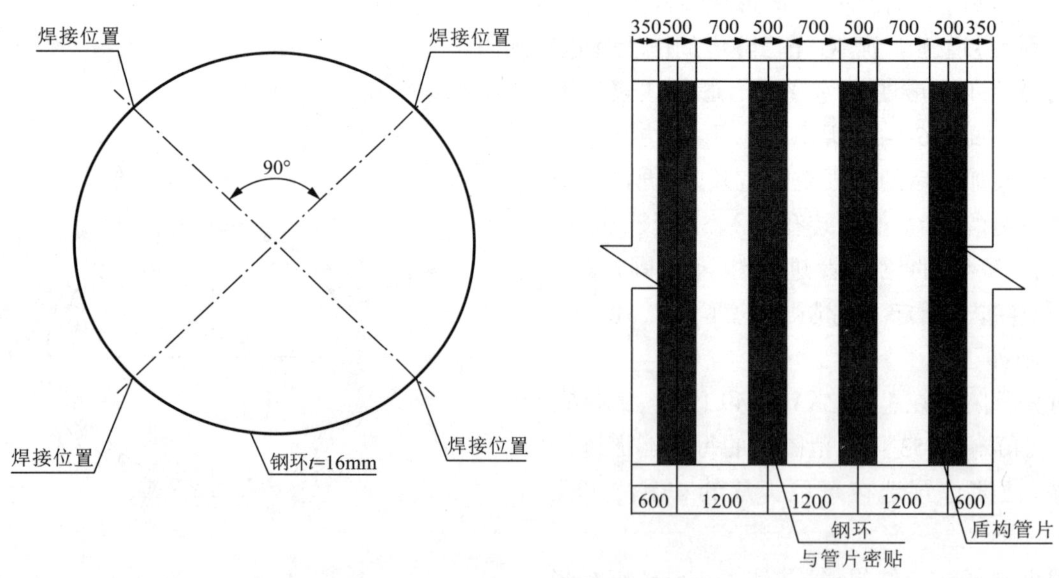

图 6-4-25　隧道内钢环布置示意图（尺寸单位：mm）

每节钢环之间采用焊接（螺栓）连接。

钢环的安装顺序为先底部位置，再左右位置，最后为顶部位置。

安装过程中，用钢楔将钢环与管片之间的缝隙塞楔牢固。

每环钢环之间采用型号为 I22a 型的工字钢连接，如图 6-4-26 所示。

②型钢加固、安装。

1 号、2 号型钢为 I22a，每环一榀，长度均为 4879mm，如图 6-4-27 所示。

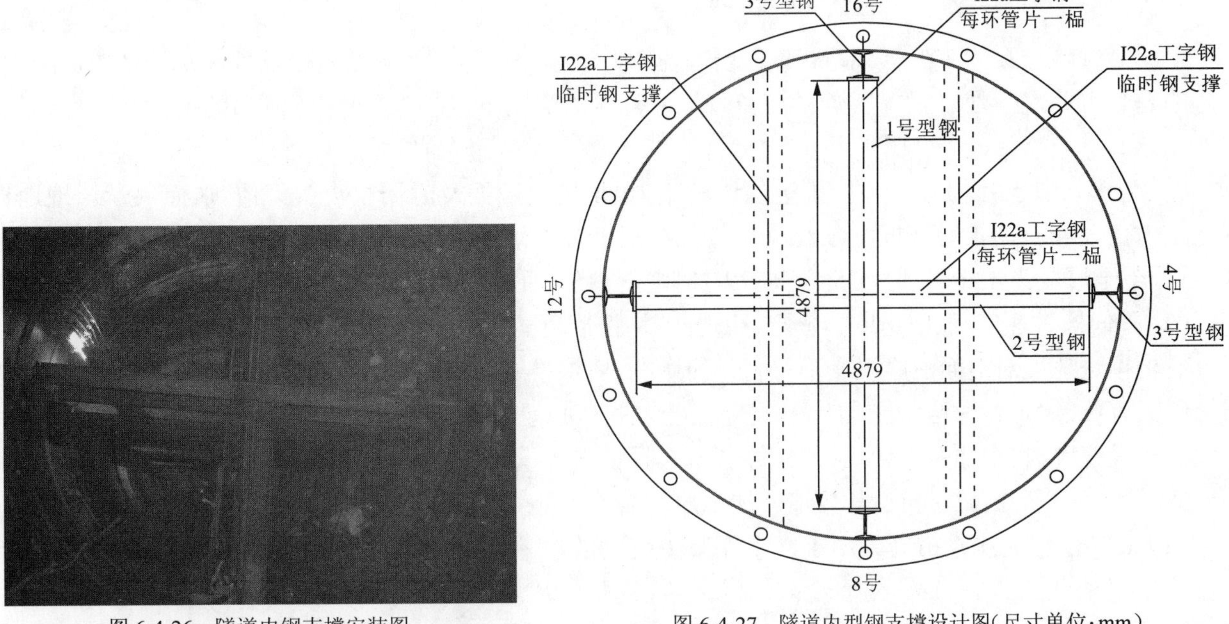

图 6-4-26　隧道内钢支撑安装图

图 6-4-27　隧道内型钢支撑设计图(尺寸单位:mm)

1 号、2 号两节型钢垂直交叉连接，连接处用 L100×10 等边角钢焊接，如图 6-4-27 所示。

3）后行隧道加固保护措施

（1）在后行隧道里程为 YK16+175.41 ～ YK16+525.38（1159 ～ 1472 环）之间的 314 环，每环采取注浆加固措施。

（2）将管片吊装孔凿开，打入长 3m、ϕ42 的钢花管，如图 6-4-28 所示，并及时用球阀封住注浆管，防止漏浆，注浆浆液与先行隧道加固时用浆液相同。

（3）连接球阀与注浆泵，准备进行注浆工作，具体操作同前。

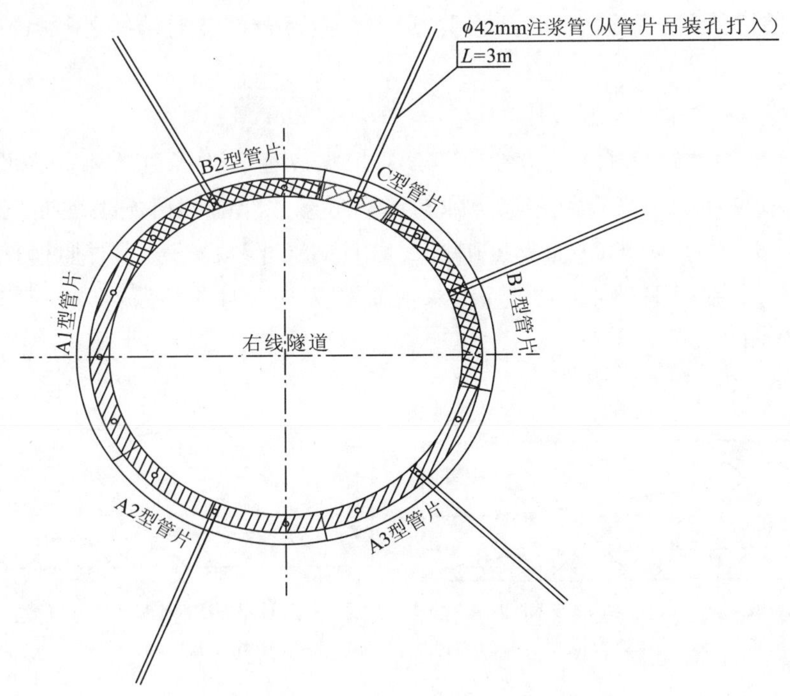

图 6-4-28　后行隧道内注浆加固设计图

4）后行隧道盾构施工技术控制措施

根据后行隧道穿越301所、京顺路、机场高速路及试验段的施工经验及相应的地表沉降情况，在可供参考的超长近距离隧道平行施工资料和经验十分有限的情况下，我们通过较短时间的摸索和总结，采取以下几方面措施：

（1）合理设置土压力。在盾构推进的过程中，根据监测数据及时调整土压力值，从而科学合理地设置土压力值及相宜的推进速度等参数，防止超挖，减少对土体的扰动。后行盾构穿越的南小街8号楼地区，盾构覆土厚度为13.54～14.35m，土压力控制在0.15～0.18MPa之间。

（2）降低推进速度，保证速度的恒定、稳定，严格控制盾构推进方向，减少纠偏，特别是大纠偏。

盾构推进速度对地面的隆沉变形有明显的影响，盾构推进速度与正面土仓压力、千斤顶推力、土体性质等因素有关，综合考虑这些因素，提出了以下措施：推进速度控制在10～15mm/min，日掘进量为8环。过快的推进速度，将增加对土体的扰动，每次出土时将出土量保持与土斗上沿持平，并通过试验计算出土的松散系数，使每环出土量符合计算值。加强盾构姿态的测量，勤测勤纠，杜绝大纠偏，关闭超挖刀。

（3）采取合理的注浆措施。由于同步注浆为流动的单液浆液，注入时是完全没有自立性的物体，容易流失到尾隙处的其他部位，因而注入的区域，特别是管片背面的上顶部位很难充填到，加上同步注浆浆液固结时间较长，容易受到地下水的稀释，致使早期强度下降，使得隧道上方的土体向未充填到的空隙滑动、坍塌，从而导致地表产生较大的沉降。如前所述，同步注浆后，在管片背后将留下未充填到的部位，在采取环箍注浆后，采用二次补浆的方法及时充填该部位，达到充填完全的目的。

①同步注浆（图6-4-29）。

同步注浆浆液配比见表6-4-2。

同步注浆浆液配比　　表6-4-2

HSC	粉煤灰	膨润土	砂	水	膨胀剂	外加剂	相对密度
100kg	350kg	56kg	779kg	500kg	45kg	0.135kg	1.75

每推进一环的建筑空隙为：$\pi(D_1^2-D_2^2)L/4$，其中，D_1=6.26m（先行盾构外径）；D_2=6m（管片外径）；L=1.2m（管片宽度）。故

$$V=\pi(D_1^2-D_2^2)L/4=3.0\text{m}^3$$

每环的压浆量一般为建筑空隙的120%～200%，根据以往盾构推进的相关经验及地铁10号线11标前期推进经验，一般每环的注浆量为建筑空隙的160%，即4.8m³，即可满足地面沉降控制在30mm以内的要求。但南小街8号楼区域地面沉降控制标准高，且HSC渗透率高，后行盾构推进同步注浆量控制在5.0～5.5m³，为建筑空隙的160%～180%，注浆损耗率以10%计。注浆压力控制在0.35～0.45MPa。这些措施均取得了预期的效果。

②环箍注浆（图6-4-30）。

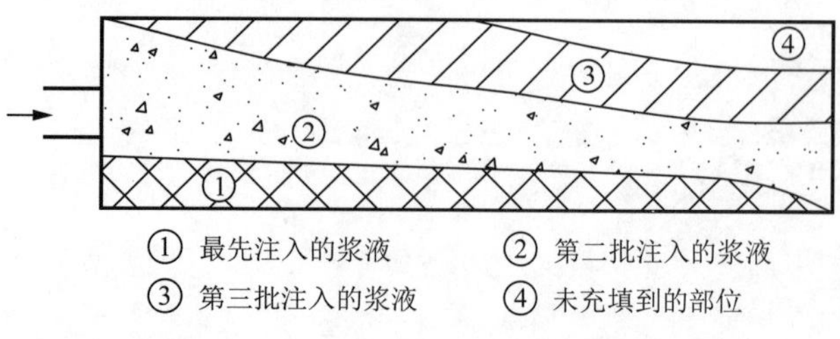

图6-4-29　同步注浆模式图

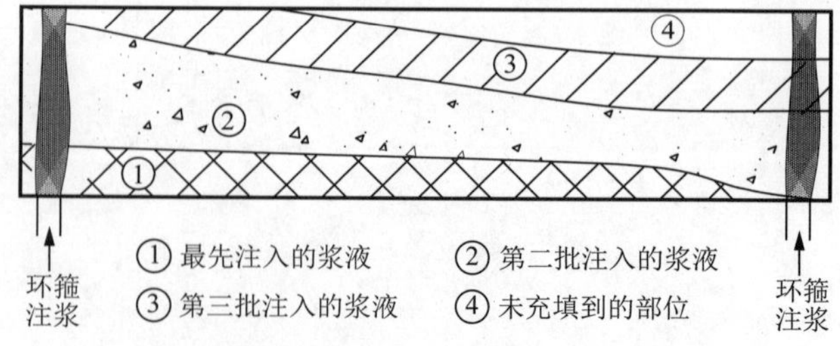

图6-4-30　环箍注浆模式图

盾构推进过后 8 环进行一环环箍注浆（例如盾构当前正在推进 580 环，则需在第 571 环进行一次环箍注浆），每环 6 个孔每孔注入 $0.75m^3$，注浆压力为 0.35MPa，以注浆压力控制为准。环箍注浆浆液采用 HSC- 水玻璃双液浆，水玻璃的浓度控制在 19 ～ 21°Bé 之间，A、B 液的凝固时间控制在 15 ～ 20s。注浆体积比 A∶B=9∶1，A 液与 B 液的配比见表 6-4-3。

A 液与 B 液配比（单位：kg）　　表 6-4-3

A 液			B 液	
HSC	膨胀剂	水	水玻璃	水
550	70	800	300	800

③二（多）次补浆（图 6-4-31）。

在两个环箍之间进行二次补浆，二次补浆在环箍注浆完成后 12h 开始进行，配比同同步注浆，补浆分两次进行，间隔时间为 24h，注浆孔位置为隧道顶部两侧的管片注浆孔。二次补浆量为同步注浆量的 30%，注浆损耗率以 10% 计，注浆压力为 0.45 ～ 0.60MPa。

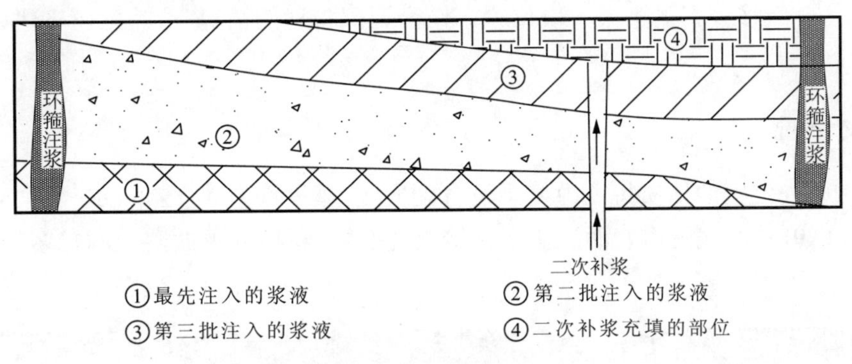

图 6-4-31　二次补浆模式图

施工中还将通过隧道上方地表沉降的速率来严密控制补浆的时间、频率和位置，如果监测中地表某一监测点的沉降速率大于 1mm/ 天，则立即对监测点对应的地下隧道管片两侧各 5 环范围内的管片进行补浆处理，注浆量以注浆压力达到 0.35 ～ 0.45MPa 为标准。补浆 24h 进行一次，直到此几环管片对应的地表监测点的沉降速率小于 1mm/ 周。

（4）控制好盾构姿态，确保盾尾间隙均匀。盾构推进过程中的同步注浆及二次补浆是控制地面沉降的主要因素。以往的经验显示，盾构推进过程中的盾构姿态不好，易造成盾尾处漏浆，引起地面沉降，因此在后行盾构近距离穿越南小街 8 号楼期间，通过控制好盾构姿态，使得盾构推进轴线与设计轴线基本相吻合，盾尾四周间隙均匀，同时通过加大盾尾油脂注入量和采用优质的 CONDAT 油脂，极大地减少了盾尾漏浆，达到了预期的目的。

（5）加强过程管理，确保盾构连续施工。盾构推进过程中长时间的停机易造成地面的沉降，为了确保盾构 24h 连续推进，在进入该段区域前，对盾构及其他辅助设备进行了一次全面的彻底的检修，对盾构上现存的机械故障和缺陷，会同设备供应商和专家共同检测修理，并对可能产生的故障预先做好修理准备。

通过采取上述措施，盾构连续、匀速、平稳地完成了施工任务，同时先行隧道内的各项监测结果也均控制在设计允许的范围之内，既保证了先行隧道和后行隧道自身的结构安全与稳定，也将地面沉降控制在预定的范围内，确保了地面建筑物的安全。

第 3 节　广州地铁高新区间盾构机被“球形风化体”卡刀盘处理技术

广州轨道交通建设监理有限公司

1. 工程概况

高增站—新机场南站盾构区间线路呈南北走向，位于广州地铁三号线北延段最北端。采用海瑞克土压平衡盾构机（右线盾构机先始发）。本区间工程包括始发井明挖段、盾构施工区间、吊出井明段三部分，其中盾构区间设 2 号、3 号两个联络通道，2 号联络通道和废水泵房合建。

2008 年 12 月 16 日上午，高增站—新机场南站左线盾构机在推进第 38 环时刀盘出现无法启动的情况，导致停止掘进，停机里程为 ZDK-26-354.891。经过开仓检查，证实为石块卡刀盘。通过慢速左右旋转刀盘，“球形风化体”移到刀盘轴条开口位置。结合地层自稳的情况下，在常压下进入土仓，把石块通过人闸搬出来。

1）地质水文情况

本次事件停机所处位置的地质特征为溶洞发育硬岩段，其里程为 Y（Z）DK-26-288（始发里程）至 Y（Z）DK-26-430.79，左右线隧道岩面起伏变化较大，掘进过程所遇见的溶土洞较多见。

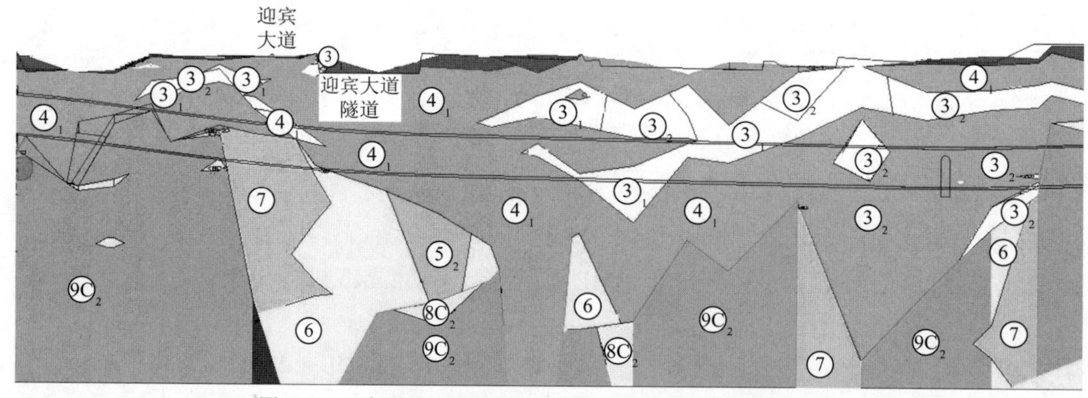

图 6-4-32　高增站—新机场南站盾构区间左线事发段纵断面图

如图 6-4-32 所示，线路围岩所穿过的岩土层中的④$_1$、④$_2$、⑤$_1$、⑤$_2$、⑥、⑨C$_2$ 为弱～微透水层，土体中基本无水，可视为相对隔水层。③$_1$、③$_2$、③$_3$ 是透水层，渗透性强，为主要含水层，属第四系孔隙水。由于本段砂层分布广泛，且厚度大，连通好，和地表水水力联系密切，富水性强。⑦、⑧为基岩裂隙水含水层，渗透性中等，隧道开挖时涌水量大。

2）工程周边环境及主要风险点

高增站—新机场南站隧道从矮岗村出发，始发阶段平行机场高速路向北延伸，其中须经过 3 个鱼塘及机场生态公园，并要斜穿机场高速路。在斜穿机场高速前，沿线均为鱼塘、农田，地势较平整，下部并无管线须穿越；线路北段在机场绿化带内穿行，地表均为人工种植花卉，右线隧道西侧上方埋设有高压电缆，但埋深较浅，隧道施工不对其造成影响。

隧道斜穿机场高速路区段上方须穿越航油管线、电力线、给排水管等机场重要管线，具有机场高速路标志性建筑（机场高速），以及机场景观河。

2. 事件经过

1）卡刀盘的过程

12 月 16 日上午 6:23 开始左线隧道第 38 环隧道掘进，盾构掘进过程中，开始推力约为 780t，但扭矩却持续上升，从 110t•m 上升至峰值 420t•m，同时掘进速度亦从开始的 20mm/min 下降至 6mm/min（表 6-4-4）。盾构千斤顶行程伸出 1350mm 时，暂停掘进更换渣斗，当渣斗更换完毕后再次启动掘进时发现刀盘无法正常启动。海瑞克驻场人员立即排查，很快排除了设备故障原因导致刀盘无法转动，初步判断为石块卡刀盘。通过地层分析判断，认为具备常压开仓条件，决定开仓检查。经过开仓检查，发现工作面地层与地质剖面图上显示的地层有较大的变化（图 6-4-33、图 6-4-34），证实为石灰岩风化残余“球形风化体”卡住刀盘，“球形风化体”卡住刀盘整个过程如图 6-4-35 ～图 6-4-38 所示。

35 环～ 38 环掘进参数汇总　　表 6-4-4

环　号	掘 进 日 期	报告扭矩（MN•m）	换算扭矩（t•m）	推力 (t)	掘进速度 (mm/min)
35	12 月 15 日	2.5	350	734	42
36	12 月 15 日	2.2	420	716	28
37	12 月 16 日	2.6	460	770	25
38	12 月 16 日	2.0	400	785	6 ～ 20

注：报告扭矩转换扭矩单位为 1 MN•m ＝ 100 t•m。

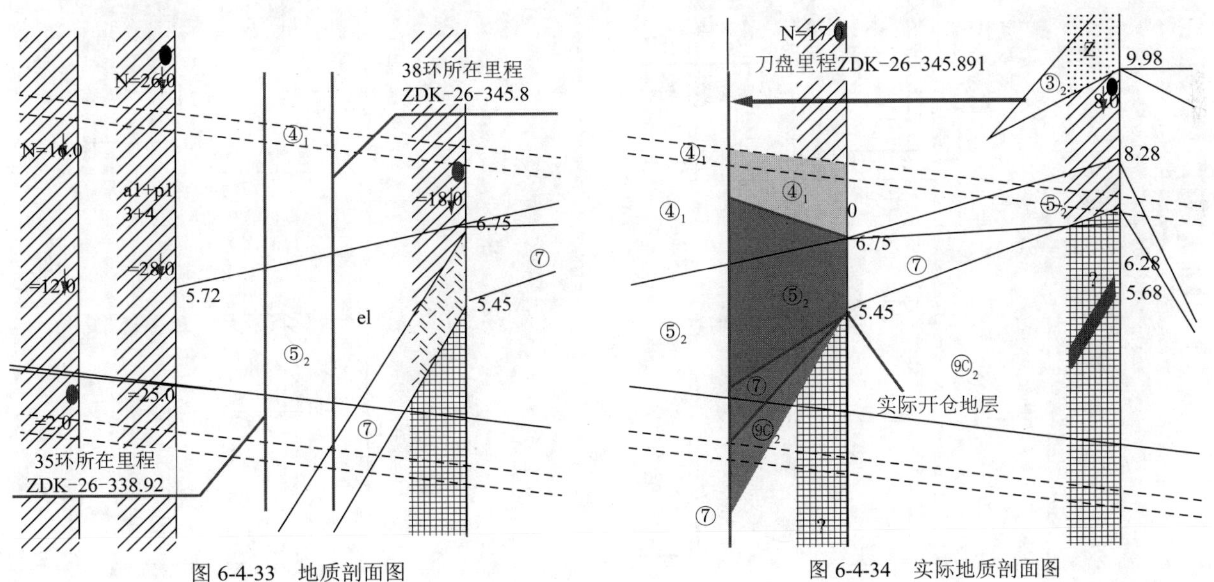

图 6-4-33　地质剖面图　　　图 6-4-34　实际地质剖面图

2）卡刀盘的处理过程

开仓后，判断地层自稳性较好，把土仓土体排空。再启动刀盘，能够慢速左右旋转刀盘。待把“球形风化体”移到刀盘轴条开口位置，项目安排人员进入土仓，拆除部分齿刀，顺利把石块移进土仓，再用手拉葫芦和吊蓝把石头通过人闸搬出来。

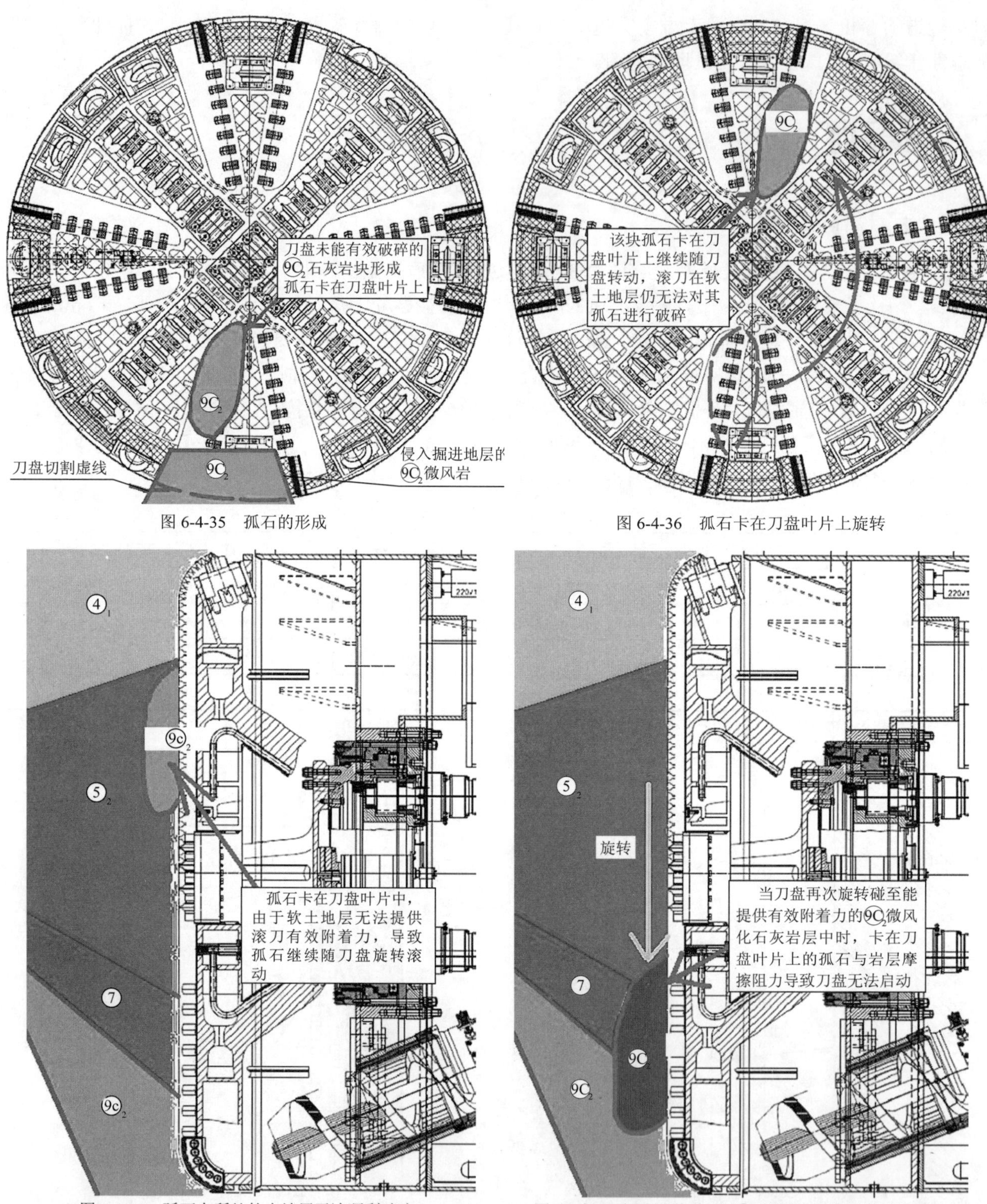

图 6-4-35　孤石的形成

图 6-4-36　孤石卡在刀盘叶片上旋转

图 6-4-37　孤石在所处软土地层无法顺利破碎

图 6-4-38　当孤石碰到下部⑨C_2硬岩时导致刀盘无法转动

3. 结语

孤石卡刀盘情况早有征兆，从盾构机施工参数自动记录上反映（图 6-4-39），早在 15 日凌晨掘进第 35 环时，扭矩已开始增大，同时平均掘进速度亦逐步下降。如果认真进行渣样分析，可以及时发现地层发生较大的变化。

第 38 环相邻两个钻孔的地质勘察图已反映之前地层变化较大，类似岩面突变的地层在施工中要引起重视。

从地质断面图中可以判断地质自稳较好，而盾构掘进采用土压平衡模式掘进，土仓压力设定为 1 ～ 1.5bar，盾构推力选取为 700 ～ 750t，刀盘转速均为 1.5 ～ 1.6r/min。如果选用敞开式掘进，适当降低刀盘转速，可能会避免卡刀盘事件发生。

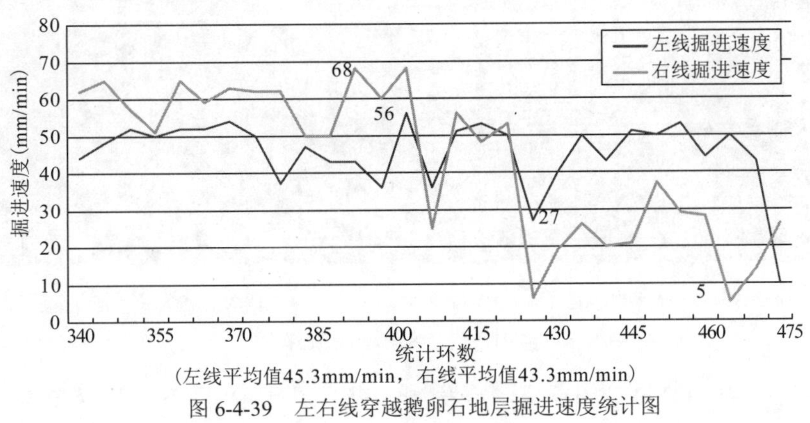

图 6-4-39　左右线穿越鹅卵石地层掘进速度统计图

第 4 节　南宁地铁广白区间泥水平衡盾构机始发堵塞处理与改进技术

中国铁建十六局集团有限公司南宁地铁项目部　徐春光

1. 工程概况

南宁地铁广西大学站—白苍岭站区间位于南宁市大学路的广西大学至北大客运站路段及衡阳西路的北大北路至南铁一街间路段，线路在由大学路向衡阳西路过渡段以弧线偏离城市主道路，并下穿建筑区（图 6-4-40）。左线长 1455.778m，右长 1468.032m。本区间采用盾构法施工，联络通道采用矿山法施工。

图 6-4-40　工程概况图

2. 工程地质、水文地质情况

广西大学站—白苍岭站区间钻探揭示了填土层、黏性土层、粉土层、砂土层、砾卵石层，以及古近系岩层共六层，线路剖面情况如图 6-4-41 所示。

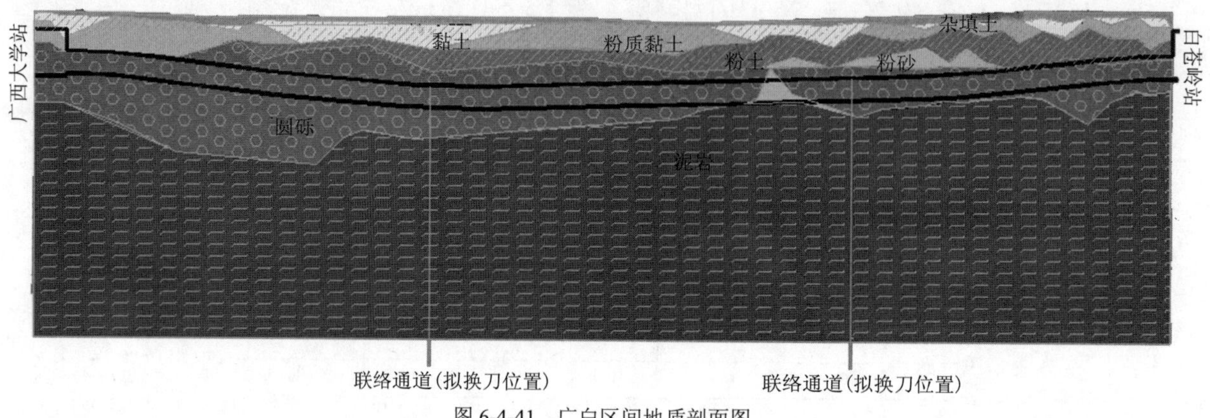

图 6-4-41 广白区间地质剖面图

根据地质勘探孔 MAZ3-GXDX-10 揭示，始发洞门范围内从上自下分别为 0.4m 厚的粉土层③$_1$，1.8m 厚的砾砂层④$_{4-2}$，3.8m 厚的圆砾层⑤$_{1-1}$。始发端头地质纵断面图如图 6-4-42 所示。

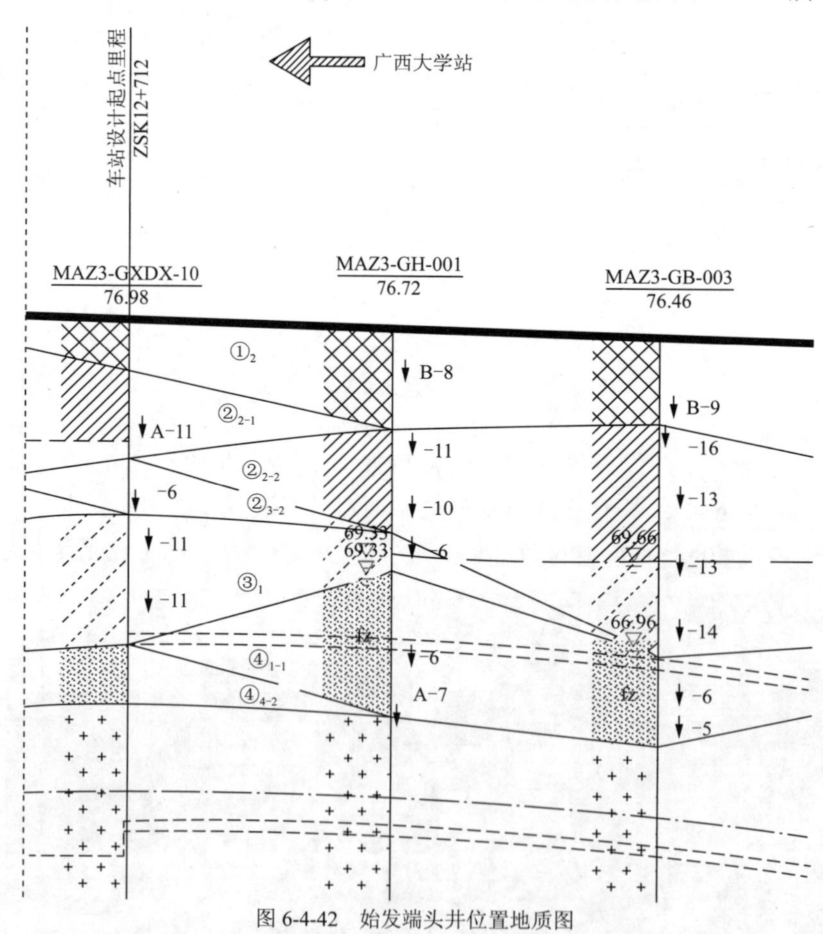

图 6-4-42 始发端头井位置地质图

广西大学站—白苍岭站区间未见地表水分布，场地内有两层地下水：第一层地下水主要赋存于杂填土①$_1$、素填土①$_2$中，属上层滞水，该层地下水水量贫乏，主要由大气降雨及生活废水补给，主要通过大气蒸发方式排泄，水位埋深与填土层的厚度有关，无统一水位。第二层地下水主要赋存于圆砾、卵石及砂土层中，属松散岩类孔隙水，具承压性，水量丰富，由于邕江防洪堤的建设，该层地下水与邕江水力的联系趋弱。本站水位埋深 6.00 ～ 12.70m，高程 64.83 ～ 70.06m。稳定水位埋深 5.90 ～ 10.30m，高程 67.88 ～ 70.26m。承压水头 0.10 ～ 4.20m。

3. 始发端头加固方案

盾构始发端头采用素墙加袖阀管注浆的加固方案，并在加固区域进行降水处理，素连续墙厚 0.6m，素连续墙地面以下 5m 到槽底采用 C20 水下混凝土回填，上部 M10 水泥砂浆回填，素地下连续墙需穿过透水层进入不透水层大于 2m。加固区内采用 ϕ48PVC 材质袖阀管，钻孔孔径为 70 ～ 110mm，孔间距为 1.5m，梅花形布置，加固深度范围为盾构隧道顶上 5m 至隧道底下 3m。

因本区间采用泥水平衡盾构机，为避免洞门连续墙内的玻璃纤维筋堵管，在紧贴洞门连续墙后增加了一幅素地下连续墙，确保将车站原玻璃纤维筋连续墙破除后不发生涌水涌砂，待玻璃纤维筋连续墙破除后再进行始发。但在施工此处素连续墙时发现第三抓（即洞门中间部分）抓至 12m 时遇有车站连续墙的混凝土鼓包，鼓包宽度约为 3.5m，无法成槽到底，为了确保后续破除玻璃纤维筋连续墙的安全，在已增加的素连续墙外侧再施工一幅 6.5m 宽的素连续墙，与原增加的素连续墙两侧各搭接 1.5m。

4. 盾构机概况

广西大学站—白苍岭站区间隧道基本在富水圆砾地层通过，且地下水位高，渗透系数大，地面环境复杂，针对工程特点及难点、隧洞设计参数、盾构施工工艺和进度要求等因素，本标段采用泥水平衡盾构机，盾构机具体参数如下：

刀盘配置：刀盘开口率约 35%，滚刀 16 把，边缘刮刀 8 把，刮刀 38 把，保径刀 4 把，撕裂刀 19 把。滚刀、撕裂刀高 175mm，边缘刮刀、刮刀 140mm，面板贝壳刀 125mm，如图 6-4-43 所示。

气垫仓配置颚式破碎机和搅拌机（图 6-4-44）两种。

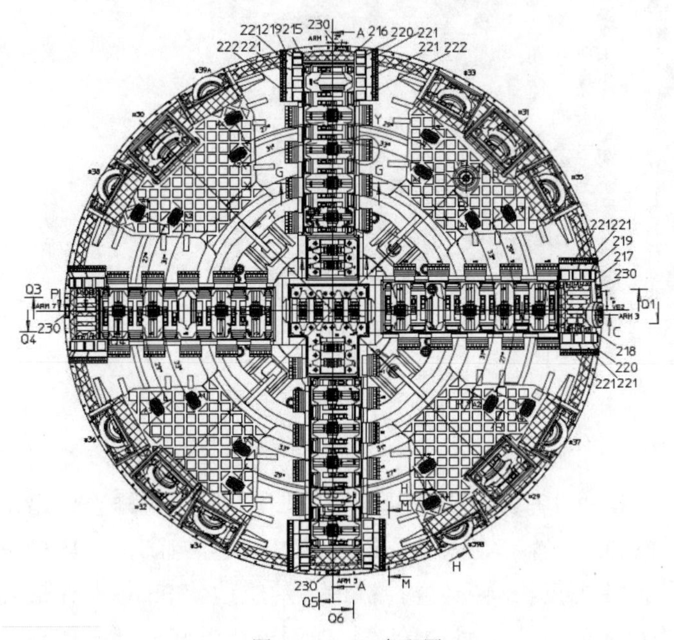

图 6-4-43　刀盘配置

图 6-4-44　搅拌机

5. 盾构始发过程发生气垫仓堵塞

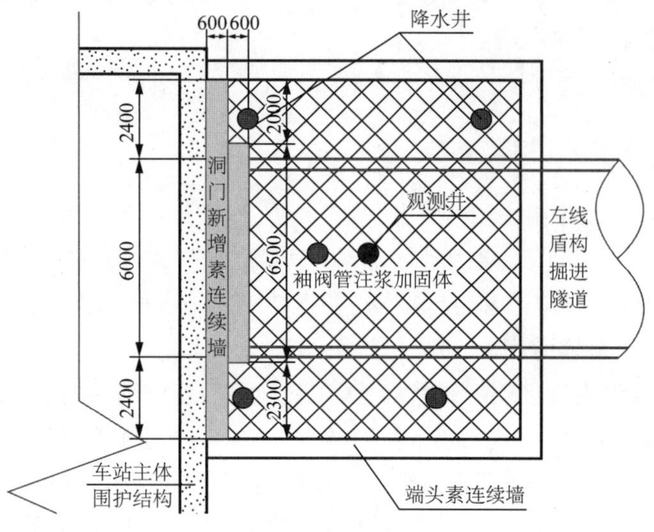

图 6-4-45　端头井降水布置(尺寸单位:mm)

1)始发前端头加固降水情况

始发端头加固体内共设置 5 口降水井(图 6-4-45),1 口观测井,井径 0.3m,井管直径 0.2m,井深约 23m,水泵埋深约 20m。

2)洞门密封设置情况

根据地质条件,为保证盾构在进入加固体尽快建压,防止外界泥沙涌入主体结构内,采用两层洞门密封装置(图 6-4-66)。两层密封装置间距为 400mm,当盾构刀盘进入第二道密封装置后,可通过注浆孔,向两道密封装置间的空腔注油脂,保证密封装置的密闭性,提高止水效果。

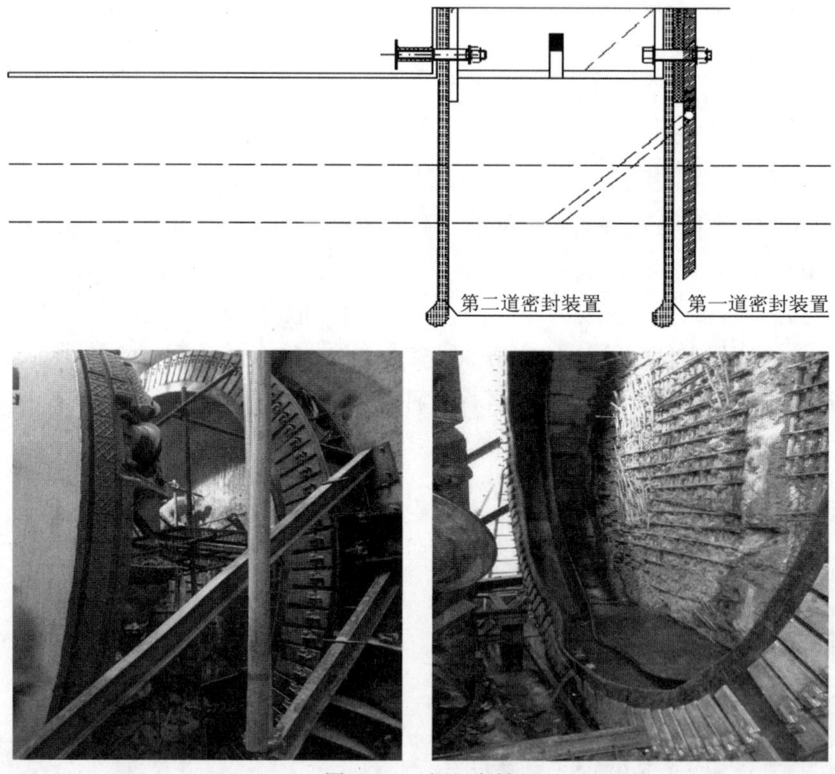

图 6-4-46　洞门密封

3)始发过程中发生气垫仓堵塞

盾构机切口环自进入洞门密封至掘进到正 2 环推进 1030mm 的过程中多次发生气垫仓排渣口堵塞现象,开始时经泥水循环系统反复逆冲并配合搅拌机正、反转,泥水循环得以恢复推进,但到正 2 环推进 1030mm 时气垫仓排渣口再次堵塞,经反复逆冲及搅拌机正、反转(搅拌机最高油压达 200bar,设计最高为 300bar)仍未疏通,无法实现泥水循环,导致盾构机无法掘进。且由于泥浆加压进行泥浆循环操作导致洞门密封 11、12、1 及 3 点位喷浆。掘进参数见表 6-4-5。

左线盾构始发阶段掘进参数　　表 6-4-5

环号	时间	刀盘转速	速度（mm/min）	切口水压（bar）	总推力（kN）	扭矩（kN·m）	里程（ZSK12+）	刀盘位置（进入加固体）（mm）
-3	2:00	0.75	5.2		4457	1643	712.57	切入墙 350
-3	2:40	0.78	1.9		4628	1853	712.6	380
-3	3:15	0.79	3.5		4061	1755	712.66	420
-3	4:17	0.83	3.5		4578	1970	712.83	590
-3	4:50	0.84	20.5		4376	2235	713.05	810
-3	10:56	0.96	4.3	0.02/0.24	2902	667	713.1	860
-3	13:35	1.04	1.7	0.01/0.0	4653	1842	713.42	1180
-3	14:34	1.01	3.5	0.04	5069	2074	713.55	1310
-3	15:20	0.9	4.4	0.13/0.35	6280	2014	713.6	1360
-3	16:00	0.95	4.5	0.25/0.46	6762	2047	713.7	1460

4）开仓检查处理与分析

此时决定进行开仓检查与清理，开仓时在气垫仓排渣口清理出的堵塞物基本为洞门加固体，如图 6-4-47 所示。

图 6-4-47　气垫仓清理出来的洞门加固体

经过研究与分析，认为气垫仓堵塞的原因如下：

（1）设备与端头加固地质的不适应性

①袖阀管在富水的圆砾层中注浆加固效果不理想，注浆加固体不均匀，盾构刀盘掘进至此时易有大块落入泥水仓中，被拦在出浆口格栅前，导致格栅堵塞，致使泥水循环系统受阻，无法排渣。

②本区间使用的盾构机气垫仓内的排渣口前的格栅为 13cm×13cm，极易导致加固体中的袖阀管、注浆块堵塞此处，致使泥水循环系统受阻，盾构机无法推进。

（2）操作应该有针对性

针对这种地质条件和袖阀管加固效果，操作上应该减少贯入度，加强冲刷，降低前仓压力，减小洞门密封的压力。

6. 第二台始发改进技术

1）针对设备与端头加固地质不适应的措施

（1）排浆管内径为30cm，将左线排渣口前的格栅网增大到25cm×25cm，使尽量多的大块能够从开挖仓中排出，确保泥水循环畅通。

（2）左线盾构机上$P_{2.1}$泵设计通过最大粒径为18cm以下，为满足$P_{2.1}$泵的排渣能力及对其的保护，在$P_{2.1}$泵前增设落石箱，使超过18cm的大块能够存在落石箱中，并及时将其清除。

（3）右线盾构将搅拌机更换为碎石机。

（4）为防止45cm以上大块进入气垫仓，对刀盘进行开口率的重新设计，降低单个开口尺寸，防止大块进入。

2）优化始发掘进参数

优化掘进参数，准确下达操作指令。对操作手进行书面交底，按流程和既定参数操作。

第5节　西气东输钱塘江隧道粉砂地层中盾构水下贯通技术应用

中国石油天然气管道局第四工程分公司　李胜新

1. 工程概况

西气东输二线钱塘江盾构工程是西气东输二线管道南昌—上海支线控制性工程之一，采用盾构法施工。隧道穿越段水平长度2792m，隧道内径为3.08m，外径为3.54m。接收井为圆形，内径为12.5m，井深为17.22m，贯通地层为粉砂层。

钱塘江冲积平原主要以淤泥质黏土和粉砂层为主，钱塘江盾构法隧道贯通为粉砂层地质。该地区地层特征为受扰动后一旦产生动水，就会形成涌水涌砂，造成地面塌陷、隧道结构变形等特大危害的发生。

为有效降低该地层贯通风险，克服软地层贯通的技术难题，西气东输二线钱塘江盾构在贯通时首次采用水下贯通技术，距接收井壁14m范围内采用工艺成熟的深层三轴搅拌地质改良措施，研制并成功应用了新型钢管片充浆密封装置，并进行水下隧道洞门双液注浆等辅助措施，有效解决了管片渗漏水、洞门涌水涌砂等问题，该技术的应用取得了很好效果，控制了风险并保障了盾构在粉砂层水下顺利贯通。

2. 粉砂层地层贯通风险分析

盾构法隧道在粉砂层贯通，若不采取有效措施平衡井内外地层水土压力，将导致一系列质量和安全事故，必须引起高度重视。常见的风险主要包括以下几项。

1）隧道管片挤压不实，管片环缝渗漏水

采用常规贯通方法，由于贯通后地层不能够为设备提供足够的反力，再加上管片间的直行连接螺栓对管片拉力不足，容易造成隧道管片间环缝挤压不足，出现环缝渗漏水现象，影响隧道质量。

2）竖井洞门涌水涌砂

由于竖井内外压力不平衡，粉砂、淤泥在地层水压力作用下将通过该缝隙涌进竖井内，造成内涌水涌砂事故，给设备接收带来极大的安全隐患，严重时甚至导致设备被淹没。

3）隧道管片错位变形

随着隧道贯通，盾构机前方失去地层反作用推力，将造成管片之间的连接不紧密，容易漏水。严重者发生涌水涌砂，导致地面塌方，隧道周围土压力失衡将导致管片错位隧道变形等危害与风险。

3. 水下接收工艺原理

隧道采用水下贯通是向接收竖井内回灌水，利用井内水压力与地下水土压力保持平衡的原理，将盾构进洞工况，转变成类似盾构常规掘进工况，改善进洞与注浆环境，也从根本上解决了以往贯通后地层反力不足的问题。为确保贯通万无一失，同时配合贯通段地质改良、洞门安装密封装置等辅助工艺，最终依靠隧道管片背填注浆达到封堵洞门的目的。

4. 水下贯通工艺流程

1）工艺流程图

回灌水贯通施工工艺流程如图 6-4-48 所示。

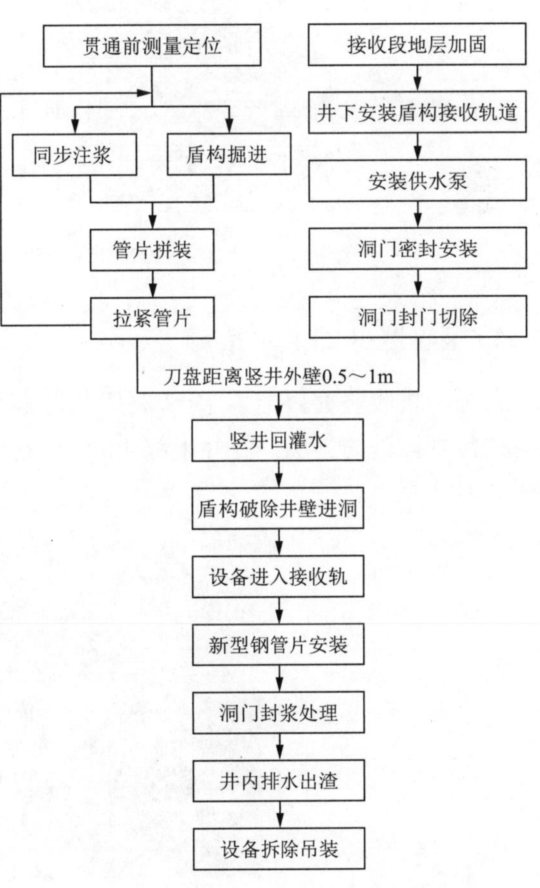

图 6-4-48　回灌水贯通施工工艺流程

2）地层加固措施

（1）地层加固

地层加固范围根据设备长度和直径确定，以能够将整个设备包裹住为原则，沿隧道中心线纵向、横向对称分布如图 6-4-49 所示。

（2）加固效果检查

①单轴抗压试验。

加固完成后需进行养护，待 28 天后取样进行单轴抗压试验，要求取芯试件的无侧限抗压强度应达到不小于 1.0MPa，黏聚力不小于 0.5MPa。

②水平钻孔检测有无渗漏水。

采用凿岩机钻杆打水平钻孔，分别在洞门 12、3、6 和 9 点四个位置钻进，钻孔距离洞门法兰盘内壁 10cm。根据盲板至井壁外沿 1.8m 的间距计算，钻孔进入高喷区至少 0.5m，钻杆长度易选用 2.5m。钻进过

程观察有无渗漏水，根据渗漏水量大小可判断加固效果。

③通过加固段掘进参数分析。

设备掘进参数能够敏感地反映地层情况。加固效果良好，刀盘扭矩、推进压力明显较砂层掘进增大，推进速度、地层水土压力较砂层会有明显降低。

④通过泥水分离出渣情况判断。

通过地面泥水分离出渣情况可判断加固效果。出渣以小碎块、水泥块为主说明加固较为均匀，加固效果较好。

3）洞门密封装置安装

洞门密封采用橡胶帘布密封，通过双头螺栓依次将帘布密封、圆环板、压板与井壁预埋圆环板连接在一起，如图 6-4-50 所示。

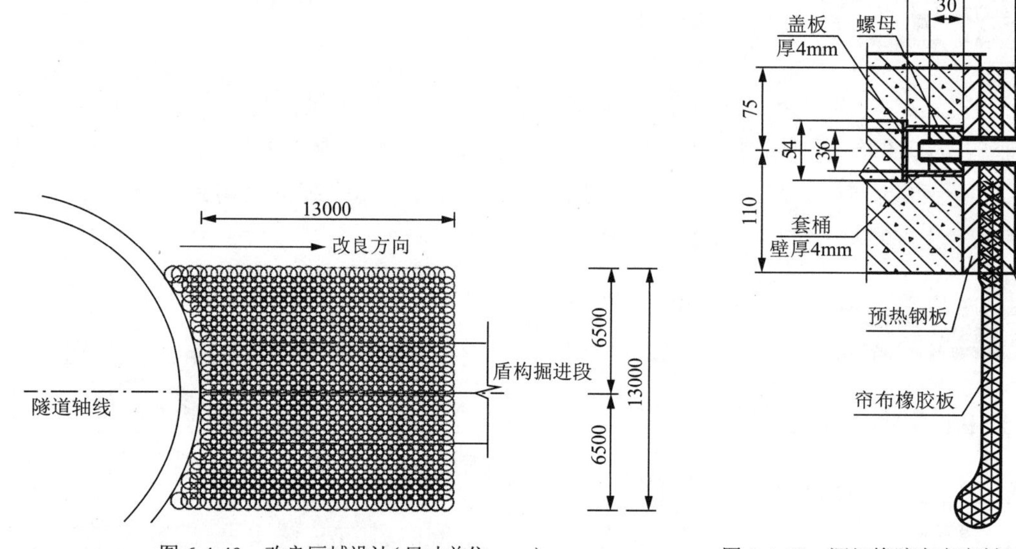

图 6-4-49　改良区域设计（尺寸单位：mm）

图 6-4-50　洞门橡胶帘布密封（尺寸单位：mm）

4）接收竖井回灌水措施

人为向接收竖井内回填水土，利用井内水土来平衡接收井外的水土压力，将盾构进洞工况转变成类似盾构常规掘进的工况。竖井下部 4m 回填粉砂、瓜米石拌和填料，回填过程中应分层压实，上部回灌水如图 6-4-51 所示。

图 6-4-51　竖井灌水平压

5）接收井洞门封浆处理措施

在盾尾仅剩 200 ～ 300mm 未脱离竖井井壁时，对洞门压注双液浆封水作业。

（1）注浆方式及位置

选择双液注浆，以掘进方向为前部，在钢复环后部两环管片和前部两环管片注浆。注浆点最好选取隧道上部点位，以 12、1、3、9、11 点为宜。K6 块管片注浆孔不宜作为注浆点。

（2）浆液配比

为确保浆液能够快速填充地层和管片间隙以及井壁和管片间隙，最好采用双液浆液。浆液配比可参考表 6-4-6 选用。

浆液配比　　表 6-4-6

稀释水玻璃	纯水泥浆	凝结情况（min）
水∶水玻璃 =4∶1	水∶水泥 =3∶5	8 ～ 10
水∶水玻璃 =3∶1		3
水∶水玻璃 =2∶1		1

注：该试验方法现场通过双液注浆泵混合器取样。

5. 结语

目前，在国内外粉砂层盾构贯通史上，有许多因涌水涌砂导致地面大面积塌方的事故。为解决这一难题，出现了填井法、接收罐等多种方法。水下接收贯通是多种方法中的一种，具有投入设备少、操作简单、安全性高等特点。该方法的成功应用填补了小盾构粉砂层水下贯通施工领域的技术空白，也为同行业在粉砂层等软地层贯通积累了宝贵的经验。

但需引起注意的是，采用水下接收贯通，由于竖井内部充满了水，贯通时无法直接观测到盾构机进入竖井壁洞门的准确位置，所以贯通测量精度要求较高，需进行多次测量和数据复核验算。

第5章　其他相关盾构施工技术案例

第1节　煤矿斜井TBM工法施工防排水处置技术

中铁十一局集团第五工程有限公司　蒋先和

1. 工程概况

新街台格庙矿区一号矿井的副井，斜井内径6.6m，倾角6°，总长6558m，垂向深度691m。运用TBM掘进开挖直径7.62m，管片外径7.3m，形成建筑间隙160mm。一方面建筑间隙的存在易造成管片结构的沉降以及地下水的渗流汇集，在大埋深处易形成高水压；另一方面根据矿区水文地质勘查报告，沿斜井掘进地层段涌水量最大为165.85m³/h，并且层段累计涌水量597.67m³/h。

因此TBM施工中需要考虑洞内防、排水处置：一是在掘进过程中，当管片脱出盾尾时应及时进行壁后填充，并隔断地下水沿管片渗流；二是鉴于斜井距离长、施工空间小，洞内排水处置需要解决分级抽排，其水泵、排水管道、变压器、电缆和水箱的选择和布置显得尤为重要。

2. 洞内防水技术

1）防水原则

（1）贯彻“防、排、截、堵结合，以防为主，以排为辅，综合治理”的原则。

（2）以混凝土衬砌结构自防水为根本，衬砌接缝防水为重点，确保斜井整体防水。

（3）防水要求：成井后井筒涌水量小于6m³/h。

2）管片自防水

管片自防水的关键在于混凝土配比及质量控制。斜井管片的混凝土等级为C40，抗渗等级P12，限制裂缝开展宽度≤0.25mm。

3）管片背后充填注浆防水

管片壁后采用豆砾石充填并进行即时跟踪注浆填充，及时填充管片与围岩之间的空隙，可以控制围岩变形的发展，减少围岩的压力，有利于管片结构稳定，同样可以作为对衬砌的结构安全储备和防止外水内渗的第二道防线。即时注浆技术的工艺核心，是先吹填豆砾石，再灌水泥浆的二步法作业。

（1）吹填豆砾石

管片拼装成环脱出TBM盾尾后，豆砾石吹填便即时安排，以尽量缩短尾部空隙的发生和尾部填充时间的延迟。管片外侧与岩石之间的空隙应充填密实。由豆砾石材料车将豆砾石运至豆砾石泵。然后用高压风通过管片的手孔吹填豆砾石。充填顺次应是先拱底、次两侧、后拱顶，避免充填的豆砾石出现架空。根据经验公式计算和施工经验，充填豆砾石量取环形间隙理论体积的 1.2 ～ 1.6 倍。

（2）回填注浆

充填豆砾石完成后，进行回填灌注水泥浆液，以固结豆砾石。

管片脱出盾尾后，在第五环管片进行底拱块注双液浆填充，所有底拱块全部采用双液浆充填。

为防止上下含水层之间水力连通，每隔 50 环取一环填充快速凝结的沃普宁浆液填充（图 6-5-1），并在外侧一环管片采用双液浆进行全环封闭止水注浆，达到阻隔水泥浆液前流，确保水泥浆灌浆质量的效果，达到分段止水的效果，降低水量与水压。

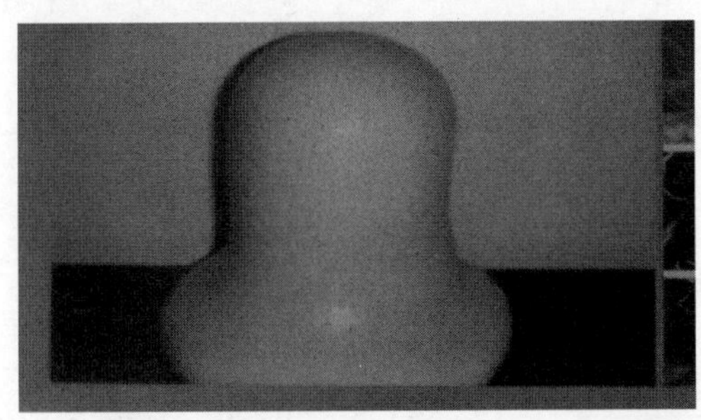

图 6-5-1　沃普宁在隧道工程中堵漏效果图

4）管片接缝防水

接缝密封防水材料的防水能力暂按最大水压力 0.5MPa 考虑。

为了满足接缝防水要求，在 TBM 斜井普通段，密封垫选用三元乙丙橡胶；在 TBM 斜井变形缝处，密封垫采用外贴遇水膨胀橡胶和三元乙丙橡胶的复合型，同时在接缝处外贴 3mm 厚的丁晴软木橡胶。

为保证材料的防水效果，施工中管片封顶块在纵向插入时要求采用减摩润滑剂，以免相邻管片间止水条错位过大甚至完全错位而影响防水效果。

5）管片嵌缝防水

嵌缝防水是构成接缝防水的第二道防线。在密封垫寿命期满之后，虽然无法更新密封垫，但作为内道防水线的嵌缝材料是容易剔除并重新嵌填的。

嵌缝范围：设计整条斜井均留设嵌缝槽，全隧拱顶 45°范围和拱底 90°范围内施作嵌缝。同时，在洞口 20 环范围及交叉口两侧各 10 环范围全环施作嵌缝。

嵌缝材料：嵌缝槽密封材料内部嵌填采用聚合物水泥（如氯丁胶乳水泥）材料与混凝土结合面用界面处理剂进行处理。嵌缝前先将缝槽洗刷干净，然后涂刷一道基面处理剂，密封胶嵌入时采用专用挤压枪压入，保证充填密实。若嵌缝有渗漏水现象，则必须先进行地下水的堵漏与引排后再进行嵌缝。

6）TBM 施工防水处置技术要点

（1）加强施工测量，提高 TBM 掘进质量，减小斜井轴线的偏差和纠偏力度，给管片的拼装创造一个良好的前提。这样才能保证管片铺设顺畅、橡胶垫各部位受力均匀，提高防水效果。

（2）拼装前密封垫、密封条应牢固地粘贴在管片的凹槽内，黏结前应清除接触面的灰尘，拼装过程中应加强管理，防止剥离、脱落或损伤。

（3）加强管片拼装施工管理，提高拼装质量。操作人员应经过岗位培训，要有熟练的操作技术。拼装后的初始椭圆度应格控制。衬砌环脱出盾尾后应尽量限制椭圆度的增大，一般采取多次拧紧连接螺栓，严格控制压浆部位注浆量和注浆压力等措施。另外，拼装后衬砌环环面应平整。在 TBM 纠偏、转弯过程中由于不平衡地使用油缸，很容易导致环向间隙不一致，使累计误差增加，引起环向的不平整。千斤顶在倾斜的环面上推进，易出现管片顶裂破损和渗漏现象。在错缝拼装时尤其应注意这一点。

（4）提高壁后回填注浆质量，衬砌环脱出盾尾后，应及时和有效地进行壁后回填注浆。封闭管片与开挖面空隙，增大防水层厚度。尤其对弱围岩段，增加对隧底的注浆，使隧底土体稳定，减少管片的后沉降，有利于长远防水。改善压浆工序，加强注浆监测，控制好压力和进浆量，防止注浆时衬砌环局部应力集中使衬砌环损坏。

3. 斜井排水技术

1）总体方案

TBM 施工排水系统设计按照 1.2 倍安全系数储备，按照最大涌水量 165.9m³/h 进行排水设计（图 6-5-2）。

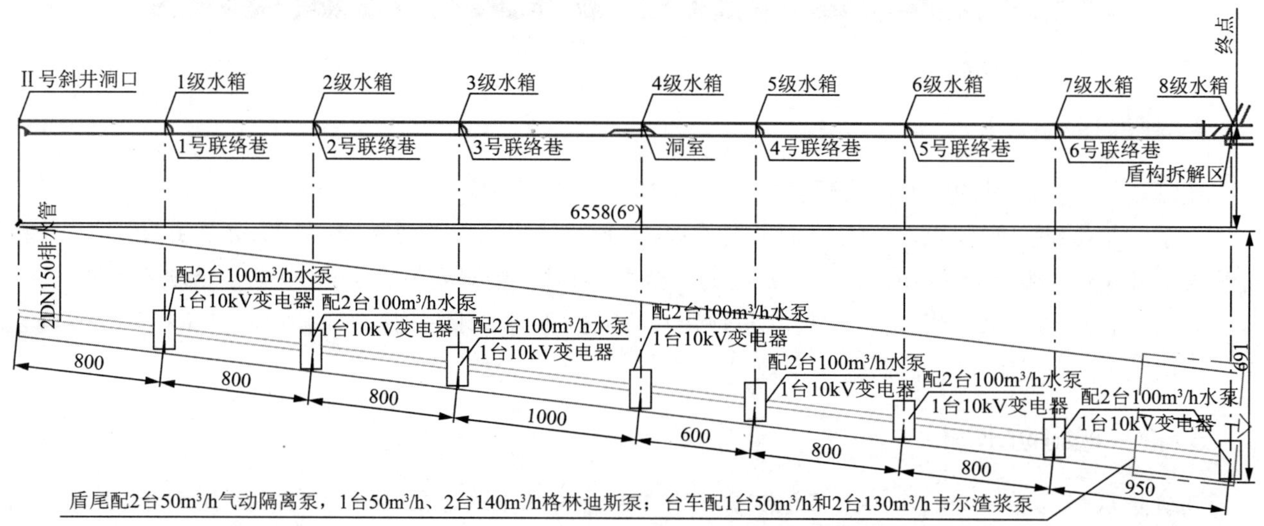

图 6-5-2 洞内排水总体方案（尺寸单位：mm）

经验算，排水系统采用分级、接力抽排部署。分级排水指八级固定水仓串联逐级机械强制抽排方式。各级水仓均布置 2 台 100m³/h 水泵，同时开启 2 台水泵达到最大排水量 200m³/h。

2）排水设备

（1）排水管选择

TBM 污水箱至临时水箱、临时水箱至固定水仓、固定水仓至洞外均采用 2 条 DN150 的管路。

（2）水泵选择

根据计算选取扬程 126m、功率 132kW、排水量 100m³/h 的防爆型排污泵。

3）TBM 水箱布置、临时水箱布置、固定水仓布置

（1）TBM 水箱布置：TBM 尾部台车布置 20m³+20m³ 的污水箱。

（2）临时水箱布置：临时水箱采用钢板焊接，每个容积 60m³。临时水箱布置在 TBM 水箱布置与固定水仓之间，在最近固定水仓投入使用前临时水箱代替固定水仓。

(3)固定水仓布置：固定水仓间距 800m，容积 120m³，建在斜井联络通道处设置，其采用钢板焊制。

4)水泵布置

(1)TBM 内及台车水泵布置

TBM 主机内布置：2 台 50m³/h 气动隔膜泵，1 台 50m³/h 格林迪斯水泵，2 个 140m³/h 格林迪斯水泵；后配套 14 号台车水箱布置 1 个 50m³/h 韦尔渣浆泵，2 台 130m³/h 韦尔渣浆泵。

(2)临时水箱水泵布置

临时水箱布置 2 台 100m³/h 水泵。

(3)固定水仓布置

固定水仓布置 2 台 100m³/h 水泵。

5)管路布置

(1)TBM 内水管布置

该段布置 2 条 DN100 水管，2 条 DN150 水管，进入 TBM 水箱。

(2)TBM 水箱到临时水箱水管布置

布置 2 条 DN150 水管进入临时水箱。

(3)临时水箱到固定仓水管布置

布置 2 条 DN150 水管进入水仓。

(4)固定水仓之间水管布置

水仓之间布置 2 条 DN150 水管进入下一级水仓。

(5)水仓到地面水管布置

布置 2 条 DN150 水管到地面，排水管路选用镀锌钢管，每根长 6m，连接方式为快速卡扣，排水管路每 200m 设置一个止回阀，每 200m 设置一个闸阀，水泵出口采用多功能水泵控制阀。

4. 结语

该工程采用 TBM 施工煤矿长距离斜井，在防排水处置技术方面，解决了大坡度、长距离、大埋深富水复杂地层的施工难题，对国内目前运用 TBM 施工煤矿斜井的新领域，具有一定的参考价值和借鉴意义。

第 2 节　长大煤矿斜井 TBM 工法运输技术应用

中铁十一局集团第五工程有限公司　王伟

1. 工程概况

本工程副斜井主要用作辅助运输使用巷道，作为日常运行车辆的一个通道。针对本工程的特点，本

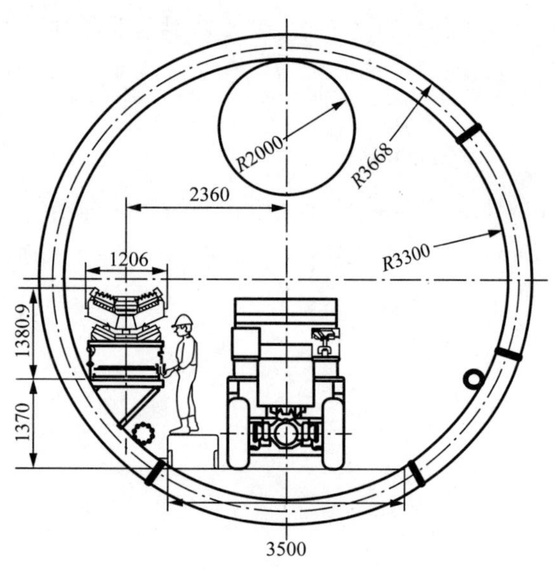

图 6-5-3　车道运输示意图(尺寸单位:mm)

项目物料运输全部采用无轨胶轮车运输模式(图 6-5-3)。

2. 洞内物料运输方式

1)辅助运输所需运输的物料

(1)管片:宽度 1.5m,最大长度 4.1m,分成两层后最大高度 1.9m,整环的总重约 34t。

(2)浆液:每环掘进需用量约 $9.6m^3$。

(3)长度 6m 水管、盾尾密封脂、豆砾石、润滑油脂、泡沫剂、水玻璃、连续皮带机架、风筒存储器、袋装水泥等。

2)运输条件限制

(1)运输道路的宽度 3.5m。

(2)运输的高度最高位置不高于 2.6m,运输车头部,最高位 1.5m。

(3)斜井内可以错车行驶。

3)运输设备选择

依据以上的条件限制,运输车辆在斜井内无法进行调头,因此需具备双向行驶功能,车辆两端均设置驾驶室。

运输设备在斜井内实现随时错车。要求运输设备的宽度不能大于 3.5/2=1.75m。考虑到错车时需要有一个安全距离,运输设备采用宽度 1.6m 窄体车。

(1)窄体车工作效率

①窄体车可以实现随时错车,因此可以最大限度地发挥辅助运输的效率,节省运输路上消耗的时间。

②辅助运输设备在斜井内出现突发故障导致无法运行的时候,窄体车不至于将整个运输通道封死,其他运输车还可以服务于 TBM 施工的物料运输, TBM 还可以正常掘进。

(2)窄体车的安全性

①在装载相同重量和高度的物料时,窄体车在侧翻的安全性方面,因本项目运输道路平整,路况好,运输车辆运行速度低,发生车辆侧翻的可能性很小。

②在制动方面,窄体车在常规制动的情况下配备了紧急制动,可以将车辆的底盘架下方接触路面产生制动力。

4)运输能力计算

TBM 掘进进度按照平均月掘进 500m/ 月,最高进度 800m/ 月计算。

按最高峰 800m/ 月进行复核验算,运输长度按 2.9 km 计算,见表 6-5-1。

胶轮车运输能力计算表　　表 6-5-1

单月最大进尺	800m	单日管片最大需求车次	14 次
单日最大进尺	800/25=32m/ 天(每月 25 天掘进时间)	单车次往返最大总路程	2.9×2=5.8km
每环管片宽 1.5m	32/1.5≈21.3	单车每日工作时间	16h(余下时间为保养、交接班等)

续上表

运输车单车次运输能力	1 环	每环运输时间	5.8/7=0.83h
单车次往返时间	≤ 7km/h（重载下坡，5°）	单车每日最大运输量	16/1.33=12
	≤ 7km/h（空载上坡，5°）	每日运输最大需求量	14/12=1.2 台
	15min+15min 管片装卸 =30min	运输车为每环运输一次	2 台
	30min+（5.8km÷10km/h）≈ 1.08h		

由表 6-5-1 可知，当斜井掘进到 2.9km，运距最长，且掘进速度 32m/ 天时，共需 4 台运输车。

3. 胶轮车主要系统说明

1）车架

车架采用全自动埋弧焊，达到国际先进焊接工艺、冲焊直通式承载车身、抗弯矩能力强，在收到扭力作用时，柔性好，抗冲击荷载不变形。

2）动力系统

无轨胶轮车驱动为闭式液压驱动系统。动力系统采用 TIER3 / EPA3 发动机，与液压泵组串联。

3）转向系统

运输车能够实现直行、八字转向、斜行等功能，能够满足在斜井内会车、装卸管片对位的需要。

4）斜井内的准确、安全会车

该无轨运输车装有测距装置，会车时检测安全距离，并随时报警提醒驾驶员修正车身位置，会车时，两车之间距离 100mm 以上。

5）制动系统

（1）行车制动

下长坡时开启液力缓速器利用驱动系统闭路循环系统提供液力制动和液力缓速器进行缓速制动。

（2）驻车制动器

运输车配置有液压湿式驻车制动器，每轴线制动力矩为 19160N · m，液压释放弹簧制动，能满足重车坡道驻车要求。

（3）制动失效应急装置设计

紧急制动采用切断整车电源，此时驻车制动器及静液压制动同时作用使车辆紧急停车，使车架落地，保证可靠停止。

6）行走机构

行走机构采用液压柔性悬挂轴，自动适应横坡的要求，亦可单点调平或者同步提升，保证每个悬挂承载基本相同，提高了行驶中的安全性能和舒适性。

7）电气系统

整车电气系统的操作电压为24V，配备有2个145AH蓄电池，驾驶室配置的电控、监测设备。电气系统具备瓦斯气体防爆功能。

8）液压系统

整车的行驶、转向动作均采用的是液压控制，整个的系统可以分成两个部分：闭式液压驱动系统和开式液压转向系统。

4. 胶轮车的主要参数和主要配置

胶轮车的主要参数和主要配置见表6-5-2。

胶轮车的主要参数和主要配置　表6-5-2

项　目	参　数	项　目	参　数
最大装载质量	40t	发动机	Cummins 水冷柴油机
车辆自身质量	20t左右		进气形式：增压中冷
总质量	60t		功率：大于194kW
车辆长度	17m		转速：2000r/min
车辆宽度	1600mm		数量：1
高度	1555 mm（另一端小于2540mm）		排放：欧III
平台升降范围	260 mm（作为参考，如果有其他可行性方案优化可以采纳）		尾气处理：催化和水洗除尘
驱动方式	闭式液压系统驱动	整车轴线数	4
适应坡度	11°（可满载爬坡，车速不作为主参数）	驱动轴线数	4（8个独立悬挂）
下坡速度	≤10km/h（重载下坡）	制动轴线数	8
上坡速度	≤10km/h（空载上坡，5°）	制动轮个数	8
重载平地速度	≤15km/h	空载平地最大制动距离（初速度15km/h）	4 m（单路）
工作环境温度	-30～+40℃		3.5 m（双路）
最大相对湿度	98%	最大坡道重载下坡制动距离（初速度10km/h）	3m（单路）
轴线数/悬挂数	4/8（独立悬挂）		2.5m（双路）
单悬挂载质量	10t	驻车制动器数量	8
转向模式	直行、八字转向、斜行	单驻车制动器制动扭矩	大于10000N·m
轮胎规格/数量	36×12.5-20/10	总驻车制动力矩	大于8000（满足）
轮辋规格/数量	8.00-20/8	坡道车辆惯性力矩	厂家提供参数
接地比压	≤0.77MPa	单液压缓速器最大缓速力矩	大于9000N·m
附着系数	0.5	缓速力矩	大于8000N·m（8个缓速泵）
滚动阻力系数	0.035		

5. 物料运输安全管理措施

（1）运输安全是整个项目安全管理的重点，因此在施工过程中要制定严格的安全操作规程和安全防范措施，确保安全施工。

（2）该无轨运输车的驾驶员需经过厂家严格培训并取得相应资格证书持证上岗。

（3）在运输过程中严格控制运行速度，重载下行速度控制不超过 10km/h，空载上行速度控制不大于 15km/h，遵守右侧通行的规范。

（4）运输车辆配备安全距离检测装置，确保错车安全。

（5）运输车上配置三套制动系统：缓速系统、制动系统、防溜车（紧急落地制动）。

（6）严格运输车辆检测制度，确保运输车辆的安全性能。

（7）物料运输前确保运输车各项性能指标合格，尤其是制动系统。

（8）驾驶员应该严格按照有关规章制度操作，禁止让他人操作。

（9）各级严格遵守相关制度，杜绝一切安全隐患发生。

（10）要按时保养和维护胶轮车，杜绝一切存在安全隐患的车辆使用。

6. 结语

因煤矿斜井工程采用 TBM 工法掘进在国内无成熟的技术资料可以借鉴，国内外 TBM 长距离大坡度煤矿斜井施工无先例。结合煤矿自身安全要求，对大坡度物料运输安全、大坡度运输与 TBM 高效掘进匹配难点的设计、选型、实施中出现很多重难点问题，在经过长期验算、努力实践后得到了很好解决，实现了物料运输安全高效完成的施工目标。

第 3 节　大坡度煤矿斜井 TBM 施工有害气体预控技术

中铁十一局集团第五工程有限公司　张瑞礼

1. 工程概况

神华新街台格庙矿区位于内蒙古自治区鄂尔多斯市，行政隶属鄂尔多斯市伊金霍洛旗和乌审旗。台格庙矿区规划总面积为 432hm^2，煤炭资源量 138.84 亿 t。全矿区划分为 7 个井田进行开发，其中初步确定矿区南部四井（1 ～ 4 号井）采用斜井开拓。

1 号试验主井，线路采用 6°（-10.5%）连续下坡，长度为 6553m（其中，明挖段 162m，TBM 施工段 6391m），开挖断面直径 7.62m，管片外径 7.3m，内径 6.6m，与副井中心距 60m。双模式 TBM 盾体为分半式锥形直筒结构，前盾直径 7565mm、中盾直径 7550mm、尾盾直径 7535mm，整机长度 238m，后配套拖车 20 节。

2. 主要穿越煤层地质情况

依据工程地质勘察报告，在勘查中仅 XJ-12、XJ-13 两个钻孔钻遇煤层。XJ-12 孔揭露可采煤层一层，为 2-1 煤层；XJ-13 钻遇揭露可采煤层四层，分别为 2-1、2-2 上、3-1、3-1 下。各煤层发育特征见表 6-5-3。

可采煤层发育特征一览表 表 6-5-3

煤层		埋深(m)	厚度(m)	煤层特征
XJ-12 孔	2-1	611.60 ~ 613.55	1.95	黑色，以暗煤为主，属半暗型煤
XJ-13 孔	2-1	611.00 ~ 613.75	2.75	黑色，以暗煤为主，属半暗型煤
	2-2 上	616.15 ~ 616.85	0.70	黑色，以暗煤为主，属半暗型煤，含一层夹矸，夹矸岩性为砂质泥岩
	3-1	673.60 ~ 674.55	0.95	黑色，以暗煤为主，属暗淡型煤
	3-1 下	675.80 ~ 678.15	2.35	黑色，以暗煤、亮煤为主，属半暗～暗淡型煤，含四层夹矸，夹矸岩性为泥岩、砂质泥岩

3.TBM 施工煤矿斜井风险分析

1）地质条件风险

根据地勘资料 TBM 掘进需穿越四个煤层。地层中富含瓦斯等有毒有害气体，并可能有瓦斯气体涌出、突出的风险。此外，由于斜井穿越的围岩含有裂隙及孔隙，瓦斯等有毒有害气体可能从这些孔隙、裂隙扩散至斜井穿越地层区域，故整条斜井掘进时都可能遇到瓦斯等有毒有害气体，TBM 穿越区域内所赋存的瓦斯等有毒有害气体会增加 TBM 的施工难度，影响施工质量，严重时甚至造成停工、建（构）筑物受损、人员伤亡等事故。

2）设备风险

TBM 设备为非全防爆设备，TBM 的通风系统、排水系统、除尘系统、有害气体检测系统、照明系统采用防爆设备，其他系统设备为非防爆。TBM 施工含瓦斯等有毒有害气体的煤矿斜井存在一定的风险，需采取专项安全技术措施，并制订安全应急预案确保斜井施工安全。

4.TBM 施工斜井应对有毒有害气体技术措施

1）设备配置

（1）在 TBM 中心皮带机口（即主驱动电机位置）和螺旋输送机出土口配置有毒有害气体监测仪，监测数据通过电缆传输至 PLC，可通过主控室计算机进行显示及报警；同时，该两处配置有瓦斯电闭锁装置，当瓦斯浓度超过设定值时，TBM 所有电气设备（除应急照明、排水）自动断电。

（2）TBM 土仓与 TBM 盾壳外空间相连，并直接与围岩接触，依据现行《煤矿安全规程》，在 TBM 的前盾正上方及左上方、右上方的超前注浆孔（离 TBM 掌子面约 3m）处设有毒有害气体检测仪，利用 TBM 掘进过程中土仓内的压力（约 0.2MPa）把气体从超前注浆孔压出，即可实现对掌子面及 TBM 盾壳围岩有毒有害气体的检测。

（3）在盾尾、所有电器开关及可能产生火花处设置有毒有害气体监测声光报警仪，实现整个 TBM 范围内的有毒有害气体监测及报警功能。

（4）在中心皮带机出口处设置防爆型除尘风机，可快速将该处侵入的有毒有害气体抽排至 TBM 尾部台车三叉通风口处，进行稀释。

（5）井下各级配电电压：高压 10kV，低压 1140V，照明及通信 127V，符合现行《煤矿安全规程》规定。

（6）井下所有电缆采用阻燃、防爆型电缆。

（7）通风供电实行“三专两闭锁”（专用电缆、专用开关、专用变压器，风电闭锁、瓦斯电闭锁）。

2)超前地质预报

(1)整条斜井掘进按“有掘必探、先探后掘”的原则,进行超前钻探与地质分析相结合的超前地质预报。

(2)超前钻探每次完成钻探深度30m后,进行TBM推进25m,依次循环。钻探过程中和钻探完成后,用有毒有害气体检测仪进行检测,探明是否有有毒有害气体及其浓度,并绘制里程—有毒有害气体浓度曲线,分析掘进前方有毒有害气体赋存情况,指导掘进施工和管理。

(3)TBM前盾设有12个超前钻探预留孔,超前钻机(Sandvik DE130)安装在管片拼装机上,可在360°范围内钻孔,外插角10°。最大钻孔深度50m,钻孔直径64mm。

3)通风措施

(1)采用压入式通风,风机装设在洞外,避免污风循环,通过风管将新鲜空气送到TBM后配套尾部,然后由TBM设备上配备的二次通风系统完成在TBM长度范围内的通风,TBM二次风机(防爆型风机)和风管由TBM厂家核算并配置相应设备,配置风机能力1015～1985m^3/min,配置矩形风管1200mm×800mm。

(2)通风机设两路电源,实行专用变压器、专用开关、专用线路及风电闭锁、瓦电闭锁,斜井采用抗静电、阻燃的风管。

(3)风机配置:

通风机为一用一备,主用风机选用GIA公司的瑞典盖雅SwedVent通风机系统2×AVH140型2×200kW通风机,型号2×AVH140.200.4.8,风量3336m^3/min,全压4514Pa,变频调速。满足提供不低于4312Pa的风压补偿,满足风量3087m^3/min的斜井通风需求。

备用风机选用平安电气多级对旋轴流式隧道通风机,风机型号为3SDF-Ⅱ-4-No.15型,风量3180m^3/min,全压6593Pa,电动机功率3×185kW,变频调速。满足提供不低于4312Pa的风压补偿,满足风量3087m^3/min的斜井通风需求。

此种搭配方案经济性好,故障率低,能源损耗低,安全可靠,性价比高。

两台风机用特制“Y”形倒换器相连,当一台风机故障时,另一台风机启用,如图6-5-4所示。

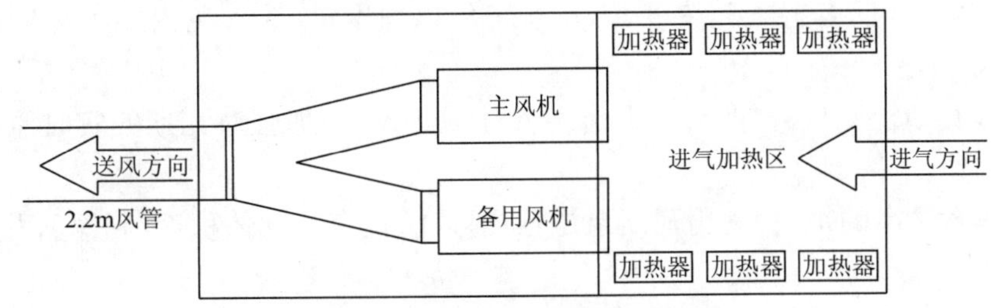

图6-5-4 斜井通风机房布置示意图

(4)在整个斜井施工过程中,进风流中,氧气浓度不低于20%,二氧化碳浓度不超过0.5%。能提供斜井内各项作业所需的最小风量,每人每分钟供给风量不少于4m^3。巷道内风速不小于1m/s、不大于4m/s。施工过程中按照制度测风,如测量值低于所需标准,应及时采取措施加强通风。

4)有毒有害气体监测

(1)TBM范围有毒有害气体监测

TBM盾尾、所有电器开关及可能产生火花处设置有毒有害气体监测声光报警仪,当瓦斯浓度达到0.75%时,报警仪发出声光报警,相关人员须立即查明原因,进行处理;当瓦斯浓度达到1%时,除排水、通风与应急照明外,TBM所有电气设备自动断电,撤出人员,进行处理。

（2）成型隧道有毒有害气体监测

成型隧道每隔 800m 设置一个固定式有毒有害气体检测仪及声光报警器，监测数据通过光纤传输至地面调度室。

（3）移动监测

井下作业人员均配备便携式有毒有害气体检测仪，随时检查有毒有害气体浓度，当有毒有害气体浓度达到规定值时，报告有毒有害气体检测员及值班领导，进行相应处理。

每个班组均设置一名有毒有害气体检测员，对 TBM 范围及成型隧道内气体进行巡检。每班至少检查两次，严禁空班漏检。

5）瓦斯抽排

（1）瓦斯积聚处理

瓦斯积聚除采用加强通风解决外，还可以采用瓦斯泵进行抽排。在联络巷、中盾顶部及土仓等位置，发生瓦斯积聚后，将瓦斯泵吸入口置于瓦斯积聚处，并将排放口置于通风口处或巷道回风断面内进行抽排，使瓦斯迅速被吹散稀释。

（2）瓦斯持续涌出处理

发现瓦斯持续涌出后，将瓦斯泵吸入口放置于瓦斯涌出处，或打孔置于其内，并将瓦斯泵排放口放置于通风口或巷道回风断面内进行抽排，直至瓦斯涌出浓度低于规定值，停止抽排，恢复施工。

5. 结语

神华新街长距离大坡度煤矿斜井 TBM 施工在国内尚属首次，通过 TBM 成功穿越煤层总结出了一些宝贵经验，也为以后相似工程提供了借鉴参考。

（1）根据 TBM 设备的性能及关键部位进行自身改造，以此达到预控的效果。

（2）利用 TBM 配置的超前钻机及时对掌子面前方进行探测，对探测出的裂隙发育、连通性好的含气地层利用钻机进行超前预报，判断有害气体的性质和涌出情况，并通过钻孔排放有害气体。

（3）加强洞内通风，降低有害气体浓度、防止有害气体积聚集，改善洞内施工环境，确保洞内安全和施工人员身体健康。

（4）利用光干涉瓦斯检测仪、“四合一”有害气体检测仪等，加强对瓦斯的实时监测，控制和防止瓦斯浓度超标。

（5）在有害气体含量高的地段，利用瓦斯泵进行抽排，防止有害气体积聚，确保斜井施工安全。

第 4 节　50t 盾构门式起重机安装技术

河南豫中起重集团有限公司　董会杰，王羽

1. 前言

盾构门式起重机广泛应用于地铁、电力、热力等领域的盾构施工，性能先进，优点为多元化，可在不同的场地环境使用。起升高度：轨上 10m、轨下 40m，跨度在 18 ～ 30m 之间，完全满足盾构管片吊装及出土等垂直运输需要。下面以 MGD 50t 盾构门式起重机为例，详细解读盾构门式起重机的安装方法。

2. MGD 50t 盾构门式起重机功能特点

1）变频调速控制（控制范围 1∶10）

主起升速度快，每分钟 2 ～ 20m。副起升速度，每分钟 2 ～ 20m。大、小车运行速度，每分钟 4 ～ 40m。

2）盾构施工专用门式起重机

一种是液压辅助吊钩反转料斗空中卸料，一种是机械旋转垂直固定卸料架反转料斗卸料，在不同的施工现场小车可 90º 转位，实现两个方向倒渣。

3）液压辅助吊钩反转料斗空中卸料

小车架上面安装液压泵站，装两套液压缸，小车架下面安装液压辅助吊钩反转卸料架。卸料倒渣时起动液压泵站，液压缸推动辅助吊钩反转卸料架，吊钩将渣斗提升至辅助卸料架吊钩上部，将渣斗向下降落，液压缸收起辅助卸料架，吊钩钩住渣斗底部吊饵渣斗向下降落（渣斗重心向外偏移）自动向外倒渣，整个倒渣动作在空中操作完成。

4）机械式垂直旋转卸料架反转卸料

（1）桥架下面配有垂直倒渣架和地面上两个倒渣架。桥架下配有可调卸料架吊饵，卸料架可在 1m 内调整，可向外倒渣，也可向内倒渣。小车运行倒渣时，安装有预限位和限位器，从而减少设备小车运行时和主梁端部车档产生的撞击声，保证设备的使用寿命。

（2）桥架结构可变跨，跨径可根据现场条件调整，调整范围为 0.5 ～ 3m。

（3）左右悬臂可根据现场使用条件拆卸，可拆卸的结构在使用中不影响桥架结构的强度。

3. MGD 50t 盾构门式起重机说明

MGD 50t 盾构门式起重机为双梁行走式箱型通用门式起重机，起重机额定起重能力为 50t，整机重 176t，采用变频（PLC）控制，整台设备分为大梁、支腿、行走地梁台车、U 形梁、小车、驾驶室等部分（图 6-5-5）。

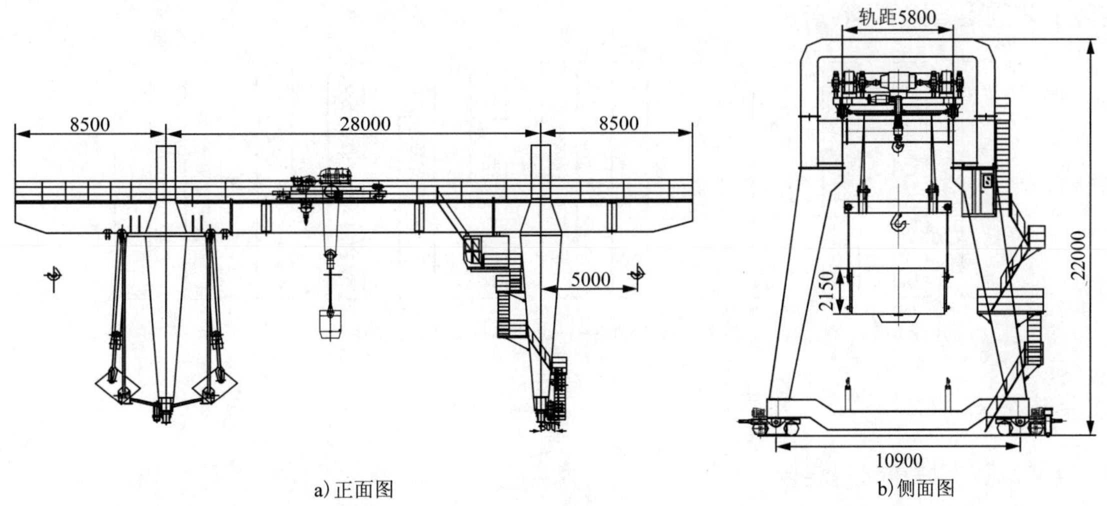

a）正面图　　b）侧面图

图 6-5-5　MGD 50t 盾构门式起重机正、侧面图（尺寸单位：mm）

4. 安装工艺流程及步骤要点

1）吊装部件及汽车吊工况表

吊装部件及汽车吊工况见表 6-5-4。

吊装部件及汽车吊工况 表 6-5-4

序号	门式起重机参数			汽车吊工况				吊索具		
	结构件名称	质量（t）	外形尺寸（m）	起吊臂长（m）	工作幅度（m）	吊钩高度（m）	起重能力（t）	型号	长度（m）	单根质量（kg）
1	地梁台车(A)	8	12×1.2×1.8	35.7	18	6	42.5	ϕ32	8	90
2	地梁台车(B)	8	12×1.2×1.8	35.7	18	6	42.5	ϕ32	8	90
3	刚性支腿	7	9×1.8×1.8	35.7	20	20	38	ϕ21.5	6	35
4	柔性支腿	7	9×1.8×1.8	35.7	16	20	46.5	ϕ21.5	6	35
5	主梁(A)	37	45×1.9×2.2	35.7	14	28	52	ϕ72	12	250
6	端梁(A)	4	5×0.8×0.8	35.7	24	28	30.5	ϕ21.5	6	35
7	端梁(B)	4	5×0.8×0.8	35.7	24	28	30.5	ϕ21.5	6	35
8	主梁(B)	37	45×1.9×2.2	35.7	18	28	77	ϕ72	12	250
9	小车	36	7.2×7.2×1.8	35.7	11	28	63	ϕ72	12	250
10	U 形梁(A)	6	6×0.8×2.8	35.7	18	28	42.5	ϕ21.5	6	35
11	U 形梁(B)	6	6×0.8×2.8	35.7	18	28	42.5	ϕ21.5	6	35
12	吊梁	5	5×1.2×1.8	35.7	12	5	58	ϕ21.5	6	35
13	驾驶室	1.6	1.8×1.6×2	35.7	15	12	47	ϕ21.5	6	35
14	走台和爬梯	3.4		35.7	13	10	55	ϕ21.5	6	35
15	挑线架	3		35.7	12	15	58	ϕ21.5	6	35
16	小车防雨罩	3	5.1×5.1×1.8	35.7	11	28	63	ϕ32	8	90

2）工艺流程

安装工艺流程如图 6-5-6 所示。

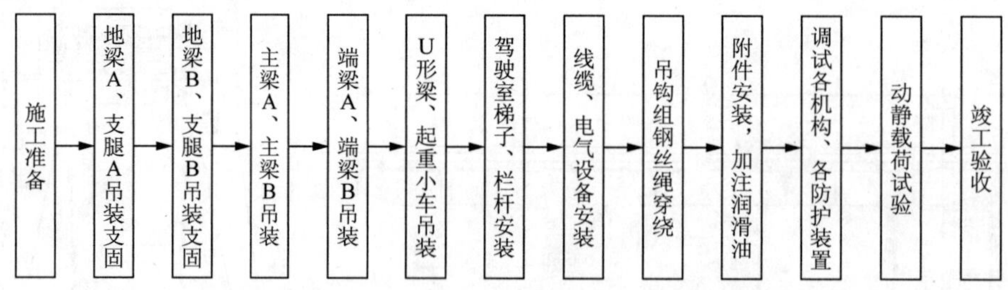

图 6-5-6 工艺流程

3）安装要点

（1）地梁吊装支撑和支腿连接

安装门式起重机地梁和台车是整个安装过程中的一个重要环节，本设备两台地梁，每根地梁配 4 个行走轮，地梁和支腿之间采用 M27 的 80 套螺栓连接，每个支腿用 19 条 M27-8.8 级高强螺栓连接。

①先将一侧的地梁台车吊放至轨道上合适位置并用 32 号槽钢对地梁的内、外两侧进行支固，然后迅速将地梁两侧的夹轨器与轨道夹紧并同时将地梁制动器调成制动状态，以防止地梁顺轨道方向运动，确认地梁前后左右支固稳妥后再吊装支腿部分。

②安装过程中使用缆风绳（每个支腿分为主、副绳各两根）将支腿的顶部和地锚进行拉结，手拉葫芦将支腿上法兰调平整后，副绳栓挂固定在地锚上，将手拉葫芦松开，使副缆风绳受力（防止手拉葫芦受力产生滑链，致使链条断裂），以保证行走轮在轨道上的稳定性。

注：缆风绳拉紧角度与支腿中心线在同一平面内，预防在调节支腿角度过程中产生附加弯矩，使门式起重机地梁与支腿的连接螺栓受力过大。

③支腿吊装就位后上紧螺栓，再用缆绳拉住支腿顶部两侧防止侧倒。另一侧同样做法。缆风绳选用 6×37+1 的钢丝绳，直径 15mm，钢丝绳的破断拉力为 111kN。每个支腿布置两根缆风绳，缆风绳与支腿的夹角取 45°。

④两个支腿用缆风绳固定好后，使每根缆风绳将支腿上部法兰盘拉至水平位置。

注：当起重机的两根主梁安装完毕之后才可拆除斜撑、水平撑以及缆风绳等安全防护措施。

（2）大梁连接组装

本设备每根大梁分为三节，梁上有护栏等部分，用汽车吊在地面进行组装。首先把中间一节主梁摆放平稳，完毕后再用吊车对左侧梁、右侧梁进行连接。将两根整个大梁连接完毕后，准备吊装。

（3）大梁安装

①在主梁的两个吊点位置与吊装钢丝绳的接触处，固定住半圆铁，以防止损伤钢丝绳和主梁。在主梁的两端各拴好两根牵引绳，并安排有专人牵拉，防止在吊装过程中主梁转动发生事故并便于就位。

②在大梁吊点处拴好吊索具，一切准备好后，汽车吊缓缓吊起大梁，离开地面 150 ～ 200mm，停车大约 5min，检查大梁平衡状态、半圆铁牢固状况、吊车支腿稳定等情况，各种情况符合要求后再缓缓起吊，大梁离地 1m 以内反复升降 3 次，检查汽车吊起升机制动情况，一切正常后，在指挥人员指挥下，开始起吊大梁过程就位安装。

③在吊装大梁就位的过程中，布置在每根支腿上的每根缆风绳，各由一人通过手拉葫芦在专职人员的指挥下一松一拉协调动作，调整大梁与支腿的就位位置。在调整手拉葫芦时严禁两个手拉葫芦同时拉紧或放松，这时的指挥信号必须清晰明确，牵拉人员全神贯注听从指挥，防止事故发生。

④大梁与支腿就位后，首先打入固定大梁与支腿的定位钎，然后用 16 个 M27 的高强定位螺栓将其连接紧固，然后将其他螺栓 M27（每个法兰共有 64 套）穿好连接紧固。

⑤大梁与支腿连接紧固后安装端梁，端梁和大梁相互连接的部位均焊有法兰盘，端梁与大梁之间用 12 个 M20 的高强定位螺栓连接，与主梁用螺栓 M20（每个法兰共有 32 套）连接。

⑥大梁与端梁连接紧固后安装 U 型梁，U 型梁和大梁相互连接的部位均焊有法兰盘，U 型梁与大梁之间用 16 个 M24 的高强定位螺栓连接，与主梁用螺栓 M24（每个法兰共有 32 套）连接。

（4）小车安装

安装小车前，先调整好小车的轨距，最大误差小于 5mm。

（5）驾驶室安装

驾驶室安装在大梁左下方（原厂家设计好的位置），驾驶员操作时视野良好。

（6）相关辅助设施安装

按门式起重机说明书中的规定位置安装梯子、平台、栏杆、小车滑线支架轨道等。

（7）门式起重机电气设备安装

通用门式起重机的电气设备安装将严格按照国家相关标准及河南豫中起重集团有限公司的标准图纸进行，并由专业电工来完成，保证接线处无间隙、无漏线、无联电。

主要步骤如下：

①在安装电气设备前要先检查驾驶室各个控制柜的界线是否完整，各个接触点是否接触牢固等。

②将主动力电缆按照图纸和电缆卷筒相连。

③将主电源线由电缆卷筒引入驾驶室，按照图纸将主电源接通（操作前要将动力电缆断电），将每相电缆接地，通电再次测试各相电压是否正常，接地是否正常。

④将电源线和控制线引入驾驶室，开始按照图纸接线，先接控制线后接电源线，接好后先断电测量是否正常，一切正常后再加电测量，然后通电测试。

⑤按照图纸接大车行走电缆和控制线，大车行走采用联动台操作，在接线前要对照图纸检查实际接线情况，确认与图纸一致后，测量，再次接线，也是先接控制线后接电源线，试车。

4）MGD 50t 盾构门式起重机安装吊装作业流程图

MGD 50t 门式起重机安装吊装作业流程如图 6-5-7 所示。

第一步： 吊装右侧地梁 采用 QY300K 汽车吊 起吊质量 8t 起吊高度 6m 吊装半径 18m 吊装能力 42.5t 主臂长 35.7m 吊钩高度 9m	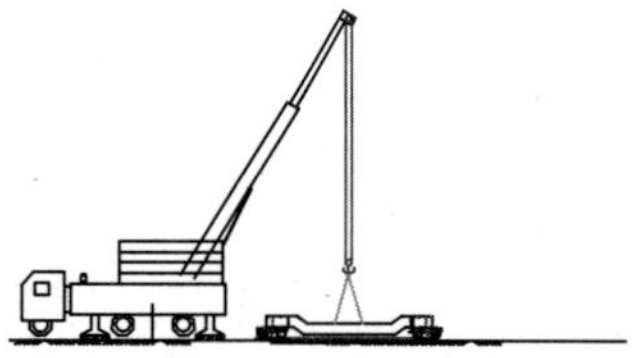	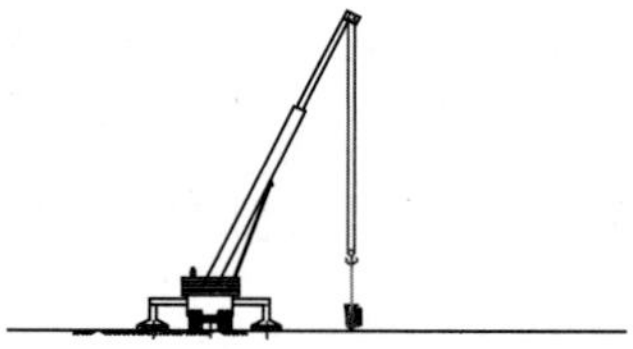	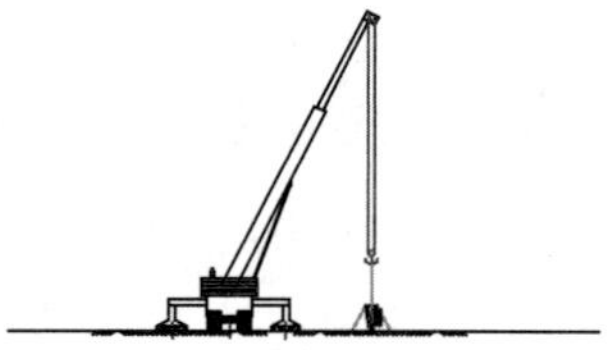
第二步： 吊装右侧支腿 采用 QY300K 汽车吊 起吊质量 7t 起吊高度 15m 吊装半径 20m 吊装能力 38t 主臂长 35.7m 吊钩高度 20m	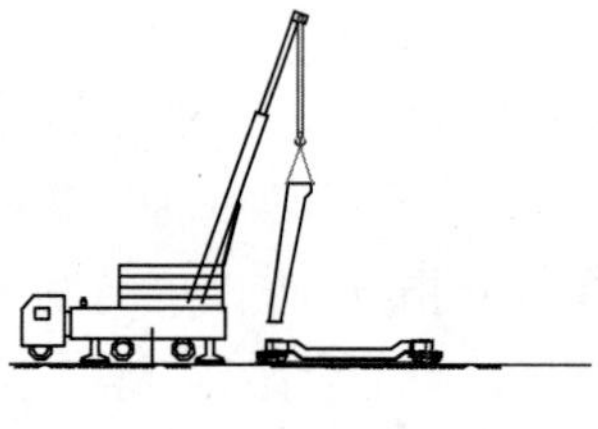	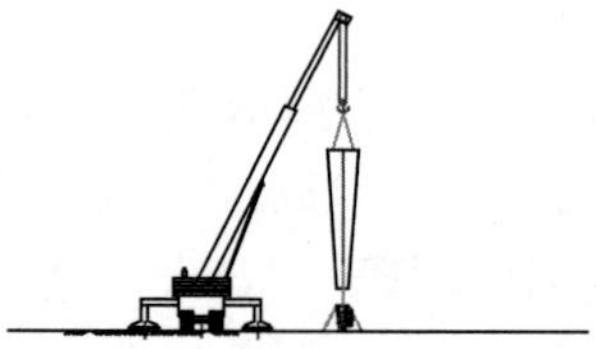	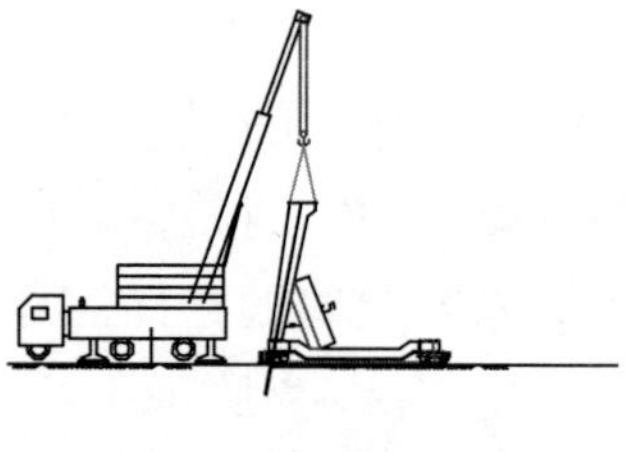
第三步： 吊装右侧支腿 采用 QY300K 汽车吊 起吊质量 7t 起吊高度 15m 吊装半径 24m 吊装能力 30.5t 主臂长 35.7m 吊钩高度 20m 支腿安装完成后用 32 号型钢对支腿和 地梁之间进行斜撑	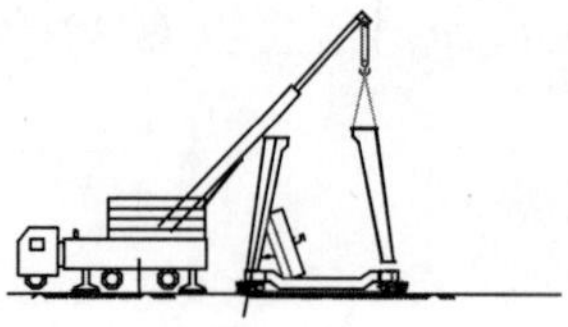	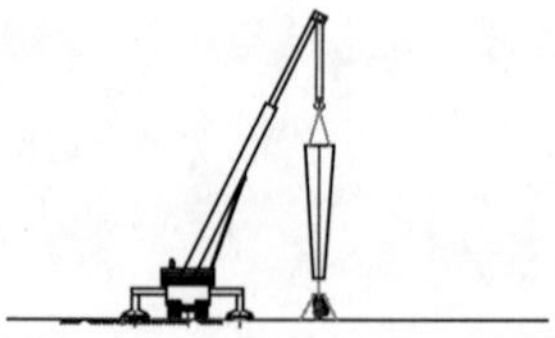	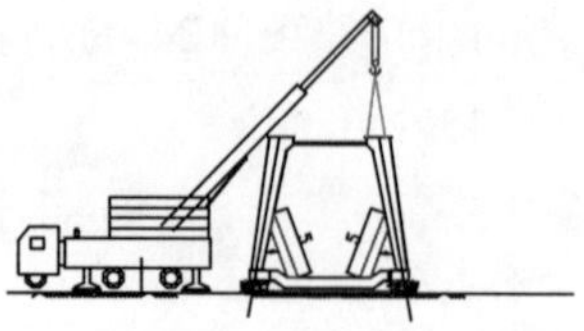

图 6-5-7

第四步： 吊装左侧地梁 采用 QY300K 汽车吊 起吊质量 8t 起吊高度 6m 吊装半径 18m 吊装能力 42.5t 主臂长 35.7m 吊钩高度 9m	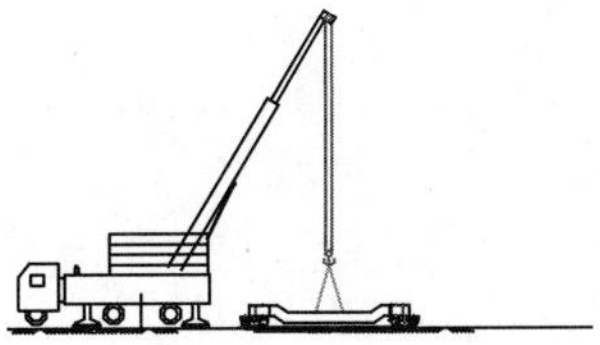	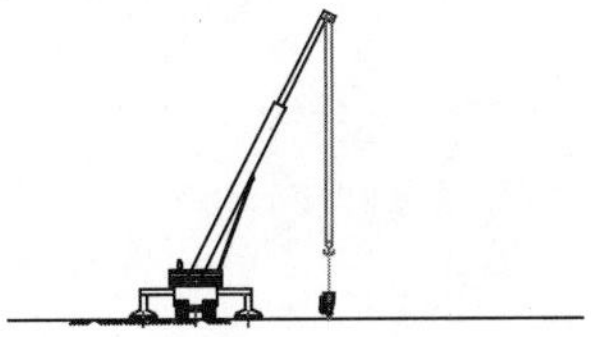	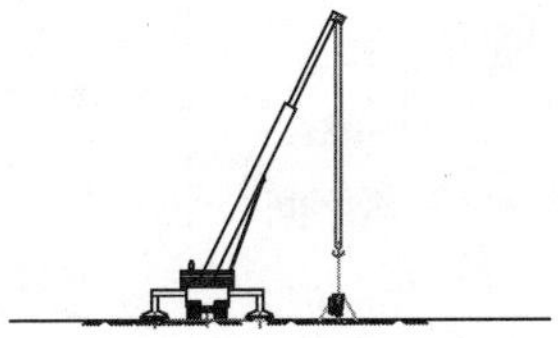
第五步： 吊装左侧支腿 采用 QY300K 汽车吊 起吊质量 7t 起吊高度 15m 吊装半径 16m 吊装能力 36.5t 主臂长 35.7m 吊钩高度 20m	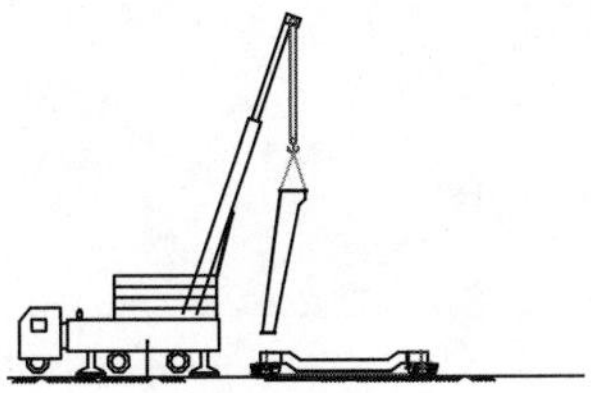	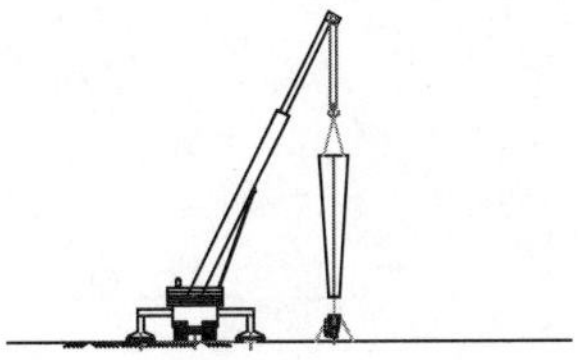	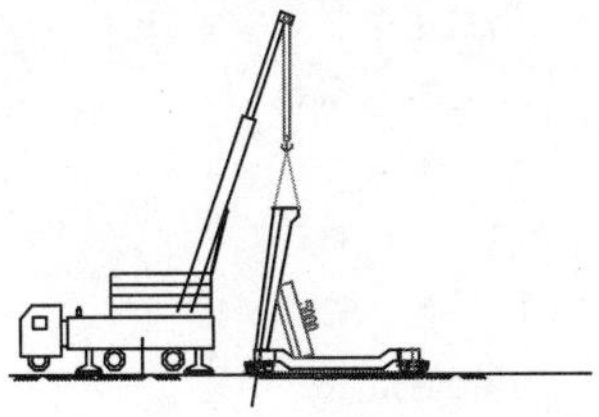
第六步： 吊装左侧支腿 采用 QY300K 汽车吊 起吊质量 7t 起吊高度 15m 吊装半径 20m 吊装能力 38t 主臂长 35.7m 吊钩高度 20m	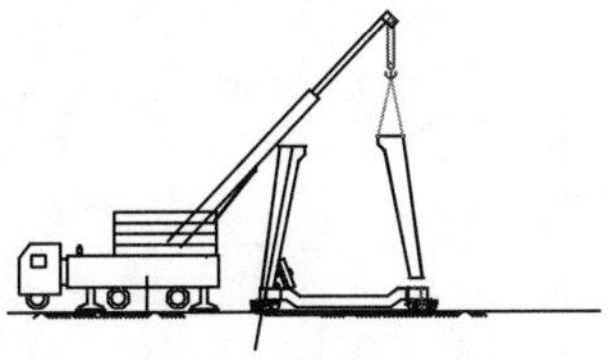	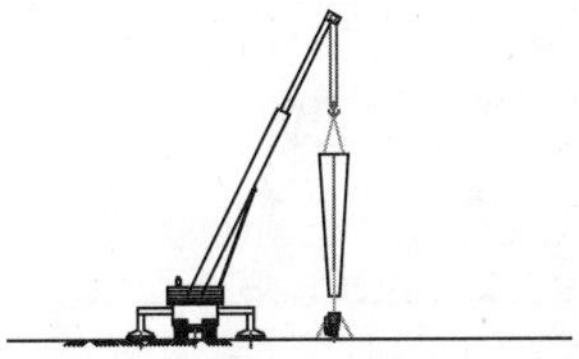	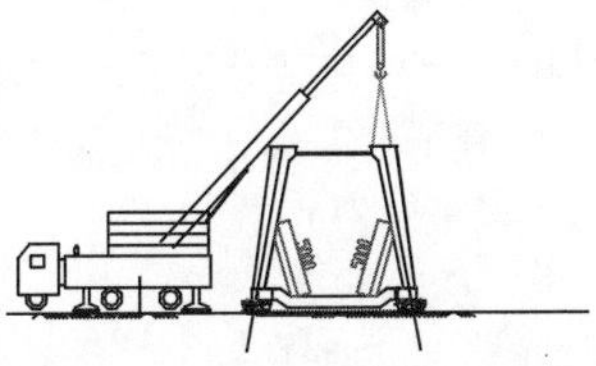
第七步： 地面拼接中端主梁 1 采用 QY300K 汽车吊 起吊质量小于 37t 起吊高度 20m 吊装半径 14m 吊装能力 52t 主臂长 35.7m 吊钩高度 28m	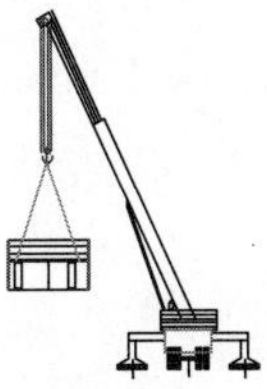	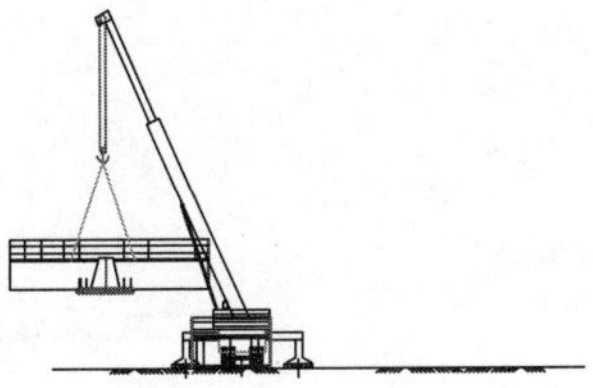	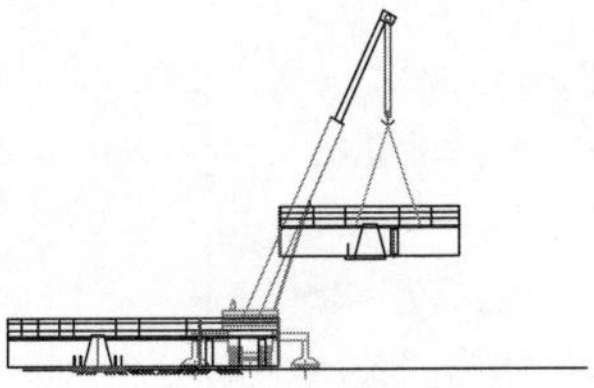
第八步： 地面拼接中端主梁 2 采用 QY300K 汽车吊 起吊质量小于 37t 起吊高度 20m 吊装半径 24m 吊装能力 30.5t 主臂长 35.7m 吊钩高度 28m	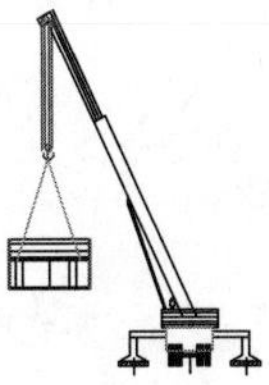	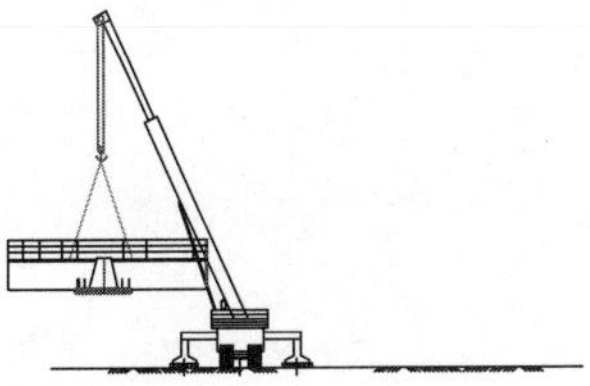	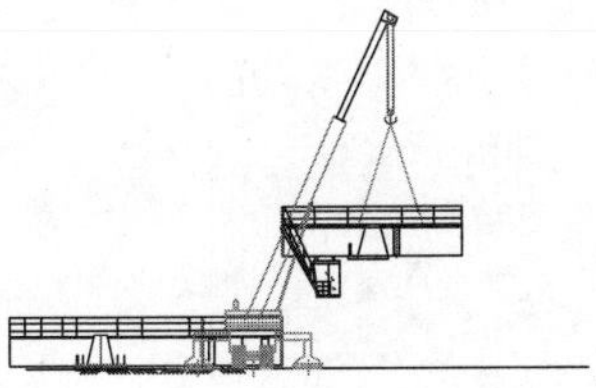

图　6-5-7

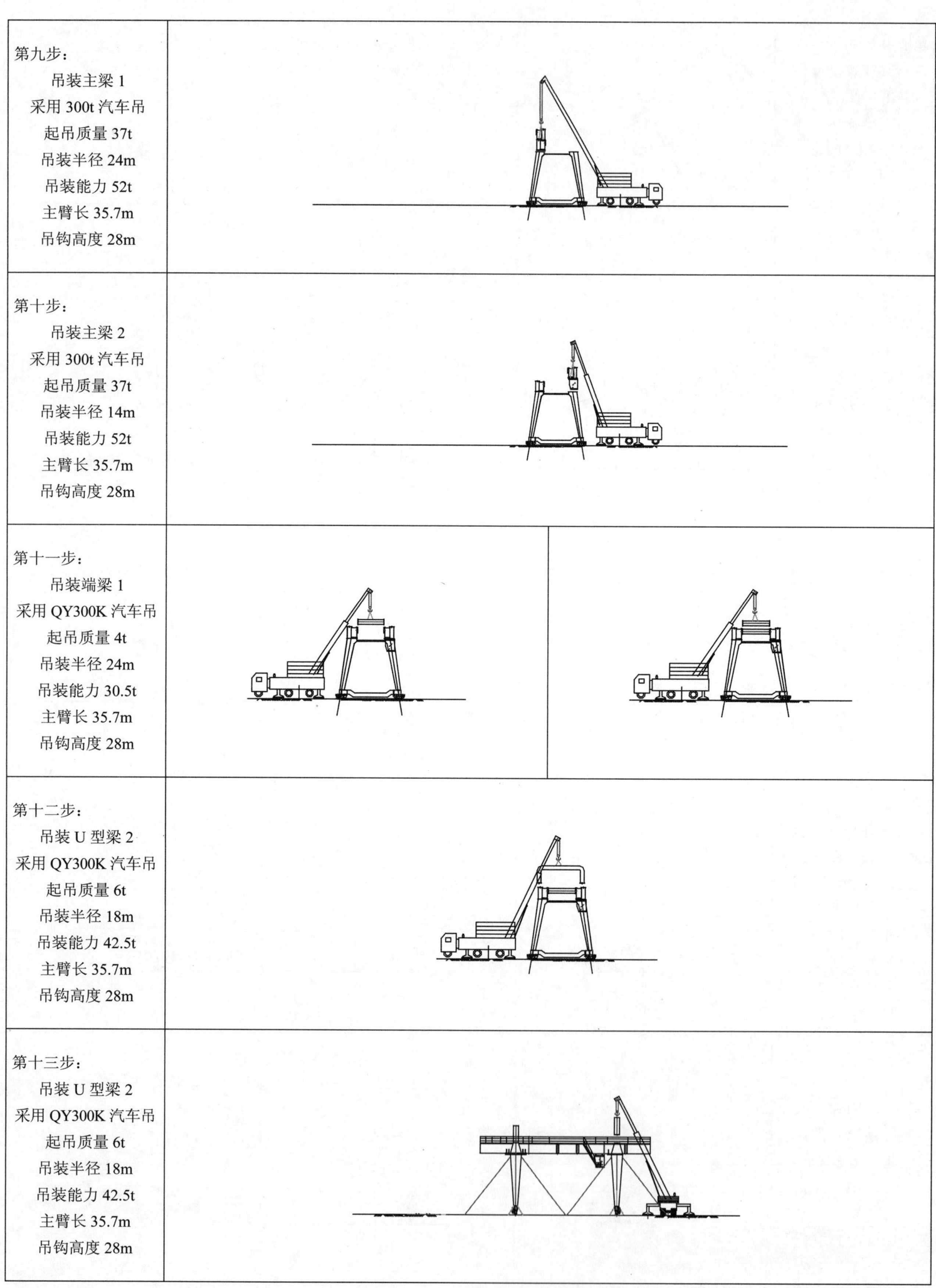

第九步： 吊装主梁 1 采用 300t 汽车吊 起吊质量 37t 吊装半径 24m 吊装能力 52t 主臂长 35.7m 吊钩高度 28m	
第十步： 吊装主梁 2 采用 300t 汽车吊 起吊质量 37t 吊装半径 14m 吊装能力 52t 主臂长 35.7m 吊钩高度 28m	
第十一步： 吊装端梁 1 采用 QY300K 汽车吊 起吊质量 4t 吊装半径 24m 吊装能力 30.5t 主臂长 35.7m 吊钩高度 28m	
第十二步： 吊装 U 型梁 2 采用 QY300K 汽车吊 起吊质量 6t 吊装半径 18m 吊装能力 42.5t 主臂长 35.7m 吊钩高度 28m	
第十三步： 吊装 U 型梁 2 采用 QY300K 汽车吊 起吊质量 6t 吊装半径 18m 吊装能力 42.5t 主臂长 35.7m 吊钩高度 28m	

图 6-5-7

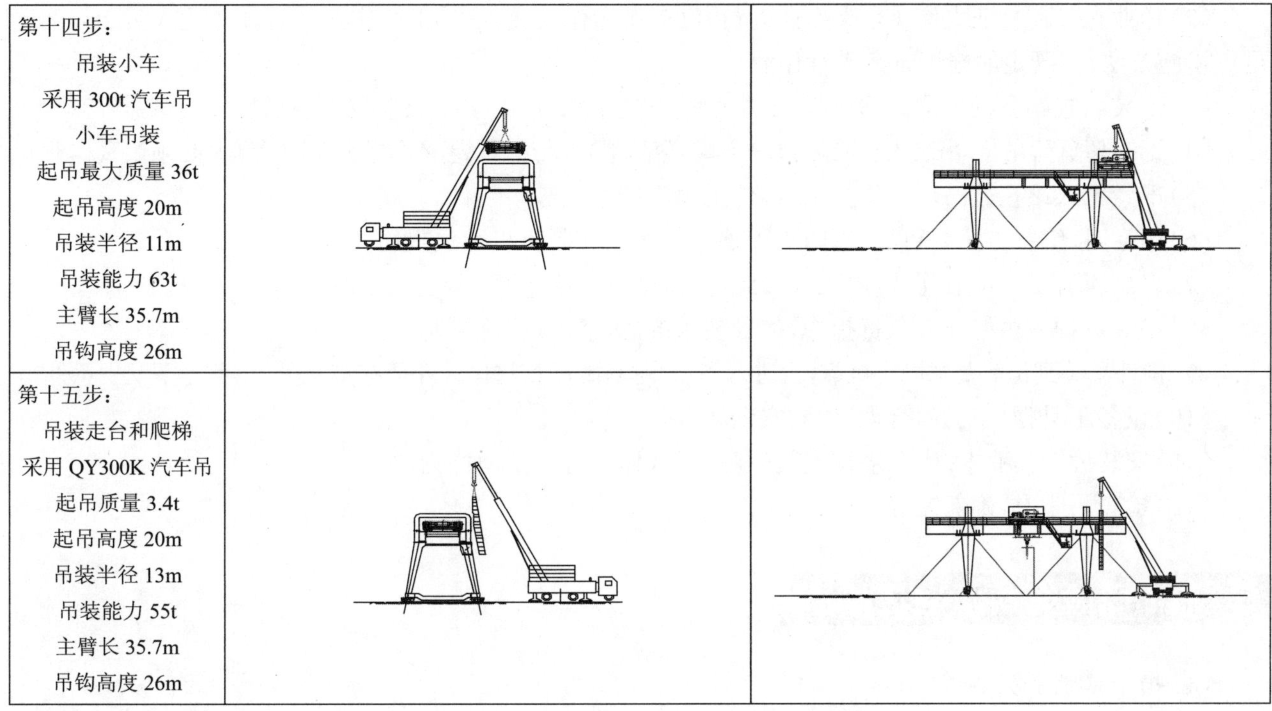

图 6-5-7　MGD 50t 通用门式起重机安装吊装作业流程图

5. 附属工具及机械

根据 MGD 50t 盾构门式起重机主要零部件的重量和外形尺寸选用一台 LTM300t 全液压汽车吊进行安装。主要附属工具参考见表 6-5-5。

主要附属工具参考表　　表 6-5-5

序号	名　称	型号及规格	数　量	备　注
1	钢丝绳	长 18m、直径 15mm	16 根	立支腿用
2	手拉葫芦	3t×6m	12 个	立支腿用
3	钢丝绳卡扣	直径 15mm	10 个	
4	拉紧器	规格 300	10m^3	
5	半圆铁		10 块	衬垫钢丝绳用
6	牵引绳	长 50m、直径 32mm	2 根	
7	跳板		30 ~ 40 块	支腿上部安设脚手架用
8	枕木	250mm×250mm（长 4m）	30 根	
9	地锚	1.5m ×1.5m ×1.8m	8 个	
10	定位螺栓	M27mm×85mm M24mm×85mm	200 套	
11	钢丝绳索套	ϕ72mm×12m	4 根	
12	钢丝绳索套	ϕ32mm×8m	4 根	
13	钢丝绳索套	ϕ21.5mm×6m	8 根	

6. 安全管理措施

（1）吊装工作区内禁止非工作人员进入，起重臂下严禁站人。

(2)作业人员需持证上岗(登高作业人员、汽车吊操作人员、信号工),作业前全体作业人员必须明确重点措施方法,按既定的施工方案进行作业。

(3)安装门式起重机主梁、驾驶室、U型梁及电气系统时,高空作业人员必须系好安全带。

(4)不准超负荷吊装,吊装人员必须戴安全帽,穿防滑鞋,带工具袋,不能在工作中嬉闹,必须认真作业。

(5)严禁工人站在被吊运的构件上,构件上也不能摆放零星物件。

(6)吊运时,绑扎方法要可靠,以防止中途落下伤人和起重机因失重而倾翻。

(7)严禁所有工人酒后作业,电工须穿绝缘鞋,戴好绝缘手套,不违章操作。

(8)吊装过程应由持证人负责指挥,信号要求准确、清晰、明确到位。

(9)构件吊装到位后要求固定可靠,再进入下一步操作,严禁将构件浮放在某一处,以免落下发生意外。

(10)设备工具摆放整齐、合理,做到安全、有序。

(11)安装拆卸作业中,应严格按安装顺序进行,作业时严禁抛掷物件。

(12)检查吊索具,确保完好。

7. 施工风险分析及对应措施

(1)吊车基础下沉、倾斜

①应立即停止作业。

②根据情况下放重物或用地锚固定吊车。

(2)汽吊起重臂折臂

①汽车吊不能做任何动作。

②按照抢险方案,根据情况采用焊接等手段,将吊车结构加固,或用连接方法将吊车结构与其他物体连接。

③用1～2台适量吨位起重机,放下重物。

(3)吊车倾翻

①采取焊接、连接方法,在不破坏失稳受力情况下增加平衡力矩,控制险情发展。

②选用适量吨位起重机按照抢险方案将吊车拆除,变形部件用气焊割开或调整。

8. 应用情况

在地铁、电力、南水北调、热力、污水等盾构工程中使用门式起重机已超过89台。

第5节 地铁盾构施工监理测量控制技术

北京建工京精大房工程建设监理公司 田世文,田飞宇

1. 盾构导向产生偏差的原因分析

根据盾构工程实践经验,可将影响盾构系统导向的因素分为人为因素、导向测量控制因素、盾构与系

统本身的因素、其他因素等几类。

1）人为因素

（1）测量人员或盾构操作人员没有准确掌握激光导向系统的原理，实际操作过程中，没有严格执行操作规程等引起导向偏移。

（2）盾构 操作人员责任心不强，没有密切观察操作台上系统计算机参数的变化，致使隧道掘进的实际中线位置偏离了设计中线位置。

（3）施工技术人员未经常检测系统各部件的安装是否牢固可靠，位置是否正确，致使导向错误。

2）导向测量控制因素

地下控制导线产生的错误，如没有及时按激光导向系统的要求向前移动站点及后视棱镜（换站），或者没有将站点及后视棱镜的安装位置选好，均容易产生大的导向偏差。

3）盾构与系统本身的因素

由于仪器本身精度（系统各个元器件的测量误差、设备安装误差等）的限制，会导致盾构与系统本身产生误差，如：

（1）由于电磁干扰或折光影响，使得激光导向系统和盾构控制测量角度产生误差。

（2）由于机器行进过程中产生震动，对计算机系统产生影响。

（3）由于传输电缆的各端接口，设计和制造标准不完全统一，造成数据传输系统不稳定。

（4）由于电力供应系统不完善，或设计不合理，造成盾构与系统不稳定等。

4）其他因素

原始数据的精确测量、隧道内粉尘密度的大小、管片扰动、洞内湿度、温度的高低、流动人员有意或无意对硬件进行的破坏等都是影响隧洞正确掘进的因素。

综上所述，在盾构施工过程中，要保证盾构机能按设计轴线准确无误地掘进，且不造成大的偏差，就要掌握整个盾构施工的测量控制原理。

2. 盾构施工测量控制

盾构施工测量控制可分为地面导线测量、地上到地下导线传递测量、地下控制测量。

1）地面导线测量

盾构施工前的导线测量和其他工程的导线复测一样，为了使全线区间都处在同一坐标系中，盾构施工还要使盾构始发井端有较高精度点的平面位置，来引测进洞的方向。为保证联系测量前的精度，导线测量要按四级导线测量要求进行测量，测量结果要满足以下要求：

①导线测角中误差≤ ±2.5″；

②导线测距中误差≤ ±6mm；

③导线方位角闭合差；

④导线测距相对中误差≤ 1/60000；

⑤导线全长相对闭合差≤ 1/35000；

⑥相邻点的相对点位中误差≤ ±8mm；

⑦导线最弱点的点位中误差≤ ±15mm。

2）地上至地下导线传递测量

联系测量根据始发井的条件(始发井的长短)，可以做一井定向或两井定向。如能保证两根钢丝的间距大于 60m，则最好用两井定向，反之则用一井定向。

（1）一井定向

如图 6-5-8 所示，在始发井悬吊两根钢丝，进行坐标方位传递。两根钢丝间距尽量长。且井上、井下联系三角形满足下列要求：

①两悬吊钢丝间距不小于 6m；

②定向角 α 应小于 1°；

③ a/c 及 a'/c' 的比值小于 1.5 倍。

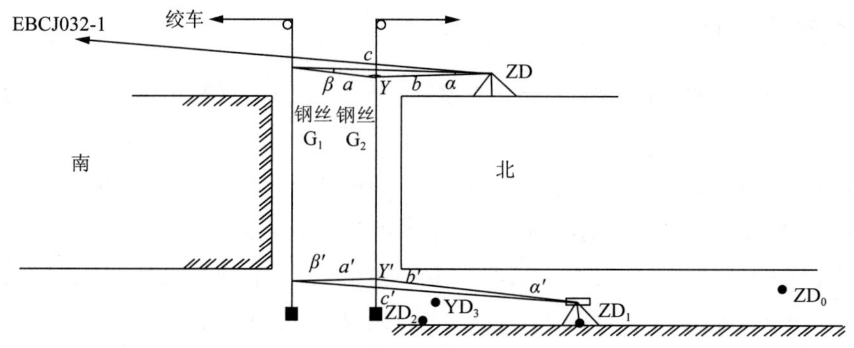

图 6-5-8　联系三角形测量

要特别注意：

①悬吊钢丝的重锤一定要放在相对密度较大的油里。在钢丝稳定后才能进行观测。

②观测时，一定要有专人看护悬挂的钢丝，防止钢丝被人碰动。

③测量距离时，反射片一定要正对着全站仪。

（2）两井定向

两个钢丝的距离能够大于 60m 时，最好采用两井定向的方法。

高程传递测量，首先在始发井旁布设不少于 2 个近井点，测量近井水准点的高程线路，应附合在地面相邻精密水准点上。采用在竖井内悬吊钢尺的方法进行高程传递，地上和地下安置的 2 台水准仪应同时读数，每次独立观测 3 测回，每测回变动仪器高度，3 测回的地上、地下水准点高差应小于 3mm，并在钢尺上悬吊与钢尺检定时相同质量的重锤。3 测回测定的高差进行温度、尺长修正。

3）地下控制测量

盾构施工控制测量最大特点是，所有的导线点和水准点均处于运动状态（即由于控制点均布设在管片上，而管片不是稳定的），所以盾构施工测量中，导线的后延伸测量和水准点的复测显得尤为重要。因此，应不定期地适当增加对隧道内控制点进行复测的频率。

地下导线测量，在隧道中尽可能采用双支导线的方法（在管片底部用铜螺栓布设一般导线点，在管片拱腰位置安装强制对中托架，布置强制对中导线点）。双支导线每前进一段交叉一次，每一个新的施工控制点由 2 条路线传算坐标。当检核无误，最后取平均值作为新点的测点数据。

地下导线测设要求：

（1）导线直线段约 150m，布设一个控制导线点，曲线段控制导线点（包括曲线要素上的控制点）布设间距不少于 60m，且尽量把控制点布设在曲线的外侧。

（2）按四等导线的技术要求施测，每次延伸施工控制导线测量前，对已有的施工控制导线前 3 个点，进行检测无误后再向前延伸。

（3）施工控制导线在隧道贯通前测量，应根据施工情况至少 3 次，其测量时间与竖井定向同步。当重合点重复测量的坐标值与原测量的坐标值较差小于 10mm 时，采用逐次的加权平均值，作为施工控制导线延伸测量的起算值。

（4）在盾构掘进超过 1000m 时，每次联系测量后，对隧道内最远边，要加测陀螺方位角进行校核。

3. 盾构机导向原理

盾构机自动导向系统的姿态定位，主要是依据隧道内控制导线点来精确确定盾构机掘进的方向和位置。在推进时，只要控制好姿态，盾构机就能精确地沿着隧道设计轴线掘进，保证隧道能顺利准确的贯通。下面以德国 VMT 公司的 SLS-T 系统为例进行介绍。

1）导向系统介绍

在掘进隧道的过程中，为了避免盾构机发生意外的运动及方向的突然改变，必须对盾构机的位置和 DTA（隧道设计轴线）的相对位置关系进行持续的监控测量，这就是 TBM 采用“导向系统”的原因。

2）导向系统基本组成与功能

VMT 公司的 SLS-T 导向系统是由激光全站仪（TCA）、ESL 靶、中央控制箱、黄盒子和计算机及掘进软件组成。

全站仪（TCA）：具有伺服马达，可以自动照准目标并跟踪，可发射激光束，主要用于后视定向，测量距离、水平角和竖直角，并将测量结果传输到计算机。

ELS 靶（图 6-5-9）：也称光靶板，是一台智能型的传感器。ELS 接收全站仪发射的激光束，测定水平和垂直方向的入射点。偏角由 ELS 上激光的入射角确认，坡度由该系统内的倾斜仪测量。ELS 在盾构机体上的位置是确定的，即对盾构机坐标系的位置是确定的。

图 6-5-9　ELS 靶

中央控制箱：主要的接口箱，它为黄盒子及 ELS 靶提供电源。

黄盒子（图 6-5-10）：它主要为全站仪供电，保证全站仪工作和与计算机之间的通信及数据传输。

计算机及掘进软件：SLS-T 软件是自动导向系统数据处理和自动控制的核心，通过计算机分别与全站仪和 ELS 通信接收数据，盾构机在线路平、剖面上的位置计算出来后，以数字和图形在计算机上显示出来。

3）导向基本原理

洞内控制导线是支持盾构机掘进导向定位的基础。激光全站仪安装在位于盾构机右上侧管片上的托架上，后视一基准点（后视靶棱镜）定位后，全站仪自动调转方向，收寻 ELS 靶，ELS 接收入射的激光定向光束，即可获取激光站至 ELS 靶间的方位角、竖直角，通过 ELS 棱镜和激光全站仪就可以测量出激光站至 ELS 靶间的距离。盾构机的仰俯角和滚动角，通过 ELS 靶内的倾斜计来测定。ELS 靶将各项测量数据传向主控计算机，计算机将所有测量数据汇总，就可以确定盾构机在全球坐标系统中的精确位置。将前后两个参考点的三维坐标与事先输入计算机的 DTA（隧道设计轴线）比较，就可以显示盾构机的姿态了（图 6-5-11）。

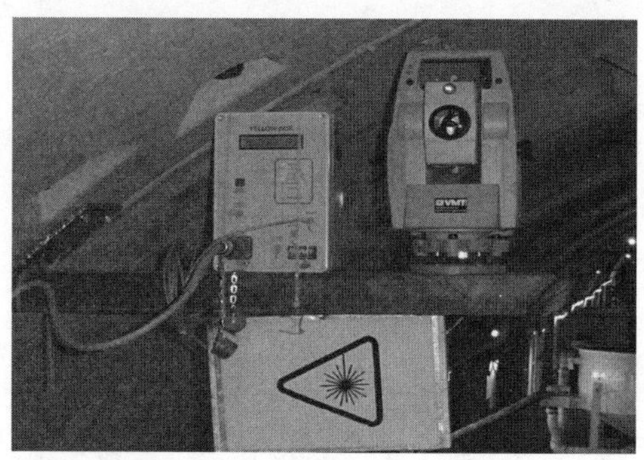

图 6-5-10　黄盒子

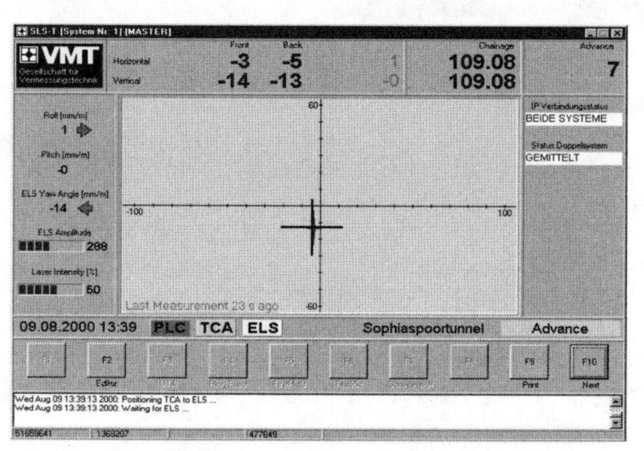

图 6-5-11　盾构姿态显示

4. 导向系统应用

1）始发托架和反力架定位

测量定位方法（井型测量控制法）：定位前，先检查盾构机托架定位设计尺寸及其与隧道中心线的相对关系是否正确。

（1）用全站仪将托架中心轴线预先标定在牢固的物体上。

（2）分别在托架前端、中间、后端（基准环与盾构机后体间）固定的物体上，标定垂直于托架中心轴线的法线。

（3）在托架前端、中间、后端沿托架中心轴线两侧的固定物体上，标定同一高程的水平线，并标明实际高程值。

始发托架的高程要比设计提高 1 ～ 4cm，以消除盾构机由于自重的影响入洞后“栽头”的情况。反力架的安装位置由始发托架来决定，反力架的支撑面要与隧道的中心轴线的法线平行，其倾角要与线路坡度保持一致。

2）移站（换站）

移站时数据的输入：

（1）从控制导线上，测量出 TCA 全站仪和后视靶的坐标，高程采用三角高程测量，用全站仪直接测出。测量完成后，把所测量的数据输入控制室的计算机中。

（2）当数据输入完成后，全站仪大致瞄准后视点后，开始定向。当定向完成之后，进行推进，当显示姿态与移站前变化不大时，再进行方位检查。如果姿态变化大或者方位检查超限时，进行数据输入检查或者移站测量检查，或者对已知导线检查。

3）盾构姿态人工复测

为了掌握施工完成后的管片变化情况，指导下步施工，每天都必须对施工完成的管片进行姿态测量，及时掌握管环的位移情况，同时也是对导向系统的校核。每次测量时重合测定约 10 环管片。衬砌管片检测采用铝合金尺（图 6-5-12），通过测量铝合金尺的中心坐标来推算管环中心的坐标。测量时，铝合金尺一定要通过水平尺置平。

图 6-5-12　盾构姿态人工复测

计算管环中心偏离隧道轴线时，在直线上可以通过建立施工坐标系，通过测量出来的施工坐标就可以直接判断管环中心的位置，如果是在曲线段，可以通过测量出来的管环中心的大地坐标，然后在 CAD 里，通过作 CAD 中事先绘制出的隧道轴线（空间）的垂线就可以计算出管环中心的偏差。也可通过用 Excel 编制出固定的表格，每次把测量坐标输入进去，就可以自动计算出偏差。

如图 6-5-13 所示点位画出来后，就可以通过 CAD 中的“查询”命令，直接得出管环的水平和垂直姿态。

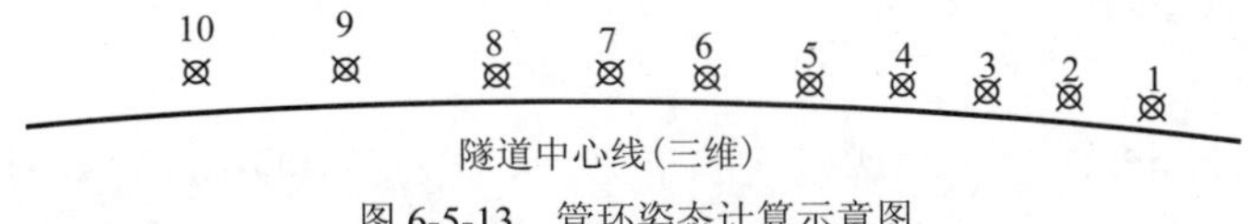

图 6-5-13　管环姿态计算示意图

通过以上管环的测量和计算方法，解决了管环检测数据量大、计算难、测量时间长的问题，可大大提高管环检测的效率和准确度。

4）盾构测量监理控制要点

盾构测量监理控制要点可分为以下几个方面：

（1）对施工单位测量人员的审核，资质及工作经验应能满足工作需要。

（2）对盾构测量施工所使用的仪器及精度应能满足施工需要，满足设计及规范要求，并应定期校核及年审。

（3）督促施工单位对设计交接桩的点位进行及时复测，并独立检测，及时做好导线加密工作。

（4）严格审核施工图纸，独立做好计划线（DTA）的复核及系统导入工作。

（5）施工准备前，应了解盾构机导向系统及导向施工的工作原理。

（6）对反力架及始发托架的安装，应进行旁站，必要时应独立进行测量复核。

（7）盾构机掘进施工开始后，应督促施工单位测量人员严格遵守盾构测量规范及设计要求的导线测量方法及精度要求，并做到及时旁站，做好旁站记录。

（8）应严格控制检查盾构导向系统的参数设定，以避免施工测量人员进行参数设定时产生错误，并要求做好换站记录。必要时，每次换站监理人员应在做好旁站记录的同时，对导向系统参数输入的C盘界面留有影像资料，以作参考。

（9）对成环的管片姿态必须跟进盾尾复核，尽可能做到每5环一测，做好记录。

因此，盾构测量监理方法可总结为：前审核、勤复测、换（移站）旁站、查系统（检查系统参数及导入情况）。

第6节　珠三角城际铁路莞惠线6标复合地层大直径土压平衡盾构机刀盘选型与应用

北方重工集团有限公司

1. 工程概况

莞惠城际6标段951始发井至428风井盾构区间，其中左线全长1.45km，右线全长1.46km。该区段穿越千年老河道，地质裂隙发育，糯米泥地层，地质结构异常复杂，盾构设备为曲线始发。

盾构施工地质属软土地层、全弱风化混合片麻岩组成的复合地层，是华南地区代表性地层之一。其特点是软土层松散、流塑性大，容易发生坍塌事故；全风化，呈砂土状，遇水易软化；强风化节理裂隙发育，岩体破碎；弱风化岩体较完整。地下裂隙水水量较大，水质大多具酸腐蚀性，施工难度较大。

2. 工程及地质难点

（1）隧道最大埋深达到45m，埋深大且地下水丰富，水质大多具酸腐蚀性，对刀盘和刀具的材料选择提出特殊要求。

（2）始发阶段穿越上软下硬地层，并且曲线始发，姿态控制困难，掘进难度大，安全风险高。

（3）穿越长距离全断面岩层，岩石单轴抗压强度高达200MPa，刀盘承受的随机突变荷载高达数十倍甚至上百倍，这些都对盾构刀盘的结构提出了严格要求。

（4）穿越东莞市大朗镇繁华老城区，地面建筑物密集，覆盖率达90%。管网交错复杂，存在大量未探明地质情况地段，对沉降控制要求较高。

3. 设备的选型和配置

1）盾构机刀盘的设计选型

通过对施工标段地质勘察报告的分析研究，结合NHI/NFM公司在混合地层和含水地层使用盾构掘进机的经验和专利技术的成果，我们提出了复合式土压平衡盾构机的整体设计思路，刀盘的设计也将以此为依据展开。

2）盾构机刀盘的设计特点

（1）开口率

如图 6-5-14 所示，刀盘中心采用大开口设计，中心开口率约为 40%，更便于渣土的流动，在黏性土地层中，可防止黏土堵住开口。作为防止黏土黏结和堵塞（泥饼）的第二个措施是刀盘开口部位的特殊结构设计，这部分结构设计成楔形梯级结构，以便刀盘后面的开口逐渐变大，利于材料的流动。

图 6-5-14　盾构机刀盘

在幅板外缘上设置开口，主要是便于渣土更好的流动和能够在靠近刀盘外圈的位置安装额外的一些刮刀。

（2）刀具设计

刀盘和刀具按能挖掘最高抗压强度为 200MPa 的地层强度来设计。在盾构机始发阶段，刀盘上所有的刀具能十分轻松地破碎 C20 的混凝土（如端头加固区）。

①重型双层刮刀（图 6-5-15）

刮刀用来切割未固结的土壤，并把切削土刮入土仓中，刀具的形状和位置按便于切削地层和便于将土刮入土仓来设计。刮刀的切削宽度为 120mm。所有的切削刀具配有双层刀齿，背部设有双排碳钨合金柱齿以提高刀具的耐磨性，可磨损的高度为 64mm（2×32mm），所有的刮刀均可以从开挖仓内拆卸和更换。

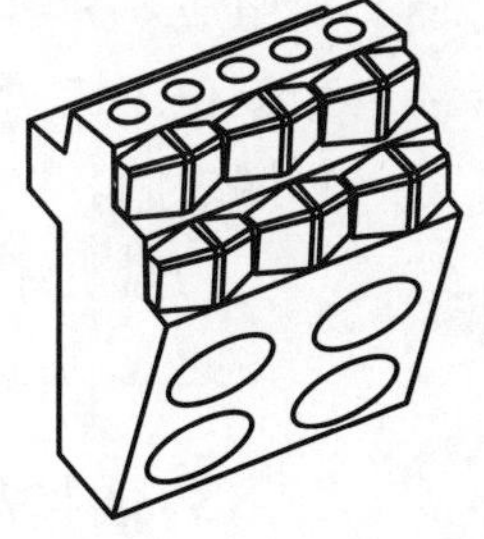

图 6-5-15　重型双层刮刀

②盘形滚刀（图 6-5-16）

在硬岩地层中，刀盘安装 17″ 盘形滚刀，以适应在微风化岩层（最大抗压强度 200MPa）中连续掘进，所有盘形滚刀都从刀盘后面进行拆装。盘形滚刀高出刮刀 45mm。

③周边刮刀（图 6-5-17）

安装在刀盘外周的周边刮刀用于清除边缘部分的渣土，防止渣土沉积，确保刀盘的开挖直径，同时防止刀盘外缘的间接磨损。其切削刃上设有连续的碳钨合金齿和碳钨合金柱齿，用于增强刀具的耐磨性。确保在掘进几公里之后刀盘仍然有一个正确的开挖直径。

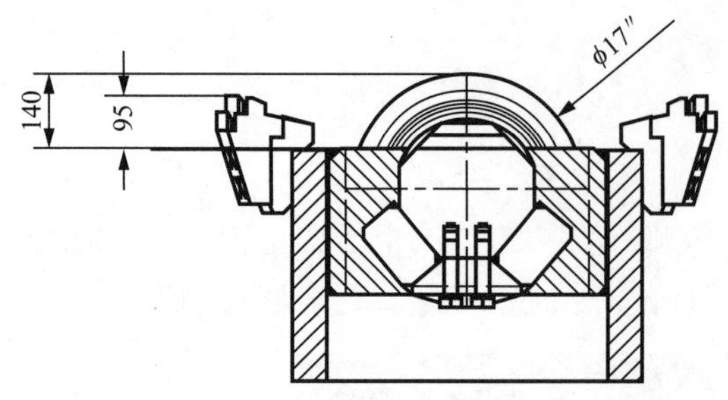

图 6-5-16　滚刀安装示意图(尺寸单位:mm)

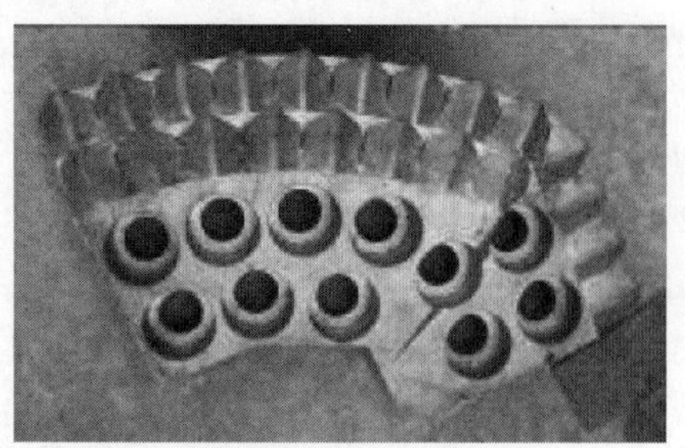
图 6-5-17　周边刮刀

(3)刀盘结构的保护

在刀盘结构几个比较易磨损的部位采取以下保护措施:

①在刀盘每个进渣口的周圈进行硬化处理并堆焊耐磨材料。

②在刀盘的中心和外缘进行硬化处理(图 6-5-18)并堆焊耐磨材料。

③在刀盘外圈设有保护刀具。

这样的处理和保护措施在 NHI 提供盾构机的多个工程中已经得到了成功应用。

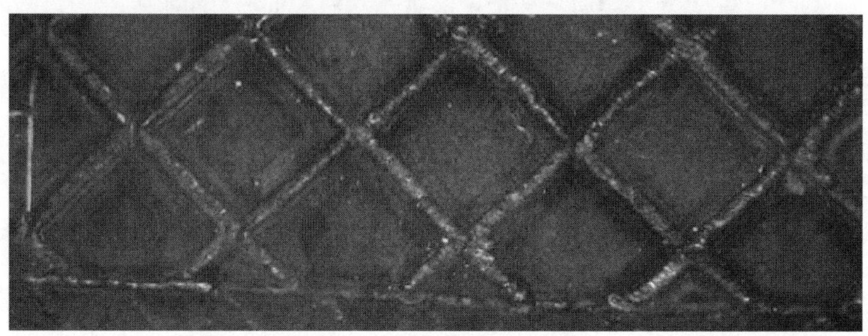
图 6-5-18　刀盘外圈硬化处理

(4)刀盘结构设计

图 6-5-19 为刀盘基本设计方案图。

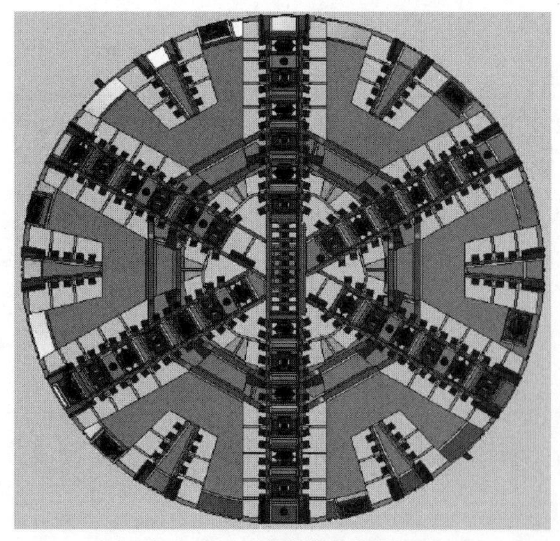
图 6-5-19　刀盘基本设计方案图

刀盘结构由 6 个大辐条、6 个小辐条及相应的幅板所组成。刀盘结构和驱动装置之间通过 6 个梁连接,这 6 个梁位于刀盘面板横梁和用螺栓连接于驱动部分的重型环圈之间。横梁将刀盘面板部分连接至辐条。

刀盘上还安装有仿形刀和泥浆喷嘴等装备,以及所有必需的管道。

3)盾构机刀盘的结构静力有限元分析

分析对象刀盘应用于莞惠城际隧道施工,地质条件中岩石假设为以中度风化花岗岩为主(最恶劣条件),开挖直径 8.8m,配置 49 把 17″盘形滚刀,其中中心刀为 5 把双刃盘形滚刀,正面滚刀 34 把,边缘滚刀 10 把,全断面共 54 个切削轨迹。

刀盘承受最大轴向力 12500kN,最大扭矩 12680 kN·m,脱困扭矩为 16484 kN·m。

(1)工况与荷载

依据刀盘设计时的极限荷载假定两类典型工况:

①极限荷载设计工况（最大推力工况）：指刀盘设计过程，根据施工中常出现的工况，给出该工况下的极限荷载。

②刀盘脱困工况：指刀盘在卡塞状态下以极低转速和脱困扭矩工作的状态。

针对上述两类工况，均采用两种校核方法：1 倍极限荷载下设定许用应力极限为 $[\sigma_s]/1.5$=230MPa，1.5 倍荷载下设定许用应力极限为 $[\sigma_s]$ =345MPa。

（2）加载方案

①最大推力工况：按 17″ 滚刀承受最大荷载 250kN，刀盘总轴向荷载为最大设计轴向载荷 12500kN；考虑动载影响时，各滚刀上施加垂直力为 375kN，刀盘总轴向荷载为刀盘最大设计轴向荷载 18750kN；扭矩在刀盘盘面均匀施加，考虑地层的复杂性，从偏安全角度出发，施加最大设计扭矩 12680kN • m。基于上述设定，建立加载方案：在每把滚刀上施加轴向荷载（250kN 或 375kN），扭矩（12680kN • m）在刀盘盘面均匀加载。

②脱困工况：该工况下各滚刀上施加垂直力 25kN，即 0.1 倍的 17″ 寸滚刀承受最大垂直力，在刀盘盘面均匀施加脱困扭矩 16484kN • m。

（3）分析与校核

①最大推力工况（1.5 倍荷载）

图 6-5-20 为刀盘整体应力分布云图。同时为清晰显示刀盘应力分布，给出了应力最大及薄弱部位的局部应力分布细节，如图 6-5-21 所示。

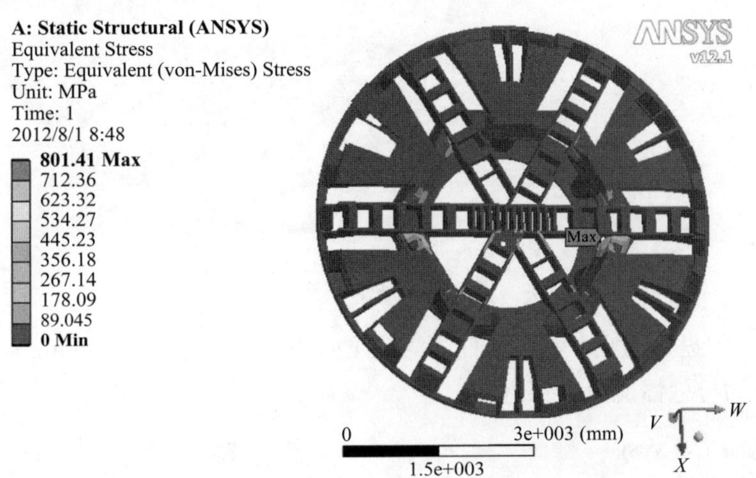

图 6-5-20　总体应力分布云图

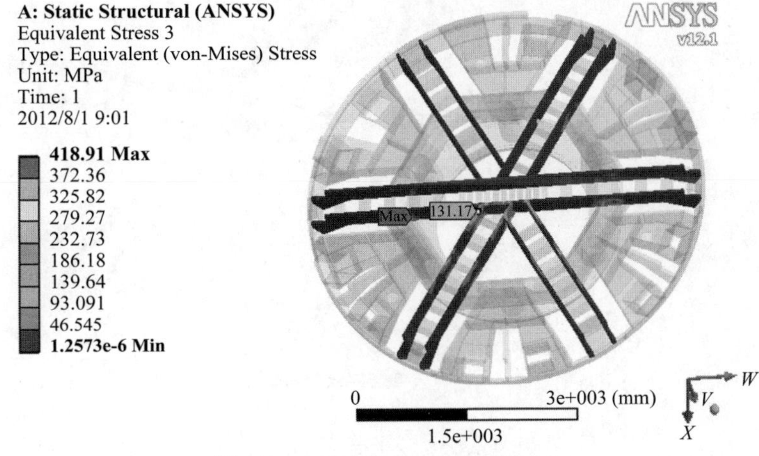

图 6-5-21　应力分布云图(局部放大)

计算结果表明：该工况下刀盘上产生的最大应力约为 801.41MPa，出现在盘面主梁、侧梁与刀盘支撑筋的交汇处，同时大部分高应力区集中在焊缝区域。本计算所用模型没有考虑焊接结构，因此焊缝区域远远大于实际刀盘情况。从整体等效应力曲线图看出，除去焊缝区域外，整个刀盘盘体的其他部位应力水平都较低，大部分应力都低于 131MPa。由于刀盘盘体采用的材料为 Q345b，其屈服极限为 345MPa，计算结果小于材料的许用应力极限。从静强度观点出发，该工况下刀盘盘体的结构强度满足设计要求。

刀盘总体变形云图如图 6-5-22 所示，刀盘的最大变形量为 3.807mm，发生在安置中心刀的主梁末端。从该主梁的支撑部位到刀盘边缘，变形量呈逐渐增加的趋势，两个支撑部位到刀盘中心，变形量也是呈逐渐增加的趋势。

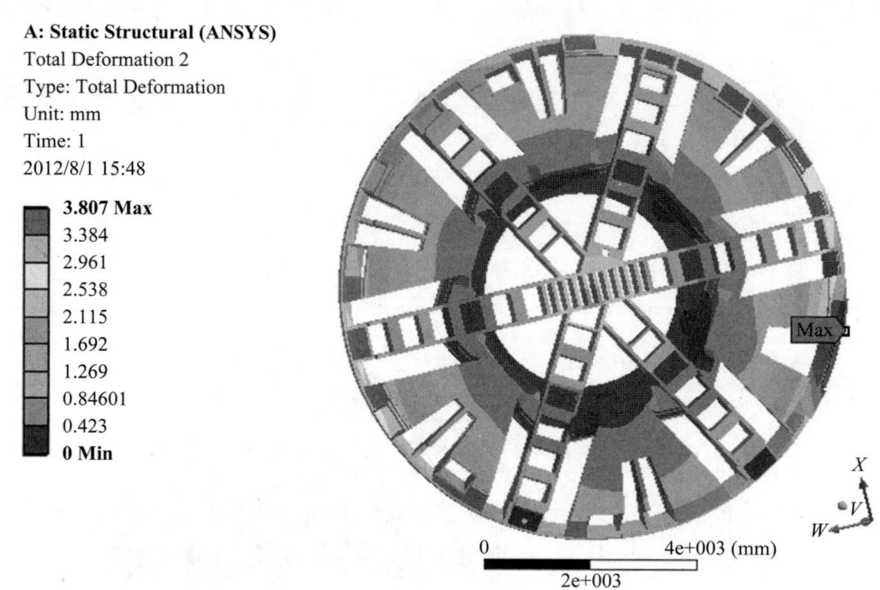

图 6-5-22　总体变形云图

由图 6-5-23 可知，刀盘 Z 方向（刀盘轴向力方向）的最大变形量为 3.0395mm，可以看出刀盘的 Z 方向变形的趋势和大小均与总体变形相接近。

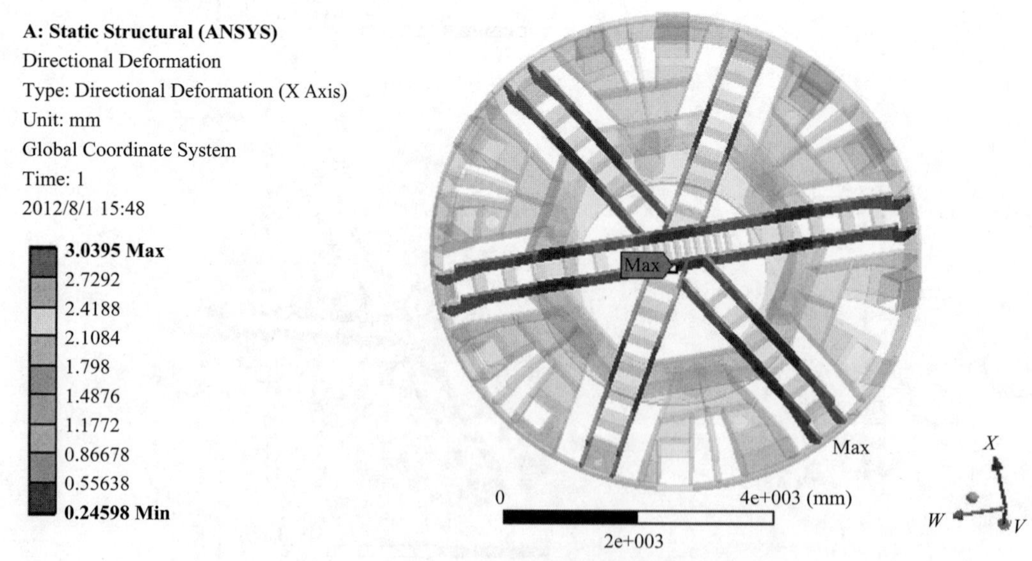

图 6-5-23　Z 方向变形云图

综述所述，刀盘在 1.5 倍极限推力荷载工况下最大等效应力（不包含焊接区域的应力集中）为 171.13MPa，满足结构强度设计要求；最大变形为 3.807mm，满足结构刚度满足。

②脱困工况刀盘静力学分析

图 6-5-24 为刀盘整体应力分布云图。同时为清晰显示刀盘应力分布，给出了应力最大及薄弱部位的局部应力分布细节，如图 6-5-25 所示。

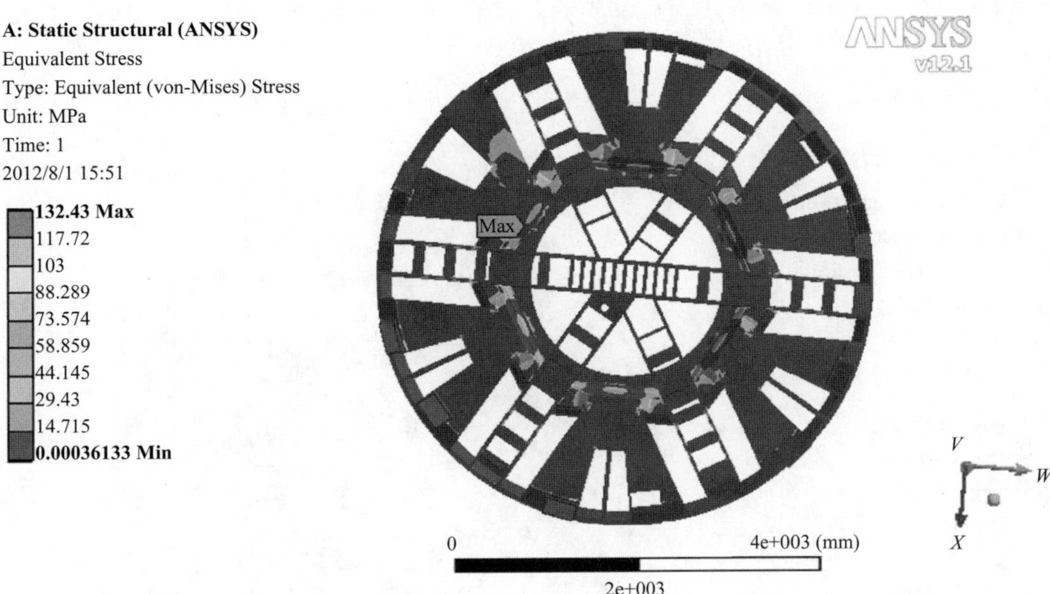

图 6-5-24　总体应力分布云图

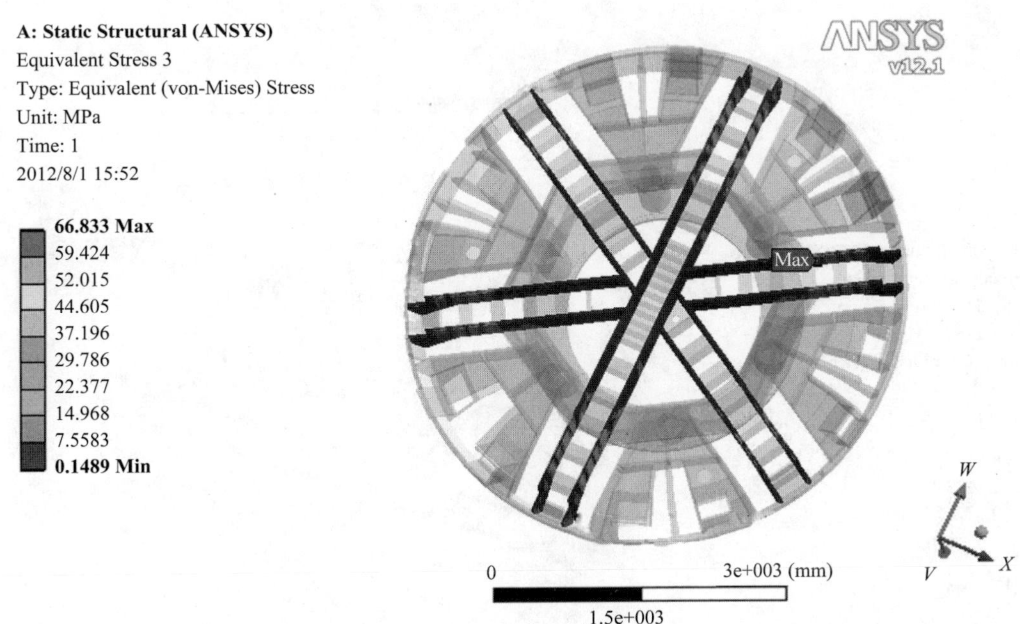

图 6-5-25　应力分布云图(局部放大)

计算结果表明：该工况下刀盘上产生的最大应力约为 132.43MPa，出现在盘面主梁、侧梁与刀盘支撑筋的交汇处，同时大部分高应力区集中在焊缝区域。本计算所用模型没有考虑焊接结构，因此焊缝区域远远大于实际刀盘情况。从整体等效应力曲线图看出，除去焊缝区域外，整个刀盘盘体的其他部位应力水平都较低，大部分应力都低于 66.83MPa。由于刀盘盘体采用的材料为 Q345b，其屈服极限为

345MPa，计算结果小于材料的许用应力极限。从静强度观点出发，该工况下刀盘盘体的结构强度满足设计要求。

刀盘总体变形云图如图 6-5-26 所示，刀盘的最大变形量为 1.6747mm，发生在安置中心刀的主梁末端。从该主梁的支撑部位到刀盘边缘，变形量呈逐渐增加的趋势，两个支撑部位到刀盘中心，变形量也是呈逐渐增加的趋势。

由图 6-5-27 可知，刀盘 *Z* 方向（刀盘轴向力方向）的最大变形量为 0.1145mm，可以看出，在扭矩作用下，刀盘变形主要发生扭转方向上。

综上所述，刀盘在极限推力荷载工况下最大等效应力（不包含焊接区域的应力集中）为 66.83MPa，满足结构强度设计要求；最大变形为 1.6747mm，满足结构刚度满足。

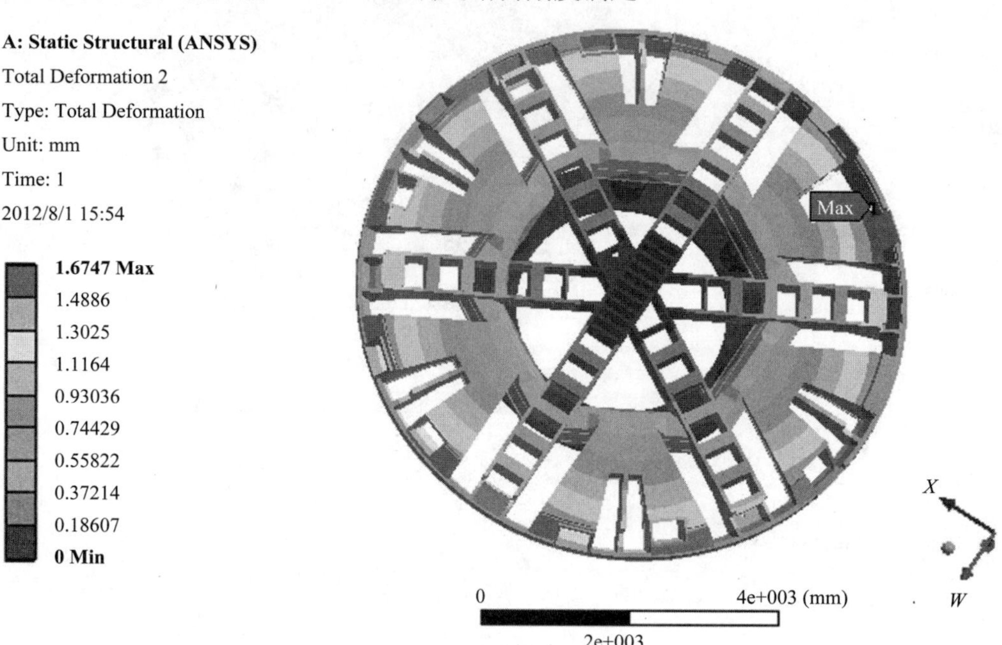

图 6-5-26　总体变形云图

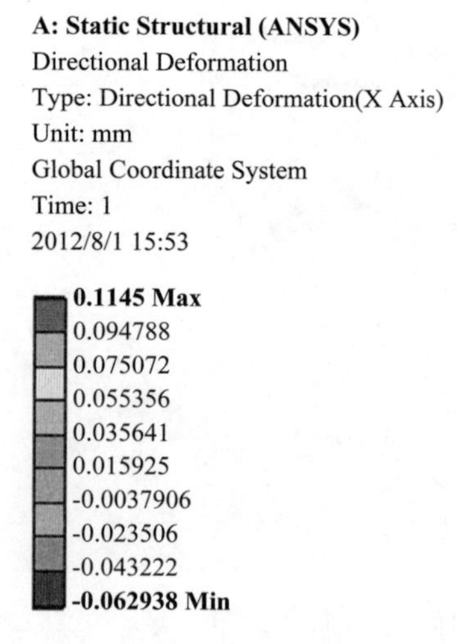

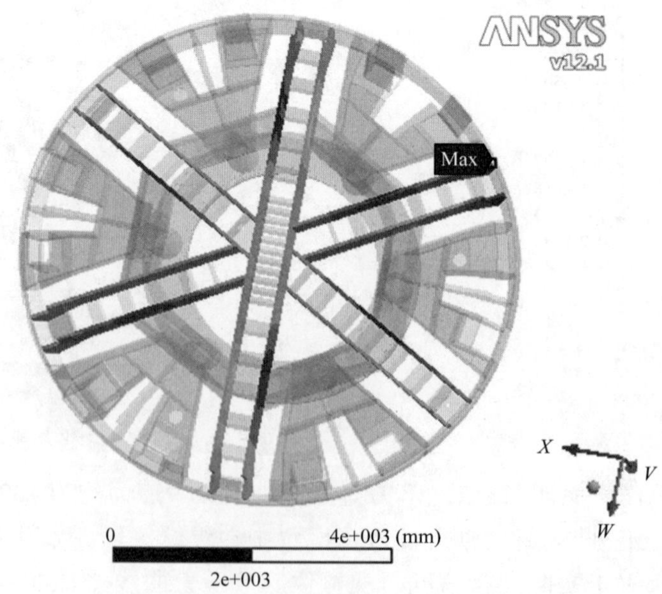

图 6-5-27　*Z* 方向变形云图

4. 设备在本工程使用情况

在北方重工与中铁二十局项目团队的密切配合下，超前策划制订了施工方案和刀盘加强预案，使得6 标段分别于 2016 年 3 月 1 日和 3 月 10 日完成近 6km 的隧道掘进任务，成为该区域 4 个标段中率先实现贯通的标段。

5. 结语

本项目区间地质从软岩到风化硬岩，不同地质物理力学参数变化很大，工作条件极其恶劣。盾构机刀盘作为盾构掘进的主要部件，合理的刀盘选型为成功进行盾构施工提供了保障。广深地区地质条件变化较大，希望本项目的刀盘设计成功案例，能为业内同仁应用大直径土压平衡盾构机在上软下硬及长距离硬岩地层掘进作参考。

第 7 节　北京砂卵石地层下盾构施工中刀盘刀具配置技术

山东天工岩土工程设备有限公司　门光环

1. 工程概况

北京地铁 10 号线二期 7 标段角门西站—角门东站区间隧道右线起点里程 K34+653.5，终点里程 K35+694.9，全长 1041.4m（双线），角门东站到角门西站区间隧道穿越的地层主要为圆砾、卵石③层及卵石④层，卵石亚圆形，级配连续，磨圆度中等，一般粒径 2 ～ 5cm，最大粒径不小于 20cm，细砂充填率为 35% ～ 40%。本段地层以砂卵石为主，卵石地层中分布有漂石，含量一般为 10% ～ 20%。

2. 技术研究

合理的刀盘刀具配置是盾构长距离推进的保证。由于地质情况的复杂，刀具的检修位置常有一定的不可预见性，有些位置不具备地面加固条件，需进行仓内加固，同时砂卵石地层的特性造成加压开仓实施效果不佳。为此，需完善一套合理的刀具配置方案，设计合理结构形式的刀具，以适应砂卵石地层下长距离掘进，同时降低施工成本。

砂卵石的典型特点是，对刀具的冲击磨损非常大。为应对这种对刀具高冲击、高磨损地质，山东天工岩土工程设备有限公司利用超大合金具有高耐磨性及高耐冲击性的特点，在设计刀具时，合理配置刀具结构，针对工作面先进行犁沟式破碎，当遇到较大卵石时，可相应实现对卵石的“锤击”破碎作用。

针对砂卵石地层，我公司依托多年从事盾构刀具生产、设计和研究的经验，对施工中可能遇到的刀具问题，进行了专题研究。结合刀盘选型（大部分为面板复合式刀盘），在刀具配置方面，使刀具能够充分发挥作用，推荐以下刀盘排布方案：面板上增加焊接式强化先行刀；刀盘外周和边缘位置配备滚刀；刀盘中心根据地质情况，配备中心滚刀或二联中心先行刀；面板滚刀部位换装可更换强化先行刀；另外再配备一定数目的切刀、强化边缘刮刀、耐磨板等。其中，滚刀和可更换强化先行刀采用刀盘后装式，可通过刀盘内的转接箱方便地进行拆卸、互换。

3. 刀具配置

1）优化焊接式强化先行刀

优化焊接式强化先行刀（图 6-5-28），使其工作高度高于切刀和边缘刮刀，与滚刀工作高度一致。优化后的先行刀工作截面相对较小，且刀体两端焊接超大硬质合金，这样可以得到更小的分配扭矩；超大合金具有高耐磨性及高耐冲击性，可以对工作面先进行犁沟式破碎，当遇到较大卵石时，能相应实现对卵石的“锤击”破碎的作用。

图 6-5-28　焊接式强化先行刀

2）优化边缘刮刀、切刀

边缘刮刀、切刀在使用过程中不仅要有良好的切削性能，还必须具有高耐磨性能。采用包覆式焊接小合金结构，特别是六孔或四孔的边缘刮刀，由于刮刀上面的合金受冲击、磨损严重，致使合金破碎或加剧磨损，最后导致整个刀具的失效。

采用敞开式大合金焊接形式，边缘刮刀、切刀在受力时，由于大合金排布在同一平面上并与切削面全接触，受力均匀且耐冲击，即使遇到突然撞击，也能将力分散到整个刀体上，这样就增加了刀具的整体寿命。图 6-5-29 为优良的边缘刮刀出洞后的情况。

3）加强刀盘边缘耐磨保护

由于砂卵石地质条件恶劣，而盾构机出厂时，常使用耐磨钢板堆焊耐磨层来保护刀盘侧面，但在这样特殊的地质条件下，刀盘侧面磨损非常严重，挖掘半径逐渐减小，不利于盾构机的整体掘进，影响整个工程的施工效率。采用专业的加工方法和特制的合金焊接而成的 15°耐磨板，这种耐磨板使用效果良好（图 6-5-30）。

4）特殊地层可选用滚刀配置

在砂卵石地质中，滚刀在工作过程中对卵石有一定切割、剥离作用，但这种地层下滚刀的主要失效形式为磨损消耗失效，对滚刀的耐磨性能要求较高。

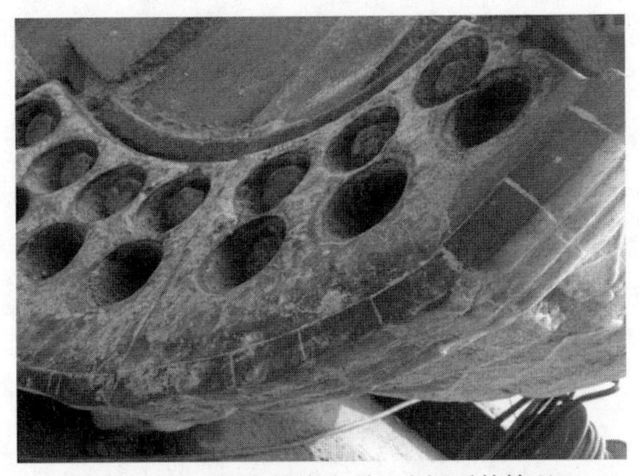

图 6-5-29　优良的边缘刮刀出洞后的情况

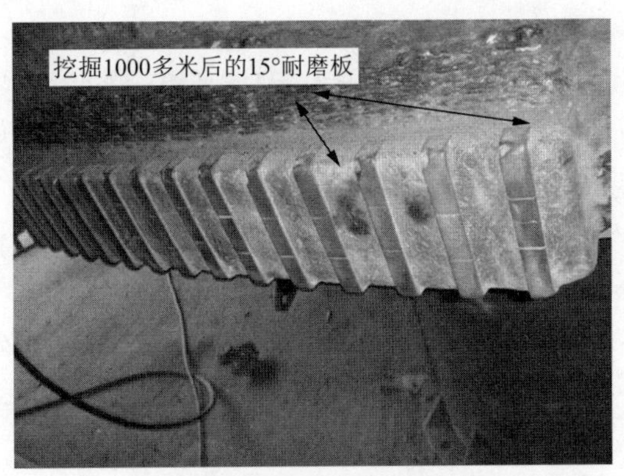

图 6-5-30　刀盘边缘耐磨保护

5）根据砂卵石地层特性，优化滚刀选择轨迹

在砂卵石地层，刀箱中容易挤满砂土（图 6-5-31），经过压密结块，产生阻力力矩阻止滚刀滚动，造成滚刀偏磨或弦磨而失效。采用滚刀和可更换先行刀交替排布使用（图 6-5-32），减少了滚刀的结块，更换先行刀在取代原有滚刀位置后，切削效率增大。因为可更换先行刀，刀体两端采用超大合金，在挖掘过程中，能够起到对岩层的切割和剥离作用，若在途中遇到较软的地质，则对防止滚刀的结块有很大作用。此外，在对地层中可能存在的漂石、孤石，有良好的抗冲击性，可使之破碎、分离。这样就更为有效地保护了滚刀。

图 6-5-31　刀箱积土

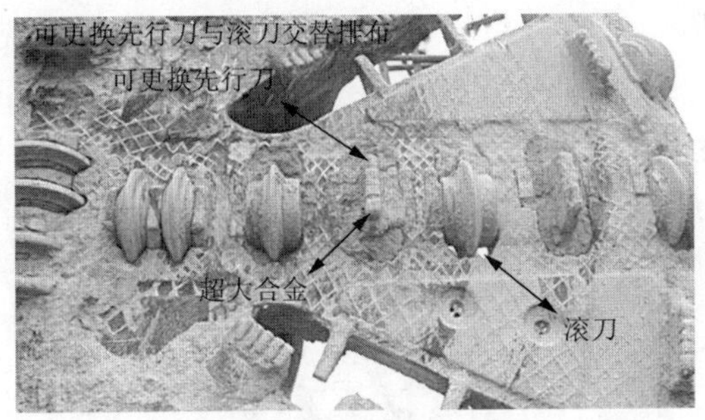

图 6-5-32　刀具布置

4. 刀具质量控制指标

1）切刀类刀具技术要求

（1）刀具基体、刮刀基体采用优质合金结构钢，技术性能指标见表 6-5-6。

刀具技术性能指标　　表 6-5-6

热处理硬度（HRC）	抗拉强度（MPa）	冲击韧性（J/cm²）	耐磨层硬度（HRC）
35 ～ 40	＞ 1300	＞ 70	55 ～ 58

（2）刀具合金技术指标见表 6-5-7。

刀具合金技术指标　　表 6-5-7

合金材质	硬度（HRA）	抗折强度（MPa）	钎焊类型	焊缝剪切强度（MPa）
春保 KE13 系列	＞ 85.5	＞ 2900	银钎焊	＞ 245

（3）具体说明：

①刮刀类产品的型号编制、技术要求、检验方法及规则符合行业标准。

②本标段刮刀类材质大部分选用优质合金结构钢 42CrMo，热处理后硬度 HRC35 ～ 40（钎焊影响区域外），抗拉强度达到 1300MPa，冲击韧性 $\alpha_{KU} \geqslant 70J/cm^2$。

③该盾构区间的地质情况要求刀具不仅耐磨，还需具有良好的耐冲击性能。

④合金采用银钎焊方式，焊缝抗剪强度不小于 245MPa。

⑤耐磨层选用郑州机械材料研究所研制的高铬耐磨材质，焊接后硬度可达 HRC55 ～ 58。

2）滚刀产品技术要求

（1）整体滚刀主要零部件配置

轴承：TIMKEN 公司制造，可根据地层情况选择不同型号轴承，以便控制滚刀刀具启动扭矩。

浮动密封：意大利 GNL 公司生产。

浮动密封座、左右端盖：材料采用 42CrMo，HRC36±3。

刀轴：材料采用 42CrMo，HRC42±3。

（2）滚刀整体装配

整体装配需在无尘环境下进行；刀圈热装工艺：加热温度 200℃ ±10℃，加热时间 30min，高压气体对整体装配后的滚刀进行气密性检查，内压要求达到 7bar 以上，检测合格的加进润滑油。

①毛坯加工：刀圈毛坯采用先进的锻压扩碾成型工艺，金属流线型呈环状且沿刀圈法向延伸，增加了抗断裂韧性，在高强度岩层掘进时，对于刀圈崩刃现象有较强的抵抗力。

②刀圈梯形硬度处理：刀圈采用真空气淬工艺，无氧化加热，光亮淬火、工件变形小、淬火硬度均匀，整炉硬度散差≤ 3HRC，单件硬度散差≤ 2HRC。

滚刀刀圈在热处理上采用先进的刀圈内圈二次退火工艺，图 6-5-33 为真空淬火的刀圈及真空淬火设备。刀圈具有梯形硬度（图 6-5-34），具备更优良的抗冲击性能。

图 6-5-33　真空淬火的刀圈及真空淬火设备

③滚刀可追溯性：每把滚刀都有唯一的编号，每个零件都有唯一的零件号，滚刀一旦出现问题或失误，可确保追溯到始作人员，且可查询到这把滚刀的技术性能及参数，包括启动扭矩、跑和试验数据、密封试压数据、刀圈及其他零件材料性能等。

5. 工程应用效果

该技术已在北京地铁 10 号线二期 7 标段、北京地下直径线（NFM 盾构机）盾构区间得以成功应用。

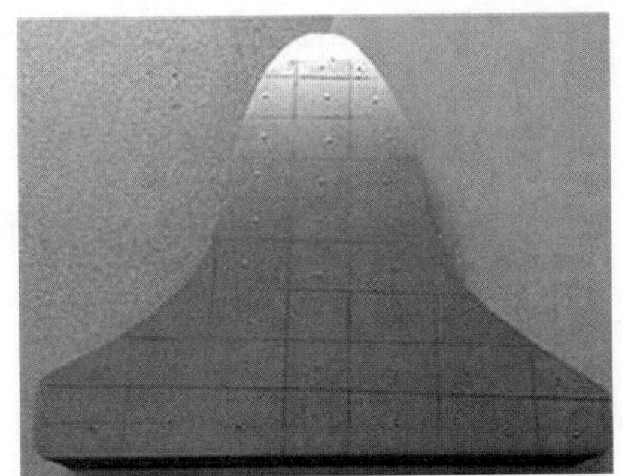

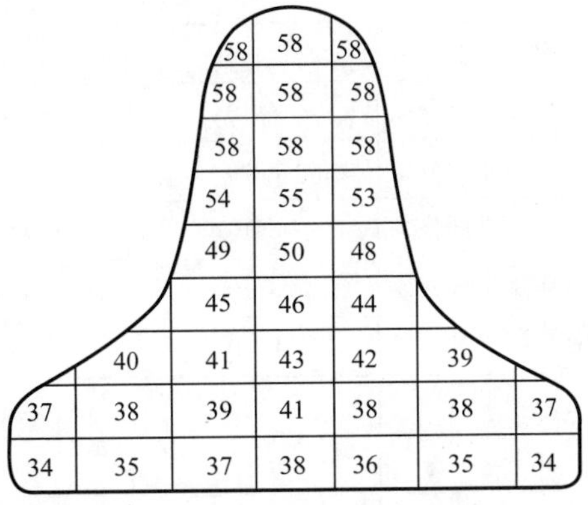

图 6-5-34　刀圈梯形硬度

第 8 节　珠机城际轨道交通工程大直径盾构机吊装技术

北京华晨益吊装运输有限公司　杜勇，耿亚京

1. 工程概况

新建铁路珠机城际轨道交通工程珠海站—湾仔北站区间盾构部分，自进口段工作竖井（DK2+727.422 ～ DK2+748.926）始发。进口段工作竖井侧墙厚 1000（900）mm，顶板厚 1000mm，工作竖井主体结构剖面如 6-5-35 所示。

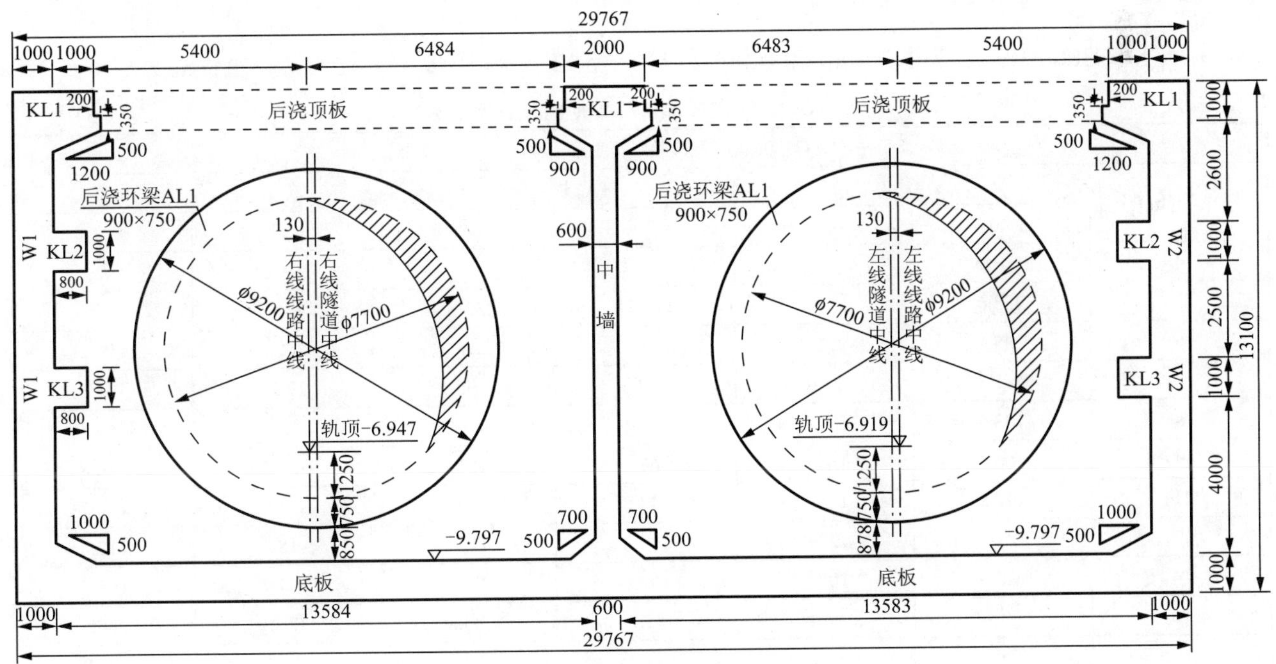

图 6-5-35　工作竖井主体结构剖面图

该工程使用的盾构机为 $\phi8810$ 的奥村 1 号盾构机，其各主要部件的尺寸和质量见表 6-5-8。

盾构机组装前各主要部件尺寸和质量表 表 6-5-8

序号	名称	长(mm)	宽(mm)	高(mm)	质量(t)	备注
1	A 环下半部分	8810	4405	3545	65	
2	A 环上半部分	8810	4405	3545	70	
3	B 环下半部分	8810	4405	2925	30	
4	B 环上半部分	8810	4405	2925	30	
5	C 环下半部分	8780	4390	2370	82	
6	C 环上半部分	8780	4390	2370	82	
7	D 环下半部分	8780	4390	3621	25	
8	D 环上半部分	8780	4390	3621	25	
9	主驱动	5460	5280	1777	130	驱动电机拆除
10	刀盘	8714	3870	825	110	
11	拼装机	6760	6760	2942	50	
12	螺旋输送机	15887	1499		45	
13	牵引梁	7878	3050	2100	14.6	
14	9 节台车				总重 330	分 9 节下井

2. 起重设备选型

根据盾构机主要部件的尺寸和质量参数，拟采用三一 SCC3000WE 履带吊作为主起重设备、徐工 QAY160 型全液压汽车吊配合翻身。

1）三一 SCC3000WE 履带吊

三一 SCC3000WE 履带吊长 10m，宽 7.8m，桅杆半径 13.74m，履带吊单机主臂起重性能见表 6-5-9。

三一 SCC3000WE 履带吊单机主臂起重性能表 表 6-5-9

SCC3000WE 主臂额定荷载表 单位(t)						
半径(m)	主臂长度(m)					
	20	29	32	35	38	41
4	300/4.9					
5	288.6	250	248/5.2	232/5.4		
6	245.1	222.9	218.5	214.5	209.4	196.2
7	211.3	204.0	200.3	196.1	192.3	185.2
8	183.6	179.9	177.1	174.2	171.7	169.4
9	166.4	164.6	163.7	161.8	159.2	156.8
10	147.8	145.7	144.8	143.9	141.2	140.7
12	121.7	120.9	119.7	119.0	118.0	118.0
14	102.8	102.6	102.6	101.7	101.7	101.7
16	90.1	86.1	85.7	85.3	85.1	84.8
18	76.9	73.6	73.2	72.8	72.5	72.4
20	63/19.5	64.0	63.6	63.3	63.0	62.8
22		56.2	56.1	55.8	55.5	55.3

续上表

SCC3000WE 固定副臂额定荷载表（不带主钩）　单位（t）						
半径（m）	主臂长度（m）					
	38	41	44	47	50	53
8	92.2/7.7	91.6/7.9	91.0/8	90.3/8.3	89.6/8.5	
9	87.6	86.9	86.5	86.1	85.8	85.5
10	85.2	84.9	84.8	84.5	84.4	84.1
11	83.4	82.9	82.8	82.7	82.8	82.8
12	81.2	80.4	80.3	80.5	80.8	81.2
13	79.6	78.8	78.5	79.0	79.5	79.9
14	77.2	76.5	75.8	76.7	77.5	77.9
16	73.1	71.6	71.4	72.3	73.2	72.8
18	67.2	66.3	67.4	67.6	67.0	66.4
20	62.0	60.8	59.7	59.3	58.7	58.2
22	55.0	55.0	54.7	54.5	54.3	54.2
24	48.7	48.6	48.3	48.1	47.9	47.7

本次吊装采用三一 SCC3000WE 履带吊单机主臂吊装，吊钩选用 250t 钩（吊钩自重 3t）穿六轮十三股绳，用 29m 主臂吊装。吊装最重件主驱动时，300t 履带吊工作半径 9m，此时吊车额定负荷 164.6t；吊车吊装总负荷 133t，吊车负荷系数 80.8%。

2）徐工 QAY160 型全液压汽车吊

徐工 QAY160 型全液压汽车吊长 16.13m，宽 3m，支腿间距纵向 8.84m，横向 9m，吊车起重性能见表 6-5-10。

徐工 QAY160 型 160t 吊车起重性能表　　表 6-5-10

支腿全伸（8.7m），悬挂 45t 平衡重												
幅度（m）	臂长（m）											
	13.6	17.87	22.14	26.41	30.68	34.94	39.21	43.48	47.75	52.02	56.29	60
3	160											
3.5	124	116										
4	115	108	98	83								
4.5	105	100	92	79	65.5							
5	98	96	85	75	62.5	53.8						
6	88	84	78	68	57.5	49.6	42.6					
7	77	74	70	62	52.5	45.7	39.8	33.3				
8	67	66	64	56	48.5	42.3	37	31.4	27.5			
9	59	58	56	51	45	39.4	34.5	29.4	26.1	22.6		
10	50	52	50	48	41.5	36.8	32.2	27.6	24.7	21.5	18.8	15
12		42	40	40	36.5	32.3	28.6	24.5	22.1	19.6	17.2	14.3
14		34	33	33	32	28.7	25.4	22	19.9	17.8	15.9	13.3
16			27	27	27.5	25.7	22.9	19.8	18.1	16.2	14.6	12.3
18			22	22.6	22.7	23	20.7	18	16.5	14.9	13.5	11.5
20				19.2	19.3	19.7	18.8	16.4	15.1	13.7	12.5	10.5
22				16.2	16.3	16.8	17	15	13.9	12.6	11.6	9.8

续上表

支腿全伸(8.7m),悬挂 45t 平衡重												
幅度(m)	臂长(m)											
	13.6	17.87	22.14	26.41	30.68	34.94	39.21	43.48	47.75	52.02	56.29	60
24					14	14.5	15	13.8	12.8	11.7	10.7	9.1
26					12	12.5	13.1	12.8	11.8	10.8	10	8.4
28						10.9	11.3	11.6	11	10.1	9.3	7.8
30						9.4	9.8	10.2	10.2	9.4	8.7	7.3
32							8.5	9	9.5	8.8	8.2	6.8
34								7.9	8.4	8.2	7.7	6.5
36								7.2	7.5	7.5	7.2	5.9
38									6.5	6.6	6.8	5.5
40									6	6.2	6.0	5
42										5.6	5.6	4.6

配合翻身时,使用 13.6m 主臂;单机吊装其他后配套台车时,使用 26.41m 主臂。

3. 盾构吊装技术有关计算与核算

1)负荷率计算

履带吊装主驱动时,作业最小工作半径 = 履带板外宽 /2+ 冠梁外侧距离盾构井吊装孔边距离 + 主驱动长度 /2+ 与结构墙边安全距离 0.3m+ 主驱动距吊装孔边的距离 0.2m =7.786/2+1.8+5.46/2+0.3+0.2=8.923m,工作半径不到 9m,本方案主驱动按 9m 核算。

履带吊装盾体 A 环时,作业最小工作半径 = 履带板外宽 /2+ 冠梁外侧距离盾构井吊装孔边距离 + 盾构 A 环长度 /2+ 与结构墙边安全距离 0.3m+A 环距吊装孔边的距离 0.2m =7.786/2+1.8+4.405/2+0.3+0.2=8.396m,工作半径不到 9m,本方案盾体 A 环按 9m 核算。

履带吊装盾体 B 环时,作业最小工作半径 = 履带板外宽 /2+ 冠梁外侧距离盾构井吊装孔边距离 + 盾构 A 环长度 + 盾构 B 环长度 /2+ 与结构墙边安全距离 0.3m+B 环距吊装孔边的距离 0.2m =7.786/2+1.8+4.405+4.405/2+0.3+0.2=12.8m,工作半径不到 13m,本方案盾体 B 环按 13m 核算。

履带吊装盾体 C 环时,履带吊站位在井口东侧,作业最小工作半径 = 履带板外宽 /2+ 冠梁外侧距离盾构井吊装孔边距离 + 井口宽度 /2+ 与结构墙边安全距离 0.3m =7.786/2+1.8+13.684/2+0.3=12.8m,工作半径不到 13m,本方案盾体 C 环按 13m 核算。

履带吊装盾体 C 环时,作业最小工作半径 = 履带板外宽 /2+ 冠梁外侧距离盾构井吊装孔边距离 + 盾构 A 环长度 + 盾构 B 环长度 + 盾构 C 环长度 + 盾构 D 环长度 /2+ 与结构墙边安全距离 0.3m+ 主驱动距吊装孔边的距离 0.2m =7.786/2+1.8+4.405+4.405+4.39+4.39/2+0.3+0.2=21.57m,工作半径不到 22m,本方案盾体 C 环按 22m 核算。

履带吊装刀盘时,作业最小工作半径 = 履带板外宽 /2+ 冠梁外侧距离盾构井吊装孔边距离 + 刀盘长度 /2+ 与结构墙边安全距离 0.3m+ 主驱动距吊装孔边的距离 0.2m =7.786/2+1.8+3.78/2+0.3+0.2=8m,本方案刀盘按 8m 核算。

本工程盾构吊装主要部件参数核算见表 6-5-11。

盾构吊装主要部件参数核算表　　表 6-5-11

序号	名　称	半径(m)	负载(t)	额定荷载(t)	负荷率(%)	备　注
1	A 环下半部分	9	68	164.6	41.3	
2	A 环上半部分	9	73	164.6	44.3	
3	B 环下半部分	13	33	110	30	
4	B 环上半部分	13	33	110	30	
5	C 环下半部分	13	85	110	77.3	在井口东侧吊装
6	C 环上半部分	13	85	110	77.3	在井口东侧吊装
7	D 环下半部分	22	28	56.2	49.8	
8	D 环上半部分	22	28	56.2	49.8	
9	主驱动	9	133	164.6	80.8	6 台电机拆卸后重量
10	刀盘	8	113	179.9	62.8	

2）钢丝绳选用

（1）入井吊装最重件主驱动时钢丝绳安全系数

K1=(0.82×8×2665/10×sin70°)/130=14.3 > 6（安全）

式中，0.82 为钢丝绳的折旧系数，8 为钢丝绳的吊装头数，2665 为钢丝绳的破断拉力（kN），70° 为钢丝绳吊装角度，130 为主驱动重量。

（2）辅吊绳索

前体下部两个辅助翻转吊耳布置：沿径向方向距离为 1.4m×2，纵向靠近中前体接口处，α=arcos(吊耳与吊钩受力中心的间距 / 绳索长度)= arcos(1.4/10)=81.952°（钢丝绳水平夹角）；$P=K\,F_{max}$ /（2×sin81.952°）= 1.05×0.4846×152/（2×sin81.952°）=39.2t。

绳索选用 6×37 + 1，ϕ52，抗拉强度为 170kg/mm^2，长 20m，两根，对折并排使用，取对折折减系数 1.5，绳索破断拉力为 168×1.5=252t，安全系数 =252/39.2=6.43 > 6。

（3）吊装卸扣

主吊用 85t 卸扣 4 个，辅吊用 55t 卸扣 2 个。

由抬吊翻转过程可知：刚开始盾体竖起时，对主吊卸扣来说为最不利情况，此时由 4 只主吊卸扣承担整个盾体重量，随着辅助溜尾吊车的缓慢受力，靠近上部接口的卸扣受力逐渐减小，逐渐转移到翻身吊耳上，整个过程一直保持四吊点受力。主吊采用 85t 卸扣，盾体竖起时主吊卸扣为 85t > 38t，满足起吊安全要求。

辅吊采用 55t 卸扣，溜尾抬吊过程中 55t > 38t，满足起吊安全要求。

（4）15t 手拉葫芦

手拉葫芦需检查合格，润滑良好。

3）吊装校核

300t 吊车时吊装最大质量为 133t。实际质量 G=98t，查 300t 汽车吊吊装曲线，选择吊杆长 29m，最大作业幅度不大于 9m，吊车额定荷载 164.6t，满足吊装要求。

吊装时采用 300t 履带吊机为主吊车，以 160t 汽车吊机为副吊车也足够符合起重规范要求，对于本吊装工程是安全的。

4）地基承载力计算

起重机自身质量：约 300t。

铺设钢板质量：约 25t。

盾构机主驱动质量：约 130t。

合计：455t。

吊机履带面积：9.37m×1.35m×2=25.299m^2。

考虑起吊时偏重因素，单位面积地基承载力：

$$P=F/S=455\times1.2/25.299=21.3\text{t/m}^2$$

4. 盾构机下井吊装

1）施工场地布置

（1）现场吊车行走和作业区域的场地必须平整（要求吊装区域地面平整度≤5‰）、坚实，地耐力>23t/m^2，满足吊车行走和吊装需要；吊装现场场地地面处理及布置需充分考虑履带吊组装、刀盘存放、刀盘翻身、主驱动翻身装车、盾尾翻身装车的需求；履带吊作业区域要求场地平整结实，地面换填后进行硬化处理，履带吊组装要求地面耐压不少于 20t/m^2，工作区域要求地面耐压不小于 21.3t/m^2，汽车吊站位区域地面耐压不小于 20t/m^2。

（2）盾构机其他部件卸车时尽量减少对刀盘焊接过程的影响。

（3）主吊车的停放位置以满足起吊刀盘和各盾体块为主。

（4）盾构机进场前，堆放及组装场地应提前做好风、水、电的配备。

吊车在施工现场的平面布置如图 6-5-36 所示，吊装下井立面如图 6-5-37 所示。

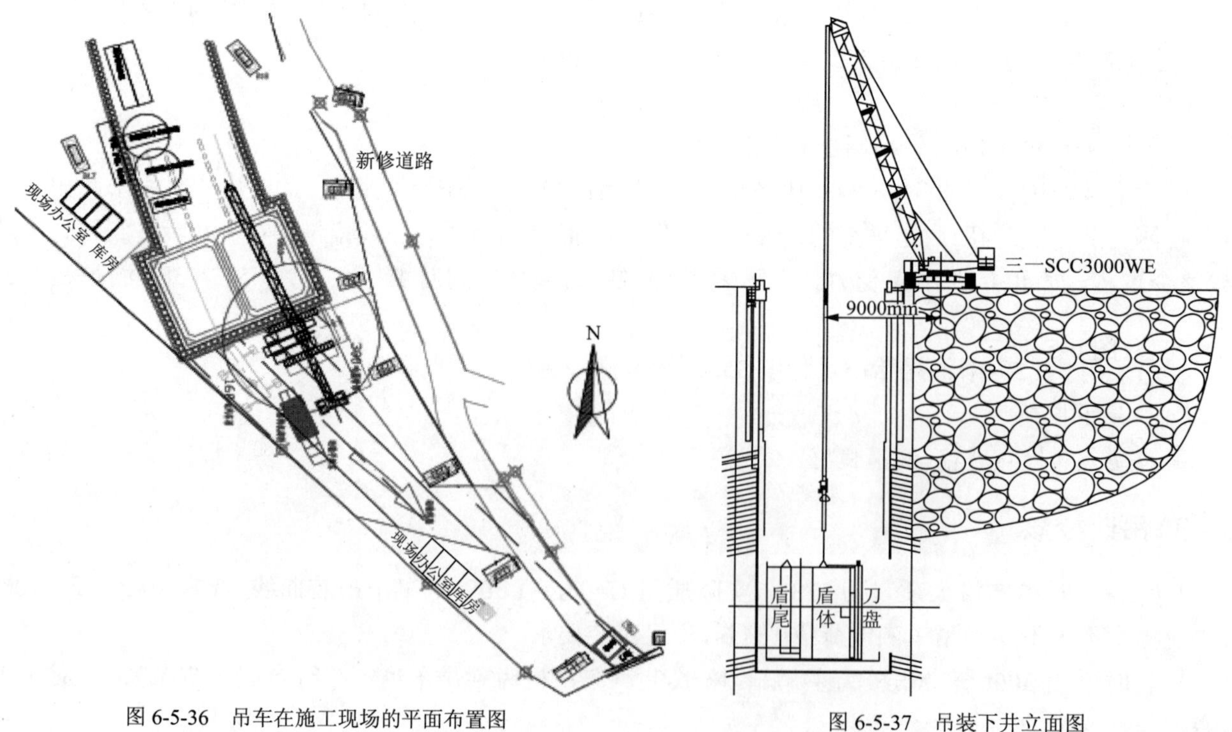

图 6-5-36　吊车在施工现场的平面布置图

图 6-5-37　吊装下井立面图

2）盾构机下井组装

组装顺序严格按照盾构机组装次序依次进行，盾构机主要部件吊装顺序如下：

（1）根据底板标高安装始发托架，当盾构机安放在托架时，盾构机中心标高要比隧道中心标高高2cm，加固托架，托架两侧铺设走台板，在托架上垂直隧道方向铺设间距为 1m 的 H200 型钢，以隧道中心线为中心，安装轨距 3.7m 轨道和轨距 0.9m 轨道，轨枕间距均为 0.8m。

（2）将 45t 电瓶车运至工作井附近，利用 300t 吊车采用 4 根 18t 钢丝绳把 45t 电瓶车安放到工作井指定的轨距为 0.9m 的轨道上，以备托运盾构配套台车至后部已建隧道。

（3）用 4 根 18t 钢丝绳和 4 个 18t 卡环连接在第九节台车的吊耳上，吊入井下，安放到台车前端距洞门 3m 的轨道上，再用钢丝绳把台车与电瓶车锁住，利用电瓶车的动力把台车拖入后备隧道 100m 处，同样把其余八节台车拖入后备隧道适当位置。

（4）拆除始发托架上方的钢轨和 H200 型钢，准备吊装盾构主机。

（5）首先确定 A 环在距洞门 2m 处托架的位置，再根据 A 环长度确定 B 环位置，在 A、B 环合适的位置焊接挡块，利用 300t 吊车分别把 A、B 环下半部分放入托架上（图 6-5-38、图 6-5-39），用 12 根 9.2 级 M30×150 螺栓连接 A、B 环，先由人工上紧，再利用液压扳手加紧螺栓扭矩，扭矩控制在 450kN/mm，最后 A、B 环外缘进行焊缝连接，焊缝要确保平整光滑，不能出现漏焊现象。

图 6-5-38　A 环下半部分安装图

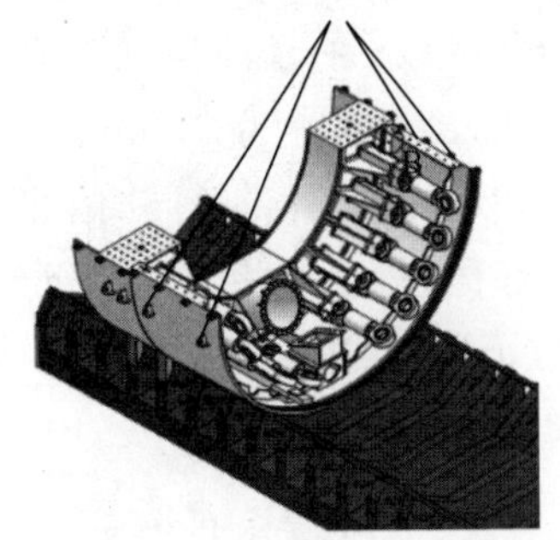

图 6-5-39　B 环下半部分安装图

（6）主驱动最重为 130t，使用三一 SCC3000WE 履带吊作为主吊机，徐工 QAY160 汽车吊作为翻身辅助吊机，将主驱动在地面翻身后入井（图 6-5-40）。履带吊大钩上靠背式挂 2 条 ϕ65mm×20m 钢丝绳，连接 55t 卡环，ϕ43mm×20m 钢丝绳拦腰挂在徐工 QAY160 汽车吊的大钩上，配上扁担后用两个 35t 卡环分别将钢丝绳连接到主驱动的两个翻身吊耳上。两台吊机配合缓慢起钩，将主驱动吊离地面 200mm，履带吊继续缓慢起钩，汽车吊配合作起钩变幅一系列动作直至将整个主驱动竖立起来，解除汽车吊上的钢丝绳卡环，主驱动翻身完毕。回转履带吊通过起钩、回转、松钩、变幅等动作将主驱动就位，并按照要求配合安装(图 6-5-41）。

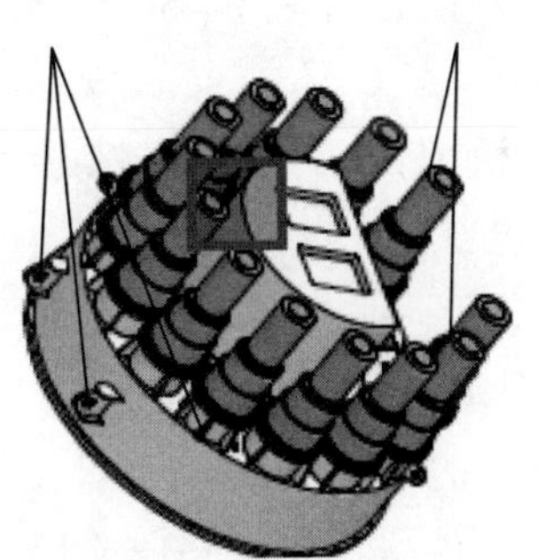

图 6-5-40　主驱动翻身图

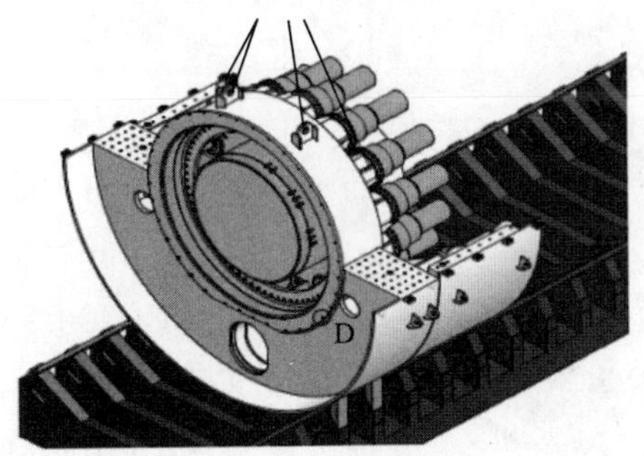

图 6-5-41　主驱动安装图

(7)利用300t履带吊把A环上半部吊起,吊入井下与托架上A环下半部用螺栓连接,对焊缝进行焊接。同样安装B环上半部分,与B环下半部分用螺栓连接,再与A环上半部分用螺栓连接,对A、B环之间的焊缝进行焊接。A环上部重70t,尺寸为8810mm×4405mm×3545mm, B环上部重30t,尺寸为8810mm×4405mm×2925mm;可直接下井,无须翻身,三一SCC3000WE主吊机使用两对ϕ65mm×20m钢丝绳靠背式挂于大钩上,用4个25t卡环连接,吊机慢慢起钩将A环和B环上半部分放下井,通过起钩、回转、变幅、松钩等动作将A环和B环上半部分放置到位并组装好(图6-5-42、图6-5-43)。

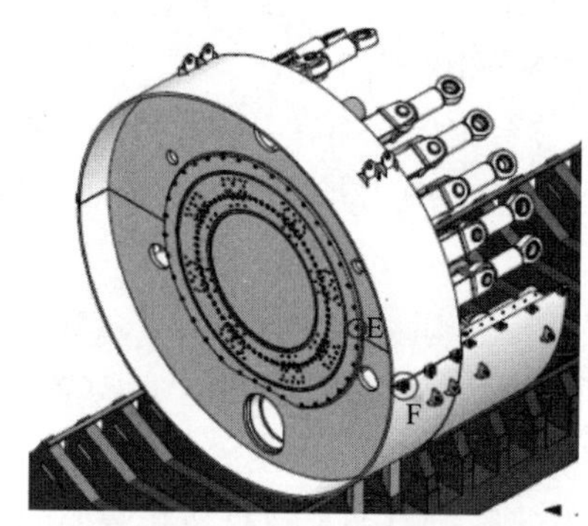
图6-5-42 A环上半部分安装图

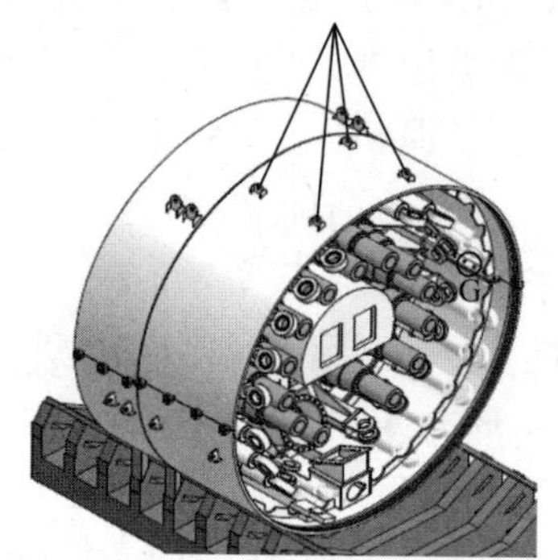
图6-5-43 B环上半部分安装图

(8)把C环下半部分安放到托架上,把C环上半部分翻身吊入井下与C环下半部分用螺栓连接并对焊缝进行焊接(图6-5-44);在B环与C环之间安装密封条,利用B环铰接油缸与C环连接(图6-5-45)。C环上、下半部分均重82t,尺寸为8780mm×4390mm×2370mm, C环下半部分下井前需要对其进行翻身作业,由专业起重指挥使用对讲机同时对两台吊机进行指挥,其余人员负责监护各关键点,通过起落钩和变幅将下部分翻好身,然后解除汽车吊钢丝绳和卡环,由主吊机将其吊装下井;在下半部分就位后,上半部分再吊装下井,无须翻身,下井过程和下半部分类似。

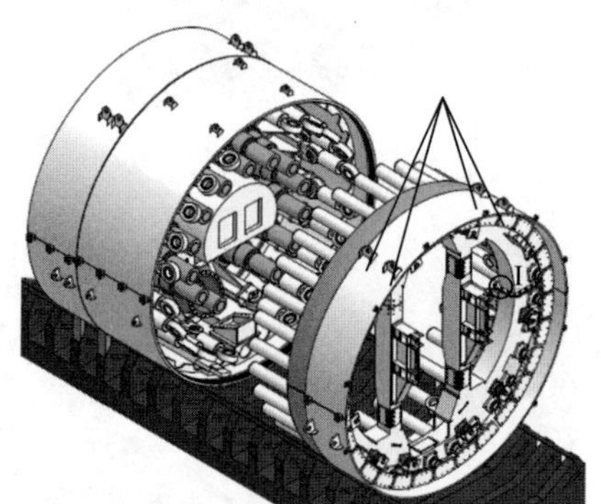
图6-5-44 C环下半部和上半部分安装图

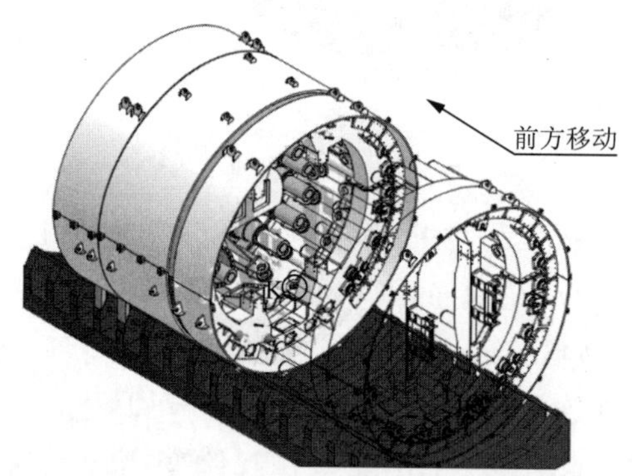

图6-5-45 B环与C环间铰接油缸连接图

(9)把D环下半部分安放到托架上(图6-5-46)与C环下半部分螺栓连接并焊接,在C环上安装拼装机导向轮,用300t履带吊把拼装机翻身安装在C环拼装机导向轮上固定其他几个导向轮,在C环主梁上安装管片运输葫芦的大梁,再安装拼装平台,最后利用300t吊机把螺旋输送机从拼装机内部插入盾体并与B环拼装机法兰连接。D环下半部分重25t,尺寸为8780mm×4390 mm×3621mm,下井前需对其翻身,用80t辅助吊机使用一对ϕ43mm×20m钢丝绳通过两个25t卡环与环体翻身吊耳连接。由专业起重指挥使用对讲机同时对两台吊机进行指挥,其余人员负责监护各关键点;主力吊机使用一对ϕ43mm×20m钢丝绳靠背式挂于大钩上,分别用两个35t卡环连接到吊耳上,通过起落钩和变幅将其就位。

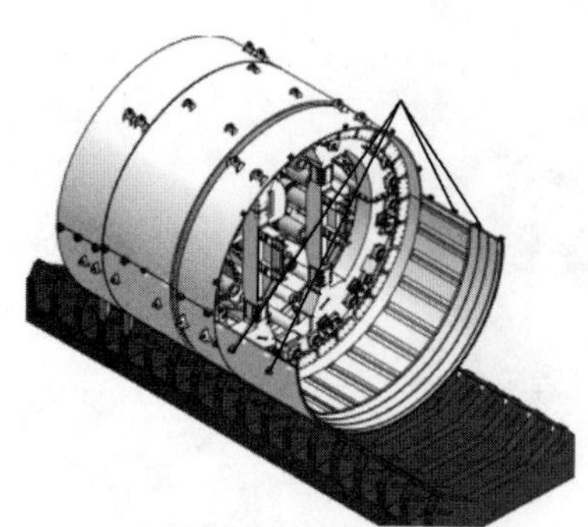
图6-5-46 D环下半部分安装图

（10）拼装机重 50t，主吊机使用一对 ϕ52mm×20m 钢丝绳靠背式挂于大钩上，分别用两个 35t 卡环连接到吊耳上，通过起落钩和变幅将其就位（图 6-5-47）。

螺旋输送机重 45t，将一对 ϕ43mm×20m 钢丝绳拦腰挂在履带吊的大钩上，用 55t 卡环连接在螺旋输送机的吊耳上（螺旋输送机重心处），将一对 ϕ28mm×10m 钢丝绳连接手拉葫芦后同样挂在徐工 QAY160 履带吊的大钩上，用 35t 卡环将葫芦连接在螺旋输送机的吊耳上，通过汽车吊调整螺旋输送机的角度。将螺旋输送机角度调整至合适的角度，使用吊机变幅将螺旋输送机就位（图 6-5-48）。

（11）对 D 环上半部分进行翻身吊入井下，D 环上、下两部分用螺栓连接，并对焊缝进行焊接，C、D 环之间用焊接来完成。D 环上半部分重 25t，尺寸为 8780mm×4390mm×3621mm，主力吊机使用一对 ϕ43mm×20m 钢丝绳靠背式挂于大钩上，分别用两个 35t 卡环连接到吊耳上，通过起落钩和变幅将其就位（图 6-5-49）。安装反力架，并对其加固。

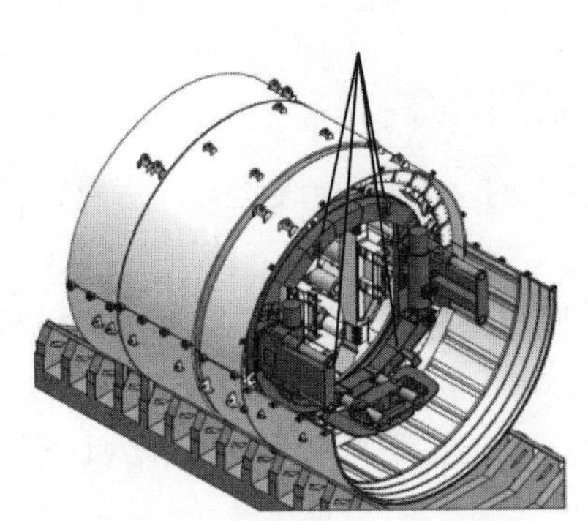
图 6-5-47　拼装机安装图

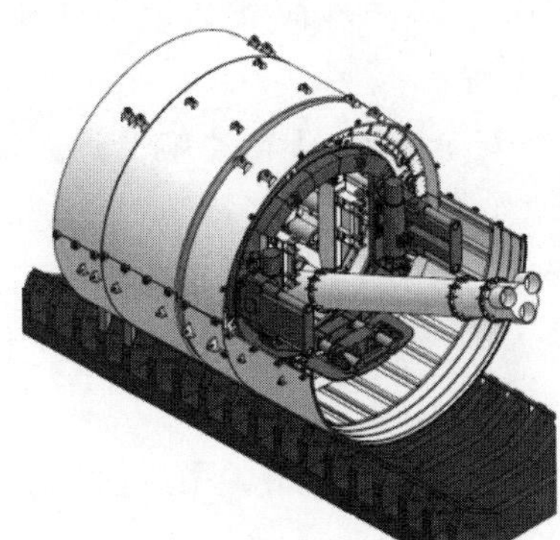
图 6-5-48　螺旋输送机安装图

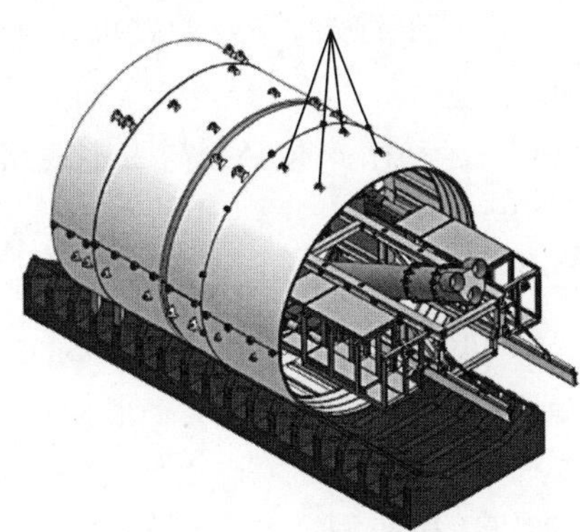
图 6-5-49　D 环上半部分安装图

（12）刀盘安装，在地面上将刀盘中间块，刀盘左件、刀盘右件组合，为刀盘入井做准备；刀盘拼装后总质量约 110t。将刀盘从存放场地运往入井场地后，采用一对 ϕ65mm×20m 钢丝绳，2 个 85t 卡环挂四头对刀盘进行翻身。刀盘下方垫好枕木，吊车缓慢起钩、回转，将刀盘立起（图 6-5-50）。

翻身完毕后吊机回转至就位位置，通过松钩、变幅等动作将刀盘就位。刀盘的就位跨距为 8m，履带吊在跨距 8m 时的额定起重量为 179.9t，吊机的负荷率为 62.8%。刀盘就位后由安装人员将刀盘螺栓打紧，螺栓打完后解钩，刀盘下井完成。

用螺栓连接刀盘主驱动，最后刀盘直接连接并焊接加固。用牵引梁把 1 号台车与拼装大梁连接（图 6-5-51），最后连接油路、电路、各种水管、气管及其他管线，最终进行盾构机运行调试。

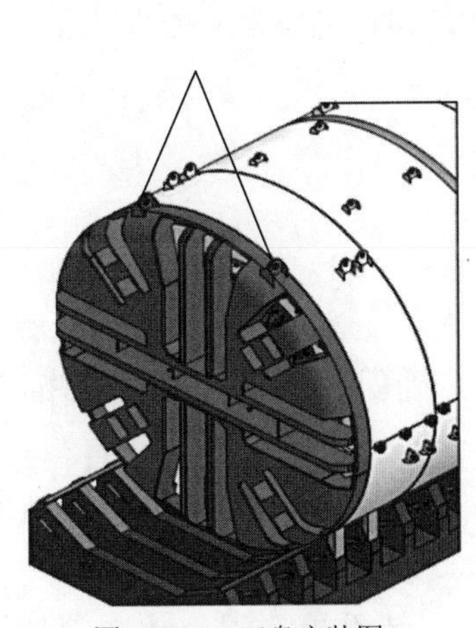
图 6-5-50　刀盘安装图

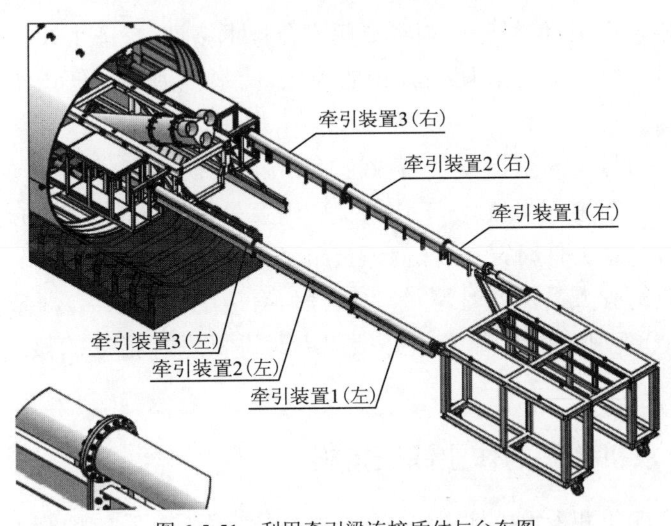

图 6-5-51　利用牵引梁连接盾体与台车图

5. 盾构机大型设备吊装安全保证措施

1）机械安全保证措施

（1）投入到吊装作业的吊机、吊索具等装备，吊入前均应做全面检查，保证设备技术性能完好。

（2）设备吊入前，对拟吊入的盾构机外观须做目视检查，无误后方可吊装作业。

（3）大型吊车进场时在高度与宽度较紧时的路段，随车人员应严密监视吊车动态及周边环境，必要时须清除路障后方可前行。

（4）严格按照施工方案的要求作业，任何变更需经各方施工人员的共同确认无误方可执行。

（5）严格遵守现场施工的各项安全规定，遵守吊车操作规程。

（6）吊车行走、作业的路面必须坚实平稳，吊入荷载必须保证在其额定起重能力范围内，禁止超载作业。

（7）运输吊入时必须与带电线路保持安全距离，不得影响交通及高压电气设备安全。

（8）由专业人员任吊入指挥，指挥动作准确敏捷，哨音清楚洪亮，吊入时动作平稳缓慢，尽量减少晃动产生的惯性力，与周围保证安全距离，不得触碰，并用晃绳控制方向。

（9）设置吊入作业警戒区域，无关人员禁止入内。超过四级以上风力不得吊入，能见度低于100m禁止吊入。

（10）作业前必须检查作业环境、吊索具、防护用品。吊入区域无闲杂人员，障碍已排除。吊具无缺陷，捆绑正确牢固。

（11）起重作业时，必须正确选择吊点的位置，合理穿挂索具。

（12）试吊：吊绳套挂牢固，起重机缓缓起升，将吊绳蹦紧稍停试吊，试吊高度为200mm。试吊中，指挥信号工、挂钩工、驾驶人员必须协调配合。发现吊物重心偏移或其他物件粘连等情况时，必须立即停止起吊，采取措施并确认安全后方可起吊。

2）作业人员保护措施

（1）加强作业人员的安全规章制度的学习，提高安全防范意识。

（2）严禁酒后作业。

（3）作业时必须执行安全技术交底，听从统一指挥。

（4）起重工、信号工必须经专门安全技术培训，持证上岗。

（5）信号工要穿有明显标识的衣服，两眼视力不得低于1.0，无色盲、听力障碍、高血压、心脏病等生理缺陷。

（6）信号工高空指挥时，需戴安全带，脚穿防滑鞋。

（7）吊车尾部为盲区，工作人员应注意吊车尾部的旋转动态。

（8）起重大件时，严禁任何人员乘坐大件随物下井。

（9）驾驶人员作业时，严禁收听任何有声电器及电话，严禁和其他人员交谈。

（10）驾驶人员和信号工必须使用对讲机进行指令的接收和发出，确保对讲机的音质清晰，调频无干扰。

3）双机抬吊的作业保证措施

（1）起重机行驶的道路必须平整、坚实、可靠，停放地点必须平坦。起重机不得停放在斜坡道上工作，不允许起重机的四条支腿停留部位一高一低或土质一硬一软；否则，需对较软地基进行夯实、压密处理，提高地耐力，并在作业时加强监测。

（2）起吊构件时，吊索应保持垂直，不得超出起重机回转半径斜向拖拉，以免超负荷和钢丝绳滑脱或拉断绳索而使起重机失稳。起吊重型构件时应设牵拉绳。

（3）起重机操作时，臂杆提升、下降、回转要平稳，不得在空中摇晃，同时要尽量避免紧急制动或冲击振动等现象发生。未采取可靠的技术措施和未经有关技术部门批准，起重机严禁超负荷吊装，以避免加速机械零件的磨损和造成起重机倾翻。

（4）起重机应尽量避免满负荷行驶；在满负荷或接近满负荷时，严禁同时进行提升与回转（起升与水平转动或起升与行走）两种动作，以免因道路不平或惯性力等原因引起起重机超负荷而酿成翻车事故。

（5）当两台吊装机械同时作业时，两机吊钩所悬吊构件之间应保持 1.5m 以上的安全距离，避免发生碰撞事故。

（6）双机抬吊构件时，要根据起重机的起重能力进行合理的负荷分配（吊重质量不得超过两台起重机所允许起重量总和的 75%，每一台起重机的负荷量不宜超过其安全负荷量的 80%）。操作时，必须在统一指挥下，动作协调，同时升降和移动，并使两台起重机的吊钩、滑车组均应基本保持垂直状态。两台起重机的驾驶人员要相互密切配合，防止一台起重机失重，而使另一台起重机超载。

（7）吊装时，应有专人负责统一指挥，指挥人员应位于操作人员视力能及的地点，并能清楚地看到吊装的全过程。起重机驾驶人员必须熟悉信号，并按指挥人员的各种信号进行操作；指挥信号应事先统一规定，发出的信号要鲜明、准确。

（8）在风力等于或大于四级时，禁止在露天进行起重机移动和吊装作业。

（9）起重机停止工作时，应刹住回转和行走机构，锁好驾驶室门。吊钩上不得悬挂构件，并应升到高处，以免摆动伤人和造成吊车失稳。

内 容 提 要

本书是北京盾构工程协会在2015年组织的全国盾构行业调研的基础上，对会员单位提供的近十年盾构科技创新成果进行精选、分类、修改、补充、编撰而成。

全书共分六篇，分别介绍了我国盾构产业发展现状、盾构新科技、盾构工程科技成果、盾构工程专利、盾构工程施工工法、盾构工程典型案例，比较全面地反映出我国近年来盾构行业的科技进展历程与现状。

本书可供盾构设计制造、施工、科研等领域技术人员研究借鉴，也可供大专院校相关专业师生参考学习。

图书在版编目（CIP）数据

中国盾构工程科技进展 / 吴煊鹏主编．—北京：人民交通出版社股份有限公司，2016.11

ISBN 978-7-114-13453-1

Ⅰ．①中… Ⅱ．①吴… Ⅲ．①隧道施工—盾构法—研究—中国 Ⅳ．①U455.43

中国版本图书馆 CIP 数据核字（2016）第 271563 号

京朝工商广字第 8195 号(1-1)

书　　名：中国盾构工程科技进展
著 作 者：吴煊鹏
责任编辑：刘彩云
出版发行：人民交通出版社股份有限公司
地　　址：（100011）北京市朝阳区安定门外外馆斜街3号
网　　址：http://www.ccpress.com.cn
销售电话：（010）59757973
总 经 销：人民交通出版社股份有限公司发行部
经　　销：各地新华书店
印　　刷：北京盛通印刷股份有限公司
开　　本：880×1230　1/16
印　　张：45.25
彩　　插：8
字　　数：1256千
版　　次：2016年11月　第1版
印　　次：2016年11月　第1次印刷
书　　号：ISBN 978-7-114-13453-1
定　　价：238.00元

立林盾构（TBM）滚刀系列刀具
立林集团
LILIN GROUP
立林 8″ 三刃滚刀
立林 17″ 滚刀
立林 19″ 滚刀
立林中心刀
立林6 1/2″ 双刃滚刀
立林刮刀（撕裂刀）
立林先行刀（撕裂刀）
立林 11″ 滚刀
立林双护盾(TBM)主机皮带滚筒轴承用金属密封
立林 17″ 中心滚刀
立林盾构(TBM)滚刀
LILIN TBM cutters
立林钻头有限公司
LILIN BIT CO.,LTD
地址：中国.天津立林工业园
邮编：300352
电话：86-22-28696888 28695858
网址：www.lilingroup.com
E-mail: sale@lilingroup.com
市场服务公众号
lilinsale

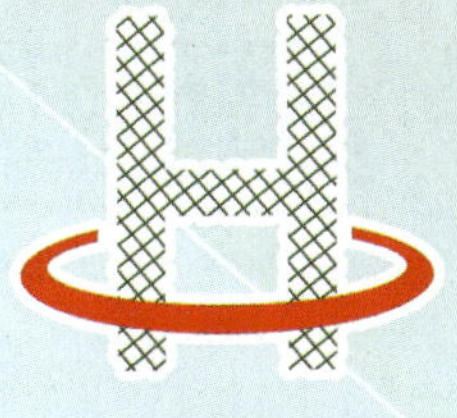

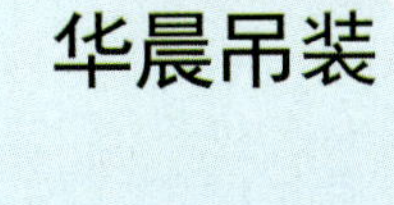

北京华晨益吊装运输有限公司

北京华晨益吊装运输有限公司，拥有雄厚的技术与经济实力和优良的国内外大型吊装运输设备。承接国内外各种大型设备安装、盾构机吊装运输、大型桥梁吊装运输、风电安装检修等大中型吊安装运输工程。拥有多项特种专业工程承包和吊装工程资质，蝉联三届中国吊装百强，并于2014年获得吊装十佳工程奖项。多年来，通过参与石油、石化、道路交通、水利、电力、核工业、市政建设等领域的大型一体化工程施工，北京华晨益积累了丰富经验，并深得业主信赖。2011年，华晨益还与北京轨道交通建设公司共同编制《盾构机吊装施工规范》，进一步提升了自身在行业内的影响力。

2015年5月，北京华晨益购进特雷克斯CC6800型1250吨大型履带式起重机，进入中国特大型吊装运输一体化施工领域。

北京华晨益吊装运输有限公司

电话：010－8923 0386；8923 0385

手机：杜勇 133 1120 1233

邮编：102611

网址：www.bjhcydz.com

邮箱：duyong007@sina.com

地址：北京市大兴区魏善庄镇

双液 / 单液型注浆设备，坑内设备，注入管

克泥效 CLAYSHOCK

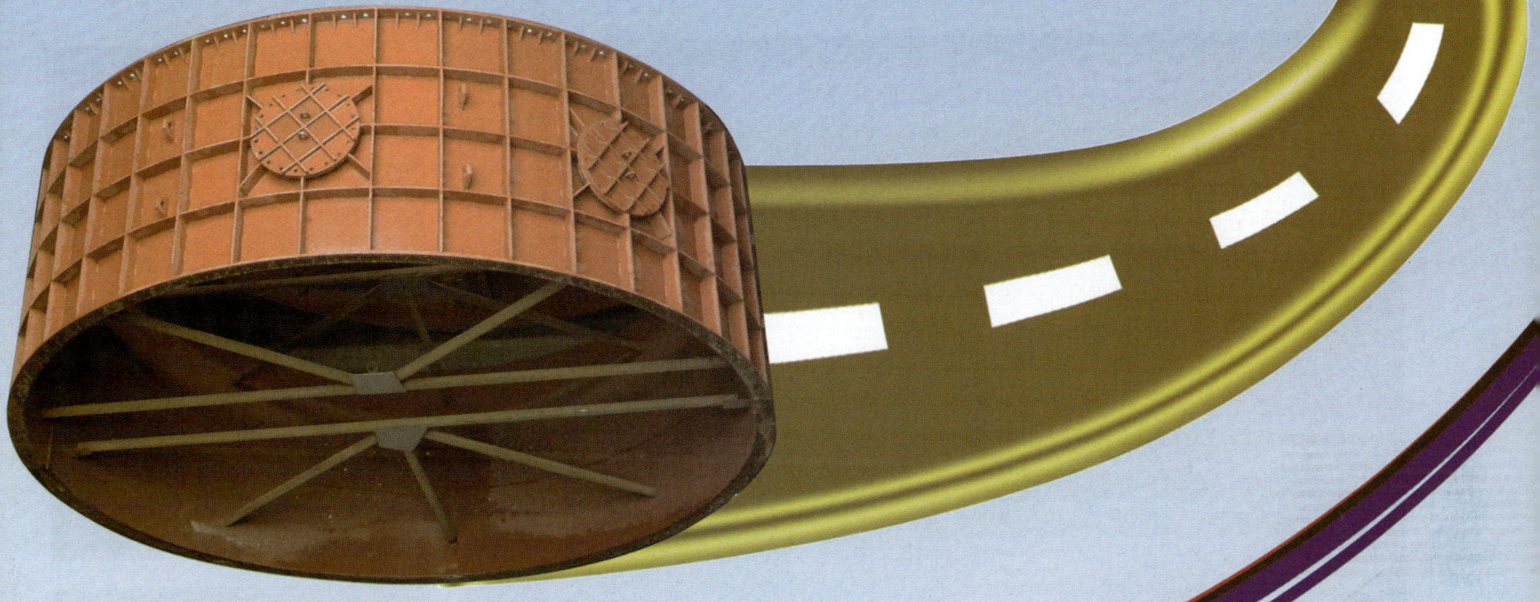

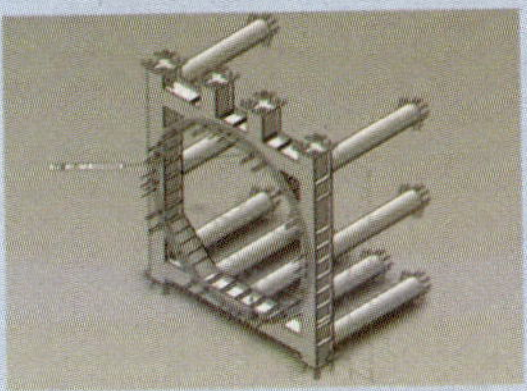

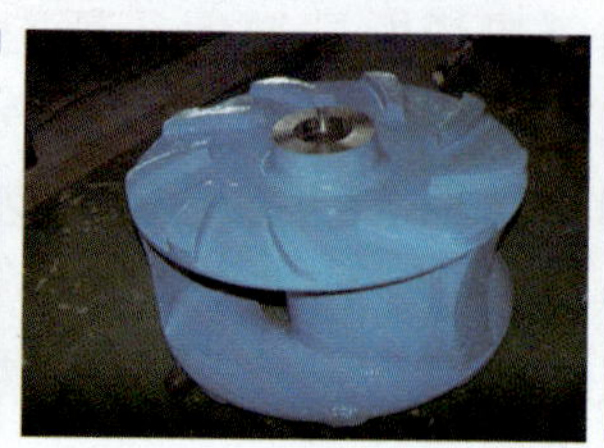